춘향전

남원고사

SNUPRESS 동서양의 고전 25

춘향전 남원고사

초판 1쇄 발행 2016년 12월 30일
초판 2쇄 발행 2018년 5월 10일

역주자 설성경
펴낸곳 서울대학교출판문화원
펴낸이 성낙인

출판등록 제15-3호

주소 08826 서울 관악구 관악로 1
대표전화 02-880-5252 | 팩스 02-888-4148
홍보마케팅팀(주문상담) 02-889-4424, 02-880-7995
이메일 snubook@snu.ac.kr
홈페이지 www.snupress.com

ISBN 978-89-521-1418-1 94810
978-89-521-1192-0 (세트)

2017년 대한민국학술원 우수학술도서

SNUPRESS 동서양의 고전 25

춘향전 남원고사

원작 조경남 | 역주 설성경

서울대학교출판문화원

Chunhyangjeon

Cho Kyungnam

Translated and annotated by
Sul Sunggyung

머리말

이 책에서 「춘향전」의 대표적인 이본으로 제시하는 파리 동양어학교 소장 「남원고사」는 현전하는 이본 중에서 가장 풍요로운 내용을 담고 있다. 이 텍스트는 필자가 김동욱(金東旭) 교수 등과 함께 삼영사에서 1979년에 출간한 『춘향전 비교연구』에서 국내 최초로 소개되었다. 이것이 필자가 이 텍스트와 맺은 첫 번째 인연이다. 필자는 1995년에 고려대학교 민족문화연구소에서 한국고전문학전집으로 『춘향전』을 단독 출간하면서 두 번째 인연을 맺었다. 그리고 이 책의 출간으로 「남원고사」와 독자들의 만남을 중개하는 세 번째 인연을 쌓게 되었다.

돌이켜 보면 필자는 스승 김동욱 교수의 학설인 「춘향전」의 '판소리 발생설'을 발전시켜 '조경남(趙慶男) 창작설'을 세우게 되었다. 이 학설에 근거하여 17세기의 원초 「춘향전」, 18세기의 한시로 표현된 유진한(柳振漢)의 「춘향가」, 그리고 19세기에 소설로 개작된 한양 세책점 「춘향전」인 「남원고사」를 통해 3세기에 걸쳐서 이루어진 「춘향전」 텍스트의 변이 양상을 통시적인 측면에서 독자들이 이해할 수 있도록 구성하였다.

기존 「춘향전」 주석서와는 달리 해설을 통한 거시적인 텍스트 주석과 함께, 미시적 주석인 난해한 어구에 대한 주석을 병행하는 방식은 독자들로 하여금 우리나라의 대표 고전이 함축하고 있는 참다운 맛을 향유할 수 있게 한다. 이는 나아가서 수백 년 동안 많은 개작자들의 참여로 내용과 문체, 미의식 등이 초시대적·초계층적 독자들의 검증을 받아서 생존한 명품 텍스트가 「남원고사」임을 각인시키기 위함이다.

이런 의도에서 산서 조경남이 쓴 원초 텍스트의 실상을 알 수 없지만 그 존재감을 독자들이 확실히 인식할 수 있는 차례로 구성하였다. 이로써 「춘향전」의 원류가 율곡의 재전(再傳) 제자인 유학자요 방대하고 치밀한 저술자의 애국심이 담긴 작품에서 비롯된 것임과, 이런 원작자의 작가 의식과 작품 세계가 3백여 년 사이에 지속적으로 성장하고 발전했음을 강조하고자 한다. 특히 그 과정에서 산서 조경남의 원초 「춘향전」이 창작된 이후 360여 년 동안 판소리 광대들을 비롯한 다수의 문필가들이 정성을 기울여 다듬고, 다시 한양의 세책방 주변에서 활동하던 재능 있는 작가들이 개작에 참여함으로써 「춘향전」이 한양의 베스트셀러로 우뚝 서게 되었음을 부각시키고자 한다.

이 책을 통해 독자들이 한국 고전 「춘향전」의 완성도와 흥미성을 절정으로 끌어올린 「남원고사」가 내포한 감성미를 만끽할 수 있다고 필자는 믿는다. 그래서 연구자와 일반 독자가 함께 활용할 수 있도록 주석과 더불어 현대어 번역을 제공하는 한편, 원문을 그대로 수록하여 준전문가 수준의 「춘향전」 애호가들이 교양적 독서와 전문적 연구의 벽을 허물고 소통할 수 있게 하였다.

여기서 모본으로 제공한 「남원고사」는 후대에 그 내용이 압축되어 한양에서 목판으로 간행된 소위 경판 「춘향전」으로 독자들에게 널리 보급되었다. 그뿐만 아니라 일제강점기에는 육당(六堂) 최남선(崔南善)이 이 텍스트를 모본으로 「고본 춘향전」이란 제목으로 개작 출간하면서, 중국 지명과 인명을 조선의 지명과 인명으로 바꾸어 원초 「춘향전」이 내포하고 있던 항왜의식을 되살려서 변부사에 대한 춘향의 절개와 저항정신을 일제의 압제에 저항하는 조선인의 자주독립정신으로 부각시키는 쪽으로 그 의미망을 구체화하기도 했다.

「춘향전」을 작가 미상으로 향수하던 것에서 벗어나 산서 조경남을 「춘향전」의 원초 작가로, 『난중잡록(亂中雜錄)』과 『속잡록(續雜錄)』의 편찬자로, 고금의 설화집인 『소견록(消遣錄)』의 편찬자로, 임진왜란에서 수훈을 올린 의병장으로서의 문무를 겸비한 역사·문화 인물로 추앙함과 동시에, 한양에서 활동하면서 탁월한 기법으로 19세기 「춘향전」의 수준을 한 단계 끌어올린 「남원고사」의 개작가도 부각시켜야 함을 독자들에게 인식시키고자 하는 필자의 염원이 이 책에 담겨 있다.

2014년 8월 15일
남해군 상주면 노도에서
설성경

차례

일러두기

1. 이 책에서 사용한 텍스트는 「춘향전」의 이본으로 프랑스 파리 동양어학교에 소장되어 있는 세책점 필사본 「남원고사」이다.
2. 원문에 문장 부호를 일일이 추가하고, 한자어는 괄호 속에 해당 한자를 넣었다.
3. 각주 형식으로 주석을 붙였고, 주석어가 출현하는 본문의 행수를 표시하였다.
4. 독자의 편의를 위해 주석 어구는 한 번 출현했다 하더라도 각 권별로 다시 등장할 때마다 반복하여 주석하였다.
5. 원문의 오기, 탈자, 결구 등은 바로잡았으며 그 사실을 주석에서 밝히고 부록으로 제시한 원문에도 괄호 안에 표시하였다. 「남원고사」의 원문은 세책본이기 때문에 여러 사람이 필사하여 동일한 단어도 다양하게 표기되어 있다. 이러한 원문의 맛을 살리기 위하여 최대한 원문의 표기를 유지하고 내용에 영향을 줄 수 있는 오류만을 바로잡았다.
6. 부록으로 제시한 원문에는 교주문의 해당 쪽수를 표기함으로써 양자 대조의 편의를 도모하였다.

17세기 산서 조경남과 원초「춘향전」

1. 조경남의「춘향전」창작 배경과 핵심 소재

산서(山西) 조경남(趙慶男)이「춘향전」을 창작한 동기는 임진왜란 때 자신이 의병장으로 전쟁에 직접 참가한 경험과 깊은 관련이 있다. 그는 임진왜란 중에 남원부사의 서기로 있으면서, 남원을 중심으로 자료를 수집하여 의병활동사를 다룬『난중잡록(亂中雜錄)』을 편찬하였다. 그리고 병자호란에 대한 역사 자료에 자신이 느낀 바를 곁들여서『속잡록(續雜錄)』을 편찬하였다. 그 밖에도 고금의 설화를 수집하면서 노진(盧禛) 및 그 집안과 관련된 야사, 특히 노진이 둔 첩의 여종과 유점(柳漸)의 순수한 애정담을 기록하였고, 만년에는 자서전인「병옹자전(病翁自傳)」을 집필하였다.

이런 일련의 역사 편찬과 고금설화 집필, 그리고 자서전 저술에 이어서 조경남은 남원 책방도령으로 있다가 훗날 암행어사가 된 옛 제자 계서(溪西) 성이성(成以性)과의 광한루 재회라는 중요한 사건을 경험하게 된다.

> 삼십일 아침 부사가 와서 뵈었다. 식사 후 길을 떠나 오후에 역참에서 쉬니 여기가 바로 순천 땅이니 부(府)로부터 25리의 거리였다. 저녁에 배로 낙수를 건너서 구례에서 명령을 기다리는 자들을 만났다. 해가 지고 난 후 구례에 들어가 유숙했다. 사또 이경후가 논박을

받고 파직되었다. 곡성현감 이문주가 맞으러 왔다. (중략)

십이월 초하루 아침 어스름에 길을 나서서 십 리가 채 안 되어 남원 땅이었다. 내방한 것을 맞아 주었다. 비가 오다 그치다 하였다. 성현에서 유숙하고 눈을 무릅쓰고 원천부 안으로 들어갔다. 원천부사 홍주가 맞이하면서 진사 조경남의 집에 자리를 베풀어 주었다. 조진사는 바로 내가 어렸을 적 송림사에서 학제공부를 가르쳐 준 분이다. 기묘년에 또한 암행 차로 광한루에 들렀을 때는 조진사가 아직도 건재해서 이 누에서 동숙했었는데, 이제는 세상을 떠나 그 서출 자식인 조목 형제 등만 나와 인사했다. 그 가족들이 다담상을 들고 들어왔다. 조씨네와 헤어졌다. 오후에는 눈바람이 크게 일어서 지척이 분간되지 않았지만 마침내 광한루에 가까스로 도착했다. 늙은 기녀인 여진과 늙은 서리인 강경남이 맞으며 인사해 왔다. 날이 저물어 아전과 기생을 모두 물리치고 소동(小童), 서리들과 더불어 광한루에 나와 앉았다. "흰 눈이 온 들을 덮으니 대숲이 온통 희도다." 거푸 소년시절 일을 회상하고는 밤이 깊도록 능히 잠을 이루지 못했다.(『호남암행록』, 1647년 12월 1일)

그는 이 사건과 『속잡록』에서 이미 기록한 '금준미주(金樽美酒)'의 원형이 되는 시의 소재를 활용하여 암행어사가 된 청백리 성이성의 삶을 기리기 위해 「춘향전」을 창작하였다. 즉, 노진과 기생의 애정담, 그리고 노진 집안의 여종과 유점의 사랑 등을 소재로 한 신분을 초월한 애정담, 자신의 경험담인 엄행어사 이야기를 하나의 서사로 통합하고, 춘향과 이도령의 연애담과 암행어사 이야기를 함께 엮어 「춘향전」을 창작하게 된 것이다.

2. 「춘향전」의 서두와 금준미주 시의 변이 양상

「춘향전」 창작에서 조경남이 가장 핵심적인 소재로 사용한 것은 소위 '금준미주(金樽美酒)' 시로, 「춘향전」의 꽃으로 비유될 수 있는 주제시에 해당한다. 이 시의 원천이 되는 『속잡록』의 기록에서 조경남이 명나라 조도사(趙都司)가 광해군 때의 난정을 풍자하면서 읊었다는 시를 어떻게 소개하고 있는지 구체적으로 살펴보자.

> 명나라 장수 조도사가 서울에 와 있으면서 시를 짓기를, "바다 잔잔하고 산 견고한 기자나라에, 남월왕 위타(尉佗)처럼 태평 누리네. 문장은 한나라 사부 같고, 무략은 주나라 군사를 훈련하는 듯하네. 춤추는 소맷자락 밤새도록 달빛을 흔들고, 노랫가락 날마다 봄바람을 즐기네. 임금님 천년 살기 축수하니, 안일에 빠지면 좋은 이름 잃을 것이네." 하고, 또 시를 짓기를,
>
> "향내나는 맛있는 술은 천 사람의 피요(淸香旨酒千人血), 잘라 놓은 고기 반찬 만백성의 고혈이라네(細切珍羞萬姓膏) 촛농이 떨어지자 사람 눈물 떨어지고(燭淚落時人淚落), 노랫소리 드높은 곳에 원성도 드높구나(歌聲高處怨聲高)."라고 하였다. 이는 대개 광해시대에 정사가 어지럽고 백성이 곤궁함을 지적한 것이다.

이 풍자시는 『속잡록』의 1622년 2월 3일(광해군 15년) 기사에 등장한다. 그 후 1639년에 조경남은 암행어사가 된 제자 성이성을 만난 다음, 이 사건을 핵심 소재로 하여 「춘향전」을 창작하면서 암행어사 출두 장면에 '금준미주' 시를 절묘하게 접목하였다. 조경남은 이 한시의 깊은 의미를 이해하고 『속잡록』에서 소개하는 데 그치지 않고, 그 소재 속에 담긴 압제당하는 백성들의 고통과 절규를 춘향의 이야기로 굴절시키고 변용하여 「춘향

전」의 가장 극적 장면인 암행어사 출두 장면에서 활용한 것이다.

오늘의 시점에서 원초의 「춘향전」이라는 의미로 '원춘향전'으로 일컬어질 수 있는 조경남의 「춘향전」에서 이 대목이야말로 절창(絶唱)에 해당한다. 그 이후 4세기째 접어들고 있는 21세기의 「춘향전」에서도 '금준미주' 시 대목이 거의 원형 그대로 지속되고 있는 것은 조경남이 원초 「춘향전」의 작가임을 밝혀주는 핵심이자 그의 탁월한 창작력을 평가하는 척도라 할 수 있다.

1) 18세기 자료를 통해 본 「원춘향전」의 금준미주 시

소실된 17세기 「원춘향전」의 텍스트에 '금준미주' 시가 존재했음을 입증하는 두 가지 근거가 있다. 그 하나는 소설 양식의 「원춘향전」에서 판소리 양식으로 발전한 판소리 「춘향가」를 듣고 한시로 표현한 만화(晩華) 유진한(柳振漢)의 한시 「춘향가」이고, 다른 하나는 산서 조경남이 「원춘향전」을 창작할 때 이어사의 모델로 삼은 계서 성이성의 후손인 성섭(成涉)의 기록이다. 역사 및 문학 자료로 전하는 이 기록들을 종합해 보면, 「원춘향전」에 있는 '금준미주' 시의 존재를 간접적으로 확인할 수 있다. 그뿐만 아니라 현재까지 전해지는 19세기의 소설 「춘향전」 텍스트와 판소리 「춘향가」 사설에서도 이러한 사실을 확인할 수 있다.

(1) 유진한의 한시 「춘향가」

유진한(柳振漢)의 한시 「춘향가」에는 금준미주 시의 존재를 입증할 수 있는 다음과 같은 세 시구가 등장한다.

첫째로는 제136구의 "융숭한 대접 받고 사례인사 없을쏘냐(躬逢勝餞豈不謝), 시 한 수 읊어내니 깊은 뜻을 감추었네(一聯新

詩藏奧旨)”이다. 여기서는 암행어사 출두 전후 상황을 한시를 매개로 하여 한시 속에 “깊은 뜻을 감추었네”라는 표현을 통해 탐관오리로 인한 백성들의 눈물과 고통을 형상화하고 있다.

둘째로는 제137구의 “천 사람의 눈물은 타는 밀랍의 촛물이요(千人有淚燭燃蠟), 만백성의 여윈 모습은 술단지에 구물대는 개미떼 같네(萬姓無膏樽泛蟻)”를 통해, 개작하면서 「원춘향전」에 있던 금준미주 시를 자신의 창작시로 대체했음을 알 수 있다.

이어지는 제138구에서 “운봉영장만이 시를 보는 눈이 있어(雲峰營將獨有眼), 물줄기를 보고 모랫둑이 터질 것을 알았네(見水能知沙岸圮)”라는 표현은 19세기의 소설 「춘향전」 텍스트와 판소리 「춘향가」 사설에서 확인되는 운봉영장만이 거지 행색을 한 암행어사를 우호적으로 대하는 개성적인 행동을 보여 주는 내용과 일맥상통한다.

(2) 성섭의 『필원산어』

성섭(成涉)의 문집인 『필원산어(筆苑散語)』에도 ‘금준미주’ 시의 존재를 입증할 수 있는 암행어사 출두에 얽힌 기록이 등장한다.

「원춘향전」의 남성 모델이 계서 성이성(成以性)임을 알고 있었던 성이성의 후손들은 「원춘향전」이 남원에서 창작되어 유포되면서 인기가 상승한 이후, 다시 판소리 양식으로 「춘향가」가 연창되면서 그 인기가 더욱 증폭되자 자신들의 선조가 남원의 기생 춘향과 사귀었다는 내용에 대응할 필요성이 커졌다. 이와 같은 사실을 해명할 뿐만 아니라, 선조인 계서 성이성이 암행어사로서 ‘금준미주’ 시를 읊으며 출두한 인물임을 부각시키는 적극적인 대응 방법으로 선조인 계서 성이성에 대한 기록을 남기게 되었다.

이 기록에서 성이성은 호남 열두 고을의 수령들이 잔치를 열 때 걸객으로 다가가서 푸대접을 받은 일과, 이어서 "술독 속의 아름다운 술(樽中美酒千人血)과 상 위의 맛있는 안주는 만백성의 피요(盤上佳肴萬姓膏), 촛물이 떨어질 때 백성의 눈물 떨어지고(燭淚落時民淚落) 노랫소리 높은 곳에 백성의 원성이 높도다(歌聲高處怨聲高)"라는 금준미주 시를 짓고 출두한 것을 전하고 있다. 이러한 한시는 비록 첫 시어가 '존중미주'로 변이되었지만, 나머지 시구는 물론이고 암행어사 출두 전후의 상황이 현재까지 전하는 19세기의 소설 「춘향전」 텍스트 및 판소리 「춘향가」 사설과 일치하기 때문에, 당시에 유행하던 개작 「춘향전」이나 판소리 속의 금준미주 시를 나름대로 부분적으로 변이시켜 기록했음을 입증해 준다.

이러한 『필원산어』의 기록은 그 내용을 일부 정리해 놓은 『교와문고(僑窩文稿)』의 「기선세유사(記先世遺事)」조에도 전재되어 있다.

2) 19세기 개작 「춘향전」에서 확인되는 「원춘향전」 속 금준미주 시

19세기에 개작된 「춘향전」에서도 개작가가 개작 의식을 적극적으로 가졌건, 아니면 변이 수준의 소극적인 태도로 텍스트 변이에 개입했건 간에, '금준미주' 시만은 그대로 전해진다. 즉, 비록 서두에서는 변이가 다양하게 나타났지만 「원춘향전」의 '금준미주' 시는 강력한 지속력을 유지하고 있다. 개작 「춘향전」의 서두와 금준미주 시 부분을 각각 살펴보면 다음과 같다.

(1) 「춘향전」(유탁일 교수 소장본)

(가) 숙종딕왕 즉위쵸의 시화연풍ᄒᆞ고 국틱미난이라 승군의 어지 덕화 사히의 표일ᄒᆞ야 요지일월이요 순지건곤이라 간구연월 조흔 시절의 착정이음ᄒᆞ고 경젼이젼은 격양가 소릭로다 조정의 충신이요 여염의 열여로다

(나) 금준미주ᄂᆞᆫ 천인지혈리요 옥반가효ᄂᆞᆫ 만셩그라

(2) 「춘향전」(고려대학교 도서관 소장본)

(가) 肅宗大王 卽位初의 國泰民安ᄒᆞ고 시화셰풍ᄒᆞ야 츙신은 만조정이요 효ᄌᆞ녈여 家家ᄌᆡ라 三千동 니할님 ᄌᆞ제 츙셩이 지극ᄒᆞᆫ 쥴노 젼하 통촉하옵시고 육조의 젼교ᄒᆞ사 ᄒᆞ림 자졔 입시시겨 쳣 원으로 果川현감 金山으로 이직시켜 南原府使 졔슈한이 깃부기도 ᄀᆡ지읍다

(나) 금쥰미쥬는 쳔인혈이요 옥반가효는 만승고라 쵹누낙시의 민누낙이요 가셩고쳐의 원셩고라

(3) 「춘향전」(조윤제 교수 소장본)

(가) 텬지ᄂᆞᆫ 만물지역녀요 광음은 빅딕지과긱니라 인싱을 솜〃혀아리면 묘챵히지일속니라 아니 놀고 무엇ᄒᆞ리 빅년을 가ᄉᆞ인〃수라도 우락을 중분미빅년이라 항시빅년니 난가필ᄒᆞ니 불여싱젼일비주라 안니 먹고 무엇ᄒᆞ리 막위당년학일다 ᄒᆞ니 무정셰월 약유쉬라 빅발니 원수토다 오ᄂᆞᆫ 빅발 막으랴고 ᄒᆞᆫ 손의ᄂᆞᆫ 막딕 들고 쏘 ᄒᆞᆫ 손의 가싀 들고 쳔방지방 나려가니 빅발니 졔 짐작ᄒᆞ여 즈름길노 오ᄂᆞᆫ고나

(나) 금쥰미쥬ᄂᆞᆫ 쳔인혈이오 옥반가효ᄂᆞᆫ 만셩괴라 쵹뉴낙시의 만누낙이오 가셩고쳐의 원셩고라

(4) 「별춘향전」(조종업 교수 소장본)

(가) 화셜 아국 숙종조 시졀의 졀나도 남원부사 이등자졔 이도령 연광이 십뉵셰라 용모난 진유ᄌ오 풍채난 두목지요 문장은 이틔백이요 필법은 왕희지라

(나) 츄누낙시의 민누낙이요 가셩고쳐의 원셩고라 금쥰미쥬난 천인헐리요 옥반가호은 망민고라

(5) 「별춘향전」(한국학중앙연구원 소장본)

(가) 삼월 갑ᄌ 말츙원 갑ᄌ 초의 슉종ᄃᆡ왕 즉우 초의 국틔 민안 셰화 셰풍ᄒᆞᆫ데 죽지 일월 슉지 건곤이라 츙신은 만조졍이요 효ᄌ열녀은 가〃지라 잇ᄯᅢ 슴쳔동 이 활임 지졔이 싱원이 알셩급졔 ᄌ완의 여산군슈 졔슈ᄒᆞ니 이즉ᄒᆞ여 남원 부ᄉᆞ라 사ᄯᅩ ᄌ졔의 도령니 연광은 십육셰요 풍치은 두목지라

(나) 촉누낙시의 밀누낙이요 가셩고쳐의 원셩고라 금쥰미쥬난 천인혈이요 옥반가회난 만민고라

(6) 「열녀춘향수절가」(완주 목판본)

(가) 슉종ᄃᆡ왕 직위초의 셩덕이 너부시사 셩자셩손은 ᄒᆞ사금고옥족은 요슌시졀이요 으관문물은 우탕의 버금이라 좌우보필은 쥬셕지신이요 용양호위난 건셩지장이라 조졍의 흐르난 덕화행곡의 피엿시니 사해 구든 기운이 원근의 어이럿다 츙신은 만조정ᄒᆞ고 효자열녀 가가재라 미재미재라

(나) 금준미주는 쳔인혈리요 옥반가효는 만셩고라 촉누낙시 밀누낙이요 가셩고쳐 원셩고라 이 글 듯슨 금동우에 아롬다온 술은 일만 ᄇᆡᆨ셩의 피요 옥소반의 아름다온 안주는

일만 빅셩의 지름이라 촉불 눈물 떠러질 ᄯᅴ 빅셩 눈물 ᄯᅥ러지고 노릐소릐 놉푼 고대 원망소릐 놉파더라

(7) 「성춘향가」(홍윤표 교수 소장본)

(가) 중원갑ᄌᆞ 을축연간의 全羅道 南原府의 ᄉᆞᄯᅩ 子弟 ᄒᆞᆫ 분이 잇시되 年光은 拾六이요 風彩은 杜牧之라 얼골은 冠玉이요 文章은 李白이며 筆法은 王羲之던 거시엿다 平生의 마음이 허랑ᄒᆞ여 놀기만 질기ᄂᆞᆫ 즁의

(나) 金樽美酒은 千人血이요 玉盤佳肴萬姓膏라 燭淚落時의 民淚落이요 歌聲高處怨聲高라 그 글 ᄯᅳ젼 금 슐쥰의 아름다온 슐은 일쳔 ᄉᆞ름 피요 옥쇼반의 아름다온 안쥬난 만 빅셩의 기름이라 촉불 눈물 ᄯᅥ러질 ᄯᅴ의 빅셩의 눈물 ᄯᅥ러지고 노릐쇼릐 노푼 곳에 원망쇼릐 놉펴ᄯᅩ다

(8) 「남원고사」

(가) 텬하명산 오악지즁에 형산이 놉고 놉다 당시졀의 졀문즁이 경문이 능통ᄒᆞ므로 농궁의 봉명ᄒᆞ고 셕교상 느즌 봄바람의 팔션녀 희롱ᄒᆞᆫ 죄로 환싱인간ᄒᆞ여 츌댱입상타가 퇴ᄉᆞ당 도라들 졔 뇨됴졀ᄃᆡ드리 좌우의 버러시니 난양공쥬 영양공쥬 딘ᄎᆡ봉 가츈운 계셤월 젹경홍 심요연 빅능파와 슬커졍 노니다가 산종일셩의 ᄌᆞ든 숨 ᄭᆡ거다 아마도 셰상명니와 비우희락이 이러ᄒᆞᆯ가 ᄒᆞ노ᄆᆡ라

(나) 금쥰미쥬ᄂᆞᆫ 쳔인혈이오(금으로 ᄆᆡᆫ든 그릇싀 아름다온 슐은 일쳔 ᄉᆞ람의 피오) 옥반가효ᄂᆞᆫ 만셩고라(옥반에 아름다온 안쥬ᄂᆞᆫ 일만 빅셩의 기름이라) 촉누낙시의 민누낙이오(불ᄯᅩᆼ ᄯᅥ러질 ᄯᅴ의 빅셩의 눈물이 ᄯᅥ러지고) 가셩고쳐의 원셩고라(노릐쇼릐 놉흔 곳의 원망쇼릐 놉하도다)

3) 20세기 초 개작 「춘향전」에서 확인되는 「원춘향전」 속의 금준미주 시

20세기 초에 출간된 개작 「춘향전」에서도 개작가가 개작 의식을 적극적으로 가졌건, 아니면 미약한 변이 수준의 소극적인 태도로 텍스트의 변이에 개입했건 간에 '금준미주' 시만은 그대로 전하고 있다. 즉, 개작본 「춘향전」의 서두에서는 변이가 다양하게 나타났지만, '금준미주' 시 부분에서는 「원춘향전」 속의 '금준미주' 시가 강력한 지속력을 유지하고 있음을 확인할 수 있다.

(1) 「옥중화」

(가) 絶代佳人(졀디가인) 삼겨날 제 江山精氣(강산뎡긔) 타셔 난ᄃᆞ 苧羅山下若耶溪(저라산하약야계)에 西施(서시)가 鐘出(종츌)ᄒᆞ고 群山萬壑赴荊門(군산만학부형문)에 王昭君(왕소군)이 生長(ᄉᆡᆼ장)ᄒᆞ고 雙角山(쌍각산)이 秀麗(슈려)ᄒᆞ야 綠珠(록주)가 삼겻스며 錦江滑貳峨嵋秀(검강활이아미수)에 薛濤文君幻出(설도문군환츌)이라

(나) 金樽美酒(금준미주)ᄂᆞᆫ 千人血(쳔인혈)이오 玉盤佳肴(옥반가효)ᄂᆞᆫ 萬姓膏(만성고)라 燭淚落時(촉루락시)에 民淚落(민루락)이오 歌聲高處(가셩고쳐)에 怨聲高(원셩고)

(2) 「증수 춘향전」

(가) 젼라도(全羅道) 남원부(南原府)ᄂᆞᆫ 남즁(南中)에 일홈ᄂᆞᆫ 딕읍(大邑)이나 산(山)도 명산(名山)이 업고 사름도 드러ᄂᆞᆫ 냥반(兩班)이 업스되 젼라도(全羅道) 한복판에 ᄉᆞ통오달(四通五達)ᄒᆞ고 시화년풍(時和年豊)ᄒᆞ야 민심(民心)이 순박(淳朴)ᄒᆞ고 물식(物色)이 화려(華麗)ᄒᆞ니 이

럼으로 셔울 냥반(兩班)들이 남즁(南中)으로 수령(守令)을 살여면 미양 남원부ᄉ(南原府使) ᄒ기를 원(願)ᄒ더라

(나) 금쥰미쥬는 쳔인혈이요 옥반가효는 만셩고라 촉루락시에 민루락이오 가셩고쳐에 원셩고라

(3) 「도상옥중화」

(가) 殘紅(잔홍)이 萬點(만점)이요 楊柳(양류)가 千絲(천사)로다 소슬히 부는 바람 花風(화풍)이 완연코나 蛟龍山(교룡산) 넘는 狂風(광풍) 赤城江(적성강)에 불어 있고 烏鵲橋(오작교) 瀛洲閣(영주각)엔 범나뷔 춤을 춘다

(나) 금준미주천인혈 옥반가효만인고 촉루낙시민루락 가성고처원성고

(4) 「신역 별춘향가」

(가) 이 텬디간 ᄉ시 긔후 봄 한쳘이 화긔로다 초목군싱 즐겨ᄒ니 운동력이 뎨일일다 동풍 부러 어름 녹고 불탄 잔듸 속입 난다 버들 입흔 프릇ᄒ고 복송아꼿 블긋ᄒ야 탐화봉졉 야단이오 이조명춘(以鳥鳴春) 요란ᄒ다 녀ᄌ 봄을 설워ᄒ니 길ᄉ들이 쇠이리라

(나) 금준미주는 쳔인혈이오 옥반가효는 만인고라 촉루락시에 민루락이오 가셩고져에 원셩고라

(5) 「증상연예 옥중가인」

(가) 이ᄯᅢ는 어늬 ᄯᅢ뇨 츈솜월(春三月) 호시졀(好時節)이라 틱평건곤(太平乾坤)에 풍광(風光)이 느젓스니 록슈번음잉셰계(綠樹繁陰鸎世界)요 락화류슈금강변(落花流水錦江邊)이라 호남(湖南)이 예로브터 츈풍물식(春風物色)이

일셰(一世)에 읏듬이라

(나) 금쥰미주는 쳔인혈이오 옥반가효는 만셩고라 촉루락시에 민루락이오 가셩고쳐에 원셩고라

(6)「특별무쌍 춘향전」

(가) 틱극이 죠판ᄒᆞ여 음양이 난혼 후 일월셩신 버렷즈니 동셔남북 되얏스며 풍우한셔 왕릭ᄒᆞ니 영허소장뿐이로다 분슈령 나린 쥴기 도봉이 되야 잇고 련봉쳡장이 긔복위리 나려와셔 삼각산이 되야 잇다 숨각산 주산 되고 죵남산이 압헤 잇다 왕십리는 쳥룡이오 만리현이 빅호로다 한강슈는 죠수 되고 동작이 수구막아 한양셩 되야 잇다 산쳔이 슈려ᄒᆞ고 인물이 번화ᄒᆞ니 직ᄌᆞ가인 종츌토다

(나) 金樽美酒千人血(금쥰에 아름다온 슐은 일쳔 ᄉᆞ름의 피요) 玉盤佳肴萬姓膏(옥반에 아름다온 안쥬는 만빅셩의 기름이라) 燭淚落時民淚落(촉루 써러질 ᄯᅢ에 빅셩의 눈물이 써러지고) 歌聲高處冤聲高(노릭소릭 놉흔 곳에 원망ᄒᆞ는 소릭 놉핫도다)

(7)「증정특별 춘향전」

(가) 방춘화류(芳春花柳) 됴흔 ᄯᅢ라 진쳐ᄉᆞ(晉處士)의 오류문(五柳門)은 초록쟝을 드리온 듯 이리로 펄펄 져리로 펄펄 쇠ᄭᅩ롱 쇠ᄭᅩ롱 ᄒᆞ는 쇠ᄭᅩ리는 졔 벗을 불너ᄂᆡ고 이편으로 너훌너훌 져편으로 너훌너훌 쌍쌍이 츔을 츄는 범나뷔는 흥을 겨워 노닐더라

(나) 금쥰미쥬쳔인혈(金樽美酒千人血)이요 옥븐가효만셩고(玉盤嘉肴萬姓膏)라 촉누낙시민누낙(燭淚落時民淚落)이요 가셩고쳐원셩고(歌聲高處怨聲高)라

(8)「**오작교**」

(가) 옥황상제 계신 곳에 광한루가 잇고 광한루 엽헤 오작교가 잇스니 해마다 칠월칠셕이면 견우셩과 직녀셩이 서로 맛날 적에 오작교를 건너간다는 말을 긔록한 글이 만허서 세상사람들이 다 아는 바이니 오작교는 실로 천상신선의 긔이한 인연을 일우어 주는 길이라

(나) 금준미주는 쳔인혈이오 옥반가효는 만셩고라 촉루락시에 민루락이오 가셩고처에 원셩고라 하엿스니 그 글 뜻을 풀어보면 금잔에 술은 쳔 사람의 피요 옥소반에 안주는 만백셩의 기름이라 촉불 눈물 써러지는 쌔애 백셩의 눈물이 써러지고 노래소리 놉흔 곳에 원망하는 소리가 놉헛다는 뜻이라

18세기 만화 유진한의 한시 「춘향가」

만화(晩華) 유진한(柳振漢)은 영조 27년에 상처한 후, 영조 29년에 속리산, 함창, 공주, 은진, 전주, 남원, 장흥 등지를 역류(歷遊)하고 돌아와 좋은 작품을 남겼다. 또 그의 아들 유금(柳琹)의 『가정견문록(家庭見聞錄)』에도 이와 관련된 기록이 있으므로 영조 30년인 1754년에 한시 「춘향가」를 지었음이 확인된다.

「춘향전」의 역사를 볼 때, 18세기의 작품인 개작 「춘향전」으로서의 이 한시 「춘향가」는 당시 판소리 「춘향가」의 모습을 상당 부분 전하고 있으므로, 이를 통해 17세기에 조경남(趙慶男)이 창작한 원초 「춘향전」의 모습을 어느 정도 추측할 수 있다. 유진한 개작 한시 「춘향가」의 원문과 번역은 다음과 같다.

1 廣寒樓前烏鵲橋 吾是牽牛織女爾
광한루 앞 오작교에, 나는 견우요 너는 직녀로구나.

2 人生快事繡衣郞 月老佳緣紅粉妓
인간의 쾌사로다, 암행어사 수의 낭군은 월하노인 인연으로 홍분기와 맺음이라.

3 龍城客舍東大廳 是日重逢無限喜
용성객사 동대청에서 이날 다시 만났으니, 그 기쁨 한량없네.

4 南原冊房李都令 初見春香絶代美
남원 책방 이도령이 춘향 같은 절대 미색 처음 보니

5 三郎愛物此君誰 二仙瑤池淑香是

삼랑의 애물인들 그대보다 더할 텐가? 이선의 요지연 숙향이가 바로 너로구나.

6 吾年二八爾三五 桃李芳心媚春晷

내 나이 십육 세요 너는 십오 세라. 복사꽃 같은 고운 마음 봄빛을 희롱하네.

7 晴莎南陌欲抽綠 牧丹東籬方綻紫

남쪽 길에는 고운 잔디 파랗게 돋아나고, 이웃 담장에는 모란조차 빨갛게 피네.

8 繁華物色帶方國 是時尋春遊上巳

물색도 헌사로운 대방국 남원이요, 이때는 놀기 좋은 삼짇날이네.

9 紅羅繡裳草邊曳 白紵輕衫花際披

붉은 비단 수치마 풀밭에 살랑이고, 하얀 모시 얇은 적삼은 꽃결에 펄럭이네.

10 清溪夕陽蹴波燕 碧桃陰中香步蛙

맑은 시내 저녁 햇살 물 찬 제비요, 벽도화 그늘 속에 팔짝 뛰는 개구리라.

11 姑山處子惹香澤 玉京仙娥鳴佩玘

고선의 처자인 듯 향내 물씬 풍겨나고, 옥경의 선녀인 듯 패물 소리 찰랑이네.

12 蘭膏粉汗洗浴態 萬北寺前春水瀰

난초 같은 살결의 분내 나는 땀을 씻어내니, 만북사 앞 봄 물결도 넘실거리네.

13 玻瓈小渚顧影笑 雪膚花貌清而頍

유리 같은 물가에서 돌아보며 웃음 짓고, 눈결 같은 살과 꽃 같은 얼굴은 맑고도 고울시고.

14 慇懃腰下怕人見 水面嬌態蓮花似

허리 아래 남이 볼까 은근히 조심하니, 물에 뜬 예쁜 모습 연꽃과 같네.

15 香風一陣綠楊岸 復上鞦韆誇妙技

향기로운 바람이 버들둑에 불어오자, 또다시 그네 타고 묘한 재주 자랑하네.

16 青鸞飛動紫羅繡 百尺長繩紅纚纚

난새 무늬 붉은 비단 수를 놓아 날아 움직이니, 백 척 같은 긴 그넷줄 붉은빛 늘어졌네.

17 江妃踏波一身輕 月娥乘雲雙足跂

아황, 여영 물결을 밟듯이 몸도 가벼워, 항아가 구름 타듯이 발돋움하네.

18 尖尖寶襪似菰子 銜落枝邊高處蘂

뾰족하고 보배로운 외씨버선, 휘청이는 가지 끝에 떨어지는 꽃잎

19 桃花團月掩羅裙 萬目春城皆仰視

복숭아처럼 둥근 달 치마 밑에 숨었으니, 봄 성 안의 모든 사람 다 쳐다보네.

20 紅樓十載所未見 男子風情潛惹起

홍루 생활 십 년 만에 보지 못한 풍경이니, 남자의 정욕 슬며시 이는구나.

21 翩翩青鳥乍去來 整頓衣裳端正跽

파랑새 훨훨 날아 오가더니, 옷차림 정돈하고 단정하게 꿇어앉네.

22 櫻桃花下捲簾家 女曰無遐男曰唯

앵두꽃이 만발하고 주렴 거둔 집, 멀지 않다 말하니 알았다 하네.

23 鶯嗔燕猜路如絲 步踏溪邊青白芷

꾀꼬리 성낸 듯 제비도 시기하는 실 같은 길, 시냇가 푸르고 흰 길을 밟아 가네.

24 窓開紅杏碧梧庭 屛畵青山綠水沚

창을 여니 붉은 살구꽃 푸른 오동잎, 병풍에 청산과 녹수를 그렸네.

25 青帷紅燭洞房中 鏡臺粧奩何櫛枇

푸른 휘장 붉은 촛불 휘황한 방에, 경대와 화장대는 어찌 그리 즐비한가.

26 肴陳蔚饅爛登盤 酒熟壺春新上篚

진수성찬 안주는 소반에 넘쳐 나고, 새로 빚은 술은 병째로 내놓았네.

27 琉璃畫盞瑚珀臺 勸勸薑椒香蜜餌

유리잔을 호박 잔대에 받쳐 올리며 생강, 안주, 약과 권하고 또 권하네.

28 花牋書出不忘記 好約丁寧娘拜跪

화선지에 불망기를 써 주니 언약이 분명하여 절하고 꿇어앉네.

29 人間今夕問何夕 大禹塗山辛壬癸

인간세상 오늘밤은 어느 날인가? 하우씨가 도산으로 장가든 그날이라.

30 鴛衿栢枕次第鋪 繡帶花帷雜絲枲

원앙금침 펴고 잣베개를 깔고서, 수놓은 띠 꽃휘장은 명주와 삼이 섞였네.

31 三更釵股撲燈火 楚臺香雲浮夢裏

삼경에 불을 끄고 다리를 겹치니 양대(陽臺)의 구름이 꿈속에 두둥실 떴네.

32 吾心蝴蝶繞春花 爾意鴛鴦逢綠水

내 마음은 나비가 봄꽃을 휘감는 듯, 네 마음은 원앙이 푸른 물을 만난 듯.

33 童年風度濶手段 欲表深情何物以

어린 소년의 풍모라도 손이 커서 깊은 정을 무엇으로 표하려는가?

34 菱花玉鏡打撥金 竹節銀釵倭舘市

금으로 아로새긴 능화거울 둘로 깨어 간직하고, 왜관장의 대빗과 은비녀 구했네.

35 烏桐鐵柄統營刀 紫紬雲頭平壤履

오동 쇠자루 통영 은장도에 자줏빛 명주와 구름머리 평양 신발도 넘겨주네.

36 投之贈之少無惜 復恨金錢無億梯

이것 주고 저것 주며 아까운 줄 모르니 억만금 없는 돈이 다시 한스럽다.

37 男兒口情娶前妾 內衙時時誇伯娣

남아의 입버릇 장가 전에 축첩이라, 집안의 누이에게 때때로 자랑하네.

38 長長情緖絡兩身 笑說喬林縈葛藟

길고 긴 애정이 두 몸을 감았으니, 큰 나무에 칡넝쿨이 칭칭 감긴 형국이네.

39 春瓜苦滿北歸期 此日遽然離別禊

임기가 차서 서울로 돌아갈 날은 다가와, 오늘 갑자기 이별을 하게 되었네.

40 紅樽綠酒不成歡 一曲悲歌騰羽徵

술잔에 술 부어 마셔도 즐겁지 않고, 한 곡 슬픈 노래만이 구슬프게 울리네.

41 長城忍忘葛姬眼 濟州將留裵將齒

장성의 갈희를 차마 잊을 수 없고, 제주의 배비장을 만류하는 노래 부르네.

42 郎言別恨割肝腸 女道深恩銘骨髓

애간장 끊어진다 도령이 말을 하니, 깊은 은혜 골수에 새기겠다 춘향이 대답하네.

43 離筵相慰復相勉 爾言琅琅吾側耳

이별의 술자리에서 서로 위로하고 재회를 다짐하니, 네 낭랑한 말을 내 귀 기울여 듣네.

44 今歸洛陽好讀書 立身明廷終出仕

이제 서울에 돌아가면 부디부디 글 잘 읽어, 조정에 입신하여 벼슬길에 나아가소.

45 玆州太守或不能 此道監使猶可擬

이 고을의 태수가 아니라면, 이 도의 감사는 기대할 수 있겠지요.

46 分明他日好風吹 復墾陳田春草薙

앞날에는 좋은 바람 불 테니, 묵은 밭을 다시 갈고 봄풀을 베십시다.

47 臨分更有惜別意 戲談層生南俗俚

떨어지자니 다시 석별이 아쉬워 남방의 속된 사설 가진 잡담 나오네.

48 方壺大海涸生塵 白頭高山平似砥

넓은 바다에 물이 말라 먼지가 날고, 백두산 높은 봉이 갈아서 평지 되며,

49 屛風畫鷄拍翼鳴 公子歸般門外艤

병풍에 그린 닭이 날개 쳐 울면, 임 타고 오는 배 문 밖에 닿겠지요.

50 花樓春日上馬遲 回首蛟龍山磈礧
봄날 꽃 피는 다락이라 말에 오르기 더디고, 교룡산 바라보니 갈 길이 멀기도 하네.

51 征鞭不促北去路 歎息斜陽踰瑟峙
한양 가는 길을 채찍질로 재촉 않고, 석양에 탄식하며 슬치령을 넘어간다.

52 惘然歸坐洛中宅 注目南天窓每闢
망연자실 서울 집에 돌아와 앉아서는, 남녘 하늘 보느라고 매일 창만 여는구나.

53 音容黯黯斗峙雲 書信茫茫漢江鯉
두 치의 구름 속에 춘향 모습 어른거리고, 한강의 잉어는 서신조차 전하지 않네.

54 紅閨後約恐或晩 每日長安開墨壘
규방 여인과 맺은 기약 혹시나 늦을까, 날마다 서울에서 시회를 여는구나.

55 風騷句裡問宋玉 史記篇中談李悝
「시경」과 「이소」에서 송옥의 뜻을 찾고, 『사기』 속에서는 이리를 말하네.

56 春塘二月謁聖科 身作龍門九級鮪
춘당대서 2월에는 알성과를 보이는데, 몸은 용문 아홉 굽이를 오른 물고기.

57 東坡文體右軍筆 一天先場呈試紙
소동파의 문체에 왕우군의 필적으로, 그날로 제일 먼저 시지를 바쳤네.

58 文臣及第壯元郎 御酒恩花榮莫比
문신 급제한 장원랑에게 어사주와 어사화를 내리니 그 영화 비길 데 없네.

59 香名藉藉翰林召 敎坊群娥歌學士

명성도 자자하여 한림으로 부르시니, 교방의 기생들도 한림학사 노래하네.

60 芸臺華職拜正字 玉署淸班登校理

운대의 좋은 직책 정자를 받자옵고, 옥서의 맑은 벼슬 교리에 올랐다네.

61 平生所願輒如意 特除湖南新御史

평생에 원하던 바 뜻대로 이루어져, 호남의 새 어사로 특별히 제수받았네.

62 延英殿下肅拜歸 敦化門前啓行李

연영전 아래에서 숙배하고, 돈화문 앞에서 먼 길을 시작하네.

63 征驂躍出罷漏頭 此去南州幾百里

파루를 치자마자 말을 내달리니, 예서부터 남원까지 몇백리인가?

64 陽城稷山短長亭 草浦恩津深淺涘

양성 직산 크고 작은 객사를 거쳐, 초포와 은진의 깊고 얕은 물을 건너네.

65 完山客舍一宵枕 念外青蛾幾羅綺

전주 객사에서 하룻밤 잠을 잘 적에, 뜻밖에 기생들은 몇이나 되나.

66 公中得私此行色 地漸南時人漸邇

공무를 보는 중에 개인 일도 하려 하니, 남녘땅 가까우면 그리던 임도 가깝구나.

67 呼船急渡五阮溪 喚酒忙過獒樹坻

사공 불러 오원계를 급히 건너, 주모 불러 술 마시고 오수역을 바삐 지나네.

68 潛行弊衣等范叔 陸路無車山着樏

남루하게 차린 모양 범숙과 일반이라, 육로에는 수레 없고 산에서는 징신 신네.

69 官門消息問來人 有一田翁閑負耟

행인에게 관아 소식 물어보려 하니, 밭을 가는 늙은이는 한가로이 쟁기질하네.

70 新官城主太狂妄 其也佳人蟄萬死

신임 사또 너무도 망령 들어, 아름다운 아씨는 옥에 갇혀 만 번 죽었다오.

71 貞心守節以爲罪 一月官庭三次箠

곧은 마음 수절한다 죄를 삼아서, 한 달에 세 번이나 동헌 뜰에서 매질을 했소.

72 綠誰將作獄中鬼 可憎當年總角氏

누구를 위해 옥중 귀신 되려나, 얄밉구나 그때의 총각 놈이.

73 推之一事可知十 闔境之民同有庳

하나를 보면 열을 아는 법, 온 고을 백성 고생이 크네.

74 輪囷我膽强自制 睨視月梅心暗訾

뛰는 내 가슴 억지로 진정하고, 월매 심정이나 엿보러 가네.

75 花間柳邊路已慣 先訪粧閨舊基址

꽃 피고 버들 늘어진 길은 발에 익숙하고, 춘향 방을 먼저 찾으니 옛 모양 그대로네.

76 紗窓粉壁若箇邊 喚出阿娘老阿孁

사창분벽은 여기쯤에 있었는데, 향단이와 늙은 어미를 불러내네.

77 棲遑蹤跡使人侮 老婦尖脣如鳥觜

초라한 행색이 수모 받기 당연하니, 늙은 할미 뾰로통한 주둥이는 새 부리 같네.

78 公然愛女納圜扉 到此無人供瀡瀡
공연히 금지옥엽 딸을 옥에 가뒀지만, 이 지경까지 돌봐주는 이 하나 없다네.

79 蕭條數口不自糊 或向隣家掃糠粃
쓸쓸히 남은 식구 입에 풀칠도 어려워서 남의 집 돌면서 겨를 가져다 연명했다네.

80 奇祥泣說虺蛇夢 至情難堪牛犢舐
기이한 뱀 꿈으로 얻은 딸이라고 울면서 말하고, 어미 송아지 핥듯 기른 자식 견디기 어렵다 하네.

81 聞來不覺鼻孔酸 是誰之愆吾所使
듣고 나니 콧날이 시큰하네. 누구의 잘못인가 바로 나 때문이로구나.

82 無情有情獄門外 相面今宵第往矣
무정커나 유정커나 옥문 밖에서, 오늘밤에 만나 보려 한번 가보세.

83 鶉衣鷴冠一乞人 局束長腰行躭骳
누더기 옷 깨진 갓이 영락없는 걸인인데, 긴 허리 구부정이 하고 비틀비틀 가네.

84 徘徊門隙喚春香 對立黃昏摻玉指
배회하며 옥문 틈으로 춘향을 불러보니, 황혼녘에 마주 보며 섬섬옥수 잡았네.

85 凄涼身世爾何故 落魄行裝吾亦耻
처량한 너의 신세 대체 무슨 까닭이냐, 영락한 내 차림도 부끄럽다.

86 娉婷弱質只存殼 玉膚花貌如彼毁
가녀린 몸은 거죽만 남았고, 옥 같은 살결 꽃 같은 얼굴은 저렇듯 상했네.

87 千悲萬恨臆先塞 夫復何言時運否

천만 번을 한탄하나 가슴 먼저 답답하니, 무슨 말 다시 하랴 운수가 그런 것을.

88 搖搖病體依三木 泣說中間事終始

비틀비틀 병든 몸이 나무칼에 의지하여, 눈물을 섞어 가며 자초지종 말하네.

89 郎君去後小妾願 富貴南還日夜俟

낭군이 떠난 뒤로 소첩이 바라기는, 귀한 몸으로 돌아오길 날마다 기다렸소.

90 紅氍明月宰相門 食肉終身吾亦特

붉은 보료 위 밝은 달 뜬 정승 집에서, 종신토록 고기와 밥을 먹을 줄 나도 믿어 왔소.

91 前生作何至重罪 百殃纏身無一祉

전생에 무슨 중한 죄를 지었기에, 온갖 재앙 몸을 얽어 복을 얻지 못하였소.

92 如君才器此世界 弊袍南來實不揣

이 세상에서 낭군 같은 재간으로, 남루한 차림으로 오실 줄 정말 몰랐소.

93 華冠麗服倘無分 百結鶉衫半泥滓

사모관대 좋은 옷은 연분이 없다 한들, 누더기 적삼에 진흙이 묻어 있네.

94 誰令無罪致死地 卽今官司只貪鄙

무죄한 이 몸을 사지로 몬 것이 누구던가? 탐욕스럽고 비루한 지금 관장이라오.

95 劦民俱被剝膚患 廉恥渾忘飾簠簋

온 백성 살가죽을 벗겨내어, 염치없이 온갖 재물 장만하네.

96 張湯後身木强人 鍛鍊規模等鑪錘

장탕의 후신인가 뻣뻣한 저 인간은, 단련하는 솜씨가 쇠붙이 같네.

97 人情全沒對獄時 殘忍其心若豺兕

옥사를 처리할 땐 인정일랑은 전혀 없고, 잔인한 그 심술 승냥이 같네.

98 居然生慾有夫女 白日風稜肆姦宄

버젓이 유부녀에게 욕정을 품고서, 한낮에 바람 몰아치듯 제멋대로 겁탈을 하려 했소.

99 嚴威莫奪匹婦節 憤氣撑腸雙掌抵

지엄한 위세라도 필부의 절개를 빼앗지 못하니, 분기탱천하여 손뼉을 치면서,

100 如霜號令乳虎吼 彷彿盲人足踐屎

서릿발 호령은 어미 범이 울부짖듯, 제멋대로 날뛰기는 장님이 똥 밟은 듯

101 蜂飛邏卒袒裼來 無數中庭雁鶩峙

벌 떼 같은 나졸들이 웃통 벗고 달려들어, 뜰 가운데 기러기 떼처럼 수도 없이 섰네.

102 三稜棍朴積如山 檢杖聲中魂已褫

세 모서리 곤장 산더미처럼 쌓아두고, 곤장 치며 세는 소리에 혼백을 잃었다오.

103 柔皮軟骨暫時碎 滿脛瘡痕皆黑痕

고운 살결 약한 뼈가 잠깐 사이 부서지고, 종아리에 터진 상처 검은 멍이 들었다오.

104 梅樽日醉五斗酒 輒曰加刑不知止

매화주 닷 말씩을 마셔대다가, 문득문득 더욱 치라 하며 그칠 줄 모르네.

105 羅裳染盡杖頭血 暑月虫蛆生股髀

치마는 곤장 맞아 흘린 피로 다 젖었고, 여름이라 허벅지엔 벌레마저 생겼다오.

106 生於娼妓賤微地 非昧褰裳涉溱洧

미천한 창기 신분이나 치마 걷고, 진수와 유수를 건너는 간음을 하지 않았소.

107 方知烈女不更二 許身當初以死矢

열녀는 두 남편 섬기지 않음을 알기에, 임에게 허락할 제 죽음으로 맹세하였소.

108 投身湯鑊尙且丹 本性難回柳與杞

끓는 솥에 몸을 던질지라도 일편단심 변치 않으리니, 버드나무나 구기자처럼 본성을 돌릴 텐가?

109 村盲昨迅夜來夢 天命無常云顧諟

장님이 어젯밤 와서 해몽을 하였는데, 천명이 무상하니 굽어살피소서.

110 粧臺鏡破豈無聲 庭樹花飛應結子

화장대의 거울이 깨어지니 어찌 소리가 없으랴, 뜰에 핀 꽃 떨어졌으니 응당 열매가 맺히리라.

111 朝鮮通寶擲錢占 伏乞神明昭示俾

조선통보 엽전 던져 쳐 본 점은, 신명님께 빌기를 소상히 가르쳐 주옵소서.

112 重天乾卦動靑龍 貴人相逢云可企

‘중천건괘’라는 청룡이 움직이니, 귀인을 상봉하게 되리라 하였소.

113 浮雲千里遠外郞 不意今來逢尺咫

부운 천 리 밖에 멀리 계신 낭군님을, 오늘 지척에서 뜻밖에 만났네.

114 身今溘死更何恨 如服良劑痊宿痞

이 몸 지금 죽어도 무슨 한이 있으리, 좋은 약 먹고 묵은 병이 나은 듯하오.

115 間關行路得無飢 且留吾家歸莫駛

오시는 길에 배는 고프지 않았소? 우리 집에 머물고 쉬 돌아가지 마소서.

116 輕花寶裙置諸篋 蘇合香囊藏在匭

꽃인 양 곱고 값진 치마 상자 안에 두었으며, 소합향 주머니 궤 속에 들어 있소.

117 呼吾老母向市賣 一飯宜炊廚下錡

내 어머니더러 장에 가서 팔아다가, 아궁이에 불 지펴서 밥 지어 달라 하소.

118 明朝本府壽宴開 醉後狂心應不罷

내일이면 본관사또 생일잔치 열릴지니, 취하면 미친증이 나서 그냥 두지 않으리다.

119 如將瘡上復加杖 此身分明塵土委

상처 난 부위에 다시 곤장 맞게 되면, 이 몸은 분명 진토에 버려져 죽을 것이오.

120 須從拿路護我械 一番生前頭角掎

끌려가는 시신 뒤따라 형틀을 잡고서, 생전에 못 거둔 머리채나 한번 거두어 주오.

121 初終斂襲以郎手 埋骨荒原爲作誄

낭군님 손으로 염습하여 초종상을 마쳐 주고, 산언덕에 뼈를 묻고 뇌사(誄詞)를 지어 주오.

122 剛腸自以丈夫許 聽此不覺胸如燬

철석같은 심장이라 자부한 몸이건만, 이 말 듣자 흉중에서 불길이 일어나네.

123 心中切齒黑倅罪 封庫來朝可擠彼

속으로 이를 갈며 원의 죄상 낱낱이 꼽으며, 내일은 봉고파직해 저놈을 잡으리라.

124 娘家是夜伴燈宿 蕭瑟虫聲壁間嘻

춘향 집에서 이날 밤 등촉을 벗 삼아 자니, 쓸쓸한 벌레 소리만 벽 틈에서 울 뿐이라.

125 天明府庭果開宴 紅紬黃衫萬舞比

동이 트자 남원부 뜰에는 과연 잔치판이 벌어져, 붉은 명주 노란 적삼 온갖 춤판 벌어졌네.

126 腥鱗白膾蓼川魚 珍果紅登燕谷市

비린 물고기 새하얀 회는 요천의 물고기인가, 연곡 시장의 붉은 과일 탐스럽네.

127 㦸花簇簇八蓮開 水卵團團棊子纍

종이꽃 송이송이 여덟 줄기 연꽃 되고, 수란은 동글동글 바둑알을 쌓아놓은 듯.

128 盃樽餘瀝醉飽心 逐臭諸人等舐痔

술독의 남은 술 취하도록 마시고 싶어, 냄새 맡고 찾아온 이들 치질 핥아주듯 하네.

129 欄頭任實縣監憑 楹角淳昌郡守倚

난간에는 임실현감 앉고, 기둥 옆엔 순창군수 기대어 있네.

130 安知竈突火暗燃 鷰賀中堂歡未已

큰 일이 닥쳐올 줄 어찌 알리요, 대청에서는 하례하며 환희가 끝이 없네.

131 公門以外乞食客 襤褸衣巾來自垝

공청문 밖 걸식객이 누더기를 걸치고서 무너진 담을 넘어 오네.

132 綿絲一絇亂結冠 草履雙綦半掛趾

무명실로 갓끈 하여 매고서 짚신 두 켤레를 반허리에 매었네.

133 低回末席故頦頤 意中秋鷹將獵雉

낮은 자리 말석에서 턱을 괴고 앉았으니, 가을하늘 새매가 꿩 잡을 마음을 품었네.

134 平原門下笑躄姬 復見樽前傳酒婢

평원군 문하에서 절름발이 비웃은 여자인 듯하더니, 다시 보니 술 나르는 계집종이네.

135 殘盃冷炙草待接 彷彿村氓浮鬼庋

먹다 남은 술과 식은 안주로 푸대접하니, 촌사람이 귀신 쫓는 제상과 흡사하네.

136 躬逢勝餞豈不謝 一聯新詩藏奧旨

융숭한 대접 받고 사례인사 없을쏘냐, 시 한 수 읊어내니 깊은 뜻을 감추었네.

137 千人有淚燭燃蠟 萬姓無膏樽泛蟻

천 사람의 눈물은 타는 밀랍의 촛물이요, 만백성의 여윈 모습은 술단지에 구물대는 개미 떼 같네.

138 雲峰營將獨有眼 見水能知沙岸圮

운봉영장만이 시를 보는 눈이 있어, 물줄기를 보고 모랫둑이 터질 것을 알았네.

139 長風一陣自飣來 意外玄門馬牌捶

한바탕 긴 바람 잔치판에 불어오니, 뜻밖에도 북문에서 마패를 앞세우고 나타났네.

140 青坡驛卒大呌入 暗行使道臨於此

청파 역졸 소리 지르며 들어오고 암행어사 이미 임석하였네.

141 晴天無乃霹靂動 四座蒼黃風下靡

마른하늘에 벽력이 진동하니, 사방에 앉은 손님 바람결에 쓰러진다.

142 爭投窓隙倒着冠 或蹴盃樽忙失匕

갓은 거꾸로 쓰고 창틈에 몸을 박고, 혹 술잔을 차고 혹 수저를 놓치네.

143 風威高動執斧虎 主官翻同牢下豕

위풍도 당당하여 도끼 잡은 호랑이라, 본관사또 우리 안의 돼지처럼 끌어낸다.

144 群鷄叢裡降仙鶴 高踞中軒一交椅

닭 무리 가운데 선학이 내려선 듯, 동헌의 높은 교자에 걸터앉았네.

145 三盃藥酒進次第 八帖銀屛列逶迤

약주 삼배 차례대로 올리는데, 여덟 폭 은병이 죽 둘러쳐 있네.

146 綿裘竹纓去無痕 犀帶烏紗俄忽侈

누더기 같은 솜옷과 갓끈은 흔적도 없고, 사모관대 어느새 갖추었네.

147 瀛洲十閣坐仙官 栢府威儀冠以豸

영주산 열 누각에 신선이 앉은 듯, 위엄 있고 늠름한 어사대의 의관이네.

148 軍牢使令走如飛 卽地風威生倍蓰

군노 사령은 나는 듯 분주하니, 평지에 바람일 듯 위풍은 당당하네.

149 官員奔竄左右徑 妓女俯伏東西戺

좌우의 관원은 지름길로 도망치고 동서쪽 뜰에는 기생들이 엎드렸네.

150 倉羊邑犬亦戰股 疑是昆陽雨下溢

넋 잃은 양과 개가 사지를 떨며 오줌 싸니 곤양 땅에 거센 비 내리 듯하네.

151 便宜南邑處置事 先屆封章呈玉几

남원 고을 대소사를 마땅하게 처리하고, 봉장 써서 임금님께 올리네.

152 張綱直聲動洛陽 伏波神威震交趾

장강의 곧은 소리 낙양을 움직이고, 마복파(馬伏波)의 위엄이 교지 땅에 떨친 듯하네.

153 烹阿舊律本官罪 無異秦嬰繫頸軹

본관사또 죄를 아태부의 구율로 다스리니 진영의 갓끈으로 목을 맨 것과 다름없네.

154 如何無罪久滯囚 當刻圜墻其禁弛

죄없는 백성 감옥에 오래 가두랴? 지금 당장 죄수를 풀어주라 하네.

155 圜墻玉娘忽官階 小庭花陰未暇徙

감옥의 춘향을 섬돌 앞에 데려오니, 작은 뜰 꽃그늘에서 걸음을 옮기지 못하네.

156 桁楊接摺使齒決 衆妓尖脣穿似蘗

형틀의 칼을 이로 물어 풀라 하니, 뭇 기생들 입을 모아 삐죽이고 수군대네.

157 如痴如夢喜不勝 未覺中階迎倒屣

꿈결이라 멍한 듯 기쁨을 못 감추며 층계를 오르면서 신발 거꾸로 신은 줄도 모르네.

158 千般好官別星我 九死餘生佳妓儞

천만 번 좋은 벼슬인 어사또가 나이고, 죽다가 살아남은 아리따운 기생이 너여라.

159 雙龍畫帖半月梳 十二雲鬟催櫛縰
쌍룡 화첩의 반달빗으로, 치렁치렁 타래머리는 빗질을 재촉하네.

160 誰知昨暮丐乞行 飛上公堂官爵救
어제저녁 걸인 행색을 어찌 알았으며, 공청에 올라앉자 벼슬아치로 다스리게 될 줄 누가 알았으랴?

161 京師去時一總丱 白皙踈眉玉色玭
한양 땅 떠날 때의 총각이 아름답고 훤칠한 옥색빛이 나는구나.

162 東軒資婢極可嗤 兩班書房其樂只
동헌의 계집종들 정말 얄미웁지만, 양반 서방 만나니 그것이 다만 즐겁네.

163 粧樓光彩一時生 卽日歡聲動南紀
기생집이 일시에 광채 나니, 그날의 탄성 소리 남녘땅을 진동한다.

164 油然笑靨淺深情 請量東溟波瀰瀰
벙글벙글 웃는 보조개 깊은 정은 동해바다 물로나 헤아리겠네.

165 從今妓籍割汝名 百年吾家歸奉匜
이제부터 기적에서 네 이름을 삭제하고 평생을 우리 집 받들게 하리라.

166 禾花寶紬裂爲帶 卽羽輕紗縫作被
값지고 좋은 비단 찢어서 띠를 만들고, 날개인 양 가벼운 비단 이불 만들었네.

167 珠欄玉簾所居室 復欲西郊營好畤
구슬발과 주란을 거실에 쳐놓고, 다시 서교에 나가 밭이나 갈며 사세.

168 官廳支廳六時饍 跪進珍羞烹野麃

관청 지청 육시에 음식 대고, 진수성찬 들노루를 무릎 꿇어 올리네.

169 淸醪樽上泛葡萄 甘蜜盃中和薏苡

맑은 술독에 포도를 띄워 놓고, 벌꿀 탄 술잔에는 율무를 넣었네.

170 絲絲細切鎭安草 分付官奴其貢底

잘디잘게 썰어 놓은 진안 담배, 관노에게 분부하여 잘 바치라 하네.

171 三門外街沸如羹 六房陰囊撑似枳

삼문 밖 거리는 국 끓는 듯하고, 육방들의 음낭은 탱자같이 팽팽하네.

172 如天驛路路文飛 有女同車歸竝軌

한양 가는 역로에는 노문이 날아오고, 여자 함께 수레 타고 돌아가네.

173 雙轎靑帳半空擧 兩耳生風驪綠駬

쌍가마 푸른 장막 반공에 휘날리고, 두 귀에 바람이 일도록 말은 달리네.

174 吹鑼六騎響前後 淸道雙旂影旖旎

육기의 나팔소리 앞뒤에 요란한데, 행차길 알리는 쌍 깃발은 팔랑팔랑.

175 監官色吏設供帳 座首軍校執鞭弭

감관과 아전들은 공물을 차려놓고, 좌수와 군교는 채찍을 잡았네.

176 長韁短轡夾路馳 使客之行卿相儗

긴 재갈 짧은 고삐로 길을 끼고 달리고, 어사또 행차를 고을마다 준비하네.

177 花客之女玉貌郎 望若神仙同渡泚

꽃 같은 여인에 옥 같은 사내, 두 신선이 강을 건너듯이 함께 가네.

178 傾城傾國月梅女 百譽喧喧無一譭

경국지색 월매 딸이라고 아무리 자랑해도 뉘 하나 험담하는 이 없네.

179 夫人貞烈好加資 敎旨踏下金泥璽

정렬부인이란 좋은 가자(加資) 교지가 내렸는데 금도장이 찍혔네.

180 床琹竝和室家慶 拜謁廟堂祖考妣

부부가 화락하니 집안의 경사요, 사당에 나아가 조부모를 뵈었네.

181 銀臺玉堂貴閥女 同姓同門作妯娌

은대 옥당 지낸 귀한 집 딸, 동성 동문에서 동서로 맞게 되네.

182 門楣亦高老嫗家 孝誠堪稱同虎帷

문설주 역시 높은 할미의 집 딸이라, 효성이 호유와 같다 칭할 만하네.

183 纖葱玉手坐無事 不使春田勞採芑

옥결같은 고운 손으로 큰 일 없이 지내니, 봄날의 나물 캐는 수고가 없네.

184 盈盈玉粒共案食 分命家奴田器庤

흰쌀밥 한 밥상에서 먹으며, 종 불러 농기구 쌓아 두라 분부하네.

185 金屛內室貯紅玉 門對終南石磈硊

금병풍 친 내실에는 홍옥을 쌓아 두고, 문은 바위가 솟은 남산을 마주하였네.

186 能文又是等薛濤 尤物元非似妹嬉

훌륭한 글솜씨는 설도와도 같고, 빼어난 미인이나 말희와는 전혀 다르네.

187 春花秋月合歡酒 玉壺金甁釀墨秠

꽃 피는 봄과 달 뜨는 가을이면 합환주를 즐기려고, 금옥 술동이에 기장 술 빚었네.

188 泉源淇水不盡思 時望南湖頻陟圯

고향과 부모 생각 다하질 못하여 때때로 고향땅 그리며 언덕에 오르네.

189 嬌姿爾有笑中香 貴格吾誇眉上痏

고운 자태의 너는 웃음 속 향기요, 귀한 품격의 나는 눈썹 위의 사마귀라.

190 蛾眉好砂誥軸峰 人賀先山山峛崺

아미산 같은 눈썹 모양은 고축봉 같고, 사람들은 선산이 좋아 둥글둥글 산모양이네.

191 宜春進士女僧歌 佳約何年逢杜渼

의춘 진사의 여승가며, 가약 맺은 두미를 어느 해나 만나려나.

192 狂心好色世或譏 度外讒言同伯嚭

미친 마음이요 호색한이라 세인이 기롱할까, 뜻밖에 참소의 말 백비처럼 지키네.

193 當來好爵領議政 不羨區區楚司烜

다가올 높은 벼슬 영의정이니, 구차한 초나라 사훤 벼슬 부럽지 않네.

194 星山玉春縐無色 嘗得櫻脣甘似酏

성산과 옥춘 갑자기 곱지 않아 뵈니, 일찍 얻은 앵도 같은 입술은 단술 같은 맛이네.

195 清霄東閣樂鍾鼓 遲日南園採芣苢

맑은 밤에는 사랑에서 금슬좋게 음악을 즐기고, 해 긴 날에는 앞뜰에서 질경이를 캐네.

196 朝雲可愛還相隨 孟光甘心共耘耔

사랑스런 조운이가 나를 따르고, 맹광은 기꺼이 함께 밭을 가는 듯.

197 醫娥棉婢愧欲死 檀屑氷床輕步躧

의아와 면비는 부끄러워 죽고 싶겠지. 당나무 위에 낀 성애가 춤추듯 사뿐이 가네.

198 先稱絡桃花不發 更詠周詩江有汜

먼저 붉은 복숭아꽃이 피지 않는다 말하면, 시경에 사수강이 있다고 다시 노래하리.

199 奇談秪可詠於歌 異蹟堪將繡之梓

기이한 사연 노래로 부를 만하고, 이채로운 사적은 책으로 꾸미지 않고는 견딜 수 없네.

200 騷翁爲作打鈴辭 好事相傳後千祀

내가 이를 위해 타령사를 지었으니, 아름다운 이 이야기 천 년까지 전해지리.

남원고사

권지일

텬하명산(天下名山) 오악지즁(五岳之中)에 형산(衡山)이 놉고 놉다. 당시졀(唐時節)의 졀문 즁이 경문(經文)이 능통(能通)ᄒᆞ므로 뇽궁(龍宮)의 봉명(奉命)ᄒᆞ고, 셕교상(石橋上) 느즌 봄바람의 팔션녀(八仙女) 희롱(戲弄)ᄒᆞᆫ 죄(罪)로 환싱인간(還生人間)ᄒᆞ여 츌댱입상(出將入相)타가 ᄐᆡᄉᆞ당(太師堂) 도라들 졔, 뇨됴졀ᄃᆡ(窈窕絶代)드리 좌우(左右)의 버러시니. 난양공쥬(蘭陽公主), 영양공쥬(英陽公主), 딘칙봉(秦彩鳳), 가츈운(賈春雲), 계셤월(桂蟾月), 젹경홍(狄驚鴻), 심요연(沈裊烟), 빅능파(白凌波)와 슬커졍 노니다가 산종일셩(山鐘一聲)의 ᄌᆞ든 ᄭᅮᆷ ᄭᆡ거다. 아마도 셰샹명니(世上名利)와 비우희락(悲憂喜樂)이 이러ᄒᆞᆯ가 ᄒᆞ노ᄆᆡ라.

청ᄋᆡ조운남니샹(淸靄朝雲南里上)의 니화방초(梨花芳草) 고든 길의 쳥녀완보(青藜緩步) 드러가니, 산여옥셕층층닙(山如玉石層層立)의 만학군봉(萬壑群峰) 쇼ᄉᆞ 잇고, 쳔ᄉᆞ쥬분졈졈비(川似珠粉點點飛)의 빅도뉴쳔(百道流川) 기러 잇다. 층암졍슈졀벽간(層巖淨水絶壁間)의 져 골 ᄭᅬᄭᅩ리 종달ᄉᆡ는 셕양쳥풍(夕陽淸風) 플플 날고, 만학젹

---

1 텬하명산(天下名山) … ᄒᆞ노ᄆᆡ라: 이 대목은 「구운몽(九雲夢)」을 소재로 한 사설시조에서 차용. 오악지즁(五岳之中): 중국의 오대 명산인 태산(泰山), 화산(華山), 형산(衡山), 항산(恒山), 숭산(嵩山) 중. 3 봉명(奉命): 임금이나 윗사람의 명령을 받듦. 4 츌댱입상(出將入相): 문무를 함께 갖추어, 밖에 나가서는 장수가 되고, 조정에 들어와서는 재상이 되어 나라에 기여함. 5 뇨됴졀ᄃᆡ(窈窕絶代): 요조한 숙녀와 절대의 미인. 즉, 현숙하고 아름다운 여인. 11 청ᄋᆡ조운남니샹(淸靄朝雲南里上): 맑은 아지랑이에 아침 구름이 낀 남쪽 동리 위.

천하의 명산 오악 중에서도 형산이 가장 높다. 당나라 시절의 젊은 중이 경전에 능통하였기에 스승의 명을 받아 용궁에 다녀오다가 석교상 늦은 봄바람에 팔선녀 희롱한 죄로 환생하여 속세에서 장수와 정승으로 지나다가 태사당을 돌아들 때, 아름다운 숙녀들이 좌우에 벌여 있다. 난양공주, 영양공즈, 진채봉, 가춘운, 계섬월, 적경홍, 심요연, 백능파와 실컷 노닐다가 산 속의 종소리 한 번에 자던 꿈을 깨어 버렸네. 아마도 세상의 명리와 비우희락은 이러한가 하노매라.

맑은 아지랑이에 아침 구름이 낀 남쪽 마을의 배꽃 피고 향내 나는 풀들 사이의 곧은길로 명아주 지팡이를 짚고 느린 걸음으로 들어가니, 옥돌로 깎은 듯 층층한 산에는 수많은 골짜기와 봉우리가 솟아 있고, 맑은 모래가 붉은 분처럼 점점이 흩어진 계곡 사이에는 곳곳에서 흘러들어온 시냇물이 길게 뻗어 있다. 층암절벽 사이에는 저 골 꾀꼬리와 종달새가 석양의 청풍 속에 펄펄 날고, 많고 많은 골짜기 속 고요하고 깊은 골에는 귀촉도 불여귀

12 쳥녀완보(靑藜緩步): 명아주 지팡이를 짚고 여유 있게 걷는 모양. 산여옥셕층층닙(山如玉石層層立): 산이 마치 옥돌을 깎아 세운 듯 층층이 벌여 서 있음. 13 쳔ᄉᆞ쥬분졈졈비(川似珠粉點點飛): 개울물은 구슬방울이 점점이 흩날리는 것 같음. 원문의 '쳥ᄉᆞ'는 '쳔ᄉᆞ'로 바로잡았음. 14 빅도뉴쳔(百道流川): 여러 갈래의 물이 한데 합쳐져 흐르는 시내. 층암졍슈졀벽간(層巖淨水絶壁間): 층층의 바위에 맑은 물이 흐르는 절벽 사이.

요(萬壑寂寥) 깁흔 골의 귀쵹도(歸蜀道) 불여귀(不如歸)라 두견(杜鵑)ᄉᆡ 슬피 울고, 무심ᄒᆞᆫ 져 구름은 봉봉(峰峰)이 걸녀ᄂᆞᆫᄃᆡ, ᄇᆡᆨ댱뉴ᄉᆞ징요쉬(百丈游絲爭繞樹ㅣ)라 나무마다 얼의엿고, ᄉᆡᆨᄉᆡᆨ(色色)이 붉은 ᄭᅩᆺ촌 골골마다 영롱(玲瓏)ᄒᆞ니, 일군교됴공졔홰(一群嬌鳥共啼花ㅣ)라 가지가지 낭ᄌᆞ(狼藉)ᄒᆞ다. ᄒᆡᆼ진쳥계불견인(行盡淸溪不見人)은 무릉도원(武陵桃源)이 어ᄃᆡ메뇨? 만학쳔암쇄모연(萬壑千巖鎖暮煙)을 낙이산즁(樂易山中) 니러ᄒᆞᆯ가? 벽도화(碧桃花) 쳔년(千年) 봄은 풍결ᄌᆞ(風結子)의 프르럿고, 한가(閑暇)ᄒᆞ다 츈산계화졈졈홍(春山桂花點點紅)의 붉어시니 방장(方丈), 봉ᄂᆡ(蓬萊) 어ᄃᆡ메오? 영쥬 삼산(瀛洲三山)이 여긔로다. 요간부상삼ᄇᆡᆨ쳑(遙看扶桑三百尺)의 금계졔파일륜홍(金鷄啼罷日輪紅)은 지쳑(咫尺)일시 분명分明)ᄒᆞ다. 오초(吳楚)ᄂᆞᆫ 어이ᄒᆞ여 동남(東南)으로 터져 잇고, 건곤(乾坤)은 무삼 일노 일야(日夜)의 써잇ᄂᆞ니, 강안(江岸)의 츈롱(春濃)ᄒᆞ니 황금(黃金)이 쳔편(千片)이오, 노화(蘆花)의 풍긔(風起)ᄒᆞ니 ᄇᆡᆨ셜(白雪)이 일장(一丈)이라.

창오모운월쳔츈(蒼梧暮雲越天春)의 잠연낙목(潛煙落鶩) 경(景)도 죠타. 무산십이(巫山十二) 놉흔 봉(峰)은 구름 밧긔 쇼ᄉᆞ 잇고, 동졍칠ᄇᆡᆨ(洞庭七百) 너른 물은 하늘과 ᄒᆞᆫ빗치라. 망망평호(茫茫平湖) 가

---

2 ᄇᆡᆨ댱뉴ᄉᆞ징요쉬(百丈游絲爭繞樹ㅣ)라: 백 길이나 되는 아지랑이는 다투어 나무를 죽 둘러싸고 있음이라. 당나라 노조린(盧照隣)의 「장안고의(長安古意)」에서 차용. 4 일군교됴공졔홰(一群嬌鳥共啼花ㅣ)라: 한 떼의 교태로운 새들이 꽃을 에워싸고 함께 지저귀네. 5 ᄒᆡᆼ진쳥계불견인(行盡淸溪不見人): 맑은 계곡을 다 지나가도록 사람이 보이지 않을 정도로 한적함. 6 만학쳔암쇄모연(萬壑千巖鎖暮煙): 수많은 골짜기의 푸른 이끼 낀 바위는 저녁 안개에 잠겨 있음. 원문의 '쳥암'은 '쳔암'으로 바로잡았음. 7 낙이산즁(樂易山中): 산 속에서 자연을 통해 즐겁고 평안한 마음을 지님. 8 풍결ᄌᆞ(風結子): 버드나무. 또는 '중결ᄌᆞ(重結子)'의 잘못으로 보아서, 반도중결ᄌᆞ(蟠桃重結子)인 '복숭아'를 뜻한다고 보기도 함. 츈산계화졈졈홍(春山桂花點點紅)의 붉어시니: 봄 산의 계수나무는 점점마다 붉어 있으니. 10 요간부

라 두견새가 슬피 운다. 무심한 저 구름은 봉우리마다 걸렸는데, 백 길이나 되는 아지랑이는 나무마다 열려 있고 색색이 붉은 꽃은 골짜기마다 영롱하니, 한 떼의 교태로운 새들이 꽃을 에워싸고 함께 지저귀는 소리가 가지마다 낭자하다. 맑은 계곡이 다하도록 사람은 없고 적막하니 무릉도원이 어디인가? 수많은 계곡 푸른 바위에는 저녁 안개가 잠겨 있으니 산중에 사는 즐거움이란 이러한 것인가? 천년마다 피는 벽도화의 봄기운은 버드나무에 푸르렀고, 한가한 봄 산 계수나무 꽃은 점점이 붉어 있으니 방장산과 봉래산이 어디인가? 영주 삼신산이 여기로다. 해 뜨는 부상 삼백 척을 멀리서 바라보니 천상 금계의 울음소리 그치자 해가 붉게 떠오르니 지척임이 분명하다. 오나라와 초나라는 어찌하여 동남으로 갈라져 있고, 하늘과 땅은 무슨 일로 밤낮으로 떠 있느냐? 강 언덕에 봄빛이 무르익으니 황금 같은 꾀꼬리 수천 마리가 무리지어 날아들고, 누하에서 바람이 일어나니 흰 꽃잎은 백설처럼 휘날려 겹겹이 쌓이는구나.

창오산 저녁 구름과 월나라의 봄날 안개 속에 내려앉는 오리떼의 경치도 좋다. 무산 십이 높은 봉우리는 구름 밖에 솟아 있고, 동정 칠백 리 넓은 물은 하늘과 같은 빛이라. 망망하고 잔잔

상삼빅쳑(遙看扶桑三百尺): 저 멀리 있는 삼백 척이나 되는 해 뜨는 부상(扶桑)을 살펴봄. **금계졔파일륜홍**(金鷄啼罷日輪紅): 천상에 산다는 금계(金鷄)의 울음소리가 그치자 해가 붉게 떠오름. 원문의 '졔타'는 '졔파'로 바로잡았음. 11 **오초**(吳楚)는 **어이ᄒᆞ여 동남**(東南)**으로 터져 잇고**: 오나라와 초나라는 어찌하여 동쪽과 남쪽으로 갈라져 있고 '오초(吳楚)는 … 일야(日夜)의 써잇ᄂᆞ니'는 두보(杜甫)의 「등악양루(登岳陽樓)」에서 차용. 14 **노화**(蘆花)**의 풍긔**(風起)**ᄒᆞ니 빅셜**(白雪)**이 일장**(一丈): 갈대꽃에 바람이 스쳐 지나가니 백설이 길게 휘날림. 원문의 '누하'는 '노화'로 바로잡았음. 16 **창오모운월쳔츈**(蒼梧暮雲越天春): 해질녘의 창오산 구름과 월나라의 맑은 봄날. **잠연낙목**(潛煙落鶩): 저녁 연기 속에 내려앉는 오리떼. 원문의 '낙무'는 '낙목'으로 바로잡았음.

논 빈는 범녀(范蠡)의 오호쥬(五湖舟)오, 평ᄉ십니(平沙十里) 나논 식는 셔왕모(西王母)의 쳥됴(靑鳥)로다. 강안비회초월조(江岸徘徊楚越烏)는 옥누쳥풍(玉樓淸風) 물가마다 한가(閑暇)로히 안ᄌ 잇고, 산토황금진졉잉(山吐黃金秦接鶯)은 쳥포세류(靑圃細柳) 두던 우희 비거비릭(飛去飛來) 왕닉(往來)ᄒ니. 원상한산셕경ᄉ(遠上寒山石徑斜)는 니젹션(李謫仙)의 일흥(一興)이오, 쇼쇼낙목귀마슈(蕭蕭落木歸馬愁)는 빅낙천(白樂天)의 유취(遺趣)로다. ᄌ미동남션아유(紫薇東南仙娥遊)는 날과 몬져 노랏노라.

이런 경ᄀ(景槪) 다 본 후(後)에 어ᄃ메로 가잣 말고? 산(山)은 쳡쳡(疊疊) 쳔봉(千峰)이오, 슈(水)는 잔잔(潺潺) 벽계(碧溪)로다. ᄀ암층층졀벽간(奇巖層層絶壁間)의 폭포쳥파(瀑布淸波) ᄶ러지고, 힝심일경(行尋一徑) 빗긴 길에 창송(蒼松)은 울울(鬱鬱), 벽도화(碧桃花) 난만즁(爛漫中)의 ᄭᅩᆺ 속의 잠든 나뷔 ᄌ최 소릭의 펄펄 날고, 노화홍요(蘆花紅蓼) 젹막(寂寞)ᄒᆫᄃ, 아희야, 무릉(武陵)이 어ᄃ메니? 도원(桃園)이 여긔로다. 화간졉무분분셜(花間蝶舞紛紛雪)의 류상잉비편편금(柳上鶯飛片片金)이라. 도원도리편시츈(桃園桃李片時春)은 어이 그리 슈히 가노? 우양(牛羊)은 하산(下山)ᄒ여 외양을 ᄎᄌ가고, 숙됴(宿鳥)는 죽지 ᄶ고 군비투림(群飛投林)ᄒ는고나. 삼간초옥(三間草屋) 젹막(寂寞)ᄒᆫᄃ 일편싀문(一片柴門) 다ᄃ두고,

---

1 **범녀(范蠡)의 오호쥬(五湖舟)**: 범여는 초나라 재상으로 월왕(越王) 구천(句踐)을 도와 오왕(吳王)인 부차(夫差)를 항복시키고, 후에는 오호(五湖)에 배를 띄워 은둔하였음. 2 **강안비회초월조**(江岸徘徊楚越烏): 강 기슭을 오가는 해오라기. 원문의 '초월오'는 '초월조'로 바로잡았음. 4 **산토황금진졉잉**(山吐黃金秦接鶯): 산은 마치 황금 같은 꾀꼬리들을 토해냄과 같음. 5 **원상한산셕경ᄉ**(遠上寒山石徑斜): 저 멀리 한산의 비탈진 자갈길을 올라감. 두목(杜牧)의 시 「산행(山行)」에서 차용. 6 **니젹션**(李謫仙): 중국 당나라의 시인 이백(李白)으

한 호수 위로 가는 배는 범여의 오호주요, 평사십리에 나는 새는 서왕모의 청조로다. 강가를 배회하는 해오라기는 시원한 바람이 부는 물가 옥루 위에 한가로이 앉아 있고, 산에서 토해내는 황금 같은 꾀고리는 강언덕에 장막을 친 듯한 버들가지 위로 날아서 왕래하네. 비탈진 자갈길 따라 먼 산을 오르는 것은 이적선이 누리던 한바탕의 흥겨움이요, 나뭇잎 쓸쓸히 떨어지는데 말을 타고 수심 젖어 돌아가는 것은 백낙천이 남긴 취흥이로다. 자미궁 동남쪽의 항아 선녀는 나와 먼저 즐겼구나.

이런 경개 다 본 후에 어디로 가잔 말인가? 산은 첩첩한 천 개의 봉우리요, 물은 잔잔한 푸른 시내로다. 기암 층층 절벽 사이로 푸른 폭포수는 떨어지고, 비탈길 사이로 들어가니 비스듬한 길에 푸른 소나무는 빽빽하네. 벽도화가 흐드러지게 핀 중에 꽃 속에서 잠들었던 나비는 자취 소리에 펄펄 날아가고, 갈대꽃과 붉은 여뀌는 적막하니, 아이야, 무릉이 어디냐? 도화원이 여기로다. 꽃 사이에 나는 나비는 흩날리는 눈과 같고 버들 위에 나는 앵무새는 금빛 조각들이 휘날리는 것과 같네. 동쪽 정원에 핀 복사꽃과 배꽃은 한때의 봄을 맞아 어찌 그리 쉽게 가는가? 소와 양은 하산하여 외양을 찾아가고, 자러 가는 새는 죽지 끼고 떼 지어 숲을 찾아가는구나. 세 칸 초가는 적막한데 한쪽 사립문을 닫아둔 채, 흰 달빛

로, 신선이라는 뜻의 '이적선(李謫仙)'이라고도 불렸음. 쇼쇼낙목귀마슈(蕭蕭落木歸馬愁): 쓸쓸히 떨어지는 나뭇잎 속에 말을 타고 근심스럽게 되돌아감. 7 즈미동남션아유(紫薇東南仙娥遊): 자미궁 동남쪽에 있던 선녀인 항아(姮娥)와 즐김. 12 힝심일경(行尋一徑) 빗긴 길: 한 갈래 비탈진 길로 찾아감. 14 노화홍요(蘆花紅蓼): 갈대꽃과 붉은 여뀌. 15 화간졉무분분셜(花間蝶舞紛紛雪): 꽃 사이 춤추는 나비는 눈처럼 흩날림. 16 류상잉비편편금(柳上鶯飛片片金): 버들 위에 나는 앵무새는 금조각과 같음.

니화월ᄇᆡᆨ(梨花月白) 붉은 날의 두견셩즁(杜鵑聲中) 홀노 안ᄌᆞ, 칠현금(七絃琴) 빗기 안고 쳔니고인(千里故人) ᄉᆡᆼ각ᄒᆞ니, 산댱슈원(山長水遠) 먼나믄ᄃᆡ 안졀어침(雁絶魚沈) 더욱 셜다.

오동츄야(梧桐秋夜) 붉은 달과 호졉츈풍(胡蝶春風) 긴긴 날의 산가촌젹(山歌村笛)을 「어부ᄉᆞ(漁父詞)」로 화답(和答)ᄒᆞ고, 일엽어션(一葉漁船) 흘니져어 장강어ᄉᆞ(長江漁師) 긴 낙ᄃᆡ로 낙조강노(落照江路) 빗겻ᄂᆞᆫᄃᆡ, ᄌᆞᄆᆡᆨ풍진(紫陌風塵) 미친 ᄀᆡ별(寄別) 산간어옹(山間漁翁) ᄂᆡ 몰ᄂᆡ라. 은닌옥쳑(銀鱗玉尺) ᄊᆡ노ᄂᆞᆫᄃᆡ 야슈강텬(夜水江天) ᄒᆞᆫ빗치라. 거구셰린(巨口細鱗) 낙가ᄂᆡ니 송강노어(松江鱸魚) 불얼쇼냐. 십니사장(十里沙場) 나려가니 ᄇᆡᆨ구비거(白鷗飛去)ᄲᅮᆫ이로다.

쥭댱망혜단표ᄌᆞ(竹杖芒鞋簞瓢子)로 쳔니강산(千里江山) 드러가니, 만학쳔봉(萬壑千峰) 구름 쇽의 초옥싀문(草屋柴門) 도라드러, 금셔쇼일(琴書消日)ᄒᆞᄂᆞᆫ 곳의 유쥬영쥰(有酒盈樽)ᄒᆞ여셰라. 댱가단젹(長歌短笛) 두셰 곡의 일ᄇᆡ일ᄇᆡ(一杯一杯) 부일ᄇᆡ(復一杯)라. 퇴연옥산(頹然玉山) 취(醉)ᄒᆞᆫ 후(後)의, 셕두한팀(石頭寒枕) 잠을 드러 학녀일셩(鶴唳一聲) ᄭᆡ다ᄅᆞ니 계월삼경(桂月三更)ᄲᅮᆫ이로다. 고거ᄉᆞ마(高車駟馬) ᄯᅳᆺ이 업고 미쥬가효(美酒佳肴) 흥(興)이 난다. 송단ᄎᆡ지(松壇採芝) 노ᄅᆡᄒᆞ고 셕젼츈우(石田春雨) 밧출 가

---

2 **산댱슈원**(山長水遠): 산수가 멀리 이어짐. 즉, 멀리 떨어져 있음을 이르는 말. 3 **안졀어침**(雁絶魚沈): 날아가던 기러기는 사라지고 물고기는 물속에 잠김. 6 **장강어ᄉᆞ**(長江漁師): 장강의 어부. 원문의 '장장'은 '장강'으로 바로잡았음. 7 **ᄌᆞᄆᆡᆨ풍진**(紫陌風塵): 서울 큰 거리의 잡스런 일. 13 **만학쳔봉**(萬壑千峰): 첩첩이 겹쳐진 깊고 큰 골짜기와 수많은 산봉우리. 14 **유쥬영쥰**(有酒盈樽): 항아리엔 향기로운 술이 가득함. 16 **퇴연옥산**(頹然玉山): 용모가

이 배꽃을 비추는 밝은 날에 두견새 소리 속에 홀로 앉아, 칠현금 비껴 안고 천 리 밖의 옛사람을 생각하니, 산장수원 머나먼데 기러기는 사라지고 물고기조차 물속에 잠겨 더욱 서럽도다.

오동추야 밝은 달과 봄바람에 나비 나부끼는 긴긴 날에 산촌의 노랫소리와 피리소리를 「어부사」로 화답하네. 한 조각 어선을 흘려 저으며 장강 어부는 긴 낚싯대로 석양 속을 비껴 저어가니, 저잣거리의 잡스런 기별은 산속의 어부와는 상관 없는 일이네. 은빛 비늘 반짝이는 물고기가 뛰노는데 밤의 강물은 하늘과 같은 빛이라. 입 크고 비늘 작은 물고기를 낚아내니 송강의 농어가 부럽겠는가. 십 리나 되는 모래밭으로 내려가니 흰 갈매기만 날아올 뿐이로다.

대나무 지팡이에 짚신 신고 표주박 하나 차고 천 리 강산을 찾아가니, 만학천봉 구름 속의 초가집 사립문을 돌아들어, 거문고 타고 책 읽으며 소일하는데 항아리에는 술도 가득하네. 긴 노래 짧은 피리소리 두세 곡을 연주하며 한 잔 또 한 잔을 들이킨다. 옥산이 무너지듯 취한 후에 돌베개 베고 잠이 들었다가 학 울음소리에 놀라 깨니 밤이 깊어 밝은 달뿐이네. 귀한 이들이 타는 수레에는 뜻이 없으나 맛있는 술과 좋은 안주에는 흥이 난다. 상산사호처럼 소나무 언덕에 올라 채지곡을 노래하고 봄비 내린

아름다운 사람이 취한 모습. 원문의 '퇴헌'은 '퇴연'으로 바로잡았음. 셕두한팀(石頭寒枕): 돌머리를 베개로 삼음. 18 고거ᄉᆞ마(高車駟馬): 거개(車蓋)가 높은 수레와 네 마리의 말이 끄는 수레. 즉, 귀한 신분의 사람이 타는 수레를 이름. 19 송단치지(松壇採芝) 노리ᄒᆞ고: 소나무 언덕에서 채지조(採芝操)를 부름. 원문의 '숑단'은 '송단'으로 바로잡았음.

니, 당우텬지(唐虞天地) 이 아니며 갈텬민인(葛天民人) 나쁜이라. 등동고이셔쇼(登東皐以舒嘯)ᄒᆞ고 림쳥류이부시(臨淸流而賦詩)로다. 남젼곡식(南田穀食) ᄆᆡ리 업고 운ᄌᆡ고산(雲在高山) 시비(是非) 업다. 셰상영욕(世上榮辱) 다 바리고 물외강산(物外江山) 오며 가며 일ᄃᆡ계산(一帶溪山) 젹막(寂寞)ᄒᆞᆫᄃᆡ 셕조강어(夕釣江魚)쁜이로다. 범범창파(泛泛蒼波) 이 ᄂᆡ 흥(興)을 녹녹셰인(碌碌世人) 졔 뉘 알니. 쳔ᄌᆡ만ᄌᆡ(千載萬載) 억만ᄌᆡ(億萬載)를 여ᄎᆞ여ᄎᆞ(如此如此) 늙으리라.

이 셰상(世上)의 ᄆᆡ오 이상(異常)ᄒᆞ고 신통(神通)ᄒᆞ고 거록ᄒᆞ고 긔특(奇特)ᄒᆞ고 ᄑᆡᆨ려(悖戾)ᄒᆞ고 ᄆᆡᆼ낭(孟浪)ᄒᆞ고 희한(稀罕)ᄒᆞᆫ 일이 잇것다.

젼라도(全羅道) 남원부ᄉᆞ(南原府使) 니등ᄉᆞ또(李等使道) 도임시(到任時)의 ᄌᆞ졔(子弟) 니도령(李道令)이 년광(年光)이 십뉵셰(十六歲)라. 얼골은 딘유ᄌᆞ(陳孺子)오, 풍ᄎᆡ(風采)ᄂᆞᆫ 두목지(杜牧之)라. 문댱(文章)은 니태ᄇᆡᆨ(李太白)이오, 필법(筆法)은 왕희지(王羲之)라. ᄉᆞ또(使道) ᄉᆞ랑이 ᄐᆡ과(太過)ᄒᆞ여, 도임초(到任初)의 ᄎᆡᆨ방(冊房)의 기ᄉᆡᆼ(妓生) 슈쳥(守廳) 드리ᄌᆞ ᄒᆞ니 ᄉᆡᆨ(色)의 상(傷)ᄒᆞᆯ가 념녀(念慮)ᄒᆞ고, 통인(通引) 슈쳥(守廳) 너ᄎᆞᄒᆞ니 용의(容儀) 골가 념녀(念慮)ᄒᆞ여, 관속(官屬)의게 분부(吩咐)ᄒᆞ되,

"ᄎᆡᆨ방(冊房)의 만일 기ᄉᆡᆼ슈쳥(妓生守廳)을 드리거나, 반반ᄒᆞᆫ 통인(通引) 슈쳥(守廳)을 드리ᄂᆞᆫ 폐(弊)가 잇시면, 너희를 잡ᄋᆞ드려 뉴월도(六月桃) ᄊᆡ를 ᄯᅮᆯ고 왼 호쵸(胡椒)를 박으면 웃고 죽으리라!"

---

1 **당우텬지**(唐虞天地): 이상적인 태평시대, 즉 요순의 시절을 가리킴. **갈텬민인**(葛天民人): 중국 태고 때의 제(帝) 갈천씨(葛天氏) 시대의 백성. 2 **등동고이셔쇼**(登東皐以舒嘯): 동쪽 언덕에 올라서 휘파람으로 노래를 부름. **림쳥류이부시**(臨淸流而賦詩): 맑은 시냇물 가에서 놀며 시를 읊조리고 즐김. 3 **운ᄌᆡ고산**(雲在高山): 높은 산에 걸려 있는 구름. 6 **녹녹셰인**(碌碌世人): 빈둥거리며 살아가는 세상 사람. 7 **여ᄎᆞ여ᄎᆞ**(如此如此) **늙으리라**: 44쪽의 '산

자갈밭 매며 살아가니, 태평 천지를 즐기던 갈천씨의 백성이 바로 나 자신이라. 동쪽 언덕에 올라 휘파람을 불고 맑은 시냇가에서 시를 읊으며 살아가리. 남쪽 밭의 곡식은 김맬 이가 없고 구름 낀 높은 산에는 걱정거리가 없네. 세상 영욕을 다 버리고 강산을 오고 가며 한 줄기 시냇물이 감돌아 흐르는 적막함 속에서 저녁 낚시를 할 뿐이로다. 넓은 물과 푸른 파도 속의 이내 흥을 빈둥거리는 세상사람들이야 누가 알리. 천년만년 억만년을 이렇게 늙으리라.

이 세상에 매우 이상하고 신통하고 거룩하고 기특하고 뒤틀리고 맹랑하고 희한한 일이 있겄다.

전라도 남원부사 이등사또 도임할 때 자제 이도령의 나이는 열여섯이라. 얼굴은 진유자요, 풍채는 두목지라. 문장은 이태백이요, 필법은 왕희지와 같은지라. 사또가 사랑함이 지나쳐서, 도임 초에 책방에 기생 수청을 들이자 하니 색에 상할까 염려되고, 통인 수청을 넣자 하니 용모가 상할까 염려되어, 관속에게 분부하되,

"책방에 만일 기생으로 수청을 들이거나, 반반한 통인 수청을 들이는 폐단이 있으면, 너희들을 잡아들여 복숭아뼈를 뚫고 진한 후추를 박아 넣으면 미쳐 웃으며 죽으리라!"

(山)은 쳡쳡(疊疊) 쳔봉(千峰)이오'부터 이 부분까지는 「강촌별곡(江村別曲)」, 「처사가(處士歌)」, 「낙빈가(樂貧歌)」 등에서 차용. 9 픽려(悖戾)ᄒᆞ고: 언행이 도리에 어긋나며 성질이 거칠고. 13 딘유ᄌᆞ(陳孺子): 한나라 진평의 자. 고조(高祖)의 모사(謀士)가 되어 천하를 평정한 공로로 곡역후(曲逆侯)가 되었음. 17 용의(容儀) 골가 념녀(念慮)ᄒᆞ여: 용의가 상할까 염려하여. 20 뉴월도(六月桃) 쌔: 복숭아뼈. 21 왼: 순도가 높아 매운.

이러틋 분부(吩咐)를 지엄극악(至嚴極惡)키 ᄒᆞ니, 엇던 녁젹(逆賊)의 아들놈이 술찐 암캉아지 ᄒᆞ나히나 ᄎᆡᆨ방(冊房) 근쳐(近處)의 보ᄂᆡ리오?

ᄎᆡᆨ방슈쳥(冊房守廳)을 드리되 귀신(鬼神) 다 된 아ᄒᆡ놈을 드리거다. 상모(相貌)를 녁녁(歷歷)히 쓰더보니, ᄃᆡ고리ᄂᆞᆫ 북통 ᄀᆞᆺ고, 얼골은 밀ᄆᆡ판 ᄀᆞᆺ고, 코ᄂᆞᆫ 어러쥭은 초빈(草殯) 쥴기만 ᄒᆞ고, 넙은 귀가지 도라지고, 눈구멍은 총구멍 갓ᄒᆞ니 깁던지 마던지, 이 달의 울일이 이시면 ᄂᆡ월(來月) 초ᄉᆡᆼ의 눈물이 밋쳣다가 스므날졍게 되여야 낙누(落淚)ᄒᆞ고, 얽던지 마던지 얽은 구멍에 탁쥬(濁酒) 두 푼어치 부어도 잘 ᄎᆞ지 아니ᄒᆞ고, 몸집은 동ᄃᆡ문(東大門) 안 인졍(人定)만 ᄒᆞ고, 두 다리ᄂᆞᆫ 휘경원(徽慶園) 졍ᄌᆞ각(丁字閣) 기동만 ᄒᆞ고, 킈ᄂᆞᆫ 팔쳑댱신(八尺長身)이오, 발은 계요 ᄀᆡ발만 ᄒᆞᆫᄃᆡ 종아리ᄂᆞᆫ 비상(砒霜) 먹은 쥐다리 ᄀᆞᆺᄒᆞ니, 바람 부ᄂᆞᆫ 날이면 간드렝 간드렝 ᄒᆞ다가 된통 바람이 부ᄂᆞᆫ 날이면 각금 낙셩(落傷)ᄒᆞᄂᆞᆫ 아희놈을 명ᄉᆡᆨ(名色)으로 슈쳥(守廳)을 드리니. ᄂᆡ도령(李道令)이 ᄎᆡᆨ방(冊房)의 홀노 안ᄌᆞ 탄식(嘆息)ᄒᆞᄂᆞᆫ 말이,

"셰사(世事)를 솜솜 헤ᄋᆞ리니 묘창ᄒᆡ지일쇽(渺蒼海之一粟)이라. 남기라도 은ᄒᆡᆼ목(銀杏木)은 ᄌᆞ웅(雌雄)으로 마조 셔고, 물이라도 음양슈(陰陽水)ᄂᆞᆫ 격(格)을 ᄎᆞᄌᆞ 도라들고, ᄉᆡ라도 원앙조(鴛鴦鳥)ᄂᆞᆫ 웅비ᄌᆞ종(雄飛雌從) 나라들고, 풀이라도 화반초(草)ᄂᆞᆫ ᄉᆞ시장츈(四時長春) 마조 나고, 돌이라도 망쥬셕(望柱石)은 둘이 셔셔 마조 보고,

6 밀ᄆᆡ판: 밀 맷돌질을 할 때 바닥에 까는 방석. 평퍼짐하고 넓적한 모습을 비유. 초빈(草殯): 임시로 관을 이엉이나 짚으로 덮어 두는 일, 또는 그렇게 만든 무덤. 가매장하는 것으로 '가빈(家殯)'이라고도 함. 원문의 '초빙'은 '초빈'으로 바로잡았음. 12 비상(砒霜): 비석(砒

이렇듯이 분부를 지엄 극악하게 하니, 어떤 역적의 아들놈이 살찐 암캉아지 한 마리나 책방 근처에 보내리오?

책방에 수청을 들이되 귀신 다 된 아이놈을 들이것다. 모습을 자세히 뜯어보니, 대가리는 북통 같고, 얼굴은 밀매판 같고, 코는 얼어 죽은 시체를 덮어놓은 풀 줄기만 하고, 입은 귀까지 돌아가 있고, 눈구멍은 총구멍 같아서 깊든지 말든지, 이 달에 울 일이 있으면 다음 달 초승에 눈물이 맺혔다가 스무 날쯤 되어야 떨어지고, 얽든지 말든지 얽은 구멍에는 탁주 두 푼어치를 부어도 잘 차지 아니하고, 몸집은 동대문 안의 인정 치는 큰 종간 하고, 두 다리는 휘경원 정자각 기둥만 하고, 키는 팔 척이나 되는 장신이나, 발은 겨우 개발만 한데 종아리는 비상 먹은 쥐다리 같아, 바람 부는 날이면 간드렝 간드렝 하다가 된통 바람이 부는 날이면 가끔 넘어져 다치는 아이놈을 명색으로 수청을 들이네. 이도령이 책방에 홀로 앉아 탄식하는 말이,

"세상일을 곰곰이 생각해 보니 이 몸은 넓은 바다의 좁쌀 한 알과 같음이라. 나무라도 은행목은 암수가 마주 서고, 물이라도 음양수는 격식을 찾아 돌아들고, 새라도 원앙새는 암컷이 수컷을 따라 날아들고, 풀이라도 화반초는 사철 중에서도 긴 봄에 마주 나고, 돌이라도 망주석은 둘이 서서 마주보고, 원앙새는 연

石)을 태워서 만든 독약. 17 묘창히지일쇽(渺蒼海之一粟): 넓은 바다의 좁쌀 한 알. 인간 존재의 보잘것없음을 비유. 소동파의 「전적벽부(前赤壁賦)」에서 차용. 18 남기라도: 나무라도. 20 웅비즈종(雄飛雌從): 수컷이 날면 암컷이 따라다님.

원앙지상냥냥비(鴛鴦池上兩兩飛)오, 봉황누하쌍쌍되(鳳凰樓下雙雙跳ㅣ)라. 날즘싱도 쌍(雙)이 잇고 길버러지도 짝이 잇고, 헌 고리도 짝이 잇고 헌 집신도 짝이 잇네. 나는 어인 팔ᄌᆞ(八字ㅣ)완ᄃᆡ 어졔밤도 ᄉᆡ오잠 ᄌᆞ고, 오날밤도 ᄉᆡ오잠 ᄌᆞ고, ᄆᆡ양 장상(長常) ᄉᆡ오잠만 ᄌᆞ노? 엇던 부모(父母)ᄂᆞᆫ ᄌᆞ부(子婦) 어더 아들 낫코 ᄯᆞᆯ을 나하 닙장츌가(入丈出嫁) 시긴 후(後)의, 아들의 숀ᄌᆞ(孫子) ᄯᆞᆯ의 숀ᄌᆞ(孫子) 안고 자고 ᄌᆡ롱(才弄) 보고, 엇던 부모(父母)ᄂᆞᆫ 쥬변이 업고 마련이 업고 된 데가 업서, 다만 ᄌᆞ식(子息) 나 ᄒᆞ나 두고 청츈이십(青春二十) 당(當)ᄒᆞ도록 독슉공방(獨宿空房) 시기ᄂᆞᆫ고? ᄎᆞᆷ아 설워 못 살깃다!"

이러트시 탄식(嘆息)ᄒᆞ며 시절(時節)을 도라보니 ᄯᅢ맛ᄎᆞᆷ 삼츈(三春)이라. 초목군ᄉᆡᆼ지물(草木群生之物)이 ᄀᆡ유이ᄌᆞ락(皆有而自樂)이라. 썩갈남긔 속닙 나고 노고질이 놉히 썻다. 건넌 산(山)의 아ᄌᆞ랑이 씨이고 잔ᄯᅴ잔ᄯᅴ 속닙 나고, 달바조 찡찡 울고, 삼년(三年) 묵은 말가족은 외용죄용 쇼ᄅᆡᄒᆞ고, 션동아(先童兒) 군복(軍服)ᄒᆞ고 거동ᄎᆞᆷ네(擧動參禮) ᄒᆞ라 가고, 청ᄀᆡ고리 신(新)상토 ᄶᆞ고 동ᄂᆡ 얼운 ᄎᆞᄌᆞ보고, 괴양이 셩젹(成赤)ᄒᆞ고 ᄉᆡ집가고, 암ᄭᅴ 셔답 ᄎᆞ고 월후(月候)ᄒᆞ고, 너구리 넛숀ᄌᆞ(孫子) 보고 두겁이 외숀ᄌᆞ(外孫子) 보고, 다람이 용ᄀᆡ치고 과부(寡婦) 기지ᄀᆡ 켤 졔, 니도령(李道令)의 ᄆᆞ음이 흥글항글ᄒᆞ여 불승탕정(不勝蕩情)이라. 산쳔경ᄀᆡ(山川景槪) 보려 ᄒᆞ고 방ᄌᆞ(房子) 불너 분부(吩咐)ᄒᆞᄃᆡ,

---

1 원앙지상냥냥비(鴛鴦池上兩兩飛): 원앙은 연못 위에서 짝지어 날고. 봉황누하쌍쌍되(鳳凰樓下雙雙跳ㅣ)라: 봉황은 누각 아래서 쌍쌍이 뛰놀더라. 4 장상(長常): 한결같이, 언제나. 5 닙장츌가(入丈出嫁): 장가들이고 시집을 보냄. 9 독슉공방(獨宿空房): 부부가 서로 떨어져 있어 여자가 남편 없이 혼자 지냄을 뜻함. 11 초목군ᄉᆡᆼ지물(草木群生之物): 초목과 모든 생물. ᄀᆡ유이ᄌᆞ락(皆有而自樂): 각기 스스로 즐김이 있음. 13 달바조: 달바자. 즉, 달풀로

못 위에서 짝을 지어 날고, 봉황새는 누각 아래서 쌍쌍이 뛰어논다. 날짐승도 쌍이 있고 길벌레도 짝이 있고, 헌 고리도 짝이 있고 헌 짚신도 짝이 있네. 나는 어떤 팔자라서 어젯밤도 새우잠 자고, 오늘밤도 새우잠 자고, 매일 한결같이 새우잠만 자나? 어떤 부모는 며느리를 얻어 아들 낳고 딸을 낳아 장가들이고 시집을 보낸 후에, 아들의 손자와 딸의 손자 안고 자고 재롱 보고, 어떤 부모는 주변이 없고 마련이 없고 된 데가 없어, 다만 자식 나 하나만 두고 청춘 이십이 다 되도록 홀로 빈방만 지키게 만드는가? 차마 서러워 못 살겠다!"

이렇듯이 탄식하며 시절을 돌아보니 때마침 삼월 봄날이라. 초목과 모든 생물들은 스스로 즐기고 있다. 떡갈나무에는 속잎이 나고 노고지리는 높이 떴다. 건너편 산에는 아지랑이가 끼고 잔디잔디마다 속잎이 나고, 달풀 울타리는 쨍쨍거리며 울어대고, 삼 년 묵은 말가죽은 외용죄용 소리하고, 선동아는 군복 입고 임금님 나들이에 구경 가고, 청개구리는 새 상투 틀고서 동네 어른 찾아보고, 고양이는 화장을 하고 시집가고, 암캐는 서답 차고 월경을 하고, 너구리는 누이의 손자 보고 두꺼비는 외손자 보고, 다람쥐는 용두질을 하고 과부는 기지개 켤 제, 이도령의 마음이 홍글항글하여 방탕한 마음을 이길 수 없음이라. 산천 경개를 보려 하고 방자 불러서 분부하되,

엮어 만든 울타리. 14 **말가족**: 말가죽으로 메운 장고. 15 **거동춤녜**(擧動參禮): 임금의 바깥 행차에 구경을 하러 감. 16 **셩젹**(成赤): 혼인 의례 때 신부가 얼굴에 분을 바르고 연지와 곤지를 찍어 꾸미는 일. **셔답 추고**: 개짐을 차고. 즉, 월경대를 차고. 17 **넛숀즈**(孫子): 누이의 손자. 18 **다람이 용기치고**: 다람쥐가 용두질하고. 19 **불승탕졍**(不勝蕩情): 방탕한 마음을 이길 수 없음.

"이 고을 구경쳐(求景處)가 어듸어듸 유명(有名)ᄒᆞᆫ다?"

방ᄌᆞ(房子) 엳ᄌᆞ오되,

"무숨 경(景)을 보랴 하오? 힝힝졈졈졍환ᄉᆞ(行行點點整還斜)ᄒᆞ니 욕하한공슉난시(欲下寒空宿暖沙ㅣ)라. 괴득편번이별안(怪得翩翻移別岸)ᄒᆞ니 촉조인어격노홰(軸轤人語隔蘆花ㅣ)라. 평ᄉᆞ낙안(平沙落雁) 경(景)이오니 이를 구경(求景)ᄒᆞ랴 ᄒᆞ오?

힝쥬ᄆᆡᄀᆡᆨᄉᆞ아동(行舟賈客似兒童)ᄒᆞ니 향화인인걸슌풍(香火人人乞順風)을. 뇌시호신능범응(賴是湖神能泛應)ᄒᆞ니 중범ᄌᆡ거각셔동(衆帆齊擧各西東)을. 원포귀범(遠浦歸帆) 경(景)이오니 이를 구경(求景)ᄒᆞ랴 ᄒᆞ오?

풍엽노화슈국츄(楓葉蘆花水國秋)ᄒᆞ니 일강풍우쇄편쥬(一江風雨灑扁舟)를. 쳔년고범무인도(千年孤帆無人渡)ᄒᆞ니 단근창오원야슈(旦近蒼梧怨夜愁)라. 쇼상야우(瀟湘夜雨) 경(景)이오니 이를 구경(求景)ᄒᆞ랴 ᄒᆞ오?

반희초ᄀᆡᆨ삼경혼(班姬招客三更昏)ᄒᆞ니 만경츄광범소되(萬頃秋光汎素濤ㅣ)라. 호상(湖上)의 슈가취철젹(誰家吹鐵笛)인가? 벽쳔무졔안항

---

3 **힝힝졈졈졍환ᄉᆞ**(行行點點整還斜): 줄지어 점점이 날다가 비껴 날기도 하더니. 원문의 '경한ᄉᆞ'는 '졍환ᄉᆞ'로 바로잡았음. 4 **욕하한공슉난시**(欲下寒空宿暖沙ㅣ)라: 추운 하늘에서 내려와 따뜻한 모래밭에서 자려고 하네. 원문의 '슈원시라'는 '슉난시라'의 잘못으로 보아 바로잡았음. **괴득편번이별안**(怪得翩翻移別岸): 이상하게도 펄펄 날아 다른 언덕으로 옮겨감. 원문의 '편만이'는 '편번이'로 바로잡았음. 5 **촉조인어격노홰**(軸轤人語隔蘆花ㅣ)라: 갈대꽃 건너에서 뱃사람 말소리 들리기 때문이라. 원문의 '격격홰'는 '격노홰'로 바로잡았음. 7 **힝쥬ᄆᆡᄀᆡᆨᄉᆞ아동**(行舟賈客似兒童): 배 타고 다니는 장사꾼들은 아이와 같음. **향화인인걸슌풍**(香火人人乞順風): 향불 피우고 모두 순풍을 빔. 원문의 '힝화'는 '향화'로 바로잡았음. 8 **뇌시호신능범응**(賴是湖神能泛應): 수신이 기도에 능히 응해 줄 것에 힘입음. **중범ᄌᆡ거각셔동**(衆帆齊擧各西東): 여러 돛단배가 일제히 각기 동서로 건넘. 원문의 '풍범'은 '중범'으로, '슈져'는 '각셔'로 바로잡았음. 9 **원포귀범**(遠浦歸帆): 먼 포구로 돌아오는 배. 이상은 소상팔경의 하

“이 고을의 구경처가 어디어디 유명한가?”

방자가 여쭈오되,

“무슨 경치를 보려 하오? 줄지어 점점이 날기도 비껴 날기도 하더니 추운 하늘에서 내려와 따뜻한 모래밭에서 자려고 하네. 이상하게도 펄펄 날아 다른 언덕으로 옮아감은 갈대꽃 건너에서 들리는 뱃사람 말소리 때문이라. 모래밭에 열 지어 내려앉는 기러기의 경치가 있으니 이를 구경하려 하오?

배로 다니는 장사꾼들은 아이와 같아 향불 피워놓고 모두 순풍을 기원하네. 호수의 신령이 기도에 응해 주기에 돛단배들은 일제히 각자 동서로 건너네. 먼 포구로 돌아오는 배의 풍경이 있으니 이를 구경하려 하오?

단풍잎 물들고 갈대꽃 피니 물의 고장에 가을이 들고 강에는 비바람 몰아쳐 조각배로 흩날리네. 천년 외로운 배는 이어져 있건만 건너는 사람이 없으니 창오산이 가까운지 시름겨운 밤이 원망스럽네. 소상강에 밤비 내리는 풍경 있으니 이를 구경하려 하오?

반희가 손님 불러 밤은 깊어 가는데 수많은 이랑의 가을빛은 하얀 파도 위에 떠 있네. 호숫가 뉘 집에서 쇠피리 브는가? 푸른

나. 11 **풍엽노화슈국츄**(楓葉蘆花水國秋): 단풍잎 물들고 갈대꽃 피니 물의 고장에 가을이 들고. 「소상팔경」의 ‘소상야우(瀟湘夜雨)’에서 차용. **일강풍우쇄편쥬**(一江風雨灑扁舟): 온 강에 비바람 몰아쳐 조각배에 흩뿌림. 원문의 ‘ᄉ편쥬’는 ‘쇄편쥬’로 바로잡았음. 12 **쳔년고범무인도**(千年孤帆無人渡): 천년이나 된 외로운 배가 이어져 있는데 건너는 사람이 없음. 원문의 ‘청년’은 ‘쳔년’으로 바로잡았음. **단근창오원야슈**(旦近蒼梧怨夜愁): 다만 창오산이 가까운지 시름겨운 밤이 원망스러움. 13 **쇼상야우**(瀟湘夜雨): 소상강에 내리는 밤비. 소상팔경의 하나. 15 **반희초긱삼경혼**(班姬招客三更昏): 반희가 손님을 불러 한밤중은 어두워 감. **만경츄광범소되**(萬頃秋光汎素濤 l)라: 만 이랑 가을빛이 흰 파도에 떠 있음이라. 16 **호상**(湖上)의 **슈가취철적**(誰家吹鐵笛): 호숫가 뉘 집에서 쇠피리를 부는가? 원문의 ‘슈취철젹’은 ‘슈가취철젹’으로 바로잡았음. **벽쳔무졔안항고**(碧天無際雁行高 l)라: 푸른 하늘 끝없그 기러기 떼만 높이 날아가네. 원문의 ‘벽연’은 ‘벽쳔’으로 바로잡았음.

괴(碧天無際雁行高ㅣ)라. 동졍츄월(洞庭秋月) 경(景)이오니 이를 구경(求景)ᄒᆞ랴 ᄒᆞ오?

낙일간간함원슈(落日看看銜遠岫)ᄒᆞ고 귀조인인상한정(歸潮咽咽上寒汀)을. 어인거입노화설(漁人去入蘆花雪)ᄒᆞ니 슈졈취연만긩쳥(數點炊煙晚更晴)을. 어촌낙됴(漁村落照) 경(景)이오니 이를 구경(求景)ᄒᆞ랴 ᄒᆞ오?

류서비공욕하지(柳絮飛空欲下遲)ᄒᆞ니 매화낙지역다지(梅花落地亦多姿ㅣ)라. 일쥰ᄎᆞ진강루쥬(一樽且盡江樓酒)ᄒᆞ니 간도ᄉᆞ옹권도시(看到蓑翁捲釣時)라. 강텬모셜(江天暮雪) 경(景)이오니 이를 구경(求景)ᄒᆞ랴 ᄒᆞ오?

막막평림취애한(漠漠平林聚靄寒)ᄒᆞ니 누ᄃᆡ은조격나환(樓臺隱釣隔羅紈)을. 하당권지풍취거(何當捲地風吹去)오 환아왕가착ᄉᆡᆨ산(還我王家着色山)을. 산시쳥남(山市晴嵐) 경(景)이오니 이를 구경(求景)ᄒᆞ랴 ᄒᆞ오?

일폭단쳥젼불봉(一幅丹青展不封)ᄒᆞ니 슈ᄒᆡᆼ슈묵담환농(數行水墨淡

---

1 동졍츄월(洞庭秋月): 동정호의 가을달. 소상팔경의 하나. 3 낙일간간함원슈(落日看看銜遠岫): 지는 해는 어느덧 먼 산굴로 들어감. 원문의 '관관'은 '간간'으로 바로잡았음. 귀조인인상한정(歸潮咽咽上寒汀): 밀려오는 조수는 철썩철썩 찬 물가로 오름. 원문의 '귀호'는 '귀조', '한종'은 '한정'으로 바로잡았음. 4 어인거입노화설(漁人去入蘆花雪): 어부는 눈처럼 흰 갈대 속으로 사라져 감. 원문의 '노화소'는 '노화설'로 바로잡았음. 슈졈취연만긩쳥(數點炊煙晚更晴): 두어 줄기 밥 짓는 연기만 지는 노을에 더욱 푸르러 보임. 5 어촌낙됴(漁村落照): 어촌에 지는 해. 소상팔경의 하나. 7 류서비공욕하지(柳絮飛空欲下遲): 버들개지 허공에 날아 느릿느릿 내려오는 듯함. 원문의 '류져'는 '류서'로 바로잡았음. 매화낙지역다지(梅花落地亦多姿ㅣ)라: 매화꽃은 땅에 떨어져도 역시 자태가 고움이라. 원문의 '가화'는 '매화', '다식'는 '다지'로 바로잡았음. 8 일쥰ᄎᆞ진강루쥬(一樽且盡江樓酒): 강촌 누각에서 술만 한 동이 다하도록 마심. 원문의 '일슌ᄎᆞ도강무쥬'는 '일쥰ᄎᆞ진강루쥬'로 바로잡았

하늘 끝없는데 기러기만 무리지어 높이 날아가네. 동정호의 가을 달 경치가 있으니 이를 구경하려 하오?

지는 해는 어느덧 먼 산굴로 들어가고 밀려오는 조수는 철썩철썩 찬 물가로 오르네. 어부는 눈같이 하얀 갈대 속으로 사라져가고 두어 줄기 밥 짓는 연기만 지는 노을에 더욱 짙푸르네. 어촌에 해가 지는 경치이오니 이를 구경하려 하오?

버들개지 허공에 날아 느릿느릿 내려오는 듯 매화꽃은 땅에 떨어져도 자태가 곱네. 강촌 누각에서 술만 한 동이 다하도록 마시다 도롱이 걸친 어옹이 낚싯줄 거둘 때를 보게 되네. 강천에 눈 내리는 경치가 있으니 이를 구경하려 하오?

아득히 넓은 수풀에 푸른 안개는 차가운데 누대는 비단같이 은은히 펼쳐진 안개 너머에 있네. 어떻게 하면 안개를 걷어가는 바람이 불어 우리 왕가의 채색으로 그린 산을 되돌려줄까? 산골 마을의 맑은 바람이 부는 경치이오니 이를 구경하려 하오?

한 폭 단청을 펼쳤다가는 봉하지 않아 두어 줄 수묵이 엷어졌

음. **간도ᄉᆞ옹권도시**(看到蓑翁捲釣時): 도롱이 걸친 어옹이 낚싯줄 거둘 때를 봄. 원문의 '관도ᄉᆞ옹'는 '간도ᄉᆞ옹'으로 바로잡았음. 9 **강텬모셜**(江天暮雪): 강천에 내리는 눈. 소상팔경의 하나. 11 **막막평림취애한**(漠漠平林聚靄寒): 아득히 넓은 수풀에 푸른 안개가 차가움. 원문의 '가련'은 '애한'으로 바로잡았음. **누ᄃᆡ은조격나환**(樓臺隱釣隔羅紈): 누대는 비단같이 은은히 펼쳐진 안개 너머에 있음. 원문의 '초격나침'은 '조격나환'으로 바로잡았음. 12 **하당권지풍취거**(何當捲地風吹去): 어떻게 하면 안개를 걷어가는 바람이 불어서. 원문의 '하상'은 '하당'으로 바로잡았음. **환아왕가착식산**(還我王家着色山): 우리 왕가의 채색으로 그린 산을 되돌려줄까? 원문의 '한이'는 '환아'로, '관식산'은 '착식산'으로 바로잡았음. 13 **산시쳥남**(山市晴嵐): 산시의 맑은 바람. 소상팔경의 하나. 15 **일폭단쳥젼불봉**(一幅丹青展不封): 한 폭의 단청을 펼쳐서 봉하지 않으니. 원문의 '일북'은 '일폭', '무지'는 '불봉'으로 바로잡았음. **슈힝슈묵담환농**(數行水墨淡還濃): 두어 줄 수묵이 엷었다가 짙어짐. 원문의 '슈항'은 '슈힝', '등무릉'은 '담환농'으로 바로잡았음.

還濃)을. 불응화필진능이(不應畵筆眞能爾)라 남ᄉᆞ종잔북ᄉᆞ종(南寺鍾殘北寺鍾)을. 연ᄉᆞ모종(煙寺暮鍾) 경(景)이오니 이를 구경(求景)ᄒᆞ랴 ᄒᆞ오?

이슈문이난진(以隨文而難進)이라 동정호(洞庭湖) 가랴 ᄒᆞ오?"

"동정호(洞庭湖) 칠ᄇᆡᆨ니(七百里)의 ᄇᆡ가 업셔 못 가리라!"

"그리면 악양누(岳陽樓) 가랴 ᄒᆞ오?"

"두ᄌᆞ미(杜子美) 글의 ᄒᆞ여시되, 친붕무일ᄌᆞ(親鵬無一字)ᄒᆞ고 노병유고쥬(老病有孤舟)라 ᄒᆞ니, 악양누(岳陽樓)도 못 가리라!"

"그리면 봉황ᄃᆡ(鳳凰臺) 가랴 ᄒᆞ오?"

"봉황ᄃᆡ상봉황유(鳳凰臺上鳳凰遊)러니 봉거ᄃᆡ공강ᄌᆞ류(鳳去臺空江自流)라. 봉황ᄃᆡ(鳳凰臺)도 못 가리라!"

"그리면 다 더지고 관동팔경(關東八景) 보랴 ᄒᆞ오?"

"아셔라, 그도 슬타!"

방ᄌᆞ(房子) 놈 엿ᄌᆞ오ᄃᆡ,

"예로붓터 니른 말이 경궁요ᄃᆡ(瓊宮瑤臺) 조타ᄒᆞ되 셩진(星盡)ᄒᆞ여 볼 길 업고, 위무뎨(魏武帝)의 동작ᄃᆡ(銅雀臺)와 슈양뎨(隋煬帝)의 십뉵원(十六院)도 ᄌᆞ고비어ᄃᆡ상(鷓鴣飛於臺上)이라. 황학누(黃鶴樓), 등왕각(騰王閣), 고소셩(姑蘇城) 한산ᄉᆞ(寒山寺) 함외댱강공ᄌᆞ류(檻外長江空自流)라. 고려국(高麗國) 명산(名山)은 금강산(金剛山)이오, 긔ᄌᆞ왕셩(箕子王城)은 묘향산(妙香山)이라. 딘쥬(晋州)는 촉

---

1 불응화필진능이(不應畵筆眞能爾): 응당 붓으로도 참으로 그려낼 수 없음. 원문의 '부릉진필응즉농이'는 '불응화필진능이'로 바로잡았음. 남ᄉᆞ종잔북ᄉᆞ종(南寺鍾殘北寺鍾): 남쪽 절의 종소리에 이어서 들리는 북쪽 절의 종소리. 2 연ᄉᆞ모종(煙寺暮鍾): 안개 낀 절의 종소리. 소상팔경의 하나. 4 이슈문이난진(以隨文而難進): 이 글을 따라서 해도 나아가기가 어려움. 7 친붕무일ᄌᆞ(親鵬無一字): 친한 벗은 한 자 소식도 없음. 8 노병유고쥬(老病有孤

다 짙어졌다 하네. 웅당 붓으로도 그려낼 수 없는 것은 남쪽 절 종소리에 이어서 들리는 북쪽 절의 종소리. 안개가 낀 절에서 종소리가 울려 오는 풍경이오니 이를 구경하려 하오?

이런 글귀를 따라 공부해도 진도가 나가기 어려우니 동정호에 가려 하오?"

"동정호 칠백 리는 배가 없어 못 가리라!"

"그러면 악양루에 가려 하오?"

"두자미의 글에 이르되, 친구에게서는 소식 한 자 없고 늙고 병든 이 몸은 배 한 척뿐이라 하니, 악양루도 못 가리라!"

"그러면 봉황대로 가려 하오?"

"봉황대 위에 봉황 놀고 가더니 봉황대는 비고 강물만 절로 흐른다 하였으니, 봉황대도 못 가리라!"

"그러면 다 그만두고 관동팔경을 보려 하오?"

"아서라, 그도 싫다!"

방자 놈 여쭈오되,

"예로부터 이른 말이 옥으로 꾸민 궁전과 누대가 좋다 하였으되 이제는 볼 길이 없고, 위무제의 동작대와 수양제가 놀던 십육원도 다 없어지고 자고새만 누대 위에서 날고 있음이라. 황학루, 등왕각, 고소성 한산사도 난간 밖에 긴 강물만 하염없이 흘러간다 하옵니다. 고려국 명산은 금강산이요, 기자의 왕성은

舟): 늙은이는 병들어 외로운 배에 있음. 10 봉황딕상봉황유(鳳凰臺上鳳凰遊): 봉황대에 위에서 봉황이 놀고 가더니. 봉거딕공강즈류(鳳去臺空江自流): 봉황대는 비고 강물만 절로 흐름. 15 경궁요딕(瓊宮瑤臺): 옥으로 꾸몄다는 달 속의 궁과 누대. 17 즈고비어딕상(鷓鴣飛於臺上): 자고새는 대 위에 날고 있음. 18 함외댱강공즈류(檻外長江空自流): 난간 밖에는 긴 강물만이 하염없이 흘러감.

셩누(矗石樓), 함흥(咸興)은 낙민누(樂民樓), 평양(平壤) 연광졍(練光亭), 셩쳔(成川) 강션누(降仙樓), 밀양(密陽) 영남누(嶺南樓), 창원(昌原) 벽허누(碧虛樓), 히쥐(海州) 부용당(芙蓉堂), 안쥬(安州) 벽상누(百祥樓), 의쥬(義州) 통군졍(統軍亭), 영동구읍(嶺東九邑), 호즁ᄉᆞ군(湖中四郡) 다 휠젹 더져두고, 동부암(東佛岩) 셔진관(西津寬) 남삼막(南三幕) 북승ᄀᆡ(北僧伽ㅣ)라. 남한(南漢), 북한(北漢), 청계(淸溪), 관악(冠岳), 도봉(道峰), 망월(望月)은 호거룡반셰(虎踞龍盤勢)로 북극(北極)을 괴은 경(景)이 거록다 ᄒᆞ려니와, 본읍(本邑)의 광한누(廣寒樓)가 경ᄀᆡ절승(景槪絶勝) 유명(有名)ᄒᆞ와 시인(詩人) 소ᄀᆡᆨ(騷客) 드리 쇼강남(小江南)의 비겨잇고, 풍뉴호ᄉᆞ(風流好事) 칭찬(稱讚)ᄒᆞ되 별유텬지비인간(別有天地非人間)으로 니ᄅᆞ옵나이다."

"어허, 네 말 갓흘진ᄃᆡ 졀승경ᄀᆡ(絶勝景槪) 분명(分明)ᄒᆞ다. 아모커나 구경(求景) 가자!"

방ᄌᆞ(房子) 놈 엿ᄌᆞ오ᄃᆡ,

"아이에 이런 분부(吩咐)ᄂᆞᆫ ᄉᆡᆼ심(生心)도 마옵소셔. ᄉᆞ또(使道) 분부(吩咐) 지엄(至嚴)ᄒᆞ신 쥴 번연(翻然)이 알면서 ᄉᆡᆼᄉᆞ람 골니랴고 구경(求景) 가ᄌᆞ ᄒᆞ옵ᄂᆞᆫ닛가?"

니도령(李道令) 니ᄅᆞᆫ 말이,

"우리 단두리 ᄒᆞᄂᆞᆫ 일을 알 니가 뉘 잇ᄉᆞ리오? ᄉᆞ또(使道) 분부(吩咐)ᄂᆞᆫ 념녀(念慮) 마라. ᄂᆡ 다 슈쇄(收刷)ᄒᆞ마! 공방(工房) 불너 포진(鋪陳)ᄒᆞ라!"

쥬모(酒母) 불너 술 드리고, 관쳥빗 불너 안쥬(按酒) 찰히고, 건ᄂᆞᆫ 노ᄉᆡ 슈안장(繡鞍裝)의 은입ᄉᆞ(銀入絲) 션후(先後)거리 당(唐)ᄆᆡ양이 지어 노코, 도련님 호ᄉᆞ(豪奢) 보쇼. 의복단장(衣服

---

4 호즁ᄉᆞ군(湖中四郡): 충청 지역을 대표하는 네 고을인 충주, 청주, 공주, 홍주. 7 호거룡반셰(虎踞龍盤勢): 지형이 풍수지리상 '범이 웅크린 것 같고 용이 서린 것 같음'을 형상.

묘향산이라. 진주 촉석루, 함흥 낙민루, 평양 연광정, 성천 강선루, 밀양 영남루, 창원 벽허루, 해주 부용당, 안주 벽상루, 의주 통군정, 영동의 아홉 고을과 호남의 네 고을을 다 훨쩍 던져두고, 동쪽의 불암사, 서쪽의 진관사, 남쪽의 삼막사, 북쪽의 승가사라. 남한산, 북한산, 청계산, 관악산, 도봉산, 망월산은 범처럼 웅크리고 용처럼 서려 있어 북극성을 괸 경치가 거룩하다 하옵지만, 본읍의 광한루가 경개절승으로 유명하여 시인과 소객들이 소강남에 견주옵고, 풍류를 즐기는 호사자들이 칭찬하기를 인간 세상이 아닌 별천지라 이르옵나이다."

"어허, 네 말 같을진대 절승한 경개가 분명하다. 아무튼 구경 가자!"

방자 놈이 여쭈오되,

"아예 이런 분부는 생심도 마옵소서. 사또 분부가 지엄하신 줄 번연히 알면서 생사람 곯리려고 구경 가자 하옵니까?"

이도령이 이른 말이,

"우리 단둘이 하는 일을 알 이가 뉘 있으리? 사또 븐부는 염려 마라. 내가 다 수습하마! 공방 불러 포진하라!"

주모 불러 술을 들이게 하고, 관청빗 불러 안주를 차리고, 걷는 노새에 수놓은 안장 얹고 은으로 장식한 선후걸이에 당매듭 지어 놓고, 도련님 호사를 보소. 의복 단장이 맵시 있다. 삼단

11 별유텬지비인간(別有天地非人間): 별천지이지 인간의 세계가 아님. 22 관청빗: 관아의 음식을 장만하는 하인. 23 션후(先後)거리: 선후걸이, 즉 말의 가슴걸이와 후걸이를 아울러 이르는 말.

丹粧) 밉시 잇다. 삼단 굿튼 허튼 머리 반달 굿튼 화룡소(畵龍梳)로 아조 솰솰 흘니 빗겨, 젼반(剪板)굿치 넓게 ᄯᅡ하, 슈갑ᄉᆞ(繡甲紗) 토막 당긔 셕웅황(石雄黃)이 더욱 조타. ᄉᆡᆼ면쥬(生綿紬) 겹바지의 당뵈 즁의(中衣) 밧쳐 입고, 옥ᄉᆡᆨ(玉色) 항나(亢羅) 겹젹고리 ᄃᆡ방젼(大方廛)의 약낭(藥囊)이오, 당갑ᄉᆞ(唐甲紗) 슈향빗자(袖香褙子), 가화(假花)본의 옥(玉)단츄며, 당(唐)모시 즁치막(中致莫)의 ᄉᆡᆼ초(生綃) 긴 옷 밧쳐 입고, 삼승(三升) 보션 통힝젼(筒行纏)의 회ᄉᆡᆨ(灰色) 운혜(雲鞋) 밉시 잇게 지어 신고. 한포단(寒布緞) 허리ᄯᅴ의 모초단(毛綃緞) 두리즘치 쥬황당ᄉᆞ(朱黃唐絲) 벌ᄆᆡ듭을 보기 조케 ᄢᅦ여 ᄎᆞ고, ᄌᆞ지갑ᄉᆞ(紫朱甲紗) 너분ᄯᅴ를 셰류츈풍(細柳春風) 빗기 ᄯᅴ고. 분홍당지(粉紅唐紙) 승두션(僧頭扇)의 탐화봉졉(探花蜂蝶) 그려 쥐고, 김히(金海) 간쥭(干竹) ᄇᆡᆨ통(白銅) ᄃᆡ의 삼등초(三登草) 픠여 믈고, 방ᄌᆞ(房子) 놈 압세우고 뒤흘 ᄯᅡ라 탄탄ᄃᆡ로(坦坦大路) 너른 길의 마음 심(心) ᄌᆞ(字) 갈 지(之) ᄌᆞ(字)로 냥류츈풍(楊柳春風) ᄭᅬᄭᅩ리굿치 혹승혹보(或乘或步)ᄒᆞ여 방화슈류(訪花隨柳) 광한누(廣寒樓) ᄎᆞᄌᆞ갈 제.

산쳔경긔(山川景槪)를 녁녁(歷歷)히 ᄉᆞᆲ혀보니, 산(山)은 쳡쳡(疊疊) 쳔봉(千峰)이오, 슈(水)는 잔잔(潺潺) 벽계(碧溪)로다. 긔암층층(奇巖層層) 졀벽간(絶壁間)의 폭포쳥파(瀑布淸波) ᄯᅥ러지고, 장숑(長松)은 울울(鬱鬱)ᄒᆞ고 벽도화(碧桃花) 난만(爛漫)ᄒᆞᆫᄃᆡ, ᄭᅩᆺ 속의 잠든

---

1 **화룡소**(畵龍梳): 용을 새겨 넣은 고급스런 빗. 2 **젼반**(剪板): 종이를 썰 때 물리는 나무판. 3 **셕웅황**(石雄黃): 댕기에 물리는 누런빛의 진주로 만든 노리개. 원문의 '셕우황'은 '셕웅황'으로 바로잡았음. 5 **ᄃᆡ방젼**(大房廛)**의 약낭**(藥囊): 향을 파는 가게에 걸어놓은 향을 담는 주머니. 6 **즁치막**(中致莫): 벼슬을 아니한 선비가 덧입던 웃옷. 7 **통힝젼**(筒行纏): 아래에 귀가 없고 통이 넓은 행전. '행전'은 바지나 고의를 입을 때 정강이에 감아 무릎 아래에 매

같이 매끈한 머리를 반달 같은 화룡빗으로 아주 쇌쇌 흘려 빗어, 전반같이 넓게 땋아, 수놓은 갑사 토막 댕기로 드리우니 석웅황 누런빛이 더욱 좋다. 생면주 겹바지에 당포 중의를 받쳐 입고, 옥색 항라 겹저고리를 걸치고 대방전의 약주머니를 차고, 당갑사로 만든 수향 배자에 꽃 모양 옥단추 달고, 당모시로 만든 중치막에 생초로 지은 기다란 두루마기를 받쳐 입고, 삼승 버선과 통행전에 회색 가죽신을 맵시 있게 지어 신었네. 한포단 굵은 베로 허리띠를 둘러 띠고 모초단 두루주머니를 차고 주황 당사로 벌매듭을 보기 좋게 꿰어 차고, 자줏빛 갑사 넓은 띠를 봄바람에 버들 나부끼듯이 비스듬히 띠었네. 분홍빛 당종이의 꼭지 둥근 부채에는 꽃을 찾는 벌과 나비를 그려 쥐고, 김해 간죽 백통대에 삼등초 피워 물고, 방자 놈을 앞세우고 뒤따라가네. 탄탄대로 넓은 길에 마음 심 자, 갈 지 자로 버드나무가 봄바람에 휘날리듯 걷기도 하고, 꾀꼬리처럼 나는 듯이 걷기도 하고 나귀를 타기도 하여 꽃을 찾아 버들길 따라 광한루 찾아간다.

산천 경개를 자세히 살펴보니, 산은 첩첩하여 일천 봉우리요, 물은 잔잔한 푸른 시내로다. 기암층층 절벽 사이에는 맑은 폭포수가 떨어지고, 거대한 소나무는 빽빽하고 벽도화는 활짝 피었는데, 꽃 속에 잠들었던 나비는 발자취 소리에 훨훨 날고, 연못 위에 노는 갈매기는 비 사이로 한가히 날고 있다. 쳐다보니

는 물건. 8 **운혜**(雲鞋): 여자들이 신는 가죽신의 하나. 원문의 '운혀'는 '운혜'로 바로잡았음. 10 **벌미듭**: 끈 모양을 벌 모양으로 매는 매듭. 11 **승두션**(僧頭扇): 윗부분을 둥글게 만든 부채. 12 **탐화봉졉**(探花蜂蝶): 꽃을 찾아다니는 벌과 나비. **김히**(金海) **간쥭**(干竹) **뵉통**(白銅)**듸**: 김해의 명산물인 간죽으로 만든 담뱃대. 14 **마음 심**(心) **ᄌ**(字) **갈 지**(之) **ᄌ**(字): 지체를 자랑하듯이 천천히 걷는 모양. 16 **방화슈류**(訪花隨柳): 꽃을 찾아 버드나무가 있는 길을 따라감.

나뷔 자최 소릐의 펄펄 날고, 연상(淵上)의 노는 빅구(白鷗) 우셩변(雨聲邊)의 한가(閒暇)ᄒᆞ다. 치어다 보니 만학쳔봉(萬壑千峰), 구버보니 층암(層巖)은 졀벽(絶壁)이라. 원산(遠山)은 죵죵, 근산(近山)은 쳡쳡(疊疊), 틱산(泰山)은 쥬츔, 낙화(落花)ᄂᆞᆫ 동동, 간슈(澗水)ᄂᆞᆫ 잔잔(潺潺), 이 골물 져 골물 한ᄃᆡ 합슈(合水)ᄒᆞ여 구뷔구뷔 츌넝츌넝 흘너갈 제, 쏫츤 픠엿다가 제졀로 지고, 입흔 픠엿다가 한졀(寒節)을 당ᄒᆞ면 광풍(狂風)의 다 써러져 속졀업시 낙엽(落葉)이 되여 아조 펄펄 흣날니니, 그도 ᄯᅩᄒᆞᆫ 경(景)이로다.

ᄯᅩ ᄒᆞᆫ 곳을 ᄉᆞᆲ혀보니 버들이 버러시되, 당버들의 ᄀᆡ버들, 슈양(垂楊)버들, 능슈버들 식로 낫다. 홍졔원(弘濟院) 버들, 츈풍(春風)이 불 제마다 너흘너흘 츔을 츄고, 함젼도화부상류(檻前桃花扶桑柳)ᄂᆞᆫ 가지가지 봄빗치라. 화즁두견류상잉(花中杜鵑柳上鶯)은 곳곳마다 봄쇼릐로 난만(爛漫)이 지져괴고, 화간졉무분분셜(花間蝶舞紛紛雪)이오 뉴상잉비편편금(柳上鶯飛片片金)을, 졈졈낙화쳥계변(點點落花淸溪邊)의 구뷔구뷔 써나가고.

ᄯᅩ ᄒᆞᆫ 곳 바라보니 각식초목(各色草木) 무셩(茂盛)ᄒᆞ다. 어쥬츅슈ᄋᆡ산츈(漁舟逐水愛山春)ᄒᆞ니 무릉도원(武陵桃源) 복셩화쏫, ᄎᆞ문쥬가하쳐ᄌᆡ(借問酒家何處在)오 목동요지힝화촌(牧童遙指杏花村), 북창삼월쳥풍취(北窓三月淸風吹)ᄒᆞ니 옥창오경잉도화(玉窓五更櫻桃花)쏫, 위셩조우읍경진(渭城朝雨浥輕塵)ᄒᆞ니 ᄀᆡᆨᄉᆞ쳥쳥(客舍靑靑) 버들쏫, 난만화즁쳑촉화(爛漫花中躑躅花), 고츄팔월진암초(高秋

---

4 간슈(澗水): 골짜기의 바위 사이로 흐르는 물. 11 함젼도화부상류(檻前桃花扶桑柳): 난간 앞의 복숭아꽃과 신화에서 해 뜨는 곳이라는 부상(扶桑)의 버드나무. 12 화즁두견류상잉(花中杜鵑柳上鶯): 꽃 속의 두견새와 버드나무 위의 꾀꼬리. 16 어쥬츅슈ᄋᆡ산츈(漁舟逐水愛山春): 고기잡이배를 타고 강을 따라 저어가며 봄기운 도는 산을 보고 즐김. 18 ᄎᆞ문쥬가하쳐ᄌᆡ(借問酒家何處在): 묻건대 술집은 어디에 있나? 목동요지힝화촌(牧童遙指杏花村):

수많은 골짜기와 산봉우리요, 굽어보니 층층한 절벽이라. 먼 산은 겹겹, 가까운 산은 첩첩, 태산은 주춤, 낙화는 동동, 골짜기의 물은 잔잔한데, 이 골짜기와 저 골짜기의 물이 한데 모여 굽이굽이 출렁출렁 흘러갈 제, 꽃은 피었다가 저절로 지고, 잎은 피었다 추운 계절을 만나면 사나운 바람에 다 떨어져 속절없이 낙엽이 되어 아주 펄펄 흩날리니 그것도 또한 경치로다.

또 한 곳을 살펴보니 버들이 벌였으되, 당버들에 개버들, 수양버들, 능수버들 새로 났다. 홍제원 버들은 봄바람이 불 때마다 너울너울 춤을 추고, 난간 앞의 복숭아꽃과 수양버들은 가지가지 봄빛이라. 꽃 속의 두견새와 버드나무 위의 꾀꼬리는 곳곳마다 봄 소리로 난만히 지저귀고, 꽃 사이에 춤추는 나비는 눈처럼 흩날리고, 버들 위의 앵무새는 금조각처럼 흩어지고, 점점이 떨어지는 꽃은 맑은 시냇가로 굽이굽이 떠나간다.

또 한 곳 바라보니 각색 초목 무성하다. 고기잡이배 타고 강을 따라 가며 봄산을 즐긴다는 무릉도원 복숭아꽃, 술집이 어딘지 물으니 목동이 저 멀리 행화촌을 가리킨다는 살구꽃, 북으로 난 삼월의 맑은 바람에 취하니 새벽의 옥빛 창가에 피었다는 앵두꽃, 위성에 내리는 아침 비가 가벼운 먼지를 적시니 객사에 더욱 푸르고 푸르게 피는 버들꽃, 난만하게 핀 꽃들 사이에서도 돋보이는 철쭉꽃, 하늘 높은 가을 팔월에 암자의 풀이 다하

목동은 대답 대신에 먼 행화촌을 가리킴. 두목(杜牧)의 시 「청명(淸明)」에서 차용. 원문의 '힝화쏫'은 '힝화촌'으로 바로잡았음. 19 **북창삼월청풍취**(北窓三月淸風吹): 북으로 난 창에 삼월의 맑은 바람이 불어옴. 20 **위셩조우읍경진**(渭城朝雨浥輕塵): 위성에 내리는 아침비는 가벼운 먼지를 적심. 왕유(王維)의 시 「송원이사안서(送元二使安西)」에서 차용. 21 **난만화즁쳑촉화**(爛漫花中躑躅花): 만발하여 흐드러진 꽃 중의 철쭉꽃. **고츄팔월진암초**(高秋八月盡庵草): 하늘 높은 가을 팔월에는 암자의 풀이 다하고.

八月盡庵草)ᄒᆞ니 만지츄상국화(滿地秋霜菊花)로다. 동절츈싱절(冬節春生節)ᄒᆞ니 요(堯)님군의 명협화(蓂莢花), 셕양동풍(夕陽東風) ᄒᆡ당화(海棠花), 절벽강산(絶壁江山) 두견화(杜鵑花), 벽ᄒᆡ슈변(碧海水邊) 신이화(辛夷花), 요슈(蓼穗), 부목(浮木), 무궁화(無窮花), 길ᄑᆡ(吉貝), 화계(花階), 무금화(無禁花), 훤초(萱草), 난초(蘭草), 킈 ᄀᆞᆺ튼 파초(芭蕉), 모란(牡丹), 작약(芍藥), 월계(月桂), ᄉᆞ계(四季), 치ᄌᆞ(梔子), 동ᄇᆡᆨ(冬栢), 종녀(棕櫚), 오동(梧桐), 왜셕뉴화(倭石榴花), 셕뉴(石榴), 영산홍(映山紅), 왜쳑촉(倭躑躅), 포도(葡萄), 다ᄅᆡ 으흐름 너출 얼그러지고 뒤트러졋다.

또 ᄒᆞᆫ 곳 바라보니 온갓 잡목(雜木) 다 잇더라. 동녕슈고불변ᄉᆡᆨ(冬嶺秀孤不變色)의 군ᄌᆞ절(君子節)은 창숑(蒼松)이오, 츈하츄동(春夏秋冬) ᄉᆞ시절(四時節)의 뎡뎡독닙(亭亭獨立) 젼나무, 만경창파ᄇᆡᆨ쳑당(萬頃蒼波百尺長)의 슈궁(水宮) 즁(中)의 무회목(無灰木), 투지목과(投之木瓜) 낙지경거(落之瓊琚) 뒤틀니ᄂᆞᆫ 모과(木瓜)나무, 오ᄌᆞ셔(伍子胥)의 분묘(墳墓) 압희 츙셩(忠誠)ᄒᆞᆯ숀 가목(檟木)이오, 망미인혜텬일방(望美人兮天一方)의 님 그리ᄂᆞᆫ 상ᄉᆞ목(相思木), 청산영니부운간(青山影裏浮雲間)의 됴셕녜불(朝夕禮佛) 북나무, 슈쳑지휘량공불기(數尺之朽良工不棄) 아름드리 긔ᄌᆡ목(杞梓木), ᄌᆞ단(紫檀), ᄇᆡᆨ단(白檀), 산유ᄌᆞ(山柚子), 박달, 용목, 향목(香木), 침향(沈香), 금ᄑᆡᆼ, 율목(栗木), 잡목(雜木), 텬두목(天桃木), 지두목(地桃木), ᄒᆡᆼᄌᆞ목(杏子木), ᄇᆡᆨᄌᆞ목

---

1 만지츄상국화(滿地秋霜菊花): 땅에 가득한 국화에는 가을 서리가 내림. 동절츈싱절(冬節春生節): 겨울에서 봄이 생겨남. 2 요(堯)님군의 명협화(蓂莢花): 중국 요임금 때 있었다는 신화상의 풀. 이 화초는 초하루부터 보름까지는 매일 하나씩 열다섯 개의 잎이 났다가, 열여섯째 날부터는 잎이 하나씩 떨어진다고 함. 5 훤초(萱草): 원추리. 8 왜쳑촉(倭躑躅): 왜철쭉. 원문의 '쳑쥭'은 '쳑촉'으로 바로잡았음. 으흐름 너출: 이리저리 헝클어진 모양. 10 동녕슈고불변ᄉᆡᆨ(冬嶺秀孤不變色): 겨울 산마루에서 빼어나고 외로운 채 빛을 변하지 않는. 12 만경창파ᄇᆡᆨ쳑당(萬頃蒼波百尺長): 끝없이 넓은 바다에 백 척이나 되는 큰 파도.

며 땅 가득히 가을 서리 내리면 핀다는 국화로다. 겨울 지나고 봄이 오니 요임금의 명협화, 석양의 동풍에 피는 해당화, 절벽 사이 강산에서 우는 두견화, 푸른 바닷가에서 피는 신이화, 요수, 부목, 무궁화, 길패, 화계, 무금화, 원추리, 난초, 키 같은 파초, 모란, 작약, 월계, 사계, 치자, 동백, 종려, 오동, 왜석류화, 석류, 영산홍, 왜철쭉, 포도, 다래 으흐름 너출 얼그러지고 뒤틀어졌다.

또 한 곳 바라보니 온갖 잡목 다 있더라. 겨울 산마루에 외로이 빼어난 채 색을 변치 않는 군자의 절개는 푸른 소나무요, 춘하추동 사계절 정정하게 홀로 서 있는 전나무, 넓고 넓은 바다의 백 길 파도치는 수궁 속의 무회목, 모과 같은 시를 던져주기에 구슬 같은 시로 보답했다는 뒤틀리는 모과나무, 오자서의 무덤 앞에 충성을 약속하는 가래나무요, 임 그리워 하늘 한편에 있다는 임 그리는 상사목, 푸른 산 그림자 속에 떠 있는 구름 사이에 아침저녁으로 예불하는 북나무, 능력있는 목수는 비록 두어 자 썩은 재목일지라도 버리지 않는다는 아름드리 노나무, 자단, 백단, 산유자, 박달, 용목, 향목, 침향, 금팽, 율목, 잡목, 천도목, 지도목, 행자목, 백자목, 늘어진 장송, 부러진 고목, 넓적 떡갈, 황계

13 투지목과(投之木瓜): 『시경(詩經)』「목과(木瓜)」편에서 차용한 말로, 모과와 같은 시원찮은 시를 던져 준다는 의미로 쓰였음. 14 낙지경거(落之璟琚): 구슬 같은 좋은 시로 화답함. 오즈셔(伍子胥): 자서(子胥)는 부형이 초(楚)의 평왕(平王)에게 죽자, 오나라를 도와서 초나라를 쳤으나, 뒤에 참언(讒言)으로 사사됨. 15 망미인혜텬일방(望美人兮天一方): 임을 그리워함이여, 하늘 한쪽에 있네. 16 쳥산영니부운간(青山影裏浮雲間): 푸른 산 그림자 속에 떠 있는 구름 사이. 17 슈쳑지휘량공불기(數尺之朽良工不棄): 능력있는 목공은 비록 두어 자 썩은 재목일지라도 버리지 않음.

(柏子木), 느러진 장송(長松), 부러진 고목(古木), 넙젹 썩갈, 황계피(黃桂皮), 무푸레, 단목(檀木), 측송, 보리슈(菩提樹) 드렝드렝 널녀고나. 모과(木瓜), 셕뉴(石榴) 가지가지 광풍(狂風)의 휘느러졋고.

ᄯᅩ 져편 ᄉᆞᆲ혀보니 각ᄉᆡᆨ(各色) 금슈(禽獸) 나라들 제, 연작(燕雀)은 나라들고 공작(孔雀)은 긔여든다. 청ᄌᆞ됴(青紫鵰), 흑ᄌᆞ됴(黑紫鵰), ᄂᆡ금쟝(內禁將) 외금쟝(外禁將) 빵보라ᄆᆡ, 산진(山陳)이, 슈진(手陳)이, ᄒᆡ동청(海東青) 보라ᄆᆡ 썻다. 보아라 종달ᄉᆡ, 쳥텬(青天)을 박ᄎᆞ고 ᄇᆡᆨ운(白雲)을 무릅쓰고 호즁텬지(壺中天地) 써잇ᄂᆞᆫᄃᆡ, 방졍마즌 할미ᄉᆡ, 요망(妖妄)스런 방울ᄉᆡ, 이리로 가며 호로로 빗쪽, 져리로 가며 뱟쪽 호로로 찡당그르르, 마리산(摩尼山) 갈가마괴 돌도 ᄎᆞᆷ돌도 못 어더먹고 ᄐᆡ빅산(太白山) 기슭으로 골각갈곡 갈으렝 갈으렝 울고 간다. 츔 잘 츄ᄂᆞᆫ 무당ᄉᆡ, 경냥 ᄲᅩᄂᆞᆫ 호반(湖畔)ᄉᆡ 슈루루 층암절벽(層巖絶壁) 우희 비르르 장그렁 나라들고, 쇼상강(瀟湘江) ᄊᆡ기러기 허공(虛空) 즁(中)의 놉히 ᄯᅥ셔 지리지리 슬토록 우러예고, 것ᄎᆞ로ᄂᆞᆫ 비루먹고 속은 아모것도 업시 휑뎅그러 뷔엿ᄂᆞᆫ 고양나무 우희, 부리 ᄲᆡ쪽 허리 질눅 ᄭᅩᆼ지 묵득헌 져 딱져구리 거동(擧動) 보소. 크나 큰 ᄃᆡ부등(大不等)을 한아름 드립ᄯᅥ 허험셕 드러 잡고 오ᄅᆞ며 ᄯᅮ드락 딱딱, 나리며 ᄯᅮ드락 딱딱 ᄒᆞ며. 낙낙장숑(落落長松) 느러진 가지 홀노 안ᄌᆞ 우ᄂᆞᆫ ᄉᆡ, 밤의 울면 두견(杜鵑)ᄉᆡ, 낫제 울면 졉동ᄉᆡ, ᄒᆞᆫ 마리ᄂᆞᆫ 나려 안고 ᄯᅩ ᄒᆞᆫ 마리ᄂᆞᆫ 놉히 안ᄌᆞ, 공산야월(空山夜月) 젹막(寂寞)ᄒᆞᆫᄃᆡ 촉국강산(蜀國江山) 넉시 되여 귀촉도(歸蜀道) 불여귀(不如歸)라 피나게 ᄉᆞᆲ히 울고, 벅국ᄉᆡ도 우름 울고 ᄲᅮᆨ국ᄉᆡ도 우름 울고, 풍년(豊年)ᄉᆡᄂᆞᆫ 솟젹다 흉년(凶年)ᄉᆡᄂᆞᆫ 솟 텡텡.

---

4 **연작(燕雀)**: 제비와 참새를 아울러 이르는 말. 8 **호즁텬지(壺中天地)**: 항아리 속에 있는 신기한 세상. 즉, 별천지를 이르는 말. 15 **비루먹고**: 병에 걸려 마르고. 17 **ᄃᆡ부등(大不等)**:

피, 물푸레, 단목, 측송, 보리수 드렝드렝 열렸구나. 모과와 석류는 가지가지 광풍에 휘늘어졌네.

또 저편을 살펴보니 온갖 새들이 날아들 제, 제비와 참새는 날아들고 공작은 기어든다. 청자조, 흑자조, 내금장과 외금장의 쌍보라매, 산진이, 수진이, 해동청 보라매 떴다. 보아라 종달새, 푸른 하늘을 박차고 흰 구름을 무릅쓰고 별천지에 떠 있는데, 방정맞은 할미새, 요망스런 방울새, 이리로 가며 호로로 빗족, 저리로 가며 밧족 호로로 팽당그르르, 마니산 갈까마귀는 돌도 차돌도 못 얻어먹고 태백산 기슭으로 골각갈곡 갈으렝 갈으렝 울고 간다. 춤 잘 추는 무당새, 고기 잘 잡는 호반새 슈루루 층암절벽 위에 비르르 장그렁 날아들고, 소상강 떼기러기는 허공 중에 높이 떠서 지리지리 슬프도록 울어대고, 겉으로는 비루먹고 속은 아무것도 없이 휑뎅그렁 빈 고욤나무 위에, 부리 뾰족 허리 질룩 꽁지 뭉뚝한 저 딱따구리 거동 보소. 크나 큰 아름드리나무를 한아름 들입다 험썩 들어 잡고 오르면서 뚜드락 딱딱, 내리면서 뚜드락 딱딱 한다. 낙락장송 늘어진 가지 홀로 앉아 우는 새, 밤에 울면 두견새, 낮에 울면 접동새, 한 마리는 내려앉고 또 한 마리는 높이 앉아, 텅 빈 산 달빛은 적막한데 촉나라 강산의 넋이 되어 귀촉도 불여귀라 피나게 슬피 울고, 뻐꾹새도 울음 울고 쑥국새도 울음 울고, 풍년새는 솥 적다 흉년새는 솥 텅텅.

아름드리의 굵은 나무. 원문의 '딕부동'은 '딕부등'으로 바로잡았음. 21 귀촉도(歸蜀道): 소쩍새. 22 불여귀(不如歸): 불여귀거(不如歸去), 즉 돌아감만 못함. 소쩍새의 울음소리가 '불여귀거(不如歸去)'라 들리는 것을 이르는 말.

약슈삼쳔니(弱水三千里) 요지연(瑤池宴)의 쇼식(消息) 젼(傳)튼 쳥됴(靑鳥)식, 샤마상여(司馬相如) 쥴소릭의 오유ᄉᆞ방(遨遊四方) 봉황(鳳凰)식, 부용당(芙蓉堂) 운무병(雲霧屛)의 그림 깃튼 공작(孔雀)식, 일쳔년(一千年) 화표쥬(華表柱)의 물시인비졍위학(物是人非丁威鶴), ᄆᆡ셩유(梅聖兪)의 글귀 쇽의 교교호음(咬咬好音) 잉무(鸚鵡)식, 칠칠가긔(七七佳期) 은하슈(銀河水)의 다리 노튼 오작(烏鵲)식, 녹양ᄉᆞ이(綠楊絲裏) 북이 되어 봄빗 ᄧᆞᄂᆞᆫ 쐬소리, 일쌍비거각두회(一雙飛去各頭回)라 원불상니(願不相離) 원앙(鴛鴦)식, 샹님원(上林苑)의 글 젼(傳)ᄒᆞ던 별포귀릭(別浦歸來) 홍안(鴻雁)식, 셕양비헐쳥산식(夕陽飛歇靑山色)ᄒᆞ니 냥ᄀᆡ상망(兩箇相望) 히오리, 범범즁뉴(泛泛中流) 지향(指向) 업시 상친상근(相親相近) 빵(雙)비오리 곳곳지 츔을 츄고.

길즘싱도 긔여든다. 산군(山君)은 호표(虎豹)요, 셩슈(聖獸)ᄂᆞᆫ 긔린(麒麟)이라. 댱싱불ᄉᆞ(長生不死) 미록(麋鹿)이오, ᄉᆞ과츈산(麝過春山) 궁노루, 시위상셔(侍衛尙書) 코기리 이리져리 긔여들고, 돈피(獤皮), 셔피(黍皮), 일희, 승냥이, 히달피(海獺皮), 쳥셜모(靑鼠毛), 다람쥐, 진납이 파람ᄒᆞ고 쳥(靑)ᄀᆡ고리 북질ᄒᆞᆫ다. 금(金)둡겁이 식남ᄒᆞ고, 쳥(靑)몃ᄯᅩ기 댱고(長鼓) 치고, 흑(黑)몃ᄯᅩ기 져(笛)를 불고, 돌진 가지 무고(舞鼓) 치고, 도야지 밧츨 갈고, 슈달피(水獺皮) 고기 잡고, 암곰이 외입(外入)ᄒᆞ니 슈톡기 복통(腹痛)ᄒᆞᆫ다. 다람이 그 꼴 보고 암상닌다.

---

1 요지연(瑤池宴): 곤륜산에 있다는 요지(瑤池)에서 주나라 목왕(穆王)이 서왕모(西王母)를 만나 즐겼다는 연회. 2 샤마상여(司馬相如) 쥴소릭: 사마상여는 과부인 탁문군(卓文君)을 거문고 소리로 꾀어 촉도(蜀都)에서 술집을 열었다 함. 4 화표쥬(華表柱): 망주석. 즉, 무덤을 꾸미기 위하여 무덤 앞 양옆에 하나씩 세운 돌 기둥. 5 ᄆᆡ셩유(梅聖兪): 중국 송나라의 시인 매요신(梅堯臣). 성유(聖兪)는 자. 원문의 'ᄆᆡ셩료'는 'ᄆᆡ셩유'로 바로잡았음. 교교호음(咬咬好音) 잉무(鸚鵡)식: 어여쁜 소리로 지저귀는 앵무새. 6 녹양ᄉᆞ이(綠楊絲裏):

삼천 리나 되는 약수와 요지연에 소식 전하던 파랑새, 사마상여의 줄소리에 사방에서 즐거이 노닐던 봉황새, 부용당 구름과 안개를 그린 병풍의 그림 같은 공작새, 천 년 된 망주석 위에 사물은 그대로지만 정령위가 되어 돌아온 학, 매성유 글귀에 있는 예쁜 소리의 앵무새, 칠월 칠석 은하수에 다리를 놓던 오작새, 연초록 수양버들 같은 실 사이를 오가는 북이 되어 봄빛 짜는 꾀꼬리, 쌍을 지어 날다가 서로 머리를 들어 돌아보며 헤어지지 말자던 원앙새, 상림원 천자에게 글 전하던 포구에서 이별하고 돌아오는 홍안새, 석양 안개비가 그치고 산색은 푸른데 서로 마주 보는 해오리, 강 가운데 여기저기 유유히 떠다니며 친한 듯 가까운 듯 쌍비오리가 꽂꽂이 춤을 춘다.

길짐승도 기어든다. 산의 군주는 호랑이와 표범이요, 성스러운 짐승은 기린이라. 장생하여 죽지 않는 고라니와 사슴, 봄산을 지나가는 궁노루, 왕을 호위하는 코끼리도 이리저리 기어들고, 돈피와 서피를 만드는 담비, 이리, 승냥이, 해달, 청설모, 다람쥐도 들어오고, 잔나비는 휘파람 불고 청개구리는 북질을 한다. 금두꺼비는 태평소 불고, 청메뚜기는 장고 치고, 흑메뚜기는 피리 불고, 돌을 짊어진 가재는 북을 치고, 돼지는 밭을 갈고, 수달은 고기 잡고, 암곰이 바람을 피우니 수토끼는 배 아파 한다. 다람쥐는 그 꼴 보고 시샘한다.

연초록 수양버들 같은 베틀의 실 사이. 7 일빵비거각두회(一雙飛去各頭回): 한 쌍이 날아가며 각기 머리를 되돌아 봄. 9 셕양비헐청산식(夕陽飛歇青山色): 석양빛은 푸른 산 빛에 감돌고. 원문의 '비흘'은 '비헐'로 바로잡았음. 13 미록(麋鹿): 고라니와 사슴을 아울러 이르는 말. 14 궁노루: 배꼽 근처의 향낭에 사향이 들어 있는 사향노루. 원문의 '국노로'는 '궁노루'로 바로잡았음. 16 파람ᄒᆞ고: 휘파람을 불고. 17 ᄉᆡ남ᄒᆞ고: 태평소를 불고. 18 돌진 가직: 개울의 돌멩이 밑에 있는 가재. 20 암상닌다: 시기하고 샘을 낸다.

이런 경ᄀᆡ(景槪) 다 본 후(後)의 광한누(廣寒樓)의 다ᄃᆞ라셔,

“방ᄌᆞ(房子)야! 도원(桃園)이 어ᄃᆡ메니? 무릉(武陵)이 여긔로다! 광한누(廣寒樓)도 조커니와 오작교(烏鵲橋)가 더욱 조타! 견우셩(牽牛星)은 ᄂᆡ가 되려니와 직녀셩(織女星)은 뉘가 되리? 악양누(岳陽樓), 등왕각(騰王閣)이 아모리 조타 ᄒᆞᆫ들 이의 더 조흐랴?”

방ᄌᆞ(房子) 놈 엿ᄌᆞ오ᄃᆡ,

“이곳 경ᄀᆡ(景槪) 이럿키로 풍화일난(風和日暖)ᄒᆞ여 ᄎᆡ운(彩雲)이 ᄌᆞ져질 제 신션(神仙)이 나려와 노ᄂᆞ이다.”

니도령(李道令) 말이,

“아마도 그러ᄒᆞ면 네 말이 젹실(的實)ᄒᆞ다. 운무심이츌슈(雲無心而出岫)ᄒᆞ고 됴권비이지환(鳥倦飛而知還)이라. 별유텬지비인간(別有天地非人間)을 예를 두고 니ᄅᆞ미라.”

호상(壺觴)을 ᄌᆞ작(自酌)ᄒᆞ여 슈삼비(數三盃) 거후ᄅᆞ고, ᄇᆡ회고면(徘徊顧眄)ᄒᆞ여 산천(山川)도 숣혀보고, 음풍영월(吟風咏月)ᄒᆞ여 녯 글귀도 ᄉᆡᆼ각ᄒᆞ니, 경ᄀᆡ풍월(景槪風月)이 본시(本是) 무졍지물(無情之物)이라. 졍히 무류(無聊) 심심ᄒᆞ더니.

눈을 드러 ᄒᆞᆫ 곳을 우연(偶然)이 ᄇᆞ라보니, 별유텬지(別有天地) 그림 속의 엇더ᄒᆞᆫ 일미인(一美人)이 츈흥(春興)을 못 니긔여 ᄇᆡᆨ옥(白玉) ᄀᆞᆺ튼 고은 양ᄌᆞ(樣子) 반분ᄃᆡ(半粉黛)로 다ᄉᆞ리고, 호치단슌(晧齒丹脣) 고은 얼골 삼ᄉᆡᆨ도화미ᄀᆡ봉(三色桃花未開封)이 하로밤 ᄎᆞᆫ 니슬에 반(半)만 퓐 형용(形容)이오, 청산(靑山) ᄀᆞᆺ튼 두 눈셥은 팔ᄌᆞ츈산(八字春山) 다ᄉᆞ리고, 흑운(黑雲) ᄀᆞᆺ튼 허튼 머리 반달 ᄀᆞᆺ튼

---

5 등왕각(騰王閣): 중국 강서성(江西省) 남창(南昌)에 있는 누각. 7 풍화일난(風和日暖): 바람이 잔잔하고 날씨가 따뜻함. 10 운무심이츌슈(雲無心而出岫): 구름이 산의 굴을 나와 무심히 떠돎. 11 됴권비이지환(鳥倦飛而知還): 새도 날기가 싫으면 돌아옴을 앎. 도연명(陶

이런 경개 다 본 후에 광한루에 다다라서,

"방자야! 도원이 어디쯤이냐? 무릉이 여기로다! 광한루도 좋거니와 오작교가 더욱 좋다! 견우성은 내가 되려니와 직녀성은 뉘가 되리? 악양루와 등왕각이 아무리 좋다 한들 이보다 더 좋으랴?"

방자 놈이 여쭈오되,

"이곳의 경치가 이렇기로 바람이 잔잔하고 날씨가 따듯하여 채색 구름이 자욱할 때면 신선이 내려와 노나이다."

이도령의 말이,

"아마도 그러하면 네 말이 틀림없다. 구름은 무심히 산봉우리에 솟아나고 새도 날기 싫으면 되돌아올 줄을 안다 했으니 인간 속세와는 별세계란 여기를 두고 한 말이라."

술병을 들고 스스로 술잔에 따라 서너 잔을 기울이며, 이리저리 거닐며 여기저기 산천을 살펴보고, 시구를 읊으며 옛 글귀도 생각하니, 경치와 풍월이 본시 정이 없는 사물이라. 그저 무료하고 심심하네.

눈을 들어 한 곳을 우연히 바라보니, 별천지 같은 그림 속에 어떤 한 미인이 춘흥을 못 이겨 백옥 같은 고운 모습에 옅은 화장으로 다스렸구나. 흰 치아와 붉은 입술의 고운 얼굴은 삼색 도화가 필 듯 말 듯 하다가 하룻밤 찬 이슬에 반만 핀 형용이요, 청산 같은 두 눈썹은 팔자 모양으로 깨끗이 다스리고, 흑운 같은 허튼 머리는 반달 같은 화룡빗으로 아주 솰솰 흘려 빗어, 전

淵明)의 「귀거래사(歸去來辭)」에서 차용. 13 호상(壺觴): 술병과 술잔. 19 양ᄌ(樣子): 얼굴의 생긴 모양. 반분ᄃᆡ(半粉黛): 분(粉)을 바른 화장을 짙지 않게 반쯤 한 모습. 원문의 '분씌'는 '분ᄃᆡ'로 바로잡았음. 22 팔ᄌ춘산(八字春山): 여덟 팔 자 모양의 봄산. 즉, 미인의 고운 눈썹을 비유.

화룡소(畵龍梳)로 아조 솰솰 흘니 빗겨, 젼반(剪板)깃치 넓게 ᄯᅡ아 옥농잠(玉龍簪) 금봉치(金鳳釵)로 ᄉᆞ양머리 쪽져는ᄃᆡ, 셕웅황(石雄黃) 진쥬(眞珠) 투심(套心), 산호(珊瑚) 가지 휘얼근 도토락당긔 밉시 잇게 다라시니, 쳔틱산(天台山) 벽오지(碧梧枝)의 봉황(鳳凰)의 ᄉᆡ리로다. 당(唐)모시 ᄶᅡᆨ기젹삼, 초록갑ᄉᆞ(草綠甲紗) 겻막기에 ᄇᆡᆨ문항나(白紋亢羅) 고장바지, 분홍갑ᄉᆞ(粉紅甲紗) 너른 바지, 셰류(細柳) 깃튼 가ᄂᆞᆫ 허리 촉나요ᄃᆡ(蜀羅腰帶) 눌너 ᄯᅴ고, 룡문갑ᄉᆞ(龍紋甲紗) 도홍(桃紅)치마 잔살 즙아 ᄯᅥᆯ쳐닙고, 몽고삼승(蒙古三升) 겹보션의 초록우단(草綠羽緞) 슈운혜(繡雲鞋)를 밉시 잇게 도도 신고, 삼쳔쥬(三千株) 산호슈(珊瑚樹), 밀화불슈(蜜花佛手) 옥(玉)나뷔며, 진쥬월픽(眞珠月佩) 청강셕(靑剛石), 자계향(紫介香) 비취향(翡翠香) 오ᄉᆡᆨ당ᄉᆞ(五色唐絲) ᄭᅵᆫ을 다라, 양국ᄃᆡ댱(兩局大將) 병부(兵符) ᄎᆞ듯, 남북병ᄉᆞ(南北兵使) 동개 ᄎᆞ듯, 각읍(各邑) 통인(通引) 셔랍 ᄎᆞ듯, 휘느러지게 넌즛 ᄎᆞ고, 방화슈류(訪花隨柳) ᄎᆞᄌᆞ갈 졔 ᄇᆡᆨ만교틱(百萬嬌態)ᄒᆞᄂᆞᆫ고나.

셤셤옥슈(纖纖玉手) 훗날녀셔 모란(牧丹)ᄭᅩᆺ도 부ᄅᆞ질너 머리에도 ᄭᅩᄌᆞ 보고, 쳑촉화(躑躅花)도 부ᄅᆞ질너 닙의도 담박 무러보고, 녹음슈양(綠陰垂楊) 버들닙도 쥬루룩 훌터다가 맑고 맑은 구곡슈(九曲水)의 풍덩실 드리쳐도 보며, 도화류슈묘연거(桃花流水杳然去)ᄒᆞ니 졈졈낙화청계변(點點落花淸溪邊)의 죄약돌도 쥐여다가 양뉴상

---

2 **금봉치(金鳳釵)**: 금으로 봉(鳳)의 머리를 새겨 넣은 비녀. 원문의 '금봉ᄎᆞ'는 '금봉치'로 바로잡았음. **ᄉᆞ양머리**: 여자아이가 예장을 할 때, 양 귀밑에서 머리칼을 두 갈래로 땋는 새양머리. **셕웅황(石雄黃) 진쥬(眞珠) 투심(套心)**: 석웅황 누런 빛깔의 진주로 머리를 장식함. 원문의 '셕우황'은 '셕웅황'으로 바로잡았음. 3 **도토락당긔**: 여자아이들이 치장할 때 드리는 댕기. 4 **쳔틱산(天台山) 벽오지(碧梧枝)**: 봉황이 잘 앉는다고 하는 천태산의 벽오동 가지. 5 **겻막기**: 여자가 입던 예복 저고리. 즉, 곁마기. 7 **촉나요ᄃᆡ(蜀羅腰帶)**: 중국 촉나라에서 생산한 비단 허리띠. 9 **삼쳔쥬(三千株) 산호슈(珊瑚樹)**: 가지가 많이 달린 산호. 10 밀

반같이 넓게 땋아 옥룡 새긴 금봉채로 새앙머리 쪽을 찌었는데, 석웅황 진주 노리개, 산호 가지로 휘얽은 도투락댕기를 맵시 있게 달았으니, 천태산 벽오동 가지에 앉은 봉황의 꼬리로다. 당모시 깨끼적삼, 초록 갑사 곁마기에 흰무늬 항라 고장바지, 분홍빛 갑사 넓은 바지, 버들같이 가는 허리에 촉나라 비단 허리띠를 눌러 띠고, 용무늬 갑사 붉은 치마를 잔살을 잡아 떨쳐입고, 몽고 삼승 겹버선에 초록 우단에 수놓은 가죽신을 맵시 있게 돋우어 신고, 가지가 많은 산호가지, 밀화로 만든 부처님 손 같은 옥나비며, 진주로 만든 달 모양 노리개와 청강석, 자개향과 비취향의 향주머니를 오색 당사로 끈을 달아, 양국대장이 병부 차듯, 남북병사가 동개 차듯, 각읍 통인이 서랍 차듯, 휘늘어지게 넌지시 차고, 꽃을 찾고 버들을 따라 찾아갈 제 갖가지 교태를 부리는구나.

섬섬옥수 흩날려서 모란꽃 분질러서 머리에도 꽂아 보고, 철쭉꽃도 분질러서 입에도 담뿍 물어보고, 녹음 드리운 수양버들 잎도 주르륵 훑어다가 맑고 맑은 구곡수에 풍덩실 들이쳐도 보며, 도화 흘러간 곳이 묘연한데 점점이 지는 꽃잎이 떠내려오는 맑은 시냇가의 조약돌도 쥐어다가 버들 위 꾀꼬리도 휘여 풀풀

화불슈(蜜花佛手) 옥(玉)나뷔: 호박 밀화로 만든 부처님 손같이 생긴 장신구인 옥나비. 진쥬월픽(眞珠月佩): 가슴이나 허리에 차는 진주로 만든 장식용 패옥. 11 자계향(紫介香): 전통 향의 한 종류인듯. 원문의 '직계향'은 '자계향'으로 바로잡았음. 12 양국딕댱(兩局大將) 병부(兵符) 추듯: 속담으로, '주렁주렁 매달아 찬 모양'을 뜻함. 양국대장은 훈련대장과 어영대장을 아울러 이르던 말. 13 동기: 화살을 담아 매는 도구. 18 도화류슈묘연거(桃花流水杳然去): 도화는 흘러간 곳이 묘연함. 이백의 「산중문답(山中問答)」에서 차용. 19 졈졈낙화청계변(點點落花淸溪邊): 점점이 떨어진 꽃잎이 맑은 시냇가에 있음.

(楊柳上)의 쇠꼬리도 위여 풀풀 날녀 보고, 청산영니(青山影裏) 녹음간(綠陰間)의 그리져리 드러가셔, 당당치승(長長採繩) 그닉쥴을 벽도화(碧桃花) 느러진 가지의 휘휘츤츤 믹여는딕, 져 아희 거동(擧動) 보소. 믱낭(孟浪)이도 어엿부다. 셤셤옥슈(纖纖玉手) 드러다가 츄쳔(鞦韆)쥴을 갈나 쥐고 소소로쳐 뛰여올나 흔 번(番) 굴너 압히 놉고 두 번(番) 굴너 뒤가 놉하, 빅능(白綾)보션 두 발길노 소슈 굴러 놉히 추니, 뒤의 꼬즌 금봉치(金鳳釵)와 압히 지른 민쥭졀(竹節)은 반셕상(盤石上)의 누려져셔 잉그렁 딩그렁 흐는 소릭, 이도 쏘흔 경(景)이로다. 비거비릭(飛去飛來)흐는 거동(擧動), 딘왕녀(秦王女) 난됴(鸞鳥) 타고 옥경(玉京)으로 향(向)흐는 듯, 무산션녀(巫山仙女ㅣ) 구름 투고 양딕상(陽臺上)의 누리는 듯.

흔창 이리 노닐 젹의, 니도령(李道令)이 바라보고 얼굴 달호이고 므음이 취(醉)흐여 정신(精神)이 산난(散亂), 안정(眼睛)이 몽농(朦朧), 의식(意思ㅣ) 호탕(豪宕), 심신(心身)이 황홀(恍惚)흐다.

"방즈(房子)야! 져긔 져 건너 운무(雲霧) 즁(中)의 울긋불긋흐고 들낙날낙흐는 거시 스람이냐 신션(神仙)이냐?"

방즈(房子) 놈 엿즈오딕,

"어딕 무어시 뵈느잇가? 쇼인(小人)의 눈의는 아모것도 아니 뵈느이다."

니도령(李道令) 말이,

"아니 뵈단 말이 어인 말이니? 원시(遠視)를 못흐느냐? 청홍(青紅)을 모로느냐? 나 보는 딕로 즈셔히 보아라! 션녀(仙女)가 하강(下降)흐엿느 보다."

---

2 **당당치승**(長長採繩): 오색 비단으로 만든 길다란 끈으로, 그넷줄을 비유. 4 **츄쳔**(鞦韆)**쥴**: 그넷줄. 6 **빅능**(白綾)**보션**: 아롱무늬가 있는 흰 비단으로 만든 버선. 7 **민쥭졀**(竹節):

날려 보고, 청산 그림자 속 녹음 사이에 그리저리 들어가서, 길게 드리워진 그넷줄을 벽도화 늘어진 가지에 휘휘칭칭 매었는데, 저 아이 거동 보소. 맹랑히도 어여쁘다. 섬섬옥수 들어다가 그넷줄을 갈라 쥐고 솟구쳐 뛰어올라 한 번 구르니 앞이 높고 두 번 굴러서 뒤가 높아, 백능버선 신은 두 발길로 솟아올라 높이 차니, 뒤에 꽂은 금봉채와 앞에 지른 민무늬 대비녀가 반석 위에 떨어져서 앵그렁 댕그렁 하는 소리, 이것도 또한 구경거리로다. 나는 듯이 올랐다가 나는 듯이 돌아내리는 거동은 진나라 왕녀가 난조를 타고 옥경으로 향하는 듯, 무산 선녀가 구름 타고 양대 위에 내리는 듯하다.

한창 이리 노닐 적에, 이도령이 바라보고 얼굴이 달아오르고 마음이 취하여 정신이 산란해지고, 눈동자가 몽롱해지고, 생각이 호탕해져 심신이 황홀하다.

"방자야! 저기 저 건너 구름과 안개 사이에 울긋불긋하고 들락날락하는 게 사람이냐 신선이냐?"

방자 놈이 여쭈오되,

"어디 무엇이 뵈나이까? 소인의 눈에는 아무것도 아니 뵈나이다."

이도령의 말이,

"아니 보인단 말이 어찌 된 말이냐? 먼 것을 못 보느냐? 푸르고 붉은 것을 구별 못하느냐? 나 보는 대로 자세히 보아라! 선녀가 내려왔나 보다."

아무 장식이 없는 대나무로 만든 비녀. 원문의 '민쥭졀'은 '민죽절'로 바로잡았음. 10 난됴(鸞鳥): 중국 전설에 나오는 상상의 새. 13 안졍(眼睛): 눈동자. 21 어인: 어찌 된. 원문의 '언인'은 '어인'으로 바로잡았음.

“무산십이봉(巫山十二峰)이 아니여든 션녀(仙女)가 어이 이시리잇가?”

“그리면 숙낭지(淑娘子ㅣ)냐?”

“이화졍(梨花亭)이 아니여든 숙낭지(淑娘子ㅣ)가 웬 말이오?”

“그리면 셔시(西施)로다!”

“오왕궁즁(吳王宮中) 아니여든 셔시(西施)라 ᄒᆞ오릿가?”

“그리면 옥딘(玉眞)이로다!”

“장싱뎐(長生殿)이 아니여든 양귀비(楊貴妃)가 웨 잇ᄉᆞ오잇가?”

“그리면 옥(玉)이냐, 금(金)이냐?”

“영창(永昌) 녀슈(麗水) 아니여든 금(金)이 어이 예 이시며, 형산(荊山) 곤강(崑岡) 아니여든 옥(玉)이 어이 이곳의 이시리잇가?”

“그리면 도홰(桃花ㅣ)로다!”

“무릉도원(武陵桃源) 아니여든 도화(桃花)가 웬 말이오?”

“그리면 히당홰(海棠花ㅣ)냐?”

“명ᄉᆞ십니(明沙十里) 아니여든 히당홰(海棠花ㅣ)라 ᄒᆞ오릿가?”

“그리면 귀신(鬼神)인냐?”

“텬음우습(天陰雨濕) 아니여든 귀신(鬼神)이 어이 이시릿가?”

“그리면 혼빅(魂魄)이냐?”

“북망산천(北邙山川) 아니여든 혼빅(魂魄)이 웬일이오?”

“그리면 일월(日月)이냐?”

“부상ᄃᆡ튁(扶桑大澤) 아니여든 일월(日月)이 어이 이시리잇가?”

---

1 **무산십이봉**(巫山十二峰): 초나라 회왕(懷王)이 양대(陽臺)에서 낮잠을 자다 꿈속에 만났던 무산(巫山)의 열두 봉우리. 4 **이화졍**(梨花亭): 숙향이가 놀았던 정자. 5 **셔시**(西施): 중국 월(越)나라 출신의 빼어난 미녀. 6 **오왕궁즁**(吳王宮中): 오왕의 궁중. 오나라 왕은 부차(夫差)는 서시(西施)를 만난 후, 누대를 짓고 밤낮으로 연락(宴樂)하며 정치를 돌보지 않았

“무산십이봉이 아니어든 선녀가 어이 있으리까?”

“그러면 숙낭자냐?”

“이화정이 아니어든 숙낭자가 웬 말이오?”

“그러면 서시로다!”

“오왕 궁중이 아니어든 서시라 하오리까?”

“그러면 옥진이로다!”

“장생전이 아니어든 양귀비가 왜 있사오리까?”

“그러면 옥이냐, 금이냐?”

“영창과 여수가 아니어든 금이 어찌 예 있으며, 형산과 곤강이 아니어든 옥이 어찌 이곳에 있으리까?”

“그러면 도화로다!”

“무릉도원이 아니어든 도화가 웬 말이오?”

“그러면 해당화냐?”

“명사십리가 아니어든 해당화라 하오리까?”

“그러면 귀신이냐?”

“날 흐리고 비 내려서 습하지도 않은데 귀신이 어이 있으리까?”

“그러면 혼백이냐?”

“북망산천이 아니어든 혼백이 웬일이오?”

“그러면 일월이냐?”

“해 뜨는 부상과 대택이 아니어든 일월이 어찌 있으리까?”

음. 7 옥딘(玉眞): 양귀비의 다른 이름인 ‘옥진’. 10 형산(荊山) 곤강(崑岡): 옥이 많이 생산되던 형산과 곤강. 17 텬음우습(天陰雨濕): 날이 흐리고 비가 내려 습기가 참. 19 북망산쳔(北邙山川): 사람이 죽어서 묻히는 곳. 21 부상듸튁(扶桑大澤): 중국 신화에서, 해가 솟아난다는 큰 연못.

니도령(李道令)이 역졍(逆情)ᄂᆡ여 ᄒᆞᄂᆞᆫ 말이,

"그리면 네 어미냐? 네 할미냐? 모도 휘모라 아니라 ᄒᆞ니 눈망울이 소ᄉᆞᄂᆞ냐? 동ᄌᆞ(瞳子)가 갓고로 셧ᄂᆞ냐? 왼통 뵈ᄂᆞᆫ 거시 업다 ᄒᆞ니 허로증(虛勞症)을 들녀ᄂᆞ냐? 나 보기의ᄂᆞᆫ 아마도 ᄉᆞ람은 아니로다! 천년(千年) 묵은 불여호가 날 호리랴고 왓ᄂᆞ 보다!"

방ᄌᆞ(房子) 놈 엿ᄌᆞ오ᄃᆡ,

"도련님, 여러 말솜 그만하오. 져긔 져 그늬 쒸ᄂᆞᆫ 져 쳐녀(處女)를 무ᄅᆞ시나 보마ᄂᆞᆫ, ᄎᆞ시(此時) 녹음방초승화시(綠陰芳草勝花時)라 ᄉᆞ부가(士夫家) 규슈(閨秀)가 츄천(鞦韆)ᄒᆞ라 왓ᄂᆞ 보외다."

"이 아희야, 그러치 아니ᄒᆞ다. 그 쳐녀(處女)를 보와ᄒᆞ니 쳥텬(靑天)의 셧ᄂᆞᆫ 송골(松鶻)ᄆᆡ도 갓고, 셕양(夕陽)의 나ᄂᆞᆫ 물 찬 져비도 갓고, 녹슈(綠水) 파란(波瀾)의 비오리도 ᄀᆞᆺ고, 말 잘ᄒᆞᄂᆞᆫ 잉무(鸚鵡)ᄉᆡ도 갓고, 회양횟쑥 별 진(辰) 잘 슉(宿)ᄒᆞ니, 녀항(閭巷) 쳐녀(處女)가 그러키ᄂᆞᆫ 만무기리(萬無其理)ᄒᆞ니, 너ᄂᆞᆫ 이곳의셔 ᄉᆡᆼ어ᄉᆞ(生於斯) 장어ᄉᆞ(長於斯) 유어ᄉᆞ(游於斯) 공어ᄉᆞ(公於斯)ᄒᆞ여, 묘리댱단(妙理長短) 난든 집을 녁녁(歷歷)히 알듯ᄒᆞ니, ᄉᆞ람 죽깃다 바로 닐러라!"

방ᄌᆞ(房子) 놈 엿ᄌᆞ오ᄃᆡ,

"진졍(陳情) 그리 알고져 ᄒᆞ시면 바ᄅᆞᆫᄃᆡ로 고(告)ᄒᆞ리니, 공식(空食)시가 잇셔야 ᄒᆞ지. 그러치 아니면 북극텬문(北極天門)의 발괄(白活)ᄒᆞ고, 옥뎨금불(玉帝金佛)이 명(命)ᄒᆞ셔도 바로 고(告)치 못ᄒᆞ기소!"

---

8 **녹음방초승화시(綠陰芳草勝花時)**: 나뭇잎이 푸르게 우거진 그늘과 향기로운 풀이 꽃보다 나을 때. 초여름을 이르기도 함. 13 **회양횟쑥**: 몸을 흔들면서 교태를 내며 걷는 모습. 14 **만무기리(萬無其理)**: 그러할 이유가 전혀 없음. **ᄉᆡᆼ어ᄉᆞ(生於斯) … 공어ᄉᆞ(公於斯)ᄒᆞ여**:

이도령이 역정을 내어 하는 말이,

"그러면 네 어미냐? 네 할미냐? 모두 휘몰아 아니라 하니 눈망울이 솟았느냐? 눈동자가 거꾸로 섰느냐? 온통 뵈는 것이 없다 하니 허로증에 걸렸느냐? 나 보기에는 아마도 사람은 아니로다! 천년 묵은 불여우가 날 호리려고 왔나 보다!"

방자 놈이 여쭈오되,

"도련님, 여러 말씀 그만하오. 저기 저 그네 뛰는 저 처녀를 물으시나 보지만, 이때는 녹음이 우거지고 풀들이 향기로워 꽃보다도 아름다운 때이기에 사대부집 규수가 그네 뛰러 왔나 보옵니다."

"이 아이야, 그렇지 아니하다. 그 처녀를 보아하니 푸른 하늘에 떠 있는 송골매도 같고, 석양에 나는 물 찬 제비도 같고, 푸른 물결 출렁이는 가운데의 비오리도 같고, 말 잘하는 앵무새도 같고, 몸을 흔들어 교태부리는 모습이 가늘고 날씬하니, 여항 처녀가 그러할 까닭은 만무하니, 너는 이곳에서 나고 자라 놀고 일하고 있으니, 묘한 장단이 나던 기생집을 역력히 알 듯하니, 사람 죽겠다 바로 일러라!"

방자 놈이 여쭈오되,

"진정으로 그리 알고자 하시면 바른대로 고하리니, 이익 볼 일이라도 있어야지. 그렇지 않으면 북극천문에 진정을 하고, 금부처께서 명하셔도 바로 고하지 못하겠소!"

이곳에서 태어나서 자라고 놀고 관직을 맡고 있음. 즉, 이곳 사정을 잘 알고 있음을 뜻함. 19 공식(空食): 노력하지 않고 재물을 얻거나 음식을 거저 얻어먹음. 20 북극텬문(北極天門): 북극에 있다는 옥황상제가 사는 천궁(天宮)의 문. 발괄(白活): 이두체로, 억울한 사정을 하소연함.

니도령(李道令) 마음이 겁겁(劫劫)ᄒᆞ여 되ᄂᆞᆫ ᄃᆡ로 ᄒᆞᄂᆞᆫ 말이,

“그랴셔 범연(泛然)히 ᄒᆞᆯ가 보냐? ᄂᆡ 셔울 가거든 셰간 밋쳔ᄒᆞ랴 ᄒᆞ고 돈 오ᄇᆡᆨ냥(五百兩) 봉부동(封不動)으로 두어시니 너를 쥴 거시오, 장가들거든 녜물(禮物) 쥬랴고 어루신ᄂᆡ 평양셔윤(平壤庶尹) 가계실 졔 ᄎᆡ천슈식(釵釧首飾) 댱만ᄒᆞᆫ 것 두어시니 너를 쥴 거시오, 과가(科擧)ᄒᆞ거든 쓰랴 ᄒᆞ고 참방졔구(參枋諸具) 출혀 둔 거 이시니 너를 쥴 거시오, 모도 궁통 모라 휘쓰러다가 몰슈(沒數)이 너를 다 쥴 거시니 졔발 덕분(德分) 바로 닐러라!”

방ᄌᆡ(房子ㅣ) 웃고 그졔야 ᄒᆞᄂᆞᆫ 말이,

“져 아희ᄂᆞᆫ 귀신(鬼神)도 아니오 즘싱도 아니라, 본읍(本邑) 기싱(妓生) 월ᄆᆡ(月梅) ᄯᆞᆯ 츈향(春香)이오. 츈광(春光)은 이팔(二八)이오, 인물(人物)은 일ᄉᆡᆨ(一色)이오, ᄒᆡᆼ실(行實)은 ᄇᆡᆨ옥(白玉)이오, ᄌᆡ질(才質)은 소약난(蘇若蘭)이오, 풍월(風月)은 셜도(薛濤)오, 가곡(歌曲)은 셤월(蟾月)이라. 아직 셔방(書房) 졍(定)치 아니코 이시나, 셩품(性品)이 ᄆᆡ몰ᄒᆞ고 ᄉᆞᆨ지고 교만(驕慢)ᄒᆞ고, 도ᄯᅳ기가 영소보뎐(靈霄寶殿) 북극텬문(北極天門)의 턱 건 쥴노 알외오.”

니도령(李道令) 이 말 듯고,

“얼ᄉᆞ 조흘시고!”

허동지동 헛튼 말노 ᄒᆞᄂᆞᆫ 말이,

“이 ᄋᆡ, 방ᄌᆞ(房子)야! 우리 두리 의형뎨(義兄弟) ᄒᆞᄌᆞ. 방ᄌᆞ(房子) 동싱(同生)아, 날 살녀라! 졔가 만일(萬一) 창녤(娼女ㅣ)진ᄃᆡ ᄒᆞᆫ 번(番) 구경(求景) 못ᄒᆞᆯ쇼냐? 네가 밧비 불너오라!”

---

3 **봉부동**(封不動): 물건을 창고에 넣은 후 봉인(封印)함. 원문의 ‘봉두동’은 ‘봉부동’으로 바로잡았음. 5 **ᄎᆡ천슈식**(釵釧首飾): 비녀와 팔찌, 머리장식을 아울러 이르는 말. 원문의 ‘ᄎᆞ천’은 ‘ᄎᆡ천’으로 바로잡았음. 6 **참방졔구**(參枋諸具): 과거시험을 준비하는 사람이 쓰는 여러 도구. 원문의 ‘창방’은 ‘참방’으로 바로잡았음. 7 **궁통 모라**: 모두 몰아서. **몰슈**(沒數)이:

이도령이 마음이 급해져서 되는 대로 하는 말이,

"그래서 아무렇게나 할까 보냐? 내가 서울 가거든 세간 밑천 하려고 돈 오백 냥 굳게 봉해 놓은 것을 네게 줄 것이요, 장가들거든 예물 주려고 어르신네께서 평양서윤으로 가 계실 제 채천 수식 장만해 둔 것이 있으니 너를 줄 것이요, 과거 볼 때 쓰려고 시험장에서 쓰는 여러 도구를 마련해 둔 게 있으니 너를 줄 것이요, 모두 온통 몰아 휩쓸어다가 죄다 너를 줄 것이니 제발 덕분에 바로 일러라!"

방자가 웃고 그제야 하는 말이,

"저 아이는 귀신도 아니요 짐승도 아니라, 이 고을 기생 월매의 딸 춘향이오. 나이는 열여섯 살이요, 인물은 일색이요, 행실은 백옥이요, 재질은 진나라 열녀 소약란이요, 풍월은 당나라 기녀 설도요, 가곡은 양소유의 첩 섬월이라. 아직 서방을 정하지 않고 있으나, 성품이 매몰하고 사재고 교만하고, 도뜨기가 옥황상제 계신 영소보전 북극천문에 턱을 걸고 있는 줄로 아뢰오."

이도령이 이 말을 듣고,

"얼싸 좋을시고!"

허둥지둥 허튼 말로 하는 말이,

"이 애, 방자야! 우리 둘이 의형제 하자. 방자 동생아, 날 살려라! 저가 만일 창녀일진대 한 번 구경 못할쏘냐? 네가 바삐 불러 오라!"

있는 수효대로 죄다. 원문의 '물슈이'는 '몰슈이'로 바로잡았음. 11 츈광(春光): 젊은 사람의 나이를 이르는 말. 13 소약난(蘇若蘭): 진나라 부견 때의 안남 장군 두도(杜度)의 아내로, 시를 지어 귀양간 남편을 속죄케 함. 셜도(薛濤): 당나라 때의 명기이자 시인. 15 민몰: 인정이 없고 쌀쌀맞음. 스직고: 성질이 독살스럽고 당돌함. 도쓰기: 말이나 하는 행동이 우쭐댐을 이르는 말. 영소보뎐(靈霄寶殿): 천상의 옥황상제(玉皇上帝)가 거처하는 궁전.

방ᄌᆞ(房子) 놈 거동(擧動) 보쇼. 아조 펄젹 쒸며 ᄒᆞᄂᆞᆫ 말이,

"이런 말숨 다시 마오! 져를 브르랴 ᄒᆞ면 밥풀 물고 ᄉᆡ 싯기 브ᄅᆞ듯 아조 쉽ᄉᆞ오나, 만일(萬一) 이 말숨이 ᄉᆞ또(使道) 귀ᄭᅮ멍으로 다름박질ᄒᆞ여 드러가량이면 도련님을 계관(係關)이 업거니와, 방ᄌᆞ(房子) 이놈은 팔ᄌᆞ(八字) 업시 늘ᄀᆡ시니, 그런 ᄉᆡᆼ각과 이런 분부(吩咐)ᄂᆞᆫ 숨의도 마옵쇼셔!"

니도령(李道令) 니ᄅᆞᆫ 말이,

"죽기 술기ᄂᆞᆫ 십왕젼(十王殿)의 ᄆᆡ엿다 ᄒᆞ니, 경망(輕妄)스레 구지 말고 져만 어셔 불너오라! ᄂᆡ일(來日)븟터 관쳥(官廳)의 나ᄂᆞᆫ 거슬 도모지 휩스러다가 달피(獺皮)바로 즐끈즐끈 묵거다가 방ᄌᆞ(房子) 형님ᄃᆡᆨ(兄任宅)으로 ᄰᅱᆼ 진상(進上) 알외오 ᄒᆞ고 모도 다 송일 거시니, 다ᄅᆞᆫ 념녀(念慮)ᄂᆞᆫ 숨의도 말고 어셔 밧비 불너오라! 졔발 덕분(德分) 불너오라! ᄂᆡ가 만일(萬一) 병(病) 곳 들면, 신롱시(神農氏) 상ᄇᆡᆨ초(嘗百草)ᄒᆞ여 일만병(一萬病)을 다 곳쳐도 이ᄂᆡ 병(病)은 ᄒᆞᆯ 일없고, 요지(瑤池)에 천년반도(千年蟠桃), 텬ᄐᆡ산(天台山)의 별이용(麋茸), 만슈산(萬壽山) 인삼(人蔘)과 삼신산(三神山) 불ᄉᆞ약(不死藥)이 거직두량(車載斗量)이라도, 이ᄂᆡ 병(病)은 쇽졀업시 죽ᄀᆡ시니 졔발 덕분(德分) 비ᄂᆞ이다! 날 술니시오!"

쇽담(俗談)의 니ᄅᆞᆫ 말이, ᄇᆡᆨ쥬(白酒)ᄂᆞᆫ 홍인면(紅人面)이오 황금(黃金)은 흑ᄉᆞ심(黑士心)이라, 방ᄌᆞ(房子) 놈의 마음이 념초청(焰硝廳) 굴둑이오, 호두각(虎頭閣) ᄃᆡ쳥(大廳)이라. 쥬마 ᄒᆞᄂᆞᆫ 말의 비위(脾胃)가 동(動)ᄒᆞ여 ᄒᆞᆫ 번(番) 웃고 허락(許諾)ᄒᆞᄂᆞᆫ 말이,

---

2 밥풀 물고 ᄉᆡ 싯기 브ᄅᆞ듯: 속담으로, 아주 쉽게 할 수 있는 것을 비유. 10 달피(獺皮)바: 수달피로 만든 질긴 밧줄. 원문의 '닭피'는 '달피'로 바로잡았음. 15 천년반도(千年蟠桃): 천년에 한 번씩 열린다고 전해 오는 선도(仙桃). 텬ᄐᆡ산(天台山)의 별이용(麋茸): 천태산에서 난다고 전해 오는 좋은 녹용. 17 거직두량(車載斗量): 수레에 싣거나 말로 잴 정도로 많

방자 놈 거동 보소. 아주 펄쩍 뛰며 하는 말이,

"이런 말씀 다시 마오! 저를 부르려 하면 밥풀 물고서 새 새끼를 부르듯 아주 쉽사오나, 만일 이 말씀이 사또 귓구멍으로 달음박질하여 들어갈 양이면 도련님은 관계가 없거니와, 방자 이놈은 팔자에 없이 늙겠으니, 그런 생각과 이런 분부는 꿈에도 마옵소서!"

이도령이 이른 말이,

"죽기 살기는 시왕전에 매였다 하니, 경망스레 굴지 말고 저만 어서 불러오라! 내일부터 관청에서 나는 것을 모두 휩쓸어다가 수달피 밧줄로 질끈질끈 묶어 방자 형님 댁으로 꿩 진상 아뢰오 하고 모두 다 보낼 것이니, 다른 염려는 꿈에도 말고 어서 바삐 불러오라! 제발 덕분 불러오라! 내가 만일 병이 곧 들면, 온갖 약초를 맛보고 어떤 병이라도 고쳤다는 신농씨도 이내 병에는 하릴없고, 요지에서 천 년 만에 열리는 복숭아, 천태산의 좋은 녹용과 만수산의 인삼과 삼신산의 불사약이 수레에 가득할지라도, 이내 병은 속절없이 죽겠으니 제발 덕분 비나이다! 날 살리시오!"

속담에 이른 말이, 흰 술은 얼굴을 붉게 만들고 황금은 선비의 마음을 검게 만든다 했으니, 방자 놈의 마음이 염초청의 굴뚝이요 의금부 호두각 대청이라. 주겠다고 하는 말에 마음이 움직여 한 번 웃고 허락하는 말이,

은 분량. 19 **빅쥬(白酒)는 … 흑스심(黑士心)**: 막걸리는 그 빛이 희지만 사람의 얼굴을 붉게 하고, 황금은 누렇지만 선비의 마음을 검게 함. 20 **념초쳥(焰硝廳) 굴둑**: 염초청은 조선 초에 화약의 원료인 염초를 관리하던 곳으로, 심보가 검고 흉악스러움을 비유함. 21 **호두각(虎頭閣) 딕쳥(大廳)**: 죄인을 심문하는 의금부의 호두각이 앞쪽으로 불쑥 나오게 지어져 있는 것처럼, 성질이 모난 사람을 가리킴.

"도련님 말ᄉᆞᆷ이 하 져러ᄒᆞ시니 불너는 오려니와 나종의 즁병(重病)이 나면 그는 나의 알 ᄇᆡ 아니왼다. 또 계집 말 부ᄅᆞ는 당단(長短)이나 아옵ᄂᆞ잇가?"

니도령(李道令) ᄃᆡ답(對答)ᄒᆞᄃᆡ,

"셰상(世上) ᄉᆞ람이 망(亡)ᄒᆞ여도 남는 것 ᄒᆞ나는 잇ᄂᆞ니라. 왈ᄌᆞ가 망(亡)ᄒᆞ여도 왼다리길 ᄒᆞ나흔 남고, 부ᄌᆞ(富者)가 망(亡)ᄒᆞ여도 청동화로(青銅火爐) ᄒᆞᄂᆞ흔 남고, 죵가(宗家)가 망(亡)ᄒᆞ여도 신쥬보(神主褓) ᄒᆞ나 향노향합(香爐香盒)은 남고, 남산(南山)골 ᄉᆡᆼ원(生員)이 망(亡)ᄒᆞ여도 거름것는 보슈(步數) ᄒᆞ나는 남고, 노는 계집이 망(亡)ᄒᆞ여도 엉덩이 흔드는 당단(長短) ᄒᆞ나흔 남는다 ᄒᆞ니, 경셩(京城)의셔 ᄉᆡᆼ댱(生長)ᄒᆞᆫ ᄂᆡ가 현마 계집 말 브ᄅᆞᆯ 쥴이야 모ᄅᆞ랴? 방자(房子) 형(兄)아, 쥬져님의 아들놈 쇼ᄅᆡ 말고 나는 ᄃᆞ시 불너오라! 편젼(片箭)ᄀᆞᆺ치 불너오라!"

져 방ᄌᆞ(房子) 놈 거동(擧動) 보소. 아ᄅᆡ 멋슭ᄒᆞᆫ 도리 참나무 즐ᄉᆞᆫ동 부ᄅᆞ질너 것구로 집고, 녹양방초(綠楊芳草) 버든 길노 거드렁 츙청 우두덩 탕탕 밧비 갈 제, ᄒᆞᆫ 모롱 두 모롱 훨훨 지나 나는ᄃᆞ시 건너가셔 슘을 헐덕이며 쇼ᄅᆡ를 우뢰ᄀᆞᆺ치 지ᄅᆞ고, 숀을 눈 우희 번젹 드러,

"츈향(春香)아, 츈향(春香)아. 무엇ᄒᆞᄂᆞ니?"

츈향(春香)이 깜작 놀나 츄천(鞦韆)쥴에 쒸여ᄂᆞ려, 명모(明眸)를 흘니ᄯᅳ고 단슌(丹脣)을 반ᄀᆡ(半開)ᄒᆞ고 호치(皓齒)를 드러ᄂᆡ여 뭇는 말이,

"그 뉘라셔 그리 급(急)히 브ᄅᆞᄂᆞ니?"

방ᄌᆞ(房子) 놈 ᄃᆡ답(對答)ᄒᆞ되,

---

6 **왈ᄌᆞ가 망(亡)ᄒᆞ여도 왼다리길 ᄒᆞ나흔 남고:** 속담으로, 오랜 습관이 된 것은 좀처럼 버릴 수 없음을 뜻함. '왼다리길'은 발길질로, 걸음걸이가 단정치 못함을 이름. 8 **신쥬보(神主褓):**

"도련님 말씀이 하도 저러하시니 불러는 오려니와 나중에 큰 탈이 나면 그는 나의 알 바가 아니외다. 또 계집 말 부르는 장단이나 아옵나이까?"

이도령이 대답하되,

"세상 사람이 망하여도 남는 것 하나는 있느니라. 왈짜가 망하여도 왼다리길 하나는 남고, 부자가 망하여도 청동화로 하나는 남고, 종가가 망하여도 신주보 하나와 향로, 향합은 남고, 남산골 생원이 망하여도 걸음걸이 하나는 남고, 놀던 계집이 망하여도 엉덩이 흔드는 장단 하나는 남는다 하니, 경성에서 나고 자란 내가 설마 계집 부리는 말장난할 줄이야 모르랴? 방자 형아, 주제넘은 아들놈 소리는 말고 나는 듯이 불러오라! 편전같이 불러오라!"

저 방자 놈 거동 보소. 아래가 쭉 뻗은 한 주먹 굵기의 참나무를 즐끈동 분질러서 거꾸로 짚고, 푸른 버들과 향기로운 풀들이 뻗은 길로 거드렁 충청 우두덩 탕탕 바삐 갈 제, 한 모롱이 두 모롱이 훨훨 지나 나는 듯이 건너가서 숨을 헐떡이며 소리를 우레같이 지르고, 손을 눈 위로 번쩍 들어,

"춘향아, 춘향아. 무엇하느냐?"

춘향이가 깜짝 놀라 그네에서 뛰어내리며, 눈동자를 흘겨 뜨고 붉은 입술 반쯤 열고 하얀 이를 드러내어 묻는 말이,

"그 뉘라서 그리 급히 부르나?"

방자 놈이 대답하되,

신주를 모셔 두는 궤를 덮던 보. 남산(南山)골 싱원(生員): 남산 밑에 살던, 생활은 궁핍하나 강한 자존심을 지닌 선비. 9 보슈(步數): 걸음걸이. 11 현마: 설마. 14 도리 참나무: 한 주먹 정도 굵기의 참나무. 20 명모(明眸): 맑고 아름다운 눈동자.

"큰일 낫다! 칙방(冊房) 도령님이 광한누(廣寒樓)의 구경(求景) 와 겨시다가 너를 보고 두 눈의 부쳬가 발등거리ᄒᆞ고 왼몸의 힘쥴이 용ᄃᆡ긔(龍大旗) 뒤쥴이 되엿시니 어셔 급(急)히 가ᄌᆞ! 잠간(暫間)이나 지체(遲滯)ᄒᆞ면 모닥이 판 날 거시니 얼는 밧비 가ᄌᆞ셰라!"

저 겨집아히 거동(擧動) 보쇼. ᄇᆡᆨ만교ᄐᆡ(百萬嬌態) 찡그리고 독(毒)을 ᄂᆡ여 ᄒᆞᄂᆞᆫ 말이,

"요 방정맛고 요망(妖妄)스런 아희 년셕아! ᄉᆞ름을 그ᄃᆡ지 놀ᄂᆡᄂᆞᆫ냐? ᄂᆡ 츄천(鞦韆)을 ᄒᆞ던지 마던지 너ᄃᆞ려 ᄃᆡ슈리? 말 만코 익술스레 분쥬다ᄉᆞ(奔走多事)ᄒᆞ게 뒤숭뒤숭스레, 츈향(春香)이니 ᄉᆞ향(麝香)이니, 침향(沈香)이니 계향(桂香)이니, 강진향(降眞香)이니 곽향(藿香)이니, 회향(茴香)이니 졍향(丁香)이니, 목향(木香)이니 네 어미니 네 할미니, 갓초갓초 경신년(庚申年) 글강 외듯 다 일거 밧치라드냐?"

방ᄌᆞ(房子) 놈 ᄒᆞᄂᆞᆫ 말이,

"요년의 아희년아, ᄂᆡ 말 듯거라! 무슴 일노 욕(辱)은 더럭더럭ᄒᆞ여 가ᄂᆞ냐? 엇던 실업댱의 아들놈이 남의 친환(親患)의 단지(斷指)ᄒᆞᄂᆞᆫ 셈으로 그런 말 ᄒᆞ엿단 말이냐? 도련님이 원악 아ᄂᆞᆫ 법(法)이 모진 바람벽 뚤고 나오ᄂᆞᆫ 즁방(中房) 밋 귓도람의 ᄌᆞ셕(子息)이오, 또ᄂᆞᆫ 네가 잘못ᄒᆞᆫ 거시 그뉜지 고뉜지 츄천(鞦韆)인지 투천인지, 쒸려거든 네 집 뒤동산(東山)도 조코, 조용이 쒸려 ᄒᆞ면 네 집 ᄃᆡ청(大廳) 들보도 조코, 졍 은근(慇懃)이 쒸려 ᄒᆞ면 네 집 방(房)안히

---

2 두 눈의 부쳬가 발등거리ᄒᆞ고: 두 눈에 부채를 앞뒤로 흔들듯이 뒤집혀 보임. 즉, 사람의 형상이 뒤집어져 보일 정도로 흥분함을 뜻함. 3 용ᄃᆡ긔(龍大旗) 뒤쥴: 왕이 거둥할 때 행렬의 앞에 세우던 용대기를 버티는 네 가닥의 뒷줄. 즉, 힘있게 뻗어 있는 모양을 비유. 4 모닥이 판: 여러 가지가 한꺼번에 쏟아져 내리는 상황. 12 경신년(庚申年) 글강 외듯: 속담으로, 경신년에 과거를 보기 위해 글을 열심히 반복해 읽듯이 자세히 말함. 또는 필요치 않

"큰일 났다! 책방 도련님이 광한루에 구경 와 계시다가 너를 보고 두 눈에 부채가 발등거리고 온몸의 힘줄이 용대기 받치는 뒷줄처럼 뻗쳤으니 어서 급히 가자! 잠깐이라도 지체하면 온갖 일들이 쏟아져 내릴 판이니 바삐 가자꾸나!"

저 계집아이 거동 보소. 갖은 교태로 찡그리고 독을 내어 하는 말이,

"요 방정맞고 요망스런 아이 녀석아! 사람을 그다지 놀라게 하느냐? 내 그네를 뛰든지 말든지 너더러 참견하라더냐? 말 많고 익살스레 분주하고 다사하게 뒤숭뒤숭스레, 춘향이니 사향이니, 침향이니 계향이니, 강진향이니 곽향이니, 회향이니 정향이니, 목향이니 네 어미니 네 할미니, 거듭거듭 경신년 글강을 외우듯이 자세히 읽어 바치라더냐?"

방자 놈이 하는 말이,

"요년의 아이년아, 내 말 듣거라! 무슨 일로 욕은 더럭더럭 하느냐? 어떤 실업쟁이 아들놈이 남의 부모 병환에 손가락을 잘라 피를 내어 주듯이 그런 말을 하였단 말이냐? 도련님이 워낙 아는 법이 모진 바람벽도 뚫고 나오는 중방 밑 귀뚜라미의 자식이요, 또 네가 잘못한 것이 그넨지 고뉜지 추천인지 투천인지, 뛰려거든 네 집 뒷동산도 좋고, 조용히 뛰려면 네 집 대청 들보도 좋고, 정 은근히 뛰려면 네 집 방안에 횃대목이나

은 말을 거듭 반복함을 비유. 15 **실업댱**: 일정한 직업 없이 빈둥거리며 사는 사람을 뜻함. **남의 친환(親患)의 단지(斷指)**: 속담으로, 부모가 위급할 때 단지함은 당연한 효행이나 남에게까지 그러는 것은 괜한 일이라는 뜻. 17 **모진 바람벽 쑬고 나오는 즁방(中房) 밋 귓도람의 즈셕(子息)**: 귀뚜라미가 두꺼운 벽을 뚫고 나오듯이 신기한 묘리를 많이 알고 있음을 비유.

홰ᄃᆡ목의나 ᄆᆡ고 쒸지, 요로틋 쏙 ᄇᆡ야진 언덕의셔 졈지 아닌 아희년이 들낙날낙ᄒᆞ며 별별 발겨 갈 즛시 무슈(無數)ᄒᆞ니, 미댱가젼(未杖家前) 아희놈이 눈ᄭᅠᆯ이 아니 상(傷)홀소냐? ᄌᆞ셔히 드러보라. 오날 마촘 본관ᄉᆞ또(本官使道) ᄌᆞ졔(子弟) 도련님이 산쳔경ᄀᆡ(山川景槪) 구경(求景)ᄒᆞ려 광한누(廣寒樓)의 올낫더니, 녹음(綠陰) 즁(中)의 츄쳔(鞦韆)ᄒᆞᄂᆞᆫ 네 거동(擧動)을 보고 셩화(星火)ᄀᆞᆺ치 불너오라 분뷔(吩咐ㅣ) 지엄(至嚴)ᄒᆞ시니, 뉘 분부(吩咐)라 아니 ᄀᆞ고 뉘 령(令)이라 거슬쇼냐? 잔말 말고 어셔 가ᄌᆞ! 바른ᄃᆡ로 말이지 도련님이 외입(外入)댱이러라. 곳 오ᄆᆡ지상(烏梅之上)이오, 초병(醋甁) 막ᄀᆡ오, 말게 ᄎᆞ인 엉덩이오, 돌의 ᄎᆞ인 복셩화ᄊᆡ오, 산 ᄀᆡ얌이 밋궁이오, 경계쥬머니 아들일너라. 네 만일(萬一) 향기(香氣)로온 말노 밉시 잇게 ᄉᆡ롤 부려 초(醋) 친 무럼을 민든 후(後)의, 항나(亢羅) 쇽것 가ᄅᆡ롤 싱슝상슝 ᄉᆡᆨ혀ᄂᆡ여 아조 ᄯᅩᆯᄯᅩᆯ 마라ᄃᆞ가 왼편 볼기ᄶᅡᆨ의 붓쳐시면, 긔 아니 묘리(妙理)가 잇깃ᄂᆞ냐? 남원(南原) 거시 네 것시오, 운향고(運餉庫)이 아름치라. 네 덕(德)의 나도 관쳥고ᄌᆞ(官廳庫子)나 ᄒᆞ여 거드러거려 호강 좀 ᄒᆞ여 보ᄌᆞᆺ고나!"

츈향(春香)이 ᄃᆡ답(對答)ᄒᆞᄃᆡ,

"아니 가면 눌을 엇지ᄒᆞᄂᆞ? 날노 쥭이나, ᄉᆡᆼ(生)으로 발기나? 비 오ᄂᆞᆫᄃᆡ 쇠ᄭᅩ리쳐로 부듸치지 말아! 날 구즌 날 ᄀᆡ삿기쳐로 지근지근이 구지 말고, 말ᄒᆞ기 슬흐니 어셔 이거라!"

방ᄌᆞ(房子) 놈 니른 말이,

1 홰ᄃᆡ목: 대나무의 양쪽 끝을 끈으로 연결해서 옷가지 등을 걸 수 있게 만든 것. 쏙 ᄇᆡ야진: 똑 바라진. 즉, 아주 잘 드러나 보이는. 9 오ᄆᆡ지상(烏梅之上): 오매보다도 더 신맛이 남. '오매'는 덜 익은 푸른 매실을 짚불 연기에 그슬려 말린 것. 여기서 신맛은 오입쟁이가 추구하는 성적 쾌감을 비유. 초병(醋甁) 막ᄀᆡ: 초를 넣은 병의 마개. 맛이 몹시 신 것, 즉 성적 쾌감을 비유. 11 경계쥬머니 아들: 침, 부싯돌 등을 주머니에 넣고 다니며 불시의 소용에 대

매고 뛰지, 요렇게 똑 드러난 언덕에서 젊지 않은 아이년이 들락날락하며 별별 찢어발길 짓이 무수하니, 장가들지 않은 아이놈 눈꼴이 아니 상할쏘냐? 자세히 들어보라. 오늘 마침 본관 사또 자제 도련님이 산천경개를 구경하러 광한루에 올랐다가, 녹음 중에 그네 뛰는 네 거동을 보고 성화같이 불러오라 분부가 지엄하니, 뉘 분부라 아니 가고 뉘 명령이라 거스를쏘냐? 잔말 말고 어서 가자! 바른대로 말이지 도련님이 오입쟁이라. 곧 덜 익은 매실보다 더 새콤하고, 식초 병 마개 같고, 말 뒷발에 차인 엉덩이요, 돌에 차인 복숭아뼈요, 산 개미의 밑구멍이요, 경계주머니 아들이더라. 네가 만일 향기로운 말로 맵시 있게 태를 부려서 초 친 해파리를 만든 후에, 항라 속곳 가랑이를 싱숭상숭 빼어내어 아주 똘똘 말아다가 왼쪽 볼기짝에 붙인다면, 그 어찌 묘한 재미가 없겠느냐? 남원 것이 네 것이요, 운향고가 네 차지라. 네 덕에 나도 관청 창고지기나 하여 거드럭거리며 호강 좀 하여 보자꾸나!"

춘향이 대답하되,

"아니 가면 누구를 어찌하나? 날로 죽이나, 생으로 발기나? 비 오는데 소꼬리 흔드는 것처럼 부딪치지 마라! 궂은 날 개새끼처럼 치근치근 굴지 말고, 말하기 싫으니 어서 가거라!"

방자 놈이 이르는 말이,

비하는 사람을 비유. 12 식룰 부려: 새를 붙여, 즉 성적 유혹의 내음을 풍겨. 초(醋) 친 무럼: 초를 넣은 해파리. 즉, 유혹당해 마음이 흐늘흐늘해진 상태를 비유. 15 운향고(運餉庫): 조선 시대에 각처로 운반할 군량을 임시로 넣어 두던 창고. 아름치: 아람치. 즉, 개인이 사사로이 차지하는 몫. 관쳥고즈(官廳庫子): 관청 창고를 관리하는 이. 19 비 오는듸 쇠꼬리 쳐로: 속담으로, 비오는 날 소가 꼬리를 치면 흙탕물이 튀듯 귀찮게 구는 것을 말함.

"네가 요ᄃᆡ지 보동쐬고 단단ᄒᆞ냐? 앙셰고 슈셰냐? 아모커나 견ᄃᆡ여 보아라! 잔쇽을 ᄌᆞ셔히 몰낫다. 도련님이 눈가족이 핑핑ᄒᆞᆫ 거시 독살(毒煞)이 우히 업고, 만일(萬一) 슈의 틀리면 네 어미 월ᄆᆡ(月梅)ᄭᆞ지 ᄉᆡᆼ급살(生急煞)을 먹을 거시니, 네 아니 가면 그만잇슬 듯 시부냐? 되지 못ᄒᆞᆯ ᄉᆞ양(辭讓) 말고 어셔 가ᄌᆞ!"

츈향(春香)이 ᄒᆞᆯ일업셔 ᄯᆞ라온다. 치마ᄭᅩ리 뒤가닭을 에후루쳐 휘여다가 압흉당(胸膛)의 ᄯᅥᆨ 부치고 옥보방신(玉步芳身) 완보(緩步)ᄒᆞᆯ 제, 셕경산노(石逕山路) 험(險)ᄒᆞᆫ 곳과 ᄒᆡᆼ심일경(行深一徑) 빗긴 길노 한단시상(邯鄲市上)의 슈릉(壽陵)의 거름으로, ᄇᆡᆨ월총즁(百越叢中)의 셔ᄌᆞ(西子)의 거름으로, ᄇᆡᆨ(白)모ᄅᆡ밧히 금(金)ᄌᆞ라 거름으로, 양지(陽地) 마당의 씨암닭의 거름으로, ᄃᆡ명뎐(大明殿) ᄃᆡ들보의 명막의 거름으로, 광풍(狂風)의 나븨 노듯, 믈쇽의 니어(鯉魚) 노듯, 가만가만 삽분삽분 거러와셔 광한누(廣寒樓)의 다ᄃᆞᄅᆞ니, 방ᄌᆞ(房子) 놈 엿ᄌᆞ오ᄃᆡ,

"츈향(春香)이 현신(現身) 알외오!"

ᄒᆞ니, 이ᄯᅢ 니도령(李道令)이 눈골이 다 틀니고 졍신(精神)이 표탕(飄蕩)ᄒᆞ여, 두 ᄃᆞ리를 잔득 ᄭᅬ고 ᄉᆞ톄무궁(事體無窮)ᄒᆞ여 기ᄃᆞ리ᄂᆞᆫ 마음이 ᄃᆡ한칠년(大旱七年)의 비 바라듯, 한슈ᄃᆡ젼(漢水大戰)의 살 바라듯, 심신(心身)이 비월(飛越)터니, 이 쇼ᄅᆡ를 듯고 무망즁(無妄中)의 ᄒᆞᄂᆞᆫ 말이,

---

1 **보동쐬고**: 작지만 통통하고. **앙셰고 수셰냐**: 앙큼하고 수다스러우냐. 2 **잔쇽**: 세세한 속내용. 6 **에후루쳐**: 얼싸안고. 9 **한단시상(邯鄲市上)의 슈릉(壽陵)의 거름**: 한단시에서의 수릉의 걸음걸이. 즉, 연나라 수릉에 살던 젊은이가 동경하던 조나라 한단에 가서 걸음걸이를 배우려 하였으나 제대로 배우지도 못한 채 고국의 걸음걸이까지도 잃어버리고 돌아왔다는 고사. 『장자(莊子)』의 「추수(秋水)」 편에서 차용. **ᄇᆡᆨ월총즁(百越叢中)의 셔ᄌᆞ(西子)의 거름**: 월에서 오나라에 서시(西施)를 바치기 위하여 토성에서 걸음걸이를 삼 년 동안 가르치니 과연 오왕 부차(夫差)를 사로잡아 망하게 했다는 고사. 11 **씨암닭의 거름**: 아기작

"네가 요다지 통통하고 단단하냐? 앙큼하고 수다스러우냐? 아무튼 견디어 보아라! 세세한 것은 자세히 몰랐다. 도련님 눈가죽이 팽팽한 것이 독살이 그 이상이 없고, 만일 수가 틀리면 네 어미 월매까지 생급살을 맞을 것이니, 네 아니 가면 가만있을 듯싶으냐? 되지 못할 사양 말고 어서 가자!"

춘향이 하릴없이 따라온다. 치마꼬리 뒷자락을 얼싸안아다가 앞가슴에 떡 붙이고 옥 같은 걸음걸이와 꽃다운 몸으로 천천히 걸을 제, 자갈밭 험한 산길과 숲 속 작은 비탈길로 찾아가며 한단시의 걸음을 흉내 내던 연나라 수릉의 걸음으로, 서시에게 가르치던 맵시 있는 걸음으로, 백모래밭을 기어가는 금자라 걸음으로, 양지 바른 마당의 씨암탉 걸음으로, 대명전 대들보의 명매기 걸음으로, 광풍에 나비가 놀 듯, 물속에 잉어가 놀 듯, 가만가만 사뿐사뿐 걸어와서 광한루에 다다르니, 방자 놈 여짜오되,

"춘향이 현신 아뢰오!"

하니, 이때 이도령이 눈꼴이 다 틀리고 정신이 표탕하여, 두 다리를 잔뜩 꼬고 사리와 체면이 끝이 없어 다 차리지 못하고 기다리는 마음이 칠 년 가뭄에 비가 오기를 바라듯, 한수대전에 화살을 바라듯, 몸과 마음이 날아가 버린 듯하더니, 이 소리를 듣고 엉겁결에 하는 말이,

아기작 가만히 걷는 걸음걸이. 듸명뎐(大明殿) 듸들보의 명막의 거름: 궁궐 대들보를 걷는 명매기처럼 맵시 있게 아장아장 걷는 걸음걸이. '명매기'는 '귀제비'를 이르는 말. 12 니어(鯉魚): 잉어. 17 스톄무궁(事體無窮): 사리와 체면이 끝이 없음. 18 듸한칠년(大旱七年)의 비 바라듯: 칠 년 가뭄에 비를 바라듯이. 즉, 간절히 기다리는 심정을 비유. 한슈듸젼(漢水大戰)의 살 바라듯: 속담으로, 춘추시대에 한수의 싸움에서 화살이 떨어지자 짚더미를 싣고 가 적이 활을 쏘게 하여 그 화살을 사용했다는 고사처럼, '절실히 필요한 상태'를 비유. 19 무망즁(無妄中)의: 엉겁결에.

“방ᄌᆞ(房子)야! 하졍(下庭)이란 말이 될 말이며, 현신(現身)이란 말이 위격(違格)이라. 어셔 밧비 오ᄅᆞ쇼셔 엿쥬왜라!”

츈향(春香)이 홀일업셔 당상(堂上)의 올나 졀ᄒᆞ여 뵙ᄂᆞᆫ 거동(擧動), 셔왕뫼(西王母ㅣ) 요지연(瑤池宴)의 쥬목왕(周穆王)긔 뵈옵ᄂᆞᆫ 듯, 셔미인(西美人)이 오왕궁즁(吳王宮中)의 범숀후(范遜候)긔 뵈옵ᄂᆞᆫ 듯, 작모힝지(作貌行止) 긔묘(奇妙)ᄒᆞ고, 붓그리는 옥모ᄐᆡ되(玉貌態度ㅣ) 졀승(絶勝)ᄒᆞᆫ지라. 츈산아미(春山蛾眉) 나즉ᄒᆞ고 츄수명뫼(秋水明眸ㅣ) 변혜(翻兮)ᄒᆞ여 나즉이 나아가 아리ᄯᆞᆸ이 졀ᄒᆞ니, 니도령(李道令)이 ᄇᆡᆨ망즁(百忙中) 니러 마ᄌᆞ 답녜후(答禮後) 좌(坐)를 졍(定)ᄒᆞ고 ᄌᆞ셔(仔細)히 ᄉᆞᆲ혀보니, 무릉도화(武陵桃花) 일천졈(一千點)이 닷토아 붉엿ᄂᆞᆫ 듯, 요지(瑤池)의 다난화(茶蘭花) 일만 가지 셩ᄀᆡ(盛開)ᄒᆞᆫ 듯, 금분모란(金盆牧丹)이 담발(澹發)ᄒᆞ여 봄쳘을 ᄌᆞ랑ᄒᆞᄂᆞᆫ 듯, 지당(池塘)의 ᄇᆡᆨ년일지(白蓮一枝) 셰우(細雨)의 반기ᄂᆞᆫ 듯, 벽월(碧月)이 초ᄉᆡᆼ(初生)ᄒᆞᆯ 제 셤운(纖雲)이 무젹(無迹)ᄒᆞ고, 부용(芙蓉)이 반ᄀᆡ(半開)ᄒᆞᆫᄃᆡ 셔하(瑞霞)가 방롱(方農)이라.

원슈청연(遠樹青烟)은 슉비(宿憊)의 총농(蔥蘢)하고, 은하츄파(銀河秋波)ᄂᆞᆫ 미우(眉宇)의 형쳘(瑩澈)이라. 풍화셜한(風和雪寒)ᄒᆞᆫᄃᆡ 뉴시ᄆᆡ교(柳猜梅嬌)요, ᄇᆡᆨ미졍졍(百媚婷婷)ᄒᆞᆫᄃᆡ 쳔ᄐᆡ요요(千態妖妖)로다. 원포(遠浦)의 쇄연(鎖煙)ᄒᆞ고 츈산(春山)의 야ᄆᆡ(野梅)로다. 일쳔ᄌᆞᄐᆡ(一千姿態)와 일만(一萬) 고으미 진짓 만고(萬古)의 ᄶᆞᆨ 업ᄂᆞᆫ

---

9 ᄇᆡᆨ망즁(百忙中): 매우 바쁜 중에. 11 요지(瑤池)의 다난화(茶蘭花) 일만 가지: 요지연에 핀다는 다란화 수많은 가지. 원문의 ‘다람화’는 ‘다난화’, ‘알만’은 ‘일만’으로 바로잡았음. 13 지당(池塘): 연못. 14 셤운(纖雲): 잔 구름. 원문의 ‘졈운’은 ‘셤운’으로 바로잡았음. 부용(芙蓉): 연꽃. 15 셔하(瑞霞)가 방롱(方農): 상서로운 노을이 바야흐로 깊어 감. 16 원슈청연(遠樹青烟): 먼 곳의 나무숲에 낀 푸른 안개. 은하츄파(銀河秋波)ᄂᆞᆫ 미우(眉宇)의 형

"방자야! 뜰 아래서 인사하라는 말이 될 말이며, 현신하라는 말이 격에 맞지 않다. 어서 바삐 오르소서 하고 여쭈어라!"

춘향이 하릴없어 당 위에 올라 절을 하며 뵙는 거동, 서왕모가 요지연에서 주나라 목왕께 뵈옵는 듯, 서미인이 오왕궁중에서 범손후께 뵈옵는 듯, 얼굴 표정과 행동하는 모습이 기묘하고, 부끄러워하는 어여쁜 태도가 빼어난지라. 봄 산 같은 아름다운 눈썹을 나직이 하고 가을물 같은 맑은 눈동자를 내리깔면서 나직이 나아가 아리땁게 절하니, 이도령이 마치 바쁜 중에 일어나 맞이하듯 답례한 후 자리를 정하고 자세히 살펴보니, 무릉도원의 도화 천 송이가 다투어 붉게 핀 듯, 요지연의 다란화 수많은 가지가 무성히 핀 듯, 금빛 화분에 모란꽃이 담박하게 피어 봄철을 자랑하듯, 연못의 백련화 한 가지가 가랑비를 반기는 듯, 구름 한 점 없는 가운데 푸르른 초승달이 모습을 드러내듯, 연꽃이 반쯤 피니 상서로운 노을이 짙어 가는 것 같다.

저 먼 곳 나무숲에 낀 푸른 안개처럼 애달픔이 서려 있고, 은하수 같은 가을 물결은 눈썹의 맑은 빛이라. 바람은 따뜻하고 눈은 차가운 가운데 버들은 시기하고 매화는 교태부리는 듯, 백 가지 자태가 예쁘고 천 가지 교태가 요염하네. 먼 포구에 어린 안개 같고, 봄 산에 핀 들매화 같으며, 천 가지 자태와 만 가지 고

철(瑩澈): 은하수 같은 가을 물결은 눈썹의 맑은 빛. 원문의 '영철'은 '형철'로 바로잡았음.
17 풍화설한(風和雪寒)ᄒᆞᆫ듸 뉴시미교(柳猜梅嬌)요: 바람은 따뜻하고 눈은 찬데 버들이 시기하고 매화가 교태를 부리는 듯하니. 18 ᄇᆡᆨ미쪙쪙(百媚婷婷)ᄒᆞᆫ듸 쳔틔요요(千態妖妖)로다: 백 가지 자태가 예쁘고 천 가지 교태가 요염하다. 19 원포(遠浦)의 쇄연(鎖煙)ᄒᆞ고 츈산(春山)의 야미(野梅)로다: 먼 포구에 어린 안개 같고 봄 산에 핀 들매화 같도다.

천향국식(天香國色)이라. 니도령(李道令)이 ᄒᆞᆫ 번(番) 보ᄆᆡ 정신(精神)이 황홀(恍惚)ᄒᆞ고 심신(心身)이 녹는 듯ᄒᆞ여 ᄒᆞ는 말이,

"남 호리게 숨겻다. 남의 ᄲᅧ ᄉᆡᆨ히게 숨겨고나! 남의 간장(肝腸) 녹이게 숨겻다. 슈려찬난(秀麗燦爛)ᄒᆞ여 ᄂᆡ 눈을 어ᄅᆡ오고, 쳔연작약(天然綽約)ᄒᆞ여 ᄂᆡ 간장이 스는고나. 화용월ᄐᆡ(花容月態) 향긔(香氣)로와 나의 정신(精神) 다 ᄉᆡᆨ히고, 양뉴긔질(楊柳氣質) 셤셰(纖細)ᄒᆞ여 깁옷슬 못 니긔는고나. 그라셔 셩명(姓名)은 뉘라 ᄒᆞ며 나흔 언마나 ᄒᆞ뇨?"

춘향(春香)이 팔ᄌᆞ츈산(八字春山) 찡그리고 단슌호치(丹脣皓齒) 잠간(暫間) 여러 나즉이 엿ᄌᆞ오ᄃᆡ,

"소녀(少女)의 셩(姓)은 김(金)이오, 일홈은 츈향(春香)이오, 나흔 이팔(二八)이로소이다."

니도령(李道令) 니른 말이,

"신통(神通)ᄒᆞ다! 네 나히 이팔(二八)이라 ᄒᆞ니 나의 ᄉᆞᄉᆞ십뉵(四四十六)과 졍동갑(正同甲)이로고나!"

ᄯᅩ 무ᄅᆞᄃᆡ,

"ᄉᆡᆼ월ᄉᆡᆼ시(生月生時)는 어ᄂᆡ ᄶᅵ니?"

츈향(春香)이 ᄃᆡ답(對答)ᄒᆞᄃᆡ,

"하ᄉᆞ월(夏四月) 초팔일(初八日) 츅시(丑時)로소이다."

"어허 공교(工巧)ᄒᆞ다! 눈 무셥다! 방ᄌᆞ(房子)야, 네가 앗가 슈군슈군ᄒᆞ더니 ᄂᆡ 나와 ᄉᆡᆼ일(生日)을 다 일너밧쳣나 보고나! 그러치 아니면 이럴 일이 잇는가? ᄃᆡ져 신통긔이(神通奇異)ᄒᆞ다! 다 마져오다가 ᄯᅡᆨ 시(時)만 틀녀시니, 나 ᄒᆡ산(解産)홀 졔 불슈산(佛手散)을

---

1 천향국식(天香國色): 가장 아름다운 여인을 비유적으로 이르는 말. 3 ᄲᅧ ᄉᆡᆨ히게: 몸이 여위게. 즉, 호색에 빠져서 남자들의 몸을 여위게 할 정도로. 4 쳔연작약(天然綽約): 타고난 날씬한 자태. 원문의 'ᄌᆞ약'은 '작약'으로 바로잡았음. 5 화용월ᄐᆡ(花容月態): 꽃 같은 얼굴

움이 짐짓 만고의 짝 없는 타고난 절세미인이라. 이도령이 한 번 보고 정신이 황홀하고 심신이 녹는 듯하여 하는 말이,

"남 홀리게 생겼다. 사내들 몸을 여위게 하게 생겼구나! 남의 간장을 녹이게 생겼다. 수려하고 찬란하여 내 눈을 어지럽게 하고, 날씬한 자태에 내 간장이 녹아내리는구나. 화용월태가 향기로워서 나의 정신을 다 빼놓고, 버들처럼 부드러운 자태는 섬세하여 비단옷을 이기지 못하는구나. 그래 성명은 누구라 하며 나이는 얼마나 하는가?"

춘향이 예쁜 눈썹을 찡그리고 붉은 입술과 하얀 이를 잠깐 열어 나직이 여쭈오되,

"소녀의 성은 김이요, 이름은 춘향이요, 나이는 이팔이로소이다."

이도령이 이른 말이,

"신통하다! 네 나이 이팔이라 하니 나의 사사 십육과 정동갑이로구나!"

또 묻기를,

"생월 생시는 어느 때냐?"

춘향이 대답하되,

"하사월 초파일 축시로소이다."

"어허 공교하다! 눈 무섭다! 방자야, 아까 수군수군하더니 너 나의 생일을 다 일러바쳤나 보구나! 그렇지 않으면 이런 일이 있느냐? 정말로 신통 기이하다! 다 맞아 오다가 딱 시만 틀렸으

과 달 같은 자태. 즉, 아름다운 여인의 얼굴과 맵시를 이르는 말. 6 **양뉴그 질**(楊柳氣質): 수양버들처럼 부드러운 기질. **깁옷**: 비단옷. 11 **이팔**(二八): 열여섯 살. 19 **눈 무섭다**: 비밀스런 일을 할 때 남의 눈에 띄는 것을 두려워함을 이르는 말. 22 **불슈산**(佛手散): 해산을 돕는 데 쓰는 탕약.

급(急)히 달혀 것고로 먹엇더면 ᄉᆞ쥬동갑(四柱同甲) 될 번ᄒᆞ다. 엇지 반갑지 아니며, 엇지 깃부지 아니리오. 어와, 네 인물(人物) 네 틔도(態度)는 셰상(世上)의 무쌍(無雙)이라! 절묘(絶妙)ᄒᆞ고 어엿부다! ᄆᆡ화월미(梅花月尾)의 두루미도 ᄀᆞᆺ고, 쥴의 안즌 초록(草綠) 졔비도 갓고나! 무한(無限)ᄒᆞᆫ 너의 인물(人物) 상쥬(商紂)라도 ᄒᆞᆫ 번 보면 소닭긔(妲己)가 무ᄉᆡᆨ(無色)ᄒᆞᆯ 거시오, 하걸(夏桀)이 너를 보면 ᄆᆡ희(妹嬉)도 흙기로다! 항왕(項王)이 너를 보면 우미인(虞美人)이 박ᄉᆡᆨ(薄色)이오, 녀포(呂布)가 너를 보면 초션(貂蟬)이도 ᄯᅩᄒᆞᆫ 돌이로다! 당명황(唐明皇)이 너를 보면 양귀비(楊貴妃)도 한ᄃᆡ 되고, 딘후쥬(陳後主)가 너를 보면 댱녀화(張麗華)가 용납(容納)ᄒᆞ랴? 일월(日月)이 무광(無光)ᄒᆞ고 ᄇᆡᆨ홰(百花ㅣ)가 탈ᄉᆡᆨ(脫色)이라. 연분(緣分)이셔 이러ᄒᆞᆫ지, 인연(因緣) 이셔 이러ᄒᆞᆫ지 너 ᄉᆞ라야 나도 ᄉᆞᆯ고 나 ᄉᆞᆯ아야 네 ᄉᆞᆯ니라! 네븟터 왕공(王公)도 경국(傾國)ᄒᆞ고 현ᄌᆡ(賢者ㅣ)라도 함신(陷身)ᄒᆞᆫ다 일너시니, 날 ᄀᆞᆺᄒᆞᆫ 년쇼ᄇᆡ(年少輩)야 일너 무ᄉᆞᆷᄒᆞᆯ가? 우리 두리 인연(因緣) ᄆᆡᄌᆞ ᄇᆡᆨ년히로(百年偕老)ᄒᆞ려 ᄒᆞ니 잡말 말고 날 셤겨라! 신통ᄆᆡᆼ낭(神通孟浪)ᄒᆞ고 ᄯᅮᆰ고 실 ᄃᆡ 업는 연분(緣分)이라. 하늘이 마련ᄒᆞ고 귀신(鬼神)이 지시(指示)ᄒᆞ온 쳔졍ᄇᆡ필(天定配匹)이라. 나도 셔울 이실 ᄯᅢ의, 삼월츈풍(三月春風) 화류시(花柳時)와 구츄황국(九秋黃菊) 단풍절(丹楓節)의 화조월셕(花朝月夕) 빈날 업시 쥬ᄉᆞ청누(酒肆青樓) 일를 삼아 만쥰향노(滿遵香爐) 니취(泥醉)ᄒᆞ고, 졀ᄃᆡ가인(絶代佳人) 침익(沈溺)ᄒᆞ여 청가묘무(淸歌妙

---

1 것고로: 거꾸로. 4 ᄆᆡ화월미(梅花月尾)의 두루미: 매화 등걸에 앉은 두루미처럼 아름다운 모습을 비유. 쥴의 안즌 초록(草綠) 졔비: 줄 위에 앉아 있는 초록 제비. 원문의 '조록'은 '초록'으로 바로잡았음. 5 상쥬(商紂): 상(商)나라의 마지막 왕인 주왕(紂王)으로, 애첩인 달기(妲己)에게 빠져 가혹한 세금과 형벌로 백성을 괴롭혔음. 6 소닭긔(妲己): 상(商)나라 주왕의 왕비로, 주(周)나라 무왕(武王)에게 피살되었음. 요염한 여인을 비유. 7 ᄆᆡ희(妹嬉)

니, 나 해산할 제 탕약으로 불수산을 급히 달여서 먼저 먹었다면 사주 동갑이 될 뻔했다. 어찌 반갑지 않으며, 어찌 기쁘지 않으리오. 어와, 네 인물과 태도는 세상에 무쌍이라! 절묘하고 어여쁘다! 매화 등걸에 앉은 두루미와도 같고, 줄 위에 앉은 초록 제비와도 같구나! 무한한 너의 인물 주왕이라도 한 번 보면 왕비 소달기가 무색할 것이요, 하나라 걸왕이 너를 보면 왕비 매희도 흙이로다! 항왕이 너를 보면 애첩 우미인이 박색이요, 여포가 너를 보면 미인 초선이도 또한 돌이로다! 당나라 현종이 너를 보면 양귀비도 뒷자리로 밀리고, 진나라 후주가 너를 보면 절세 미인 장려화가 용납하랴? 해와 달이 빛을 잃고 온갖 꽃들이 색을 잃겠구나. 연분이 있어 이러한지, 인연이 있어서 이러한지 너가 살아야 나도 살고 내가 살아야 너도 살리라! 예로부터 왕이나 고관들도 미인을 만나면 나라를 기울게 하고 현자라도 몸을 빠뜨린다고 일렀으니, 나 같은 연소배야 일러 무엇할까? 우리 둘이 인연 맺어 백년해로하려 하니 잔말 말고 날 섬겨라! 신통 맹랑하고 뚫고 샐 데 없는 연분이라. 하늘이 마련하고 귀신이 지시한 천정배필이라. 나도 서울 있을 때에, 삼월에 봄바람 불어 꽃 피고 버드나무가 새로 돋을 때와 구월 가을 황국에 단풍이 들 때는 꽃 피는 아침과 달 뜨는 저녁 빈 날 없이 술집과 기생집을 일삼아 가득한 술독과 향로에 깊이 취하고, 절대가인에 듬뿍 빠져 청아한 노래와 기묘한 춤으로 희롱할 때 무한히 호강하였으며, 연지분에

도 흙이로다: 하(夏)나라 걸왕(桀王)의 왕비인 매희마저 흙과 같이 느껴질 정도의 아름다움을 비유. 항왕(項王): 항우(項羽). 우미인(虞美人): 항우의 애첩. 절세의 미인으로 항우가 사면초가의 막다른 상황에 이르자 자결했음. 원문의 '우민인'은 '우미인'으로 바로잡았음. 9 당명황(唐明皇): 당나라 현종(玄宗). 10 댱녀화(張麗華): 진(陳)나라 후주(後主)인 진숙보(陳叔寶)의 총애를 받던 귀비(貴妃) 장려화. 13 경국(傾國): 나라를 기울게 함.

舞) 희롱(戲弄)ᄒᆞᆯ 제 무한(無限) 호강ᄒᆞ여시면, 연지분(臙脂粉)의 취ᄉᆡᆨ(醉色)ᄒᆞ고 함교함ᄐᆡ(含驕含態) 고은 모양(貌樣) ᄒᆞ나둘이 아니로ᄃᆡ, 쳔만의외(千萬意外) 너를 보니 녀즁군ᄌᆞ(女中君子ㅣ)며 화즁일ᄉᆡᆨ(花中一色)이라. 탁문군(卓文君)의 거문고의 월노가승(月老佳繩) ᄆᆡᄌᆞ두고 ᄇᆡᆨ년긔약(百年期約) 우리 두리 졍(定)ᄒᆞ리라!"

츈향(春香)이 이 말 듯고, 츄파(秋波)를 잠간(暫間) 드러 니도령(李道令) 숣혀보니, 이 ᄯᅩᄒᆞᆫ 만고영걸(萬古英傑)이라. 광미ᄃᆡ구(廣眉大口)에 활달ᄃᆡ도(濶達大度) 언어슈작(言語酬酌)ᄒᆞᄂᆞᆫ 거동(擧動) 한소렬지긔상(漢昭烈之氣像)이오, 당현종(唐玄宗)의 풍신(風身)이라. 명만일국(名滿一國) ᄌᆡ상(宰相) 되여 보국안민(輔國安民)ᄒᆞᆯ 거시오, 귀골풍치(貴骨風采) 헌앙(軒昂)ᄒᆞ여 니젹션(李謫仙)의 후신(後身)이라. 두ᄌᆞ미(杜子美)의 취과낙양(醉過洛陽)에 귤만거(橘滿車)ᄒᆞ던 풍신(風身)을 우을 거시오, 젹벽강상(赤壁江上)의 위군(魏軍)의 낙담(落膽)ᄒᆞ던 쥬랑(周郎)의 위풍(威風)을 압두(壓頭)ᄒᆞᆯ지라.

츈향(春香)이 ᄂᆡ심(內心)의 탄복흠션(嘆服欽羨)ᄒᆞ믈 마지아니ᄒᆞ나, ᄉᆞᄉᆡᆨ(辭色)지 아니코 피셕(避席) ᄃᆡ왈(對曰),

"쇼쳡(小妾)이 비록 창가쳔기(娼家賤妓)오, 향곡(鄕曲)의 무딘 소견(所見)이나, 마음인즉 북극텬문(北極天門)의 턱을 거러 결단코 남의 별실(別室) 가소(可笑)ᄒᆞ고, 장화호졉(墻花胡蝶) 불원(不願)이오니 말솜 간졀(懇切)ᄒᆞ오시나 분부(吩咐) 시ᄒᆡᆼ(施行) 못ᄒᆞ깃소!"

---

4 **탁문군(卓文君)의 거문고**: 탁문군이 과부로 있을 때, 사마상여(司馬相如)가 거문고를 타며 문군에게 사랑을 청하니, 문군이 거문고 소리에 이끌려 아내가 되었다고 함. **월노가승(月老佳繩)**: 신화에 나오는, 월하(月下)의 노인이 가지고 있다는 주머니의 끈으로 아름다운 인연을 맺음. 7 **광미ᄃᆡ구(廣眉大口)**: 눈썹 사이가 넓고 입이 큰 장부의 상을 비유. 9 **한소렬지긔상(漢昭烈之氣像)**: 촉한(蜀漢)의 시조 소열제(昭烈帝)인 유비(劉備)의 기상. 원문의

취하였으니 교태 품은 고운 모양 하나둘이 아니로되, 천만뜻밖에 너를 보니 여자 중에서도 군자이며 꽃 중에서도 일색이라. 탁문군이 사마상여의 거문고 소리에 반하여 아름다운 인연을 맺었듯이 백년 기약을 우리 둘이 정하리라!"

춘향이 이 말 듣고, 예쁜 눈을 잠깐 들어 이도령 살펴보니, 이 또한 만고의 영걸이라. 두 눈썹 사이가 넓고 입은 크며, 활달하고 도량이 크고 언어 수작하는 거동이 한나라 유비의 기상이요, 당나라 현종의 풍채라. 온 나라에 이름을 떨칠 재상이 되어 보국안민할 것이요, 귀골과 풍채는 넉넉하고 당당해서 지상에 내려온 시선인 이태백이 다시 태어난 것과 같음이라. 두목지가 취하여 낙양을 지날 때 기생들이 얼굴을 보려고 귤을 던져 마차에 가득 차던 풍신을 무색하게 할 것이요, 적벽강 위에 위나라 군사들을 낙담하게 하던 주랑의 위풍을 압도할지라.

춘향이 마음속으로 탄복하고 우러르는 마음이 없지 아니하나, 내색하지 아니하고 자리에서 물러나며 대답하기를,

"소첩이 비록 창가의 천한 기생이요, 시골 사람의 무딘 소견이나, 마음인즉 북극의 천문에 턱을 걸었기에 결단코 남의 별실이 되는 것을 우습게 여기고, 담장 가에 핀 꽃을 벌과 나비가 함부로 찾듯이 기생으로 대하는 것은 원치 않으니 말씀 간절하오나 분부를 받들지 못하겠소!"

'한손열'은 '한소렬'로 바로잡았음. 당현종(唐玄宗): 중국 당(唐)나라의 황제인 현종. 원문의 '헌종'은 '현종'으로 바로잡았음. 11 헌앙(軒昻): 풍채가 좋고 의기가 당당함. 12 두즈미(杜子美): 당나라의 시인인 두목(杜牧). 취과낙양(醉過洛陽)에 귤만거(橘滿車): 두목지가 낙양의 자사로 있을 당시 술에 취해 마차를 타고 거리를 지날 때 기생들이 귤을 던져 마차를 가득 채웠다는 고사가 있음. 14 쥬랑(周郞): 주유(周瑜). 20대 초반에 적벽대전에서 조조(曹操)의 군대를 물리치는 데 공을 세운 오(吳)나라의 장수.

니도령(李道令) 니른 말이,

“힝미의혼(行媒議婚)의 뉵녜빅냥(六禮栢粱)은 못ᄒᆞ나마 결친납빙(結親納聘)에 빅년히로(百年偕老)ᄂᆞᆫ 졍영(丁寧)ᄒᆞ리니, 이도 ᄯᅩᄒᆞᆫ 텬졍연분(天定緣分)이라. ᄉᆞ양지심(辭讓之心)은 녜지단(禮之端)이냐 잡말 말고 허락(許諾)ᄒᆞ라!”

츈향(春香)이 ᄯᅩ 엿ᄌᆞ오ᄃᆡ,

“쇼쳡(小妾)의 ᄯᅳᆺ을 간ᄃᆡ로 썩거 마음ᄃᆡ로 인연(因緣)을 못 ᄆᆡᆺᄉᆞ오리이다. 쳡(妾)의 원(願)ᄒᆞᄂᆞᆫ 바ᄂᆞᆫ 뎨요도당(帝堯陶唐) 시젹 소부(巢父), 허유(許由) ᄀᆞᆺᄒᆞᆫ ᄉᆞ람이나, 월(越)나라 범소빅(范小伯) ᄀᆞᆺᄒᆞᆫ ᄉᆞ람이나, 그러치 아니면 한광무(漢光武) 젹 엄ᄌᆞ릉(嚴子陵) ᄀᆞᆺᄒᆞᆫ 니나, 당(唐)나라 니광필(李光弼) ᄀᆞᆺᄒᆞᆫ ᄉᆞ람, 딘(晋)나라 샤안셕(謝安石) ᄀᆞᆺᄒᆞᆫ 니나, 삼국(三國) 젹 쥬공근(周公謹) ᄀᆞᆺᄒᆞᆫ 니나, 송(宋)나라 문쳔상(文天祥) ᄀᆞᆺᄒᆞᆫ 니나, 이런 ᄉᆞ람 아니오면 ᄃᆡ원슈인(大元帥印) 빗기 ᄎᆞ고 금단(金壇)의 놉히 안ᄌᆞ 쳔병만마(千兵萬馬)를 지휘간(指揮間)에 너허두고 좌즉진퇴(坐作進退)ᄒᆞ옵시ᄂᆞᆫ ᄃᆡ장낭군(大將郎君)이 원(願)이오니, 만일(萬一) 그러치 아니ᄒᆞ오면 빅골(白骨)이 진퇴(進退) 되여도 독슉공방(獨宿空房)ᄒᆞ오리이다.”

니도령(李道令) 니른 말이,

“너ᄂᆞᆫ 엇던 집 계집아희완ᄃᆡ 댱부(丈夫)의 간댱(肝腸)을 다 녹이ᄂᆞ

---

2 힝미의혼(行媒議婚): 중매를 넣어서 혼인 문제를 의논함. 뉵녜빅냥(六禮栢粱): 혼인의 여섯 가지 절차인 납채(納采), 문명(問名), 납길(納吉), 납폐(納幣), 청기(請期), 친영(親迎)을 이르는 말. 결친납빙(結親納聘): 사돈 관계를 맺음. 4 ᄉᆞ양지심(辭讓之心)은 녜지단(禮之端): 사양하는 마음은 예의 단서가 됨. 『맹자』에서 차용. 7 간ᄃᆡ로: 마음 내키는 대로. 8 뎨요도당(帝堯陶唐): 요임금. 처음에 ‘도’라는 땅에서 살다가 ‘당’이라는 지역으로 옮겨 가서 살았기에 요임금을 ‘도당’이라 함. 소부(巢父), 허유(許由): 요(堯)임금이 천하를 다스릴 권한을 주겠다는 것을 거부하고 은둔생활을 한 이름 높은 두 선비. 9 범소빅(范小伯): 월(越)

이도령이 이른 말이,

"중매를 넣어 혼인을 의논하고 정식으로 육례를 갖춘 혼인은 못하나마 사돈 관계를 맺고 예물을 보내어 백년해로하는 것은 정녕하리니, 이도 또한 하늘이 정해 준 연분이라. 사양하는 마음은 예의 시작이라 했으나 잡말 말고 허락하라!"

춘향이 또 여쭈오되,

"소첩의 뜻을 되는 대로 꺾어서 마음대로 인연을 맺지는 못하오리다. 첩의 원하는 바는 요임금 시절의 소부와 허유 같은 사람이나, 월나라의 범소백 같은 사람이나, 그렇지 않으면 한나라 광무제 때의 엄자릉 같은 이나, 당나라 이광필 같은 사람, 진나라 사안석 같은 이나, 삼국 때의 주공근 같은 이나, 송나라 문천상 같은 이나, 이런 사람이 아니오면 대원수의 인을 비스듬히 차고 금빛 단 위에 높이 앉아 천병만마를 지휘하에 넣어 두고 좌작진퇴를 명하는 대장군을 낭군으로 섬기는 것이 원이오니, 만일 그렇지 아니하오면 백골이 진토가 되어도 홀로 빈방을 지키려 하옵니다."

이도령이 이른 말이,

"너는 어떤 집 계집아이인데 장부의 간장을 다 녹이느냐? 네

나라 왕인 구천(句踐)의 신하로, 여러 계책으로 써서 오(吳)나라를 멸망시킨 범려(范蠡). 10 엄자릉(嚴子陵): 어릴 때 친구인 조광윤(趙匡胤)이 광무제(光武帝)가 된 후 벼슬을 주었으나 받지 않고 이름을 바꾼 채 은둔한 엄자릉. 11 니광필(李光弼): 당나라 현종 때의 안록산(安祿山)의 난리와 사사명(史思明)의 난리를 평정한 장수. 샤안셕(謝安石): 젊어서는 왕희지와 풍류를 즐기다가 40대에 벼슬에 나아간 후에는 국란을 면하게 한 재상. 12 쥬공근(周公謹): 주유(周瑜). 13 문쳔상(文天祥): 수도가 원군(元軍)에 함락되어도 단종(端宗)을 받들고 근왕군(勤王軍)을 조직하여 저항하다가 참수된 송(宋)나라의 충신. 15 좌작진퇴(坐作進退): 군대의 대열이 진법(陳法)에 맞춰 정연하게 움직임.

니? 네 ᄯᅳᆺ이 여ᄎᆞ(如此)ᄒᆞ면 날 ᄀᆞᆺᄒᆞᆫ ᄉᆞ람은 여허보지도 못ᄒᆞᆯ소냐? 그런 ᄉᆞ람 의외(意外)로다. 우리 두리 냥냥총각(兩兩總角) 노라 보ᄌᆞ!”

츈향(春香)이 엿ᄌᆞ오ᄃᆡ,

“ᄯᅩᄒᆞᆫ 진졍(陳情)의 말ᄉᆞᆷᄒᆞ오리다. 도련님은 귀공ᄌᆞ(貴公子)시고 쇼쳡(小妾)은 쳔기(賤妓)라. 지금은 아직 욕심(欲心)으로 그리져리 ᄒᆞ엿다가 ᄉᆞᄯᅩ(使道) 쳬귀(遞歸)ᄒᆞ신 후(後)의 미댱가젼(未杖家前) 도련님이 권실(眷室) 아니 ᄒᆞ오리가? 권문셰가(權門勢家)와 진신거독(縉紳巨族)에 뇨됴슉녀(窈窕淑女) 권귀(眷貴)ᄒᆞ여 금슬종고(琴瑟鐘鼓) 즐기실 졔, 헌신ᄀᆞᆺ치 바리시면 쇽졀업ᄂᆞᆫ 나의 신셰(身勢) 가련(可憐)이도 되거고나. 독슉공방(獨宿空房) 찬 ᄌᆞ리의 게발 무러 더진 ᄃᆞ시 홀노 잇셔, 삼츈가긔(三春佳期) 느즌 ᄯᅢ와 구츄상풍(九秋霜風) 져문 날의 안진(雁盡)ᄒᆞ니 셔란긔(書難寄)오, 슈다(愁多)ᄒᆞ니 몽불셩(夢不成)을, 함젼ᄆᆡ화(檻前梅花)ᄂᆞᆫ 셔ᄌᆞ(西子)의 망혼(亡魂)이오, 창외누슈(蒼梧淚水)ᄂᆞᆫ 이비(二妃)의 원누(怨淚)로다. 산댱수원(山長水遠) 먼나믄듸 심단소혼(心斷消魂)ᄒᆞ올 젹의 눌 바라고 ᄉᆞᆯ나 ᄒᆞ오? 아모랴도 이 분부(吩咐) 시힝(施行) 못ᄒᆞ깃소!”

니도령(李道令)이 심황신홀(心恍神惚)ᄒᆞ여 만단ᄀᆡ유(萬端改諭)ᄒᆞᄂᆞᆫ 말이,

“상담(常談)의 니ᄅᆞ기를, 노류댱화(路柳墻花)ᄂᆞᆫ 인ᄀᆡ가졀(人皆可折)이오, 산계야목(山鷄野鶩)은 가막능슌(家莫能馴)이라 ᄒᆞ더니, 너

---

2 냥냥총각(兩兩總角): 총각과 처녀. 6 체귀(遞歸): 지방관리가 벼슬이 바뀌어 서울로 되돌아감. 7 진신거독(縉紳巨族): 벼슬아치의 거족. 10 게발 무러 더진ᄃᆞ시: 속담으로, 아무렇게나 내팽개쳐져 관심 밖에 있는 것을 비유. 11 삼츈가긔(三春佳期): 봄철 석 달의 좋은 시절. 12 안진(雁盡)ᄒᆞ니 셔란긔(書難寄)오: 기러기의 행렬이 끊어지니 서신을 전할 길이 없음. 슈다(愁多)ᄒᆞ니 몽불셩(夢不成): 근심이 많아 잠이 오지 않으므로 꿈을 이룰 수 없음 13 셔ᄌᆞ(西子): 중국 춘추시대 월(越)나라의 미인으로 이름은 이광(夷光). 서시(西施)라고

뜻이 이와 같으면 나 같은 사람은 엿보지도 못할쏘냐? 그런 사람 의외로다. 우리 둘이 처녀와 총각이니 놀아 보자!"

춘향이 여쭈오되,

"또한 진정의 말씀 드리오리다. 도련님은 귀공자이시고 소첩은 천한 기생이라. 지금은 아직 욕심으로 그리저리하였다가 사또가 벼슬을 내놓고 올라가신 후에 장가 들지 않은 도련님더러 아내를 두라고 하지 아니 하오리까? 권문세가와 대대로 벼슬하는 양반 집안의 현숙한 숙녀를 아내로 거느려 금슬 좋게 즐기실 제, 헌신같이 버리시면 속절없는 나의 신세 가련히도 되겠구나. 혼자서 빈방을 지키며 찬 자리에 게 발 물어 던진 듯이 홀로 있어, 삼춘가기 늦은 때와 가을철 서리 내리고 단풍 드는 저문 날에 편지를 전하는 기러기 행렬도 끊겨 소식을 알기 어려울 테고, 근심이 많아 잠을 못 이루고, 난간 앞의 매화는 서시의 죽은 영혼이요, 창오산 눈물은 두 왕비의 원통한 눈물이라. 산은 길고 물은 멀어 머나먼 데에서 근심과 걱정으로 넋이 나갈 적에 누구를 바라고 살라고 하오? 아무래도 이 분부는 시행을 못하겠소!"

이도령이 심신이 황홀하여 갖가지로 달래어 하는 말이,

"상담에 이르기를, 길가의 버들과 담장에 핀 꽃은 누구나 꺾을 수 있으며, 산꿩과 들오리 같은 야생의 새는 집에서 길들일

도 함. 14 이비(二妃): 순임금의 두 왕비 아황(娥黃)과 여영(女英). 순임금이 창오(蒼梧)의 들판으로 사냥을 나갔다가 요임금의 아들인 단주(丹朱)가 쏜 독화살에 맞아 죽었다는 소식에 소상강에서 자결함. 15 심단소혼(心斷消魂): 근심과 걱정으로 넋이 빠져나감. 17 만단기유(萬端改諭): 여러 가지로 타이름. 19 상담(常談): 일상의 평범한 말. 20 산계야목(山鷄野鶩)은 가막능순(家莫能馴): 산꿩과 들오리는 제멋대로 놀므로 집에서 기를 수 없듯이, 쉽게 다룰 수 없음을 비유.

와 ᄀᆞᆺ튼 졍졍열심(貞情烈心)은 고금텬지(古今天地)의 또 잇시랴? 얌젼ᄒᆞ고 긔특(奇特)ᄒᆞ다! 아모려나 그런 일은 조곰도 념녀(念慮) 마라. 인연(因緣)을 ᄆᆡᄌᆞ도 아조 댱가쳐(妻)로 밋고, ᄉᆞ또(使道) 과만(瓜滿)이 잇다가 되여도 너를 두고 엇지 가리. 조곰치도 의심(疑心) 마라. 면쥬젹삼(綿紬赤衫) 쇽ᄌᆞ락의 ᄊᆞ고 간들 두고 가며, 댱판교상(長板橋上) 아두(阿斗)ᄀᆞᆺ치 품고 간들 두고 가며, 부왕투슈뉵슈부(負王投水陸秀夫)ᄀᆞᆺ치 안고 간들 두고 가며, 억조함ᄃᆡ슌공(億兆咸戴舜公)ᄀᆞᆺ치 업고 간들 두고 가며, 협ᄐᆡ산(挾泰山) 초ᄒᆡ(超海)ᄀᆞᆺ치 쒀여 간들 두고 가며, 우리 ᄃᆡ부인(大夫人)은 두고 갈지라도 양반(兩班)의 ᄌᆞ식(子息) 되고 일구이언(一口二言)ᄒᆞ단 말가? 다려가되 향졍ᄌᆞ(香亭子)의 ᄇᆡᄒᆡᆼ(陪行)ᄒᆞ여 뫼시리라!"

츈향(春香)이 이 말 듯고, 옥치(玉齒) 찬연(燦然)ᄒᆞ여 잠간(暫間) 웃고 니ᄅᆞᄃᆡ,

"산 ᄉᆞ람도 향졍ᄌᆞ(香亭子) 타고 가오?"

"앗ᄎᆞ, 이졋고나! 쌍(雙)가마의 뫼시리라."

"ᄃᆡ부인(大夫人) 타실 거슬 엇지 타오릿가?"

"ᄃᆡ부인(大夫人)은 집안 어룬이라. 허믈업ᄂᆞᆫ 터이니 위급(危急)ᄒᆞ면 삿갓가마ᄂᆞᆫ 못 타시랴. 잡말 말고 허락(許諾)ᄒᆞ라!"

츈향(春香)이 ᄒᆞᆯ일업셔 엿ᄌᆞ오ᄃᆡ,

"도련님 구든 뜻이 굿지 그러ᄒᆞ실진ᄃᆡ, 요마쇼쳡(幺麽小妾)이 불승황공(不勝惶恐)이라 엇지 봉승(奉承)치 아니리잇고. 다만 셰ᄉᆞ(世事)를 난측(難測)이오니 후일(後日) 빙거지물(憑據之物)이 업

---

3 **댱가쳐(妻)**: 장가처. 즉, 정식 혼례를 치르고 맞은 아내. **과만(瓜滿)**: 벼슬의 임기가 끝나는 시기를 이르던 말. 5 **댱판교상(長板橋上) 아두(阿斗)ᄀᆞᆺ치**: 조자룡(趙子龍)이 장판교에서 유비(劉備)의 아들을 품에 안고 조조(曹操)의 군사를 빠져 나오듯. 6 **부왕투슈뉵슈부(負王投水陸秀夫)**: 송의 육수부는 원(元)에게 망하자 위왕(衛王)을 업고 바다에 투신하였음. 7 **억조함ᄃᆡ슌공(億兆咸戴舜公)**: 억조의 수에 비할 만큼 많은 백성이 추대한 순(舜)임

수 없다 하더니, 너와 같은 곧은 마음과 굳은 절개가 고금천지에 또 있으랴? 얌전하고 기특하다! 아무려나 그런 일은 조금도 염려 마라. 인연을 맺어도 아주 장가처로 맺고, 사또 임기가 차서 올라가게 되어도 너를 두고 어찌 가리. 조금도 의심 마라. 명주 적삼 속자락에 싸고 간들 두고 가며, 장판교에서 조자룡이 유비의 아들 아두를 품고 조조의 군사를 통과하듯 간다 한들 두고 가겠으며, 왕을 업고 바다에 투신한 육수부와 같이 안고 간들 두고 가겠으며, 수많은 백성이 순임금 추대하듯 업고 간들 두고 가겠으며, 태산을 끼고 북해를 뛰어넘듯 뛰어간들 두고 가겠으며, 우리 대부인은 두고 갈지라도 양반의 자식 되고 일구이언을 한단 말인가? 데려가되 향정자에 배행하여 모시리라!"

춘향이 이 말 듣고, 흰 이를 산뜻하게 드러내어 잠깐 웃고 이르되,

"산 사람도 향정자를 타고 가오?"

"아차, 잊었구나! 쌍가마에 모시리라."

"대부인께서 타실 것을 어찌 타오리까?"

"대부인은 집안 어른이라. 허물없는 터이니 위급하면 삿갓가마는 못 타시겠느냐. 잡말 말고 허락하라!"

춘향이 하릴없어 여쭈오되,

"도련님의 굳은 뜻이 그러하실진대, 하찮은 여자로 황공함을 금할 길 없사와 어찌 명을 받들지 아니하리까. 다만 세상일을 예측키 어려우니 후일 증거가 될 만한 물건 없이는 못할지라. 한

금. 8 협틱산(挾泰山) 초히(超海): 태산을 끼고 북해를 뛰어넘음. 즉, 용력이 빼어남을 비유. 10 향졍즈(香亭子): 신주를 모시는 가마. 18 삿갓가마: 초상(初喪) 중에 상제가 타던 가마. 가마의 가장자리에 흰 휘장을 두르고 위에 큰 삿갓을 씌웠음. 20 요마쇼쳡(幺麽小妾): 하찮은 여자. '요마'는 백화체(白話體)로, '겨우 이 정도의 것'이란 뜻. 22 빙거지물(憑據之物): 뒷날 증거로 삼을 물건.

지 못ᄒᆞᆯ지라. 일댱문셔(一張文書)를 ᄆᆡᆫᄃᆞ라 쇼쳡(小妾)의 ᄆᆞ음을 실히옵쇼셔."

니도령(李道令)이 허락(許諾) 못 바들가 심갈초민(心渴焦悶)터니, 져의 말을 듯고 희불ᄌᆞ승(喜不自勝) 탕불ᄌᆞ억(蕩不自抑)이라. 쳔만다ᄒᆡᆼ(千萬多幸)ᄒᆞ여 얼는 ᄃᆡ답(對答)ᄒᆞᄂᆞᆫ 말이,

"그 무어시 유관(有關)ᄒᆞ리?"

흥(興)을 겨워 일복화젼(一幅花箋) ᄉᆡᆨ(色)슬 골라, 두루루 마라 후루루 풀쳐 들고, 룡미연(龍尾硯)의 먹을 가라 슌황모(純黃毛) 무심필(無心筆)을 반즁동 흠셕 프러, 일필휘지(一筆揮之) 문불가졈(文不加點)이라. 필낙(筆落)ᄒᆞ니 경풍운(驚風雲)이오, 시셩(詩成)ᄒᆞ니 읍귀신(泣鬼神)이라. 그 글의 ᄒᆞ여시되,

「낙양과ᄀᆡᆨ(洛陽過客)이 산쳔경ᄀᆡ(山川景槪) 구경(求景)코져 우연(偶然)이 광한누(廣寒樓)의 올낫더니, ᄉᆡᆼ각 밧 텬연(天緣)이 지즁(至重)ᄒᆞ여 삼셰슉원(三世宿願) 맛나오니 이 니른 텬ᄉᆡᆼᄇᆡᆨ필(天定配匹)이라. ᄇᆡᆨ년긔약(百年期約) ᄆᆡᆼ셰(盟誓)ᄒᆞᆯ 제, 텬지 일월셩신(日月星辰), 후토(后土) 십방셰계(十方世界) 졔불졔텬(諸佛諸天) ᄒᆞᆫ가지로 삷히시니, 산쳔(山川)은 이변(易變)이나 ᄎᆞ심(此心)은 난변(難變)이라. 쳔고가인(千古佳人) ᄒᆡᆼ봉(幸逢)ᄒᆞ여 동거동혈(同居同穴) ᄆᆡᆺᄉᆞ오니, 운간지명월(雲間之明月)이오 슈즁지연홰(水中之蓮花ㅣ)로다. 약요지지긔회(若瑤池之奇會)오 ᄉᆞ양ᄃᆡ지운우(似陽臺之雲雨)로다. 량신가졀(良辰佳節)이오 쳔송호긔(天送好機)로다.

---

2 **실히옵쇼셔**: 확실하게 하옵소서. 4 **희불ᄌᆞ승**(喜不自勝) **탕불ᄌᆞ억**(蕩不自抑): 기쁜 마음을 이기지 못하고, 방탕한 마음을 억누르지 못함. 8 **슌황모**(純黃毛) **무심필**(無心筆): 속을 족제비 털로만 만든 붓. 17 **후토**(后土): 토지를 맡아 다스린다는 신. **십방셰계**(十方世界): 온 세상. 19 **동거동혈**(同居同穴): 살아서도 함께하고 죽어서도 한 무덤에 묻힘. 20 **운간지**

장의 문서를 만들어 소첩의 마음을 확실하게 하옵소서."

이도령이 허락을 못 받을까 마음이 타듯이 초조해하더니, 저의 말을 듣고 기쁨을 이기지 못하고 방탕한 마음을 억제하지 못하는지라. 천만다행으로 여겨 얼른 대답하는 말이,

"그 무엇이 어렵겠는가?"

흥에 겨워 한 폭의 화전지에서 색을 골라, 두루루 말아 후루루 펼쳐 들고, 용미연에 먹을 갈아 순황모 무심필을 한중간까지 흠뻑 풀어서, 단숨에 써내려가니 한 점 더할 것이 없는 문장이라. 글씨를 다 쓰고 나니 풍운이 놀라고, 시를 이루니 귀신이 울 정도라. 그 글에 하였으되,

「낙양의 나그네가 산천경개를 구경하고자 우연히 광한루에 올랐더니, 생각 밖 인연이 지극히 중하여 삼세의 오랜 인연을 만나니 천생의 배필이라. 백 년의 기약을 맹세할 제, 천지 일월성신, 후토 시방세계 모든 부처님과 천상의 신들이 한가지로 살피시니, 산천은 변하기 쉬우나 이 마음은 변하기 어렵도다. 천고의 가인을 다행스럽게 만나 함께 살고 함께 죽기를 맹세하오니, 구름 사이의 밝은 달이요 물속의 연꽃이로다. 요지에서 서왕모와 주목왕의 기이한 만남 같고, 초양왕이 양대에서 무산선녀와 운우의 정을 나눔과 흡사하도다. 때는 좋은 시절이요 하늘이 준 좋은 기회로다. 짝을 찾아 소리하는 징경이

명월(雲間之明月): 구름 사이로 보이는 밝은 달. 21 **약요지지긔회**(若瑤池之奇會): 요지에서 서왕모(西王母)와 주목왕(周穆王)이 기이하게 만났던 인연과 같음. **ᄉᆞ양ᄃᆡ지운우**(似陽臺之雲雨): 무산의 양대에서 회왕(懷王)이 선녀와 만나 성관계를 맺는 즐거움과 비슷함. 22 **량신가졀**(良辰佳節)이오 **텬송호긔**(天送好機)로다: 좋은 시절이요, 하늘이 내린 좋은 기회라. 원문의 '텬승'은 '텬송'으로 바로잡았음.

관관져구(關關雎鳩)ᄂᆞᆫ ᄌᆡ하지쥬(在河之洲)오 뇨됴슉녀(窈窕淑女)는 군ᄌᆞ호귀(君子好逑 ㅣ)로다. 아욕셔지평ᄉᆡᆼ(我欲誓之平生)이오 금슬우지무궁(琴瑟友之無窮)이라. 초무상즁지긔(初無桑中之期)로 금수월하지연(今遂月下之緣)이오니 긔위비약지리(豈爲背約之理)오? 일일잠니(一日暫離)가 슈운니격(水雲而隔)이나 ᄇᆡᆨ년ᄒᆡ로(百年偕老)ᄂᆞᆫ 지유젼긔(知有前期)로다. ᄉᆞ슈은밀(事雖隱密)이나 이슈미인지쾌허(已受美人之快許)오, 아지거취(我之去就)ᄂᆞᆫ 역의방ᄌᆞ지소원(亦依房子之所言)이라. 동원츈화(東園春花)롤 막지실낙지지시(莫知悉落地之時)라. 구우황됴(丘隅黃鳥)도 역ᄌᆞ유소지지쳐(亦自有所止之處)로다. ᄌᆞ아일견(自我一見)을 일ᄀᆞᆨ(一刻)이 삼츄(三秋)로다. 심지ᄋᆡ경은 비타우졀(比他尤切)이오, ᄉᆞ지구쳐(事之區處)ᄂᆞᆫ 비여(非汝)의 소량(所量)이라. 월혼(月婚)이 위긔(違期)ᄒᆞᄌᆞ 명즁도이ᄀᆡ로(命中途以皆老)이오, 역의ᄌᆞᄆᆡ(亦依自媒)ᄒᆞ니 션보종시(善保終始)ᄒᆞ고, 슈물소려(須勿小慮)ᄒᆞ여 이ᄎᆞ위신(以此爲信)ᄒᆞ라.

---

1 관관져구(關關雎鳩)ᄂᆞᆫ ᄌᆡ하지쥬(在河之洲)오 뇨됴슉녀(窈窕淑女)는 군ᄌᆞ호귀(君子好逑 ㅣ)로다: 서로 짝을 찾아 소리하는 징경이가 물가에서 노닐 듯, 요조숙녀는 군자와 아름다운 짝이 될 만하네. 『시경(詩經)』의 첫 구에서 차용. 2 아욕셔지평ᄉᆡᆼ(我欲誓之平生): 내가 평생에 맹세하는 것. 4 금수월하지연(今遂月下之緣): 이제 월하의 인연처럼 사랑을 맺어. 긔위비약지리(豈爲背約之理)오: 어찌 약속을 어길 까닭이 있겠는가? 5 일일잠니(一日暫離)가 슈운니격(水雲而隔): 하루 사이의 잠깐 헤어짐도 물과 구름이 떨어져 있음과 같음. 또, 일설에는 '愁雲離格'으로 보아, 소무(蘇武)와 호녀(胡女)의 애통한 이별과 같은 격(格)으로 보기도 함. ᄇᆡᆨ년ᄒᆡ로(百年偕老)ᄂᆞᆫ 지유젼긔(知有前期): 한평생 부부가 되는 일은 다만 사전의 기약이 있음을 앎. 일설에는 '只有前期'로 보아, '그 앞 기약에 달려 있음'으로 보기도 함. 6 ᄉᆞ슈은밀(事雖隱密)이나 이슈미인지쾌허(已受美人之快許): 일은 비록 은밀하지만, 이미 미인의 흔쾌한 허락을 받았음. 7 아지거취(我之去就)ᄂᆞᆫ 역의방ᄌᆞ지소원(亦依房子之所言): 나의 거취는 또한 방자가 말하는 것에 좌우됨. 원문의 '역긔'는 '역의'로 바로잡았음. 8 동원츈화(東園春花)롤 막지실낙지지시(莫知悉落地之時): 동원의 봄 꽃은 언제 다 떨

가 물가에서 노닐 듯, 요조숙녀는 군자의 좋은 배필이로다. 나는 평생을 약속했고 금슬의 정은 무궁이라. 애초에 불의로 맺어진 인연이 아닌데 이제 월하의 인연을 맺으니 어찌 배약하리오? 하루 동안 헤어짐이 물과 구름의 이별 격이나 백년의 해로는 이미 기약이 있음을 알리로다. 일이 비록 은밀하나 이미 미인의 승낙을 받았고, 나의 거취는 또한 방자의 말에 따름이라. 동원의 봄꽃이 언제 다 떨어질지 모름이라. 언덕 모퉁이의 꾀꼬리도 스스로 머물 곳이 있도다. 내가 한 번 보대 일각이 삼추로다. 마음속의 애정은 다른 것에 비하여 더욱 간절하고, 일의 상황은 네가 헤아릴 바가 아니라. 달빛 아래 맺는 혼약의 기회를 놓치면 이 생명이 중도에 다 늙음과 같아, 기회를 만나 스스로 중매하니 끝까지 좋을 것이니, 조금도 염려 말고 이것으로 신표를 삼으라.

어져 버릴지 모름. 9 구우황됴(丘隅黃鳥)도 역ᄌᆞ유소지지쳐(亦自有所止之處)로다: 언덕 모퉁이 꾀꼬리도 스스로 머물 곳이 있도다. 일설에는 '自有所知之處'로 보아, '스스로 가야 할 곳을 안다'로 보기도 함. 10 일긱(一刻)이 삼츄(三秋): 속담으로, 짧은 동안도 삼 년처럼 길게 생각된다는 뜻. 즉, 기다리는 마음이 간절함을 비유적으로 이르는 말. 11 비타우졀(比他尤切): 다른 것보다 더욱 절실함. 원문의 '우결'은 '우졀'로 바로잡았음. ᄉᆞ지구쳐(事之區處)ᄂᆞᆫ 비여(非汝)의 소량(所量)이라: 일이 어떻게 될지는 네가 헤아릴 것이 아니라. 12 월혼(月婚)이 위긔(違期): 아름다운 혼인의 기회를 놓침. 또, 일설에는 '월혼이 위긔(爲期)'로 보아, '저녁에 만나자고 기약을 해놓았음'으로 보기도 함. 명즁도이기로(命中途以皆老): 인생살이의 중턱에서 다 늙어 버림. 원문의 '영즁'을 '명즁'의 잘못으로 보아 바로잡았음. 일설에는 '강중도이개로(羌中道而改路)'로 보아, '중간에 길을 바꾸라고 명령하네'로 보기도 함. 13 역의ᄌᆞ미(亦依自媒)ᄒᆞ니 션보종시(善保終始): 또한 스스로 중매한 것이니, 시작에서 끝까지 좋을 것임. 슈물소려(須勿小慮)ᄒᆞ여 이ᄎᆞ위신(以此爲信)ᄒᆞ라: 모름지기 조금도 염려 말고 이것으로 신표로 삼을 것이라. 즉, 배약하게 되면 이 증거물로 관가에 고소해도 좋다는 뜻.

모년(某年) 모월(某月) 모일(某日) 삼쳥동(三淸洞) 니몽뇽(李夢龍)은 삼가 셔(書)ᄒᆞ노라.」

ᄒᆞ엿더라.

쓰기를 맛ᄎᆞᄆᆡ 쏠쏠 마라 츈향(春香)의게 젼(傳)ᄒᆞ니, 츈향(春香)이 바다보고 심즁(心中)의 ᄃᆡ희(大喜)ᄒᆞ여, 이리 졉쳠 져리 졉쳠, 졉쳠 졉쳠 졉어다가 가삼속의 품은 후(後)의,

"여보 도련님, ᄂᆡ 말 듯소! 무족지언(無足之言)이 원비쳔니(遠飛千里)라 ᄒᆞ니, 빠고 싼 ᄉᆞ향(麝香) ᄂᆡ도 난다 ᄒᆞ니, 이런 말이 누셜(漏泄)ᄒᆞ여 ᄉᆞ또(使道)계셔 아ᄅᆞ시고 엄칙즁달(嚴責重撻)ᄒᆞ옵시면, ᄌᆞ작지얼(自作之孽) 지은 죄(罪)라 어ᄃᆡ 가 발명(發明)ᄒᆞᆯ가?

니도령(李道令) 니른 말이,

"오냐, 그는 념녀(念慮) 마라. ᄂᆡ 어려슬 ᄶᅥᆨ 큰 ᄉᆞ랑의 가면 ᄂᆡ은녀(內隱女) 기ᄉᆡᆼ(妓生)들과 은근ᄌᆞ(殷勤者), 숫보기, 각집 통직이 오락가락ᄒᆞ더고나. 만일(萬一) 초라가 나거들낭 그 말 ᄒᆞ고 방구(防口)ᄒᆞᄌᆞ."

이러트시 슈작(酬酌)ᄒᆞ며 쳔금(千金)이나 어든드시 즐겹기도 그지업고 깃부기도 측냥(測量)업다.

"셔거라 보자! 안거라 보ᄌᆞ! 아장아장 거닐거라, 보자!"

이러ᄐᆞ시 ᄉᆞ랑ᄒᆞ며 어루ᄂᆞᆫ 거동(擧動), 홍문연(鴻門宴)의 범증(范增)이가 옥결(玉玦)을 ᄌᆞ조 드러 항장(項將) 불너 ᄑᆡ공(沛公)을 쥭이랴고 큰 칼 ᄊᆡᆨ혀들고 검무(劍舞) 츄어 어루ᄂᆞᆫ 듯, 구룡소(九龍沼) 늙

---

8 무족지언(無足之言)이 원비쳔니(遠飛千里): 발 없는 말이 천 리까지도 퍼져 감. 속담에서 차용. 9 빠고 싼 ᄉᆞ향(麝香) ᄂᆡ도 난다: 싸고 싼 사향도 냄새가 난다. 속담으로, 아무리 숨기려 해도 결국 드러나고야 만다는 것을 비유적으로 이르는 말. 11 ᄌᆞ작지얼(自作之孽): 자기 스스로 만들어 낸 일 때문에 생긴 재앙. 13 ᄂᆡ은녀(內隱女): 약방 기생. 즉, 조선 시대에 내의원에 속한 의녀로서의 관기. 14 은근ᄌᆞ(殷勤者): 은근짜. 즉, 은밀히 매음하는 여인을

모년 모월 모일 삼청동 이몽룡은 삼가 쓰노라.」

하였더라.

쓰기를 마치자 똘똘 말아 춘향에게 전하니, 춘향이 받아보고 심중에 크게 기뻐하여, 이리 접고 저리 접고, 접고 접고 접어다가 가슴속에 품은 후에,

"여보 도련님, 내 말 듣소! 발 없는 말이 천 리를 간다 하고 싸고 싼 사향도 냄새가 난다 하니, 이런 말이 누설하여 사또께서 아시고 엄하게 꾸짖고 호되게 매질하옵시면, 스스로 지은 죄라 어디 가 발명할까?"

이도령 이른 말이,

"오냐, 그는 염려 마라. 내 어렸을 때 큰 사랑에 가면 약방 기생들과 은근짜, 숫보기, 각 집의 통지기가 오락가락하더구나. 만일 탄로가 나거들랑 그 말을 하고 입을 막자."

이렇듯이 수작하며 천금이나 얻은 듯이 즐겁기도 그지없고 기쁘기도 측량없다.

"서거라 보자! 앉거라 보자! 아장아장 거닐어라, 보자!"

이렇듯이 사랑하며 어르는 거동, 홍문연에서 범증이 옥결을 자주 들어 항장 불러 패공을 죽이려고 큰 칼을 빼들고 검무 추어 어르는 듯, 구룡소의 늙은 용이 여의주를 어르는 듯, 검각산의

이르는 말. **숫보기**: 숫보기. 즉, 숫총각이나 숫처녀. **통직이**: 통지기. 즉, 서방질을 잘하는 계집종을 이르는 말. 15 **초라**: 숨긴 일이 탄로 남. **방구**(防口): 말을 퍼뜨리지 못하게 입을 막음. 19 **거닐거라**: 거닐어라. 원문의 '건니거라'는 '거닐거라'로 바로잡았음. 20 **홍문연**(鴻門宴)의 **범증**(范增)이가 **옥결**(玉玦)을 **즈조 드러**: 홍문연에서 항우의 책사였던 범증이 옥결을 세 번이나 들어 유방을 죽이라고 항우를 독촉한 것을 이르는 말.

은 룡(龍)이 여의쥬(如意珠)를 어루는 듯, 검각산(劍閣山) 빅익호(白額虎)가 송풍나월(松風蘿月) 어루는 듯, 머리도 쓰다듬고 옥슈(玉手)도 쥐여 보며 등도 두드리며,

“어우화, 닉 스랑이야. 야우동창(夜雨東窓)의 모란(牧丹)ᄀᆞᆺ치 펑퍼진 스랑, 포도(葡萄) 다릭 넝출ᄀᆞᆺ치 휘휘 츤츤 감긴 스랑, 방댱(方丈) 봉닉(蓬萊) 산셰(山勢)ᄀᆞᆺ치 봉봉(峰峰)이 소슨 스랑, 동히(東海) 셔히(西海) 바다ᄀᆞᆺ치 구뷔구뷔 깁흔 스랑, 이 스랑 져 스랑, 스랑 스랑.”

스랑 겨워 「스랑가」 ᄒᆞ며 이러ᄐᆞ시 노니더니, ᄎᆞ시 일낙셔령(日落西嶺)ᄒᆞ고 월츌동곡(月出東谷)이라.

츈향(春香)이 이러셔며 하직(下直)ᄒᆞ는 말이,

“어닉 날 뵈오리잇가?”

니도령(李道令)이 셥셥홈 니긔지 못ᄒᆞ여 옥슈(玉手)를 잡고 뭇는 말이,

“네 집이 어딕메니?”

츈향(春香)이 옥슈(玉手)를 번듯 드러 ᄒᆞᆫ 곳을 ᄀᆞᄅᆞ치되,

“져 건너 셕교상(石橋上)의 ᄒᆞᆫ 골목 두 골목 지나 홍젼문(紅箭門) 드리ᄃᆞ라, 조방청(助防廳) 압으로셔 딕로쳔변(大路川邊) 올나가셔, 향교(鄕校)를 ᄇᆞ라보고 종단(終端)길 도라드러 모퉁이 집 딕얌 집 엽당이 집 구셕 집, 건넌편 군쳥(軍廳)골 셔편(西便)골 남편(南便)작둘직 집, 빅ᄎᆞ밧 압흐로셔 가라간 김니방(金吏房) 집 압흐로셔 정좌슈(鄭座首) 집 지나 박호장(朴戶長) 집 바라보고 최급댱(崔及唱)이 누의 집 ᄉᆞ이골 드러, ᄉᆞ거리 지나셔 북작골 막다란 집이올시다.”

니도령(李道令) 니른 말이,

---

1 검각산(劍閣山) 빅익호(白額虎): 중국 장안의 검각산에 사는 이마와 눈썹의 털이 허옇게 센 늙은 호랑이. 2 송풍나월(松風蘿月): 소나무 사이로 부는 사람과 담쟁이덩굴 사이로 비

백액호가 소나무 사이로 부는 바람과 담쟁이덩굴 사이로 비치는 달을 어르듯, 머리도 쓰다듬고 옥 같은 손도 쥐어 보고 등도 두드리며,

"어우화, 내 사랑이야. 밤비가 동창에 내릴 때 모란같이 펑퍼진 사랑, 포도 다래 넝쿨같이 휘휘 칭칭 감긴 사랑, 방장 봉래 산세같이 봉봉이 솟은 사랑, 동해 서해 바다같이 굽이굽이 깊은 사랑, 이 사랑 저 사랑, 사랑 사랑."

사랑에 겨워 「사랑가」를 부르며 이렇듯이 노닐더니, 이때 해가 서쪽 고개로 넘어가고 달이 동쪽 골짜기로 올라오는지라.

춘향이 일어서며 하직하는 말이,

"어느 날에 뵈오리까?"

이도령이 섭섭함을 이기지 못하여 옥 같은 손을 잡고 묻는 말이,

"네 집이 어드메니?"

춘향이 옥 같은 손을 번뜻 들어 한 곳을 가리키되,

"저 건너 석교 위에 한 골목 두 골목 지나 홍전문 들이달아, 조방청 앞으로 대로 천변 올라가서, 향교를 바라보고 맨 마지막 길을 돌아들어 모퉁이 집 다음 집의 옆댕이 집 구석 집, 건너편 군청골 서편골 남쪽의 둘째 집, 배추밭 앞으로 갈려 간 김이방 집 앞으로 정좌수 집을 지나 박호장 집을 바라보고 최급창 누이의 집 사이 골목을 들어서, 사거리 지나서 북쪽 골목의 막다른 집이올시다."

이도령 이른 말이,

치는 달이라는 뜻으로, 운치 있는 자연 경치를 이르는 말. 16 홍전문(紅箭門): 능과 묘 등의 정면에 세운 붉은 빛깔의 문. 18 종단(終端)길: 맨 끝의 막다른 길. 뒤암 집: 다음 집. 19 엽당이 집: 옆댕이 집, 즉 옆집. '옆댕이'는 '옆'을 속되게 이르는 말.

"네 말이 하 뒤슝뒤슝ᄒᆞ니, 나ᄂᆞᆫ ᄉᆡ로 일러도 ᄎᆞᄌᆞ가기 어렵고 집 일키 쉽깃다."

츈향(春香)이 답(答)ᄒᆞᄃᆡ,

"그리 아니ᄒᆞ여도 왕ᄂᆡ(往來)의 각금 무러 단니ᄂᆞᆫ 거시올시다."

"그리 말고 어ᄃᆡ만치 ᄌᆞ셔이 ᄀᆞᄅᆞ치라!"

츈향(春香)이 웃고 다시 니로ᄃᆡ,

"져 건너 반송녹쥭(盤松綠竹) 깁흔 곳의 문젼(門前)의 양뉴(楊柳) 심어 오륙쥬(五六株) 버러 잇고, ᄃᆡ문(大門) 안의 오동(梧桐) 심어 입 퓌여 슈음(樹陰) 지고, 담 뒤ᄒᆡ 홍도화(紅桃花) 난만(爛漫)이 붉어 잇고, 압ᄯᅳᆯᄒᆡ 셕가산(石假山) 뒤ᄯᅳᆯ에 연못 파고, 젼나무 그늘 속의 은은(隱隱)이 뵈ᄂᆞᆫ 져 집이오니 황혼(黃昏) 쎡 부ᄃᆡ 오옵소셔."

하직(下直)ᄒᆞ고 ᄯᅥᆯ치고 가ᄂᆞᆫ 형상(形狀) ᄉᆞ람의 간장(肝腸)이 다 녹는다. 금셕(金石)ᄀᆞᆺ치 상약(相約)ᄒᆞ고 숀을 난화 ᄯᅥ날 젹의 한(限) 업ᄂᆞᆫ 정(情)이로다. 겨유 구러 도라오니 월명졍반(月明庭畔)이오 등명창외(燈明窓外)로다. 졍신(精神)이 산난(散亂)ᄒᆞ고 문견(聞見)이 황홀(恍惚)ᄒᆞ여 진졍(鎭定)ᄒᆞᆯ 길 바히 업다.

"ᄋᆡ고, 이거시 웬일인고? 밋친놈이 되거고나!"

눈의 츈향(春香)의 넉시 올나 얼는 뵈ᄂᆞᆫ 거시 모도 다 츈향이라. 뉵방아젼(六房衙前) 츈향 ᄀᆞᆺ고, 방ᄌᆞ(房子) 통인(通引) 츈향 ᄀᆞᆺ고, 관노(官奴) ᄉᆞ령(使令) 츈향 ᄀᆞᆺ고, 군노(軍奴) 급장(及唱) 츈향 ᄀᆞᆺ고, 남원부ᄉᆞ(南原府使) 츈향 ᄀᆞᆺ고, 대부인(大夫人)도 츈향 ᄀᆞᆺ고, 날즘싱도 츈향 ᄀᆞᆺ고, 긜즘싱도 츈향 ᄀᆞᆺ고, 모도 미러 뵈ᄂᆞᆫ 거시 다 츈향이라.

젼역상(床)을 믈녀노코 ᄒᆞᄂᆞᆫ 말이,

---

1 일러도: 원문의 '이너도'는 '일러도'로 바로잡았음. 10 셕가산(石假山): 뜰이나 연못에 돌을 쌓아서 조경용으로 조그마하게 만든 산. 14 **월명졍반**(月明庭畔)**이오 등명창외**(燈明窓

"네 말이 하도 뒤숭뒤숭하니, 나는 다시 말해 주어도 찾아가기 어렵고 집 잃기 쉽겠다."

춘향이 답하되,

"그리 아니하여도 왕래할 때 가끔 물어 다니는 것이올시다."

"그리 말고 어디인지 자세히 가르키라!"

춘향이 웃고 다시 이르되,

"저 건너 반송과 녹죽이 깊은 곳의 문전에 버들을 심어 대여섯 그루 벌여 있고, 대문 안에 오동을 심어 잎이 피어 나무 그늘이 지고, 담 뒤에 홍도화가 난만히 붉어 있고, 앞뜰에 석가산 뒤뜰에 연못 파고, 전나무 그늘 속에 은은히 뵈는 저 집이오니 황혼 때 부디 오옵소서."

하직하고 떨치고 가는 형상에 사람의 간장이 다 녹는다. 금석같이 서로 약속하고 손을 나누어 떠날 때에 한없는 정이로다. 겨우 진정하여 돌아오니 달은 뜰 가를 밝게 비추고 등불은 창밖을 비춘다. 정신이 산란하고 듣고 보는 것이 황홀하여 진정할 길 전혀 없다.

"애고, 이것이 웬일인고? 미친놈이 되겠구나!"

눈에 춘향의 넋이 올라 얼른 뵈는 것이 모두 다 춘향이라. 육방 아전이 춘향 같고, 방자와 통인이 춘향 같고, 관노와 사령이 춘향 같고, 군노와 급창이 춘향 같고, 남원부사가 춘향 같고, 대부인도 춘향 같고, 날짐승도 춘향 같고, 길짐승도 춘향 같고, 모두 미루어 뵈는 것이 다 춘향이라.

저녁상을 물려놓고 하는 말이,

外)로다: 달은 뜰 가를 밝게 하고 등불은 창밖을 밝게 비춤이라. 19 뉵방아젼(六房衙前): 조선시대 승정원과 각 지방 관아에 두었던 이방(吏房), 호방(戶房), 예방(禮房), 병방(兵房), 형방(刑房), 공방(工房) 등 여섯 부서의 관리.

"목이 메여 못 먹깃다!"

방주(房子) 불너 뭇는 말이,

"네 이 밥을 아는다?"

방주(房子) 놈 엿주오디,

"아옵니다."

"안다 ᄒᆞ니, 엇지 ᄒᆞᄂᆞ니?"

"뽤노 지은 거시 밥이올시다."

"어허, 미혹(迷惑)ᄒᆞᆫ 놈! 밥이면 다 밥이냐? 밥을 지으되 즐도 되도 아니ᄒᆞ고, 고슬고슬ᄒᆞᆫ 즁(中)에도 쇽의 쌔가 업셔 축축ᄒᆞ여도 것물 도지 아니ᄒᆞ여야 가위(可謂) 잘 지은 밥이지. 이 밥은 곳 모릐밥이로고나! 이 상(床) 믈니여라! 식불감(食不甘)ᄒᆞ니 침불안(寢不安)이 쉬오리라. 글이나 읽어 보ᄌᆞ."

『쳔ᄌᆞ(千字)』, 『유합(類合)』, 『동몽션습(童蒙先習)』, 『사략(史略)』, 『통감(通鑑)』, 『소학(小學)』, 『디학(大學)』, 『례긔(禮記)』, 『츈츄(春秋)』, 『시젼(詩傳)』, 『셔젼(書傳)』, 『밍ᄌᆞ(孟子)』, 『논어(論語)』, 『마ᄉᆞ(馬史)』, 『삼약(三略)』 닉여노코, 산유ᄌᆞ(山柚子) 칙상(冊床)의 옥촉(玉燭)의 불 밝히고 ᄎᆞ례(次例)로 읽을 젹의,

"하늘 쳔(天), 싸 지(地), 감을 현(玄), 누루 황(黃), 집 우(宇), 집 쥬(宙), 집 ᄀᆞᄅᆞ쳐 뵈든 양(樣)이 눈의 암암(暗暗) 귀의 징징(錚錚). 텬지디간(天地之間) 만물지즁(萬物之中)의 유인(唯人)이 최귀(最貴)ᄒᆞᆫ 즁(中)의 더옥 귀(貴)타.

---

11 모릐밥: 제대로 익지 않아 깔깔하고 된 밥. 13 『쳔ᄌᆞ(千字)』: 양(梁)나라의 주흥사(周興嗣)가 편찬한 『천자문』. 『유합(類合)』: 성종 때 서거정(徐居正)이 지었다고 전하는 한문 학습서. 『동몽션습(童蒙先習)』: 중종 때 박세무(朴世茂)가 지은 『천자문』 다음에 읽는 한문 교과서. 『사략(史略)』: 중국 태고 때부터 송나라 때까지의 역사서인 『십팔사(十八史)』를 요약한 역사 교과서. 원문의 '샤약'은 '사략'으로 바로잡았음. 14 『통감(通鑑)』: 중국 주(周)

"목이 메어 못 먹겠다!"

방자를 불러 묻는 말이,

"네가 이 밥을 아느냐?"

방자 놈이 여쭈오되,

"아옵니다."

"안다 하니, 어찌 하나니?"

"쌀로 지은 것이 밥이올시다."

"어허, 미혹한 놈! 밥이면 다 밥이냐? 밥을 짓되 질지도 되지도 아니하고, 고슬고슬한 중에도 속에 뼈가 없어 축축하여도 겉물 돌지 아니하여야 가히 잘 지은 밥이지. 이 밥은 곧 모래밥이로구나! 이 상을 물려라! 밥맛이 없으니 잠도 오지 않기 쉬우리라. 글이나 읽어 보자."

『천자』, 『유합』, 『동몽선습』, 『사략』, 『통감』, 『소학』, 『대학』, 『예기』, 『춘추』, 『시전』, 『서전』, 『맹자』, 『논어』, 『마사』, 『삼략』 내어놓고, 산유자 책상 옥 촛대에 불 밝히고 차례로 읽을 적에,

"하늘 천, 따 지, 검을 현, 누를 황, 집 우, 집 주, 집 가르쳐 뵈던 양이 눈에 암암 귀에 쟁쟁. 천지 사이 만물 중에 오직 사람이 가장 귀한 중에 더욱 귀하다.

나라 때부터 후주(後周)에 이르는 왕 113인의 사적을 엮은 『자치통감(資治通鑑)』. 또는 『자치통감』을 줄여서 만든 『소미통감(少微通鑑)』. 『소학(小學)』: 송나라 유자징(劉子澄)이 주희(朱熹)의 가르침으로 지은 아동용 교훈서. 15 『마ᄉᆞ(馬史)』: 사마천(司馬遷)이 지은 『사기(史記)』. 16 『삼약(三略)』: 주나라 태공망(太公望)이 지었다고 전해지는 병서(兵書). 20 텬지디간(天地之間) 만물지즁(萬物之中) … 더옥 귀(貴)타: 천지 만물 중에서 사람이 가장 귀한 존재라. 『동몽선습』의 서두.

텬황시(天皇氏)ᄂᆞᆫ 이목덕(以木德)으로 왕(王)ᄒᆞ야 셰긔섭제(歲起攝提)ᄒᆞ니, 졔 못와도 ᄂᆡ 가리라.

이십삼년(二十三年)이라. 초명딘대부(初命晉大夫) 위ᄉᆞ(魏斯) 도젹(趙籍) 한건(韓虔)ᄒᆞ여, ᄒᆞᆫ 가지로 못 간 쥴이 후회막급(後悔莫及)이라.

원형이졍(元亨利貞)은 텬도지상(天道之上)이오 인의례지(仁義禮智)ᄂᆞᆫ 인셩지강(人性之綱)이라. 강보(襁褓)붓터 못 본 쥴이 한(恨)이로다.

ᄆᆡᆼᄌᆞ견양혜왕(孟子見梁惠王)ᄒᆞ신ᄃᆡ, 왕왈(王曰) 슈불원쳔니이ᄅᆡ(叟不遠千里而來) ᄒᆞ시니, 쳔니(千里)로다, 쳔니(千里)로다. 임 가신 ᄃᆡ 천니(千里)로다.

관관져구(關關雎鳩)ᄂᆞᆫ ᄌᆡ하지쥬(在河之洲)오 뇨됴슉녀(窈窕淑女)ᄂᆞᆫ 군ᄌᆞ호구(君子好逑)로다. 우리들을 니ᄅᆞ미라.

아모려도 못 읽깃다! 도모지 흣뵈이고 츈향(春香)이만 뵈ᄂᆞᆫ고나! ᄎᆡᆨ장(冊張)마다 츈향(春香)이오, 글ᄌᆞ마다 츈향(春香)이라. ᄒᆞᆫ ᄌᆞ(字)가 두 ᄌᆞ(字) 되고, ᄒᆞᆫ 쥴이 두 쥴이오, ᄌᆞᄌᆞ(字字) 쥴쥴이 다 츈향(春香)이라. 이 아니 ᄆᆡᆼ낭(孟浪)ᄒᆞᆫ가? 왼 ᄎᆡᆨ(冊)의 글ᄌᆞ드리 바로 뵈지 아니ᄒᆞ네.

『쳔ᄌᆞ(千字)』ᄂᆞᆫ 감ᄌᆡ오, 『동몽션습(童蒙先習)』 ᄉᆞ습이오, 『사략(史略)』은 화약(火藥)이오, 『통감(通鑑)』은 곳감이오, 『소학(小學)』은 북학(北學)이오, 『대학(大學)』은 당학(唐學)이오, 『ᄆᆡᆼᄌᆞ(孟子)』ᄂᆞᆫ 비ᄌᆞ(批子)오, 『논어(論語)』ᄂᆞᆫ 망어(妄語)로다. 『시젼(詩傳)』은 ᄊᆞᆫ젼이오, 『유합(類合)』은 찬합(饌盒)이오, 『강목(綱目)』은 ᄉᆡ목이오, 『츈츄(春秋)』ᄂᆞᆫ 호츄(胡椒)로다.

---

1 **텬황시**(天皇氏)ᄂᆞᆫ … **셰긔섭제**(歲起攝提): 중국 고대 삼황(三皇)의 우두머리인 천황씨는 오덕(五德)의 하나인 목덕(木德)으로 임금이 되어 태세(太歲)의 시작인 정월을 섭제에서 시작함. 3 **초명딘대부**(初命晉大夫) **위ᄉᆞ**(魏斯) **도젹**(趙籍) **한건**(韓虔)**ᄒᆞ여**: 처음에 진나라 대부 위사, 조적, 한건에게 명하여 제후를 삼아. 『통감』의 서두. 5 **원형이졍**(元亨利貞)**은 텬**

천황씨는 목덕으로 임금이 되어 태평한 세상이 섭제에서 시작하니, 저가 못 와도 내가 가리라.

이십삼 년이라. 처음에 진나라 대부인 위사와 조적, 한건에게 명하여 제후를 삼아서 함께 가지 못한 것이 후회막급이라.

원형이정은 천도의 으뜸이요 인의예지는 인성의 벼리라. 포대기에 싸여 있던 어린아이 때부터 못 본 것이 한이로다.

맹자께서 양혜왕을 만나셨을 때 왕이 노옹께서는 천 리를 멀다 하지 않고 찾아오셨다 하니, 천 리로다, 천 리로다. 임 가신 데 천 리로다.

끼룩거리며 우는 징경이는 물가에서 놀고 요조숙녀는 군자의 좋은 배필이로다. 우리들을 일컬음이라.

아무래도 못 읽겠다! 도무지 헛보이고 춘향이만 뵈는구나! 책장마다 춘향이요, 글자마다 춘향이라. 한 자가 두 자 되고, 한 줄이 두 줄이요, 자자 줄줄이 다 춘향이라. 이 아니 맹랑한가? 온 책의 글자들이 바로 보이지 아니하네.

『천자』는 감자요, 『동몽선습』 사습이요, 『사략』은 화약이요, 『통감』은 곶감이요, 『소학』은 북학이요, 『대학』은 당학이요, 『맹자』는 비자요, 『논어』는 망어로다. 『시전』은 딴전이요, 『유합』은 찬합이요, 『강목』은 깻목이요, 『춘추』는 후추로다.

도지상(天道之上)이오 인의례지(仁義禮智)는 인셩지강(人性之綱)이라: '원형이정'은 천도의 으뜸이요 '인의예지'는 인성의 벼리이다. 『소학』 「제사(題辭)」에서 차용. 원형이정은 사물의 근본 원리로, '원'은 봄을 상징하니 만물이 생겨나는 시초이고, '형'은 여름을 상징하니 만물이 자라나고, '이'는 가을을 상징하니 만물이 이루어지고, '정'은 겨울을 상징하니 만물을 다시 거두어들임을 뜻함. 14 쥴쥴이: 원문의 '쥬줄이'는 '쥴쥴이'로 바로잡았음.

하늘 텬(天) ᄌᆞ(字) 큰 ᄃᆡ(大) 되고, ᄯᅡ 지(地) ᄌᆞ(字) 못 지(池) 되고, 달 월(月) ᄌᆞ(字) 눈 목(目)이오, ᄉᆞᆫ 슈(手) ᄌᆞ(字) 양(羊) 양(羊)이라. 일쳔(一千) 쳔(千) ᄌᆞ(字) 방픽(防牌) 간(干)이오, 웃 상(上) ᄌᆞ(字) 흑 토(土)로다. 옷 의(衣) ᄌᆞ(字) 밤 야(夜) ᄌᆞ(字)오, ᄒᆞᆫ 일(一) ᄌᆞ(字) 두 이(二) 되고, ᄯᅩ ᄎᆞ(且) ᄌᆞ(字) 그 기(其) ᄌᆞ(字)라. 집 쥬(宙)는 범 인(寅)이오, 하 위(爲) ᄌᆞ(字) 말 ᄆᆡ(馬ㅣ)로다. 근 근(斤) ᄌᆞ(字) 되 승(升) 되고, 돗 ᄒᆡ(亥) ᄌᆞ(字) 집 가(家)로다. 밧 젼(田) ᄌᆞ(字) 납 신(申)이오, 두 냥(兩) ᄌᆞ(字) 비 우(雨) 되고, 묘(妙)ᄒᆞᆫ 묘(妙) ᄌᆞ(字) 이 ᄌᆞ(字) 보소. 츈향(春香)일시 분명(分明)ᄒᆞ다."

칙상(冊床)을 밀쳐노코 벽상보검(壁上寶劍) ᄲᅢ혀 들고 ᄉᆞ면(四面)으로 두루면셔,

"니ᄆᆡ망냥(魑魅魍魎) ᄉᆞᆨ거쳔니(速去千里), 츈향(春香)이만 보고지고! 잠간(暫間) 맛나 보고지고! 즉금 만나 보고지고! 어득ᄒᆞᆫ 뷘방(房) 안의 불현듯이 보고지고! 쳔니타향(千里他鄕) 고인(故人)ᄀᆞᆺ치 얼는 만나 보고지고! 구년지슈(九年之水) ᄒᆡ빗ᄀᆞᆺ치 훤츨ᄒᆞ게 보고지고! 칠년ᄃᆡ한(七年大旱) 빗발ᄀᆞᆺ치 싀훤ᄒᆞ게 보고지고! 동창영월(東窓盈月) 달빗ᄀᆞᆺ치 반갑게 보고지고! 셔산(西山)의 낙됴(落照)ᄀᆞᆺ치 쑥 ᄶᅥ러져 보고지고! 오ᄆᆡ불망(寤寐不忘) 보고지고! 알드리도 보고지고! 살드리도 보고지고! ᄆᆡᆼ낭(孟浪)이도 보고지고! 금즉이도 보고지고! 조곰 만나 보고지고! 잠간(暫間) 어더 보고지고! 보고지고, 보고지고!"

소ᄅᆡ를 한것 질너 노흐니, 그 소ᄅᆡ 동헌(東軒)ᄭᅡ지 들녀고나.

이ᄯᅦ ᄉᆞᄯᅩ(使道) 이 소ᄅᆡ를 듯고 ᄭᆞᆷ작 놀나고 고이히 넉여 통인(通引) 불너 분부(吩咐)ᄒᆞᄃᆡ,

---

12 니ᄆᆡ망냥(魑魅魍魎): 도깨비. 즉, 인간의 얼굴을 하고 네 다리를 지닌 수신으로 사람을 유혹한다는 이매와 수신인 망량. 22 동헌(東軒)ᄭᅡ지 들녀고나: 동헌까지 들렸구나. 동헌은

하늘 천 자 큰 대 되고, 땅 지 자 못 지 되고, 달 월 자 눈 목이요, 손 수 자는 양 양이라. 일천 천 자는 방패 간이요, 위 상 자는 흙 토로다. 옷 의 자 밤 야 자요, 한 일 자 두 이 되고, 또 차 자 그 기 자라. 집 주는 범 인이요, 하 위 자 말 마로다. 근 근 자는 되 승 되고, 돗 해 자는 집 가로다. 밭 전 자 납 신이요, 두 양 자 비 우 되고, 묘한 묘 자 이 글자 보소. 춘향임이 분명하다."

책상을 밀쳐놓고 벽상의 보검을 빼어 들고 사면으로 휘두르면서,

"이매와 망량 같은 도깨비는 속히 천 리 밖으로 물러가라, 춘향이만 보고지고! 잠깐 만나 보고지고! 지금 만나 보고지고! 어둑한 빈방 안에 불 켠 듯이 보고지고! 천 리 타향의 고인같이 얼른 만나 보고지고! 구 년 홍수에 햇빛같이 훤칠하게 보고지고! 칠 년 가뭄에 빗발같이 시원하게 보고지고! 동창의 밝은 달빛같이 반갑게 보고지고! 서산에 지는 해같이 뚝 떨어져 보고지고! 오매불망 보고지고! 알뜰히도 보고지고! 살뜰히도 보고지고! 맹랑히도 보고지고! 끔찍이도 보고지고! 조금 만나 보고지고! 잠깐 얻어 보고지고! 보고지고, 보고지고!"

소리를 한껏 질러 놓으니, 그 소리 동헌까지 들렸구나.

이때 사또 이 소리를 듣고 깜짝 놀라고 괴이하게 여겨 통인을 불러 분부하되,

조선시대 지방 관서에서 수령(守令)이 정무(政務)를 보던 중심 건물. 원문의 'ㄱ지'는 '까지'로 바로잡았음.

"ᄎᆡᆨ방(冊房)의셔 글쇼리ᄂᆞᆫ 아니 나고 무어슬 보고지고 ᄒᆞᄂᆞᆫ고? ᄌᆞ셔히 아라오라!"

통인(通引)이 급(急)히 가셔 뭇ᄌᆞ오ᄃᆡ,

"거 무슴 소ᄅᆡ를 그ᄃᆡ지 질너 ᄉᆞ오?"

니도령(李道令)이 겁(怯)을 ᄂᆡ여 별안간(瞥眼間)의 ᄉᆡᆼ쌴젼 ᄒᆞᄃᆡ,

"삼문(三門) 밧긔셔 슐쥬졍(酒酊)ᄒᆞᄂᆞᆫ 소ᄅᆡ 듯고 날ᄃᆞ려 무ᄅᆞ니 ᄂᆡ가 ᄆᆡ호 만만ᄒᆞ냐?"

통인(通引)이 엿ᄌᆞ오ᄃᆡ,

"ᄉᆞ또(使道)계셔 도련님 목소ᄅᆡ를 친(親)히 듯고 아라오라 ᄒᆞ옵시ᄂᆡ다."

ᄒᆞᆫ 번(番)만 더 써히더면 될 거시로ᄃᆡ 그놈의 외슈(外數)의 넘어 ᄒᆞᄂᆞᆫ 말이,

"그라셔 쏙 드러계시단 말이냐?"

ᄒᆞ며, 먹은 갑시 잇셔 쇽으로 얼ᄂᆞᆫ ᄉᆞ며 ᄒᆞᄂᆞᆫ 말이,

"쇼년금방괘명시(少年金榜掛名時)라. 미구(未久)의 과거(科擧) 되면, 장원급제(壯元及第) 츌신(出身)ᄒᆞ여 빵ᄀᆡ(雙蓋) 씌여 보고지고, ᄂᆡ 쇼원(所願)이 이러키로 보고지고 ᄒᆞ엿다고 엿ᄌᆞ와라!"

통인(通引)이 드러가 그ᄃᆡ로 알외오니, ᄉᆞ또(使道) 고지듯고 ᄎᆡᆨ방(冊房) 됴낭쳥(趙郎廳)ᄃᆞ려 ᄒᆞᄂᆞᆫ 말이,

"향ᄌᆞ(向者)의 션산소천장(先山所遷葬)ᄒᆞ올 ᄯᆡ의, 홍쳔(洪川) 박ᄉᆡᆼ원(朴生員)이 풍양(豊壤)고을 산소(山所)를 보고 덥혀노코 ᄂᆡ 말ᄃᆡ로 여긔 쓰라 ᄒᆞ며, 문필봉(文筆峰)이 두려시 안산(案山)이 되고, 공명봉(功名峰)이 병풍(屛風) 두른 듯ᄒᆞ여 쥬산(主山)이 되어시니, ᄌᆞ숀(子

7 ᄆᆡ호: 매우. 11 써히더면: 잡아뗐으면. 외슈(外數): 속임수. 15 쇼년금방괘명시(少年金榜掛名時): 어린 나이로 과거에 급제하여 이름이 방에 붙을 때. 미구(未久)의: 얼마 오래지

"책방에서 글소리는 아니 나고 무엇을 보고지고 하는고? 자세히 알아오라!"

통인이 급히 가서 묻자오되,

"그 무슨 소리를 그다지 질러 싸오?"

이도령이 겁을 내어 별안간에 생딴전을 부리되,

"삼문 밖에서 술주정하는 소리를 듣고 나더러 물으니 내가 매우 만만하냐?"

통인이 여쭈오되,

"사또께서 도련님 목소리를 친히 듣고 알아오라 하옵니다."

한 번만 더 잡아떼면 될 것이로되 그놈의 속임수에 넘어가 하는 말이,

"그래서 똑 들으셨단 말이냐?"

하며, 먹은 값이 있어 속으로 얼른 꾸며 하는 말이,

"소년에 과거에 급제한 사람들의 이름을 적은 방을 붙일 때라. 멀지 않아 과거 때가 되면, 장원급제로 벼슬길에 나가 쌍가마 타고 보고지고, 내 소원이 이렇기에 보고지고 하였다고 여쭈어라!"

통인이 들어가 그대로 아뢰니, 사또 곧이듣고 책방 조낭청에게 하는 말이,

"지난번에 선영의 묏자리를 옮길 적에, 홍천 박생원이 풍양고을 산소를 보고 덮어놓고 내 말대로 여기에 쓰라 하며, 문필가가 태어날 봉우리가 뚜렷이 안산이 되고, 공명을 이룰 후손이 날 봉우리가 병풍을 두른 듯하여 주산이 되었으니, 자손의 문장은 염

않아. 16 쌍기(雙蓋) 띄여: 쌍가마를 띄워. 즉, 높은 벼슬을 차지하여. 20 향자(向者): 지난번. 먼저. 션산소천장(先山所遷葬): 조상의 묘소를 다른 곳으로 옮김. 22 문필봉(文筆峰): 산의 모양이 붓끝처럼 뾰족한 봉우리. 즉, 풍수지리상 후손에 문필가가 많이 난다는 형세.

孫)의 문당(文章)은 념녜(念慮) 업고 공명(功名)이 긋치지 아니ᄒᆞ리라 ᄒᆞ고 잡고 권(勸)ᄒᆞ기의, 그 말ᄃᆡ로 그 산소(山所)의 뫼셧더니, 이졔야 산음(山蔭)인 쥴 황연(晃然)이 ᄭᆡ닷기네. 그 아희가 긔특(奇特)ᄒᆞᆫ 쥴이 ᄒᆞᆫ갓 남쳐로 ᄒᆞ는 거시 아니라, 잠 잘 쥴 잇고 한ᄉᆞ(限死)ᄒᆞ고 글만 ᄒᆞ려 ᄒᆞ니 아무려도 문당(文章)은 념녀(念慮) 업셔."

ᄒᆞ며, 못ᄂᆡ ᄉᆞ랑ᄒᆞ더라.

이ᄯᆡ ᄎᆡᆨ방(冊房)의셔 방ᄌᆞ(房子) 놈이 엿ᄌᆞ오ᄃᆡ,

"강셩(講聲)을 낫초와 ᄒᆞ오. 뭇치인 초라가 다 나기소."

그럴ᄉᆞ록 초조번민(焦燥煩悶)ᄒᆞ여 그렁져렁 밤을 ᄉᆡ고, 됴반(朝飯) 앗침 젼폐(全廢)ᄒᆞ고, 졈심(點心)도 젼궐(全闕)ᄒᆞ고, 뭇는 거시 ᄒᆡ분이라.

"방ᄌᆞ(房子)야, ᄒᆡ가 언마나 갓ᄂᆞ니?"

"ᄒᆡ가 아직 아귀도 아니 터소."

"ᄋᆡ고, 그 ᄒᆡ가 어졔는 뉘 부음편지(訃音便紙)를 가지고 가는 ᄃᆞ시 쥴다름질ᄒᆞ여 가더니, 오날은 어이 그리 완보장텬(緩步長天)ᄒᆞ는고? 발바당의 종긔(腫氣)가 낫ᄂᆞ? 가ᄅᆡ토시가 곰기는가? 삼버리 쥴 졉아 ᄆᆡ고 ᄉᆞ면(四面) 말독을 박아는가? ᄃᆡ신지가(代身止街)를 잡히엿나? 장승거름을 부려ᄒᆞ나 어이 그리 더ᄃᆡ 가노? 방ᄌᆞ(房子)야, ᄒᆡ가 어ᄃᆡ로 갓나 보아라!"

"ᄇᆡᆨ일(白日)이 도텬즁(到天中)ᄒᆞ여 오도 가도 아니ᄒᆞ오."

"무정셰월약뉴ᄑᆡ(無情歲月若流波ㅣ)라 ᄒᆞ더니, 허황(虛荒)ᄒᆞᆫ 글도 잇거고나. 붓친ᄃᆞ시 박힌 ᄒᆡ를 어이ᄒᆞ여 다 보닐고? 방ᄌᆞ(房子)야, ᄒᆡ가 엇지 되엿ᄂᆞ니?"

---

3 **산음(山蔭)**: 풍수지리상, 좋은 묏자리를 써서 자손이 받는다는 복. 8 **낫초와**: 소리를 낮게 하여. 원문의 '녓초와'는 '낫초와'로 바로잡았음. **초라가 다 나기소**: 창피가 다 드러나겠소. 16 **가ᄅᆡ토시**: 가래톳. 허벅다리 윗부분의 림프샘이 부어 생긴 멍울. 17 **ᄃᆡ신지가**(代身

려 없고 공명이 그치지 아니하리라 하고 잡고 권하기에, 그 말대로 그 산소에 모셨더니, 산음인 줄 분명히 깨닫겠네. 그 아이가 기특한 것이 한갓 남처럼 하는 것이 아니라, 잠을 자는 것도 잊고 한사코 글만 하려 하니 아무래도 문장은 염려 없어."
하며, 못내 사랑하더라.

이때 책방에서 방자 놈이 여쭈오되,

"글 읽는 소리를 낮추어 하오. 묻힌 창피가 다 드러나겠소."

그럴수록 초초하게 번민하여 그렁저렁 밤을 새우고, 아침밥도 먹지 않고, 점심도 전혀 먹지 않고, 묻는 것이 해뿐이라.

"방자야, 해가 얼마나 갔느냐?"

"해가 아직 아귀도 아니 텄소."

"애고, 그 해가 어제는 누구 부음 편지를 가지고 가는 듯이 줄달음질하여 가더니, 오늘은 어찌 그리 천천히 걸어가는고? 발바닥에 종기가 났느냐? 가래톳이 곪는가? 삼버리 줄을 잡아매고 사면에 말뚝을 박았는가? 관리 행차의 앞길을 가로지르다 잡히었나? 장승 걸음을 부러워하나 어이 그리도 더디 가노? 방자야, 해가 어디로 갔나 보아라!"

"백일이 하늘 가운데 이르러서는 오도 가도 아니하오."

"무정한 세월은 물 흐르듯 빨리 간다 하더니, 허황한 글도 있구나. 붙인 듯이 박힌 해를 어이하여 다 보낼꼬? 방자야, 해가 어찌 되었나니?"

止街): 고관이 행차하는 길을 앞질러 지나간 죄로 길가의 집에 잠시 잡혀 있는 벌. 18 **장승거름**: 장승처럼 뻣뻣하게 걸어가는 느린 걸음걸이. 21 **무졍셰월약뉴픠**(無情歲月若流波ㅣ)**라**: 무정한 세월이 물 흐르듯이 빨리 지나감이라.

“셔산(西山)의 빗겨 종시(終是) 아니 넘어가오.”

“관청(官廳)빗 불너다가 기름을 만히 가져 셔산(西山) 뫼봉의 발나 두라. 밋그러워 넘어가게 ᄒᆞ여다고. 그리ᄒᆞ여 ᄒᆡ 지거든 즉시 거ᄅᆡ(去來)ᄒᆞ라!”

방ᄌᆞ(房子) 놈 엿ᄌᆞ오ᄃᆡ,

“셔산(西山)의 지ᄂᆞᆫ ᄒᆡᄂᆞᆫ 보븜ᄌᆞ리 치노라고 눈을 ᄭᅳ믈ᄭᅳ믈ᄒᆞ고, 동녕(東嶺)의 돗ᄂᆞᆫ 달은 놉히 ᄡᅥ셔 오노라고 바스락바스락 소ᄅᆡᄒᆞ니 황혼(黃昏)일시 졍녕ᄒᆞ다. 가라 ᄒᆞ오 말냐 ᄒᆞ오?”

니도령(李道令)의 거동(擧動) 보쇼. 심망의촉조민(心忙意促燥悶)ᄒᆞ여 젼녁상(床)도 허동지동, 방ᄌᆞ(房子) 불너 분부(吩咐)ᄒᆞ되,

“네나 먹고 어셔 가ᄌᆞ!”

져 방ᄌᆞ(房子) 놈 거동(擧動) 보쇼. 젼(前)의ᄂᆞᆫ ᄃᆡ공숩이나 어더먹어 낫분 양을 쥬리다가, 요ᄉᆞ이ᄂᆞᆫ 왼통 모도 후무루 ᄡᅥ이고 ᄇᆡ가 봉긋ᄒᆞ니, ᄇᆡ를 슬슬 만지면셔 게트림ᄒᆞ며 ᄒᆞᄂᆞᆫ 말이,

“남은 아모리 되던지 나ᄂᆞᆫ 좃쇼의. 츈향(春香)이 열아문이 이시면 겹흉년(凶年)인들 긔탄(忌憚)ᄒᆞᆯ가?”

ᄒᆞ며, 거드러거려 ᄒᆞᄂᆞᆫ 말이,

“가ᄌᆞ 쇼ᄅᆡ 작작 ᄒᆞ오. ᄉᆞᄯᅩ(使道) 분부(吩咐)의 가라 ᄒᆞ엿쇼? 왜장이 나면 가기ᄂᆞᆫ ᄉᆡ로이 싱뜸질이 날 거시니, 폐문(閉門)이나 ᄒᆞᆫ 연후(然後)의 ᄉᆞᄯᅩ(使道) 취침(就寢) 기ᄃᆞ려셔 가거나 말거나 ᄒᆞ옵소셔.”

니도령(李道令) 초조(焦燥)ᄒᆞ여 니른 말이,

---

4 거ᄅᆡ(去來): 사건이 일어나는 대로 아랫사람이 윗사람이나 관아에 알리는 것을 이르는 말. 9 심망의촉조민(心忙意促燥悶): 마음이 바쁘고 뜻하는 것이 급박하여 초조하고 괴로

"서산에 비껴서 종시 아니 넘어가오."

"관청빗 불러다가 기름을 많이 지고 가서 서산 산봉우리에 발라 두라. 미끄러워 넘어가게 하여다오. 그리하여 해 지거든 즉시 와서 아뢰어라!"

방자 놈이 여쭈오되,

"서산에 지는 해는 보금자리 치느라고 눈을 끄물끄물하고, 동쪽 고개에 돋는 달은 높이 떠서 오느라고 바스락바스락 소리하니 황혼인 게 정녕하오. 가려 하오 말려 하오?"

이도령의 거동 보소. 마음이 바쁘고 초조하여 저녁상도 허둥지둥, 방자를 불러 분부하되,

"너나 먹고 어서 가자!"

저 방자 놈의 거동 보소. 전에는 남이 먹다 남은 밥술이나 얻어먹어 모자라는 양을 주리다가, 요사이는 온통 모두 휘몰아 떠넣고 배가 봉긋하니, 배를 슬슬 만지면서 게트림하며 하는 말이,

"남은 아무렇게나 되든지 나는 좋소. 춘향이 여남은 있으면 겹흉년인들 꺼릴까?"

하며, 거드럭거려 하는 말이,

"가자 소리를 작작 하오. 사또 분부에 가라 하였소? 헤살을 부려 큰 소리로 마구 떠들면 가기는커녕 생으로 뜸질이 날 것이니, 문이나 닫은 연후에 사또 취침 기다려서 가거나 말거나 하옵소서."

이도령이 초조하여 이른 말이,

움. 12 뒤공술: 먹다가 남은 몇 순가락 정도의 밥. 19 왜장이 나면: 헤살을 부려 큰소리로 마구 떠들면. 가기는 식로이: 가기는 고사하고 도리어.

"그러ᄒᆞ면 돈관(貫)이나 닉여다가 문(門) 닷는 놈 인졍(人情) 쥬고 폐문(閉門) 션하(宣下)ᄒᆞ여 보ᄌᆞ."

방지(房子ㅣ) 엿ᄌᆞ오ᄃᆡ,

"초경삼졈(初更三點) 폐문(閉門)인ᄃᆡ 초혼(初昏) 폐문(閉門) 웬일이오? 폐문(閉門) 션하(宣下)ᄒᆞ단 말 듯도 보도 못ᄒᆞ엿쇼. 졔발 덕분(德分) 잠간(暫間)만 참으시오."

한창 이리ᄒᆞᆯ 졔, 가ᄌᆞᆫ 취타(吹打) 폐문(閉門)ᄒᆞᆫ다.

"방ᄌᆞ(房子)야, 동헌(東軒)의 퇴등(退燈)ᄒᆞᆫ 찡 보아라!"

이러ᄐᆞ시 조민(燥悶)ᄒᆞᆯ 졔 동헌(東軒)의 퇴등(退燈)ᄒᆞ고 만뇌구젹(萬籟俱寂)ᄒᆞ니, 방지(房子ㅣ) 엿ᄌᆞ오ᄃᆡ,

"야심인젹(夜深人寂)ᄒᆞ고 월빅풍쳥(月白風淸)ᄒᆞ니 가랴 ᄒᆞ오, 말냐 ᄒᆞ오?"

니도령(李道令)의 거동(擧動) 보쇼. 귀홍득의텬공활(歸鴻得意天空闊)이라.

"조흘, 조흘시고. 가자, 가자셰라. 님을 보라 가ᄌᆞ셰라!"

몸을 숩겨 월셩(越城)ᄒᆞ여 가만가만 ᄎᆞᄌᆞ 간다.

방ᄌᆞ(房子) 놈은 압흘 서고, 양각등(羊角燈)의 불을 혀고 염셕문(簾席門) 네거리, 홍젼문(紅箭門) 셰거리, 이 모롱 져 모롱 감도라 풀도라 엄벙덤벙 슈루루 훨젹 도라드러 면면촌촌(面面村村)이 ᄎᆞᄌᆞ갈 졔, 방ᄌᆞ(房子) 놈이 별안간(瞥眼間)의 ᄒᆞ는 말이,

"야반무례(夜半無禮)오 구식친구(具色親舊)라 ᄒᆞ니, 심심파젹(破寂)ᄒᆞ량으로 골치기나 ᄒᆞ나식 ᄒᆞ며 가셰."

니도령(李道令)이 어히업셔 니르ᄃᆡ,

---

1 **인졍**(人情): 예전에 벼슬아치들에게 몰래 주던 선물. 즉, 뇌물. 2 **션하**(宣下): 아랫사람들에게 명령을 내림. 원래는 임금이 조칙(詔勅)을 내리던 것을 이르는 말. 9 **만뇌구젹**(萬籟俱寂): 밤이 깊어 아무 움직임의 소리도 없이 잠잠하며 아주 고요해짐. 13 **귀홍득의텬공활**

"그러하면 돈관이나 내어다가 문 닫는 놈에게 뇌물 주고 문을 먼저 닫아 달라고 하여 보자."

방자가 여쭈되,

"초경 삼점에야 문을 닫는데 초혼에 문을 닫는다는 말이 웬일이오? 폐문 먼저 한다는 말 듣도 보도 못하였소. 제발 덕분 잠깐만 참으시오."

한창 이리할 제, 온갖 악기를 불고 두드리며 대문을 닫는다.

"방자야, 동헌에 불 껐는가 낌새 보아라!"

이렇듯이 초조해할 제 동헌에 불이 꺼지고 고요해지니, 방자가 여쭈되,

"밤이 깊고 사람의 자취가 없으며 달이 밝고 바람도 맑으니 가려 하오, 말려 하오?"

이도령의 거동 보소. 돌아가는 기러기가 큰 뜻을 얻으니 하늘이 더없이 넓은 격이라.

"좋을, 좋을시고. 가자, 가자세라. 임을 보러 가자서라!"

몸을 숨겨 성을 넘어 가만가만 찾아간다.

방자 놈은 앞에 서고, 양각등에 불을 켜고 염석문 네거리, 홍전문 삼거리, 이 모롱 저 모롱을 감돌아 풀돌아 엄벙덤벙 수르르 휠쩍 돌아들어 마을마다 찾아갈 제, 방자 놈이 별안간에 하는 말이,

"어두운 밤에는 예의를 갖추지 못하고 친구는 널리 사귀어야 좋다 하니, 심심풀이를 할 겸으로 골치기나 하나씩 하며 가세."

이도령이 어이없어 이르되,

(歸鴻得意天空闊): 돌아가는 큰 기러기가 뜻을 얻으니, 하늘이 더없이 넓게 느껴짐. 17 염셕문(簾席門): 내아의 바깥문. 원문의 '염셕문'은 '염석문'으로 바로잡았음. 21 심심파적(破寂): 심심풀이.

"방주(房子)야! 샹하쳬통(上下體統) 외주ᄒᆞ고, 발셔 통(通)치 못ᄒᆞᆫ 거시 ᄂᆡ가 숀을 ᄊᆡ져고나."

방주(房子) 놈 ᄃᆡ답(對答)ᄒᆞᄃᆡ,

"으라, 쳥쳥이맛보계. 피ᄎᆞ(彼此) 평발 아희드리 야심즁(夜深中)의 긔롱(譏弄)ᄒᆞ니 무어시 망발(妄發)이며, 주ᄂᆡ 뒤ᄒᆡ 냥반(兩班) 두 주(字) 뼈 붓첫나?"

"말이 이러ᄒᆞ니 체증(滯症)일셰."

"그리 말소. 쇽담(俗談)의 니ᄅᆞ기를, 시루ᄯᅥᆨ 가ᄂᆞᆫᄃᆡ ᄀᆡ ᄯᆞ로기ᄂᆞᆫ 제격(格)이라 ᄒᆞ려니와, 주ᄂᆡ 계집ᄒᆞ라 가ᄂᆞᆫᄃᆡ 나ᄂᆞᆫ 무슴 ᄶᅡᆨ으로 ᄯᆞ라가단 말인가?"

니도령(李道令) 니른 말이,

"네 말이 모도 졍외지언(情外之言)이로고나. 담을 ᄡᅡ고 벽(壁)을 쳐도 이판의ᄂᆞᆫ 그리 아니 ᄒᆞᄂᆞ니라. ᄂᆡ가 그리 ᄉᆡᆼ소(生疎)ᄒᆞ냐? 네 비위(脾胃)의 아니 맛나 보고나. ᄋᆡ고, ᄂᆡ 아들이야. 교소(噭訴)의 빕드기ᄂᆞᆫ 외탁(外託)ᄒᆞ여 그러ᄒᆞᆫ가? 방주(房子) 동ᄉᆡᆼ(同生)아, 어셔 가자!"

방주(房子) 놈 니도령(李道令)을 속이랴고 바른 길을 두고 ᄉᆞ오 ᄎᆞ(四五次)를 둘너가니, 엇지 종을 알가 보니? ᄀᆡ얌이 쳬박회 도듯 불알이 ᄊᆡᆫ이 쓰도록 도라오다가 ᄒᆞᄂᆞᆫ 말이,

"밤길이 붓ᄂᆞᆫ다 ᄒᆞ더니, 어제 ᄀᆞᄅᆞ치던 어림보다가ᄂᆞᆫ 팔팔결노 먼니 향방(向方)을 어이 알니? 이ᄂᆞᆫ 아모려도 네 즁병(中病)인가 ᄒᆞ노라."

---

1 **샹하쳬통(上下體統) 외주ᄒᆞ고**: 윗사람과 아랫사람 사이의 예의를 지키지 말자 하고. 2 **숀을 ᄊᆡ져고나**: 한자어 '실수(失手)'의 풀이어로서, '실수했구나'의 뜻. 4 **쳥쳥이맛보계**: 의미는 미상이나, 젊은이의 이마에 대한 속어인 듯함. 8 **시루ᄯᅥᆨ 가ᄂᆞᆫᄃᆡ ᄀᆡ ᄯᆞ로기ᄂᆞᆫ 제격(格)**: 속담으로, 시루떡을 쪄서 갈 때 냄새를 맡고 개가 따라 가듯이 상황이 '제격에 맞는다'

"방자야! 상하 간 체통을 가리지 말자고 해놓고, 일찍 통하지 못한 것이 내 실수로구나."

방자 놈이 대답하되,

"어라, 젊은 이마빼기 보게. 피차 장가 전이라 머리를 땋은 아이들이 야심한 가운데 기롱하는 것이 무엇이 망발이며, 자네 뒤에 양반 두 자 써붙였나?"

"말이 이러하니 체하겠네."

"그리 마소. 속담에 이르기를, 시루떡 가는 데에 개가 따르기는 제격이라 하려니와, 자네가 계집질하러 가는데 나는 무슨 짝으로 따라간단 말인가?"

이도령이 이른 말이,

"네 말이 모두 인정에 어긋나는 말이로구나. 담을 쌓고 벽을 쳐도 이 판에는 그렇게 아니 하느니라. 내가 그리 생소하냐? 네 비위에 아니 맞나 보구나. 애고, 내 아들이야. 진정 호소하는데 어기고 물러섬은 외탁을 하여 그러한가? 방자 동생아, 어서 가자!"

방자 놈이 이도령을 속이려고 바른 길을 두고 네댓 차례를 둘러가니, 어찌 종잡을 수가 있겠는가? 개미가 쳇바퀴를 돌 듯이 불알이 뻔히 뜨도록 돌아오다가 하는 말이,

"밤길이 멀어 보인다 하더니, 어제 가리키던 어림보다는 엄청나게 머니 향방을 어이 알리? 이는 아무래도 네 중병인가 하노라."

는 뜻. 원문의 '시로뼈'는 '시루떡'으로 바로잡았음. 12 졍외지언(情外之言): 인정에서 벗어나는 말. 14 교소(皦訴)의 빔드기: 강력히 호소하기에 약속을 어기고 물러섬. 원문의 '오초'는 '교소'로 바로잡았음. 19 불알이 뻔이 쓰도록: 속담으로, 여기저기 쏘다니는 행동을 비유. 20 밤길이 붓는다: 속담으로, 밤길은 더 멀어 보인다는 뜻. 팔팔결: 다른 정도가 엄청남. 21 즁병(中病): 일의 도중에 뜻밖에 생긴 사고나 탈.

방ᄌ(房子) 놈이 셜넝셜넝 압셔 가셔, 츈향(春香)의 집 문(門) 압희 다ᄃ라셔 도라보고 ᄒ는 말이,

"두말 말고 이 집으로 그져 쑥 드러를 가오."

"여보와라, 이 일이 분명(分明) 외슈(外數)로다. 기싱(妓生)의 집이 이ᄃ도록 장녀(壯麗)홀가 보냐? 네가 날을 유인(誘引)ᄒ여 셰가(勢家)의 모라넛코 슈원(水原) 남문(南門) 밧긔셔 ᄉ는 졍봉양(鄭鳳陽)의 아들을 ᄆ들냐나 보고나."

방ᄌ(房子ㅣ) 웃고 ᄒ는 말이,

"념녀(念慮)를 턱 바리고 드러가만 보오."

"아모려도 의심(疑心)되니 네 몬져 압셔 드러가라!"

"그리ᄒ면 드러가 다 슈쇄(收刷)ᄒᆫ 후 나오리이다."

"슈쇄(收刷)란 말이 웬 말이니? 슈상(殊常)ᄒ고 ᄆ낭(孟浪)ᄒᆫ 놈, ᄒᆫ가지로 드러가ᄌ!"

져 방ᄌ(房子)의 거동(擧動) 보소. 다든 문(門)을 발노 ᄎ고 왈학 쒸여 드러가며,

"이 ᄋ, 츈향(春香)아! ᄌ는냐 ᄭ엿는냐? 도련님 와 겨시니 밧비 나오너라!"

이ᄯ 츈향(春香)이 분벽ᄉ창(粉壁紗窓) 구지 닷고 촉하(燭下)의 혼ᄌ 안져, 벽오동(碧梧桐) 거문고를 술상의 빗기 안고 ᄌ탄ᄌ가(自彈自歌)ᄒ여 셤셤옥슈(纖纖玉手)로 흘니 탈 제,

"ᄃ인난(待人難) ᄃ인난(待人難) ᄒ니 계삼창야오경(鷄三唱夜五更)이라. 쌀잉동징 쌀잉동흥쳥.

츌문망(出門望) 츌문망(出門望) ᄒ니 쳥산(靑山)은 만듕(萬重)이오, 녹슈(綠水)는 쳔회(千回)로다. 쌀잉당증 쌀잉지링 당둥둥 쳥쳥."

---

18 분벽ᄉ창(粉壁紗窓): 하얗게 꾸민 벽과 비단으로 바른 창. 21 ᄃ인난(待人難): 약속한 시간에 오지 않는 사람을 기다리는 안타까움과 괴로움을 이르는 말. 계삼창야오경(鷄三唱

방자 놈이 설렁설렁 앞서 가서, 춘향의 집 문 앞에 다다라서 돌아보고 하는 말이,

"두말 말고 이 집으로 그저 쑥 들어가오."

"여봐라, 이 일이 분명 속임수로다. 기생의 집이 이다지도 웅장하고 화려할까 보냐? 네가 나를 유인하여 세도가에 몰아넣고 수원 남문 밖에 사는 정봉양의 아들처럼 봉변시키려 드는가 보구나."

방자가 웃고 하는 말이,

"염려를 턱 버리고 들어가만 보오."

"아무래도 의심되니 너 먼저 앞서 들어가라!"

"그리하면 들어가 다 수습한 후 나오리다."

"수습이란 말이 웬 말이니? 수상하고 맹랑한 놈, 한가지로 들어가자!"

저 방자의 거동 보소. 닫은 문을 발로 차고 와락 뛰어 들어가며,

"이 애, 춘향아! 자느냐 깨었느냐? 도련님 와 계시니 바삐 나오너라!"

이때 춘향이 분벽사창 굳게 닫고 촛불 아래에 혼자 앉아, 벽오동 거문고를 술상에 빗겨 안고 스스로 연주하고 노래하여 섬섬옥수로 흘려 탈 제,

"대인난 대인난이라 하니, 닭이 세 번 울었으니 새벽녘 오경이라. 쌀앵동징 쌀앵동흥청.

출문망 출문망 하니 청산은 만 겹이요, 녹수는 천 굽이라. 쌀앵당중 쌀앵지랭 당둥둥 청청."

夜五更): 닭이 세 번 울어 동이 틈을 알린다는 새벽 3시에서 5시 사이. 23 출문망(出門望) 출문망(出門望): 문 밖에 나와서 기다리는 모양.

이러트시 기ᄃᆞ릴 제, 츈향(春香)어미 ᄂᆡᄃᆞ라 방ᄌᆞ(房子) 놈을 수지ᄌᆞ며,

"네가 향교(鄕校) 방ᄌᆡ(房子ㅣ)냐? 밤즁(中)의 웨 와셔 야단(惹端) ᄒᆞᄂᆞᆫ다? 발길년의 볏ᄃᆞ리를 둘너메고 나온 년셕 ᄀᆞᆺᄐᆞ니 관쇽(官屬) 년셕 ᄭᅩᆯ을 ᄎᆞᆷ아 보기 슬터라!"

방ᄌᆞ(房子) 놈이 어히업셔 츈향(春香)보고 ᄒᆞᄂᆞᆫ 말이,

"이 ᄋᆡ, 츈향(春香)아. 이거시 병(病)이로다! 그 말을 너의 어머니 ᄃᆞ려 아니 ᄒᆞ엿나 보고나."

"여보 마노라, 남의 말을 듯고 말을 ᄒᆞ시오. 뉘 아들놈이 잘못ᄒᆞ엿나 드러보시오. 지나간 장날 아ᄎᆞᆷ의 ᄎᆡᆨ방(冊房) 도련님이 별안간(瞥眼間)의 광한누(廣寒樓) 구경(求景) 가ᄌᆞ ᄒᆞ기 뫼시고 갓더니, 고뷔의 인숨(人蔘)이오, 계란(鷄卵)의 유골(有骨)이오, 기침의 ᄌᆡ치기오, 마ᄃᆡ의 옹이로, 져 아희가 마조 뵈ᄂᆞᆫ 언덕의셔 그뉘를 ᄯᅱ여 도련님의 눈의 들킨지라. 무어시냐 뭇기에 엇지ᄒᆞ나 보ᄌᆞ ᄒᆞ고 아기시라 ᄒᆞ다가 종시(終是) 긔일 길 업셔 바른ᄃᆡ로 ᄒᆞ엿더니, 도련님이 밋치게 불너오라 ᄒᆞ시니, 하인(下人)의 도리 거역(拒逆)지 못ᄒᆞ여 불너다가, 두리 만나보고 슈은(水銀) 엉긔ᄃᆞ시 엉그러져 둘이 다 홋니불을 ᄡᅧ 온갓 잇속탐닉(耽溺)ᄒᆞ며 ᄇᆡᆨ년긔약(百年期約) 언약(言約)ᄒᆞ고, 오날 젼녁 오마고 ᄯᅥᆨ집의 산병(散餠) 마취듯 ᄉᆞ긔젼(沙器廛)의 종ᄌᆞ굽 마취듯 셔로 맛취여 두고, 날ᄃᆞ려 ᄒᆞᆫ가지로 가ᄌᆞ ᄒᆞ시기로 뫼시고 온 일이지, 뉘 제 할미 ᄒᆞᆯ 놈이 잘못ᄒᆞ엿소? 그 웨 공연(空然)이 욕(辱)을 더럭더럭 ᄒᆞ여 계시오?"

---

4 발길년의 볏ᄃᆞ리를 둘너메고 나온 년셕: 욕설로, 찢어 발기는 극형을 받은 여자의 외음순(外陰脣)을 빠져나온 녀석. 12 고뷔의 인숨(人蔘): 속담으로, 일이 뜻대로 진행되지 않음을 비유. 계란(鷄卵)의 유골(有骨): 속담으로, 늘 일이 잘 안 풀리던 사람이 모처럼 좋은 기회를 얻었으나 그것마저 잘 되지 않음을 뜻함. 기침의 ᄌᆡ치기: 속담으로, 일이 공교롭게 되었음을 뜻함. 13 마ᄃᆡ의 옹이: 속담으로, 나무 마디에 옹이가 박히듯 어려운 일이 겹침을 뜻

이렇듯이 기다릴 제, 춘향어미 내달아 방자 놈을 꾸짖으며,

"네가 향교 방자냐? 밤중에 왜 와서 야단하느냐? 찢어 발길 년의 볏다리를 둘러메고 나온 녀석 같으니 관속 녀석의 꼴은 차마 보기 싫더라!"

방자 놈이 어이없어 춘향에게 하는 말이,

"이 애, 춘향아. 이것이 병이로다! 그 말을 너의 어머니께 아니 하였나 보구나."

"여보 마누라, 남의 말을 듣고 말을 하시오. 뉘 아들놈이 잘못을 하였나 들어보시오. 지나간 장날 아침에 책방 도련님이 별안간에 광한루 구경을 가자 하기에 뫼시고 갔더니, 고비에 인삼이요, 계란에 유골이요, 기침에 재채기요, 마디에 옹이로, 저 아이가 마주 보이는 언덕에서 그네를 뛰어 도련님의 눈어 들킨지라. 무엇이냐 묻기에 어찌하나 보자 하고 아기씨라 하다가 종시 속일 길이 없어 바른대로 고하였더니, 도련님이 미치게 불러오라 하시니, 하인의 도리로 거역하지 못하여 불러다가, 들이 만나보고 수은 엉기듯이 엉그러져 둘이 다 홑이불을 써 온갖 잇속 탐닉하며 백년기약 언약하고, 오늘 저녁 오마고 하고 떡집에 산병 맞추듯, 사기전에 종자굽 맞추듯 서로 맞추어 두고, 나더러 한가지로 가자 하시기로 뫼시고 온 일이지, 뉘 제 할미 할 놈이 잘못하였소? 그 왜 공연히 욕을 더럭더럭 하고 계시오?"

함. 17 슈은(水銀) 엉긔드시: 속담으로, 수은이 잘 엉겨붙듯이 금방 합해지는 모양을 비유. 원문의 '슈운'은 '슈은'으로 바로잡았음. 18 잇속탐닉(耽溺): 이익이 되는 일에 빠져 다님. 원문의 '이삭단니'는 '잇속탐닉'으로 바로잡았음 19 떡집의 산병(散餠) 마최듯: 속담으로, 반달 모양의 산병떡을 맞추듯이 약속함을 단단히 함. 사긔젼(沙器廛)의 종즈굽 마최듯: 속담으로, 사기전에서 굽이 두터운 종자굽 도자기를 맞추듯이 약속을 확실히 함. 22 더럭더럭 ᄒᆞ여 계시오: 더럭더럭 하고 계시오. 원문의 '가시오'는 '계시오'로 바로잡았음.

춘향(春香)어미 이 말 듯고 날근 거시 별안간(瞥眼間)의 싱(生)싼 젼ᄒᆞ는 말이,

“목쇼릭를 드ᄅᆞ니 네로구나! 나는 넨 쥴은 아지 못ᄒᆞ고 잘못ᄒᆞ엿다. ᄌᆞ라가는 아희드른 몰나보게 되엿고나. 노(怒)화 말라. 너의 어머니ᄒᆞ고 나고 졍동갑(正同甲)일다.”

“이 ᄋᆡ, 츈향(春香)아! 칙방(冊房) 도련님 와 계시단다. 밧비 나와 잘 뫼시라. 이곳의셔 힝낙(行樂)ᄒᆞᆫ들 어늬 뉘가 괄시(恝視)ᄒᆞ리?”

옥창(玉窓)의 유셩(有聲)터니 츈향(春香)이 영접(迎接)ᄒᆞᆫ다. 져 츈향(春香)의 거동(擧動) 보소. 치마ᄭᅩ리 뷔여잡고 듕문(中門) 밧긔 ᄂᆡ다라셔 반겨 마ᄌᆞ 드러갈 제, 츈향(春香)어미 식를 부려 별안간(瞥眼間)의 깜작 놀나 ᄒᆞ는 말이,

“이거시 웬일이오? 만일 ᄉᆞ또(使道) 아ᄅᆞ시면 ᄉᆞ람을 모도 다 상(傷)ᄒᆞ랴고 이런 일도 ᄒᆞ단 말가? 어셔 밧비 도라가오!”

니도령(李道令) ᄃᆡ답(對答)이 엇지 된고! 하회(下回)를 셕남(釋覽)ᄒᆞ라.

셰(歲) 갑ᄌᆞ(甲子) 하뉵월(夏六月) 망간(望間) 필셔(畢書).

---

1 날근 거시: ‘늙은 사람’을 이르는 비어. 10 식를 부려: 새살스레. 즉, 실없이 수선을 떨며.

춘향어미 이 말 듣고 늙은 것이 별안간에 생딴전을 부리며 하는 말이,

"목소리를 들으니 네로구나! 나는 너인 줄은 알지 못하고 잘못하였다. 자라가는 아이들이라 몰라보게 되었구나. 노여워 말아라. 너의 어머니하고 나하고 딱 동갑이다."

"이 애, 춘향아! 책방 도련님 와 계신단다. 바삐 나와 잘 뫼셔라. 이곳에서 놀며 즐긴들 어느 누가 괄시하리?"

옥창에 소리가 있더니 춘향이 영접한다. 저 춘향의 거동 보소. 치마꼬리 부여잡고 중문 밖에 내달아서 반겨 맞아 들어갈 제, 춘향어미 수선을 떨며 별안간에 깜짝 놀라 하는 말이,

"이것이 웬일이오? 만일 사또께서 아시면 사람들 모두 다 상하려고 이런 일을 한단 말인가? 어서 바삐 돌아가오!"

이도령의 대답이 엇지 되었는가! 다음 회를 자세히 읽어 보시오.

갑자년 여름 유월 보름에 쓰기를 마침.

14 셕남(釋覽): 자세히 읽어 봄. 16 망간(望間): 음력 보름께.

권지이

화셜(話說), 이ᄯᅵ 니도령(李道令)이 츈향(春香)어미 거동(擧動) 보고 니른 말이,

"일이 잇던지 업던지 아른 쳬ᄒᆞᆯ ᄇᆡ 아니니, 념녀(念慮) 말고 그만 잇소."

츈향(春香)어미 잔도리 치ᄂᆞᆫ 말이,

"임의 와 겨시니 말업시 단녀가오. 공힝(空行)으로 도라가면 졔 마음도 셥셥ᄒᆞᆯ 듯ᄒᆞ고 도련님도 무류(無聊)ᄒᆞᆯ 듯ᄒᆞ니 슈어(數語)나 ᄒᆞ다가 가시오. 졔가 실노 ᄆᆡ몰ᄒᆞ여 친구왕ᄂᆡ(親舊往來) 업삽더니 도련님이 나와 계시니 잠간(暫間) 노다가 드러가오."

니도령(李道令)의 거동(擧動) 보쇼. 츈향(春香)의 숀목 드립더 덤셕 마조 잡고, 가슴이 도근도근 제두리뼈가 ᄉᆞ근ᄉᆞ근, 한 숀으로 엇ᄀᆡ 집고 희희낙낙(喜喜樂樂) 드러갈 졔, 좌우편(左右便) 삷혀보니 집치레도 황홀(恍惚)ᄒᆞ다.

ᄃᆡ문(大門)작 좌우편(左右便)의 울지경덕(蔚遲敬德), 딘슉보(陳叔寶)오, 듕문(中門)에는 위징션ᄉᆡᆼ(魏徵先生), ᄉᆞ면(四面) 활작 놉흔 집을 입구(口) ᄌᆞ(字)로 지엇ᄂᆞᆫᄃᆡ, 상방(上房) 삼간(三間) 빵벽장(雙壁欌)의 협방(夾房) 이간(二間), ᄃᆡ청(大廳) 뉵간(六間), 월방(越房) ᄉᆞ

---

1 **화셜(話說)**: 소설의 서사 방식 중에서 이야기를 처음 시작할 때 사용하는 말. 즉, '이야기를 시작하자면'의 뜻. 5 **잔도리 치ᄂᆞᆫ 말**: 말재주를 부려 거짓으로 둘러대는 말. 6 **공힝(空行)**: 헛걸음. 10 **숀목 드립더 덤셕 마조 잡고**: 손목을 들입다 덥석 마주 잡고. 원문의 '쇼목'은 '숀목'으로 바로잡았음. 11 **제두리뼈**: 손과 발의 관절뼈. 13 **황홀(恍惚)ᄒᆞ다**: 원문의 '활

화설, 이때 이도령이 춘향어미의 거동을 보고 이르는 말이,

"일이 있든지 없든지 아는 체할 바가 아니니, 염려 말고 가만 있소."

춘향어미가 둘러대며 하는 말이,

"이미 와 계시니 말없이 다녀가오. 헛걸음으로 돌아가면 제 마음도 섭섭할 듯하고 도련님도 무료할 듯하니 말이나 몇 마디 하다가 가시오. 제가 실로 매몰하여 친구 왕래 없었더니 도련님이 나와 계시니 잠깐 놀다가 들어가오."

이도령의 거동 보소. 춘향의 손목 들입다 덥석 가주 잡고, 가슴이 도근도근 손발의 관절뼈가 시큰시큰, 한 손으로 어깨를 짚고 희희낙락 들어갈 제, 좌우편을 살펴보니 집치레도 황홀하다.

대문짝의 좌우편에는 울지경덕과 진숙보요, 중문에는 위징선생, 사면 활짝 높은 집을 입 구 자로 지었는데, 윗방 세 칸에는 쌍벽장에 협방 두 칸, 대청이 여섯 칸, 건넌방이 네 칸, 부엌

홀'은 '황홀'로 바로잡았음. 14 **울지경덕**(蔚遲敬德): 당나라 초기의 유명한 장군으로, 여기에서는 그의 화상을 뜻함. **딘슉보**(陳叔寶): 진나라의 마지막 황제 후주(後主)로, 그의 화상을 붙여 악귀를 쫓았음. 15 **위징션싱**(魏徵先生): 문에 써 붙인 당나라 정치가 위징(魏徵)의 시구를 뜻함. 17 **월방**(越房): 건넌방.

간(四間), 부억 삼간(三間), 고왕 오간(五間), 듕집 ᄉᆞ간(四間), ᄂᆡ외분합(內外分閤) 물님퇴의 술미살창, 가로다지, 구을도리, 션ᄌᆞ(扇子) 츈혀, 바리밧침, 부연(婦椽) 다라셔 밉시 잇게 지엇ᄂᆞᆫᄃᆡ, 동편(東便)의ᄂᆞᆫ 고왕이오 셔편(西便)의ᄂᆞᆫ 마구(馬廐)로다. 양지(陽地)에 방아 걸고 음지(陰地)에 우물 파고, 문젼(門前)의 학종션싱(學種先生) 긴 버들, 휘느러진 장송(長松) 광풍(狂風)의 흥(興)을 겨워 우ᄉᆖᆷ 츔을 츄고, 압뜰의 ᄀᆡ를 노코 뒤뜰의 닭을 치고, ᄃᆡ 심어 울을 ᄒᆞ고 솔 심어 졍ᄌᆞ(亭子)로다. 뽕 심어 누에 치고, 울 밋히 벌 안치고, 울 밧긔 원두(園頭) 노코, 뜰 아ᄅᆡ 연졍(蓮亭) 지어 쥭졍(竹釘)으로 면(面)을 밧쳐 네모 반듯 괴야ᄂᆞᆫᄃᆡ, 못 가온ᄃᆡ 셕가산(石假山)을 일층(一層) 이층(二層) 삼ᄉᆞ층(三四層)의 졀묘(絶妙)ᄒᆞ게 무어노코, 비오리 빵빵(雙雙), 증경이 넙흘, ᄃᆡ졉 ᄀᆞᆺᄒᆞᆫ 금부어(金鮒魚)ᄂᆞᆫ 못 ᄀᆞ온ᄃᆡ 노니ᄂᆞᆫᄃᆡ, 온갓 화초(花草) 다 픠엿다.

동(東)의ᄂᆞᆫ 벽오동(碧梧桐), 셔(西)의ᄂᆞᆫ ᄇᆡᆨᄆᆡ화(白梅花), 남(南)의 홍모란(紅牧丹), 북(北)의ᄂᆞᆫ 금ᄉᆞ오쥭(金絲烏竹) 한가(閑暇)ᄒᆞ다. 한가온ᄃᆡ 황학녕(黃鶴翎), 월계(月桂), ᄉᆞ계(四季), 종녀(棕櫚), 파초(芭蕉), ᄌᆞ약(芍藥), 영산홍(暎山紅), 왜쳑촉(倭躑躅), 연포도화(連抱桃花), 국화(菊花), ᄆᆡ화(梅花)를 여긔져긔 심어 두고, 잉무(鸚鵡), 공작(孔雀), 쳥됴(青鳥) ᄒᆞᆫ 빵(雙) 소식(消息)을 맛져 두고, 합환초(合歡

1 ᄂᆡ외분합(內外分閤): 내외의 분합문. 즉, 여름에는 접어 올려 앞뒤를 통하게 하는 대청 앞쪽 전체에 드리는 네 쪽의 긴 창살문. 2 물님퇴: 툇마루로 만든 물림퇴. 즉, 본채에 달아 지은 반 칸 너비의 작은 칸살. 술미살창: 살을 박아 만든 살창문. 가로다지: 가로닫이. 즉, 옆으로 여닫는 창문. 구을도리: 굴도리. 즉, 서까래를 받치기 위해 큰 집이나 전각에 둥글게 만든 도리. 션ᄌᆞ(扇子) 츈혀: 선자를 박은 끝이 부채 모양으로 된 추녀. 3 바리밧침: 건축물의 기둥 끝에 멋으로 끼우는 네모난 나무. 부연(婦椽): 며느리서까래. 처마 끝이 들리게 보여 맵시를 내기 위해 서까래에 덧대는 짧은 사각의 서까래. 5 학종션싱(學種先生) 긴 버들:

이 세 칸, 광은 다섯 칸, 중집이 네 칸, 내외 분합문 물림퇴에 살미살창과 가로닫이, 기둥 사이에 걸쳐 얹은 굴도리, 부채 모양의 추녀, 기둥 위의 바리받침에 서까래를 달아서 맵시 있게 지었는데, 동편에는 광이요 서편에는 마구간이로다. 양지에는 방아를 걸고 음지에는 우물을 파고, 문 앞에는 도연명에게 심는 법을 배운다는 긴 버들과 휘늘어진 장송이 광풍에 흥겨워 우쓹우쓹 춤을 추고, 앞뜰에 개를 놓고 뒤뜰에 닭을 치고, 대나무 심어 울타리를 삼고 소나무를 심어 정자를 만들어 두었구나. 뽕을 심어 누에를 치고, 울타리 밑에 벌을 앉히고, 울타리 밖에 채소를 기르고, 뜰 아래 연못가에 정자를 지어 대나무 못으로 사면을 받쳐 네모 반듯이 괴었는데, 못 가운데 석가산을 일층 이층 삼사층으로 절묘하게 쌓아 놓고, 비오리는 쌍쌍, 징경이는 너풀, 대접 같은 금붕어는 연못 가운데 노니는데, 온갖 화초가 다 피었다.

동쪽에는 벽오동, 서쪽에는 흰 매화, 남쪽에 붉은 모란, 북쪽에는 금사오죽 한가하다. 한가운데는 황학령, 월계, 사계, 종려, 파초, 작약, 영산홍, 왜철쭉, 아름드리 복숭아꽃, 국화, 매화를 여기저기 심어 두고, 앵무새, 공작새, 청조 한 쌍에게 소식을 전하라

문 앞에는 도연명 선생에게 심는 법을 배운다는 긴 버들. 왕유(王維)의 「노장행(老將行)」 '門前學種先生柳'에서 차용. 9 **원두(園頭) 노코**: 밭에 채소를 심어서 기르고. **쥭정(竹釘)으로 면(面)을 밧쳐**: 대나무로 만든 못으로 사면을 받쳐. 10 **셕가산(石假山)**: 정원 등에 돌을 쌓아서 조그마하게 만든 산. 11 **무어노코**: 쌓아 놓고. 15 **금ᄉ오쥭(金絲烏竹)**: 툭 불거진 마디에 줄기가 가늘고 작은 점이 박혀 있는 대나무. 16 **황학녕(黃鶴翎)**: 누른 빛깔을 띤 국화. 17 **연포도화(連抱桃花)**: 아름드리의 복숭아꽃. 19 **합환초(合歡草)**: 밤이 되면 잎이 서로 맞붙는 합환목으로, 부부의 금슬을 상징함.

草) 연니지(連理枝)의 비익됴(比翼鳥) 다졍(多情)ᄒᆞ다. 오동ᄎᆞ양(梧桐遮陽) 츈혀마다 옥풍경(玉風磬)을 다라시니 쳥풍(淸風) 건듯 불 젹마다 잉그렁 징그렁 쇼ᄅᆡ 요량(瞭亮)ᄒᆞ다.

ᄇᆡ치(排置)ᄒᆞᆫ 것 도라보니, ᄇᆡᆨ능화(白菱花)로 도ᄇᆡ(塗褙)ᄒᆞ고, 댱유지(壯油紙) 굽도리의 쳥능화(靑菱花) ᄯᅴ롤 ᄯᅴ고, 동셔남북(東西南北) 계견ᄉᆞ호(鷄犬獅虎), 문(門) 우희 십댱ᄉᆡᆼ(十長生), 지게문의 남극션옹(南極仙翁) 벽화(壁畵)롤 븟쳐는ᄃᆡ, 동벽(東壁)을 바라보니, 송단(松壇)의 상산ᄉᆞ호(商山四皓) 바독판을 둘너안ᄌᆞ 흑ᄇᆡᆨ(黑白)이 난만(爛漫)ᄒᆞᆫᄃᆡ 낙ᄌᆞ졍졍(落子丁丁) 그려 잇고, 뉵녀화상(六如和尙) 셩진(性眞)이가 츈풍(春風) 셕교상(石橋上)의 팔션녀(八仙女)롤 만나보고 집허던 뉵환댱(六環杖)을 ᄇᆡᆨ운간(白雲間)의 흣더지고 합댱(合掌)ᄒᆞ여 뵈는 형상(形狀) 녁녁(歷歷)히 그려 잇고.

셔벽(西壁)을 바라보니, 딘쳐ᄉᆞ(晉處事) 도연명(陶淵明)이 ᄑᆡᆼ틱녕(彭澤令) 마다ᄒᆞ고 ᄇᆡᆨ학(白鶴)을 몬져 노코, 오두미(五斗米)롤 후리치고 츄강산(秋江山) ᄇᆡ롤 ᄯᅴ여 쳥풍명월(淸風明月) 흘니져어 쇼상(瀟湘)으로 가는 경(景)을 두렷시 그려 잇고, 부츈산(富春山) 엄ᄌᆞ릉(嚴子陵)이 간의ᄃᆡ부(諫議大夫) 마다ᄒᆞ고 ᄇᆡᆨ구(白鷗)로 벗을 ᄉᆞᆷ고 원학(猿鶴)으로 이웃ᄒᆞ여, 동강상(桐江上) 칠니탄(七里灘)의 낙시ᄃᆡ롤 더진 거동(擧動) 상연(爽然)이 그려 잇고.

---

1 **연니지**(連理枝): 뿌리가 서로 다른 두 나무가 허공에서 만나 하나로 합쳐진 나무로, 화목한 부부 관계를 비유. **비익됴**(比翼鳥): 암수의 눈과 날개가 각각 하나씩이어서 짝을 짓지 않으면 날지 못한다는 전설상의 새. 3 **요량**(瞭亮): 소리가 맑고 낭랑함. 4 **ᄇᆡᆨ능화**(白菱花)**로 도ᄇᆡ**(塗褙): 흰 바탕에 은백색 운모 가루로 능화문을 찍어낸 종이로 벽을 바름. 6 **계견ᄉᆞ호**(鷄犬獅虎): 닭, 개, 사자, 호랑이를 아울러 이르는 말. 민속에서 나쁜 귀신을 막기 위해 붙이는 문배(門排)에 계견사호를 주로 그렸음. **십댱ᄉᆡᆼ**(十長生): 불로장생을 상징하는 해, 산, 물, 돌, 구름, 소나무, 불로초, 거북, 학, 사슴을 이르는 말. 9 **낙ᄌᆞ졍졍**(落子丁丁): 바둑알

맡겨 두고, 합환초와 연리지에 비익조가 다정하다. 오동 차양의 추녀마다 옥으로 만든 풍경을 달았으니 맑은 바람이 건듯 불 때마다 앵그렁 쟁그렁 소리가 맑고 낭랑하다.

배치한 것을 돌아보니, 백능화 종이로 도배하고, 기름 먹인 두꺼운 종이로 벽과 바닥의 이음새에 바르고 마름 무늬가 있는 푸른 종이로 띠를 띠고, 동서남북에는 계견사호, 문 위에는 십장생, 지게문에는 남극선옹을 그려 놓았다. 동쪽 벽을 바라보니, 소나무 단 위에는 상산사호가 바둑판에 둘러앉았는데 흑백의 바둑알이 어우러져 있고 바둑돌 놓는 소리가 들리듯이 생생히 그려져 있고, 육여화상과 성진이가 봄바람 부는 석교 위에서 팔선녀를 만나 보고 짚었던 육환장을 흰 구름 사이로 흩어 던지고 합장하는 형상을 자세히 그려 놓았고.

서쪽 벽을 바라보니, 진처사 도연명이 팽택 현령을 마다하고 백학을 먼저 놓아주고, 오두미를 뿌리치고 가을 산을 따라 흐르는 강물에 배를 띄워 청풍명월 즐기면서 흘리저어 소상강으로 가는 경치를 뚜렷이 그려 놓았고, 부춘산의 엄자릉이 간의대부 마다하고 흰 갈매기로 벗을 삼고 원숭이와 학을 이웃하여, 동강의 칠리탄에서 낚싯대를 던지는 거동을 시원스레 그려 놓았고.

을 연속해서 놓는 소리. 뉵녀화상(六如和尙) 셩진(性眞)이가 … 합댱(合掌)ᄒᆞ여 뵈는 형상(形狀): 이 대목은 「구운몽」을 소재로 한 민화의 내용. 11 뉵환댱(六環杖): 승려가 짚는, 고리가 여섯 개 달린 지팡이. 14 오두미(五斗米): 다섯 말의 쌀. 동진(東晉) 말기에 관리 생활을 하던 도연명이 쌀 다섯 말 때문에 허리를 굽힐 수 없다고 하여 벼슬을 버리고 집으로 돌아왔다는 데서 유래한 '얼마 안 되는 봉급'을 이르는 말. 16 부츈산(富春山) 엄ᄌᆞ릉(嚴子陵): 간의대부 벼슬을 거부하고 부춘산에 은거한 동한의 엄자릉. 17 간의ᄃᆡ부(諫議大夫): 조정의 정치의 옳고 그름을 황제에게 지적하여 간하는 직책. 원문의 'ᄐᆡ우'는 'ᄃᆡ부'로 바로잡았음.

남벽(南壁)을 바라보니, 삼국풍진(三國風塵) 요란(擾亂)ᄒᆞᆫ듸 한종실(漢宗室) 뉴황슉(劉皇叔)이 거름 조흔 젹로마(馰盧馬)를 두덕구벅 밧비 모라 남양초당(南陽草堂) 풍셜즁(風雪中)의 와룡션싱(臥龍先生) 보려 ᄒᆞ고 지셩(至誠)으로 가ᄂᆞᆫ 경(景)을 완연(宛然)이 그려 잇고, 시즁텬ᄌᆞ(詩中天子) 니틱빅(李太白)이 포도쥬(葡萄酒)를 취(醉)케 먹고 어션(漁船)의 빗기 안ᄌᆞ 물 밋ᄒᆡ 빗췬 달을 ᄉᆞ랑ᄒᆞ여 잡으랴고 두 숀목 물에 너흔 거동(擧動) 션명(鮮明)ᄒᆞ게 그려 잇고.

북벽(北壁)을 바라보니, 위슈어옹(渭水漁翁) 강틱공(姜太公)은 션팔십궁곤(先八十窮困)ᄒᆞ여 달삿갓 숙이 쓰고 삼십뉵조(三十六釣) 곳은 낙시 ᄎᆞ례(次例)로 드리오고 낙듸를 거두칠 졔 잠든 빅구(白鷗) 놀나ᄂᆞᆫ 경(景), 조듸상(釣臺上)의 안ᄌᆞᆺ다가 쥬문왕(周文王)을 반기 만나 안거ᄉᆞ마(案車駟馬)로 가ᄂᆞᆫ 경(景)도 한가(閑暇)ᄒᆞ게 그려 잇고, 영천(潁川) 한슈(寒水) ᄒᆞᄅᆞᄂᆞᆫ 물의 소부(巢父)ᄂᆞᆫ 귀를 씻고, 허유(許由)ᄂᆞᆫ 귀 씨슨 물 소 먹을가 쇠곡비를 거ᄉᆞ리고 긔산(箕山)으로 가ᄂᆞᆫ 경(景)도 청아(淸雅)ᄒᆞ게 그려 잇고, 유상곡슈(流觴曲水) 「귀거릭ᄉᆞ(歸去來辭)」, 쥭님칠현(竹林七賢) 어초문답(漁樵問答), 만경창파(萬頃蒼波) 셰류강(細流江)의 어변셩룡(魚變成龍) 그려 잇고.

---

2 한종실(漢宗室) 뉴황슉(劉皇叔): 중국 촉한의 첫 왕이 된 유비. 유비는 와룡선생인 제갈공명을 맞아들이려고 그가 살던 초가를 세 차례나 찾아갔음. 젹로마(馰盧馬): 유비가 타던 유명한 말로, 이마에 흰털이 점처럼 난 말. 원문의 '젹도마'는 '젹로마'로 바로잡았음. 5 시즁텬ᄌᆞ(詩中天子): 가장 으뜸이 되는 시인인 이태백. 8 위슈어옹(渭水漁翁) 강틱공(姜太公)은 션팔십궁곤(先八十窮困): 강태공이 먼저 80년 동안은 낚시질을 하며 가난하게 살다가 그 뒤 80년 동안은 정승이 되어 잘살았다는 고사에서 차용. 12 안거ᄉᆞ마(案車駟馬): 네 필의 말이 끄는 호화로운 수레. 14 긔산(箕山): 요(堯) 임금 때 소부(巢父)와 허유(許由)가 벼

남쪽 벽을 바라보니, 삼국 풍진이 요란한 중에 한나라 종실의 유황숙이 걸음걸이 좋은 적로마를 타고 뚜벅뚜벅 바삐 몰아 눈보라 치는 가운데 와룡선생을 만나 보려고 남양초당에 지성을 다해서 가는 경치를 완연히 그려 놓았고, 시중천자 이태백이 포도주를 취하도록 마시고 고깃배에 빗겨 앉아 물 밑에 비친 달을 사랑하여 잡으려고 두 손목을 물에 넣은 거동을 선명하게 그려 놓았고.

북쪽 벽을 바라보니, 위수의 늙은 어부 강태공은 여든이 되도록 궁핍하여 달풀로 만든 삿갓을 숙여 쓰고 서른여섯 가닥의 곧은 낚시를 차례로 드리웠다가 낚싯대를 거두어들일 때 잠든 흰 갈매기가 놀라는 광경, 낚시터에 자리를 잡고 앉아 있다가 주문왕을 반갑게 만나 안거사마 타고 가는 광경도 한가하게 그려 놓았고, 영천 한수 흐르는 물에 소부는 귀를 씻고, 허유는 귀 씻은 물을 소가 먹을까 하여 쇠고삐를 거두어 잡고 기산으로 가는 광경도 청아하게 그려 놓았고, 유상곡수에 「귀거래사」를 읊는 장면과 죽림칠현이 어부와 나무꾼과 이야기하는 모습, 만경창파가 흐르는 강에 물고기가 변하여 용이 되는 그림을 그려 놓았고.

슬하지 않고 절조를 지켜 숨어 살던 산. 원문의 '긔상'은 '긔산'으로 바로잡았음. 15 유상곡슈(流觴曲水): 삼월 삼짇날, 굽이도는 물에 잔을 띄워 그 잔이 자기 앞에 오기 전에 시를 짓던 놀이. 16 「귀거릭스(歸去來辭)」: 진(晉)나라의 도연명(陶淵明)이 지은 사부(辭賦)로, 자연과 더불어 사는 전원생활의 즐거움을 동경하는 내용임. 쥭님칠현(竹林七賢): 대나무숲의 일곱 현인(賢人)이라는 뜻으로, 위진 초기에 노장의 허무 사상을 실천하여 죽림에서 청담(淸談)을 나누며 지내던 산도(山濤), 왕융(王戎), 유령(劉伶), 완적(阮籍), 완함(阮咸), 혜강(嵇康), 향수(向秀)의 일곱 선비를 이르는 말. 17 어변셩룡(魚變成龍): 물고기가 변하여 용이 됨.

면장(面墻)에도 임슐지츄(壬戌之秋) 칠월긔망야(七月旣望夜)의 소ᄌᆞ첨(蘇子瞻)이 젹벽강(赤壁江)의 범쥬(泛舟)ᄒᆞ여 노ᄂᆞᆫ 경(景)도 신긔(神奇)로이 그려 잇고.

부벽셔(付壁書)로 볼작시면, 왕ᄌᆞ안(王子安)의 「등왕각셔(滕王閣序)」, 도연명(陶淵明)의 「귀거릭ᄉᆞ(歸去來辭)」, 니틱빅(李太白)의 「쥭지ᄉᆞ(竹枝詞)」, 소ᄌᆞ첨(蘇子瞻)의 「젹벽부(赤壁賦)」. 닙츈셔(立春書)로 볼작시면, 원득삼산불노초(願得三山不老草)ᄒᆞ야 빅헌고당빅발친(拜獻高堂白髮親)을, 북궐은광(北闕恩光)은 회슈졉(回首接)이오 남산가긔계헌영(南山佳氣啓軒迎)을, 작소ᄎᆡ봉함셔지(昨宵彩鳳含瑞至)ᄒᆞ니 금일텬관ᄉᆞ복ᄂᆡ(今日天官賜福來)라.

문(門)작의ᄂᆞᆫ 국틱민안가급인족(國泰民安家給人足) 문신호령가금불상(門神戶靈呵禁不祥), 문(門) 우희ᄂᆞᆫ 츈도문젼증부귀(春到門前增富貴)라 귀머리까지 븟쳐시니, 만벽셔화(滿壁書畵) 더욱 조타.

니도령(李道令) 니른 말이,

“ᄂᆡ가 우연(偶然)이 든 장가가 빨고리의 닭이로다!”

츈향(春香)의 엇기 집고 ᄃᆡ쳥(大廳)의 올나 방(房) 안으로 드러가니, 침향(沈香)ᄂᆡ도 황홀(恍惚)ᄒᆞ다.

방(房)치례를 볼작시면, 각당장판(角壯壯版)의 당유지(唐油紙) 굽도리 빅능화(白菱花) 도빈(塗褙)ᄒᆞ고, 쇼란(小欄)반ᄌᆞ 혼텬도(渾天圖)의,

---

1 **면장**(面墻): 집의 정면에 쌓은 담. **임슐지츄**(壬戌之秋) **칠월긔망야**(七月旣望夜): 임술년 가을 칠월 십육일 밤. 소동파의 「적벽부(赤壁賦)」에서 차용. 2 **소ᄌᆞ쳠**(蘇子瞻): 소식(蘇軾). 자는 자첨(子瞻), 호는 동파거사(東坡居士). **범쥬**(泛舟): 배를 물에 띄움. 7 **원득삼산불노초**(願得三山不老草)**ᄒᆞ야 빅헌고당빅발친**(拜獻高堂白髮親): 원컨대 삼신산의 불로초를 얻어다 고당의 백발 부모님께 드리고 싶음. 9 **작소ᄎᆡ봉함셔지**(昨宵彩鳳含瑞至)**ᄒᆞ니 금일텬관ᄉᆞ복ᄂᆡ**(今日天官賜福來): 어젯밤 봉황이 상서로운 글을 입에 물고 이르니, 오늘은 천상

담장에도 임술년 가을 칠월 열엿샛날 밤에 소동파가 적벽강에 배를 띄우고 노는 광경도 신기하게 그려 놓았다.

벽에 붙여놓은 글귀를 볼라치면, 왕자안의 「등왕각서」, 도연명의 「귀거래사」, 이태백의 「죽지사」, 소동파의 「적벽부」요. 입춘에 써 붙인 글귀로는, 삼신산의 불로초를 얻어다가 고당에 계신 백발의 부모님께 드리고 싶다는 글, 머리를 돌려 대궐의 은혜로운 빛을 받고 문을 열어 남산의 아름다운 기운을 맞아들인다는 글, 어제 저녁에는 봉황이 편지를 물고 오더니 오늘은 천관이 복을 내린다는 글도 있다.

문짝에는 나라가 태평하고 백성이 평안하여 집집마다 사람마다 살림이 넉넉하다는 글귀와 문의 신과 집안의 신령이 잡귀를 물리치는 글귀가 있고, 문 위에는 봄이 문 앞에 이르러 부귀를 더한다는 글귀를 위쪽 끝까지 붙였으니, 벽에 가득한 그림과 글귀가 더욱 좋다.

이도령이 이른 말이,

"내가 우연히 든 장가가 쌀 궤짝 속의 닭이로다!"

춘향의 어깨를 짚고 대청에 올라 방 안으로 들어가니, 침향내도 황홀하다.

방치레를 볼작시면, 각장 장판에 기름 먹인 당종이로 벽과 바닥의 이음새를 바르고 마름 무늬가 있는 흰 종이로 도배하고, 소란반자에는 혼천도에,

의 관리가 복을 내려주심. 11 **국태민안가급인족**(國泰民安家給人足): 나라는 태평하고 백성은 편안하며, 집집마다 생활이 풍족함. **문신호령가금불상**(門神戶靈呵禁不祥): 문의 신과 집안의 신령이 상서롭지 못한 것을 꾸짖어 물리침. 12 **춘도문젼증부귀**(春到門前增富貴): 봄이 문 앞에 이르러 부귀를 덧보탬. 13 **귀머리ᄶᅡ지**: 문의 위쪽까지. 원문의 '가지'는 'ᄶᅡ지'로 바로잡았음. 15 **쌀고리의 닭**: 속담으로, 갑자기 먹을 것이 생기듯 복이 닥침을 비유적으로 이르는 말. 18 **각당장판**(角壯壯版): 두꺼운 장판지인 각장으로 바른 장판.

셰간 긔명(器皿) 볼작시면, 농장(龍欌), 봉장(鳳欌), 궤(櫃), 두리 칙상(冊床), 갑계슈리, 들믜장, ᄌᆞᄀᆡ함농(紫介函籠), 반다지, 면경(面鏡), 체경(體鏡), 왜경ᄃᆡ(倭鏡臺)며, 쇄금(鎖金) 들믜 삼층장(三層欌), 계ᄌᆞ(鷄子)다리 옷거리며, 농두(龍頭)머리 장북빗, 빵농(雙龍) 그린 빗졉고비, 벽상(壁上)의 거러노코, 왜상, 벼로집, 화류셔안(樺榴書案), 교ᄌᆞ상(交子床), ᄃᆡ쳥(大廳)의ᄂᆞᆫ 귀목두지, 농츙항과 칠(漆)박, 귀박, 두리박, 학슬반(鶴膝盤), ᄌᆞᄀᆡ반(紫介盤)을 층층(層層)이 언져노코, 산유ᄌᆞ(山柚子) ᄌᆞ리상의 션단뇨(縇緞褥)의 ᄃᆡ단(大緞)니블 원앙금침(鴛鴦衾枕) 잣벼ᄀᆡ를 반ᄌᆞ갓치 빠하노코, 은침(銀針) 갓튼 가즌 열쇠 쥬황ᄉᆞ(朱黃絲) 찐을 다라 본돈 셧거 쎄여 달고, 청동화로(靑銅火爐) 젼ᄃᆡ야며, ᄇᆡᆨ통유경(白銅油檠) 놋촉ᄃᆡ, 식별 갓흔 요강, 타구(唾具), 짓써리 등물 빵빵(雙雙)이 더져노코, 인물병(人物屛), 산슈병(山水屛)의 공작병(孔雀屛)도 둘너치고, 오동복판(梧桐腹板) 거문고를 식 쥴 다라 셰워두고, 양금(洋琴), 싱황(笙篁), ᄒᆡ금(奚琴), 댱구(長鼓) 여긔져긔 노화두고, 뉵목(六目), 팔목(八目), 빵뉵(雙陸), 골픠(骨牌), 댱긔(將碁), 바독 좌우(左右)의 버려 잇고, 가즌 즙믈(什物) 셰간치레 황홀(恍惚)이도 버려고나.

얼ᄉᆞ 조흘시고. 츈향(春香)의 거동(擧動) 보쇼. 농두(龍頭)머리 장북빗을 셤셤옥슈(纖纖玉手)로 나리워 이리져리 쓰리치고, 홍젼(紅氈) 흔쎄 썰쳐 깔고,

"도련님 이리 안ᄌᆞ시오."

---

2 **갑계슈리**: 가께수리. 옷가지 등을 넣는 서랍이 많이 달린 궤. **면경(面鏡)**: 주로 얼굴을 비추어 보는 작은 거울. 3 **체경(體鏡)**: 몸 전체를 비추어 볼 수 있는 큰 거울. 5 **빗졉고비**: 머리 빗는 도구를 넣는 통. 6 **귀목두지**: 귀목뒤주. 느티나무로 만든 쌀뒤주. 7 **칠(漆)박**: 옻칠을 한 함지박. **귀박**: 나무를 긴 네모꼴로 네 귀가 지게 파서 자그마하게 만든 함지박. **학슬**

세간 기명을 볼 것 같으면, 용과 봉을 새긴 옷장, 궤, 두리 책상, 가께수리, 들미장, 자개 함농, 반닫이, 면경, 체경, 왜경대며, 자물쇠로 잠그는 삼층 들미장, 닭다리 모양의 옷걸이며, 용머리로 장식한 장북빗, 쌍룡이 그려진 빗접고비를 벽상에 걸어놓고, 왜상, 벼루집, 자단으로 만든 책상, 교자상, 대청에는 귀목뒤주, 용충항과 칠박, 귀박, 두리박, 학슬반, 자개반을 층층이 얹어놓고, 이부자리를 올려놓는 산유자 상에는 비단으로 만든 요에 비단 이불로 만든 원앙금침과 잣베개를 반자같이 쌓아 놓고, 은침 같은 가느다란 열쇠에는 주황색 끈을 달아 엽전을 섞어 꿰어 달고, 청동화로와 전을 두른 대야며, 백통으로 만든 등잔걸이와 놋쇠로 만든 촛대, 샛별같이 반짝이는 요강, 타구, 재떨이 등을 쌍쌍이 던져 놓고, 인물병, 산수병에 공작병도 둘러치고, 오동나무 복판으로 만든 거문고에 새 줄 달아서 세워두고, 양금, 생황, 해금, 장구를 여기저기 놓아두고, 투전을 하는 육목, 팔목과 쌍육, 골패, 장기, 바둑을 좌우에 벌여 놓았고, 갖은 집물 세간 치레도 황홀히도 벌여 놓았구나.

얼싸 좋을시고. 춘향의 거동 보소. 용머리로 장식한 장북빗을 섬섬옥수로 내려서 이리저리 쓸어 치우고, 붉은 색깔의 비단 담요 한 겹을 떨쳐서 깔고,

"도련님 이리 앉으시오."

반(鶴膝盤): 다리를 접을 수 있는 소반(小盤). 10 본돈: 엽전. 12 타구(唾具): 침을 뱉는 그릇. 인물병(人物屛): 사람의 모습을 그려 넣은 병풍. 18 농두(龍頭)머리 장북빗을: 용머리를 장식하여 꿩의 꼬리로 만든 빗을. 원문의 '당북븨롤'은 '장북빗을'로 바로잡았음. 19 홍젼(紅氈): 붉은 빛깔의 모직물.

치마 압흘 븨여안고, 은침(銀針) 갓튼 열쇠 ᄂᆡ여 금(金)거북 잠을 쇠를 썰걱 열고, 각식(各色) 초(草) 다 ᄂᆡ어 올 제, 평안도(平安道) 셩천초(成川草), 강원도(江原道) 금강초(金剛草), 젼나도(全羅道) 진안초(鎭安草), 양덕(陽德) 삼등초(三登草) 다 ᄂᆡ여노코, 경긔도(京畿道) 삼십칠관(三十七官) 즁(中) 남한산셩초(南漢山城草) ᄒᆞᆫ ᄃᆡ 쏙 쎄여ᄂᆡ여 쑬물의 훌훌 썸어, 왜간쥭(倭干竹) 부산(釜山)ᄃᆡ의 너흘지게 담아 들고, 단슌호치(丹脣皓齒)에 담쌕 무러 쳥동화로(靑銅火爐) ᄇᆡᆨ탄(白炭)불의 잠간 ᄃᆡ혀 붓쳐ᄂᆡ여, 치마ᄭᅩ리 휘여다가 물ᄲᅮ리 씨셔 둘너 잡아 들고 나즉이 나아와,

"도련님, 잡슈시오."

니도령(李道令)이 황겁지겁(惶怯至怯) 감지덕지(感之德之) 두 숀으로 바다들고, 타락(駝酪) 송아지 젹부리 무드시 덤셕 물고 모긔불 픠오드시 픠오면셔 ᄒᆞᄂᆞᆫ 말이,

"만고(萬古) 영웅호걸(英雄豪傑)들도 슐 업시ᄂᆞᆫ 무(無)맛시라. 여ᄎᆞ량야(如此良夜) 이 노름의 슐 업시ᄂᆞᆫ 못ᄒᆞ리니 슐을 밧비 가져오라!"

츈향(春香)이 상단이 불너,

"마노라님게 나가 보라."

이ᄯᅢ 츈향(春香)어미 ᄉᆞ람의 ᄲᅢ를 ᄲᆡᆨ히랴고 위션 쥬효(酒肴), 진지 갓촐 젹의, 팔모 졉은 ᄃᆡ모(玳瑁) 반(盤)의 통영소반(統營小盤), 안셩유긔(安城鍮器), 왜화긔(倭畵器), 당화긔(唐畵器), 산호반(珊瑚盤), 슌금(純金), 쳔은(天銀) 각식(各色) 긔명(器皿) 버려노코 가즌 슐병 겻드렷다. 쳠픠긔욱(瞻彼淇奧) 쥭절병(竹節甁), 엽낙금졍(葉落金

---

6 **왜간쥭(倭干竹) 부산(釜山)ᄃᆡ**: 일본산 대나무로 부산에서 만든 담뱃대. **너흘지게**: 가득하게. 8 **물ᄲᅮ리**: 담뱃대의 입으로 무는 부분. 16 **상단**: 이 텍스트에는 '향단'이 아니라 '상단'으로 되어 있음. 18 **쥬효(酒肴)**: 술과 안주를 아울러 이르는 말. 22 **쳠픠긔욱(瞻彼淇奧) 쥭절병(竹節甁)**: 저 기수(淇水)의 물굽이를 보니 대마디 모양으로 장식해 만든 죽절병 같

치마 앞을 부여안고, 은침같이 가느다란 열쇠를 내어 금거북 모양의 자물쇠를 떨꺽 열고, 갖가지 담배를 다 내어올 제, 평안도의 성천초, 강원도의 금강초, 전라도의 진안초, 평안도 양덕의 삼등초를 다 내어놓고, 경기도 삼십칠 관아 중에서 남한산성초 한 대를 똑 떼어내어 꿀물에 훌훌 뿜어서, 왜간죽 부산대에 가득하게 담아 들고, 붉은 입술에 하얀 치아로 담빡 물어서 청동화로의 참숯불에 잠깐 대어 붙여 내어 치마꼬리에 휘어다가 물부리를 씻어서 둘러 잡아 들고 나직이 나아와,

"도련님, 잡수시오."

이도령이 놀랍기도 하고 고맙기도 하여 두 손으르 받아들고, 젖 먹는 송아지가 젖부리 물듯이 덥석 물고는 모깃불을 피우듯이 피우면서 하는 말이,

"만고의 영웅호걸들도 술 없이는 무맛이라. 이리 좋은 밤, 이 놀음에 술 없이는 못하리니 술을 바삐 가져오라!"

춘향이 상단이를 불러,

"마누라님께 나가 보라."

이때 춘향어미가 사람의 뼈를 녹이려고 우선 술과 안주 그리고 진지를 갖출 적에, 여덟 귀를 접은 대모로 장식한 소반에 통영 소반, 안성 유기, 왜화기, 당화기, 산호반, 순금과 천은으로 장식한 갖가지 그릇을 벌여놓고 갖은 술병 곁들였다 저 기수의 물굽이를 바라보니 죽절병, 우물에 잎이 지니 오동병, 들꽃 그

음. 『시경(詩經)』 「위풍(衛風)」 편에 나오는 시 「기욱(淇奥)」의 첫구절 '瞻彼淇澳, 綠竹猗猗'의 한 구로서, '대나무'를 이끌어내기 위한 문자. **엽낙금정**(葉落金井) **오동병**(梧桐瓶): 우물에 잎이 떨어지니 오동병. '엽락금정'은 오동나무를 형용한 시구로, '오동'을 이끌어내기 위한 문자.

井) 오동병(梧桐甁), 야화(野花) 그린 왜화병(倭畵甁), 금졍슈복(金錢壽福) 당화병(唐畵甁), 조선보화(朝鮮寶貨) 쳔은병(天銀甁), 즁원보화(中原寶貨) 뉴리병(琉璃甁), 벽히슈상(碧海水上) 산호병(珊瑚甁), 문치(文彩) 조흔 ᄃᆡ모병(玳瑁甁), 목 긴 항ᄉᆡ병(甁), 목 옴초라진 ᄌᆞ라병(甁), 각ᄉᆡᆨ(各色) 슐을 다 드렷다.

도쳐ᄉᆞ(陶處士)의 국화쥬(菊花酒), 니한님(李翰林)의 포도쥬(葡萄酒), 산님은ᄉᆞ(山林隱士) 쥭엽쥬(竹葉酒), 마고션녀(麻姑仙女)의 연엽쥬(蓮葉酒), 안긔ᄉᆡᆼ(安期生)의 ᄌᆞ하쥬(紫霞酒), 감홍노(甘紅露), 계당쥬(桂當酒), ᄇᆡᆨ화쥬(白花酒), 두견쥬(杜鵑酒), 니강고(梨薑膏), 쥭녁고(竹瀝膏). 안쥬상(按酒床)을 도라보니, ᄃᆡ양푼의 가리찜, 소양푼의 졔육초(豬肉炒), 양지머리, ᄎᆞ돌박이, 어두봉미(魚頭鳳尾) 노화 잇고, 염통산젹, 양복기며, 신셜노(神仙爐)의 젼골이오, ᄉᆡᆼ치(生雉)다리 젼체슈(全體需)며, 연계(軟鷄)찜을 겻드리고, 송강(松江) 노어(鱸魚) 회(膾)를 치고, 각관(各官) 포육(脯肉) 편포(片脯)로다. 문어(文魚), 젼복(全鰒) 봉(鳳) 삭이고, 밀양(密陽) ᄉᆡᆼ율(生栗) 싹가 노코, 함창(咸昌) 건시(乾柿) 졉어 노코, 쳥(靑)실ᄂᆡ며 황(黃)실ᄂᆡ며, 뉴ᄌᆞ(柚子), 셕뉴(石榴) 겻드리고, 두 귀 발죡 송편이며, 보기 조흔 ᄇᆡᆨ셜기, 먹기 조흔 술셜기, 맛 조흔 두텁썩, 경쳡(輕捷)ᄒᆞᆫ 화젼(花煎), 산승, 송긔, 조악, 가즌 웃기 괴야 노코, 민강ᄉᆞ탕(民薑砂糖), 오화당(五花糖), 농안(龍眼), 예지(荔枝), 당ᄃᆡ초며, 동졍금귤(洞庭金橘)이 더욱 조타. 청동화로(靑銅火爐) ᄇᆡᆨ탄(白炭) 숫히 다리쇠를 거

---

6 도쳐ᄉᆞ(陶處士): 중국 동진 때의 시인인 도연명(陶淵明). 니한님(李翰林): 중국 당나라의 시인 이백(李白). 자는 태백(太白)이며, 벼슬 이름을 따서 '이한림'이라 함. 8 안긔ᄉᆡᆼ(安期生): 중국 고대의 선인(仙人)으로 천년 장수를 하였다고 함. 감홍노(甘紅露): 평양에서 나는 소주. 9 계당쥬(桂當酒): 계피와 당귀를 넣어 만든 술. 두견쥬(杜鵑酒): 진달래꽃으로 빚은 술. 니강고(梨薑膏): 배와 생강을 주 원료로 만든 술. 10 쥭녁고(竹瀝膏): 푸른 대

린 왜화병, 부자가 되고 오래 산다고 새긴 당화병, 조선의 보화 천은병, 중원의 보화 유리병, 푸른 바다의 산호병, 문채 좋은 대모병, 목이 긴 황새병, 목이 옴츠러진 자라병, 각색의 술을 다 드렸다.

도연명의 국화주, 이태백의 포도주, 산림 은사들이 마시던 죽엽주, 마고선녀의 연엽주, 안기생의 자하주, 감홍로, 계당주, 백화주, 두견주, 이강고, 죽력고가 있구나. 안주상을 돌아보니, 대양푼에 갈비찜, 소양푼에 제육초, 양지머리, 차돌박이, 어두봉미 내놓아 있고, 염통 산적과 양볶음이며, 신선로에 전골이요, 꿩 다리를 통째로 구운 것이며, 어린 닭으로 만든 찜을 곁들이고, 송강 농어로 회를 치고, 각 고을에서 나는 포육과 편포로다. 문어, 전복을 봉황 모양으로 오려 놓고, 밀양 생률은 깎아 놓고, 함창 건시는 접어 놓고, 청실내며 황실내 같은 배며, 유자와 석류를 곁들이고, 두 귀가 뾰족한 송편이며, 보기 좋은 백설기, 먹기 좋은 꿀설기, 맛 좋은 두텁떡, 가볍고 민첩하게 생긴 화전, 산승, 송기, 조악, 갖은 웃기 괴어 놓고, 민강사탕, 오화당, 용안, 예지, 당대추며, 동정 금귤이 더욱 좋다. 청동화로 백탄 숯에 다리쇠를 걸

쪽을 불에 구워서 만든 진액(津液)을 넣어 만든 소주. 11 **제육초**(豬肉炒): 돼지고기 볶음. 13 **싱치**(生雉)**다리 젼체슈**(全體需): 꿩 다리를 통째로 양념하여 구운 안주. 14 **노어**(鱸魚)**회**(膾): 농어 회. 원문의 '훼'는 '회'로 바로잡았음. 19 **송긔**: 소나무의 속껍질을 쌀가루와 섞어 반죽하여 만든 떡. **조악**: 찹쌀가루에 대추를 썰어 넣어 팥을 넣고 송편처럼 만든 떡. 20 **오화당**(五花糖): 오색으로 물들여 만든 둥글납작한 사탕. **뇽안**(龍眼): 용의 눈알처럼 작고 둥글다고 하여 '용안'이라 불리는 식물의 열매.

러노코, 평양(平壤) 슉통(熟銅) 징갑이의, 능하쥬(凌夏酒)를 불한불열(不寒不熱) 더혀 노코, 노ᄌᆞ작(鸕鶿勺) 잉무빅(鸚鵡杯)의 ᄀᆞ득 부어 들고, 빅만교틱(百萬嬌態) 권(勸)ᄒᆞᆯ 젹의,

"도련님, 이 슐 한 잔(盞) 잡슈시오."

니도령(李道令) ᄃᆡ답(對答)ᄒᆞᄃᆡ,

"슐이란 거시 권쥬가(勸酒歌) 업시면 무(無)맛시니, 아모랴도 그져는 못 먹으리라."

츈향(春香)이 ᄒᆞᆯ일업셔 권쥬가(勸酒歌)ᄒᆞ여 슐 권(勸)ᄒᆞᆯ 졔,

"잡으시오, 잡으시오. 이 슐 한 잔(盞) 잡으시오. 이 슐 한 잔(盞) 잡으시면 슈부다남(壽富多男)ᄒᆞ오리라. 이 슐이 슐이 아니오라, 한무데(漢武帝) 승노반(承露盤)의 니슬 바든 거시오니 쓰나 다나 잡으시오. 인간영욕(人間榮辱) 혜아리니, 묘창히지일속(渺滄海之一粟)이라. 슐이나 먹고 노ᄉᆞ이다. 딘시황(秦始皇), 한무데(漢武帝)도 댱싱불ᄉᆞ(長生不死) 못ᄒᆞ여셔 녀산(廬山) 무릉(武陵) 송빅(松柏) 즁(中)의 일부황토(一抔黃土) 긔 아닌가. 슐만 먹고 노ᄉᆞ이다. 인간칠십고릭희(人間七十古來稀)라 칠슌힝낙(七旬行樂)이 덧업도다. 아니 놀고 무엇ᄒᆞ리. 뉵산포림(肉山脯林) 걸쥬(桀紂)라도 이 슐 한 잔(盞) ᄉᆞ라실 젹ᄉᆡᆼ이로다. ᄭᅩᆺ출 썩거 슈(數)를 노코 무진무궁(無盡無窮) 먹ᄉᆞ이다. 우리 ᄒᆞᆫ 번(番) 도라가면 뉘라 ᄒᆞᆫ 잔(盞) 먹ᄌᆞ ᄒᆞ리. 죵정옥빅부족귀(鐘鼎玉帛不足貴)오 다원댱취불원셩(但願長醉不願醒)을.

---

1 슉통(熟銅): 구리. 징갑이: 쟁가비, 즉 냄비를 이르는 말. 능하쥬(凌夏酒): 술의 한 종류인 듯. 원문의 '능허'는 '능하'로 바로잡았음. 2 노ᄌᆞ작(鸕鶿勺): 술을 뜨는 데 사용하는 가마우지 모양의 구기. 잉무빅(鸚鵡杯): 앵무새의 부리 모양으로 만든 술잔. 11 한무데(漢武帝) 승노반(承露盤): 한무제가 이슬을 받기 위하여 건장궁(建章宮)에 설치한 구리로 만든 쟁반. 15 일부황토(一抔黃土): 한 줌의 황토. 즉, 결국 한 줌의 흙으로 돌아가니 덧없는 게 인생이란 뜻. 인간칠십고릭희(人間七十古來稀): 사람이 일흔까지 사는 일은 옛날부터 드물다는

어 놓고, 평양 숙동 쟁가비에 능하주를 차지도 덥지도 않게 데워 놓고, 노자작으로 앵무배에 가득 부어 들고, 갖가지 교태로 권할 적에,

"도련님, 이 술 한 잔 잡수시오."

이도령이 대답하되,

"술이란 것이 권주가 없으면 맛이 없으니, 아무래도 그저는 못 먹으리라."

춘향이 하릴없어 권주가하여 술 권할 제,

"잡으시오, 잡으시오. 이 술 한 잔을 잡으시오. 이 술 한 잔 잡으시면 오래 살고 부자 되고 자식 많이 낳으리라. 이 술이 술이 아니오라, 한무제의 승로반에 이슬 받은 것이오니 쓰나 다나 잡으시오. 인간의 영욕을 헤아리니, 넓고 푸른 바다의 한 톨 좁쌀과 같으니라. 술이나 먹고 노사이다. 진시황, 한무제도 장생불사는 못하여서 여산 무릉 소나무와 잣나무 사이의 한 줌 황토가 그 아닌가. 술만 먹고 노사이다. 사람이 일흔 살 살기는 예부터 드문 일이라 하였으니 칠십 년의 행락이 덧없도다. 아니 놀고 무엇 하리. 육산포림 즐기던 걸주라도 이 술 한 잔은 살았을 때뿐이로다. 꽃을 꺾어 수를 놓고 무진무궁 먹사이다. 우리 한 번 돌아가면 뉘라 한 잔을 먹자 하리. 보배와 부귀를 귀히 여기지 않고 언

뜻. 두보(杜甫)의 시 「곡강(曲江)」에서 차용. 17 **늌산포림**(肉山脯林): 고기를 산처럼 쌓고 말린 고기를 숲처럼 베풀어 놓음. 즉, 아주 호사스럽고 방탕한 잔치를 이르는 말. **걸쥬**(桀紂): 폭군의 상징인 하(夏)나라의 걸왕(桀王)과 은(殷)나라의 주왕(紂王)을 아울러 이르는 말. 원문의 '결슈'는 '걸쥬'로 바로잡았음. 18 **ᄉᆞ라실 젹쁜이로다**: 살았을 때뿐이로다. 원문의 '분'은 '쁜'으로 바로잡았음. 19 **죵졍옥빅부족귀**(鐘鼎玉帛不足貴)**오 다원댱취불원셩**(但願長醉不願醒): 큰 솥과 구슬, 비단 같은 의식(衣食)의 풍부함도 귀하게 여기지 아니하고, 다만 영원히 취하여 깨지 않기를 바람. 이백(李白)의 「장진주(將進酒)」에서 차용.

구십츈광일쳑발(九十春光一尺發)이 화하박슈창산ᄀᆡ(華下拍手蒼山開). 지상화ᄀᆡ능귀일(枝上花開能幾日)이냐 셰상인간능거시(世上人間能幾時)오. ᄉᆞᆯ이나 먹고 노ᄉᆞ이다. 작됴화종금됴화(昨朝花終今朝花)오 명됴화락슈츄최(明朝花落誰秋催)라. 화젼인시거년시(花前人是去年是)오 거년인비금년쇠(去年人非今年衰)라. 금일화ᄀᆡ우일지(今日花開又一枝)ᄒᆞ니 명됴ᄂᆡ관지시슈(明朝來觀知是誰)라. 아니 취(醉)코 무ᄉᆞᆷᄒᆞ리?"

니도령(李道令)이 ᄒᆞ는 말이,

"손 ᄃᆡ졉(待接)ᄒᆞ노라고 혼ᄌᆞ 슈고ᄒᆞᄂᆞᆫ고나. 쉬염쉬염 밤ᄉᆡ도록 흥진(興盡)토록 놀고 노ᄌᆞ!"

부어 쥬는 ᄃᆡ로 바다 먹고, 혀바닥이 촉촉ᄒᆞ니 연(連)ᄒᆞ여 십여ᄇᆡ(十餘杯)를 쳔연(天然)이 ᄆᆡᆼ음(猛飮)ᄒᆞ고, 츈향(春香)ᄃᆞ려 니른 말이,

"남아(男兒)의 위방불입(危邦不入)은 쳥누(青樓)를 일너시니, 우리 두리 침익(沈溺)ᄒᆞ여 이러트시 노닐 젹의, 엇더ᄒᆞᆫ 실업장의 아들놈이 ᄃᆡ넘이ᄒᆞ여 드러와셔 요간돌출(腰間突出) 작난(作亂)ᄒᆞ면, 의관(衣冠)을 열파(裂破)ᄒᆞ고 ᄂᆡ 몸을 망신(妄身)ᄒᆞ면 아닌 밤의 도망(逃亡)ᄒᆞ여 ᄎᆡᆨ방(冊房)으로 가려니와, 아모랴도 관심(關心)난다마는 쥬판지셰(走阪之勢) ᄒᆞᆯ 일 업다. 앗가 고 쏀으로 가ᄉᆞ(歌辭) ᄒᆞ나 더 ᄒᆞ여라."

츈향(春香)이 함소(含笑)ᄒᆞ고 가ᄉᆞ(歌辭)ᄒᆞᆫ다.

---

1 구십춘광일척발(九十春光一尺發): 구십 일 동안의 봄빛이 한 척에서 피어남. 화하박슈창산ᄀᆡ(華下拍手蒼山開): 꽃 아래서 손뼉 치니 푸른 산이 열림. 3 작됴화종금됴화(昨朝花終今朝花)오 명됴화락슈츄최(明朝花落誰秋催)라: 어제 아침 꽃이 지니 오늘 아침 꽃이 피고, 내일 아침 꽃이 지려 하니 이는 누가 재촉하는 것인가. 14 위방불입(危邦不入): 위험한 곳

제나 취해 있어 깨지 않기를 바랄 뿐임을. 구십일 봄빛이 한 척에서 피어나고 꽃 아래서 손뼉 치니 푸른 산이 열리네. 가지 위의 꽃은 며칠이나 피어 있으며, 세상 인간은 얼마나 살 수 있는가. 술이나 먹고 노사이다. 어제 아침에 꽃이 지니 오늘 아침 꽃이 다시 피고, 내일 아침 꽃이 지려 하니 이는 누가 재촉하는 것인가? 꽃 앞의 사람은 작년의 그 사람인데 올해의 이 사람은 작년보다 쇠하였구나. 꽃은 오늘 또 피지만 내일 아침 와서 볼 사람은 그 누구인가. 아니 취하고 무엇하리?"

이도령이 하는 말이,

"손님 대접하느라고 혼자 수고하는구나. 쉬엄쉬엄 밤새도록 흥이 다하도록 놀고 놀자!"

부어 주는 대로 받아먹고, 혓바닥이 촉촉하니 계속해서 십여 잔을 천연히 마구 마시고, 춘향더러 이른 말이,

"남자가 가서는 안 될 위험한 곳이 기생집이라 일렀으니, 우리 둘이 침닉하여 이렇듯이 노닐 때에, 어떠한 실없는 이의 아들놈이 몰래 넘어 들어와서 요간돌출 작란하고, 의관을 찢어 버리고 내 몸에 망신을 주면 아닌 밤중에 도망하여 책방으로 가려니와, 아무래도 관심이 간다마는 급히 내닫는 형세는 이지 어찌할 수 없다. 아까 그 모양으로 가사 하나 더 하여라."

춘향이 웃음을 머금고 가사한다.

에 들어가지 않음. **청누(青樓)**: 창기(娼妓)나 창녀가 있는 집. 15 **침익(沈溺)**: 술이나 노름, 여자에 빠지는 것을 이르는 말. 16 **요간돌출(腰間突出) 작난(作亂)**: 음란한 성(性)행위를 비유. 18 **쥬판지셰(走阪之勢)**: 급한 산비탈로 맹렬하게 내려 달리는 형세. 즉, 사람의 힘으로는 어찌할 수 없는 급한 형세를 가리킴.

「ᄇᆡᆨ구(白鷗)야 펄펄 나지 마라. 너 잡을 ᄂᆡ 아니로다. 셩상(聖上)이 바리시니 너를 조ᄎᆞ 예 왓노라. 오류츈광(五柳春光) 경(景) 조흔ᄃᆡ ᄇᆡᆨ마금편(白馬金鞭) 화류(花柳) 가ᄌᆞ. 운심벽계(雲深碧溪) 화홍류록(花紅柳綠)ᄒᆞᆫᄃᆡ 만학쳔봉비쳔ᄉᆡ(萬壑千峰飛泉瀉ㅣ)라. 호즁텬디별건곤(壺中天地別乾坤)이 여긔로다. 고봉만댱쳥계록(高峰萬丈淸溪綠)ᄒᆞᆫᄃᆡ 녹쥭창송(綠竹蒼松)이 놉기를 닷토왓다. 명ᄉᆞ십니(明沙十里) ᄒᆡ당화(海棠花)ᄂᆞᆫ 다 픠여셔 모진 광풍(狂風)의 뚝뚝 ᄯᅥ러져 아조 펄펄 훗날니니, 얼ᄉᆞ 조타 경(景)이로다!」

가ᄉᆞ(歌辭)를 맛치ᄆᆡ 니도령(李道令) 니른 말이,

“쳥쳥소(淸淸沼)의 슐 보고 못 먹으면 머리털이 센다 ᄒᆞ니, 져 병(甁) 슐도 먹어 보ᄌᆞ.”

연(連)ᄒᆞ여 부을 젹의 니도령(李道令)의 쥬량(酒量)이 너른지라. 무한(無限) 먹어 쥰다.

“쫄쫄 부어라. 풍풍 부어라. 쉬지 말고 부어라. 노지 말고 부어라. 바스락바스락 부어라. 왼 병(甁)의 ᄎᆡ온 슐이 뉴령(劉伶)이가 먹고 간지 반병(半甁)일시 젹실(的實)ᄒᆞ다. 마ᄌᆞ 부어라. 먹ᄌᆞ고나.”

양(量)의 넘도록 흠셕 먹어 노흐니, 망셰간지갑ᄌᆞ(忘世間之甲子)ᄒᆞ고 취호리지건곤(醉壺裏之乾坤)이라. 오장뉵부(五臟六腑) 왼 ᄇᆡᆺ속이 만경창파(萬頃蒼波) 오리 ᄯᅳ듯, 옥산(玉山)이 ᄌᆞ도비인추(自倒非人推)라. 무한(無限) 쥬졍(酒酊)ᄒᆞᄂᆞᆫ 말이,

---

1 ᄇᆡᆨ구(白鷗)야 … 얼ᄉᆞ 조타 경(景)이로다: 작가, 연대 미상의 가사 「백구사(白鷗詞)」에서 차용. 5 호즁텬디별건곤(壺中天地別乾坤): 술병 속의 천지는 인간 세계와는 다른 세계임. 즉, 술취한 이의 기분이 선계(仙界) 생활과 같음을 비유. 11 쳥쳥소(淸淸沼)의 슐 보고 못 먹으면 머리털이 센다: 속담으로, 맑은 연못 같은 술을 보고 먹지 못하면 머리털이 저절로

「백구야 펄펄 날지 마라. 너 잡을 내가 아니로다. 성상이 버리시니 너를 쫓아 예 왔노라. 버드나무에 봄빛이 비치는 경치가 좋은데 백마에 금빛 채찍을 치며 꽃놀이 가자. 구름이 짙은 맑은 시냇가에 꽃은 붉고 버들은 푸른데, 수많은 골짜기와 산봉우리에는 개울물이 흘러내린다. 술병 속 별천지가 바로 여기로다. 높은 봉우리는 만 길이나 되고 계곡 물은 푸른데 푸른 대나무와 소나무가 높기를 다투었다. 명사십리에 해당화는 다 피어서 모진 광풍에 뚝뚝 떨어져 아주 펄펄 흩날리니, 얼싸 좋다 경이로다!」

가사를 마치매 이도령이 이른 말이,

"맑디맑은 연못 같은 술을 보고 먹지 못하면 머리털이 센다 하니, 저 병 술도 먹어 보자."

연하여 부을 때 이도령의 주량이 넓은지라. 무한히 먹어 준다.

"쫄쫄 부어라. 풍풍 부어라. 쉬지 말고 부어라. 놀지 말고 부어라. 바스락바스락 부어라. 온 병에 채운 술이 유령이가 먹고 갔는지 반병인 게 분명하다. 마저 부어라. 먹자꾸나."

양에 넘치도록 흠씬 먹어 놓으니, 세상의 시간이 가는 줄 모르고 술독에 빠져서 취해 지내는구나. 오장육부 온 뱃속이 만경창파에 오리 뜨듯, 미인이 술에 취해 스스로 쓰러지듯 한다. 무한히 주정을 하는 말이,

센다는 뜻. 즉, 먹고 싶은 것은 먹어야 함을 비유. 18 망셰간지갑ᄌᆞ(忘世間之甲子)ᄒᆞ고 취호리지건곤(醉壺裏之乾坤): 세상의 세월을 잊어버리고 술항아리 속 세상에 취함. 즉, 늘 취한 상태인 사람을 비유. 20 옥산(玉山)이 ᄌᆞ도비인추(自倒非人推): 옥산은 사람이 밀지 않아도 절로 쓰러짐. 즉, 미인이 술에 취하여 쓰러지는 모양을 비유. 이백(李白)의 「양양가(襄陽歌)」에서 차용. 원문의 '인퇴'는 '인추'로 바로잡았음.

"네 인물(人物)도 묘(妙)커니와 가즌 직조 절승(絶勝)ᄒᆞ니, 너고 나고 텬정비필(天定配匹)일시 정녕(丁寧)ᄒᆞ다. 너는 어이 인졔 나고 나는 어이 인졔 낫노? 정(情)에 겨워 못 견ᄃᆡ깃다. 너는 ᄂᆡ 쌀노 정(定)ᄒᆞ리라."

츈향(春香)이 웃고 ᄃᆡ답(對答)ᄒᆞᄃᆡ,

"ᄉᆞ람의게 삼강오륜(三綱五倫)이 분명(分明)ᄒᆞ니, 삼강(三綱)의 부위부강(夫爲婦綱)이오 오륜(五倫)의 부부유별(夫婦有別)이니, 이거시 무삼 말숨이오?"

"아셔라, 물너거라! 셰상(世上)의 ᄉᆞ람 되고 삼강오륜(三綱五倫) 모를쇼냐? 셔울은 한강(漢江)이오, 평양(平壤) ᄃᆡ동강(大同江), 공쥐(公州) 금강(錦江)이 삼강(三江)이라 일넛고, 셔울 벼슬에 한셩부(漢城府) 판윤(判尹), 좌윤(左尹), 우윤(右尹), 경상도(慶尙道) 경쥐(慶州) 부윤(府尹), 평안도(平安道) 의쥬(義州) 부윤(府尹), 이거시 오륜(五尹)이니 ᄂᆡ 엇지 모를쇼냐? ᄂᆡ 쌀 되기 원통(冤痛)커든 ᄂᆡ가 네 아들이 되잣고나!"

횡셜슈셜(橫說竪說) 즁언부언(重言復言)ᄒᆞ여 온가지로 힐난타가, 눈을 드러 거문고 셰운 거술 보고 니른 말이,

"져 웃둑 셧는 거시 ᄡᆞ기질군이냐?"

ᄃᆡ답(對答)ᄒᆞᄃᆡ,

"ᄉᆞ람이 아니라 거문고오."

"거문고라 ᄒᆞ니, 옷칠ᄒᆞᆫ 괴냐 먹칠ᄒᆞᆫ 괴냐?"

"거문 거시 아니라 타는 거시오."

"타는 거시라 ᄒᆞ니 잘 타면 하로 몃 니(里)나 가는냐?"

"그러케 타는 거시 아니라 쁘는 거시오."

"종일(終日) 잘 쁘드면 몃 조각이나 쁘ᄂᆞ니?"

---

7 부위부강(夫爲婦綱): 부부 사이에 지켜야 하는 떳떳한 도리. 16 즁언부언(重言復言): 이

"네 인물도 묘하거니와 갖은 재주 절승하니, 너하고 나하고 천정배필임이 정녕하다. 너는 어이 이제 나고 나는 어이 이제 났나? 정에 겨워 못 견디겠다. 너는 내 딸로 정하리라."

춘향이 웃고 대답하되,

"사람에게 삼강오륜이 분명하니, 삼강에 부위부강이요 오륜에 부부유별이니, 이것이 무슨 말씀이오?"

"아서라, 물렀거라! 세상에 사람 되고 삼강오륜 모를쏘냐? 서울은 한강이요, 평양 대동강, 공주 금강이 삼강이라 일렀고, 서울 벼슬에 한성부 판윤, 좌윤, 우윤, 경상도 경주 부윤, 평안도 의주 부윤, 이것이 오륜이니 내 어찌 모를쏘냐? 내 딸 되기 원통커든 내가 네 아들이 되자꾸나!"

횡설수설 중언부언하여 온갖 힐난을 하다가, 눈을 들어 거문고 세운 것을 보고 이른 말이,

"저기 우뚝 서 있는 것이 싸개질꾼이냐?"

대답하되,

"사람이 아니라 거문고요."

"거문고라 하니, 옻칠한 궤냐 먹칠한 궤냐?"

"검은 것이 아니라 타는 것이오."

"타는 것이라 하니 잘 타면 하루 몇 리나 가느냐?"

"그렇게 타는 것이 아니라 뜯는 것이오."

"종일 잘 뜯으면 몇 조각이나 뜯느냐?"

미 한 말을 자꾸 되풀이함. 원문의 '쥬언'은 '즁언'으로 바로잡았음. 18 싸기질군: 잔치에서 음식을 대접받고도 먹을 것을 보자기 등에 싸가는 사람.

"그러케 쓴ᄂᆞᆫ 거시 아니라, 숀으로 쥴을 희롱(戲弄)ᄒᆞ면 풍뉴(風流) 쇼ᄅᆡ 난다 ᄒᆞ오."

"졍녕(丁寧)이 그러ᄒᆞ면 ᄒᆞᆫ 번(番) 드를 만ᄒᆞ고나."

츈향(春香)의 거동(擧動) 보쇼. 칠현금(七絃琴) 나리워 술상(床)의 노코, 손을 ᄊᆡᆨ혀 쥴 고르고 셤셤옥슈(纖纖玉手)로 ᄃᆡ현(大絃)을 타니 노룡(老龍)의 쇼ᄅᆡ오, 소현(小絃)을 타니 청학(靑鶴)의 우름이라. ᄡᆞᆯ잉동 흥청 이러ᄐᆞ시 타며 노ᄅᆡ 셧거 부ᄅᆞ니, 그 노ᄅᆡ에 ᄒᆞ여시되,

「인간(人間)이 쇼쇄(小瑣)커늘 셰ᄉᆞ(世事)를 ᄯᅳ리치고 홍진만(紅塵滿) 쒸여나셔, 졍쳐(定處) 업ᄉᆞᆫ 이ᄂᆡ 몸이 산(山)이야 구름이야 쳔니만니(千里萬里) 드러가니, 쳔회벽계(千廻碧溪)와 만쳡운산(萬疊雲山)은 가지록 ᄉᆡ롭고나. 층암졀벽(層巖絶壁)의 구분 늙은 댱숑(長松) 청풍(淸風)에 흥(興)을 겨워 날 보고 우즑우즑, 구룡소(九龍沼) 늙은 룡(龍)이 여의쥬(如意珠)를 엇노라고 구뷔를 반만 ᄂᆡ여 벽파슈(碧波水)를 뒤치ᄂᆞᆫ 듯, 현ᄋᆡ노도(懸崖怒濤)ᄂᆞᆫ 구름의 연(連)ᄒᆞ엿고, 녹림홍화(綠林紅花)ᄂᆞᆫ 츈풍(春風)의 분별(分別) 잇고, 조화(造化)의 교ᄐᆡ(驕態) 겨워 간 ᄃᆡ마다 구십소광(九十韶光) ᄌᆞ랑ᄒᆞ니, 운림만경(雲林晩景) 즐거오미 긔지업다. 무졍셰월(無情歲月)은 믈 흐ᄅᆞ듯 ᄒᆞᄂᆞᆫ고나. 산즁(山中)의 드러오니 날 ᄎᆞᄌᆞ리 뉘이시리? 어화 즐겁고나, 이거시 어ᄃᆡ멘고. 쳥풍명월(淸風明月)은 갑슬 쥬라 ᄉᆞ랴마ᄂᆞᆫ, 날과 유졍(有情)ᄒᆞᆫ지 간 ᄃᆡ마다 ᄌᆞᆺ니ᄂᆞᆫ가? 녯ᄉᆞ람 니른 말이, ᄐᆡᆨ불쳐인(擇不處仁)이면 언득지(焉得知)라 ᄒᆞ니, ᄉᆡᆨ거한쳐(索居閒

---

9 인간(人間)이 쇼쇄(小瑣)커늘: 인간 세상의 일이 자질구레하므로. 홍진만(紅塵滿) 쒸여나셔: 티끌로 가득 찬 속세를 벗어나서. 원문의 '홍진망'은 '홍진만'으로 바로잡았음. 15 현ᄋᆡ노도(懸崖怒濤): 깎아지른 듯한 가파른 낭떠러지와 노한 파도. 원문의 '됴도'는 '노도'로

"그렇게 뜯는 것이 아니라, 손으로 줄을 희롱하면 풍류 소리가 난다 하오."

"정녕이 그러하면 한 번 들을 만하구나."

춘향의 거동 보소. 칠현금 내려서 술상에 놓고, 손을 빼어 줄 고르고 섬섬옥수로 대현을 타니 늙은 용의 소리요, 소현을 타니 푸른 학의 울음이라. 쌀랭동 홍청 이렇듯이 타며 노래를 섞어 부르니, 그 노래에 하였으되,

「인간이 소소하거늘 세상사를 뿌리치고 티끌로 가득 찬 속세를 뛰쳐나와서, 정처 없는 이내 몸이 산이야 구름이야 천리만리 들어가니, 천 굽이의 푸른 시내와 만 겹의 구름 낀 산은 갈수록 새롭구나. 층암절벽 사이의 구부러진 늙은 장송은 청풍에 흥에 겨워 나 보고 우줄우줄, 구룡소 늙은 용이 여의주를 얻노라고 굽이를 반만 내어 푸른 물결을 뒤치는 듯, 낭떠러지와 거센 파도는 구름에 잇닿아 있고, 푸른 숲과 붉은 꽃은 춘풍에 분별이 있고, 조화에 교태 겨워 간 데마다 구십 일간의 봄날을 자랑하니, 구름이 걸쳐 있는 숲과 해질 무렵 경치에 즐거움이 그지없다. 무정한 세월은 물 흐르듯 하는구나. 산중에 들어오니 날 찾을 이 뉘 있으리? 어화 즐겁구나, 이곳이 어디인가. 청풍명월은 값을 주어 사련만, 나와 유정한지 간 데마다 좇아다니는가? 옛사람이 이른 말이, 어진 사람이 사는 곳을 가려서 살지 않으면 어찌 지혜를

바로잡았음. 22 택불처인(擇不處仁)이면 언득지(焉得知)라: 어진 사람이 사는 곳을 가려서 살지 않으면 어찌 지혜를 얻으리. 『논어(論語)』의 「이인(里仁)」 편에서 차용. 삭거한처(索居閑處): 속세를 피하여 한가로이 살아감.

處)를 이곳지야 ᄒᆞᆯ ᄃᆡ로다. 발셔 못 온 쥴을 금일(今日)이야 ᄭᆡ닷괘라. 이왕(已往)을 불간(不諫)ᄒᆞ고 댱ᄂᆡ(將來)를 가측(可追)ᄒᆞᄌᆞ. 숀흥공(孫興公)의 「산슈부(山水賦)」를 목ᄂᆡ여 맑게 읇고, 이졔야 허리 펴ᄌᆞ, 이 아니 즐거오냐? ᄂᆡ 몸을 지(支)ᄒᆞ리라. 일간초옥(一間草屋)을 암혈(巖穴)의 얽어ᄆᆡ여 구름 덥허 더져두고, 청산(靑山)은 ᄉᆞ벽(四壁)이오 ᄇᆡᆨ운(白雲)은 ᄀᆡ초(蓋草)로다. 돌솟ᄒᆡ 밥을 짓고 단ᄋᆡ(斷崖)의 ᄎᆡ지(採芝)ᄒᆞ니, 이리와 한가(閑暇)키도 역텬지명(亦天地命)이로다. 산듕(山中)의 드러안ᄌᆞ 일월(日月)이 하 오ᄅᆡ니, 금텬ᄌᆞ(今天子) 셩데(聖帝)ᄂᆞᆫ 아뫼신 쥴 ᄂᆡ 몰ᄂᆡ라. 화ᄀᆡ(花開)로 지츈(知春)ᄒᆞ고 엽낙(葉落)으로 지츄(知秋)로다. 산즁(山中)의 ᄎᆡᆨ녁(冊曆) 업셔 졀(節) 가ᄂᆞᆫ 쥴 ᄂᆡ 몰ᄂᆡ라. 망셰간지갑ᄌᆞ(忘世間之甲子)ᄒᆞ고 취호리지건곤(醉壺裏之乾坤)ᄒᆞᄌᆞ, 토상(土床)의 면뇩(眠足)ᄒᆞ니 헌 누비 ᄂᆡ 분(分)이오, 와쥰(瓦樽)의 쳔감(泉甘)ᄒᆞ니 두쥭(豆粥)이 ᄉᆡ로왜라. 마의초좌(麻衣草座)ᄒᆞ니 일신(一身)이 안졍(安靜)ᄒᆞ다. 모쳠(茅簷)의 듀졍(住定)ᄒᆞ고 계슈(桂樹)의 풍청(風淸)이라. 갈건포의(葛巾布衣)로 청녀댱(靑黎杖) 힘을 ᄉᆞᆷ아 유흥(遊興)을 못 니긔여, 송하(松下)의 구분 길노 앙공댱소(仰空長嘯)ᄒᆞ여 임의(任意)로 도라가셔, 청산(靑山) 어ᄂᆡ 골의 셕경(石徑)으로 도라오니, 단ᄋᆡ만쳡(斷崖萬疊)의 청풍(淸風)이 진울ᄒᆞ고, 검각쳔니(劍閣千里)에 ᄇᆡᆨ운(白雲)이 깁허도다. 지ᄂᆞᆫ ᄒᆡ 여른 빗치 셔왕모(西王母) 요ᄃᆡ상(瑤臺上)의 산슈병(山水屛) 둘너ᄂᆞᆫ듯, 프ᄅᆞ거든 희지 말고 희거든 븕지 마소.

---

3 숀흥공(孫興公)의 「산슈부(山水賦)」: 진(晉)나라의 문인 손작(孫綽)이 지은 시부인 「유천태산부(遊天台山賦)」. 6 ᄀᆡ초(蓋草): 이엉. 즉, 초가집의 지붕을 덮는 데 사용하는 짚. 단ᄋᆡ(斷崖): 깎아 세운 듯한 낭떠러지. 9 지츈(知春): 봄이 온 줄을 앎. 원문의 '지륜'은 '지츈'으로 바로잡았음. 12 토상(土床)의 면뇩(眠足)ᄒᆞ니: 흙바닥에서 충분히 잠을 자니. 또는 원문의 '면뇩'을 '면폭(眠曝)'의 잘못으로 보아 '잠자며 햇볕을 쏘임'으로 추정하기도 함.

얻으리오 하였으니, 한가로이 살아갈 곳 이곳이라. 벌써 못 온 줄을 오늘에야 깨닫겠다. 지난 것을 탓하지 말고 장래를 헤아리자. 손작의 「산수부」를 목내어 맑게 읊고, 이제야 허리 펴자, 이 아니 즐거우냐? 내 몸을 의지하리라. 한 칸 초옥을 바위 구멍에 얽어매어 구름으로 덮어 던져두고, 청산은 네 벽이요 흰 구름은 이엉이로다. 돌솥에 밥을 짓고 벼랑의 산나물을 캐니, 이렇게 한가하기도 하늘의 명이로다. 산중에 들어앉아 일월이 이리 오래니, 지금의 천자와 성제가 아무개인 줄을 나는 몰라라. 꽃이 피자 봄이 온 줄을 알며 잎이 떨어짐을 보고 가을을 알도다. 산중에 책력이 없어 계절 가는 줄 나는 몰라라. 세상의 시간을 잊어버린 채 술잔 속 세계에 취하여 살고 흙바닥에서 실컷 잠을 자니 헌 누비이불은 내 분수요, 질그릇 잔에 마시는 술이 달콤하니 콩죽 맛이 새로워라. 삼베옷 입고 풀 위에 앉으니 이 한 몸이 편안하다. 초가집에 거처를 정하고 계수나무에 맑은 바람이라. 갈건과 포의로 청려장에 의지하며 남은 흥취를 못 이겨, 소나무 아래 굽은 길로 하늘을 우러러 휘파람 불며 임의로 돌아가서, 청산 어느 골에 자갈길로 돌아오니, 벼랑이 겹겹인 곳에 청풍이 가득하고, 험한 산길 천 리에 백운이 깊었도다. 지는 해의 엷은 빛이 서왕모의 요대 위에 산수병풍을 둘러친 듯, 푸르거든 희지 말고 희거든 붉지 마소. 푸른 것은 청산이요 흰 것은 백운이며, 붉은 것

13 와쥰(瓦樽): 진흙으로 빚어 만든 술잔. 14 마의초좌(麻衣草座): 삼베로 지은 옷을 입고 풀 위에 앉음. 즉, 벼슬에 대한 생각을 하지 않고 자연을 즐기며 살아감을 뜻함. 모쳠(茅簷): 초가지붕의 처마. 15 갈건포의(葛巾布衣): 갈포(葛布)로 만든 두건과 베옷을 이르는 말. 16 청녀댱(青黎杖): 청려장. 명아주 줄기로 만든 지팡이. 17 앙공댱소(仰空長嘯): 하늘을 우러러보며 긴 휘파람을 붐. 19 진울ᄒᆞ고: 가득하고. 검각쳔니(劍閣千里): 중국 장안(長安)에서 촉(蜀) 쪽으로 통하는 대검산(大劍山)과 소검산(小劍山)을 지나는 쳔 리 길.

프른 거슨 쳥산(靑山)이오 흰 거슨 빅운(白雲)이오, 붉은 거슨 낙됴(落照)로다. 송목(松木)의 지혀 셔셔 원산(遠山)을 바라보니, 거문고 가진 아희 쥬긔(酒器)를 늣게 메고 구름 속의 날 ᄎᄌ니, 젹송ᄌ(赤松子) 오단 말가? 림화졍(林和靖)이 아니면 소부(巢父)와 허유(許由)로다. 이 밧긔 졔 뉘 와셔 날 ᄎᄌ리. 머리를 두루혀셔 솔 속으로 여허보니, 산즁(山中)의 늙은 어룬 오건(烏巾)을 젓게 쓰고, 쳥의(靑衣) 닙은 아희드리 압뒤로 둘너셔셔, 잡거니 밀거니 두셰 번(番)식 오ᄂ고나. 셕단(石壇)의 마조 나와 팔 미러 읍례(揖禮)ᄒ고, 솔가지 손조 썩거 쳥틱(靑苔)를 쓰리치고 년ᄎ(年次)로 안ᄌ면서, 깃기ᄂ 듯 반기ᄂ 듯 즐거오미 긔지업다. 와쥰(瓦樽)의 소요주(逍遙酒)를 박잔(盞)의 가득 부어 잡거니 권(勸)ᄒ거니, 취(醉)토록 먹은 후(後)의 령령(營營) 칠현금(七絃琴)을 정즁(正中)의셔 드러이니, 의의(猗猗)ᄒ 산슈곡(山水曲)을 녁녁(歷歷)히 알니로다. 인간(人間)의 먹은 귀가 오날이야 녈녀고나. 어화, 지긔(知己)로다. 종긔(種期)를 긔우(旣遇)ᄒ니 쥬유슈이하참(奏流水以何慙)ᄒ랴.

산즁(山中)의 쯧이 깁허 셰ᄉ(世事)를 니져시니, 고량(高粱)의 여윈 술이 취즐기의 다 지거다. 단이(斷崖)의 월빅(月白)ᄒ고 계슈(溪水)의 풍쳥(風淸)ᄒ니, 빅운심쳐(白雲深處)의 ᄌᄂ 학(鶴) 슬피 운다. 텬고지형(天高地逈)ᄒ니 각우쥬지무궁(覺宇宙之無窮)이오, 흥진비릭(興振悲來)ᄒ니 식영허지유슈(識盈虛之有數)로다. 예도 조커니와 또 조흔 딕 잇ᄂ니라 긔약(期約)ᄒ고 가ᄉ이다. 봉닉(蓬萊),

3 **젹송ᄌ**(赤松子): 신농씨 때 비를 다스렸다는 신선의 이름. 4 **림화졍**(林和靖): 송(宋)나라의 은자(隱者). 결혼하지 않고 매화와 학을 기르며 처자(妻子)로 삼고 살았다는 고사가 있음. 6 **오건**(烏巾): 검은 빛깔의 두건(頭巾). 11 **박잔**(盞): 박을 잘라 만든 술잔. 12 **령령**(營

은 낙조로다. 소나무에 기대서서 먼 산을 바라보니, 거룬고 가진 아이 술그릇을 느슨히 메고 구름 속 날 찾으니, 적송자가 온단 말인가? 임화정이 아니면 소부와 허유로다. 이 밖에 어느 누가 와서 날 찾으리. 머리를 돌이켜서 솔숲 속으로 엿보니, 산중에 늙은 어른 흑두건을 젖혀 쓰고, 푸른 옷 입은 아이들이 앞뒤로 둘러서서, 잡거니 밀거니 두세 번째 오는구나. 돌단에 마주 나와 팔을 밀어 읍례하고, 솔가지 손수 꺾어 푸른 이끼를 뿌리치고 나이 순서대로 앉으면서, 기뻐하는 듯 반기는 듯 즐거움이 그지없다. 질그릇 동이에 소요주를 박잔에 가득 부어 잡거니 권하거니, 취하도록 먹은 후에 바쁘게 칠현금을 한가운데서 뜯으니, 부드러운 산수곡을 역력히 알리로다. 인간의 먹은 귀가 오늘에야 열렸구나. 어화, 지기로다. 나를 알아줄 종자기를 만났으니 유수곡을 연주한들 무엇이 부끄러우랴.

산중에 뜻이 깊어 세상일을 잊었으니, 수수로 여윈 몸이 취줄기에 더욱 빠지네. 벼랑에는 달빛이 희고 시냇물에 맑은 바람이 부니, 흰 구름 깊은 곳에 자던 학이 슬피 운다. 하늘은 높고 땅은 아득하니 우주의 무궁함을 알 것이요, 즐거움이 다하면 슬픔이 오니 차고 기우는 것은 차례가 있음을 알리로다. 여기도 좋거니와 또 좋은 데 있느니라 기약하고 가사이다. 봉래, 방장, 영주산

營): 분주하여 바쁨. 14 지긔(知己): 속마음을 알아주는 친구. 19 텬고지형(天高地逈)ᄒᆞ니 각우쥬지무궁(覺宇宙之無窮): 하늘은 높고 땅은 머니 우주의 무궁함을 깨달을 것임. 20 흥진비릭(興振悲來)ᄒᆞ니 식영허지유슈(識盈虛之有數): 즐거운 일이 다하면 슬픈 일이 오니, 차고 기우는 것은 차례가 있음. 왕발(王勃)의 「등왕각서(滕王閣序)」에서 차용.

방댱(方丈), 영쥬산(瀛州山)에 모릭로 가ᄉᆞ이다. 곤륜산(崑崙山) 북(北)녁희 셔왕모(西王母) 찻숩기란 요지(瑤池)로 가ᄉᆞ이다. 댱공구만니(長空九萬里)란 거복 타고 가ᄉᆞ이다. 망망우쥬간(茫茫宇宙間)의 정쳐(定處) 업시 바린 몸이 취(醉)ᄒᆞ여 공산(空山)의 지니, 텬지(天地)가 화당(華堂)이오 송빅(松栢)이 금침(衾枕)이로다. 두어라, 만학산두(萬壑山頭)의 쥬인(主人) 될가 ᄒᆞ노미라.」

타기를 마ᄎᆞ믹, 니도령(李道令)이 흥(興)을 닉여 ᄒᆞ는 말이,

"너 혼ᄌᆞ 노릭ᄒᆞ니 나는 듯기 조커니와, 울며 부르는 경셩(京城) 쇼릭 너도 더러 드러보라. 쳔ᄌᆞ(千字)푸리 ᄒᆞ마."

「ᄌᆞ시(子時)에 싱텬(生天)ᄒᆞ여 광딕무ᄉᆞ부(廣大無私覆)ᄒᆞ니 호호탕탕(浩浩蕩蕩) 하늘 텬(天).

튝시(丑時)에 싱디(生地)ᄒᆞ여 오힝(五行)을 맛타 이셔 만물창싱(萬物蒼生) ᄯᅡ 디(地).

츈풍셰우(春風細雨) 호시절(好時節)의 현됴남남(玄鳥喃喃) 감을 현(玄).

금목슈화토(金木水火土) 오힝즁(五行中)의 즁궁(中宮)을 맛타시니 토지정싴(土之正色) 누루 황(黃).

금풍삽이셕긔(金風颯而夕起)ᄒᆞ니 옥우징영(玉宇崢嶸) 집 우(宇).

안득광한쳔만간(安得廣廈千萬間)의 살기 조흔 집 쥬(宙).

구년지슈(九年之水) 어이ᄒᆞ리, 하우텬디(夏禹天地) 넘블 홍(洪).

셰상만ᄉᆞ(世上萬事) 밋지 마라, 황당(荒唐)ᄒᆞ다 거츨 황(荒).

---

1 곤륜산(崑崙山): 신녀(神女) 서왕모(西王母)가 사는 전설상의 산. 2 요지(瑤池): 서왕모는 곤륜산의 요지에서 잔치를 베풀었음. 원문의 '하파'는 '요지'로 바로잡았음. 당공구만니(長空九萬里): 아득히 높고 먼 하늘. 16 현됴남남(玄鳥喃喃): 제비가 재잘거림. 20 금풍삽

에 모래로 가사이다. 곤륜산 북녘의 서왕모를 찾으려거든 요지로 가사이다. 장공 구만리는 거북 타고 가사이다. 넓고 넓은 우주에 정처 없이 버린 몸이 취하여 빈산에 누우니, 천지가 화려한 집이요 송백이 이불과 베개로다. 두어라, 깊은 골짜기와 산머리의 주인 될까 하노매라.」

타기를 마치매, 이도령이 흥을 내어 하는 말이,

"너 혼자 노래하니 나는 듣기 좋거니와, 울며 부르는 경성 소리를 너도 들어보아라. 천자풀이를 하마."

「자시에 하늘이 생기니 광대하여 사사로이 덮은이 없으니 넓고 넓어 끝이 없는 하늘 천.

축시에 땅이 생겨서 오행을 맡아 있어 만물을 길러내는 따 지.

봄바람 가랑비 내리는 좋은 시절에 재잘대는 제비의 빛깔은 검을 현.

금, 목, 수, 화, 토, 오행 중에 가운데 자리를 맡았으니 흙의 바른 색은 누를 황.

가을바람이 소슬하게 저녁에 불자 웅장하게 높이 솟은 집 우.

천만 칸이나 되는 넓은 집을 얻어 살기 좋은 집 주.

구 년의 홍수를 어이하리, 우임금의 천지가 넓을 홍.

세상만사 믿지 마라, 황당하다 거칠 황.

이석긔(金風颯而夕起): 가을바람 소슬하자 저녁이 됨. 옥우징영(玉宇崢嶸): 화려하고 큰 집들이 높고 가파른 모양. 21 안득광한쳔만간(安得廣廈千萬間): 천만 칸이나 되는 넓은 집을 얻음. 두보(杜甫)의 「모옥위추풍소파가(茅屋爲秋風所破歌)」에서 차용.

요간부상삼빅쳑(遙看扶桑三百尺)의 번듯 도드니 날 일(日).
일낙함디(日落咸池) 날 져물고 월츌동녕(月出東嶺) 달 월(月).
동원도리편시츈(東園桃李片時春)의 낙화분분(落花紛紛) 찰 영(盈).
미식(美色) 불너 슐 부어라, 넘쳐간다 기울 칙(昃).
하도낙셔(河圖洛書) 잠간(暫間) 보고 일월셩신(日月星辰) 별 진(辰).
원앙침(鴛鴦枕), 비취금(翡翠衾)의 훨젹 벗고 잘 슉(宿).
냥각(兩脚) 번듯 츄혀들고 ᄉᆞ양(辭讓) 말고 벌 열(列).
두 숀목 덤셕 마조 잡고 온갓 졍담(情談) 베풀 댱(張).
셜만궁항(雪滿窮巷) 어늬 ᄯᅥ냐 ᄃᆡ한(大寒), 쇼한(小寒), 찰 한(寒).
어화, 그날 참도 찰ᄉᆞ 어셔 오ᄂᆞ라 올 ᄅᆡ(來).
동지(冬至)셧달 차다마ᄂᆞᆫ 뉵월념텬(六月炎天) 더울 셔(暑).
졍(情)든 님이 언제 오리 긔약(期約) 두고 갈 왕(往).
금풍(金風)이 소슬(蕭瑟)ᄒᆞᆫᄃᆡ 엽낙오동(葉落梧桐) 가을 츄(秋).
님이 숀슈 지은 농ᄉᆞ(農事) 뉘 숀 ᄃᆡ여 거둘 슈(收).
츈하츄동(春夏秋冬) 다 보ᄂᆡ고 낙목한텬(落木寒天) 겨으 동(冬).
그리ᄂᆞᆫ 님 언제 올고 온갓 의복(衣服) 감츌 장(藏).
관산원노(關山遠路) 망견(望見)ᄒᆞ니 쳔니만니(千里萬里) 나믈 여(餘).
이 몸 훨훨 나라가셔 쳔ᄉᆞ만ᄉᆞ(千事萬事) 일울 셩(成).
츈하츄졀(春夏秋節) 다 보ᄂᆡ고 송구영신(送舊迎新) ᄒᆡ 셰(歲).
안히 박ᄃᆡ(薄待) 못ᄒᆞᄂᆞ니 『ᄃᆡ젼통편(大典通編)』 법즉(法則) 율(律).
네 ᄇᆡ ᄐᆞ고 션유(船遊)ᄒᆞᆯ 제 두 귀 잡고 법즉(法則) 녀(呂).
나 부ᄂᆞᆫ 싱황(笙篁) 쇼ᄅᆡ 거문고로 화답(和答)ᄒᆞ라.」

---

3 동원도리편시츈(東園桃李片時春): 동쪽 정원에 복사꽃과 오얏꽃이 피는 잠깐 동안의 봄.

5 하도낙셔(河圖洛書): 옛날 중국 복희씨 때 황하(黃河)에서 용마가 지고 나왔다는 55개의 점으로 이루어진 그림인 하도(河圖)와, 하(夏)나라의 우왕(禹王)이 홍수를 다스릴 때 낙수

저 멀리 해 뜨는 부상 삼백 척에 번듯 돋으니 날 일.

해 지는 함지에 날 저물고 동쪽 봉우리에 뜨는 달 월.

동쪽 정원의 복사꽃과 오얏꽃은 잠깐 피었다가 낙화 되어 펄펄 날리니 찰 영.

미인을 불러 술을 부어라, 넘쳐간다 기울 측.

하도와 낙서를 잠깐 보고 일월성신 별 진.

원앙 베개와 비취색 이불에 훨쩍 벗고 잘 숙.

두 다리 번듯 추켜들고 사양 말고 벌릴 열.

두 손목 덥석 마주 잡고 온갖 정담 베풀 장.

눈이 소복이 내린 시골 마을에 어느 때냐 대한, 소한, 찰 한.

어화, 그날 차기도 차구나 어서 오너라 올 래.

동지섣달 차다마는 유월 뜨거운 하늘은 더울 서.

정든 임이 언제 오리 기약을 두고 갈 왕.

가을바람이 소슬한데 오동잎 떨어지는 가을 추.

임이 손수 지은 농사 뉘 손으로 거둘 수.

춘하추동 다 보내고 나뭇잎 떨어진 추운 계절 겨울 동.

그리는 임 언제 올까 온갖 의복을 감출 장.

관산의 먼 길을 멀리서 바라보니 천리만리에 남을 여.

이 몸 훨훨 날아가서 천만 가지 일을 이룰 성.

춘하추절 다 보내고 묵은 해를 보내고 새해 맞을 해 세.

아내 박대는 못하나니 『대전통편』 법칙 율.

너의 배를 타고 뱃놀이할 때 두 귀 잡고 법칙 여.

내가 부는 생황 소리에 거문고로 화답하라.」

(洛水)에서 나온 거북의 등에 있었다는 45개의 점으로 된 그림인 낙서(洛書). 9 설만궁항(雪滿窮巷): 눈으로 가득한 궁벽한 시골. 13 금풍(金風): 가을바람. 오행에 따르면 가을이 금(金)에 해당한다는 데서 나온 말.

두리 셔로 노ᄂᆞᆫ 거동(擧動) 셰상(世上)의 장관(壯觀)이라.

츈향(春香)이 니른 말이,

“그 노ᄅᆡ 듯지 못ᄒᆞ던 노ᄅᆡ요. ᄯᅩ 무슴 쇼ᄅᆡ ᄒᆞ랴 ᄒᆞ오?”

“노ᄅᆡ 말고 별(別) 희한(稀罕)ᄒᆞᆫ 쇼ᄅᆡ ᄒᆞᄃᆡ, 아조 이상(異常)ᄒᆞᆫ 십성(十成) 쇼ᄅᆡ ᄒᆞ마. 그칠 졔마다 거문고로 녹게 맛초와 쥬면 잘 ᄒᆞ려니와, 그러치 아니ᄒᆞ면 ᄒᆞ다가도 그만두ᄂᆞ니라.”

“그거시 무슨 쇼ᄅᆡ오?”

“다른 쇼ᄅᆡ 아니라 녯젹 문댱(文章), 영웅호걸(英雄豪傑), 튱신열ᄉᆞ(忠臣烈士) 일ᄉᆡᆨ(一色)드를 모도 모아 「바리가」 ᄒᆞᄂᆞᆫ 쇼ᄅᆡ라.”

“참으로 듯지 못ᄒᆞ던 별(別)쇼ᄅᆡ오. 어셔 ᄒᆞ오, 듯ᄉᆞ이다.”

니도령(李道令)이 「바리가」 ᄒᆞᆫ다.

「황셩(荒城)의 허됴벽산월(虛照碧山月)이오 고목(古木)이 진입창오운(盡入蒼梧雲)이라 ᄒᆞ던 니ᄐᆡᄇᆡᆨ(李太白)으로 ᄒᆞᆫ 싹 치고, 삼년젹니관산월(三年笛裏關山月)이오 만국병젼초목풍(萬國兵前草木風)이라 ᄒᆞ던 두ᄌᆞ미(杜子美)로 ᄒᆞᆫ 싹 치고, 낙하(落霞)ᄂᆞᆫ 여고목졔비(與孤鶩齊飛)ᄒᆞ고 츄슈(秋水)ᄂᆞᆫ 공댱쳔일ᄉᆡᆨ(共長天一色)이라 ᄒᆞ던 왕ᄌᆞ안(王字安)으로 웃짐 쳐셔, ᄇᆡᆨ노(白露)ᄂᆞᆫ 횡강(橫江)ᄒᆞ고 슈광(水光)은 졉텬(接天)이라 ᄒᆞ던 소동파(蘇東坡)로 말 물녀라. 둥덩.

---

5 **십성(十成) 쇼ᄅᆡ**: 제일 좋은 소리, 또는 아주 잘 어울리는 소리. 원문의 ‘십상’은 ‘십성’으로 바로잡았음. 13 **허됴벽산월**(虛照碧山月): 푸른 산 위에 뜬 달빛에 허허로이 비침. 14 **진입창오운**(盡入蒼梧雲): 고목은 창오산 구름 속에 모두 들어 가 있음. 15 **삼년젹니관산월**(三年笛裏關山月): 삼 년 동안 전쟁 나팔은 끊임없이 군악(軍樂)인 관산월(關山月)을 부름. **만국병젼초목풍**(萬國兵前草木風): 온 나라의 초목조차 모두 군사로 보임. 16 **낙하**(落霞)ᄂᆞᆫ

둘이 서로 노는 거동이 세상에 장관이라.

춘향이 이른 말이,

"그 노래 듣지 못하던 노래요. 또 무슨 소리를 하려 하오?"

"노래 말고 별 희한한 소리 하되, 아주 이상하고 멋진 소리를 하마. 그칠 때마다 거문고로 녹게 맞추어 주면 잘 하려니와, 그렇지 아니하면 하다가도 그만두느니라."

"그것이 무슨 소리요?"

"다른 소리 아니라 옛적 문장, 영웅호걸, 충신열사 중에서 일색들을 모두 모아 「바리가」를 하는 소리라."

"참으로 듣지 못하던 별소리요. 어서 하오, 듣사이다."

이도령이 「바리가」를 한다.

「황폐한 성곽은 푸른 산 위의 달빛에 허허로이 비치고 고목은 창오산 구름 속에 모두 들어가 있음이라 하던 이태백으로 한 짝 치고, 삼 년 동안 끊임없이 전쟁 나팔은 관산월을 부르고 온 나라의 초목조차도 모두 군사로 보임이라 하던 두자미로 한 짝 치고, 지는 저녁놀 속에 한 마리 따오기가 가지런히 날고 가을 물은 넓은 하늘과 한 빛이라 하던 왕자안으로 웃짐 쳐서, 백로는 강을 가로질러 날아가고 물빛은 하늘에 닿아 있다 하던 소동파로 말 물려라. 둥덩.

여고목졔비(與孤鶩齊飛)ᄒᆞ고 츄슈(秋水)ᄂᆞᆫ 공댱쳔일식(共長天一色)이라: 지는 저녁놀 속에 한 마리 따오기가 날고, 추수(秋水)와 장천(長天)은 다 같이 한빛이라. 왕발(王勃)의 「등왕각서(滕王閣序)」에서 차용. 18 빅노(白露)ᄂᆞᆫ 횡강(橫江)ᄒᆞ고 슈광(水光)은 졉텬(接天)이라: 백로는 강을 가로질러 날아가고 물빛은 하늘에 닿았네. 소동파(蘇東坡)의 「적벽부(赤壁賦)」에서 차용.

좌무슈이종일(坐茂樹以終日)ᄒᆞ고 탁쳥텬이ᄌᆞ결(濯淸泉以自潔)이라 ᄒᆞ던 한퇴지(韓退之)로 ᄒᆞᆫ 짝 치고, 삼입악양인불식(三入岳陽人不識)ᄒᆞ니 낭음비과동정호(朗吟飛過洞庭湖)라 ᄒᆞ던 녀동빈(呂洞賓)으로 ᄒᆞᆫ 짝 치고, 유상곡슈(流觴曲水)의 혜풍(惠風)이 화창(和暢)이라 ᄒᆞ던 왕희지(王羲之)로 웃짐 쳐셔, 부광(浮光)은 약금(躍金)ᄒᆞ고 정녕(靜影)은 침벽(沈璧)이라 ᄒᆞ던 범즁엄(范仲淹)으로 말 물녀라. 둥덩.

어양비(漁陽鼙)ᄂᆞᆫ 동지ᄂᆡ(動地來)ᄒᆞ니 경파예상우의곡(驚破霓裳羽衣曲)이라 ᄒᆞ던 ᄇᆡᆨ낙쳔(白樂天)으로 ᄒᆞᆫ 쪽 치고, 분슈탈상증(分手脫相贈)ᄒᆞ니 평ᄉᆡᆼ일편심(平生一片心)이라 ᄒᆞ던 ᄆᆡᆼ호연(孟浩然)으로 ᄒᆞᆫ 쪽 치고, 청산슈쳡(靑山數疊)의 벽계일곡(碧溪一曲)이라 ᄒᆞ던 도연명(陶淵明)으로 웃짐 쳐셔, 통만고지득실(通萬古之得失)ᄒᆞ고 감뎨왕지흥망(鑑帝王之興亡)이라 ᄒᆞ던 ᄉᆞ마텬(司馬遷)으로 말 물녀라. 둥덩.

위천어부(渭川漁父)로서 쥬천팔ᄇᆡᆨ년긔업(周天八百年基業)을 창ᄀᆡ(創開)ᄒᆞ던 강ᄐᆡ공(姜太公)으로 ᄒᆞᆫ 쪽 치고, 운쥬유악지즁(運籌帷幄之中)ᄒᆞ여 결승천니지외(決勝千里之外)ᄒᆞ던 댱ᄌᆞ방(張子房)으로 ᄒᆞᆫ

---

1 **좌무슈이종일(坐茂樹以終日)ᄒᆞ고 탁쳥텬이ᄌᆞ결(濯淸泉以自潔)이라**: 무성한 수풀에 앉아 하루를 보내고, 맑은 샘물에 몸을 씻어 스스로를 깨끗하게 하네. 한유(漢愈)의 「송이원귀반곡서(送李愿歸盤谷序)」에서 차용. 2 **한퇴지(韓退之)**: 당송팔대가(唐宋八大家)의 한 사람인 한유(韓愈). **삼입악양인불식(三入岳陽人不識)ᄒᆞ니 낭음비과동졍호(朗吟飛過洞庭湖)라**: 세 번이나 악양루에 올랐으나 남들이 알아보지 못하여, 낭랑히 시를 읊으며 동정호를 날듯이 지나갔다. 원문의 '심입'은 '삼입'으로 바로잡았음. 3 **녀동빈(呂洞賓)**: 한단지몽(邯鄲之夢)의 주인공인 노생(盧生)이 만났던 도사(道士). 4 **유상곡슈(流觴曲水)의 혜풍(惠風)이 화창(和暢)이라**: 굽이진 물에 술잔을 띄워 보내고, 따스한 봄바람은 부드럽게 분다. 왕희지(王羲之)의 「난정기(蘭亭記)」에서 차용. 5 **부광(浮光)은 약금(躍金)ᄒᆞ고 졍녕(靜影)은 침벽(沈璧)이라**: 떠 있는 달빛은 출렁이는 금빛 물결 같고 물에 비친 달그림자는 구슬이 잠긴

무성한 수풀에 앉아 하루를 보내며 맑은 샘물에 몸을 씻어 스스로 깨끗이 한다 하던 한퇴지로 한 짝 치고, 세 번이나 악양루에 올랐으나 남들이 알아보지 못하여 낭랑히 시 읊으며 동정호를 날듯이 지나간다 하던 여동빈으로 한 짝 치고, 유상곡수에 따스한 봄바람은 부드럽게 분다 하던 왕희지로 웃짐 쳐서, 떠 있는 달빛은 출렁이는 금빛 물결 같고 고요한 달그림자는 구슬을 담아놓은 것 같다던 범중엄으로 말 물려라. 둥덩.

어양진의 북소리가 땅을 흔들며 들려오니 예상우의의 곡을 불러대던 잔치는 놀라 파하였다 하던 백낙천으로 한 짝 치고, 손으로 풀어서 그대에게 주노니 한평생의 우정을 나타내는 마음이라 하던 맹호연으로 한 짝 치고, 몇 겹의 청산에 한 굽이 푸른 시내라 하던 도연명으로 웃짐 쳐서, 만고의 득실에 통달하여 제왕의 흥망을 거울삼아 본다 하던 사마천으로 말 물려라. 둥덩.

위천에서 어부로 은거하며 주나라 팔백 년의 기틀을 열던 강태공으로 한 짝 치고, 장막 안에서 묘책을 내어 천 리 밖에서 승리를 거두던 장자방으로 한 짝 치고, 큰 꿈을 누가 먼저 깨는지

듯하네. 범중엄(范中淹)의 「악양루기(岳陽樓記)」에서 차용. 8 어양비(漁陽鼙)는 동지닉(動地來)ᄒᆞ니 경파예상우의곡(驚破霓裳羽衣曲)이라: 어양진(漁陽陣)의 북소리가 땅을 흔들며 들려오니, 예상우의(霓裳羽衣)의 곡을 불러대던 유연(游宴)은 놀라 파(破)하네. 백낙천(白樂天)의 「장한가(長恨歌)」에서 차용. 9 분슈탈상증(分手脫相贈)ᄒᆞ니 평싱일편심(平生一片心)이라: 손으로 풀어서 보검을 그대에게 주니 한평생 우정의 한 조각 마음이라네. 맹호연(孟浩然)의 「송주대입진(送朱大入秦)」에서 차용. 11 청산슈쳡(青山數疊)의 벽계일곡(碧溪一曲): 몇 겹의 청산에 한 굽이의 푸른 시내. 12 통만고지득실(通萬古之得失)ᄒᆞ고 감뎨왕지흥망(鑑帝王之興亡): 만고의 득실에 통달하고 제왕의 흥망을 거울 삼아 봄. 사마천(司馬遷)의 『사기(史記)』 서문(序文)에서 차용. 15 위쳔어부(渭川漁父): 위천에서 곧은 낚시를 드리우고 은거하던 강태공(姜太公). 16 운쥬유악지즁(運籌帷幄之中)ᄒᆞ여 결승쳔니지외(決勝千里之外): 장막 안에서 묘책을 내어 천 리 밖에서 승리를 거둠.

쪽 치고, ᄃᆡ몽(大夢)을 슈션각(誰先覺)고 평ᄉᆡᆼ(平生)을 아ᄌᆞ지(我自知)라 ᄒᆞ던 졔갈공명(諸葛孔明)으로 웃짐 쳐셔, ᄇᆡᆨ일공ᄉᆞ(百日公事)ᄂᆞᆫ ᄂᆡ양(來陽)의 일조(一朝)오 연환묘산(連環妙算)은 젹벽(赤壁)의 슈공(水功)이라 와룡(臥龍)으로 졔명(齊名)ᄒᆞ던 방ᄉᆞ원(龐士元)으로 말 물녀라. 둥덩.

뇽셩오치망긔(龍城五彩望氣)ᄒᆞ고 옥결(玉玦)을 ᄌᆞ로 드던 범아부(范亞父)로 ᄒᆞᆫ 쪽 치고, ᄇᆡᆨ등(白登)의 ᄒᆡ위(解圍)ᄒᆞ고 뉵츌긔계(六出奇計)ᄒᆞ던 딘평(陳平)으로 ᄒᆞᆫ 쪽 치고, 팔십일쥬슈륙군(八十一州水陸軍) ᄃᆡ도독(大都督)으로 젹벽오병(赤壁鏖兵)ᄒᆞ던 쥬공근(周公瑾)으로 웃짐 쳐셔, 강남(江南)의 ᄀᆡ가(凱歌) 불너 금능(金陵)으로 도라드던 됴빈(曹彬)으로 말 물녀라.

ᄇᆡᆨ슈변졍(白首邊庭)의 탕소요진(蕩掃妖塵)ᄒᆞ던 마원(馬援)으로 ᄒᆞᆫ 쪽 치고, 광초구군(廣招救軍)ᄒᆞ여 망ᄉᆞ보국(忘死報國)ᄒᆞ던 긔신(紀信)으로 ᄒᆞᆫ 쪽 치고, 댱슌(張巡)으로 웃짐 쳐셔 신ᄉᆞ슈졀(身死守節)ᄒᆞ여 튱관ᄇᆡᆨ일(忠貫白日)ᄒᆞ던 허원(許遠)으로 말 물녀라. 둥덩.

영ᄇᆡᆨ만지ᄉᆞ(領百萬之師)ᄒᆞ여 젼필승공필취(戰必勝攻必取)ᄒᆞ던 한신(韓信)으로 ᄒᆞᆫ 쪽 치고, 두발(頭髮)이 샹지(上指)ᄒᆞ고 목ᄌᆡ진열(目

---

1 ᄃᆡ몽(大夢)을 슈션각(誰先覺)고 평ᄉᆡᆼ(平生)을 아ᄌᆞ지(我自知)라: 큰 꿈을 누가 먼저 깨는지 한평생을 내 스스로 아노라. 삼고초려(三顧草廬) 때 제갈공명(諸葛孔明)의 시에서 차용. 6 뇽셩오치망긔(龍城五彩望氣)ᄒᆞ고 옥결(玉玦)을 ᄌᆞ로 드던: 범아부(范亞父)는 항우를 만나 용성에서 다섯 채색의 기운을 살피고, 유방(劉邦)이 제왕이 될 것이라 하여 그를 죽이라는 신호로 옥결을 자주 들었던 것을 이름. 7 ᄇᆡᆨ등(白登): 산시성에 있는 산으로, 한 고조(漢高祖)가 흉노 모돈(冒頓)을 치다가 7일간 포위되었던 곳. 8 딘평(陳平): 진평. 한 고조의 신하로, 슬기롭기로 이름났고 육출기계(六出奇計)의 공을 세워 곡역후(曲逆侯)에 봉해졌음. 팔십일쥬슈륙군(八十一州水陸軍) ᄃᆡ도독(大都督)으로 젹벽오병(赤壁鏖兵)ᄒᆞ던: 팔십일 주(州)의 수군과 육군을 거느린 대도독으로 적벽 싸움에서 적을 남김없

평생을 내 스스로 아노라 하던 제갈공명으로 웃짐 쳐서, 남이 백일 만에 하는 공사를 내양에서 하루아침에 처리하고 연환계의 오묘한 계책으로 적벽대전에서 공을 거두었다 하던 방사원으로 말 물려라. 둥덩.

용성에서 오색 빛깔을 내던 기운을 보고 옥결을 자주 들어 유방을 죽이려 들던 범아부로 한 짝 치고, 백등의 포위를 뚫고 육출기계하던 진평으로 한 짝 치고, 팔십일 주의 수륙군을 거느린 대도독으로 적벽에서 적을 남김없이 무찌르던 주공근으로 웃짐 쳐서, 강남에서 개선가 부르며 금릉으로 돌아들던 조빈으로 말 물려라.

백발노인이 조정에서 변론하고 요망한 적의 기운을 소탕하던 마원으로 한 짝 치고, 널리 구원군을 모아 죽음을 무릅쓰고 나라의 은덕에 보답하던 기신으로 한 짝 치고, 장순으로 웃짐 쳐서 몸은 절의를 지켜 죽었으나 충성심은 해를 꿰뚫던 허원으로 말 물려라. 둥덩.

백만 군사를 거느리는 장수가 되어 싸우면 반드시 이기고 공격하면 반드시 영토를 취한 한신으로 한 짝 치고, 머리카락이 위

이 무찌르던. 『삼국지연의』를 소재로 한 가사의 한 구절. 12 빅슈변졍(白首邊庭)의 탕소요진(蕩掃妖塵)ᄒᆞ던: 백발노인이 조정에서 변론하고 요망한 적(敵)의 기운을 소탕하던. 14 신ᄉᆞ슈졀(身死守節)ᄒᆞ여 튱관빅일(忠貫白日)ᄒᆞ던: 몸이 죽어 절의를 지키니 충성심이 밝은 해를 꿰뚫던. 즉, 안녹산(安祿山)의 난리 때 의병을 일으켰다가 적에 도위되어 식량이 떨어지자 종복을 죽여 병사들에게 먹이며 수절하였음을 이르는 말. 16 영빅만지ᄉᆞ(領百萬之師)ᄒᆞ여 젼필승공필취(戰必勝攻必取)ᄒᆞ던: 백만 군사를 거느리는 장수가 되어 싸우면 반드시 이기고 공격하면 반드시 승리하던. 17 두발(頭髮)이 샹지(上指)ᄒᆞ고 목직진열(目眥盡裂)ᄒᆞ던: 머리카락이 위로 뻗어 올라가고 눈자위가 다 찢어질 듯한. 즉, 항우(項羽)가 한고조(漢高祖)를 홍문(鴻門)에서 맞아 잔치할 때 범증(范增)이 고조(高祖)를 모살(謀殺)하고자 하니 번쾌(樊噲)가 노하는 모습.

皆盡裂)ᄒᆞ던 번쾌(樊噲)로 ᄒᆞᆫ 쪽 치고, 남궁운ᄃᆡ(南宮雲臺)에 즁흥공신(中興功臣) 이십팔댱(二十八將) 듕(中) 졔일공(第一功) 되던 등우(鄧禹)로 웃짐 쳐셔, 튱의졍셩(忠義精誠)이 앙관빅일(仰觀白日)ᄒᆞ던 곽ᄌᆞ의(郭子儀)로 말 물녀라. 둥덩.

발산녁ᄀᆡ셰긔(拔山力蓋世氣)ᄂᆞᆫ 초픽왕(楚霸王)의 버금이오, 츄상졀녈일튱(秋霜節烈日忠)은 오ᄌᆞ셔(伍子胥)의 우희로다. 봉금괘인(封金掛印)ᄒᆞ고 독ᄒᆡᆼ쳔니(獨行千里)ᄒᆞ옵시던 관공(關公)으로 ᄒᆞᆫ 쪽 치고, 장판교상(長坂橋上)의 퇴병빅만(退兵百萬)ᄒᆞ던 댱익덕(張益德)으로 ᄒᆞᆫ 쪽 치고, 댱판파구아두(長坂坡救阿斗)의 일신(一身)이 도시(都是) 담(膽)이라 ᄒᆞ던 됴ᄌᆞ룡(趙子龍)으로 웃짐 쳐셔, 셔량명댱(西涼名將)으로 보젼뉵댱(步戰戮將)ᄒᆞ던 마ᄆᆡᆼ긔(馬孟起)로 말 물녀라. 둥덩.

오호(五湖)의 편쥬(扁舟) 타고 범소빅(范少伯) ᄯᆞ라가던 셔시(西施)로 ᄒᆞᆫ 쪽 치고, 회두일소빅미싱(回頭一笑百媚生)의 뉵궁분ᄃᆡ무안식(六宮粉黛無顏色)이라 ᄒᆞ던 양옥진(楊玉眞)으로 ᄒᆞᆫ 쪽 치고, 만월영옥장하(滿月營玉帳下)의 츄파(秋波)의 눈물지던 우미인(虞美人)으로 웃짐 쳐셔, 영웅(英雄)의 쳔근지의(千斤之義)를 일됴(一朝)의 이간(離間)ᄒᆞ던 초션(貂蟬)으로 말 물녀라. 둥덩.

---

1 남궁운ᄃᆡ(南宮雲臺)에 즁흥공신(中興功臣) 이십팔댱(二十八將): 당(唐)나라 예부운대(禮部雲臺)에 그린 광무제(光武帝)의 공신 스물여덟 장군. 2 등우(鄧禹): 광무제(光武帝)의 신하로 왕망의 난리 때 큰 공을 세웠음. 3 튱의졍셩(忠義精誠)이 앙관빅일(仰觀白日)ᄒᆞ던 곽ᄌᆞ의(郭子儀): 충의와 정성으로 위로는 하늘만 우러르던 곽자의. 곽자의는 무장(武將)으로 안녹산(安祿山)의 난리 때 장안(長安)과 낙양(洛陽)을 탈환하였음. 5 발산녁ᄀᆡ셰긔(拔山力蓋世氣): 산을 뽑을 만한 힘과 세상을 뒤덮을 만한 기상. 6 봉금괘인(封金掛印)ᄒᆞ고 독ᄒᆡᆼ쳔니(獨行千里)ᄒᆞ옵시던: 조조에게 받은 금을 봉하고 인끈을 걸어둔 채 홀로 천 리 길을 달리시던. 7 관공(關公): 관우(關羽). 8 장판교상(長坂橋上)의 퇴병빅만(退兵百萬)ᄒᆞ던: 장판교에서 백만 군사를 물리치던. 『삼국지』의 고사. 댱익덕(張益德): 촉나라의 무장인 장비

로 뻗어 올라가고 눈자위가 다 찢어질 듯 항우를 꾸짖던 번쾌로 한 짝 치고, 당나라 예부운대에 그려진 광무제의 공신 이십팔 인 중에서 제일 공신인 등우로 웃짐 쳐서, 충의와 정성으로 위로는 하늘만 우러르던 곽자의로 말 물려라. 둥덩.

산을 뽑을 만한 힘과 세상을 뒤덮을 만한 기상은 초패왕에 버금가고, 가을 서리 같은 절의와 뜨거운 태양 같은 충성은 오자서보다 위로다. 조조에게 받은 금은 모아 봉해 놓고 인끈을 걸어 둔 채 유비를 찾아 홀로 천 리를 달리던 관공으로 한 짝 치고, 장판교 싸움에서 조조의 백만 대군을 물리치던 장익덕으로 한 짝 치고, 장판교에서 아두를 구해 온몸이 모두 담으로 된 모양이란 소리를 듣던 조자룡으로 웃짐 쳐서, 서량의 명장으로 무섭게 공격하던 마맹기로 말 물려라. 둥덩.

오호에 조각배를 타고 범소백을 따라가던 서시로 한 짝 치고, 고개를 돌려 한번 웃으니 온갖 교태가 번져 후궁들이 낯빛을 잃던 양옥진으로 한 짝 치고, 달빛 가득한 병영의 장막 안에서 예쁜 얼굴에 눈물 짓던 우미인으로 웃짐 쳐서, 영웅들 강한 의리를 하루아침에 이간하던 초선으로 말 물려라. 둥덩.

(張飛). 9 댱판파구아두(長坂坡救阿斗): 장판교(長坂橋) 싸움에서 유비의 아들 아두(阿斗)를 구출함. 10 셔량명댱(西涼名將)으로 보젼뉵댱(步戰戮將)ᄒᆞ던 마밍긔(馬孟起): 서량의 명장으로 조조(曹操)를 무섭게 공격하던 마초(馬超). 13 회두일소빅미싱(回頭一笑百媚生)의 뉵궁분ᄃᆡ무안식(六宮粉黛無顔色): 머리를 돌려 한 번 웃으니 온갖 교태가 일어나고, 여섯 궁원(宮苑)의 궁녀들이 얼굴빛을 잃었네. 백낙천(白樂天)의 「장한가(長恨歌)」에서 차용. 14 만월영옥장하(滿月營玉帳下)의 츄파(秋波)의 눈물지던 우미인(虞美人): 달빛 가득한 병영 장막 안에서 고운 얼굴로 눈물 흘리던 우미인. 즉, 항우(項羽)가 해하(垓下) 전투에서 불리해지자 우미인은 눈물을 흘리고 자살하였음. 16 쳔근지의(千斤之義): 무거운 의리. 원문의 '댱쳐근지'는 '쳔근지의'로 바로잡았음.

ᄉᆞ마상여(司馬相如) 봉황곡(鳳凰曲)의 ᄭᆡ다라 드러가던 정경패(鄭瓊貝)로 한 쪽 치고, 츈심궁익빅화번(春深宮掖百花繁)ᄒᆞᆫᄃᆡ 영작(靈鵲)이 비ᄅᆡ보희언(飛來報喜言)이라 ᄒᆞ던 니소화(李簫和)로 ᄒᆞᆫ 쪽 치고, 안소부ᄃᆡ남비거(安巢不待南飛去)ᄒᆞ니 삼오셩희정ᄌᆡ동(三五星稀正在東)이라 ᄒᆞ던 진ᄎᆡ봉(秦彩鳳)으로 웃짐 쳐셔, 위쥬튱심(爲主忠心)은 보보상쥬부잠ᄉᆡ(步步相隨不暫捨ㅣ)라 위션위귀(爲仙爲鬼)ᄒᆞ던 가츈운(賈春雲)으로 말 물녀라. 둥덩.

월듕단계(月中丹桂)를 슈션졀(誰先折)이냐 금ᄃᆡ문댱ᄌᆞ유인(今代文章自有人)이라 읇던 계셤월(桂蟾月)노 ᄒᆞᆫ 쪽 치고, 하북(河北) 명창(名唱)으로 삼졀ᄉᆡᆨ천명(三絶色擅名)ᄒᆞ던 젹경홍(狄驚鴻)으로 ᄒᆞᆫ 쪽 치고, 복파영듕(伏波營中)의 월영(月影)이 정류(正流)ᄒᆞ고 옥문관외(玉門關外)의 츈ᄉᆡᆨ의희(春色依稀)라 ᄒᆞ던 심요연(沈裊烟)으로 웃짐 쳐셔, 청슈담(淸水潭)의 슈졀(守節)ᄒᆞ여 음곡(陰谷)의 ᄉᆡᆼ츈(生春)이라 ᄒᆞ던 ᄇᆡᆨ능파(白凌波)로 말 물녀라. 둥덩.

동정츄월(洞庭秋月) ᄀᆞᆺ고 녹파부용(綠波芙蓉) ᄀᆞᆺᄒᆞᆫ 츈향(春香)으로 ᄒᆞᆫ 쪽 치고, 낙양과ᄀᆡᆨ(洛陽過客) 풍뉴호ᄉᆞ(風流豪士) 니도령(李道令)으로 한 쪽 치고, 종긔(鐘期)를 긔우(旣遇)ᄒᆞ니 쥬류슈이하참(奏流水以何慚)ᄒᆞ던 거문고로 웃짐 쳐셔, 화란츈셩(花爛春城)의 만화방창(萬化方暢)ᄒᆞᆯ 졔 월하승(月下繩) 되던 방ᄌᆞ(房子) 놈으로 말 물녀라. 둥덩둥덩실, 얼ᄉᆞ 됴흘시고!」

---

1 **졍경패**(鄭瓊貝): 김만중의 「구운몽(九雲夢)」에 등장하는 인물. 양소유가 정사도의 규수인 정경패를 보기 위해 여장을 하고 그의 모녀 앞에서 거문고로 봉황곡을 타자, 정경패가 그 뜻을 깨닫고 피함. 원문의 '졍경파'는 '졍경패'로 바로잡았음. 5 **위쥬튱심**(爲主忠心)**은 보보상쥬부잠ᄉᆡ**(步步相隨不暫捨ㅣ)**라**: 주인을 위한 충심은 걸음마다 서로 좇아 잠시도 버리지 않음이라. 「구운몽」에서 차용. 8 **월듕단계**(月中丹桂)**를 슈션졀**(誰先折)**이냐 금ᄃᆡ문댱ᄌᆞ유인**(今代文章自有人)**이라**: 달 가운데 붉은 계수를 뉘 먼저 꺾을 것인가, 금대(今代)의

사마상여 봉황곡에 깨달아 들어가던 정경패로 한 짝 치고, 봄 깊은 궁궐 안에 온갖 꽃이 무성하니 신령한 까치가 날아와 기쁜 소식을 전한다 하던 이소화로 한 짝 치고, 보금자리 편안히 해 남쪽으로 날아가기를 기다리지 않으니 보름달이 밝아 희미한 별이 동쪽에 떴다 하던 진채봉으로 웃짐 쳐서, 주인을 위한 충심으로 걸음걸음 따르며 잠시도 버리지 않겠다며 선녀가 되었다 귀신이 되었다 하던 가춘운으로 말 물려라. 둥덩.

달 가운데 붉은 계수를 누가 먼저 꺾을 것인가 금대의 문장에는 저절로 진실함이 있다 하던 계섬월로 한 짝 치고, 하북의 명창으로 세 절색 중 하나로 이름을 떨치던 적경홍으로 한 짝 치고, 복파궁 가운데 달빛이 영롱하고 옥문관 밖에는 봄빛이 가득하다 하던 심요연으로 웃짐 쳐서, 청수담에서 수절하여 음침한 골짜기에 생기 넘치는 봄이 돌아온 것 같다 하던 백능파로 말 물려라. 둥덩.

동정호에 뜬 가을 달 같고 푸른 물결에 연꽃 같은 춘향으로 한 짝 치고, 낙양의 과객이자 풍류 호사인 이도령으로 한 짝 치고, 이미 종기를 만났으니 유수곡을 연주해도 부끄럽지 않다 하던 거문고로 웃짐 쳐서, 봄날 성에 꽃이 흐드러지게 피고 만물이 바야흐로 화창할 때 월하의 노인처럼 인연을 맺어 주던 방자 놈으로 말 물려라. 둥덩둥덩실, 얼싸 좋을시고!」

문장이 저절로 진실함이 있음이라.「구운몽」에서 차용. 10 젹경홍(狄驚鴻):「구운몽」에서 양소유의 첩이 되는 인물. 11 복파영듕(伏波營中)의 월영(月影)이 졍류(正流)ᄒᆞ고 옥문관외(玉門關外)의 츈식의희(春色依稀)라: 복파궁(伏波宮) 가운데 달빛이 영롱하고 옥문관(玉門關) 밖에 봄빛이 가득함.「구운몽」에서 차용. 원문의 '이희'는 '의희'로 바로잡았음. 12 심요연(沈裊烟):「구운몽」에서 양소유의 첩이 되는 인물. 14 뵉능파(白凌波):「구운몽」의 등장인물로, 양소유의 첩이 되는 인물.

"이 이, 츈향(春香)아. 여츠량야(如此良夜)의 불음(不飮)은 하(何)오? 남은 슐 잇거든 마즈 부어라."

츈향(春香)이 디답(對答)ᄒᆞ되,

"약쥬(藥酒)는 부으려니와 그 쇼릭 참 별(別)쇼릭오. 하나만 더 ᄒᆞ오."

니도령(李道令)이 또 덕(德) ᄌᆞ(字) 운(韻) 다라 쇼릭 ᄒᆞᆫ다. 밍낭(孟浪)ᄒᆞ게 ᄒᆞ것다.

「셰상(世上) ᄉᆞ람 삼겨나셔 덕(德) 업시는 못ᄒᆞ리라. 텬황시(天皇氏) 목덕(木德)이오, 지황시(地皇氏) 화덕(火德)이오, 인황시(人皇氏) 슈덕(水德)이오, 교인화식(敎人火食) 슈인시덕(燧人氏德), 용병간과(用兵干戈) 헌원시덕(軒轅氏德), 상빅초(嘗百草)는 신롱시덕(神農氏德), 착산통도(鑿山通道) 하우시덕(夏禹氏德), 시획팔과(始劃八卦) 복희시덕(伏羲氏德), 당틱종(唐太宗)의 울지경덕(蔚遲敬德), 셔량명당(西凉名將) 방덕(龐德)이오, 삼국명당(三國名將) 댱익덕(張益德), 활달디도(豁達大度) 뉴현덕(劉玄德), 난세간웅(亂世奸雄) 됴밍덕(曺孟德), 우슌풍조(雨順風調) 하ᄂᆞ님 덕(德), 국틱민안(國泰民安) 님군의 덕(德), 붕우유신(朋友有信) 벗의 덕(德), 말년영화(末年榮華) ᄌᆞ숀(子孫)의 덕(德), 몹슬 놈의 빅은망덕(背恩忘德), 좌편(左便) 놈의 홈의 덕(德), 우편(右便) 놈의 원두(園頭) 덕(德), 단단ᄒᆞᆫ 목덕(木德)이오, 물넝물넝ᄒᆞᆫ 쑥덕, 이 덕 져 덕 다 후루치고 벌덕벌덕 먹으리라.」

---

11 교인화식(敎人火食) 슈인시덕(燧人氏德): 불로 음식을 조리하는 방법을 가르친 것은 수인씨(燧人氏)의 덕택. 12 상빅초(嘗百草)는 신롱시덕(神農氏德): 갖가지 풀을 맛보며 의약(醫藥)을 개발한 것은 신농씨(神農氏)의 덕택. 13 착산통도(鑿山通道) 하우시덕(夏禹氏

"이 애, 춘향아. 이와 같이 좋은 밤에 마시지 않음은 무슨 까닭이냐? 남은 술 있거든 마저 부어라."

춘향이 대답하되,

"약주는 부으려니와 그 소리 참 별소리요. 하나만 더 하오."

이도령이 또 덕 자 운을 달아 소리를 한다. 맹랑하게 하것다.

「세상 사람 생겨나서 덕 없이는 못하리라. 천황씨 목덕이요, 지황씨 화덕이요, 인황씨 수덕이요, 사람들에게 익혀 먹는 법을 가르친 것은 수인씨 덕, 군사와 무기를 사용하는 것은 헌원씨 덕, 갖가지 풀을 맛보고 약을 찾아낸 것은 신농씨 덕, 산을 뚫고 길을 만든 것은 하우씨 덕, 처음으로 팔괘를 만든 것은 복희씨 덕, 당태종의 울지경덕, 서량의 명장 방덕이요, 삼국의 명장 장익덕, 활달한 대도를 지닌 유현덕, 난세의 간웅인 조맹덕, 우순풍조는 하나님 덕, 국태민안은 임금의 덕, 붕우유신은 벗의 덕, 말년영화는 자손의 덕, 몹쓸 놈의 배은망덕, 좌편 놈의 호미 덕, 우편 놈의 원두 덕, 단단한 목덕이요, 물렁물렁한 쑥덕, 이 덕 저 덕 다 후리치고 벌덕벌덕 먹으리라.」

德): 산을 뚫고 길을 만든 것은 하우씨(夏禹氏)의 덕택. 시획팔과(始劃八卦) 복희시덕(伏羲氏德): 처음으로 팔괘(八卦)를 만든 것은 복희씨(伏羲氏)의 덕택. 16 활달되도(豁達大度): 도량이 넓고 커서 작은 일에 구애되지 않음. 뉴현덕(劉玄德): 유비(劉備). 17 우슌풍조(雨順風調): 바람 불고 비오는 것이 때와 분량에 알맞음. 20 홈: 호미.

ᄉᆞ오빅(四五杯)를 거후ᄅᆞ고 취흥(醉興)이 도도(陶陶)ᄒᆞ여, 츈향(春香)의 가는 허리 허험벅 트러 안고, 입 ᄒᆞᆫ 번(番) 쪽, 등 한 번(番) 둥덩.

"어허 어허, ᄂᆡ ᄉᆞ랑이야! 아마도 네로고나! 월침침(月沈沈) 야ᄉᆞᆷ경(夜三更)의 어셔 벗고 잠을 자ᄌᆞ. 다졍(多情)ᄒᆞ니 빵흉합(雙胸合)이오, 유의(有意)ᄒᆞ니 냥각ᄀᆡ(兩脚開)라. 동요(動搖)ᄂᆞᆫ 유아ᄉᆞ(由我使)녀니와 심천(深淺)은 임군지(任君之)라. 족무ᄉᆞᆷ경월(足無三更月)이오 금ᄉᆡᆼ일진풍(衾生一陣風)이라. 낙월(落月)은 공산슉(空山宿)이오 한계(寒溪)ᄂᆞᆫ 노슈졍(老樹靜)이라. 하상견지만만야(何相見之晩晩耶)오, 니ᄇᆡᆨ(李白)이 여이(與爾)로 동ᄉᆞ생(同死生)을. 츈몽(春夢)이 다졍(多情)커든 양왕운우(襄王雲雨) 불월쇼냐? 그ᄂᆞᆫ 그러ᄒᆞ거니와 야심인젹(夜深人寂)ᄒᆞ고 만뇌구젹(萬籟俱寂)ᄒᆞ니 놀기ᄂᆞᆫ ᄂᆡ일이ᄂᆡ무진(來日以來無盡)이라, 어셔 벗고 잠을 자ᄌᆞ."

츈향(春香)이 거문고를 믈니치고, 젹무인임즁문(寂無人臨中門)의 분벽ᄉᆞ창(粉壁紗窓) 고요ᄒᆞ다. 원앙금침(鴛鴦衾枕), 잣벼ᄀᆡ를 촉하(燭下)의 포셜(鋪設)ᄒᆞ고, 셜부화용(雪膚花容) 드러ᄂᆡ여 츈졍(春情)을 ᄌᆞ아ᄂᆡ니, 아릿답고 징그럽다.

"도련님 몬져 버ᄉᆞ시오."

"나 몬져 버ᄉᆞᆫ 후(後)의 너ᄂᆞᆫ 아니 버ᄉᆞ랴나 보다. 잡말 말고 너부터 버셔라."

---

1 거후ᄅᆞ고: 기울이고. 5 빵흉합(雙胸合): 두 가슴이 마주 닿음. 6 동요(動搖)ᄂᆞᆫ 유아ᄉᆞ(由我使)녀니와 심천(深淺)은 임군지(任君之): 동요는 너에게 맡기겠으나, 심천은 나에게 맡겨야 함. 즉, 성적(性的) 행위를 암시. 7 족무ᄉᆞᆷ경월(足無三更月)이오 금ᄉᆡᆼ일진풍(衾生一陣風): 사람의 발자취가 없는 깊은 밤이요, 이불에서는 한바탕 바람이 일어남. 즉, 성적 행위를 암시. 10 동ᄉᆞ생(同死生): 생사(生死)를 함께함. 11 양왕운우(襄王雲雨): 초(楚)나라 양왕(襄王)이 무산선녀(巫山仙女)와 육체적 관계 맺음을 비유. 『문선(文選)』의 송옥(宋玉)의

네댓 잔을 거듭 마시고 취흥이 넘쳐흘러, 춘향의 가는 허리를 허험벅 틀어 안고, 입 한 번 쪽, 등 한 번 둥덩.

"어허 어허, 내 사랑이야! 아마도 네로구나! 달도 침침한 야삼경에 어서 벗고 잠을 자자. 다정하니 두 가슴이 맞닿고, 뜻이 있으니 두 다리를 벌렸구나. 허리를 흔드는 것은 네게 맡기려니와 깊고 얕음은 나에게 달렸네. 인적이 없는 깊은 밤이요, 이불 속에서는 한바탕 바람이 이네. 지는 달은 빈산으로 넘어가고 차가운 시내는 늙은 나무 밑에서 고요하다. 서로의 만남이 어찌 이리 늦었는가, 이태백이 그대와 더불어 생사를 같이함을. 춘향과 몽룡이 다정하니 무산선녀와 양왕의 사랑이 부러울쏘냐? 그는 그러하거니와 밤은 깊어 사람의 자취는 없고 고요하니 놀기는 내일이 되어도 다함이 없을 테니, 어서 벗고 잠을 자자."

춘향이 거문고를 물리치고, 중문에 가까이 가도 인기척이 없고 분벽사창 고요하다. 원앙금침과 잣베개를 촛불 아래 펼쳐놓고, 하얀 살결과 꽃다운 용모를 드러내어 춘정을 자아내니, 아리땁고 징그럽다.

"도련님 먼저 벗으시오."

"나 먼저 벗은 후에 너는 아니 벗으려나 보다. 잡말 말고 너부터 벗어라."

「고당부(高唐賦)」와 「신녀부(神女賦)」에서 무산(巫山)의 여자와 관계를 맺은 사람은 양왕(襄王)의 선왕인 회왕(懷王)이고, 양왕은 꿈에 만나 보기만 했음. 12 만뇌구적(萬籟俱寂): 깊은 밤 아무 소리도 없고 고요함. 내일이내무진(來日以來無盡): 내일이 되어도 다함이 없음. 14 적무인임중문(寂無人臨中門): 중문(中門)에 가까이 가도 인기척은 없고 고요함. 15 분벽사창(粉壁紗窓): 하얗게 꾸민 벽과 비단으로 바른 창이라는 뜻으로, 여인이 거처하며 아름답게 꾸민 방을 이르는 말. 16 포설(鋪設): 펴서 베풂.

춘향(春香)이 몬져 버슨 후(後)의 니도령(李道令)도 마ᄌᆞ 벗고, 에후루쳐 허험셕 안고 두 몸이 ᄒᆞᆫ 몸이 되엿고나. 네 몸이 ᄂᆡ 몸이오 네 살이 ᄂᆡ 살이라. 호탕(豪宕)ᄒᆞ고 무루녹아 녀산폭포(廬山瀑布)의 돌 구으듯 데굴데굴 구을면셔 비졈가(批點歌)로 화답(和答)ᄒᆞᆫ다.

「우리 두리 맛나시니 만날 봉(逢) ᄌᆞ(字) 비졈(批點)이오,
ᄇᆡᆨ년가약(百年佳約) ᄆᆡᄌᆞ시니 ᄆᆡ질 결(決) ᄌᆞ(字) 비졈(批點)이오,
우리 두리 누어시니 누을 와(臥) ᄌᆞ(字) 비졈(批點)이오,
우리 두리 버셔시니 버슬 탈(脫) ᄌᆞ(字) 비졈(批點)이오,
우리 두리 덥허시니 덥흘 부(覆) ᄌᆞ(字) 비졈(批點)이오,
금일침상(今日沈床) 즐겨시니 즐길 낙(樂) ᄌᆞ(字) 비졈(批點)이오,
우리 두리 입 맛초니 법즉(法則) 녀(呂) ᄌᆞ(字) 비졈(批點)이오,
우리 두리 ᄇᆡ 다히니 ᄇᆡ 복(腹) ᄌᆞ(字)가 비졈(批點)이오,
네 아ᄅᆡ 구버보니 오목 요(凹) ᄌᆞ(字) 비졈(批點)이오,
ᄂᆡ 아ᄅᆡ 구버보니 ᄂᆡ밀 쳘(凸) ᄌᆞ(字) 비졈(批點)이오,
두 몸이 ᄒᆞᆫ 몸 되니 모들 합(合) ᄌᆞ(字) 비졈(批點)이오,
나아갈 진(進), 믈너날 퇴(退) ᄌᆞ(字), ᄌᆞ주 빈(頻) ᄌᆞ(字) 비졈(批點)이오,
조흘 호(好) ᄌᆞ(字), 싈 산(酸) ᄌᆞ(字), 물 슈(水) ᄌᆞ(字) 다 비졈(批點)이라.」

이러트시 농탕(弄蕩)ᄒᆞ니, 남ᄃᆡ문(南大門)이 게 궁기오, 인졍(人定)이 ᄆᆡ방울이오, 션혜쳥(宣惠廳)이 오푼이오, 호조(戶曹)가 셔푼이오, 하늘이 돈짝만 ᄒᆞ고 ᄯᅡ히 ᄆᆡ얌돈다. 취(醉)ᄒᆞᆫ 흥(興)을 니긔지 못ᄒᆞ여 춘향(春香)ᄃᆞ려 ᄒᆞᄂᆞᆫ 말이,

---

4 **비졈가**(批點歌): 문장의 특별히 기묘한 곳에 매기는 비점 노래. 17 **ᄌᆞ주**: 빈번히. 원문의 'ᄌᆞ줄'은 'ᄌᆞ주'로 바로잡았음. 22 **농탕**(弄蕩): 남녀가 음탕한 소리와 난잡한 행동으로 노는

춘향이 먼저 벗은 후에 이도령도 마저 벗고, 에후루쳐 허험석 안고 두 몸이 한 몸이 되었구나. 네 몸이 내 몸이요 네 살이 내 살이라. 호탕하고 무르녹아 여산 폭포에 돌 구르듯 데굴데굴 구르면서 비점가로 화답한다.

「우리 둘이 만났으니 만날 봉 자 비점이요,
백년가약 맺었으니 맺을 결 자 비점이요,
우리 둘이 누웠으니 누울 와 자 비점이요,
우리 둘이 벗었으니 벗을 탈 자 비점이요,
우리 둘이 덮었으니 덮을 부 자 비점이요,
오늘 침상 즐겼으니 즐길 락 자 비점이요,
우리 둘이 입 맞추니 법칙 여 자 비점이요.
우리 둘이 배 닿으니 배 복 자가 비점이요,
네 아래 굽어보니 오목 요 자 비점이요,
내 아래 굽어보니 내밀 철 자 비점이요,
두 몸이 한 몸 되니 모일 합 자 비점이요,
나아갈 진, 물러날 퇴 자, 자주 빈 자 비점이요,
좋을 호 자, 실 산 자, 물 수 자 다 비점이라.」

이렇듯이 농탕하니, 남대문이 게 구멍처럼 작게 보이고, 인정 같은 큰 종도 매단 방울처럼 작게 보이고, 선혜청이 다섯 푼이요, 호조가 서푼 정도로 보이고, 하늘이 돈짝만 하고 땅이 맴을 돈다. 취한 흥을 이기지 못하여 춘향더러 하는 말이,

것. 원문의 '농창'은 '농탕'으로 바로잡았음. 남디문(南大門)이 게 궁기오: 남대문이 게 구멍처럼 작게 보임. 24 하놀이 돈짝만 ᄒᆞ고: 정신이 얼떨떨하여 사물이 제대로 보이지 않음을 이르는 말.

"우리 두리 인연(因緣)이 지듕(至重)ᄒᆞ여 이러ᄐᆞ시 만나시니 인(人) ᄌᆞ(字) 타령 ᄒᆞ여 보ᄌᆞ."

인(人) ᄌᆞ(字)를 다라 ᄆᆡᆼ낭(孟浪)이도 ᄒᆞᄂᆞᆫ고나.

「님하하증견일인(林下何曾見一人), 월명고루유여인(月明高樓有女人), 금일번셩송고인(今日飜成送故人), 비입궁당불견인(飛入宮中不見人), 쳔니타향봉고인(千里他鄕逢故人), 양뉴쳥쳥도슈인(楊柳青青渡水人), 불견낙교인(不見洛橋人), 풍셜야귀인(風雪夜歸人), 귀인(貴人), 명인(名人), 병인(病人), 걸인(乞人), 노인(老人), 쇼인(小人) 등인(等引)으로 인연(因緣)ᄒᆞ여, 냥인(兩人)이 혼인(婚姻)ᄒᆞ니 증인(證人) 되기 즐겁기도 그지업다.」

츈향(春香)이 니른 말이,

"도련님은 인 ᄌᆞ(字)를 다라시니, 나ᄂᆞᆫ 연 ᄌᆞ(字)를 다라 보ᄉᆞ이다."

ᄒᆞ고 연 ᄌᆞ(字)를 다라시니,

「우락즁분미ᄇᆡᆨ년(憂樂中分未百年), 호긔댱구오륙년(胡騎長驅五六年), 인노증무ᄀᆡᆼ쇼년(人老曾無更少年), 빵빈명됴우일년(霜鬢明朝又一年), 젹막강산금ᄇᆡᆨ년(寂寞江山今白年), 함양유협다쇼년(咸陽游俠多少

---

5 님하하증견일인(林下何曾見一人): 일찌기 숲 속에 은거하는 이를 한 사람인들 보았느냐? 즉, 벼슬을 그만둔 사람을 볼 수 없음을 이르는 말. 당(唐)나라 승려 영철(靈澈)의 시 「답위단(答韋丹)」에서 차용. 6 금일번셩송고인(今日飜成送故人): 오늘 번성에서 옛 벗을 보냄. 원문의 '임고인'은 '송고인'으로 바로잡았음. 비입궁당불견인(飛入宮中不見人): 날 듯이 궁중(宮中)에 들어가니 아무도 보이지 않네. 당나라 유우석(劉禹錫)의 가사 「양류지(楊柳枝)」에서 차용. 7 쳔니타향봉고인(千里他鄕逢故人): 천 리 타향에서 옛 친구를 만남. 양뉴쳥쳥도슈인(楊柳青青渡水人): 버들은 푸르고 푸른데 사람은 시냇물 건너가네. 당나라 왕유(王維)의 시 「한식사상작(寒食汜上作)」에서 차용. 8 불견낙교인(不見洛橋人): 낙교(洛橋)에 사

"우리 둘이 인연이 지극히 중하여 이렇듯이 만났으니 인 자 타령을 하여 보자."

인 자를 달아 맹랑히도 하는구나.

「일찌기 벼슬을 그만둔 사람을 한 사람도 볼 수 없네, 달이 밝은데 높은 다락에 있는 여인, 오늘은 번성에서 보낸 고인, 궁궐 담 안으로 날아가 보지만 아무도 보이지 않네, 천 리 타향에서 만난 고인, 버들은 푸른데 시냇물을 건너는 사람, 낙교에서 볼 수가 없는 사람, 눈 내리는 밤에 집으로 돌아가는 사람, 귀인, 명인, 병인, 걸인, 노인, 소인 등등의 사람으로 인연하여 양인이 혼인하니 증인 되기가 즐겁기도 그지없다.」

춘향이 이른 말이,

"도련님은 인 자를 달았으니 나는 연 자를 달아 보사이다."

하고 연 자를 달았으니,

「인생은 근심과 즐거움이 반반인데 그나마 살기 어려운 백 년, 오랑캐의 말을 타고 돌아다닌 지 오륙 년, 사람이 늙으면 다시 될 수 없는 소년, 귀밑머리 서리처럼 세었는데 내일 아침이면

람을 볼 수가 없음. 당나라 송지문(宋之問)의 시 「한식(寒食)」에서 차용. 17 **우락즁분미빅년**(憂樂中分未百年): 근심과 즐거움이 반반인 인생이지만 백 년도 채 살지 못함. **호긔댱구오륙년**(胡騎長驅五六年): 오랑캐의 말을 타고 오륙 년이나 되도록 오래 몰아감. 두보(杜甫)의 시 「한별(恨別)」에서 차용. 18 **빵빈명됴우일년**(霜鬢明朝又一年): 구레나룻은 서리처럼 희게 되었는데, 내일 아침이면 또다시 한 해를 맞게 되네. 당나라 고적(高適)의 시 「제야작(除夜作)」에서 차용. 19 **젹막강산금빅년**(寂寞江山今白年): 적막한 강산이 이제 백 년이나 되었음. **함양유협다쇼년**(咸陽游俠多少年): 진나라 수도 함양(咸陽)에는 놀기 좋아하고 협기 있는 소년들이 많음. 당나라 왕유(王維)의 시 「소년행(少年行)」에서 차용.

年), 경셰우경년(經歲又經年), 한진부지년(寒盡不知年), 일년(一年), 십년(十年), 빅년(百年), 쳔년(千年), 거년(去年), 금년(今年), 우리 두리 우연(偶然)이 결연(結緣)ᄒᆞ여 빅년(百年)을 인연(因緣)ᄒᆞ니 빅년(百年)이 쳔년(千年)이라.」

니도령(李道令)이 듯고 ᄒᆞ는 말이,

"이 ᄋᆡ, 네 쇼ᄅᆡ 참 별(別)쇼ᄅᆡ로다."

ᄒᆞ며 두리 이러트시 잇속탐닉(耽溺)ᄒᆞ고 노더니, 효계창효(曉鷄唱曉)ᄒᆞ고 셩두이경(星斗已耿)이라. 금침(衾枕)을 츄혀 덥고 원앙(鴛鴦)이 녹슈(綠水)의 노 듯, 봉황(鳳凰)이 연니지(連理枝)의 길드리 듯, 날 곳 식면 ᄎᆡᆨ방(冊房)이오, ᄒᆡ 곳 지면 도라와셔 가금(歌琴)으로 달야(達夜)ᄒᆞ고 쥬ᄉᆡᆨ(酒色)으로 연낙(宴樂)ᄒᆞᆯ 졔, ᄂᆡ관(內官)의 쳐가츌입(妻家出入)ᄒᆞ듯, 져의 집 건넌방 왕ᄂᆡ(往來)ᄒᆞ듯, 길을 아라 단니면셔 무한(無限) 농탕(弄蕩) 호강ᄒᆞᆫ다. 냥인(兩人)이 서로 만나곳 보면 녹슈(綠水)의 원앙(鴛鴦)이오, 화간(花間)의 졉무(蝶舞)로다. 츈화류(春花柳) 하쳥풍(夏淸風), 츄월명(秋月明) 동셜경(冬雪景)의 아모도 업시 단 두리 만나 놀 졔, 회두일소빅미ᄉᆡᆼ(回頭一笑百媚生)이라. 빅화명월(百花明月)도 무안ᄉᆡᆨ(無顏色)일다. 빅만교ᄐᆡ(百萬嬌態) 웃는 모양 우음 쇽의 ᄭᅩᆺ치 픠고, 단슌호치(丹脣皓齒) 슈작(酬酌)ᄒᆞᆯ 졔, 말 가온ᄃᆡ 향(香)ᄂᆡ 난다.

"안거라 보ᄌᆞ. 셔거라 보ᄌᆞ. 유리 ᄀᆞᆺ흔 각장당판(角壯壯版)의 고은 발은 외씨 ᄀᆞᆺ다."

1 경셰우경년(經歲又經年): 해가 지나가고 또 지나감. 한진부지년(寒盡不知年): 추위가 지나가도 해를 알지 못하네. 당나라 태상은자(太上隱者)의 시 「답인(答人)」에서 차용. 8 잇속탐닉(耽溺): 이익이 되는 일에 깊이 빠짐. 원문의 '이삭단니'는 '잇속탐닉'으로 바로잡았음.

다시 느는 일 년, 적막강산에서 이제는 백 년, 함양에 많이 있는 호기 있는 소년, 일 년이 지나자 다시 오는 일 년. 추위는 다 지나가도 알지 못하는 몇 년, 일 년, 십 년, 백 년, 천 년, 거년, 금년, 우리 둘이 우연히 결연하여 백 년을 인연하니 백 년이 천 년이라.」

이도령이 듣고 하는 말이,

"이 애, 네 소리 참 별소리로다."

하며 둘이 이렇듯이 잇속탐닉하고 놀더니, 아침닭이 울어 새벽을 부르고 별자리도 새벽을 알리니라. 이불을 추켜 덮고 원앙이 녹수에 놀 듯, 봉황이 연리지에 깃들이듯, 날이 곧 새면 책방이요, 해가 지면 바로 돌아와서 노래와 거문고로 밤을 지새며 주색을 즐길 적에, 내관이 실속 없이 처가에 출입하듯, 저의 집 건넌방을 왕래하듯, 길을 알아 다니면서 무한히 농탕하며 호강한다. 두 사람이 서로 만나고 보면, 푸른 물에 원앙이요, 꽃 사이에 춤추는 나비로다. 봄의 화류와 여름의 청풍, 가을의 월명과 겨울의 설경에 아무도 없이 단 둘이 만나 놀 때, 고개를 돌려 한 번 웃으니 백 가지 아름다움이 생겨남이라. 백 가지 꽃과 밝은 달도 빛을 잃는구나. 백만 가지 교태로 웃는 모양 웃음 속에 꽃이 피고, 붉은 입술 하얀 치아로 수작할 때, 말 가운데서 향내가 난다.

"앉거라 보자. 서거라 보자. 유리 같은 각장장판에 고운 발은 외씨 같다."

효계창효(曉鷄唱曉)ᄒᆞ고 셩두이경(星斗已耿): 새벽닭이 아침을 부르고 북두칠성이 새벽을 알려줌. 12 달야(達夜): 밤을 새움. 연낙(宴樂): 잔치를 벌여 즐김. 22 외씨 갸름하여 맵시 있는 여성의 발을 비유.

삽분 회뜩 거러올 졔, 회목 단쥭 치량이면 졔가 졀노 안기인다. 안고 쎨고 즌져리 치고 몸셔리치고 소름 돗칠 졔, 인간지낙(人間至樂)이 이쁜인가 ᄒᆞ노ᄆᆡ라.

부지광음약뉴쉬(不知光陰若流水ㅣ)라. 이러트시 노니더니, 흥진비ᄅᆡ(興盡悲來)ᄒᆞ고 호ᄉᆞ다마(好事多魔)ᄂᆞᆫ ᄌᆞ고상ᄉᆡ(自古常事ㅣ)라. 뉵니광음(陸離光陰)이 물 흐ᄅᆞ듯 지나가니 슈삼츈츄(數三春秋) 되엿고나.

남원부ᄉᆞ(南原府使) 치민션졍(治民善政)으로 묘당(廟堂)이 공논(公論)ᄒᆞ여 공됴참의(工曹參議) 승차(陞差)ᄒᆞ니, 승일상ᄂᆡ(乘馹上來) 올나갈 졔, 니도령(李道令)의 거동(擧動) 보쇼.

불의금ᄌᆞ(不意今者) 당(當)ᄒᆞᆫ 일이 마른하늘 급(急)ᄒᆞᆫ 비의 된벼락이 나리ᄂᆞᆫ 듯, 모진 광풍(狂風)의 시셕(矢石)이 날니ᄂᆞᆫ 듯, 졍신(精神)이 어즐ᄒᆞ고 마음이 ᄉᆞᆯᄂᆞᆫ 듯ᄒᆞ여 죽을밧긔 ᄒᆞᆯ일업다. 두 쥬먹을 불근 쥐여 가슴을 쾅쾅 두ᄃᆞ리며,

"이를 어이ᄒᆞᄌᆞᆫ 말고! 옥 ᄀᆞᆺᄒᆞᆫ 나의 츈향(春香) ᄉᆡᆼ니별(生離別)을 ᄒᆞ단 말가? ᄉᆞ람 못 ᄉᆞᆯ 시운(時運)이라. ᄂᆡ직승ᄎᆞ(內職陞差)ᄂᆞᆫ 무숨 일고? 공됴참의(工曹參議) ᄒᆞ지 말고 이 고을 좌슈(座首)로나 쥬져안져더면 ᄂᆡ게ᄂᆞᆫ 퇴판 조흘 거슬. ᄋᆡ고 이를 엇지ᄒᆞᆯ고. 가슴 답답나 죽깃다!"

허동지동 츈향(春香)의 집 ᄎᆞᄌᆞ가니, 져ᄂᆞᆫ 아직 몰나고나. 반겨 왈학 ᄂᆡ다ᄅᆞ며 드립더 허리를 덤셕 안고, 칠보잠(七寶簪)의 금(金) 나뷔ᄀᆞᆺ치 일신(一身)을 바드드 ᄯᅥᄂᆞᆫ고나.

---

1 삽분 회쓱: 넘어질 듯 사뿐사뿐. 회목: 손목이나 발목의 잘록한 부분. 3 이쁜인가 ᄒᆞ노ᄆᆡ라: 이뿐인가 하노라. 원문의 '이분'은 '이쁜'으로 바로잡았음. 6 뉵니광음(陸離光陰): 지나가는 세월. 8 묘당(廟堂): 종묘(宗廟)와 명당(明堂)을 아울러 이르는 말로, 나라와 정치를 다스리는 조정 또는 조정의 군신을 가리킴. 9 승차(陞差): 윗자리 벼슬로 오름. 승일상

사뿐 회똑 걸어올 제, 발목으로 딴죽을 칠 양이면 제가 절로 안긴다. 안고 떨고 진저리 치고 몸서리 치고 소름 돋칠 제, 인간의 즐거움이 이뿐인가 하노라.

모르는 사이에 세월은 물 흐르듯 하는구나. 이렇듯이 노닐더니, 흥이 다하면 슬픔이 오고 호사다마는 예부터 있는 일이라. 지나가는 세월은 물 흐르는 듯하니 몇 년이 되었구나.

남원부사가 치민선정하여 조정에서 군신들이 공론하여 공조참의로 승차하니, 상경하라는 임금의 명령으로 올라갈 제, 이도령의 거동 보소.

뜻밖에 당한 일이 마른하늘 급한 비에 된벼락이 내리는 듯, 모진 광풍에 돌과 화살이 날리는 듯, 정신이 어지럽고 마음이 끓는 듯하여 죽을밖에 하릴없다. 두 주먹을 불끈 쥐어 가슴을 쾅쾅 두드리며,

"이를 어이하잔 말인고! 옥 같은 나의 춘향 생이별을 한단 말인가? 사람이 못 살 시운이라. 내직 승차는 무슨 일인고? 공조참의 하지 말고 이 고을 좌수로나 주저앉았더면 내게는 아주 좋을 것을. 애고 이를 어찌할꼬. 가슴이 답답하여 나 죽겠다!"

허둥지둥 춘향의 집에 찾아가니, 저는 아직 몰랐구나. 반겨 와락 내다르며 들입다 허리를 덥석 안고, 칠보로 장식한 비녀의 금나비같이 온몸을 바르르 떠는구나.

늬(乘馹上來): 지방의 관리에게 역마(驛馬)를 사용하여 상경하라고 왕명으로 내리는 유지(諭旨). 11 불의금즈(不意今者): 뜻밖에 이번에. 12 시셕(矢石): 전쟁에서 쓰던 화살과 돌. 16 늬직승ᄎ(內職陞差): 지방 벼슬아치가 경관직(京官職)으로 영전함. 18 토판 조흘 거술: 아주 좋은 것을. 21 칠보잠(七寶簪): 칠보로 장식한 비녀.

니도령(李道令)의 거동(擧動) 보쇼. 슈심(愁心)이 쳡쳡(疊疊)ᄒᆞ여 함비낙누(含悲落淚) ᄒᆞᄂᆞᆫ 말이,

"말을 ᄒᆞ랴 ᄒᆞ니 긔(氣)가 막혀 쥭기엿다! 네가 나지를 마라거나 ᄂᆡ가 너를 몰나거나 부지다언(不在多言)ᄒᆞ고 쥭을밧긔 ᄒᆞᆯ일업다!"

츈향(春香)이 옴즉 놀나 뭇ᄂᆞᆫ 말이,

"이거시 무슴 말솜이오? 어졔날 나오실 졔, 희ᄉᆡᆨ(喜色)이 만면(滿面)ᄒᆞ여 날을 보고 반기실 졔, ᄒᆡ당화(海棠花)의 범나뷔ᄀᆞᆺ치 너흘너흘 노ᄅᆞ시더니, 오날은 별안간의 슈ᄉᆡᆨ(愁色)이 만안(滿顔)ᄒᆞ고 말솜조ᄎᆞ 이리 ᄆᆡᆼ낭(孟浪)하오. 안젼(案前)의 ᄉᆞ종을 무로왓소? 몸이 어ᄃᆡ가 불평(不平)ᄒᆞ오? 엇지ᄒᆞᆫ 곡졀(曲折)인지 ᄌᆞ셔(仔細)히 아옵시다."

니도령(李道令) 울며 ᄃᆡ답(對答)ᄒᆞᄃᆡ,

"ᄶᅥ러졋단다, ᄶᅥ러져!"

츈향(春香)이 놀나 ᄃᆡ답(對答)ᄒᆞᄃᆡ,

"어ᄃᆡ 가 낙상(落傷)을 ᄒᆞ엿단 말이오? 그라셔 ᄃᆡ단이나 닷치지 아니ᄒᆞ엿소?"

"뉘 아들놈이 ᄂᆡ가 ᄶᅥ러졋다드냐? 어루신ᄂᆡ가 골앗단다."

"골아? ᄋᆡ고, 골다니? ᄉᆞᄯᅩ 날니셧나 보오."

"그러탄다!"

"그리오? ᄋᆡ고, 그리면 웨 울기ᄂᆞᆫ? 더 조치오. ᄂᆡ직(內職)으로 조흔 벼술 승ᄎᆞ(陞差)ᄒᆞ시거나, 외직(外職)을 ᄒᆞ옵셔도 광나쥐(光羅州) 목ᄉᆞ(牧使) ᄀᆞᆺ튼 것, 영변(寧邊) 영유(永柔) ᄀᆞᆺᄒᆞᆫ ᄃᆡ로 가시면 작히 조흘가. 나ᄂᆞᆫ ᄂᆡ 셰간 다 가지고 삿갓가마 타고 도련님 뒤흘 ᄯᆞ라가지오."

---

4 부지다언(不在多言): 여러 말 할 것 없음. 8 만안(滿顔): 얼굴에 가득함. 9 안젼(案前): 존귀한 사람이 앉아 있는 자리의 앞. 14 낙상(落傷): 떨어지거나 넘어져서 다침. 원문의 '낙셩'

이도령의 거동 보소. 수심이 첩첩하여 슬픔을 품고 눈물을 흘리면서 하는 말이,

"말을 하려 하니 기가 막혀 죽겠다! 네가 나지를 말았거나 내가 너를 몰랐거나 여러 말 할 것 없이 죽을밖에 하릴없다!"

춘향이 움찔 놀라 묻는 말이,

"이것이 무슨 말씀이오? 어제 나오실 제, 얼굴에 희색이 가득하여 나를 보고 반기실 제, 해당화에 범나비같이 너훌너훌 노시더니, 오늘은 별안간에 근심스러운 빛이 얼굴에 가득하고 말씀조차 이리 맹랑하오. 윗분에게 꾸중을 들으셨소? 몸이 어디가 불편하오? 어떠한 곡절인지 자세히 아옵시다."

이도령이 울며 대답하되,

"떨어졌단다, 떨어져!"

춘향이 놀라서 대답하되,

"어디 가서 낙상을 하였단 말이오? 그래서 대단히 다치지는 아니하였소?"

"뉘 아들놈이 내가 떨어졌다더냐? 어르신네가 곯았단다."

"곯아? 애고, 곯다니? 사또께서 자리를 날리셨나 보오."

"그렇단다!"

"그래요? 애고, 그러면 왜 울기는? 더 좋지요. 내직 좋은 벼슬로 승차하시거나, 외직을 하옵셔도 광주나 나주 목사 같은 것, 영변이나 영유 같은 데로 가시면 오죽 좋을까. 나는 내 세간 다 가지고 삿갓가마를 타고 도련님 뒤를 따라가지요."

은 '낙상'으로 바로잡았음. 21 목사(牧使): 지방 행정 단위의 하나인 목을 맡아 다스리던 정3품 외직 문관.

니도령(李道令)이 두 ᄉᆞᄆᆡ로 낫ᄎᆞᆯ ᄡᅡ고 목이 메여 ᄒᆞᄂᆞᆫ 말이,

"잘 ᄯᆞ라오ᄂᆞ라, 잘 ᄯᆞ라와! 그러ᄒᆞᆯ 터 ᄀᆞᆺᄒᆞ면 뉘 아들놈이 긔탄(忌憚)ᄒᆞ랴!"

춘향(春香)의 거동(擧動) 보쇼. 실ᄉᆡᆨ(失色)ᄒᆞ여 ᄒᆞᄂᆞᆫ 말이,

"ᄋᆡ고! 이 말이 웬 말이오? 니별(離別) 말이 웬 말이오?"

셤셤옥슈(纖纖玉手) 블근 쥐여 분통(粉桶) ᄀᆞᆺ튼 졔 가슴을 법고(法鼓) 즁의 법고(法鼓) 치듯 아조 쾅쾅 두ᄃᆞ리며, 두 발을 동동 구ᄅᆞ면셔, 숨단 ᄀᆞᆺ흔 머리를 홍졔원(弘濟院) 나무장ᄉᆞ 잔ᄶᅵ 불희 ᄯᅳᆺ듯 바드덩바드덩 쥐여ᄯᅳ드며,

"ᄋᆡ고ᄋᆡ고 셜운지고! 쥭을밧긔 ᄒᆞᆯ일업ᄂᆡ! 날 속이랴고 이리ᄒᆞ나? 조롱랴고 긔롱(譏弄)ᄒᆞ나? 깁슈건(手巾)을 글너 ᄂᆡ여 ᄒᆞᆫ ᄭᅳᆺᄎᆞ란 남게 ᄆᆡ고, ᄯᅩ ᄒᆞᆫ ᄭᅳᆺ츠란 목에 ᄆᆡ고, ᄯᅮᆨ ᄯᅥ러져 쥭고지고! 쳥쳥소(淸淸沼)의 풍덩 ᄲᅢ져 셰상(世上)을 잇고지고! 아모려도 못술ᄀᆡ네! 잡말 말고 나도 가옵시다. 써썩 프더덕 장씨 갈 졔 아로롱 갓토리 ᄯᆞ라가듯, 녹슈(綠水) 갈 졔 원앙(鴛鴦) 가고, 쳥슈피 갈 졔 씨암닭 가고, 쳥ᄀᆡ고리 갈 졔 실ᄇᆡ얌 가고, 운종뇽(雲從龍) 풍종호(風從虎)ᄒᆞ고, 구름 갈 졔 비 가고, 바늘 갈 졔 실이 가고, 봉(鳳)이 갈 졔 황(凰)이 가고, 송별낭군(送別郞君) 도련님 갈 졔 쳥츈쇼쳡(靑春小妾) 나도 가세! ᄡᅡᆼ교(雙轎)ᄂᆞᆫ 과(過)ᄒᆞ니 말고, 독교(獨轎)ᄂᆞᆫ 슬흐니 말고, 가마를 ᄭᅮ미되 가마ᄭᅩᆨ지ᄂᆞᆫ 왜쥬홍(倭朱紅) 칠ᄒᆞ고, 가마 ᄯᅮᆨ경은 궁초(宮綃)로 ᄡᅡ고, 가마 쳥장ᄃᆡ(靑帳臺)ᄂᆞᆫ 먹감나무로 ᄒᆞ고, 가마발은 슌담양(順潭陽) 드러가셔 왕ᄃᆡ를 버혀다가 쳘궁

---

4 **실식(失色)**: 놀라서 얼굴빛이 달라짐. 6 **법고(法鼓) 즁의 법고(法鼓) 치듯**: 속담으로, 큰 소리가 나게 두드림을 비유. 14 **장씨**: 수꿩. 15 **청슈피**: 수탉. 16 **운종뇽(雲從龍) 풍종호(風從虎)**: 구름은 용을 따르고 바람은 범을 따름. 21 **궁초(宮綃)**: 댕기 천으로 많이 사용

이도령이 두 소매로 낯을 싸고 목이 메어 하는 말이.

"잘 따라오너라, 잘 따라와! 그러할 터 같으면 뉘 아들놈이 기탄하랴!"

춘향의 거동 보소. 실색하여 하는 말이,

"애고! 이 말이 웬 말이오? 이별 말이 웬 말이오?"

섬섬옥수 불끈 쥐어 분통 같은 제 가슴을 중이 법고 치듯이 아주 쾅쾅 두드리며, 두 발을 동동 구르면서, 삼단 같은 머리를 홍제원 나무장사가 잔디 뿌리를 뜯듯이 바드덩바드덩 쥐어뜯으며,

"애고애고 설운지고! 죽을밖에 하릴없네! 날 속이려고 이리하나? 조르려고 기롱하나? 비단수건을 끌러 내어 한 끝은 나무에 매고, 또 한 끝은 목에 매고, 뚝 떨어져 죽고지고! 푸르고 맑은 연못에 풍덩 빠져 세상을 잊고지고! 아무래도 못 살겠네! 잡말 말고 나도 가옵시다. 꺼껑 푸드덕 장끼 갈 제 아로롱 까투리 따라가듯, 푸른 물 흘러갈 제 원앙 가고, 청수피 갈 제 씨암탉 가고, 청개구리 갈 제 실뱀 가고, 용 가는 데 구름이 가고, 범 가는 데 바람이 가고, 구름 갈 제 비 가고, 바늘 갈 제 실이 가고, 봉이 갈 제 황이 가고, 이별 낭군 도련님 갈 제 청춘 소첩 나도 가세! 쌍교는 과하니 말고, 독교는 슬프니 말고, 가마를 꾸미되 가마꼭지는 왜주홍색으로 칠하고, 가마 뚜껑은 궁초 비단으로 싸고, 가마 청장대는 먹감나무로 하고, 가마발은 화순과 담양 들어가서 왕대를 베어

하는 무늬 있는 비단. 먹감나무: 오래된 감나무로 단단하며 결이 고운 세공재(細工材).
22 가마발: 가마를 올려놓는 받침대. 슌담양(順潭陽): 전라도 화순(和順)과 담양(潭陽)을 아울러 이르는 말.

그 샛바닉여 당쥬홍(唐朱紅) 칠ᄒᆞ여, ᄉᆡᆨ(色) 고은 청면ᄉᆞ(靑綿絲)로 거북문(紋)으로 얽어ᄂᆡ여 당말익(唐抹額) 실노 금젼지(金箋紙) 달고. 휘당(揮場)은 ᄇᆡᆨ셜(白雪)이 풀풀 흣날닐 졔 돈피(獤皮)로 두르고, 가마 얽기ᄂᆞᆫ ᄉᆡᆼ면쥬(生綿紬)로 치고, 가마치 고ᄂᆞᆫ 놈이라도 ᄉᆞᆨ뒤ᄂᆞᆫ 셰 뼘이오, 헌거(軒擧)ᄒᆞᆫ 건장(健壯)ᄒᆞᆫ 놈으로 조흔 젼닙(氈笠) 천은영ᄌᆞ(天銀纓子) 넙은 ᄭᅳᆫ을 다라쓰고, 외올망건(網巾) 당ᄉᆞ(唐絲) ᄭᅳᆫ의 젹ᄃᆡ모(赤玳瑁) 골회 관ᄌᆞ(貫子) 냥(兩) 귀밋히 ᄯᅥᆨ 븟치고, ᄌᆞ지슈(紫芝繡) 한단(漢緞) 졀구통 젹고리 톳명쥬(明紬) 당바지, 숨승(三升)으로 물겹옷 지어 압ᄌᆞ락을 졔쳐다가 뒤흐로 ᄆᆡ고, 삼승(三升) 보션에 조희총 메토리 낙복지(落幅紙)로 곱거러 들메이고, 팔ᄃᆡ의 힘을 올녀 골 거두어 뒤ᄎᆡ를 쇠눌 젹의, 월으렁 츙청 것ᄂᆞᆫ 말게 반부담(半負擔)ᄒᆞ여 쎵덩그러케 날 ᄃᆞ려가오! 그럴 터이 못 되거든, 다 훌젹 썰더리고 녀복(女服)을 ᄒᆞ지 말고 남복(男服)을 ᄒᆞ되, 보라 동옷 당바지의 다님 ᄆᆡ고 힝젼(行纏) 치고, 갈미를 짓게 드려 긴 옷슬 지어 닙고, 머리 ᄯᅡᄒᆞ 궁초(宮綃) 당긔 셕웅황(石雄黃)의 뒤흐로 츌넝 느리치고, 당(唐) ᄎᆞ련 ᄊᆡ를 씨고, 겹옷 ᄌᆞ락을 졉어다가 어슥비슥 ᄭᅩ즌 후의, 두 푼ᄌᆞ리 쇠셕집신 단단이 들멘 후의, 올흔숀으로 ᄎᆡ를 들고 왼숀으로 견마(牽馬) 드러 도련님 올나가실 젹의 나귀 견마(牽馬)나 들고 가셰!”

---

2 **거북문**(紋): 거북 등 형태의 무늬. **당말익**(唐抹額): 당마래기, 즉 당나라 천으로 만든 이마에 동여매는 띠. **금젼지**(金箋紙): 길례(吉禮) 때 쓰는 보자기의 네 귀에 다는 금빛 종이 장식. 3 **돈피**(獤皮): 담비 가죽. 4 **ᄉᆞᆨ뒤**: 꼭뒤상투. 즉, 뒤통수 한가운데에 틀어 짠 상투. 5 **헌거**(軒擧): 풍채가 당당하고 의기(意氣)가 있음. 8 **톳명쥬**(明紬): 톳명주. 즉, 토주(吐紬)라고도 불리는, 바탕 빛깔이 누르스름한 명주. 원문의 '톤면쥬'는 '톳명쥬'로 바로잡았음. 9 **물겹옷**: 헝겊을 호아서 만든 겹옷. 10 **조희총 메토리**: 지총 미투리. 발에 닿는 데를 종이로 감싼 삼 껍질로 만든 신. **낙복지**(落幅紙)**로 곱거러**: 과거에서 낙방한 이의 글 종

다가 가늘게 쪼갠 대나무를 쇠구멍에 뽑아내어 당주홍색으로 칠하여, 색이 고운 무명실로 거북 등 무늬를 얽어내어 네 귀에는 당말액 실로 금전지를 달고. 휘장은 흰눈이 풀풀 흩날릴 제 담비 가죽으로 두르고, 가마 얽기는 생면주로 치고, 가마채를 들어 올리는 놈이라도 꼭뒤상투가 세 뼘이오, 풍채 좋고 의기 당당한 건장한 놈으로 좋은 전립 천은영자에 넓은 끈을 달아 쓰고, 외올 망건에는 당사 끈에 붉은 대모로 만든 고리를 단 관자를 양쪽 귀 밑에 떡 붙이고, 자지로 수놓은 한단 절구통 저고리에 굵은 명주로 당바지를 입히고, 삼승으로 성글게 꿰매어 만든 겹옷으로 앞자락을 제쳐다가 뒤로 매고, 삼승 버선에 지총 미투리를 낙복지 두 겹으로 단단히 동여매고, 팔뚝에 힘을 주고 골을 박아 제 모양을 잡아서 뒤편 가마채를 맞출 때에 월으렁 충정 걷는 말에 관부담하여 태워 떵떵거리며 날 데려가오! 그렇지가 못하거든, 다 훌쩍 떨쳐버리고 여자 옷을 하지 말고 남복을 하되, 보랏빛 남자 저고리와 당바지에 대님 매고 행전 치고, 갈매나무 열매로 짙게 물들인 긴 옷을 지어 입고, 머리는 땋아서 석웅황으로 물들인 궁초 댕기를 뒤로 출렁 늘어뜨리고, 당채련으로 만든 띠를 띠고, 겹옷자락을 접어다가 어슥비슥 꽂은 후에, 두 푼짜리 세코짚신을 단단히 붙잡아 맨 후에, 오른손으로 채를 들고 왼손으로 고삐를 잡아 도련님 올라가실 적에 마부가 되어 나귀의 고삐나 들고 가세!"

이를 겹으로 매어. 11 팔ᄃᆡ: 팔의 비칭(卑稱). 골 거두어: 골을 박아서 바로잡아. 14 힝젼(行纏): 고의를 입을 때, 정강이에 감아 무릎 아래에 돌려 매는 헝겊. 15 셕웅황(石雄黃): 댕기에 물리는 누런 빛의 진주로 만든 노리개. 원문의 '셕우황'은 '셕웅황'으로 바로잡았음. 16 ᄎᆡ련 ᄯᅴ: 채련 띠. 연하게 만든 당나귀 가죽 띠. 17 쇠셔집신: 세코짚신. 앞 양쪽의 총을 터서 코를 내어 발이 편하도록 만든 짚신. 18 견마(牽馬): 견마부(牽馬夫). 즉, 나귀의 고삐를 잡고 길을 인도해 가는 마부. 원문의 '겻마'는 '견마'로 바로잡았음.

니도령 니른 말이,

“우지 마라, 우지 마라! 졔발 덕분(德分) 우지 마라! 네 우름쇼리 댱부(丈夫)의 일촌간장(一寸肝腸)이 다 녹ᄂᆞᆫ다. 이리 ᄋᆡ를 쓰고 엇지ᄒᆞ리. 널낭 죽어 물이 되되, 텬샹(天上)의 은하슈(銀河水), 디하(地下)의 폭포슈(瀑布水), 동ᄒᆡ슈(東海水), 셔ᄒᆡ슈(西海水), 일ᄃᆡ(一帶) 댱강슈(長江水) 다 후루쳐 더져두고 음양슈(陰陽水)란 물이 되고, 날낭 죽어 ᄉᆡ가 되여도, 난봉(鸞鳳), 공작(孔雀), 두견(杜鵑), 졉동 다 후루쳐 더져두고 원앙됴(鴛鴦鳥)란 ᄉᆡ가 되여, 그 ᄉᆡ가 그 물을 보고 반겨라고 풍덩실 ᄯᅥ져 잇셔, 듀야댱쳔(晝夜長川) 혜지 말고 어화 둥실 ᄯᅥ 잇고져! 그러치 못ᄒᆞ거든, 널낭 죽어 방아확이 되고 날낭 죽어 방아공이 되여, 경신년(庚申年), 경신월(庚申月), 경신일(庚申日), 경신시(庚申時), 강ᄐᆡ공(姜太公)의 조작(造作)쳐로 ᄉᆞ시댱텬(四時長川) 불계(不計)ᄒᆞ고 쩔구덩 찌엿고져! 그러치 못ᄒᆞ거든, 널낭 죽어 암돌젹귀 되고 날낭 죽어 숫돌젹귀 되여, 분벽ᄉᆞ창(粉壁紗窓) 열 졔마다 졔 궁게 졔 쇠가 박혀, 츈하츄동(春夏秋冬) ᄉᆞ시(四時) 업시 ᄲᅣ드덕 ᄲᅣ드덕 ᄒᆞ얏고져! 그러치 못ᄒᆞ거든, 널낭 죽어 강능(江陵), 삼쳑(三陟) 드러가셔 오리목 되여 셔고, 날낭 죽어 삼ᄉᆞ월(三四月) 츩너츌 되여 한업시 버러갈 졔, 즌 ᄃᆡ 마른 ᄃᆡ 갈희지 말고 들 건너 벌 건너 셔부렁셥젹 건너가셔, 그 나무 밋브터 ᄭᅳᆺ가지 휘츄리마다 낙거믜 나븨 감듯, 외오 플쳐 올우 감고, 올우 풀쳐 외오 감아, 나무 ᄭᅳᆺᄭᅳᆺ드리 휘휘츤츤 감겨 잇셔, 삼츈(三春)이 다 진(盡)토록 ᄯᅥ나 ᄉᆞ지 마ᄌᆞ터니, 인간(人間)에 일이 만코 조물(造物)조ᄎᆞ 싀음발나, 신졍(新情)이 미흡

---

11 **방아확**: 방아확. 즉, 절구통의 안쪽 바닥. 13 **불계**(不計): 옳고 그른 것이나 이롭고 해로운 것 따위의 사정을 따지지 아니함. 15 **졔 궁게**: 제 구멍에. 17 **오리목**: 자작나목과(科)

이도령이 이른 말이,

"울지 마라, 울지 마라! 제발 덕분 울지 마라! 네 울음소리에 장부의 일촌간장이 다 녹는다. 이리 애를 쓰고 어찌하리. 널랑 죽어 물이 되되, 천상의 은하수, 지하의 폭포수, 동해수, 서해수, 한 줄기 장강수 다 후리쳐 던져두고 음양수란 물이 되고, 날랑 죽어 새가 되어도, 난봉, 공작, 두견, 접동 다 후리쳐 던져두고 원앙조란 새가 되어, 그 새가 그 물을 보고 반가워서 풍덩실 빠져 있어, 주야장천 헤어지지 말고 어화 둥실 떠 있고 싶구나! 그렇지 못하거든, 널랑 죽어 방아확이 되고 날랑 죽어 방앗공이가 되어, 경신년, 경신월, 경신일, 경신시에 강태공이 만들었다고 방아에 써 놓은 것처럼 사시장천 가리지 않고 떨거덩 찧고 싶구나! 그렇지 못하거든, 널랑 죽어 암톨쩌귀가 되고 날랑 죽어 수톨쩌귀가 되어, 분벽사창 열 제마다 제 구멍에 제 쇠가 박혀, 춘하추동 사철 없이 빠드덕 빠드덕 하고 싶구나! 그렇지 못하거든, 널랑 죽어 강릉, 삼척 들어가서 오리목 되어 서고, 날랑 죽어 삼사월 칡넝쿨이 되어 한없이 뻗어갈 제, 진 데 마른 데 가리지 말고 들을 건너고 벌판을 건너 서부렁섭적 건너가서, 그 나무 밑부터 끝까지 휘추리마다 납거미가 나비 감듯, 왼쪽으로 풀쳐 오른쪽으로 감고, 오른쪽을 풀쳐 왼쪽으로 감아, 나무 끝끝마다 휘휘친친 감겨 있어, 삼춘이 다하도록 떠나 살지 말자 했더니, 인간 세상에 일이 많고 조물주조차 샘을 내서, 새로 사

에 속하는 교목. 19 **셔부렁셥젹**: 모르는 사이에 은근슬쩍. 20 **휘츄리**: 가늘고 긴 나뭇가지.
23 **싀음발나**: 시샘하는 마음을 일으켜.

(未洽)ᄒᆞᆫᄃᆡ ᄋᆡ달ᄅᆞᆯ숀 니별(離別)이야! 만금(萬金) ᄀᆞᆺ흔 너ᄅᆞᆯ 만나 ᄇᆡᆨ년ᄒᆡ로(百年偕老)ᄒᆞ짓더니, 금일(今日) 니별(離別) 어이ᄒᆞ리! 너ᄅᆞᆯ 두고 가즌 말가! 나ᄂᆞᆫ 아마도 못 살깃다! ᄂᆡ 마음의ᄂᆞᆫ, 어루신ᄂᆡ 공됴참의(工曹參議) 승ᄎᆞ(陞差) 말고, 이 고을 풍헌(風憲)만 ᄒᆞ시더면 이런 니별(離別) 아닐 거슬, ᄉᆡᆼ눈 나올 일을 당ᄒᆞ니, 이ᄅᆞᆯ 어이ᄒᆞ잣 말고! 귀신(鬼神)이 희ᄅᆞᆯ 짓고 조물(造物)이 ᄉᆡ긔(猜忌)ᄒᆞ니, 눌을 한탄(恨歎)ᄒᆞᄌᆞᄂᆞ니, 쇽졀 츈향(春香) 바히 업다! 네 말이 다 못될 말이니, 아모커나 잘 잇거라!”

츈향(春香)이 ᄃᆡ답(對答)ᄒᆞᄃᆡ,

“우리 당초(當初) 광한누(廣寒樓)셔 만날 젹의 ᄂᆡ가 몬져 도련님ᄃᆞ려 ᄉᆞᄌᆞ ᄒᆞ얏소? 도련님이 몬져 날ᄃᆞ려 ᄒᆞ신 말솜 다 니져 계시오? 이런 일이 잇깃기로 당쵸(當初) 마다 아니ᄒᆞ엿소? 우리 당년(當年) 금셕샹약(金石相約) 오ᄂᆞᆯ날의 다 허ᄉᆡ(虛事ㅣ)오셰! 이리구러 분명(分明) 못 다려가ᄀᆡ소? 진졍(眞情) 못 다려가ᄀᆡ소? 쓰게질노 이리하오? 종ᄂᆡ(終來) 아니 다려가시랴 ᄒᆞ오? 졍 아니 다려가실 터이면 날 죽이고 가오! 그러치 아니면, 광한누(廣寒樓)셔 날 호리랴고 명문(明文)ᄒᆞ여 쥰 것 이시니 쇼지(所志) 지어 가지고, 본관(本官) 원님게 이 ᄉᆞ연(事緣)으로 원졍(原情) ᄇᆡᆨ활(白活)ᄒᆞ깃소! 원님이 만일(萬一) 당신의 귀공ᄌᆞ(貴公子) 역슬 드러 낙송(落訟)시기거든, 그 소지(所志) 쳡년(貼聯)ᄒᆞ여 원졍(原情) 지어 가지고, 젼쥬(全州) 감영(監營) 올나가셔 슌ᄉᆞ또(巡使道)게 의송(議訟)ᄒᆞ면, 도련님은 냥반(兩班)인고로 편지(便紙) ᄒᆞᆫ 댱(張)만 붓치면, 슌ᄉᆞ또(巡使道)라도 동시(同是) 냥반(兩班) 편(便)을 드러 ᄯᅩ 날을 낙송(落訟)시기거

---

6 **귀신(鬼神)이 희롤 짓고**: 귀신이 방해하고 장난하여. 13 **금셕샹약(金石相約)**: 쇠나 돌처럼 굳고 변함없는 약속. 14 **쓰게질**: 뜨개질. 즉, 남의 속을 떠보는 일. 17 **명문(明文)**: 증서.

권 정이 미흡한데 애달프다 이별이야! 만금 같은 너를 만나 백년해로하자 했더니, 오늘의 이별을 어찌하리! 너를 두고 가잔 말인가! 나는 아마도 못 살겠다! 내 마음에는, 어르신네 공조참의로 승차 말고, 이 고을 풍헌만 하신다면 이런 이별 없을 것을, 생눈 나올 일을 당하니, 이를 어찌하잔 말인가! 귀신이 장난을 치고 조물주가 시기하니, 누구를 탓하겠느냐마는, 속절없는 춘향은 어쩔 도리가 없다! 네 말이 다 못될 말이니, 아무튼 잘 있거라!"

춘향이 대답하되,

"우리가 당초 광한루에서 만날 적에 내가 먼저 도련님더러 살자 하였소? 도련님이 먼저 나더러 하신 말씀 다 잊어 계시오? 이런 일이 있겠기로 당초부터 마다 아니하였소? 우리가 그때 맺은 금석 같은 약속이 오늘날에 다 허사로세! 이리해서 분명 못 데려가겠소? 진정으로 못 데려가겠소? 떠보려고 이리하오? 끝내 아니 데려가시려 하오? 정 아니 데려가실 터이면 날 죽이고 가오! 그렇지 않으면, 광한루에서 날 호리려고 명문 써 준 것이 있으니 소장을 지어 가지고, 본관 원님께 이 사연으로 하소연을 하겠소! 원님이 만일 당신의 귀공자 편을 들어 패소시키거든, 그 소장을 덧붙이고 다시 소장을 지어 가지고, 전주 감영에 올라가서 순사또께 상소하면, 도련님은 양반이기에 편지 한 장만 부치면, 순사또라도 같은 양반 편을 들어 또 나를 패소시키거든, 그 판결문까지 덧붙여 가지고 한양성중 들어가서, 형조

20 첩년(貼聯): 관아(官衙)에 서류를 낼 때 관련 서류를 덧붙이는 것. 21 순사또(巡使道): 관찰사를 높여 이르던 말.

든, 그졔ᄉᆞ ᄯᅩ 쳡년(貼聯)ᄒᆞ여 가지고 한양셩듕(漢陽城中) 드러가셔, 형한냥ᄉᆞ(刑漢兩司) 비국(備局)ᄶᅡ지 졍(呈)ᄒᆞ오면, 도련님은 ᄉᆞᄃᆡ부(士大夫)로 좌쳥우촉(左請右囑) 결년(結連) 잇셔 ᄯᅩ 송ᄉᆞ(訟事)를 지우거든, 그 졔ᄉᆞ(題辭) 모도 쳡련(貼聯)ᄒᆞ여 ᄯᅩᆯᄯᅩᆯ 마라 품의 품고 팔만댱안(八萬長安) 억만가호(億萬家戶)로 촌촌걸식(村村乞食) 단니다가, 돈 ᄒᆞᆫ 푼식 비러 어더 동의젼(廛)의 드러가셔 바리ᄯᅮ에 ᄒᆞ나 ᄉᆞ고, 지젼(紙廛)으로 드러가셔 장지(壯紙) ᄒᆞᆫ 댱(張) ᄉᆞ가지고, 언문(諺文)으로 샹언(上言) ᄡᅳ되, 심듕(心中)의 먹은 ᄯᅳᆺ을 셰셰셩문(細細成文)ᄒᆞ여 가지고, 이월(二月)이나 팔월(八月)이나, 동교(東郊)로나 셔교(西郊)로나 능힝거동(陵行擧動)ᄒᆞ실 ᄶᅴ에, 문(門) 밧그로 ᄂᆡ다라셔 만인총듕(萬人叢中) 셧겨다가, 농ᄃᆡ기(龍大旗) 지나치고, 협년자ᄀᆡ창(俠輦紫介槍) 드러셔고, 홍냥산(紅陽傘)이 ᄯᅡ라오며, 가교(駕轎)의나 마샹(馬上)의나 헌거(軒擧)로이 지나실 졔, 왈학 ᄯᅱ여 ᄂᆡ다라셔 바리ᄯᅮ에 ᄉᆞᆫ의 들고 놉히 드러 ᄶᆡᆼᄶᆡᆼ ᄒᆞ고 셰 번(番)만 쳐셔 격징(擊錚)ᄶᅡ지 ᄒᆞ오리다! ᄋᆡ고ᄋᆡ고 설운지고! 그리ᄒᆞ여 ᄯᅩ 못되거든, ᄋᆡᄲᅧ 말나 초조(焦燥)ᄒᆞ여 죽은 후(後)의, 넉시라도 삼슈갑산(三水甲山) 졔비 되여 도련님 계신 쳠하 기슭에 집을 종종 지어두고, 밤듕(中)만 집으로 드ᄂᆞᆫ 쳬ᄒᆞ고 도련님 품으로 드러 볼가! 니별(離別) 말이 웬 말이오? 니별(離別) 니ᄌᆞ(二字) ᄂᆡ든 ᄉᆞ람 날과 ᄇᆡᆨ년원슈(百年怨讐)로다! 진시황(秦始皇) 분시셔(焚詩書)ᄒᆞᆯ 졔 니별(離

---

2 **형한냥ᄉᆞ**(刑漢兩司): 형조(刑曹)와 한성부(漢城府)의 법사(法司). **비국**(備局): 비변사(備邊司). 즉, 군국(軍國)의 사무를 맡아 보던 곳. **ᄉᆞᄃᆡ부**(士大夫): 사대부. 원문의 'ᄉᆞᄐᆡ우'는 'ᄉᆞᄃᆡ부'로 바로잡았음. 3 **좌쳥우촉**(左請右囑): 이리저리 갖은 방법을 다 써 가며 여러 곳에 청함. 6 **바리ᄯᅮ에**: 바리의 뚜껑. 7 **지젼**(紙廛): 조선시대 육주비전(六注比廛) 가운데 지류(紙類)를 취급하던 시전(市廛). **장지**(壯紙): 두껍고 질긴 종이. 8 **셰셰셩문**(細細成文): 자세한 내용을 적은 글. 11 **만인총듕**(萬人叢中): 많은 사람 가운데. 12 **협년자ᄀᆡ창**(俠輦紫介

와 한성부 비변사에까지 소장을 올리면, 도련님은 사대부로 여기저기 청탁의 결연으로 또 송사를 지게 하오면, 그 판결문을 모두 덧보태고 똘똘 말아서 품에 품고 팔만 장안의 억만 가호마다 걸식하며 다니다가, 돈 한 푼씩 빌어 얻어서 동이전에 들어가서 바리뚜껑 하나 사고, 지전으로 들어가서 장지 한 장 사가지고, 언문으로 임금님께 올릴 글을 쓰되, 마음속에 먹은 뜻을 글로 자세히 적어 가지고, 이월이나 팔월이나, 동교로나 서교로나 임금님이 능에 거동하실 때에, 문 밖으로 내닫아서 백성의 무리 속에 섞여 있다가, 용대기가 지나가고, 임금님의 가마를 호위하는 군사들의 자개창이 들어서고, 붉은 양산이 따라오며, 임금님이 가마나 말 위에 헌거로이 지나가실 때, 왈칵 뛰어 내달아서 바리뚜껑 손에 들고 높이 올려 땡땡 하고 세 번만 쳐서 격쟁까지 하오리다! 애고애고 설운지고! 그리하여 또 못 되거든, 애써 말라 초조하여 죽은 후에, 넋이라도 삼수갑산 제비 되어 도련님 계신 처마 기슭에 집을 종종 지어 두고, 밤중만 집으로 드는 체하고 도련님 품으로 들어 볼까! 이별 말이 웬 말이오? 이별이라는 두 글자를 만든 사람은 나와 백년 원수로다! 진시황이 시서를 불태울 때 이별 두 글자를 잊었던가? 그때에나

鎗): 왕이 타는 가마를 호위하는 창. **홍냥산**(紅陽傘)**이 싸라오며**: 의장으로 쓰던 붉은빛 양산이 따라오며. 원문의 '써나오며'는 '싸라오며'로 바로잡았음. 15 **격징**(擊錚): 억울한 일이 있는 사람이 임금이 거둥하는 길에 징이나 꽹과리를 쳐서 자신의 뜻을 알리던 일. 16 **삼슈갑산**(三水甲山): 함경도에 있는 삼수(三水)와 갑산(甲山)은 교통이 불편한 오지로, 죄인들의 유배지였음. 한번 가면 돌아오기 힘든 곳 또는 그런 힘든 처지를 뜻함. 20 **진시황**(秦始皇) **분시셔**(焚詩書): 진시황이 학자들의 정치 비판을 금하려고 의서(醫書)와 복서(卜書) 이외의 서적을 불사름.

別) 두 ᄌᆞ(字) 이졋던가? 그ᄯᅢ에나 살나더면 이 니별(離別)이 이실 쇼냐? 박낭ᄉᆞ즁(博浪沙中) 쓰고 남은 텰퇴(鐵槌) 텬하장ᄉᆞ(天下壯士) 항우(項羽) 쥬어 힘가지 두러메여 ᄭᆡ치고져! 니별(離別) 두 ᄌᆞ(字), 영소보뎐(靈霄寶殿)에 소ᄉᆞ 올나 옥황샹뎨(玉皇上帝)긔 빅활(白活)ᄒᆞ여, 별락 샹좌(上座) 나리와셔 ᄯᅳ리과져! 니별(離別) 두 ᄌᆞ(字), 호지(胡地)의 모ᄌᆞ니별(母子離別), 남북(南北)의 군신니별(君臣離別), 졍노(征路)의 부부니별(夫婦離別), 운산(雲山)의 붕우니별(朋友離別), 니졍(離亭)의 엽졍비(葉正飛)ᄒᆞ니 형뎨니별(兄弟離別), ᄉᆞ라 ᄉᆡᆼ니별(生離別), 쥭어 영니별(永離別), 이 니별(離別) 져 니별(離別) 니별(離別)마다 쉽거마ᄂᆞᆫ, 이 니별(離別)은 ᄉᆡᆼ초목(生草木)이 불이 붓ᄂᆡ! ᄉᆞ랑도 쳐음이오, 니별(離別)도 쳐음이라. 오댱(五腸)이 바아지고 금심(錦心)이 녹아온다! ᄋᆡ고 답답 셜운지고! 이를 엇지ᄒᆞ잣 말고!"

니도령(李道令) 니른 말이,

"업다, 츈향(春香)아 말 듯거라! ᄋᆡ고, 츈향(春香)아 말 듯거라! 모든 간장(肝腸)이 다 녹ᄂᆞᆫ다! 일시 니별(離別) 쉽거마ᄂᆞᆫ 언마 되리? 두고 가는 나의 모양(貌樣) 어이구러 가음ᄒᆞ리! ᄒᆞᆫ 가지로 갈 ᄆᆞ음이 블현ᄃᆞ시 잇것마ᄂᆞᆫ, 경셩(京城)으로 올나가면 긴(緊)치 아닌 친쳑(親戚)드리 공연(空然)스레 공논(公論)ᄒᆞ되, 아희놈이 작쳡(作妾)ᄒᆞ여 학업(學業) 젼폐(全廢)ᄒᆞᆫ다 ᄒᆞ고 호젹(戶籍) 밧긔 도리광이 ᄒᆞᆯ 거시니, 여ᄎᆞ(如此)고로 ᄯᅳᆺ과 갓지 못ᄒᆞ고나! 잘ᄭᅳᆫ 참아 슈삼년(數三年)만 견ᄃᆡ여라. 밤낫으로 공부(工夫)ᄒᆞ여 입신양명(立身揚名)ᄒᆞᆫ 연후(然後)의 너를 ᄎᆞᄌᆞ올 거시니 부ᄃᆡ부ᄃᆡ 잘 잇거라!

---

2 박낭ᄉᆞ즁(博浪沙中): 장량(張良)이 한(漢)나라의 원수를 갚기 위해 진시황이 두 번째 동진 순행에 나섰을 때 박랑사 숲 속에 숨어 기다리다가 120근이나 되는 철추를 던져 세 대의 마차 중 두 번째 마차를 완파시켰으나 진시황은 세 번째 마차에 타고 있어 실패했다는 고사. 7 졍노(征路)의 부부니별(夫婦離別): 남편이 오랑캐를 정벌하러 떠나는 길의 부부 이

살았더면 이런 이별이 있을쏘냐? 장량이 박랑사에서 진시황을 죽이려 한 철퇴가 남아 있다면 천하장사 항우를 주어 힘껏 둘러메어 깨어버리고 싶네! 이별 두 자 옥황전에 솟아올라 옥황상제께 하소연하여, 벼락 상좌가 내려와서 때려 버리게 하고 싶네! 이별 두 자, 호지에 모자 이별, 남북에 군신 이별, 남편이 오랑캐를 정벌하러 가는 길의 부부 이별, 운산에서 친구와의 이별, 역원의 정자에서 헤어지는데 낙엽만 흩날리던 형제 이별, 살아서 생이별, 죽어서 영이별, 이 이별 저 이별 이별마다 서럽건만, 이 이별은 생초목이 불이 붙네! 사랑도 처음이요, 이별도 처음이라. 오장이 찢어지고 비단 같은 마음이 녹아온다! 애고 답답 설운지고! 이를 어찌하잔 말인가!"

이도령이 이른 말이,

"어따, 춘향아 말 듣거라! 애고, 춘향아 말 듣거라! 모든 간장이 다 녹는다! 한때 이별이 서럽건만 얼마나 되리? 두고 가는 나의 모양 어찌하여야 헤아려 보리! 함께 갈 마음이 불현듯이 있건만, 경성으로 올라가면 요긴하지도 않은 친척들이 공연스럽게 공론하되, 아이놈이 첩을 두어 학업을 전폐한다 하고 호적에서 빼내어 버릴 것이니, 이런 까닭으로 뜻과 같지 못하구나! 질끈 참아 수삼 년만 견디어라. 밤낮으로 공부하여 입신양명한 연후에 너를 찾아올 것이니 부디부디 잘 있거라!

별. 11 **오댱(五腸)이 바아지고**: 오장이 온통 부서지고. 원문의 '옥댱'은 '오댱'으로 바로잡았음. 16 **가음**: 일정한 목표나 기준에 맞는지 헤아려 봄. 원문의 '그음'은 '가음'으로 바로잡았음. 19 **도리광이 홀 거시니**: 돌려 빼낼 버릴 것이니. 20 **여ᄎᆞ(如此)고로**: 일의 사태가 이와 같은 까닭으로.

구구팔십일광노(九九八十日光老)ᄂᆞᆫ 녀동빈(呂洞賓)을 ᄯᅡ라가고,

팔구칠십니젹션(八九七十李謫仙)은 치셕강(采石江)에 완월(玩月)ᄒᆞ고,

칠구늑십삼노공(七九六十三老公)은 한틱조(漢太祖)를 ᄎᆞ셰(遮說)ᄒᆞ고,

늑구오십ᄉᆞ호션싱(六九五十四晧先生) 샹산(商山)의셔 바둑 두고,

오구ᄉᆞ십오ᄌᆞ셔(五九四十伍子胥)ᄂᆞᆫ 동문(東門)의 눈을 걸고,

ᄉᆞ구삼십늑손(四九三十陸遜)이ᄂᆞᆫ 팔진도(八陣圖)의 ᄲᅡ혀 잇고,

삼구이십칠셩단(三九二十七星壇)의 졔갈졔풍(諸葛祭風) ᄒᆞ여 잇고,

이구십팔션녀(二九十八仙女)ᄂᆞᆫ 셩진(性眞)이가 희롱(戲弄)ᄒᆞ고,

일구굴원(一九屈原)이ᄂᆞᆫ 멱나슈(汨羅水)의 ᄲᅡ져시니,

너도 녈녀(烈女) 되랴거든 삼강슈(三綱水)의나 ᄲᅡ지여라.

닉 말을낭 다시 마라! 댱부일언(丈夫一言)이 즁천금(重千金)이라. 텬지기벽(天地開闢)ᄒᆞ고 산천(山川)이 졸변(猝變)ᄒᆞᆫ들 금셕(金石) ᄀᆞᆺ튼 닉 마음이 현마 너를 니즐소냐!"

츈향(春香)이 ᄒᆞᆯ일업셔 니별쥬(離別酒) 부어 들고 눈물 흘녀 권(勸)ᄒᆞᆯ 젹의,

"도련님 말이 그러ᄒᆞ니 ᄒᆞᆫ 번(番)만 더 쇽아 보옵시다. 날 생각은 아조 말고 글공부(工夫)나 힘ᄡᅧ 하여 쇼년등과(少年登科)ᄒᆞ신 후(後)의, 북당(北堂)의 영화(榮華) 뵈고 요됴슉녀(窈窕淑女) 빅합(配合)ᄒᆞ고, 셩군(聖君) 맛나 일신영귀(一身榮貴)ᄒᆞ신 후(後)의 그젹의나 잇지 마오. 필운(弼雲), 쇼격(昭格), 탕츈딕(蕩春臺)와 냥한강정

---

4 **칠구늑십삼노공**(七九六十三老公): 칠구 육십삼과 세 노공(老公)을 연결시킨 숫자 어희(語戲). **ᄎᆞ셰**(遮說): 가로막고 간언(諫言)함. 6 **늑구오십ᄉᆞ호션싱**(六九五十四晧先生): 육구 오십사와 사호선생. 즉, 오십사의 '사(四)'와 진시황 때 상산(商山)에 숨었던 네 은사(隱士)인 '사호선생'을 같은 음으로 연결시킨 어희(語戲). 8 **ᄉᆞ구삼십늑손**(四九三十陸遜): 사구 삼십육과 오국(吳國) 장수로 공명(公明)의 팔진도법(八陣圖法)에 걸려 시련을 당한 육

구구팔십일광로는 여동빈을 따라가고,
팔구칠십이적선은 채석강에서 완월하고,
칠구육십삼노공은 한 태조를 가로막고 간언하고,
육구오십사호선생은 상산에서 바둑 두고,
오구사십오자서는 눈을 빼어 동문에 걸고,
사구삼십육손이는 팔진도에 빠져 있고,
삼구이십칠성단에 제갈공명이 바람을 빌고 있고,
이구십팔선녀는 성진이가 희롱하고,
일구굴원이는 멱라수에 빠졌으니,
너도 열녀 되려거든 삼강수에나 빠지어라.

내 말일랑 다시 마라! 장부의 일언은 중천금이라. 천지가 개벽하고 산천이 갑자기 변한들 금석 같은 내 마음이 설마 너를 잊을 쏘냐!"

춘향이 하릴없어 이별주 부어 들고 눈물을 흘리면서 권할 적에,

"도련님 말이 그러하니 한 번만 더 속아 보옵시다. 내 생각은 아주 말고 글공부나 힘써 하여 소년등과 하신 후에, 부모님께 영화를 보여드리고 요조숙녀와 부부의 연을 맺고, 성군을 만나 일신이 영화롭고 귀하게 되신 후에 그때에나 잊지 마오. 필운, 소격, 탕춘대와 한강 변 같은 경치 좋은 데에서, 배반이 낭자하고

손(陸遜)을 연결시킨 어희(語戲). 11 멱나슈(汨羅水): 중국 호남성(湖南省) 상음현(湘陰縣)의 북쪽에 있는 강. 초(楚)의 굴원(屈原)은 참소를 입어 이 강에 투신하였음. 14 졸변(猝變): 갑자기 변함. 원문의 '즐변'은 '졸변'으로 바로잡았음. 15 현마: 설마. 20 북당(北堂): 남의 어머니를 높여서 이르는 말. 원문의 '부당'은 '북당'으로 바로잡았음. 배합(配合): 부부의 인연을 맺음.

(兩漢江汀) 경(景) 조흔듸, 빅반(杯盤)이 낭ᄌᆞ(狼藉)ᄒᆞ고 풍악(風樂)이 늉늉(融融)ᄒᆞᆫ듸 유정친구(有情親舊) 졀듸가인(絶代佳人), 일슈고인(一手鼓人) 명창(名唱)드리 구름ᄀᆞᆺ치 옹위(擁衛)ᄒᆞ여 쥬야잠심(晝夜潛心) 노닐 적의, 이 슐 ᄒᆞᆫ 잔(盞) ᄉᆡᆼ각ᄒᆞ오. 익고 셜운지고! 써날 리(離) ᄌᆞ(字) 슬허 마오. 보닐 송(送) ᄌᆞ(字) 나도 잇고, 보닐 송(送) ᄌᆞ(字) 슬허 마라, 도라갈 귀(歸) ᄌᆞ(字) 어이ᄒᆞ리. 도라갈 귀(歸) ᄌᆞ(字) 슬허 마오, 슬플 익(哀) ᄌᆞ(字) 익연(哀然)ᄒᆞ오. 슬플 익(哀) ᄌᆞ(字) 슬허 마라."

"옥(玉) ᄀᆞᆺ튼 너를 두고 경셩(京城)으로 올나가셔 젹막강산(寂寞江山) 홀노 안ᄌᆞ ᄉᆡᆼ각 ᄉᆞ(思) ᄌᆞ(字) 어이ᄒᆞ리."

츈향(春香)이 츰아 숀을 난호지 못ᄒᆞ고 익연(哀然)ᄒᆞᆷ믈 니긔지 못ᄒᆞ여 왈(曰),

"도련님이 이졔 가시면 언졔나 오시랴 ᄒᆞ오? 틱산(泰山) 즁악(中嶽) 만장봉(萬丈峰)이 모진 광풍(狂風)의 쓸허지거든 오랴시오? 긔암졀벽(奇巖絶壁) 쳔층셕(千層石)이 눈비 마ᄌᆞ 셕어지거든 오랴시오? 뇽마(龍馬) 갈기 두 ᄉᆞ이의 쏠 나거든 오랴시오? 십니(十里) ᄉᆞ댱(沙場) 셰(細)모릭가 졍 맛거든 오랴시오? 금강산(金剛山) 상샹봉(上上峰)이 물 미러 빅가 둥둥 씌여 평지(平地) 되거든 오랴시오? 병풍(屛風)의 그린 황계(黃鷄) 두 나릭를 둥덩 치고 ᄉᆞ오경(四五更) 느즌 후(後)의 날싀라고 ᄭᅩᆨ괴요 울거든 오랴시오? 층암졀벽(層巖絶壁)의 진쥬(眞珠) 심어 싹 나거든 오랴시오? 아모려도 못 놋켓네. 함경도(咸鏡道)로 드러가셔 마운령(摩雲嶺), 마쳔령(摩天嶺), 함관령(咸關嶺)을 다 써다가, 도련님 가시는 길을 막ᄋᆞ 노흐면 가다가 못 가고 도로 오시게 ᄒᆞᆯ 거시오. 그러치 못ᄒᆞ거든 울산(蔚山) 바다,

---

1 빅반(杯盤): 술상에 차려놓은 그릇, 또는 거기에 담긴 음식. 13 즁악(中嶽): 중국의 오악(五岳) 중에서 중앙에 위치한 숭산(崇山). 14 만장봉(萬丈峰): 높디높은 산봉우리. 원문의

풍악이 화락한데 정을 둔 친구들과 빼어난 미인들, 최고 고수와 명창들이 구름같이 옹위하여 밤낮으로 마음 놓고 느닐 적에, 이 술 한 잔을 생각하오. 애고 설운지고! 떠날 이 자 슬퍼 마오. 보낼 송 자 나도 있고, 보낼 송 자 슬퍼 마라, 돌아갈 귀 자 어이하리. 돌아갈 귀 자 슬퍼 마오, 슬플 애 자 애달프오. 슬플 애 자 슬퍼 마라."

"옥 같은 너를 두고 경성으로 올라가서 적막강산에 홀로 앉아서 생각 사 자 어이하리."

춘향이 차마 손을 놓지 못하고 슬픔을 이기지 못하여 이르되,

"도련님이 이제 가시면 언제나 오시려 하오? 태산과 중악의 만장봉이 모진 광풍에 쓰러지거든 오려 하시오? 기암절벽 위의 천 겹이나 되는 바위가 눈비를 맞아 썩어지거든 오려 하시오? 용마의 두 갈기 사이에서 뿔 나거든 오려 하시오? 십 리 모래사장의 가는 모래가 정에 맞거든 오려 하시오? 금강산 상상봉에 물이 밀려와 배가 둥둥 뜨고 평지 되거든 오려 하시오? 병풍에 그린 닭이 두 날개를 둥덩 치고 사오경 늦은 후에 날이 새라고 꼬끼요 울거든 오려 하시오? 층암절벽에 진주를 심어서 싹 나거든 오려 하시오? 아무래도 못 놓겠네. 함경도로 들어가서 마운령, 마천령, 함관령을 다 떠다가, 도련님 가시는 길을 막아 놓으면 가다가 못 가고 도로 오시게 할 것이오. 그렇지 못하거든 울산 바다, 나주목, 안흥목, 손돌목, 강화목 바다를 모두 다 휘몰아

'만강봉'은 '만장봉'으로 바로잡았음. 16 쁠: 뿔. 원문의 '쁼'은 '쁠'로 바로잡았음. 17 샹샹봉(上上峰): 여러 봉우리 가운데 가장 높은 봉우리.

나쥐(羅州)목, 안흥(安興)목, 숀돌(孫乭)목, 강화(江華)목 바다를 모도 다 휘여다가, 도련님 가시ᄂᆞᆫ 길의 가로져 노코, 일엽션(一葉船)도 업시ᄒᆞ면 가다가도 못 가고 도로 오시게 ᄒᆞ오리다! ᄋᆡ고ᄋᆡ고 설운지고! 이 니별(離別)을 엇지ᄒᆞᆯ고! 두고 가ᄂᆞᆫ 도련님은 셜옹남관(雪擁藍關)의 마부젼(馬不前)ᄲᅮᆫ이어니와, 보ᄂᆡ고 잇ᄂᆞᆫ ᄂᆡ 마음은 방초년년(芳草年年)의 한무궁(恨無窮)이오, 환졀셰셰(換節歲歲)의 슈난셜(愁難說)이라. 엇지 견ᄃᆡ여 살나 ᄒᆞ오!"

니도령(李道令) 위로(慰勞)ᄒᆞᄃᆡ,

"너모 슬허 우지 마라. 당부(丈夫) 간장(肝腸)이 다 녹ᄂᆞᆫ다."

방ᄌᆞ(房子) 불너,

"ᄎᆡᆨ방(冊房)의 도라가셔 ᄃᆡ ᄒᆞᆫ 분(盆) 가져다가 나의 츈향(春香) 쥬어다고. 오동야우(梧桐夜雨) 잠ᄭᆡᆫ 후(後)와, 호졉츈풍(胡蝶春風) 긴긴 밤의, 날 ᄉᆡᆼ각 나거들낭 날 본ᄃᆞ시 두고 보라."

츈향(春香)이 니른 말이,

"ᄇᆡᆨ초(百草)를 다 심어도 ᄃᆡᄂᆞᆫ 아니 심은다 ᄒᆞ오. 살ᄃᆡᄂᆞᆫ 가고, 졋ᄃᆡ는 울고, 그리ᄂᆞ니 붓ᄃᆡ로다. 울고 가고 그리ᄂᆞᆫ ᄃᆡ를 굿ᄐᆞ여 어이 심으라 ᄒᆞ오!"

"네가 어이 알가 보니? 취죽창송(翠竹長松)은 쳔고졀(千古節)이라. 동텬(冬天)의도 프릇럿고 눈 쇽의도 슌(筍) 나니, 계집의 졀ᄒᆡᆼ(節行)이 이 ᄃᆡ의 본을 바다 정셩(精誠)으로 심어 두라!"

남ᄃᆡ단(藍大緞) 두리쥼치 쥬황당ᄉᆞ(朱黃唐絲) ᄭᅵᆫ을 글너, 화류(樺榴)집 삽화경을 집어ᄂᆡ여 츈향(春香) 쥬며 니를 말이,

4 셜옹남관(雪擁藍關)의 마부젼(馬不前): 남관에 눈이 쌓여 말도 앞으로 나아가지 못함.
6 환졀셰셰(換節歲歲)의 슈난셜(愁難說): 절기가 바뀔 때마다 수심을 이루 다 말할 수 없음.
15 ᄇᆡᆨ초(百草): 온갖 풀. 18 쳔고졀(千古節): 아주 오랜 세월 동안 변치 아니할 곧은 절개.

다가, 도련님 가시는 길에 가로막아 놓고, 배 한 척도 없게 하면 가다가도 못 가고 도로 오시게 하오리다! 애고애고 설운지고! 이 이별을 어찌할꼬! 두고 가는 도련님은 남관에 눈이 쌓여 말이 앞으로 나가지 못한다 할 뿐이지만, 보내고 남아 있는 내 마음은 향기로운 풀이 나는 봄철마다 한이 무궁이요, 해마다 절기가 바뀔 때면 슬픈 마음을 이루 다 헤아릴 수 없네. 어찌 견디어 살라 하오!"

이도령이 위로하되,

"너무 슬퍼 울지 마라. 장부의 간장이 다 녹는다."

방자를 불러,

"책방에 돌아가서 대나무 화분 하나를 가져다가 나의 춘향에게 주어다오. 오동나무에 밤비 내려 잠이 깬 후와, 나비가 날고 봄바람 부는 긴긴 밤에, 내 생각이 나거들랑 나를 본 듯이 두고 보라."

춘향이 이른 말이,

"온갖 풀을 다 심어도 대나무는 아니 심는다 하오. 화살대는 가고, 피릿대는 울고, 그리나니 붓대로다. 울고 가고 그리는 대나무를 구태여 어이 심으라 하오!"

"네가 어이 알까 보냐? 푸른 대나무와 소나무는 천고의 절개라. 겨울 하늘에도 푸르렀고 눈 속에서도 순이 나니, 계집의 절행으로 이 대나무를 본받아서 정성으로 심어 두라!"

쪽빛 비단으로 만든 둥근 주머니에 주황 당사 끈을 끌러, 화류나무로 만든 틀에 끼운 거울을 집어내어 춘향에게 주며 이르는 말이,

19 **절힝**(節行): 절개 있는 행실(行實). 21 **남디단**(藍大緞) **두리즘치**: 쪽빛 대단(大緞)으로 만든 둥근 주머니. **화류**(樺榴)**집 삽화경**: 화류나무로 만든 틀 속에 넣은 예쁜 거울. 원문의 '스파경'은 '삽화경'으로 바로잡았음.

"ᄃᆡ댱부(大丈夫)의 굿은 마음 셕경(石鏡) 빗과 ᄀᆞᆺ흘지라. 진토(塵土) 즁(中)의 뭇쳐 이셔 쳔ᄇᆡᆨ년(千百年)이 지나간들 셕경(石鏡) 빗치 쇠(衰)흘쇼냐. 일노 신(信)을 ᄉᆞᆷ아 두라!"

츈향(春香)이 바다 숀의 쥐고,

"이거시 평ᄉᆡᆼ신물(平生信物)이라. ᄯᅩ한 ᄃᆡ봉(代捧)이 업ᄉᆞ리잇가?" ᄒᆞ고, 보라 ᄃᆡ단(大緞) 속젹고리 명쥬(明紬) 고름 어로만져 옥지환(玉指環)을 글어ᄂᆡ여, 니도령(李道令) 쥬며 ᄒᆞᄂᆞᆫ 말이,

"녀ᄌᆞ(女子)의 슈ᄒᆡᆼ(修行)ᄒᆞ미 옥환(玉環) 빗과 ᄀᆞᆺ흘지라. 송쥭(松竹)ᄀᆞᆺ치 굿은 마음 이 옥(玉)ᄀᆞᆺ치 단졍(端正)ᄒᆞ며, 일월(日月)ᄀᆞᆺ치 ᄆᆞᆰ은 ᄯᅳᆺ은 이 옥(玉)ᄀᆞᆺ치 쳥ᄇᆡᆨ(淸白)ᄒᆞ니, 샹젼(桑田)이 벽ᄒᆡ(碧海)되고 벽ᄒᆡ(碧海)가 상젼(桑田) 된들 변(變)흘 ᄇᆡ 업ᄉᆞ리니, 반쳡여(班婕妤)의 젹막(寂寞)ᄒᆞ믄 효측(效則)흘지언졍 진유ᄌᆞ(陳孺子)의 쳡(妾) 되기ᄂᆞᆫ 원(願)치 아니ᄒᆞ오리니, 일노 신(信)을 ᄉᆞᆷ으쇼셔!"

니도령(李道令)이 지환(指環) 바다 ᄲᆞ고 ᄲᆞ셔 깁히 너코, 니별조(離別調) ᄒᆞ나 블을 젹의,

"간다, 잘 잇거라. 조히 다시 보ᄌᆞ. 조히 잇거라. 간들 아조 가며, 아조 간들 니즐쇼냐. ᄌᆞᆷ ᄭᆡ여 겻히 업ᄉᆞ니 그를 슬허ᄒᆞ노ᄆᆡ라."

츈향(春香)이 화답(和答)ᄒᆞᄃᆡ,

"울며 잡ᄂᆞᆫ ᄉᆞᄆᆡ를 ᄯᅥᆯ더리고 가지 마오. 도련님은 당부(丈夫)라 도라가면 니즈려니와, 쇼쳡(小妾)은 아녀진(兒女子ㅣ) 고로 못 니즐가 ᄒᆞ노ᄆᆡ라. 산쳡쳡(山疊疊) 슈즁즁(水重重)흔ᄃᆡ 부ᄃᆡ 평안(平安)이 가오. 가다가 긴 한슘 나거든 ᄂᆡ 쥴 아오."

---

1 셕경(石鏡): 유리로 만든 거울. 5 ᄃᆡ봉(代捧): 갚아야 할 돈 등을 다른 것으로 대신하여 주는 것을 이르는 말. 6 명쥬(明紬) 고름: 명주 고름. 원문의 'ᄆᆡᆼᄌᆞ'는 '명쥬'로 바로잡았음.

"대장부의 굳은 마음은 석경 빛과 같을지라. 진토 중에 묻혀 있어 천백 년이 지나간들 석경 빛이 변할쏘냐. 이것으로 신물을 삼아 두라!"

춘향이 받아서 손에 쥐고,

"이것이 평생의 신물이라. 또한 저도 신물이 없으리까?"

하고, 보랏빛 대단 속저고리의 명주 고름을 어루만져 옥가락지를 끌러내어, 이도령에게 주며 하는 말이,

"여자가 절개를 지킴이 옥가락지의 빛과 같을지라. 송죽같이 굳은 마음 이 옥과 같이 단정하며, 일월같이 맑은 뜻은 이 옥같이 맑고 희니, 뽕나무밭이 푸른 바다가 되고 푸른 바다가 뽕나무밭이 된들 변할 바 없으리니, 반첩여의 쓸쓸함은 본받을지언정 진유자의 첩 되기는 원치 아니하오리니, 이것으로 신물을 삼으소서!"

이도령이 가락지를 받아 싸고 싸서 깊이 넣고, 이별조 하나 부를 때에,

"간다, 잘 있거라. 좋게 다시 보자. 좋게 있어라. 간들 아주 가며, 아주 간들 잊을쏘냐. 잠 깨어 곁에 없으니 그를 슬퍼하노라."

춘향이 화답하되,

"울며 잡는 소매를 떨치고 가지 마오. 도련님은 장부라 돌아가면 잊으려니와, 소첩은 아녀자인 고로 못 잊을까 하노라. 산은 첩첩하고 물은 겹겹이 흐르는데 부디 평안히 가오. 가다가 긴 한숨 나거든 나인 줄 아오."

11 반첩여(班婕妤): 황제의 총애를 받다가 나중에 조비연(趙飛燕)의 미움을 받아 물러나 태후의 시중을 들었음.

니러트시 니별(離別)ᄒᆞᆯ 졔, ᄎᆞᆷ아 엇지 써나오리. 마조 잡고 셔로 울 제, 칙방(冊房) 방ᄌᆡ(房子ㅣ) 달녀드러 셩화(星火)ᄀᆞᆺ치 직촉ᄒᆞᄃᆡ,

"ᄉᆞ또(使道) 분부(吩咐) ᄂᆡ의 도련님 계신 곳을 아라 셩화(星火)ᄀᆞᆺ치 뫼셔오라 셔셔 기ᄃᆞ리시니 편젼(片箭)ᄀᆞᆺ치 가옵시다."

두리 다 깜즉 놀나 ᄒᆞᄂᆞᆫ 말이,

"너ᄂᆞᆫ 병환(病患)의 가마괴오, 혼인(婚姻)의 트레바리로고나. 너ᄂᆞᆫ ᄉᆞ람ᄂᆡ 잘 맛ᄂᆞᆫ 빈ᄃᆡ ᄌᆞ셕 붓터 낫ᄂᆞ냐? 금즉금즉이 직촉 마라. 소하(蕭何) 죽은 후신(後身)이냐? 맛날 졔도 네 덕(德)이오, 니별(離別)ᄒᆞᆯ 졔도 이리ᄒᆞ니, ᄋᆡ고 답답 나 죽ᄀᆡ다!"

ᄒᆞᆯ일업시 도라올 제, 츈향(春香)은 ᄌᆞ진(自盡)ᄒᆞ여 느러지고, 니도령(李道令)은 신체(身體)만 도라오니, ᄉᆞ또(使道) 불너 니른 말이,

"나ᄂᆞᆫ 미진(未盡) 공ᄉᆞ(公事)나 다 닥고 듕긔(重記) 마감 후(後)에 슈일간(數日間) 써날 거시니, 너ᄂᆞᆫ 즉금(卽今)으로 길을 출혀 명일(明日) ᄉᆞ당(祠堂) 뫼시고 일즉 써나게 ᄒᆞ라!"

니도령(李道令)이 그 말은 녀산풍경(廬山風景)에 헌 족박이라. 츈향(春香) ᄉᆡᆼ각만 골슈(骨髓)의 박혀 만댱(萬丈)이나 설운 우름 쥴ᄃᆡ까지 ᄎᆞᆷ앗다가 입을 열 제, ᄒᆞᆫ 마ᄃᆡ 쇼ᄅᆡ 툭 터지며 악바회골 모진 범이 절고쏭이로 빵쥬릐(雙周牢)를 틀니고, 인왕산(仁王山) 기슭으로 가ᄂᆞᆫ 쇼ᄅᆡ쳐로 동헌(東軒)을 허ᄂᆞᆫᄃᆞ시 북밧쳐 우니, ᄉᆞ또(使道) 달ᄂᆡ여 ᄒᆞᄂᆞᆫ 말이,

"용녈(庸劣)ᄒᆞ다, 우지 마라! 남원부ᄉᆞ(南原府使)를 나만 ᄒᆞ랴? 슈삼일간(數三日間) 올나갈 거시니, 그ᄃᆡ지 우도록 ᄒᆞ랴? 그리 말고 관심(寬心)ᄒᆞ라!"

---

4 **편젼(片箭)**: 짧고 촉이 예리한 화살. 6 **병환(病患)의 가마괴**: 속담으로, 나쁜 일 중에 더욱 흉한 일이 생김을 비유. **트레바리**: 이유 없이 남의 말에 반대하기 좋아하는 사람. 8 **소하(蕭何) 죽은 후신(後身)**: 융통성이 없어 곧이곧대로 일을 처리하는 사람을 이르는

이렇듯이 이별할 제, 차마 어찌 떠나리오. 마주 잡고 서로 울 제, 책방 방자가 달려들어 성화같이 재촉하되,

"사또께서 분부 내려 도련님 계신 곳을 알아 성화같이 모셔오라 서서 기다리시니 편전같이 가옵시다."

둘이 다 깜짝 놀라 하는 말이,

"너는 병환에 까마귀요, 혼인에 트레바리로구나. 너는 사람 냄새를 잘 맡는 빈대 자식 붙어서 낳느냐? 끔찍끔찍이 재촉 마라. 소하가 죽은 후신이냐? 만날 때도 네 덕이요, 이별할 때도 이러하니, 애고 답답 나 죽겠다!"

하릴없이 돌아올 제, 춘향은 스스로 기운이 다하여 늘어지고, 이도령은 넋이 빠진 채 몸만 돌아오니, 사또가 불러 이르는 말이,

"나는 미진한 공사나 다 닦고 중기를 마감한 후에 며칠 사이에 떠날 것이니, 너는 지금부터 길을 차려 내일 신주를 뫼시고 일찍 떠나도록 하라!"

이도령에게 그 말은 여산 풍경에 헌 쪽박이라. 춘향 생각만 골수에 박혀서 만 길이나 되는 서러운 울음 목줄까지 차오도록 참았다가 입을 열 제, 한 마디 소리가 툭 터지며 악바위골 모진 범이 절구공이로 쌍주리를 틀리고, 인왕산 기슭으로 가는 소리처럼 동헌을 허무는 듯이 북받쳐 우니, 사또가 달래어 하는 말이,

"용렬하다, 울지 마라! 남원 부사를 나만 하랴? 며칠 사이에 올라갈 것이니, 그다지 울도록 하겠는가? 그리 말고 마음을 놓아라!"

말. 소하(蕭何)는 한(漢)나라 고조(高祖) 때의 사람으로, 법을 만들었음. 12 듕긔(重記): 사무를 인계할 때 전하는 문서와 장부. 15 녀산풍경(廬山風景)에 헌 족박: 속급으로, 도무지 어울리지 않고 당치 않음을 뜻함. 21 용녈(庸劣): 변변치 못하고 졸렬함. 23 관심(寬心): 마음을 너그럽게 가짐.

니도령(李道令)이 그러ᄒᆞᆫ 체ᄒᆞ고, 동헌(東軒)붓터 ᄎᆡᆨ방(冊房)ᄭᅡ지 울며 나와, 식음(食飮)을 젼폐(全廢)ᄒᆞ고 ᄯᅳᆫ눈으로 밤을 ᄉᆡ와, 평명시(平明時)의 길 ᄯᅥ날 제 ᄉᆞ당(祠堂) ᄂᆡᄒᆡᆼ(內行) 다 뫼시고 ᄇᆡᄒᆡᆼ(陪行)ᄒᆞ여 올나간다.

“가노라 남원(南原) ᄯᅡᆼ아, 다시 보ᄌᆞ. 잘 잇거라 광한누(廣寒樓)야!”

엄누사남원(掩淚辭南原)ᄒᆞ고 함비향경노(含悲向京路)ᄒᆞᆯ 제 신졍(新情)이 미흡(未洽)ᄒᆞ여 옥인(玉人)을 니별(離別)ᄒᆞ니, 눈을 ᄯᅥ도 츈향(春香)이오 감아도 츈향(春香)이라. 길의 가ᄂᆞᆫ ᄒᆡᆼ인(行人)드리 다 츈향(春香)인 듯, ᄉᆞᆺ ᄀᆞᆺ튼 고은 얼골 눈압희 암암(暗暗)ᄒᆞ고 낭낭(朗朗)ᄒᆞᆫ 말쇼ᄅᆡᄂᆞᆫ 니변(耳邊)의 징징(錚錚)ᄒᆞ니, 마음 쇠돌이 아니여든 이리ᄒᆞ고 어이ᄒᆞ리. 가지거름이 졀노 난다. 먼 산(山)만 바라보고 초창(怊悵)ᄒᆞ여 올나갈 제, 한 모롱을 지나거다. 십니졍(十里亭)을 다ᄃᆞ라셔 믄득 드ᄅᆞ니, 졀졀함원(節節含怨) 슬픈 우름쇼ᄅᆡ 반공(半空)의 ᄉᆞ못치니, 모골(毛骨)이 송연(竦然)ᄒᆞ고 심담(心膽)이 구열(俱裂)이라. 정신(精神)이 어즐ᄒᆞ고 ᄊᆡ숫치 져려오니, 마부(馬夫)다려 뭇ᄂᆞᆫ 말이,

“쳐량(凄凉)ᄒᆞᆫ 져 우름을 ᄂᆡ가 이리 슯히 우러 나의 심ᄉᆞ(心思)를 산란(散亂)케 ᄒᆞᄂᆞ뇨?”

마부(馬夫) 놈 ᄎᆡ를 드러 ᄒᆞᆫ 곳을 가ᄅᆞ치ᄃᆡ,

“져 건너 송림간(松林間)의 엇더ᄒᆞᆫ 녀인(女人)이 우ᄂᆞ이다.”

니도령(李道令) ᄉᆡᆼ각ᄒᆞᄃᆡ,

“우리 츈향(春香)이가 날을 보랴 듕노(中路)의 와셔 기ᄃᆞ리나 보다. 마부(馬夫)야, 말 잡아라. 뒤를 잠간(暫間) 보고 가ᄌᆞ.”

---

3 평명시(平明時): 해가 돋아 날이 밝을 무렵. ᄇᆡᄒᆡᆼ(陪行): 윗사람을 모시고 따라감. 6 엄누사남원(掩淚辭南原)ᄒᆞ고 함비향경노(含悲向京路): 눈물을 흘리며 남원을 떠나 슬픔을 머

이도령이 그러한 체하고, 동헌부터 책방까지 울며 나와, 식음을 전폐하고 뜬 눈으로 밤을 새워, 날이 밝자 길 떠날 때 사당과 내행을 다 모시고 따라 올라간다.

"가노라 남원 땅아, 다시 보자. 잘 있거라 광한루야!"

눈물이 앞을 가리며 남원을 떠나 슬픔을 품고 한양길을 향할 제 새로 나눈 정이 미흡하여 옥 같은 여인을 이별하니, 눈을 떠도 춘향이요 감아도 춘향이라. 길에 가는 행인들이 다 춘향인 듯, 꽃 같은 고운 얼굴이 눈앞에 어른거리고 낭랑한 말소리는 귓가에 쟁쟁하니, 마음이 쇠와 돌이 아니거든 이리하고 어찌하리. 가재걸음이 절로 나온다. 먼 산만 바라보고 슬프게 올라갈 때, 한 모롱이를 지났것다. 십리정에 다다라서 문득 들으니, 마디마디 원한을 품은 슬픈 울음소리 반공중에 사무치니, 머리끝이 쭈뼛하고 가슴속이 찢어지는지라. 정신이 어지럽고 뼈끝이 저려오니, 마부에게 묻는 말이,

"처량한 저 울음을 누가 이리 슬피 울어 나의 심사를 산란케 하느뇨?"

마부 놈이 채를 들어 한 곳을 가리키되,

"저 건너 송림 사이에 어떤 여인이 우나이다."

이도령이 생각하되,

"우리 춘향이가 나를 보려고 길 가운데 와서 기다리나 보다. 마부야, 말 잡아라. 뒤를 잠깐 보고 가자."

금고 서울길을 향함. 원문의 '엄누상남원'은 '엄누사남원'으로 바로잡았음. 11 가지거름: 뒷걸음질하는 걸음. 12 초창(怊悵): 한탄스러우며 슬퍼함. 13 절절함원(節節含怨): 마디마디 원한을 품음.

우름소ᄅᆡ를 ᄎᆞᄌᆞ갈 제, 졈졈 깁히 드러가니 마부(馬夫) 놈 엿ᄌᆞ오ᄃᆡ,

"여긔셔 뒤 보시지 어ᄃᆡ로 드러가오?"

니도령(李道令) 도라보며 ᄭᅮ지ᄌᆞ되,

"ᄇᆡᆨ발(白髮)윗 놈 네로고나! 아모ᄃᆡ셔 보던지 네 아랑곳치냐?" ᄒᆞ며, 불계(不計)ᄒᆞ고 드러가셔 ᄌᆞ셰히 보니 네로고나.

츈향(春香)이 마조 잡고, 그져 데굴데굴 함부로 탕탕 부ᄃᆡ지며,

"너고 나고 예셔 죽ᄌᆞ! 너ᄂᆞᆫ 엇지ᄒᆞ여 여긔 잇ᄂᆞ니?"

"도련님 가시ᄂᆞᆫ 길의 젼별(餞別)ᄒᆞ려 왓ᄉᆞ오니, 마즈막 니별ᄇᆡ(離別杯)를 잡으시오!"

술을 부어 권(勸)ᄒᆞᆯ 젹의 댱부(丈夫)의 심댱(心腸)이 다 상(傷)ᄒᆞᆫ다. 옥슈(玉手)를 ᄌᆞ로 드러 눈믈을 쥐여ᄲᅮ리면셔,

"텬디(天地) 인간(人間) 니별(離別) 듕(中)의 날 ᄀᆞᆺᄒᆞᆫ 니 ᄯᅩ 잇ᄂᆞᆫ가? ᄋᆡ고, 도련님 ᄂᆡ 말 듯소! ᄎᆞᆷ아 셜워 못ᄉᆞᆯ깃네! 오동야지명월(梧桐夜之明月)이오 양뉴츈지청풍시(楊柳春之淸風時)의 그리워 엇지 살나 ᄒᆞ오?"

니도령(李道令) 위로(慰勞)ᄒᆞᄃᆡ,

"네 속이나 ᄂᆡ 속이나 간장(肝腸)이야 다를쇼냐? 셕벽(石壁)의 양견(兩肩) ᄃᆡ듯 슈삼년(數三年)만 기다려라!"

셔로 잡고 우름 울 제 마부(馬夫) 놈 달녀드러,

"도련님 어셔 니러나오! ᄃᆡ부인(大夫人) 마노라님이 압ᄎᆞᆷ(站)의 셔 도련님을 ᄎᆞᄌᆞ신다 ᄒᆞ고 관노(官奴) 놈이 왓ᄉᆞ오니, 어셔 밧비 니러나오!"

---

5 ᄇᆡᆨ발(白髮)윗 놈: 백발노인처럼 윗사람으로서 가르치려 드는 사람을 이르는 말. 9 젼별(餞別): 잔치를 베풀어 작별한다는 뜻으로, 보내는 쪽에서 예를 차려 작별함을 이르는 말.

울음소리를 찾아갈 제, 점점 깊이 들어가니 마브 놈이 여짜오되,

"여기서 뒤를 보시지 어디로 들어가오?"

이도령이 돌아보며 꾸짖되,

"백발의 놈이 너로구나! 아무데서 보든지 네가 아랑곳이냐?"
하며, 따지지 않고 들어가서 자세히 보니 너로구나.

춘향을 마주 잡고, 그저 데굴데굴 함부로 탕탕 부딪치며,

"너하고 나하고 여기서 죽자! 너는 어찌하여 여기에 있느냐?"

"도련님 가시는 길에 전별하러 왔사오니, 마지막 이별 술잔을 잡으시오!"

술을 부어 권할 때에 장부의 심장이 다 상한다. 옥 같은 손을 자주 들어 눈물을 쥐어뿌리면서,

"천지 인간의 이별 중에 나 같은 이가 또 있는가? 애고, 도련님 내 말을 듣소! 차마 서러워 못살겠네! 오동 잎 지는 달 밝은 밤과 수양버들에 맑은 바람이 부는 봄날이면 그리워 어찌 살라고 하오?"

이도령이 위로하되,

"네 속이나 내 속이나 간장이야 다를쏘냐? 돌벽에 두 어깨 대듯이 꼼짝 말고 몇 년만 기다려라!"

서로 잡고 울음을 울 제 마부 놈이 달려들어,

"도련님 어서 일어나오! 대부인 마누라님이 앞참에서 도련님을 찾으신다 하고 관노 놈이 왔사오니, 어서 바삐 일어나오!"

12 조로: 자주. 18 석벽(石壁)의 양견(兩肩) 대듯: 돌벽에 양쪽 어깨를 대듯이. 속담으로, 버티며 기다림을 비유. 21 압참(站): 다음에 다다를 참(站). '참(站)'은 공무로 역로(驛路)를 가다가 쉬거나 묵는 곳.

니도령(李道令) 니른 말이,

"너도 목셕(木石)이 아니라, 이 형상(形狀)을 네가 보니 ᄎᆞᆷ아 엇지 ᄯᅥ나리오! 돈을 만히 후(厚)히 쥬마. ᄒᆞᆫ 말만 잠간(暫間) 더 ᄒᆞ고 가ᄌᆞ."

마부(馬夫) 놈 엿ᄌᆞ오ᄃᆡ,

"쳔니(千里)를 가나, 십니(十里)를 가나, ᄒᆞᆫ씩 니별(離別)은 불가뷔(不可不ㅣ)오니 졔발 덕분 니러나오!"

ᄒᆞᆯ일업시 ᄯᅥ나오니 둘희 간장(肝腸)이 다 ᄉᆞ라진다.

져 츈향(春香)의 거동(擧動) 보쇼. 녹ᄂᆞᆫ 다시 우름 울며,

"도련님 부ᄃᆡ 평안(平安)이 가오! ᄯᅥ나ᄂᆞᆫ 회포(懷抱)ᄂᆞᆫ 측냥(測量) 업거니와, 날 ᄀᆞᆺ흔 천쳡(賤妾)은 조곰도 ᄉᆡᆼ각 마ᄅᆞ시고, 셔울 올나가셔 학업(學業)이나 힘ᄡᅧ 영영득의(永永得意)ᄒᆞ신 후(後)의, 부ᄃᆡ부ᄃᆡ 날 ᄎᆞᄌᆞ시오! 머리 우희 숀을 언고 기ᄃᆞ릴 졔, 바라ᄂᆞᆫ 눈이 ᄯᅮ러지지 아니케 ᄒᆞ옵쇼셔!"

니도령(李道令) 니른 말이,

"오냐, 부ᄃᆡ 잘 잇거라!"

연연(戀戀)ᄒᆞ믈 니긔지 못ᄒᆞ여 ᄎᆞᆷ아 숀을 놋치 못ᄒᆞ고, ᄉᆞ미를 드러 눈물을 씨ᄉᆞ면셔 당부(當付)ᄒᆞᄂᆞᆫ 말이,

"나의 일은 념녀(念慮) 말고, 몸을 삼가고 신의(信義)를 직희여 나의 도라오기를 고ᄃᆡ(苦待)ᄒᆞ라."

ᄒᆞ고 ᄯᅥ날 쥴을 니져더니, 셔산(西山)의 ᄒᆡᄂᆞᆫ 느져 가고 ᄌᆡ촉이 셩화(星火) ᄀᆞᆺ흔지라. 마지못ᄒᆞ여 숀을 노코 말긔 올나 도라셔니, ᄒᆞᆫ 거름의 도라보고, 두 거름의 긔가 막혀 갈 길이 어득ᄒᆞ다. 목이 밋쳐 연쇽부절(連續不絶).

"잘 잇거라!"

---

5 불가뷔(不可不ㅣ)오니: 어쩔 수 없으니. 11 영영득의(永永得意): 평생의 큰 뜻을 이룸. 원

이도령이 이른 말이,

"너도 목석이 아닐진대, 이 형상을 네가 보아도 차마 어찌 떠나리오! 돈을 후히 많이 주마. 한 마디 말만 잠깐 더 하고 가자."

마부 놈이 여쭈오되,

"천 리를 가나, 십 리를 가나, 한때의 이별은 어쩔 수 없으니 제발 덕분 일어나오!"

하릴없이 떠나오니 둘의 간장이 다 사라진다.

저 춘향의 거동 보소. 녹는 듯이 울음 울며,

"도련님 부디 평안히 가오! 떠나는 회포는 측량할 길이 없거니와, 나 같은 천한 첩은 조금도 생각 마시고, 서울 올라가서 학업에나 힘써 온전한 뜻을 이룬 후에, 부디부디 날 찾으시오! 머리 위에 손을 얹고 기다릴 제, 바라는 눈이 뚫어지지 않게 하옵소서!"

이도령이 이른 말이,

"오냐, 부디 잘 있거라!"

그리움을 이기지 못하여 차마 손을 놓지 못하고, 소매를 들어 눈물을 씻으면서 당부하는 말이,

"나의 일은 염려 말고, 몸을 삼가고 신의를 지키어 내가 돌아오기를 고대하라."

하고 떠날 줄을 잊었더니, 서산의 해는 늦어 가고 재촉이 성화 같은지라. 마지못해 손을 놓고 말에 올라 돌아서니, 한 걸음에 돌아보고, 두 걸음에 기가 막혀 갈 길이 아득하다. 목이 메어 울음소리가 끊이지 않는다.

"잘 있거라!"

문의 '여영'은 '영영'으로 바로잡았음. 23 **연쇽부졀**(連續不絶): 계속 이어져 끊이지 아니함.

"부듸 평안(平安)이 가오!"

이러트시 목쉰 쇼릭로 니별(離別)홀 졔, 길히 졈졈(漸漸) 머러 간다. 흔 산(山) 너머 오리(五里) 되고 흔 믈 건너 십니(十里)로다. 다만 둘히 넙만 벙긋벙긋흐딕, 음셩(音聲)은 아니 들니는고나. 쇽졀업시 써날 젹의,

"이젼(以前)의는 쓰게 것던 말조ᄎ 오날은 어이 그리 직게 가노? 츈교(春郊)의 우는 식는 간장(肝腸)을 바아는듯, 댱제(長堤)에 프른 버들 무졍(無情)이도 프르럿다. 형영(形影)조ᄎ 묘연(杳然)ᄒ니, 이고 답답 가슴이야! 욕망이난망(欲忘而難忘)이오 불ᄉ이ᄌᄉ(不思而自思)로다! 보고지고 보고지고, 나의 츈향(春香) 보고지고! 어린 양ᄌ(樣子) 쇄옥셩(碎玉聲)을 잠간(暫間) 드러 보고지고! 뉴리잔(琉璃盞)의 슐 부어들고 잡슈시오 잡슈시오 권(勸)ᄒ든 양(樣) 즉금(卽今) 만나 보고지고! 쳔니댱졍(千里長程) 머나문 딕 너를 잇고 어이 가리? 쇽졀 츈향(春香) 전혀 업다! 이놈 마부(馬夫)야! 말이나 쳔쳔이 모라가ᄌ! ᄉ문니의 틔눈 박이기다! 져 안졋던 뫼봉(峰)이나 보고 가ᄌ고나!"

마부(馬夫) 놈 딕답(對答)ᄒ되,

"쇼인(小人)도 흔 번(番) ᄎ모(茶母) 귀덕(貴德)이를 어더 신졍(新情)이 흔창 미흡(未洽)흔딕, 니방(吏房) 아젼(衙前)이 장(狀)을 두고, 쇼인(小人)의 ᄎ례(次例) 아닌 길을 보닉오니, 숀을 잡고 써나올 졔 무지(無知)흔 간장(肝腸)도 봄눈 스듯 마음이 산난(散亂)ᄒ와, 셔울 뉵빅오십니(六百五十里)를 흔참의 드리노코 닉일(來日) 흔졋 나려가오려, 급(急)흔 마음 살 곳ᄉ와 말을 밧비 모ᄂ이다. 그러ᄒ오나 도

---

7 츈교(春郊): 봄철의 경치가 좋은 들판. 간장(肝腸)을 바아는듯: 간장(肝腸)을 빻아내듯이 안타까움. 댱제(長堤): 기다란 둑. 9 욕망이난망(欲忘而難忘)이오 불ᄉ이ᄌᄉ(不思而自思): 잊으려 해도 잊혀지지 않고, 생각하지 않으려 하면 저절로 생각이 남. 11 쇄옥셩(碎玉

"부디 평안히 가오!"

이렇듯이 목쉰 소리로 이별할 제, 길이 점점 멀어 간다. 한 산을 넘으니 오 리가 되고 한 물을 건너니 십 리로구. 다만 둘이 입만 벙긋벙긋하되, 음성은 아니 들리는구나. 속절없이 떠날 적에,

"이전에는 더디게 걷던 말조차 오늘은 어찌 그리 재빠르게 가나? 봄날 들판에서 우는 새는 간장을 빻아내는 듯, 긴 둑에 푸른 버들은 무정하게도 푸르렀다. 형체와 그림자조차 묘연하니, 애고 답답 가슴이야! 잊으려 해도 잊기가 어렵고 생각하지 않으려 해도 절로 생각이 나는구나! 보고지고 보고지고, 나의 춘향 보고지고! 눈에 어린 모습과 옥을 굴리는 듯한 목소리를 잠깐 들어 보고지고! 유리잔에 술을 부어들고 잡수시오 잡수시오 권하던 모양을 지금 만나 보고지고! 천 리 길 머나먼 데 너를 잊고 어이 가리? 속절 춘향 전혀 없다! 이놈 마부야! 말이나 천천히 몰아가자! 꽁무니에 티눈 박이겠다! 저 앉았던 산봉우리나 보고 가자꾸나!"

마부 놈이 대답하되,

"소인도 한 번 차모 귀덕이를 얻어 새로운 정이 한창 미흡한데, 이방 아전이 장을 만들어 두고, 소인의 차례 아닌 길을 보내오니, 손을 잡고 떠나올 제 무지한 간장도 봄눈 녹듯 마음이 산란하여, 서울 육백 오십 리를 한참에 달려갔다가 내일 한번에 내려가려, 급한 마음 화살 같사와 말을 바삐 모나이다. 그러

聲): 옥을 굴리는 소리와 같이 아름다운 목소리. 15 꽁문니의 틔눈 박이기다: 속담으로, 엉덩이에 티눈이 박일 듯이 빨리 간다는 뜻. 18 츠모(茶母): 관아에서 차와 술대접 등을 맡아 하던 다모. 22 혼겻: 쉬지 않고 한번에.

련님이 하 민망(憫惘)ᄒᆞ여 ᄒᆞ시니 쳔쳔히 뫼시리이다. 다만 길 가기 심심ᄒᆞ고 도련님 마음도 하 산난(散亂)ᄒᆞ여 ᄒᆞ시니, 위로(慰勞) 겸(兼)ᄒᆞ여 그 노던 이야기나 ᄒᆞ며 가ᄉᆞ이다. 우리 귀덕(貴德)이도 묘(妙)ᄒᆞ외다."

니도령(李道令) ᄃᆡ답(對答)ᄒᆞᄃᆡ,

"그 일홈 더럽다. 인물(人物)은 엇더ᄒᆞ게 묘(妙)ᄒᆞ더냐?"

마부(馬夫) 놈 ᄃᆡ답(對答)ᄒᆞᄃᆡ,

"머리 압흔 숙붓터 두 눈셥이 다하 잇고, 두 눈은 왕방울만 ᄒᆞ고, 코ᄂᆞᆫ 바람벽의 말나붓튼 빈ᄃᆡ 갓고, 입은 두 귀밋ᄭᆞ지 도라오고, 가슴은 두리 기동 ᄀᆞᆺ트여 졋통이란 말은 아조 업ᄉᆞ오니, 요런 묘(妙)ᄒᆞᆫ 겨집이 ᄯᅩ 어ᄃᆡ 잇ᄉᆞ오잇가?"

니도령(李道令) 웃고 니른 말이,

"그것도 ᄉᆞ람이란 말이냐? 너ᄂᆞᆫ 무어슬 취(取)ᄒᆞᄂᆞ니? 흉(凶)ᄒᆞ고 금즉ᄒᆞ다!"

마뷔(馬夫ㅣ) 왈(曰),

"도련님이 계집 묘리(妙理)를 모로시ᄂᆞᆫ 말숨이올시다. 머리 압 숙붓기ᄂᆞᆫ 겨을의 돈 아니 드린 붓박이 휘항 긴(緊)ᄒᆞ옵고, 계집의 눈 큰 거ᄉᆞᆫ 셔방(書房)이 ᄊᆞ지져도 겁(怯)을 ᄂᆡ여 공슌(恭順)ᄒᆞ고, 코 업기ᄂᆞᆫ 입 다힐 졔 거칠 거시 업ᄉᆞ오니 더 긴(緊)ᄒᆞ옵고, 입 큰 거ᄉᆞᆫ 밧분 ᄯᅢ의 급(急)히 맛출 졔 아모ᄃᆡ를 ᄃᆡ여도 영낙업ᄉᆞ오니 긴(緊)ᄒᆞ옵고, 졋통이 업ᄂᆞᆫ 거ᄉᆞᆫ 단야(短夜)의 곤(困)ᄒᆞᆫ 잠 자다가도 부로통ᄒᆞᆫ 거시 만치이면 ᄌᆞ연(自然) 마음이 동(動)ᄒᆞ여 버무레나 써히고, ᄒᆞᆫ가음이나 ᄯᅳ오니, 졋통이 업ᄉᆞ오면 왼밤을 셩히 ᄌᆞ고

---

9 바람벽의 말나붓튼 빈ᄃᆡ 갓고: 벽에 말라 붙어 있는 빈대처럼 납작하고. 17 붓박이 휘항: 움직일 수 없게 붙여 박아 만든 휘양. '휘양'은 방한구(防寒具)의 일종으로, 남바위처럼 생

하오나 도련님이 하도 민망하여 하시니 천천히 뫼시리다. 다만 길 가기 심심하고 도련님 마음도 하도 산란하여 하시니, 위로 겸하여 그 놀던 이야기나 하며 가옵시다. 우리 귀덕이도 묘하외다."

이도령이 대답하되,

"그 이름 더럽다. 인물은 어떠하기에 묘하더냐?"

마부 놈이 대답하되,

"머리 앞은 이마가 좁아서 두 눈썹이 닿아 있고, 두 눈은 왕방울만 하고, 코는 바람벽에 말라붙은 빈대 같고, 입은 두 귀밑까지 돌아오고, 가슴은 둥근 기둥 같아 젖통이란 말은 아주 없사오니, 요런 묘한 계집이 또 어디에 있사오리까?"

이도령이 웃고 이른 말이

"그것도 사람이란 말이냐? 너는 무엇을 취하느냐? 흉하고 끔찍하다!"

마부가 말하기를,

"도련님이 계집의 묘리를 모르시는 말씀이올시다. 이마가 좁기는 겨울에 돈 아니 들인 붙박이 휘양같이 요긴하옵고, 계집의 눈 큰 것은 서방이 꾸짖어도 겁을 내어 공손하고, 코 없기는 입 닿을 때 거칠 것이 없사오니 더욱 요긴하옵고, 입 큰 것은 바쁜 때에 급히 맞출 제 아무데를 대어도 영락없사오니 요긴하옵고, 젖통이 없는 것은 짧은 밤에 곤한 잠을 자다가도 보로통한 것이 만져지면 자연히 마음이 동하여 못된 일에나 떨어지고, 몸이 축나게 되오니, 젖통이 없사오면 온밤을 성히 자고 나오면 녹용 한

졌으나 뒤가 훨씬 길어 목덜미까지 감싸게 되어 있음. 19 입 다힐 제: 입 맞출 제. 22 버무레나 써히고: 못된 일에나 떨어지고. 훈가음이나 쓰오니: 몸이 몹시 축나게 되오니.

나오면 녹용(鹿茸) ᄒᆞᆫ 그릇 먹은 혬이오니, 요런 계집은 곳 보ᄇᆡ왼다. 도련님 슈쳥(守聽)은 엇더ᄒᆞ옵더니잇가?"

"어허 이놈, 드러 보아라! 우리 츈향(春香)이야 어엿부더니라! 인물(人物)이 탁월(卓越)ᄒᆞ여 댱부(丈夫) 심댱(心腸)을 놀ᄂᆡ고, ᄇᆡᆨᄐᆡ(百態)가 구비(具備)ᄒᆞ며 ᄌᆡ덕(才德)이 겸젼(兼全)ᄒᆞ고, 품질(稟質)이 절승(絶勝)ᄒᆞ더니라! ᄋᆡ고ᄋᆡ고 설운지고! 져고 나고 두리 만나 츈하츄동(春夏秋冬) ᄉᆞ시(四時) 업시 쥬야댱텬(晝夜長川) 즐겨 놀 제, ᄌᆞ미잇ᄂᆞᆫ 잔쇽이야 눌다려 다ᄒᆞᆯ소냐. ᄋᆡ고ᄋᆡ고 설운지고! 동군(東君)이 신필(神筆) 되여 츈향(春香)조ᄎᆞ 그려ᄂᆡᆫ가? 항아(姮娥)를 ᄂᆡ치신가? 직녀(織女)를 젹강(謫降)ᄒᆞᆫ가? 너ᄂᆞᆫ 어힌 아ᄒᆡ완ᄃᆡ 강산졍긔(江山精氣)를 혼ᄌᆞ 타셔 나의 간장(肝腸) 셕이ᄂᆞ니, 혼(魂)이라도 너를 찻고, 쑴이라도 너를 ᄎᆞᄌᆞ리라! 술드리 그릴 젹의 쑴의나 맛나 보ᄌᆞ! ᄋᆡ고 답답 설음이야!"

이럿틋 탄식(嘆息)ᄒᆞ며 경셩(京城)으로 올나가니라.

이ᄯᆡ 츈향(春香)이ᄂᆞᆫ 니도령(李道令) 써나갈 제, 가ᄂᆞᆫ ᄃᆡ를 보랴ᄒᆞ고 ᄀᆡᆼ상일층누(更上一層樓)ᄒᆞ여 욕궁쳔니목(欲窮千里目)ᄒᆞ니,

"쳔니(千里)로다. 쳔니(千里)로다. 님 가신 ᄃᆡ 쳔니(千里)로다."

긔(氣)가 막혀 우름 울 제, 길이 ᄎᆞᄎᆞ 머러가니 형용(形容)이 졈졈(漸漸) 젹어 뵌다. 셔너 술 먹은 아희 강아지 타고 가ᄂᆞ니만 ᄒᆞ더니, ᄉᆞ월(四月) 팔일(八日)의 동ᄌᆞ등(童子燈)만 ᄒᆞ여 뵈고, 산(山)구뷔를 도라가니 아믈아믈 아조 업다.

"ᄋᆡ고, 이를 엇지할고?"

---

5 **겸젼**(兼全): 여러 가지를 완전하게 갖춤. 8 **동군**(東君): 태양의 신. 9 **항아**(姮娥): 월궁(月宮)에 산다는 신화 속의 신녀. 10 **젹강**(謫降): 신선이 인간 세상에 내려오거나 사람으로 태

그릇 먹은 셈이오니, 요런 계집은 곧 보배외다. 도련님의 수청은 어떠하였사옵니까?"

"어허 이놈, 들어 보아라! 우리 춘향이야 어여쁘니라! 인물이 탁월하여 장부의 심장을 놀래고, 온갖 자태를 구비하여 재덕을 갖추고, 품성이 더욱 빼어나더구나! 애고애고 설운지고! 저하고 나하고 둘이 만나 춘하추동 사시 없이 주야장천 즐겨 놀 때, 재미있는 잔속이야 누구더러 다 말할쏘냐. 애고애고 설운지고! 동군이 신필 화가 되어 춘향조차 그려내었는가? 항아를 내려보낸 것인가? 직녀가 적강했나? 너는 어찌된 아이기에 강산정기를 혼자 타고나서 나의 간장을 썩이나니, 혼이라도 너를 찾고, 꿈이라도 너를 찾으리라! 살뜰하게 그릴 적에 꿈에나 만나 보자! 애고 답답 설움이야!"

이렇듯 탄식하며 경성으로 올라가니라.

이때 춘향이는 이도령이 떠나갈 제, 가는 데를 보려 하고 다시 한 층 더 높은 누각으로 올라가서 천 리 밖을 보려 하니,

"천 리로다. 천 리로다. 임 가신 데 천 리로다."

기가 막혀 울음 울 제, 길이 차차 멀어가니 모습이 점점 작게 보인다. 서너 살 먹은 아이가 강아지를 타고 가는 것간 하더니, 사월 팔일에 동자등만 하여 보이고, 산굽이를 돌아가니 아물아물 아주 없다.

"애고, 이를 어찌할꼬?"

어남. 12 솔드리: 살뜰하게. 16 깅상일층누(更上一層樓)ᄒᆞ여 욕궁쳔니목(欲窮千里目): 다시 한층 높은 누각에 올라 멀리 바라보려 함.

긔진(氣盡)토록 종일(終日) 울고, 집으로 도라와셔 방(房)안을 삷혀보니 무거쳐지망망(無居處地茫茫)이라.

"ᄋᆡ고ᄋᆡ고, 이거시 웬일인고! 극목텬ᄋᆡ(極目天涯)ᄒᆞ니 한고안지실녀(恨孤雁之失侶)오, 회모양상(回眸樑上)ᄒᆞ니 션빵여지동소(羡雙燕之同巢)로다. 옥창잔월츄야댱(玉窓殘月秋夜長)의 님을 그려 엇지 살니. 가련(可憐)ᄒᆞ다 나의 신세(身世), 일촌간장(一寸肝腸) 봄눈 스듯, ᄋᆡ고 이를 어이ᄒᆞᆯ고!"

ᄃᆡ비졍속(代卑呈贖) 면쳔(免賤)ᄒᆞ고, ᄉᆞ졀빈ᄀᆡᆨ두문(謝絶賓客杜門)ᄒᆞ고, 의복단장(衣服丹粧) 전폐(全廢)ᄒᆞ고, 식음(食飮)을 믈니치고, 헛튼 머리, ᄯᅵ무든 옷셰 탈신(脫身)하여 ᄆᆡᆨ(脈)을 노코 누어시니, 인간ᄒᆡᆼ낙(人間行樂)이 덧업도다.

"가련(可憐)이도 되엿고나. ᄋᆡ고ᄋᆡ고 설운지고! 이 설움을 엇지ᄒᆞᆯ고! 츈하츄동(春夏秋冬) ᄉᆞ시졀(四時節)의 님을 그리워 어이 ᄉᆞᆯ니! 나ᄅᆡ 돗친 학(鶴)이 되여 훨훨 나라가셔 보고지고! 영두(嶺頭)에 구름 되여 놉히 ᄯᅥ셔 보고지고! 창ᄒᆡ(滄海)의 달이 되여 빗최여나 보고지고! 우든 눈믈 바다ᄂᆡ면 ᄇᆡ도 타고 가련마ᄂᆞᆫ 만쳡샹ᄉᆞ(萬疊相思) 그려ᄂᆡᆫ들 ᄒᆞᆫ 붓스로 다 그리랴. 츄야댱혜(秋夜長兮) 김도 길ᄉᆞ 쳔니샹ᄉᆞ(千里相思) 더욱 셟다. 샹ᄉᆞ(相思)ᄒᆞ든 도련님을 ᄭᅮᆷ의 맛나 보건마ᄂᆞᆫ 잠곳 ᄭᆡ면 허ᄉᆡ(虛事ㅣ)로다! 구회간장(九迴肝腸) 만곡슈(萬斛愁)를 담을 ᄃᆡ가 젼혀 업ᄂᆡ. 인ᄉᆡᆼᄇᆡᆨ년(人生百年)이 언ᄆᆡ완ᄃᆡ 각

---

2 무거쳐지망망(無居處地茫茫): 의지할 데 없어 처지가 아득함. 3 극목텬ᄋᆡ(極目天涯)ᄒᆞ니 한고안지실녀(恨孤雁之失侶): 눈을 들어 저 하늘 끝까지 멀리 바라보니, 짝 잃은 외기러기의 한(恨)이 느껴짐. 4 회모양상(回眸樑上)ᄒᆞ니 션빵여지동소(羡雙燕之同巢): 눈을 들어 들보 위를 보니 쌍쌍이 살아가는 제비 집이 부럽게 느껴짐. 5 옥창잔월츄야당(玉窓殘月秋夜長): 가을날 긴 밤에 창밖의 새벽달은 희미함. 8 ᄃᆡ비졍속(代卑呈贖) 면쳔(免賤): 노비가

기진토록 종일 울고, 집으로 돌아와서 방안을 살펴보니 의지할 데 없는 처지가 아득하다.

"애고애고, 이것이 웬일인고! 눈을 들어 멀리 하늘을 보니 짝 잃은 외기러기의 한이 느껴지고, 눈을 들어 들보 위를 보니 쌍쌍이 한 둥지에 사는 제비가 부럽구나. 가을날 긴긴 밤에 창밖의 새벽 달빛은 희미한데 임이 그리워 어찌 살리. 가련하다 나의 신세, 일촌간장 봄눈 사라지듯 하니, 애고 이를 어이할꼬!"

대비정속하여 기생의 비천한 처지를 면하고, 손님을 사절하고 문을 닫고 들어앉아서, 의복 단장 전폐하고, 식음을 물리치고, 허튼 머리와 때 묻은 옷에 몸이 풀려 맥을 놓고 누웠으니, 인간의 즐거움이 덧없도다.

"가련히도 되었구나. 애고애고 설운지고! 이 설움을 어찌할꼬! 춘하추동 사시절에 임 그리워 어이 살리! 날개가 돋친 학이 되어 훨훨 날아가서 보고지고! 산꼭대기 구름 되어 높이 떠서 보고지고! 창해의 달이 되어 비추어나 보고지고! 울던 눈물 받아내면 배도 타고 가련마는 겹겹이 쌓인 그리움을 붓 하나로 다 그리랴. 가을밤이 길기도 길어 천 리나 떨어져 그리는 그리움은 더욱 섧다. 그리던 도련님을 꿈에나 만나 보건마는 잠이 곧 깨면 허사로다! 아홉 굽이로 뒤틀린 것 같은 괴롭고 고통스러운 마음을 담을 데가 전혀 없네. 인생 백 년이 얼마이길래 각각

자기 대신 노비를 들이고 천인을 면하여 양민이 됨. 〈졀빈긱두문(謝絶賓客杜門): 손님을 사절하고 출입을 삼감. 10 탈신(脫身)하여 믝(脈)을 노코: 몸이 풀리고 기운이 빠져 음식조차 전혀 먹지 아니함. 원문의 '미를'은 '믝을'로 바로잡았음. 16 만쳡샹〈(萬疊相思): 첩첩이 쌓인 그리운 마음. 19 구회간장(九廻肝腸): 장(腸)이 아홉 번이나 뒤틀릴 정도로 괴롭고 고통스러움. 20 언믜완듸: 얼마이기에.

직동셔(各在東西) 그리ᄂᆞᆫ고? 공방미인독상ᄉᆞ(空房美人獨相思)ᄂᆞᆫ 날을 두고 니ᄅᆞ미라. ᄋᆡ고 답답 셜음이야! 이를 어이ᄒᆞ잣 말고! 졍화(庭花)ᄂᆞᆫ 작작(灼灼)ᄒᆞ고 두견(杜鵑)은 난만(爛漫)ᄒᆞᆫᄃᆡ, ᄌᆞ규(子規)야 우지 마라. 울거든 네나 우지, 잠든 날을 ᄭᆡ와ᄂᆡ여, 갓득ᄒᆞᆫ 님 니별(離別) 후(後)의 여른 간장(肝腸) 다 셕이ᄂᆞ니, 니별(離別)이 비록 어려오나 니별(離別) 후(後)가 더 어렵도다. 동지야(冬至夜) 긴긴 밤과 하지일(夏至日) 긴긴 날의 ᄭᆡ마다 샹ᄉᆡ(相思 ㅣ)로다. 약슈삼쳔니(弱水三千里) 못 건넌다 일너시나, 님 계신 ᄃᆡ 약슈(弱水)로다. ᄋᆡ고 ᄋᆡ고 셜운지고!

이 몸이 ᄉᆞᆷ길실 졔 님을 조ᄎᆞ ᄉᆞᆷ겨시니, 삼ᄉᆡᆼ(三生)의 연분(緣分)이며 하놀 마촐 일이로다. 나 ᄒᆞ나 쇼년(少年)이오, 님 하나 날 괴실 졔, 이 마음 이 ᄉᆞ랑은 견쥴 ᄃᆡ 젼혀 업다. 평ᄉᆡᆼ(平生)에 원(願)ᄒᆞ오ᄃᆡ ᄒᆞᆫᄃᆡ 예ᄌᆞ ᄒᆞ엿더니, 그덧셰 어이ᄒᆞ여 각지동셔(各在東西) 그리ᄂᆞᆫ고? 엇그졔 님을 뫼셔 광한뎐(廣寒殿)의 올낫더니, 그덧셰 무ᄉᆞᆷ 일노 하계(下界)의 나려온고? 올 젹의 비슨 머리 허트런 지 오ᄅᆡ도다. 연지분(臙脂粉)도 잇건마ᄂᆞᆫ 눌 위ᄒᆞ여 고이ᄒᆞᆯ고? 마음의 ᄆᆡ친 시름 쳡쳡(疊疊)히 ᄲᅡ혀셰라. 지이ᄂᆞ니 한심이오, 흘니ᄂᆞ니 눈물이라. 인ᄉᆡᆼ(人生)이 유한(有限)ᄒᆞᆫᄃᆡ 슈심(愁心)이 긔지업다. 무졍(無情)ᄒᆞᆫ 셰월(歲月)은 믈 흐ᄅᆞ듯 지나거다. 념량(炎凉)은 ᄯᆡ를 아라 가ᄂᆞᆫ덧 도라오니, 듯거니 보거니 늣길 일도 ᄒᆞᆷ도 ᄒᆞᆯᄉᆞ!

동풍(東風)이 건듯 브러 젹셜(積雪)을 헷치ᄂᆞᆫ 듯, 옥창(玉窓)의 심은 ᄆᆡ화(梅花) 두셰 가지 픠엿셰라. 갓득에 ᄂᆡᆼ담(冷淡)ᄒᆞᆫᄃᆡ 암향(暗香)은 무ᄉᆞᆷ 일고? 황혼(黃昏)의 명월(明月)조ᄎᆞ 침변(枕邊)의 조요

7 약슈삼쳔니(弱水三千里): 약수는 신선이 살았다는 중국 서쪽의 전설 속의 강. 길이가 삼천 리나 되었다 하는데 부력이 매우 약해 기러기 털도 가라앉을 정도였다고 전해짐. 10 이 몸이 ᄉᆞᆷ길실 졔 … 나는 님을 조ᄎᆞ 단니리라: 정철(鄭澈)의 「사미인곡(思美人曲)」 전편을 차

동서로 헤어져서 그리워하는가? 빈방에서 미인이 홀로 그리워함은 나를 두고 이름이라. 애고 답답 설움이야! 이를 어찌하자는 말인고! 뜰의 꽃은 활짝 피고 두견은 난만한데, 자규야 울지 마라. 울거든 너나 울지, 잠든 나를 깨워내어, 임과 이별한 후에 여린 간장 다 썩이나니, 이별이 비록 어려우나 이별 후가 더욱 어렵도다. 동지의 긴긴 밤과 하지의 긴긴 날에 대마다 그리워하네. 약수 삼천 리는 못 건넌다 일렀으나, 임이 계신 데가 약수로다. 애고애고 설운지고!

이 몸이 생겨날 제 임을 따라 생겼으니, 삼생의 연분이며 하늘에 미칠 일이로다. 나 하나 소년이요, 임 하나 날 사랑하실 제, 이 마음 이 사랑은 견줄 데 전혀 없다. 평생에 원하기를 한데서 살자고 하였더니, 그 사이 어이하여 동서로 떨어져서 그리워하는가? 엊그제 임을 모시고 광한전에 올랐더니, 그 사이에 무슨 일로 하계에 내려왔는가? 올 적에 빗은 머리 헝클어진 지 오래도다. 연지와 분도 있건만 누구를 위하여 곱게 할까? 마음에 맺힌 시름 첩첩히 싸였어라. 짓나니 한숨이요, 흘리나니 눈물이라. 인생은 유한한데 수심은 그지없다. 무정한 세월은 물 흐르듯 지나는도다. 더위와 서늘함은 때를 알아 가는 듯 돌아오니, 듣거니 보거니 느낄 일이 많기도 많구나!

동풍이 건듯 불어서 쌓인 눈을 헤치는 듯, 옥창에 심은 매화는 두세 가지 피었어라. 가뜩이나 냉담한데 그윽한 향기는 무슨 일인가? 황혼에는 명월조차 베갯머리에 밝게 비치니, 기뻐

용. 삼생(三生): 전생(前生), 현생(現生), 내생(來生)을 통틀어 이르는 말. 19 념량(炎凉): 더위와 서늘함. 즉, 계절의 변화. 22 암향(暗香)은 무슨 일고: 그윽한 향기는 어째서 풍기는가? 원문의 '암담'은 '암향'으로 바로잡았음.

(照耀)ᄒᆞ니, 깃기는 듯 반기ᄂᆞᆫ듯 그리ᄂᆞᆫ 님 마조 본 듯, 이 ᄆᆡ화(梅花) ᄒᆞᆫ 가지로 님 계신 ᄃᆡ 보ᄂᆡ고져! 님이 너를 보면 무어시라 ᄒᆞ실넌고? ᄭᅩᆺ 지ᄌᆞ ᄉᆡ닙 나ᄌᆞ 녹음(綠陰)이 어린 젹의, 나위(羅幃)ᄂᆞᆫ 젹막(寂寞)ᄒᆞ고 슈막(繡幕)이 뷔여셰라. 부용댱(芙蓉帳) 거러 두고 공작병(孔雀屛) 둘너시니, 갓득에 시름ᄒᆞᆫᄃᆡ ᄒᆡᄂᆞᆫ 어이 기도던고! 원앙금침(鴛鴦衾枕) ᄯᅦ쳐ᄂᆡ여 삼ᄉᆡᆨ(三色) 실 푸러ᄂᆡ여, 금쳑(金尺)의 견조와셔 님의 옷슬 지어ᄂᆡ니, 슈품(手品)도 조커니와 졔도(制度)도 ᄀᆞᆺ홀시고. 황함(黃函)의 담아 두고 님 계신 ᄃᆡ 바라보니, 산(山)인가 구름인가 머흠도 머흘시고. 옥누(玉樓)의 혼ᄌᆞ 안ᄌᆞ 슈졍렴(水晶簾) 거든 날의, 동영(東嶺)에 달 돗고 북극(北極)의 별이 뵈니, 님 본 듯 반가오ᄆᆡ 눈물이 졀노 난다. 쳥광(淸光)을 쥬어 ᄂᆡ여 봉황누(鳳凰樓)의 거러두고, 팔황(八荒)의 다 빗최니, 심산궁곡(深山窮谷) 빗최고져.

건곤(乾坤)은 폐ᄉᆡᆨ(閉塞)ᄒᆞ고 ᄇᆡᆨ일(白日)이 ᄒᆞᆫ 빗친ᄃᆡ, ᄉᆞ람은 커니와 날ᄉᆡ도 ᄭᅳ쳐도다. 소상남반(瀟湘南畔)도 치우미 이러커든, 옥누고쳐(玉樓高處)야 일너 무삼ᄒᆞ리. 양츈(陽春)을 붓쳐ᄂᆡ여 님 계신 ᄃᆡ 보ᄂᆡ고져. 모쳠(茅簷)의 빗췬 ᄒᆡ를 옥누(玉樓)의 올니고져. 홍상(紅裳)을 거두치고 취슈(翠袖)를 반만 거더, 일모창산월(日暮蒼山月)의 혬가림도 흠도 흘ᄉᆞ! 져른 ᄒᆡ 겨요 지고 긴 밤을 고쵸 안ᄌᆞ, 쳥등(靑燈)을 겻히 노코 젹은덧 잠을 드니, ᄭᅮᆷ의나 님을 보려 턱 밧고 지혀시니, 원앙금(鴛鴦衾)도 참도 찰ᄉᆞ. 이 밤이 언제 실고? 하로도

---

1 깃기는 듯: 기뻐하는 듯. 3 나위(羅幃): 얇은 비단으로 만든 장막. 원문의 '나유'는 '나위'로 바로잡았음. 5 기도던고: 길었던가. 9 슈졍렴(水晶簾): 수정 구슬을 꿰어서 만든 아름다운 발. 11 쳥광(淸光): 별과 달에서 비치는 밝은 빛. 12 팔황(八荒): 온 세상. 14 건곤(乾坤)은 폐ᄉᆡᆨ(閉塞)ᄒᆞ고 ᄇᆡᆨ일(白日)이 ᄒᆞᆫ 빗친ᄃᆡ: 겨울의 천지(天地)가 얼어붙어 겨울 날이 흰 눈

하는 듯 반기는 듯 그리운 임을 마주 본 듯, 이 매화 한 가지를 임이 계신 데에 보내고 싶구나! 임이 너를 보면 무어라 하실런가? 꽃이 떨어지자 새 잎이 나니 녹음이 갓 들었을 적에, 비단 휘장은 적막하고 수놓은 장막은 비었어라. 부용 휘장 걸어 두고 공작 병풍 둘렀으니, 가뜩이나 시름 많은데 해는 어찌 길었던가! 원앙금침 뜯어내어 삼색 실을 풀어내어, 금자로 견주어서 임의 옷을 지어내니, 솜씨도 좋거니와 격식도 갖추었네. 누런 함에 담아 두고 임 계신 데 바라보니, 산인가 구름인가 험하기도 험하구나. 옥루에 혼자 앉아 수정 주렴을 걷은 날에, 동쪽 산마루에 달이 돋고 북극에 별이 보이니, 임을 본 듯 반가움에 눈물이 절로 난다. 청광을 쥐어 내어 봉황루에 걸어 두고 온 세상에 다 비추니, 깊은 산골짜기에도 비취고 싶구나.

온 세상은 얼어붙어 흰 눈으로 한 빛인데, 사람은커녕 날아다니는 새도 끊어졌도다. 소상강 남쪽도 추위가 이렇거든, 임금님 계신 옥루야 말해서 무엇하리. 따뜻한 봄을 부쳐 내어 임 계신 데 보내고 싶구나. 초가집 처마에 비친 해를 옥루에 올리고 싶구나. 붉은 치마를 걷어 올리고 푸른 소매를 반만 걷어서, 해 저문 푸른 산 달빛에 생각이 많기도 많구나! 짧은 해가 겨우 지고 긴 밤을 곧추 앉아서, 푸른 등을 곁에 놓고 잠깐 동안 잠이 드니, 꿈에나 임을 보려 턱을 받치고 기대어 있으니, 원앙 이불이 차기도 차구나. 이 밤이 언제 샐까? 하루도 열두 시요, 한 달

으로 한 가지 빛인데. 15 소상남반(瀟湘南畔): 소상강 남쪽 언덕. 즉, 전라도의 남쪽 지방을 비유. 원문의 '남방'은 '남반'으로 바로잡았음. 18 취슈(翠袖): 푸른 소매. 일모창산월(日暮蒼山月)의 혬가림도 혬도 할샤: 해 저문 날 푸른 산 달빛에 이런저런 생각이 많기도 많구나. 원문의 '창산원'은 '창산월'로 바로잡았음. 20 젹은덧: 잠깐 동안. 21 지혀시니: 의지해 기대고 있으니.

열두 시(時)오, 한 달도 삼십일(三十日)에, 하로나 니져 잇셔 시름을 프즈 ᄒᆞ니, 마음의 믹친 시름 골슈(骨髓)의 박혀시니, 편작(扁鵲)이 열이 오나 이 닉 병(病) 어이ᄒᆞ리? 어화 이 닉 병(病)이여, 이 님의 탓시로다! 출하리 슬허져셔 범나뷔나 되오리라. 쏫 지즈 식 닙 나즈 녹음(綠陰)이 어릔 젹의, 쏫마다 단니다가 님의 옷식 안즈리라. 님은 날인 쥴 모로셔도 나는 님을 조ᄎᆞ 단니리라."

이러트시 시름으로 무정셰월(無情歲月) 보닉더라.

셰갑ᄌᆞ(歲甲子) 뉴월(六月) 념오(念五) 필셔(畢書).

---

1 하로나 니져 잇셔: 잠시라도 걱정을 잊고서. 원문의 '할니'는 '하로'로 바로잡았음. 2 편작

도 삼십 일에, 한때나 잊어 있어 시름을 풀자 하니, 마음에 맺힌 시름 골수에 박혔으니, 편작이 열이라도 이 내 병을 어이하리? 어화 이 내 병이여, 이 임의 탓이로다! 차라리 죽어서 범나비나 되오리라. 꽃이 지자 새 잎이 나니 녹음이 어릴 적에, 꽃마다 다니다가 임의 옷에 앉으리라. 임은 나인 줄 모르셔도 나는 임을 따라 다니리라."

이렇듯이 시름으로 무정한 세월을 보내더라.

갑자년 유월 이십오일에 쓰기를 마침.

(扁鵲)이 열이 오나: 유명한 의사 열이 오더라도. '편작'은 중국 춘추시대 명의(名醫).

권지삼

이ᄯᅢ 구관(舊官)은 올나가고 신관(新官)은 나려올 졔, 신관ᄉᆞᄯᅩ(新官使道)ᄂᆞᆫ 남촌(南村) 호박골 변학도(卞學道) 집이라. 쳔만(千萬) ᄯᅳᆺ밧긔 결련(結緣) 덕(德)으로 산졍(散政)의 말망(末望) 낙졈(落點) ᄒᆞ엿ᄂᆞᆫ지라 ᄒᆞ던 날븟터 남원(南原) 츈향(春香)이 명기(名妓)란 쇼문(所聞)을 드른 지 오ᄅᆡᆫ지라. ᄉᆡᆼ각이 젼혀 여긔만 잇셔 밤낫으로 기다리ᄂᆞᆫ 말이,

"남원(南原)이 몃 니(里)나 되ᄂᆞᆫ고? 신연하인(新延下人)드리 ᄉᆞ흘이나 되도록 긔쳑이 업셔 하 고이ᄒᆞᆫ 일이로고!"

ᄒᆞ며, 셩화(星火)ᄀᆞᆺ치 기ᄃᆞ릴 졔, 잔득 졸나 열ᄉᆞ흘 만의 신연관쇽(新延官屬)드리 올나와 슈쳥(守廳) 불너 거ᄅᆡᄒᆞ고, 현신(現身)ᄒᆞ라 드러올 졔 신연(新延), 뉴리(由吏), 뉵방아젼(六房衙前), 통인(通引), 급창(及唱), 군노(軍奴), ᄉᆞ령(使令) ᄎᆞ례(次例)로,

"현신(現身) 알외오!"

신관(新官)이 밤낫으로 기ᄃᆞ리다가 이러틋 만시(晩時)ᄒᆞ여 온 것 보니, 골이 ᄒᆞᆫ것 나셔 흠셕 부어 한마ᄃᆡ 호령(號令)의 종놈 불너 분부(吩咐)ᄒᆞᄃᆡ,

"네 져놈들 모도 모라 ᄂᆡ치라!"

---

2 **남촌(南村) 호박골**: 서울 남산 아래 있던 마을. **변학도(卞學道)**: 대부분의 이본에는 '변학도'라고 되어 있어 원문의 '변악도'를 '변학도'로 바로잡았음. 이 텍스트에서는 '학도'를 '악도(惡道)'로 변이시켰다고 해석할 수도 있음. 3 **결련(結緣) 덕(德)으로**: 지연, 혈연 등의 인연을 맺은 덕으로. **산졍(散政)의 말망(末望) 낙졈(落點)**: 임시 벼슬이 내려질 때, 삼망(三望)

이때 구관은 올라가고 신관은 내려올 제, 신관 사또는 남촌 호박골 변학도 집이라. 천만뜻밖에 인연을 맺은 덕으로 산정의 마지막 순번으로 추천되었지만 낙점을 받은지라 하던 날부터 남원 춘향이 명기라는 소문을 들은 지가 오랜지라. 생각이 전혀 여기에만 있어 밤낮으로 기다리는 말이,

"남원이 몇 리나 되는고? 신연하인들이 사흘이나 되도록 기척이 없으니 아주 이상한 일이로고!"

하며, 성화같이 기다릴 제, 잔뜩 졸라 열사흘 만에 신연관속들이 올라와 청지기를 불러 보고하고, 현신하러 들어올 때 신연, 유리, 육방 아전, 통인, 급창, 군노, 사령 차례로,

"현신 아뢰오!"

신관이 밤낮으로 기다리다가 이렇듯 늦게야 온 것을 보니, 골이 한껏 나서 실컷 부어서 한마디 호령으로 종놈을 불러 분부하되,

"네 저놈들을 모두 몰아 내치라!"

의 세 후보 중 끝으로 올라가서 임명되는 것을 이름. 7 신연하인(新延下人): 새로 부임하는 감사(監司)나 수령을 맞으러 나가는 하인. 10 슈쳥(守廳): 양반집에서 잡일을 맡아 보던 청지기. 현신(現身): 아랫사람이 윗사람에게 예를 갖추어 자신을 보이는 일. 11 뉴리(由吏): 지방 관아의 이방. 12 급창(及唱): 조선시대에 군아에 속하여 원의 명령을 받아 큰 소리로 전달하는 일을 맡아 보던 하급 관리.

호령(號令)이 츄상(秋霜)ㅈ튼지라. 쐭뒤가 셰 쎔식 흔 쥬먹 건딕드리 벌쎄ㅈ치 달녀드러, 일시(一時)의 쐭뒤 질너 모라 닉칠 졔, 딕문(大門) 밧그로 닉치는 거시 아니라, 호긔(豪氣)가 되는딕로 나셔 영(令)의 씌이여 남산(南山)골 네거리까지 모라 나와셔, 그 셤에 댱악원(掌樂院)까지 활작 나리모라, 흔숨의 각젼(各廛) 시졍(市井) 난젼(亂廛) 모듯 구리ㄱ(九里介) 병문(屛門)까지 모라 닉쎠리고 오니, 신관(新官)이 골찜의 다 모라 닉치고 다시 싱각흔즉, 모양(模樣)도 아니 되고 졔일(第一) 그곳 쇼문(所聞)을 무를 길이 업는지라. 청직(廳直)이 불너 뭇는 말이,

"여보와라! 남원(南原) 하인(下人) 하나토 업는냐? 나가 보와라!"

홀 졔, 맛촘 길방ㅈ(房子) 흔 놈이 발병(病)이 나셔 낙후(落後)ㅎ여 드러오니, 모라닉는 통의도 춤네(參預) 못흔 놈이 져축져축ㅎ고 드러오는 놈의 형상(形狀)이 아조 허술흔 즁(中) 얽고 검고, 흔 눈 굿고 흉악(凶惡)히 츄(醜)흔 놈이 드러와셔 신관ㅅ쏘(新官使道) 딕이냐 뭇고, 신연관쇽(新延官屬)드를 ㅊ거늘, 아모커나 불러드려 현신(現身)시긴 후(後)의, 신관(新官)이 보고 반기여 싱(生)으로 치슬니는 말이,

"업다, 그놈 잘도 낫다! 외모(外貌)가 심히 슌박(醇朴)흔 거시 긔특(奇特)흔 놈이로다! 네 고을 일을 ㅈ셔히 아는다?"

방ㅈ(房子) 놈 엿ㅈ오딕,

"쇼인(小人)이 십여딕(十餘代)를 그곳의셔 싱장(生長)ㅎ온지라, 터럭 씃만 흔 일이라도 쇼인(小人) 모ㄹ는 일이 업ㅅ외다."

---

1 쐭뒤가 셰 쎔식 흔 쥬먹 건딕드리: 벙거지 꼭지가 세 뼘만 한 주먹 상모를 늘어뜨린 건달들이. 2 쐭뒤 질너: 뒤통수를 눌러. 3 호긔(豪氣)가 되는딕로: 호기를 실컷 부려서. 4 영(令)의 씌이여: 명령에 쫓겨. 그 셤에: 그 김에. 5 댱악원(掌樂院): 조선시대 궁중에서 연주하는 음악과 무용에 관한 일을 담당하던 장악원. 각젼(各廛) 시졍(市井) 난젼(亂廛) 모듯:

호령이 추상같은지라. 벙거지 꼭지가 세 뼘씩 되는 주먹 상모를 늘어뜨린 건달들이 벌떼같이 달려들어, 일시에 뒤통수를 눌러 몰아 내칠 제, 대문 밖으로 내치는 것이 아니라, 호기를 마음대로 부려 명에 쫓겨서 남산골 네거리까지 몰아 나와서, 그 결에 장악원까지 활짝 내리몰아, 한숨에 각전의 시정아치가 난전을 몰아내듯 구리개 병문까지 몰아 내던지고 오니, 신관이 골이 난 김에 다 몰아 내치고 다시 생각한즉, 모양도 아니 되고 제일 먼저 그곳의 소문을 물을 길이 없는지라. 청지기를 불러 묻는 말이,

"여보아라! 남원 하인이 하나도 없느냐? 나가 보아라!"

할 제, 마침 길방자 한 놈이 발병이 나서 뒤처져서 들어오니, 몰아내는 통에도 참례하지 못한 놈이 저축저축하고 들어오는 형상이 아주 허술한 중에도 얽고 검고, 한 눈이 멀고 흉악하게 추한 놈이 들어와서 신관사또 댁이냐 묻고, 신연관속들을 찾거늘, 아무렇게나 불러들여 현신시킨 후에, 신관이 보고 반기어 생으로 추스르는 말이,

"어따, 그놈 잘도 났다! 외모가 심히 순박한 것이 기특한 놈이로다! 네 고을 일을 자세히 아느냐?"

방자 놈이 여쭈오되,

"소인이 십여 대를 그곳에서 생장하온지라, 터럭 끝만 한 일이라도 소인 모르는 일이 없사외다."

각 전(廛)의 시정아치가 난전(亂廛)을 몰아내듯. 6 구리기(九里介): 서울 을지로 입구에 있던 옛 지명. 병문(屛門): 골목 어귀. 7 골씸의: 화가 난 김에. 11 길방즈(房子): 길을 안내하는 군노(軍奴). 12 져축져축: 다리에 힘이 없어 절며 걷는 모양. 13 훈 눈 굿고: 한 눈 멀고. 16 싱(生)으로 치술니는 말: 생색으로 지나치게 칭찬하는 말.

“어허, 싀훤ᄒᆞ다! 아던지 모ᄅᆞ던지 위션(爲先) 관원(官員)의 비위(脾胃)ᄅᆞᆯ 맛초와 ᄃᆡ답(對答)ᄒᆞᄂᆞᆫ 거시 긔특(奇特)ᄒᆞ다. 네 구실이 일 년(一年)의 언마나 먹고 단니ᄂᆞ니?”

“알외옵기 황송(惶悚)ᄒᆞ오ᄃᆡ, 쇼인(小人)의 구실 원응식(元應食)이라 ᄒᆞ옵ᄂᆞᆫ 거시 일 년(一年)의 황(荒)됴 넉 셤쌘이올시다. 그러ᄒᆞ옵기 이런 ᄣᅵ 힝ᄎᆞ(行次)ᄅᆞᆯ 뫼시라 오오나, 관가(官家) 구실노 셔울 왕ᄂᆡ(往來)ᄅᆞᆯ ᄒᆞ오나, 노ᄌᆞ(路資)ᄒᆞᄂᆞᆫ 법(法)이 ᄌᆞ당(自當)ᄒᆞ옵기로, 길히셔 탄막(炭幕)의 외상 먹고 단니옵거나, 여복ᄒᆞ면 굼고 단닐 젹이 만ᄉᆞ옵고, 그러ᄒᆞ옵기 변지변니지니(邊之邊利之利)ᄒᆞ여 쥬ᄂᆞᆫ 경쥬인(京主人)의 빗지 무슈(無數)ᄒᆞ옵고, 환상(還上)도 ᄆᆡ양 밧칠 길 업ᄉᆞ와, 볼기ᄅᆞᆯ 흰ᄠᅥᆨ 맛듯 ᄒᆞ옵ᄂᆡ다.”

“불상ᄒᆞ다! 네 고을에 관쇽(官屬) 듕(中) 졔일(第一) 먹ᄂᆞᆫ 방임(坊任)이 언마나 쓰ᄂᆞ니?”

ᄃᆡ답(對答)ᄒᆞᄃᆡ,

“슈삼(數三) 쳔금(千金) 쓰ᄂᆞᆫ 방임(坊任)이 셔너 ᄌᆞ리나 되옵ᄂᆞ이다.”

“ᄂᆡ가 도임(到任)ᄒᆞ거든 그 방임(坊任) 셔너 ᄌᆞ리ᄅᆞᆯ 모도 다 너ᄅᆞᆯ 시기리라.”

“황송(惶悚)ᄒᆞ외다. 샹덕(上德)이올시다!”

“여보와라 그ᄂᆞᆫ 그러ᄒᆞ거니와, 네 고을에 져 무어시 잇다 ᄒᆞ더고나. 업다, 유명(有名)ᄒᆞᆫ 별것 잇다 ᄒᆞ더고나.”

“젓ᄉᆞ오ᄃᆡ, 무어시온지 모양(模樣)만 하문(下問)ᄒᆞ옵시면 아라 밧치오리이다.”

---

2 구실: 관리로서의 직책. 4 원응식(元應食): 원래의 급료(給料). 7 ᄌᆞ당(自當): 자담(自擔). 8 탄막(炭幕): 주막. 9 변지변니지니(邊之邊利之利): 이자에 이자를 덧붙여 얻은 이익. 10 경쥬인(京主人): 중앙관청과 지방관청의 연락 사무를 맡아 보기 위하여 각 지방에서 서

"어허, 시원하다! 알든지 모르든지 우선 관원의 비위를 맞추어 대답하는 것이 기특하다. 네 구실이 일 년에 얼마나 먹고 다니나니?"

"아뢰옵기 황송하오되, 소인 구실의 원응식이라 하옵는 것이 일 년에 좁쌀 넉 섬뿐이올시다. 그러하옵기에 이런 때 행차를 모시러 오거나, 관가 구실로 서울 왕래를 하오나, 노자는 자담하는 법이옵기에, 다니는 길에 주막에서 외상을 먹고 다니옵거나, 여북하면 굶고 다닐 적이 많사옵고, 그러하옵기 이자에 이자를 붙여 주는 경주인에게 진 빚이 무수하옵고, 환상도 매양 바칠 길이 없사와, 볼기를 흰떡 맞듯 하옵니다."

"불쌍하다! 네 고을 관속 중에서 제일 먹는 자리는 얼마나 받느냐?"

대답하되,

"수삼 천금 받는 자리가 서너 자리나 되옵나이다."

"내가 도임하거든 그 소임 서너 자리를 모두 다 너를 시키리라."

"황송하외다. 어르신 덕이올시다!"

"여보아라 그는 그러하거니와, 네 고을에 저 무엇이 있다 하더구나. 어따, 유명한 별것이 있다고 하더구나."

"두렵사오되, 무엇이온지 모양만 물어주시면 알아 바치오리다."

울에 파견한 향리(鄕吏). **환상**(還上): 각 고을의 사창(社倉)에서 백성에게 꾸어 준 곡식을 가을에 이자를 쳐서 거두어들이던 일 또는 그 곡식. 11 **볼기롤 흰썩 맛듯**: ᄎᆞ서 흰떡을 만들 듯 볼기짝을 무수히 얻어맞음을 비유. 12 **방임**(坊任): 방(坊)의 공무를 맡은 구실아치. 19 **샹덕**(上德): 웃어른으로부터 받은 은덕. 22 **졋ᄉᆞ오ᄃᆡ**: 두렵사오되.

신관(新官)이 풀 갓끤 뒤짐 지고 건닐면셔,

"업다, 이런 졍신(精神)이 어듸 잇시리! 고약훈 졍신(精神)이로고나! 그 시(時)의 싱각ᄒᆞ엿더니, 고 ᄉᆞ이의 짬박 니져고나. 졍신(精神)이 이러ᄒᆞ고 무어슬 ᄒᆞ리, 도임(到任) 후(後)의 슈다(數多)훈 공ᄉᆞ(公事)의 셩화(星火)홀밧긔. 잉고, 무슨 양이라 ᄒᆞ더고나. 므슨 양이 이ᄂᆞ냐? 아조 논난(論難) 업시 졀묘(絶妙)ᄒᆞ다더고나."

"양이라 ᄒᆞ옵시니, 무슨 양이오닛가?"

"허허! 그놈 그거슬 모른단 말이냐? 너 나무라 무엇ᄒᆞ리. 그는 나려가 종ᄎᆞ(從次) 알녀니와, 네 고을이 셔울셔 몃 니(里)나 되ᄂᆞ니?"

"셔울셔 본관(本官) 읍닉(邑內)가 뉵빅오십니(六百五十里)로소이다."

"그러면, 닉일(來日) 일즉 나려가면 져녁춤의 드러다히랴?"

"졋ᄉᆞ오듸, 닉일(來日) 슉비(肅拜)나 ᄒᆞ옵시고, 조졍(朝廷)의 하직(下直)이나 ᄒᆞ옵시고, 각ᄉᆞ(各司) 셔경(署經)이나 도읍시고, 우명일(又明日) 훈겻즘 써나옵시면, ᄌᆞ연 날 구즌 날 씨이옵고, 가옵시다가 감영(監營)의 연명(延命)이나 ᄒᆞ옵시고, 혹 구경쳐(求景處)의나 노리ᄒᆞ옵시고, 연노(沿路) 각읍(各邑)의 혹 연일유슉(連日留宿)이나 되옵시고, 쳔쳔이 ᄂᆞ려가옵노라 ᄒᆞ오면, 훈 보름이나 ᄒᆞ여야 도임(到任)ᄒᆞ옵시리이다."

"어허, 이놈 괴이훈 놈! 보름이라니! 어허, 쥬리를 홀 놈! 보름이라니? 그놈이 곳 구어 다힐 놈이로고나! 네 이놈, 앗가 시긴 셔너ᄌᆞ리 방임(坊任) 다 모도 졔명(除名)ᄒᆞ라!"

---

1 풀 갓끤 뒤짐 지고: 풀먹인 갓끈을 매고 뒷짐 지고. 즉, 오만한 모양을 비유. 9 종ᄎᆞ(從次): 이 다음에. 12 져녁춤: 저녁참. 원문의 '젹녁춤'은 '져녁춤'으로 바로잡았음. 13 슉비(肅拜): 서울을 떠나 임지로 가는 관원이 임금에게 작별을 아뢰던 일. 14 각ᄉᆞ(各司) 셔경(署經): 지방 수령으로 임명된 자가 각사(各司)에 다니며 인사하던 일. 우명일(又明日): 모레.

신관이 거만하게 뒷짐 지고 거닐면서,

"어따, 이런 정신이 어디 있으리! 고약한 정신이로구나! 그때에 생각하였더니, 그 사이에 깜빡 잊었구나. 정신이 이러하고 무엇을 하리. 도임 후에 수다한 공사를 처리해야 하니 성화할 수밖에. 애고, 무슨 양이라 하더구나. 무슨 양이 있느냐? 아주 논란할 것도 없이 절묘하다더구나."

"양이라 하옵시니, 무슨 양이오리까?"

"허허! 그놈 그것을 모른단 말이냐? 너를 탓해 무엇하리. 그것은 내려간 다음에 알려니와, 네 고을이 서울에서 몇 리나 되나니?"

"서울서 본관 읍내가 육백오십 리로소이다."

"그러면, 내일 일찍 내려가면 저녁참에 들이닿으랴?"

"두렵사오되, 내일 숙배나 하옵시고, 조정에 하직이나 하옵시고, 각사 서경이나 도시고, 모레 한나절쯤 떠나옵시면, 자연 궂은 날도 끼이옵고, 가시다가 감영에 연명이나 하옵시고, 혹 구경처에서 놀이나 하옵시고, 인근한 각 읍에서 혹 며칠씩 두어 가시게 되옵시고, 천천히 내려가옵노라 하오면, 한 보름이나 되어야 도임하실 것이옵니다."

"어허, 이놈 고약한 놈! 보름이라니! 어허, 주리를 틀 놈! 보름이라니? 그놈이 곧 구워 죽일 놈이로구나! 네 이놈, 아까 시킨 서너 자리 소임 모두 다 제명하라!"

15 흔겻: 한나절. 16 연명(延命): 조선 시대에, 감사(監司)나 수령이 부임할 때에 관청의 궐패(闕牌) 앞에서 임금의 명령을 알리던 의식. 17 연노(沿路): 좌우에 연하여 있는 곳. 원문의 '열노'는 '연노'로 바로잡았음. 20 쥬리: 옛날에 죄인을 심문할 때, 양쪽 발목을 묶고 그 사이에 두 개의 주릿대를 끼워서 비틀던 형벌. 21 구어 다힐 놈: 구워 죽일 놈.

그놈 좃ᄎᆞ ᄂᆡ치고, 청직(廳直)이 불너, 신연하인(新延下人)의게 ᄂᆡ 분부(吩咐)로 졔잡담(除雜談)ᄒᆞ고 길 밧비 출히라 ᄒᆞ고 셩화(星火)갓치 나려갈 제, 긔구범졀(器具凡節) 볼작시면 쌍교(雙轎), 독교(獨轎), 별연(別輦)이라. 좌우(左右) 청장(靑帳) 넘노랏다. 급마하송(給馬下送) 호호탕탕(浩浩蕩蕩)이 나려갈 제, 평지(平地)에ᄂᆞᆫ 별연(別輦)이요 산곡(山谷)의ᄂᆞᆫ 좌ᄆᆡ(坐馬ㅣ)로다.

남ᄃᆡ문(南大門)을 밧비 나셔 칠ᄑᆡ(七牌), 팔ᄑᆡ(八牌), 돌모로, 동젹니(銅雀里)를 얼픗 지나, 신슈원(新水原) 슉소(宿所)ᄒᆞ고, 상뉴쳔(上柳川), 하뉴쳔(下柳川), 즁미(中彌), 오뫼를 밧비 지나, 딘위읍ᄂᆡ(振威邑內) 즁화(中和)ᄒᆞ고, 칠원(七院), 셩환(成歡), 비트리, 쳔안(天安)삼거리 슉소(宿所)ᄒᆞ고, 김제역(金蹄驛) 밧비 지나 덕평(德坪), 인제원(仁濟院), 광졍(廣程), 모로원(毛老院), 공쥐감영(公州監營) 듕화(中和)ᄒᆞ고, 느틔, 경쳔(敬天), 노셩(魯城) 슉소(宿所)ᄒᆞ고, 은진(恩津) 닭다리, 녀산(礪山), 능기울, 삼네(參禮)를 얼ᄂᆞᆫ 지나, 젼쥬(全州) 드러 듕화(中和)ᄒᆞ고, 노고바회, 임실(任實)을 얼픗 지나, 남원(南原) 오리졍(五里亭)의 다다ᄅᆞ니, ᄀᆡ복쳥(改腹聽) 드러 헐소(歇所)ᄒᆞ고, 삼번관쇽(三番官屬) 뉵방아젼(六房衙前) 지경ᄃᆡ후(地境待候) 영졉(迎接)홀 제, 연봉뉵각(延捧六角) 조흘시고 ᄃᆡ당청도되(大

---

4 급마하송(給馬下送): 지방에 무슨 일이 있을 때 벼슬아치에게 말을 주어 급히 보내던 일. 6 산곡(山谷)의ᄂᆞᆫ 좌ᄆᆡ(坐馬ㅣ)로다: 산골짜기에는 좌마로다. '좌마'는 벼슬아치가 타던 관마(官馬)를 이름. 원문의 '하ᄆᆡ'는 '좌ᄆᆡ'로 바로잡았음. 7 칠ᄑᆡ(七牌): 서울 중구 봉래동 부근에 있던 지명. 어물시장이 '칠패 시장'이었던 데서 유래. 팔ᄑᆡ(八牌): 서울역 북동쪽 염천교 부근에 있던 지명. 8 동젹니(銅雀里): 지금의 서울 동작동(銅雀洞). 9 즁미(中彌): 수원(水原)과 진위(振威) 사이에 있던 지명. 원문의 '쥭밋'은 '즁미'로 바로잡았음. 오뫼: 경기도 오산(烏山)의 옛 지명. 10 즁화(中和): 길을 가다가 점심을 먹음. 비트리: 경기도 천안 부대동 일대의 옛 지명. 원문의 '비토리'는 '비트리'로 바로잡았음. 11 김제역(金蹄驛): 원문의

그놈 쫓아 내치고, 청지기를 불러, 신연하인에게 내 분부로 제 잡담하고 길을 바삐 차리라 하고 성화같이 내려갈 때, 기구 범절 볼작시면 쌍교, 독교, 별연이라. 좌우에 푸른 휘장이 넘놀았다. 하인에게 말을 타고 어서 가서 기별하라는 명을 내리며 호호탕탕히 내려갈 제, 평지에서는 별연을 타고 산골짜기에서는 말을 타고 가는구나.

남대문을 바삐 나서 칠패, 팔패, 돌모로, 동작리를 얼핏 지나, 신수원에 숙소를 정하고, 상류천, 하류천, 중미, 오뫼를 바삐 지나, 진위 읍내에서 점심을 먹고, 칠원, 성환, 비트리, 천안 삼거리에 숙소를 정하고, 김제역을 바삐 지나 덕평, 인제원, 광정, 모로원, 공주감영에서 점심을 먹고, 널티, 경천, 노성에서 숙소를 정하고, 은진 닭다리, 여산, 능기울, 삼례를 얼른 지나, 전주에 들러 점심을 먹고, 노구바위와 임실을 얼핏 지나, 남원 오리정에 다다라서, 개복청에 들러서 잠깐 쉬고, 삼번관속과 육방아전이 지역 경계에서 기다리며 영접할 제, 육각의 연주도 좋을시고 대장청도도라. 청도기 한 쌍과 붉은 무늬의 깃발 한 쌍

'진계'는 '김제'로 바로잡았음. 12 인제원(仁濟院): 원문의 '인쥬원'은 '인제원'으로 바로잡았음. 모로원(毛老院): 공주 북쪽의 원. 원문의 '몰원'은 '모로원'으로 바로잡았음. 13 느티: 지명으로, 널티. 은진(恩津) 닭다리: 은진(恩津)의 사교(沙橋)를 지칭. 원문의 '닥다리'는 '닭다리'로 바로잡았음. 16 기복청(改服廳): 지방관 등을 만나려는 사람이 옷을 바꾸어 입던 곳. 헐소(歇所): 높은 관리의 집에 문안 온 사람이 잠시 쉬는 곳. 18 연봉뉵각(延捧六角): 수령(守令)이 존귀한 사람을 맞이할 때 사용하는 북, 장고, 해금, 피리 및 태평소 한 쌍. 딕댱쳥도되(大將淸道圖ㅣ)라: 대장청도도라. '대장청도도'는 군사가 도열해 있는 훈련장인 교장(敎場)으로 주장이 들어올 때 그 앞에 세우면서 들어오는 깃발과 군악기, 친위병 등의 입장 순서를 보여 주는 그림.

將淸道圖 ㅣ)라. 청도(淸道) ᄒᆞᆫ 빵(雙), 홍문(紅紋) ᄒᆞᆫ 빵(雙), 쥬작(朱雀) 남동각(南東角) 남셔각(南西角) 홍초남문(紅綃藍紋) ᄒᆞᆫ 빵(雙), 청뇽(靑龍) 동남각(東南角) 셔남각(西南角) 남초황문(藍綃黃紋) ᄒᆞᆫ 빵(雙), 등ᄉᆞ(滕蛇) 슌시(巡視) ᄒᆞᆫ 빵(雙), 황초ᄇᆡᆨ문(黃綃白紋) ᄒᆞᆫ 빵(雙), ᄇᆡᆨ호(白虎) 동북각(東北角) 셔북각(西北角) ᄇᆡᆨ초흑문(白綃黑紋) ᄒᆞᆫ 빵(雙), 현무(玄武) 북동각(東北角) 북셔각(北西角) 흑초(黑綃). 관원슈(關元帥), 마원슈(馬元帥), 왕영관(王靈官), 온원슈(溫元帥), 됴현관(趙玄官), 표미긔(豹尾旗). 금고(金鼓) ᄒᆞᆫ 빵(雙), 호총(號銃) ᄒᆞᆫ 빵(雙), 나(鑼) ᄒᆞᆫ 빵(雙), 졍(鉦) ᄒᆞᆫ 빵(雙), 나발(喇叭) ᄒᆞᆫ 빵(雙), 바라(哱囉) ᄒᆞᆫ 빵(雙), 셰악(細樂) 두 빵(雙), 고(鼓) 두 빵(雙), 발(鈸) ᄒᆞᆫ 빵(雙), 젹(笛) ᄒᆞᆫ 빵(雙), 슌시(巡視) ᄒᆞᆫ 빵(雙), 영긔(令旗) 두 빵(雙), 즁ᄉᆞ명(中司命), 좌관이(左貫耳), 우영젼(右令箭), 집ᄉᆞ(執事) ᄒᆞᆫ 빵(雙), 긔픠관(旗牌官) 두 빵(雙), 군노(軍奴) 직렬(直列) 두 빵(雙), 쥬라(朱螺), 나발(喇叭), 호젹(胡笛), ᄒᆡᆼ고(行鼓), ᄐᆡ평소(太平簫) 텬아셩(天鵝聲) 소ᄅᆡ 텬디(天地) 진동(振動)ᄒᆞᄃᆡ, 긔치검극(旗幟劍戟)은 츄상(秋霜)ᄀᆞᆺ고 살긔(殺氣)ᄂᆞᆫ 튱텬(衝天)이라. 일산(日傘)의 길로마(路馬)며 권마셩(勸馬聲)이 더옥 조타. 집ᄉᆞ(執事) 댱관(將官) ᄒᆡᆼ렬(行列)ᄒᆞᄃᆡ, 그 밧긔 별ᄃᆡ마병(別隊馬兵), 인신통인(印信通引), 관노(官奴), 급장(及唱), 다모(茶母),

---

4 등ᄉᆞ(滕蛇): 날아오르는 뱀이 그려진 등사기. 슌시(巡視): 장군이 군대를 순시할 때 사용하는 순시기(巡視旗). ᄇᆡᆨ호(白虎): 대오방기(大五方旗)의 하나로, 흰 바탕에 백호와 구름무늬를 그려 진영(陣營)의 오른편 문에 세우는 백호기. 원문의 'ᄇᆡᆨ초'는 'ᄇᆡᆨ호'로 바로잡았음. 6 현무(玄武): 대오방기(大五方旗)의 하나로, 검은 바탕에 구름과 거북을 그려 군영(軍營)의 후문에 세우는 현무기(玄武旗). 관원슈(關元帥): 군신(軍神)으로 추앙되는 관운장(關雲長)의 화상. 7 마원슈(馬元帥): 후한(後漢)의 무장(武將)인 마원(馬元)의 화상. 온원슈(溫元帥): 온원수(溫元帥)라는 군신의 화상. 원문의 '은원슈'는 '온원슈'로 바로잡았음. 됴현관(趙玄官): 조자룡(趙子龍). 원문의 '현단'은 '현관'으로 바로잡았음. 8 표미긔(豹尾旗): 표범의 꼬리를 그린 군기(軍旗)의 하나. 호총(號銃): 신호용 소총. 원문의 '호틍'은 '호총'으로 바

을 앞세우고, 주작기는 남동쪽과 남서쪽에 붉은 바탕에 남색으로 한 쌍, 청룡기는 동남쪽과 서남쪽에 남색에 누른 무늬 한 쌍, 등사기와 순시기 한 쌍, 누른 바탕에 흰색 무늬가 있는 깃발 한 쌍, 백호기는 동북쪽과 서북쪽에 흰 바탕에 검은색 무늬로 한 쌍, 현무기는 북동쪽과 북서쪽에 흑색 바탕이요. 관원수, 마원수, 왕령관, 온원수, 조현관의 신장을 세우고, 표미기를 세워 출입을 금하였다. 금고 한 쌍, 호총 한 쌍, 나 한 쌍, 징 한 쌍, 나발 한 쌍, 바라 한 쌍, 세악 두 쌍, 북 두 쌍, 발 한 쌍, 피리 한 쌍, 순시기 한 쌍, 영기 두 쌍, 중사명, 좌관이, 우영전, 집사 한 쌍, 기패관 두 쌍, 군노와 직렬 두 쌍, 주라, 나발, 호적, 행고, 태평소 소리가 천지에 진동하는데, 기치검극은 가을의 찬서리 같고 살기는 하늘을 찌름이라. 일산에 수레 끄는 말이며 권마성이 더욱 좋다. 집사와 장관이 줄을 지어 가는데, 그 밖에 별대마병, 관인을 가진 통인, 관노, 급창, 다모, 방자, 도훈도라.

로잡았음. 11 즁ᄉ명(中司命): 각 영(營)의 대장, 유수(留守) 등이 군대를 지휘할 때 쓰는 깃발. 12 좌관이(左貫耳): '관이(貫耳)'는 군율(軍律)을 어긴 자를 처형할 때, 두 귀에 꿰어 사람들에게 보여 주는 큰 화살. 우영젼(右令箭): 오른쪽에 위치한 영전. '영전(令箭)'은 군령(軍令)을 전할 때 사용하는 신호용 화살. 긔픽관(旗牌官): 훈련도감(訓鍊都監) 등 각 군영의 장교. 14 힝고(行鼓): 행군할 때 치던 북. 틔평소(太平簫) 텬아셩(天鵝聲): 왕이 대궐을 나서거나 군사를 소집할 때 부는 태평소의 소리. 원문의 '듸평소'는 '틔평소'로, '텬하셩'은 '텬아셩'으로 바로잡았음. 15 긔치검극(旗幟劍戟): 군대에서 사용하던 깃발인 기치(旗幟)와 창, 칼 등. 16 일산(日傘): 자루가 긴 커다란 양산. 권마셩(勸馬聲): 말이나 가마가 지나갈 때 위세를 더하기 위해 그 앞에서 하졸들이 목청을 길게 빼어 부르는 소리 17 별듸마병(別隊馬兵): 본대(本隊)와는 별도로 나누어 가는 기마병(騎馬兵).

방ᄌᆞ(房子), 도훈도(都訓導)라. 아희 기ᄉᆡᆼ(妓生) 록의홍상(綠衣紅裳), 얼운 기ᄉᆡᆼ(妓生) 착젼닙(着氈笠)의 늙은 기ᄉᆡᆼ(妓生) 영솔(領率)ᄒᆞ고, 뉵각(六角)으로 취타(吹打)ᄒᆞ고, 삼현(三絃)으로 젼ᄇᆡ(前陪)ᄒᆞᆯ 졔 좌슈(座首) 별감(別監) 현알(見謁)ᄒᆞ고, 제장교(諸將校) 군례(軍禮) 밧고, 뉵방아젼(六房衙前) 현신(現身)ᄒᆞ고, 기ᄉᆡᆼ(妓生) 통인(通引) 문안(問安)ᄒᆞᆫ 후(後), 신연(新延) 유리(由吏) 불너 분부(吩咐)ᄒᆞᄃᆡ,

"네 고을 ᄃᆡ쇼ᄉᆞ(大小事)ᄂᆞᆫ 네 응당(應當) 알 거시니 바른ᄃᆡ로 알외여라!"

신연(新延) 유리(由吏) 분부(吩咐) 듯고, 환상민폐(還上民弊), 젼결복슈(田結卜數), 죄슈도안(罪囚都案), ᄃᆡ쇼읍ᄉᆞ(大小邑事) ᄃᆡ강ᄃᆡ강(大綱大綱) 고과(告課)ᄒᆞ니, 신관(新官)이 골을 ᄂᆡ여 다시 분부(吩咐)ᄒᆞᄂᆞᆫ 말이,

"네 고을에 유명(有名)ᄒᆞᆫ 것 드런 지 오ᄅᆡ거든 여긔 아니 잇ᄂᆞ냐? 무ᄉᆞᆫ 양이라 ᄒᆞ더고나."

니방(吏房)이 막지기고(莫知其故)ᄒᆞ여 겁(怯)결의 ᄃᆡ답(對答)ᄒᆞᄃᆡ,

"챵고(倉庫)의 군량(軍糧)이오, 육고(肉庫)의 우양(牛羊)이오, 공고(工庫)의 잘양이오, 마고(馬庫)의 외양이오, 감ᄉᆞ(監司) 졍비(定配) 귀양이오, 기ᄉᆡᆼ관비(妓生官婢) 쇽양(贖良)이오, 불가(佛家)의 공양(供養)이오, 여염(閭閻)집의 괴양이오, 쳥ᄇᆡᆨ(淸白)ᄒᆞᆫ 놈 ᄉᆞ양(辭讓)이오, 슈쥬분 놈 겸양(謙讓)이오, 시ᄂᆡ가의 슈양(垂楊)이오,

---

1 **도훈도**(都訓導): 우두머리 훈도. 5백 호 이상의 큰 고을에 둔 종9품(從九品) 벼슬. **록의홍상**(綠衣紅裳): 연두저고리와 다홍치마. 즉, 곱게 차려입은 젊은 여자의 옷차림을 이르는 말. 2 **착젼닙**(着氈笠): 군대나 의식(儀式)에서 벙거지를 씀. 3 **삼현**(三絃): 거문고, 가야금, 향비파의 세 가지 현악기를 아울러 이르는 말. 원문의 '삼면'은 '삼현'으로 바로잡았음. 4 **현알**(見謁): 지체가 높고 귀한 사람을 찾아가 뵘. 6 **유리**(由吏): 지방 관아의 수령 밑에서 인사(人事), 비서(秘書) 등의 업무를 맡아 보던 아전. 10 **젼결복슈**(田結卜數): 논밭에 물리는

어린 기생은 녹의홍상, 어른 기생은 전립을 쓰고 늙은 기생이 이들을 이끌고, 육각으로 취타하고, 삼현을 연주하며 앞길 인도할 제 좌수와 별감이 알현하고, 여러 장교들에게 군례를 받고, 육방 아전이 현신하고, 기생과 통인의 문안을 받은 후, 신연 유리를 불러 분부하되,

"네 고을 대소사는 네가 응당 알 것이니 바른대로 아뢰어라!"

신연 유리가 분부를 듣고, 환곡을 주고받는 데에 대한 민폐, 논밭에 물리는 세금, 죄수 명부, 대소 읍사를 대강대강 보고하니, 신관이 골을 내어 다시 분부하는 말이,

"네 고을에 유명한 것을 들은 지가 오래거든 여기 아니 있느냐? 무슨 양이라 하더구나."

이방이 그 까닭을 알지 못하여 겁결에 대답하되,

"창고에 군량이요, 고기 창고에 우양이요, 기구를 넣는 창고에 잘량이요, 마구간에 외양이요, 감사가 정배 가는 귀양이요, 기생 관비는 속량이요, 불가에는 공양이요, 여염집에는 고양이요, 청백한 놈은 사양이요, 수줍은 놈은 겸양이요, 시냇가에는 수양이

세금. 죄슈도안(罪囚都案): 죄수 전체의 이름을 적은 명부. 11 고과(告課): 하급 관리가 상사에게 고함. 15 니방(吏房): 각 지방 관아에 속한 육방(六房) 가운데 인사 관련 실무를 맡아 보던 부서인 이방. 여기서는 '이방 아전'을 이름. 막지기고(莫知其故): 그 까닭을 알지 못함. 17 공고(工庫): 각 관청의 기구를 넣어 두던 창고. 잘양: 잘량. 즉, 무두질한 개가죽으로 만든 방석. 졍비(定配) 귀양: 지방이나 섬으로 보내어 일정한 기간 동안 정해진 지역 안에서 감시를 받으며 생활하게 하던 형벌. 18 쇽양(贖良): 천인(賤人)을 양민(良民)이 되게 함. 19 쳥빅(淸白): 재물에 대한 욕심이 없어 곧고 깨끗함. 20 슈양(垂楊): 수양버들.

이결(吏結)은 평양(平壤)이오, ᄉ정(射亭)의 한냥(閑良)이오, 흉(凶)ᄒᆞᆫ 놈의 불양(不良)이오, ᄒᆡ 다 졋다 셕양(夕陽)이오, 남녀간(男女間)의 음양(陰陽)이오, 엄동셜한(嚴冬雪寒) 휘양이오. 허다(許多)ᄒᆞᆫ 양이 무슈(無數)ᄒᆞ온ᄃᆡ ᄃᆡ강(大綱) 이러ᄒᆞ외다."

"업다 업다, 아니로다!"

"졋ᄉᆞ오ᄃᆡ, ᄉᆞ람 못된 거슬 잘양이라 ᄒᆞ옵ᄂᆡ다."

"그도 아니라."

좌슈(座首) 듯기 민망(憫惘)ᄒᆞ여 ᄯᅮ러안ᄌᆞ 엿ᄌᆞ오ᄃᆡ,

"알외옵기 황송(惶悚)ᄒᆞ오나, 민(民)의 고을의 쇼산(所産)으로 물만흔 식양이 만ᄉᆞ외다."

신관(新官)이 증을 ᄂᆡ여 ᄒᆞᄂᆞᆫ 말이,

"뉴리(由吏)라 ᄒᆞᄂᆞᆫ 거시 관장(官長)의 니목(耳目)이라. 변통부부지간(變通夫婦之間)이기로, 뉴리(由吏)와 ᄒᆞᄂᆞᆫ 말을 ᄃᆡ슈리 참녜(參預)ᄒᆞ여 부ᄃᆡ치노? 어더온 고초당(苦草醬)의 비부(婢夫) 놈 참녜(參預)ᄒᆞ듯, 다 속은 바ᄌᆞ(笆子) 틈의 노랑ᄀᆡ 쥬동이ᄀᆞᆺ치, 말깃시 고이ᄒᆞᆫ고?"

통인(通引) 불너 좌슈(座首) 구츌(驅出)ᄒᆞ란 후(後)의,

"여보와라! 삼번관쇽(三番官屬)드리 날을 지경(地境)ᄒᆞ노라고 몬지를 ᄡᅳ이고 밧부게 드러와시니, 다른 졈고(點考)ᄂᆞᆫ 다 제폐(除癈)ᄒᆞ고, 그 편(便)의 잇ᄂᆞᆫ 기ᄉᆡᆼ(妓生) ᄒᆞ나토 ᄲᆡ지지 말고 졈고ᄎᆞ(點考次)로 다령(待令)ᄒᆞ라! 네 고을이 ᄃᆡ무관(大廡官) ᄉᆡᆨ향(色鄕)이라 ᄒᆞ니, 기ᄉᆡᆼ(妓生)이 모도 몃 마리나 되ᄂᆞ니?"

---

1 이결(吏結)은 평양(平壤)이오: 향리(鄕吏) 결수(結數), 즉 세금으로 이익을 얻는 데는 평양이 으뜸이오. 원문의 '펴양'은 '평양'으로 바로잡았음. ᄉ졍(射亭): 활터 정자(亭子). 3 휘양: 목덜미와 뺨까지 감싸는 머리에 쓰는 방한구. 9 민(民)의 고을: 소인의 고을. 11 증을 ᄂᆡ여: 짜증을 내어. 12 변통부부지간(變通夫婦之間): 임시로 생각한 부부의 사이. 즉, 가까운 관계를 이르는 말. 13 ᄃᆡ슈리 참녜(參預): 대수롭게 참예함. 14 어더온 고초당(苦草醬)

요, 향리의 결수는 평양이요, 활터 정자에는 한량이요, 흉한 놈의 불량이요, 해가 다 졌다는 석양이요, 남녀 간에는 음양이요, 엄동설한에는 휘양이요, 허다한 양이 무수하온데 대강 이러하외다."

"어따 어따, 아니로다!"

"두렵사오되, 사람 못된 것을 잘량이라 하옵니다."

"그도 아니라."

좌수가 듣기 민망하여 꿇어앉아 여쭈오되,

"아뢰옵기 황송하오나, 소인의 고을에서 나는 것으로 물 많은 새양이 많사외다."

신관이 짜증을 내어 하는 말이,

"유리라 하는 것이 관장의 이목이라. 변통부부지간이기로, 유리와 하는 말을 대수롭게 끼어들어 부딪치나? 얻어온 고추장에 비부 놈까지 끼어들듯, 다 삭은 울타리 틈에 노랑개가 주둥이를 끼듯, 말버릇이 이상한고?"

통인을 불러 좌수를 몰아내치라고 한 후에,

"여보아라! 삼번관속들이 나를 영접하느라고 먼지를 쓰고 바쁘게 들어왔으니, 다른 점고는 다 그만두고, 그 편에 있는 기생 하나도 빼지 말고 차례로 점고하여 대령하라! 네 고을이 큰 고을이라 아름다운 기생이 많다 하니, 기생이 모두 몇 마리나 되나니?"

의 비부(婢夫) 놈 참녜(參預)ᄒᆞ듯: 얻어온 고추장을 먹으려고 계집종의 남편인 비부 놈이 달려들 듯함. 15 바ᄌᆞ(笆子): 갈대, 수수깡, 싸리 따위를 엮어서 만든 울타리. 말깃시: 말버릇이. 17 구츌(驅出): 쫓아서 몰아냄. 19 몬지: 먼지. 졈고(點考): 명부에 일일이 점을 찍어 가며 사람 수를 조사함. 21 ᄃᆡ무관(大廡官): 큰 고을. 큰 고을 문묘의 좌우 양쪽에 큰 집이 있는 데서 유래함. 식향(色鄕): 미인 또는 기생이 많은 고을.

니방(吏房)이 알외되,

“원기(原妓)와 이쇽(吏屬), 비쇽(婢屬), 공비(公婢), 딕비(代婢) 합(合)이 계지(計之)ᄒᆞ오면 합(合)이 오십슈(五十首) 되옵ᄂᆞ이다.”

“어허, ᄆᆡ오 맛득ᄒᆞ다! 기ᄉᆡᆼ(妓生) 위명(爲名)ᄒᆞᆫ 거슨 하나토 유류(遺漏)치 말고, 톡톡 써러 점고(點考)의 다 현신(現身)ᄒᆞ게 ᄒᆞ라!”

니방(吏房)이 쳥녕(聽令)ᄒᆞ고 나와셔 모든 기ᄉᆡᆼ(妓生) 지위(知委)ᄒᆞ고, 슈근슈근 공논(公論)ᄒᆞ되,

“이 ᄉᆞ또(使道) 아라보깃다. ᄉᆞ또(使道)가 아니오, ᄇᆡᆨ셜(白雪)이 플플 흣날닐 제, 짤고 안는 잘양의 아들놈이로다.”

공논(公論)이 분분(紛紛)ᄒᆞ고, 창빗 아젼(衙前)은 겸형방(兼刑房)이라. 슈로(首奴) 불너 기ᄉᆡᆼ도안(妓生圖案) 드려노코 ᄎᆞ례(次例)로 점고(點考)ᄒᆞᆯ 제, 남원(南原) 명기(名妓) 다 모혓다.

신관(新官)이 ᄎᆞ례(次例)로 ᄃᆡ간품(看品)ᄒᆞ고, 형방(刑房) 아젼(衙前) 강셩(講聲) 놉혀 호명(呼名)ᄒᆞᆯ 제,

“즁츄(中秋) 팔월(八月) 십오야(十五夜)의 광명(光明) 조타. 츄월(秋月)이 나오.

분벽ᄉᆞ챵(粉壁紗窓) 요젹(寥寂)ᄒᆞᆫ듸 한가(閑暇)ᄒᆞ다. 향심(香心)이 나오.

오동복판(梧桐腹板) 거문고를 타고 나니, 탄금(彈琴)이 나오.

ᄉᆞ마샹여(司馬相如) 쥴쇼ᄅᆡ의 탁문군(卓文君)의 츈졍(春情)이라. 오동월하(梧桐月下) 봉금(鳳琴)이 나오.

남젼(藍田)의 미옥(美玉)이라. 냥국(兩國) 보ᄇᆡ 금옥(金玉)이 나오.

---

2 원기(原妓): 관가의 기생 명부에 이름이 있는 기생. 이쇽(吏屬): 아전의 식구. 비쇽(婢屬): 여자 종. 공비(公婢): 관아의 여자 종. 딕비(代婢): 기생 대신 종으로 들어온 사람. 4 맛득ᄒᆞ다: 제법 마음에 들다. 6 지위(知委): 명령을 내려서 알려줌. 10 창빗: 창고지기.

이방이 아뢰되,

"원기와 이속, 비속, 공비, 대비를 합하여 계산하오면 합이 오십 수가 되옵나이다."

"어허, 매우 마뜩하다! 기생이라 이름 붙인 것은 하나도 남기지 말고, 톡톡 떨어 점고에 다 현신하게 하라!"

이방이 명을 듣고 나와서 모든 기생에게 명령을 내리고, 수군수군 공론하되,

"이 사또 알아보겠다. 사또가 아니오, 흰 눈이 펄펄 흩날릴 제, 깔고 앉는 잘량의 아들놈이로다."

공론이 분분하고, 창고지기 아전은 형방을 겸한지라. 수노를 불러 기생 명부를 들여놓고 차례로 점고할 제, 남원 경기 다 모였다.

신관이 차례로 자세히 살피고, 형방 아전이 소리 높여 호명할 제,

"중추 팔월 십오야에 광명 좋다. 추월이 나오.

분벽사창 고요한데 한가하다. 향심이 나오.

오동 복판 거문고를 타고 나니, 탄금이 나오.

사마상여의 연주 소리에 탁문군의 춘정이라. 달빛 비치는 오동나무 아래 봉금이 나오.

남전에서 나는 이름다운 옥이라. 양국의 보배 금옥이 나오.

11 슈로(首奴): 관아에 딸린 관노의 우두머리. 13 ᄃᆡ간품(看品): 품질을 자세히 살펴봄. 15 즁츄(中秋) 팔월(八月) 십오야(十五夜)의 광명(光明) 조타: 중추절인 팔월 보름밤에 달빛이 좋다. 점고(點考)의 풍류적 풀이. 17 요젹(寥寂): 고요하고 적적함. 19 오동복판(梧桐腹板) 거문고: 오동나무로 소리 나는 부분을 만든 거문고.

도원심처(桃園深處) ᄎᆞᄌᆞ가니 무릉춘ᄉᆡᆨ(武陵春色) 담도(淡桃)로다. 녹양이월삼월춘(綠楊二月三月春)ᄒᆞ니 만화방창(萬化方暢) 춘단(春丹)이 나오.

동방ᄉᆞ창(洞房紗窓) 빗췬 달을 억조창ᄉᆡᆼ(億兆蒼生) ᄉᆞ랑ᄒᆞ니 ᄋᆡ월(愛月)이 나오.

강남ᄎᆡ련금이뫼(江南採蓮今已暮 ㅣ)라, 슈즁옥녀(水中玉女) 부용(芙蓉)이 나오.

원앙금니춘몽난(鴛鴦衾裏春夢瀾)ᄒᆞ니, 네가 일졍(一定) 영ᄋᆡ(永愛)로다. 어셔어셔 나오너라.

옥토도약항궁(玉免搗藥姮宮)의 빗겨 셧ᄂᆞᆫ 계월(桂月)이 나오.

쳔향국ᄉᆡᆨ(天香國色) 너ᄅᆞᆯ 보니 셜부화용(雪膚花容) 승옥(承玉)이, 너도 져마치 셔거라.

영명ᄉᆞ(永明寺)ᄅᆞᆯ ᄎᆞᄌᆞ가니 명ᄉᆞ십니(明沙十里) 느즌 봄의 셜도(薛濤)ᄀᆞᆺ튼 ᄒᆡ당춘(海棠春)이 나오.

낙빈왕(駱賓王)의 완월(玩月)인가 동녕초ᄉᆡᆼ(東嶺初生) 명월(明月)이 나오.

춘하츄동(春夏秋冬) ᄉᆞ시절(四時節)의 명ᄉᆡᆨ(名色) 조타 월ᄉᆡᆨ(月色)이 나오.

셰우동풍향난간(細雨東風向欄干)ᄒᆞ니 화듕부귀(花中富貴) 모란(牡丹)이 나오.

상엽(霜葉)이 홍어이월화(紅於二月花)ᄒᆞ니 부귀강산춘(富貴江山春) 외춘(外春)이 나오.

---

2 만화방창(萬化方暢): 따뜻한 봄날에 온갖 생물이 자라서 흐드러짐. 4 억조창ᄉᆡᆼ(億兆蒼生): 수많은 사람. 6 강남ᄎᆡ련금이뫼(江南採蓮今已暮 ㅣ)라: 강남에서 연밥을 따는데 벌써 날이 저물었음이라. 8 원앙금니춘몽난(鴛鴦衾裏春夢瀾): 원앙 금침 속에 봄꿈이 흐드러짐. 10 옥토도약항궁(玉免搗藥姮宮): 옥토끼가 약을 찧는 달나라. 약방아를 찧는다는 것은 항

무릉도원 깊은 곳에 찾아가니 무릉의 봄빛이 담백한 도화로다. 버들 푸른 이월과 삼월의 봄에 만물이 화창하니 춘단이 나오.

신혼방의 비단 창문에 비친 달을 억조창생이 사랑하니 애월이 나오.

강남에서 연밥을 따는데 날은 이미 저물었고, 물속의 옥녀 부용이 나오.

원앙 이불 속에 봄꿈이 펼쳐지니, 네가 정녕 영애로다. 어서어서 나오너라.

옥토끼가 약을 찧는 달나라에 빗겨 서 있는 계월이 나오.

천향국색 너를 보니 눈 같은 피부에 꽃 같은 얼굴의 승옥이, 너도 저만치 섰거라.

영명사를 찾아가니 명사십리 늦은 봄에 당나라 설도 같은 해당춘이 나오.

낙빈왕의 완월인가, 동쪽 봉오리에 처음 솟는 명월이 나오.

춘하추동 사시절에 명색도 좋다 월색이 나오.

가랑비 동풍에 난간으로 불어왔으니 꽃 중의 부귀인 모란이 나오.

서리 맞은 단풍이 이월의 꽃보다 붉으니 강산에 풍요로운 봄 같은 외춘이 나오.

아(姮娥)의 고사(故事). 11 **쳔향국식**(天香國色): 천하에서 제일가는 향기와 빛깔. 즉, 가장 아름다운 여인을 비유. 15 **낙빈왕**(駱賓王): '초당사걸(初唐四傑)'로 일컬어졌던 당(唐)의 시인. **완월**(玩月): 달을 구경하며 즐김. 19 **셰우동풍향난간**(細雨東風向欄干): 가는 비 내리는 가운데 동풍이 난간으로 불어옴. 21 **상엽**(霜葉): 서리를 맞아 단풍이 든 잎.

낙낙댱숑군ᄌ졀(落落長松君子節)ᄒᆞ니 ᄉᆞ시댱쳥(四時長靑) 숑졀(松節)이 나오.

숑하(松下)의 문동ᄌ(問童子)ᄒᆞ니 ᄎᆡ약부지(採藥不知) 운심(雲深)이 나오.

도화뉴슈묘연거(桃花流水杳然去)ᄒᆞ니 별유텬디(別有天地) 션월(仙月)이 나오.

셔졍강상월(西亭江上月)이 두렷시 밝아는ᄃᆡ, 동각(東閣)의 셜즁ᄆᆡ(雪中梅) 나오.

은하슈변(銀河水邊) 오작교(烏鵲橋)의 칠월칠셕(七月七夕) 강션(降仙)이 나오.

요하(腰下)의 ᄎᆡ인 환도(環刀) ᄲᆡ혀 들고 나니 쳔검(千劍)이 나오너라.

반야삼경옥인ᄂᆡ(半夜三更玉人來)ᄒᆞ니 합니츈광ᄆᆡ홰(閤裏春光梅花ㅣ)로다. 나오너라.

쥬황당ᄉ(朱黃唐絲) 벌ᄆᆡ듭을 ᄎᆞ고 나니 금낭(錦囊)이 나오.

양금(洋琴), 단소(短簫), 거문고의 쳥가묘무(淸歌妙舞) 혜란(慧蘭)이 나오.

화용월ᄐᆡ(花容月態) 고은 양ᄌ(樣子), 빙호일편(氷壺一片) 명심(明心)이 나오.

나는 ᄉᆞᆺ출 져기 ᄎᆞ니, 화당츈풍(華堂春風) 연연(燕燕)이.

면면만만(綿綿巒巒) 유졍(有情)ᄒᆞ다. 녹슈심쳐(綠樹深處) 잉잉(鶯鶯)이 나오.

---

1 **낙낙댱숑군ᄌ졀**(落落長松君子節): 늘어진 큰 소나무는 군자의 절개임. 5 **도화뉴슈묘연거**(桃花流水杳然去)**ᄒᆞ니 별유텬디**(別有天地): 복사꽃이 시냇물을 따라 아득히 흘러가니 별천지와 같음. 이백(李白)의 「산중문답(山中問答)」에서 차용. 11 **요하**(腰下): 허리춤. **쳔검**(千劍): 여러 개의 칼에 대적하는 명검이라는 의미인 듯. 원문의 '쳔금'은 '쳔검'으로 바로잡

낙락장송은 군자의 절개이니 사계절 늘상 푸른 송절이 나오.

소나무 아래 동자에게 스승을 물으니 약 캐러 가서 모른다는 운심이 나오.

복사꽃이 시냇물을 따라 아득히 흘러가니 별천지의 선월이 나오.

서쪽 정자에는 강 위에 달이 뚜렷이 밝았는데, 동쪽 누각에 설중매 나오.

은하수 가의 오작교에 칠월 칠석이 되니 강선이 나오.

허리에 찬 환도를 빼어 드니 천검이 나오너라.

한밤중 미인이 오니 쪽문 안쪽에 비친 봄빛에 핀 매화로다. 나오너라.

주황빛 당사로 만든 벌매듭을 차고 나니 금낭이 나오.

양금과 단소, 거문고의 맑은 노래와 묘한 춤의 혜란이 나오.

꽃 같은 얼굴과 달같이 자태가 고운 모양에, 맑고 깨끗한 마음의 명심이 나오.

나는 꽃을 제기 차니, 화려한 집의 봄바람 연연이.

끝없이 이어진 봉우리가 정답다. 푸른 나무가 깊이 우거진 곳의 앵앵이 나오.

았음. 13 반야삼경옥인닋(半夜三更玉人來)ᄒᆞ니 합니춘광미화(閤裏春光梅花ㅣ)로다: 야반삼경에 미인이 오니, 쪽문 안 봄빛의 매화와 같이 아름답고 즐겁도다. 16 단소(短簫): 원문의 '단초'는 '단소'로 바로잡았음. 청가묘무(淸歌妙舞) 혜란(慧蘭)이 나오: 맑은 노래와 묘한 춤의 혜란이 나오. 원문의 '혜란'은 '혜란'으로 바로잡았음. 18 빙호일편(氷壺一片): 맑고 깨끗한 마음을 이르는 말.

삼월동풍(三月東風) 난만(爛漫)훈듸, 만강홍우(滿江紅雨) 금강(錦江)이.

화향월식(花香月色) 조흔 곳의 강남녹슈(江南綠樹) 연엽(蓮葉)이 나오.

만첩청산(萬疊靑山) 뼉 드러가니 어뷔업다. 범덕이 나오.

안 고름의 향난(香囊)이.

것고름의 부젼이.

비에 털네.

비에 쌩네. 어셔어셔 나오너라!"

훈창 이리 졈고(點考)훌 제, ᄉ또(使道) 참지 못ᄒ여,

"아셔라, 졈고(點考) 그만ᄒ여라! 조긔 조 듸강이 일곱직 셧는 조년 나히 몃 슬이니?"

"셜흔한 슬이올시다!"

"아셔라, 계집이 삼십(三十)이 넘으면 단물이 다 나ᄂ니라. 너도 져만치 밧쥴노 셔 잇거라. 져긔 얼골 허연 져년은 일홈이 무어시니?"

"영ᄋ이(永愛)올시다."

"나흔 몃슬이니?"

영ᄋ이(永愛) ᄉᆡᆼ각ᄒ듸, 셜흔훈 슬을 단물이 낫다고 퇴(退)ᄒ여시니, 날낭은 밧삭 쥬려 보리라 ᄒ고, ᄉ십(四十)이나 거의 된 년이 염치(廉恥)업시,

"열셰 살이올시다."

ᄉ또 호령(號令)ᄒ듸,

"조년 쌤 치라!"

영ᄋ이(永愛) 겁(怯)닉여 쏘 알외오듸,

5 **어뷔업다**: 무서운 것이 없다. 7 **부젼**: 여자아이들이 차던 노리개의 하나로, 헝겊으로 둥

삼월 봄바람이 난만한데, 붉은 꽃잎이 비오듯 떨어져 강에 가득한 금강이.

꽃향기와 달빛이 좋은 곳에 강남 푸른 물에 뜬 연엽이 나오.

첩첩의 푸른 산을 썩 들어가니 무서운 게 없다. 범덕이 나오.

안 고름에 향낭이.

겉고름에 부전이.

비에 털네.

비에 뺑네. 어서어서 나오너라!"

한창 이리 점고할 제, 사또가 참지 못하여,

"아서라, 점고는 그만하여라! 저기 저 대강이 일곱째 서 있는 저년은 나이가 몇 살이니?"

"서른한 살이올시다!"

"아서라, 계집이 삼십이 넘으면 단물이 다 빠지느니라. 너도 저만치 바깥 줄로 서 있거라. 저기 얼굴 허연 저년은 이름이 무엇이냐?"

"영애올시다."

"나이는 몇 살이니?"

영애 생각하되, 서른한 살을 단물이 빠졌다고 퇴하였으니, 내 나이는 바싹 줄여 보리라 하고, 거의 사십이나 된 년이 염치없이,

"열세 살이올시다."

사또가 호령하되,

"조년의 빰을 치라!"

영애가 겁을 내어 또 아뢰되,

근 모양이나 병 모양으로 만들었음. 11 되강이: 머리를 속되게 이르는 말.

“쇼인(小人)이 ᄃᆡ강(大綱) 몬져 알왼 나히올시다.”

“그리면 왼통 나흔 언마나 되ᄂᆞ니?”

겁(怯)결의 과(過)히 늘치와 알외오ᄃᆡ,

“쉰셰 살이올시다.”

ᄉᆞ또(使道) 골을 ᄂᆡ여 ᄒᆞᄂᆞᆫ 말이,

“ᄒᆞᆫ셔붓터 쥬리를 ᄒᆞᆯ 년들! 더벙머리 당긔 치레ᄒᆞ듯 파려ᄒᆞᆫ 강아지 ᄡᅩᆼ지 치레ᄒᆞ듯, ᄡᅩᆯ 어즈러온 것드리 일홈은 무어시니 무어시니, 나오너라 나오너라! 거 원, 무엇들이니 하나토 ᄡᅳᆯ 거시 업고나! 앗가 영ᄋᆡ(永愛) 긴 영(永) ᄌᆞ(字), ᄉᆞ랑 ᄋᆡ(愛) ᄌᆞ(字), 어허 구어다힐 년 ᄀᆞᆺ트니! 니마 압 짓ᄂᆞᆫ다고 뒤ᄭᅩᆨ쥐ᄭᅡ지 뒤버스러지게 머리를 ᄉᆡᆼ(生)으로 다 ᄉᆡᆨ히고, 밀기름 바른다고 쳥어(靑魚) 굽ᄂᆞᆫᄃᆡ 된장 칠ᄒᆞ듯 ᄒᆞ고, 연지(臙脂)를 뒤벌거케 왼 ᄲᅡᆷ의다 칠ᄒᆞ고, 분(粉)칠은 효시(梟示)ᄒᆞᄂᆞᆫ 놈의 회(灰)칠ᄒᆞ듯 ᄒᆞ고, 눈셥 지엇다고 냥편(兩便)의 ᄶᅩᆨ 셋식만 남기고. 어허, 쥬리알 머리를 ᄲᅩᆸ을 년 ᄀᆞᆺ트니, 뉘 쇠를 먹으랴고 열셰 살이오, 눈ᄭᅩᆯ알ᄒᆞ고 닭 도적(盜賊)년 ᄀᆞᆺ트니. 이 년 목을 휘여 다힐 년들! 모도 다 모라 ᄂᆡ치라! 원기(原妓)라 ᄒᆞᄂᆞᆫ 거시 그ᄲᅮᆫ이냐?”

형방(刑房)이 눈치 알고 ᄃᆡ여 부르ᄃᆡ,

“젼비(前婢) 츈향(春香)이 쉬오!”

ᄉᆞ또, 역졍(逆情) ᄂᆡ여 ᄒᆞᄂᆞᆫ 말이,

“올타! 츈향(春香)이란 말 반갑고나! 어이ᄒᆞ여 이제야 부르ᄂᆞ니? 츈향(春香)이가 ᄊᆡᆼ네 아리란 말이냐?”

---

3 늘치와: 늘려서. 6 ᄒᆞᆫ셔붓터: 머리 꼭대기서부터. 더벙머리 당긔 치레ᄒᆞ듯: 더벅머리에 댕기로 꾸미듯이. 어울리지 않는 흉한 겉치레를 비유. 파려ᄒᆞᆫ 강아지 ᄡᅩᆼ지 치레ᄒᆞ듯: 파리하여 좋지 못한 것이 겉치레를 지나치게 하여 흉한 모습을 이르는 말. 7 ᄡᅩᆯ 어즈러온: 볼품 없는. 10 니마 압 짓ᄂᆞᆫ다고: 이마 앞을 치레한다고. 뒤버스러지게: 뒤로 훨씬 벗어지게.

"소인이 대강 먼저 아뢴 나이올시다."

"그러면 온통 나이는 얼마나 되나니?"

겁결에 과히 늘려 아뢰오되,

"쉰세 살이올시다."

사또가 골을 내어 하는 말이,

"머리 끝에서부터 주리를 틀 년들! 더벅머리에 댕기 치레하듯, 파리한 강아지 꽁지 치레하듯, 꼴 어지러운 것들이 이름은 무엇이니 무엇이니, 나오너라 나오너라! 거 원, 무엇들이니 하나도 쓸 것이 없구나! 아까 영애, 긴 영 자, 사랑 애 자, 어허! 구워 죽일 년 같으니! 이마 앞 짓는다고 뒤꼭지까지 벗어지게 머리를 생으로 다 뽑고, 밀기름 바른다고 청어를 굽는데 된장 칠하듯 하고, 연지를 시뻘겋게 온 뺨에다 칠하고, 분칠은 목 베어 죽이는 놈의 얼굴에 회칠하듯이 하고, 눈썹 꾸민다고 양편에 똑 셋씩만 남기고. 어허, 주리를 틀고 머리카락을 뽑을 년 같으니, 뉘 돈을 먹으려고 열세 살이오 하느냐, 눈꼴 흉한 닭 도적년 같으니. 이 년 목을 휘여 죽일 년들! 모두 다 몰아 내치라! 원기다 하는 것이 그뿐이냐?"

형방이 눈치 알고 대어 부르되,

"전비 춘향이 쉬오!"

사또, 역정을 내어 하는 말이,

"옳다! 춘향이란 말 반갑구나! 어찌하여 이제야 부르나니? 춘향이가 뺑네 아래란 말이냐?"

11 청어(靑魚) 굽ᄂᆞᆫ듸 된장 칠ᄒᆞ듯: 덕지덕지 발라 흉한 모습을 비유. 13 효시(梟示)ᄒᆞᄂᆞᆫ 놈의 회(灰)칠ᄒᆞ듯: 죄수의 목을 베어 죽일 때 그 얼굴에 회칠하듯 범벅으로 칠한 모습. 원문의 '회시'는 '효시'로 바로잡았음. 14 뉘 쇠롤 먹으랴고: 누구의 돈을 얻어내려고. 15 눈ᄭᅩᆯ 알ᄒᆞ고: 눈꼴하고. 즉, 눈의 모습이 흉함의 비칭(卑稱). 19 젼비(前婢): 이전의 기생.

“젓ᄉᆞ오ᄃᆡ, 아직 나히 어린 고(故)로 그러ᄒᆞ외다.”

“그리면 무엇무엇 여러슬 부ᄅᆞ지 말고 것구로 그 ᄒᆞ나만 불넛더면 그만 ᄭᅴ판이로고나! 그러나 그ᄂᆞᆫ 웨 ‘나오’ 말이 업고 ‘쉬오’ ᄒᆞ니 웬일인고?”

“알외옵기 황송(惶悚)ᄒᆞ오ᄃᆡ, 기ᄉᆡᆼ(妓生) 즁(中) ᄃᆡ비졍쇽(代婢定贖)ᄒᆞ고 면쳔(免賤)ᄒᆞ여 기ᄉᆡᆼ안(妓生案)의 업ᄂᆞ이다.”

ᄉᆞ또(使道), 졍신(精神)이 쇄락(灑落)ᄒᆞ여 ᄒᆞᄂᆞᆫ 말이,

“ᄂᆡ가 셔울셔븟터 드ᄅᆞ니 향명(香名)이 아조 유명(有名)ᄒᆞ시더고나. 이 ᄉᆞ이 평안(平安)ᄒᆞ시냐? 또, 그 ᄃᆡ부인(大夫人) 월ᄆᆡ씨(月梅氏)라든지, 그도 평안(平安)ᄒᆞ시냐?”

“녜, 아직 무고(無故)ᄒᆞ신 쥴노 알외오.”

ᄉᆞ또(使道), 연(連)ᄒᆞ여 나그어 안즈며, 이럿틋 경계(經界)의 반반ᄒᆞ게 인ᄉᆞ(人事)ᄒᆞᆫ 후(後)의 다시 분부(吩咐)ᄒᆞᄃᆡ,

“츈향(春香)을 일시(一時)라도 지톄(遲滯) 말고 쇽(速)히 불너 ᄃᆡ령(待令)ᄒᆞ라!”

형방(刑房)이 엿ᄌᆞ오ᄃᆡ,

“제 몸은 무병(無病)ᄒᆞ오ᄃᆡ, 구관ᄉᆞ또(舊官使道) 도임시(到任時)에 ᄎᆡᆨ방(冊房) 도련님과 ᄇᆡᆨ년히로(百年偕老) 긔약(期約)ᄒᆞ여 ᄃᆡ비졍쇽(代婢定贖)ᄒᆞ고 지금 슈졀(守節)ᄒᆞᄂᆞ이다.”

신관(新官)이 이 말 듣고 놀나 ᄒᆞᄂᆞᆫ 말이,

“어허, 셰상(世上)의 변괴(變故ㅣ)로다! 구상유취(口尙乳臭) 아희드리 쳡(妾), 쳡(妾), 쳡(妾)이라니? 또 본ᄃᆡ 기ᄉᆡᆼ(妓生) 년이 슈졀(守節) 말이 가쇼(可笑)롭다. 가마귀 학(鶴)이 되며 각관기ᄉᆡᆼ(各官妓生) 열녀(烈女) 되랴? 이졔로 밧비 불너 현신(現身)시기라!”

---

3 ᄭᅴ판: 더할 나위 없이 좋은 것. 5 ᄃᆡ비졍쇽(代婢定贖): 다른 종을 대신 바치고 양인(良人)으로 신분을 바꿈. 7 쇄락(灑落): 기분이나 몸이 상쾌하고 깨끗함. 9 ᄃᆡ부인(大夫人): 남의

"두렵사오되, 아직 나이가 어린 까닭에 그러하외다."

"그러면 무엇무엇 여럿을 부르지 말고 거꾸로 그 하나만 불렀다면 깨판이었을 것을! 그러나 그는 왜 '나오' 말이 없고 '쉬오' 하니 웬일인고?"

"아뢰옵기 황송하오나, 기생 중에서 대비정속하고 천한 신분을 면하여 기생 명부에 없나이다."

사또, 기분이 좋아서 하는 말이,

"내가 서울서부터 들으니 향이라는 이름이 아주 유명하시더구나. 이 사이 평안하시냐? 또, 그 대부인 월매 씨라든지, 그도 평안하시냐?"

"네, 아직 무고하신 줄로 아뢰오."

사또, 연하여 다가앉으며, 이렇듯 경우에 맞게 반듯하게 인사한 후에 다시 분부하되,

"춘향을 잠시도 지체 말고 속히 불러 대령하라!"

형방이 여쭈오되,

"제 몸은 병이 없사오되, 구관 사또 재임 시에 책방 도련님과 백년해로 기약하여 대비정속하고 지금 수절하나이다."

신관 사또가 이 말 듣고 놀라 하는 말이,

"어허, 세상에 변괴로다! 입에서 젖내가 나는 아이들이 첩, 첩, 첩이라니? 또 본디 기생 년이 수절한다는 말이 가소롭다. 까마귀가 학이 되며, 각관의 기생이 열녀 되랴? 이제로 바삐 불러 현신시키라!"

어머니를 높여 이르는 말. 12 경계(經界)의 반반ᄒᆞ게: 경우에 맞고 반듯하게. 21 구상유취(口尙乳臭): 입에서 아직 젖내가 남. 즉, 나이가 어림을 뜻함.

형방(刑房)이 쳥녕(聽令)ᄒᆞ고 관쇽(官屬) 불너 분부(吩咐)ᄒᆞ니, 관쇽(官屬)드리 분부(吩咐) 듯고 한거름의 밧비 나와 츈향(春香)이 부ᄅᆞ라 갈 제, 츈향(春香)이 본ᄃᆡ ᄉᆞ지고 도고(道高)ᄒᆞ여 ᄆᆡ몰ᄒᆞ고 도쁜지라 관쇽(官屬)드리 혐의(嫌疑)터니, 팔쳑댱신(八尺長身) 군노(軍奴) ᄉᆞ령(使令) 훨젹 쒸여나가ᄂᆞᆫ 거동(擧動) 보쇼. 산슈(山獸) 털벙거지 쳥니(靑二) 광단(光緞) 안을 올녀, 총 증ᄌᆞ(增資) 굴독 샹모(象毛), 눈 고은 공작미(孔雀尾)를 당ᄉᆞ(唐絲)실노 역거 달고, 셩셩젼(猩猩氈) 증도리 밀화(蜜花) 귓돈 은영ᄌᆞ(銀纓子) 너분 ᄭᅵᆫ의 날닐 용(勇) ᄌᆞ(字) 썩 붓치고, 환도(還刀) ᄉᆞ슬 거러 ᄎᆞ고, 화류댱도(樺榴粧刀) ᄭᅵᆫ을 다라 흉복(胸腹)통 빗기 ᄎᆞ고, 탄탄ᄃᆡ로(坦坦大路)로 뇩불이지(足不履地) 밧비 가며, 이를 갈고 벼르면셔 셔로 의논(議論)ᄒᆞᄂᆞᆫ 말이,

“여보와라 여숙아! ᄂᆡ가 틀린 말이 잇거든 아모리 동관(同官)이라도 곳 욕(辱)을 ᄒᆞ여라. 아희년이 도령(道令)ᄒᆞ고 흔창 이러타 홀 졔, 하로ᄂᆞᆫ 도령(道令) 아희 보라 드러오ᄂᆞᆫ 쎅에, ᄂᆡ가 마츰 문(門)을 보다가 ‘이 ᄋᆡ, 츈향(春香)아. 너모 그리 마라. 도령(道令)님 보고 나오ᄂᆞᆫ 길에 비장쳥(裨將廳)의 드러가셔, 셔초(西草) 조곰 어더가지고 나오려무나. 언제라 언제니, 네 덕(德)의 발강 담ᄇᆡ 맛 조곰 보좃고나.’ 이리ᄒᆞ엿지. 어ᄂᆡ 시렵장의 아들이 틀닌 말 ᄒᆞ엿기ᄂᆞᆫ냐? 그 아희년이 말ᄒᆞᄂᆞᆫ 거슬 ᄀᆡ방귀로 알고, 우리를 도모지 터진

---

3 ᄉᆞ지고 도고(道高)ᄒᆞ여: 성질이 독하고 도도하여. 4 혐의(嫌疑): 꺼리고 미워함. 5 산슈(山獸) 털벙거지: 산짐승의 털로 만든 벙거지. 6 쳥니(靑二) 광단(光緞): 비단의 한 종류. 총 증ᄌᆞ(增資) 굴독 샹모(象毛): 총으로 만든 증자와 굴뚝 상모. ‘증자’는 전립(戰笠)에 꼭지처럼 만든 장식이고, ‘상모’에는 벙거지 꼭지에 참대, 구슬 장식, 백로 털 등을 붙였음. 7 셩셩젼(猩猩氈): 성성이 피로 물들인 모전(毛氈). 8 은영ᄌᆞ(銀纓子): 은으로 만든 갓끈. 날닐 용(勇) ᄌᆞ(字): 날쌜 용이란 글자. 안올림 벙거지 앞에 ‘용’ 자를 써 붙인 것을 말함. 원문의

형방이 명령을 듣고 관속을 불러 분부하니, 관속들이 분부 듣고 한걸음에 바삐 나와 춘향이 부르러 갈 제, 춘향이 본디 독하고 도도하여 쌀쌀맞고 꼿꼿하여 관속들이 꺼리더니, 팔척장신의 군노 사령이 휠쩍 뛰어나가는 거동 보소. 산짐승 털로 만든 벙거지에 광단으로 안을 올려, 말총으로 만든 증자를 꼭지에 달고 굴뚝같이 솟은 상모, 무늬가 고운 공작 꼬리를 당사실로 엮어 달고, 붉은 비단 벙거지 아래에 밀화로 만든 장식을 붙였고, 벙거지의 은으로 만든 넓은 끈에는 날랠 용 자 떡 붙이고, 환도를 사슬로 어깨에 걸어서 차고, 화류 장도는 끈을 달아 흉복통에 비껴 차고, 탄탄대로로 발이 땅에 닿지 않을 만큼 바삐 가며, 이를 갈고 벼르면서 서로 의논하는 말이,

"여보와라 여숙아! 내가 틀린 말이 있거든 동료라고 해도 욕을 하여라. 아이년이 도령하고 한창 이렇다 할 제, 하루는 도령 아이를 보러 들어오는 때에, 내가 마침 문을 보다가 '이 애, 춘향아. 너무 그리 마라. 도련님 보고 나오는 길에 비장청에 들어가서, 담배 조금 얻어 가지고 나오려무나. 언제나 있는 것이 아니니, 네 덕에 빨강 담배 맛 조금 보자꾸나.' 이리하였지. 어느 실업쟁이의 아들이 틀린 말을 하였겠느냐? 그 아이년이 말하는 것을 개방귀로 알고, 우리를 도무지 터진 꽈리로 알아, 눈을 거들떠도

'날닉'는 '날닐'로 바로잡았음. 9 환도(還刀) 스술 거러 추고: 환도를 사슬로 어깨에 걸어서 차고. 화류댱도(樺榴粧刀): 자단(紫檀)으로 집을 만든 짧은 장도칼. 10 흉복(胸腹)통: 가슴과 배 사이. 됵불이지(足不履地): 발이 땅에 닿지 않음. 17 비장쳥(裨將廳): 감영에서 비장(裨將)들이 사무를 보던 곳. 셔초(西草): 평안도에서 나는 질이 좋은 담배. 18 언제라 언제니: 항상 있는 것이 아니므로. 발강 담뵈: 빨갛고 맛좋은 담배. 20 기방귀: 쓸모없는 하찮은 것을 비유적으로 이르는 말. 터진 쇠아리: 터진 꽈리. 즉, 아무 쓸모 없는 것을 비유.

ᄭᅬ아리로 아라, 눈을 거듧더도 보지 아니ᄒᆞ고, 홈치고 감치고 ᄃᆡ치고 뒤치고 쐥당그르치고 드러가니, 말ᄒᆞᆫ ᄂᆡ ᄡᆞᆯ 엇지 되얏ᄂᆞ니? 네면 엇더케 분(忿)ᄒᆞ깃ᄂᆞ니? 고이ᄒᆞ고 흰말일다마ᄂᆞᆫ, ᄒᆞᆫ다 ᄒᆞᄂᆞᆫ 토포힝슈(討捕行首), 병방군관(兵房軍官), 뉵방아젼(六房衙前), 삼번관쇽(三番官屬)이라도 샹(常)히ᄂᆞᆫ 져의게 설설 긔ᄂᆞᆫ 쳬ᄒᆞ거니와, 무ᄉᆞᆫ 일이 슉혐의(宿嫌疑) 잇ᄂᆞ 니ᄂᆞᆫ 앙심(怏心)을 잔뜩 먹고 잇다가, 집당(執杖) 곳 ᄒᆞ량이면 엄지가락을 진뜩 눌너 쇽으로 골케 엉덩이ᄅᆞᆯ ᄯᆞᆫᄂᆞᆫ 슈가 잇거든, 허믈며 졋 즈음이. 어허, 졀통이 숨긴 년 ᄀᆞᆺ트니 그 말 곳 ᄒᆞ랴 ᄒᆞ면 넉시 오르더라. 졔 니도령(李道令)이란 거시 무어시니? 강뉴셕부젼(江流石不轉)이라, 우리네ᄂᆞᆫ ᄆᆡ양(每樣)이지. 이 번(番)의 불너다가 만일(萬一) ᄆᆡ가 ᄂᆞ리거들낭, 너도 ᄉᆞ졍(私情) 두ᄂᆞᆫ 놈은 ᄂᆡ 아들놈이니라."

ᄒᆞ고, 츈향(春香)의 집 드러간다.

이놈의 심슐(心術)들은 연화쳔병(煙火千柄)의 화승(火繩) 테 ᄭᅬ이듯 ᄒᆞ고, 동풍(東風) 안ᄀᆡ 쇽의 슈슈닙 ᄭᅬ이듯 ᄒᆞ며, 망건(網巾) 뒤히 부등깃시 벗지 아니ᄒᆞ고, 슈의 틀리면 ᄎᆞ시루를 ᄲᅧ셔 노코 밤낫 보름을 비러도 니가 아니 드ᄂᆞᆫ 놈드리라. 셩화(星火)ᄀᆞᆺ치 달녀드러, ᄃᆡ문(大門) 듕문(中門) 박ᄎᆞ면셔 벌ᄯᅦᄀᆞᆺ치 ᄯᅱ여드러, 츈향(春香)이 부ᄅᆞ기를 반공듕(半空中)의 ᄯᅳ게 불너 원근산쳔(遠近山川)이 ᄯᅥ드럿다. 호통ᄒᆞ며 드러올 제,

"일이 낫다, 일이 낫다! 이놈의 죄(罪)에 져놈이 쥭고, 져놈의 죄(罪)에 이놈이 쥭고, 네 죄(罪)에 나 쥭고, ᄂᆡ 죄(罪)에 너 쥭어, 뭇 쥭음이 나깃고나!"

---

1 홈치고 감치고 ᄃᆡ치고 뒤치고 쐥당그르치고: 뒤엉키고 비뚤어져 보기 싫음을 뜻함. 3 흰말: 실없이 떠들어대는 말. 4 토포힝슈(討捕行首): 도둑을 잡는 관리. 5 샹(常)히ᄂᆞᆫ: 보통 때는. 6 슉혐의(宿嫌疑): 묵은 혐의. 9 넉시 오르더라: 정신이나 마음이 상기하여 뒤집히더

보지 아니하고, 훔치고 감치고 대치고 뒤치고 빵당그르치고 들어가니, 말한 내 꼴 어찌 되었나니? 너라면 분하지 않겠느냐? 이상하고 실없는 말이다마는, 한다 하는 토포행수, 병조군관, 육방아전, 삼번관속이라도 평소에는 저에게 설설 기는 체하거니와, 무슨 일이든 묵은 혐의 있는 이는 앙심을 잔뜩 품고 있다가, 형장을 곧 칠 것 같으면 엄지손가락을 진득이 눌러 속으로 곯게 멍덩이를 끊는 수가 있거든, 하물며 저 쯤이야. 어허, 절통하게 생긴 년 같으니 그 말 곧 하려 하면 넋이 오르더라. 저 이도령이란 것이 무엇이니? 강물은 흘러가도 그 속의 돌은 움직이지 않는다고, 우리네는 매양 바뀌는 법이 없지. 이번에 불러다가 만일 매가 내리거들랑, 너라도 사정 두는 놈은 내 아들놈이니라."

하고, 춘향의 집에 들어간다.

이놈의 심술들은 연화천병의 화승 테 꼬이듯 하고, 동풍 안개 속에 수숫잎이 꼬이듯 하며, 망건 뒤에 부등깃을 벗지 아니하고, 수에 틀리면 찰시루떡을 쪄 놓고 밤낮 보름을 빌어도 이가 아니 드는 놈들이라. 성화같이 달려들어, 대문과 중문을 박차면서 벌떼같이 뛰어들어, 춘향이 부르기를 반공중에 뜰 정도로 크게 불러 원근 산천이 들썩했다. 호통 치며 들어올 제,

"일이 났다, 일이 났다! 이놈의 죄에 저놈이 죽고, 저놈의 죄에 이놈이 죽고, 네 죄에 나 죽고, 내 죄에 너 죽어, 뭇 즉음이 나겠구나!"

라. 10 강뉴셕부젼(江流石不轉): 흐르는 물 속에서도 돌은 움직이지 않음. 즉, 쉽게 휩쓸리지 않는 성격을 비유. 14 연화쳔병(煙火千柄)의 화승(火繩) 테 꼬이듯: 화약통에 불을 붙이는 데 쓰는 새끼가 꼬이듯이 심술이 사나운 사람을 비유. 16 부등깃: 갓난 날짐승의 여린 깃. 19 반공듕(半空中)의 쓰게 불너: 큰 소리로 놀라게 불러.

ᄒᆞ며, 모진 범이 월랑(月廊)의 달녀들며, 쥬린 ᄀᆡ 미역쥭(粥)의 다라들 듯, 우뢰 진동(振動)ᄒᆞᄂᆞᆫ 듯ᄒᆞ더라.

이ᄯᅢ, 츈향(春香)이ᄂᆞᆫ 니도령(李道令)만 ᄉᆡᆼ각ᄒᆞ고, 츈풍도리화ᄀᆡ야(春風桃李花開夜)와 츄우오동엽낙시(秋雨梧桐葉落時)의 눈물 셧거 한심지고, 식불감(食不甘) 침불안(寢不安)ᄒᆞ니, 옥빈홍안(玉鬢紅顔)이 초체(憔悴)ᄒᆞ고 ᄌᆞ연(自然) 의ᄃᆡ완(衣帶緩)ᄒᆞ니, 초당(草堂)의 견월샹심식(見月傷心色)이오, 야우문영단장셩(夜雨聞鈴斷腸聲)이라. ᄇᆡᆨᄉᆞ(百事)의 뜻이 업고 만ᄉᆞ(萬事)의 경(景)이 업서, 옥부방신(玉膚芳身)을 바려 침셕(枕席)의 더져두고, 일편단심(一片丹心) 임 ᄉᆡᆼ각이 죽어지라 원(願)을 ᄒᆞ고, ᄉᆡᆼ셰지락(生世之樂)이 젼혀 업서, 댱탄단우(長嘆短吁) 일을 숨아 ᄉᆞ라질드시 졍신(精神)을 일코 녹ᄂᆞᆫ ᄃᆞ시 잠연(湛然)ᄒᆞ여, 시름업시 쥬야댱텬(晝夜長川) 금침(衾枕)의 ᄡᅡ혀 만ᄉᆞ(萬事)를 후리치고, 식음(食飮)을 젼폐(全廢)ᄒᆞ고, 아조 산송장이 되여 한양(漢陽)만 ᄇᆞ라고 쥬야츅슈(晝夜祝手)ᄒᆞᆯ ᄲᅮᆫ이러니. 금일(今日)도 북편(北便)을 창망(悵望)ᄒᆞ고 슬픈 눈물을 금(禁)치 못ᄒᆞ고 누엇더니, 이 쇼ᄅᆡ에 ᄶᅡᆷ작 놀나 벌덕 니러 안ᄌᆞ 유리(琉璃) 굼그로 여어보니, ᄌᆡ젼(在前)의 혐의(嫌疑) 잇ᄂᆞᆫ 놈이 모도 골나 나왓고나. ᄆᆞ음의 솜솜 헤아리니, 분명(分明) 관가(官家)의 무삼 즁병(中病)이 낫나 보다. 엇지ᄒᆞ여야 올탄 말고? 발셔 일이 이리 되어시니 ᄋᆡ걸(哀乞)이나 ᄒᆞ여 보ᄌᆞ. 훨젹 쒸여 ᄂᆡ다ᄅᆞ며, 단슌호치(丹脣皓齒) 반ᄀᆡ(半開)ᄒᆞ고, 함쇼함ᄐᆡ(含笑含態) 손벽 치고,

---

1 **월랑**(月廊): 행랑(行廊). 원문의 '월앙'은 '월랑'으로 바로잡았음. 3 **츈풍도리화ᄀᆡ야**(春風桃李花開夜)와 **츄우오동엽낙시**(秋雨梧桐葉落時): 봄바람에 복사꽃과 배꽃이 피는 밤과, 가을비에 오동잎 떨어질 때. 백낙천(白樂天)의 「장한가(長恨歌)」에서 차용. 5 **식불감**(食不甘) **침불안**(寢不安): 근심으로 음식도 맛이 없고 잠도 편히 자지 못함. **옥빈홍안**(玉鬢紅顔): 아름다운 귀밑머리와 붉은 얼굴. 즉, 젊고 아름다움을 비유. 6 **의ᄃᆡ완**(衣帶緩): 옷과 띠가 느슨해짐. **초당**(草堂)**의 견월샹심식**(見月傷心色): 초당에서 보는 달빛도 근심에 잠긴 듯한

하며, 모진 범이 행랑채에 달려들며, 굶주린 개가 미역죽에 달려들 듯, 우레가 진동하는 듯하더라.

이때, 춘향이는 이도령만 생각하고, 봄바람에 복사꽃과 배꽃이 피는 밤이나 가을비에 오동잎이 떨어질 때에 눈물 섞어 한숨 짓고, 밥을 먹어도 맛이 없고 잠을 자도 편하지 않으니, 옥같이 아름다운 귀밑머리와 붉은 얼굴은 여위고 자연히 옷과 허리띠도 느슨해지니, 초당에서 보는 달빛에는 근심이 어린 듯하고, 비 내리는 밤에 방울 소리는 간장이 끊어지는 소리처럼 슬프게 들리더라. 백사에 뜻이 없고 만사에 경황이 없어, 옥 같은 피부와 향기어린 몸을 침석에 던져두고, 일편단심 임 생각에 죽으려고 원을 하고, 세상 살아가는 즐거움이 전혀 없어, 긴 탄식과 짧은 한숨으로 일삼아 사라질 듯이 정신을 잃고 녹는 듯이 가라앉아, 시름없이 밤낮을 가리지 않고 금침에 싸여 만사를 팽개치고, 식음을 전폐하고, 아주 산송장이 되어 한양만 바라고 주야로 축수할 뿐이더라. 이날도 북쪽을 슬프게 바라보며 슬픈 눈물을 금치 못하고 누웠더니, 이 소리에 깜짝 놀라 벌떡 일어나 앉아 유리 구멍으로 엿보니, 묵은 혐의 있는 놈이 모두 골라 나왔구나. 마음에 곰곰이 생각해 보니, 분명 관가에 무슨 큰일이 났나 보다. 어찌하여야 옳단 말인가? 벌써 일이 이리 되었으니 애걸이나 하여 보자. 훨쩍 뛰어 내다르며, 붉은 입술 흰 치아를 반쯤 열고, 웃음과 교태를 머금고 손뼉 치고,

빛을 띠고. 백낙천(白樂天)의 「장한가(長恨歌)」에 등장하는 '行宮見月傷心色'의 변용. 7 야우문영단장성(夜雨聞鈴斷腸聲): 비 내리는 밤에 방울 소리는 간장이 끊어지는 것처럼 슬프게 들림. 8 옥부방신(玉膚芳身): 옥과 같이 고운 피부와 향내 나는 몸. 10 싱세지락(生世之樂): 세상에 태어나서 살아가는 재미. 11 댱탄단우(長嘆短吁): 긴 탄식과 짧은 한숨. 16 유리(琉璃) 굼그로 여어보니: 창문의 유리 틈으로 엿보니. 18 즁병(中病): 일의 중도에서 생기는 뜻밖의 사고나 탈. 21 함쇼함틔(含笑含態): 웃음을 머금고 애교를 피움.

“ᄋᆡ고, 나 져 숀님 보완지고! 반갑기도 그지업고 깃부기도 측냥(測量) 업ᄂᆡ! 최ᄑᆡ두(崔牌頭) 오라버니, 그ᄉᆞ이 평안(平安)ᄒᆞ오? 니ᄑᆡ두(李牌頭) 아ᄌᆞ버니, 요ᄉᆞ이 안령(安寧)ᄒᆞ오? 형님네들과 아ᄌᆞ머니 ᄐᆡ평(太平)ᄒᆞ시고 집안에도 연고(緣故) 업시 지ᄂᆡ오? 어린아희들도 잘 ᄌᆞ라고 뎨시(弟氏)네도 안강(安康)ᄒᆞ오? 종시(宗氏)네도 잘 단니오? 구실이나 다ᄉᆞ(多事)치 아니ᄒᆞ오? 이번 신연(新延) 뫼시라 셔울은 평안(平安)이 단녀와셔 노독(路毒)이나 아니낫쇼? 그젼(前) 우리게셔 가져간 강아지 요ᄉᆞ이ᄂᆞᆫ ᄆᆡ오 컷지오? 그ᄉᆞ이 엇지ᄒᆞ여 ᄒᆞᆫ 번(番)도 못 오시든가? 구실에 다ᄉᆞ(多事)ᄒᆞ여 못 오던가? 지날 길이 업셔 놀면서도 못 오던가? ᄉᆞ람들도 무졍(無情)ᄒᆞᆯᄉᆞ 엇지 그ᄃᆡ지 발을 끈노? ᄂᆡ 몸 ᄒᆞ나 병(病)이 드러 젹막강산(寂寞江山) 누어시니 와병(臥病)ᄒᆞ면 인ᄉᆞ졀(人事絶)이라. ᄒᆞᆫ 번(番)이나 와 보더면 무슨 하늘에 별악 칠가? 셰상(世上)의 야쇽(野俗)들도 ᄒᆞ오. 니ᄑᆡ두(李牌頭) 아ᄌᆞ버니, ᄂᆡ 말 드러보오. ᄒᆞᆫ 번(番), 그 ᄯᆡ에, 아졔 문(門) 볼 졔 날다려 셔초(西草) 말ᄒᆞ기에, ᄃᆡ답(對答)도 아니ᄒᆞ고 드러갓더니, 필경(畢竟) 날을 야쇽(野俗)히 아라 게시지오? 그 바로 젼(前)에, 나ᄒᆞ고 마조 셔셔 말ᄒᆞᆫ ᄉᆞ람을 뒤 염문(廉問)ᄒᆞ여다가, 뒤 ᄃᆡ청(大廳) 좌기(坐起) 은근(慇懃)이 ᄒᆞ고 비밀(秘密)이 잡ᄋᆞ드려, 흉(凶)ᄒᆞᆫ 악형(惡刑)ᄒᆞᄂᆞᆫ 거ᄉᆞᆯ 목도(目睹)ᄒᆞ여기로, 아졔도 그러케 히로올가 ᄒᆞ여, 반가온 숀님을 보와도 인ᄉᆞ(人事)도 변변이 못ᄒᆞᄂᆞᆫ 터이기로 드ᄅᆞᆯ만 ᄒᆞ고 드러갓더니, 그ᄯᆡ에 그런 잔쇽은 모로고 응당(應當) 엇더이 아라지오? 마음먹고 드러가셔, 도련님 보고 나오ᄂᆞᆫ 길에 비당청(裨將廳)의 드러가셔, 셔초(西草) 어더 휴지(休紙)에 ᄡᅡ셔 허리츔의 너코, 아졔를 쥬ᄌᆞ ᄒᆞ고 삼문간(三門間)의 나와 보

---

7 **노독**(路毒): 먼 길에 지치고 시달려서 생긴 피로나 병. 8 **그젼**(前): 지나간 날. 원문의 ‘졍’

"애고, 나 저 손님 보고 싶은지고! 반갑기도 그지없고 기쁘기도 측량없네! 최패두 오라버니, 그사이 평안하오? 이패두 아주버니, 요사이 안녕하오? 형님네들과 아주머니 태평하시고 집안에도 연고 없이 지내시오? 어린아이들도 잘 자라고 제씨네도 안녕하오? 종씨네도 잘 다니오? 벼슬아치 길에 어려운 일이 많지나 아니하오? 이번 신연 모시러 서울은 평안히 다녀와서 노독이나 아니 났소? 그전에 우리 집에서 가져간 강아지 요사이는 매우 컸지요? 그사이 어찌하여 한 번도 못 오시던가? 일이 많아 못 오던가? 지날 길이 없어 놀면서도 못 오시던가? 사람들도 무정하지 어찌 그다지 발을 끊나? 내 몸 하나 병이 들어 적막강산에 누웠으니, 병들어 누우면 사람 왕래가 끊긴다는 말 그대로라. 한 번이나 와 보았다면 무슨 하늘에 벼락 칠까? 세상에 야속들도 하오. 이패두 아주버니, 내 말을 들어보오. 한 번, 그때에, 아제가 문을 지킬 때 나더러 담배 말하기에, 대답도 아니 하고 들어갔더니, 필경 나를 야속히 알아 계시지오? 그 바로 전에, 나하고 마주 서서 말한 사람을 관가에서 염탐하여다가 뒤 대청에서 은근히 조사하고 비밀스레 잡아들여, 흉한 악형을 하는 것을 눈으로 보았기로, 아제도 그렇게 해로울까 하여, 반가운 손님을 보아도 인사도 변변히 못하는 터이기에 듣기만 하고 들어갔더니, 그때에 그런 속사정은 모르고 응당 어떻게 생각했지요? 마음먹고 들어가서, 도련님 보고 나오는 길에 비장청에 들어가서, 담배를 얻어 휴지에 싸서 허리춤에 넣고, 아제를 주자 하고 삼문간에 나와

은 '견'으로 바로잡았음. 15 문(門) 볼 제: 문 지킬 때. 18 좌기(坐起): 재판 등의 송사(訟事).

니, 아졔는 어딕 가고 다른 픽두(牌頭) 문(門) 보기로, 바로 집으로 가셔 보고 이런 말솜이나 ᄒᆞ고 드리ᄌᆞ ᄒᆞ엿더니, 도련님이 뒤를 ᄯᆞ라 어닉 ᄉᆞ이 나오기로 바로 집으로 와셔, 그리져리 틈이 업셔 우리 어마니다려 부탁(付託)ᄒᆞ딕, 아졔 집의 가셔 보고 그 ᄉᆞ연(事緣) ᄒᆞ여 달나 ᄒᆞ엿더니, 어마니도 건망징(健忘症)이 이셔 진작 가지 못ᄒᆞ엿고, 도련님 올나가신 후(後) 어닉날 조용ᄒᆞ기 한 번(番) 가니 아ᄌᆞ머니 혼ᄌᆞ 게셔, 아졔는 셔울 갓다 ᄒᆞ기의 셥셥히 도라와셔, 그렁져렁 이ᄯᅢ까지 ᄒᆞᆫ 번(番)도 못 맛나셔 이런 졍담(情談) 못ᄒᆞ엿닉."

셤셤옥슈(纖纖玉手) 느히여셔 니픽두(李牌頭)의 숀을 잡고 방(房) 안으로 드러가며 ᄒᆞ는 말이,

"하 오릭게야 맛나시니 슐이나 먹고 노ᄉᆞ이다. 관령(官令) 뫼온 일노 왓나? 심심ᄒᆞ여 날 ᄎᆞᄌᆞ라 왓나? 무숨 바람이 부러 왓노? 닉가 쑴을 ᄭᅮ나? 그리던 졍(情)을 오날이야 펴깃네. 반가올ᄉᆞ 귀(貴)ᄒᆞᆫ 긱(客)이 오날 왓닉. ᄉᆞ람 그리워 못 살깃닉!"

이러트시 익용으로 ᄉᆞ람의 간댱(肝腸)을 농낙(籠絡)ᄒᆞ니, 져 픽두(牌頭) 놈 거동(擧動) 보쇼. 이젼(以前) 일 ᄉᆡᆼ각ᄒᆞ니 오날 일이 의외(意外)로다. 이젼의 츄보기를 도솔궁(兜率宮) 션녀(仙女ㅣ)러니, 오날날 츄는 쥴을 가작(假作)인 쥴 졍녕(丁寧)이 알건마는, 분(粉)길 ᄀᆞᆺ튼 고은 숀으로 북두갈고리 ᄀᆞᆺ튼 져의 숀을 잡은지라. 고기를 ᄲᅢ지우고 나려다보니 졔두리ᄲᅧ가 ᄉᆡ근ᄉᆡ근, 돌갓치 굿든 마음 츈풍강상(春風江上)의 살어름ᄀᆞᆺ치 뉵쳔(六千) 골졀(骨節)이 다 녹는다. 져의 둘이 셔로 보며,

"이 ᄋᆡ 여슈아, ᄉᆞ람의 ᄆᆞ음이 물 갓다 니른지라. 이 아희 형샹(形狀)을 잠간(暫間) 보니, 닉 마음은 간딕업다."

---

1 픽두(牌頭): 조선시대에 형조에 속하여 죄인의 볼기 치던 일을 맡아 하던 사령. 15 익용으로: 애교로. 18 분(粉)길 ᄀᆞᆺ튼 고은 숀: 분을 칠한 것 같은 희고 고운 손. 21 뉵쳔(六千)

보니, 아제는 어디 가고 다른 패두가 문 보기에, 바로 집으로 가서 보고 이런 말씀이나 하고 드리자 하였더니, 어느서 도련님이 뒤를 따라 나오기로 바로 집으로 와서, 그리저리 틈이 없어 우리 어머니더러 부탁하되, 아제 집에 가서 보고 그 사연을 말해 달라 하였더니, 어머니도 건망증이 있어 진작 가지 못하였고, 도련님 올라가신 후 어느 날 조용하게 한 번 가니 아주머니 혼자 계시고, 아제는 서울 갔다 하기에 섭섭히 돌아와서, 그렁저렁 이때까지 한 번도 만나지 못해 이런 정담을 못하였네."

섬섬옥수 늘여서 이패두의 손을 잡고 방 안으로 들어가며 하는 말이,

"하도 오랜만에 만났으니 술이나 먹고 노사이다. 관의 명을 모시는 일로 왔나? 심심하여 날 찾아왔나? 무슨 바람이 불어 왔나? 내가 꿈을 꾸나? 그리던 정을 오늘에야 펴겠네. 반가울사 귀한 객이 오늘에야 왔네. 사람 그리워 못 살겠네!"

이렇듯이 애교로 사람의 간장을 농락하니, 저 패두 놈의 거동 보소. 이전 일을 생각하니 오늘 일이 의외로다. 이전에 도솔궁의 선녀처럼 올려보았더니, 오늘날 치켜세워 주는 것이 거짓인 줄 정녕이 알건마는, 분길 같은 고운 손으로 북두갈고리 같은 저의 손을 잡은지라. 고개를 빼고 내려다보니 손과 발의 관절뼈가 시근시근, 돌같이 굳은 마음 봄바람에 강 위의 살얼음이 녹는 것같이 육천 골절이 다 녹는다. 저희 둘이 서로 보며,

"이 애 여숙아, 사람의 마음이 물 같다고 이른지라. 이 아이 형상을 잠깐 보니, 내 마음은 간데없다."

골절(骨節): 육천 개나 되는 온몸의 골절. 24 늬 마음은 간되업다: 작정했던 생각이 사라졌음을 뜻함.

여슉이 ᄃᆡ답(對答)ᄒᆞᄃᆡ,

"그런 쥴 몰낫더니 너ᄂᆞᆫ ᄆᆡ오 모질고나."

니핀두(李牌頭) 니ᄅᆞᆫ 말이,

"네 말은 엇지 ᄒᆞᆫ 말이니?"

최핀두(崔牌頭) ᄒᆞᄂᆞᆫ 말이,

"나ᄂᆞᆫ 그 형상(形狀) 보기 젼(前)의 이 ᄋᆡ 일만 ᄉᆡᆼ각ᄒᆞ여도 ᄆᆞ음이 아즐아즐ᄒᆞ고 바아지ᄂᆞᆫ 듯ᄒᆞ더니, 앗가 이 집으로 드러오니, 잔ᄲᅧᄂᆞᆫ 다 녹고 굴근 ᄲᅧᄂᆞᆫ 다 초(醋) 친 무럼의 아들이 되고, 공연(空然)이 왼몸이 졀졀 져려오니, 도모지 니러니져러니 말ᄒᆞ기 슬터라마ᄂᆞᆫ, 앗가 네가 날다려 ᄒᆞ든 말을 아셔라 마라라 ᄒᆞ기ᄂᆞᆫ, 동관(同官)의 졍(情)을 ᄡᅥᆨᄂᆞᆫ 듯ᄒᆞ여 말을 아니ᄒᆞ고 드ᄅᆞᆯ만 ᄒᆞ엿다마ᄂᆞᆫ, 도모지 그 일이 ᄃᆡ단치 아닌 일의 협(狹)ᄒᆞ여 ᄒᆞᆯ 것도 업고, ᄯᅩᄒᆞᆫ 밤 잔 원슈(怨讐ㅣ) 업다 ᄒᆞ니, 발셔 언제 ᄒᆞᆫ 일을 잇ᄶᅥ지 미안(未安)이 아ᄂᆞᆫ 거시, 우리가 도로혀 격지 못ᄒᆞᆫ 모양(貌樣) ᄀᆞᆺ고, ᄯᅩ 졔 말을 드ᄅᆞ니 졍녕(丁寧)이 잔쇽이 그러ᄒᆞᆫ 일이 영낙(零落) 아니면 쇽낙(續落)인 쥴 아ᄂᆞ냐? 그 ᄉᆞ이 우리가 ᄒᆞᆫ 번(番)도 져를 ᄎᆞᄌᆞ 문병(問病)치 못ᄒᆞᆫ 거시 쳣ᄶᅢᄂᆞᆫ 우리가 잘못ᄒᆞ엿ᄂᆞᆫ지라. 져의 다졍(多情)ᄒᆞᆫ ᄯᅳᆺ과 갓지 못ᄒᆞᆫ 쥴이 후회(後悔)로다."

니핀두(李牌頭) ᄃᆡ답(對答)ᄒᆞᄃᆡ,

"여보와라, 우리네가 괴이(怪異)ᄒᆞᆫ 말 갓다마ᄂᆞᆫ 악(惡)ᄒᆞ려 ᄒᆞ면 악(惡)ᄒᆞ고 션(善)ᄒᆞ려 ᄒᆞ면 션(善)ᄒᆞ거든. 그만 일노 영ᄉᆞ(寧死)연졍 져를 협(狹)히 안단 말이 되ᄂᆞᆫ 말이냐? ᄒᆞᆫ 번(番) 말ᄒᆞ고 파의(破疑)ᄒᆞ즌 말이지, 엇지 져를 혐의(嫌疑)ᄒᆞ리오?"

---

8 **초(醋) 친 무럼**: 초를 넣은 해파리. 즉, 유혹을 당해 마음이 흐늘흐늘해진 상태를 비유. 12 **협(狹)ᄒᆞ여**: 너그럽지 못하여. 13 **밤 잔 원슈(怨讐ㅣ) 업다**: 속담으로, 원한은 때가 지나

여숙이 대답하되,

"그런 줄 몰랐더니 너는 매우 모질구나."

이패두가 이른 말이,

"네 말은 어찌 한 말이니?"

최패두가 하는 말이,

"나는 그 형상 보기 전에 이 애 일만 생각하여도 마음이 어질어질하고 부서지는 듯하더니, 아까 이 집으로 들어오니, 잔뼈는 다 녹고 굵은 뼈는 다 초를 친 해파리의 아들이 되고, 공연히 온몸이 절절 저려오니, 도무지 이러니저러니 말하기 싫더라마는, 아까 네가 나더러 하던 말을 아서라 말아라 하기는, 동관의 정을 꺾는 듯하여 말을 아니하고 듣기만 하였다마는, 도무지 그 일이 대단치 아닌 일에 너그럽지 못하게 여길 것도 없고, 또한 밤 잔원수 없다 하니, 벌써 언제 한 일을 이때까지 미안히 아는 것이, 우리가 도리어 당당하지 못한 모양 같고, 또 제 말을 들으니 정녕이 잔속이 그러한 일이 영락 아니면 속락인 줄 아느냐? 그 사이 우리가 한 번도 저를 찾아 문병치 못한 것이 첫째는 우리가 잘못하였는지라. 저의 다정한 뜻과 같지 못한 것이 후회로다."

이패두가 대답하되,

"여보아라, 우리네가 이상한 말 같다마는 악하려 하면 악하고 선하려 하면 선하거든. 그만 일로 비록 죽을지언정 저 아이를 언짢게 생각한다는 것이 말이 되는 말이냐? 한 번 말하고 혐의를 씻어 버리자는 말이지, 어찌 저 아이를 혐의하리오?"

면 차차 잊혀진다는 뜻. 14 격지 못훈: 당당하지 못한. 15 영낙(零落) 아니면 쇽낙(續落)인 쥴 아느냐: 영락없는 것이 아니라면 속락 없는 것이 아니겠는가? '쇽낙'은 '영낙'에 대한 육담조(肉談調). 21 영ᄉ(寧死)연졍: 비록 죽을지언정. 22 파의(破疑): 혐의를 없애 버림.

이러트시 슈작(酬酌)ᄒᆞ며 방(房) 안으로 드러가니, 츈향(春香)이 삼등초(三登草) ᄒᆞᆫ ᄃᆡ 써혀ᄂᆡ여 ᄇᆡᆨ통ᄃᆡ의 담아 붓쳐 니ᄑᆡ두(李牌頭) 쥬고, 또 ᄒᆞᆫ ᄃᆡ 붓쳐다가 최ᄑᆡ두(崔牌頭) 쥬며, ᄒᆞᆫ 냥 돈 집어ᄂᆡ여 아희놈 쥬며,

"이 건너 김풍헌(金風憲) 집 밧비 가셔, 환소쥬(還燒酒)의 ᄉᆞᆯ을 타고 양지머리, ᄎᆞ돌박이 어셔 밧비 ᄉᆞ오너라!"

쥬안상(酒案床)을 ᄎᆞᆯ혀노코 ᄉᆞᆯ을 부어 권(勸)ᄒᆞᆯ 젹의, ᄒᆞᆫ 잔(盞) 두 잔(盞) 셔너 잔(盞)의 ᄉᆞ오ᄇᆡ(四五杯)를 거후ᄅᆞ니, 아조 마음이 되ᄂᆞᆫᄃᆡ로 풀니여 ᄒᆞᄂᆞᆫ 말이,

"이 ᄋᆡ, 무슉아. 우리가 져 아희와 ᄉᆞ괸 졍분(情分)이 우히 잇ᄂᆞ냐? 엇지 ᄎᆞᆷ아 져를 잡ᄋᆞ가잔 말이니? 이만 일을 에둘너 묵쥬머니를 못 민드단 말이냐? 발셔 죽어 영장(永葬)ᄒᆞ고 졔 노모(老母)만 이셔 ᄎᆞᆷ아 셜워 우더라 ᄒᆞ면, 아모 일이 업슬가 ᄒᆞ노라."

여슉이 ᄃᆡ답(對答)ᄒᆞᄃᆡ,

"져를 보니, 그 일이 잔인(殘忍)도 ᄒᆞ고, ᄋᆡ를 쎠셔 져 모양(貌樣)이 되엿ᄂᆞᆫ 거ᄉᆞᆯ 그리 셩화(星火)ᄒᆞ여 구지 잡아가ᄌᆞᆯ 거ᄉᆞᆫ 업ᄉᆞ되, 만일 염아리가 나셔 날나리가 나ᄂᆞᆫ 판의 우리게 죄(罪) 나리ᄂᆞᆫ 거ᄉᆞᆫ 시들부들ᄒᆞ다마ᄂᆞᆫ, 붓셕 줍ᄋᆞ드리라 ᄒᆞ면 네 어미나 ᄃᆡ신 밧치랴ᄂᆞ냐?"

츈향(春香)이 뭇ᄂᆞᆫ 말이,

"ᄃᆡ져(大抵) 이거시 어인 곡졀(曲折)인가? 쇼관ᄉᆡ(所關事ㅣ)나 알고 가ᄉᆡ."

니ᄑᆡ두(李牌頭) 니ᄅᆞᆫ 말이,

---

2 **삼등초**(三登草): 평양 부근 삼등(三登) 지방에서 생산된 품질 좋은 담배. 5 **환소쥬**(還燒酒): 두 번 내린 독한 소주. 원문의 '황소쥬'는 '환소쥬'로 바로잡았음. 11 **묵쥬머니**: 묵물을 짜는 주머니. 여기서 '묵주머니를 못 만든다'라는 것은 '수습하지 못한다'라는 의미로 쓰였

이렇듯이 수작하며 방 안으로 들어가니, 춘향이 삼등초 한 대 떼어내어 백통대에 담아 붙여서 이패두 주고, 또 한 대를 붙여다가 최패두 주며, 돈 한 냥을 집어내어 아이놈 주며,

"이 건너 김풍헌 집 바삐 가서, 환소주에 꿀을 타고 양지머리, 차돌박이 어서 바삐 사오너라!"

주안상을 차려놓고 술을 부어 권할 때에, 한 잔 두 잔 서너 잔에 사오 배를 기울이니, 아주 마음이 되는대로 풀려서 하는 말이,

"이 애, 무숙아. 저 아이와 사귄 정분이 우리보다 더한 이가 누가 있느냐? 어찌 차마 저를 잡아가잔 말이니? 이만한 일을 둘러대어 수습하지 못한단 말이냐? 벌써 죽어 영장하고 제 노모만 있어 차마 서러워 울더라 하면, 아무 일이 없을까 하노라."

여숙이 대답하되,

"저 아이를 보니, 그 일이 가혹하기도 하고, 애를 써서 저 모양이 된 것을 그리 성화하여 굳이 잡아가자고 할 것은 없으되, 만일 염탐하는 사람 있어 날라리가 나는 판에는 우리에게 죄가 내리는 것은 시들부들하다마는, 부썩 잡아들이라 하면 네 어미나 대신 바치려느냐?"

춘향이 묻는 말이,

"대저 이것이 어찌된 곡절인가? 어떤 일인지나 알고 가세."

이패두가 이르는 말이,

음. 12 영장(永葬): 안장(安葬). 17 염아리: 염탐하는 사람. 18 붓셕: 부썩. 즉, 세차게 우기거나 행동하는 모양. 20 쇼관식(所關事ㅣ)나 알고 가식: 어떤 일인지나 알고 가세. 원문의 '일고'는 '알고'로 바로잡았음.

“통인(通引)의 윤득이가 방정맛고 입바른 쥴 너도 ᄌᆞ셰히 알거니와, 네 말을 톡톡 ᄶᅥ러다가 ᄉᆞᄯᅩ(使道) 귀굼긔 달고질을 ᄒᆞ엿고, ᄯᅩ ᄉᆞᄯᅩ(使道)라도 아ᄂᆞᆫ 법(法)이 모진 바람벽 ᄯᅮᆯ고 나온 즁방(中房) 밋 귓도람의 아들이라. 셔울셔븟터 네 쇼문(所聞)을 왼통으로 녁녁(歷歷)히 ᄌᆞ셰히 다 알고 나려와셔, 기ᄉᆡᆼ(妓生) 졈고(點考)ᄒᆞᆯ 제 형방(刑房) 집니(執吏)가 슈쇄(收刷)ᄒᆞ려다가 못ᄒᆞ여, 긔혀히 불너드리라만 ᄒᆞ고 한ᄉᆞ(限死)ᄒᆞ니, 우리 타산(打算) 팔결이라. 우리ᄂᆞᆫ 조곰도 념녀(念慮) 마라.”

츈향(春香)이 이 말 드ᄅᆞᄆᆡ 슈쳥(守廳) 면(免)키 어렵도다.

“ᄋᆡ고, 이를 엇지ᄒᆞᆯ고?”

ᄒᆞ며,

“필경(畢竟) 이런 일이 이셔도 ᄒᆞ고 원정(原情) 지어 두엇더니라.”

ᄒᆞ고, ᄂᆡ여 품의 품고, 돈 닷 냥(兩) ᄂᆡ여다가 ᄑᆡ두(牌頭) 쥬며 ᄒᆞᄂᆞᆫ 말이,

“이거시 약쇼(弱小)ᄒᆞ나 쳥즁(廳中)의 동관(同官)님네 일시(一時) 쥬ᄇᆡ(酒杯)나 지ᄂᆡ시오.”

여슉이 왼숀으로 바다 ᄎᆞ며 ᄒᆞᄂᆞᆫ 말이,

“아니 밧ᄂᆞᆫ 거슨 네 정(情)을 막ᄂᆞᆫ 거시기 밧기ᄂᆞᆫ 바드나, ᄯᅩᄒᆞᆫ 실노 바다가야 나ᄂᆞᆫ 일 푼 간셥(干涉) 업다마ᄂᆞᆫ, 네게 무엇 밧ᄂᆞᆫ 거시 얼골이 ᄯᅳᆺᄯᅳᆺᄒᆞ다. 엇더ᄒᆞ던지 우리네가 잘 ᄉᆞ며볼 거시니, 아모커나 그만 잇거라.”

ᄒᆞ고, 두 놈이 ᄃᆡ취(大醉)ᄒᆞ여 셔로 마조 잇글고 관정(官庭)의 드러갈 제, ᄆᆡ오 정신(精神)을 촐히나 아조이 취(醉)ᄒᆞ여 겨유 드러가 고관(告官)ᄒᆞᆯ 제, 말을 되치지 못ᄒᆞ여,

---

2 **달고질**: 달구로 땅을 단단히 고르고 다지는 일. 즉, 말을 완전히 믿게 한다는 뜻. 6 **집니(執吏)**: 중앙 관아에서 사무를 맡아보던 구실아치. **슈쇄(收刷)**: 수습. 7 **한ᄉᆞ(限死)ᄒᆞ니**: 기

"통인 윤득이가 방정맞고 입바른 줄 너도 자세히 알거니와, 네 말을 톡톡 떨어다가 사또 귓구멍에 달구질을 하였고, 또 사또라도 아는 법이 모진 바람벽 뚫고나온 중방 밑 귀뚜라미의 아들이라. 서울서부터 네 소문을 온통으로 역력히 자세히 다 알고 내려와서, 기생을 점고할 때 형방 집리가 수쇄하려다가 못하여, 기어이 불러들이라고 고집하니, 우리의 계산이 어긋남이라. 우리는 조금도 염려 마라."

춘향이 이 말 들으매 수청을 면하기 어렵도다.

"애고, 이를 어찌할꼬?"

하며,

"필경 이런 일이 있을 것이라 하고 원정을 지어 두었더니라."

하고, 꺼내다가 품에 품고, 돈 닷 냥 내어다가 패두에게 주며 하는 말이,

"약소하나 관청의 동관님네 일시 술잔이나 기울이시오."

여숙이가 왼손으로 받아 차며 하는 말이,

"아니 받는 것은 네 정을 막는 것이기에 받기는 받으나, 또한 실로 받아가야 나는 한 푼도 가지는 것이 없다마는, 네게 무엇을 받는 것이 얼굴이 부끄럽다. 어떠하든지 우리네가 잘 꾸며볼 것이니, 아무튼 그냥 있거라."

하고, 두 놈이 크게 취하여 서로 마주 이끌고 관청 뜰에 들어갈 제, 매우 정신을 차리려고 하나 아주 취하여 겨우 들어가 고할 제, 말을 되채지 못하여,

어코 하려고 하니. 타산(打算) 팔결: 따져서 계산함이 어긋남. 16 쥬비(酒杯): 술잔. 24 말을 되치지 못ᄒᆞ여: 말을 제대로 하지 못하여.

"츈향(春香)이 잡으라 갓던 ᄑᆡ두(牌頭) 연지(緣遲) 알외오."

ᄉᆞᄯᅩ(使道) 분부(吩咐)ᄒᆞᄃᆡ,

"츈향(春香)이 불너 ᄃᆡ령(待令)ᄒᆞᆫ다?"

두 놈이 쉼박쉼박ᄒᆞ며 알외ᄃᆡ,

"츈향(春香)이오? 죽어오, 엇지ᄒᆞ여 죽어오!"

"이놈, 엇지ᄒᆞ여 죽엇다고 ᄒᆞ더니?"

"그리ᄒᆞ리오."

"뉘가 그리ᄒᆞ라드니?"

"글셰올시다. 츈향(春香)이가 ᄉᆞᆯ잔(盞)인지 먹이옵고, 또 돈 닷 냥(兩)인지 쥬면셔 그리ᄒᆞ리오."

니ᄑᆡ두(李牌頭) 겻 지ᄅᆞ며,

"쉬, 이놈아. 그 말은 웨 알외ᄂᆞ니?"

최ᄑᆡ두(崔牌頭) 또 알외ᄃᆡ,

"여보옵시오. 이놈 보옵시오. 그 말을 알외오지 말나 ᄒᆞ고 역구리를 콱콱 지ᄅᆞ옵ᄂᆡ다."

ᄉᆞᄯᅩ(使道) 분부(吩咐)ᄒᆞᄃᆡ,

"이놈, 너ᄂᆞᆫ 무슴 말을 말나고 그놈을 지ᄅᆞᄂᆞ니?"

니ᄑᆡ두(李牌頭) 알외ᄃᆡ,

"아니올시다. 급(急)히 단녀 드러오옵노라고 등의 ᄯᆞᆷ이 나셔 가렵ᄉᆞᆸ기의 ᄀᆞᆰ노라 ᄒᆞ오니, 팔노 그놈을 근더려ᄉᆞᆸᄂᆡ다."

ᄉᆞᄯᅩ(使道) 골을 ᄂᆡ여 호령(號令)ᄒᆞᄃᆡ,

"네 그놈드를 모도 다 모라 ᄂᆡ치고, 기즁(其中) 영니(怜悧)ᄒᆞᆫ ᄉᆞ령(使令) 놈 부ᄅᆞ라!"

뇌졍(雷霆)ᄀᆞᆺ치 분부(吩咐)ᄒᆞᄃᆡ,

"네 이졔로 밧비 잡ᄋᆞ ᄃᆡ령(待令)ᄒᆞ라!"

---

1 연지(緣遲): 까닭의 핵심. 11 겻 지ᄅᆞ며: 곁을 찌르며.

"춘향이 잡으러 갔던 패두 사연을 아뢰오."

사또가 분부하되,

"춘향이 불러 대령하느냐?"

두 놈이 눈을 꿈벅꿈벅하며 아뢰되,

"춘향이오? 죽었소, 어찌하여 죽었소!"

"이놈, 어찌하여 죽었다고 하느냐?"

"그리하래요."

"누가 그리하라더냐?"

"글쎄올시다. 춘향이가 술잔인지 먹이옵고, 또 돈 닷 냥인지 주면서 그리하래요."

이패두가 곁을 지르며,

"쉬, 이놈아. 그 말은 왜 아뢰느냐?"

최패두가 또 아뢰되,

"여보옵시오. 이놈 보옵시오. 그 말을 아뢰지 말라 하고 옆구리를 콱콱 찌르옵니다."

사또가 분부하되,

"이놈, 너는 무슨 말을 말라고 그놈을 찌르느냐?"

이패두가 아뢰되,

"아니올시다. 급히 다녀 들어옵노라고 등에 땀이 나서 가렵삽기에 긁노라 하오니, 팔로 그놈을 건드렸습니다."

사또가 골을 내어 호령하되,

"네 그놈들을 모두 다 몰아 내치고, 그중 영리한 사령 놈을 부르라!"

뇌정같이 분부하되,

"네가 이제로 바삐 잡아 대령하라!"

긴 ᄃᆡ답(對答) ᄒᆞᆫ 마ᄃᆡ의 군노(軍奴) ᄉᆞ령(使令) 청녕(聽令)ᄒᆞ고 셩화(星火)ᄀᆞᆺ치 밧비 나와, 츈향(春香)의 집에 니ᄅᆞ러셔 호흡(呼吸)이 천촉(喘促)ᄒᆞ여 ᄒᆞᄂᆞᆫ 말이,

"ᄉᆞ람 죽깃엿다. 밧비 가ᄌᆞ!"

츈향(春香)이 ᄃᆡ답(對答)ᄒᆞᄃᆡ,

"ᄋᆡ고, 이거시 웬 말인고? 말이나 ᄌᆞ셔히 아옵시다."

"말이나 졀이나, 가면셔 ᄒᆞ량으로 어셔 슈히 나셔거라!"

"나ᄂᆞᆫ ᄉᆡ도 움ᄌᆞᆨ여야 나ᄂᆞ니 슐이나 먹고 가ᄉᆞ이다."

"관슐이나 오슐이나, 가다가 먹으량으로 어셔 급(急)히 나오너라!"

츈향(春香)이 홀일업셔 돈 닷 냥(兩) ᄂᆡ여다가 ᄉᆞ령(使令) 쥬며 ᄒᆞᄂᆞᆫ 말이,

"ᄎᆞ물(此物)이 ᄉᆞ쇼(些少)ᄒᆞ나, 일시(一時) 쥬ᄎᆞ(酒次)나 보틔시오."

군노(軍奴) ᄉᆞ령(使令) 돈 바다 ᄎᆞ며 ᄒᆞᄂᆞᆫ 말이,

"네 졍(情)을 막ᄂᆞᆫ 거슨 의(義)가 아닌고로 바다ᄂᆞᆫ 가거니와, 마음의 겸연(慊然)ᄒᆞ다."

츈향(春香)이를 압셰오고, ᄉᆞ령(使令) 관노(官奴) 뒤를 ᄯᆞ라 ᄀᆡᆨ사(客舍) 압흐로 도라올 제, 저 츈향(春香)의 거동(擧動) 보쇼.

허튼 머리 집어 ᄭᅩᆽ고, ᄯᅴ 무든 헌 젹고리 다 ᄯᅥ러진 도랑초마 허리우희 눌너 ᄆᆡ고, 집신짝을 감발ᄒᆞ고, 바람 마즌 병인(病人)쳐로 죽으라 가ᄂᆞᆫ 양(羊)의 거름으로, 원포셕양냥냥비(遠浦夕陽兩兩飛)의 ᄶᅩᆨ 일흔 원앙(鴛鴦)이오, 일난츈풍화초간(日暖春風花草間)의 ᄭᅩᆺ 일흔 나뷔로다. 십오야(十五夜) ᄇᆞᆰ은 달이 흑운간(黑雲間)의 ᄊᆞ혀ᄂᆞᆫ 듯,

---

2 **호흡(呼吸)이 천촉(喘促)ᄒᆞ여**: 숨을 가쁘게 몰아쉬며. 7 **말이나 졀이나**: 말리거나 소금에 절이거나. 8 **나ᄂᆞᆫ ᄉᆡ도 움ᄌᆞᆨ여야 나ᄂᆞ니**: 속담으로, 나는 새도 움직여야 날 수 있듯이, 무슨 일이든지 준비하는 시간이 있어야 함을 비유. 9 **관슐**: 관솔, 즉 송명(松明). '술'이란 말과 유

긴 대답 한 마디에 군노 사령이 명을 듣고 성화같이 바삐 나와, 춘향의 집에 이르러서 숨을 헐떡이며 하는 말이,

"사람 죽겠다. 바삐 가자!"

춘향이 대답하되,

"애고, 이것이 웬 말인고? 말이나 자세히 아옵시다."

"말리나 절이나, 가면서 할 양으로 어서 빨리 나서거라!"

"나는 새도 움직여야 나느니 술이나 먹고 가사이다."

"관술이든지 오술이든지, 가다가 먹을 양으로 어서 급히 나오너라!"

춘향이 하릴없어 돈 닷 냥 내어다가 사령에게 주며 하는 말이,

"이것이 사소하나, 한 번 술잔이나 기울이는 데 보태시오."

군노 사령이 돈을 받아 차며 하는 말이,

"네 정을 막는 것은 의가 아닌고로 받아는 가거니와, 마음에 겸연쩍다."

춘향이를 앞세우고, 사령 관노 뒤를 따라 객사 앞으로 돌아올 제, 저 춘향의 거동 보소.

허튼 머리 집어 꽂고, 때 묻은 헌 저고리 다 떨어진 도랑치마 허리 위에 눌러 매고, 짚신짝을 천으로 감싸고, 바람 맞은 병자처럼 죽으러 가는 양의 걸음으로, 저녁 무렵 멀리 보이는 포구에 새들이 짝 지어 나는데 짝 잃은 원앙이요, 따뜻한 날에 꽃 사이로 봄바람이 부는데 꽃 잃은 나비로다. 십오야 밝은 달이 검은

사음을 활용한 어희어(語戲語). 12 쥬ᄎᆞ(酒次): 술값. 18 도랑초마: 도랑치마. 즉, 무릎 위까지 올라오는 짧은 치마. 19 감발: 무명 천으로 발을 감싸는 것. 바람 마즌 병인(病人)쳐로: 중풍(中風)에 걸린 환자처럼. 몸을 제대로 움직일 수 없음을 비유. 20 원포셕양냥냥비(遠浦夕陽兩兩飛): 멀리 보이는 포구에 해가 지는데 새가 쌍쌍이 날아다님.

금분(金盆)의 고은 ᄭᅩᆺ치 모진 광풍(狂風)의 ᄲᅳᆯ녓ᄂᆞᆫ 듯, 슈심(愁心)이 쳡쳡(疊疊)ᄒᆞ고 ᄋᆡ뤼(哀淚ㅣ) 만안(滿顔)ᄒᆞ여 졍신(精神)업시 도라올 제, 관문(官門) 앏흘 바라보니 구름 ᄀᆞᆺ흔 군노(軍奴) ᄉᆞ령(使令) 거동(擧動) 보쇼. 안기ᄀᆞᆺ치 모혓다가 밧비 오라 ᄌᆡ촉 쇼ᄅᆡ 셩화(星火)ᄀᆞᆺ치 지ᄅᆞ거늘, 뒤히 오든 군노(軍奴) ᄉᆞ령(使令) 숀을 드러 ᄒᆞᄂᆞᆫ 말이,

"ᄃᆡ먹쥬를 말 시겻다. 요란스레 구지 마라!"

군노(軍奴) ᄉᆞ령(使令) 이 말 듯고,

"이 ᄋᆡ, 만일(萬一) 그러ᄒᆞ면 즁병(中病)으란 ᄂᆡ 당(當)ᄒᆞ마. ᄉᆞ람 너모 모지 마라. ᄒᆡ가 아직 머러시니 ᄒᆡ 젼(前)의만 드러오면 엇더튼지 그만일다."

이러ᄐᆞ시 지져괴더라.

군노(軍奴) ᄉᆞ령(使令) 드러가 알외ᄃᆡ,

"츈향(春香)을 ᄃᆡ령(待令)ᄒᆞ엿쇼."

ᄉᆞ또(使道), 반겨,

"밧비 불너드리라!"

군노(軍奴) ᄉᆞ령(使令) 쳥녕(聽令)ᄒᆞᄃᆡ,

"츈향(春香)이 현신(現身) 알외오."

ᄉᆞ또(使道) 다그어안ᄌᆞ 얼골 형상(形狀) ᄌᆞ셔히 보니, 형산빅옥(荊山白玉)이 진토(塵土)의 뭇쳣ᄂᆞᆫ 듯, 츄파부용(秋波芙蓉)이 취우(驟雨)의 ᄲᅳᆯ녓ᄂᆞᆫ 듯, 옥안셩모(玉顔聲貌)의 근심ᄒᆞᄂᆞᆫ 빗출 ᄢᅴ엿고, 원산아미(遠山蛾眉)의 시름ᄒᆞᄂᆞᆫ ᄐᆡ도(態度)를 먹음어시니, 원(怨)ᄒᆞᄂᆞᆫ 듯 늣기ᄂᆞᆫ 듯 ᄋᆡ연(哀然)ᄒᆞᆫ 형용(形容)이 ᄉᆞ람의 일촌간장(一寸肝腸)을 다 녹이ᄂᆞᆫ지라. 신관(新官)이 이를 보ᄆᆡ ᄆᆞ음이 더옥 착급(着急)ᄒᆞ고 의식

---

6 ᄃᆡ먹쥬: 의미는 미상. 18 다그어안ᄌᆞ: 다가앉아. 원문의 '나그어안ᄌᆞ'는 '다그어안ᄌᆞ'로 바로잡았음. 형산빅옥(荊山白玉)이 진토(塵土)의 뭇쳣ᄂᆞᆫ 듯: 형산에서 나는 질좋은 옥(玉)이

구름에 싸인 듯, 금화분의 고운 꽃이 모진 광풍에 쓸린 듯, 수심이 첩첩하고 슬피 흘린 눈물이 얼굴에 가득하여 정신없이 돌아올 제, 관문 앞을 바라보니 구름 같은 군노 사령 거동 보소. 안개같이 모였다가 바삐 오라 재촉하는 소리를 성화같이 지르거늘, 뒤에 오던 군노 사령 손을 들어 하는 말이,

"대먹주를 말 시켰다. 요란스레 굴지 마라!"

군노 사령이 이 말 듣고,

"이 애, 만일 그러하면 큰일이야 내 당하마. 사람 너무 몰지 마라. 해가 아직 멀었으니 해 전에만 들어오면 어떻든지 그만이다."

이렇듯이 지저귀더라.

군노 사령이 들어가 아뢰되,

"춘향을 대령하였소."

사또가 반기며,

"바삐 불러들이라!"

군노 사령이 명을 듣고 말하되,

"춘향이 현신 아뢰오."

사또가 다가앉아 얼굴 형상을 자세히 보니, 형산의 백옥이 진흙 속에 묻혀 있는 듯, 가을 잔잔한 물결 위의 연꽃이 소나기에 쓸린 듯, 예쁜 목소리와 얼굴에 근심하는 빛을 띠었고, 고운 눈썹에는 시름하는 태도를 머금었으니, 원망하는 듯 느끼는 듯 애연한 형용이 사람의 일촌간장을 다 녹이는지라. 신관이 이를

흙 속에 묻혀 있는 듯. 진가를 드러내지 못하고 있음을 비유. 19 추파부용(秋波芙蓉)이 이 취우(驟雨)의 뿔녓는 듯: 가을 잔잔한 물결 위에 떠 있는 연꽃이 쏟아진 비에 슬린 듯.

(意思ㅣ) 가장 황홀(恍惚)ᄒᆞ나, 그랴도 먹은 갑시 잇셔 남의 말을 드를 랴고 ᄎᆡᆨ방(冊房) 니낭쳥(李郞廳)ᄃᆞ려 뭇ᄂᆞᆫ 말이,

"이 ᄉᆞ람, 니낭쳥(李郞廳). 츈향(春香)의 쇼문(所聞)은 그리 고명(高名)ᄒᆞ더니 지금 보ᄆᆡᄂᆞᆫ 유명무실(有名無實)이로셰."

이 니낭쳥(李郞廳) ᄌᆞ(者)ᄂᆞᆫ 셔울셔븟터 긴(緊)ᄒᆞᆫ지라. ᄃᆡ쇼ᄉᆞ(大小事)를 니낭쳥(李郞廳)과 의논(議論)ᄒᆞ면, 콩을 가져 팟치라 ᄒᆞ여도 곳지 듯ᄂᆞᆫ 터이오, 쏘 ᄃᆡ답(對答)이 니현령비현령(耳懸鈴鼻懸鈴)ᄒᆞ여 평ᄉᆡᆼ(平生) ᄉᆞ면츈풍(四面春風) 두루마리라. 이ᄯᆡ에도 ᄒᆞᆫ가지로 잇더니 ᄃᆡ답(對答)ᄒᆞᄃᆡ,

"글셰, 그러ᄒᆞ오마ᄂᆞᆫ 바히 유명무실(有名無實)이라 ᄒᆞᆯ 길도 업고, 쏘 이제 유명무실(有名無實) 아니라 ᄒᆞᆯ 길도 업소이다."

"이 ᄉᆞ람, ᄒᆞᆫ갓 외모(外貌)의 츄(醜)ᄒᆞᆯ ᄲᅮᆫ 아니라, 모모이 ᄯᅳ더보와도 ᄒᆞᆫ 곳 별노 취(取)ᄒᆞᆯ ᄃᆡ 업ᄂᆡ."

"글셰, 그러ᄒᆞ외다."

이러ᄐᆞ시 슈작(酬酌)ᄒᆞᆯ 제, 통인(通引)의 윤득이 알외오ᄃᆡ,

"의복(衣服)이 남루(襤褸)ᄒᆞ고 단댱(丹粧)을 폐(廢)ᄒᆞ여 그러ᄒᆞ옵지, 의복단댱(衣服丹粧) 션명(鮮明)이 ᄭᅮ미오면 ᄶᅡᆨ이 업ᄂᆞᆫ 일ᄉᆡᆨ(一色)이오니 용ᄉᆞ(容赦)치 마옵쇼셔."

신관(新官)이 이 말 듯고 ᄯᅩ다시 녁녁(歷歷)히 보ᄂᆞᆫ 쳬ᄒᆞ더니 ᄒᆞᄂᆞᆫ 말이,

"과연 듯던 말과 갓다. 이 ᄉᆞ람 니낭쳥(李郞廳), 져런 ᄒᆡᆼ챵(行娼)ᄒᆞᄂᆞᆫ 것드리 ᄯᅥᆨ 뭇고 바라지고 간악(奸惡)ᄒᆞ고 요괴(妖怪)롭고 예ᄉᆞ(例事)롭지 아니컨마ᄂᆞᆫ, 이거시야 진짓 녀염(閭閻)ᄉᆞ리 ᄒᆞᆯ 지어미 될 듯ᄒᆞ외."

---

2 니낭쳥(李郞廳): 이씨(李氏) 성을 가진 관아의 당하관(堂下官). 5 긴(緊)ᄒᆞᆫ: 관계가 긴밀한. 7 니현령비현령(耳懸鈴鼻懸鈴): 속담으로, 귀에 걸면 귀걸이, 코에 걸면 코걸이. 즉, 이

보매 마음이 더욱 급해지고 생각이 가장 황홀하나, 그래도 나이 먹은 값이 있어 남의 말을 들으려고 책방 이낭청에게 묻는 말이,

"이 사람, 이낭청. 춘향의 소문은 그리 고명하더니 지금 보니 유명무실이로세."

이 이낭청이란 자는 서울서부터 긴밀한지라. 대소사를 이낭청과 의논하면, 콩을 가지고 팥이라 하여도 곧이 듣는 터이오, 또 대답이 귀에 걸면 귀걸이 코에 걸면 코걸이 같아서 평생 사면춘풍 두루마리라. 이때에도 한가지로 있더니 대답하되,

"글쎄, 그러하오마는 전혀 유명무실이라 할 길도 없고, 또 이제 유명무실이 아니라 할 길도 없소이다."

"이 사람, 한갓 외모가 추할 뿐 아니라, 이모저모 뜯어보아도 한 곳 별로 취할 데가 없네."

"글쎄, 그러하외다."

이렇듯이 수작할 제, 통인 윤득이가 아뢰되,

"의복이 남루하고 단장을 하지 않아 그러하옵지, 의복 단장을 선명히 꾸미오면 짝이 없는 일색이오니 놓아주지 마옵소서."

신관이 이 말을 듣고 또다시 자세히 보는 체하더니 하는 말이,

"과연 듣던 말과 같다. 이 사람 이낭청, 저런 행창하는 것들이 때 묻고 바라지고 간악하고 요괴롭고 예사롭지 아니하건만, 이것이야 짐짓 여염살이 할 지어미가 될 듯 하네."

렇게도 저렇게도 해석될 수 있음을 비유. 8 사면춘풍(四面春風) 두루마리: 사방에서 봄바람이 불 듯 원만한 대처를 위해 자기 뜻을 내세우지 않는 사람을 비유하는 말. 10 바히: 전혀. 18 용수(容赦): 용서하여 놓아줌. 21 횡창(行娼): 창기 노릇.

"글세 그러ᄒᆞ오마ᄂᆞᆫ, 녀염(閭閻)ᄉᆞ리 ᄒᆞᆯ 지어미 되리라 ᄒᆞᆯ 길도 업고, ᄯᅩ 졍녕(丁寧)이 녀염(閭閻)ᄉᆞ리 못ᄒᆞᆯ 지어미라 ᄒᆞᆯ 길도 업소."

"이 ᄉᆞ람, 졔 의복(衣服)은 비록 허슐ᄒᆞ나, 형산ᄇᆡᆨ옥(荊山白玉)을 다듬지 아니ᄒᆞ고 즁츄명월(中秋明月)이 흑운(黑雲)을 벗지 못ᄒᆞᆫ 듯ᄒᆞ외, 아모리 일ᄉᆡᆨ(一色)이라도 눈 각각 코 각각 ᄯᅳ더보면 ᄒᆞᆫ 곳 험은 잇것마ᄂᆞᆫ, 이거ᄉᆞᆫ 아모리 보와도 편편금(片片金)이오 쳔향국ᄉᆡᆨ(天香國色)이로세. 앗가 삼문간(三門間) 드러올 제, 잠간(暫間) 쌍긋ᄒᆞᆯ 마ᄃᆡ의 나도 쌜니ᄂᆞᆫ 보앗지. ᄂᆡᆺ쇽이 선 슈박씨를 쥬홍당ᄉᆞ(朱紅唐絲)로 조롱조롱 역거 쥬홍ᄌᆡᆼ반(朱紅錚盤)에 셰운 듯ᄒᆞ고, 두 눈셥은 슈나뷔가 마조 안ᄌᆞ 너훌너훌 노니ᄂᆞᆫ 듯 ᄒᆞ더고만, 졔가 날을 쇽이랴고 의복형상(衣服形狀) 남루(襤褸)ᄒᆞ게 ᄒᆞ고 얼골 단댱(丹粧) 허술ᄒᆞ게 하엿나 보외. 그거시 더욱 조커든. 오리 알의 졔 ᄯᅩᆼ 무든 것 ᄀᆞᆺᄒᆞ여 어슈룩ᄒᆞᆫ 쥴 아ᄂᆞᆫ가?"

"글세 그러ᄒᆞ오마ᄂᆞᆫ, 보기에ᄂᆞᆫ 어슈룩ᄒᆞ다 ᄒᆞᆯ 길도 업고, ᄯᅩ 바히 어슈룩지 아니타 ᄒᆞᆯ 길도 업소."

"이 ᄉᆞᄅᆞᆷ, ᄌᆞᄂᆡ 말 ᄃᆡ답(對答)은 평ᄉᆡᆼ(平生) 너츌지게 둥글게, 물에 물 타니 슐에 슐 타니 ᄀᆞᆺ치 뒤숭뒤숭이 ᄒᆞ니 엇지ᄒᆞᆫ 말인고? 허, 답답ᄒᆞᆫ ᄉᆞᄅᆞᆷ이로고!"

ᄒᆞ며, 츈향(春香) 불너 니른 말이,

"네가 츈향(春香)이라 ᄒᆞᄂᆞ냐? 봄 츈(春) ᄌᆞ(字), 향긔(香氣) 향(香) ᄌᆞ(字). 일홈이 위션(爲先) 묘(妙)ᄒᆞ고나. 네 나히 몃 ᄉᆞᆯ이니?"

츈향(春香)이 동문셔답(東問西答) ᄡᅡᆫ젼으로 ᄃᆡ답(對答)ᄒᆞᄃᆡ,

"ᄂᆡ일(來日) 몃츨 ᄏᆡ야 원두한(園頭漢)의 집으로 ᄃᆡ령(待令)ᄒᆞ올지오?"

---

7 쳔향국식(天香國色): 천하에서 제일가는 향기와 빛깔. 즉, 절세미인을 이르는 말. 8 쌍긋ᄒᆞᆯ 마ᄃᆡ의: 인상을 약간 바꿀 때에. ᄂᆡᆺ쇽이 선 슈박씨: 속이 익지 않은 수박씨처럼 하얀 이

"글쎄 그러하오마는, 여염살이 할 지어미 되리라 할 길도 없고, 또 정녕이 여염살이 못할 지어미라 할 길도 없소."

"이 사람, 제 의복은 비록 허술하나, 형산 백옥을 다듬지 아니하고 중추절 밝은 달이 흑운을 벗지 못한 듯하여, 아두리 일색이라도 눈 각각 코 각각 뜯어보면 한 곳 흠이 있건만, 이것은 아무리 보아도 조각조각이 금이요 천향국색이로세. 아까 삼문 간에 들어올 제, 잠깐 찡긋할 사이에 나도 빨리는 보았지. 잇속이 선 수박씨를 주홍색 당사로 조롱조롱 엮어 주홍 쟁반에 세운 듯하고, 두 눈썹은 수나비가 마주 앉아 너울너울 노니는 듯하더구만, 제가 나를 속이려고 의복 형상을 남루하게 하고, 얼굴 단장을 허술하게 하였나 보외. 그것이 더욱 좋거든. 오리 알에 제 똥이 묻은 것 같아 어수룩한 줄 아는가?"

"글쎄 그러하오마는, 보기에는 어수룩하다 할 길도 없고, 또 전혀 어수룩하지 아니하다 할 길도 없소."

"이 사람, 자네 말대답은 평생 늘어지게 둥글게, 물에 물 탄 듯 술에 술 탄 듯 뒤숭뒤숭이 하니 어찌한 말인고? 허, 답답한 사람이로고!"

하며, 춘향을 불러 이르는 말이,

"네가 춘향이라 하느냐? 봄 춘 자, 향기 향 자. 이름이 우선 묘하구나. 네 나이 몇 살이니?"

춘향이 동문서답 딴전으로 대답하되,

"내일 몇 개를 캐어 원두한의 집으로 대령하올지요?"

가 고른 것을 비유. 12 오리 알의 졔 똥 무든 것 ᄀᆞᆺᄒᆞ여: 속담으로, 자기 똥이 묻은 오리 알처럼 드러나 보이지 않고 수수함을 이르는 말. 16 너출지게: 길게 축 늘어지게.

"어허, 니낭청(李郞廳). 요 산드러진 맛 보게. 그말 더욱 조희."

다시 분부(吩咐)ᄒᆞᄃᆡ,

"네 본ᄃᆡ 챵가(娼家) 천인(賤人)이오 본읍(本邑) 기ᄉᆡᆼ(妓生)으로셔, ᄂᆡ 도임(到任) 시(時)의 방ᄌᆞ(放恣)히 현신(現身)도 아니ᄒᆞ고 언연(偃然)이 집의 잇셔, 불너야 오단 말이냐? ᄂᆡ가 이곳의 목민지당(牧民之長)으로 나려왓더니, 너를 보니 쇄 견될 만ᄒᆞ기로 금일(今日)붓터 슈쳥(守廳)으로 작졍(作定)ᄒᆞᄂᆞᆫ 거시니, 밧비 나가 쇼셰(梳洗)ᄒᆞ고 방슈ᄎᆞ(房守次)로 ᄃᆡ령(待令)ᄒᆞ라!"

츈향(春香)이 엿ᄌᆞ오ᄃᆡ,

"일신(一身)의 병(病)이 드러 말솜으로 못ᄒᆞ옵고 원졍(原情)으로 알외오니, ᄉᆞ연(事緣)을 보옵시면 곡졀통쵹(曲折洞燭)ᄒᆞ시리니, 의원(依願) 시ᄒᆡᆼ(施行)ᄒᆞ옵시면 화봉인(華封人)의 본(本)을 바다 ᄇᆡᆨ셰츅슈(百歲祝壽)ᄒᆞ오리다."

"어허, 고이(怪異)ᄒᆞ다! 어ᄂᆡ ᄉᆞ이 무ᄉᆞᆫ 원졍(原情)이니? ᄂᆡ게 졍(呈)ᄒᆞᄂᆞᆫ 거ᄉᆞᆫ 조마거동(調馬擧動)의 격ᄌᆡᆼ(擊錚)이라. 동셔간(東西間) 쳐결(處決)이야 아니ᄒᆞ랴."

형방(刑房)이 고과(告課)ᄒᆞᆯ 졔 강셩(講聲)을 놉혀,

「본읍(本邑) 기ᄉᆡᆼ(妓生) 츈향(春香)의 ᄇᆡᆨ활(白活)이라. 우근진졍유ᄉᆞ단(右謹陳情由事段)은 쇼녜(少女) 본시(本是) 챵가지엽(娼家之葉)

---

1 산드러진 맛: 맵시있고 간드러진 맛. 5 언연(偃然)이: 거만하게. 목민지당(牧民之長): 백성을 다스리는 관장. 여기서는 '사또'를 지칭. 8 방슈ᄎᆞ(房守次)로: 수청을 들도록. 10 원졍(原情): 사연을 하소연함. 12 의원(依願) 시ᄒᆡᆼ(施行)ᄒᆞ옵시면: 원하는 바를 시행하옵시면. 원문의 '젹이시면'은 'ᄒᆞ옵시면'으로 바로잡았음. 화봉인(華封人)의 본(本)을 바다 ᄇᆡᆨ셰츅슈(百歲祝壽): 화봉인의 본을 받아 백세의 수(壽)를 누리기를 축원함. '화봉인'은 전설상의 인물로, '화'는 지명이고 '봉인'은 봉토(封土)를 지키는 사람을 말함. 요(堯)임금이 순행하여

"어허, 이낭청. 요 산드러진 맛을 보게. 그 말이 더욱 좋으이."

다시 분부하되,

"네 본디 창가의 천인이요 본읍의 기생으로서, 내 도임 때에 방자히 현신도 아니하고 거만하게 집에 있어, 불러야 온단 말이냐? 내가 이곳에 원님으로 내려왔더니, 너를 보니 꽤 정을 붙이고 지낼 만하기로 오늘부터 수청으로 작정하는 것이니, 바삐 나가 세수하고 수청을 들도록 대령하라!"

춘향이 여쭈오되,

"일신에 병이 들어 말씀으로 못하옵고 원정으로 아뢰오니, 사연을 보옵시면 사정을 통촉하시리니, 원하는 바를 시행해 주옵시면 화봉인의 본을 받아 백세 누리기를 축원하오리다."

"어허, 괴이하다! 어느새 무슨 원정이니? 내게 바치는 것은 임금님이 거둥한 줄 알고 꽹과리를 쳐서 하소연하는 격이라. 어느 쪽이 되건 처결이야 아니하랴."

형방이 보고할 때 소리를 높여,

「본읍 기생 춘향이 올리는 원정이라. 삼가 억울한 사정을 아뢰면, 소녀는 본래 창가의 후손이요 하찮은 집의 천한 자식이나, 강가의 매화나 산속의 대나무와 같이 고결하고 얼음처럼 맑고

화 지역에 왔을 때 봉인이 요임금의 장수(長壽)와 부(富), 다남자(多男子)를 축원했다고 전해짐. 『장자(莊子)』의 「천지편(天地篇)」에서 차용. 15 조마거동(調馬擧動): 거둥 절차에 따라 임금이 타는 말을 한 달에 몇 차례씩 미리 훈련시키던 일. 격쟁(擊錚): 원통한 일을 당한 사람이 임금님이 거둥하는 길에 꽹과리를 쳐서 호소하던 일. 19 빅활(白活): '발괄'을 이두(吏讀)로 표현한 것으로, 억울한 일을 관청에 말이나 글로 하소연하는 것을 말함. 우근진정유수단(右謹陳情由事段): 삼가 일의 사정을 아룀.

이오 요마천녜(么麼賤女ㅣ)나, 강ᄆᆡ산쥭지심(江梅山竹之心) 빙옥결하지의(氷玉潔瑕之義)로 ᄎᆞᆫ불ᄀᆡ츄불낙(春不改秋不落)이옵더니, 년젼(年前) 리등좌정시(李等坐定時)의 여ᄉᆞᄯᅩᄌᆞ데(與使道子弟)로 일견(一見) 광한누(廣寒樓)ᄒᆞ여 ᄇᆡᆨ년동쥬지의(百年同住之意)로 이슈금셕지문(已受金石之文)ᄒᆞ고 질졍허신(質定許身)ᄒᆞ야, 우금삼ᄌᆡ(于今三載)의 엄연(儼然) 부부지의(夫婦之義)가 여산약ᄒᆡ(如山若海)오, 금번(今番) 체등시(遞等時)의 불득솔거(不得率去)는 셰고ᄌᆞ연(世故自然)이라. 일편단심(一片丹心)이 오ᄆᆡ불망(寤寐不忘)이오, 남북샹리(南北相離)의 심담(心膽)이 구렬(俱裂)이라. 일구월심(日久月深)의 단댱소혼(斷腸消魂)ᄒᆞ니, 여ᄎᆞ빙심(如此氷心)을 슈ᄉᆞ난별(雖死難別)이라. ᄇᆡᆨ골(白骨)이 셩진(成塵)ᄒᆞ고 혼ᄇᆡᆨ(魂魄)이 미산젼(未散前)은 만무실절(萬無失節)이오 평ᄉᆡᆼ미망(平生未忘)이오니, 슈위쇼녀지약언(雖爲少女之約言)이나 진졍쇼회(眞情所懷)라. 산활슈회(山闊水回)라도 불릉ᄌᆞ탈(不能自奪)이오며, 금일 ᄉᆞᄯᅩ쥬(使道主) 미지천견(未知淺見)인고로 망녕(妄靈)도이 존령(尊靈)을 위월(違越)이라. 금일(今日) 분부(吩咐)는 셩시(誠是) 샹ᄉᆡ(常事ㅣ)오나 하졍(下情)이 여ᄎᆞ고(如此故)로 부득봉승(不得奉承)이온바, 동시ᄉᆞ부지체모(同是士夫之體貌)오 변동댱부지심렬(便同丈夫之心烈)이라. 심ᄉᆞ동반지의리(深思同班之義理)ᄒᆞ고 통촉ᄉᆞ졍지간측(洞燭事情之懇側)이온즉 ᄀᆡᆼ무여

---

1 요마천녜(么麼賤女ㅣ)나: 보잘것없는 천한 계집이나. 강ᄆᆡ산쥭지심(江梅山竹之心): 강가의 매화나 산속의 대나무와 같은 굳은 절개. 빙옥결하지의(氷玉潔瑕之義): 빙옥과 같이 맑고 깨끗한 마음. 4 이슈금셕지문(已受金石之文): 이미 금석(金石)같이 굳은 약속의 글을 받음. 5 질졍허신(質定許身): 깊이 생각한 후에 몸을 허락함. 우금삼ᄌᆡ(于今三載)의 엄연(儼然) 부부지의(夫婦之義)가 여산약ᄒᆡ(如山若海): 지금까지 삼 년 동안에 엄연(儼然)한 부부 간의 의(義)를 지키며 산 것이 산이나 바다와 같음. 원문의 '언연'은 '엄연'으로 바로잡았음. 9 일구월심(日久月深): 날이 오래고 달이 깊어 감. 즉, 세월이 흐를수록 더함을

깨끗한 마음으로 봄에도 피지 않고 가을에도 잎이 떨어지지 않듯이 살아 왔사옵더니, 몇 년 전 이등사또 재임 때에 사또 자제를 한 번 광한루에서 보고 평생을 함께 살자는 뜻으로 이미 굳은 맹세의 글을 받고서 몸을 허락하여, 지금까지 삼 년 동안 엄연한 부부 간의 의리를 산과 바다처럼 지켜 왔사오며, 이번 사또께서 교체될 때에 함께 가지 못한 것은 세상 풍습을 따라 자연스레 이리된 것이옵니다. 일편단심으로 자나 깨나 잊지 못하는데, 남북으로 서로 이별했으니 심장과 간담이 찢어지는지라. 날이 가고 달이 갈수록 간장이 끊어지고 근심으로 넋을 잃으니, 얼음 같은 이 마음은 비록 죽는다 해도 사라질 수 없음이라. 백골이 먼지가 되고 혼백이 흩어지기 전에는 절개를 잃을 일이 없사오며 평생 미망이오니, 비록 어린 계집이 약속한 말이오나 진정으로 품은 마음이라. 산이 평지가 되고 흘러간 물이 되돌아오더라도 스스로 빼앗지 못할 것이오며, 오늘 사또께서 천한 저의 생각을 모르시는고로 망령되이 존귀한 명령을 어기게 되었사옵니다. 오늘 분부는 진실로 당연한 일이오나 저의 형편이 이러한고로 받들 수가 없사오니, 같은 사대부의 체모를 지니셨고 움직일 수 없는 대장부의 매서움을 지녔음이라. 같은 양반으로서 의리를 깊이 생각하시어 가엾고 딱한 사정을 깊이 헤아려 주신다면 다시 이

이르는 말. 10 단댱소혼(斷腸消魂): 오장이 끊어지고 넋이 나가듯 비통함을 비유. 여ᄎᆞ빙심(如此氷心): 이렇게 얼음처럼 깨끗하고 맑은 마음. 슈ᄉᆞ난별(雖死難別): 죽어도 버리기 어려움. 11 셩진(成塵): 진토가 됨. 12 평싱미망(平生未忘): 평생 잊지 않음. 13 산활슈회(山闊水回): 산이 평지가 되고 물이 되돌아옴. 14 미지쳔견(未知淺見): 저의 얕은 소견을 알지 못하신 까닭. 16 셩시(誠是): 진실로. 샹ᄉᆡ(常事ㅣ)오나: 보통 있는 일이오나. 18 심ᄉᆞ동반지의리(深思同班之義理)ᄒᆞ고 통촉ᄉᆞ졍지간측(洞燭事情之懇側) 같은 양반으로서의 의리를 깊이 생각하고, 사정이 간절하고 딱함을 헤아려 줌.

ᄎᆞ하문지리(更無如此下問之理)오며, 우황면천(又況免賤)에 이쇽ᄃᆡ비(已贖代婢)이온 쥴로 ᄌᆞ감앙소어일월명뎡지하(玆敢仰訴於日月明政之下)ᄒᆞ오니, 복걸참상이시후(伏乞叅商敎是後)의 특위방숑(特爲放送)을 쳔만망냥ᄒᆞ술(千萬望良爲白) 기위힝하향이시ᄉᆞ(只爲行下向敎是事) ᄉᆞ또쥬(使道主) 쳐분(處分)이라.

모월(某月) 모일(某日) 소지(所志).」

라 ᄒᆞ엿더라.

형방(刑房)이 취듕(醉中)이라. 고과(告課) 후(後) 쇼지(所志) 노코 필흥(筆興) ᄂᆡ여 졔ᄉᆞ(題辭)ᄒᆞᄃᆡ,

「건곤(乾坤)이 불노월댱ᄌᆡ(不老月長在)ᄒᆞ니 젹막강산금ᄇᆡᆨ년(寂寞江山今百年)이라.」

ᄡᅢᆨ기를 맛고 츈향(春香)을 불너, 졔ᄉᆞ(題辭) ᄉᆞ연(事緣) 듯ᄌᆞ왜라 고셩(高聲)ᄒᆞ여 읇흘 젹의, 신관(新官)이 이 모양(貌樣)을 보고 목아지를 길게 ᄲᅢ혀 항식쳐로 비틀면셔, 긔(氣)가 막혀 쇼ᄅᆡ 질너 ᄒᆞᄂᆞᆫ 말이,

"니낭쳥(李郎廳), 져놈의 ᄒᆡᆼᄉᆞ(行事) 보쇼! 져놈을 ᄉᆡᆼ(生)으로 발길가? 왼통으로 쥬뢰(周牢)를 ᄒᆞᆯ가? 셰상(世上) 텬디간(天地間)의 져런 놈도 ᄯᅩ 있는가?"

샹토 쯧ᄭᅡ지 골을 ᄂᆡ여 ᄃᆡ강이를 흔들면셔 벽녁(霹靂)ᄀᆞᆺ치 쇼ᄅᆡ 지ᄅᆞ니, 니낭쳥(李郎廳) ᄃᆡ답(對答)ᄒᆞᄃᆡ,

---

4 쳔만망냥ᄒᆞ술(千萬望良爲白) 기위힝하향이시ᄉᆞ(只爲行下向敎是事) ᄉᆞ또쥬(使道主) 쳐분(處分)이라: 천번 만번 바라옵고 사뢰오니 다만 이 일을 사또께서 잘 처분해 주옵소서. '이시[敎是]'와 'ᄒᆞ숣[爲白]'은 소지(所志)의 끝에 쓰는 이두체 표현. 원문의 '교시'는 '이시'

와 같이 물어보실 일은 없을 것이오며, 하물며 천한 신분을 면하기 위해 대신 종을 넣고 속량되었음을 감히 일월처럼 밝으신 다스림 앞에 아뢰오니, 엎드려 바라옵기는 이를 살펴 특별히 방송해 주시기를 천번 만번 바라옵고 사뢰오니 사또께서 처분을 내려 주옵소서.

모월 모일 진정을 올림.」

이라 하였더라.

형방이 취중이라. 보고한 후 소지를 놓고 필흥을 내어 판결문을 써서 말하되,

「건곤이 늙지 말고 한없는 달과 같이 적막한 강산에서 평생을 지낼지라.」

쓰기를 마치고 춘향을 불러, 판결한 사연을 들어보라 소리 높여 읊을 적에, 신관이 이 모양을 보고 모가지를 길게 빼어 황새처럼 비틀면서, 기가 막혀 소리 질러 하는 말이,

"이낭청, 저놈의 행사 보소! 저놈을 생으로 발길까? 온통 주리를 틀까? 세상 천지간에 저런 놈도 또 있는가?"

상투 끝까지 골을 내어 머리를 흔들면서 벽력같이 소리 지르니, 이낭청이 대답하되,

로 바로잡았음. 10 제수(題辭): 관부에서 내리는, 백성의 소장(訴狀)이나 원서(願書)에 대한 판결이나 지령. 12 건곤(乾坤)이 불노월댱지(不老月長在)ᄒᆞ니 젹막강산금빅년(寂寞江山今百年)이라: 건곤이 늙지 말고 달은 영원히 뜨는데, 적막한 강산에서 평생을 지낼지라. 잡가 「죽지사(竹枝詞)」에서 차용.

"셰샹(世上) 텬디간(天地間)에 져런 놈이 어듸 잇슬가 보온잇가마는, 바른듸로 말숨이지 셰상(世上)에 져런 놈이 바히 업다 홀 길 힌들 잇亽오리잇가."

뇌정(雷霆)곳치 셩닌 亽또(使道), 벽녁(霹靂)곳치 호령(號令)ᄒᆞ듸,

"이놈으란 밧비 잡ᄋᆞ 듕계(中階) 아릐 나리오라!"

벌쎄 곳튼 亽령(使令)드리 셩화(星火)곳치 달녀드러 갓 벗겨 후리치고, 동당이쳐로 ᄭᅳ어나려 듕계(中階) 아릐 꿀니거늘, 亽또(使道) 방울 곳튼 눈망울을 선슈박 구을니듯 ᄒᆞ며 여셩(厲聲) 호령(號令)ᄒᆞ듸,

"그놈을 ᄒᆞᆫ ᄆᆡ의 쳐 죽이라!"

형방(刑房)이 취듕(醉中)이나 혼불부쳬(魂不附體) 알외오듸,

"쇼인(小人)의 죄(罪)가 무슴 죄(罪)온지 죄명(罪名)이나 알고 죽어지이다!"

亽또(使道) 분부(吩咐)ᄒᆞ듸,

"명졍기죄(明正其罪)ᄒᆞ여 亽무원심(死無怨心)ᄒᆞ라. 이 쇼지단(所志段)은 여타ᄌᆞ별(與他自別)ᄒᆞ여 별(別)노 졔亽(題辭)홀듸, 관댱(官長)이 ᄀᆡ구(開口) 젼(前)의 ᄌᆞ단쳐결(自斷處決)이 요마쇼리(幺麽小吏)의 만亽무셕지죄(萬死無惜之罪)라."

좌우(左右) 나졸(羅卒) 엄포ᄒᆞ듸,

"분부(吩咐) 듯ᄌᆞ와라!"

형방(刑房)이 능갈이라 언졍니슌(言正理順) 알외오듸,

"츈향(春香)의 원졍(原情) 亽연(事緣) 듯ᄌᆞ오니 지亽위한(至死爲限)ᄒᆞ와 불변취죽지절(不變翠竹之節)이옵기의, 샹의(上意)를 봉승

---

5 듕계(中階): 집을 지을 때 기초가 되도록 한 층을 높게 쌓아올린 단. 8 여셩(厲聲): 성이 나서 큰 소리를 지름. 10 혼불부쳬(魂不附體): 혼이 몸에 없음. 즉, 몹시 놀라 혼이 나간 상태를 이르는 말. 14 명졍기죄(明正其罪)ᄒᆞ여 亽무원심(死無怨心): 죄명을 분명히 밝혀 죽음에 원한이 없게 함. 15 여타ᄌᆞ별(與他自別): 다른 것과 달라서 특별함. 16 요마쇼리(幺

"세상 천지간에 저런 놈이 어디 있을까마는, 바른대로 말씀이지 세상에 저런 놈이 전혀 없다 할 길인들 있사오리까."

뇌정같이 성낸 사또, 벽력같이 호령하되,

"이놈일랑 바삐 잡아 중계 아래로 끌어내리라!"

벌떼 같은 사령들이 성화같이 달려들어 갓을 벗겨 후리치고, 동댕이쳐서 끌어내려 중계 아래에 꿇리거늘, 사또 방울 같은 눈망울을 선 수박 굴리듯 하며 화가 나서 소리 질러 호령하되,

"그놈을 한 매에 쳐 죽이라!"

형방이 취중이나 놀라서 넋을 잃고 아뢰오되,

"소인의 죄가 무슨 죄이온지 죄명이나 알고 죽어지이다!"

사또가 분부하되,

"그 죄를 명백히 밝혀서 죽어도 원망이 없게 하라. 이 소지는 다른 것과 달라서 특별히 판결할 것이로되, 관장이 입 열기도 전에 스스로 결단하여 처결함은 하찮은 아전이 만 번 죽어도 애석함이 없을 정도로 무거운 죄라."

좌우 나졸이 엄포하되,

"분부를 들어라!"

형방이 능청맞아서 이치에 맞게 바로 아뢰되,

"춘향의 원정 사연을 듣자오니 푸른 대나무처럼 곧은 절개를 죽기까지 지키겠다고 하옵기에, 상전의 뜻도 받들어 양쪽 다 만

麼小吏): 하찮은 아전(衙前). 17 만ᄉ무셕지죄(萬死無惜之罪): 만 번 죽어도 아깝지 않을 정도로 무거운 죄. 20 능갈: 능청을 부림. 언졍니슌(言正理順): 말이 바르고 이치에 맞음. 21 지ᄉ위한(至死爲限): 죽음에 이를 때까지. 22 불변취쥭지졀(不變翠竹之節): 푸른 대와 같이 절개가 변치 않음. 샹의(上意): 윗사람의 뜻.

(奉承)ᄒᆞ와 냥상화ᄆᆡ(兩相和賣)오 션악샹반(善惡相半)ᄒᆞᆫ 졔ᄉᆡ(題辭ㅣ)오니 열네 ᄌᆞ(字) 뜻슬 알외오리이다. 건(乾) ᄌᆞ(字)ᄂᆞᆫ 하늘 건(乾) ᄌᆡ(字ㅣ)니 ᄉᆞ또(使道)ᄂᆞᆫ 건(乾)이 되옵고, 곤(坤) ᄌᆞ(字)ᄂᆞᆫ ᄯᅡ 곤ᄌᆡ(坤字ㅣ)니 츈향(春香)이ᄂᆞᆫ 곤(坤)이 되여 늙지 말고 ᄒᆞᆫ곳의셔 달과 ᄀᆞᆺ치 기러 잇셔, 젹막강산(寂寞江山) 집을 짓고 이졔븟터 ᄇᆡᆨ년(百年)ᄭᆞ지 ᄒᆡ로(偕老)ᄒᆞᄌᆞᆫ 뜻이오니, ᄉᆞ또(使道) 호졔(呼題)ᄒᆞ옵시나 막과어ᄎᆞ(莫過於此) ᄒᆞ옵시리이다."

ᄉᆞ또(使道) 이 말 듯고 ᄉᆞ리(事理)를 솜솜 혜ᄋᆞ리니, 과약기언(果若其言)이오 여합부졀(如合符節)이라. 근본(根本)은 빡빡ᄒᆞ여 ᄆᆞ음 곳 들 냥이면 앗기ᄂᆞᆫ 거시 업ᄂᆞᆫ지라. 다시 분부(吩咐)ᄒᆞᄃᆡ,

"져 아젼(衙前) 아직 분간(分揀)ᄒᆞ고 관쳥(官廳)빗 부ᄅᆞ라. 목포(木布)ᄂᆞᆫ 각(各) 일필(一筆), ᄇᆡᆨ미(白米) 일셕(一石)이오, 젼문(錢文) 니냥(二兩), 남쵸(南草) 셔 근(斤), 댱지(壯紙) 셰 권(卷) 이ᄃᆡ로 ᄎᆞ하[上下]ᄒᆞ라. 긔특(奇特)ᄒᆞ다. 긔야방가위지아젼(其也方可謂之衙前)이로다."

ᄆᆞ음의 상쾌(爽快)ᄒᆞ여 풀 갓낀 뒤짐 지고 ᄃᆡ쳥(大廳)의 건니면셔,

"츈향(春香)아, 너 그 졔ᄉᆞ(題辭) ᄉᆞ연(事緣) 드러ᄂᆞᆫ다? 불긴(不緊)ᄒᆞᆫ 원졍(原情)이라. ᄒᆞᆫ 번(番)이면이야 고이(怪異)ᄒᆞ랴. 다시ᄂᆞᆫ 잔말 말고 밧비 올나 슈쳥(守廳)ᄒᆞ라. 관쳥(官廳)으로 의논(議論)ᄒᆞ면 네 집 찬당(饌櫳) 될 거시오, 운향고(運餉庫)ᄂᆞᆫ 네 고(庫)이오, 목젼고(木錢庫)도 네 고(庫) 되고, 일읍(一邑) 쥬관(主管)이 네 댱듕(掌中)이라. 이런 ᄡᅵ판 ᄯᅩ 잇ᄂᆞ냐?"

---

1 **냥상화ᄆᆡ**(兩相和賣): 두 쪽이 다 납득하게 흥정을 이룸. **션악샹반**(善惡相半): 선과 악이 반씩 섞여 있음. 5 **기러 잇셔**: 오래도록 있어. 6 **호졔**(呼題): 판결 사연을 발표함. 7 **막과어ᄎᆞ**(莫過於此): 이보다 더 지나침이 없음. 8 **과약기언**(果若其言): 과연 그 말과 같음. 9 **여합부졀**(如合符節): 부절을 맞추는 것과 같이 사물이 꼭 들어맞음. '부절(符節)'은 옛날에 사신

족하여 옳고 그름이 반씩 섞인 판결이오니 열넉 자의 뜻을 아뢰오리다. 건 자는 하늘 건 자니 사또는 건이 되옵고, 곤 자는 땅 곤 자니 춘향이는 곤이 되어 늙지 말고 한곳에서 달과 같이 오래 있어, 적막강산에 집을 짓고 이제부터 백 년까지 해로하자는 뜻이오니, 사또가 판결 사연하옵신다 해도 이보다 지나침이 없사오리다."

사또가 이 말 듣고 사리를 속속들이 헤아리니, 과연 그 말과 같고 부절이 합하는 것처럼 꼭 들어맞음이라. 근본은 싹싹하여 마음에 곧 들 양이면 아끼는 것이 없는지라. 다시 분부하되,

"저 아전 아직 분간하고 관청빗을 불러라. 포목은 각 한 필, 백미는 한 섬이요, 돈 두 냥, 담배 세 근, 장지 세 권을 이대로 내려주어라. 기특하다. 그야말로 아전이라고 할 만하도다."

마음에 상쾌하여 풀 먹인 갓끈 매고 뒷짐 지고 대청을 거닐면서,

"춘향아, 너 그 판결문 사연 들었느냐? 긴요치 않은 진정이라. 한 번이면야 이상하랴. 다시는 잔말 말고 바삐 올라 수청을 들라. 관청으로 말하자면 네 집의 찬장이 될 것이요, 운향고는 네 창고요, 목전고도 네 창고가 되고, 한 읍의 주관이 너의 손바닥 안에 있으리라. 이런 깨판이 또 있느냐?"

(使臣)이 가지고 다니던 것으로, 둘로 갈라 하나는 조정에 두고 하나는 본인이 가지고 신표로 쓰다가 후일 서로 맞추어 봄으로써 증거로 삼던 물건. 11 **분간**(分揀): 형편을 보아 용서하기로 처리함. 12 **젼문**(錢文): 돈. 13 **남쵸**(南草): 담배. 추하[上下]: 이두체로, 관아에서 돈이나 물품을 내어주던 일을 말함. 20 **운향고**(運餉庫): 대동미 창고. 원문의 '운량고'는 '운향고'로 바로잡았음. **목젼고**(木錢庫): 세금으로 거둬들인 무명이나 돈을 보관하던 창고.

춘향(春香)이 엿ᄌᆞ오ᄃᆡ,

"원정(原情)의 알왼 말솜 분간(分揀)이 업습고, 다시 분부(吩咐)이러ᄒᆞ오시니, ᄃᆡ비정속(代婢定贖)ᄒᆞ온 후(後)ᄂᆞᆫ 관기(官妓)가 아니옵고, 도련님 가신 후(後)로 두문불츌(杜門不出) 슈졀(守節)ᄒᆞ와, 만분지일(萬分之一)이라도 녈녀(烈女)의 본(本)을 밧고져 ᄆᆞ음의 삭여 ᄉᆞ오니, 분부(吩咐) 거힝(擧行)은 못 ᄒᆞᄀᆡ쇼."

신관(新官)이 니낭쳥(李郎廳) 불너 ᄒᆞᄂᆞᆫ 말이,

"계집의 ᄒᆞᆫ두 번(番) ᄐᆡ도(態度)ᄂᆞᆫ 응당(應當) 젼녜(傳例)판인 쥴 아ᄂᆞᆫ다? 업ᄉᆞ면 무(無)맛시니."

"글셰, 그러ᄒᆞ외다."

ᄉᆞ또(使道), 츈향(春香)ᄃᆞ려 달ᄂᆡᄂᆞᆫ 말이,

"네가 그ᄶᅴ에 아희들기리 맛나 살고, 쏘올기 맛보듯 ᄒᆞ야 ᄉᆡ큰ᄒᆞᆫ 맛셰 그리ᄒᆞ나 보다마ᄂᆞᆫ, 하로비들기가 직를 넘ᄂᆞᆫ냐? 그러ᄒᆞ기로 져런 서름을 보ᄂᆞᆫ고나. 네 어룬의 우거지국의 쇠옹도리쌔 너흔 듯ᄒᆞᆫ 웅심(雄深)ᄒᆞᆫ 맛슬 보아 무궁(無窮)ᄒᆞᆫ ᄌᆞ미(滋味)를 알 양이면 짬박 반ᄒᆞ리라. 이 ᄉᆞ람 니낭쳥(李郎廳), ᄂᆡ가 평양서윤(平壤庶尹) 갓실 제, 금졀(金節)이년 슈쳥(守廳) ᄃᆞ려 삼쳔냥(三千兩) 힝하(行下)ᄒᆞ고, 그 외(外)의 젼후(前後) 기ᄉᆡᆼ(妓生) 쥰 거ᄉᆞᆫ 불가승쉬(不可勝數ㅣ) 쥴 아ᄂᆞᆫ가? 나ᄂᆞᆫ 엇지ᄒᆞᆫ 셩품(性稟)인지 기ᄉᆡᆼ(妓生)드를 그리 쥬고 시부데."

니낭쳥(李郎廳), ᄃᆡ답(對答)ᄒᆞᄃᆡ,

"글셰, 그러ᄒᆞ외다. ᄉᆞ또(使道)게셔 ᄃᆡ동츌방(大同察訪) 갓실 제, 관비(官婢) ᄒᆞᆫ 년 다리고 ᄌᆞ고 그년의 빈혀ᄭᅡ지 ᄲᅦ앗고 돈 ᄒᆞᆫ 푼 아

---

8 젼녜(傳例)판: 관습적으로 전해오는 판. 원문의 '졀녜'는 '젼녜'로 바로잡았음. 13 하로비들기가 직를 넘ᄂᆞᆫ냐: 속담으로, 어린 비둘기가 산을 넘어 날 수 없듯이, 경험과 실력 없이는 일을 이룰 수 없음을 비유. 14 우거지국의 쇠옹도리쌔 너흔 듯: 우거짓국에 소뼈를 넣어

춘향이 여쭈오되,

"원정에 아뢴 말씀을 분간함이 없사옵고, 다시 분부가 이러하오시니, 대비정속하온 후에는 관기가 아니옵고, 도련님 가신 후로 두문불출하며 수절하여, 만분의 일이라도 열녀의 본을 받고자 마음에 새겼사오니, 분부 거행은 못 하겠소."

신관이 이낭청을 불러서 하는 말이,

"계집의 한두 번 태도는 응당 있을 만한 것인 줄을 아느냐? 없으면 맛이 없으이."

"글쎄, 그러하외다."

사또가 춘향을 달래어 하는 말이,

"네가 그때에 아이들끼리 만나 살구와 딸기 맛보듯 하여 새콤한 맛에 그리하나 보다마는, 하룻비둘기가 재를 넘느냐? 그러하기로 저런 설움을 보는구나. 네 어른의 우거짓국에 쇠옹도리뼈를 넣은 듯한 웅심한 맛을 보아 무궁한 자미를 알게 된다면 깜빡 반하리라. 이 사람 이낭청, 내가 평양서윤으로 갔을 때, 금절이년 수청 들었다고 삼천 냥을 내려주고, 그 외에 전후 기생 준 것은 이루 헤아릴 수 없이 많은 줄을 아는가? 나는 어찌한 성품인지 기생들을 그리 주고 싶으대."

이낭청이 대답하되,

"글쎄, 그러하외다. 사또께서 대동찰방으로 갔을 때, 관비 한 년을 데리고 자고 그년의 비녀까지 빼앗고 돈 한 푼 아니 주었지

폭 고은 듯이 구수하고 깊은 맛이 있음을 비유. 15 즈미(滋味): 자양분이 많고 좋은 맛, 또는 그런 음식. 17 힝하(行下): 일의 대가로 윗사람이 아랫사람에게 내려주는 돈이나 물건. 21 찰방(察訪): 각 도의 역참 일을 맡아 보던 종6품 외직(外職) 문관 벼슬.

니 쥬엇지오. 쏘 운산현감(雲山縣監) 갓실 제, 슈급비(水汲婢) ᄒᆞᆫ 년 셕 다리고 셕 달이나 슈쳥(守廳) 드리고 쇠젼(錢) ᄒᆞᆫ 푼 아니 쥬고, 도로혀 져의 은(銀)가락지 취ᄉᆡᆨ(取色)ᄒᆞ여 쥬마 ᄒᆞ고 서울 보ᄂᆡ엿지오. 언제 평양셔윤(平壤庶尹), 영변부ᄉᆞ(寧邊府使) 가셔 기ᄉᆡᆼ(妓生) ᄒᆡᆼ하(行下)를 그리 후(厚)히 ᄒᆞ얏쇼?"

신관(新官)이 긔(氣)가 막혀, 눙쳐 ᄒᆞᄂᆞᆫ 말이,

"이 ᄉᆞ람, 긔롱(譏弄) 마쇼. 져런 아희들 고지듯네. 여보와라, 져 말 고지듯지 마라. 그럴 리가 잇ᄂᆞ냐? 날을 ᄉᆞ괴여만 보와라. 아라듯ᄂᆞ냐? ᄉᆡᆼ각ᄒᆞ여 보아라. 노류댱화(路柳墻花)ᄂᆞᆫ 인ᄀᆡ가졀(人皆可折)이라. 쳔만의외(千萬意外) 너만 년이 졍졀(貞節), 슈졀(守節), 셩졀(聖節), 덕졀(德節)ᄒᆞ니 그런 잔 졀을 말고 큼즉ᄒᆞᆫ ᄒᆡ쥬(海州) 신광(神光)졀이나 ᄒᆞ여라. 네가 슈졀(守節)을 ᄒᆞ량이면 우리 대부인(大夫人)은 싹 긔졀(氣絶)을 ᄒᆞ시랴? 요망(妖妄)ᄒᆞᆫ 말 다시 말고 밧비 올나 슈쳥(守廳)ᄒᆞ라!"

츈향(春香)이 엿ᄌᆞ오ᄃᆡ,

"ᄌᆞ고(自古)로 렬녀하ᄃᆡ무지(烈女何代無之)리오? 양구조어(羊裘釣魚) 엄ᄌᆞ릉(嚴子陵)도 간의ᄃᆡ부(諫議大夫) 마다ᄒᆞ고 ᄌᆞ릉ᄃᆡ(子陵臺)의 피우(避寓)ᄒᆞ고, 슈졀의ᄉᆞ(守節義士) ᄇᆡᆨ이슉제(伯夷叔齊) 불식듀쇽(不食周粟)ᄒᆞ랴 ᄒᆞ고 슈양산(首陽山)의 ᄎᆡ미가(採薇歌)를 노릐ᄒᆞ고, 텬하딘인(天下眞人) 딘도람(陳圖南)도 화산셕실(華山石室) 슈

---

1 **슈급비**(水汲婢): 관아에 속하여 물 긷는 일을 하던 여자 종. 원문의 '슈급이'는 '슈급비'로 바로잡았음. 2 **쇠젼**(錢): 엽전(葉錢). 원문의 '쇠쳔'은 '쇠젼'으로 바로잡았음. 3 **취ᄉᆡᆨ**(取色): 낡은 것을 닦아 윤기를 냄. 6 **눙쳐 ᄒᆞᄂᆞᆫ 말**: 언짢았던 마음을 풀어 누그러지게 하는 말. 7 **긔롱**(譏弄): 실없는 말로 놀림. 9 **노류댱화**(路柳墻花): 아무나 쉽게 꺾을 수 있는 길가의 버들과 담 밑의 꽃. 즉, 창녀나 기생을 비유적으로 이르는 말. 12 **신광**(神光)**졀**: 고려 말에 원(元)나라 순제(順帝)가 세웠다는 해주의 신광사(神光寺). 16 **렬녀하ᄃᆡ무지**(烈女何代無

요. 또 운산현감으로 갔을 때, 수급비 한 년을 데리고 석 달이나 수청 들이고 엽전 한 푼을 아니 주고, 도리어 저의 은가락지를 윤기 있게 해주마 하고 서울 보내었지요. 언제 평양서윤, 영변부사로 가서 기생 행하를 그리 후히 하였소?"

신관이 기가 막혀, 능쳐서 하는 말이,

"이 사람, 기롱을 마소. 저런 아이들 곧이듣네. 여봐라, 저 말 곧이듣지를 마라. 그럴 리가 있느냐? 나를 사귀어만 보아라. 알아듣느냐? 생각하여 보아라. 길가의 버들과 담장 옆의 꽃은 누구나 쉽게 꺾을 수 있느니라. 천만뜻밖에 너 같은 년이 정절, 수절, 성절, 덕절이라고 하니, 그런 잔 절일랑 말고 큼직한 해주 신광절이나 하여라. 네가 수절을 할 것 같으면 우리 대부인은 딱 기절을 하시랴? 요망한 말은 다시 말고 바삐 올라 수청하라!"

춘향이 여쭈오되,

"예로부터 열녀야 어느 시대인들 없으리오? 양가죽 옷을 입고 물고기 낚던 엄자릉도 간의대부 마다하고 자릉대에 피해서 살았고, 수절한 의로운 선비 백이와 숙제도 주나라 곡식을 먹지 않겠다며 수양산에서 채미가를 노래하고, 천하의 진인 송나라의 진도남도 화산의 석실에서 수도하고, 순임금의 두 왕비인 아황과

之)리오: 열녀가 어느 땐들 없으리오. 양구조어(羊裘釣魚) 엄ᄌ릉(嚴子陵): 양가죽 옷을 입고 물고기 낚던 엄자릉. 17 간의ᄃᆡ부(諫議大夫): 천자(天子)의 고문관(顧問官)으로 천자에게 잘못이 있으면 간하는 직책을 말함. 원문의 'ᄐᆡ후'는 'ᄃᆡ부'로 바로잡았음. 18 피우(避寓): 피하여 우거함. ᄇᆡᆨ이슉졔(伯夷叔齊) 불식듀쇽(不食周粟)ᄒᆞ랴: 백이와 숙제가 주나라 땅에서 생산된 곡식을 먹지 않으려. 19 ᄎᆡ미가(採薇歌): 고사리 캐는 노래. 백이, 숙제가 수양산(首陽山)에 들어가 고사리를 꺾어 배를 채우다가 굶어 죽기 전에 지었다고 전해짐.

도(修道)ᄒᆞ고, ᄃᆡ슌이비(大舜二妃) 아황(娥皇) 녀영(女英) 혈누뉴황(血淚留篁) ᄯᆞ라 잇고, 뉴한님(劉翰林)의 ᄉᆞ부인(謝夫人)도 슈월암(水月庵)의 엄젹(掩迹)ᄒᆞ고, 낙양의녀(洛陽義女) 계셤월(桂蟾月)도 쳔진누(天津樓)의 글을 읇허 평ᄉᆡᆼ(平生) 슈졀(守節)ᄒᆞ엿다가 양소유(楊少游)를 ᄯᆞ라가고, ᄐᆡ원(太原) ᄯᅡ 홍불기(紅拂妓)도 난셰(亂世)에 ᄯᅳᆺ을 셰워 만니댱졍(萬里長程) 죵군(從軍)ᄒᆞ여 니졍(李靖)을 ᄯᆞ라시니, 몸은 비록 쳔(賤)ᄒᆞ오나 졀ᄀᆡ(節槪)는 막는 법이 업ᄉᆞ오니, 물 밋희 빗쵠 달은 잡아ᄂᆡ여 보려니와 쇼녀(少女)의 졍(定)ᄒᆞᆫ ᄯᅳᆺ은 ᄎᆞᄉᆡᆼ(此生)의 앗지 못ᄒᆞ오리이다. 일단혈심통쵹긍ᄋᆡ(一丹血心洞燭矜哀)ᄒᆞ옵셔 방숑(放送)ᄒᆞ옵소셔!"

"이 ᄉᆞ람 니낭쳥(李郎廳), 요ᄉᆞ이 ᄒᆡᆼ창(行娼)ᄒᆞᄂᆞᆫ 계집이 오ᄅᆞ라 ᄒᆞ기 무셥지. 어엿부지 아니ᄒᆞᆫ 것드리 어엿분 쳬ᄒᆞ고 분(粉) 바ᄅᆞ고 연지(臙脂) 찍고 궁동이를 뒤흔들면셔 장마 ᄀᆡ고리 호박닙희 ᄯᅱ여오ᄅᆞ듯, 신발 신은 ᄎᆡ 마련 업시 덤벅덤벅 오ᄅᆞ것마ᄂᆞᆫ, 이거ᄉᆞᆫ 졔법 반반ᄒᆞᆫ 계집의 경ᄀᆡ(耿介)로셰."

니낭쳥(李郎廳) ᄃᆡ답(對答)ᄒᆞᄃᆡ,

"나 보기에ᄂᆞᆫ 썩 드러 잡ᄋᆞ 경ᄀᆡ(耿介) 반반ᄒᆞᆫ 계집이라 ᄒᆞᆯ 길도 업슬 듯ᄒᆞ고, ᄯᅩ 이졔 바른 말숨이지 하 그리 경ᄀᆡ(耿介) 업단 말ᄒᆞᆯ 길도 업쇼."

"이 ᄉᆞ룸, ᄌᆞ네 말ᄃᆡ답(對答)이 ᄒᆞᆫ골스로 ᄒᆞᄂᆞᆫ 일이 업고, 흑각(黑角) 가로박이로 거기듕(居其中)ᄒᆞ여 뭉그러지게 ᄒᆞ니, 그 어이ᄒᆞᆫ 말ᄃᆡ답(對答)인고? 고이(怪異)ᄒᆞᆫ 인ᄉᆞ(人事)로셰."

니낭쳥(李郎廳) ᄃᆡ밧쳐 ᄃᆡ답(對答)ᄒᆞᄃᆡ,

---

1 ᄃᆡ슌이비(大舜二妃) 아황(娥皇) 녀영(女英): 순임금의 두 왕비인 아황과 여영. 원문의 '아항'은 '아황'으로 바로잡았음. 2 뉴한님(劉翰林)의 ᄉᆞ부인(謝夫人): 「사씨남정기(謝氏南征記)」의 주인공으로, 유연수(劉延壽)의 현숙한 부인인 사씨(謝氏). 3 낙양의녀(洛陽義女) 계셤월(桂蟾月): 낙양의 명기 계섬월. 「구운몽」의 등장인물. 13 장마 ᄀᆡ고리 호박닙희 ᄯᅱ여

여영도 피눈물을 흘리며 따라 죽었고, 유한림의 사부인도 수월암에서 자취를 숨긴 채 살았고, 낙양의 여인 계섬월도 천진루에서 글을 읊으며 평생 수절하였다가 양소유를 따라가고, 태원 땅의 홍불기도 난세에 뜻을 세워 만 리나 되는 먼 길을 종군하여 이정을 따랐으니, 몸은 비록 천하오나 절개는 막는 법이 없사오니, 물 밑에 비친 달은 잡아내어 보려니와 소녀의 정한 뜻은 이생에서는 빼앗지 못하오리다. 한 가닥 열렬한 마음을 널리 헤아려 불쌍히 여기시어 놓아 주시옵소서!"

"이 사람 이낭청, 요사이 기생질하는 계집을 오르라 하기가 무섭지. 어여쁘지 아니한 것들이 어여쁜 체하고 분 바르고 연지 찍고 궁둥이를 뒤흔들면서 장마 개구리 호박잎에 뛰어오르듯, 신발 신은 채 마련 없이 덤벅덤벅 오르건만, 이것은 제법 반반한 계집의 경개로세."

이낭청이 대답하되,

"나 보기에는 썩 들어 잡아 경개가 반반한 계집이라 할 길도 없을 듯하고, 또 이제 바른 말씀이지 아주 그리 경개가 없다 말할 길도 없소."

"이 사람, 자네 말대답이 한곳으로 하는 일이 없고, 흑각 가로보기로 어중간하여 뭉그러지게 하니, 그 어이한 말대답인고? 괴이한 인사로세."

이낭청이 되받아 대답하되,

오르듯: 속담으로, 귀엽지도 않은 것이 깡똥하니 올라앉는 경우를 비유적으로 이르는 말.
15 경기(耿介): 시류에 영합하지 않고 지조를 지킴. 원문의 '경계'는 '경기'로 바로잡았음.
20 흑각(黑角) 가로박이: 흑각 가로보기. 속담으로, 어느 쪽이 이로울까 이리저리 따져 보는 것을 이르는 말. 21 거기듕(居其中): 한쪽에 치우치지 않고 중간쯤에 있음.

"ᄯᅩ 이졔 바히 고이(怪異)ᄒᆞᆫ 인ᄉᆞ(人事) 아니라 ᄒᆞᆯ 길도 업고, ᄯᅩ 고이(怪異)ᄒᆞᆫ 인ᄉᆞ(人事)라 ᄒᆞᆯ 길도 업쇼."

ᄉᆞᄯᅩ(使道) 눈슬 집흐리고 ᄒᆞᄂᆞᆫ 말이,

"ᄌᆞ네ᄂᆞᆫ 웨 이리 삐앙이질ᄒᆞ노? 허허, 고이(怪異)ᄒᆞᆫ 숀이로고!"

골씸의 우루져혀 짐짓 호령(號令)ᄒᆞᄃᆡ,

"요년, 츈향(春香)이라 ᄒᆞᄂᆞᆫ 년의 ᄯᆞᆯ년아! 오ᄅᆞ라 ᄒᆞ면 썩 오를 거시지 무슨 잔말을 고ᄃᆡ지 ᄌᆞ리감스러이 ᄒᆞ노? ᄐᆡ(態)라도 ᄒᆞᆫ 번(番) 두 번(番)이지 언마 ᄆᆞᄌᆞ면 슬흘고? 어셔 오ᄅᆞ고 지고!"

져 계집아희 ᄉᆡᆼ각ᄒᆞᄃᆡ, 져 거동(擧動)을 보아ᄒᆞ니 방숑(放送)ᄒᆞᆯ 니 만무(萬無)ᄒᆞ다. 졔 아모리 져리ᄒᆞᆫ들 빙옥(氷玉) ᄀᆞ튼 ᄂᆡ 마음과 금셕(金石) ᄀᆞ튼 구든 ᄯᅳᆺ지 ᄇᆡᆨ골(白骨)이 진퇴(塵土ㅣ) 된들 훼졀(毁節)ᄒᆞᆯ 니 만무(萬無)ᄒᆞ다. 일이 발셔 이 지경(地境)에 니ᄅᆞ러시니 현마 엇지ᄒᆞ리. 죽을밧긔 ᄒᆞᆯ일업다.

악을 ᄲᅧ셔 ᄒᆞᄂᆞᆫ 말이,

"일광노(日光爐) 갓튼 우리 도련님을 일조(一朝)의 니별(離別)ᄒᆞ고 일신(一身)의 ᄆᆡ친 ᄋᆡ한(哀恨) 일구월심(日久月深) 기퍼지니, 일쳑단검(一尺短劒) 명(命)을 밧쳐 일ᄇᆡᆨ번(一百番) 죽ᄉᆞ와도 일심(一心)의 경(定)ᄒᆞᆫ 마음 일경(一定) 변(變)치 아니리이다.

이슈즁분ᄇᆡᆨ노쥐(二水中分白鷺洲ㅣ)라. 니별낭군(離別郎君) ᄯᅥ난 후(後)의 이군불ᄉᆞ(二君不事) 본을 바다 이부불경(二夫不更)ᄒᆞ랴 ᄒᆞ고 이 마음을 굿게 먹어, 이 셰상(世上)을 하직(下直)ᄒᆞ여 이비(二妃)의 졀(節)을 ᄯᆞ라 이월(二月) 한식(寒食) ᄀᆡᄌᆞ츄(介子推)의 넉슬 위로(慰勞)ᄒᆞ오리라.

---

4 **삐앙이질**: 씨양이질. 즉, 한창 바쁠 때 쓸데없는 일로 남을 귀찮게 하는 짓. 5 **골씸의**: 홧김에. 원문의 '골김'은 '골씸'으로 바로잡았음. 7 **ᄌᆞ리감스러이**: 잔망스럽게. 8 **슬흘고**: 승복하고 허락할까. 11 **훼졀(毁節)**: 절개나 지조를 깨뜨림. 15 **일광노(日光爐)**: 햇빛과 같이 활

"또 이제 전혀 괴이한 인사가 아니라 할 길도 없고, 또 괴이한 인사라 할 길도 없소."

사또가 눈살 찌푸리고 하는 말이,

"자네는 왜 이리 씨양이질을 하나? 허허, 괴이한 손이로고!"

홧김에 얼러대며 짐짓 호령하되,

"요년, 춘향이라 하는 년의 딸년아! 오르라 하면 썩 오를 것이지 무슨 잔말을 그다지 잔망스럽게 하느냐? 예쁜 척도 한 번 두 번이지 얼마 맞으면 허락할꼬? 어서 오르고 지고!"

저 계집아이 생각하되, 저 거동을 보아하니 놓아줄 리 만무하다. 제 아무리 저리한들 빙옥 같은 내 마음과 금석 같은 굳은 뜻이 백골이 진토가 된들 훼절할 리 만무하다. 일이 벌써 이 지경에 이르렀으니 설마 어찌하리. 죽을밖에 하릴없다.

악을 써서 하는 말이,

"일광로 같은 우리 도련님을 하루아침에 이별하고 일신에 맺힌 슬픔 날이 가고 달이 갈수록 깊어지니, 일척 단검에 목숨을 바쳐 일백 번 죽사와도 일심에 정한 마음 결단코 변치 아니하리다.

두 물줄기는 백로주 가운데 갈라 흐르네. 이별 낭군 떠난 후에 두 임금을 섬기지 않음을 본받아 두 남편을 공경하지 않으려 하고 이 마음을 굳게 먹어, 이 세상을 하직하여 두 왕비의 절개를 따라 이월 한식 개자추의 넋을 위로하오리라.

활 타오르는 난로. 또는 日光老로 보아, 일광노인(日光老人)으로 추정하기도 함. 16 **일구월심(日久月深) 기퍼지니**: 나날이 깊어짐. 원문의 '일심'은 '월심', 'ᄉᆞ라지니'는 '기퍼지니'로 바로잡았음. 19 **이슈즁분빅노쥐(二水中分白鷺洲ㅣ)라**: 두 물줄기는 백로주 있는 곳에서 둘로 나뉨이라. 이백(李白)의 시 「등금릉봉황대(登金陵鳳凰臺)」에서 차용. 22 **기ᄌᆞ츄(介子推)**: 진나라 때 절개 강한 은사인 개자추.

삼광(三光)은 텬샹(天上)이라. 삼ᄉᆡᆼ(三生)의 굿은 인연(因緣) 삼츈(三春)ᄀᆞᆺ치 기러시니, 삼혼칠ᄇᆡᆨ(三魂七魄) 훗터저도 삼쳥동(三淸洞) 니승지ᄃᆡᆨ(李承旨宅) 삼한갑됵(三韓甲族) 우리 도련님을 삼쳔 니(三千里) 약슈(弱水)라도 건너가셔 삼신산(三神山), 삼강슈(三江水)로 오며 가며 ᄒᆞ오리다.

ᄉᆞ또(使道)라도 ᄉᆞᄃᆡ가셔(士大家書) 다 보시고 ᄉᆞ시당츈(四時長春) 외와 닑어, ᄉᆞᄇᆡᆨ년(四百年) 동방례의(東方禮儀)를 『ᄉᆞ긔(史記)』 듕(中)의 박앗거늘, ᄉᆞ고(死苦) 업시 ᄉᆞ또(使道) 숀의 맛치련들 ᄉᆞᄃᆡ텬왕(四大天王) 엄위(嚴威)라도 ᄉᆞ면팔방(四面八方) 널니 보고 ᄉᆞ시당천(四時長川) 굿은 마음, ᄉᆞ지(四肢)를 ᄶᅵ즈셔도 ᄉᆞ역불변(思亦不變)ᄒᆞ오리다.

오륜ᄒᆡᆼ실(五倫行實) 직흰 날을 오히려 모ᄅᆞ시니, 오월비상(五月飛霜) 나의 함원(含怨) 오ᄌᆞ셔(伍子胥)의 동문결목(東門抉目)ᄀᆞᆺ치 오ᄆᆡ(寤寐)의 ᄉᆞ못치니, 오형(五刑)을 ᄀᆞᆺ초와셔 오ᄎᆞ(五車)의 발기거나 오리오리 오리시오. 오군문(五軍門)의 놉히 다라 오국강산(吳國江山) 오희(吳姬)ᄀᆞᆺ치 오강(烏江)의 씌우셔도 오히려 졍(定)ᄒᆞᆫ 뜻은 일치 아니 ᄒᆞ오리라.

뉵츌긔산(六出祁山)ᄒᆞ던 졔갈무후(諸葛武侯)라도 뉵상산(陸象山) 못 죽이고, 뉵츌긔계(六出奇計) 진평(陳平)이도 뉵가(陸賈)의 말을 드러시며, 뉵상산(陸象山) 진도랑(陳都郞)도 뉵졍뉵갑(六丁六甲) 못

---

1 삼광(三光): 햇빛과 달빛, 별빛을 아울러 이르는 말. 2 삼혼칠ᄇᆡᆨ(三魂七魄): 삼혼과 칠백을 함께 이르는 말. '삼혼'은 『대승기신론』에 나오는 세 가지 미세한 정신 작용이며, '칠백'은 도교에서 말하는 일곱 가지 넋, 즉 사람의 모든 혼백을 가리킴. 3 삼한갑됵(三韓甲族): 예로부터 대대로 문벌이 높은 집안. 6 ᄉᆞᄃᆡ가셔(士大家書): 사대부 집안의 서적. 8 ᄉᆞ고(死苦): 죽을 정도의 괴로움. 12 오월비상(五月飛霜): 오뉴월에 서리가 내림. 즉, 여자가 품은 깊은 원한을 비유적으로 이르는 말. 13 오ᄌᆞ셔(伍子胥)의 동문결목(東門抉目): 오자서가 월나라를 치라고 간하여도 오왕이 듣지 않고 도리어 참소를 믿고 자결하라 하므로, 자기 눈을 오

삼광은 하늘에 있구나. 삼생의 굳은 인연 삼춘과 같이 길었으니, 삼혼과 칠백이 흩어져도 삼청동 이승지 댁 삼한 갑족 우리 도련님을 삼천리 약수라도 건너가서 삼신산, 삼강수로 오며 가며 하오리다.

사또라도 사대가서 다 보시고 사시장춘 외워 읽어, 사백 년 동방예의를 『사기』 중에 박았거늘, 사고 없이 사또 손에 마치련들 사대천왕의 엄한 위엄이라도 사면팔방 널리 보고 사시장천 굳은 마음, 사지를 찢으셔도 생각은 변할 수 없으리다.

오륜행실 지킨 나를 오히려 모르시니, 오월에 내리는 서리같이 나의 품은 원한은 오자서가 죽을 때 동문에 눈을 매달듯이 오매에 사무치니, 오형을 갖추어서 오차에 몸을 매어 발기거나 오리오리 오리시오. 오군문에 높이 달아 오국강산 오희같이 오강에 띄우셔도 오히려 정한 뜻은 잃지 아니하오리라

육출기산하던 제갈무후라도 육상산을 못 죽이고, 육출기계 진평이도 육가의 말을 들었으며, 육상산과 진도랑도 육정육갑을

나라의 동문에 걸어두어 월나라에 망하는 것을 보게 해 달라고 한 고사를 이름. 14 오미(寤寐): 자나 깨나. **오형**(五刑): 태형(笞刑), 장형(杖刑), 도형(徒刑), 유형(流刑), 사형(死刑)의 다섯 가지 형벌. **오추(五車)의 발기거나**: 능지처참하기 위해 다섯 수레로 몸을 당겨 찢어 죽이거나. 16 **오희**(吳姬): 오나라의 아름다운 여인. 18 **뉵츌긔산**(六出祁山)**ᄒᆞ던 졔갈무후**(諸葛武侯): 위나라를 정복하기 위하여 기산으로 여섯 번 출병한 제갈량. 19 **뉵츌긔계**(六出奇計) **진평**(陳平): 흉노에게 잡힌 고조 유방(劉邦)을 여섯 가지의 기묘한 계략으로 구출한 진평. 20 **뉵상산**(陸象山) **진도랑**(陳都郎)**도 뉵졍뉵갑**(六丁六甲) **못 부렷고**: 양명학을 일으킨 육상산과 진도랑도 둔갑술을 부리는 신장을 부리지 못했고. 원문의 '진도람'은 '진도랑'으로 바로잡았음.

부렷고, 뉵슈부(陸秀夫)의 부왕투슈(負王投水) 뉵진도셩(肉盡道成) ᄒᆞ엿고, 뉵월념텬(六月炎天) 더운 ᄯᅢ의 뉵시(戮屍)를 홀지라도 뉵도삼싱(六道三生)에 뉵지(陸地) ᄀᆞᆺ튼 나의 ᄆᆡᆼ세 뉵신(肉身)에 밋쳐시니, 뉵니청산(六里青山)의 혯분부(吩咐) 마ᄅᆞ시오.

칠칠가긔(七七佳期) 오작교(烏鵲橋)의 칠십ᄌᆞ(七十子) ᄀᆞᆺ튼 우리 낭군(郎君) 칠탄(漆炭)ᄀᆞᆺ치 만난 후(後)의, 칠거지악(七去之惡) 죄(罪)도 업고 칠원산의 니별(離別) 업시 칠산(七山) 바다 깁흔 정(情)을 칠년ᄃᆡ한(七年大旱) 비 바라듯, 칠셩단(七星壇)의 바람 비듯, 칠월칠일(七月七日) 무인야(無人夜)의 칠현금(七絃琴) 거문고로 칠셩(七星)님게 칠칠슈(七七數)로 비럿더니, 칠신위나(漆身爲癩) 예양(豫讓)인가? 칠종칠금(七縱七擒) ᄆᆡᆼ획(猛獲)인가? 칠야원한(七夜怨恨) 무숨 일고? 칠ᄇᆡᆨ니(七百里) 동졍호(洞庭湖)의 초혼됴(招魂鳥)나 되오리라.

팔원팔ᄀᆡ(八元八愷) 어ᄂᆡ ᄯᅢ며, 팔ᄃᆡ금강(八代金剛) 어ᄃᆡ 간고? 팔진도(八陣圖) 진(陣)을 치고 팔공산(八公山)의 팔황초목(八荒草木)으로 팔괘화로(八卦火爐)의 팔년(八年) 팔일(八日) ᄉᆞ로시오. 팔쳔제ᄌᆞ(八千弟子) 강동호걸(江東豪傑) 팔년풍진(八年風塵) 요란ᄒᆞ다. 팔션(八仙) ᄀᆞᆺ튼 나의 팔ᄌᆞ(八字) 팔황(八荒)으로 도라간들 이리 박명(薄命)ᄒᆞ올숀가? 팔원ᄎᆞ(八元車)를 흘니 ᄐᆡ와 팔진국(八陣局)으로 보ᄂᆡ시오. 팔ᄃᆡ(八大) ᄀᆞᆺ튼 위력(威力)으로 팔팔결이나 틀닌 말을

---

1 **뉵슈부**(陸秀夫): 중국 남송이 멸망할 때 재상을 지냈던 인물로 '송말삼걸(宋末三傑)'의 한 사람으로 알려져 있음. 장세걸(張世傑) 등과 함께 송나라 왕실을 지키려 했으나 원군의 공격으로 성이 함락되자 배로 도망하다가 위왕(衛王)을 업고 바다로 투신하였음. **뉵진도셩**(肉盡道成): 육신을 버리고 도를 이룸. 2 **뉵시**(戮屍): 죽은 사람의 시체에 다시 참형을 함. 5 **칠칠가긔**(七七佳期): 칠월 칠석과 같은 좋은 시기. **칠십ᄌᆞ**(七十子): 공자의 제자 가운데 뛰어난 70인. 7 **칠산**(七山) **바다**: 전라남도 영광 앞바다. 8 **칠셩단**(七星壇)**의 바람 비듯**: 제갈공명이 칠성단을 쌓고 동남풍이 불기를 기원하듯. 10 **칠칠슈**(七七數): 49일. **칠신위나**(漆身爲癩): 몸에 옻칠을 하여 문둥병 환자처럼 꾸밈. 즉, 원수를 갚기 위해 용모를 바꿈을 이르는 말. 11 **칠종칠금**(七縱七擒) **ᄆᆡᆼ획**(猛獲): 제갈량이 일곱 번 사로잡았다가 일곱 번

못 부렸고, 육수부는 왕을 업고 물에 투신하여 육신을 버려 도를 이루었고, 유월 무더위에 육시를 할지라도 육도삼생에 육지 같은 나의 맹세 육신에 맺혔으니, 육리청산에 쓸데없는 분부를 마시오.

칠칠가기 오작교에 칠십 명의 군자 같은 우리 낭군 칠탄같이 만난 후에, 칠거지악의 죄도 없고 칠원산의 이별도 없이 칠산 바다 깊은 정을 칠 년 대한에 비 바라듯, 칠성단에 바람 빌듯, 칠월 칠일 사람 없는 밤에 칠현금 거문고로 칠성님께 칠칠수로 빌었더니, 몸에 검은 칠을 하고 주인의 원수를 갚던 예양인가? 칠종칠금하던 맹획인가? 칠 일 밤 동안 맺힌 원한은 무슨 일인고? 칠백 리 동정호에 초혼조나 되오리라.

팔원팔개는 어느 때의 사람이며, 팔대 금강은 어디로 갔는고? 팔진도로 진을 치고 팔공산에 팔황의 초목으로 팔괘화로 속에서 팔 년 팔 일 동안 살으시오. 팔천 제자 강동 호걸 팔 년에 걸친 전쟁 소리가 요란하다. 팔선녀 같은 나의 팔자 팔방의 세상으로 돌아간들 이리 박명하올손가? 팔원차를 흘리 태워 팔진국으로 보내시오. 팔대 같은 위력으로 팔팔결이나 틀린 말을 두 번 다시

놓아주었던 남만의 왕 맹획. 원문의 '밍학'은 '밍획'으로 바로잡았음. 12 초혼됴(招魂鳥): '죽은 사람의 혼령을 부르는 새'라는 뜻으로, '두견'을 이르는 말. 13 팔원팔기(八元八愷): 여덟 명의 얌전한 사람과 여덟 명의 선량한 사람을 아울러 이르는 말. 중국 전설에 나오는 전욱(顓頊) 고양씨(高陽氏)의 여덟 재자(才子)와 제곡(帝嚳) 고신씨(高辛氏)의 여덟 재자(才子)를 이르던 말에서 유래함. 14 팔진도(八陣圖): 제갈공명이 창안한 것으로, 중군의 전후좌우 네 귀퉁이에 여덟 가지 모양으로 포진시키는 진법. 팔황초목(八荒草木): 팔방(八方)의 넓은 세계에 있는 초목. 원문의 '팔환'은 '팔황'으로 바로잡았음. 15 팔괘화로(八卦火爐): 천상에 있다는 팔괘의 화로. 원문의 '팔과화죠'는 '팔괘화로'의 잘못으로 보아 바로잡았음. 팔쳔제ᄌ(八千弟子) 강동호걸(江東豪傑): 항우가 팔 년 동안 거느렸던 강동 출신의 군사 8천 명. 17 팔황(八荒): 팔방(八方)의 거칠고 넓은 세상. 19 팔팔결: 다른 정도가 엄청남.

두 번(番) ᄒᆞ지 마오.

구회간쟝(九廻肝腸) ᄉᆞ라지니 구졀냥쟝(九折羊腸) 험(險)ᄒᆞᆫ 길노 구의산(九疑山)을 ᄎᆞᄌᆞ리라. 구룡쇼(九龍沼) 늙은 룡(龍)이 구뷔를 못 펼치니 구름 ᄀᆞᆺᄒᆞᆫ 나의 신셰(身世) 구슈(久囚)ᄀᆞᆺ치 ᄉᆞ랏고나. 구쳔(九天)의 ᄉᆞ못친 원(怨)이 구원(九原)의 맛ᄎᆞ리라. 구관ᄉᆞ또(舊官使道) 션졍비(善政碑)에 본을 바다 구구(區區)ᄒᆞᆫ 나의 구든 ᄯᅳᆺ을 구(救)ᄒᆞ쇼셔. 구ᄎᆞ(苟且)ᄒᆞᆫ 이ᄂᆡ 신셰(身世) 구십소광(九十韶光) 경(景)을 ᄯᅥ라 구관ᄌᆞ졔(舊官子弟) 언졔 만나 구류손(拘留孫)의 존승(尊勝)ᄀᆞᆺ치 얽혀 볼가? 구곡슈(九曲水)를 구뷔구뷔 휘여다가 구름비를 타고 갈가? 구쥐(九州ㅣ)를 도라 구명도ᄉᆡᆼ(苟命圖生)ᄒᆞ랴 ᄒᆞ고, 구텬션녀(九天仙女) 명을 바다 구구팔십일(九九八十日) 쳔축(天竺)에 왕ᄂᆡ(往來)ᄒᆞ던 구계션의 렬졀(烈節)ᄀᆞᆺ치 구든 졍(情)을 구쳔지(九川紙)의 셰셰셩문(細細成文)ᄒᆞ여 구듕궁궐(九重宮闕)에 살와 볼가?

십악ᄃᆡ죄(十惡大罪)를 범(犯)ᄒᆞ엿나? 십니(十里) 강산(江山)에 십면ᄆᆡ복(十面埋伏)을 맛나고나. 십월광풍(十月狂風) 낙엽(落葉) ᄀᆞᆺ고 십니댱졍(十里長亭) 뉴ᄉᆞ(柳絲) 갓튼 이 인ᄉᆡᆼ(人生) 십년셩취(十年成就) 월왕(越王)ᄀᆞᆺ치 십ᄉᆡᆼ구ᄉᆞ(十生九死)ᄒᆞᆯ지라도, 십지셤슈(十指纖手)로 곱아가며 십왕젼(十王殿)의 ᄇᆡᆨ활(白活)이나 ᄒᆞ오리라. 십삼ᄉᆡᆼ(十三省)에 쥬류(周流)ᄒᆞ고 십팔관(十八關)에 효시(梟示)ᄒᆞ나, 십칠년(十七年)을 기른 ᄯᅳᆺ이 십방(十方)으로 도라간들 변(變)ᄒᆞᆯ 길이 바히 업ᄂᆡ.

---

2 **구졀냥쟝**(九折羊腸): '아홉 번 구부러진 양의 창자'라는 뜻으로, 꼬불꼬불하며 험한 산길을 이르는 말. 4 **구슈**(久囚): 판결이 나지 않아 오랫동안 감옥에 갇혀 있는 살인범. 5 **구원**(九原): 저승의 황천. 6 **션졍비**(善政碑): 백성을 어질게 다스린 벼슬아치를 표창하고 기리기 위해 세운 비석. 7 **구십소광**(九十韶光): 구십일 동안의 봄빛. 8 **구류손**(拘留孫)**의 존승**(尊勝)**ᄀᆞᆺ치 얽혀 볼가**: 구류손(拘留孫)에 존승다라니(尊勝多羅尼)같이 얽혀 볼까. 구류손은 부처의 이름. 원문의 '구류촌'은 '구류손', '촌승'은 '존승'으로 바로잡았음. 10 **구명도ᄉᆡᆼ**(苟命圖生): 구차하게 목숨을 부지하며 살아감. **구텬션녀**(九天仙女): 중국의 황제와 치우(蚩

하지 마오.

구회간장 사라지니 구절양장 험한 길로 구의산을 찾으리라. 구룡소 늙은 용이 발굽을 못 펼치니 구름 같은 나의 신세 구수같이 살았구나. 구천에 사무친 원한이 구원에 맺히리라. 구관 사또 선정비의 본을 받아 구구한 나의 굳은 뜻을 구하소서. 구차한 이내 신세 구십 일의 봄날 경치를 따라 구관 자제 언제 만나 구류손의 존승같이 얽혀 볼까? 구곡수를 굽이굽이 휘어가가 구름비를 타고 갈까? 구주를 돌아 구명하여 살아 보려고, 구천 선녀 명령을 받아 구구 팔십일을 천축에 왕래하던 구계션의 열절같이 굳은 정을 구천지에 자세히 적어 구중궁궐에 사뢰어 볼까?

십악대죄 범하였나? 십 리 강산의 십면 매복을 만났구나. 시월 광풍의 낙엽 같고 십 리 장정의 버들가지 같은 이 인생을 십 년 만에 성취한 월왕같이 십생구사를 할지라도, 십지섬수 꼽아 가며 시왕전에 진정이나 하오리라. 십삼 성에 주류하고 십팔 관문에 목을 베어 걸어도, 십칠 년을 기른 뜻이 시방으르 돌아간들 변할 길이 전혀 없네.

尤)가 싸울 때, 황제에게 병법을 전해주었다는 신녀. 12 **구계션**: 의미는 미상. **구쳔지(九川紙)의 셰셰셩문**(細細成文): 구천지에 자세하게 문장으로 씀. 원문의 '구견지'는 '구쳔지'로 바로잡았음. 13 **구듕궁궐**(九重宮闕): 아홉 겹의 담으로 둘러싸인 궁궐. 즉, 깊은 궁궐을 이르는 말. 14 **십악되죄**(十惡大罪): 대명률에서 규정한 열 가지의 큰 죄, 즉 모반(謀反), 모대역(謀大逆), 모반(謀叛), 악역(惡逆), 부도(不道), 대불경(大不敬), 불효(不孝), 불목(不睦), 불의(不義), 내란(內亂). 16 **십년셩취**(十年成就) **월왕**(越王): 오왕 부차에게 패하여 갖은 고초를 겪으며 재기를 노리다가 십 년 만에 원수를 갚은 월왕 구천(句踐). 17 **십싱구ᄉ**(十生九死): '열 번 살고 아홉 번 죽는다'는 뜻으로, 위태로운 지경에서 겨우 벗어남을 이르는 말. 18 **십왕젼**(十王殿): 시왕(十王)을 모신 법당. 19 **효시**(梟示): 목을 베어 높은 곳에 매달아 뭇 사람에게 보임. 원문의 '회시'는 '효시'로 바로잡았음.

영쳔한슈(潁川寒水) 휘여다가 나의 귀를 씻고 지고. ᄉᆞ또(使道) 계셔ᄂᆞᆫ 국녹지신(國祿之臣) 되야 나셔 츌댱입상(出將入相)ᄒᆞ시다가, 타누불힝란셰(墮陋不幸亂世)오면 귀(貴)ᄒᆞᆫ 일명(一命) ᄉᆞᆯ냐 ᄒᆞ고 도젹(盜賊)의게 투항(投降)ᄒᆞ여 두 님군을 셤기랴 ᄒᆞ오? 튱불사이군(忠不事二君)이오 렬불경이부(烈不更二夫)여늘, 불경이부(不更二夫) 죄(罪)라 ᄒᆞ고 위력(威力)으로 겁탈(劫奪)ᄒᆞ니, ᄉᆞ또(使道)의 튱졀유무(忠節有無)를 일노 조ᄎᆞ 알니로다. 녁심(逆心) 품은 ᄉᆞ또(使道) 압희 무슴 말슴 ᄒᆞ오릿가? 쇼녀(少女)를 범상죄(犯上罪)로 이졔 밧비 죽이시오! 그러ᄒᆞ나 원(願)ᄃᆡ로나 죽여 쥬오! 습진령(習陣令)을 노흐시고, 동방(東方)의ᄂᆞᆫ 쳥긔(靑旗) 꼿고, 셔방(西方)의ᄂᆞᆫ 빅긔(白旗) 꼿고, 남방(南方)의ᄂᆞᆫ 홍긔(紅旗) 꼿고, 북방(北方)의ᄂᆞᆫ 흑긔(黑旗) 꼿고, 듕앙(中央)의ᄂᆞᆫ 황신긔(黃神旗)를 둥두렷시 ᄂᆡ여 꼿고, 슉졍픽(肅靜牌)를 거러노코 좌둑긔(坐纛旗)를 두루다가 거궐(巨闕), 쵹누(屬鏤), 농쳔검(龍泉劍) 드ᄂᆞᆫ 칼노 ᄉᆞ또(使道) 친(親)히 버히시되, 별ᄃᆡ마병(別隊馬兵) 격구(擊毬) 치듯, 빅송고리 싱치(生雉) ᄎᆞ듯, 범아부(范亞父)의 옥두(玉斗) 치듯 뎅그렁 버히

---

1 **영쳔한슈(潁川寒水) 휘여다가 나의 귀를 씻고 지고**: 허유(許由)는 요제(堯帝)가 자신에게 보위를 물려주려 한다는 소리를 듣자 귀가 더럽혀졌다고 영천(潁川)에서 귀를 씻은 후 기산(箕山)으로 들어가 은거했고, 소부(巢父)는 허유가 귀를 씻은 영천의 물이 더럽혀졌다 하여 몰고 온 소에게 마시지 못하게 했다는 고사에서 차용. 2 **국녹지신(國祿之臣)**: 나라의 녹(祿)을 먹는 신하. **츌댱입상(出將入相)**: 나가서는 장수가 되고 돌아와서는 재상이 된다는 뜻으로, 문무를 다 갖추어 장상(將相)의 벼슬을 모두 지냄을 이르는 말. 3 **타누불힝란셰(墮陋不幸亂世)**: 불행하게도 난세에 빠지게 됨. 원문의 '파류'는 '타누'로 바로잡았음. 7 **녁심(逆心)**: 상대편의 말이나 행동에 반발하여 일어나는, 비위에 거슬리는 마음. 8 **범상죄(犯上罪)**: 윗사람의 명령을 어긴 죄. 9 **습진령(習陣令)**: 진법을 연습하라는 훈령. 12 **황신긔(黃神旗)**: 조선시대 중오방기 가운데 진영 중앙에 세우던 군기(軍旗). 누런 바탕에 왕령관(王靈官)이라는 신장(神將)과 구름이 그려져 있음. **둥두렷시**: 둥글고 크게 하여 분명

영천의 차가운 시냇물을 휘어다가 나의 귀를 씻고 지고. 사또께서는 국가의 녹봉을 받는 신하가 되어 출장입상을 하시다가, 불행히도 난세를 만나게 되면 귀한 한 목숨 살려 하고 도적에게 투항하여 두 임금을 섬기려 하오? 충신은 두 임금을 섬기지 아니하고 열녀는 두 지아비를 섬기지 않거늘, 두 지아비를 섬기지 않는 것을 죄라 하고 위력으로 겁탈하니, 사또의 충절 유무를 이것으로 알리로다. 역심 품은 사또 앞에 무슨 말씀을 하오리까? 상전의 말을 거역한 죄로 소녀를 이제 바삐 죽이시오! 그러하나 원대로나 죽여 주오! 습진령을 내리시고, 동방에는 청기 꽂고, 서방에는 백기 꽂고, 남방에는 홍기 꽂고, 북방에는 흑기 꽂고, 중앙에는 황신기를 분명하게 내어 꽂고, 숙정패를 걸어놓고 좌독기를 휘두르다가 거궐과 촉루와 용천검처럼 잘 드는 칼로 사또가 친히 베시되, 별대마병 격구 치듯, 흰 송골매가 꿩을 채듯, 범아부가 옥두 치듯 뎅그렁 베시고, 신체일랑은 내어 주고 목일

히. 13 슉졍픠(肅靜牌): 군령으로 사형을 집행할 때, 정숙한 분위기를 위해 꽂아두는 군기의 하나. 좌둑긔(坐纛旗): 군기의 하나로, 행진할 때 주장(主將)의 뒤에 서고 멈출 때는 장대(將臺)의 앞쪽 왼편에 서는 사명기(司命旗). 14 거궐(巨闕), 촉누(屬鏤), 뇽쳔검(龍泉劍): 중국에서 이름난 보검(寶劍). 즉, '거궐'은 춘추 시대에 오왕 부차가 식민지를 정부의 허락 없이 무리하게 경영한 죄를 물어 개선장군 오자서(伍子胥)에게 하사하며 할복을 명했던 검이고, '촉루'는 월나라의 왕 구천(句踐)이 찼다는 전설상의 검임. 15 별ᄃᆡ마병(別隊馬兵) 격구(擊毬) 치듯: 마병들이 편을 갈라 격구(擊毬)하듯이 날쌔게 내려침. 원문의 '평군'은 '격구'의 잘못으로 보아 바로잡았음. 빅송고리 싱치(生雉) ᄎᆡ듯: 흰 송골매가 산 꿩을 채듯이. 즉, 민첩하고 힘 있게 잡아채는 모양을 비유. 16 범아부(范亞父)의 옥두(玉斗) 치듯: 범증(范增)이 옥두를 치듯이. 즉, 한 고조 유방(劉邦)이 홍문연회에서 자신을 죽이려는 것을 피해 도망치자, 항우(項羽)의 참모 범증이 유방의 책사 장량(張良)이 바친 옥두를 칼로 내리치면서 애석해하였다는 고사를 말함. 옥두(玉斗)는 옥으로 만든, 술 따르는 국자를 말함.

시고, 신체(身體)낭은 닉여 쥬고 목을낭은 드려다가, 옹진(甕津) 소곰의 ᄧᅡ게 져려 목함(木函) 쇽의 너흔 후(後)에, 다홍보(茶紅褓)로 ᄡᅡ셔 두엇다가 한양(漢陽)ᄭᅡ지 올녀다가 ᄉᆞ또(使道) 죠상(祖上) 졔(祭) 지닐 제 제물(祭物)노나 ᄡᅳ옵쇼셔!"

져 ᄉᆞ또(使道)의 거동(擧動) 보쇼. ᄆᆡᆼ호(猛虎)갓치 셩을, 강변(江邊)의 덴 소 ᄯᅱ듯 목을 슷덱 움치면서 벽녁(霹靂)ᄀᆞᆺ치 쇼ᄅᆡᄒᆞ여 좌우나졸(左右羅卒) 엄포ᄒᆞᄃᆡ,

"죠년 밧비 나리오라!"

벌 ᄯᅦ ᄀᆞᆺ튼 ᄉᆞ령(使令) 나졸(羅卒) 왈학 ᄯᅱ여 달녀드러, 츈향(春香)의 머리칙를 션젼(縇廛) 시졍(市井) 비단(緋緞) 감듯, 상젼(床廛) 시졍(市井) 연쥴 감듯, 당도리 ᄉᆞ공(沙工) 닷쥴 감듯, 풀쳐 풀쳐 감쳐 길 남은 듕계(中階) 아ᄅᆡ 동당이쳐로 ᄭᅳ러나려, 형(刑)틀 우희 올녀 ᄆᆡ고 형방(刑房)이 다짐 ᄡᅳᆫ다.

「살등녀의신이[白等女矣身是] 본시(本是) 창녀지비(娼女之輩)여늘, 불고ᄉᆞ체(不顧事體)ᄒᆞ고 슈졀명졀(守節名節)이 하이위지곡졀(何以爲之曲節)이며, 우듕신졍지초(尤中新政之初)의 관령(官令)을 거역(拒逆)ᄒᆞᆫ더러 관졍(官庭) 발악(發惡)의 능욕관댱(凌辱官長)ᄒᆞ니, ᄉᆞ극힉연(事極駭然)이 막ᄎᆞ위심(莫此爲甚)이오, 죄당만ᄉᆡ(罪當萬死ㅣ)라. 엄형즁치(嚴刑重治)ᄒᆞ옵시ᄂᆞᆫ 다짐이니, ᄇᆡᆨᄌᆞ(白字) 아ᄅᆡ 슈촌(手寸) 두라.」

---

10 션젼(縇廛) 시졍(市井) 비단(緋緞) 감듯: 속담으로, 시장의 포목점 주인이 비단을 감듯이. 11 당도리 ᄉᆞ공(沙工) 닷쥴 감듯: 큰 나무배의 사공이 닻줄을 감듯. 즉, 빨리 감는 동작을 비유. 15 살등녀의신이[白等女矣身是]: 이두체로, '사뢰온 너의 몸은'의 뜻. 즉, 소장(所狀)을 올린 네가. 16 슈졀명졀(守節名節)이 하이위지곡졀(何以爲之曲節)이며: 수절이니 명절이니 하는 게 무슨 곡절이며. 17 우듕신졍지초(尤中新政之初)의 관령(官令)을 거역(拒

랑은 들어다가, 옹진 소금에 짜게 절여 목함 속에 넣은 후에, 다홍 보자기로 싸서 두었다가 한양까지 올려다가 사또 조상 제사를 지낼 제 제물로나 쓰옵소서!"

저 사또의 거동 보소. 맹호같이 성을 내며, 강변에서 덴 소가 뛰듯 목을 끄떡 움치면서 벽력같이 소리하여 좌우 나졸에게 엄포하되,

"조년을 바삐 내려라!"

벌 떼 같은 사령 나졸이 와락 뛰어 달려들어, 춘향의 머리채를 포목가게 주인들이 비단을 감듯, 상전과 시전에서 연줄을 감듯, 당도리 뱃사공이 닻줄을 감듯, 풀었다 풀었다 감았다 하며, 한길도 더 되는 중계 아래로 동댕이쳐서 끌어내려, 형틀 위에 올려매고 형방이 다짐을 쓴다.

「소장을 올린 네가 본래 창녀의 무리거늘, 이치를 돌아보지 않고 수절이니 명절이니 하는 것은 어찌된 곡절이며, 더구나 신관 사또의 도임 초에 관령을 거역하였을 뿐만 아니라 관아의 뜰에서 발악하며 관장을 능욕했으니, 해괴한 일이 이보다 더할 수가 없음이오, 죄는 죽어 마땅하니라. 엄한 형벌로 엄중히 다스려 주옵소서 하는 다짐이니, 백 자 아래에 수촌을 두라.」

逆)쁜더러: 게다가 새 정치를 시작하는 마당에 관령을 거역했을 뿐 아니라. 원문의 '분더러'는 '쁜더러'로 바로잡았음. 19 소극히연(事極駭然)이 막차위심(莫此爲甚): 기괴함이 이것보다 더할 수 없음. 죄당만사(罪當萬死 l)라: 지은 죄가 너무 커서 죽어 마땅함이라. 20 슈촌(手寸): 조선 시대에 사용하던 노비의 수결(手決). 왼손 가운뎃손가락의 첫째와 둘째 마디 사이의 길이를 재어 그림으로 그려놓고 도장 대신 사용하였음.

좌우(左右) 나졸(羅卒) 엄포홀 제, 츈향(春香)의 여룬 간장(肝腸)이 봄눈 스듯 다 녹는다.

"올녀 믹얏쇼."

"가즌 믹 딕령(待令)ᄒ라!"

집댱(執杖) 뇌즈(牢子) 거동(擧動) 볼죽시면, 키 굿튼 곤댱(棍杖), 길 남은 쥬댱(朱杖)이라. 형댱(刑杖), 틱댱(笞杖) 흔아름을 안아다가 좌우(左右)의 좔으륵 쏘다노코,

"가즌 믹 딕령(待令)ᄒ얏쇼."

ᄉ또(使道) 분부(吩咐)ᄒ딕,

"만일(萬一) 져년을 ᄉ졍(私情) 두는 폐(弊) 이시면 너희를 곤댱(棍杖) 모흐로 압졍강이를 퓔 거시니 각별(各別)이 믹오 치라!"

쳥녕집ᄉ(聽令執事) 압히 셔셔,

"믹오 치라!"

집댱(執杖) 뇌즈(牢子) 거동(擧動) 보쇼. 형(刑)틀 압히 뻑 나셔며 츈향(春香)을 나려다 보니, 마음이 녹는 듯 쌔가 져리고 두 팔이 무긔(無氣)ᄒ여 져 혼즈 ᄒ는 말이,

"이 거힝(擧行)은 못 ᄒ깃다. 구살틱거(毆殺汰去)홀지라도 츰아 못홀 거힝(擧行)이라."

이리 쥬져(躊躇)ᄒ는 ᄎ의, 밧비 치라 호령(號令) 쇼릭 북풍한셜(北風寒雪) 된서리라. 흔 뇌즈(牢子) 놈 달녀드러, 두 팔을 쌈닉면셔 형댱(刑杖) 골라 숀의 쥐고 형(刑)틀 압히 뻑 나셔셔,

"ᄉ또(使道) 분부(吩咐) 이러트시 엄(嚴)ᄒ신딕 져를 엇지 앗기릿가. 흔 믹의 쥭이릿다."

---

5 뇌즈(牢子): 장형(杖刑)을 집행하는 사령. 6 쥬댱(朱杖): 붉은 칠을 한 몽둥이. 형댱(刑

좌우의 나졸이 엄포할 제, 춘향의 여린 간장이 봄눈 스러지듯 다 녹는다.

"올려 매었소."

"갖은 매 대령하라!"

집장 뇌자의 거동을 볼작시면, 키 같은 곤장에 한 길이 넘는 붉은 몽둥이라. 형장, 태장을 한아름 안아다가 좌우에 좌르륵 쏟아놓고,

"갖은 매를 대령하였소."

사또가 분부하되,

"만일 저년에게 사사로운 정을 두는 폐단이 있으면 너희를 곤장 모로 앞정강이를 팰 것이니 각별히 매우 치라!"

청령 집사가 앞에 서서,

"매우 치라!"

집장 뇌자의 거동 보소. 형틀 앞에 썩 나서며 춘향을 내려다보니, 마음이 녹는 듯 뼈가 저리고 두 팔에 기운이 빠져 저 혼자 하는 말이,

"이 거행은 못 하겠다. 매 맞아 죽고 쫓겨날지라도 차마 못할 거행이라."

이리 주저하는 차에, 바삐 치라 호령하는 소리가 북풍한설의 된서리라. 한 뇌자 놈이 달려들어, 두 팔을 뽐내면서 형장 골라 손에 쥐고 형틀 앞에 썩 나서서,

"사또 분부 이렇듯이 엄하신데 저를 어찌 아끼리까. 한 매에 죽이렷다."

杖): 죄인을 심문할 때 쓰던 몽둥이. 틔당(笞杖): 볼기를 치는 데 쓰던 형구. 17 구술틔거(毆殺汰去): 매를 맞아 죽거나 벼슬에서 쫓겨남.

두 눈을 부릅ᄯᅳ고 형댱(刑杖)을 놉히 드러 검댱(禁杖) 쇼ᄅᆡ 발마초아 번ᄀᆡᆺ치 후루치니, 하우시(夏禹氏) 졔강(濟江)ᄒᆞᆯ 졔 부쥬(負舟)ᄒᆞ던 져 황뇽(黃龍)이 구뷔를 펼쳐다가 벽ᄒᆡ(碧海)를 ᄯᅳ리ᄂᆞᆫ 듯, 여름날 급(急)ᄒᆞᆫ 비의 벽녁(霹靂) 치ᄂᆞᆫ 쇼ᄅᆡ로다. ᄇᆡᆨ옥(白玉) ᄀᆞᆺᄒᆞᆫ 고은 다리 쇄골(碎骨)ᄒᆞ여 갈나지니, 홍혈(紅血)이 소ᄉᆞ나셔 좌우(左右)에 빗발치듯 ᄲᅮ리ᄂᆞᆫ지라.

춘향(春香)이 일신(一身)을 모진 광풍(狂風)의 ᄉᆞ시나무쳐로 발발 ᄯᅥᆯ며, 독(毒)을 ᄂᆡ여 ᄒᆞᄂᆞᆫ 말이,

“쥭여 쥬오, 쥭여 쥬오! 어셔 밧비 쥭여 쥬오! 얼ᄂᆞᆫ ᄂᆡᆼ큼 쥭이시면, 쥭은 혼(魂)이라도 나라가셔 한양셩듕(漢陽城中) 드러가셔 우리 도련님 ᄎᆞᄌᆞ리니, 그ᄂᆞᆫ ᄉᆞᄯᅩ(使道)의 덕ᄐᆡᆨ(德澤)이올시다. 슈졀(守節)을 죄(罪)라 ᄒᆞ면 시칼 형문(刑問)을 치옵쇼셔!”

고ᄀᆡ를 ᄉᆡᆨ지오고 눈을 감으니, 옥결빙심(玉潔氷心)과 난초긔질(蘭草氣質) 부용화ᄐᆡ(芙蓉花態) 일각(一刻)의 변(變)ᄒᆞ여 ᄎᆞᆫ ᄌᆡ 되고, 살졈이 느러지고 ᄇᆡᆨ골(白骨)이 드러나며 ᄆᆡᆨ운(脈運)이 ᄭᅳ쳐지니, 살기를 바랄쇼냐?

좌우(左右)의 관광인(觀光人)이 가슴이 타ᄂᆞᆫ 듯 모다 눈물 울먹이고, ᄃᆡ신 맛고져 ᄒᆞ 리 만하 닷토아 드러가려 ᄒᆞᆯ 졔, ᄉᆞᄯᅩ(使道)의 마음인즉 뒤가 물너 이 형상(形狀)을 보고 인물(人物)을 아조 구긔이고 혀를 ᄎᆞ며 쇽으로 ᄒᆞᄂᆞᆫ 말이,

“아모리 무지(無知)ᄒᆞᆫ 시골 놈인들 쥬뢰(周牢)로 쥭일 놈이로다. 져리 고은 계집을 그리 몹시 박아칠 심슐(心術)이 불양(不良)ᄒᆞᆫ 망난의 아들놈이 ᄯᅩ 어ᄃᆡ 이시리오? 쇽이 부젹부젹 조야 못 보깃다.

---

2 하우시(夏禹氏) 졔강(濟江)ᄒᆞᆯ 졔 부쥬(負舟)ᄒᆞ던 져 황뇽(黃龍): 『회남자(淮南子)』「정신훈(精神訓)」편에, 하나라 우임금이 남방을 순시하다가 배를 타고 강을 건널 때 황룡이 나타

두 눈을 부릅뜨고 형장을 높이 들어 검장 소리에 발맞추어 번개같이 후려치니, 하우씨가 강을 건널 제 등에 타워 준 황룡이 발굽을 펼쳤다가 푸른 바다를 때리는 듯, 여름날 급한 비에 벽력치는 소리로다. 백옥 같은 고운 다리 뼈가 부서져 갈라지니, 붉은 피가 솟아나서 좌우에 빗발치듯 뿌리는지라.

춘향이 몸을 모진 광풍에 사시나무처럼 발발 떨며, 독을 내어 하는 말이,

"죽여 주오, 죽여 주오! 어서 바삐 죽여 주오! 얼른 냉큼 죽이시면, 죽은 혼이라도 날아가서 한양성중 들어가서 우리 도련님 찾으리니, 그는 사또의 덕택이올시다. 수절을 죄라 하면 삼목 칼 씌워 형장을 치옵소서!"

고개를 숙이고 눈을 감으니, 옥같이 깨끗하고 얼음같이 차가운 마음과 난초 같은 기질에 연꽃 같은 아름다운 자태가 한 순간에 변하여 찬 재가 되고, 살점이 늘어지고 백골이 드러나며 맥박이 끊어지니, 살기를 바랄쏘냐?

좌우에서 바라보던 사람들이 가슴이 타는 듯 모두 눈물을 울먹이고, 대신 맞고자 하는 이가 많아 다투어 들어가려 할 제, 사또의 마음인즉 뒤가 물러 이 형상을 보고 인물을 아주 구기고 혀를 차며 속으로 하는 말이,

"아무리 무지한 시골 놈이라 한들 주리를 틀어 죽일 놈이로다. 저리 고운 계집을 그리 몹시 박아 치는 심술이 불량한 망나니 아들놈이 또 어디 있으리오? 속이 부쩍부쩍 조여서 못 보겠다. 인

나서 배를 등으로 밀어올렸다는 고사. 12 시칼 형문(刑問): 긴 널빤지의 한 끝에 구멍을 뚫어 중죄인의 목에 끼우고 비녀장을 지르는 삼목(三木) 칼을 씌워 형문함. 14 일각(一刻): 아주 짧은 동안. 원문의 '일긱'은 '일각'으로 바로잡았음.

인물(人物)이 조만ᄒᆞ니 마음인들 구드랴마는 고ᄃᆡ지 아득ᄒᆞ여 ᄭᆡ닷지 못ᄒᆞᄂᆞᆫ가?"

이러틋 앗기면셔 삼십(三十) ᄃᆡ 밍댱(猛杖)ᄒᆞ니, 말이 못된 경(景)이로다.

"이 ᄉᆞ람 니낭쳥(李郎廳), 고년이 그런 쥴 몰낫더니 ᄆᆡ깁기가 곳 고초로셰. 종시(終始) 풀이 아니 쥭네. 그러나 ᄂᆡ가 신졍지초(新政之初)의 살인(殺人)ᄒᆞ기ᄂᆞᆫ 엇더ᄒᆞ지?"

"글셰 그러ᄒᆞ외다."

"이 ᄉᆞ람, 무어슬 글셰 그러ᄒᆞ다 ᄒᆞ노?"

옥ᄉᆞ장이 불너 분부(吩咐)ᄒᆞᄃᆡ,

"져년을 갓다가 가도ᄃᆡ 다른 죄슈(罪囚)ᄂᆞᆫ 하나토 두지 말고, 져 하나만 쏙 가도와 착실(着實)이 엄슈(嚴囚)ᄒᆞ라!"

옥ᄉᆞ댱이 분부(吩咐) 듯고, ᄆᆡ오 착실(着實)이 뵈려 ᄒᆞ고 ᄃᆡ답(對答)ᄒᆞᄃᆡ,

"져를 칼 ᄡᅴ워셔 쇼인(小人)이 ᄒᆞᆫ가지로 나려가 쇼인(小人)의 집의 긔별(奇別)ᄒᆞ여 밥을 ᄒᆞ여다가 먹고, 안즈나 누으나 한 착고(着錮)의셔 밤낫으로 맛붓들고 상직(上直)만 ᄒᆞ오리다."

"이놈, 너ᄂᆞᆫ 웃간의셔 직희되 바로 보지도 말고 도라안ᄌᆞ셔 각별(各別)이 슈직(守直)ᄒᆞ라!"

옥ᄉᆞ댱이 분부(吩咐) 듯고, 크나ᄒᆞᆫ 젼목(全木) 칼을 츈향(春香)의 가ᄂᆞᆫ 목의 션봉ᄃᆡ댱(先鋒大將) 투고 쓰듯 허험셕 ᄡᅴ인 후(後)의, 칼머리의 인(印)을 치고 거멀못스로 슈쇄(收刷)ᄒᆞ고 옥듕(獄中)으로 나려갈 제, 연연약질(軟軟弱質) 져 츈향이 밍댱(猛杖) 삼십(三十) 마ᄌᆞ시니, 제가 어이 ᄀᆡᆼ긔(更起)ᄒᆞ리!

---

3 **밍댱**(猛杖): 형벌로 볼기를 몹시 침. 16 **착고**(着錮): 두 나무 사이에 구멍을 파고 두 발목을 넣어 자물쇠로 채우는 형구. 17 **상직**(上直): 벼슬아치가 당직이 되어 관가에서 잠을 자

물이 저만하니 마음이 굳은 것도 이해가 간다만 그다지 아득하여 깨닫지 못하는가?"

이렇듯 아끼면서 삼십 대를 무섭게 치니, 말을 할 수 없는 지경이로다.

"이 사람 이낭청, 고년이 그런 줄을 몰랐더니 맵기가 곧 고추로세. 끝내 풀이 아니 죽네. 그러나 내가 부임한 초기에 살인하기는 어떠하지?"

"글쎄 그러하외다."

"이 사람, 무엇을 글쎄 그러하다 하나?"

옥사장 불러 분부하되,

"저년을 갖다가 가두되 다른 죄수는 하나도 두지 말고, 저 하나만 똑 가두어 착실히 엄수하라!"

옥사장이 분부를 듣고, 매우 착실히 보이려고 대답하되,

"저를 칼 씌워서 소인이 한가지로 내려가 소인의 집에 기별하여 밥을 하여다가 먹고, 앉으나 누우나 한 차꼬를 밤낮으로 맞붙들고 상직만 하오리다."

"이놈, 너는 윗간에서 지키되 바로 보지도 말고 돌아앉아서 각별히 지키어라!"

옥사장이 분부 듣고, 크나큰 전목 칼을 춘향의 가는 목에 선봉대장이 투구 쓰듯이 허험썩 씌운 후에, 칼머리에 인을 치고 거멀못으로 마무리하고 옥중으로 내려갈 제, 연약한 저 춘향이 매서운 매를 삼십 대나 맞았으니, 저가 어찌 다시 일어나리!

는 일. 20 젼목(全木) 칼: 두꺼운 널판에 구멍을 뚫어 죄인의 목에 씌우게 만든 형구(刑具). 22 거멀못스로 슈쇄(收刷)ᄒᆞ고: 벌어지지 않게 거멀못을 박고. 23 연연약질(軟軟弱質): 매우 연약한 체질. 24 깅긔(更起): 다시 일어남.

겨유 구러 부지(扶持)ᄒᆞ여 관문(官門) 밧긔 나올 적의, ᄒᆞᆫ 거름의 업더지고 두 거름의 ᄡᅳ러진다. 거름마다 ᄉᆞ슬 쇼ᄅᆡ 연(軟)ᄒᆞᆫ 간장(肝腸) 다 녹는다. 칼머리ᄅᆞᆯ 숀의 들고 울며 ᄒᆞᄂᆞᆫ 말이,

"나의 죄(罪)가 무슴 죈고? 국곡투식(國穀偸食)ᄒᆞ엿던가, 엄형듕치(嚴刑重治) 무슴 일고? 살인죄인(殺人罪人) 아니여든 항쇄듁쇄(項鎖足鎖) 웬일인고? ᄋᆡ고ᄋᆡ고 설운지고, 이ᄅᆞᆯ 어이ᄒᆞ잔 말고! 죄(罪)가 잇고 이러ᄒᆞᆫ가, 죄(罪)가 업고 이러ᄒᆞᆫ가? 유유챵텬(悠悠蒼天) 증인(證人) 되여 ᄒᆞᆫ 말슴만 ᄒᆞ여 쥬오!"

이러ᄐᆞ시 울며 관문(官門) 밧긔 ᄂᆡᄃᆞᄅᆞ니, 츈향(春香)어미 거동(擧動) 보쇼. 셴머리ᄅᆞᆯ 퍼바리고 두 숀벽을 쳑쳑 치며,

"ᄋᆡ고 이거시 웬일인고? 신관ᄉᆞ또(新官使道) 나려와셔 치민션정(治民善政) 아니 ᄒᆞ고 ᄉᆡᆼ(生)ᄉᆞ람 쥭이랴 왓네. ᄉᆡᆼ금(生金) ᄀᆞᆺ튼 나의 ᄯᆞᆯ을 무슴 죄(罪)로 져리 쳣노? 무남독녀(無男獨女) 외ᄯᆞᆯ노셔 즌ᄌᆞ리 마른ᄌᆞ리 갈희여셔, 쥐면 ᄭᅥ질가 불면 날가. ᄡᅳᆫ 거ᄉᆞᆫ ᄂᆡ가 먹고 단거ᄉᆞᆫ 져ᄅᆞᆯ 먹여, 고은 의복(衣服) 조흔 음식(飮食) 듀야(晝夜) 업시 고호(顧護)ᄒᆞ여, 부즁ᄉᆡᆼ남듕ᄉᆡᆼ녀(不重生男重生女)로 길너 낼 졔, 이런 곡경(曲境) 몽듕(夢中)의나 ᄉᆡᆼ각ᄒᆞ며 의ᄉᆞ(意思)에나 먹어시랴? ᄋᆡ고 답답 설음이야! 이ᄅᆞᆯ 어이ᄒᆞ잔 말고?"

칼머리ᄅᆞᆯ 바다 들고 데굴데굴 구을면셔,

"ᄋᆡ고ᄋᆡ고 설운지고! 남을 어이 원망(怨望)ᄒᆞ리! 이거시 다 네 탓시라! 네 아모리 그리ᄒᆞᆫ들 닭의 삿기 봉(鳳)이 되며, 각관기ᄉᆡᆼ(各官

---

4 **국곡투식**(國穀偸食): 나라의 곡식을 도둑질하여 먹음. 5 **항쇄듁쇄**(項鎖足鎖): 죄인의 목에 씌우던 칼과 그 발에 채우던 차꼬를 아울러 이르는 말. 원문의 '항식'는 '항쇄'로 바로잡았음. 7 **유유챵텬**(悠悠蒼天): 한없이 멀고 푸른 하늘. 10 **셴머리ᄅᆞᆯ 퍼바리고**: 세어서 흰 머리를 풀어헤치고. 16 **고호**(顧護)**ᄒᆞ여**: 마음을 써서 돌보아. **부즁ᄉᆡᆼ남듕ᄉᆡᆼ녀**(不重生男重生

겨우 구부린 채 부축을 받아 관문 밖으로 나올 적에, 한 걸음에 엎어지고 두 걸음에 쓰러진다. 걸음마다 사슬 소리에 연한 간장이 다 녹는다. 칼머리를 손에 들고 울면서 하는 말이,

"나의 죄가 무슨 죄인고? 나라의 곡식을 도둑질하였던가, 엄한 형벌로 다스리는 것이 무슨 일인가? 살인한 죄인 아니어든 항쇄와 족쇄가 웬일인가? 애고애고 설운지고, 이를 어찌하자는 말인가! 죄가 있고 이러한가, 죄가 없고 이러한가? 유유창천 증인 되어 한 말씀만 하여 주오!"

이렇듯이 울며 관문 밖에 내다르니, 춘향어미의 거동 보소. 센머리를 풀어헤치고 두 손뼉을 척척 치며,

"애고 이것이 웬일인고? 신관사또 내려와서 백성을 잘 다스리지는 아니하고 생사람을 죽이러 왔네. 생금 같은 나의 딸을 무슨 죄로 저리 쳤나? 무남독녀 외딸로서 진자리 마른자리 가려서, 쥐면 꺼질까 불면 날아갈까. 쓴 것은 내가 먹고 단것은 저를 먹여, 고운 의복과 좋은 음식으로 주야 없이 보살펴서, 아들을 낳기보다 딸 낳기를 중히 여기며 길러 낼 제, 이런 곤경을 꿈속에나 생각하며 뜻이나 먹었으랴? 애고 답답 설움이야! 이를 어이하잔 말고?"

칼머리를 받아 들고 데굴데굴 구르면서,

"애고애고 설운지고! 남을 어이 원망하리! 이것이 다 네 탓이라! 네 아무리 그리한들 닭의 새끼가 봉황이 되며, 각관 기생

女): 아들 낳기를 귀하게 생각 않고 딸 낳는 것을 중하게 여김. 백낙천(白樂天)의 「장한가(長恨歌)」에서 차용. 17 곡경(曲境): 몹시 힘들고 어려운 처지. 21 삿기: 새끼. 각관기싱(各官妓生) 렬녀(烈女) 되랴: 관청에 소속된 기생이 어찌 열녀가 되겠는가. 타고난 대로 살아야지 애를 쓴다고 처지가 바뀔 수 없음을 비유.

妓生) 렬녀(烈女) 되랴? 〻또(使道) 분부(吩咐) 드럿더면 이런 ᄆᆡ도 아니 맛고, 작히 죠흔 ᄉᆡ판이랴! 돈 쁠 ᄃᆡ 돈을 쓰고, 빨 쁠 ᄃᆡ 빨을 쓰고, 술병, 기름, 염셕어(鹽石魚)를 늙은 어미 잘 먹이지. 이진졍쇼(利盡情疎) 숑구영신(送舊迎新) 기ᄉᆡᆼ(妓生) 되고 아니 ᄒᆞ랴? 나도 졀머셔 친구(親舊) 볼 제, 치치면 감병슈ᄉᆞ(監兵水使) 나리치면 각읍슈령(各邑守令) 무슈(無數)히 겻글 젹의, 돈 곳 만히 쥬량이면 일ᄉᆡᆼ(一生) 잇지 못홀네라. 심난(心亂)ᄒᆞ다. 슈졀(守節) 슈졀(守節), 남졀이 슈졀(守節)이냐? 훗날 만일(萬一) 또 뭇거든 잔말 말고 슈쳥(守廳) 드러 실살귀나 ᄒᆞ려무나. 너 쥭으면 나도 쥭ᄌᆞ, 바라ᄂᆞ니 너쁜일다."

벌덕벌덕 잣바지며 하늘하늘 쒸놀 젹의,

이ᄯᅢ 남원(南原) ᄉᆞ십팔(四十八) 면(面) 왈ᄌᆞ드리 츈향(春香)의 ᄆᆡ마즌 말 풍편(風便)의 어더 듯고 구름ᄀᆞ치 모힐 젹의, 누고누고 모혓던고? 한숙이, ᄐᆡ숙이, 무숙이, ᄐᆡ평이, 걸보, ᄯᅦ듕이, 도질이, 부듸치기, 군집이, 털풍헌, 쥰반이, 회근이 축 등물(等物)이 그져 뭉게뭉게 모혀드러, 겹겹이 둘너ᄲᅡ고 ᄉᆞ면(四面)으로 져희 각각 인ᄉᆞ(人事)ᄒᆞ며 위로(慰勞)홀 제, 그듕(中) ᄒᆞᆫ ᄉᆞ람이 드려다가 보고 밧비 쒸여 활터흐로 단충 올나가셔, 여러 한량(閑良) 보고 숨을 아죠 헐덕이며 늣겨 가며, 목이 메여 ᄒᆞᄂᆞᆫ 말이,

"업다, 마ᄌᆞ거든."

한량(閑良)드리 ᄒᆞᄂᆞᆫ 말이,

"네가 뉘게 마즛단 말이냐? ᄃᆡ단이나 맛지 아냐ᄂᆞ냐?"

ᄃᆡ답(對答)ᄒᆞᄃᆡ,

---

3 **이진졍쇼**(利盡情疎): 이익이 다하면 정이 멀어짐. 5 **치치면**: 위로 올려 잡으면. **감병슈ᄉᆞ**

이 열녀 되랴? 사또 분부를 들었더라면 이런 매도 아니 맞고, 작히 좋은 깨판이랴! 돈 쓸 때 돈을 쓰고, 쌀 쓸 때 쌀을 쓰고, 꿀떡, 기름, 염석어를 늙은 어미에게 잘 먹이지. 이익이 다하면 소원해지듯이 전임을 보내고 새 사또를 맞는 것은 기생이 되고서 아니할 수 있으랴? 나도 젊어서 수청 친구를 놀 제, 위로 치면 감병수사, 아래로 치면 각읍 수령들을 무수히 겪을 적에, 돈을 곧 많이 줄 양이면 일생 동안 잊지 못할레라. 심난하다. 수절 수절, 남절이 수절이냐? 훗날 만일 또 묻거든 잔말 말고 수청 들어 실속이나 차리려무나. 너 죽으면 나도 죽자, 바라나니 너뿐이다."

벌떡벌떡 자빠지며 하늘하늘 뛰놀 적에,

이때 남원 사십팔 면 왈짜들이 춘향의 매 맞은 말을 풍편에 얻어듣고 구름같이 모일 적에, 누구누구 모였던고? 한숙이, 태숙이, 무숙이, 태평이, 걸보, 떼중이, 도질이, 부딪치기, 군집이, 털풍헌, 준반이, 회근이 부류 등이 그저 뭉게뭉게 모여들어, 겹겹이 둘러싸고 사면으로 저희 각각 인사하며 위로할 제, 그중 한 사람이 들여다보고 바삐 뛰어 활터로 껑충 올라가서, 여러 한량을 보고 숨을 아주 헐떡이며 흐느껴 가며, 목이 메어 하는 말이,

"어따, 맞았거든."

한량들이 하는 말이,

"네가 뉘게 맞았단 말이냐? 대단히나 맞지 않았느냐?"

대답하되,

(監兵水使): 감사, 병사, 수사를 아울러 일컫는 말. 9 실살귀: 실속.

“ᄂᆡ가 마ᄌᆞ시면 뉘 아들놈이 긔탄(忌憚)ᄒᆞ랴? 업다, 곳 몹시 마ᄌᆞ거든.”

“업다, 졔 어미 ᄒᆞᆯ 아희 금즉이 비밀(秘密)ᄒᆞ다. 뉘가 마ᄌᆞᆺ단 말이니? 네 어미가 마ᄌᆞᄂᆞ냐, 네 할미가 마ᄌᆞᄂᆞ냐?”

“너의 년셕드른 움 쇽의 잇더냐? 마즌 쥴도 모ᄅᆞ고 누구니 누구니 ᄉᆞ람 셩화(星火)ᄒᆞ깃다.”

“글셰, 무어시 마ᄌᆞᆺ단 말이니?”

“허허, 녀편네가 마ᄌᆞᆺ단다!”

“녀편네가 마ᄌᆞ?”

한량(閑良)드리 ᄒᆞᄂᆞᆫ 말이,

“짐작이 반(半)이라니 그만ᄒᆞ면 알깃다. 신관ᄉᆞᄯᅩ(新官使道)가 츈향(春香) 불너 슈쳥(守廳) 드린다 ᄒᆞ더니, 그 아희가 엇지ᄒᆞ여 마ᄌᆞ나 보고나.”

ᄃᆡ답(對答)ᄒᆞᄃᆡ,

“영낙(零落) 아니면 쇽낙(續落)이라.”

모든 한량(閑良) ᄃᆡ경(大驚)ᄒᆞ여, 셔로 부ᄅᆞ며 벌 ᄯᅦᄀᆞᆺ치 ᄂᆞ려올 제,

“이 ᄋᆡ, 운빈아. 불상ᄒᆞ다!”

“셩빈아, 어셔 가ᄌᆞ. 우리네가 아니 가면 뉘가 가리?”

“갓 메여라.”

“옷 닙어라.”

편젼(片箭)ᄀᆞᆺ치 ᄂᆞ려와셔, 한 모흘 헤치고 우당퉁탕 달녀드러, 일변(一邊)으로 붓치질ᄒᆞ며 일변(一邊)으로 칼머리도 들며,

“업다, 이 아희들 좀 물너셔거라! ᄉᆞ람 긔(氣) 막히깃다.”

ᄒᆞᆫ 왈ᄌᆞ ᄂᆡ다ᄅᆞ며, 부치질ᄒᆞᄂᆞᆫ 왈ᄌᆞ 칙망(責望)ᄒᆞᄃᆡ,

---

21 편젼(片箭): 길이가 짧고 크기가 작은 화살. 모흘: 모퉁이를.

"내가 맞았으면 뉘 아들놈이 기탄하랴? 어따, 곧 몹시 맞았거든."

"어따, 제 애미 할 아이 끔찍이 비밀스럽다. 누가 맞았단 말이니? 네 어미가 맞았느냐, 네 할미가 맞았느냐?"

"네 녀석들은 움 속에 있었더냐? 맞은 줄도 모르고 누구니 누구니 하니 사람 성화하겠다."

"글쎄, 무엇이 맞았단 말이니?"

"허허, 여편네가 맞았단다!"

"여편네가 맞아?"

한량들이 하는 말이,

"짐작이 반이라니 그만하면 알겠다. 신관 사또가 춘향을 불러 수청 들인다 하더니, 그 아이가 어찌하여 맞았나 보구나."

대답하되,

"영락 아니면 속락이라."

모든 한량들이 크게 놀라, 서로 부르며 벌 떼같이 내려올 제,

"이 애, 운빈아. 불쌍하다!"

"성빈아, 어서 가자. 우리네가 아니 가면 뉘가 가리?"

"갓 매어라."

"옷 입어라."

편전같이 내려와서, 한 모퉁이를 헤치고 우당퉁탕 달려들어, 한편으로 부채질하며 한편으로는 칼머리도 들며,

"어따, 이 아이들 좀 물러서거라! 사람 기가 막히겠다."

한 왈짜 내달으며, 부채질하는 왈짜를 책망하되,

"이 ᄌᆞ식(子息)아, 네가 군칠의 집 더부ᄉᆞ리 ᄉᆞᆯ 졔 산젹(散炙) 굽던 붓치질노 ᄉᆞ람을 긔(氣)가 막히게 붓치ᄂᆞ냐?"

"그리면 너ᄂᆞᆫ 부치질을 엇지 ᄒᆞᄂᆞ니?"

그 왈ᄌᆞ 붓체 펴 들고, 모흐로 가마니 올나가셔 가마니 나려오며 ᄒᆞᄂᆞᆫ 말이,

"ᄌᆞ, 보쇼. 츈향(春香)의 머리털 하나히나 ᄊᆞᆺᄃᆡᆨᄒᆞᄂᆞ냐?"

ᄒᆞᆫ 왈ᄌᆞ ᄂᆡ드ᄅᆞ며 ᄒᆞᄂᆞᆫ 말이,

"이 ᄋᆡ들아, 츈향(春香)의 얼골을 보니 눈청이 써지고 냥협(兩頰)에 청긔(靑氣) 도니, 아마도 막혀나 보다. 이제로셔 돈 가지고 한다름의 구리ᄀᆡ(仇里介) 병문(屛門) 드러가셔, 복ᄎᆞ(伏車)다리 너머셔며, 남편(南便)쟉 셋ᄌᆡ ᄃᆡ암 약계(藥契) 웃 모롱이 건넌편 박쥬부(朴主簿) 약국(藥局)의 ᄉᆡ로 지은 청심환(淸心丸) 한 ᄀᆡ(個)만 나ᄂᆞᆫ ᄃᆞ시 가셔 ᄉᆞ오ᄂᆞ라. 동변강즙(童便薑汁)에 타 먹여 보ᄌᆞ."

ᄒᆞᆫ 왈ᄌᆞ ᄂᆡ드ᄅᆞ며,

"업다, 이런 ᄌᆞ식(子息)들 쇼견(所見) 보아라. 언졔 구리ᄀᆡ(仇里介)를 가셔 ᄉᆞ오기ᄂᆞ니? ᄂᆡ가 괴이(怪異)ᄒᆞᆫ 말일다마ᄂᆞᆫ, 청심환(淸心丸) ᄀᆡ(個)나 이시니 먼져 쓰ᄌᆞ."

ᄒᆞᆫ 왈ᄌᆞ ᄒᆞᄂᆞᆫ 말이,

"네게 쥬져넘은 청심환(淸心丸)이 어ᄃᆡ셔 낫ᄂᆞ니?"

그 왈ᄌᆞ ᄃᆡ답(對答)ᄒᆞᄃᆡ,

"졔 것 업ᄂᆞᆫ ᄌᆞ식(子息)드리 ᄌᆡ촉이야?"

ᄒᆞ고, 쥬머니를 글너 청심환(淸心丸) ᄒᆞᆫ ᄀᆡ(個)를 ᄂᆡ여노코 ᄒᆞᄂᆞᆫ 말이,

---

1 **군칠의 집**: 개고기를 안주로 술을 파는 군치리집. **산젹(散炙) 굽던 붓치질**: 속담으로, 얇은 산적을 구울 때 부채질하듯이, 급히 움직이는 모양을 비유. 8 **냥협(兩頰)에 청긔(靑氣) 도니**: 두 뺨에 푸른 기운이 보이니. 즉, 심한 병이 든 것 같은 모습. 10 **구리ᄀᆡ(仇里介)**: 서울

"이 자식아, 네가 군치리집에서 더부살이할 제, 산적 굽던 부채질로 사람을 기가 막히게 부치느냐?"

"그러면 너는 부채질을 어찌 하나니?"

그 왈짜 부채를 펴 들고, 귀퉁이로 가만히 올라갔다 가만히 내려오며 하는 말이,

"자, 보소. 춘향의 머리털 하나나 까딱하느냐?"

한 왈짜가 내달으며 하는 말이,

"이 애들아, 춘향의 얼굴을 보니 눈청이 꺼지고 두 뺨에 푸른 기운이 도니, 아마도 막혔나 보다. 이제로써 돈을 가지고 한달음에 구리개 병문으로 들어가서, 복차다리 넘어서며, 남편 쪽 셋째 다음에 약방 윗 모퉁이 건너편 박주부 약국에서 새로 지은 청심환 한 개만 나는 듯이 가서 사오너라. 동변강즙에 타 먹여 보자."

한 왈짜 내달으며,

"어따, 이런 자식들 소견 보아라. 언제 구리개까지 가서 사오겠느냐? 괴이한 말이다마는, 내가 청심환 개나 있으니 먼저 쓰자."

한 왈짜가 하는 말이,

"네게 주제넘은 청심환이 어디서 났느냐?"

그 왈짜가 대답하되,

"제 것 없는 자식들이 재촉이야?"

하고, 주머니를 끌러 청심환 한 개를 내어놓고 하는 말이,

중구 을지로 자리에 있던 나즈막한 고개. 복츠(伏車)다리: 큰 길을 가로질러 흐르는 작은 개천 위에 놓은 다리. 11 약계(藥契): 한약을 파는 약방. 13 동변강즙(童便薑汁): 두통, 종창 등의 약재로 쓰던 어린 사내아이의 오줌과 생강즙.

"나의 청심환(淸心丸) 엇던 이야기를 ᄒᆞᆯ 거시니 드러 보아라. 간밤의 어루신ᄂᆡ가 급작시레 젼근곽난(轉筋癨亂)에 막혀 만분위듕(萬分危重)ᄒᆞ시기의, ᄂᆡ가 몽촌의 들면 이부치의 단니기 거북ᄒᆞᆫ지라. 아직까지는 ᄉᆞᄅᆞ시게 ᄒᆞᄌᆞ는 본졍(本情)이기의, 아닌 밤듕에 약국(藥局)의 가셔 ᄂᆡ ᄉᆞᆷ씨로 엇지 호통을 ᄒᆞ엿던지. 약계(藥契) 봉ᄉᆞ(奉事)가 혼(魂)이 써서 겁(怯)결의 청심환(淸心丸) 두 ᄀᆡ(箇)를 쥬거늘, 검칙칙ᄒᆞᆫ 마음의 슬며시 얼는 바다 가지고 오며 ᄉᆡᆼ각ᄒᆞ니, 어루신ᄂᆡ에셔 더ᄒᆞᆫ ᄂᆡ를 갑세치 외에야 더 먹이는 거슨 의(義)가 아니기로 ᄒᆞᆫ ᄀᆡ(個)를 몽틔ᄒᆞ여 두엇던 거시니, 요런 ᄯᅴ에는 고뷔의 인숨(人蔘)이오, 계란(鷄卵)의 유골(有骨)이오, 마ᄃᆡ의 옹이오, 기침의 ᄌᆡ칙이오, 하픠음의 달각질이오, 업친 ᄃᆡ 뒤치고 ᄌᆡ친 ᄃᆡ 덥치는 혬이로다."

"이 ᄌᆞ식(子息)들, 잡말 말고 어셔어셔 갈아라!"

"업다, 입으로 말ᄒᆞ고 숀으로 가는고나."

"ᄌᆞ, 보아라. 오고 가는 슈밧긔 더 급(急)히 엇지 가ᄂᆞ니?"

ᄒᆞᆫ창 이리 가라 가지고,

"ᄌᆞ, 츈향(春香)아. 정신(精神) 출혀 마셔라!"

ᄒᆞ고 입의 다히니, 발닥발닥 쏘로록 잘 맛셧다.

"누고 입가싀음ᄒᆞᆯ 것 가졋ᄂᆞ냐?"

ᄒᆞᆫ 왈ᄌᆞ ᄂᆡ다ᄅᆞ며,

"오냐, 민강ᄉᆞ탕(閩薑砂糖), 귤병(橘餠) 예 잇다. 이번 북경(北京) 짐의 ᄉᆡ로 나온 것 품(品)이 죠터라."

다른 왈ᄌᆞ ᄒᆞ는 말이,

---

1 청심환(淸心丸) 엇던 이야기: 청심환 얻은 이야기. 원문의 '이아기'는 '이야기'로 바로잡았음. 2 젼근곽난(轉筋癨亂): 배의 근육이 뒤틀리며 구토하거나 설사가 나는 급성 위장병. 원문의 '경능'은 '젼근'으로 바로잡았음. 만분위듕(萬分危重): 병세가 아주 깊고 위태로움. 3 이부치의: 이러한 판에. 5 ᄉᆞᆷ씨: 원문의 '숀씨'는 'ᄉᆞᆷ씨'로 바로잡았음. 7 검칙칙ᄒᆞᆫ 마음:

"내가 청심환 얻은 이야기를 할 것이니 들어 보아라. 간밤에 어르신네가 갑작스레 전근곽란에 막혀 매우 위중하시기에, 내가 몽촌에 가면 이러한 판에 다니기가 거북한지라. 아직까지는 사시게 하자는 마음이기에, 아닌 밤중에 약국에 가서 내 솜씨로 어찌 호통을 하였던지, 약국 봉사가 혼이 떠서 겁결에 청심환 두 개를 주거늘, 검고 칙칙한 마음에 슬며시 얼른 받아 가지고 오며 생각하니, 아버지나 윗어른들보다 더 귀한 사람인들 값어치 외에 더 먹이는 것은 의가 아니기로, 한 개를 몽태하여 두었던 것이니, 요런 때에는 고비에 인삼이요, 계란에 유골이요, 마디에 옹이요, 기침에 재채기요, 하품에 딸꾹질이요, 엎친 데 뒤치고 재친 데 덮치는 셈이로다."

"이 자식들, 잡말 말고 어서어서 갈아라!"

"어따, 입으로 말하고 손으로 가는구나."

"자, 보아라. 오고가는 수박에 더 급히 어찌 가느냐?"

한창 이리 갈아 가지고,

"자, 춘향아. 정신 차려 마셔라!"

하고 입에 대니, 발딱발딱 쪼르륵 잘 마셨다.

"누구 입가심할 것 가졌느냐?"

한 왈짜가 내달으며,

"오냐, 민강사탕, 귤병 여기 있다. 이번 북경 짐에 새로 나온 것 품이 좋더라."

다른 왈짜가 하는 말이,

거짓스럽고 욕심이 많은 마음. 어루신닉에셔 더ᄒᆞᆫ 닌를: 아버지 또는 나이가 많은 어른보다 더 귀한 분이라도. 8 갑셰치: 값어치. 9 몽틱ᄒᆞ여: 은근슬쩍 훔쳐 가지고. 고뷔의 인숨(人蔘): 속담으로, 어려운 일이 계속됨을 비유적으로 이르는 말. 20 민강ᄉᆞ탕(閩薑砂糖): 생강을 설탕물에 조려서 만든 과자. 21 품(品): 물건의 품질.

"아셔라, 뷘쇽의 단것 먹으면 회(蛔) 셩(盛)ᄒᆞᆫ나."

ᄒᆞᆫ 왈ᄌᆞ,

"이것 먹여라!"

"그거시 무어시니?"

"젼복(全鰒)일다."

"아셔라, 이 아희가 숑곳니를 방셕(方席)니가 되도록 가라셔니, 쎌희가 다 쇼ᄉᆞ는듸 그거슬 씹기ᄂᆞ냐?"

ᄒᆞᆫ 왈ᄌᆡ,

"이것 먹여라!"

"그거슨 무어시니?"

"홍합(紅蛤)일다."

"아셔라, 홍합(紅蛤)은 졔겨도 잇다."

ᄒᆞᆫ 왈ᄌᆡ,

"이것 먹여라!"

"이거슨 무어시니?"

"셕뉴(石榴)로다."

"아셔라, 셕뉴(石榴)낭은 쥬지 마라. 쉰 거ᄉᆞ로 병(病)이 낫다."

ᄒᆞᆫ 왈ᄌᆡ,

"이것 먹여라!"

"그거슨 무어시니?"

그 왈ᄌᆡ ᄉᆞᄆᆡ 쇽을 드려다보며,

"이런 졔 어미를 ᄒᆞᆯ 것, 어듸로 갓노?"

ᄒᆞ고, 셩화(星火)ᄀᆞᆺ치 발광(發狂)ᄒᆞ여 찻거늘,

---

6 방셕(方席)니: 송곳니 옆에 있는 첫 번째 어금니. 7 쎌희: 뿌리. 16 셕뉴(石榴): 한방에서

"아서라, 빈속에 단것 먹으면 회가 성할라."

한 왈짜가,

"이것 먹여라!"

"그것이 무엇이니?"

"전복이다."

"아서라, 이 아이가 송곳니를 방석니가 되도록 갈았으니, 뿌리가 다 솟았는데 그것을 씹겠느냐?"

한 왈짜가,

"이것 먹여라!"

"그것은 무엇이니?"

"홍합이다."

"아서라, 홍합은 제게도 있다."

한 왈짜가,

"이것 먹여라!"

"이것은 무엇이니?"

"석류로다."

"아서라, 석류일랑은 주지 마라. 신 것으로 병이 났다."

한 왈짜가,

"이것 먹여라!"

"그것은 무엇이니?"

그 왈짜가 소매 속을 들여다보며,

"이런 제 어미를 할 것, 어디로 갔나?"

하고, 성화같이 발광하여 찾거늘,

설사와 복통을 치료하는 데 사용하는 석류나무 열매. 원문의 '셔유'는 '셔뉴'로 바로잡았음.

"그거시 무어시니?"

"어졔 젼녁의 이 넘어 도당(都堂)굿 보라 갓다가 도리쪅 ᄒᆞᆫ 죠각 어더 너흔 거슬, 엇지들 알고 ᄂᆡ여 먹엇ᄂᆞ니. 먹을 ᄃᆡ드른 귀신(鬼神)일다."

ᄒᆞᆫ 왈ᄌᆡ 윈 ᄉᆞ미의 물이 쑥쑥 듯고, 김이 무룽무룽 나ᄂᆞᆫ 거슬 츅쳐지오고 드러오며,

"ᄌᆞ, 에여라. 치여라!"

ᄒᆞ거ᄂᆞᆯ,

"그거슨 무어시니?"

"졔 어미를 ᄒᆞᆯ ᄌᆞ식(子息)들, 쎡ᄒᆞ면 왈학들 달녀드ᄂᆞᆫ 쏠 보기 슬터라."

ᄒᆞᆫ 왈ᄌᆡ 억지로 집고 드리미러 보더니, 앙텬ᄃᆡ쇼(仰天大笑)ᄒᆞᄂᆞᆫ 말이,

"이런 치쓸고 발길 망신(亡身)ᄒᆞᆯ ᄌᆞ식(子息) 보왓ᄂᆞ냐? 뒤 집 마구(馬廐)의 가셔 말구종(馬驅從) 업슬 ᄯᅢ에, 말ᄶᅩᆼ 살문 거슬 도젹(盜賊)ᄒᆞ여 오ᄂᆞᆫ고나."

그 왈ᄌᆡ 셩을 ᄂᆡ여 ᄒᆞᄂᆞᆫ 말이,

"너희들 눈을 ᄒᆞᆫᄃᆡ 뭇거셔 ᄡᅩ아 드려다보려무나. 말ᄶᅩᆼ인 놈의 할미를 ᄒᆞ깃다. 십상 메쥬ᄶᅩᆼ이란다. 네 어미를 붓틀 ᄌᆞ식(子息)들, 아지 못ᄒᆞ고 아ᄂᆞᆫ 쳬가 웬일이니?"

이러ᄐᆞ시 닷토면셔, 여러 한량(閑良) 왈ᄌᆞ드리 칼머리를 바다 들고, 구름ᄀᆞᆺ치 옹위(擁衛)ᄒᆞ여 옥듕(獄中)으로 나려갈 제, 칼 멘 왈ᄌᆞ 션쇼ᄅᆡ ᄒᆞᆫ다.

---

2 **도리쪅**: 초례상(醮禮床)에 놓는 큼직하고 둥글넓적한 흰떡. 14 **치쓸고**: 행실이나 성질 따위가 나쁜. 원문의 '츳들고'는 '치쓸고'로 바로잡았음. 15 **말구종**(馬驅從): 말을 타고 갈 때

"그것이 무엇이니?"

"어제 저녁에 이 넘어 도당굿 보러 갔다가 도래떡 한 조각 얻어 넣은 것을, 어찌들 알고 내어 먹었느냐. 먹을 때는 귀신이다."

한 왈짜가 온 소매에 물이 뚝뚝 듣고, 김이 무럭무럭 나는 것을 축 처지게 들고 들어오며,

"자, 에여라. 치워라!"

하거늘,

"그것은 무엇이니?"

"제 어미를 할 자식들, 쩍하면 와락 달려드는 꼴 보기 싫더라."

한 왈짜가 억지로 집고 들이밀어 보더니, 하늘을 쳐다보고 크게 웃으며 하는 말이,

"이런 치뜰고 발길 망신할 자식 보았느냐? 뉘 집 다구에 가서 말구종 없을 때에, 말콩 삶은 것을 도적하여 오는구나."

그 왈짜가 성을 내어 하는 말이,

"너희들 눈을 한데 묶어서 쏘아 들여다보려무나. 말콩인 놈의 할미를 하겠다. 십상 메주콩이란다. 네 어미를 붙을 자식들, 알지 못하고 아는 체가 웬일이니?"

이렇듯이 다투면서, 여러 한량 왈짜들이 칼머리를 받아 들고, 구름같이 옹위하여 옥중으로 내려갈 때, 칼 멘 왈짜가 선소리를 한다.

고삐를 잡고 앞에서 끌거나 뒤에서 따르는 하인. 말콩: 말이 먹이로 사용하는 콩. 19 붙틀: 성관계를 할. 23 션쇼리: 대여섯 사람이 둘러서서 서로 주고받는 속요(俗謠).

"얼널네화, 남문(南門) 열고 파루(罷漏) 쳣다. 계명셩(鷄鳴聲)이 도라오네. 션후쵹(先後燭)이 써져 가니 발등거리 불 밝혀라. 얼널네화 얼널네화. 요령(鐃鈴)은 징징 셔쇼문(西小門)이오, 만장(輓章)은 표표(飄飄) 모화관(慕華館)을, 치마바회 도라갈 제 담제(禫祭)군이 발 브릇고 힝자곡비(行者哭婢) 목이 멘다. 얼널네화 얼널네화."

혼 왈즈 닉다르며 쌈닥귀를 싹 붓치거늘,

"엣구! 이거시 웬일이니?"

"엣구라니? 요 방정의 아들놈아, 산 〻람 메고 가며 샹두군의 쇼릭는 웬일이니?"

"오냐, 닉가 무심(無心)이 잘못슨 ᄒᆞ엿다마는, 죠인광좌듕(稠人廣坐中)의 무안쎠이 샘은 졔 어미를 붓기에 그딕지 치ᄂᆞ냐? 이것도 가셰(嫁稅)로 메여 먹ᄂᆞ냐?"

"너희들이나 잘 메여 먹고 살아라."

"도모지 말을 아니 ᄒᆞ랴 ᄒᆞ기의 만졍, 이거슬 메고 가랴는 닉가 열업슨 바삭의 아들이지 그 말 ᄒᆞ여 무엇ᄒᆞ리?"

ᄒᆞ면셔, 왈학 닉여 더지니, 뒤히 ᄯᆞ로던 왈지 혼(魂)이 써셔 ᄒᆞ는 말이,

"이 ᄋᆡ, 져 목 보아라. 이거시 쌈 닉고 열(熱) 오ᄅᆞ는 즛시랴? 쥬리(周牢) 홀 ᄌᆞ식(子息)이라니."

그 왈ᄌᆞ ᄒᆞ는 말이,

---

1 파루(罷漏): 조선 시대에 서울에서 통행금지를 해제하기 위해 종각의 종을 서른세 번 치던 일. 2 발등거리: 임시로 쓰기 위해 대충 엮어 만든 초롱. 3 요령(鐃鈴)은 징징: 상여가 나갈 때 흔드는 작은 종소리는 쟁쟁하고. 만장(輓章)은 표표(飄飄): 죽은 이를 슬퍼하여 지은 글을 쓴 기는 공중에 높이 떠 있고. 4 모화관(慕華館): 지금의 서울 독립문 부근에 있던, 중국 사신을 영접하던 관. 담졔(禫祭): 대상(大祥)을 치른 다음다음 달 하순의 정일(丁

"얼널네화, 남문 열고 파루 쳤다. 계명성이 돌아오네. 선후 촛불이 꺼져 가니 발등거리에 불을 밝혀라. 얼널네화 얼널네화. 요령은 쟁쟁 서소문이요, 만장은 표표 모화관을, 치마바위 돌아갈 제 담제꾼은 발이 부르트고 상제를 모시는 행자와 곡을 하며 따르는 종들은 목이 멘다. 얼널네화 얼널네화."

한 왈짜가 내달으며 빰따귀를 딱 부치거늘,

"에쿠! 이것이 웬일이니?"

"에쿠라니? 요 방정의 아들놈아, 산 사람을 메고 가며 상두꾼의 소리는 웬일이니?"

"오냐, 내가 무심히 잘못은 하였다마는, 여러 사람이 모인 자리에서 무안하게도 빰은 제 어미를 붙게 그다지 치느냐? 이것도 세금을 떠넘기듯 메어 먹느냐?"

"너희들이나 잘 메어 먹고 살아라."

"도무지 말을 아니 하려 하기에 망정이지, 이것을 메고 가려는 내가 속없는 못난 놈이지. 그 말 하여 무엇하리?"

하면서, 와락 내어던지니, 뒤에 따르던 왈짜가 혼이 떠서 하는 말이,

"이 애, 저 목을 보아라. 이것이 땀 내고 열 오르는 짓이랴? 주리를 틀 자식 같으니."

그 왈짜가 하는 말이,

日)이나 해일(亥日)에 지내는 제사. 5 힝자곡비(行者哭婢): 행상 때 상제를 도시고 가던 남자 종과 울며 따라가던 여자 종. 10 죠인광좌듕(稠人廣坐中): 여러 사람이 빽빽하게 모여 앉아 있는 자리에서. 12 가셰(嫁稅): 매몰된 논밭의 세금을 다른 논밭에 대신 물리던 일. 15 바삭: 팔삭동(八朔童). 18 쌈 닉고 열(熱) 오ᄅᆞᆫ 즛: 속담으로, 열을 내리려고 땀 낸 것이 오히려 열을 오르게 하는 것을 뜻함. 즉, 애를 썼으나 역효과를 가져옴에 대한 비유.

"너희ᄂᆞᆫ 뒤히셔 부촉ᄒᆞ여 오ᄂᆞᆫ 쳬ᄒᆞ고, 등의 손도 너허 보며 졋가슴도 만져 보고, 샘도 엇지 다혀 만져 보고 숀도 ᄯᅩᄒᆞᆫ 틈틈이 쥐여 보고, 온갓 맛잇ᄂᆞᆫ 간간ᄒᆞᆫ ᄌᆞ미(滋味)와 은근(慇懃)ᄒᆞᆫ 농탕(弄蕩) 다 치고, 우리ᄂᆞᆫ 두 돈 오 푼 밧고 모군(募軍) 셔ᄂᆞᆫ 놈의 아들놈쳐로 가면, 조흔 쥴만 알고 간단 말이냐? 다른 ᄉᆞ람은 아희를 살오고 ᄐᆡ(胎)를 기른 쥴 아ᄂᆞᆫ고나."

이럿ᄐᆞ시 작난(作亂)ᄒᆞ고, 그렁저렁 옥(獄)의 나려가 엄슈(嚴囚)ᄒᆞ니, 모든 왈ᄌᆡ 버러안ᄌᆞ 위로(慰勞)ᄒᆞ며 쇼일(消日)ᄒᆞᆯ 제, ᄒᆞᆫ 왈ᄌᆞ 노래 부ᄅᆞᄃᆡ,

「공산작야우(空山昨夜雨)에 도ᄉᆞ(道士) 만나 바독 두고, 초당금야월(草堂今夜月)에 청련(青蓮) 만나 쥬일두시빅편(酒一斗詩百篇)이로고나. 명일(明日)은 두릉호(杜陵豪), 한단챵(邯鄲娼) 만나 ᄃᆡ못고지 ᄒᆞᆯ가.」

「ᄉᆞ마쳔(司馬遷)의 명만고문댱(鳴萬古文章), 왕일소(王逸少)의 초천인필법(超千人筆法), 뉴령(劉伶)의 기쥬(嗜酒)와 두목지(杜牧之) 호ᄉᆡᆨ(好色)은 일신겸비(一身兼備)ᄒᆞ여 빅년죵ᄉᆞ(百年從事)ᄒᆞ려니와, 아마도 쌍젼(雙全)키 어려울숀 ᄃᆡ슌(大舜) 증ᄌᆞ(曾子)의 효(孝)와 룡봉(龍逢) 비간(比干)의 튱(忠)인가.」

---

4 **모군(募軍) 셔ᄂᆞᆫ 놈의 아들놈**: 속담으로, 돈을 번다고 좋아하지만 어려운 일이 남아 있다는 뜻. '모군'은 공사장에서 삯을 받고 일하는 이를 말함. 5 **아희를 살오고 ᄐᆡ(胎)를 기른**: 속담으로, 아이를 불사르고 태만 길렀다는 뜻으로, 일을 거꾸로 하는 어리석음을 비유. 11 **초당금야월(草堂今夜月)에 청련(青蓮) 만나**: 초당의 달 밝은 오늘 밤에 이태백을 만나. 청련(青蓮)은 이태백의 호(號). 원문의 '창년'은 '청련'으로 바로잡았음. 12 **쥬일두시빅편(酒一斗詩百篇)**: 술 한 말에 시 백 편을 지음. 13 **두릉호(杜陵豪)**: '두릉의 호걸(豪傑)'이란 의미

"너희는 뒤에서 부축하여 오는 체하고, 등에 손도 넣어 보며 젖가슴도 만져 보고, 뺨도 어찌 닿아 만져 보고, 손도 또한 틈틈이 쥐어 보고, 온갖 맛있는 간간한 재미와 은근한 농탕은 다 치고, 우리는 두 돈 오 푼 받고 모군 서는 놈의 아들놈처럼 가면, 좋은 줄만 알고 간단 말이냐? 다른 사람은 아이를 사르고 태를 기른 줄 아는구나."

이렇듯이 장난을 하고, 그렁저렁 옥에 내려가 엄한 죄수로 가두니, 모든 왈짜 벌여 앉아 위로하며 소일할 제, 한 왈짜가 노래 부르되,

「어젯밤에는 비 내리는 산에서 도사를 만나 바둑 두고, 오늘 밤은 달이 밝은데 이태백을 만나 술 한 말에 시 백 편을 짓는구나. 내일은 두릉의 호걸인 두보와 한단의 창기를 만나 큰 잔치를 할까.」

「사마천의 뛰어난 문장, 왕희지의 뛰어난 필법, 유령의 술 즐기는 것과 두목지의 호색을 한 몸에 겸비하여 백 년토록 따르려니와, 아마도 함께 갖추기 어려운 것은 순임금과 증자의 효도와 용봉과 비간의 충성인가.」

로, 두보(杜甫)를 지칭. 듸못고지: 큰 잔치. 15 ᄉᆞ마쳔(司馬遷)의 명만고문댱(鳴萬古文章): 사마천의 만고에 이름을 떨치는 문장. 왕일소(王逸少)의 초천인필법(超千人筆法): 왕희지의 뭇사람보다 뛰어난 필법. 16 뉴령(劉伶): 진(晉)나라 때의 시인으로, 「주덕송(酒德頌)」을 지었음. 기쥬(嗜酒): 술 마시기를 즐김. 19 룡봉(龍逢) 비간(比干)의 튱(忠): 하(夏)나라 걸왕의 충신 용봉과 상(商)나라 주왕의 충신 비간의 충성심. 원문의 '룡방'은 '룡봉'으로 바로잡았음.

「푸른 산듕(山中) 빅발옹(白髮翁)이 고유 독좌향남봉(獨坐向南峰)을. 바람 브러 숑싱슬(松生瑟)이오, 안기 즈져 학졍홍(壑成虹)이라. 주각제금(住刻啼禽)은 쳔고한(千古恨)이오, 뎍다뎡됴(積多鼎鳥)는 일년풍(一年豊)이라. 수구셔산젹막(首邱西山寂寞)다드니 락무궁(樂無窮)을.」

여러 왈즈드리 듸여가며 가ᄉ(歌辭) ᄒ나식 ᄒ는고나. 무숨 가ᄉ(歌辭)들 ᄒ는고 하회(下回)룰 볼지어다.

셰직(歲在) 갑즈(甲子) 칠월(七月) 상슌(上旬) 누동(樓洞) 필셔(畢書).

---

3 주각제금(住刻啼禽): '주걱주걱 우는 새'라는 의미로 주걱새, 즉 두견새를 의성(擬聲)적으로 이르는 말. 원문의 '쥭억'은 '주각'으로 바로잡았음. 뎍다뎡됴(積多鼎鳥)는 일년풍(一年

「푸른 산중의 백발 노인이 고요히 홀로 남쪽 봉우리를 향해 앉아 있네. 바람이 불어서 소나무를 스치니 거문고 소리요, 안개가 자욱해지니 골짜기에 무지개 뜨네. 두견새 울음소리에 천고의 한이 어리고, 솟 적다 새가 우니 풍년이 들겠구나. 서산이 적막하다지만 즐거움이 무궁하여 한이 없네.」

여러 왈짜들이 돌아가며 가사를 하나씩 하는구나. 무슨 가사를 하는지 다음 회를 볼지어다.

갑자년 칠월 상순에 누동에서 쓰기를 마침.

豊): 소쩍새는 한 해의 풍년을 알림. 4 수구셔산젹막(首邱西山寂寞)다드니 락무궁(樂無窮): 서산이 적막하다지만 즐거움이 무궁함.

권지사

화셜(話說), 이ᄯᅢ 모든 왈ᄌᆞ드리 가ᄉᆞ(歌辭) 하나식 ᄒᆞᄌᆞ ᄒᆞ고, 한 왈지 「츈면곡(春眠曲)」 ᄒᆞᆫ다.

「츈면(春眠)을 느지 ᄭᅵ여 쥭창(竹窓)을 반기(半開)ᄒᆞ니, 졍화(庭花)는 작작(灼灼)ᄒᆞ여 가는 나뷔 머무는 듯, 안류(岸柳)ᄂᆞᆫ 의의(依依)ᄒᆞ여 셰연(細烟)을 ᄯᅴ여셰라. 창젼(窓前)의 덜 괸 슐을 박잔(盞)의 가득 부어 이삼빅(二三杯) 먹은 후(後)의, 호탕(豪宕)코 밋친 흥(興)을 부졀업시 ᄌᆞ아닉여, 빅마금편(白馬金鞭)으로 야류원(冶遊園) ᄎᆞᄌᆞ가니, 화향(花香)은 습의(濕衣)ᄒᆞ고 월ᄉᆡᆨ(月色)은 만졍(滿庭)ᄒᆞᆫᄃᆡ, 광ᄀᆡᆨ(狂客)인 듯 취ᄀᆡᆨ(醉客)인 듯 흥(興)을 겨워 머무ᄂᆞᆫ 듯 ᄇᆡ회고면(徘徊顧眄)ᄒᆞ여 유졍(有情)이 셧노라니, 취와듀란(翠瓦朱欄) 놉흔 집에 녹의홍상(綠衣紅裳) 일미인(一美人)이, 샤창(紗窓)을 반기(半開)ᄒᆞ고 옥안(玉顔)을 잠간(暫間) 드러 웃ᄂᆞᆫ 듯 반기ᄂᆞᆫ 듯, 교틱(嬌態)ᄒᆞ여 마ᄌᆞ드려 츄파(秋波)를 암쥬(暗注)ᄒᆞ고, 녹기금(綠綺琴) 빗기 안아 청가일곡(淸歌一曲)으로 츈의(春意)를 ᄌᆞ아닉니, 운우냥ᄃᆡ상(雲雨陽臺上)에 초몽(楚夢)이 다졍(多情)ᄒᆞ다.」

---

2 「츈면곡(春眠曲)」: 춘흥을 읊은 십이가사의 한 편. 4 졍화(庭花): 정원에 핀 꽃. 5 작작(灼灼)ᄒᆞ여: 화려하고 찬란하여. 안류(岸柳): 강둑에 있는 버드나무. 의의(依依)ᄒᆞ여: 무성하여 싱싱하게 푸르러. 6 셰연(細烟): 가느다란 안개. 덜 괸 슐: 덜 익은 술. 8 부졀업시: 부질없이. 빅마금편(白馬金鞭): 좋은 말과 금 채찍, 즉 좋은 복장을 이르는 말. 원문의 '빅마'는 '빅마'로 바로잡았음. 야류원(冶遊園): 기생이 있는 술집. 9 습의(濕衣)ᄒᆞ고: 옷에 스며 젖어 들고. 11 ᄇᆡ회고면(徘徊顧眄): 이리저리 돌아다니면서 두리번거리며 살핌. 유졍(有情)

화설, 이때 모든 왈짜들이 가사 하나씩 하자 하고, 한 왈짜가 「춘면곡」을 한다.

「봄잠을 늦게 깨어 죽창을 반쯤 여니, 뜰의 꽃은 화려하고 찬란하여 가는 나비 머무는 듯, 강둑의 버들은 무성하여 가는 안개를 띠었구나. 창 앞에서 덜 익은 술을 박잔에 가득 부어 두세 잔 먹은 후에, 호탕하게 미친 흥을 부질없이 자아내어, 백마금편으로 야유원을 찾아가니, 꽃향기는 옷에 스미고 달빛은 뜰에 가득한데, 광객인 듯 취객인 듯 흥에 겨워 머무는 듯 주변을 살펴보며 정답게 섰노라니, 푸른 기와 붉은 난간 높은 집에 녹색 저고리 붉은 치마를 입은 한 미인이, 비단 창을 반쯤 열고 고운 얼굴을 잠깐 들어 웃는 듯 반기는 듯, 교태 부리며 맞아들여 눈빛을 보내고, 녹기금을 비껴 안고 맑은 노래 한 곡조로 춘정을 자아내니, 초나라 회왕과 무산선녀가 사랑을 나눈 양대 위의 꿈이 다정하다.」

이: 정답게. 취와듀란(翠瓦朱欄): 푸른 기와와 붉은 난간이 있는 화려한 집. 여기서는 고급 술집을 뜻함. 14 츄파(秋波)롤 암쥬(暗注)ᄒᆞ고: 사랑의 눈빛을 은근히 보내고. 녹기금(綠綺琴): 현악기의 하나로, 한(漢)나라 때 유명한 문인 사마상여(司馬相如)가 탁문군(卓文君)의 마음을 얻기 위해 연주하였던 거문고를 가리킴. 원문의 '녹의금'은 '녹기금'으로 바로잡았음. 16 운우냥듸상(雲雨陽臺上)에 초몽(楚夢): 초(楚)나라 회왕(懷王)이 양대(陽臺) 위에서 선녀들과 육체적인 사랑의 즐거움을 나누었다는 꿈.

또 혼 왈지 「쳐ᄉᆞ가(處士歌)」 혼다.

「평싱(平生) 아ᄌᆡ(我才) 쓸ᄃᆡ업셔 셰상공명(世上功名) 하직(下直)ᄒᆞ고, 냥한슈명(養閑受命)ᄒᆞ여 운림쳐ᄉᆞ(雲林處士) 되오리라. 구승갈포(九升葛布) 몸의 걸고 삼절쥭댱(三節竹杖) 숀의 쥐고 낙죠강노(落照江路) 경(景) 조흔ᄃᆡ 망혜완보(芒鞋緩步) 나려가니, 젹젹송관(寂寂松館) 다든 곳의 요요힝원(寥寥杏園) ᄀᆡ 즛는다. 경ᄀᆡ(景槪) 무궁(無窮) 조흘시고, 산림초목(山林草木) 프르렷다. 층암병풍(層巖屛風) 둘엇는ᄃᆡ 빅운심쳐(白雲深處) 되엿셰라. 강촌어부(江村漁父) 갓치 되여 쥭간ᄉᆞ립(竹竿簑笠) 두러메고 십니ᄉᆞ장(十里沙場) 나려가니, 빅구비거(白鷗飛去)쎈이로다. 일위풍범(一葦風帆) 놉히 다라 만경창파(萬頃蒼波) 흘니 져허 슈쳑(數尺) 은어(銀魚) 낙가ᄂᆡ니 송강(松江) 노어(鱸魚) 비길손냐? 일낙청강(日落淸江) 져문 날에 쥬막촌변(酒幕村邊) 도라드니, 남북어촌(南北漁村) 두셰 집이 십니모연(十里暮煙)에 잠겨세라.」

또 혼 왈지 「어부ᄉᆞ(漁父詞)」 혼다.

「셜빈어옹(雪鬢漁翁)이 쥬표간(住浦間)ᄒᆞ니 ᄌᆞ언거슈승거산(自言居水勝居山)을. ᄇᆡ 씌여라, ᄇᆡ 씌여라.

---

1 「쳐ᄉᆞ가(處士歌)」: 벼슬에서 물러난 선비가 전원 속에서 자연과 더불어 즐기는 내용의 십이가사의 한 편. 3 아ᄌᆡ(我才): 나의 재주. 4 냥한슈명(養閑受命): 한가한 생활 속에서 하늘이 준 운명을 따름. 원문의 '냥간'은 '냥한'으로 바로잡았음. 5 삼절쥭댱(三節竹杖): 대나무로 만든 세 마디 길이의 지팡이. 낙죠강노(落照江路): 해 지는 강변 길. 7 요요힝원(寥寥杏園): 살구꽃이 그윽하게 핀 뜰. 8 무궁(無窮): 원문의 '무릉'은 '무궁'으로 바로잡았음. 10 쥭간ᄉᆞ립(竹竿簑笠): 낚싯대와 도롱이, 삿갓을 아울러 이르는 말. 11 일위풍범(一葦風帆): 하

또 한 왈짜가 「처사가」를 한다.

「평생토록 닦아 온 내 재주가 쓸데없어 세상 공명을 하직하고, 한가한 생활 속에 하늘이 준 운명을 따르며 운림처사 되오리다. 굵은 베옷을 몸에 걸치고 삼절 죽장 손에 쥐고 해 지는 강변의 경치 좋은 길을 거친 짚신 신고 천천히 걸어 내려가니, 고요하게 소나무 빗장을 닫은 곳에 살구꽃 그윽하게 핀 뜰에서 개가 짖는다. 경개가 무궁하여 좋을씨고, 산림 초목이 푸르렀다. 층층 바위는 병풍처럼 둘렀는데 흰 구름이 머무는 깊은 곳 되었어라. 강촌 어부같이 죽간사립 둘러메고 십 리나 되는 백사장을 내려가니, 흰 갈매기만 날아갈 뿐이로다. 한 조각 작은 배에 돛을 높이 달고 만경창파 흘리 저어 몇 척의 은어를 낚아내니 송강 농어에 비길쏘냐? 해 저물어 맑은 강 가 주막촌 변으로 돌아드니, 남북 어촌 두세 집이 십 리의 저녁 안개에 잠겼어라.」

또 한 왈짜가 「어부사」를 한다.

「흰 수염의 어부가 포구에 살면서, 물가에 사는 것이 산에서 사는 것보다 낫다고 하네. 배 띄워라, 배 띄워라.

나의 작은 돛단배. 12 송강(松江) 노어(鱸魚): 강소성의 오송강에서 잡히는 농어. 소동파(蘇東坡)의 「후적벽부(後赤壁賦)」에서 차용. 13 쥬막촌변(酒幕村邊) 도라드ㅓ: 주막이 있는 마을로 돌아들어가니. 원문의 '슈막'은 '쥬막'으로 바로잡았음. 17 「어부ᄉ(漁父詞)」: 벼슬을 버리고 강호(江湖)에 묻혀 사는 선비의 모습을 그린 십이가사의 한 편. 19 셜빈어옹(雪鬢漁翁): 흰 수염이 난 늙은 어부. ᄌ언거슈승거산(自言居水勝居山): 스스로 말하기를, '물가에 사는 것이 산에 사는 것보다 낫다' 함.

조조직락만조닉(早潮纔落晩潮來)라. 지국총지국총 어ᄉᆞ와 ᄒᆞ니, 의션어부일견괴(倚船漁父一肩高 ㅣ)라.

청고엽상(靑菰葉上)에 양풍긔(凉風起)요, 홍요화변빅노한(紅蓼花邊白鷺閑)을. 닷 씌여라, 닷 씌여라.

동졍호리가귀풍(洞庭湖裏駕歸風)을. 지국총지국총 어ᄉᆞ와 ᄒᆞ니, 범급젼산홀후산(帆急前山忽後山)을.

진일범쥬연니거(盡日泛舟烟裡去)ᄒᆞ니, 유시요도월듕환(有時搖棹月中還)을. 이어라, 이어라.

아심슈쳐ᄌᆞ망긔(我心隨處自忘機)을. 지국총지국총 어ᄉᆞ와 ᄒᆞ니, 고셰승유무졍거(鼓細乘流無定去)라.

만ᄉᆞ무심일조간(萬事無心一釣竿)ᄒᆞ니, 삼공불환ᄎᆞ강산(三公不換此江山)을. 돗 지어라, 돗 지어라.

산우계풍권조ᄉᆞ(山雨溪風捲釣絲)라. 지국총지국총 어ᄉᆞ와 ᄒᆞ니, 일싱종젹직창낭(一生蹤跡在滄浪)을.

동풍셔일초강심(東風西日楚江深)ᄒᆞ니, 일편틱긔만류음(一片苔磯萬柳陰)을. 빅 져어라, 빅 져어라.

---

1 조조직락만조닉(早潮纔落晩潮來): 이른 조수가 겨우 빠지자 늦은 조수가 뒤따라옴. 원문의 'ᄌᆞ락'은 '직락'으로 바로잡았음. 지국총지국총: 노를 젓고 닻을 감는 소리. 어사와: 어여차. 2 의션어부일견괴(倚船漁父一肩高 ㅣ)라: 배 젓는 어부의 어깨가 올라가네. 3 청고엽상(靑菰葉上)에 양풍긔(凉風起): 푸른 줄풀 잎 위로 시원한 바람이 일어남. 홍요화변빅노한(紅蓼花邊白鷺閑): 붉은 여뀌꽃 옆에 있는 백로는 한가함. 5 동졍호리가귀풍(洞庭湖裏駕歸風): 동정호 속에서 수레를 타고 되돌아가는 바람을 따라. 6 범급젼산홀후산(帆急前山忽後山): 돛단배는 빨리 달려 앞산인가 하면 어느덧 뒷산임. 7 진일범쥬연니거(盡日泛舟烟裡去): 해가 다하도록 배를 띄워 안개 속을 달림. 유시요도월듕환(有時搖棹月中還): 때때로 노를 저

이른 썰물이 겨우 빠지자 늦은 밀물이 뒤따라온다. 지국총지국총 어사와 하니, 배 젓는 어부의 어깨가 올라가네.

푸른 줄풀 잎 위로 시원한 바람이 일어나고, 붉은 여뀌꽃 옆에는 백로가 한가하다. 닻 띄워라, 닻 띄워라.

동정호에서 수레 타고 되돌아가는 바람을 따라. 지국총지국총 어사와 하니, 돛단배는 빨리 달려 앞산인가 하면 어느덧 뒷산이라.

해가 다하도록 배를 띄워 안개 속을 달리다가, 때때로 노를 저어서 달빛 속에 돌아오네. 이어라, 어어라.

내 마음이 가는 곳을 따라가 스스로 간사한 마음을 잊네. 지국총지국총 어사와 하니, 상앗대를 두드리며 물길 따라 정처 없이 흘러가네.

만사에 무심하여 낚싯대 하나를 드리울 뿐이니, 삼정승과도 바꾸지 않을 이 강산. 돛 지어라, 돛 지어라.

산비가 내리고 바람 부는 개울에 낚싯줄을 거두네. 지국총지국총 어사와 하니, 일생의 발자취가 푸른 물결에 있네

동풍 속에 서쪽으로 해가 지고 초강이 깊으니, 한 조각 이끼 낀 자갈밭에 만 가지 버들 그늘이 생기네. 배 저어라, 배 저어라.

어서 달빛 속에 돌아옴. 9 아심슈쳐ᄌᆞ망긔(我心隨處自忘機): 내 마음이 가는 곳을 따라가 스스로 간사한 마음을 잊음. 10 고셰승유무졍거(鼓細乘流無定去): 상앗대를 두드리며 물길을 따라 정처 없이 흘러감. 11 만ᄉᆞ무심일조간(萬事無心一釣竿): 모든 일에 무심하여 낚싯대 하나를 드리울 뿐임. 삼공불환ᄎᆞ강산(三公不換此江山): 삼정승과도 바꾸지 않을 이 강산. 12 돗 지어라: 돛 달아라. 13 산우계풍권조ᄉᆞ(山雨溪風捲釣絲): 산비가 내리고 바람 부는 개울에 낚싯줄을 거둠. 14 일싱종젹직창낭(一生蹤跡在滄浪): 일생의 발자취가 푸른 물결에 있음. 15 동풍셔일초강심(東風西日楚江深): 동풍 속에 서쪽에는 해가 지고 초강이 깊음. 일편틔긔만류음(一片苔磯萬柳陰): 한 조각 이끼 낀 자갈밭에 만 가지 버들 그늘이 생김.

녹평신셰빅구심(綠萍身勢白鷗心)을. 지국총지국총 어ᄉᆞ와 ᄒᆞ니, 격안어촌삼냥가(隔岸漁村三兩家)라.

탁영가파졍쥬졍(濯纓謌罷汀洲靜)ᄒᆞ니, 쥭요시문유미관(竹遙柴門猶未關)을. ᄇᆡ 미여라, ᄇᆡ 미여라.

야박진회근쥬가(夜泊秦淮近酒家)라. 지국총지국총 어ᄉᆞ와 ᄒᆞ니, 와구봉져독짐시(瓦甌蓬底獨斟時)라.

취ᄅᆡ슈착무인환(醉來睡着無人喚)ᄒᆞ니, 유하젼탄야부지(流下前灘也不知)라. ᄇᆡ 져어라, ᄇᆡ 져어라.

도화류슈궐어비(桃花流水鱖魚肥)라. 지국총지국총 어ᄉᆞ와 ᄒᆞ니, 만강풍월슈어션(滿江風月數漁船)을.

야졍슈한어불식(夜靜水寒魚不食)ᄒᆞ니, 만션공ᄌᆡ월명귀(滿船空載月明歸)라. 닷 지어라, 닷 지어라.

파조귀ᄅᆡ계단봉(罷釣歸來繫短蓬)을. 지국총지국총 어ᄉᆞ와 ᄒᆞ니, 풍뉴미필ᄌᆡ셔시(風流未必載西施)라.

일ᄌᆞ지간상조션(一自持竿上釣船)ᄒᆞ니, 셰간명니진뉴유(世間名利盡悠悠)를. ᄇᆡ 붓쳐라, ᄇᆡ 붓쳐라.

계쥬유유거년흔(繫舟猶有去年痕)을. 지국총지국총 어ᄉᆞ와 ᄒᆞ니, 관ᄅᆡ일셩산슈록(款乃一聲山水綠)을.」

---

1 **녹평신셰빅구심**(綠萍身勢白鷗心): 푸른 부평초의 신세와 갈매기의 마음. 3 **탁영가파졍쥬졍**(濯纓謌罷汀洲靜): 갓끈 씻는 노래를 마치니 물가가 더욱 조용해짐.「어부사(漁父辭)」에서는 '滄浪之水淸兮 可以濯吾纓'이라 하였음. **쥭요시문유미관**(竹遙柴門猶未關): 대나무 사립문은 아직 닫아걸지 않았음. 원문의 '쥭경'은 '쥭요'로 바로잡았음. 5 **야박진회근쥬가**(夜泊秦淮近酒家): 밤중에 진회에 배를 대니 술집이 가까움. 두목(杜牧)의 시「진회(秦淮)」에서 차용. 6 **와구봉져독짐시**(瓦甌蓬底獨斟時): 질그릇 잔으로 쑥밭에서 홀로 술을 따를 때. 원문의 '독심시'는 '독짐시'로 바로잡았음. 7 **취ᄅᆡ슈착무인환**(醉來睡着無人喚): 취해 돌아와 잠을 자니 찾아와 부르는 사람이 없음. **유하젼탄야부지**(流下前灘也不知): 흘러내리

푸른 부평초의 신세와 갈매기의 마음. 지국총지국총 어사와 하니, 건너편 언덕 어촌에는 두어 집만 있을 뿐.

갓끈 씻는 노래 마치니 물가가 더욱 조용해지고, 대나무 사립문은 아직 닫아걸지 않았네. 배 매어라, 배 매어라.

밤중에 진회에 배를 대니 술집이 가깝네. 지국총지국총 어사와 하니, 질그릇 잔으로 쑥밭에서 홀로 술을 따를 때.

취해서 돌아와 잠이 드니 찾아와 부르는 이도 없고, 흘러내리는 앞 여울은 알지 못하네. 배 저어라, 배 저어라.

도화가 흘러내리는 물에 쏘가리는 살이 찌네. 지국총지국총 어사와 하니, 풍월로 가득한 강물에 떠 있는 몇 척의 그깃배.

밤은 고요하고 물은 차서 고기가 물지 않으니, 빈 것만 가득 실은 배가 달빛 밝은 밤에 돌아오네. 닻 지어라, 닻 지어라.

낚시질 마치고 돌아와서 짧은 쑥대를 매네. 지국총지국총 어사와 하니, 풍류에 반드시 미인 서시가 있어야 하는 건 아니라네.

스스로 낚싯대를 잡고 고깃배에 오르면, 세상의 명예와 이익은 모두 아득한 것을. 배 붙여라, 배 붙여라.

배는 매어 두어도 오히려 지난해의 흔적이 남아 있네. 지국총지국총 어사와 하니, 노 젓는 소리에 산과 물은 초록으로 물이 든다네.」

는 앞 여울은 알지 못함. 원문의 '졍탄'은 '앞 여울'을 가리키는 '젼탄'으로 바로잡았음. 두순학(杜荀鶴)의 「계흥(溪興)」에서 차용. 10 만강풍월슈어션(滿江風月數漁船): 풍월로 가득한 강물에 떠 있는 고깃배 몇 척. 11 만션공지월명귀(滿船空載月明歸): 빈 것만 가득 실은 배가 달빛 밝은 밤에 되돌아옴. 13 파조귀릐계단봉(罷釣歸來繫短蓬): 낚시질을 마치고 돌아와서 짧은 쑥대를 맴. 15 일즈지간상조션(一自持竿上釣船): 한번 스스로 낚싯대를 잡고 고깃배에 오름. 셰간명니진뉴유(世間名利盡悠悠): 세상의 명예와 이익이 모두 아득함. 17 계쥬유유거년흔(繫舟猶有去年痕): 배를 매어 두어도 오히려 지난해의 흔적이 남아 있음. 원문의 '거년흥'은 '거년흔'으로 바로잡았음.

또 ᄒᆞᆫ 왈ᄌᆞ 언문ᄎᆡᆨ(諺文冊) 본다.

「이날 ᄃᆡ강(大江) 듕(中)의 화렴(火焰)은 창쳔(漲天)ᄒᆞ고 함셩(喊聲)은 ᄃᆡ진(大振)ᄒᆞᆫᄃᆡ, 좌편(左便)은 한당(韓當), 장흠(蔣欽) 냥노군(兩路軍)이 젹벽(赤壁) 셔(西)흐로 즛쳐오고, 우편(右便)은 진무(陳武), 쥬틱(周泰) 냥노군(兩路軍)이 젹벽(赤壁) 동(東)으로 즛쳐오고, 가온ᄃᆡ는 쥬유(周瑜), 뎡보(程普), 셔셩(徐盛), 졍봉(丁奉) ᄃᆡᄃᆡ션쳑(大隊船隻)이 화셰(火勢)를 ᄡᅧ 삼강구(三江口)로 일시(一時)에 즛쳐 드러오니, 화셰(火勢)는 바람을 돕고 바람은 불 위엄(威嚴)을 도으니, 이 니른바 삼강슈젼(三江水戰)이오, 젹벽오병(赤壁鏖兵)이라. 북군(北軍)이 살 마즈며 불에 타며 물에 ᄲᆡ진 ᄌᆡ(者ㅣ) 부지기쉬(不知其數ㅣ)러라.」

한 왈ᄌᆞ ᄒᆞ는 말이,
"나는 『슈호지(水滸誌)』 보깃다."

「각셜(却說), 송강(宋江)이 강쥬셩(江州城) 밧긔 나와 ᄃᆡ종(戴宗), 니규(李逵), 댱슌(張巡) 등을 맛나지 못ᄒᆞ고, 홀노 마음이 심심ᄒᆞᄆᆡ 날호여 거러나가 경ᄀᆡ(景槪)를 구경ᄒᆞ며 나아가더니, 한 쥬루(酒樓) 압흘 지나며 우러러보니, 푸른 쥬긔(酒旗)를 다랏는ᄃᆡ 심양강(潯陽江) 졍고(正庫)라 ᄒᆞ엿고, 쳠하 밧긔 소동파(蘇東坡)의 글시로 심양누(潯陽樓)라 ᄡᅧᆺ거늘, 송강(宋江)이 니르ᄃᆡ, ᄂᆡ 운셩현

1 언문ᄎᆡᆨ(諺文冊): 한글로 된 소설책. 여기에 등장하는 내용은 나관중(羅貫中)의 『삼국지연의(三國志演義)』 중 50회에 나오는 적벽대전(赤壁大戰) 대목임. 4 한당(韓當): 오(吳)나라의 장수로, 손권(孫權)이 왕에 오른 뒤 소무장군(昭武將軍) 등을 지냄. 장흠(蔣欽): 손책(孫策)의 휘하에서 싸움터에 여러 차례 나가 공을 세운 오나라의 장수. 6 즛쳐오고: 몰려 오고. 7 쥬유(周瑜): 손권을 따라 적벽에서 조조를 격파하고 촉을 공략한 오나라의 주공근(周

또 한 왈짜는 언문책을 본다.

「이날 큰 강 속에 화염은 하늘을 뒤덮고 함성은 크게 진동하는데, 좌편은 한당과 장흠이 이끄는 두 부대가 적벽 서쪽으로 무찔러 오고, 우편은 진무와 주태의 두 부대가 적벽 동쪽으로 무찔러오고, 가운데는 주유와 정보, 서성, 정봉이 이끄는 큰 배들이 불기운을 끼고 삼강 입구로 일시에 무찔러 들어오니, 불기운은 바람을 돕고 바람은 불기운의 위엄을 돋우니, 이는 이른바 삼강의 수전이요, 적을 섬멸한 적벽의 전투라. 북군에는 화살을 맞고 불에 타며 물에 빠진 자가 부지기수러라.」

한 왈짜가 하는 말이,
"나는 『수호지』를 보겠다!"

「각설, 송강이 강주성 밖에 나와 대종, 이규, 장순 등을 만나지 못하고, 홀로 마음이 심심하매 천천히 걸어 나가서 경개를 구경하며 나아가더니, 한 술집 앞을 지나며 우러러보니, 푸른 깃발을 달았는데 심양강 정고라 하였고, 처마 밖에 소동파의 글씨로 심양루라 썼거늘, 송강이 이르되, 내가 운성현 있을 때 들으니, 강

公瑾). 10 삼강슈젼(三江水戰): 오나라가 위나라를 격파한 적벽강에서의 큰 싸움을 이르는 말. 젹벽오병(赤壁鏖兵): 적벽 전투에서 병사를 한꺼번에 무찌름. 「적벽가(赤壁歌)」에서 차용. 북군(北軍): 여기서는 조조의 대군병을 지칭함. 16 각셜(却說): '한편'이란 뜻으로, 소설의 서사 방식 중에서 장면을 전환할 때 사용하는 말. 18 날호여: 천천히. 19 쥬루(酒樓): 비교적 큰 규모의 술집. 쥬긔(酒旗): 술집을 표시하는 깃발. 20 졍고(正庫): 우두머리 곳간. 원문의 '경괴'는 '정고'로 바로잡았음.

(鄆城縣) 잇슬 졔 드르니, 강쥐(江州ㅣ) 심양뉘(潯陽樓ㅣ) 조타 ᄒᆞ더니 과연 올토다. ᄂᆡ 비록 혼ᄌᆞ 왓시나 그져 지나지 못ᄒᆞ리라 ᄒᆞ고, 누(樓) 압ᄒᆡ 다다라 도라보니, 문(門)가의 쥬황(朱黃) 칠(漆)ᄒᆞᆫ 기동 우희 분칠(粉漆)ᄒᆞᆫ 픽(牌) 둘을 달고 각각(各各) 다셧 ᄌᆞ(字)로 뼛시되, 셰간무비쥬(世間無比酒)오 텬하유명누(天下有名樓)라 ᄒᆞ엿거늘, 송강(宋江)이 누(樓)의 올나 난간(欄干)을 지혀 눈을 드러 보니, 아로삭인 쳠하ᄂᆞᆫ ᄒᆡ빗ᄒᆡ 바ᄒᆡ고, 그림 그린 들보ᄂᆞᆫ 구름의 잠겨시며, 프른 난간(欄干)은 창외(窓外)에 나즉ᄒᆞ고, 붉은 댱(帳)은 문(門) 우희 놉히 다랏ᄂᆞᆫᄃᆡ, 취안(醉眼)을 두른 곳의 만쳡운산(萬疊雲山)은 쳥텬(靑天)을 의지(依支)ᄒᆞ엿고, 프른 물, 긴 강(江)은 졍ᄌᆞ(亭子) 기동을 둘엇ᄂᆞᆫᄃᆡ 상셔(祥瑞)의 구름이 어릐엿고, ᄂᆡ 씨인 강물의 흰 마름쏫치로다. ᄀᆡ어귀에 잇다감 ᄇᆡ 졋ᄂᆞᆫ 하라비 돗 지ᄂᆞᆫ 양(樣)을 보고, 다락가의 푸른 실느틔남긔 묏ᄉᆡ 울고, 문(門) 압 가는 버들에 빗난 말을 ᄆᆡ엿더라.」

엇던 ᄒᆞᆫ 왈ᄌᆡ 『셔유긔(西遊記)』 본다.

「화셜(話說), 삼댱(三藏)의 스승 졔ᄌᆡ(弟子ㅣ) 션당(禪堂)의 쉬더니, 가을 하늘의 달이 심히 밝거늘 산문(山門)의 나와 달을 완상(玩賞)ᄒᆞ더니, ᄒᆡᆼᄌᆡ(行者ㅣ) 왈(曰),

"스승님아, 달도 보롬이면 두렷ᄒᆞ고 금음이면 여즈러져 그음이 잇건마는, 우리ᄂᆞᆫ 그음이 업스니 언졔나 경(經)을 가져 동토(東土)에 젼(傳)ᄒᆞ고 공(功)을 일우리오?"

---

5 셰간무비쥬(世間無比酒): 세상에 비할 데 없는 최고로 좋은 술. 6 지혀: 의지하여. 7 바ᄒᆡ고: 바래고. 11 ᄂᆡ: 안개. 12 ᄀᆡ어귀: 강의 입구. 하라비: 늙은이. 돗 지ᄂᆞᆫ 양(樣): 돛을 세우는 모양. 13 묏ᄉᆡ: 산새. 빗난 말: 윤기가 흐르는 말. 18 화셜(話說): 소설의 서사 방식 중

주의 심양루가 좋다 하더니 과연 옳도다. 내 비록 혼자 왔으나 그저 지나지 못하리라 하고, 누각 앞에 이르러 돌아보니, 문가에 주황 칠을 한 기둥 위에 분칠한 패를 두 개 달고 각각 다섯 자로 썼으되, '세간무비주'요 '천하유명루'라 하였거늘, 송강이 누각에 올라 난간을 짚고 눈을 들어 보니, 아로새긴 처마는 햇빛에 바래고, 그림 그린 들보는 구름에 잠겼으며, 푸른 난간은 창밖에 나직하고, 붉은 장은 문 위에 높이 달았는데, 취한 눈으로 둘러본 곳에는 겹겹의 구름 낀 산이 푸른 하늘을 의지하였고, 푸른 물과 긴 강은 정자 기둥을 둘렀는데 상서로운 구름이 어리었고, 안개 낀 강물에는 흰 마름꽃이로다. 강어귀에 이따금 배 젓는 늙은이가 돛을 올리는 모양이 보이고, 다락 가에는 푸른 실느티나무에 산새 울고, 문 앞 가에는 버드나무에 빛나는 말을 매어 두었더라.」

어떤 한 왈짜는 『서유기』를 본다.

「화설, 스승 삼장법사와 제자가 선당에서 쉬더니, 가을 하늘에 달이 심히 밝거늘 산문에 나와서 달을 완상하더니, 행자가 말하기를,
"스승님, 달도 보름이면 뚜렷하고 그믐이면 기울어져 구별이 있건마는, 우리는 구별이 없으니 언제나 경전을 가지고 동토에 전하고 공로를 이루리오?"

에서 이야기를 시작할 때 사용하는 말. 즉, '이야기를 시작하자면'의 뜻. **삼당(三藏)**: 삼장법사. 즉, 당나라 현장법사. 19 **산문(山門)**: 산의 어귀. 21 **여즈러져**: 기울어져. 22 **그음**: 여기서는 '구별'의 의미로 보았음. **동토(東土)**: 중국 밖의 서역 쪽에서 본 중국 땅.

삼댱(三藏) 왈(曰),

"스승 졔ᄌᆞ(弟子ㅣ) 모롬이 마음을 가작이 ᄒᆞ고 틱심(怠心)을 ᄂᆡ지 아니ᄒᆞ미 올흐니라."

팔계(八戒) 왈(曰),

"나는 언졔나 공(功)을 일우고 음식(飮食)이나 ᄇᆡ블니 만히 어더 먹을고?"

힝ᄌᆞ(行者ㅣ) 귀박회를 치며 왈(曰),

"이 텁턱 도다지놈은 ᄆᆡ양 음식(飮食)만 ᄉᆡᆼ각ᄂᆞᆫ다."

ᄒᆞ니, 모다 웃더라.

삼댱(三藏)이 도라와 잠이 업셔 공작경(孔雀經) 일편(一篇)을 외오고 프ᄀᆡ를 베고 조으더니, 문득 잠결의 드ᄅᆞ니 션당(禪堂) 밧긔 슬픈 바람이 지나며 은은(隱隱)이 '댱노(長老)야' ᄒᆞᄂᆞᆫ 쇼ᄅᆡ 나거늘, 삼댱(三藏)이 혼미듕(昏迷中) 머리를 드러 보니, 문(門)밧긔 ᄒᆞᆫ 댱ᄌᆞ(壯者ㅣ) 왼몸의 물을 흘니고 셧거늘, 삼댱(三藏)이 ᄭᅮ지져 왈(曰),

"네 엇던 요괴(妖怪)완ᄃᆡ 이 반야삼경(半夜三更)의 와 날을 희롱(戲弄)ᄒᆞᄂᆞᆫ다? 나는 욕심 만흔 상즁이 아니라 도덕 놉흔 당황졔(唐皇帝) 흠ᄎᆡ어졔(欽差御弟)오. ᄯᅩᄒᆞᆫ 슈하(手下)의 셰 졔ᄌᆞ(弟子ㅣ) 이시니 근검(勤儉)ᄒᆞ여 뫼흘 만나면 길을 열고, 물을 만나면 다리를 노코, 뇽(龍)을 항복(降伏) 밧ᄂᆞ니, 너 쳔연요괴(天年妖怪) 왓다 ᄒᆞ면 그져 두지 아니ᄒᆞ리니, 밧비 가고 션당(禪堂) 근쳐(近處)의 어른거리지 말나."

그 ᄉᆞ람이 눈물을 먹음고 갈오ᄃᆡ,

"나는 요괴(妖怪) 아니라 보상국(寶象國) 왕(王)이로라."

---

2 모롬이: 모름지기. 가작이: 단정히. 틱심(怠心): 게으른 마음. 4 팔계(八戒): 저팔계. 7 귀박회: 귓바퀴. 10 공작경(孔雀經): 공작명왕의 신주(神呪)가 실린 불경. 11 프ᄀᆡ: 바랑.

삼장이 이르기를,

"스승과 제자가 모름지기 마음을 단정히 하고 게으른 마음을 내지 아니함이 옳으니라."

팔계가 말하기를,

"나는 언제나 공을 세우고 음식이나 배불리 많이 얻어먹을꼬?"

행자가 귓바퀴를 치며 말하기를,

"이 욕심 많은 돼지 놈은 매양 음식만 생각하는도다."

하니, 모두 웃더라.

삼장이 돌아와 잠이 없어 공작경 한 편을 외우고 바랑을 베고 졸더니, 문득 잠결에 들으니 선당 밖에서 슬픈 바람이 지나며 은은히 '장로야' 하는 소리가 나거늘, 삼장이 혼미한 가운데 머리를 들어 보니, 문밖에 한 장자가 온몸에 물을 흘리고 섰거늘, 삼장이 꾸짖어 이르되,

"네 어떤 요괴인데 이 깊은 밤에 와서 나를 희롱하느냐? 나는 욕심 많은 일반 중이 아니라 도덕 높은 당 황제가 보낸 사신이라. 또한 수하에 제자 셋이 있으니, 근검하여 산을 만나면 길을 열고, 물을 만나면 다리를 놓고, 용에게 항복을 받나니, 너 같은 천년 요괴가 왔다고 하면 그저 두지 아니하리니, 바삐 가고 선당 근처에 어른거리지 말라."

그 사람이 눈물을 머금고 가로되,

"나는 요괴가 아니라 보상국의 왕이로다."

16 반야삼경(半夜三更): 깊은 밤중. 17 당황제(唐皇帝) 흠차어제(欽差御弟): 당나라 황제가 보낸 사신.

ᄒᆞ거늘, 삼장(三藏)이 눈을 드러 보니, 과연(果然) 용포옥ᄃᆡ(龍袍玉帶)의 평텬관(平天冠) 쓰고 ᄇᆡᆨ옥규(白玉圭)를 쥐여시니, 엄연(儼然)ᄒᆞᆫ 군왕(君王)의 상(像)이여늘, 삼장(三藏)이 놀나 ᄭᆡ다ᄅᆞ니 침변일몽(枕邊一夢)이라. 음풍(陰風)은 습습(習習)ᄒᆞ고 잔등(殘燈)은 명멸(明滅)ᄒᆞᆫᄃᆡ, 졔ᄌᆞ(弟子)들은 잠을 닉이 드러 코 고으는 쇼ᄅᆡ 우뢰 갓더라.」

한편(便)의셔는 노름ᄒᆞᆫ다.

"일셩옹쥬(日星翁主) 덩쏙지 삼년젹니(三年笛裏) 관산월(關山月)이라. 장님 슈풀의 범 건다."

"셰 목 죽엇는ᄃᆡ, 네 목ᄌᆡ 간다."

"이번 ᄉᆡ즌 당이야 쑬고 실가."

"곤이 장원 못 지거든 가란잇가."

한편(便)의셔는,

"ᄇᆡᆨᄉᆞ(百四) 아삼(亞三) 오륙(五六)ᄒᆞ고, 쥐부리 ᄉᆞ오(四五) 삼륙(三六)ᄒᆞ고, 졔칠(第七) 삼오(三五) 졔팔(第八) 관니 묘(妙)ᄒᆞ다. 열여덜식 드리소."

한편(便)의셔는,

"네 ᄃᆡ갈슈야 오구일셩이로고다."

"어렵다. 조장원 맛초기 반(半)식 ᄒᆞᄌᆞ."

"셕뉴(石榴) 먹든 씨나 그만 잇소."

"쳑쳑 쳐셔 셧거 쥐여라."

---

2 **평텬관**(平天冠): 위가 평평하게 생긴 왕관. **빅옥규**(白玉圭): 백옥으로 만든 홀. **엄연**(儼然): 겉모습이 장엄하고 엄숙한 모양. 원문의 '언연'은 '엄연'으로 바로잡았음. 4 **침변일몽**(枕邊一夢): 베갯머리에서 꾼 하나의 꿈. 9 **덩쏙지**: 공주나 옹주가 타던 가마의 꼭지로, 화투놀이에서 사용하던 말. **삼년젹니**(三年笛裏) **관산월**(關山月): 삼 년 동안 끊임없이 전쟁나

하거늘, 삼장이 눈을 들어 보니, 과연 곤룡포에 옥대를 띠고 평천관을 쓰고 백옥으로 만든 홀을 쥐었으니, 엄연한 군왕의 상이어늘, 삼장이 놀라 깨달으니 침상의 한 꿈이더라. 음산한 바람은 서늘하고 꺼져 가는 등불은 깜빡이는데, 제자들은 이미 잠이 들어 코 고는 소리가 우레 같더라.」

한편에서는 노름을 한다.

"일성 옹주 정꼭지 삼 년 동안 분 피리 곡조는 관산월이라. 장림 수풀에 범을 건다."

"세 목 죽었는데, 네 목째 간다."

"이번 꽂은 장이야 뚫고 샐까."

"곤이 장원을 못 지거든 가라니까."

한편에서는,

"백사 아삼 오륙하고, 쥐부리 사오 삼륙하고, 계칠 삼오 제팔관이 묘하다. 열여덟씩 드리소."

한편에서는,

"네 대갈수야 오구일성이로구나."

"어렵다. 조장원 맞추기 반씩 하자."

"석류 먹던 씨나 그만 있소."

"척척 쳐서 섞어 쥐어라."

팔은 군악인 관산월을 부름. 10 장님 슈풀의 범 건다: 미상. 이와 같이 여기에 등장하는 노름할 때 쓰는 말들의 구체적인 의미는 미상임. 15 빅스(百四) 아삼(亞三) … 드리소: 골패놀이의 용어로, 구체적인 의미는 미상. 19 네 듸갈슈야 오구일셩이로고다: 민속오락의 용어로, 그 의미는 미상.

"셕조ᄂᆞᆫ 하공졍이로고나."

"바닥 둘ᄌᆡ 닙흘 ᄂᆡ소."

"어ᄃᆡ 갈가?"

"이 ᄋᆡ, ᄒᆞᄌᆞ던 반(半)이나 ᄒᆞᄌᆞ!"

ᄯᅩ ᄒᆞᆫ편(便)의셔는,

"삼십삼천(三十三天) 파루(罷漏) 쳣다. ᄇᆡᆫ동이를 드리소."

"당당홍의(堂堂紅衣) 증초립(草笠)에 건양지(建陽峴)를 넘ᄂᆞᆫ고나. 별거ᄒᆞ다. 이ᄉᆞ칠(二四七) 드리소."

한편(便)의셔ᄂᆞᆫ,

"소상강(瀟湘江) 셰우(細雨) 즁(中)의 ᄌᆞ셩(子聲)이 정정(丁丁)이라. 츅(逐)으로 물니여 이 말은 쥭네."

"검은 니 안말은 오궁도화(五宮桃花) 십ᄉᆞ슈(十四數)로 쥭ᄂᆞᆫ 쥴노 보왓더니, 젼마(戰馬) 몹시 버렷고나."

"여긔 ᄒᆞᆫ 구멍 있다."

"그러치."

ᄯᅩ ᄒᆞᆫ편(便)의셔ᄂᆞᆫ,

"졈졈홍셜슬한풍(點點紅雪瑟寒風)의 목난간학정홍(木欄干鶴頂紅)이라. 오륙쥴륙."

ᄯᅩ ᄒᆞᆫ편(便)의셔ᄂᆞᆫ,

"장군엽이야귀(將軍獵而夜歸)ᄒᆞ니 젹위호어즁슈(石爲虎於中籔)로다. 장(將)이야! 군(君)이야! 말 써 궁(宮) 빗쵸고 차(車) 올나 장(將)이야."

---

6 파루(罷漏): 조선 시대에 도성 내의 통행금지 해제를 알리기 위해 종각의 종을 치던 일. 원문의 '바로'는 '파루'로 바로잡았음. 7 건양지(建陽峴): 창덕궁에서 창경궁으로 넘어가는 고개 이름. 원문의 '건양쳑'는 '건양지'로 바로잡았음. 10 소상강(瀟湘江) 셰우(細雨) 즁(中)의 ᄌᆞ셩(子聲)이 졍졍(丁丁): 소상강 가랑비 속에 공격하는 소리가 정정하다는 뜻으로, 바

"석조는 하공정이로구나."

"바닥 둘째 입을 내소."

"어디 갈까?"

"이 애, 하자던 반이나 하자!"

또 한편에서는,

"삼십삼천 파루 쳤다. 민동이를 드리소."

"당당홍의 증초립에 건양재를 넘는구나. 별거하다. 이사칠 드리소."

한편에서는,

"소상강 가랑비 속에 바둑알 소리가 정정이라. 축으로 몰려 이 말은 죽네."

"흑을 가진 이의 갇힌 말은 오궁도화 십사수로 죽는 줄로 보았더니, 싸움 말은 아주 버렸구나."

"여기 한 구멍 있다."

"그렇지."

또 한편에서는,

"점점홍설 슬한풍의 목난간에는 학정홍이라. 오륙줄륙."

또 한편에서는,

"장군이 밤에 사냥에서 돌아오니, 숲속의 돌이 호랑이로다. 장이야! 군이야! 말을 움직여서 궁을 공격하고 차를 올려 장이야!"

둑알 놓는 소리를 비유. 12 검은 니 안말: 흑을 가진 사람의 갇힌 말. 오궁드화(五宮桃花): 바둑에서, 빈 집이 열십자로 벌여 선 다섯 집으로 된 형세로, 이때 상대편이 가운데 한 점을 놓으면 살지 못함. 원문의 '오공'은 '오궁'으로 바로잡았음. 14 훈 구멍: 바둑에서 한 수 둘 자리. 17 졈졈홍셜슬한풍(點點紅雪瑟寒風) … 오륙즐륙: 쌍륙(雙六) 놀이를 하는 장면을 묘사한 것으로, 그 의미는 미상.

"아셔라, 그거슨 외통일다!"

또 흔편(便)의셔는,

"펄펄 상쥐(尙州), 덜걱 히쥐(海州), 연딕(烟臺) 남산(南山) 진동장군(鎭東將軍) 돌통황졔(皇帝) 호위(護衛) 군관(軍官) 다 나온다."

"낫고나! 팔상초도 옥호딕상의 녀산(廬山) 칠십니(七十里)도 다 나온다."

한편(便)의셔는 틱견, 씨름, 쥬정(酒酊), 빠홈 이렷트시 분난(紛亂)홀 졔, 옥ᄉ장이 ᄒ는 말이,

"여보시오, 이리 구시다가 ᄉ또(使道) 염문(廉問)의 들니면, 우리 등이 다 쥭깃소!"

한 왈ᄌ 닉다르며 ᄒ는 말이,

"여보와라, ᄉ또(使道) 말고 오또가, 염문(廉問) 말고 소곰문을 ᄒ면, 누구를 날노 발기는냐? 기싱(妓生)이 슈금(囚禁)ᄒ면 우리네가 츌입(出入)이 응당(應當)이지. 네 걱정이 웬일이니?"

한 왈ᄌ ᄒ는 말이,

"아셔라, 그말 말라. 우리네가 졔 소일(消日)ᄒ여 쥬랴다가 졔게 히(害)롭게 ᄒ는 거슨 의(義)가 아닐다."

즁병(中病) 닉여 그리져리 흣터지니, 츈향(春香)의 거동(擧動) 보소. 정신(精神)을 겨요 찰여 눈을 드러 살펴보니 옥방(獄房) 형상(形狀) 가이업다. 압문(門)의는 살이 업고 뒤벽(壁)의는 외(椳)만 남아, 시졀(時節)은 납월(臘月)이라 삭풍(朔風)은 쌔를 불고, 삼믜아기 흣날니니 골졀(骨節)이 져려 온다. 북풍한셜(北風寒雪) 찬 바람은 살

1 외통: 장기놀이에서, 상대편이 부른 장군에 궁이 피할 수 없어 죽게 된 상태. 7 틱견: 택견. 각희(角戱), 비각술(飛脚術)이라고도 하는 전통 무예의 하나. 원문의 '탁견'은 '틱견'으로 바로잡았음. 12 오또: '사또'의 '사' 음의 어희로, '오도(汚徒)' 등의 의미를 내포. 소곰문: 염

"아서라, 그것은 외통이다!"

또 한편에서는,

"펄펄 상주, 덜컥 해주, 연대 남산 진동장군 돌통황제 호위 군관 다 나온다."

"났구나! 팔상초도 옥호대상에 여산 칠십 리도 다 나온다."

한편에서는 택견, 씨름, 술주정, 싸움 이렇듯이 분란할 제, 옥사장이 하는 말이,

"여보시오, 이리 구시다가 사또의 염탐에 들리면, 우리들이 다 죽겠소!"

한 왈짜가 내달으며 하는 말이,

"여보아라, 사또 말고 오또가, 염문 말고 소금문을 하면, 누구를 날로 발겨 죽이느냐? 기생이 옥에 갇히면 우리네가 출입하는 게 응당이지. 네 걱정이 웬일이니?"

한 왈짜가 하는 말이,

"아서라, 그런 말 말라. 우리네가 제 소일하여 주려다가 제게 해롭게 하는 것은 의가 아니다."

중병 내어 그리저리 흩어지니, 춘향의 거동 보소.

정신을 겨우 차려 눈을 들어 살펴보니 옥방 형상은 가엾기도 하다. 앞문에는 살이 없고 뒷벽에는 틀만 남아, 시절은 음력 선달이라 삭풍은 뼛속까지 불고, 눈송이 흩날리니 골절이 저려온다. 북풍한설 찬 바람은 살을 쏘듯이 들어오니, 머리끝에 서리가

문(廉問)의 '廉'을 소금 '鹽' 자로 대체하여 어희화한 말. 18 중병(中病) 내어: 일의 진행 중에 탈을 내어. 20 외(椳): 집의 벽을 만들 때 얽어놓은 나뭇가지. 21 납월(臘月): 음력 섣달. 삼미아기: 새매기, 눈송이.

뽀드시 드러오니 머리 숫ᄒᆡ 셔리 치고 숀발조ᄎᆞ 어름 갓다. 거젹ᄌᆞ리 헌 누비에, 그리져리 겨울 가고 봄이 지나 하뉵월(夏六月)이 다 다르니, 완연(宛然)ᄒᆞᆫ 구싊(久囚ㅣ)로다. 헌 ᄌᆞ리에 벼룩, 빈ᄃᆡ 여윈 등을 파종(破腫)ᄒᆞ고, 풀대 업ᄂᆞᆫ 모긔들은 ᄇᆡ가족을 침(鍼)질ᄒᆞᆯ 제, 텬음우습(天陰雨濕) 구즌 날의 귀곡셩(鬼哭聲)이 쳐량(凄涼)ᄒᆞ고, 혼흑텬지(昏黑天地) 어둔 밤의 옥(獄) 고초(苦楚)가 긔지업다. 이팔청츈(二八青春) 졀ᄃᆡ가인(絶代佳人) 가련(可憐)이도 되것고나. 향긔(香氣)로운 상산(商山) 난초(蘭草) 잡풀 쇽의 뭇쳣ᄂᆞᆫ 듯, 말 잘ᄒᆞᄂᆞᆫ 잉무ᄉᆡ가 농(籠) 가온ᄃᆡ 갓쳣ᄂᆞᆫ 듯, 청계슈(淸溪水)의 노든 고기 그물 쇽의 걸녓ᄂᆞᆫ 듯, 벽오동(碧梧桐)의 깃든 봉황(鳳凰) 형극(荊棘) 즁(中)의 드럿ᄂᆞᆫ 듯, 십오야(十五夜) 밝은 달이 ᄯᅦ구름의 싸혓ᄂᆞᆫ 듯, 초장젹막(怊悵寂寞) 홀노 안ᄌᆞ 쥬야댱탄(晝夜長嘆) 우ᄂᆞᆫ 말이,

"하로 이틀 한 달 두 달, 이를 엇지ᄒᆞ잔 말고? 북ᄒᆡ안치(北海安置) 소무고졀(蘇武孤節) 안독셔신(雁足書信) 풀니엿고, 유리슈옥(羑里囚獄) 문왕ᄃᆡ덕(文王大德) 미녀(美女) 션마(膳馬) 노히엿고, 붕당금고(朋黨禁錮) 이응이도 이졔 하종 노혓고나. 무죄구슈(無罪拘囚) 이ᄂᆡ 몸이 어이ᄒᆞ여 노혀 볼고? 청텬(靑天)의 ᄯᅥᆫᄂᆞᆫ 구름 놉흠도 놉흘시고, 져 구름의 올나셔면 님 계신 ᄃᆡ 볼 거시오. 만경창파(萬頃蒼波) 져 물결은 쥬야댱텬(晝夜長川) 흘너가니, 져 물갓치 흘너가량이면 님의 곳의 가련마는, 일거월져(日居月諸) 오리 간들 은은일념(隱隱一念) 니즐손냐? 옥즁명월(獄中明月) 긴긴 밤의 독의셔창(獨

---

4 **파종**(破腫): 종기를 터뜨림. 풀대: 풀로 된 대롱이. 원문의 '풀쌔'는 '풀대'로 바로잡았음. 5 **텬음우습**(天陰雨濕): 하늘이 흐리고 비가 와서 습기가 참. 6 **혼흑텬지**(昏黑天地): 아주 캄캄한 세상. 8 **상산**(商山) **난초**(蘭草): 상산 은자들이 귀히 여기던 난초. 9 **농**(籠): 바구니. 여기서는 '새장'을 의미. 12 **초장젹막**(怊悵寂寞): 근심스럽고 슬프며 주변이 고요함. 13 북

치고 손발조차 얼음 같다. 거적자리에 헌 누비로, 그리저리 겨울 가고 봄이 지나 유월 여름이 다다르니, 완연히 오래된 죄수로다. 헌 자리의 벼룩과 빈대는 여윈 등에서 피를 빨고, 풀 대롱이도 없는 모기들은 뱃가죽을 침질할 때, 흐리고 비가 와서 습기 찬 궂은 날에 귀곡성이 처량하고, 세상 어두운 밤에 옥 고초가 그지없다. 이팔청춘 절세미인이 가련히도 되겠구나. 향기로운 상산 난초가 잡풀 속에 묻혀 있는 듯, 말 잘하는 앵무새가 새장 속에 갇혀 있는 듯, 맑은 물에 놀던 고기가 그물 속에 걸려 있는 듯, 벽오동에 길든 봉황이 가시밭 가운데 있는 듯, 십오야 밝은 달이 떼구름에 싸여 있는 듯, 근심스럽고 쓸쓸한 가운데 홀로 앉아 밤낮으로 길게 탄식하며 우는 말이,

"하루 이틀 한 달 두 달, 이를 어찌하잔 말인가? 소구가 흉노의 북해에 잡혀갔을 때 기러기 다리에 소식을 전하여 풀려났고, 유리옥에 갇혔던 주나라 문왕은 미녀와 말을 선물하여 풀려났고, 붕당으로 갇혀 있던 이응이도 이제 하종 놓였구나. 죄 없이 오래 갇힌 이내 몸이 어찌하면 놓여 볼까? 푸른 하늘에 떠 있는 구름 높기도 높을시고, 저 구름에 올라서면 임 계신 데 볼 것이오. 만경창파 저 물결은 주야장천 흘러가니, 저 물처럼 흘러갈 것 같으면 임 계신 곳에 가련마는, 쉬지 않고 가는 세월이 오래간들 은은한 이 한 마음을 잊을쏘냐? 달 밝은 긴긴 밤에 옥중에서 홀로 서

희안치(北海安置) 소무고절(蘇武孤節) 안족셔신(雁足書信) 풀니엿고: 북해에 안치되었던 소무의 외로운 절개는 기러기가 전한 편지로 풀려났고. 14 유리슈옥(羑里囚獄) 문왕듸덕(文王大德): 주나라 문왕이 은나라 주왕(紂王)의 유리옥에 갇혀 견디던 큰 덕. 16 붕당금고(朋黨禁錮): 붕당에 관련된 일로 인해 갇힘. 20 일거월져(日居月諸): 쉬지 않고 가는 세월.

依西窓) 빗기 안ᄌᆞ 산운ᄒᆡ월(山雲海月) 바라본들, 쇽절업시 슷ᄂᆞᆫ 간장(肝腸) 눌다려 니를손가? 밤의 깁히 못든 잠을 낫벼ᄀᆡ의 잠간(暫間) 드니, 몽니ᄒᆡ후(夢裏邂逅) 셔로 만나 피ᄎᆞ상ᄉᆞ(彼此相思) 니룰 젹의, 경박(輕薄)ᄒᆞᆯ손 일빵호졉(一雙胡蝶) 두견셩(杜鵑聲)의 훗터지니, 여견불견(如見不見) 황홀(恍惚)ᄒᆞ다. ᄉᆞ몽비몽(似夢非夢) 분별(分別)ᄒᆞᆯ 졔, 헛트러진 십이운발(十二雲髮) 빈혀 숫기 니졋고나. 츄월츈풍(秋月春風) ᄉᆞ시졀(四時節)은 뵈오리의 북 지나듯 젹연무인(寂然無人) 혼ᄌᆞ 안ᄌᆞ ᄉᆡᆼ각ᄂᆞᆫ니 님쁜이라. 소소낙목(蕭蕭落木) 부ᄂᆞᆫ 바람 나붓기ᄂᆞᆫ 의상(衣裳)이라. 향혼옥골(香魂玉骨) ᄉᆞ라질 졔 쥬루만협(珠淚滿頰)ᄒᆞᄂᆞᆫ고나. 보고 지고 우리 낭군(郎君), 엇지 그리 못 오ᄂᆞᆫ고? 츈슈만ᄉᆞ튁(春水滿四澤)ᄒᆞ니 물이 막혀 못 오시나? 하운(夏雲)이 다긔봉(多奇峰)ᄒᆞ니 뫼히 놉하 못 오시나? 가련금야(可憐今夜) 슉창가(宿娼家)라 ᄉᆞ랑 괴야 못 오시나? 쥬마투계유미환(走馬鬪鷄猶未還)이라 노름 잠겨 못 오시나?

오날이나 편지(便紙) 올가, ᄂᆡ일(來日)이나 쇼식(消息) 올가? 응당(應當) 한 번(番) 오련마ᄂᆞᆫ 이럴 니가 업슬노다. 바라보니 아득ᄒᆞ고 ᄉᆡᆼ각ᄒᆞ니 목이 멘다. 공방미인독상ᄉᆞ(空房美人獨相思)ᄂᆞᆫ 날노 두고 니른 말이로다. 동원도리편시츈(東園桃李片時春)은 삼월모츈슈심(三月暮春愁心)이오, 공산낙목우소소(空山落木雨蕭蕭)ᄒᆞ니 ᄉᆞ월남풍슈심(四月南風愁心)이라. 오동야우(梧桐夜雨) 잠 ᄭᆡᆫ 후의

---

3 몽니ᄒᆡ후(夢裏邂逅): 꿈속에서 만남. 원문의 'ᄒᆡ우'는 'ᄒᆡ후'로 바로잡았음. 5 여견불견(如見不見): 본 것 같기도 하고 보지 못한 것 같기도 함. 6 십이운발(十二雲髮) 빈혀 숫기: 가발 장식을 많이 한 머리에 비녀를 꽂음. 7 뵈오리의 북 지나듯: 베를 짤 때, 베의 올에 북통이 지나가듯이 빨리 지나감을 비유. 8 소소낙목(蕭蕭落木): 쓸쓸히 떨어지는 나뭇잎. 9 향혼옥골(香魂玉骨): 향기로운 정신과 옥 같은 육체. 쥬루만협(珠淚滿頰): 구슬 같은 눈물이 뺨에 가득함. 11 츈슈만ᄉᆞ튁(春水滿四澤): 봄철의 물이 사방의 못에 가득함. 도연명(陶淵明)

창에 기대어 앉아 산속 구름과 바다 위의 달을 바라본들, 속절없이 끊어지는 간장을 누구에게 말할 것인가? 밤에 깊이 못 든 잠을 낮베개에 잠깐 드니, 꿈속에서 서로 만나 그리운 말할 때에, 경박하게도 한 쌍의 나비가 두견새 소리에 흩어지니, 본 것 같기도 하고 보지 못한 것 같기도 하여 황홀하다. 꿈인지 생시인지 분별할 제, 흐트러진 가발 장식한 머리에 비녀 꽂기를 잊었구나. 추월춘풍 사계절은 베올에 북 지나듯 빨리 가고, 고요하여 홀로 앉아 있으니 생각나는 건 임뿐이라. 쓸쓸히 떨어지는 낙엽에 바람이 불어 휘날리는 옷깃이라. 임의 향기로운 정신과 아름다운 모습 사라질 때 구슬 같은 눈물은 뺨에 가득하구나. 보고 지고 우리 낭군, 어찌 그리 못 오는고? 봄철에 물이 사방의 연못에 가득하니 물이 막혀 못 오시나? 여름 구름이 기이한 봉우리를 무수히 지으니 산이 높아 못 오시나? 가련한 이 밤은 어느 창가에서 묵느라 사랑 괴어 못 오시나? 주마투계에 빠져 돌아오지 못한다더니 노름에 빠져 못 오시나?

오늘이나 편지 올까, 내일이나 소식 올까? 응당 한 번 오련만 이럴 리가 없으리다. 바라보니 아득하고 생각하니 목이 멘다. 독수공방의 미인이 홀로 그리워한다더니 나를 두고 이른 말이로다. 동쪽 정원에 복숭아꽃과 오얏꽃이 피는 잠깐이 봄이라더니 늦은 봄 삼월에 수심 가득하고, 빈산에 낙엽 지고 빗소리 쓸쓸하더니 남풍 부는 사월에 수심 가득하구나. 오동나무에 밤비 내려

의 「사시(四時)」에서 차용. 하운(夏雲)이 다긔봉(多奇峰): 여름 구름은 여러 가지로 기이한 봉우리 같은 모양을 함. 도연명의 「사시」에서 차용. 13 쥬마투계유미환(走馬鬪鷄猶未還): 말 달리기와 투계 놀이에 빠져서 아직 돌아오지 않음. 18 동원도리편시츈(東園桃李片時春): 동쪽 정원에 있는 복숭아꽃과 오얏꽃이 피는 잠깐 동안의 봄. 19 공산낙목우소소(空山落木雨蕭蕭): 빈산에 낙엽이 지고 비 내리는 소리가 쓸쓸함.

실솔셩(蟋蟀聲)이 슈심(愁心)이오, 겨울 가고 봄이 오니 송구영신(送舊迎新) 슈심(愁心)이라. 비취금(翡翠衾), 원앙침(鴛鴦枕), 공작병(孔雀屛), 합환션(合歡扇)이 호ᄉᆞ(豪奢)도 되려니와, 연분(緣分)을 위ᄒᆞᆫ 뜻지 이졔로 보와ᄒᆞ니 니별(離別)이 슈심(愁心)일다. 니별(離別)에 설운 뜻을 눌다려 니를손냐? 가슴이 다 타오니 님 그리ᄂᆞᆫ 화렬(火熱)이오, 눈셥의 ᄆᆡ친 한(恨)이 님 그리ᄂᆞᆫ 화렬(火熱)이라. 혈육(血肉)으로 삼긴 몸이 이리 설고 엇디 살니? 나 쥭고 님 쥭으면 그졔야 원슈(怨讐) 되야, 나 조코 님 조흐면 그 아니 연분(緣分)인가?

니졍(李靖)의 홍불기(紅拂妓)ᄂᆞᆫ 남복(男服)으로 종군(從軍)ᄒᆞ고, 탁문군(卓文君)의 봉구황(鳳求凰)이 고금(古今)이 다를만졍 인심(人心)이야 다를숀냐. 왕소군(王昭君), 반쳡여(班婕妤)ᄂᆞᆫ 고금(古今)이나 상ᄉᆞ일념(相思一念) 원(願)ᄒᆞ기야 마음은 ᄒᆞᆫ가지라. 셔왕모(西王母)의 청됴연(靑鳥緣)과 소즁낭(蘇中郞)의 흰 기럭기 이런 ᄯᅢ의 잇실진ᄃᆡ 소식(消息)이나 젼(傳)ᄒᆞᆯ 거슬. 화월(花月)갓치 맑은 얼골 표표(表表)ᄒᆞ여 눈의 암암(暗暗), 건곤(乾坤)은 유의(有意)ᄒᆞ여 우리 둘을 삼겻ᄂᆞᆫᄃᆡ, 셰월(歲月)은 무졍(無情)ᄒᆞ여 옥빈홍안(玉鬢紅顔)이 공뇌(空老ㅣ)로다. 나며 들며 오락가락 님 가든 길 바라보니, 이ᄂᆡ 상ᄉᆞ(相思) 허ᄉᆡ(虛事ㅣ)로다. 무졍(無情) 셰월(歲月)은 물 흐르듯 도라가고, 유의(有意)ᄒᆞᆫ 우리 인ᄉᆡᆼ(人生) 이별(離別)의 다 늙는다. 녀관한등(旅館寒燈)에 ᄀᆡᆨ회(客懷)도 슯흐거든, 벽창공방(碧窓空房)

---

1 **실솔셩**(蟋蟀聲): 귀뚜라미 소리. 3 **합환션**(合歡扇): 비단으로 만든 부채. 원문의 '합환연'은 '합환션'으로 바로잡았음. 9 **니졍**(李靖)**의 홍불기**(紅拂妓): 당나라 태종 때 이정이 양소(楊素)를 만났을 때 많은 희첩(姬妾) 가운데 홍불기가 그의 영웅적 기상을 알아보고 따랐음. 10 **탁문군**(卓文君)**의 봉구황**(鳳求凰): 한나라 탁왕손의 딸 문군이 사마상여(司馬相如)를 유혹하려고 부른 봉구황곡. 11 **왕소군**(王昭君): 중국의 4대 미녀 중 하나인 왕소군. 왕소군이 비파를 타는 모습에 반한 기러기가 날갯짓마저 잊어버려 땅에 떨어졌다는 고사가

잠이 깨니 귀뚜라미 소리에 근심이요, 겨울 가고 봄이 오니 보내고 맞는 것은 수심뿐이라. 비취색 비단 이불과 원앙 수놓은 베개, 공작 그린 병풍, 비단 부채는 사치스럽기도 하려니와, 연분을 위한 뜻이 이제 보니 이별의 근심일 뿐이네. 이별의 설운 뜻을 누구더러 이를쏘냐? 가슴이 다 타오니 임 그리는 화병이요, 눈썹에 맺힌 한이 임 그리는 화병이라. 피와 살로 생긴 몸이 이리 서러워 어찌 살리? 나 죽고 임 죽으면 그제야 원수 되어, 나 좋고 임 좋으면 그 아니 연분인가?

이정을 만난 홍불기는 남복으로 종군하고, 탁문근의 봉구황곡은 고금이 다를망정 사람의 마음이야 다를쏘냐. 왕소군과 반첩여는 지금 사람이 아니지만 그리워하는 한결같은 마음이야 한가지라. 서왕모의 청조와 소중랑의 흰 기러기가 이런 때에 있을진대 소식이나 전할 것을. 꽃과 달처럼 맑은 얼굴은 표표하여 눈앞에 어른거리고, 천지는 뜻이 있어서 우리 둘을 단들었는데, 세월은 무정하여 옥 같은 귀밑머리와 붉은 빰이 헛되이 늙는구나. 나며 들며 오락가락 임 가던 길을 바라보니, 이나 그리움이 허사로다. 무정한 세월은 물 흐르듯 돌아가고, 뜻이 있던 우리 인생 이별에 다 늙는다. 객지 여관의 쓸쓸한 등불 아래 나그네 회포도 슬프거든, 푸른 창 빈방에서 맞는 임과의 이별을 말해

전해짐. 반쳡여(班婕妤): 한나라 성제(成帝)의 총애를 받은 후궁. 12 셔왕모(西王母)의 쳥됴연(靑鳥緣): 선녀 서왕모와 한무제 사이를 연락하던 청조의 인연. 13 소즁낭(蘇中郞)의 흰 기럭기: 한나라의 소무(蘇武)가 흉노에 억류되었을 때 백서(帛書)를 발에 매달아 보낸 흰 기러기. 15 암암(暗暗): 어른거리는 듯함. 16 옥빈홍안(玉鬢紅顔): 옥 같은 귀밑머리와 붉은 얼굴. 즉, 아름다운 젊은이를 이르는 말. 17 공뇌(空老ㅣ)로다: 헛되이 늙는구나. 20 녀관한등(旅館寒燈): 객지 여관방의 차가움이 느껴지는 쓸쓸한 등불.

의 님 이별(離別)을 니를손가? 공산야월(空山夜月) 졈문 날과 쳔음월흔우습(天陰月痕雨濕)ᄒᆞᆯ 제, 깁을 둘너 초혼(招魂)ᄒᆞ면 영이별(永離別)이 이ᄶᅥᆨ로다.

져근덧 가ᄆᆡ(假寐)ᄒᆞ여 ᄭᅮᆷ의나 보ᄌᆞ ᄒᆞ되, 슈심(愁心) 겨워 잠 못 드ᄂᆡ. 타긔황잉(打起黃鶯) 져 ᄭᅬᄭᅩ리 막교지상(莫敎枝上) 우지 마라. 네 우름의 잠 못 닐워 님의 곳의 못 갈노라. 신무우익(身無羽翼)ᄒᆞ니 바라본들 어이ᄒᆞ리? 셰류츈풍(細柳春風) 져문 날과 오동청노츄월야(梧桐淸露秋月夜)의 이리 그리고 엇지 살니? 달은 밝고 바람은 찬ᄃᆡ 밤은 길고 잠 업셰라. 녯일을 솜솜 셰아리니 엇지 아니 설운손야. 덕급금슈(德及禽獸) 탕(湯)님군도 하걸(夏桀)의 포악(暴惡)으로 하ᄃᆡ옥(夏臺獄)의 갓쳣다가 도로 노혀 셩군(聖君) 되고, 만고셩현(萬古聖賢) 공부ᄌᆞ(孔夫子)도 광(匡) ᄯᅡ히 욕(辱)을 보나 도로 노혀 셩현(聖賢) 되고, 명덕신민(明德新民) 쥬문왕(周文王)도 상쥬(商紂)의 음학(淫虐)으로 뉴리옥(羑里獄)의 갓쳣다가 도로 노혀 셩군(聖君) 되고, 정츙ᄃᆡ절(精忠大節) 소즁낭(蘇中郎)도 흉노(匈奴)의게 잡혀가셔 북ᄒᆡ상(北海上)의 갓쳣다가 고국(故國)으로 도라오니, 이런 일노 보아셔ᄂᆞᆫ ᄋᆡᄆᆡ(曖昧)ᄒᆞᆫ 이ᄂᆡ 몸이 ᄒᆡᆼ혀나 옥(獄)의 나셔 셰상(世上) 구경(求景) 다시 ᄒᆞᆯ가?

ᄋᆡ고ᄋᆡ고, 설운지고! 쥬야댱텬(晝夜長川) 우름 운들 슈절츈향(守節春香) 젼혀 업다. 오날이나 방송(放送)ᄒᆞᆯ가, ᄂᆡ일(來日)이나 ᄃᆡᄉᆞ(大赦)ᄒᆞᆯ가? 밤낫으로 기ᄃᆞ리나 노흘 ᄯᅳᆺ은 젼혀 업고, 취즁(醉

1 **쳔음월흔우습**(天陰月痕雨濕): 흐린 새벽녘에 비가 내려서 습기가 참. 원문의 '월혼'은 '월흔'으로 바로잡았음. 2 **깁**: 명주실로 조금 거칠게 짠 비단. **초혼**(招魂): 사람이 죽었을 때 그 혼을 소리쳐 부르는 일. 4 **가ᄆᆡ**(假寐): 궁중어로, 낮잠을 잔다는 의미. 5 **타긔황잉**(打起黃鶯): 잠자는 꾀꼬리를 깨움. **막교지상**(莫敎枝上) **우지 마라**: 나뭇가지 위에서 울게 하지 마라. 6 **신무우익**(身無羽翼): 몸에 날개가 없음. 10 **덕급금슈**(德及禽獸) **탕**(湯)**님군**: 덕이

무엇하겠는가? 공산야월의 저문 날과 흐린 새벽녘 비 내려 습할 때, 깁을 둘러 초혼하면 영이별이 이때로다.

어느덧 낮잠이 들어 꿈에나 보자 하되, 수심에 겨워서 잠 못 드네. 잠자는 꾀꼬리를 깨워 나뭇가지 위에서 울게 하지 마라. 네 울음 소리에 잠 못 이뤄 임 계신 곳에 못 갈레라. 몸에 날개가 없으니 바라본들 어이하리? 가는 버들이 봄바람에 나부끼는 저문 날과 오동잎에 맑은 이슬이 맺히는 가을밤에 이리 그리워하고 어찌 살리? 달은 밝고 바람은 찬데 밤은 길고 잠 없어라. 옛일을 곰곰 헤아리니 어찌 아니 서러울쏘냐. 덕이 금수에게도 미쳤다는 탕임금도 하나라 걸왕의 포악을 만나 하대옥에 갇혔다가 도로 놓여 성군 되고, 만고의 성현 공자님도 광 땅에서 욕을 보았으나 도로 놓여나 성현 되고, 밝은 덕을 백성에게 베푼 주나라 문왕도 은나라 주왕의 음해로 유리옥에 갇혔다가 도로 놓여 성군 되고, 맑은 충성과 큰 절개를 지킨 소중랑도 흉노에게 잡혀가서 북해에 갇혔다가 고국으로 돌아왔으니, 이런 일로 보아서는 애매한 이내 몸이 행여나 옥에서 풀려나 세상 구경을 다시 할까?

애고애고, 설운지고! 주야장천 울음 운들 수절 춘향이는 살길이 전혀 없네. 오늘이나 방송할까, 내일이나 대사할까? 밤낮으로 기다리나 놓아줄 뜻은 전혀 없고, 취중에 주망 나면 때때로 올려

날짐승과 길짐승에까지 미쳤다는 탕임금. 13 명덕신민(明德新民) 쥬문왕(周文王): 덕이 많고 백성을 사랑하던 주나라 문왕. 상쥬(商紂): 폭군으로 알려진 은나라 주왕. 14 음학(淫虐): 매우 잔악함. 원문의 '음악'은 '음학'으로 바로잡았음. 15 졍츙딕졀(精忠大節): 빼어난 충성과 큰 절개. 원문의 '졍츈'은 '졍츙'으로 바로잡았음. 20 방송(放送): 죄인을 감옥에서 나가도록 풀어주던 일. 21 딕ᄉ(大赦): 사면(赦免).

中)의 쥬망(酒妄) 나면 ᄡᅧᆨᄡᅧᆨ 올녀 즁장(重杖)ᄒᆞ여, 월삼동추(月三同推) 좌기(坐起)마다 지만(遲晩)ᄒᆞ라 슈죄(數罪)ᄒᆞᆫ들, 송ᄇᆡᆨ(松柏)갓치 구든 졀ᄀᆡ(節槪) 북풍한셜(北風寒雪) 두려ᄒᆞ랴?

ᄋᆡ고, 이를 어이ᄒᆞ리? 죽을밧긔 ᄒᆞᆯ일업다. ᄇᆡᆨ병(百病)이 층ᄉᆡᆼ(層生)ᄒᆞ니 속졀업시 나 죽깃네. 우리 도령님 한 번(番)만 보고 지고. 한 번(番) 보고 그ᄶᅧᆨ 죽어도 한(恨)이 업고, 즉금(卽今) 죽어도 한(恨)이 업고, 이 ᄌᆞ리에 죽어도 한(恨)이 업깃네. 이 몸이 죽기 젼(前)의 아모조록 보고 지고, 알프기도 긔지업고 칩기도 가이업다. 마ᄃᆡ마ᄃᆡ 셕ᄂᆞᆫ 간장(肝腸) 드ᄂᆞᆫ 칼노 졈여 ᄂᆡ여, 산호상(珊瑚箱) ᄇᆡᆨ옥함(白玉函)의 졈졈이 담아다가 님의 눈의 뵈고 지고. 보신 후(後)의 셕어진들 관겨ᄒᆞ랴? 쳡쳡(疊疊)히 놉흔 봉(峰)의 ᄌᆞ고 가ᄂᆞᆫ 져 구름아, 나의 슬픈 눈물 빗발 삼아 품어다가, 님 계신 옥창(獄窓) 밧긔 ᄲᅮ려 주렴. 이럿트시 앏흔 몸이 님을 보면 나흐리라.”

「슈심가(愁心歌)」를 지어ᄂᆡ니,

“ᄂᆡ 몸이 녀ᄌᆞ(女子) 되고 군ᄌᆞ(君子)를 ᄉᆞ모(思慕)ᄒᆞ나, ᄇᆡᆨ일(白日)이 무졍(無情)ᄒᆞ여 셰월(歲月)이 깁허 가니, 젼젼반측(輾轉反側)ᄒᆞ미 쳥춘(靑春)이 가셕(可惜)이라. 삼츈(三春)의 깁흔 병(病)이 골슈(骨髓)의 드러시니, 가슴에 셕은 피를 편작(扁鵲)인들 어이ᄒᆞᆯ고? 문젼뉴(門前柳) 창외ᄆᆡ(窓外梅)ᄂᆞᆫ 가지마다 츈ᄉᆡᆨ(春色)이니, 금ᄉᆞ(金絲)로 ᄆᆡᄌᆞᆺ시며 ᄇᆡᆨ셜(白雪)노 다듬엇다. 무한츈광(無限春光)은 어이ᄒᆞ여 나의 회포(懷抱)를 도도ᄂᆞᆫ뇨? 인ᄉᆡᆼ부득ᄀᆡᆼ소년(人生不得更少年)은 나도 잠간(暫間) 알것마ᄂᆞᆫ, 동원도리편시츈(東園桃李片時春)

1 즁장(重杖): 곤장으로 몹시 쳐서 엄중하게 다스리던 형벌. 월삼동추(月三同推) 좌기(坐起)마다: 한 달에 세 번 관청의 원이 나랏일을 다스릴 때마다. 원문의 '동초'는 '동추'로 바로잡았음. 2 지만(遲晩): 예전에 죄인이 자기 죄를 인정할 때 '너무 오래 속여서 미안하다'라는 뜻으로 이르던 말. 슈죄(數罪): 범죄 행위를 들추어냄. 4 ᄇᆡᆨ병(百病)이 층ᄉᆡᆼ(層生): 갖

서 모진 매를 때리고, 한 달에 세 번 심문 때마다 자백하라 수죄한들, 송백같이 굳은 절개 북풍한설을 두려워하랴?

애고, 이를 어이하리? 죽을밖에 하릴없다. 온갖 병이 거듭 생기니 속절없이 나 죽겠네. 우리 도련님을 한 번만 보고 지고. 한 번 보고는 그때 죽어도 한이 없고, 지금 죽어도 한이 없고, 이 자리에서 죽어도 한이 없겠네. 이 몸이 죽기 전에 아무쪼록 보고 지고. 아프기도 그지없고 춥기도 끝이 없다. 마디마디 썩는 간장을 잘 드는 칼로 저며 내어, 산호상 백옥함에 점점이 담아다가 임의 눈에 뵈고 지고. 보신 후에야 썩어진들 관계하랴? 첩첩이 높은 봉우리에 자고 가는 저 구름아, 나의 슬픈 눈물을 빗발 삼아 품어다가, 임 계신 옥창 밖에 뿌려 주렴. 이렇듯이 아픈 몸이 임을 보면 나으리라."

「수심가」를 지어내니,

"내 몸이 여자 되어 군자를 사모하나, 밝은 해는 무정하여 세월이 깊어 가니, 뒤척이며 잠 못 들어 청춘이 애석하네. 삼춘에 깊은 병이 골수에 들었으니, 가슴에 썩은 피를 편작인들 어찌할까? 문 앞의 버드나무와 창밖의 매화는 가지마다 봄빛이니, 금실로 맺었으며 흰 눈으로 다듬었네. 한없는 봄빛은 어찌하여 나의 회포를 돋우느냐? 인생은 다시 소년이 될 수 없다는 것을 나도 잠깐 알건마는, 동쪽 뜰에 복숭아꽃과 오얏꽃이 피는 짧은

가지 병이 거듭 생겨남. 14 「슈심가(愁心歌)」: 구슬픈 곡조로 인생의 허무함을 노래한 잡가의 한 편. 16 젼젼반측(輾轉反側): 누워서 몸을 이리저리 뒤척이며 잠을 이루지 못함. 18 편작(扁鵲): 중국 전국 시대의 의사. 19 문젼뉴(門前柳) 창외미(窓外梅): 문 앞의 버들과 창밖의 매화.

을 님은 어이 모로ᄂᆞᆫ고? 탁문군(卓文君)의 거문고를 남산(南山) 송ᄇᆡᆨ슈(松柏樹)로 월노승(月老繩) ᄆᆡᄌᆞᄂᆡ여, 우리 인연(因緣) 믯고 지고. 「쥭지ᄉᆞ(竹枝詞)」와 「ᄆᆡ화곡(梅花曲)」을 님의 일흠 숨아 더져두고, 무인셩월(無人聲月) 황혼(黃昏)의 한숨 셧거 노ᄅᆡᄒᆞᆫ들 그 뉘라셔 ᄎᆞᄌᆞ오리. 창텬(蒼天)이 알 니 업고 야ᄉᆡᆨ(夜色)이 쳐량(凄凉)ᄒᆞ다. 상ᄉᆞ일념(相思一念) 못 니긔여 북창(北窓)을 의지(依支)ᄒᆞ니, ᄉᆡ벽 셔리 찬 바람의 슯히 우ᄂᆞᆫ 져 홍안(鴻雁)아, 요량한셩(嘹亮罕聲)의 남은 간장(肝腸) 다 셕ᄂᆞᆫ다. 나의 회포(懷抱) 그려ᄂᆡ여 님의 곳의 보ᄂᆡ고져. 인비목셕(人非木石)이니 어이 아니 감동(感動)ᄒᆞ리! 어와, ᄂᆡ 일이여! 약슈(弱水) 삼천니(三千里)의 쳥죠(青鳥)를 바라거늘, 동풍작야우(東風昨夜雨)의 몽혼(夢魂)이 날것고나. 쳥ᄉᆞ(青蛇), ᄇᆡᆨ녹(白鹿)이 길을 그릇 인도(引導)ᄒᆞ여 님의 곳을 아니가고 거믜쥴의 걸녓시니, 가셕(可惜)ᄒᆞ다 나의 신세(身世), 홍안박명(紅顔薄命) 가련(可憐)ᄒᆞ다. 어와, 셜운지고! 이 ᄉᆡᆼ(生)에 품은 한(恨)을 후ᄉᆡᆼ(後生)의나 즐기려 원(願)ᄒᆞᄂᆞ니, 텬지일월셩신후토(天地日月星辰后土)ᄂᆞᆫ 어엿비 녁이쇼셔!"

어미ᄃᆞ려 니른 말이,

"ᄂᆡ가 만일(萬一) 죽거들낭, 뉵진장포(六鎭長布)로 즐ᄉᆞᆫ 동혀 명산ᄃᆡ쳔(名山大川) 뭇지 말고, 한양셩ᄂᆡ(漢陽城內) 올녀다가 ᄃᆡ로쳔변(大路川邊) 뭇더 쥬면, 도령(道令)님 왕ᄂᆡ시(往來時)에 음셩(音聲)이나 드러보셰."

츈향(春香)어미 ᄒᆞᄂᆞᆫ 말이,

---

3 「쥭지ᄉᆞ(竹枝詞)」: 향토의 풍경이나 풍속 등을 묘사한 십이가사의 한 편. 「ᄆᆡ화곡(梅花曲)」: '매화타령'이라고도 하는 십이가사의 한 편. 4 **무인셩월**(無人聲月): 사람의 소리는 없고 달만 떠 있음. 즉, 외로운 상태를 비유. 7 **요량한셩**(嘹亮罕聲): 맑고 은은한 소리가 이

봄을 임은 어찌 모르는가? 탁문군의 거문고를 남산의 소나무와 잣나무로 만들고 월하노인의 끈으로 맺어내어, 우리 인연 맺고 지고. 「죽지사」와 「매화곡」을 임의 이름 삼아 던져두고, 사람 소리는 없고 달만 떠 있는 황혼녘에 한숨 섞어 노래한들 그 뉘라서 찾아오리. 푸른 하늘이 알 리 없고 밤빛이 처량하다. 그리운 마음을 못 이겨 북창을 의지하니, 새벽 서리 찬 바람에 슬피 우는 저 기러기야, 맑고 찬 네 소리에 남은 간장 다 썩는다. 나의 회포 그려내어 임 계신 곳에 보내고져. 사람이 목석이 아닐진대 어찌 아니 감동하리! 어와, 내 일이여! 약수 삼천 리에 소식을 전하던 청조를 바라거늘, 봄바람 불던 어젯밤 비에 꿈속 혼이 날아가겠구나. 푸른 뱀과 흰 사슴이 길을 그릇 인도하여 임 계신 곳에 아니 가고 거미줄에 걸렸으니, 안타깝다 나의 신세, 예쁜 얼굴에 박명하니 가련하다. 어와, 설운지고! 이생에 품은 한을 후생에나 즐기려 원하나니, 천지 일월성신 후토신은 불쌍히 여기소서!"

어미에게 이른 말이,

"내가 만일 죽거들랑, 육진 장포로 질끈 동여매어 명산대천에 묻지 말고, 한양 성내에 올려다가 큰 길 개천가에 묻어 주면, 도련님 왕래할 때 음성이나 들어보세."

춘향어미 하는 말이,

따금씩 들림. 15 텬지일월셩신후토(天地日月星辰后土): 천지와 일월과 별과 땅의 신들. 17 뉵진장포(六鎭長布): 함경도 육진에서 나던 한 필의 치수가 긴 베. 18 명산딕쳔(名山大川): 이름난 산과 커다란 내.

"경(景) 업슨 쇼릐 ᄒᆞ지 마라. 도령(道令)님이 쑴의나 너를 ᄉᆡᆼ각ᄒᆞ랴? 소견(所見) 업시 ᄉᆡᆼ각 말고 미음(米飮)이나 먹어 보라. 네 병셰(病勢)를 요량(料量)ᄒᆞ니 회츈(回春)ᄒᆞ기 망연(茫然)ᄒᆞ다. 님 그리ᄂᆞᆫ 상ᄉᆞ병(相思病)과 ᄆᆡ 마즌 장독증(杖毒症)에 음식(飮食)을 젼폐(全廢)ᄒᆞ고, 산 귀신(鬼神)이 되것고나. 집안 즙물(什物) 방ᄆᆡ(放賣)ᄒᆞ여 의원(醫員)에게 문병(問病)ᄒᆞ고 무녀(巫女)의게 굿슬ᄒᆞ여 살니기로 ᄋᆡ를 쁜들, 님 그리ᄂᆞᆫ 상ᄉᆞ병(相思病)에 무숨 효험(效驗) 잇슬쇼냐?"

츈향(春香)이 ᄃᆡ답(對答)ᄒᆞᄃᆡ,

"아모것도 나ᄂᆞᆫ 슬소. 혈육(血肉)으로 삼긴 몸이 이리 셟고 어이 살니. 쥭ᄌᆞ 하니 쳥츈(靑春)이오 ᄉᆞᄌᆞ ᄒᆞ니 고ᄉᆡᆼ(苦生)이라. 젼ᄉᆡᆼ(前生) 죄악(罪惡) 아닐진ᄃᆡ 가즁동토(家中動土) 경녕(丁寧)ᄒᆞ다. 획죄어쳔(獲罪於天)이면 무소도지(無所禱之)라 ᄒᆞ여시니, 지셩(至誠)으로 긔도(祈禱)ᄒᆞ면 관지구셜(官災口舌) 소멸(消滅)ᄒᆞᆯ가?"

튁일독경(擇日讀經)ᄒᆞ랴 ᄒᆞ고 온갖 경문(經文) 츅원(祝願)ᄒᆞᆫ다. 불셜텬디팔양경(佛說天地八陽經)과 삼귀삼지삼직경(三鬼三地三災經)에 금강경(金剛經), ᄐᆡ셰경(太歲經), 공작경(孔雀經), 반야경(般若經), 됴왕경(竈王經), 텬슈경(千手經), 도익경(導厄經)을 다 닑으며 안튁경(安宅經)도 닑으리라.

"여시아문(如是我聞). 일시(一時) 불(佛) 공장보살(空藏菩薩), 관셰음보살(觀世音菩薩)."

---

3 **요량**(料量): 잘 헤아려 생각함. 11 **가즁동토**(家中動土): 지신(地神)의 성냄을 입어 재앙을 받는 일. 즉, 온 집안이 동티를 만남. 12 **획죄어쳔**(獲罪於天): 하늘에 죄를 지음. **무소도지**(無所禱之): 하늘에 기도해도 아무 소용이 없음. 13 **관직구셜**(官災口舌): 관에서 오는 구설수. 원문의 '귀셜'은 '구셜'로 바로잡았음. 14 **튁일독경**(擇日讀經): 액을 쫓아내고자 좋은 날을 택하여 경문(經文)을 읽음. 15 **불셜텬디팔양경**(佛說天地八陽經): 토지신으로 인해 생긴 액을 풀기 위해 읽는 무교의 경. **삼귀삼지삼직경**(三鬼三地三災經): 수재, 화재, 풍재나 질역(疾疫), 기근을 물리치는 무교의 경. 16 **금강경**(金剛經): 공(空)의 논리로 최상의 지혜

"경황 없는 소리 하지 마라. 도련님이 꿈에나 너를 생각하랴? 소견 없이 생각 말고 미음이나 먹어 보라. 네 병세를 헤아리니 회춘하기 막막하다. 임 그리는 상사병과 매 맞은 장독증에 음식을 전폐하니, 산 귀신이 되겠구나. 집안 집물을 내다팔아 의원에게 병을 묻고 무녀에게 굿을 하여 살리기로 애를 쓴들, 임 그리는 상사병에 무슨 효험 있을쏘냐?"

춘향이 대답하되,

"아무것도 나는 싫소. 혈육으로 생긴 몸이 이렇게 서러워서 어찌 살리. 죽자 하니 청춘이요 살자 하니 고생이라. 전생 죄업이 아닐진대 집안의 동티가 분명하다. 하늘에 죄를 지으면 빌어도 소용없다 하였으니, 지성으로 기도하면 관재구설 소멸할까?"

택일하여 경을 읽으리라 하고 온갖 경문으로 축원을 한다. 부처가 설법한 천지팔양경과 삼귀와 삼지, 삼재를 내쫓는 경에, 금강경, 태세경, 공작경, 반야경, 조왕경, 천수경, 도액경을 다 읽으며 안택경도 읽으리라.

"나는 이렇게 들었노라. 한때 부처님께서 공장보살, 관세음보살."

를 깨닫게 해주는 불가 대승불경의 하나. 티셰경(太歲經): 무교 경전의 하나. 공작경(孔雀經): 공작명왕(孔雀明王)의 신주(神呪)를 실은 불경. 반야경(般若經): 대승불교 반야사상의 핵심을 담은 경전인 반야심경(般若心經). 17 됴왕경(竈王經): 부엌을 관장하는 조왕신의 공덕을 기록한 경전. 텬슈경(千手經): 천수관음(千手觀音) 보살의 공덕을 기록한 불경. 도익경(導厄經): 무교 경전의 하나. 18 안틱경(安宅經): 집안의 재앙을 없애고 복을 빌 때 읽던 무가의 경. 19 여시아문(如是我聞): 불경의 서두에 나오는 표현으로, '나는 부처님의 말씀을 이렇게 들었다'라는 뜻. 공장보살(空藏菩薩): 허공장보살(虛空藏菩薩)을 지칭.

온갓 경(經)을 다 닑으며 무당(巫堂) 드려 굿슬 ᄒᆞᄃᆡ,

"야곽산초(野郭山草)는 삼천쥭절(三千竹節)노 풍덩 드리쳐 쇳구경 가랴 ᄒᆞ오."

이렷트시 굿슬 ᄒᆞᄃᆡ, 반졈(半點) 효험(效驗)이 업셔시니,

"이를 엇지ᄒᆞ잔 말고? 속졀업시 나 죽깃ᄂᆡ!"

츈향(春香)어미 슬피 울며,

"ᄋᆡ고ᄋᆡ고, 설운지고! 나의 팔ᄌᆡ(八字ㅣ) 긔박(奇薄)ᄒᆞ여 삼종의탁(三從依托) 다 바렷다. 조상부모(早喪父母) ᄌᆞ라나셔, 즁년(中年)의와 상부(喪夫)ᄒᆞ고 말년(末年)의 와 너 하나흘 두엇더니, 져 지경(地境)이 되여시니 눌 바라고 사ᄌᆞᄂᆞ니? 한군ᄉᆞ(漢軍師) 졔갈냥(諸葛亮)도 갈츙보국(竭忠報國)ᄒᆞ랴다가 오장원(五丈原) 츄야월(秋夜月)에 장셩(將星)이 ᄯᅥ러지고, 등피셔산(登彼西山) ᄇᆡᆨ이슉졔(伯夷叔齊) 불ᄉᆞ이군(不事二君)ᄒᆞ려다가 슈양산즁(首陽山中) 아ᄉᆞ(餓死)ᄒᆞ고, 쥬류텬하(周遊天下) ᄀᆡᄌᆞ츄(介子推)도 할고ᄉᆞ군(割股事君)ᄒᆞ려다가 면산(綿山) 즁(中)에 불타 쥭고, 삼녀ᄃᆡ부(三閭大夫) 굴원(屈原)이도 위국진튱(爲國盡忠) ᄋᆡᄡᅳ다가 멱나슈(汨羅水)의 ᄊᆡᆨ져 잇다. 너도 렬녀(烈女) 되려거든 ᄀᆡ쳔(川) 굼긔나 ᄊᆡᆨ지려무나! 너를 ᄇᆡᆨ고 조심(操心)홀 졔, 셕부졍부좌(席不正不坐)ᄒᆞ고 할부졍불식(割不正不食)ᄒᆞ며, 목불시샤ᄉᆡᆨ(目不視邪色)ᄒᆞ고 됵부답위지(足不踏危地)ᄒᆞ여, 십삭(十

---

7 **삼종의탁**(三從依托): 조선시대에 여자가 지켜야 했던 세 가지 도리. 즉, 어려서는 아버지를, 결혼해서는 남편을, 남편이 죽은 후에는 아들을 좇아야 한다는 것. 8 **조상부모**(早喪父母): 어려서 부모를 여읨. 11 **갈츙보국**(竭忠報國): 충성을 다하여서 나라의 은혜를 갚음. **오장원**(五丈原) **츄야월**(秋夜月)**에 장셩**(將星)**이 ᄯᅥ러지고**: 오장원의 가을 달밤에 장군별이 떨어지고. 13 **불ᄉᆞ이군**(不事二君): 두 임금을 섬기지 않음. 14 **할고ᄉᆞ군**(割股事君): 허벅지 살을 베어 왕을 먹임. 진나라 문공의 망명 시절에 개자추(介子推)가 자신의 허벅지 살을 베어내 임금의 굶주림을 달래게 한 것을 이르는 말. 15 **삼녀ᄃᆡ부**(三閭大夫): 초나라의 소

온갖 경전을 다 읽으며 무당 들여 굿을 하되,

"야곽산초는 삼천죽절로 풍덩 들이쳐 꽃구경 가려 하오."

이렇듯이 굿을 하되, 반점도 효험이 없었으니,

"이를 어찌하잔 말인고? 속절없이 나 죽겠네!"

춘향어미 슬피 울며,

"애고애고, 설운지고! 나의 팔자가 기박하여 삼종의탁 다 버렸다. 어려서 부모를 여의고 자라나서, 중년에 와서는 남편을 잃고 말년에 너 하나를 두었더니, 저 지경이 되었으니 누구를 바라고 살자느냐? 한나라 군사 제갈량도 충성을 다해 나라의 은혜를 갚으려다가 오장원에서 가을 달밤에 장성이 떨어지듯 죽었고, 서산에 올라 고사리 캐던 백이와 숙제도 두 임금을 섬기지 않으려다 수양산 속에서 굶어죽고, 천하를 돌아다니던 개자추도 허벅지 살로 임금을 구했지만 면산에서 불타 죽고, 삼려대부 굴원이도 나라 위해 충성을 다하며 애쓰다가 멱라수에 빠져 있다. 너도 열녀가 되려거든 개천 구멍에나 빠지려무나! 너를 배고 조심할 제, 자리가 바르지 않으면 앉지 않고 바르게 자른 음식이 아니면 먹지 않았으며, 눈으로는 사악한 것을 보지 않고 발로는 위험한 곳을 밟지 아니하여, 열 달 동안 몸을 좋게 가져 너를 낳아 기를

(昭), 굴(屈), 경(景) 세 귀족 집안을 다스리던 벼슬. **굴원**(屈原): 초나라의 시인으로, 남방 문학을 대표하는 초사(楚辭)의 시형(詩形)을 처음 이루고 삼려대부(三閭大夫)에 올랐으나, 소인들의 무고로 두 번이나 추방되어 강남을 떠돌다 멱라수(汨羅水)에 몸을 던졌음. 17 **굼긔**: 구멍. 18 **셕부졍부좌**(席不正不坐): 자리가 바르지 않으면 앉지 않음. 태교의 하나. **할부졍불식**(割不正不食): 자른 것이 바르지 않으면 음식을 먹지 않음. 19 **목불시사식**(目不視邪色): 눈으로 사악한 행색을 보지 않음. **독부답위지**(足不踏危地): 위험한 곳은 밟지 않음. **십삭**(十朔): 열 달.

朔) 몸을 조히 가져 너를 나하 기를 젹에, 즌ᄌᆞ리는 ᄂᆡ가 눕고 마른 ᄌᆞ리 너를 뉘여, 부즁싱남즁싱녀(不重生男重生女)를 너를 두고 니ᄅᆞ미라. ᄎᆡ단(綵緞)으로 몸을 ᄡᆞ고 보옥(寶玉)으로 장식(裝飾)ᄒᆞ여 말년영화(末年榮華) 보잣더니, 홍안박명(紅顏薄命) 네로고나. 져리 될 쥴 엇지 알니!”

이럿ᄐᆞ시 초조(焦燥)ᄒᆞ여 쥬야(晝夜) 업시 셔로 붓들고 우름으로 세월(歲月)을 보ᄂᆡ나, 니도령(李道令)의 쇼식(消息)은 마참ᄂᆡ 묘연(渺然)ᄒᆞ더라.

ᄎᆞ셜(且說), 니도령(李道令)은 경셩(京城)으로 올나와셔, 은근(慇懃)이 져를 위(爲)ᄒᆞᆫ 졍(情)이 가슴의 못시 되고 오장(五臟)의 불이 되어, 운산(雲山)을 창망(悵望)ᄒᆞᄆᆡ 신무우익(身無羽翼) 한탄(恨歎)ᄒᆞ고, 몽혼(夢魂)이 경경(耿耿)ᄒᆞ여 밤마다 관산(關山)을 넘나드니, ᄭᅮᆷ의 단니는 길이 ᄌᆞ최 곳 나량이면 님의 ᄀᆡᆨ창(客窓) 밧기 셕노(石路)라도 다뢸이라. 아모리 ᄉᆡᆼ각ᄒᆞ여도 ᄒᆞᆯ일업다.

“ᄂᆡ가 만일 병(病) 곳 들면 부모(父母)의게 불효(不孝) 되고, 져를 엇지 다시 보리. 학업(學業)을 힘쎠 공명(功名)을 일우량이면, 부모(父母)의게 영효(榮孝) 뵈고 문호(門戶)를 빗닐진ᄃᆡ, ᄂᆡ ᄉᆞ랑은 이가온ᄃᆡ 잇시리라.”

ᄒᆞ고, 쥬야불쳘(晝夜不徹) 공부(工夫)ᄒᆞᆯ 제, 일남쳡긔ᄌᆡᄉᆞ(一覽輒記才士)여든 쥬마가편(走馬加鞭) 무려(無慮)ᄒᆞ다.

니젹션옹골이상(李謫仙翁骨已霜)이오, 뉴종원시단문장(柳宗元是但文章)을.

---

2 부즁싱남즁싱녀(不重生男重生女): 아들 낳기보다 딸 낳는 것을 중시하게 되었음. 3 치단(綵緞): 온갖 비단을 통틀어 이르는 말. 12 몽혼(夢魂): 꿈속의 넋. 경경(耿耿): 마음속에서 사라지지 않고 염려가 됨. 13 셕노(石路)라도 다뢸이라: 돌길이라도 닳아서 반들거려지리라. 17 영효(榮孝): 부모를 영화롭게 하는 효도. 19 일남쳡긔ᄌᆡᄉᆞ(一覽輒記才士): 한 번 보

때에, 진자리는 내가 눕고 마른자리는 너를 뉘여. 아들은 다시 낳지 않아도 딸은 다시 낳겠다는 말이 너를 두고 이름이라. 채단으로 몸을 싸고 보옥으로 장식하여 말년 영화를 보자 했더니, 미인은 박명이라는 게 바로 네로구나! 저리 될 줄을 어찌 알리!"

이렇듯이 초조하여 밤낮없이 서로 붙들고 울음으로 세월을 보내나, 이도령의 소식은 끝내 묘연하더라.

차설, 이도령은 경성으로 올라와서, 은근히 저를 위한 정이 가슴에 못이 되고 오장에 불이 되어, 구름 낀 산을 슬프게 바라보매 날개가 없음을 한탄하고, 꿈속의 넋이언정 근심에 잠겨 밤마다 관산을 넘나드니, 꿈에 다니는 길이 자취가 날 것 같으면 임의 객창 밖에 돌길이라도 닳을 것이라. 아무리 생각하여도 하릴없다.

"내가 만일 병이 곧 들면 부모에게 불효가 되고, 저를 어찌 다시 보리. 학업에 힘써 공명을 이룰 양이면, 부모를 영화롭게 하는 효도를 뵈고 문호를 빛낼진대, 내 사랑은 이 가운데 있으리라."

하고, 밤낮 쉬지 않고 공부할 때, 한 번 보면 기억하는 재사여서 달리는 말에 채찍질할 필요가 없네.

이태백의 뼈는 이미 서리가 되었고, 유종원은 단지 문장만이 남았네.

기만 해도 잊지 않는 기억력이 뛰어난 선비. 20 쥬마가편(走馬加鞭): '달리는 말에 채찍질한다'라는 뜻으로, 잘하는 사람을 더욱 장려함을 이르는 말. 21 니젹션옹골이상(李謫仙翁骨已霜): 이태백 노인의 뼈는 이미 서리가 되었고. 원문의 '고리상'은 '골이상'으로 바로잡았음. 뉴종원시단문장(柳宗元是但文章): 유종원은 문장만이 남았음. 유종원은 당송팔대가의 한 사람으로, 자연 묘사에 뛰어난 그의 시는 왕유(王維)에 버금간다고 전함.

가련한퇴지하쳐(可憐韓退之何處)오? 유유밍동야초향(惟有孟東野草香)이로다.

황산곡니미쳔슈(黃山谷裡梅千樹)오, 빅낙쳔변안일힝(白樂天邊雁一行)을.

두ᄌ미인금젹막(杜子美人今寂寞)ᄒ니 도연명월구황냥(陶淵明月俱荒凉)이라.

이런 문장(文章) 가쇼(可笑)ᄒ다. 당시(當時)에 긔ᄌ(奇才)로 한묵(翰墨)의 독보(獨步)ᄒ니, 국틱민안(國泰民安)ᄒ고 시화셰풍(時和歲豊)이라. 강구(康衢)에 격양가(擊壤歌)ᄂ 연월(煙月)이 곳곳지라. 방경누흡(邦慶累洽)ᄒ여 알셩과(謁聖科) 뵈시거늘, 시지(試紙)를 엽히 끼고 츈당ᄃ(春塘臺) 드러가셔 현졔판(懸題板) 바라보니, 강구(康衢)에 문동요(聞童謠)라 두렷시 거럿거늘, 금슈간장(錦繡肝腸) 창히문장(滄海文章) 히졔(解題)를 싱각ᄒ고, 뇽미연(龍尾硯)에 묵(墨)을 갈고, 슌황모(純黃毛) 무심필(無心筆)을 반듕(半中)동 흠셕 프러, 왕희지(王羲之) 필법(筆法)으로 됴밍보(趙孟頫)의 쳬(體)를 바다 일필휘지(一筆揮之)ᄒ니, 문불가졈(文不加點)이라. 일쳔(一天)의 션장(先場)ᄒ니, 샹시관(上試官)이 글을 보고 칭찬ᄒ며 니른 말이,

---

1 **유유밍동야초향**(惟有孟東野草香): 오직 맹동야의 풀향기가 남아 있음. 맹동야(孟東野)는 한퇴지(韓退之)의 친구로, 고상한 절조(節操)를 지켜 숭산에 은거하다가 50세가 넘어 벼슬길에 오르자 한퇴지가 송별시를 지어주었다 함. 원문의 '밍동양'은 '밍동야'로 바로잡았음. 3 **황산곡니미쳔슈**(黃山谷裡梅千樹): 황산 계곡에 매화가 천 그루나 있음. 북송의 시인 황정견(黃庭堅)의 호인 산곡(山谷)의 '谷'자를 활용한 표현. **빅낙쳔변안일힝**(白樂天邊雁一行): 백낙의 하늘가에는 나는 기러기 떼. 당나라의 시인 백낙천(白樂天)의 '天'자를 활용한 표현. 5 **두ᄌ미인금젹막**(杜子美人今寂寞): 두자의 미인이 지금은 적막함. 두보의 자인 자미(子美)의 '美'자를 활용한 표현. **도연명월구황냥**(陶淵明月俱荒凉): 도연의 명월이 모두 황량함. 도연명(陶淵明)의 '明'자를 활용한 표현. 8 **한묵**(翰墨): 문한(文翰)과 필묵(筆

가련한 한퇴지는 어디 있는가? 오직 맹동야의 풀향기가 있을 뿐이로다.

황산 계곡에는 매화나무가 천 그루인데, 백낙의 하늘가에는 기러기도 날아가네.

두자 미인이 지금은 적막하니 도연의 명월이 모두 황량하네.

이런 문장은 가소롭다. 당시에 기이한 재주로 글 짓는 데에 독보적 인물이 되니, 국가가 태평하여 백성이 평안하고 시절은 평화롭고 해마다 풍년이라. 강구에는 격양가로 곳곳마다 태평스럽다. 나라에 기쁜 일이 있고 태평 시절이 계속되어 알성과 보게 되거늘, 시험지를 옆에 끼고 춘당대에 들어가서 현제판을 바라보니, 강구에 문동요라 뚜렷이 걸렸거늘, 수놓은 비단 같은 마음과 넓은 바다 같은 문장으로 해제를 생각하고, 용디연에 먹을 갈고, 순황모 무심필을 반쯤 흠썩 풀어, 왕희지의 필법으로 조맹부의 서체를 받아 한 번에 휘둘러 쓰니, 덧보탤 것이 없는 문장이라. 가장 먼저 제출하니, 상시관이 글을 보고 칭찬하며 이른 말이,

墨)이라는 뜻으로, 글을 짓거나 쓰는 것을 이르는 말. 9 **강구**(康衢): 사방으로 두루 통하는 번화한 큰 길거리. **연월**(煙月): '연기에 어린 은은한 달빛'이란 뜻으로, 세상이 매우 태평함을 비유적으로 이르는 말. 10 **방경누흡**(邦慶累洽): 왕가에서 생남(生男) 등의 경사스런 일이 겹쳐서 일어남. **알셩과**(謁聖科): 왕이 문묘에 참배한 후에 성균관에서 여는 과거시험. **시지**(試紙): 과거 시험을 볼 때 쓰던 종이. 11 **츈당딕**(春塘臺): 서울 창경궁 안에 있는 대(臺)로, 과거 시험을 실시하던 곳. **현제판**(懸題板): 과거시험을 볼 때 시험의 제목을 내거는 판. 13 **뇽미연**(龍尾硯): 용이 새겨진 고급 벼루. 14 **슌황모**(純黃毛) **무심필**(無心筆): 순전히 족제비털로 만들고 속을 박지 않은 고급 붓. 16 **일필휘지**(一筆揮之): 글씨를 단숨에 내려 씀. **문불가졈**(文不加點): 덧보탤 것이 없을 정도로 완벽한 문장. 17 **션장**(先場): 과거를 볼 때, 가장 먼저 글장을 바치던 일. 원문의 '션경'은 '션장'으로 바로잡았음.

“글시를 볼작시면 뇽ᄉᆡ(龍蛇ㅣ) 비등(飛騰)ᄒᆞ고, 글귀를 보량이면 아모랴도 귀신(鬼神)이 곡(哭)ᄒᆞ깃다. 체격(體格)은 굴원(屈原)이오, 문법(文法)은 한퇴지(韓退之)라.”

ᄌᆞᄌᆞ(字字)이 비졈(批點)이오, 귀귀(句句)히 관쥬(貫珠)로다. 샹지샹(上之上)에 등(等)을 막혀 댱원급뎨(壯元及第)ᄒᆞ것고나.

금방(金榜)에 닐홈 쓰고, 텬은(天恩)을 숙ᄉᆞ(肅謝)ᄒᆞ고, 어쥬삼ᄇᆡ(御酒三盃) 마신 후(後)에, 몸의ᄂᆞᆫ 쳥삼(靑衫)이오 머리에ᄂᆞᆫ 어ᄉᆞ화(御賜花)라. 쳔금쥰마(千金駿馬) 빗기 타고 댱안ᄃᆡ로(長安大路) 화류(花柳) 듕(中)의 헌거(軒擧)로이 도라올 졔, ᄯᆞᄅᆞᄂᆞ니 션달(先達)이오 브ᄅᆞᄂᆞ니 신ᄅᆡ(新來)로다. 이원풍악(梨園風樂)은 훤텬(喧天)ᄒᆞ고 금의화동(錦衣花童)은 빵(雙)져를 빗기 부니, 단산츄야월(丹山秋夜月)에 ᄎᆡ봉(彩鳳)의 소ᄅᆡ로다. 쳥운낙슈교(靑雲洛水橋)의 시졀(時節)이 ᄐᆡ평(太平)이라. 노류댱화(路柳墻花) 우거지고 거리거리 격양가(擊壤歌)를 브를 적의, ᄒᆡᆼ화문젼(杏花門前) 다ᄃᆞᄅᆞ니 부모형뎨(父母兄弟)와 종족친붕(宗族親朋), 향당교리(鄕黨故吏)드리 졔셩칭찬(齊聲稱讚)ᄒᆞ니, 셰상(世上)의 조흔 거시 급졔(及第)밧긔 ᄯᅩ 잇ᄂᆞᆫ가?

삼일류과(三日遊街)ᄒᆞᆫ 연후(然後)에 션영하(先塋下)의 소분(掃墳)ᄒᆞ고 궐하(闕下)의 슉ᄇᆡ(肅拜)ᄒᆞ니, 셩상(聖上)이 인견(引見)ᄒᆞ샤 반기시고 무ᄅᆞ시ᄃᆡ,

---

1 **뇽ᄉᆡ(龍蛇ㅣ) 비등(飛騰)**: 용이 날아오르듯이 필세(筆勢)가 기운찬 것을 비유. 4 **비졈(批點)**: 시문이 잘된 곳에 붉은 묵으로 찍는 점. **관쥬(貫珠)**: 시문이 잘된 곳에 붉은 묵으로 찍는 둥근 점. 6 **금방(金榜)**: 과거에 급제한 사람의 이름을 내거는 판. **숙ᄉᆞ(肅謝)**: 새 벼슬에 임명되어 처음 출근할 때 먼저 대궐에 들어가서 임금에게 숙배(肅拜)하고 사은(謝恩)함으로써 인사하던 일. **어쥬삼ᄇᆡ(御酒三盃)**: 왕이 축하의 뜻으로 내리는 석 잔의 술. 7 **쳥삼(靑衫)**: 조복(朝服) 안에 받쳐 입는 옷. 8 **어ᄉᆞ화(御賜花)**: 임금이 문무과에서 새로 장원에 급제한 자에게 내려주는 종이꽃. 9 **션달(先達)**: 무과에 합격했으나 아직 벼슬은 하지 못한 사

"글씨를 볼작시면 용이 날아오르듯 활기차고, 글귀를 볼 것 같으면 아무래도 귀신이 곡하겠다. 글씨의 체격은 굴원이요, 문장의 법도는 한퇴지라."

글자마다 비점이요, 구절마다 관주로다. 최고 등급을 받아 장원급제하겠구나.

금방에 이름을 쓰고, 임금의 은혜에 감사 인사를 올리고 임금이 내리시는 석 잔 술을 마신 후에, 몸에는 청삼을 입고 머리에는 어사화를 꼈더라. 천금 준마를 비끼어 타고 장안의 큰길을 꽃과 버들 사이로 당당하게 돌아올 때, 따르는 것은 선달이요 부르는 것은 새로 급제한 사람의 이름이로다. 장악원의 풍악은 떠들썩하고 비단옷 입은 화동은 쌍피리를 비껴 부니, 단산의 가을밤 달에 빛깔 고운 봉황의 울음소리로다. 파란 구름은 낙수교에 걸렸다듯이 시절이 태평이라. 길가 버들과 담장의 꽃들은 우거지고 거리거리마다 격양가를 부를 때에, 살구꽃 핀 문 앞에 다다르니 부모 형제와 같은 가문의 친구들과 마을의 교리들이 같은 목소리로 칭찬하니, 세상에 좋은 것이 과거급제밖에 또 있는가?

삼일유가한 연후에, 선영을 찾아가 성묘하고 궁궐에 계신 임금님께 절을 하니, 임금이 친히 불러 반기고 물으시되,

람. 10 신릭(新來): 문과에 새로 급제한 사람. 이원풍악(梨園風樂): 장악원의 풍악. 훤텬(喧天): 하늘이 진동할 정도로 요란스러움. 11 단산츄야월(丹山秋夜月): 단산의 가을 달밤. 12 치봉(彩鳳): 빛깔이 곱고 아름다운 봉황새. 18 삼일류과(三日遊街): 삼일유가. 즉, 과거에 급제한 사람이 좌주(座主), 선진자(先進者), 친척 등을 사흘 동안 찾아보던 관습. 션영하(先塋下)의 소분(掃墳): 경사가 있을 때, 선영을 찾아가 살피고 제사를 지내던 일. 19 셩샹(聖上): 살아 있는 자기 나라의 임금을 높여 부르는 말. 인견(引見): 임금이 의식을 갖추고 관리를 만나 보던 일.

"불ᄎᆞ(不次)로 ᄡᅳ려 ᄒᆞ니, ᄂᆡ직(內職) 듕(中)의 무ᄉᆞᆷ 벼ᄉᆞᆯ, 외직(外職) 듕(中)의 어ᄂᆡ 곳을 소원(所願)ᄃᆡ로 알외여라."

니도령(李道令)이 고두ᄉᆞ은(叩頭謝恩)ᄒᆞ고 쥬왈(奏曰),

"소신(小臣)이 년소미지(年少微才)로 쳔은(天恩)이 망극(罔極)ᄒᆞ와 소년급졔(少年及第)ᄒᆞ와시니, 황공무지(惶恐無地)ᄒᆞ와 알욀 바를 모로오나, 텬은지하(天恩之下)의 감(敢)히 은휘(隱諱)치 못ᄒᆞ올지라. 왕화불급(王化不及) 원방(遠方)의ᄂᆞᆫ 탐관오리(貪官汚吏) 슈지곡법(受財曲法), 환과고독(鰥寡孤獨), 민간질고(民間疾苦) 알 길 업ᄉᆞ오니, 어ᄉᆞ(御史)를 시기시면 민간(民間)의 질고(疾苦)와 각관(各官)의 탐관오리(貪官汚吏) 녁녁(歷歷)히 ᄉᆞᆲ혀다가 탑젼(榻前)에 알외리이다."

셩샹(聖上)이 드ᄅᆞ시고 칭찬(稱讚)ᄒᆞ시ᄃᆡ,

"긔특(奇特)ᄒᆞ다! 놉흔 벼ᄉᆞᆯ 다 바리고 암힝어ᄉᆞ(暗行御史) 구(求)ᄒᆞᆫ ᄯᅳᆺ은 보국튱신(報國忠臣) 네로고나."

젼나어ᄉᆞ(全羅御史) 특ᄎᆞ(特差)ᄒᆞ시니 평ᄉᆡᆼ(平生)의 소원(所願)이라. 엇지 아니 감츅(感祝)ᄒᆞ리.

즉일(卽日) 발힝(發行)ᄒᆞ올 젹의, 어젼(御前)의 하직(下直)ᄒᆞ고, 집에 도라와 고ᄉᆞ당(告祠堂) 허ᄇᆡ(虛拜)ᄒᆞ고, 부모(父母)의게 하직(下直)ᄒᆞ고, 금의(錦衣)를 다 바리고 쳘ᄃᆡ 업ᄂᆞᆫ 헌 파립(破笠)에 미명실노 ᄭᅳᆫ을 ᄒᆞ고, 당만 남은 헌 망건(網巾)의 갓풀관ᄌᆞ(貫子) 됴히 당ᄉᆞᆫ 졸나ᄆᆡ고, 다 ᄡᅥ러진 ᄇᆡ 도포(道袍)를 모양(貌樣) 업시

---

1 불ᄎᆞ(不次): 품계와 일반적인 절차를 따르지 않고 특별히 책임을 맡김. 3 고두ᄉᆞ은(叩頭謝恩): 머리를 조아려서 은혜에 깊이 감사함. 쥬왈(奏曰): 높은 사람에게 아뢰어 말함. 4 년소미지(年少微才): 나이가 어리고 재주가 없음. 5 소년급졔(少年及第): 젊은 나이로 과거에 급제함. 7 왕화불급(王化不及) 원방(遠方): 왕의 덕이 미치지 않는 멀리 떨어져 있는 지방. 슈지곡법(受財曲法): 재산을 모으기 위해 법을 어김. 8 환과고독(鰥寡孤獨): 홀아비,

"불차로 쓰려 하니, 내직 중에 무슨 벼슬, 외직 중의 어느 곳이든 원하는 대로 아뢰어라."

이도령이 머리를 조아려 은혜에 감사하고 아뢰기를,

"소신이 연소하고 재주가 적은데도 천은이 망극하여 젊은 나이로 과거에 급제하였사오니, 황공무지하여 아뢸 바를 모르오나, 임금님 앞에서 감히 숨기지 못하올지라. 임금의 덕이 미치지 않는 먼 지방에는 탐관오리가 재산을 모으려고 법을 어기며, 환과고독과 민간 질고를 알 길이 없사오니, 어사를 시켜 주시면 민간의 질고와 각 관청의 탐관오리를 자세히 살펴다가 어전에 아뢰리이다."

임금께서 들으시고 칭찬하시되,

"기특하다! 높은 벼슬 다 버리고 암행어사 구한 뜻을 보면 나라를 위한 충신이 너로구나."

전라어사로 특별히 내려 주시니 평생의 소원이라. 어찌 아니 감축하리.

그날로 발행하올 적에, 어전에 하직하고, 집에 돌아와 사당에 고하여 절을 하고, 부모에게 하직하고, 비단옷을 다 버리고 철대 없는 헌 갓에 무명실로 끈을 하고, 당만 남은 헌 망건에 갖풀관자를 종이 당끈으로 졸라매고, 다 떨어진 베 도포를 모양 없이

과부, 고아와 늙어서 의지할 데 없는 사람을 이르는 말. 10 탑젼(榻前): 임금님 앞. 즉, 어전(御前). 17 고ᄉ당(告祠堂): 집안에 큰 일이 있을 때 조상을 모신 사당에 고하는 일. 허비(虛拜): 조상들의 신위(神位)에 절을 함. 18 쳘ᄃᆡ 업슨 헌 파립(破笠): 테두리가 없는 헐어서 망가진 갓. 19 당만 남은 헌 망건(網巾): 윗부분만 남은 헌 망건. 20 됴ᄒᆡ 당끈: 종이로 만든 당끈.

거러 입고, 칠푼ᄶᅳ리 목분합(木分合) 씌를 흉복(胸腹)통에 눌러 ᄆᆡ고, 헐어진 맛부치를 웃다님으로 잘근 ᄆᆡ고, 변죽 업슨 ᄉᆞ송션(賜送扇)을 숀의 쥐고, 남ᄃᆡ문(南大門)을 ᄂᆡ다라셔, 군관비장(軍官裨將) 셔리반당(胥吏伴倘) 녕니(伶利)ᄒᆞᆫ 군(軍) 튁츌(擇出)ᄒᆞ여 변복(變服)시겨 남 모로게 션송(先送)ᄒᆞ고 암ᄒᆡᆼ(暗行)으로 ᄂᆞ려갈 제,

칠ᄑᆡ(七牌), 팔ᄑᆡ(八牌), 니문동(里門洞), 도젹골, 쪽다리 지나 청파(靑坡) ᄇᆡ다리, 돌모로, 동젹(銅雀)이 밧비 건너 승방(僧房)뜰, 남태령(南泰嶺), 인덕원(仁德院), 과천(果川), 갈뫼, ᄉᆞ근평(沙斤坪), 군포(軍布)ᄂᆡ, 미력당(彌勒堂) 지난 후(後)의, 오봉산(五峰山) ᄇᆞ라보고 지지ᄃᆡ(遲遲臺) 올나셔셔, 참나무졍(亭) 얼는 지나 교구졍(交龜亭) 도러드러, 댱안문(長安門) 드리다라 팔달문(八達門) ᄂᆡ다라, 샹류쳔(上柳川), 하류쳔(下柳川), 즌ᄀᆡ골, 썩젼거리, 즁미(中彌), 어뫼, 딘위(振威), 칠원(七院), 소ᄉᆡ(素沙), 비트리, 쳔안(天安)삼거리, 김제역(金蹄驛) 지나, 덕평원(德坪院), 진슉원, ᄉᆡ숫막 번듯 지나, 공쥬(公州) 금강(錦江)을 휫근 지나, 은진(恩津) 닭다리, 능기울, 삼녜(參禮) 지나, 녀산(礪山), 고산(高山)의 젼쥬(全州)가 여긔로다.

---

1 목분합(木分合) 씌: 나무로 좁고 납작하게 만들어서 윗옷에 두르던 띠. 흉복(胸腹)통에: 가슴과 배 사이에. 원문의 조사 '을'은 '에'로 바로잡았음. 2 헐어진: 헐어서 떨어진. 원문의 '하여진'은 '헐어진'으로 바로잡았음. 맛부치: 맞붙이. 즉, 솜옷을 입을 때 입는 겹옷. 변죽: 가장자리. ᄉᆞ송션(賜送扇): 임금이 하사한 부채. 6 니문동(里門洞): 서울역 부근의 옛 지명. 도젹골: 서울역 앞쪽에 '도제골'로 불리던 지명. 쪽다리: 서울 남영동 부근에 있던 지명. 7 ᄇᆡ다리: 서울 청파동에 있던 배다리. 즉, 주교(舟橋)로 불리던 다리. 돌모로: 서울 이태원 부근에 있던 지명. 즉, 석우(石隅)의 고유어인 돌모퉁이. 동젹(銅雀)이: 동재기. 즉, 서울 동작동에 있던 마을로, 검붉은 구릿빛 돌들이 많이 있었던 데에서 유래. 8 남태령(南泰嶺): 원문의 '남타령'은 '남태령'으로 바로잡았음. 갈뫼: 경기도 안양시 평촌동에 있던 옛 지명. ᄉᆞ근평(沙斤坪): 경기도 의왕시 고촌동에 있던 옛 지명. 9 군포(軍布)ᄂᆡ: 경기도 군포시에 있는 군포천(軍浦川). 미력당(彌勒堂): 경기도 수원시 북쪽의 지지대 고개 너머에 있

걸쳐 입고, 칠푼짜리 나무로 만든 띠를 흉복통에 눌러 매고, 헤어진 맞붙이를 웃대님으로 잘끈 매고, 변죽 없는 사송선을 손에 쥐고, 남대문을 내달아서, 군관 비장과 데리고 가는 서리, 영리한 군사를 뽑아서 변복시켜 남모르게 먼저 보내고 암행으로 내려갈 제,

칠패, 팔패, 이문동, 도제골, 쪽다리를 지나서 청파 배다리, 돌모로, 동재기를 바삐 건너 승방뜰, 남태령, 인덕원, 과천, 갈뫼, 사근평, 군포내, 미륵당을 지난 후에, 오봉산을 바라보고 지지대에 올라서서, 참나무정을 얼른 지나 교구정을 돌아들어, 장안문으로 들이닫고 팔달문으로 내달아, 상류천, 하류천, 진개골, 떡전거리, 중미, 오뫼, 진위, 칠원, 소사, 비트리, 천안삼거리, 김제역을 지나, 덕평원, 진숙원, 새술막 번듯 지나고 공주 금강을 훌쩍 지나, 은진 닭다리, 능기울, 삼례를 지나, 여산, 고산에 전주가 여기로다.

던 미륵당. 10 지지딕(遲遲臺): 경기도 수원 북쪽에 위치한 고개. 교구졍(交龜亭): 경기도 수원시 북문 북쪽에 있던 정자. 12 즌기골: 경기도 수원시에 있던 진개골, 즉 점포(粘浦)골. 썩젼거리: 현재 경기도 병점(餠店). 즁미(中彌): 수원과 진위 사이에 있는 지명. 원문의 '즁밋'은 '즁미'로 바로잡았음. 13 어뫼: 경기도 오산시의 옛 이름. 원문의 '음의'는 '어뫼'로 바로잡았음. 딘위(振威): 경기도 평택시 진위면 봉남리. 칠원(七院): 경기도 평택시 칠원동에 있던 지명. 즉, 갈원(葛院). 소싀(素沙): 경기도 평택시 소사동. 비트리: 경기도 천안시 부대동(富垈洞) 일대의 옛 지명. 14 김제역(金鍗驛): 충청남도 연기군 소정면 대곡리 역말 마을. 원문의 '진계역'은 '김제역'으로 바로잡았음. 덕평원(德坪院): 경기도 천안시 광덕면 행정리에 있던 지명. 진슉원: 충청도 공주시 정안면 안풍리에 있던 지명. 싀슐막: 충청도 공주시 북쪽에 있던 지명. 즉, 신주막(新酒幕). 15 휫근: 훌쩍. 은진(恩津) 닭다리: 은진의 사교(沙橋). 능기울: 은진과 삼례 사이에 있던 지명. 16 고산(高山): 전라북도 완주군 고산면에 있던 지명.

슈의어亽(繡衣御史) 쳘관풍치(鐵冠風彩) 심산(深山)의 밍회(猛虎 l)로다. 연노(沿路) 각읍(各邑) 슈령(守令)드리 어사(御史) 썻단 말 풍편(風便)의 어더듯고, 녜 공亽(公事) 다 바리고 시 공亽(公事) 닷글 젹의, 뇌졍(雷霆)에 벽녁(霹靂)이라. 관쇽(官屬)드리 송구(悚懼)ᄒᆞ여 관쳥(官廳)빗츤 가슴 치고, 니방(吏房) 아젼(衙前) 속이 탄다.

관젼(官錢) 목포(木布), 환상(還上) 젼결(田結), 복슈(卜數) 문셔(文書) 닷글 젹의, 亽결(四結)의 ᄒᆞᆫ 짐 열 뭇, 뉵결(六結)의ᄂᆞᆫ 셕 짐 닷 뭇, 팔결(八結)의ᄂᆞᆫ 닷 짐 열 뭇, 우의 두 짐 닷 뭇, 쏠아셔 슈힌 셕 짐 닷 뭇시라. 동창(東倉), 셔창(西倉), 미젼(米錢) 목포(木布) 무턱으로 닉입(內入)이라. 니방(吏房)은 부ᄅᆞ거니, 호방(戶房)은 쓰거니, 한창 이리 셜을 젹의, 부모불효(父母不孝) 형뎨불화(兄弟不和)ᄒᆞᄂᆞᆫ 놈과 탐관오리(貪官汚吏) 염탐(廉探)ᄒᆞ여 이리져리 단니면셔 열읍(列邑) 소문(所聞) 드른 후(後)의,

노구바회 지나 임실(任實)을 달녀드니, 이ᄯᅢᄂᆞᆫ 츈삼월(春三月) 호시졀(好時節)이라. 만화방창(萬化方暢)ᄒᆞ고 일난풍화(日暖風和)ᄒᆞ며, 산천경ᄀᆡ(山川景槪) 거록ᄒᆞ여 외향물식(外向物色)이 ᄯᅩᄒᆞᆫ 왕도(王都)의 승(勝)ᄒᆞ미 만터라.

어싀(御史 l) 마음이 어즈럽고 몸이 곤뷔(困憊)ᄒᆞᆫ지라. 다리도 쉬며 경ᄀᆡ(景槪)도 구경(求景)ᄒᆞ려 화류간(花柳間)의 안ᄌᆞ 亽면(四面)을 살펴보니, 원산(遠山)은 듕듕(重重) 근산(近山)은 쳡쳡(疊疊), 틱산(泰山)은 막막(寞寞), 긔암(奇巖)은 층층(層層), 댱송(長松)은 낙낙

---

1 쳘관풍치(鐵冠風彩): 어사의 관을 쓴 권위 있는 풍모. 2 연노(沿路): 도로에 연해 있는 곳. 원문의 '열노'는 '연노'로 바로잡았음. 4 뇌졍(雷霆)에 벽녁(霹靂): 천둥과 함께 벼락까지 격렬하게 내리침. 다급한 모양을 비유. 5 관쳥(官廳)빗: 관아의 주방을 맡은 사람. 6 관젼(官錢) 목포(木布): 관고에 있는 돈과 포목. 젼결(田結): 논밭에 매기는 세금. 복슈(卜數): 전답의 토지에 따라 매기는 세금. 7 닷글 젹: 문서를 정리할 때. 亽결(四結)의 ᄒᆞᆫ 짐 열 뭇 … 팔결(八結)의ᄂᆞᆫ 닷 짐 열 뭇: 원칙 없이 마구잡이로 기재함을 비유. '짐'은 논밭 넓이의 단위

수의어사가 어사관을 쓴 풍채는 깊은 산의 맹호로다. 큰 길 근처의 각 읍 수령들이 어사가 떴다는 말을 바람결에 얻어듣고, 옛 공사는 다 버리고 새 공사를 닦을 때에, 천둥에 벼락이 치는 것 같음이라. 관속들이 송구하여 관청빗은 가슴 치고, 이방과 아전은 속이 탄다.

관가 창고의 돈과 포목, 환곡과 논밭에 부과하는 세금, 세금을 매기려고 생산된 곡식량을 적어놓은 문서를 정리할 때에, 네 결에 한 짐 열 뭇, 여섯 결에는 석 짐 닷 뭇, 여덟 결에는 닷 짐 열 뭇, 위에 두 짐 닷 뭇, 따라서 쉰 석 짐 닷 뭇이라. 동창, 서창, 쌀과 돈, 포목을 무턱대고 관아로 들여놓는지라. 이방은 부르거니, 호방은 쓰거니, 한창 이리 들끓을 때에, 부모에게 불효하고 형제간에 불화하는 놈과 탐관오리 염탐하여 이리저리 다니면서 여러 고을의 소문을 들은 후에,

노구바위 지나 임실로 달려드니, 이때는 춘삼월로 좋은 시절이라. 만물이 한창 자라고 날은 따뜻하고 바람은 부드러우며, 산천의 경개가 거룩하여 지방의 경치가 또한 한양보다 좋음이 많더라.

어사가 마음이 어지럽고 몸이 곤비한지라. 다리도 쉬며 경개도 구경하러 꽃과 버들 사이에 앉아 사면을 살펴보니, 먼 산은 겹겹, 가까운 산은 첩첩, 태산은 막막, 기암은 층층, 장송은 낙락,

로, 세금을 매길 때 썼음. 1짐은 1뭇의 열 배. 원문의 '환짐'은 '흔 짐'으로 바로잡았음. 9 **무턱으로**: 무턱대고. 10 **닉입**(內入): 내아(內衙)에 들임. 15 **만화방창**(萬化方暢)ᄒ고 **일난풍화**(日暖風和): 만물은 바야흐로 한창 자라나고, 날씨가 따뜻해 바람이 온화한 봄날. 원문의 '만홰'는 '만화'로 바로잡았음. 16 **외향물식**(外向物色): 지방의 경치. **왕도**(王都): 한양. 18 **곤뷔**(困憊): 지쳐서 몹시 고단함. 19 **구경**(求景): 원문의 '귀경'은 '구경'으로 바로잡았음. 20 **원산**(遠山)은 **듕듕**(重重): 원산은 겹겹이 있음. 잡가인 「유산가(遊山歌)」에서 차용.

(落落), 간슈(澗水)는 잔잔(潺潺), 비오리 둥둥, 두견(杜鵑) 졉동은 좌우(左右)의 넘노는듸, 열업슨 산(山)ᄯᅡᆨ옥이는 이 산(山)으로 가며 ᄯᅡᆨ옥, 져 산(山)으로 가며 ᄯᅡᆨ옥 우름 울고,

ᄯᅩ ᄒᆞᆫ편(便) 바라보니 모양(貌樣) 업슨 슈국싀는 져 산(山)으로 가며 슈국, 이 산(山)으로 가며 슈국 우름 울고,

ᄯᅩ ᄒᆞᆫ편(便) ᄇᆞ라보니 만니산(萬尼山) 갈가마괴 돌도 차돌도 아모것도 못 어더먹고, ᄐᆡ빅산(太白山) 기슭으로 갈가오 갈가오 울며 가고,

ᄯᅩ ᄒᆞᆫ 곳 바라보니 층암졀벽간(層巖絶壁間)의 홀노 웃둑 셧는 고양나무 것츠로는 비루먹고 좀먹어 쇽은 아모것도 업시 아조 텡 뷔엿는듸, 부리 샛족, 허리 질눅, ᄭᅩᆼ지 뭇둑ᄒᆞᆫ ᄶᅡᆨ져구리 거동(擧動) 보소. 크나큰 ᄃᆡ부등(大不等)을 한아름 드립더 흠셕 안고, ᄯᅮᆨ두덕 쉽벅거리며 ᄯᅮᆨ두덕 쉽벅 구을니는 쇼ᄅᆡ 귄들 아니 경(景)일쇼냐.

ᄯᅩ ᄒᆞᆫ 곳 바라보니 각ᄉᆡᆨ(各色) 초목(草木) 무셩(茂盛)ᄒᆞᆫ듸, 쳔도목(天桃木), 지도목(地桃木), ᄇᆡᆨᄌᆞ목(栢子木), 힝ᄌᆞ목(杏子木), 느러진 댱송(長松), 부러진 고목(古木), 넙젹 썩갈나무, 산유ᄌᆞ(山柚子), 검핑, 느릅, 박달, 능슈버들 한 가지 느러져 한 가지 평퍼져 휘넘느러져 구븨 층층(層層) 믻쳐는듸, 십니(十里) 안의 오리나무, 오리(五里) 밧긔 십니나무, 마조 셧다 은힝(銀杏)나무, 님 그려 상ᄉᆞ(相思)나무, 닙 맛초와 ᄶᅩᆨ나무, 방귀 ᄭᅱ여 ᄲᅩᆼ나무, 한 다리 젼나무, 두 다리 들믜나무, 하인(下人) 불너 상나무, 냥반(兩班) 불너 귀목(貴木)나무, 부쳐님젼(殿) 공양(供養)나무.

---

1 비오리 둥둥: 비오리는 둥둥 떠 있고. 잡가의 하나인 「새타령」에서 차용. 12 ᄃᆡ부등(大不等): 매우 큰 아름드리 나무. 원문의 'ᄃᆡ부동'은 'ᄃᆡ부등'으로 바로잡았음. 13 구을니는 쇼ᄅᆡ: 굴리는 소리. 14 쳔도목(天桃木), 지도목(地桃木): 복숭아나무들. 원문의 '두목'은 '도목'으로 바로잡았음. 15 ᄇᆡᆨᄌᆞ목(栢子木): 잣나무. 힝ᄌᆞ목(杏子木): 은행나무. 17 검핑: 팽나무.

간수는 잔잔, 비오리는 둥둥, 두견과 접동은 좌우에 넘노는데, 열없는 산따오기는 이 산으로 가며 따옥, 저 산으로 가며 따옥 울음 울고,

또 한편을 바라보니 모양 없는 쑥꾹새는 저 산으로 가며 쑥꾹, 이 산으로 가며 쑥꾹 울음을 울고,

또 한편을 바라보니 마니산의 갈까마귀는 돌도 차돌도 아무것도 못 얻어먹고, 태백산 기슭으로 갈가오 갈가오 울며 가고,

또 한 곳을 바라보니, 층암 절벽 사이에 홀로 우뚝 서 있는 고양나무가 겉으로는 비루먹고 좀먹어 속은 아무것도 없이 아주 텅 비었는데, 부리 뾰족, 허리 질룩, 꽁지 뭉뚝한 딱따구리 거동 보소. 크나큰 대부등을 한아름 들입다 흠썩 안고, 뜩두덕 꾸벅거리며 뚝두덕 꾸벅 굴리는 소리 그것인들 구경이 아닐쏘냐.

또 한 곳을 바라보니 각색 초목이 무성한데, 천도목, 지도목, 백자목, 행자목, 늘어진 장송, 부러진 고목, 넓적 떡갈나무, 산유자, 팽나무, 느릅나무, 박달나무, 능수버들이 한 가지는 늘어지고 한 가지는 펑퍼져 휘늘어져 굽이 층층이 맺혔는데, 십 리 안에 오리나무, 오 리 밖에 십리나무, 마주 섰다 은행나무, 임 그려 상사나무, 입 맞추어 쪽나무, 방귀 뀌어 뽕나무, 한 다리 전나무, 두 다리 들메나무, 하인 불러 상나무, 양반 불러 귀목나무, 부처님 전 공양나무.

느름: 느릅나무. 21 **두 다리 들믜나무**: 두 다리 들메나무. 즉, '한 다리'가 앞에 나왔기에 '두 다리'와 '들며'를 연계시킨 어희적 표현. **하인(下人) 불너 샹나무**: '상나무'이므로, '상놈'의 의미를 내세워 '하인'을 연상시키는 어희적 표현. 원문의 '블너'는 '불너'로 바로잡았음. **냥반(兩班) 불너 귀목(貴木)나무**: 앞의 '하인'을 '양반'에 연계시킨 어희적 표현.

이런 경기(景概) 다 본 후(後)의, 또 흔 모롱이 지나가니, 샹평젼(上坪田), 하평젼(下坪田) 농부(農夫)드리 갈거니 심으거니, 탁쥬병(濁酒瓶)의 졈심(點心)고리 겻틔 노코 「격양가(擊壤歌)」 노릭흐니, 그 노릭의 흐여시딕,

「시화셰풍(時和歲豊) 틱평시(泰平時)의 평원광야(平原曠野) 농부(農夫)네야, 우리 아니 강구미복(康衢微服)으로 동요(童謠) 듯던 요(堯)님군의 버금인가? 얼널널 상스딕.

함포고복(含哺鼓腹) 우리 농부(農夫) 쳔츄만셰(千秋萬歲) 즐겨왜라. 얼널널 상스딕.

슌(舜)님군 믿드신 장기 녁산(歷山)의 밧츨 갈고, 신농시(神農氏) 믿든 ᄯ뷔 쳔만셰(千萬世)를 유젼(遺傳)흐니, 귄들 농뷔(農夫ㅣ) 아니신가. 얼널널 상스딕.

어셔 갈고 드러가셔, 산승 갓흔 혀를 물고 잠을 든다. 얼널널 상스딕.

거젹즈리 칙혀 덥고, 연젹(硯滴) 갓튼 졋슬 쥐고, 얼널널 상스딕.

밤든 후(後)의 한 번(番) 올나 돌송이를 비즌 후(後)의 즈식(子息) 하나 믿들니라. 얼널널널 상스딕.」

이리 한창 노닐 젹의, 어싀(御史ㅣ) 돌통딕의 담빅 흔 딕 담아 들고 농부(農夫)다려 흐는 말이,

---

1 샹평젼(上坪田): 높은 곳에 있는 밭. 2 하평젼(下坪田): 낮은 곳에 있는 밭. 3 졈심(點心)고리: 점심으로 먹으려고 음식을 담아 놓은 바구니. 「격양가(擊壤歌)」: 중국 요(堯)임금 때 늙은 농부가 태평한 세월을 기리며 땅을 두드리면서 불렀다는 노래. 6 시화셰풍(時和歲豊): 나라가 태평하고 풍년이 듦. 7 강구미복(康衢微服)으로 동요(童謠) 듯던: 남루한 옷차림으로 거리에서 민정을 살피려고 백성들의 노래를 듣던. 9 함포고복(含哺鼓腹): 넉넉히 먹어서 배를 두드린다는 뜻으로, 백성들이 배불리 먹는 태평성대를 가리킴. 쳔츄만셰(千

이런 경개를 다 본 후에, 또 한 모롱이를 지나가니, 상평전과 하평전 농부들이 갈거니 심거니, 탁주병에 점심고리를 곁에 놓고 「격양가」를 노래하니, 그 노래에 하였으되,

「나라가 평화롭고 풍년이 드는 태평 시절에 평원광야의 농부네야, 임금이 거리에서 백성의 노래 듣던 요임금에 우리 버금가지 아니한가? 얼널널 상사디야.

배불리 먹고 배를 두드리니 우리 농부 천추만세 즐거워라. 얼널널 상사디야.

순임금이 만드신 쟁기로 역산에서 밭을 갈고, 신농씨가 만든 따비는 천만세를 전해 오니, 그분인들 농부 아니신가? 얼널널 상사디야.

어서 갈고 들어가서, 산승 같은 혀를 물고 잠이 든다. 얼널널 상사디야.

거적자리를 치켜 덮고, 복숭아 연적 같은 젖을 주고, 얼널널 상사디야.

밤든 후에 한 번 올라 돌송이를 빚은 후에 자식 하나 만들리라. 얼널널널 상사디야.」

이리 한창 노닐 적에, 어사가 돌통대에 담배 한 대 담아 들고 농부더러 하는 말이,

秋萬歲): 천만년의 긴 세월. 12 ᄯᅡ뷔: 농기구인 따비. 14 산승 갓흔 혀: 산승처럼 달콤한 혀. '산승'은 찹쌀가루 등을 익반죽하여 꿀을 넣고 동글납짝하게 지진 떡을 말함. 16 연젹(硯滴) 갓튼 졋: 벼루에 먹을 갈 때 물을 담아두는 그릇처럼 생긴 젖. 즉, 유방(乳房)이 복숭아 모양 연적의 매끄러운 곡선 같음을 비유. 17 돌송이: 남성의 성기를 비유. 20 돌통듸: 나무를 깎거나 흙으로 구워서 만든 담뱃대.

"담ᄇᆡ불 좀 붓치ᄌᆞ닛가."

모든 농부(農夫)드리 어ᄉᆞ(御史)를 보고 모도 모혀 둘너안ᄌᆞ 우슴거리 ᄆᆡᆫ들 적의,

"이분ᄂᆡ 어ᄃᆡ 삼나? 요런 ᄆᆡᆸ시 구경(求景) ᄒᆞᆸ소."

"실 팔나 단니시오? 망건(網巾)압흔 덜ᄡᅥ습나?"

"쏠멱산이 어즈럽소."

"동ᄡᅥ러진 말 뉘게다가 ᄒᆞ노?"

"약계(藥契) 모롱이를 헐고 병풍(屛風) 뒤히셔 잠ᄌᆞ다가 왓습나?"

"이 ᄉᆞ람 그만두소. 보와ᄒᆞ니, 그리야도 쳘ᄊᆞᆺ칠세. 당초(當初)의ᄂᆞᆫ 외입(外入)ᄒᆞ고 션이 노던 왈ᄌᆡ로셰. 의복(衣服) ᄭᅩᆯ은 그러ᄒᆞ나 옷거리ᄂᆞᆫ 제법일셰. ᄌᆞ시ᄂᆞᆫ 담ᄇᆡᄃᆡ 정장(呈狀)을 몃 번(番) 아니 맛나 ᄂᆡ오?"

"이 ᄉᆞ람들 가만두소. 져런 ᄉᆞ람 무셔우니. 아닌 밤의 단니다가 츙화(衝火)ᄒᆞ기, 남의 집의 드러거셔 무삼 물건(物件) 도젹(盜賊)ᄒᆞ기 일슈니라."

"이 ᄋᆡ, 이것 귀경(求景)ᄒᆞ라. 박 조가리 관ᄌᆞ(貫子)로다."

엽구리를 쏙 지ᄅᆞ며,

"이 ᄋᆡ, 보소. 마다ᄒᆞ오."

그즁(中) ᄒᆞᆫ 늙은 농뷔(農夫ㅣ) ᄂᆡ다리 말니ᄂᆞᆫ 말이,

"이 ᄉᆞ람들라, 그리 마라. 풍편(風便)의 얼ᄂᆞᆫ 드ᄅᆞ니 어ᄉᆞ(御史)ᄡᅥ단 말이 이시니, 이 ᄉᆞ람 괄시(恝視) 마소. 그도 바히 ᄆᆡᆼ물은 아니기로, 셰폭ᄌᆞ락에 동ᄡᅥ러진 말 ᄒᆞ니 과(過)히 괄시(恝視) 마소."

---

4 어ᄃᆡ 삼나: 어디에 사는가. 상대를 약간 낮추어 하는 말. 6 쏠멱산이: 꼬락서니. 7 동ᄡᅥ러진 말: 조리가 맞지 않는 말. 또는 경어도 아니고 반말도 아닌 어중간한 말. 8 약계(藥契) 모

"담뱃불 좀 부치자니까."

모든 농부들이 어사를 보고 모두 모여 둘러앉아 웃음거리 만들 적에,

"이분네 어디 사나? 요런 맵시 구경합소."

"실 팔러 다니시오? 망건앞은 왜 들떠 있나?"

"꼬락서니 어지럽소."

"동떨어진 말 뉘게다가 하나?"

"약국 모퉁이를 핥고 병풍 뒤에서 잠자다가 왔나?"

"이 사람들 그만두소. 보아하니, 그래도 돈이나 만지던 솜씨일세. 당초에는 오입하고 시원하게 놀던 왈짜로세. 의복 꼴은 그러하나 옷거리는 제법일세. 자시는 담뱃대 고소를 몇 번 아니 겪었나요?"

"이 사람들 가만두소. 저런 사람 무서우니. 아닌 밤에 다니다가 불 지르기, 남의 집에 들어가서 무슨 물건 도적하기 일쑤니라."

"이 애, 이것 구경하라. 박 쪼가리 관자로다."

옆구리를 꼭 지르며,

"이 애, 보소. 마다하오."

그중 한 늙은 농부가 내달아 말리는 말이,

"이 사람들아, 그리 마라. 바람결에 얼른 들으니 어사 떴단 말이 있으니, 이 사람을 괄시 마소. 그도 보아하니 맹물은 아니기로, 세폭자락에 동떨어진 말 하니 과히 괄시 마소."

롱이: 약국 모퉁이. 9 철싯칠세: 쇠돈, 즉 엽전이나 만지던 솜씨일세. 11 옷거리: 옷을 입은 모양새. 정장(呈狀): 관청에 내는 고소장. 14 충화(衝火): 불을 지름. 22 세폭ᄌ락: 도포와 같이 세 폭으로 된 겉옷.

어ᄉᆡ(御史ㅣ) ᄂᆡ심(內心)에 혜오ᄃᆡ, ᄉᆞ람은 늙어야 쁜단 말이 올타 ᄒᆞ고 무ᄉᆞᆷ 말을 ᄒᆞ려 ᄒᆞᆯ 제, 쏘 ᄒᆞᆫ 놈 ᄂᆡ다ᄅᆞ며 ᄒᆞᄂᆞᆫ 말이,

"에라 에라, 그만두라. 모양(貌樣) 거록ᄒᆞ옵시다. 쥬졔 츄러ᄒᆞ먼 냥반(兩班)이 아닌가? 웨들 그리 구노. 냥반(兩班) ᄃᆡ졉(待接) 아니로셰. 영종조(英宗朝)의 계시더면 인물당상(人物堂上) 어ᄃᆡ 가며, 남원(南原) ᄊᆞ히 드러거면 츈향(春香)의 셔방(書房) 되리로다."

모든 농뷔(農夫ㅣ) 골을 ᄂᆡ여 쌈을 치며 ᄒᆞᄂᆞᆫ 말이,

"ᄇᆡᆨ옥(白玉) 갓튼 츈향(春香)이를 졔아모리 업다 ᄒᆞ고 뉘게다가 비기ᄂᆞ니? 밋친놈이로다."

져희길리 다토거늘, 그곳을 후리치고 ᄒᆞᆫ 곳을 다ᄃᆞᄅᆞ니, 계셕총님유벽(溪石叢林幽僻)ᄒᆞ고 은근유흥(慇懃幽興) ᄉᆡ로왜라.

풍편(風便)의 종경(鐘磬) 소ᄅᆡ 들니거늘, ᄎᆞᄌᆞ가니 산간불당(山間佛堂)이라. 판도방(判道房) 드러가니, 승쇽(僧俗) 업시 거동(擧動) 보쇼. 걸인(乞人)으로 ᄃᆡ졉(待接)ᄒᆞ여 밤을 겨유 지닐 젹의, 소년(少年) 션ᄇᆡ 공부ᄀᆡᆨ(工夫客)드리 어ᄉᆞ(御史) 보고 박장ᄃᆡ소(拍掌大笑) 온 가지로 보치거늘, 어ᄉᆡ(御史ㅣ) 정ᄉᆡᆨ(正色)ᄒᆞ고 니른 말이,

"샹(常)업시들 구지 마오. 션ᄇᆡ 도리(道理) ᄒᆡ연(駭然)ᄒᆞ오."

여러 션ᄇᆡ 의논(議論)ᄒᆞᄃᆡ,

"제가 만일(萬一) 냥반(兩班)이면 밥ᄌᆞ이나 알 거시니, 운ᄌᆞ(韻字) 불너 글짓거든 우리 져를 경ᄃᆡ(敬待)ᄒᆞ고, 글을 만일(萬一) 못 짓거든 타둔방츅(打臀放逐)이 맛당ᄒᆞ다."

---

3 쥬졔 츄러ᄒᆞ먼: 주제가 변변치 않으면. 5 인물당상(人物堂上): 인물이 당상관 할 만한 풍채를 갖춘 사람. 10 계셕총님유벽(溪石叢林幽僻): 계곡의 바위와 우거진 숲이 한적함. 12 종경(鐘磬): 종과 경쇠를 아울러 이르는 말. 13 판도방(判道房): 승려가 모여서 공부하

어사가 속으로 생각하되, 사람은 늙어야 쓴다는 말이 옳다 하고 무슨 말을 하려 할 제, 또 한 놈이 내달으며 하는 말이,

"에라 에라, 그만두라. 모양이 거룩하시다. 주제가 추레하면 양반이 아닌가? 왜들 그리 구는가. 양반 대접이 아니로세. 영종조에 계셨다면 당상관 할 만한 인물이 어디 가며, 남원 땅에 들어가면 춘향의 서방이 되리로다."

모든 농부가 골을 내어 빰을 치며 하는 말이,

"백옥 같은 춘향이를 제아무리 없다 하고 뉘게다가 비기나니? 미친놈이로다."

저희끼리 다투거늘, 그곳을 뿌리치고 한 곳에 다다르니, 계곡의 바위와 우거진 숲이 한적하고 은근하며 그윽한 향취가 새로워라.

바람결에 종과 경쇠 소리 들리거늘, 찾아가니 산간의 불당이라. 판도방에 들어가니, 승려고 아니고 할 것 없이 거동 보소. 걸인으로 대접하여 밤을 겨우 지낼 적에, 어린 선비와 공부하는 객들이 어사를 보고 박장대소하며 여러 가지로 보채거늘, 어사가 정색하고 이른 말이,

"상없이들 굴지 마오. 선비 도리에 괴상하오."

여러 선비가 의논하되,

"제가 만일 양반이면 글귀 정도야 알 것이니, 운자 불러 글을 짓거든 우리 저를 공경하여 대접하고, 만일 글을 못 짓거든 볼기를 쳐서 쫓아냄이 마땅하다."

는 크고 넓은 방. 원문의 '판두방'은 '판도방'으로 바로잡았음. 17 샹(常)업시들: 막되고 상스럽게. 히연(駭然): 아주 이상하고 놀라움. 19 운ᄌᆞ(韻字): 한시를 지을 때 운(韻)으로 삼는 글자. 21 타둔방츅(打臀放逐): 볼기를 쳐서 쫓아냄.

ᄒᆞ고, 운ᄌᆞ(韻字)를 강운(江韻)으로 창창강당강(窓菖羌螗薑) 다섯 ᄌᆞ(字)를 ᄂᆡ여쥬니, 응구쳡ᄃᆡ(應口輒對) 지어시ᄃᆡ,

"우연위ᄀᆡᆨ도방창(偶然爲客到方窓)ᄒᆞ니 약포츈ᄉᆡᆼ구졀창(藥圃春生九節菖)을.

쳠외옥봉(簷外玉峰)은 연북극(連北極)이오 탑젼금불ᄌᆞ셔강(榻前金佛自西羌)을.

신여야학영슈목(身如野鶴寧受鶩)ᄒᆞ랴, 심ᄉᆞ한션블션당(心似寒蟬不羨螗)을.

산당(山堂)의 종파인진반(鐘罷因進飯)ᄒᆞ니 등반션ᄎᆡ쵹초강(登盤仙菜促椒薑)을."

모든 션ᄇᆡ 글을 보고 크게 놀나, ᄇᆡᆨᄇᆡᄉᆞ례(百拜謝禮)ᄒᆞ고 흠앙경복(欽仰敬服)ᄒᆞ여 종야(終夜)토록 문답(問答)ᄒᆞᆯ ᄉᆡ, 각읍(各邑) 소문(所聞) 탐지(探知)ᄒᆞ려 션ᄇᆡ다려 뭇ᄂᆞᆫ 말이,

"남원(南原) 읍ᄂᆡ(邑內) ᄉᆞ람의게 츄심ᄎᆞ(推尋次)로 송ᄉᆞ(訟事)ᄒᆞ려 ᄒᆞ니, 공ᄉᆞ(公事)나 분명(分明)ᄒᆞᆯ지오?"

한 션ᄇᆡ ᄂᆡ다ᄅᆞ며 말나고 ᄒᆞᄂᆞᆫ 말이,

"남원부ᄉᆞ(南原府使) 말을 마오. 탐ᄌᆡ이색무도(貪財而色無道)ᄒᆞ여, ᄇᆡᆨ셩(百姓)이 소를 일코 고관(告官)ᄒᆞ니, 냥쳑(兩側)을 불너드려 원고(原告)의게 분부(吩咐)ᄒᆞᄃᆡ, '너ᄂᆞᆫ 소가 몃 필(匹)인다?' ᄃᆡ답(對答)ᄒᆞᄃᆡ, '황우(黃牛) ᄒᆞᆫ 필(匹), 암소 ᄒᆞᆫ 필(匹) 다만 두 필

---

2 응구쳡ᄃᆡ(應口輒對): 물음에 지체 없이 응답함. 3 우연위ᄀᆡᆨ도방창(偶然爲客到方窓): 우연히 손이 되어 절간 창 앞에 다다름. 원문의 '위연'은 '우연'으로 바로잡았음. 약포츈ᄉᆡᆼ구졀창(藥圃春生九節菖): 약포는 봄이라 아홉 마디 창포가 자람. 5 쳠외옥봉(簷外玉峰)은 연북극(連北極): 처마 너머 옥봉은 북극까지 이어짐. 탑젼금불ᄌᆞ셔강(榻前金佛自西羌): 의자 앞의 금부처는 서역에서 온 것임. 7 신여야학영슈목(身如野鶴寧受鶩)ᄒᆞ랴: 이 몸은 들판의 학과 같으니 어찌 구속을 받으랴. 원문의 '슈복'은 '슈목'으로 바로잡았음. 심ᄉᆞ한션블션당

하고, 어려운 운자로 창창강당강 다섯 자를 내어주니, 즉각 대답하여 지었으되,

"우연히 손이 되어 절간 창 앞에 이르니 약포는 봄이라 구절창포가 자라네.

처마 너머 옥봉은 북극까지 이어지고 의자 앞의 금부처는 서역에서 온 것이네.

이 몸은 들판의 학과 같으니 어찌 구속을 받으랴, 마음이 가을매미 같아 씽씽매미를 부러워 않네.

산사의 종소리 그치자 밥을 내오니 상 위에 오른 신선 나물이 산초와 생강을 재촉하네."

모든 선비가 글을 보고 크게 놀라, 수없이 절하고 사례하며 우러러 공경하며 밤새도록 문답할새, 각 읍의 소문을 탐지하려 선비에게 묻는 말이,

"남원 읍내 사람에게 빌려준 돈을 받아내려고 송사하려 하니, 공사나 분명할지요?"

한 선비가 내달으며 말리고 하는 말이,

"남원부사 말을 마오. 재물을 탐내고 지나치게 여색을 밝혀, 백성이 소를 잃고 관청에 고하니, 양쪽을 불러들여 원고에게 분부하되, '너는 소가 몇 필이냐?' 대답하되, '황소 한 필, 암소 한 필,

(心似寒蟬不羨螗): 마음이 가을 매미와 같아 씽씽매미를 부러워하지 않음. 9 산당(山堂)의 종파인진반(鐘罷因進飯)ᄒᆞ니: 절에 종소리 그치자 밥을 내오니. 등반션치측초강(登盤仙菜促椒薑): 밥상 위에 오른 신선의 나물은 산초와 생강을 재촉함. 11 흠앙경복(欽仰敬服): 우러러보며 공경하고 복종함. 14 츄심ᄎᆞ(推尋次)로: 받아낼 셈으로. 17 탐ᄌᆡ이색무도(貪財而色無道): 재물을 탐내고 여색을 지나치게 밝힘. 원문의 'ᄋᆞᄉᆡᆨ'는 '이색'으로 바로잡았음. 18 냥쳑(兩側): 원고와 피고의 양쪽.

(匹) 잇습더니 황우(黃牛) ᄒᆞᆫ 빡 일헛습ᄂᆡ다.' 쏘 무ᄅᆞᄃᆡ, '져 도적(盜賊)놈 너는 소가 몃 필(匹)이니?' ᄃᆡ답(對答)ᄒᆞᄃᆡ, '쇼인(小人)은 젹빈(赤貧)ᄒᆞ와 ᄒᆞᆫ 필(匹)도 업ᄂᆞ이다.' '소 임자 놈 드러보라. 너는 무슴 복덕(福德)으로 두 필(匹) 탐이 두고, 져놈은 무슴 죄(罪)로 ᄒᆞᆫ 필(匹)도 업단 말이니? ᄒᆞᆫ 필(匹)식 난화시면 ᄉᆞ면무탈(四面無頉) ᄒᆞ고 송니(訟理)가 공평(公平)이라.' ᄒᆞ고, 소 임ᄌᆞ의 소를 아ᄉᆞ 도적(盜賊)놈을 쥬어시니 이런 공ᄉᆞ(公事) 쏘 잇스며, ᄇᆡᆨ옥(白玉) 갓튼 츈향(春香)이를 억지 겁탈(劫奪)하랴다가 도로혀 욕(辱)을 보고 엄형즁치(嚴刑重治) 하옥(下獄)ᄒᆞ여, 병(病)든 지 ᄒᆡ포만의 거월(去月) 초ᄉᆡᆼ(初生)에 신ᄉᆞ(身死)ᄒᆞ여, 이 산(山) 넘어 져 산(山) 넘어 초빈(草殯)ᄒᆞ여시니 긘들 아니 젹악(積惡)인가?"

어ᄉᆡ(御史 ㅣ) 이 말 듯고 츈향(春香)이 쥭은 쥴을 ᄌᆞ셔이 알고, 졍신(精神)이 어득ᄒᆞ고 셜운 마음이 ᄇᆞᆨ밧쳐, 닙시욹기 비쥭비쥭, 눈믈이 등경등경 ᄒᆞ거늘, 모든 션ᄇᆡ 고이(怪異) 역여 의논(議論)ᄒᆞᄃᆡ,

"그 걸인(乞人)의 형상(形狀) 보니, 불승비감(不勝悲感) 불금유체(不禁流涕) 그 아니 고이(怪異)ᄒᆞ냐?"

제를 속여 보ᄌᆞ ᄒᆞ고 즁 불너 분부(吩咐)ᄒᆞᄃᆡ,

"픽(牌) 하나흘 깍가다가 아모ᄃᆡ나 ᄉᆡ로 초빈(草殯)ᄒᆞᆫ ᄃᆡ ᄭᅩᄌᆞ 노코, 먼니 셔셔 거동(擧動) 보라."

그 픽(牌)의 글을 쓰ᄃᆡ 밍낭(孟浪)이도 ᄒᆞ엿고나. 본읍(本邑) 기ᄉᆡᆼ(妓生) 슈졀원ᄉᆞ(守節寃死) 츈향지묘(春香之墓)라 ᄒᆞ여, 즁놈 쥬어 보ᄂᆡ니라.

---

3 젹빈(赤貧): 몹시 가난함. 9 엄형즁치(嚴刑重治): 엄한 형벌로 중히 다룸. ᄒᆡ포: 한 해가 조금 넘는 동안. 거월(去月): 지난달. 11 초빈(草殯): 임시로 바깥에다 시체를 이엉 등으로 싸서 눈비를 가리게 해 놓은 무덤. 원문의 '초빙'은 '초빈'으로 바로잡았음. 13 닙시욹기: 입

다만 두 필이 있사옵더니 황소 한 짝을 잃었습니다.' 또 묻되, '저 도적놈 너는 소가 몇 필이니?' 대답하되, '소인은 매우 가난하와 한 필도 없나이다.' '소 임자 놈 들어보라. 너는 무슨 복덕으로 두 필이나 욕심껏 갖고, 저놈은 무슨 죄로 한 필도 없단 말이니? 한 필씩 나눴으면 사방에 탈이 없고 재판도 공평하리라.' 하고, 소 임자의 소를 빼앗아 도적놈에게 주었으니 이런 공사 또 있으며, 백옥 같은 춘향이를 억지 겁탈하려다가 도리어 욕을 보자 엄한 형벌로 중히 다스려 하옥하여, 병이 든 지 한 해 남짓 되어 지난 달 초승에 죽어서, 이 산 넘고 저 산 넘어 초빈하였으니 그것인들 악행이 아닌가?"

어사가 이 말 듣고 춘향이 죽은 줄을 자세히 알고, 정신이 아득하고 설운 마음이 복받쳐, 입술이 비죽비죽, 눈물이 등경등경 하거늘, 모든 선비가 이상히 여겨서 의논하되,

"그 걸인의 형상을 보니, 슬픈 기운을 이기지 못하고 눈물을 참지 못하는 것이 그 아니 이상하냐?"

저를 속여 보자 하고 중을 불러서 분부하되,

"패 하나를 깎아다가 아무데나 새로 초빈한 데 꽂아 놓고, 멀리 서서 거동을 보라."

그 패에 글을 쓰되 맹랑히도 하였구나. 본읍의 기생으로 수절하다가 원통히 죽은 춘향의 묘라 하여, 중놈을 주어 보내니라.

술이. 14 등경등경: 눈물이 뚝뚝 떨어지는 모양. 15 불승비감(不勝悲感) 불금유체(不禁流涕): 슬픔을 이기지 못하고 흐르는 눈물을 막을 수 없음. 21 슈졀원ᄉ(守節寃死): 절개를 지키려다가 원통하게 죽음.

어시(御史ㅣ) 천만(千萬) 몽미(夢寐)밧긔 츈향(春香) 흉음(凶音) 듯고, 남 우힐 쥴 젼혀 잇고 츈향(春香) 초빈(草殯) ᄎᄌ가니, 모골(毛骨)이 송연(悚然)ᄒ고 졍신(精神)이 황망(遑忙)ᄒ다. 급급(急急)히 거러 ᄒᆫ 고기를 넘어가니 식로 ᄒᆫ 무덤이 잇고 픽(牌)를 셰잣거늘, 부지불각(不知不覺)의 다라드러 무덤을 두다리며 방셩딕곡(放聲大哭)ᄒᄂᆫ 말이,

"익고, 츈향(春香)아. 이거시 웬일이니? 우리 두리 빅년긔약(百年期約) 미졋더니 이졔ᄂᆫ 허식(虛事ㅣ)로다. 발셥쳔니(跋涉千里) 닉 오기ᄂᆫ 너만 보려 ᄒ엿더니, 죽단 말이 웬일이니? 공산야월(空山夜月) 젹막(寂寞)ᄒᆫ딕 누엇ᄂᆫ냐, 잠ᄌᄂᆫ냐? 닉가 여긔 왓것마ᄂᆫ 모로ᄂᆫ 듯 누엇고나! 안홍고이총쳥(雁鴻高而塚靑)ᄒ니 식월감어여딕(塞月減於女臺)로다. 산초야화년년기(山草野花年年開)나 향혼옥골귀불귀(香魂玉骨歸不歸)라. 익고익고 셜운지고!"

두 쥬먹귀 쥐여다가 무덤을 쾅쾅 두드리며,

"츈향(春香)아, 츈향(春香)아. 날다려 이거라! 얼골이나 잠간(暫間) 보ᄌ. 셩음(聲音)이나 드러보셰. 너를 어딕 가 다시 보리. 익고 이를 엇지ᄒᆯ고. 촘아 셜워 못 살깃다!"

익연(哀然)이 슯히 우니, 슈운(愁雲)이 참담(慘憺)ᄒ고 일월(日月)이 무광(無光)이라. 초목(草木)이 슬허ᄒ고 금슈(禽獸)도 우름 운다.

한창 이리 슬피 울 졔, 건넌 마을 강좌슈(姜座首)가 이 형상(形狀)을 바라보고 마음의 놀납고 고이(怪異)ᄒ여, 급(急)히 드러가 마노라다려 ᄒᄂᆫ 말이,

---

1 **흉음**(凶音): 좋지 아니한 일의 기별. 즉, 사람의 죽음을 알리는 소식. 2 **우힐**: 웃길. 8 **발셥쳔니**(跋涉千里): 산 넘고 물 건너 천 리 길을 찾아옴. 11 **안홍고이총쳥**(雁鴻高而塚靑)**ᄒ니 식월감어여딕**(塞月減於女臺): 기러기는 높이 뜨고 무덤은 푸르니, 변방의 달은 여대(女

어사가 천만 꿈밖에 춘향의 흉한 소식을 듣고, 남 웃길 줄을 전혀 잊고 춘향의 초빈을 찾아가니, 모골이 송연하고 정신이 황망하다. 급급히 걸어 한 고개를 넘어가니 새로 한 무덤이 있고 패를 꽂았거늘, 정신없이 달려들어 무덤을 두드리며 방성대곡하는 말이,

"애고, 춘향아. 이것이 웬일이니? 우리 둘이 백년기약을 맺었더니 이제는 허사로다. 산 넘고 물 건너 천 리 길을 나 오기는 너만 보려 하였더니, 죽었단 말이 웬일이니? 빈산에 달빛만 적막한데 누웠느냐, 잠자느냐? 내가 여기에 왔건마는 모르는 듯 누웠구나! 기러기는 높이 뜨고 무덤은 푸르니 변방의 달은 여대에 지네. 산의 풀과 들의 꽃은 해마다 피건만 아름다운 여인의 넋은 한번 가고 돌아오지를 않네. 애고애고 설운지고!"

두 주먹 쥐어다가 무덤을 광광 두드리며,

"춘향아, 춘향아. 날 보고 일어나거라! 얼굴이나 잠깐 보자. 목소리나 들어보세. 너를 어디 가서 다시 보리. 애고 이를 어찌할까. 차마 서러워 못 살겠다!"

처량하게 슬피 우니, 근심 띤 구름이 참담하고 해와 달도 빛을 잃네. 초목이 슬퍼하고 짐승들도 울음 운다.

한창 이리 슬피 울 제, 건넌 마을 강좌수가 이 형상을 바라보고 마음에 놀랍고 괴이하여, 급히 들어가 마누라에게 하는 말이,

臺)에 짐. 12 산초야화년년기(山草野花年年開)나 향혼옥골귀불귀(香魂玉骨歸不歸): 산의 풀과 들의 꽃은 해마다 피건만 아름다운 여인의 넋은 돌아오지 못함. 16 셩음(聲音): 목소리. 20 강좌슈(姜座首): 강씨 성의 좌수. 좌수(座首)는 향청(鄕廳)의 우두머리를 가리킴.

"우리 아기 ᄉᆞ라실 제 미셩(未成)의 쳐ᄌᆡ(處子ㅣ)여든, 엇던 걸ᄀᆡᆨ(乞客) 놈이 ᄇᆡᆨ년긔약(百年期約)이 허ᄉᆡ(虛事ㅣ)라고 두다리며 우름 우니, 요럴 변(變)이 쏘 잇ᄂᆞᆫ가? 이놈 고두쇠야, 몽치 ᄎᆞ고 건너가셔 아기씨 무덤의 우ᄂᆞᆫ 놈 난장결치(亂杖決治)ᄒᆞ라!"

고두쇠 건너가셔 질욕(叱辱)ᄒᆞ고 달녀드니, 어ᄉᆡ(御史ㅣ) 착급(着急)ᄒᆞ여 혼(魂)이 써셔 삼십뉵계즁(三十六計中) 쥴힝낭이 웃듬이라. 쳔방지방(天方地方) 져ᄉᆞ도쥬(抵死逃走)ᄒᆞ니 이 쏘ᄒᆞᆫ 장관(壯觀)일너라.

먼니 다라나 ᄒᆞᆫ 곳의 다ᄃᆞᄅᆞ니, 긔암층층(奇巖層層) 절벽간(絶壁間)의 폭포쳥파(瀑布靑波) 써러지고, 계변좌우(溪邊左右) 반셕상(盤石上)의 졔명각셕(題名刻石) 무슈(無數)ᄒᆞ다. ᄡᅡᆸ드려 셰슈(洗手)ᄒᆞ고 쏘 ᄒᆞᆫ 곳 다ᄃᆞᄅᆞ니, 단발(斷髮) 초동(樵童) 목동(牧童)드리 쇠싀랑의 홈의 들고 「산유화(山有花)」 쇼ᄅᆡᄒᆞ며 올나올 제,

"엇던 ᄉᆞ람 팔ᄌᆞ(八字) 조화 호의호식(好衣好食) 념녀(念慮) 업고, 쏘 엇던 ᄉᆞ람 팔ᄌᆞ(八字) 긔박(奇薄)ᄒᆞ여 일신(一身)이 난쳐(難處)ᄒᆞ고, 아마도 빈한고락(貧寒苦樂)을 돌녀볼가."

쏘 ᄒᆞᆫ 아희 쇼ᄅᆡᄒᆞᄃᆡ,

"이 마을 총각(總角), 져 마을 쳐녀(處女), 남가녀혼(男嫁女婚) 제 법일다. 공번된 하늘 아ᄅᆡ 셰상(世上)일이 경위(涇渭)도 지다."

어ᄉᆡ(御史ㅣ) 셔셔 듯고 혼ᄌᆞ말노,

---

4 **난장결치**(亂杖決治): 신체의 부분을 가리지 않고 쳐서 죄를 다스림. 원문의 '난졍'은 '난장'으로 바로잡았음. 5 **질욕**(叱辱): 꾸짖고 욕을 함. 원문의 '즐욕'은 '질욕'으로 바로잡았음. **착급**(着急): 몹시 급함. 7 **쳔방지방**(天方地方): 너무 급하여 허둥지둥 날뛰는 모양. **져ᄉᆞ도쥬**(抵死逃走): 죽음을 각오하고 악착같이 도망함. 11 **졔명각셕**(題名刻石): 이름을 새겨 놓은 돌. 원문의 'ᄀᆡᆨ셕'은 '각셕'으로 바로잡았음. 12 **단발**(斷髮) **초동**(樵童): 짧게 자른 머리의 나무꾼. 원문의 '담발'은 '단발'로 바로잡았음. 13 **쇠싀랑의 홈의**: 쇠스랑과 호미. 「산유화

"우리 아기 살았을 때 혼인 전의 처자거든, 어떤 결객 놈이 백년기약이 허사라고 두드리며 울음 우니, 요런 변이 또 있는가? 이놈 고두쇠야, 몽치 차고 건너가서 아기씨 무덤에 우는 놈을 난장결치하라!"

고두쇠가 건너가서 욕을 하고 달려드니, 어사가 믑시 급하여 혼이 떠서 삼십육계 중 줄행랑이 으뜸이라. 천방지방 죽을 각오로 도망하니 이 또한 장관일러라.

멀리 달아나 한 곳에 다다르니, 기암층층 절벽 사이로 맑은 폭포수 떨어지고, 시냇가 좌우 반석 위에 제명각석이 무수하다. 땀이 나서 세수하고 또 한 곳에 다다르니, 단발 초동과 목동들이 쇠스랑에 호미 들고 「산유화」 소리하며 올라올 제,

"어떤 사람은 팔자 좋아 호의호식 염려 없고, 또 어떤 사람은 팔자가 기박하여 일신이 난처하니, 아마도 가난과 추위, 고생과 즐거움을 바꾸어 볼까."

또 한 아이가 소리하되,

"이 마을 총각과 저 마을 처녀, 남자는 장가, 여자는 혼인이 제법이네. 공평한 하늘 아래 세상일이 경우도 없다."

어사가 서서 듣고 혼잣말로,

(山有花)」: 영남지방에 전하는 민요로, 남편에게 소박을 당한 색시가 강에 투신하며 불렀다는 노래. 15 기박(奇薄): 팔자, 운수 따위가 사납고 복이 없음. 난쳐(難處): 처신하기가 어려움. 원문의 '단쳐'는 '난쳐'로 바로잡았음. 19 공번된: 공평하고 어느 한 곳에 치우침이 없음. 경위(涇渭)도 지다: 사리의 옳고 그름을 판단함이 너무 심하게 어긋남. 경위는 중국 경수(涇水)는 흐리고 위수(渭水)는 맑아 뚜렷이 구분된다는 데서 나온 말로, 원문의 '경오'는 '경위'로 바로잡았음.

"조 아희 년셕은 의붓어미게 밥 어더먹는 놈이오, 조 아희 년셕은 장가(丈家) 못 드러 익쓰는 놈이로다."
ᄒᆞ고, 쏘 ᄒᆞᆫ 곳 다ᄃᆞᄅᆞ니 농부(農夫)드리 가ᄅᆡ질 부침ᄒᆞ고 션쇼ᄅᆡ ᄒᆞᆫ다.

그 노ᄅᆡ에 ᄒᆞ엿시ᄃᆡ,

「텬황시(天皇氏)가 나신 후(後)의 인황시(人皇氏)도 나시도다. 얼널얼널 상ᄉᆞᄃᆡ.

슈인시(燧人氏) 나신 후(後)의 교인화식(敎人火食)ᄒᆞ시도다. 얼널얼널 상ᄉᆞᄃᆡ.

하우시(夏禹氏) 나신 후(後)의 착산통도(鑿山通道)ᄒᆞ단 말가? 얼널얼널 상ᄉᆞᄃᆡ.

신농시(神農氏) 나신 후(後)에 상ᄇᆡᆨ초(嘗百草)를 ᄒᆞ단 말가? 얼널얼널 상ᄉᆞᄃᆡ.

은왕셩탕(殷王成湯) 나신 후(後)의 ᄃᆡ한칠년(大旱七年) 맛나시니, 젼조단발(剪爪斷髮)ᄒᆞ온 후(後)의 샹님(上林)들의 긔우(祈雨)ᄒᆞᆫ다. 얼널얼널 상ᄉᆞᄃᆡ.

시화셰풍(時和歲豊) ᄐᆡ평시(泰平時)의 평원광야(平原曠野) 농부(農夫)드라, 승평연월(昇平年月) 이 셰곈가. 오왕셩덕(吾王盛德) 아니신가. 얼널얼널 상ᄉᆞᄃᆡ.

갈텬시(葛天氏) 적 ᄇᆡᆨ셩(百姓)인가? 우리 아니 슌민(順民)인가? 함포고복(含哺鼓腹) 우리 농부(農夫) 쳔츄만셰(千秋萬歲) 즐겨왜라. 얼널얼널 상ᄉᆞᄃᆡ.

---

3 **가ᄅᆡ질 부침**: 가래로 흙을 파서 옮기는 일. 9 **교인화식(敎人火食)**: 사람에게 화식(火食)을 가르침. 11 **착산통도(鑿山通道)**: 산을 뚫고 길을 냄. 15 **은왕셩탕(殷王成湯)**: 은나라의

“저 아이 녀석은 의붓어미에게 밥을 얻어먹는 놈이요, 저 아이 녀석은 장가를 못 들어 애쓰는 놈이로다.”
하고, 또 한 곳에 다다르니 농부들이 가래질로 흙을 퍼 옮기면서 선소리를 한다.

그 노래에 하였으되,

「천황씨가 나신 후에 인황씨도 나시도다. 얼널얼널 상사디야.

수인씨 나신 후에 음식 익혀 먹는 법을 가르치도다. 얼널얼널 상사디야.

하우씨 나신 후에 산을 뚫고 길을 냈단 말인가? 얼널얼널 상사디야.

신농씨 나신 후에 온갖 약초를 가려냈단 말인가? 얼널얼널 상사디야.

은나라 탕왕이 나신 후에 칠 년 큰 가뭄을 만났으니, 손톱 발톱 깎고 머리 자른 후에 상림의 들에서 기우제를 한다. 얼널얼널 상사디야.

나라가 태평하고 풍년 든 좋은 시절에 평원광야의 농부들아, 태평 시절 이 세상인가. 우리 왕의 성덕 아니신가. 얼널얼널 상사디야.

갈천씨 적 백성인가? 우리 순한 백성이 아니던가? 배 불리 먹고 배를 두드리는 우리 농부 천추만세 즐거워라. 얼널얼널 상사디야.

시조 탕왕, 하나라의 걸왕을 내쫓고 칠 년 동안의 큰 가뭄을 다스렸음. 16 젼조단발(剪爪斷髮): 손톱과 발톱을 깎고 머리를 자름. 샹님(上林)들: 상림의 들판. 19 승평연월(昇平年月): 시절이 태평함. 21 슌민(順民): 순박하고 어진 백성.

슌(舜)님군의 민든 장기 녁산(歷山)의셔 밧츨 갈고, 신농시(神農氏) 민든 ᄯᅡ뷔 쳔만셰(千萬世)를 유젼(遺傳)ᄒᆞᆫ다. 얼널얼널 상ᄉᆞᄃᆡ.

남양늉즁(南陽隆中) 졔갈션싱(諸葛先生) 불구문달(不求聞達)ᄒᆞ올 젹의, 「양보음(梁甫吟)」을 읇흔 후의 궁경산젼(躬耕山田)ᄒᆞ엿고나. 얼널얼널 상ᄉᆞᄃᆡ.

싀상오류(柴桑五柳) 도쳐ᄉᆞ(陶處士)도 쳥운환노(青雲宦路) 마다ᄒᆞ고, 오두미(五斗米)를 벽사(僻事)ᄒᆞ여 젼원당무(田園將蕪) 가라 잇다. 얼널얼널 상ᄉᆞᄃᆡ.

어와, 우리 농부(農夫)드라, ᄉᆞ월남풍(四月南風) 보리타작(打作) 구십월(九十月) 벼ᄶᅡ리를 우걱지걱 지어 봅셰. 얼널얼널 상ᄉᆞᄃᆡ.

오곡빅곡(五穀百穀) ᄒᆞ여 ᄂᆡ여 우리 님군긔 공(供)을 ᄒᆞ고, 남은 곡식(穀食) 잇거들낭 부모봉양(父母奉養)ᄒᆞ여 봅셰. 얼널얼널 상ᄉᆞᄃᆡ.

봉양(奉養)ᄒᆞ고 남거들낭 쳐ᄌᆞ권쇽(妻子眷屬) 먹여 봅셰. 얼널얼널 상ᄉᆞᄃᆡ.

남은 곡식(穀食) 잇거들낭 일가친쳑(一家親戚) 구졔(救濟)홉셰. 얼널얼널 상ᄉᆞᄃᆡ.

어와, 우리 농부(農夫)드라, 농ᄉᆞ(農事)ᄒᆞ고 드러가셔 힛곡식(穀食)의 빅 블니고 기즉 장ᄉᆞ나 달ᄂᆡ 봅셰. 산승 갓튼 혀를 물고 연젹(硯滴) 갓은 졋슬 쥐고 굽닐굽닐 굽닐러셔 돌송이나 거취홉셰. 얼널얼널 상ᄉᆞᄃᆡ.

---

3 **남양늉즁**(南陽隆中) **졔갈션싱**(諸葛先生): 중국 하남성 남양군 융중에 은거하던 제갈량. **불구문달**(不求聞達): 출세하여 이름이 세상에 드날리기를 구하지 않음. 4 **「양보음**(梁甫吟)**」**: 제갈량이 남양 융중에 은거할 때 부르던 노래. 6 **싀상오류**(柴桑五柳) **도쳐ᄉᆞ**(陶處士): 고향인 시상(柴桑)으로 돌아와 버드나무를 심던 도연명. 그의 집 주위에는 다섯 그루의 버드나무가 있어 호를 '오류(五柳)'로 삼았다고 함. **쳥운환노**(青雲宦路): 높은 지위나 벼슬.

순임금이 만든 쟁기로 역산에서 밭을 갈고, 신농씨가 만든 따비는 천만세를 전해 온다. 얼널얼널 상사디야.

남양 융중의 제갈선생 세상 이름 구하지 않을 적에, 「양보음」을 읊고 밭을 갈면서 지냈구나. 얼널얼널 상사디야.

시상으로 돌아와 버드나무 심던 도연명도 벼슬길 마다하고, 오두미를 거부하며 황폐해진 논밭을 갈고 있네. 얼널얼널 상사디야.

어와, 우리 농부들아, 사월의 남풍에는 보리타작, 구시월에는 볏가리를 우걱지걱 지어 보세. 얼널얼널 상사디야.

오곡 백곡 지어 내어 우리 임금께 바치고, 남은 곡식이 있거들랑 부모 봉양을 하여 보세. 얼널얼널 상사디야.

봉양하고 남거들랑 처자와 식구들을 먹여 보세. 얼널얼널 상사디야.

남은 곡식이 있거들랑 일가친척 구제하세. 얼널얼널 상사디야.

어와, 우리 농부들아, 농사하고 들어가서 햇곡식에 배 불리고, 돗자리 장사나 달래 보세. 산승 같은 혀를 물고 연적 같은 젖을 쥐고, 굽닐굽닐 굽닐러서 사내 자식 얻어 보세. 얼널얼널 상사디야.

7 **오두미**(五斗米): 적은 급료. **벽사**(僻事): 일을 그만두고 사직함. 원문의 '벽소'는 '벽사'로 바로잡았음. **젼원당무**(田園將蕪): 논밭과 동산이 황무지가 됨. 18 **기즉 장수**: 왕골로 짠 돗자리 장수. 19 **굽닐굽닐**: 몸을 굽혔다가 일으켰다 함. 즉, 성적 유희를 비유. **들송이나 거춰홉세**: 사내 자식을 거두어 보자는 의미. '돌송이'는 남성의 생식기를 상징하며, 여기서는 '어린 사내아이'를 가리킴.

우리 농부(農夫) 드러보소. 불상ᄒᆞ고 가련(可憐)ᄒᆞ다. 남원(南原) 츈향(春香)이ᄂᆞᆫ 비명원ᄉᆞ(非命寃死)ᄒᆞ단 말가? 무거불측(無據不測) 니도령(李道令)은 영졀(永絶) 소식(消息) 업단 말가? 얼널얼널 상ᄉᆞ듸.」

이런 쇼릐 다 드ᄅᆞ니 무ᄉᆞᆫ 핑계로 말 무ᄅᆞ리오? 별안간(瞥眼間) ᄊᆞᆫ젼으로 ᄒᆞᄂᆞᆫ 말이,

“져 농부(農夫) 여보시오. 검은 소로 논을 가니 컴컴ᄒᆞ지 아니ᄒᆞᆫ지?”

농부(農夫) ᄃᆡ답(對答)ᄒᆞᄃᆡ,

“그러키에 볏 다랏지요.”

“볏 다라시면 응당(應當) 더우려니?”

“덥기에 셩엣장 다랏지오.”

“셩엣장 다랏시면 응당(應當) ᄎᆞ지.”

“ᄎᆞ기에 쇠게 양지머리 잇지오.”

이럿틋 슈작(酬酌)ᄒᆞᆯ 졔, 한 농부(農夫) ᄂᆡ다ᄅᆞ며,

“우슈온 ᄌᆞ식(子息) 다 보깃다. 어더먹ᄂᆞᆫ 비렁방이 년셕이 반말지거리가 웬일인고? 져런 년셕은 근즁(根重)을 알게 혀ᄅᆞᆯ 슴빅직 ᄊᆡᆨ힐가 보다.”

한 농븨(農夫ㅣ) ᄂᆡ다라,

“아셔라, 이 ᄋᆡ. 그 말 마라. 그분을 솜솜 쓰더보니 쥬제ᄂᆞᆫ 비록 허술ᄒᆞ나 숀길이 보희니 냥반(兩班)일시 젹실(的實)ᄒᆞ다. 셰폭ᄌᆞ락의 하 ᄆᆡᆼ물은 아니로다.”

한 농부(農夫) ᄒᆞᄂᆞᆫ 말이,

---

2 **무거불측(無據不測)**: 성질이 아주 괴팍하고 흉측함. 6 **싼젼으로**: 앞에 있는 일과는 전혀 관계없는 말과 행동으로. 10 **볏 다랏지요**: 볏을 달았지요. ‘볏’은 보습 위에 덧댄 쇳조각으로, ‘햇볕’과 유사한 음을 활용한 어희적 표현. 12 **셩엣장**: 물 위에 떠서 흘러가는 얼음덩이.

우리 농부 들어보소. 불쌍하고 가련하다. 남원 춘향이는 제명대로 살지 못하고 원통히 죽었단 말인가? 성질이 흉측한 이도령은 영영 소식이 없단 말인가? 얼널얼널 상사디야.」

이런 소리 다 들으니 무슨 핑계로 말을 물으리오? 별안간 딴전으로 하는 말이,

"저 농부 여보시오. 검은 소로 논을 가니 컴컴하지 아니한지?"

농부가 대답하되,

"그러하기에 볏을 달았지요."

"볏을 달았으면 응당 더우려니?"

"덥기에 성엣장 달았지요."

"성엣장을 달았으면 응당 차지."

"차기에 소에게 양지머리가 있지요."

이렇듯 수작할 제, 한 농부가 내달으며,

"우스운 자식 다 보겠다. 얻어먹는 비렁뱅이 녀석이 반말지거리가 웬일인고? 저런 녀석은 근중을 알게 혀를 뿌리째 뽑아 볼까 보다."

한 농부가 내달아,

"아서라, 얘. 그런 말 말아라. 그분을 곰곰이 뜯어보니 주제는 비록 허술하나 손길을 보아하니 양반임이 확실하다. 세폭자락에 아주 맹물은 아니로다."

한 농부가 하는 말이,

즉, 쟁기의 술의 윗머리에서 앞으로 길게 뻗은 나무인 '성에'와 유사한 음을 활용한 어휘적 표현. 14 쇠게 양지머리: 소고기 중에서 양지머리. 즉, '양지(陽地)'와 유사한 음을 활용한 어휘적 표현. 17 근즁(根重): 뿌리의 중요함. 슴빅지: 뿌리째. '슴베'는 칼이나 호미의 한 끝이 자루 속에 박힌 부분을 가리킴.

"영감(令監), 너모 아는 체 마오. 숀길이 희면 다 냥반(兩班)닌가오? 나는 그놈을 쓰더보니, 거어지 즁(中) 상(上)거어지오. 숀길을 보니 움 속의셔 송곳질만 ᄒᆞ던 갓밧치 아들놈이 분명(分明)ᄒᆞ오."

늙은 농뷔(農夫ㅣ) 뭇는 말이,

"어듸셔 살며, 어ᄃᆡ로 가시오?"

어ᄉᆡ(御史ㅣ) ᄃᆡ답(對答)ᄒᆞᄃᆡ,

"셔울셔 사더니, 능광쥐(綾光州) ᄯᅡᆨ히 권당(眷黨) ᄎᆞ즈라 가다가, 마츰 회양(回陽)이 업고, 공교(工巧)이 졈심(點心)ᄭᅴ니 요긔(療飢)나 홀가 ᄒᆞ고 안잣지."

여러 농뷔(農夫ㅣ) 공논(公論)ᄒᆞ고, 열의 ᄒᆞᆫ 슐 밥으로 한 그릇슬 두둑이 쥬니, 어ᄉᆡ(御史ㅣ) 포식(飽食)ᄒᆞᆫ 후(後) 치하(致賀)ᄒᆞ고,

"다시 보ᄌᆞ닛가."

하직(下直)ᄒᆞ고 ᄒᆞᆫ 곳을 다ᄃᆞᄅᆞ니, 길가의 쥬막(酒幕) 짓고 한 영감(令監)이 안ᄌᆞ셔 막걸니 팔며 청올치 ᄭᅩ며 「반나마」 부ᄅᆞ니 ᄒᆞ여시ᄃᆡ,

"반나마 늙어시니 다시 졈든 못ᄒᆞ여도, 이후(以後)나 늙지 말고 ᄆᆡ양 이만이나 ᄒᆞ엿고져. ᄇᆡᆨ발(白髮)이 졔 짐작(斟酌)ᄒᆞ여 더듸 늙게."

어ᄉᆡ(御史ㅣ) 쥬머니 ᄲᅥ러 돈 ᄒᆞᆫ 푼 ᄂᆡ여 쥐고,

"슐 한 잔(盞) ᄂᆡ란잇가."

영감(令監)이 어ᄉᆞ(御史)의 ᄭᅩᆯ을 보고,

"돈 몬져 ᄂᆡ시오."

쥐엿던 돈 ᄂᆡ여 쥬고, ᄒᆞᆫ 푼어치 졸나 바다먹고, 입 씻고 ᄒᆞ는 말이,

"영감(令監)도 ᄒᆞᆫ 잔(盞) 먹으란잇가."

영감(令監)이 ᄃᆡ답(對答)ᄒᆞᄃᆡ,

---

3 갓밧치: 갖바치. 즉, 가죽신 만드는 것을 업으로 하는 사람. 7 권당(眷黨): 친척. 8 회양

"영감, 너무 아는 체 마오. 손길이 희면 다 양반인게오? 나는 그놈을 뜯어보니, 거지 중에도 상거지요. 손길을 보니 움 속에서 송곳질만 하던 갖바치 아들놈이 분명하오."

늙은 농부가 묻는 말이,

"어디서 살며, 어디로 가시오?"

어사가 대답하되,

"서울서 살더니, 능주와 광주 땅에 친척을 찾으러 가다가, 마침 기운이 없고 공교롭게 점심때니 요기나 할까 하고 앉았지."

여러 농부 공론하고, 열에 한 술 밥으로 한 그릇을 두둑이 주니, 어사가 포식한 후 치하하고,

"다시 보자니까."

하직하고 한 곳에 다다르니, 길가에 주막을 짓고 한 영감이 앉아서 막걸리 팔며 청올치 꼬며 「반나마」를 부르니 하였으되,

"반나마 늙었으니 다시 젊든 못하여도, 이후나 늙지 말고 늘 이만이나 하였으면. 백발이 그저 짐작하여 더디 늙게."

어사가 주머니를 털어 돈 한 푼을 내어 쥐고,

"술 한 잔 내라니까."

영감이 어사의 꼴을 보고,

"돈을 먼저 내시오."

쥐었던 돈을 내어 주고, 졸라서 한 푼어치 받아먹고, 입 씻고 하는 말이,

"영감도 한 잔 먹으라니까."

영감이 대답하되,

(回陽)이 업고: 기운이 다 떨어지고. 10 열의 혼 술 밥으로: 십시일반(十匙一飯)으로. 14 청올치: 칡덩굴의 속껍질. 「반나마」: '반나마 늙었으니'로 시작되는 민요.

“아스시오. 그만두오. 지나가ᄂᆞᆫ ᄒᆡᆼ인(行人)의게 무슴 돈이 넉넉ᄒᆞ여 날을 슐 먹이려시오.”

어ᄉᆡ(御史ㅣ) ᄃᆡ답(對答)ᄒᆞᄃᆡ,

“ᄂᆡ가 무손 돈이 잇셔 남을 슐 먹일가. 영감(令監) 슐이니 출출ᄒᆞᆫᄃᆡ 한 잔(盞)이나 먹으란 말이지.”

영감(令監)이 골을 ᄂᆡ여 ᄒᆞᄂᆞᆫ 말이,

“ᄂᆡ가 슐을 먹던지 마던지, 이녁 엇던 ᄉᆞ람이완ᄃᆡ 먹어라 말아라 총집(總執)ᄒᆞᆷ노.”

어ᄉᆡ(御史ㅣ) 니른 말이,

“긔야 졍 먹기 슬커든 그만둘 거시지 남과 싸호려 말난잇가. 그러나 그 말은 다 실업슨 말이여니와, 셔울셔 드ᄅᆞ니 남원(南原) 기ᄉᆡᆼ(妓生) 츈향(春香)이가 창기(娼妓) 즁(中) 졍졀(貞節)이 이셔 긔특(奇特)다 ᄒᆞ더니, 이곳의 와 드ᄅᆞ니 셔방(書房)질이 동관 삼월(三月)이오, 본관(本官) 슈쳥(守廳) 드러 쥬야(晝夜) 농창(弄娼)ᄒᆞᆫ다 ᄒᆞ니, 그럴시 분명(分明)ᄒᆞᆫ지?”

이 영감(令監)의 셩품(性品)은 헌릉(獻陵) 장작(長斫)이라. 이 말 듯고 휠젹 쒸여 니러셔셔, 상토 ᄉᆞᆺ까지 골을 ᄂᆡ여 두 눈을 부릅ᄯᅳ고 두 팔을 쏨ᄂᆡ면서, 넉시 올나 ᄒᆞᄂᆞᆫ 말이,

“뉘라셔 이런 말을 ᄒᆞ옵던가? ᄇᆡᆨ옥(白玉) 갓튼 츈향(春香)이를 이런 더러온 말노 모함(謀陷)ᄒᆞᄂᆞᆫ 놈을 만나면, 그놈의 다리를 무김치 쎠흐듯 뭇둑뭇둑 ᄌᆞ를 거슬. 통분(痛憤)ᄒᆞ고 졀통(切痛)ᄒᆞ외! 이녁도 다시 그런 말을 ᄒᆞ면 누덕이를 평ᄉᆡᆼ(平生) 못 벼셔 보고 비렁방이로 쥭을 거시니, 그런 앙급ᄌᆞ손(殃及子孫)ᄒᆞᆯ 소ᄅᆡᄂᆞᆫ 다시 옴기지도 마옵소.”

---

7 **이녁**: 듣는 이를 조금 낮추어 이르는 이인칭 대명사. 8 **총집(總執)**: 참견함. 13 **셔방(書房)질이 동관 삼월(三月)**: 행실이 좋지 못함. 즉, 창덕궁 궁녀들의 행실이 좋지 않았다는 데

"아서시오. 그만두오. 지나가는 행인에게 무슨 돈이 넉넉하여 나에게 술을 먹이시려오."

어사가 대답하되,

"내가 무슨 돈이 있어 남을 술 먹일까. 영감 술이니 출출한데 한 잔이나 먹으란 말이지."

영감이 골을 내어 하는 말이,

"내가 술을 먹든지 말든지, 이녁이 어떤 사람이완대 먹어라 말아라 참견하노."

어사가 이른 말이,

"그야 정 먹기 싫거든 그만둘 것이지 남과 싸우려 말라니까. 그러나 그 말은 다 실없는 말이거니와, 서울서 들으니 남원 기생 춘향이가 창기 중에 정절이 있어 기특하다 하더니, 이곳에 와서 들으니 서방질이 동관 삼월이요, 본관 수청을 들어 주야로 농탕한다 하니, 그것이 분명한지?"

이 영감 성품이 헌릉 장작이라. 이 말 듣고 펄쩍 뛰어 일어서서, 상투 끝까지 골을 내어 두 눈을 부릅뜨고 두 팔을 뽐내면서, 넋이 올라 하는 말이,

"뉘라서 이런 말을 하옵던가? 백옥 같은 춘향이를 이런 더러운 말로 모함하는 놈을 만나면, 그놈의 다리를 무김치 썰듯이 무뚝무뚝 자를 것을. 통분하고 절통하오! 이녁도 다시 그런 말을 하면 누더기를 평생 못 벗어 보고 비렁뱅이로 죽을 것이니, 재앙이 자손에까지 미칠 그런 소리는 다시 옮기지도 마소."

에서 유래함. '동관'은 창덕궁을 속되게 이르던 말. 16 헌릉(獻陵) 장작(長斫): 헌릉 부근에서 나는 화력이 강한 땔감. 즉, 성격이 불같이 급함을 비유. 21 무김치 뼈흐듯: 무김치를 썰듯이 썩둑썩둑 자르는 모양. 23 앙급ᄌᆞ손(殃及子孫): 재앙이 자손에게 미침.

어ᄉᆡ(御史ㅣ) ᄃᆡ답(對答)ᄒᆞᄃᆡ,

"영감(令監)은 악담(惡談) 말고 이야기나 ᄌᆞ셔히 ᄒᆞ란잇가. 츈향(春香)의 얼골이 일월(日月) 갓튼지 ᄒᆡᆼ실(行實)이 ᄇᆡᆨ옥(白玉) 갓튼지 알 슈가 잇나. 영감(令監)은 ᄯᆞ라단니며 보왓습나?"

골닌 영감(令監) ᄒᆞ는 말이,

"젼등ᄉᆞ또(前等使道) ᄌᆞ제(子弟) 니도령(李道令)인지 ᄒᆞ는 아희 년셕이, 츈향(春香)이를 작쳡(作妾)ᄒᆞ여 ᄇᆡᆨ년긔약(百年期約) ᄆᆡᆼ세ᄒᆞ고 올나갈 졔, 후일긔약(後日期約) 금셕(金石)갓치 ᄒᆞ엿더니, ᄒᆞᆫ 번(番) ᄯᅥ난 후(後) 삼년(三年)에 쇼식(消息)이 돈졀(頓絶)ᄒᆞ고, 신관ᄉᆞ또(新官使道) 호ᄉᆡᆨ(好色)ᄒᆞ여 츈향(春香)의 향명(香名) 듯고 셩화(星火)갓치 불너드려 슈쳥(守廳)으로 작졍(作定)ᄒᆞ니, 츈향(春香)의 빙옥졀ᄀᆡ(氷玉節槪) 한ᄉᆞ(限死)ᄒᆞ고 불쳥(不聽)ᄒᆞ니, 신관ᄉᆞ또(新官使道) 골을 ᄂᆡ여 한ᄉᆞ듕댱(限死重杖)ᄒᆞᆫ 연후(然後)의 항쇄족쇄(項鎖足鎖) 엄슈(嚴囚)ᄒᆞᆫ 지 올조ᄎᆞ 삼년(三年)이라. ᄯᅢᄯᅢ 올녀 듕치(重治)ᄒᆞ며 지만(遲晩)ᄒᆞ라 분부(吩咐)ᄒᆞᄃᆡ, 그런 고초(苦楚) 격그면셔 뉴리(琉璃) 갓튼 맑은 마음 츄호불변(秋毫不變)ᄒᆞ여시니, ᄌᆞ고(自古)로 창기지졀(娼妓之節)이 이럿탄 말 드럿습나? 이런 렬녀(烈女) 쳡(妾)을 외방(外方)다가 바려두고, 삼년(三年)이 되도록 편지(便紙) 일장(一張) 아니ᄒᆞ고 소식(消息)조ᄎᆞ 돈졀(頓絶)ᄒᆞ니, 그 아희 년셕이 신ᄉᆞ년(辛巳年) 팔월(八月)통의 ᄯᅥ러졋시면 모로거니와, ᄉᆞ라 잇고는 이런 ᄆᆡᆸ고 독(毒)하고 모질고 단단ᄒᆞᆫ 무졍(無情) ᄆᆡᆼ낭(孟浪)ᄒᆞᆫ 졔 할미를 붓틀 아희 년셕이 어ᄃᆡ 잇기습나? 이졔는 홀일 업시 옥듕(獄中)에셔 죽게 되여, 우리 아들 복실(福實)이가 돈 닷냥 삭슬 밧고 급쥬(急走) 편지(便紙)ᄒᆞ랴 ᄒᆞ고, 그 편지(便紙)가 여긔 이시니 거즛 말인가 편지(便紙)를 보소."

---

9 **돈졀**(頓絶): 편지나 소식 따위가 끊어짐. 13 **한ᄉᆞ듕댱**(限死重杖): 죽을 때까지 매를 치며

어사가 대답하되,

“영감은 악담 말고 이야기나 자세히 하라니까. 춘향의 얼굴이 일월 같은지 행실이 백옥 같은지 알 수가 있나. 영감은 따라다니며 보았나?”

골난 영감이 하는 말이,

“지난번 사또 자제 이도령인지 하는 아이 녀석이, 춘향이를 작첩하여 백년기약 맹세하고 올라갈 제, 후일 기약을 금석같이 하였더니, 한 번 떠난 후에는 삼 년이나 소식이 아주 끊어지고, 신관사또는 호색하여 춘향의 이름을 듣고는 성화같이 불러들여 수청으로 작정하니, 춘향이 얼음같이 깨끗한 절개를 지녔기에 죽을 각오로 듣지 않으니, 신관사또가 골을 내어 죽기로 매를 친 연후에 항쇄족쇄 채워 엄하게 가둔 지 올해로 삼 년이라. 때때로 올려 엄하게 다스리며 지만하라 분부하되, 그런 고초 겪으면서 유리 같은 맑은 마음 털끝만치도 변하지 않았으니, 자고로 창기의 절개가 이렇단 말을 들어봤나? 이런 열녀 첩을 먼 곳에 버려두고, 삼 년이 되도록 편지 한 장을 아니하고 소식조차 끊어지니, 그 아이 녀석이 신사년 팔월통에 떨어졌으면 모르거니와, 살아 있고는 이런 맵고 독하고 모질고 단단한 무정 맹랑한 제 할미를 붙을 아이 녀석이 어디 있겠나? 이제는 할 수 없이 옥중에서 죽게 되어, 우리 아들 복실이가 돈 닷 냥 삯을 받고 급주 편지하여, 그 편지가 여기 있으니 거짓말인가 편지를 보소.”

무거운 형벌을 가함. 15 지만(遲晩): 예전에, 죄인이 자기 죄를 인정할 때에 너무 오래 속여서 미안하다’는 뜻으로 이르던 말.

어시(御史ㅣ) 이 말 듯고 싱각ᄒᆞ되, '욕(辱)먹어도 홀 말 없다. 딕져(大抵) 살기는 그져 살앗는가?'

"그 도령(道令)다려 욕(辱)을낭은 과(過)히 마ᄌᆞ. 날과 바히 남 아닌 ᄉᆞ이란잇가."

ᄒᆞ고, 편지(便紙) 바다 보니 피봉(皮封)의, 삼청동(三淸洞) 니승지딕(李承旨宅) 도련님 시하인(侍下人) ᄀᆡ탁(開坼)이라. 남원(南原) 츈향(春香)은 상셔(上書)라 ᄒᆞ엿거늘, 써혀 보니 ᄒᆞ엿시딕,

「별후(別後) 광음(光陰)이 우금(于今) 삼직(三載)의 쳑셔어안(尺書魚雁)이 돈절(頓絶)ᄒᆞ니, 약슈(弱水) 삼천니(三千里)의 청죠(靑鳥)가 긋쳐시며, 북히(北海) 만니(萬里)의 홍안(鴻雁)이 업스미라. 텬익창망(天涯悵望)ᄒᆞ니 망안(望眼)이 욕천(欲穿)이오, 운산(雲山)이 격졀(隔絶)ᄒᆞ니 심담(心膽)이 구렬(俱裂)이라. 니화(梨花)의 두견(杜鵑)이 울고 오동(梧桐)에 밤비 올 졔, 젹막(寂寞)히 혼ᄌᆞ 안ᄌᆞ 상ᄉᆞ일념(相思一念)이 지황텬뢰(地荒天老ㅣ)라도 ᄎᆞ한(此恨)을 난셜(難說)이라. 무심(無心)ᄒᆞᆫ 호졉몽(胡蝶夢)은 쳔니(千里)의 오락가락, 졍불ᄌᆞ억(情不自抑)이오 비불ᄌᆞ승(悲不自勝)이라. 한숨과 눈물노 화조월셕(花朝月夕)을 보닉더니, 우환(憂患) 듕(中) 싱각 밧 신관(新官)의 슈쳥(守廳) 분뷔(吩咐ㅣ) 상셜(霜雪)을 능멸(陵蔑)ᄒᆞ니, 뇌졍(雷霆)과 별악이 신상(身上)의 나리오며 편신(遍身)이 분쇄(粉碎)ᄒᆞ고 심장(心腸)이 ᄉᆞ라지는지라.

6 **도련님 시하인(侍下人) ᄀᆡ탁(開坼)**: 한문투 편지의 상투어로, 도련님을 모시고 있는 사람이 편지를 받아서 전해 달라는 뜻. 9 **별후(別後) 광음(光陰)이 우금(于今) 삼직(三載)**: 임과 이별한 지 벌써 삼 년이 되었음. **쳑셔어안(尺書魚雁)**: 척서와 어안. 즉, 편지의 별칭. 11 **북히(北海) 만니(萬里)의 홍안(鴻雁)**: 북해 만 리를 오가며 편지를 전하던 큰 기러기. 12 **망안**

어사 이 말 듣고 생각하되, '욕먹어도 할 말이 없다. 대체 살기는 그저 살았는가?'

"그 도령 욕일랑은 과히 마세. 나와 과히 남이 아닌 사이니까."
하고, 편지를 받아 보니 겉봉에 삼청동 이승지댁 도련님 시하인 개탁이라. 남원 춘향은 상서라 하였거늘, 뜯어 보니 하였으되,

「이별한 후 세월이 지금까지 삼 년이나 편지가 아주 끊어지니, 약수 삼천 리에 소식을 전하던 청조가 끊어졌으며, 북해 만 리에 소식 전하던 기러기가 없음이라. 하늘은 넓고 아득하니 바라보는 눈이 뚫어질 것 같고, 구름 낀 산이 막혀 끊어졌으니 심담이 찢어지는지라. 배꽃 사이에 두견새 울고 오동나무에 밤비 올 제, 적막하게 혼자 앉아서 그리워하는 이 마음이 서상이 아무리 변할지라도 이 한을 말할 수 없는지라. 무심한 호접몽은 천리를 오락가락하지만, 정을 억제하기 어렵고 보지 못하는 슬픔을 견디기 어려움이라. 꽃 피는 아침과 달 뜨는 저녁을 한숨과 눈물로 보내더니, 우환 가운데 생각 밖 신관의 수청 분부가 서리와 눈처럼 맑은 마음을 능멸하니, 우레와 벼락이 온몸에 내려 몸이 부서지고 심장이 사라지는지라.

(望眼)이 욕쳔(欲穿): 바라보는 눈이 뚫어질 듯함. 15 지황텬뢰(地荒天老ㅣ)라도: 땅이 거칠어지고 하늘이 늙더라도. 즉, 세월이 흘러가더라도. 16 졍불즈억(情不自抑): 임에 대한 정을 억제할 수 없음. 17 비불즈승(悲不自勝): 보지 못하는 슬픔을 견디기 어려움. 19 상셜(霜雪): 서리와 눈처럼 맑은 마음을 이르는 말.

이럿틋 괴로오믈 지닉나, 일루잔쳔(一縷殘喘)을 지금까지 부지(扶支)ᄒᆞ문, 싱면(生面)으로 ᄒᆞᆫ 번(番) 맛나 평싱(平生) 셜운 회포(懷抱)를 다 ᄒᆞ온 후(後)의, 즉긱(卽刻)의 슬허져 세상(世上)을 니별(離別)코져, ᄉᆞ라져 가는 정신(精神)을 슈습(收拾)ᄒᆞ여 혈셔(血書)를 알외오니, 바라건ᄃᆡ 힝혀나 감동(感動)ᄒᆞ샤 미ᄉᆞ지젼(未死之前)의 ᄒᆞᆫ 번(番) 보와 파경(破鏡)이 ᄌᆡ합(再合)ᄒᆞᆯ가? 미견낭군(未見郞君)의 일명(一命)이 진(盡)ᄒᆞ오면, 쳔고(千古)의 원혼(冤魂) 되여 망망(茫茫)ᄒᆞᆫ 구름 밧긔 슯히 울며 한양(漢陽)까지 올나가셔 낭군(郎君)의 ᄌᆞ최를 ᄯᆞ로리니, 낭군(郎君)은 녯 정니(情理)를 싱각ᄒᆞ샤 ᄒᆞᆫ 번(番) 맛나기를 셔셔 기다리ᄂᆞ이다. 다소(多少) 셜화(說話)는 창힉(滄海)를 기우리나 일필난긔(一筆難記)오, 함비흉격(含非胸膈)의 혼빅(魂魄)이 비월(飛越)ᄒᆞ고, 붓슬 잡아 글을 일우미 눈물이 압흘 가리오는지라. 말을 일우지 못ᄒᆞᄆᆡ ᄃᆡ강(大綱)을 긔록(記錄)ᄒᆞᄂᆞ이다.

모년(某年) 모월(某月) 모일(某日)에 남원(南原) 츈향(春香)은 샹셔(上書)ᄒᆞ노라.」

ᄒᆞ엿더라. 어ᄉᆡ(御史ㅣ) 보기를 맛치ᄆᆡ, 일희일비(一喜一悲)ᄒᆞ여, 총총(悤悤)이 인ᄉᆞ(人事)ᄒᆞ고 ᄒᆞ는 말이,

"그 도령(道令)은 나의 ᄉᆞ촌동싱(四寸同生)이니, 이 편지(便紙)를 착실(着實)이 젼(傳)ᄒᆞ여 쥴 거시니 념네(念慮) 말고, 셔울 가야 보지 못ᄒᆞᆯ 거시니 헷거름 말고, 슈일(數日) 후(後) 제게 가셔 착실(着實)이 전(傳)ᄒᆞ엿다 ᄒᆞ란잇가."

영감(令監)이 쳔만당부(千萬當付)ᄒᆞᄃᆡ,

"나종 말 아니 되게 잘 젼(傳)ᄒᆞ여 쥬옵소."

---

1 일루잔쳔(一縷殘喘): 겨우 붙어 있는 한 오라기 정도의 숨결. 6 미견낭군(未見郎君)의 일명(一命)이 진(盡)ᄒᆞ오면: 낭군을 만나지 못하고 죽게 되면. 11 일필난긔(一筆難記): 붓 하

이렇듯 괴로움으로 지내나, 한 가닥 목숨이 붙어 있어 지금까지 부지함은, 살아서 한번 만나 평생 서러운 회포를 다한 후에, 즉각 쓰러져 세상을 이별하고자, 사라져 가는 정신을 수습하여 혈서로 아뢰니, 바라건대 행여나 감동하여 즉기 전에 한번 보아 부서진 거울이 합하듯 다시 만나볼까? 낭군을 만나지 못하고 명이 다하면, 천고에 원혼 되어 망망한 구름 밖에 슬피 울며 한양까지 올라가서 낭군의 자취를 따르리니, 낭군은 옛 정리를 생각하여 한 번 만나기를 서서 기다리나이다. 다소 할 이야기는 푸른 바다를 기울일 만큼 많아 한번에 다 쓸 수가 없고, 가슴에 슬픔을 머금은 혼백이 날아가고, 붓을 잡아 글을 쓰려니 눈물이 앞을 가리는지라. 말을 이루지 못하매 대강을 기록하나이다.

모년 모월 모일에 남원 춘향은 상서하노라.」

하였더라. 어사가 보기를 마치매, 한편으로 기쁘고 한편으로는 슬퍼서, 총총히 인사하고 하는 말이,

"그 도령은 나의 사촌 동생이니, 이 편지를 착실히 전하여 줄 것이니 염려 말고, 서울 가야 보지 못할 것이니 헛걸음 말고, 수일 후에 제게 가서 착실히 전하였다 하여라."

영감이 천만당부하되,

"나중에 말 안 되게 잘 전하여 주소."

나로는 이루 다 적을 수 없음. **함비흉격**(含悲胸膈): 가슴에 슬픔을 품고 있음. 원문의 '흉식'은 '흉격'으로 바로잡았음.

어시(御史ㅣ) 되답(對答)ᄒᆞ고 도라셔셔 심신(心身)이 황홀(恍惚)ᄒᆞ다. 죽은 쥴노 아랏더니 산 편지(便紙)를 보왓고나. 졔 형상(形狀)이 오쥭ᄒᆞ리.

허동지동 밧비 거러 ᄯᅩ ᄒᆞᆫ 곳을 다ᄃᆞᄅᆞ니 풍헌(風憲), 약정(約正), 면님(面任)드리 답인슈결(踏印手決), 발기 들고 민간슈렴(民間收斂)ᄒᆞ는고나. 이 달 이십칠일(二十七日)이 본관(本官) 원(員)님 ᄉᆡᆼ일(生日)이라. 되즁소호(大中小戶) 분등(分等)ᄒᆞ여 돈과 쌀을 회계(會計)ᄒᆞ니, 민원(民怨)이 쳘쳔(徹天)ᄒᆞ여 집집이 우름일다. 노변(路邊)에 상인(喪人) 하나 울고 가며 ᄒᆞ는 말이,

"이런 관댱(官長) 보왓는가? 살인(殺人) 소지(所志) 졍소(呈訴)ᄒᆞ니 원(員)님이 졔ᄉᆞ(題辭)ᄒᆞ되, 슈소(數少)ᄒᆞᆫ 민호(民戶) 즁(中)의 하나 죽고도 어렵거든 ᄯᅩ 하나흘 되살(代殺)ᄒᆞ면 두 ᄇᆡᆨ셩(百姓)을 일는고나. 밧비 모라 ᄂᆡ치여라 ᄒᆞ니, 이런 공ᄉᆞ(公事) 보왓는가?"

이런 말도 어더듯고, ᄯᅩ ᄒᆞᆫ 곳 다ᄃᆞᄅᆞ니 초부(樵夫) 하나 시졀가(時節歌) ᄒᆞ되,

"불상코 가련(可憐)ᄒᆞ다. 인들 아니 불상ᄒᆞᆫ가? 크나큰 옥방(獄房) 안의 ᄭᅩᆺ치 니울고 향(香)이 ᄉᆞ라지ᄂᆡ. 일거(一去)의 무소식(無消息)ᄒᆞ니 ᄋᆡ 슨는 듯."

어시(御史ㅣ) 듯고 감누(感淚)를 먹음고 두로 도라, 남원(南原) 지경(地境) 드러셔셔 쳔쳔이 완보(緩步)ᄒᆞ여, 박셕치(薄石峙)를 올나셔셔 좌우산쳔(左右山川) 둘너보니, 반갑도다 반갑도다! 산(山)도 예 보던 산(山)이오, 물도 옛 보던 물이라.

---

4 풍헌(風憲): 향직을 맡아 보던 사람. 약정(約正): 향약의 임원. 원문의 '약장'은 '약정'으로 바로잡았음. 5 면님(面任): 면임. 즉, 지방의 면에서 호적과 공공사무를 맡아보던 사람. 답인슈결(踏印手決): 예전에 도장을 찍거나, 도장 대신에 이름이나 직함 아래에 자필로 쓴 글자. 발기: 물건의 이름과 금액을 가지런히 적어 놓은 문서를 말함. 8 쳘쳔(徹天): 하늘

어사가 대답하고 돌아서서 심신이 황홀하다. 죽은 줄 알았더니 살았다는 편지를 보았구나. 제 형상이 오죽하리.

허둥지둥 바삐 걸어 또 한 곳에 다다르니 풍헌, 약정, 면임들이 답인, 수결한 발기를 들고서 백성들에게 거둬들이는구나. 이 달 이십칠일이 본관 원님의 생일이라. 크고 작은 집들을 똑같이 나누어 돈과 쌀을 회계하니, 백성의 원한이 하늘에 사무쳐 집집마다 울음이라. 노변에 초상 치른 상제 하나 을고 가며 하는 말이,

"이런 관장을 보았는가? 살인한 자의 소지를 정소하니 원님이 판결하기를, 몇 호 안 되는 백성들 중에서 하나 죽고도 어렵거늘, 또 하나를 대신 죽이면 두 백성을 잃는구나. 바삐 몰아 내치라 하니, 이런 공사를 보았는가?"

이런 말도 얻어듣고, 또 한 곳에 다다르니 나무꾼 하나가 시절가를 하되,

"불쌍하고 가련하다. 이것인들 아니 불쌍한가? 크나큰 옥방 안에 꽃이 시들고 향이 사라지네. 한 번 가고는 소식이 없으니 애가 끊어지는 듯."

어사가 듣고 복받치는 눈물을 머금고 두루 돌아, 남원 지경에 들어서서 천천히 걸어 박석치에 올라서서 좌우 산천을 둘러보니, 반갑도다 반갑도다! 산도 예 보던 산이오, 물도 예 보던 물이라.

에까지 사무침. 10 **소지**(所志) **정소**(呈訴)**ᄒᆞ니**: 고소장을 내어 소송을 제기하니. 14 **시절가**(時節歌): 시절가요, 즉 시조의 다른 명칭. 19 **감누**(感淚): 감격하여 흘리는 눈물. 20 **박셕치**(薄石峙): 박석치. 즉, 남원 초입에 있는 박석고개. 원문의 '박셕지'는 '박셕치'로 바로잡았음.

위셩조우(渭城朝雨) 맑은 물은 나 마시든 창파(滄波)이오, 녹슈진경(綠樹秦京) 너른 뜰은 님 단니든 길이로다. ᄀᆡᆨᄉᆞ쳥쳥뉴ᄉᆡᆨ신(客舍青青柳色新)은 나귀 ᄆᆡ든 버들이오, 푸른 버들 두 ᄉᆞ이ᄂᆞᆫ ᄇᆡᆨ포댱막(白布帳幕) 쳣든 ᄃᆡ라. 동문(東門) 밧긔 선원ᄉᆞ(禪院寺)ᄂᆞᆫ 야반죵셩(夜半鐘聲) 반갑도다. 광활누(廣寒樓)야 잘 잇더냐? 오작교(烏鵲橋)야 무ᄉᆞ(無事)터냐? 좌편(左便)은 교룡산셩(蛟龍山城), 우편(右便)은 영쥬(瀛洲)고ᄀᆡ.

츈향(春香) 고ᄐᆡᆨ(故宅) ᄎᆞᄌᆞ갈 졔 반갑고도 ᄉᆡ로왜라. 산천경ᄀᆡ(山川景概) 예와 갓고, 녹음방초(綠陰芳草) 예와 갓고, 안젼물ᄉᆡᆨ(眼前物色) 반갑도다, 반갑도다. 님의 얼골 반갑도다. 창ᄒᆡ(滄海)의 풍범(風帆)이오 일모창산(日暮蒼山)의 셕경귀승(石徑歸僧)이라. 비류직하(飛流直下) 삼천쳑(三千尺)의 폭포슈(瀑布水) 나려가듯, 막막슈젼비ᄇᆡᆨ노(漠漠水田飛白鷺)의 경ᄀᆡᆨ과극(頃刻過隙) 나려가듯, 심망의촉(心忙意促) 츈향(春香) 문젼(門前) 다ᄃᆞᄅᆞ니 옛 형상(形狀)이 젼혀 업다.

ᄒᆡᆼ낭(行廊)치 이그러지고, 안치ᄂᆞᆫ 쁠니이고, 면회(面灰)ᄒᆞᆫ 압뒤 담도 간간(間間)이 문허지고, 창젼(窓前)의 누은 ᄀᆡᄂᆞᆫ ᄀᆡ운 업시 조으다가 구면ᄀᆡᆨ(舊面客)을 몰나보고 컹컹 즛고 ᄂᆡ닷ᄂᆞᆫ다. 황(荒)셤의 푸른 플은 옛 ᄌᆞ최가 희미(稀微)ᄒᆞ고, 창외(窓外)에 옛 경ᄀᆡ(景概)ᄂᆞᆫ 녹쥭창송(綠竹蒼松)ᄲᅮᆫ이로다. ᄃᆡ문(大門)짝도 간ᄃᆡ업고 듕문(中門)짠도 흔허지고, 압뒤 벽(壁)은 잣바지고 셧가릐ᄂᆞᆫ

1 위셩조우(渭城朝雨): 위성에는 아침 비가 내림. 왕유(王維)의 시 「송원이사안서(送元二使安西)」에서 차용. 녹슈진경(綠樹秦京): 푸른 나무 우거진 진나라의 서울. 2 ᄀᆡᆨᄉᆞ쳥쳥뉴ᄉᆡᆨ신(客舍青青柳色新): 객사에 있는 푸릇푸릇한 버들 빛깔은 더욱 새로움. 4 선원ᄉᆞ(禪院寺): 남원시 만행산(萬行山)에 있는 절. 원문의 '헌원ᄉᆞ'는 '선원ᄉᆞ'로 바로잡았음. 9 안젼물ᄉᆡᆨ(眼前物色): 눈앞에 펼쳐지는 자연 경치. 10 창ᄒᆡ(滄海)의 풍범(風帆): 넓은 바다에 떠 있는 돛

위성에 내리는 아침 비 맑은 물은 내가 마시던 푸른 물결이요, 푸른 나무 우거진 진나라 서울의 너른 뜰은 임 다니던 길이로다. 객사의 푸르고 푸른 버들 빛이 더욱 새로움은 나귀 매던 버들이요, 푸른 버들 두 사이는 백포 장막 쳤던 데라. 동문 밖 선원사에서 나는 밤중의 종소리가 반갑도다. 광한루야 잘 있더냐? 오작교야 무사하더냐? 좌편은 교룡산성, 우편은 영주고개

춘향의 옛집을 찾아갈 때 반갑고도 새로워라. 산천경개는 예와 같고, 녹음방초도 예와 같고, 눈앞에 펼쳐지는 경개도 반갑도다, 반갑도다. 임의 얼굴 반갑도다. 넓은 바다의 돛단배요 해 저문 푸른 산에 자갈길 밟고 돌아오는 승려 같구나. 곧장 떨어지는 삼천 길이나 되는 폭포수가 내려가듯, 넓은 논에 해오라기 날고 눈 깜짝할 사이에 지나가듯, 바쁜 마음으로 춘향의 집 앞에 다다르니 옛 형상이 전혀 없다.

행랑채는 이지러지고, 안채는 쓸리고, 회칠한 앞뒤의 담도 간간이 무너지고, 창 앞에 누운 개는 기운 없이 졸다가 옛 손님을 몰라보고 컹컹 짖고 내닫는다. 거친 섬돌의 푸른 풀은 옛 자취가 희미하고, 창밖의 옛 경개는 푸른 대나무와 소나무뿐이로다. 대문짝은 간데없고 중문 짝도 흩어지고, 앞뒤 벽은 자빠지고 서까래는 다 허물어지고, 방안에서는 하늘이 보이고 마당에는 잡초

단배. 11 셕경귀승(石徑歸僧): 자갈길을 밟고 절로 돌아가는 승려. 13 막막슈젼비빅노(漠漠水田飛白鷺): 넓은 무논에는 해오라기가 날아다님. 경극과극(頃刻過隙): 눈 깜짝할 사이에 지나가듯. 원문의 '경긱과극'은 '경극과극'으로 바로잡았음. 14 심망의촉(心忙意促): 정신없이 서두름. 16 안치는 쓸니이고: 안채는 낡아 쓰러지고. 면회(面灰): 담이나 벽의 겉면에 회를 바름. 21 흔허지고: 허물어지고.

고의 벗고, 방(房)안의는 하늘 뵈고 마당의는 쐴을 븨고, 아궁긔 톳기 ᄌᆞ고 붓두막의 다람이 긔고, 물두멍에 쌍벌의 집, 밥숏히는 가얌이집, 뒤 년못도 다 메이고 셕가산(石假山)도 흔허지고, 홍도(紅桃) 벽도(碧桃) 부러지고 화초분(花草盆)도 ᄭᅢ여지고, 큰 ᄀᆡ는 비루먹고 ᄌᆞ근 ᄀᆡ는 굴타리먹고, 만벽셔화(滿壁書畵) 읏쳐지고, 그런 셰간 다 업스니 쥬인(主人) 업는 집이 완연(宛然)ᄒᆞ여 젼(前) 모양(貌樣)이 바히 업셔, 거목초창(擧目怊愴)에 만심비절(萬心悲絶)이라. 불상ᄒᆞ고 쳐량(凄凉)ᄒᆞ다.

한심 지며 ᄒᆞ는 말이,

"져의 집이 이러ᄒᆞ니 졔 일은 불문가지(不問可知)로다."

허희탄식(歔欷歎息)ᄒᆞ고, 두로 구경(求景)ᄒᆞ다가 황혼(黃昏) 시(時)를 기다려셔 ᄃᆡ문간(大門間)의 드러셔셔,

"츈향(春香)어미 게 잇는가?"

츈향(春香)어미 거동(擧動) 보소. 노랑 머리 비켜 쏫고 몽동치마 두루치고, 옥(獄)바라지 단니다가 질탕관(湯罐)의 쥭(粥)을 쑤니, 쥭탕관(粥湯罐)의 불살을 졔 져즌 남게 불을 불며 눈물 흘녀 셩화(成火)흔다. 한숨도 훌훌 나리쉬며, 가슴도 콩콩 두ᄃᆞ리고, 머리도 박박 긁그면셔 부지쌍이 도드러지며,

"날 잡아갈 귀신(鬼神)은 어ᄃᆡ로 갓누? ᄌᆞ슈(自手)라도 ᄒᆞ련마는 져를 두고 엇지ᄒᆞ리? ᄌᆞ는 드시 죽고 지고! 천산지산(天山地山)홀 것 업시 니가(李哥) 놈이 ᄂᆡ 원쉬(怨讐ㅣ)라!"

---

1 고의 벗고: 헐벗고, 허물어지고. 5 굴타리먹고: 벌레가 파먹고. 7 거목초창(擧目怊愴)에 만심비절(萬心悲絶): 눈을 들어 보니 온 마음이 슬프고 처량함. 10 불문가지(不問可知): 묻지 않아도 알 수 있음. 11 허희탄식(歔欷歎息): 한숨지으며 탄식함. 14 몽동치마 두루치고:

가 무성하고, 아궁이에는 토끼가 자고 부뚜막에는 다람쥐가 기고, 물두멍에는 땅벌의 집, 밥솥에는 개미집, 뒤 연못도 다 메이고 석가산도 무너지고, 홍도와 벽도도 부러지고 화초분도 깨어지고, 큰 개는 비루먹고 작은 개는 굴타리먹고, 벽에 가득하던 서화는 으스러지고, 그런 세간 다 없으니 주인 없는 집이 완연하여 예전 모양이 전혀 없어, 눈을 들어 보니 처량하고 애절하여 온 마음이 슬프고 애절하다. 불쌍하고 처량하다.

한숨지으며 하는 말이,

"저의 집이 이러하니 제 일은 물어보지 않아도 알 만하다."

한숨짓고 탄식하며, 두루 구경하다가 황혼 되기를 기다렸다가 대문간에 들어서서,

"춘향어미 게 있는가?"

춘향어미 거동 보소. 노란 머리카락을 비켜 꽂고 등당치마를 두루치고, 옥바라지 다니다가 질탕관에 죽을 쑤니, 죽탕관에 불사를 제 젖은 나무에 불을 불며 눈물 흘리면서 성화한다. 한숨도 훌훌 내리쉬며, 가슴도 쿵쿵 두드리고, 머리도 박박 긁으면서 부지깽이 두드리며,

"날 잡아갈 귀신은 어디로 갔누? 스스로 목숨을 끊기라도 하련마는 저를 두고 어찌하리? 자는 듯이 죽고 지고! 이런저런 핑계 없이 이가 놈이 내 원수라!"

낡아서 짧아진 치마를 둘러 입고. 15 질탕관(湯罐): 질그릇으로 만든 항아리. 18 부지땅이: 부지깽이. 19 주슈(自手): 스스로 목숨을 끊음. 20 쳔산지산(天山地山): 이리저리 갖가지 핑계를 늘어놓음.

한창 이리 원망(怨望)ᄒᆞᆯ 졔, 부ᄅᆞᄂᆞᆫ 쇼ᄅᆡ 아라듯고 팔작 ᄯᅱ여 ᄂᆡ다ᄅᆞ며,

"건 누구 와 계시오?"

어ᄉᆡ(御史ㅣ) ᄃᆡ답(對答)ᄒᆞᄃᆡ,

"ᄂᆡ로셰."

"ᄂᆡ라 ᄒᆞ니, 동편(東便)작 굴둑의 아들인가? 비런방이도 눈이 잇지. 집 몰골 보와ᄒᆞ니 무어슬 쥬리라고 어두온 ᄃᆡ 드러왓노? 옥(獄)에 갓친 ᄊᆞᆯ 먹이ᄌᆞ고 ᄡᆞᆯ아기쥭(粥) ᄡᅳ리옵ᄂᆡ. 다른 ᄃᆡ나 가셔 보소."

"이 ᄉᆞ람, ᄂᆡ로셰."

"오호, 김풍헌(金風憲) 님 와 계시오? 돈 ᄒᆞᆫ 돈 ᄭᅮ어온 것 슈히 어더 가오리다. 너모 그리 ᄌᆡ촉 마오. ᄂᆡ 설운 말 드러보오. 금산(錦山)셔 온 옥셤이ᄂᆞᆫ 신관ᄉᆞ또(新官使道) 슈쳥(守廳) 드러 쥬야농탕(晝夜弄蕩) ᄒᆡᆼ낙(行樂)ᄒᆞ며, 남원읍ᄂᆡ(南原邑內) ᄃᆡ소ᄉᆞ(大小事)를 졔게 몬져 쳥(請)을 ᄒᆞ면 ᄇᆡᆨ발ᄇᆡᆨ듕(百發百中) 영낙(零落)업고, 원(員)님이 ᄃᆡ혹(大惑)ᄒᆞ여 져의 아범 ᄒᆡᆼ슈군관(行首軍官), 졔 오라비 셔창(西倉) 고ᄌᆞ(庫子), 읍ᄂᆡ(邑內) 논이 열 셤직이, 군쳥(郡廳) 뒤 밧 보름가리, 가장긔믈(家藏器物) 모도 치면 오륙쳔금(五六千金) 되어시니, 츈향(春香)의 ᄌᆞᆺ슬 보오. 요런 거ᄉᆞᆯ 마다ᄒᆞ고 날ᄭᆞ지 못살계 굽ᄂᆡ."

"이 ᄉᆞ람, ᄂᆡ로셰."

"오호, ᄌᆡ 넘어 니풍헌(李風憲) ᄌᆞ졘가?"

"아니로셰. ᄌᆞ셰히 보소. 날을 몰나보나?"

"올희, 이졔야 알깃네. ᄌᆞ네가 봉화(烽火)직 ᄉᆞᄂᆞᆫ 어린 돌인가? 이 ᄉᆞ람아, 향ᄂᆡ(向來)에 죽(粥) 갑 칠푼 진 것 쥬고 가쇼. 요ᄉᆞ이 어려워 못 견ᄃᆡ깃네."

---

6 동편(東便)작 굴둑의 아들: 추울 때, 따뜻한 굴뚝 옆에서 지내는 거지를 비유. 8 ᄡᆞᆯ아기죽(粥): 부스러기 쌀로 끓인 죽. 15 ᄒᆡᆼ슈군관(行首軍官): 군관의 우두머리. 셔창(西倉) 고

한창 이리 원망할 제, 부르는 소리를 알아듣고 팔짝 뛰어 내달으며,

"게 누구 와 계시오?"

어사가 대답하되,

"내로세."

"내라 하니, 동편 쪽 굴뚝의 아들인가? 비렁뱅이도 눈이 있지. 집 몰골을 보아하니 무엇을 주리라고 어두운 데 들어왔나? 옥에 갇힌 딸을 먹이려고 싸라기죽을 끓이네. 다른 데나 가보소."

"이 사람, 나로세."

"오호, 김풍헌 님 와 계시오? 돈 한 돈 꾸어온 것은 머지 않아 얻어 갚으리다. 너무 그리 재촉 마오. 내 서러운 말 들어보오. 금산서 온 옥섬이는 신관사또 수청 들어 주야농탕 즐기면서, 남원 읍내의 대소사를 제게 먼저 청하면 백발백중 영락없고, 원님이 크게 혹하여 제 아범은 행수군관, 제 오라비는 서창의 창고지기, 읍내 논이 열 섬지기, 군청 뒤에 있는 밭이 보름갈이요, 집에 있는 기물을 모두 치면 오륙천 금 되었으니, 춘향의 짓을 보오. 요런 것을 마다하고 나까지 못살게 구네."

"이 사람, 나로세."

"오호, 재 넘어 이풍헌의 자제인가?"

"아니로세. 자세히 보소. 나를 몰라보나?"

"옳지, 이제야 알겠네. 자네가 봉화재 사는 어린 돌인가? 이 사람아, 지난번에 죽 값 칠푼 빚진 것 주고 가소. 요사이 어려워서 못 견디겠네."

즈(庫子): 서창의 출입을 맡아보는 창고 관리인. 23 향닉(向來): 지난번. 죽(粥) 갑 칠푼 진 것: 죽 값으로 칠푼 빚진 것.

어ᄉᆞ(御史) 민망(憫惘)ᄒᆞ여 ᄃᆡ답(對答)ᄒᆞᄃᆡ,

"그ᄃᆡ지 눈이 어두온가? 정신(精神)이 업나? ᄂᆡ가 젼(前) ᄎᆡᆨ방(冊房) 도련님일셰!"

츈향(春香)어미 코똥 쒸고 ᄒᆞᄂᆞᆫ 말이,

"이놈의 ᄌᆞ식(子息)이 어ᄃᆡ셔 낫노? 완고(頑固)ᄒᆞᆫ 상고(商賈)의 ᄌᆞ식(子息) 놈이로다. 늙은 거시 고지듯고 불너드려 ᄌᆡ오거든, 밤든 후(後)의 쏩쓸ᄒᆞᆫ 것 도젹(盜賊)ᄒᆞ여 가랴ᄂᆞᆫ가? ᄒᆡ를 곱다케 지오다가 갓지 아닌 ᄌᆞ식(子息) 다 보깃다."

등을 미러 ᄂᆡ치거늘, 어ᄉᆡ(御史ㅣ) 어히업셔 웃고 ᄒᆞᄂᆞᆫ 말이,

"이 ᄉᆞ람, 망녕(妄靈)일셰! 나의 ᄉᆞ졍(事情) 드러보쇼. 시운(時運)이 불ᄒᆡᆼ(不幸)ᄒᆞ여 과거(科擧)도 못ᄒᆞ고 벼슬길도 ᄭᅳᆫ허져셔, 가산(家産)이 탕ᄑᆡ(蕩敗)ᄒᆞ고 유리걸식(流離乞食) 단니더니, 우연(偶然)이 여긔 와셔 소문(所聞)을 잠간(暫間) 드ᄅᆞ니, ᄌᆞᄂᆡ ᄯᆞᆯ이 날노 ᄒᆞ여 엄형듕치(嚴刑重治)ᄒᆞ고 옥(獄)에 드러 죽게 되다 ᄒᆞ니, 져 볼 낫치 업건마ᄂᆞᆫ 옛 졍니(情理)를 ᄉᆡᆼ각ᄒᆞ고, ᄎᆞᆷ아 그져 가지 못ᄒᆞ여 ᄒᆞᆫ 번(番) 보려 ᄎᆞᄌᆞ왓네. 임의 ᄂᆡ가 여긔 왓시니 졔나 잠간(暫間) 보고 가셰."

츈향(春香)어미 이 말 듯고 깜작 놀나, 빕식눈을 요리 씻고 녁녁(歷歷)히 치여다보니, 실 ᄃᆡ 업ᄂᆞᆫ 네로고나. 두 숀펵을 마조치며 강동강동 쒸놀면셔,

"ᄋᆡ고ᄋᆡ고, 이거시 웬일인고! 이 노릇 보게! ᄆᆡ오 잘되엿다! 현슌박결(懸鶉百結)인들 분슈(分數)가 잇지오. 벽ᄒᆡ(碧海)가 상젼(桑田)되고 상젼(桑田)이 벽ᄒᆡ(碧海) 된다 ᄒᆞᆫ들 져ᄃᆡ지 변(變)ᄒᆞ엿나?

---

4 코똥: 콧방귀. 5 완고(頑固): 융통성이 없이 올곧고 고집이 셈. 원문의 '완구'는 '완고'로 바로잡았음. 상고(商賈): 장사꾼. 7 ᄒᆡ를 곱다케 지오다가: 하루를 곱게 잘 보내다가. 12 탕ᄑᆡ

어사가 민망하여 대답하되,

“그다지 눈이 어두운가? 정신이 없나? 내가 이전 책방 도련님 일세!”

춘향어미 콧방귀 뀌고 하는 말이,

“이놈의 자식이 어디서 났나? 완고한 장사꾼의 자식 놈이로다. 늙은 것이 곧이듣고 불러들여 재우거든, 밤든 후에 짭짤한 것을 도적하여 가려는가? 하루를 곱게 잘 보내다가 같잖은 자식을 다 보겠다.”

등을 밀어 내치거늘, 어사가 어이없어 웃고서 하는 말이,

“이 사람, 망령일세! 나의 사정 들어보소. 시운이 불행하여 과거도 못하고 벼슬길도 끊어져서, 가산을 탕진하고 유리걸식 다니더니, 우연히 여기 와서 소문을 잠깐 들으니, 자네 딸이 나로 하여 엄한 형벌로 무거운 처벌을 받고 옥에 갇혀 죽게 되었다 하니, 저 볼 낯이 없건만 옛 정리를 생각하고, 차마 그저 가지 못하여 한 번 보러 찾아왔네. 이미 내가 여기 왔으니 저나 잠깐 보고 가세.”

춘향어미 이 말 듣고 깜짝 놀라, 뱁새눈을 요리 씻고 자세히 쳐다보니, 분명한 너로구나. 두 손뼉을 마주치며 강동강동 뛰놀면서,

“애고애고, 이것이 웬일인고! 이 노릇을 보게! 매우 잘되었다! 현순백결이라도 분수가 있지요. 푸른 바다가 뽕나무 밭이 되고 뽕나무 밭이 푸른 바다가 된다 한들 저렇게도 변하였나? 잘되었

(蕩敗): 재물 따위를 모두 써서 없앰. 18 실 되 업는 네로고나: 분명히 너로구나. 21 현슌박결(懸鶉百結): 옷이 해어져서 백 군데나 기웠다는 뜻으로, 누덕누덕 기워 짧아진 옷을 비유.

잘되엿네! ᄃᆡ한칠년(大旱七年) 비 바라듯, 구년지슈(九年之水) ᄒᆡ 바라듯, 하늘갓치 바라고 북두(北斗)갓치 미더더니, 이를 엇지ᄒᆞ잔 말고! ᄋᆡ고ᄋᆡ고, 셜운지고!"

셴 ᄃᆡ강이 펴ᄇᆞ리고, 옷ᄌᆞ락을 드립더 잡고 복장(腹臟)을 탁탁 치밧치며, 왼몸을 쥐여뜻고 악을 쓰며 ᄒᆞᄂᆞᆫ 말이,

"날 죽여 쥬오! ᄂᆡ가 ᄉᆞ라셔 무엇ᄒᆞᆯ가? 옥(玉) 갓튼 나의 ᄯᆞᆯ이 널노 ᄒᆞ여 옥듕(獄中)의셔 죽게 되니, 모녜(母女ㅣ) 쥬야장쳔(晝夜長川) 밋고 바라던 일 이졔ᄂᆞᆫ ᄒᆞᆯ일업네! 이를 장ᄎᆞ(將次) 엇지ᄒᆞᆯ고!"

어ᄉᆡ(御史ㅣ) 긔(氣)가 막혀 도로혀 달ᄂᆡᄂᆞᆫ 말이,

"너모 과도(過度)히 구지 말소. ᄉᆞ람의 일은 모르ᄂᆞ니 너모 괄시(恝視) 말쇼. 음지(陰地)에도 볏들 젹이 잇ᄂᆞ니."

늙은 거시 ᄶᅵᆷᄉᆡᄂᆞᆫ ᄒᆞᆫ목 보ᄂᆞᆫ지라. 눈치 ᄎᆡ고 더듬어 풀쳐 ᄒᆞᄂᆞᆫ 말이,

"여보 셔방(書房)님, ᄂᆡ 말 듯쇼. ᄂᆡ가 모도 화ᄶᅵᆼ이오. ᄒᆞᄂᆞᆫ 거시 열증(熱症)이라, 늙은 거싀 말이 망녕(妄靈)이니 조곰도 노와 마오. 져리 되기도 팔ᄌᆡ(八字ㅣ)로세. 져를 옥(獄)의 너흔 후(後)의 가장긔물(家藏器物) 진ᄆᆡ(盡賣)ᄒᆞ여 옥(獄)바라지ᄒᆞᄂᆞᆫ 즁(中)의, 이 집인들 ᄂᆡ 집이라고 환상ᄉᆞ채(還上私債) ᄐᆡ산(泰山)이라. 견ᄃᆡ다가 못ᄒᆞ여 집을 파라 슈쇄(收刷)ᄒᆞᆫ 후(後) 집도 업ᄂᆞᆫ 거어지라. 엇지 아니 셜울숀가?"

이럿트시 슈작(酬酌)ᄒᆞ며 져른 밤을 길게 실 졔, 상단이 어ᄉᆞ(御史) 보고 목이 메여 말을 못ᄒᆞ며, 식은 밥을 더여 노코,

"셔방(書房)님, 시장ᄒᆞᆫᄃᆡ 어셔 요긔(療飢)나 ᄒᆞ옵시오. 아기씨 말솜이야 ᄒᆞᆫ 입으로 엇지 다 ᄒᆞ오릿가?"

---

4 셴 ᄃᆡ강이: 하얗게 센 머리. 복장(腹臟): 가슴 한복판. 12 풀쳐: 맺혔던 생각을 돌려 너그

네! 칠 년 가뭄에 비를 바라듯, 구 년 홍수에 해를 바라듯, 하늘같이 바라고 북두칠성같이 믿었더니, 이를 어찌하잔 말인고! 애고애고, 설운지고!"

셴 머리를 흔들어대고, 옷자락을 들입다 잡고 가슴을 탁탁 치받치며, 온몸을 쥐어뜯고 악을 쓰며 하는 말이,

"날 죽여 주오! 내가 살아서 무엇할까? 옥 같은 나의 딸이 너로 인하여 옥중에서 죽게 되니, 모녀가 주야장천 믿고 바라던 일 이제는 하릴없네! 이를 장차 어찌할꼬!"

어사가 기가 막혀 도리어 달래는 말이,

"너무 과도히 굴지 마소. 사람 일은 모르나니 너무 괄시 마소. 음지에도 볕들 때가 있나니."

늙은 것이 낌새는 한몫 보는지라. 눈치 채고 더듬어 풀쳐 하는 말이,

"여보 서방님, 내 말 듣소. 내가 모두 홧덩이요. 하는 것이 열병이라. 늙은 것의 말이 망령이니 조금도 노여워 마오. 저리 되기도 팔자로세. 저를 옥에 넣은 후에 집안 기물을 도두 팔아서 옥바라지하는 중에, 이 집인들 내 집이라고 환상, 사채가 태산이라. 견디다 못해 집을 팔아 수습한 후 집도 없는 거지라. 어찌 아니 서러울까?"

이렇듯이 수작하며 짧은 밤을 길게 샐 때, 상단이 어사를 보고 목이 메어 말을 못하며, 식은 밥을 데워 놓고,

"서방님, 시장한데 어서 요기나 하옵시오. 아기씨 말씀이야 한 입으로 어찌 다 하오리까?"

럽게 용서함. 18 환상사채(還上私債) 태산(泰山): 관에서 환상으로 밀린 것과 사사로운 빚을 갚아야 할 게 많음. 19 슈쇄(收刷): 얽힌 일을 수습함.

어사(御史ㅣ) 긔특(奇特)이 여겨 요긔(療飢)ᄒᆞ고, 분(忿)ᄒᆞᆫ 마음과 슯흔 ᄯᅳᆺ시 가슴의 일천(一千) 진납이 ᄯᅱ노라 전젼반측(輾轉反側)ᄒᆞ여 잠을 닐우지 못ᄒᆞ고, 겨우 밤을 ᄉᆡ울ᄉᆡ 오경(五更) 북이 동(動)ᄒᆞ거늘, 츈향(春香)어미 불너 다리고 상단이 등(燈)불 들녀 압세우고 옥듕(獄中)으로 향(向)ᄒᆞ니라.

ᄎᆞ셜(且說), 이ᄯᅢ 츈향(春香)이ᄂᆞᆫ 옥듕(獄中)에 홀노 안ᄌᆞ 이삼경(二三更)의 못 든 잠을 ᄉᆞ오경(四五更)의 겨유 드러 ᄉᆞ몽비몽(似夢非夢) ᄭᅮᆷ을 ᄭᅮ니, 상(常)히 보던 몸거울이 한복판이 ᄭᆡ여지고, 뒤동산(東山)의 잉도(櫻桃)ᄭᅩᆺ치 ᄇᆡᆨ셜(白雪)갓치 ᄯᅥ러지고, ᄌᆞ던 방(房) 문셜주 우희 허슈아비 달라 뵈고, ᄐᆡ산(泰山)이 문허지고 바다히 말나 뵈니, ᄭᅮᆷ을 ᄭᆡ여나셔 ᄒᆞᄂᆞᆫ 말이,

"이 ᄭᅮᆷ 아니 슈상(殊常)ᄒᆞᆫ가? 남가(南柯)의 일몽(一夢)인가? 화셔몽(華胥夢), 구운몽(九雲夢), 남양초당(南陽草堂) 츈슈몽(春睡夢), 이 ᄭᅮᆷ 져 ᄭᅮᆷ 무슨 ᄭᅮᆷ인고? 님 반기랴 길몽(吉夢)인가, 나 쥭으랴 흉몽(凶夢)인가? 일조낭군(一朝郎君) 니별(離別) 후(後)의 소식(消息)조ᄎᆞ 돈졀(頓絶)ᄒᆞ니, 급쥬(急走) 셔간(書簡)도 회보(回報) 업고, 슈삼츈츄(數三春秋) 되여 가되 편지(便紙) 일장(一張) 아니ᄒᆞ노? 봄은 유신(有信)ᄒᆞ여 오ᄂᆞᆫ ᄯᅢ에 도라오되, 님은 어이 무신(無信)ᄒᆞ여 도라올 쥴 모로ᄂᆞᆫ고? 이 ᄭᅮᆷ 아마 슈상(殊常)ᄒᆞ다. 님이 죽으랴나, ᄂᆡ가 죽으랴나? 이 몸은 죽을지라도 님을낭은 죽지 말고 ᄂᆡ 셜치(雪恥)를 ᄒᆞ여 쥬쇼. 혼ᄇᆡᆨ(魂魄)이라도 님을 아니 니즈리라."

칼머리를 베고 누워 가마니 ᄉᆡᆼ각ᄒᆞᄃᆡ,

---

2 진납이 ᄯᅱ노라: 원숭이가 뛰놀아. 급히 요동침을 비유하는 말. 3 오경(五更) 북이 동(動)ᄒᆞ거늘: 새벽 네 시에 통금 해제를 알리는 북소리가 나므로. 10 바다히 말나 뵈니: 바다가 말라 뵈니. 원문의 '보니'는 '뵈니'로 바로잡았음. 12 남가(南柯)의 일몽(一夢): 당나라 때 순우분(淳于棼)이 낮잠을 자며 꾼 남가현 태수가 되는 꿈. 인생이나 부귀영화의 덧없음을 비

어사가 기특하게 여겨 요기하고, 분한 마음과 슬픈 뜻이 가슴에 일천 잔나비 뛰놀아 이리저리 뒤척이며 잠을 이루지 못하고, 겨우 밤을 새울 때에 새벽 오경을 알리는 북소리가 나거늘, 춘향어미 불러 데리고 상단이 등불 들려 앞세우고 옥중으로 향하니라.

차설, 이때 춘향이는 옥중에 홀로 앉아 이삼경에 못 든 잠을 사오경에 겨우 들어 비몽사몽 꿈을 꾸니, 평소에 보던 몸거울 한 복판이 깨어지고, 뒷동산의 앵두꽃이 백설같이 떨어지고, 자던 방 문설주 위에 허수아비가 달려 뵈고, 태산이 무너지고 바다가 말라 보이니, 꿈에서 깨어 하는 말이,

"이 꿈 아니 수상한가? 남가의 일몽인가? 화서몽, 구운몽, 남양초당 제갈량의 춘수몽, 이 꿈 저 꿈 무슨 꿈인고? 임 반기려는 길몽인가, 나 죽으려는 흉몽인가? 하루아침에 낭군과 이별한 후에 소식조차 갑자기 끊어지니, 급히 보낸 서간에드 회보 없고, 수삼 년이 되어 가되 편지 한 장을 아니 하나? 봄은 신의가 있어 오는 때에 돌아오되, 임은 어찌 신의가 없어 돌아올 줄 모르는고? 이 꿈이 아마 수상하다. 임이 죽으려나, 내가 죽으려나? 이 몸은 죽을지라도 임일랑은 죽지 말고 내 분한 원한을 갚아 주소. 혼백이라도 임을 아니 잊으리라."

칼머리를 베고 누워 가만히 생각하되,

유. 화셔몽(華胥夢): 화서국에서 꾼 꿈. 즉, 황제가 낮잠을 자다가 꿈에 화서국에서 무위(無爲)를 통한 선정을 본 후 정치의 참된 이치를 깨달았다고 함. 13 구운몽(九雲夢): 소설 「구운몽」에서 성진과 팔선녀가 꾼 꿈. 남양초당(南陽草堂) 츈슈몽(春睡夢): 남양 땅에서 초당을 짓고 살던 제갈공명이 봄에 낮잠을 자며 꾼 꿈.

"날 ᄉᆞ랑ᄒᆞ던 도련님이 경셩(京城)의 득달(得達)ᄒᆞᆫ 후(後), 날 그리워 병(病)이 든가? 쇼인(小人)의 참쇼(讒訴) 입어 쳔니원젹(千里遠謫)ᄒᆞ엿ᄂᆞᆫ가? 날 ᄎᆞᄌᆞ오다가 비명참ᄉᆞ(非命慘死)ᄒᆞ엿ᄂᆞᆫ가? 날보담 나은 님을 어더두고 ᄉᆞ랑겨워 못오시나? 요됴슉녀(窈窕淑女) 정실(正室) 어더 유ᄌᆞᄉᆡᆼ녀(有子生女) 금슬종고(琴瑟鐘鼓) 즐기시나? 남린북촌(南隣北村) 청누쥬사(青樓酒肆) 뉴협ᄀᆡᆨ(遊俠客)이 되엿ᄂᆞᆫ가? 이런 연고(緣故) 다 업ᄉᆞ면 일졍(一定) ᄒᆞᆫ 번(番) 오련마ᄂᆞᆫ, 오시지ᄂᆞᆫ 못ᄒᆞ여도 일ᄌᆞ셔신(一字書信) 븟쳐시면 나의 쇼식(消息) 알련마ᄂᆞᆫ, ᄂᆡ 몸 죽을 ᄉᆞᆲ을 ᄊᆞ니 이를 엇지ᄒᆞᆺ 말고? 쇼년등과(少年登科)ᄒᆞ여 남북병ᄉᆞ(南北兵使) ᄒᆞ엿ᄂᆞᆫ가? 북경ᄉᆞ신(北京使臣) 가 계신가? 날을 아조 이졋ᄂᆞᆫ가? 이러ᄒᆞᆯ ᄂᆡ 만무(萬無)ᄒᆞ다."

이럿트시 혼ᄌᆞ ᄉᆞ셜(辭說) 눈믈 셕거 한심질 졔, 외촌(外村) 허봉ᄉᆞ(許奉事)가 도부길에 도라간다. 문복(問卜) 외며 가ᄂᆞᆫ 쇼ᄅᆡ 셔울 판슈(判數)와ᄂᆞᆫ 판니(判異)ᄒᆞ다. 쇼ᄅᆡ를 폭 쥐여지ᄅᆞᄂᆞᆫ 드시,

"문슈(問數) ᄒᆞᆸ쇼! 문슈(問數) ᄒᆞᆸ쇼!"

거드러거려 즛ᄂᆡ다가, 물근 ᄯᅩᆼ을 드듸고 밋그러져 안셩장(安城場)의 풀송아지쳐로 뒤쳐지며 쳘버덕거려 니러날 졔, 두 숀으로 ᄯᅩᆼ을 집허 왕심어미 풋나믈 쥐무ᄅᆞ듯 왼통 쥐무ᄅᆞ고 니러셔셔 ᄲᆡ릴 젹의, 옥(獄) 모통이 돌ᄲᅮᆯ이의 작근ᄒᆞ고 부듸치니 말이 못된 네로고나. ᄯᅩᆼ 무든 쥴 젼혀 잇고 입에 너허 숀을 불 졔, 구린ᄂᆡ가 촉비(觸鼻)ᄒᆞ니,

---

1 득달(得達): 목적한 곳에 도달함. 2 쳔니원젹(千里遠謫): 멀리 떨어진 곳으로 귀양을 감. 5 유ᄌᆞᄉᆡᆼ녀(有子生女) 금슬종고(琴瑟鐘鼓): 아들딸 낳고 부부 간의 정이 두터움. 6 청누쥬사(青樓酒肆) 뉴협ᄀᆡᆨ(遊俠客): 술집이나 기생집에 어울려 다니는 바람둥이. 10 남북병ᄉᆞ(南北兵使): 남북에 다니는 병마절도사. 12 외촌(外村): 고을 밖에 있는 마을. 13 도부길에 도라간다: 행상이 물건을 팔러 다니는 길을 '도붓길'이라 하는데, 여기서는 행상이 물건을

"날 사랑하던 도련님이 경성에 도달한 후, 날 그리워 병이 들었나? 소인의 참소를 입어 천 리 먼 길로 귀양을 갔는가? 날 찾아오다가 비명참사하였는가? 나보다 나은 임을 얻어두고 사랑에 겨워 못 오시나? 요조숙녀를 정실로 얻어 아들딸 낳아 금슬 좋게 지내며 즐기시나? 남북의 마을에서 기생집과 술집에 놀러 다니는 놀이꾼이 되었는가? 이런 연고가 다 없으면 일정 한 번 오련마는, 오시지는 못하여도 한 자의 서신을 부쳤으면 나의 소식을 알련마는, 내 몸이 죽을 꿈을 꾸니 이를 어찌하잔 말인고? 소년으로 등과하여 남북병사 하였는가? 북경에 사신으로 가 계신가? 나를 아주 잊었는가? 이러할 리가 만무하다."

이렇듯이 혼자 사설에 눈물 섞어 한숨지을 제, 외촌의 허봉사가 점을 치러 돌아간다. 문복 외며 가는 소리가 서울 판수와는 판이하다. 소리를 폭 쥐어지르는 듯이,

"문수합쇼! 문수합쇼!"

거드럭거리며 잘난 척을 하다가, 묽은 똥을 디디고 미끄러져 안성장에 나온 풋송아지처럼 뒤처지며 철버덕거려 일어날 제, 두 손으로 똥을 짚어 왕십리의 나물 장사가 풋나물을 주무르듯 온통 주무르고 일어서서 뿌릴 적에, 옥 모퉁이 돌부리에 자끈하고 부딪치니 이루 형언할 수 없는 네로구나. 똥 묻은 줄 전혀 잊고 입에 넣어 손을 불 제, 구린내가 코를 찌르니,

팔듯 점을 치라고 외치며 돌아다니는 것을 말함. 14 판슈(判數): 판수. 즉, 점치는 일을 하는 맹인. 원문에 나오는 '판수'는 모두 '판슈'로 바로잡았음. 15 문슈(問數): 점쟁이에게 길흉(吉凶)을 물음. 16 거드러거려 즛늬다가: 거만하게 굴면서 잘난 척하다가. 안셩장(安城場)의 풀송아지쳐로: 유명한 소시장이 있는 안성장의 풋송아지처럼. 즉, 미끄러지고 철벅거림을 비유. 19 말이 못된: 이루 형언할 수 없는. 20 촉비(觸鼻): 냄새가 코를 찌름.

"어ᄑᆡ, 구려! 어ᄂᆡ 년셕이 ᄯᅩᆼ을 누엇ᄂᆞᆫ고? 셰 벌 뼈근 ᄯᅩᆼᄂᆡ로다!"

눈 먼 것만 한탄(恨歎)ᄒᆞ고 옥문(獄門) 압흘 지날 젹의, 왼 옷슬 거두쳐 안고 눈을 희번득이고 코살을 찡그리고 막ᄃᆡ를 휘져흐며 쉬파람 불 제, 더듬어 오거늘, 츈향(春香)이 김형방(金刑房) 불너,

"져 판슈(判數) 좀 쳥(請)ᄒᆞ여 쥬오."

김형방(金刑房)이 판슈(判數)를 불너쥬니, 져 계집아희 거동(擧動) 보쇼. 판슈(判數) 쇼ᄅᆡ 반겨 듯고,

"허판슈(許判數) 님, 여보시오. 이리 와셔 쉬여 가오."

허판슈(許判數) 니른 말이,

"그 누구가 부ᄅᆞᄂᆞᆫ고? 말쇼ᄅᆡ가 심히 익다."

"ᄋᆡ고, 나ᄂᆞᆫ 읍ᄂᆡ(邑內) 츈향(春香)이오. 그 ᄉᆞ이 ᄃᆡᆨ다히 연고(緣故)나 업고 ᄉᆞ망이나 만히 잇소?"

허판슈(許判數)의 거동(擧動) 보쇼. ᄒᆞᆫ 번(番) 길게 쌔긔오고 ᄒᆞᄂᆞᆫ 말이,

"이 아희, 너 볼 낫치 바히 업다. 원슈(怨讎)의 ᄉᆡᆼᄋᆡ(生涯)로다. 요ᄉᆞ이 어룬의 윤감(輪感), 아희들 역질(疫疾) ᄇᆡ송(拜送)도 ᄒᆞ고, 프닥거리, 방슈(方數) 보기, 즁병(重病) 산경(經) 닑기, 집 이ᄉᆞ(移徙)에 안ᄐᆡᆨ경(安宅經), ᄆᆡᆼ쳥(盲聽)에 계회(契會) 참녜(參預)ᄒᆞ기, 동관(同官)기리 골ᄑᆡ(骨牌), 소골, 단(單)파방, 갑ᄌᆞ골 ᄒᆞ노라 네 말 드런 지 오ᄅᆡ 것마ᄂᆞᆫ, ᄒᆞᆫ 번(番)도 와셔 졍(情)다히 뭇지 못ᄒᆞ고, 이럿틋 만나니 ᄒᆞᆯ 말이 젼(全)혀 업다. 그라셔 요ᄉᆞ이 듕당(重杖)을 당(當)ᄒᆞ엿다 ᄒᆞ니 상쳐(傷處)나 만져 보ᄌᆞ."

---

11 ᄃᆡᆨ다히 연고(緣故)나 업고: 집안에 별 일이나 없고. 12 ᄉᆞ망: 장사에서 이익을 많이 보는 운수. 16 윤감(輪感): 돌림감기. 아희들 역질(疫疾) ᄇᆡ송(拜送): 아이들이 천연두에 걸려 앓은 뒤 사흘 만에 마마신을 되돌려보내는 일. 17 프닥거리: 푸닥거리, 즉 무당이 간단

"어푸, 구려! 어느 녀석이 똥을 누었는고? 세 벌 썩은 똥내로다!"

눈 먼 것만 한탄하고 옥문 앞을 지날 적에, 옷을 모두 걷어 안고 눈을 희번덕이고 콧살을 찡그리고 막대를 휘저으며 휘파람 불 제, 더듬어 오거늘, 춘향이 김형방을 불러,

"저 판수 좀 청하여 주오."

김형방이 판수를 불러주니, 저 계집아이 거동 보소. 판수 소리를 반겨 듣고,

"허판수 님, 여보시오. 이리 와서 쉬어 가오."

허판수가 이른 말이,

"그 누구가 부르는고? 말소리가 심히 익다."

"애고, 나는 읍내 춘향이오. 그 사이 댁에 연고나 없고 재수나 많이 있소?"

허판수의 거동 보소. 한 번 길게 빼기며 하는 말이,

"이 아희, 너 볼 낯이 전혀 없다. 원수의 생애로다. 요사이 어른의 돌림감기, 아이들 역병으로 역신을 배송도 하고, 푸닥거리, 방위 보아 점치기, 중병에 산경 읽기, 집 이사에 안택경, 맹청 계회에 참례하기, 동관들끼리 골패, 소골, 단파방, 갑잡골을 하느라 네 말 들은 지가 오래건만, 한 번도 와서 정답게 묻지 못하고, 이렇듯 만나니 할 말이 전혀 없다. 그래서 요사이 모진 매를 맞았다고 하니 상처나 만져 보자."

하게 음식을 차려놓고 부정(不淨)과 살을 푸는 작은 굿. 18 밍쳥(盲廳)에 계회(契會) 참녜(參預)ᄒᆞ기: 소경들이 모이는 도가(都家)의 계모임에 참례하기. 19 단(單)파방: 단 한 번에 승부를 결정짓는 판놀이. 갑ᄌᆞ골: 갑잡골. 즉, 투견이나 골패에서 두세 장을 뽑아서 아홉 끗 잡기를 하는 놀음.

얼골붓터 나리 만져 졋가슴의 니ᄅᆞ러ᄂᆞᆫ ᄆᆡ오 지톄(遲滯)ᄒᆞᄂᆞᆫ고나.

"ᄋᆡ고, 계ᄂᆞᆫ 관겨(關係)치 안쇼!"

ᄃᆡ답(對答)ᄒᆞ고, ᄎᆞᄎᆞ(次次) 나려가다가 불가불(不可不) 쥬졈(主點)ᄒᆞᆯ ᄃᆡ 다ᄃᆞ라ᄂᆞᆫ,

"어불ᄉᆞ, 몹시 쳣고나! 바로 학치를 픠얏네. 졔 아비 쳐 쥭인 원슈(怨讐ㅣ)던가?"

ᄒᆞ며, 삼삼미를 만지랴고 몸을 굼실ᄒᆞᄂᆞᆫ고나.

숀을 ᄲᅢ혀 바지츔을 풀어치고, ᄉᆞ러안ᄌᆞ 거취(去就)를 ᄎᆞ리려 ᄒᆞ니, 츈향(春香)의 셩품(性品)의 ᄲᅡᆷ을 ᄀᆡ ᄲᅢᆷ 치듯ᄒᆞ여 보ᄂᆡ련마ᄂᆞᆫ 계유 츰고,

"여보시오, 판슈(判數)님. ᄂᆡ 말 듯쇼. 녯일을 곰곰 ᄉᆡᆼ각ᄒᆞ니 셜음이 ᄉᆡ음솟듯 ᄒᆞ오. 허판슈(許判數)님 소시(少時)젹 다 우리 어루신ᄂᆡ 소시(少時)젹의, 압뒤 집의 니웃ᄒᆞ여 여형약제(如兄若弟) 희희(嬉戲)ᄒᆞ여 쥬붕(酒朋) 되여 단니실 졔, 돈이 너 푼만 숨겨도 판슈(判數)님 우리 집의 와셔 어루신ᄂᆡ를 불너ᄂᆡ여, 우리 오날 ᄒᆡᄌᆞ(解座)ᄒᆞ셰. 어루신ᄂᆡ ᄃᆡ답(對答)ᄒᆞ고 날을 안고 나가시면, 허판슈(許判數)님 날을 보고 머리를 살살 쓰다듬고, ᄂᆡ ᄯᆞᆯ 츈향(春香)아 어듸 보ᄌᆞ. 슐집의 안고 가셔 안쥬(按酒) 쥬고 달ᄂᆡ던 일 엇그졘 듯 ᄒᆞ오마ᄂᆞᆫ, 오날날 ᄉᆡᆼ각ᄒᆞ니 어루신ᄂᆡ를 다시 뵈온 듯ᄒᆞ오. 녯말의 닐너시ᄃᆡ, 고인지ᄌᆞ(故人之子)ᄂᆞᆫ 즉오지(卽吾子ㅣ)라 ᄒᆞ여시니, 나ᄂᆞᆫ 우리 어루신ᄂᆡ로 아오. 아모ᄐᆡ 업ᄉᆞ니 두로 만져 쥬오. ᄉᆡ훤ᄒᆞ기 측냥(測量)업쇼.

---

4 **쥬졈(主點)ᄒᆞᆯ ᄃᆡ**: 중요한 데. 즉, 성기가 있는 부분. 6 **학치**: '정강이'를 속되게 이르는 말. 8 **삼삼미**: 세 갈래로 갈라진 곳. 즉, 성기가 있는 곳을 비유. 9 **바지츔을 풀어치고**: 바지와 허리춤을 접어 여민 사이를 풀어헤치고. 원문의 '문희치고'는 '풀어치고'로 바로잡았음. 거

얼굴부터 내리 만져 젖가슴에 이르러는 매우 지체하는구나.

"애고, 거기는 상관이 없소!"

대답하고, 차차 내려가다가 불가불 중요한 데에 다다라서는,

"아뿔싸, 몹시 쳤구나! 바로 정강이를 패었네. 제 아비를 쳐 죽인 원수던가?"

하며, 삼사미를 만지려고 몸을 굼실하는구나.

손을 빼어 바지춤을 풀어헤치고, 꿇어앉아 거취를 차리려 하니, 춘향의 성품에 뺨을 개 뺨 치듯이 하여 보내련만 겨우 참고,

"여보시오, 판수님, 내 말 듣소. 옛일을 곰곰이 생각하니 설움이 샘솟듯 하오. 허판수 님 소싯적과 우리 어르신네 소싯적에, 앞뒤 집에 이웃하여 형 동생 사이로 희롱하고 놀며 술친구 되어 다니실 제, 돈이 너 푼만 생겨도 판수님이 우리 집에 와서 어르신네를 불러내어, 우리 오늘 한턱을 내세. 어르신네 대답하고 나를 안고 나가시면, 허판수 님 나를 보고 머리를 살살 쓰다듬고, 내 딸 춘향아 어디 보자. 술집에 안고 가서 안주 주고 달래던 일이 엊그젠 듯 하오마는, 오늘날 생각하니 어르신네를 다시 뵈온 듯하오. 옛말에 일렀으되, 친구의 자식은 곧 내 자식이라 하였으니, 나는 우리 어르신네로 아오. 아무 허물이 없사오니 두루 만져 주오. 시원하기가 측량없소."

취(去就)를 ᄎᆞ리려: 성관계하는 자세를 취하려고. 14 여형약제(如兄若弟) 희히(嬉戲)ᄒᆞ여: 형제처럼 즐겁게 희롱하고 놀며. 16 히ᄌᆞ(解座): 공으로 한턱 내어 먹음. 21 고인지ᄌᆞ(故人之子)는 즉오ᄌᆡ(卽吾子ㅣ)라: 친구의 자식은 곧 자신의 자식과 같음이라.

판슈(判數) 놈이 츈향(春香)의 말 듯고, ᄆᆡᆨ(脈)이 풀녀 ᄒᆞᆫ편(便) 모흐로 슬며시 써러지며 열업시 ᄒᆞᄂᆞᆫ 말이,

"고 년셕, ᄂᆡ 아희 정신(精神) 조타. 과연(果然) 그러ᄒᆞᆫ 법 잇ᄂᆞᆫ니라. 그러ᄒᆞ나 김ᄑᆡ두(金牌頭)가 치더냐, 니ᄑᆡ두(李牌頭)가 치더냐? 쪽바로 닐너라. 너 ᄆᆡ질ᄒᆞ던 놈, ᄂᆡ 셜치(雪恥)ᄒᆞ여 쥬마. 형방ᄑᆡ두(刑房牌頭) 놈드리 오일(五日) 십오일(十五日) 날 바드라 ᄂᆡ 집 오니, 이후(以後)의 날 바드라 오거들낭 절명일(絶命日)을 바다쥬어 ᄉᆡᆼ급살(生急煞)을 맛치리라. ᄉᆞ람놈이 ᄆᆡ질을 ᄒᆞᆫ들 그다지 몹시 ᄒᆞ여시랴? 아모커나 신슈점(身數占)이나 쳐 보아라."

ᄒᆞ더라.

셰(歲) 긔ᄉᆞ(己巳) 구월(九月) 념오(念五) 필셔(畢書).

---

6 오일(五日) 십오일(十五日): 5일과 15일. 원문의 '오일 오일'은 '오일 십오일'로 바로잡았음. 7 졀명일(絶命日)을 바다쥬어: 가장 흉한 날을 좋은 날이라고 속여 정해주는 것을 뜻함.

판수 놈이 춘향의 말을 듣고, 맥이 풀려 한편 모퉁이로 슬며시 떨어지며 열없이 하는 말이,

"고 녀석, 내 아이 정신도 좋다. 과연 그러한 법 있느니라. 그러하나 김패두가 치더냐, 이패두가 치더냐? 똑바로 일러라. 너 매질하던 놈, 내 분을 갚아 주마. 형방 패두 놈들이 오일 십오일 날을 받으러 내 집에 오니, 이후에 날 받으러 오거들랑 절명일을 받아주어 생급살을 맞게 하리라. 사람 놈이 매질을 한들 그다지 몹시 하였으랴? 어쨌든 신수점이나 쳐 보아라."

하더라.

기사년 구월 이십오일에 쓰기를 마침.

싱급살(生急煞): 급작스럽게 닥치는 매우 혹독한 화(禍)나 액(厄). 9 신슈점(身數占): 장래의 운수를 보는 점.

권지오

ᄎᆞ셜(且說), 이ᄯᅴ 허판슈(許判數) 놈 ᄒᆞᄂᆞᆫ 말이,

"신슈졈(身數占)이나 쳐 보아라. ᄂᆡ 식젼(食前) 졍신(精神)에 잘 쳐 보마."

츈향(春香)이 ᄭᅮᆷ ᄭᅮᆫ 말을 다 ᄌᆞ셔(仔細)히 니ᄅᆞ며, 옷고름의 돈 너푼 호텬호지(昊天昊地), 호일호월(昊日昊月) 합ᄒᆞ면 텬지일월(天地日月)이라.

"가진 거시 이ᄲᅮᆫ이니 ᄒᆡ몽졈(解夢占)을 잘 쳐 쥬오."

판슈(判數)의 거동(擧動) 보쇼. 쥬머니를 어로만져, 산통(算筒) ᄂᆡ여 숀의 들고 눈 우희 번젹 드러 솰솰 흔드면셔,

「텬하언지(天何言哉)야. 고지즉응(叩之卽應)ᄒᆞᄂᆞ니, 신긔명의(神旣明矣) 감이슌통(感而順通). 복걸신명(伏乞神明) 일월셩신(日月星辰) 조림하토(照臨下土) 인지화복(人之禍福). 팔팔뉵십ᄉᆞ괘(八八六十四卦) 삼ᄇᆡᆨ뉵십ᄉᆞ효(三百六十四爻) 괘불난상(卦不難狀) 효불난동(爻不難動), 여텬지(與天地)로 합기덕(合其德), 여일월(與日月)노 합기명(合其明), 여ᄉᆞ시(與四時)로 합기셔(合其序), 여귀신(與鬼神)으로 합기길흉(合其吉凶) 고션ᄉᆞ(古先師). 복희(伏羲), 신롱(神農), 요(堯), 슌

---

1 **허판슈**(許判數): 허씨 성을 가진 점쟁이. 원문의 '판ᄉᆡ'는 모두 '판슈'로 바로잡았음. 5 **호텬호지**(昊天昊地): 넓고 큰 하늘과 땅. 7 **ᄒᆡ몽졈**(解夢占): 꿈의 의미를 풀어내는 점. 8 **산통**(算筒): 점을 칠 때 쓰는 산(算)가지를 넣는 통. 11 **텬하언지**(天何言哉)야: 하늘이 무엇을 말씀하시리오. **고지즉응**(叩之卽應): 두드리면 곧 응답함. **신긔명의**(神旣明矣): 귀신은 이

차설, 이때 허판수 놈 하는 말이,

"신수점이나 쳐 보아라. 내 식전 정신에 잘 쳐 보마."

춘향이 꿈꾼 말을 다 자세히 이르며, 옷고름의 돈 너 푼을 호천호지, 호일호월 합하면 천지일월이라.

"가진 것이 이뿐이니 해몽점을 잘 쳐 주오."

판수의 거동 보소. 주머니를 어루만져, 산통을 꺼내 손에 들고 눈 위로 번쩍 들어 쐴쐴 흔들면서,

「하늘이 무엇을 말씀하시리오. 두드리면 곧 응답하나니, 귀신이 이미 신령스러우니 감응하여 순리대로 통하게 하옵소서. 바라옵건대 신명과 일월성신께서는 이 세상을 비추어 인간의 화복을 밝혀 주시옵소서. 팔팔 육십사 괘와 삼백육십사 효 중에서 괘 모양을 이루기 어렵고 효를 움직이기 어려우니, 천지로 그 덕을 합하고, 일월로 그 밝음을 합하고, 사계절로 그 순서를 합하고, 귀신으로 그 길흉을 합하여 돌아가신 스승들께 고합니다. 복희

미 신령스러움. 원문의 '영의'는 '명의'로 바로잡았음. 12 **감이슌통**(感而順通): 감응하여 일이 순조롭게 풀림. **복걸신명**(伏乞神明) **일월셩신**(日月星辰): 바라옵건대 신명과 일월성신께서는. 13 **팔팔뉵십ᄉ괘**(八八六十四卦): 『주역(周易)』에서 인간과 자연의 존재 양상과 변화 체계를 상징하는 64개의 괘.

(舜), 우(禹), 탕(湯), 문(文), 무(武), 듀공(周公), 소공(召公), 공ᄌᆞ(孔子), 귀곡(鬼谷), 숀빈(孫賓), 황셕공(黃石公), 장ᄌᆞ방(張子房), 졔갈무후(諸葛武候), 관로(管輅), 곽박(郭璞), 원텬강(袁天綱), 니슌풍(李淳風), 소강절(邵康節), 졍명도(程明道), 쥬회암(朱晦庵). 상지텬문(上至天門) 하달지리(下達地理).

금우ᄐᆡ셰(今遇太歲) 갑ᄌᆞ삼월(甲子三月) 긔ᄒᆡ삭(己亥朔) 십일일(十一日) 긔유(己酉)에, ᄒᆡ동(海東) 조션국(朝鮮國) 팔도(八道) 듕(中) 젼나좌도(全羅左道) 남원부(南原府) ᄉᆞ십팔면(四十八面) 듕(中) 부ᄂᆡ면(府內面) 향교리(鄉校里) 거(居)ᄒᆞ옵ᄂᆞᆫ, 곤명(坤命) 김시(金氏), 갑인ᄉᆡᆼ(甲寅生) 신(身)을, ᄉᆞ복ᄌᆞ(使卜者)로 근복문(謹伏問)ᄒᆞ오ᄃᆡ, 모년(某年) 모월(某月) 모일(某日)에 낭군(郎君) 니슈ᄌᆡ(李秀才)로 니별(離別) 후(後) 식불감침불안(食不甘寢不安)이거니, 거년분(去年分)의 신관ᄉᆞ또(新官使道) 도임(到任) 신졍지초(新政之初)에 횡피듕댱(橫被重杖)ᄒᆞ고 인위슈금(因爲囚禁)ᄒᆞ여 우금(于今) 슈년(數年)의 ᄇᆡᆨ병(百病)이 층츌(層出)ᄒᆞ고, ᄉᆞᄉᆡᆼ미판(死生未判) 즁(中) 거야일몽(去夜一夢)이 여ᄎᆞ여ᄎᆞ(如此如此)ᄒᆞ옵기 지셩감복문(至誠敢伏問)ᄒᆞ오니, 유하쇼취(有何所取)온지 유하관ᄌᆡ(有何官災), 쳔나지망이연야(天羅地網而然耶)아. 복걸신명(伏乞神明)은 물비소시(勿秘昭示) 물비소시(勿秘昭示)ᄒᆞ옵쇼셔.」

---

2 **황셕공**(黃石公): 중국 진(秦)나라 때의 은사. **장ᄌᆞ방**(張子房): 소하(蕭何)와 함께 전한(前漢)을 창업한 공신 장량(張良). 3 **관로**(管輅): 중국 후한 말기, 위(魏)나라 초기의 술사(術士). 원문의 '관뇌'는 '관로'로 바로잡았음. **원텬강**(袁天綱), **니슌풍**(李淳風): 중국 당나라 때의 방술가. 4 **소강졀**(邵康節): 중국 송나라의 학자로 도가사상의 영향을 받고 유교의 역철학(易哲學)을 발전시켜 특이한 수리철학(數理哲學)을 만들었음. **쥬회암**(朱晦庵): 남송의 최고 성리학자인 주자(朱子). 9 **곤명**(坤命): 축원문에서 여자를 이르는 말. 11 **니슈ᄌᆡ**

씨, 신농씨, 요, 순, 우, 탕, 문, 무, 주공, 소공, 공자, 귀곡, 손빈, 황석공, 장자방, 제갈무후, 관로, 곽박, 원천강, 이순풍, 소강절, 정명도, 주회암께 고합니다. 위로는 하늘의 끝에 이르고 아래로는 땅의 이치에 통하옵소서.

올해 갑자년 삼월 기해 십일일 기유에, 해동 조선국 팔도 중 전라좌도 남원부 사십팔 면 중에서 부내면 향교리에 거하옵는, 곤명 김씨, 갑인생 이 몸을, 복자로 하여금 삼가 물어보게 하오되, 모년 모월 모일에 이씨 수재와 이별한 후 먹어도 맛이 없고 잠을 자도 편치가 않거니, 작년에 신관사또 도임하여 새로 공무를 맡은 처음에 잘못 걸려서 모진 매를 맞고 죄인 되어 갇혀, 지금까지 몇 년에 여러 병이 덧나고, 생사가 결정되지 않는 중에 지난밤에 한 꿈이 여차여차하옵기에 지성으로 감히 묻자오니, 무슨 까닭에 갇히온지 무슨 관재이온지 천라지망과 같이 소상하게 알게 하옵소서. 엎드려 신령님께 비옵나니 삼가 감추지 마시고 밝히 보이소서, 밝히 보이소서.」

(李秀才): 이씨 성을 가진 수재. 원문의 '슈즈'는 '슈지'로 바로잡았음. **식불감침불안**(食不甘寢不安): 음식을 먹어도 맛이 없고 잠을 자도 편안하지 않음. 13 **횡피듕댱**(橫被重杖): 잘못 걸려서 모진 형벌을 받음. 14 **우금**(于今): 지금까지. **층츌**(層出): 거듭하여 생겨남. 16 **지셩감복문**(至誠敢伏問): 온갖 정성을 들여 감히 엎드려 물음. 17 **텬나지망**(天羅地網): 하늘 그물과 땅의 그물. 즉, 아무리 해도 벗어날 수 없는 경계망을 이르는 말. 18 **물비소시**(勿秘昭示): 감춤 없이 밝히 보이라는 뜻으로, 점쟁이가 주문(呪文)의 맨 끝에 하는 말.

산통(算筒)을 왈각왈각 흔드러 것구로 잡고, 하나 둘 혀여 보고, 션ᄌᆞ(扇子)를 두ᄃᆞ리며 점괘(占卦)를 프러닐 제, ᄂᆡ외(內外) 효(爻)를 작괘(作卦)ᄒᆞ니 가인지비(家人之賁) 되것고나.

"이 ᄋᆡ, 츈향(春香)아. 이 졈(占) ᄆᆡ오 묘리(妙理) 잇다. 니도령(李道令)이 과거(科擧)ᄒᆞ여 청포(青袍)를 닙을 격(格)이오, 쳔녹귀인셩(天祿貴人性)의 녁마(驛馬)가 발동(發動)ᄒᆞ니 분명(分明) 외님(外任)ᄒᆞ여 나갈 형상(形狀)이라. 연ᄌᆞ괘(鳶子卦) 빗최여시니 둥실둥실 ᄯᅥ단니ᄂᆞᆫ 슐ᄀᆡ벼슬이오, ᄌᆞ숀(子孫)이라 ᄒᆞᄂᆞᆫ 거ᄉᆞᆫ 공명(功名)의ᄂᆞᆫ 화약(火藥)이라. 삼형(三刑) 살긔(殺氣) ᄯᅴ여시니 이 아니 고이ᄒᆞ냐? 응효(應爻)로 논지(論之)ᄒᆞ면 도모지 남이로다. 올컷다. 알니로다. 열읍(列邑) 슈령(守令) 관쇽(官屬)드를 형츄파직(刑推罷職)ᄒᆞᆯ 거시니 암ᄒᆡᆼ슈의(暗行繡衣) 분명(分明)ᄒᆞ다.

화락(花落)ᄒᆞ니 능셩실(能成實)이오, 경파(鏡破)ᄒᆞ니 긔무셩(豈無聲)가? 문상(門上)에 현허인(懸虛人)ᄒᆞ니 만인ᄀᆡ앙시(萬人皆仰視)라. 산붕(山崩)ᄒᆞ니 작평지(作平地)오, ᄒᆡ갈(海渴)ᄒᆞ니 견농안(見龍顔)이라.

이 글 뜻은 'ᄭᅩᆺ치 ᄯᅥ러지니 능히 여름이 열닐 거시오, 거울이 ᄭᆡ여지니 엇지 쇼ᄅᆡ 업ᄉᆞ랴. 문(門) 우희 허슈아비 달녀시니 만인(萬人)이 다 우러러보리로다. 산(山)이 문허지니 평지(平地) 될 거시오, 바다히 마ᄅᆞ니 농(龍)의 얼골을 보리로다.' ᄒᆞᆫ 뜻이라.

---

2 션ᄌᆞ(扇子): 부채. 3 작괘(作卦): 점괘를 풀어봄. 원문의 '작과'는 '작괘'로 바로잡았음. 가인지비(家人之賁): 가인괘(家人卦)가 좋은 비괘(賁卦)로 변해 감. 즉, 간괘(艮卦)와 이괘(離卦)가 거듭되어 산 아래 불이 있는 길한 점괘가 남을 의미. 5 청포(青袍): 조선 시대에 4품, 5품, 6품의 벼슬아치가 공복(公服)으로 입던 푸른 도포. 쳔녹귀인셩(天祿貴人性): 하늘이 주는 복록과 귀인다운 품성. 7 연ᄌᆞ괘(鳶子卦): 하늘을 나는 종이연의 괘. 즉, 출세를

산통을 왈칵왈칵 흔들어 거꾸로 잡고, 하나 둘 헤어 보고, 부채를 두드리며 점괘를 풀어낼 제, 내외 효를 작괘하니 산 아래 불이 있는 가인의 비괘가 되겠구나.

"이 애, 춘향아. 이 점이 매우 묘리 있다. 이도령이 과거하여 청포를 입을 격이요, 하늘이 내리는 복록과 귀인다운 성품에 역마가 발동하니, 분명 외직을 맡아 나갈 형상이라. 연지괘가 비치었으니 둥실둥실 떠다니는 솔개벼슬이요, 자손이라 하는 것은 공명에는 화약이라. 삼형의 살기를 띠었으니 이 아니 괴이하냐? 효수에 맞춰 말하자면 도무지 남이로다. 옳것다. 알리로다. 열읍의 수령 관속들을 형장으로 문초하여 파직할 것이니 암행수의가 분명하다.

화락하니 능성실이요, 경파하니 기무성인가? 문상에 현허인하니 만인개앙시라. 산붕하니 작평지요, 해갈하니 견용안이라.

이 글은 '꽃이 떨어지니 능히 열매가 열릴 것이요, 거울이 깨어지니 어찌 소리 없으랴. 문 위에 허수아비 달렸으니 만인이 다 우러러보리로다. 산이 무너지니 평지가 될 것이요, 바다가 마르니 용의 얼굴을 보리로다.' 한 뜻이라.

뜻하는 길조의 괘. 8 **솔기벼슬**: 솔개처럼 여기저기를 떠돌아 다니는 벼슬. **공경(功名)의는 화약(火藥)**: 공명을 얻는 데에는 화약처럼 위험함을 이르는 말. 10 **응효(應爻)로 논지(論之)하면**: 점을 쳐서 나온 효수(爻數)에 맞춰 보면. 11 **형추파직(刑推罷職)**: 형장으로 벌을 내리며 그 직책에서 쫓아냄. 13 **경파(鏡破)**: 거울이 깨어짐. 14 **문상(門上)에 현허인(縣虛人)**: 문 위에 허수아비가 달려 보임. **만인기앙시(萬人皆仰視)**: 만인이 모두 우러러봄.

이 ᄋᆡ, 츈향(春香)아. 부ᄃᆡ부ᄃᆡ 조셥(調攝)ᄒᆞ여 념녜(念慮) 말고 두고 보라. 평ᄉᆡᆼ(平生) 미망(未忘) 낭군(郎君)을 불구(不久)의 맛나리라."

츈향(春香)이 ᄃᆡ답(對答)ᄒᆞᄃᆡ,

"이 졈(占) 갓틀진ᄃᆡ 무삼 한(恨)이 이시리오. ᄆᆡᆼ낭(孟浪)ᄒᆞᆫ 말 너모 마오."

져 판슈(判數) 골을 ᄂᆡ여 굿지 ᄆᆡᆼ셰ᄒᆞᄂᆞᆫ 말이,

"졔 할미를 ᄒᆞ엿다고 헷부리를 놀닐 것가? 고름 ᄆᆡᆺ고 나기ᄒᆞᄌᆞ. 아모커나 ᄃᆡ길(大吉)ᄒᆞ니 두고만 보아라."

말말 ᄭᅳᆺ희 ᄉᆡᆼ각ᄒᆞ니 복치(卜債) 달나기 어렵도다. 의뭉싀레 셜지르ᄃᆡ,

"이 ᄋᆡ, 츈향(春香)아. 이 ᄉᆞ이ᄂᆞᆫ ᄂᆡ가 ᄉᆞ망도 업고 지ᄂᆡ기가 극난극난(極難極難)ᄒᆞ다마ᄂᆞᆫ 엇지ᄒᆞ리?"

츈향(春香)이 이 말 듯고 ᄭᅩ잣던 금치(金釵) ᄲᅢ혀 쥬며,

"불상ᄒᆞ오. 이거시 약소(略小)ᄒᆞ나 파라 ᄒᆞᆫᄭᅵ 보틱여 ᄡᅳ오."

판슈(判數) 놈이 두부(豆腐)ᄌᆞ로 터지오듯 쇽으로 드리ᄡᅢ긔오며 ᄒᆞᄂᆞᆫ 말이,

"아모리 무물불셩(無物不成)이라 ᄒᆞ여신들, 져기나 ᄒᆞ면 보틱여 쥴 터에 남이 알면 날을 무어스고 알니! 아셔라."

ᄒᆞ며 말홀 ᄉᆞ이의, 발셔 왼숀으로 바다 ᄉᆞ미 쇽의 슈쇄(收刷)ᄒᆞ고, 열업셔 ᄒᆞᄂᆞᆫ 말이,

"이 ᄋᆡ, 시장ᄒᆞ니 다시 보ᄌᆞ."

ᄒᆞ고 니러셔니,

---

1 조셥(調攝): 조리(調理). 즉, 건강이 회복되도록 몸을 보살피고 병을 다스리는 것을 말함.
2 미망(未忘) 낭군(郎君): 잊지 못하고 그리워하는 낭군. 불구(不久)의: 오래지 아니하여.
8 고름 ᄆᆡᆺ고 나기ᄒᆞᄌᆞ: 옷고름을 맺고 약속하며 내기를 하자. 10 복치(卜債): 점을 친 것에

이 애, 춘향아. 부디부디 조리를 잘하여 염려 말고 두고 보아라. 평생의 미망 낭군을 머지않아 만나리라."

춘향이 대답하되,

"이 점 같을진대 무슨 한이 있으리오. 맹랑한 말 너무 마오."

저 판수가 골을 내어 굳이 맹세하는 말이,

"제 할미를 하였다고 헛소리를 하겠는가? 고름 맺고 내기하자. 어떻든 크게 길하니 두고만 보아라."

말끝에 생각하니 복채를 달라기 어렵도다. 의뭉스레 에둘러 말하기를,

"이 애, 춘향아. 이 사이는 내가 별 재수도 없고 지내기가 매우 어렵디 어렵다마는 어찌하리?"

춘향이 이 말 듣고 꽂았던 금비녀를 빼어 주며,

"불쌍하오. 이것이 약소하나 팔아 한때 보태어 쓰오."

판수 놈이 두붓자루 터지듯 속으로 들이빼기며 하는 말이,

"아무리 돈 들이지 않고는 아무 일도 이루어지지 않는다 하였은들, 웬만하면 보태어 줄 터에 남이 알면 나를 무엇으로 알리! 아서라."

하며 말할 사이에, 벌써 왼손으로 받아 소매 속에 집어넣고, 열없어서 하는 말이,

"이 애, 시장하니 다시 보자."

하고 일어서니,

대한 값. 원문의 '복추'는 '복치'로 바로잡았음. 셜지르되: 에둘러 말하되. 14 금치(金釵): 금비녀. 원문의 '금추'는 '금치'로 바로잡았음. 18 무물불셩(無物不成): 돈이 없으면 아무 일도 이루어지지 않음. 21 열업셔: 겸연쩍고 부끄러워.

"ᄋᆡ고, 평안(平安)이 가오."

인ᄉᆞ(人事)ᄒᆞ여 보닌 후(後)의 쳔ᄉᆞ만탁(千思萬度) 혜ᄋᆞ리며, 젼녁죽(粥)도 믈니치고, 오경누셩(五更漏聲) 잔진(殘盡)토록 잠 못 드러 안ᄌᆞᆺ더니, 이ᄯᆡ 츈향(春香)어미 압셔 와셔,

"츈향(春香)아, 츈향(春香)아! 자ᄂᆞ냐 ᄭᆡ엿ᄂᆞ냐?"

츈향(春香)의 거동(擧動) 보쇼. 혼혼침침(昏昏沈沈) 안ᄌᆞᆺ다가 부ᄅᆞᄂᆞᆫ 쇼ᄅᆡ 듯고, 급(急)히 니러 나오다가 형문(刑問) 마즌 정강이를 옥(獄) 문(門)턱의 부듸잇고 ᄋᆡ구 쇼ᄅᆡ 크게 ᄒᆞ며, 어마니가 놀나깃다 목안 쇼ᄅᆡ로 겨우 ᄋᆡ고ᄋᆡ고 ᄒᆞ고 진졍(鎭靜)ᄒᆞ여 ᄃᆡ답(對答)ᄒᆞᄃᆡ,

"어마니, 이 밤듕(中)에 ᄯᅩ 웨 왓소? 밤이나 졔발 평안(平安)이 쉬시오. 져리 ᄋᆡ쁘다가 마ᄌᆞ 병(病)이 들면, 구(救)ᄒᆞᆯ 리가 뉘가 잇소? 임의 보라 와 계시니, ᄂᆡ 쇽거시나 가져다가 압 ᄂᆡ믈의 솰솰 ᄲᆡᆯ아 양지(陽地) 바로 너러 쥬오. ᄎᆞᆷ아 가려워 못 살깃소!"

츈향(春香)어미 숀목 잡고 ᄃᆡ셩통곡(大聲痛哭) 우는 말이,

"이를 엇지ᄒᆞᆫᄌᆞᆺᄂᆞ니? 아장(我葬)을 녀장(汝葬)홀ᄃᆡ 녀장(汝葬)을 아장(我葬)케 되니, 아장(我葬)을 슈장(誰葬)홀고? ᄋᆡ고ᄋᆡ고 셜름이야! 아곡(我哭)을 녀곡(汝哭)홀ᄃᆡ 녀곡(汝哭)을 아곡(我哭)ᄒᆞ니, 아곡(我哭)을 슈곡(誰哭)ᄒᆞ리?"

셔로 붓들고 한창 우ᄃᆞ가, 츈향(春香)이 눈 드러 어ᄉᆞ(御使)의 먼니 셧는 냥(樣)을 보고 무ᄅᆞᄃᆡ,

"ᄃᆡ져 뒤희 셧는 니가 누구요?"

ᄃᆡ답(對答)ᄒᆞᄃᆡ,

"ᄌᆡ 넘머 니풍헌(李風憲)이 ᄌᆞ리갑 바드라 왓단다."

---

2 쳔ᄉᆞ만탁(千思萬度): 여러 가지로 헤아리고 생각함. 3 오경누셩(五更漏聲) 잔진(殘盡)토록: 네 시 전후로 울리는 통금 해제 소리가 사라지도록. 즉, 새벽이 될 때까지. 6 혼혼침침

"애고, 평안히 가오."

인사하여 보낸 후에 천 번을 생각하고 만 번을 헤아리며, 저녁 죽도 물리치고, 새벽 오경을 치는 소리가 사라지도록 잠 못 들어 앉았더니, 이때 춘향어미 앞서 와서,

"춘향아, 춘향아! 자느냐 깨었느냐?"

춘향의 거동 보소. 정신이 가물가물하여 앉았다가 부르는 소리를 듣고, 급히 일어나서 나오다가 형문 맞은 정강이를 옥 문턱에 부딪히고 아이쿠 소리를 크게 하며, 어머니가 놀라겠다 목안 소리로 겨우 애고애고 하고 진정하여 대답하되,

"어머니, 이 밤중에 또 왜 왔소? 밤이나 제발 평안히 쉬시오. 저리 애쓰다가 마저 병이 들면, 구할 이가 누가 있소? 이미 보러 와 계시니, 내 속곳이나 가져다가 앞 냇물에 쇨쇨 빨아 양지 바른 데에 널어 주오. 차마 가려워 못 살겠소!"

춘향어미 손목을 잡고 대성통곡 우는 말이,

"이를 어찌하자느냐? 나의 장례를 네가 해야 할 때에 너의 장례를 내가 하게 되니, 나의 장례는 누가 치를꼬? 애고애고 설움이야! 나의 곡을 네가 할 때 너의 곡을 내가 하니, 나의 곡은 누가 하리?"

서로 붙들고 한참 울다가, 춘향이 눈을 들어 어사가 멀리 서 있는 모양을 보고 묻되,

"대체 뒤에 서 있는 이가 누구요?"

대답하되,

"재 너머 이풍헌이 자릿값 받으러 왔단다."

(昏昏沈沈): 아주 혼미하여 정신이 가물가물함. 15 아장(我葬)을 녀장(汝葬)홀딕: 나의 장례를 네가 치러야 할 터에. 16 아장(我葬)을 슈장(誰葬)홀고: 나의 장례를 누가 치를까?

“그리면 어더 드리지오. 이 밤의 무삼 일 옛까지 뫼셔 왓소? 날 보고 가실나오? 니풍헌(李風憲) 님, 이리 오오. 그ᄉᆞ이 평안(平安)ᄒᆞ옵시고 안악 문안(問安)도 안령(安寧)ᄒᆞ옵시오? ᄃᆡᄉᆞ(大事)로이 이 밤에 보라 오시니 감격(感激)ᄒᆞ오.”

츈향(春香)어미 ᄒᆞᄂᆞᆫ 말이,

“ᄌᆞ셔(仔細)히 보아라. 이놈의 ᄌᆞ식(子息) 쏠 된 것. 쌘쌘의 아들 놈 너를 ᄎᆞᄌᆞ왓단다!”

츈향(春香)이 울며 ᄒᆞᄂᆞᆫ 말이,

“그 뉘라셔 날 ᄎᆞᆺᄂᆞᆫ고? 날 ᄎᆞ즈 리 업건마ᄂᆞᆫ, 이곳지 흉(凶)한 옥듕(獄中)이라 형문(刑問) 마져 죽은 귀신(鬼神), 결항(結項)ᄒᆞ여 죽은 귀신(鬼神), ᄋᆡ미ᄒᆞ게 죽은 귀신(鬼神), 뭇 귀신(鬼神)이 날 ᄎᆞᆺᄂᆞᆫ가? 진언(眞言)이나 닑어 보ᄌᆞ. 뉵ᄌᆞᄃᆡ명왕보살(六字大明王菩薩) 옴마리반메훔[唵麽抳鉢銘吽].”

왼발 구르며,

“먼니 쎡쎡. 그러치 아니ᄒᆞ면 상산ᄉᆞ호(商山四皓) 벗시 업셔 바독 두ᄌᆞ 날 ᄎᆞᆺᄂᆞᆫ가? 영쳔슈(潁川水)의 귀 씻던 소부(巢父), 허유(許由) 진셰ᄉᆞ(塵世事)를 의논코져 날 ᄎᆞᆺᄂᆞᆫ가? 쥬듕텬ᄌᆞ(酒中天子) 뉴령(劉伶)이가 슐 먹ᄌᆞ 날 ᄎᆞᆺᄂᆞᆫ가? 시쥬무량(詩酒無量) 니ᄐᆡ빅(李太白)이 시부(詩賦)를 읇ᄌᆞ 날 ᄎᆞᆺᄂᆞᆫ가? 위슈어옹(渭水漁翁) 강ᄐᆡ공(姜太公)이 낙시질ᄒᆞ랴 날 ᄎᆞᆺᄂᆞᆫ가? 슈양산(首陽山) 빅이(伯夷), 슉졔(叔齊) 고ᄉᆞ리 ᄏᆡᄌᆞ 날 ᄎᆞᆺᄂᆞᆫ가? 면산(綿山) 깁흔 곳의 ᄀᆡᄌᆞ츄(介子推)가 불타 죽

---

3 ᄃᆡᄉᆞ(大事)로이: 대단하고 중요하게 여겨. 10 결항(結項): 목숨을 끊기 위해 목을 매어 닮. 12 진언(眞言): 불, 보살 또는 제천(諸天)에 호소하여 기도하거나 의식에 효력을 부여하기 위해서 외우는 주문. 뉵ᄌᆞᄃᆡ명왕보살(六字大明王菩薩): 관세음보살의 광대원만한 자비심을 뜻함. 13 옴마리반메훔[唵麽抳鉢銘吽]: 몸에 지니거나 집안에 두면 관세음보살의 자비에 의해 번뇌와 죄악이 소멸되고 지혜와 공덕을 갖추게 된다는 주문. 15 벗시 업셔: 벗

"그러면 얻어 드리지요. 이 밤에 무슨 일로 여기까지 모시고 왔소? 날 보고 가실라오? 이풍헌 님, 이리 오오. 그사이 평안하옵시고 아낙의 문안도 안녕하옵시오? 큰일처럼 이 밤에 보러 오시니 감격하오."

춘향어미 하는 말이,

"자세히 보아라. 이놈의 자식 꼴 된 것. 뻔뻔의 아들놈이 너를 찾아왔단다!"

춘향이 울며 하는 말이,

"그 뉘라서 날 찾는고? 날 찾을 이 없건마는, 이곳이 흉한 옥중이라 형문 맞아 죽은 귀신, 목매달아 죽은 귀신, 억울하게 죽은 귀신, 뭇 귀신이 날 찾는가? 진언이나 읽어 보자. 육자대명왕보살 옴마니반메훔."

왼발을 구르며,

"멀리 썩썩. 그렇지 아니하면 상산사호가 벗이 없어 바둑 두자고 날 찾는가? 영천수에 귀 씻던 소부와 허유가 진세사를 의논코자 날 찾는가? 주중천자 유영이가 술 먹자고 날 찾는가? 시주가 무량한 이태백이 시부를 읊자고 날 찾는가? 위수의 어옹 강태공이 낚시질하자고 날 찾는가? 수양산의 백이와 숙제가 고사리 캐자고 날 찾는가? 면산 깊은 곳의 개자추가 불타 죽자고 날

이 없어. 원문의 '벗지'는 '벗시'로 바로잡았음. 17 진셰ᄉ(塵世事): 속세의 어지러운 일. 뉴령(劉伶): 「주덕송(酒德頌)」을 지은 중국 진(晉)나라의 시인. 18 시쥬무량(詩酒無量): 시를 많이 짓고 술도 많이 마신다는 의미. 원문의 '시듀'은 '시쥬'로 바로잡았음. 21 기ᄌ츄(介子推): 중국 춘추시대의 은사. 진나라 문공(文公)이 왕자로 망명생활을 할 때 모셨으나 왕위에 오른 후 등용하지 않자 면산에 은거했는데, 훗날 문공이 후회하고 산에 불을 질러 그를 나오게 유도하였으나 자신의 뜻을 굽히지 않고 불에 타 죽었음.

ᄌ 날 ᄎᆞᆺ는가? 황능묘(黃陵廟)의 아황(娥皇), 여영(女英) 시녀(侍女) 업셔 날 ᄎᆞᆺ는가? 텬틱산(天台山) 마고션녀(麻姑仙女) 슉낭ᄌ(淑娘子)ᄅᆞᆯ 므ᄅᆞ려고 날 ᄎᆞᆺ는가? 날 ᄎᆞ즈 리 업것마는 그 뉘라셔 날 ᄎᆞᆺ는고?”

츈향(春香)어미 ᄒᆞ는 말이,

“네 셔방(書房) 니도령(李道令)이 너를 보라 왓단다! 바라고 미더더니 잘되엿다! 거록ᄒᆞ고 의젓ᄒᆞ다. 네 셔방(書房)도 조흠도 조타! 이제는 무어ᄉᆞᆯ 밋고 바라야ᄂᆞ니?”

츈향(春香)이 이 말 듯고 옴즉 놀나 불빗헤 바라보니, 팔도(八道)의 비(比)치 못홀 상(上)거어지가 완연(宛然)ᄒᆞ다.

“ᄋᆡ고, 어마니도 망녕(妄靈)이오. 눈이 어두어도 마련이 업소.”

“날다려 눈이 어둡다고 ᄒᆞᆫ다마는 네 ᄇᆞᆰ은 눈의 ᄌᆞ셔히 보아라! 니가(李哥) 놈이 아니오, 엇던 역젹(逆賊)의 아들놈이냐?”

어ᄉᆡ(御使ㅣ) 먼니 셔셔 모녀(母女)의 거동(擧動)을 보다가, 어히업고 긔(氣)가 막혀 눈물을 먹음고 날호여 나아가 ᄒᆞ는 말이,

“츈향(春香)어미 등(燈)불 드쇼! 얼골이나 ᄌᆞ세(仔細) 보셰.”

문(門)틈으로 들여다보니, 화용월틱(花容月態) 홀연(忽然)이 변(變)ᄒᆞ여 공산촉누(空山髑髏) 되엿고, 옥부방신(玉膚芳身)의 피 흔젹(痕迹)이 난만(爛漫)ᄒᆞ며, 난초긔질(蘭草氣質) 부용화틱(芙蓉花態) 거의 진(盡)케 되엿거늘, 정신(精神)이 산난(散亂)ᄒᆞ여 급(急)히 쇼릭ᄒᆞ되,

“츈향(春香)아, 어듸 보ᄌᆞ! 져 형상(形狀)이 웬일이니? 빅옥(白玉) 갓튼 고은 양ᄌᆞ(樣子) 촉누(髑髏)갓치 되여시며, 선녀(仙女) 갓

---

1 **황능묘**(黃陵墓): 순(舜)임금의 두 비인 아황(娥皇)과 여영(女英)의 사당(祠堂). **아황**(娥皇): 원문의 ‘아항’은 ‘아황’으로 바로잡았음. 14 **날호여**: 천천히. 16 **화용월틱**(花容月態): 꽃 같은 얼굴과 달 같은 자태. 즉, 아름다운 여인의 얼굴과 맵시를 이르는 말. 17 **공산촉누**(空

찾는가? 황릉묘의 아황과 여영이 시녀 없어 날 찾는가? 천태산의 마고선녀가 숙낭자를 물으려고 날 찾는가? 날 찾을 이 없건마는 그 뉘라서 날 찾는고?"

춘향어미 하는 말이,

"네 서방 이도령이 너를 보러 왔단다! 바라고 믿었더니 잘되었다! 거룩하고 의젓하다. 네 서방도 좋기도 좋다! 이제는 무엇을 믿고 바라려느냐?"

춘향이 이 말 듣고 움찔 놀라서 불빛에 바라보니, 팔도에 비할 데 없는 상거지가 틀림없다.

"애고, 어머니도 망령이오. 눈이 어두워서 마련이 없소."

"날더러 눈이 어둡다고 한다마는 네 밝은 눈에 자세히 보아라! 이가 놈이 아니요, 어떤 역적의 아들놈이냐?"

어사가 멀리 서서 모녀의 거동을 보다가, 어이없고 기가 막혀 눈물을 머금고 천천히 나아가 하는 말이,

"춘향어미 등불 드소! 얼굴이나 자세히 보세."

문틈으로 들여다보니, 꽃 같은 얼굴과 달 같은 자태가 홀연히 변하여 빈산에 뒹구는 해골이 되었고, 옥 같은 흰 피부와 향내나던 몸에는 피 흔적이 난만하여, 난초 같은 기질과 연꽃 같은 맵시는 거의 사라지게 되었거늘, 정신이 산란하여 급히 소리하되,

"춘향아, 어디 보자! 저 형상이 웬일이니? 백옥 같은 고운 모습 해골같이 되었으며, 선녀 같은 네 모양이 산 귀신이 다 되었

山髑髏): 인적 없는 산중의 해골. 원문의 '촉뇌'는 '촉누'로 바로잡았음. 18 부용화틔(芙蓉花態): 연꽃과 같은 아름다운 자태. 22 양즈(樣子): 얼굴 모양.

튼 네 모양(模樣)이 산 귀신(鬼神)이 다 되엿고나! 녹의홍상(綠衣紅裳)ᄒᆞ든 몸의 몽동치마 웬일이며, 비단(緋緞) 당혜(唐鞋) 신든 발의 헌 집신이 웬일이니? 반가온 즁(中) 션겁도다. 나도 가운(家運)이 불ᄒᆡᆼ(不幸)ᄒᆞ여 급제(及第)도 못ᄒᆞ고 가산(家産)도 탕진(蕩盡)ᄒᆞ여, 루년(累年) 걸식(乞食)ᄒᆞ노라니 진시(趁時) ᄒᆞᆫ 번(番)도 못 와 보고, 풍년(豊年) 든 ᄃᆡ만 ᄎᆞᆺ노라니 금년(今年)이야 이곳을 지나다가, 공교(工巧)이 네 편지(便紙)도 보고 네 소문(所聞)도 드ᄅᆞ니, 날노 ᄒᆞ여 져럿틋 쥭을 고ᄉᆡᆼ(苦生) 당ᄒᆞ니 너 볼 낫치 업건마ᄂᆞᆫ, 녯 졍니(情理)를 ᄉᆡᆼ각ᄒᆞ여 그져 가들 못ᄒᆞᆯ지라 보라 오기ᄂᆞᆫ 왓다마ᄂᆞᆫ, 반가온 듕(中) 무안(無顔)ᄒᆞ고 슬픈 듕(中) 붓그럽다. 아니 보니만 못ᄒᆞ고나. ᄂᆡ 모양(模樣)이 이리 될 제, 어ᄂᆡ 결을에 너를 ᄎᆞ즈며, 금년(今年)으로 닐너도 이곳 시졀(時節)이 방불(彷彿)ᄒᆞ미 동냥ᄒᆞ기 골몰(汨沒)ᄒᆞ여 진작 오지 못ᄒᆞ엿다. 우리 두리 당초(當初) 언약(言約) 아모리 구더신들 시방(時方) 와셔 ᄒᆞᆯ 슈 업다. ᄉᆞᆯ을 본들 모를쇼냐? 날 바라고 엇지ᄒᆞ리? 몸구쳐(區處)를 ᄒᆞ려무나!"

츈향(春香)이 그 말 듯고 다시 보니 영낙(零落)업다. 말쇼ᄅᆡ와 ᄒᆞᄂᆞᆫ 거동(擧動), 미망(未忘) 낭군(郎君) 졍녕(丁寧)ᄒᆞ다. ᄉᆡᆼ시(生時)냐, ᄭᅮᆷ이냐? 만일(萬一) ᄭᅮᆷ 곳 아니면 이 몸이 쥭엇도다! 죽은 혼(魂)일 만졍 왓다 ᄒᆞ니 반가왜라! 삼혼칠빅(三魂七魄) 나타난다. 혼졀(昏絶)ᄒᆞ여 졍신(精神)을 닐허더니, 오ᄅᆡ게야 ᄭᆡ여나셔 우는 말이,

"ᄋᆡ고, 이거시 웬일이며, 이 말이 웬 말이오? 하늘노셔 ᄯᅥ러진가, ᄯᅡ흐로셔 솟ᄉᆞᄂᆞᆫ가? 바람결의 블녀 왓나, ᄯᅦ구름에 ᄲᅡ혀 왓나? 무

---

2 **당혜**(唐鞋): 조선시대에 부녀자가 신던 가죽신. 안은 융 같은 푹신한 감으로 하고 겉은 가죽을 비단으로 싸서 만들었음. 원문의 '당혀'는 '당혜'로 바로잡았음. 3 **션겁도다**: 멋쩍구나. **가운**(家運): 집안의 운세. 5 **루년**(累年): 여러 해. **진시**(趁時): 진작. 15 **몸구쳐**(區處): 몸조

구나! 연두저고리와 다홍치마 입던 몸에 몽당치마가 웬일이며, 비단 당혜 신던 발에 헌 짚신이 웬일이니? 반가운 중에 멋쩍도다. 나도 가운이 불행하여 과거급제도 못하고 가산도 탕진하여, 몇 년 동안 걸식하노라니 진작 한 번도 못 와 보고, 풍년 든 데만 찾노라니 금년에야 이곳을 지나다가, 공교롭게 네 편지도 보고 네 소문도 들으니, 나로 하여 저렇듯 죽을 고생을 당하니 너를 볼 낯이 없건만, 옛 정리를 생각하여 그저 가지를 못하고 보러 오기는 왔다마는, 반가운 중 무안하고 슬픈 중 부끄럽다. 아니 본 것만 못하구나. 내 모양이 이리 될 제, 어느 겨를에 너를 찾으며, 금년으로 일러도 이곳 시절이 상황을 알 수 없어 동냥하기 골몰하여 진작 오지 못하였다. 우리 둘의 당초 언약이 아무리 굳었던들 지금 와서 할 수 없다. 꼴을 본들 모를쏘냐? 날 바라고 어찌하리? 몸조리를 하려무나!"

춘향이 그 말을 듣고 다시 보니 영락없다. 말소리와 하는 거동, 잊지 못할 낭군이 정녕하다. 생시냐, 꿈이냐? 만일 꿈 곧 아니면 이 몸이 죽은 것이라! 죽은 혼일망정 왔다 하니 반가워라! 삼혼칠백이 나타난다. 혼절하여 정신을 잃었더니, 오랜 후에야 깨어나서 울며 하는 말이,

"애고, 이것이 웬일이며, 이 말이 웬 말이오? 하늘에서 떨어졌는가, 땅에서 솟았는가? 바람결에 불려 왔나, 떼구름에 싸여 왔

리. 17 싱시(生時): 생시. 원문의 '상시'는 '싱시'로 바로잡았음. 19 삼혼칠빅(三魂七魄): 삼혼과 칠백을 아울러 이르는 말. 즉, 사람이 지닌 모든 혼백을 뜻함. 20 오릐게야: 오랜 시간이 지난 후에야. 22 ᄯᅡ흐로셔: 땅으로부터.

릉도화(武陵桃花) 범나뷘가, 오류문젼(五柳門前) 쇠ᄭᅩ린가? 환히풍파(宦海風波) 골몰(汨沒)ᄒᆞ여 못 오던가? 쥬마투계(走馬鬪鷄) 쥬쉭(酒色)으로 외입(外入)ᄒᆞ여 못 오던가? 산(山)이 놉하 못 오던가, 물이 깁허 못 오던가? 산(山)이여든 도라오고 물이여든 건너오지 엇지 그리 못 오던가? 츄월(秋月)이 양명휘(揚明輝)ᄒᆞ니 달이 밝아 못 오던가? 일낙댱ᄉᆞ츄쉭원(日落長沙秋色遠)ᄒᆞ니 날 져무러 못 오던가? 촉도지난(蜀道之難)이 난어상청쳔(難於上靑天)ᄒᆞ니 길 험(險)ᄒᆞ여 못 오던가? 환슈북히안셔지(還愁北海雁書遲)ᄒᆞ니 쇼식(消息) 몰나 답답ᄒᆞᆫ데, 건곤(乾坤)이 일야부(日夜浮)에 단원댱취불원셩(但願長醉不願醒)ᄒᆞ니 슐취(醉)ᄒᆞ여 못 오던가? ᄇᆡᆨ셜(白雪)이 만공산(滿空山)이라 호구불난금의박(狐裘不暖錦衣薄)ᄒᆞ니 날이 치워 못 오던가? 회두일소ᄇᆡᆨ미ᄉᆡᆼ(回頭一笑百媚生)ᄒᆞ니 ᄉᆡ 사랑 겨워 못 오던가? 삼츈고한봉감우(三春枯旱逢甘雨)오 쳔니타향봉고인(千里他鄕逢故人)이라. 깃부도다! 이 몸이 죽어져셔 후셰(後世)에나 볼가 ᄒᆞ엿더니, 쳔만의외(千萬意外) 오날 다시 샹봉(相逢)ᄒᆞ니 칠년ᄃᆡ한(七年大旱) 빗발 보듯 구년지슈(九年之水) 히빗 보듯, 반갑기도 칭냥업ᄂᆡ. 금셕슈ᄉᆡ(今昔唯死)나 한(恨)을 ᄒᆞᆯ가? 얼ᄉᆞ 조흘시고!

그러ᄒᆞ나, 그ᄉᆞ이 몸이나 일향(一向)ᄒᆞ옵시고 발병(發病)이나 아니 낫소? 상젼벽히슈류기(桑田碧海須臾改)라 ᄒᆞ엿신들 져ᄃᆡ지도 변

---

1 환히풍파(宦海風波): 벼슬살이로 인하여 겪는 온갖 시련. 원문의 '환회'는 '환히'로 바로잡았음. 6 일낙댱ᄉᆞ츄쉭원(日落長沙秋色遠): 해가 지는 장사 땅에 가을빛이 멀리 퍼짐. '장사(長沙)'는 가의(賈誼)의 유배지. 7 촉도지난(蜀道之難)이 난어상청쳔(難於上靑天): 촉으로 가는 길의 어려움은 푸른 하늘에 오르는 것보다 심함. 이백(李白)의 시 「촉도난(蜀道難)」에서 차용. 8 환슈북히안셔지(還愁北海雁書遲): 북해에서 기러기 편지가 더딘 것이 도리어 근심이 됨. 원문의 '한슈'는 '환슈'로 바로잡았음. 9 건곤(乾坤)이 일야부(日夜浮): 건곤이 밤낮으로 떠 있음. 두보(杜甫)의 「등악양루(登岳陽樓)」에서 차용. 단원댱취불원셩(但願

나? 무릉도화의 범나비인가, 버드나무 문 앞의 꾀꼬린가? 벼슬길 풍파에 골몰하여 못 왔던가? 주마투계와 주색으로 외입하느라 못 왔던가? 산이 높아 못 왔던가, 물이 깊어 못 왔던가? 산이거든 돌아오고 물이거든 건너오지 어찌 그리 못 왔던가? 가을달이 밝게 비춘다 하니 달이 밝아 못 왔던가? 해가 지는 장사 땅에 가을빛이 멀리 퍼지니 날이 저물어 못 왔던가? 촉나라 길이 험하여 푸른 하늘에 오르기보다 어렵다더니 길이 험하여 못 왔던가? 북해에서 기러기 편지가 더딘 게 근심이 된다더니 소식을 몰라 답답한데, 하늘과 땅은 밤낮으로 떠 있는데 다만 영원히 취해서 깨지 않기를 바란다더니 술에 취하여 못 왔던가? 흰 눈이 빈산에 가득하여 여우가죽옷은 따뜻하지 않고 비단옷은 얇아 날이 추워서 못 왔던가? 고개 돌려 한 번 웃으면 백만 가지 교태가 생겨난다더니 새 사랑에 겨워서 못 왔던가? 석달 동안의 심한 가뭄에 단비를 만나듯 천 리 타향에서 옛 친구를 만났구나. 기쁘도다! 이 몸이 죽어져서 후세에나 볼까 하였더니, 천만의외 오늘 다시 상봉하니 칠 년 큰 가뭄에 빗발 보듯 구 년 홍수에 햇빛 보듯, 반갑기도 측량없네. 오늘밤 비록 죽어도 한이 있을까? 얼싸 좋을시고!

그러하나, 그사이 몸이나 한결같이 건강하옵시고 병이나 아니 났소? 뽕나무밭이 푸른 바다가 된다 하였은들 잠깐 사이에

長醉不願醒): 다만 취하여 영원히 깨지 않기를 바람. 이태백의 「장진주(將進酒)」에서 차용. 11 호구불난금의박(狐裘不暖錦衣薄): 여우가죽으로 만든 옷은 따뜻하지 않고 비단옷은 얇음. 12 회두일소빅미싱(回頭一笑百媚生): 고개 돌려 한 번 웃으면 백 가지 교태가 나타남. 백낙천(白樂天)의 「장한가(長恨歌)」에서 차용. 시 사랑: 새 사랑. 원문의 '상랑'은 '사랑'으로 바로잡았음. 13 삼츈고한봉감우(三春枯旱逢甘雨): 심한 봄 가뭄 뒤에 단비를 만남. 쳔니타향봉고인(千里他鄉逢故人): 천 리 밖 타향에서 옛 친구를 만난 반가움. 19 상젼벽히슈류기(桑田碧海須臾改): 뽕나무밭이 변하여 푸른 바다가 됨. 즉, 세상의 일이 잠깐 사이에 변함을 이르는 말. 원문의 '산젹'은 '상젼'으로 바로잡았음.

(變)ᄒᆞᆯ가? 엇지 그리 무졍(無情)ᄒᆞ오? 어이 그리 야쇽(野俗)ᄒᆞ오? 아모리 져 몰골이 되여신들 녯 졍니(情理)를 니즈시고 말ᄉᆞᆷ조ᄎᆞ 그리ᄒᆞ오? ᄂᆡ 몸 구쳐(區處)를 ᄒᆞ라시니 그리면 애시에 엇지ᄒᆞ여 산쳔(山川)은 이변(易變)이나 ᄎᆞ심(此心)은 난변(難變)이라 ᄆᆡᆼ셰ᄒᆞ엿소? 엇지ᄒᆞ던지 날 살녀 쥬오! 항쇄족쇄(項鎖足鎖) 벗겨 쥬오! 거름이나 싀훤이 거러 보세. 나의 몸을 옥문(獄門) 밧긔 ᄂᆡ여 쥬오! 셰상(世上) 구경(求景) 다시 ᄒᆞ셰. 반갑기도 긔지업고 깃부기도 칭냥업ᄂᆡ! 과연(果然) 말ᄉᆞᆷ이지 셔방(書房)님 바라기를 남졍북벌(南征北伐) 요란(擾亂)ᄒᆞᆯ 졔 명당(名將)갓치, ᄀᆡ국렬토(開國列土) 공신(功臣)갓치 밋고 바랏더니, 이졔 져 몰골이 되여시니 ᄋᆡ고 나는 쥭네! 쥭으나 한(恨)이 업소. 져 지경(地境)으로 나려오니 남의 쳔ᄃᆡ(賤待) 오죽ᄒᆞ며, 긔한(飢寒)인들 젹어슬가? 불상ᄒᆞ고 가련(可憐)이도 되엿고나!”

일변(一邊) 반기며 일변(一邊) 아득ᄒᆞ여, 졍신(精神)이 어즐ᄒᆞ여 업ᄃᆡ엿다가, 식경(食頃) 후(後) 니러나 문(門)틈으로 바라보며, 눈물 오월장슈(五月長水) 갓ᄒᆞ여 슯히 울며 ᄒᆞᄂᆞᆫ 말이,

“ᄉᆞ람이 초년(初年) 빈궁(貧窮)ᄒᆞ기 ᄯᅩᄒᆞᆫ 예ᄉᆡ(例事ㅣ) 것마ᄂᆞᆫ, 셔방(書房)님 의관(衣冠)이 남누(襤褸)ᄒᆞᆫ들 져ᄃᆡ지도 되엿ᄂᆞᆫ고? ᄋᆡ고, ᄂᆡ 신셰(身世)를 엇지ᄒᆞ리?”

어ᄉᆡ(御使ㅣ) 이 형상(形狀)을 다 보고 쇽이 터지ᄂᆞᆫ 듯 가슴이 답답, 드립더 붓들고 시부나 겨유 참고 ᄃᆡ답(對答)ᄒᆞᄃᆡ,

“어허, 이거시나 ᄂᆡ 거시라고? 상토 바랑으로 단니다가 임실(任實) 읍ᄂᆡ(邑內) 오려논의 막ᄃᆡ ᄲᅧ워 셰운 거슬 압뒤 ᄉᆞ람 업슬 젹의,

---

3 **애시에**: 애초에. 원문의 ‘아시’는 ‘애시’의 잘못으로 보아 바로잡았음. 4 **산쳔(山川)은 이변(易變)이나 ᄎᆞ심(此心)은 난변(難變)**: 산천은 쉽게 변하지만 이 마음은 변하지 않음. 5 **항쇄족쇄(項鎖足鎖)**: 죄인의 목과 발에 씌우는 형틀. 원문의 ‘항ᄉᆡ’는 ‘항쇄’로 바로잡았음.

저다지도 변할까? 어찌 그리 무정하오? 어이 그리 야속하오? 아무리 저 몰골이 되었다 한들 옛 정리를 잊으시고 말씀조차 그리하오? 내 몸조리를 하라시니 그러면 애초에 어찌하여 산천은 쉽게 변해도 이 마음은 변하지 않는다고 맹세하였소? 어찌하든지 날 살려 주오! 항쇄족쇄를 벗겨 주오! 걸음이나 시원히 걸어 보세. 나의 몸을 옥문 밖에 내어 주오! 세상 구경 다시 하세. 반갑기도 그지없고 기쁘기도 측량없네! 과연 말씀이지 서방님 바라기를 남정북벌 요란할 때의 명장같이, 나라를 세우고 영토를 넓힌 공신같이 믿고 바랐더니, 이제 저 몰골이 되었으니 애고 나는 죽네! 죽으나 한이 없소. 저 지경으로 내려오니 남의 천대가 오죽하며, 배고픔과 추위인들 적었을까? 불쌍하고 가련히도 되었구나!"

한편으로 반기며 한편으로 아득하여, 정신이 어질하여 엎드렸다가, 식경 후에 일어나서 문틈으로 바라보며, 눈물이 오월의 장맛비같이 슬피 울며 하는 말이,

"사람이 초년 빈궁하기 또한 예사건마는, 서방님 의관이 남루한들 저렇게나 되었는고? 애고, 내 신세를 어찌하리?"

어사가 이 형상을 다 보고 속이 터지는 듯 가슴이 답답하여, 들입다 붙들고 싶으나 겨우 참고 대답하되,

"어허, 이것이나 내 것이라고? 상투 바람으로 다니다가 임실 읍내의 오려논에 막대 씌워 세운 것을 앞뒤 사람 없을 적에, 가

12 기한(飢寒): 배고픔과 추위. 15 식경(食頃): 밥을 먹을 동안. 즉, '길지 않은 시간'을 이르는 말. 22 상토 바랑: 갓이나 관을 쓰지 않고 상투를 튼 맨머리로 나선 차림. 23 오려논: 일찍 익는 올벼를 심은 논.

가마니 도적(盜賊)ᄒᆞ여 쓰고 불이나게 도망(逃亡)ᄒᆞ여 어제 이리 왓거니와, 님ᄌᆡ 날가 ᄉᆞ람 만흔 곳은 가기 슬터라."

춘향(春香)이 어미 불너,

"ᄋᆡ고, 어마니. ᄂᆡ 말 듯소! 셔방(書房)님이 뉴리걸식(流離乞食)ᄒᆞᆯ지라도 관망의복(冠網衣服)이 션명(鮮明)ᄒᆞ여야 남이 쳔ᄃᆡ(賤待)를 아니ᄒᆞ고 정(精)ᄒᆞᆫ 음식(飮食)을 먹이ᄂᆞ니, 셔방(書房)님이 날 다려갈 졔 쓰려 ᄒᆞ고 장만ᄒᆞ엿던 의복(衣服), 초록(草綠) 공단(貢緞) 겻막이며, 보라 ᄃᆡ단(大緞) 쇽젹고리, 남무(藍冒) ᄃᆡ단(大緞) 핫치마며 진홍(眞紅) 갑ᄉᆞ(甲紗) 홋치마, ᄇᆡᆨ방슈쥬(白紡水紬) 고장바지, ᄃᆡ셜후릉(大雪厚綾) 너른 바지, 돈피(獤皮) ᄌᆞ알 갓(皮)젹고리, 양피(羊皮) 볼씨, 갓토슈(吐手)며, 삼승(三昇) 두 필(匹) 함농(函籠) 쇽의 드러시니, 그것 모도 드러ᄂᆡ여 헐가(歇價) 방ᄆᆡ(放賣) 탕탕 파라, 셔방(書房)님 통냥(統營)갓, 외올 망건(網巾), 당뵈 도포(道袍), 져ᄉᆞ슈건(苧絲手巾) 장만ᄒᆞ여 드리고, 옷 졉션(摺扇) ᄒᆞᆫ ᄌᆞ로 빈혀 궤(櫃)의 드러시니, 한편(便)의ᄂᆞᆫ 막막슈젼비ᄇᆡᆨ노(漠漠水田飛白鷺)를 그려 잇고, ᄯᅩ ᄒᆞᆫ편(便)의ᄂᆞᆫ 음음하목젼황리(陰陰夏木囀黃鸝) 그려시니 날 본다시 쥐시계 드리고, ᄂᆡ 말ᄃᆡ로 부ᄃᆡ ᄒᆞ여 쥬오!"

춘향(春香)어미 이 말 듯고 독(毒)을 ᄂᆡ여 ᄒᆞᄂᆞᆫ 말이,

"쥬야댱쳔(晝夜長天) 바라더니 이졔ᄂᆞᆫ 바라던 길도 끈쳐지고, 기다리던 일도 허ᄉᆡ(虛事ㅣ)로다! 이 셜름을 눌다려 ᄒᆞ잔 말고? 망정 맛다. 나ᄂᆞᆫ 네 슈종(隨從)을 밤낫으로 들건마ᄂᆞᆫ 젼혀 말션믈(膳物)

---

5 관망의복(冠網衣服)이 션명(鮮明)ᄒᆞ여야: 쓰고 입는 의관이 품위가 있고 깨끗하여야.
8 겻막이: 연두나 노랑 바탕에 자줏빛으로 깃과 겨드랑이, 끝동, 고름을 달아서 만든 여성 저고리. 핫치마: 솜치마. 9 ᄇᆡᆨ방슈쥬(白紡水紬): 비단의 일종. 고장바지: 고쟁이. 11 볼씨: 볼끼. 즉, 가죽이나 헝겊으로 접어서 만든 방한용 머리쓰개. 갓토슈(吐手): 가죽 토시. 함농(函籠): 옷을 넣는 함처럼 생긴 농. 12 헐가(歇價) 방ᄆᆡ(放賣): 싼값으로 마구 팔아버림.

만히 도적하여 쓰고 부리나케 도망하여 어제 이리 왔거니와, 임자가 나타날까 사람 많은 곳은 가기가 싫더라."

춘향이 어미 불러,

"애고, 어머니. 내 말 듣소! 서방님이 유리걸식할지라도 쓰고 입는 의관이 깨끗하여야 남이 천대를 아니하고 정갈한 음식을 먹이나니, 서방님이 나를 데려가실 제 쓰려고 장만하였던 의복, 초록 공단 겉마기며, 보랏빛 비단 속저고리, 남색 비단에 솜을 넣은 핫치마며, 진홍빛 갑사로 만든 홑치마, 백방수주 고쟁이, 두꺼운 흰색 비단으로 만든 넓은 바지, 노랑 담비 털로 안을 넣은 가죽 저고리, 양가죽으로 만든 볼끼, 가죽 토시며, 삼승으로 짠 베 두 필이 함롱 속에 들었으니, 그것을 모두 내어다가 헐값으로 탕탕 팔아서, 서방님께 통영갓, 외올 망건, 당베 도포, 모시 수건을 장만하여 드리고, 옻칠한 쥘부채 한 자루가 비녀 궤에 들었으니, 한편에는 넓은 논 위를 나는 백로가 그려 있고, 또 한편에는 짙푸른 큰 나무에 지저귀는 꾀꼬리를 그렸으니, 날 본 듯이 쥐시게 드리고, 내 말대로 부디 하여 주오!"

춘향어미가 이 말을 듣고 독을 내어 하는 말이,

"주야장천 바라더니 이제는 바라던 길도 끊어지고, 기다리던 일도 허사로다! 이 설움을 누구에게 하잔 말인가? 방정맞다. 나는 네 시중을 밤낮으로 들건마는 전혀 말선물뿐이지, 모주 한 잔

13 통냥(統營)갓: 경상도 통영에서 만든 유명한 갓. 져ᄉ슈건(苧絲手巾): 모시 수건. 14 졉션(摺扇): 쥘 부채. 15 막막슈젼비빅노(漠漠水田飛白鷺): 넓은 논 위에서 나는 백로. 즉, 외로운 형상을 비유. 16 음음하목젼황리(陰陰夏木囀黃鸝): 짙은 그늘을 드리운 여름철의 나무에서 꾀꼬리가 지저귐. 왕유의 「적우망천장작(積雨輞川莊作)」에서 차용. 원문의 '화목'은 '하목전황괴'는 '하목전황리'로 바로잡았음. 21 슈죵(隨從): 시중. 말션믈(膳物): 말로만 기분을 맞춤.

쌘이지, 모쥬(母酒) 한 잔(盞) 먹으라고 돈 ᄒᆞᆫ 푼 쥬는 일이 이ᄯᅢᄭᅡ지 업더고나. 이 원슈(怨讐)의 놈은 보든 마듯 옷 파라라, 노리개 파라라, 호ᄉᆞ(豪奢)시겨라, 잘 먹여라. 엇지ᄒᆞᆫ 곡졀(曲折)이니 좀 아좃고나! ᄂᆡ 마음ᄃᆡ로 ᄒᆞ량이면 단단ᄒᆞᆫ 참나모 몽치로 동혀ᄆᆡ고, 쥬리를 ᄒᆞᆫ참 틀면 가슴이 싀훤ᄒᆞᆯ 듯ᄒᆞ다.”

츈향(春香)이 울며 ᄒᆞᄂᆞᆫ 말이,

“ᄋᆡ고, 이거시 무슴 말슴이오. 셔방(書房)님이 ᄎᆡᆨ방(冊房)으로 계실 젹의 엇더케 지ᄂᆡ엿소? 이진졍소(利盡情疎) ᄇᆡ은망덕(背恩忘德) 나ᄂᆞᆫ ᄎᆞᆷ아 못ᄒᆞ깃쇼! 어마니 마음 져러ᄒᆞ면 ᄂᆡ 몸 하나 슬허져셔 출ᄒᆞ리 불효(不孝)ᄂᆞᆫ 되려니와 마음은 곳치지 못ᄒᆞ깃쇼!”

츈향(春香)어미 이 말 듯고 겁(怯)ᄂᆡ여 농쳐 ᄒᆞᄂᆞᆫ 말이,

“이 쇽업슨 말 듯기 슬타. ᄂᆡ 말이 졍말이냐? ᄂᆡ들 현마 분슈(分數) 업스랴? 요망(妖妄)ᄒᆞᆫ 말 다시 말고 안심(安心)ᄒᆞ라. 너 ᄒᆞᄅᆞᄂᆞᆫ ᄃᆡ로 다 ᄒᆞ면 그만이지.”

츈향(春香)이 ᄃᆡ답(對答)ᄒᆞᄃᆡ,

“어마니, 그리면 나ᄂᆞᆫ 마음 노코 미음(米飮) 잘 먹깃소.”

“여보 셔방(書房)님, ᄂᆡ 말 듯소. ᄂᆡ일(來日)이 본관(本官) ᄉᆡᆼ일(生日)잔치니, 취듕(醉中)에 쥬망(酒妄) 나면 응당(應當) 날을 잡ᄋᆞ 올녀 지만(遲晩)ᄒᆞ라 칠 거시니, 오날은 집의 도라가셔 나 ᄌᆞ던 방(房) 소쇄(掃灑)ᄒᆞ고, 나 ᄭᆞᆯ던 요를 펴고, 나 덥던 니블 덥고, 나 베던 벼ᄀᆡ 베고 평안(平安)이 쉬신 후(後)의, ᄂᆡ일(來日) 일즉 나와 날 치랴고 올닐 젹의 칼머리나 드러다가 삼문(三門) 압ᄒᆡ 노화 쥬소!”

---

8 **이진졍소(利盡情疎)**: 이익이 다하면 정이 소원해짐. 11 **농쳐**: 좋은 말로 마음을 누그러지게 하여. 12 **현마**: 설마. 18 **쥬망(酒妄)**: 술주정. 19 **지만(遲晩)**: 예전에, 죄인이 자기 죄를 인정할 때에 너무 오래 속여서 미안하다는 뜻으로 이르던 말. 20 **소쇄(掃灑)**: 비로 먼지를

먹으라고 돈 한 푼 주는 일이 이때까지 없더구나. 이 원수 놈은 보자마자 옷 팔아라, 노리개 팔아라, 호사시켜라, 잘 먹여라. 어찌 된 곡절인지 좀 알자꾸나! 내 마음대로 할 양이면 단단한 참나무 몽치로 동여매고, 주리를 한참 틀면 가슴이 시원할 듯하다."

춘향이 울며 하는 말이,

"애고, 이것이 무슨 말씀이오. 서방님이 책방 도령으로 계실 적에 어떻게 지내었소? 이익이 다하면 정이 소원해진다지만 배은망덕 나는 차마 못하겠소! 어머니 마음 저러하면 내 몸 하나 없어져서 차라리 불효는 되려니와 마음은 고치지 못하겠소!"

춘향어미가 이 말을 듣고 겁을 내어 농쳐 하는 말이,

"이 속없는 말은 듣기 싫다. 내 말이 정말이냐? 낸들 설마 분수없으랴? 요망한 말 다시 말고 안심하라. 너 하라는 대로 다 하면 그만이지."

춘향이 대답하되,

"어머니, 그러면 나는 마음 놓고 미음 잘 먹겠소."

"여보 서방님, 내 말 듣소. 내일이 본관 생일잔치니, 취중에 술주정이 나면 응당 나를 잡아 올려 자백하라고 칠 것이니, 오늘은 집에 돌아가서 나 자던 방에 청소를 하고, 나 깔던 요를 펴고, 나 덮던 이불을 덮고, 나 베던 베개를 베고 평안히 쉬신 후에, 내일 일찍 나와 나를 치려고 올릴 때에 칼머리나 들어다가 삼문 앞에 놓아 주소!"

쓸고 물을 뿌림. 원문의 '슈쇄'는 '소쇄'로 바로잡았음. 22 **칼머리**: 형구(刑具)인 칼에서 사람의 머리가 드나드는 구멍이 있는 끝 부분. **삼문**(三門): 관가 건물 앞에 세운 문. 즉, 정문과 동쪽, 서쪽의 문.

어ᄉᆡ(御使ㅣ) 니른 말이,

“이 ᄋᆡ, 그ᄂᆞᆫ 과연(果然) 즁난(重難)ᄒᆞ다. ᄂᆡ 아모리 쥭게 되여신들 칼머리를 엇지 들며, 본관(本官)이 만일(萬一) ᄂᆡᆫ 쥴 알면 필연(必然) 슈욕(羞辱) 뵐 거시니 귄들 아니 위ᄐᆡ(危殆)ᄒᆞ냐? 그ᄶᆡ를 보고 ᄒᆞᆯ 말일다.”

“여보 셔방(書房)님, ᄂᆡ 말 듯소! 이 우희 ᄒᆞᆫ 번(番)만 더 마즈면 북두칠셩(北斗七星) 일곱 분과 삼ᄐᆡ뉵셩(三台六星) 여셧 분이 닷토와 명(命)을 쥬어도 살 가망(可望)이 업ᄉᆞ리니, 나 쥭기도 셟거니와 나 쥭ᄂᆞᆫ 모양(模樣) 보시ᄂᆞᆫ 셔방(書房)님 마음 오쥭ᄒᆞᆯ가? 젹막고혼(寂寞孤魂) ᄂᆡ 신체(身體)를 밧그로 ᄭᅳ어닐 거시니, 셔방(書房)님이 삼문(三門) 밧긔 셧다가 ᄂᆡ 신체(身體) 나오거든 드립더 덥셕 안고 집으로 나와, 나 ᄌᆞ던 방(房) ᄂᆡ 금침(衾枕)의 날을 누인 후(後)의, 셔방(書房)님도 ᄒᆞᆫ듸 누어 두 몸이 한 몸 되고, 두 입을 ᄒᆞᆫ듸 듸여 셔방(書房)님 더운 츔을 흘녀 너코 ᄒᆞᆫ 식경(食頃)을 누어실 제, 셔방(書房)님이 말을 ᄒᆞ듸, 츈향(春香)아, 츈향(春香)아, 무슨 잠을 이리 깁히 드럿ᄂᆞ니? 쳔호만환(千呼萬喚) 불너보고 영결종쳔(永訣終天) ᄒᆞᆯ일업다. 귀헤 다여 아미타불(阿彌陀佛) 셰 마듸 념불(念佛)ᄒᆞ고, 몸이 쾌히 식은 후(後)의 그졔야 니러나 슈시(收屍)ᄒᆞ여, 홋니불을 보기 조케 덥허 노코, 나 입던 쇽젹삼을 ᄂᆡ여다가 지붕 말ᄂᆡ 올나셔셔 ᄂᆡ 혼ᄇᆡᆨ(魂魄)을 부를 젹의, 셔방(書房)님 초셩(初聲) 놉혀 ᄒᆡ동(海東) 조션국(朝鮮國) 젼나좌도(全羅左道) 남원부(南原府) 부ᄂᆡ면(府內面) 향교리(鄕校里) 거(居)ᄒᆞ온 곤명(坤命) 갑인ᄉᆡᆼ(甲寅生) 김시(金氏) 츈향(春香) 혼ᄇᆡᆨ(魂魄)은, 셔양세계(西洋世界)로나 극

---

7 북두칠셩(北斗七星) 일곱 분과 … 닷토와 명(命)을 쥬어도: 아무리 살려주려고 해도.
13 두 몸이 한 몸 되고: 원문의 ‘한 몸이 두 몸 되고’는 ‘두 몸이 한 몸 되고’로 바로잡았음.
14 츔: 침. 16 쳔호만환(千呼萬喚): 수없이 여러 번 부름. 영결종쳔(永訣終天): 죽어서 영원

어사가 이른 말이,

"이 애, 그것은 과연 지극히 어렵다. 내 아무리 죽게 되었은들 칼머리를 어찌 들며, 본관이 만일 나인 줄 알면 필연 욕보일 것이니 그것인들 아니 위태하냐? 그때를 보고 할 말이다."

"여보 서방님, 내 말을 듣소! 이 위에 한 번만 더 맞으면 북두칠성 일곱 분과 삼태육성 여섯 분이 다투어 명을 주어도 살 가망이 없으리니, 나 죽기도 서럽거니와 나 죽는 모양 보시는 서방님 마음 오죽할까? 적막하고 외로운 내 신체를 밖으로 끌어낼 것이니, 서방님이 삼문 밖에 섰다가 내 신체가 나오거든 들입다 덥석 안고 집으로 나와, 나 자던 방 내 비단이불에 나를 누인 후에, 서방님도 한데 누워 두 몸이 한 몸 되고, 두 입을 한데 대어 서방님 더운 침을 흘려 넣고 한참 동안을 누웠을 때, 서방님이 말을 하되 춘향아, 춘향아, 무슨 잠을 이리 깊이 들었느냐? 천 번을 부르고 만 번을 불러보고 죽어 영원히 이별했으니 하릴없다. 귀에 대어 아미타불 세 마디 염불하고, 몸이 완전히 식은 후에 그제야 일어나 시신을 수습하여, 홑이불을 보기 좋게 덮어 놓고, 나 입던 속적삼을 내어다가 지붕 끝 마루에 올라서서 내 혼백을 부를 적에, 서방님이 첫소리를 높여서 해동 조선국 전라좌도 남원부 부내면 향교리에 거하는 곤명 갑인생 김씨 춘향의 혼백은, 서양

히 이별함. 17 **아미타불**(阿彌陀佛): 서방 정토에 있다는 부처. 18 **슈시**(收屍): 시신을 거둠. 19 **지붕 말ᄂᆡ**: 지붕 끝 마루. 20 **초셩**(初聲) **놉혀**: 첫소리를 높여. 원문의 '눕혀'는 '놉혀'로 바로잡았음.

낙셰계(極樂世界)로나 쳔슈경(千手經), 법화경(法華經)으로 식\ㅣ오. 복복(馥馥). 혼빅(魂魄)을 불너드러와서 우리 어마니ᄒᆞ고 ᄒᆞᆫ참 통곡(痛哭)ᄒᆞ신 후(後)의, 어마니를 부ᄃᆡ 불상이 녁이시오. 그 형상(形狀)이 엇더ᄒᆞᆫ곳소? ᄃᆡ소렴(大小殮)을 ᄒᆞᆯ지라도 면쥬(綿紬), 비단(緋緞) ᄒᆞ지 말고, 슌빅목(純白木)으로 염습(殮襲)ᄒᆞ고, 뉵진장포(六鎭長布)로 ᄆᆡ를 ᄒᆞ고, 관(棺)을낭 ᄒᆞ지 말고 뒤동산의 솔씸ᄒᆞ여 두엇다가, 슈삼삭(數三朔)이 지ᄂᆡ면은 부러난 것 츄긔물이 몰슈이 ᄲᆡᆨ질 거시니, 피골(皮骨)이 샹연(相連)ᄒᆞ여 감쳡갓치 경쳡(經捷)ᄒᆞ거든 칠셩판(七星板) ᄒᆞᆫ 닙만 밧쳐셔 아모커나 질ᄲᆡᆼᄒᆞ여 셔방(書房)님이 친(親)히 지고, 촌촌(寸寸)이 올나가면셔 ᄂᆡ 젹삼을 가지고 고ᄀᆡ마다 올나셔셔, 셔방(書房)님이 초혼(招魂)ᄒᆞᄃᆡ, 네 신쳬(身體)를 ᄂᆡ가 지고 가니 네 혼빅(魂魄)도 무쥬고혼(無主孤魂) 되지 말고 날을 ᄯᆞ라오ᄂᆞ라 ᄒᆞ고 갓금 젹솜만 두루면, ᄂᆡ가 혼빅(魂魄)이라도 즐거워 허공듕텬(虛空中天) 음음듕(陰陰中)에 셔울ᄭᆞ지 ᄯᆞ라가셔, 셔방(書房)님 ᄃᆡᆨ 묘하(墓下)의 버셔노코 아모ᄃᆡ라도 히ᄌᆞ(垓子) 안히 무더 쥬고, 무덤 압히 비(碑)를 셰고 여덟 ᄌᆞ(字)만 ᄡᅳᄃᆡ 슈졀원ᄉᆞ츈향지묘(守節冤死春香之墓)라 ᄒᆞ여 ᄡᅳ고, 뎡월(正月) 보름, 이월(二月) 한식(寒食), 삼월(三月) 삼질, 사월(四月) 시졔(時祭), 오월(五月) 단오(端午), 뉵월(六月) 뉴두(流頭), 칠월(七月) ᄇᆡᆨ듕(百中), 팔월(八月) 츄셕(秋夕), 구월(九月) 구일(九日), 십월(十月) 시졔(時祭), 동지(冬至), 셧달 납향(臘享)ᄭᆞ지 셔방(書房)님 산소(山所) 츌입(出入)ᄒᆞ실 젹의,

---

4 ᄃᆡ소렴(大小殮): 대렴과 소렴. 즉, 시체에 새로 지은 옷을 입히고 이불로 감싸는 소렴과, 다음날 옷을 거듭 입히고 이불로 싸서 베로 묶는 대렴. 5 뉵진장포(六鎭長布): 함경북도의 육진이 있던 곳에서 나는, 척수(尺數)가 긴 베. 6 ᄆᆡ: 소렴(小殮) 때 시신에 수의를 입히고 그 위에 매는 베 헝겊. 솔씸ᄒᆞ여: 솔가지로 덮어. 7 부러난 것 츄긔물: 시체가 부풀었다가 썩으면서 생기는 물기. 8 감쳡갓치 경쳡(經捷)ᄒᆞ거든: 문짝을 다는 장식처럼 가볍고 단출

세계로나 극락세계로나 천수경, 법화경으로 새 길을 녀오. 복복. 혼백을 불러들여와서 우리 어머니하고 한참을 통곡하신 후에, 어머니를 부디 불쌍히 여기시오. 그 형상이 어떠하겠소? 시신에 대소렴을 할지라도 명주와 비단으로 하지 말고, 순 무명천으로 염습하고, 육진에서 나는 긴 베로 끈을 하고, 관일랑 하지 말고 뒷동산에 솔가지로 덮어 두었다가, 몇 달이 지나면 시신이 썩은 물기가 빠질 것이니, 피골이 서로 붙어 가볍고 단출하게 되거든, 칠성판 한 장만 받쳐서 아무렇게나 질끈 매어 서방님이 친히 지고, 한 걸음씩 올라가면서 내 적삼을 가지고 고개마다 올라서서, 서방님이 초혼하되, 네 신체를 내가 지고 가니 네 혼백도 무주고혼 되지 말고 나를 따라오너라 하고 가끔 적삼만 휘두르면, 내가 혼백이라도 즐거워 허공 중천 어두운 중에 서울까지 따라가서, 서방님 댁 묘하에 벗어놓고 아무데라도 묘역 안쪽에 묻어주고, 무덤 앞에 비를 세우고 여덟 자만 쓰되 '수절원사춘향지묘'라 하여 쓰고, 정월 보름, 이월 한식, 삼월 삼짇날, 사월 시제, 오월 단오, 유월 유두, 칠월 백중, 팔월 추석, 구월 구일, 시월 시제, 동지, 섣달 납향까지 서방님이 산소에 출입하실 적에, 제사 지낸

하게 되거든. 9 **칠셩판**(七星板): 소렴한 시체 밑에 까는 얇은 널조각. **질쌍ᄒᆞ겨**: 짊어지는 데 사용하는 줄을 이용하여. 즉, 옆으로 짊어지고. 14 **허공듕텬**(虛空中天) **음음듕**(陰陰中): 아무것도 없는 빈 공중 어두운 가운데. 15 **묘하**(墓下): 조상의 산소가 있는 땅. 히ᄌᆞ(垓子): 묘의 경계. 18 **샤월**(四月) **시졔**(時祭): 사월의 시제. 원문의 '샤월시'는 '샤월 시졔'로 바로잡았음. 21 **납향**(臘享): 납일(臘日)에 한 해의 농사 형편 등을 신에게 알리는 제사.

졔ᄉᆞ(祭祀) 지닌 퇴션(退膳)으로 ᄂᆡ 무덤의 옴겨 노코, 셔방(書房)님이 친(親)이 와셔 ᄇᆡ불니 흠향(歆饗)ᄒᆞ라 이러트시 ᄒᆞ여 쥬옵시면, ᄂᆡ가 비록 유명(幽冥)이나 감축(感祝)ᄒᆞ여 즐겁고 조화ᄒᆞ여 츔을 츄고 만슈무강(萬壽無疆) 튝원(祝願)ᄒᆞ며, 셔방(書房)님 왕ᄂᆡ시(往來時)의 ᄌᆞ최 쇼ᄅᆡ, 음셩(音聲)이나 드러보세. ᄋᆡ고ᄋᆡ고, 셜운지고! 나 쥭어 업다 말고 글공부(工夫) 착실(着實)이 ᄒᆞ여 아모조록 급졔(及第)ᄒᆞ샤, 이 셜치(雪恥)를 ᄒᆞ여 쥬소. ᄋᆡ고ᄋᆡ고 셔름이야. 이를 엇지 ᄒᆞ잔 말고!"

어ᄉᆡ(御史ㅣ) 목의 츔이 말나 ᄒᆞ는 말이,

"녯말의 닐너시ᄃᆡ 극셩즉필ᄑᆡ(極盛卽必敗)라니, 본관(本官)이 네게 너모 긔승(氣勝)을 픠여시니 무숨 ᄑᆡ(敗) 볼 일이 이실 쥴 엇지 알니. 우지 마라, 우지 마라! 너도 셰상(世上) 볼 날이 아니 이시랴?"

입맛 다시고 옥문(獄門) 틈으로 숀을 너허 츈향(春香)의 숀을 마조 쥐고,

"너모 셜워 마라! 입이나 죱 다혀 보ᄌᆞ!"

옥문(獄門) 틈으로 맛초랴 ᄒᆞᆫ들 그림 쇽의 꼿치로다. 이런 ᄭᅴ의는 황싀 ᄌᆞ식(子息)이나 되더면 조흘 번ᄒᆞ다. 홀일업셔 믈너셔셔 혼ᄌᆞ말노 니를 갈고 ᄒᆞ는 말이,

"이놈, ᄂᆡ일(來日) ᄉᆡᆼ일(生日)잔치 ᄒᆞ량이면 더욱 조타. ᄂᆡ 숀씨로 츌도(出道)ᄒᆞ여 급경풍(急勁風)을 모라다가, 만경창ᄑᆞ(萬頃蒼波) 되강오리를 ᄆᆡᆫ들니라."

마음이 ᄯᅥᆯ니고 ᄉᆡ가 져리고 눈의 불이 난다.

---

1 퇴션(退膳): 제사상에서 물린 음식. 2 흠향(歆饗): 제물을 받아서 먹음. 10 극셩즉필픠(極盛卽必敗): 극도로 성하면 반드시 그 뒤에는 쇠함이 따르게 됨. 11 픠(敗): 낭패. 16 그

음식을 내 무덤에 옮겨 놓고, 서방님이 친히 와서 비불리 흠향하라 이렇듯이 하여 주옵시면, 내가 비록 죽은 영혼이지만 감축하여 즐겁고 좋아하면서 춤을 추고 만수무강을 축원하며, 서방님이 왕래하실 때에 자취 소리와 음성이나 들어보세. 애고애고, 설운지고! 나 죽어 없다 말고 글공부 착실히 하여 아무쪼록 급제하여, 이 원한을 풀어 주소! 애고애고 설움이야. 이를 어찌하잔 말고!"

어사가 목에 침이 말라 하는 말이,

"옛말에 일렀으되 극성즉필패라 하니, 본관이 네게 너무 기승을 피웠으니 무슨 낭패 볼 일이 있을 줄 어찌 알리. 울지 마라, 울지 마라! 너도 세상 볼 날이 아니 있으랴?"

입맛 다시고 옥문 틈으로 손을 넣어 춘향의 손을 마주 쥐고,

"너무 서러워 마라! 입이나 좀 대어 보자!"

옥문 틈으로 맞추려 한들 그림 속의 꽃이로다. 이런 때에는 황새 자식이나 되었다면 좋을 뻔했다. 하릴없이 물러서서 혼잣말로 이를 갈고 하는 말이,

"이놈, 내일 생일잔치 할 양이면 더욱 좋다. 내 솜씨로 출두하여 급히 놀랄 만한 바람을 몰아다가, 만경창파에 떠 있는 작은 오리를 만들리라."

마음이 떨리고 뼈가 저리고 눈에 불이 난다.

림 쇽의 쏫: 그림 속에 그려진 꽃처럼 실제로는 어떻게 취할 방법이 없음을 비유. 20 만경창ᄑᆞ(萬頃蒼波) 되강오리ᄅᆞᆯ 민들니라: 무한히 넓은 바다에 떠 있는 조그만 오리를 만들리라. 원문의 '민들나라'는 '민들니라'로 바로잡았음.

"돌졀구도 밋치 ᄲᆞ지고 마로 굼긔 볏치 든다. 이놈 ᄆᆡ양(每樣) 긔승(氣勝)ᄒᆞᆯ가? 어ᄃᆡ 보ᄌᆞ!"

강ᄀᆡ(慷慨)ᄒᆞ여 탄식(歎息)ᄒᆞ고 츈향(春香)을 니별(離別)ᄒᆞ고 도라셔니, ᄉᆞᄅᆞ져 울고 드러갈 제 댱부(丈夫)의 간장(肝腸)이 다 녹ᄂᆞᆫ고나.

츈향(春香)어미 ᄯᆞ라간다. 츈향(春香)이 보ᄂᆞᆫ ᄃᆡᄂᆞᆫ 쳔연(天然)스레 다리고 오더니, ᄒᆞᆫ 모롱 도라셔셔 이셩(怡聲)ᄒᆞᄂᆞᆫ 말이,

"셔방(書房)님, 어ᄃᆡ로 가랴 ᄒᆞ오?"

어ᄉᆡ(御史ㅣ) ᄃᆡ답(對答)ᄒᆞᄃᆡ,

"집으로 가지."

츈향(春香)어미 ᄒᆞᄂᆞᆫ 말이,

"이거시 ᄎᆞ소위(此所謂) 드레질이오. 집 업ᄂᆞᆫ ᄌᆞᆯ 번연이 알며 집이란 말이 웬 말이오? 환샹(還上), ᄉᆞ채(私債) 쥬어 쓰고 못 밧쳐더니, ᄒᆞᆫ 졍일(定日) 두 졍일(定日) 지나가ᄆᆡ 졉ᄯᅴ에 약졍(約正)ᄒᆞ고 면님(面任)이 나와셔, 관작ᄌᆡ쥬(官作財主)ᄒᆞ여 파라 드려간 거ᄉᆞᆯ 어ᄃᆡ로 가ᄌᆞ ᄒᆞ오?"

"그리면 ᄌᆞ네 그 집의 잇기ᄂᆞᆫ 무슴 일고?"

"경신년(庚申年) 글강 외듯 ᄒᆞ라 ᄒᆞ오? 거긔 ᄡᅵ여진 노구 ᄎᆞ즈라 갓다가 공교(工巧)히 ᄶᅩᆨ 맛낫지오."

"그리면 ᄌᆞ네ᄂᆞᆫ 어ᄃᆡ 가 잇노?"

"글셰오. 읍ᄂᆡ(邑內) 과부(寡婦)집 갓ᄒᆞᆫ ᄃᆡ, 홀어미집 다히로 단니면셔 불씨나 거두어 쥬고 누른밥 숭이나 어더먹지오."

---

1 **돌졀구도 밋치 ᄲᆞ지고**: 탄탄한 돌절구도 밑이 빠지고. 즉, 아무리 튼튼해도 오래 지나면 탈이 나게 됨을 이르는 말. 3 **강ᄀᆡ(慷慨)**: 의롭지 못한 것을 보고 의기가 북받쳐 원통하고 슬픔. 7 **이셩(怡聲)ᄒᆞᄂᆞᆫ 말**: 부드럽게 하는 말. 12 **드레질**: 두레질. 즉, 두레로 물을 푸듯이 둘러대며 하는 말. 14 **졍일(定日)**: 정한 날짜. **약졍(約正)**: 향약(鄕約) 단체의 임원으로 호

"돌절구도 밑이 빠지고 마루 구멍에 볕이 든다. 이놈이 매양 기승할까? 어디 보자!"

강개하여 탄식하고 춘향을 이별하고 돌아서니, 춘향이 사라져 울고 들어갈 제 장부의 간장이 다 녹는구나.

춘향어미를 따라간다. 춘향이 보는 데는 천연스레 테리고 오더니, 한 모롱이를 돌아서서 부드럽게 하는 말이,

"서방님, 어디로 가려 하오?"

어사가 대답하되,

"집으로 가지."

춘향어미 하는 말이,

"이것이 소위 남을 떠본다는 두레질이오. 집이 없는 줄을 번연히 알면서 집이란 말이 웬 말이오? 관가에서 곡식과 사채를 빌려 쓰고 못 바쳤더니, 약속한 날짜가 한 번 두 번 지나가매 접때 약정과 면임이 나와서, 관청 빚 갚지 못한다고 팔아서 들여간 것을 어디로 가자고 하오?"

"그러면 자네가 그 집에 있기는 무슨 일인고?"

"경신년 글강 외듯 자세히 말하라 하오? 거기 깨진 노구솥을 찾으러 갔다가 공교롭게 딱 만났지요."

"그러면 자네는 어디 가 있나?"

"글쎄요. 읍내 과부집 같은 데, 홀어미집 같은 데로 다니면서 불씨나 거두어 주고 눌은밥 술이나 얻어먹지요."

적(戶籍) 등 사무를 맡아 보는 사람. 15 **관작직쥬(官作財主)ᄒᆞ여**: 관가가 재물의 임자가 되어. 18 **경신년(庚申年) 글강 외듯**: 경신년 과거 때 배운 글이나 말을 시관 앞에서 외우듯이. 즉, 사연을 자세히 말함, 또는 필요치 않은 말을 반복함을 비유. **노구**: 놋쇠나 구리쇠로 만든 작은 솥.

"이 ᄉᆞ람, 그리ᄒᆞ면 ᄌᆞ네 가는 ᄃᆡ 나도 한가지로 가셰."

츈향(春香)어미 ᄶᅡᆷ작 놀나 ᄒᆞ는 말이,

"난장(亂杖) 맛고 발가락 쏍히고, 날ᄭᆞ지 ᄶᅩᆺ기여나 노즁(路中)에셔 ᄌᆞ계 ᄒᆞ려는가? 실업ᄉᆞᆫ 말 다시 말고 여각(旅閣)다히로나 가셔 보지."

어ᄉᆡ(御史ㅣ) 어히업셔, 져를 엇지 갈을쇼냐. 뒤ᄯᅥ히여 도라셔셔 긱ᄉᆞ(客舍) 공쳥(空廳) ᄎᆞᄌᆞ간다.

ᄉᆡ벽의 문(門)을 나셔, 군관셔리(軍官胥吏) 역졸(驛卒)드를 입즛스로 뒤흘 ᄯᆞ라 쳥운ᄉᆞ(靑雲寺)로 드러가니, 각읍(各邑)의 페인 염탐(廉探) 각각변복(各各變服) 다 모혓다. 담ᄇᆡ 장ᄉᆞ, 메육 장ᄉᆞ, 망건(網巾) 장ᄉᆞ, 파립(破笠) 장ᄉᆞ, 항우 장ᄉᆞ, 걸긱(乞客)이라. 밤듕(中)의 ᄶᅡᆫ방(房) 잡ᄋᆞ 불을 혀고, 오십삼관(五十三官) 염문긔(廉問記)를 각항조목(各項條目) 상고(詳考)ᄒᆞ여, 모일(某日), 모역(某驛), 모장(某場)으로 뇌정기약(牢定期約)ᄒᆞ여노코, 금일(今日) 오후(午後) 본부(本府) ᄉᆡᆼ일(生日)잔치에 부ᄎᆡ 펴셔 들거들낭 츌도ᄒᆞ고 드러오라 약쇽(約束)을 졍(定)ᄒᆞᆫ 후(後)의, 평명시(平明時)의 니ᄅᆞ려셔 ᄇᆡᆨ번(百番)이나 당부(當付)ᄒᆞ든 옥문(獄門) 밧근 아니가고, 관문(官門) 근쳐(近處) 단니면셔 잔치 ᄶᅵᆷᄉᆡ 살펴보니, ᄉᆡᆼ일(生日)잔치 젹실(的實)ᄒᆞ다.

ᄇᆡᆨ셜(白雪) ᄀᆞᆺᄒᆞᆫ 구름 차일(遮日) 보계판(補階板)도 놉흘시고, 왜병풍(倭屛風)의 모란병(牡丹屛)을 좌우의 둘너치고, 화문등ᄆᆡ(花紋登梅) ᄎᆡ화셕(彩畵席)의 만화방셕(滿花方席) 총젼보료(驄氈寶褥) 몽

---

3 **난장(亂杖)**: 신체 부위를 가리지 않고 매로 마구 치던 형벌. 원문의 '난졍'은 '난장'으로 바로잡았음. 4 **여각(旅閣)다히로나**: 나그네들이 유숙하는 곳으로나. 원문의 '여긱'은 '여각'으로 바로잡았음. 7 **긱ᄉᆞ(客舍) 공쳥(空廳)**: 고을 관사의 빈 헛간. 8 **ᄉᆡ벽**: 새벽. 원문의 'ᄉᆞ벽'은 'ᄉᆡ벽'으로 바로잡았음. **입즛스로**: 소리는 내지 않고 말하는 입모양만 내며. 10 **메육**: 미역. 11 **항우 장ᄉᆞ**: 황아 장수, 즉 잡화를 가지고 집집마다 찾아다니며 파는 상인. 12 **염문**

"이 사람, 그리하면 자네 가는 데 나도 한가지로 가세."

춘향어미가 깜짝 놀라 하는 말이,

"난장 맞고 발가락 뽑히고, 나까지 쫓겨나 길에서 자게 하려는가? 실없는 말 다시 말고 나그네 유숙하는 쪽으로나 가셔 보지."

어사가 어이없어, 저를 어찌 따지고 대응하랴. 뒤따라 돌아서서 객사 공청 찾아간다.

새벽에 문을 나서, 군관 서리 역졸들이 입짓으로 뒤를 따라 청운사로 들어가니, 각 읍에 퍼진 염탐꾼들이 각각 변복하고 다 모였다. 담배 장수, 미역 장수, 망건 장수, 파립 장수, 황아 장수, 걸객이라. 밤중에 딴 방을 잡아 불을 켜고, 오십삼 관을 염문한 기록을 각항 조목에 따라 자세히 살펴보고, 어느 날, 어느 역, 어느 장으로 날짜를 잡아 약속을 하여 놓고, 오늘 오후 본부 생일잔치에 부채를 펴서 들거들랑 출두를 외치고 들어오라 약속을 정한 후에, 날이 밝자 일어나서 백 번이나 당부하던 옥문 밖은 아니 가고 관문 근처 다니면서 잔치 낌새를 살펴보니, 생일잔치가 적실하다.

백설 같은 구름 차일 보계판도 높을시고, 왜병풍에 모란병풍을 좌우에 둘러치고, 꽃무늬 채색 무늬의 돗자리에 색색 무늬의 수놓은 방석, 모직으로 만든 보료, 몽고 모직으로 만든 담요로다.

기(廉問記): 염탐하고 규찰(糾察)한 내용을 적은 기록. 14 뇌정기약(牢定期約)ᄒᆞ여노코: 시간과 만날 자리를 정해서 확실히 약속해 놓고. 원문의 '혯쳐노크'는 'ᄒᆞ여노코로 바로잡았음. 16 평명시(平明時): 해가 돋아 날이 밝을 때. 19 보계판(補階板): 잔치나 큰 모임이 있을 때, 사람들이 앉도록 마루 앞에 잇대어 만든 좌판. 20 화문등미(花紋登梅): 헝겊으로 가선을 두른 꽃무늬가 있는 돗자리. 21 만화방석(滿花方席): 활짝 핀 갖가지 꽃 무늬를 놓아서 짠 방석.

고젼(蒙古氈) 담뇨로다. ᄉᆞ(紗)초롱 양각등(羊角燈)의 뉴리등(琉璃燈)을 홍목(紅木)으로 쥴을 ᄒᆞ여 휘황(輝煌)ᄒᆞ게 거러 노코, 청홍ᄉᆞ(靑紅紗) ᄉᆞ(紗)초롱을 셕가릭 슈ᄃᆡ로 총총이 거러 두고, 싯별 ᄀᆞ튼 요강(尿綱), 타구(唾具), 룡촉ᄃᆡ(龍燭臺), 놋촉ᄃᆡ(燭臺)를 여긔져긔 버려 노코, 인근읍(隣近邑) 슈령(守令)드리 ᄎᆞ례(次例)로 모혀올 제, 인마(人馬)가 낙력(絡繹)ᄒᆞ여 당상(堂上)의ᄂᆞᆫ 부ᄉᆞ(府使), 현감(縣監), 당하(堂下)의ᄂᆞᆫ 만호별장(萬戶別將), 임실현감(任實縣監), 구례현감(求禮縣監), 고부군슈(古阜郡守), 젼쥐판관(全州判官), 함열현감(咸悅縣監), 운봉영장(雲峰營將) 쳥텬(靑天)의 구름 모듯, 룡문산(龍門山)의 안ᄀᆡ 픠듯 ᄉᆞ면(四面)으로 모혀드니, 위풍(威風)이 엄슉(嚴肅)ᄒᆞ고 호령(號令)이 셔리 ᄀᆞᆺ다.

ᄎᆞ례(次例)로 버러 안ᄌᆞ, 아희 기ᄉᆡᆼ(妓生) 녹의홍상(綠衣紅裳), 어룬 기ᄉᆡᆼ(妓生) 착젼립(着氈笠)에 좌우(左右)에 버려 셰고, 거복 ᄀᆞ튼 거문고, ᄀᆡ약고, 양금(洋琴), ᄉᆡᆼ황(笙篁), 삼현(三絃) 쇼ᄅᆡ 반공(半空)의 어ᄅᆡ엿다. 쥬안상(酒案床)을 드리면셔 슌비(巡杯)슐의 권쥬가(勸酒歌)라. 홍(興)을 겨워 한창 놀 제, 닙(立)츔 후(後)의 검무(劍舞) 보고, 거문고 남창(男唱)이며 ᄒᆡ젹(奚笛)의 녀창(女唱)이라.

이러트시 즐길 젹의, 져 걸인(乞人)의 거동(擧動) 보쇼. 두로 도라 단니면셔 혼ᄌᆞ말노,

“아마도 이 노름이 고름 되리로다. 이놈의 ᄌᆞ식(子息)들 잘 호강ᄒᆞᆫ다. 슬컷 노라라. 얼마 놀니? ᄆᆡ오 잘 노ᄂᆞᆫ고나!”
ᄒᆞ며, 얼골 형상(形狀) 검게 ᄒᆞ고 쥬젹쥬젹 드러가며,

---

1 **양각등**(羊角燈): 양의 뿔을 고아서 얇고 투명한 껍질을 만들어 씌운 등. 4 **타구**(唾具): 침을 뱉는 사기나 놋쇠로 만든 그릇. 6 **낙력**(絡繹): 끊이지 않고 이어짐. 8 **고부군슈**(古阜郡守): 고부 지역의 군수. 원문의 ‘고분’은 ‘고부’로 바로잡았음. 14 **삼현**(三絃): 거문고, 가야금,

사초롱과 양각등에 유리등을 홍목으로 줄을 매달아 휘황하게 걸어 놓고, 청실홍실 사초롱을 서까래 숫자대로 총총히 걸어 두고, 샛별 같은 요강, 타구, 용촛대와 놋촛대를 여기저기 벌여 놓고, 가까운 읍의 수령들이 차례로 모여올 제, 사람과 말의 왕래가 끊이지 않고 당상에는 부사와 현감, 당하에는 만호별장, 임실현감, 구례현감, 고부군수, 전주판관, 함열현감, 운봉영장이 푸른 하늘에 구름이 모이듯이, 용문산에 안개가 피어나듯 사면으로 모여드니, 위풍이 엄숙하고 호령이 서리 같다.

차례로 벌여 앉아, 아이 기생은 연두저고리에 다홍 치마, 어른 기생은 전립을 쓰고 좌우에 벌여 서고, 거북 같은 거문고, 가야금, 양금, 생황, 삼현 소리가 반공에 어리었다. 주안상을 들이면서 순배술에 권주가라. 홍에 겨워 한창 놀 제, 입춤 후에 검무 보고, 거문고 반주로 남자가 노래하고 해금과 피리 반주에 맞춰 여자가 노래한다.

이렇듯이 즐길 때에, 저 걸인의 거동 보소. 두루 돌아다니면서 혼잣말로,

"아마도 이 놀음이 고름 되리로다. 이놈의 자식들 잘 호강한다. 실컷 놀아라. 얼마나 노느냐? 매우 잘 노는구나!"
하며, 얼굴 형상을 검게 하고 주적주적 들어가며,

향비파의 세 악기를 아울러 이르는 말. 15 슌빅(巡杯)슐: 술잔을 서로 돌리며 먹는 술. 16 닙(立)츔: 입춤. 즉, 기생들이 마주 서서 추는 춤. 17 히젹(奚笛): 해금과 피리. 20 노름이 고름 되리로다: 놀음이 고름 되듯이, 놀이 끝에 괴로운 일이 생기리라는 뜻.

"엿쥬왜라, ᄉᆞ령(使令)드라! 먼니 잇ᄂᆞᆫ 걸ᄀᆡᆨ(乞客)으로 조흔 잔치 맛나시니, 숩잔(盞)이나 어더먹ᄌᆞ."

진퇴(進退)ᄒᆞ여 드러가니, 좌상(座上)의 안즌 슈령(守令) 호령(號令)ᄒᆞᄃᆡ,

"이거시 어인 걸ᄀᆡᆨ(乞客)이니? 밧비 집어 ᄂᆡᆺ더리라!"

뭇 ᄉᆞ령(使令)이 달녀드러 등 밀거니 ᄇᆡ 밀거니, 팔도 잡고 다리도 잡고, 뺨도 치며 멱살 쓸며,

"이분ᄂᆡ 어ᄃᆡ롤 드러오시오? 밧비 나가란잇가!"

오듬지진상의 단지 거름으로 ᄇᆡᆨ추밧틔 똥 ᄊᆡᆼ이쳐로 밧그로 ᄂᆡᆺ더리니, 어ᄉᆡ(御史ㅣ) 가로 ᄶᅥ러져 분긔튕천(憤氣撑天)ᄒᆞ나 십분(十分) 참고 니러셔셔 ᄃᆡ 밧쳐 드러가니, ᄒᆞᆫ갈갓치 구박(驅迫)ᄒᆞᆫ다. 어ᄉᆡ(御史ㅣ)라도 홀일업셔 뒤문(門)으로 가셔 보니, 게도 혼금(閽禁)이 ᄃᆡ단ᄒᆞᆫ지라 드러갈 길이 전혀 업다.

ᄒᆞᆫ 모롱에 안즛다가 엽히 안즌 노인(老人)다려 뭇ᄂᆞᆫ 말이,

"이 ᄉᆞ쏘(使道) 쇼문(所聞) 드ᄅᆞ니, 치민션졍(治民善政) 유명(有名)ᄒᆞ여 ᄇᆡᆨ셩(百姓)드리 만셰불망(萬世不忘) 션졍비(善政碑)롤 셰운다 ᄒᆞ니, 그러홀 시 분명(分明)ᄒᆞᆫ지?"

그 노인(老人) ᄃᆡ답(對答)ᄒᆞᄃᆡ,

"예, 이 ᄉᆞ쏘(使道)오? 공ᄉᆞ(公事)ᄂᆞᆫ 잘ᄒᆞᄂᆞᆫ지 못ᄒᆞᄂᆞᆫ지 모로거니와, 참나무 휘온 듯ᄒᆞ니 엇더타 홀지오?"

어ᄉᆡ(御史ㅣ) 왈(曰),

"그 공ᄉᆞ(公事) 일홈이 무슨 공ᄉᆡ(公事ㅣ)라 ᄒᆞᄂᆞᆫ지?"

---

3 **진퇴**(進退): 앞으로 나가고 뒤로 물러남. 여기서는 앞으로 나아가다가 사령들에 의해서 뒤로 밀려나기도 한다는 의미임. 9 **오듬지진상**: 여기서 '오듬지'는 '옷의 깃고대가 붙는 부분', '진상'은 '지나치게 높이 올라붙음'으로 보아 '멱살 따위를 잡고 번쩍 들어 올림'의 뜻으로 보았음. 따라서 원문의 '오동'은 '오둠'으로 바로잡았음. **단지 거름**: 단지를 옮길 때 끌듯

"여쭈어라, 사령들아! 멀리 있는 걸객으로 좋은 잔치 만났으니, 술잔이나 얻어먹자."

밀고 밀리며 들어가니, 좌상에 앉은 수령이 호령하되,

"이것이 어인 걸객이냐? 바삐 집어 내쫓아라!"

뭇 사령이 달려들어 등 밀거니 배 밀거니, 팔도 잡고 다리도 잡고, 뺨도 치며 멱살 끌며,

"이분네 어디를 들어오시오? 바삐 나가라니까!"

멱살을 잡고 번쩍 들어 올려 질질 끌어서 배추밭의 똥 덩이처럼 밖으로 내던져 버리니, 어사가 가로 떨어져 분기탱천하나 십분 참고 일어서서 대지팡이를 짚고 들어가니, 한결같이 구박한다. 어사라도 하릴없어 뒷문으로 가서 보니, 거기도 혼금이 대단한지라 들어갈 길이 전혀 없다.

한 모퉁이에 앉았다가 옆에 앉은 노인더러 묻는 말이,

"이 사또 소문 들으니, 백성 잘 다스리기로 유명하여 백성들이 만세불망 선정비를 세운다 하니, 그러한 것이 분명한지?"

그 노인 대답하되,

"예, 이 사또요? 공사는 잘하는지 못하는지 모르거니와, 참나무를 휘듯 마음대로 하니 어떻다 할지요?"

어사가 말하기를,

"그 공사 이름이 무슨 공사라 하는지?"

이 질질 끄는 걸음을 비유. 10 분긔팅쳔(憤氣撑天): 분한 마음이 북받쳐 오름. 원문의 '팅듕'은 '팅쳔'으로 바로잡았음. 11 듸 밧쳐: 대나무 지팡이를 짚고. 원문의 '빗쳐'는 '밧쳐'로 바로잡았음. 12 혼금(閽禁): 관청에서 잡인들의 출입을 금지함. 16 만셰불망(萬世不忘) 션졍비(善政碑): 관리의 어진 정치를 오래도록 잊지 않고 기리기 위해 세운 비석.

그 ᄉᆞ람 앙텬ᄃᆡ소(仰天大笑) 왈(曰),

"그 공ᄉᆞ(公事) 일홈은 쇠코ᄯᅮ레 공ᄉᆡ(公事ㅣ)라 ᄒᆞ지오. 원(員)님의 욕심(慾心)이 엇던지 모로거니와 미젼목포(米錢木布)를 다 고미레질ᄒᆞ여 드리니 엇더ᄒᆞᆯ지오? ᄉᆡᆨ(色)의는 아귀(餓鬼)오, 졍ᄉᆞ(政事)에는 ᄯᅩᆼ즙치라. 아모ᄃᆡ도 바닥 쳣ᄌᆞ는 가지오. 이번(番)에도 ᄉᆞ십팔면(四十八面) 가가호호(家家戶戶)에 ᄇᆡᆨ미(白米) 삼승(三升), 돈 칠푼(七分)의 계란(鷄卵) 삼ᄀᆡ(三個)식 거두어 잔치ᄒᆞ니 거록ᄒᆞ고 무던ᄒᆞ지오."

어ᄉᆡ(御史ㅣ) ᄃᆞ를 만ᄒᆞ고 안ᄌᆞᆺ더니, 문(門)보는 하인(下人)드리 어ᄉᆞ(御史)다려 ᄒᆞ는 말이,

"우리 잠간(暫間) 입시ᄒᆞ고 올 ᄉᆞ이에 아모라도 드러가거든 이 ᄎᆡ죽으로 먹여 쥬고 문(門)을 착실(着實)이 보아 쥬오. 잔치 파후(罷後)의 음식(飮食)이나 만히 어더 쥬오리다."

어ᄉᆡ(御史ㅣ) 다ᄒᆡᆼ(多幸)ᄒᆞ여,

"글낭은 념네(念慮)를 아조 노코 가란잇가."

하인(下人)들이 입시 간 ᄉᆞ이의 ᄒᆞᆫ ᄉᆞ람이 드러가랴 ᄒᆞ고 기웃기웃ᄒᆞ거늘.

어ᄉᆡ(御史ㅣ) ᄒᆞ는 말이,

"분분(紛紛)ᄭᅵᆷ 조흔 판의 아니 드러가고 무엇ᄒᆞ리? 져긔 잇는 아희들아, ᄂᆡ 알 거시니 모도 드러가 구경(求景)ᄒᆞ라!"

마음ᄃᆡ로 터노흐니, 부문(赴門)ᄒᆞ는 션비쳐로 뭉계뭉계 뒤ᄭᅳ러셔 함부로 드러가거늘, 어ᄉᆞ(御史)도 셧겨 드러가며,

---

1 앙텬ᄃᆡ소(仰天大笑): 하늘을 쳐다보며 크게 웃음. 2 쇠코ᄯᅮ레 공ᄉᆡ(公事ㅣ)라: 소의 코청을 뚫어 농부가 소를 마음대로 부리듯이, 관리가 백성을 자기 마음대로 부림을 비유. 3 미젼목포(米錢木布)를 다 고미레질ᄒᆞ여 드리니: 곡식을 고무래로 긁어모으듯 관에서 재물을 다 긁어감을 비유. 4 ᄉᆡᆨ(色)의는 아귀(餓鬼): 호색하는 데는 굶주린 아귀처럼 함. 졍ᄉᆞ(政

그 사람 하늘을 쳐다보며 크게 웃으며 말하기를,

"그 공사 이름은 쇠코뚜레 공사라 하지요. 원님의 욕심이 어떤지 모르거니와, 곡식과 돈과 베를 다 고무래질하여 들이니 어떠하다 할지요? 여색에는 아귀요, 정치에는 똥주머니라. 아무 데서라도 바닥에서 첫째는 가지요. 이번에도 사십팔 면 가가호호에서 백미, 삼승과 돈 칠푼에 계란 세 개씩 거두어 잔치하니 거룩하고 무던하지요."

어사가 들을 만하고 앉았더니, 문을 지키는 하인들이 어사에게 하는 말이,

"우리 잠깐 밥 먹고 올 사이에 누구라도 들어가거든 이 채찍으로 때려 주고 문을 착실히 보아 주오. 잔치 파한 후에 음식이나 많이 얻어 주리다."

어사가 다행으로 여겨,

"그것일랑은 염려를 아주 놓고 가라니까."

하인들이 들어간 사이에 한 사람이 들어가려고 기웃기웃하거늘.

어사가 하는 말이,

"떠들썩한 틈 좋은 판에 아니 들어가고 무엇하리? 저기 있는 아이들아, 내가 알아서 할 것이니 모두 들어가 구경하라!"

마음대로 터놓으니, 과거 보러 들어가는 선비처럼 뭉게뭉게 뒤끓어서 함부로 들어가거늘, 어사도 섞여 들어가며,

事)에는 똥즘치: 정치에는 똥주머니처럼 더럽게 함. 7 거룩ᄒᆞ고 무던ᄒᆞ지오: 거룩하고 어지간히 너그럽지요. 즉, 고을 사또의 악정에 대한 반어적 표현. 11 입시: 하연이나 종이 먹는 밥을 이르는 말. 12 치쥭: 채찍. 19 분분(紛紛): 떠들썩하고 뒤숭숭함. 20 늬 알 거시니: 내 알아서 할 것이니. 21 부문(赴門): 과거(科擧)를 보려고 과거장(科擧場) 안에 들어감.

"조타, 잘 드러온다! 한 모롱이 치여라!"

쥭층교(竹層橋), 보계판(補階板)으로 부젹부젹 올나가니, 좌즁(座中)에 슈령(守令)드리 하인(下人) 불너 호령(號令)홀 제, 운봉영장(雲峰營將) 겻눈으로 어ᄉᆞ(御史) 잠간(暫間) ᄉᆞᆯ펴보니, 면광인활(面廣印濶)ᄒᆞ고 안담한파(眼淡寒波)ᄒᆞ여 흑빅(黑白)이 청슈(淸秀)ᄒᆞ고, 비란츄월(眉彎秋月)ᄒᆞ여 쇼담미당(疏淡眉長)ᄒᆞᆫ듸, 윤낭(輪囊)이 하수(下垂)ᄒᆞ고, ᄉᆞ비(獅鼻)ᄂᆞᆫ 융긔(隆起)로다. 쇼불노치(笑不露齒)ᄒᆞ며 복모이견ᄒᆞ여, 견원(肩圓)이 빅평(背平)이라. 인즁장뎡부윤(人中長井部潤)의 산근후창고만(山根厚倉庫滿)이라. 삼정(三停)이 균평(均平)ᄒᆞ고 오악(五嶽)이 구젼(俱全)이라. 언간쳥원(言簡淸遠)ᄒᆞ고 좌단침정(坐端沈靜)ᄒᆞ여 법령(法令)이 엄장(嚴壯)ᄒᆞ고, 장벽방후(墻壁方厚)로다. 연견(鳶肩)의 화ᄉᆡᆨ(火色)ᄒᆞ니 무쌍영걸(無雙英傑)이라. 삼십(三十)에 승상(丞相)이오, 명쥬츌ᄒᆡ(明珠出海)ᄒᆞ니 팔십(八十)에 ᄐᆡᄉᆡ(太師ㅣ)로다.

---

3 운봉영장(雲峰營將): 운봉 진영을 관장하는 장관. '운봉'은 전라도 남원 지역의 옛 지명.
5 면광인활(面廣印濶): 얼굴이 네모지고 두 눈썹 사이가 넓음. 즉, 소년 시에 과거에 급제할 관상. 안담한파(眼淡寒波): 눈이 맑고 눈빛은 차가운 파장을 띠고 있음. 즉, 녹이 많은 관상을 뜻함. 흑빅(黑白)이 청슈(淸秀): 눈동자의 흑백이 분명하여 맑고 깨끗함. 즉, 영귀(榮貴)할 관상을 뜻함. 6 비란츄월(眉彎秋月): 콧마루가 오뚝하여 가을 달과 같음. 쇼담미당(疏淡眉長): 눈썹의 숱이 적절하고 빼어나게 긺. 원문의 '슈담'은 '쇼담'으로 바로잡았음. 7 윤낭(輪囊)이 하수(下垂): 짐승 같은 귓바퀴는 아래로 처졌음. 『신상전편(神相全篇)』에 '수이하수(獸耳下垂)'라 되어 있어 '낭'은 '수이(獸耳)'의 와전이거나 변이로 나타난 '윤낭'으로도 추정됨. 원문의 '하모'는 '하수'로 바로잡았음. ᄉᆞ비(獅鼻)ᄂᆞᆫ 융긔(隆起): 사자코처럼 우뚝 솟아 있음. 원문의 '농긔'는 '융긔'로 바로잡았음. 8 복모이견: 배가 늘어지고 허리가 굵음. '복모이견'은 『신상전편』의 '복수이요후(腹垂而腰厚)'가 와전된 것으로 추정됨. 견원(肩圓)이 빅평(背平): 어깨가 둥글고 등이 평평함. 『신상전편』에 '견원이배평(肩圓而背

"좋다, 잘 들어온다! 한 모롱이 치워라!"

대나무 사다리와 보계판으로 부쩍부쩍 올라가니, 좌중의 수령들이 하인 불러 호령할 제, 운봉영장이 곁눈으로 어사를 잠깐 살펴보니,

얼굴이 네모지고 두 눈썹 사이가 넓으며, 눈이 크고 눈빛은 차가우며 눈동자의 흑백이 분명하고 맑고, 콧마루가 오뚝하여 가을 달과 같으며 눈썹의 숱이 적절하고 빼어나게 길며, 짐승 같은 귓바퀴는 아래로 처졌고, 코는 사자코처럼 우뚝 솟았다. 웃어도 이가 드러나지 않으며 배는 늘어지고 허리는 굵으며, 어깨는 둥글고 등은 평평함이라. 인중이 길고 좌우 정부는 윤택하며 콧마루와 두 눈썹 사이가 두텁고 눈꼬리와 입술 옆이 충만하다. 이마와 코, 턱은 균형이 맞고 이마, 코, 턱, 좌우 광대뼈는 균형을 이룸이라. 말은 간결하고 맑으며 앉은 모습은 차분하고 조용하며, 입 좌우의 오목한 골이 바르게 생겼고, 울타리와 벽이 견고하듯이 믿음직스럽구나. 치솟은 어깨는 솔개 같고 얼굴에는 붉은 기운이 있으니 짝이 없을 빼어난 인물이라. 삼십에 승상이요, 구슬이 바다에서 나오는 격이니 팔십에는 태사로다.

平)'이라 되어 있으므로, '요원'은 '견원'의 잘못으로 보아 바로잡았음. 9 **닌즁장뎡부윤**(人中長井部潤): 인중이 길고 인중의 좌우 옆 부분인 정부(井部)가 윤택함. **산근후창고만**(山根厚倉庫滿): 콧마루와 두 눈썹 사이가 두터우며 눈꼬리 옆인 천창(天倉)과 입술 옆인 지고(地庫)가 충만함. 10 **삼졍**(三停)**이 균평**(均平): 이마 부분인 상정(上停), 코 부분인 중정(中停), 턱 부분인 하정(下停)이 고르고 균형이 맞음. **오악**(五嶽)**이 구젼**(俱全): 이마, 코, 턱과 좌우의 관골(顴骨)이 온전한 균형을 이루고 있음. **언간쳥원**(言簡淸遠): 말하는 것이 간결하며 맑고 우렁차 힘이 있음. 원문의 '청월'은 '청원'으로 바로잡았음. 11 **좌단침졍**(坐端沈靜): 행동이 단정하고 차분하며 조용함. **법령**(法令)**이 엄장**(嚴壯): 입 좌우의 오목한 골이 곧고 바름. 12 **장벽방후**(墻壁方厚): 울타리와 벽이 견고한 것처럼 믿음직스러움. **연견**(鳶肩): 솔개가 웅크리고 앉은 것처럼 위로 올라간 어깨. 13 **승상**(丞相): 옛 중국의 벼슬로, 우리나라의 정승에 해당함. **명쥬츌히**(明珠出海): 구슬이 바다 밖으로 모습을 드러냄.

운봉(雲峰)이 마음의 놀나고 의심(疑心)ᄒᆞ여 본관(本官)의게 통(通)ᄒᆞᄂᆞᆫ 말이,

"여보시오, 그분을 보와ᄒᆞ니 의복(衣服)은 남루(襤褸)ᄒᆞ나 냥반(兩班)일시 분명(分明)ᄒᆞ오니, 우리네가 냥반(兩班)을 ᄃᆡ졉(待接) 아니ᄒᆞ고 뉘가 ᄒᆞᆫ단 말이온잇가?"

일변(一邊) 청(請)ᄒᆞ여 말셕(末席)의 좌(坐)를 쥬고,

"이 냥반(兩班), 예 아즈시오."

어ᄉᆡᆨ(御史ㅣ) 이 말 듯고,

"긔야 냥반(兩班)이로고. 동시(同是) 냥반(兩班) 앗기니 운봉(雲峰)이야 참ᄉᆞ람을 아ᄂᆞᆫ고."

ᄒᆞ며, 부젹부젹 상좌(上座)로 올나가셔, 본관(本官) 겻히 안ᄌᆞ 즌쏭무친 두 다리를 압흐로 펴 ᄇᆞ리니, 본관(本官)이 혀를 ᄎᆞ며,

"계도 눈이 잇지. 다리를 어ᄃᆡ다가 쌧ᄂᆞᆫ닷? 게 도로 오고리라니. 어허, 운봉(雲峰)은 야릇ᄒᆞ것다."

어ᄉᆡᆨ(御史ㅣ) ᄃᆡ답(對答)ᄒᆞᄃᆡ,

"여복ᄒᆞ여야 그리ᄒᆞ오. ᄂᆡ 다리ᄂᆞᆫ 쌧기ᄂᆞᆫ ᄒᆞ여도 임의(任意)로 오고리지 못ᄒᆞ오."

그ᄃᆡ로 안졋더니 운봉(雲峰)이 민망(憫惘)ᄒᆞ여 겻좌(座)로 청(請)ᄒᆞ여 말솜ᄒᆞ더니, 좌즁(座中)의 큰 상(床) 든다. 슈파련(水波蓮)의 가즌 긔화(奇花), 각ᄉᆡᆨ지물(各色之物) ᄎᆞ담상(茶啖床)이 ᄎᆞ례(次例)로 드러오ᄂᆞᆫᄃᆡ, 어ᄉᆡᆨ(御史ㅣ) 공복(空腹)이라 음식(飮食) 보고 시장이 ᄃᆡ츌(大出)ᄒᆞ니, 좌즁(座中)의 통(通)ᄒᆞᄂᆞᆫ 말이,

"상좌(上座)의 말솜 올나가오! 지나가ᄂᆞᆫ 걸ᄀᆡᆨ(乞客)으로 복공(腹空)이 ᄌᆞ심(滋甚)ᄒᆞ니, 요긔(療飢)시겨 보ᄂᆡ시오!"

---

9 동시(同是) 냥반(兩班): 같은 양반. 13 계도: 거기도. 즉, 상대에 대한 비칭. 19 슈파련(水波蓮): 잔치 때 장식으로 사용하는 종이 연꽃. 원문의 '슈팔련'은 '슈파련'으로 바로잡았음.

운봉이 마음에 놀라고 의심하여 본관에게 통하는 말이,

"여보시오, 그분을 보아하니 의복은 남루하나 양반임이 분명하오니, 우리네가 양반을 대접하지 아니하면 누가 한단 말이오니까?"

한편으로는 청하여 말석에 자리를 주고,

"이 양반, 예 앉으시오."

어사가 이 말 듣고,

"그야 양반이로고. 같은 양반을 아끼니 운봉이야 참사람을 아는고."

하며, 부쩍부쩍 윗자리로 올라가서, 본관 곁에 앉아서 진똥 묻힌 두 다리를 앞으로 펴 벌리니, 본관이 혀를 차며,

"거기도 눈이 있지. 다리를 어디다가 뻗는가? 게 도로 오그리라니. 어허, 운봉은 야릇하것다."

어사가 대답하되,

"여북하여야 그리하오. 내 다리는 뻗기는 하여도 임의로 오그리지는 못하오."

그대로 앉았더니 운봉이 민망하여 옆자리로 청하여 말씀하더니, 좌중에 큰 상이 들어온다. 수파련에 갖가지 기이한 꽃, 각색 음식을 내오는 다담상이 차례로 들어오는데, 어사가 공복이라 음식을 보고는 시장기가 솟구치니, 좌중을 향해 하는 말이,

"상좌에 말씀 올라가오! 지나가는 걸객으로 시장이 심하니, 요기나 시켜서 보내시오!"

20 추담상(茶啖床): 다담상. 손님을 대접하기 위해 음식을 차려내는 교자상(交子床). 21 시장이 듸츌(大出): 배고픔이 크게 솟구쳐 올라옴. 원문의 '지츌'은 '듸츌'로 바로잡았음.

운봉영장(雲峰營將) 하인(下人) 불너,

“상(床) 하나흘 가져다가 이 냥반(兩班)긔 밧주오라.”

귀신(鬼神) 갓튼 아희놈이 상(床) 하나흘 드러다가 노호니, 어식(御史ㅣ) 눈을 드러 살펴보니, 모조라진 상(床) 쇼반(小盤)의 쓰더 먹던 갈이 흔 딕, 딕초 세 기(個), 싱뉼(生栗) 두 낫, 소곰 한 즙, 장(醬) 흔 종즈(鍾子)의 져린 김치 흔 보스기, 모쥬(母酒) 흔 스발, 면(麵) 흔 그릇 덩그럿케 노핫거늘, 남의 상(床) 보고 닉 상(床) 보니 업던 심정(心情)이 졀노 난다.

가장 실슈(失手)ᄒᆞ는 쳬ᄒᆞ여 한복판의 뒤집어 노코,

“아츠, 이 노릇 보게. 먹을 복(福)이 못 되나 보다.”

두 스미 옷즈락으로 업친 모쥬(母酒)를 뭇쳐다가 좌우(左右) 벽(壁)의 썌리며 좌우(左右) 슈령(守令)의게 함부로 딕고 썌리니, 모든 슈령(守令) ᄒᆞ는 말이,

“어허, 이거시 무슨 즛시란 말고? 밋친 숀이로고!”

어식(御史ㅣ) 딕답(對答)ᄒᆞ딕,

“왼통으로 젹시는 닉 옷도 잇쇼. 약간 쒸는 거시야 글노 관겨흘 나오?”

무진무진(無盡無盡) 썌리거늘, 운봉(雲峰)이 민망(憫惘)ᄒᆞ여 바닷든 상(床) 물녀 노코 권(勸)ᄒᆞ거늘, 어식(御史ㅣ) ᄒᆞ는 말이,

“이거시 웬일이오?”

운봉(雲峰)이 ᄒᆞ는 말이,

“념녜(念慮) 말고 어셔 즈시오. 닉 상(床)은 쏘 닉여오지요.”

어식(御史ㅣ) 상(床)을 바다 노코 트집ᄒᆞ는 말이,

---

4 모조라진 상(床) 쇼반(小盤): 끝이 닳아서 없어진 작은 상. 5 갈이: 갈비. 6 모쥬(母酒):

운봉 영장이 하인을 불러,

"상 하나를 가져다가 이 양반께 갖다드려라."

귀신 같은 아이놈이 상 하나를 들어다가 놓으니, 어사가 눈을 들어 살펴보니, 끝이 닳아빠진 소반에 뜯어 먹던 갈비 한 대, 대추 세 개, 날밤 두 낱, 소금 한 줌, 장 한 종지에 절인 김치 한 보시기, 모주 한 사발, 국수 한 그릇이 덩그렇게 놓였거늘, 남의 상을 보고 내 상을 보니 없던 심술이 절로 난다.

일부러 실수하는 척하여 한복판에 뒤집어 놓고,

"아차, 이 노릇을 보게. 먹을 복이 못 되나 보다."

두 소맷자락으로 엎질러진 모주를 묻혀다가 좌우 벽에 뿌리며 좌우 수령에게 함부로 대고 뿌리니, 모든 수령 하는 말이,

"어허, 이것이 무슨 짓이란 말인고? 미친 손이로고!"

어사가 대답하되,

"온통 적시는 내 옷도 있소. 약간 튀는 것이야 그것으로 관계할라오?"

계속계속 뿌리거늘, 운봉이 민망하여 받았던 상을 물려 놓고 권하거늘, 어사가 하는 말이,

"이것이 웬일이오?"

운봉이 하는 말이,

"염려 말고 어서 잡수시오. 내 상은 또 내어오지요."

어사가 상을 받아 놓고 트집하는 말이,

술지게미에 물을 타서 뿌옇게 걸러낸 탁주.

"통인(通引), 여보아라! 샹좌(上座)의 말숨 훈 마듸 올나가오 ᄒᆞ여라! ᄂᆡ 가마니 보니 엇던 ᄃᆡ는 기싱(妓生)ᄒᆞ여 권쥬가(勸酒歌)로 슐 드리고, 쏘 엇던 ᄃᆡ는 기싱(妓生) 권쥬가(勸酒歌)는 익쓰ᄒᆞ고 쎡거머리 아희놈ᄒᆞ여 얼넝뚱뚱ᄒᆞ니 엇지훈 일인지? 슐이란 거슨 권쥬가(勸酒歌) 업ᄉᆞ면 무(無)마시라. 그즁(中) 기싱(妓生) 된 년으로 하나만 ᄂᆞ려보ᄂᆡ시면 슐 한 잔(盞) 부어 먹ᄉᆞ이다."

본관(本官)이 칙망(責望)ᄒᆞᄃᆡ,

"그만ᄒᆞ면 어량(於良)의 둑의(足矣)여든 쏘 기싱(妓生) 암쥬로 ᄒᆞ고, 어허 고이훈 숀이로고!"

운봉(雲峰)이 기싱(妓生) 하나 불너,

"약쥬(藥酒) 부어 드리라!"

그즁(中) 한 년이 마지못ᄒᆞ여 슐병(甁) 하나 들고 나려오니, 어ᄉᆡ(御史 ㅣ) ᄒᆞ는 말이,

"너 묘(妙)ᄒᆞ다. 권쥬가(勸酒歌) 훌 쥴 알거든 하나만 ᄒᆞ여 날을 호ᄉᆞ(豪奢)시기여라!"

그 기싱(妓生) 슐 부어 들고 외면(外面)ᄒᆞ여 ᄒᆞ는 말이,

"기싱(妓生) 노릇슨 못 ᄒᆞ깃다. 비렁방이도 슐 부어라, 권쥬가(勸酒歌)가 웬일인고? 권쥬가(勸酒歌)가 업ᄉᆞ면 쥴ᄯᅳ기에 슐이 아니 드러가나?"

혀를 ᄎᆞ며 권쥬가(勸酒歌) 흔다.

"먹으시오, 먹으시오. 이 슐 훈 잔(盞) 먹으시오."

"여보아라, 요년! 네 권쥬가(勸酒歌) 본(本)이 그러ᄒᆞ냐? 힝하(行下) 권쥬가(勸酒歌)는 이러ᄒᆞ냐? 잡슈시오 말은 싱심(生心)도 못 ᄒᆞ는냐?"

---

3 익쓰ᄒᆞ고: 말할 것도 없고. 4 쎡거머리: 떠꺼머리. 즉, 장가나 시집갈 나이가 된 총각이나 처녀가 땋아 늘인 머리, 또는 그런 머리를 한 사람. 8 어량(於良)의 둑의(足矣)여든: 만족할 일이거든. 기싱(妓生) 암쥬로 ᄒᆞ고: 기생까지 더하고. '암쥬로 ᄒᆞ고'는 덧보탠다는 뜻의 '암

"통인, 여봐라! 상좌에 말씀 한마디 올라가오 하여라! 내 가만히 보니 어떤 데는 기생을 불러 권주가로 술을 드리고, 또 어떤 데는 기생 권주가는 말할 것도 없고 떠꺼머리 아이놈으로 하여금 얼렁뚱땅 대접하니 어찌 된 일인지? 술이란 것은 권주가 없으면 무맛이라. 그중에서 기생 된 년으로 하나만 내려보내시면 술 한 잔을 부어 먹사이다."

본관이 책망하되,

"그만하면 만족할 일이거든 또 기생까지 더하려고, 어허 괴이한 손이로고!"

운봉이 기생 하나 불러,

"약주 부어 드려라!"

그중 한 년이 마지못하여 술병 하나를 들고 내려오니, 어사가 하는 말이,

"너 묘하다. 권주가 할 줄 알거든 하나만 하여 나를 호사시키어라!"

그 기생이 술을 부어 들고 외면하면서 하는 말이,

"기생 노릇 못 하겠다. 비렁뱅이도 술 부어라, 권주가가 웬일인고? 권주가가 없으면 목구멍에 술이 아니 들어가나?"

혀를 차며 권주가를 한다.

"먹으시오, 먹으시오. 이 술 한 잔 먹으시오."

"여봐라, 요년! 네 권주가 근본이 그러하냐? 행하 권주가는 이러하냐? 잡수시오 하는 말은 생심도 못 하느냐?"

지르고'의 와전으로 추정됨. 또 '암주'를 '안주(按酒)'로 해석하기도 함. 18 줄ᄯ기: 목구멍. 22 횡하(行下): 수고를 했거나 경사가 있을 때 아랫사람에게 내리는 돈이나 물건. 여기서는 '윗사람이 아랫사람에게 하는 듯한'이라는 뜻.

그 기싱(妓生) 독(毒)을 닉여 종아리며,

“이고, 망측(罔測)ᄒᆞ여라. 셩가시지 아니ᄒᆞ오? 잘ᄒᆞ여 쥬오리다. 쳐박이시오, 쳐박이시오. 이 슐 ᄒᆞᆫ 잔(盞) 쳐박이시오! 이 슐 ᄒᆞᆫ 잔(盞) 쳐박이시면 장명부동(長命不動)ᄒᆞᆯ 거시니 어셔어셔 드르지ᄅᆞ시오!”

고년의 얼골 낫 익이고,

“에라, 요년. 아셔라!”

슐 마시고 음식상(飮食床) 다그어 노코, 하나토 남기지 아니ᄒᆞ고 쥬린 판의 비위(脾胃) 녈녀 슌식간(瞬息間)의 다 홈우루 쎠이고, 또 상좌(上座)의 통(通)ᄒᆞ기를,

“샤월(四月) 팔일(八日)에 등(燈) 올나가오. 음식(飮食)은 잘 먹엇소마는, 또 괘심ᄒᆞᆫ 입이 싀여 못 ᄒᆞᆫ깃소. 져 초록(草綠) 젹고리의 다홍치마 닙은 동기(童妓) 좀 ᄂᆞ려보닉 오면, 호ᄉᆞ(豪奢)판의 담빅까지 부쳐 먹깃쇼.”

운봉(雲峰)이 기싱(妓生) 불너,

“부쳐 드리라!”

그 기싱(妓生) ᄂᆞ려오며,

“그러ᄉᆞ나 슛거시라 졔반(諸般) 악종(惡種)의 쇼ᄅᆡ를 다ᄒᆞᄂᆡ. 운봉안젼(雲峰案前)은 분부(吩咐) 한목 맛타나?”

ᄒᆞ며,

“담빅ᄃᆡ 닉시오!”

어ᄉᆡ(御史ㅣ) 돌통ᄃᆡ를 닉어 쥬니, 고 기싱(妓生)이 셔쵸(西草) 한 ᄃᆡ 쪠여닉여 부쳐 쥬니, 어ᄉᆡ(御史ㅣ) ᄃᆡ 밧고,

“이리 오너라, 졀묘(絶妙)ᄒᆞ다! 게 안졋다가 ᄒᆞᆫ ᄃᆡ 더 부쳐 다고.”

---

4 **장명부동(長命不動)**: 수명이 길 것이 확실함. 8 **비위(脾胃) 녈녀**: 먹고 싶은 마음이 솟구쳐서. **홈우루 쎠이고**: 한꺼번에 입안에 집어넣고. 11 **입이 싀여**: 입이 심심하여. 21 **돌통**

그 기생이 독을 내어 종알거리며,

"애고, 망측하여라. 성가시지 아니하오? 잘하여 주리다. 처박으시오, 처박으시오. 이 술 한 잔을 처박으시오! 이 술 한 잔을 처박으시면 오래오래 살 것이니 어서어서 들이지르시오!"

고년의 얼굴 낯 익히고,

"에라, 요년. 아서라!"

술을 마시고 음식상을 가져다 놓고, 하나도 남기지 아니하고 주린 판에 비위가 열려 순식간에 다 휘몰아 떠 넣고, 또 윗자리에 통하기를,

"사월 팔일에 등 올라가오. 음식은 잘 먹었소마는, 또 괘씸한 입이 심심하여 못견디겠소. 저 초록 저고리에 다홍치마를 입은 어린 기생 좀 내려보내 오면, 호사판에 담배까지 붙여 먹겠소."

운봉이 기생 불러,

"붙여 드리라!"

그 기생 내려오며,

"그래도 수컷이라고 제반 악종의 소리를 다하네. 운봉께서는 분부의 한몫을 맡았나?"

하며,

"담뱃대 내시오!"

어사가 돌통대를 내어 주니, 그 기생이 담배 한 대를 떼어내어 붙여 주니, 어사가 담배를 받고,

"이리 오너라, 절묘하다! 게 앉았다가 한 대 더 붙여 다오."

듸: 나무로 깎거나 흙으로 구워서 만든 담뱃대. 셔쵸(西草): 평안도에서 생산된 품질이 좋은 담배.

손목 쥐고 안졋더니, 이윽ᄒᆞ여 ᄇᆡ쇽의셔 별안간(瞥眼間)의 장악원(掌樂院) 이륙좌기(二六坐起)ᄒᆞᄂᆞᆫ 쇼ᄅᆡ쳐로 ᄯᅩᆼᄯᅩᆼ 쑤루룩 솰솰ᄶᅡᆨ ᄶᅡᆨ 별쇼ᄅᆡ가 다 나더니, ᄇᆡ쇽이 굼틀ᄒᆞ며 방긔가 나오려 ᄒᆞ고 밋궁글 ᄯᅮᆯᄂᆞᆫ지라. 발뒤굼치로 잔득 괴얏다가 슬며시 터노흐니, 부시시 ᄒᆞ고 그져 뭇듸여 연슈(連數)히 나오ᄂᆞᆫ지라. 방긔 ᄂᆡ가 왼 동원(東園)의 다 허여지니, 구린ᄂᆡ가 엇지 독(毒)ᄒᆞ던지 마던지 곳 코흘 ᄡᅩᆺᄂᆞᆫ지라. 좌듕(座中)이 져마다 코흘 가오리고 응 쇼ᄅᆡ가 연쇽(連續)ᄒᆞ다.

본관(本官)이 호령(號令)ᄒᆞᄃᆡ,

“이거시 필연(必然) 통인(通引) 놈의 조홰(造化ㅣ)로다. ᄉᆞ획(査覈)ᄒᆞ여 밧비 모라ᄂᆡ치라.”

어ᄉᆡ(御史ㅣ) ᄃᆡ답(對答)ᄒᆞᄃᆡ,

“통인(通引)은 ᄋᆡᄆᆡᄒᆞ오. ᄂᆡ가 과연(果然) 방긔 ᄌᆞ론지 ᄣᅱ엿소.” ᄒᆞ고, ᄒᆞᆫ 번(番) 통(通)ᄒᆞᆫ 후(後)ᄂᆞᆫ 그져 무한(無限) 슬슬 퉁퉁 ᄣᅱ여 바리니, 왼 동헌(東軒)이 다 구린ᄂᆡ라. 모든 슈령(守令)드리 혀를 ᄎᆞ며 운봉(雲峰)의 탓만 ᄒᆞ더라.

본관(本官)이 취흥(醉興)을 못 니긔여 쥬담(酒談)으로 ᄒᆞᄂᆞᆫ 말이,

“여보 임실(任實), 나ᄂᆞᆫ 묘리(妙理) 잇ᄂᆞᆫ 일이 잇쇼. 심심ᄒᆞᆫ ᄯᅢ면 니방(吏房) 놈과 모든 은결(隱結) ᄑᆡ여ᄂᆡ여, 단 두리 ᄶᅩᆨ반(半)ᄒᆞ니 그런 ᄌᆞ미(滋味) ᄯᅩ 잇ᄂᆞᆫ가? 여보 함열현감(咸悅縣監), 쥰민고택(浚民膏澤) 마ᄌᆞ ᄒᆞ엿더니, 홀밧긔ᄂᆞᆫ 업ᄂᆞᆫ 거시, 졍(情)업ᄂᆞᆫ 별봉(別封)

---

1 이윽ᄒᆞ여: 얼마 후에, 이윽고. 장악원(掌樂院) 이륙좌기(二六坐起)ᄒᆞᄂᆞᆫ 쇼리: 궁중 장악원에서 악공들을 가르칠 때 그들의 생업을 고려하여 2일, 6일, 12일, 16일, 22일, 26일의 엿세만 나오게 하여 연습시킬 때의 소리. 또는 장악원에서 육각(북, 장구, 해금, 피리, 태평소 한 쌍)을 연주하는 소리. 5 뭇듸여 연슈(連數)히: 계속해서 자꾸. 10 ᄉᆞ획(査覈): 사실을 조

손목 쥐고 앉았더니, 이윽고 뱃속에서 별안간에 장악원에서 육각 연주하는 소리처럼 똥똥 쭈루룩 꼴꼴딱딱 별소리가 다 나더니, 뱃속이 꿈틀하며 방귀가 나오려 하고 밑구멍을 뚫는지라. 발뒤꿈치로 잔뜩 괴었다가 슬며시 터놓으니, 부시시 하고 그저 계속해서 연속으로 나오는지라. 방귀 냄새가 온 동원에 다 퍼지니, 구린내가 어찌 독하든지 말든지 곧 코를 쏘는지라. 좌중이 저마다 코를 가리고 응 소리를 연속한다.

본관이 호령하되,

“이것이 필연 통인 놈의 조화로다. 사실을 조사하여 바삐 몰아 내치라.”

어사가 대답하되,

“통인은 애매하오. 내가 과연 방귀 자루인지 뀌었소.”
하고, 한 번 통한 후는 그저 무한이 슬슬 퉁퉁 뀌어 버리니, 온 동헌이 다 구린내라. 모든 수령들이 혀를 차며 운봉의 탓만 하더라.

본관이 취흥을 못 이겨 술김에 하는 말이,

“여보 임실, 나는 묘리 있는 일이 있소. 심심한 때면 이방 놈과 모든 은결을 찾아내어, 단 둘이 반씩 나누니 그런 재미 또 있는가? 여보 함열현감, 백성들의 재물을 빼앗지 말자 하였더니, 할 밖에는 없는 것이, 피할 수 없는 별봉이 근래에 무수하고, 가난

사하여 밝힘. 13 이미: 아무 잘못 없이 꾸중을 듣거나 벌을 받아 억울함. 17 쥬담(酒談): 술김에 지껄이는 객쩍은 말. 19 은결(隱結) 퓌여니여: 조세의 부과 대상에 올리지 않은 속임수를 밝혀내어. 20 쥰민고튁(浚民膏澤): 백성의 고혈(膏血)을 뽑아낸다는 뜻. 즉, 백성의 재물을 착취하여 괴롭힘을 이르는 말. 21 별봉(別封): 외직에 있는 관리가 서울의 관아에 토산물을 올릴 때, 거기에 덧보태어 보내던 일.

이 근릭(近來)의 무슈(無數)ᄒᆞ고, 궁교빈독(窮交貧族) 걸픽(乞牌)드리 슨힐 젹이 바히 업고, 원천강(袁天綱) 예봉(例封)도 젼(前)보다가 빅(倍)가 되니, 실살귀는 홀 슈가 업셔. 쥬야경눈(晝夜經綸) ᄉᆡᆼ각ᄒᆞ니 환ᄌᆞ(還子) 묘리(妙理)도 홀 만ᄒᆞ고, 쏘 ᄉᆞ십팔면(四十八面) 부민(富民)들을 낫낫치 츄려ᄂᆡ여, 좌슈(座首) ᄎᆞ졉(差帖), 풍헌(風憲) ᄎᆞ졉(差牒), 아젼(衙前)의 환방(換房) 갓튼 것 ᄂᆡ여쥬면 은근(慇懃)ᄒᆞᆫ 묘리(妙理)가 잇고, 쏘 봄이면 민간(民間)의 계란(鷄卵) ᄒᆞ나식 ᄂᆡ여 쥬고, 가을이면 연계일슈(軟鷄一首) 바다드려 슈합(收合)ᄒᆞ면 여러 쳔슈(千首) 맛득ᄒᆞ고, 흉년(凶年)이면 관포(官布) 밧고 헐가(歇價) 주기, 이런 노릇 아니ᄒᆞ면 지팅(支撐)홀 길 과연(果然) 업소."

운봉(雲峰)이 ᄒᆞ는 말이,

"여보오 본관(本官), 긱담(客談) 말고 여ᄎᆞ셩연(如此盛宴)의 풍월귀(風月句ㅣ)나 ᄒᆞ옵시다."

좌우(左右) 슈령(守令) 조타 ᄒᆞ고 시축지(詩軸紙)를 ᄂᆡ여 노코 운(韻)을 ᄂᆡ여 글 지을 졔, 어ᄉᆡ(御史ㅣ) 쏘 통(通)ᄒᆞ되,

"상좌(上座)의 말슴 올나가오. 나도 비록 걸인(乞人)이나 오날 우연(偶然)이 조흔 잔치 맛나 빅불니 어더먹고 그져 가기 무미(無味)ᄒᆞ니, 필묵(筆墨) 됴희 빌니시면 ᄎᆞ운(次韻)이나 ᄒᆞ오리다."

좌우(左右) 슈령(守令) 묵소(默笑)ᄒᆞ고,

"저 쏠의 글이란니?"

운봉(雲峰)이 말뉴(挽留)ᄒᆞ되,

"문무(文武) 귀쳔(貴賤) 상ᄉᆡ(常事ㅣ)로다."

---

1 궁교빈독(窮交貧族): 가난한 벗과 친척. 2 원천강(袁天綱) 예봉(例封): 빠짐없이 분명히 보내야 할 선물. 원천강은 점을 잘 치던 인물로, 그의 점처럼 분명하다는 뜻으로 쓰임. '예봉'은 지방 수령이 중앙 고관에게 선물로 보내던 지방 특산물. 3 실살귀: 드러나지 않는 실

한 벗과 친족 패거리들이 끊일 때가 전혀 없고, 원천강 예봉도 전보다 배가 되니, 드러나지 않게 실속 차리는 일은 어쩔 수 없어. 밤낮으로 궁리하니 환자로 잇속을 채우는 것도 할 만하고, 또 사십팔 면의 부자들을 낱낱이 추려내어, 좌수 차첩과 풍헌 차첩, 아전 환방 같은 것을 내어주면, 은근한 묘리가 있고, 또 봄이면 민간에 계란 하나씩 내어주고, 가을이면 어린 닭 한 마리씩 받아들여 수합하면 수천 마리가 마뜩하고, 흉년이면 관포 받고 헐값 주기, 이런 노릇 아니하면 지탱할 길이 과연 없소."

운봉이 하는 말이,

"여보 본관, 객담일랑 말고 이런 성대한 잔치에 풍월구나 하옵시다."

좌우 수령들이 좋다 하고 시 짓는 두루마리를 내어 놓고 운을 내어 글 지을 때, 어사가 통하되,

"상좌에 말씀 올라가오. 나도 비록 걸인이나 오늘 우연히 좋은 잔치 만나 배불리 얻어먹고 그저 가기 무미하니, 필묵과 종이를 빌려 차운이나 하오리다."

좌우 수령들이 속으로 웃고,

"저 꼴에 글이라니?"

운봉이 만류하되,

"글 짓는 데는 문무 귀천 없음이 당연한 일이로다."

제 이익. 5 차첩(差帖): 관리를 임명하는 사령장. 6 환방(換房): 직분을 바꾸는 일. 9 흉년(凶年)이면: 원문의 '인면'은 '이면'으로 바로잡았음. 14 시축지(詩軸紙): 시를 지을 때 사용하는 두루마리. 18 차운(次韻): 남이 지은 시의 운자(韻字)를 따서 시를 짓는 것.

문방ᄉᆞ우(文房四友) 가져다가 어ᄉᆞ(御史) 압헤 노화쥬니, 어ᄉᆡ(御史ㅣ) 붓슬 들고 슌식간(瞬息間)의 지어시니,

「금쥰미쥬(金樽美酒)ᄂᆞᆫ 쳔인혈(千人血)이오
　　금으로 ᄆᆡᆫ든 그릇ᄉᆡ 아름다온 슐은 일쳔 ᄉᆞ람의 피오
옥반가효(玉盤佳肴)ᄂᆞᆫ 만셩고(萬姓膏)라
　　옥반에 아름다온 안쥬ᄂᆞᆫ 일만 ᄇᆡᆨ셩의 기름이라
촉누낙시(燭淚落時)의 민누낙(民淚落)이오
　　불쏫 ᄲᅥ러질 ᄯᅢ의 ᄇᆡᆨ셩의 눈물이 ᄲᅥ러지고
가셩고쳐(歌聲高處)의 원셩고(怨聲高)라
　　노ᄅᆡ쇼ᄅᆡ 놉흔 곳의 원망 쇼ᄅᆡ 놉하도다」

어ᄉᆡ(御史ㅣ) 이 글 지어 모든 슈령(守令) 아니 뵈고, 운봉(雲峰)만 넌즛 뵈고 ᄒᆞᄂᆞᆫ 말이,

"노형(老兄)은 몬져 가시오!"
운봉(雲峰)이 눈치 알고 본관(本官)의게 통(通)ᄒᆞᄃᆡ,
"나ᄂᆞᆫ ᄇᆡᆨ셩(百姓) 환ᄌᆞ(還子) 쥬기 밧바 몬져 도라가오."
젼쥐판관(全州判官) ᄯᅩ 통(通)ᄒᆞᄃᆡ,
"나ᄂᆞᆫ 미진공ᄉᆞ(未盡公事) 잇셔 몬져 가오."
고부군슈(古阜郡守) ᄒᆞᄂᆞᆫ 말이,
"나ᄂᆞᆫ 하로거리로 졔ᄉᆡᆨ가 되면 못 견ᄃᆡ여 몬져 가오."

---

4 금쥰미쥬(金樽美酒)ᄂᆞᆫ 쳔인혈(千人血): 금으로 만든 술독의 아름다운 술은 일천 사람의 피. 원문에서는 '준(樽)'을 '그릇'으로 번역하였음. 조경남(趙慶男)의 원작에서 시작된 구절

문방사우를 가져다가 어사 앞에 놓아주니, 어사가 붓을 들고 순식간에 지었으니,

「금준미주는 천인혈이요
　　금으로 만든 그릇의 아름다운 술은 일천 사람의 피요
옥반가효는 만성고라
　　옥반의 아름다운 안주는 일만 백성의 기름이라
촉루락시에 민누락이요
　　촛농이 떨어질 때에 백성의 눈물이 떨어지고
가성고처에 원성고라
　　노랫소리 높은 곳에 원망 소리 높았도다」

어사가 이 글을 지어 모든 수령에게는 아니 보이고, 운봉만 넌지시 보여 주고 하는 말이,

"노형은 먼저 가시오!"

운봉이 눈치 알고 본관에게 통하되,

"나는 백성 환자 주기 바빠 먼저 돌아가오."

전주판관 또 통하되,

"나는 마치지 못한 공사가 있어 먼저 가오."

고부군수가 하는 말이,

"나는 하루거리로 제때가 되면 못 견디어 먼저 가오."

로, 중국 명나라 사신으로 온 조도사(趙都司)의 시에서 차용. 6 **옥반가효**(玉盤佳肴): 옥쟁반의 아름다운 안주. 원문의 '가회'는 '가효'로 바로잡았음. 14 **넌즛 뵈고**: 넌지시 보여 주고. 17 **환ᄌᆞ**(還子): 환곡(還穀). 21 **하로거리**: 하루거리. 즉, 하루 걸러서 앓는 학질.

본관(本官)이 취즁(醉中)에 골을 ᄂᆡ여 ᄒᆞᄂᆞᆫ 말이,

"낙극진환(樂極盡歡)이라니, 종일(終日)토록 노지 아니코 공연(公然)이들 몬져 가니, 남의 잔ᄎᆡ 파흥(破興)이라. 고이ᄒᆞᆫ ᄌᆞ식(子息)들 실살귀를 못 ᄂᆡ져셔 질알이 나나 보다. 좌듕(座中)의 여보시오, 가ᄂᆞᆫ ᄂᆡᄂᆞᆫ 가거니와 우리나 호토시 노ᄉᆞ이다."

이렷트시 어언간(於焉間)의 가ᄂᆞᆫ ᄂᆡᄂᆞᆫ 가고 다 업ᄂᆞᆫ지라.

이ᄯᆡ에 삼반하인(三班下人) 마촌 ᄯᆡ가 다하오니, 관문(官門) 근쳐(近處) 골목마다 파립(破笠) 장ᄉᆞ, 망건(網巾) 장ᄉᆞ, 메육 장ᄉᆞ, 항우 장ᄉᆞ 각각 외며 도라단녀 삼반하인(三班下人) 손을 치니 군관(軍官), 셔리(胥吏), 역졸(驛卒)드리 청젼ᄃᆡ(靑戰帶)를 둘너ᄯᅴ고 홍젼립(紅戰笠)을 젓게 ᄡᅳ고 마픽(馬牌)를 ᄉᆡᆨ혀 들고, 삼문(三門)을 ᄡᅪᆼᄡᅪᆼ 두ᄃᆞ리고,

"이 고을 아젼(衙前) 놈아! 암ᄒᆡᆼ어ᄉᆞ(暗行御史) 츌도로다! 큰 문(門)을 밧비 녈나!"

한편(便)으로 봉고(封庫)ᄒᆞ고, 우직근 뚝닥 두ᄃᆞ리며 급(急)히 즛쳐 드러오며,

"암ᄒᆡᆼ어ᄉᆞ(暗行御史) 츌도ᄒᆞ오!"

이 쇼ᄅᆡ ᄒᆞᆫ 마ᄃᆡ의 ᄐᆡ산(泰山)의 범 울고 청천(靑天)의 벽녁(霹靂)이라. 기와골이 ᄲᅧᆯ어지고 동헌(東軒)이 터지ᄂᆞᆫ 듯, 노름이 고름이오, 삼현(三絃)이 파면(罷免)이오, 노ᄅᆡ가 모ᄅᆡ 되고, ᄇᆡ반(杯盤)이 현반(懸盤)이라. 좌우(左右) 슈령(守令) 거동(擧動) 보쇼. 겁(怯)ᄂᆡᆫ 거동(擧動) 가쇼(可笑)롭다. 언어슈작(言語酬酌) 뒤켜 ᄒᆞᆫ다.

---

2 **낙극진환(樂極盡歡)**: 놀이의 즐거움은 그 끝까지 가야 비로소 다 맛볼 수 있음. 3 **파흥(破興)**: 흥을 깨뜨림. 5 **호토시**: 홋홋이. 오붓하게. 6 **어언간(於焉間)**: 알지 못하는 사이에 어느덧. 7 **삼반하인(三班下人)**: 지방 관아에 소속된 하인. 원문의 '삼방'은 '삼반'으로 바로잡았음. 10 **청젼ᄃᆡ(靑戰帶)**: 군복에 띠던 푸른 빛깔의 띠. 15 **봉고(封庫)**: 관가의 창고를 열

본관이 취중에 골을 내어 하는 말이,

"놀이의 즐거움을 그 끝까지 가야 다 맛본다 하는데, 종일토록 놀지 아니하고 공연히들 먼저 가니, 남의 잔치 흥을 깨뜨리는 일이라. 괴이한 자식들 실속을 못 잊어서 지랄이 났나 보다. 좌중의 여보시오, 가는 이는 가거니와 우리나 오붓하게 노사이다."

이렇듯이 어느 사이에 가는 이는 가고 다 없는지라.

이때에 삼반하인들이 맞춘 때가 다가오니, 관둔 근처 골목마다 파립 장수, 망건 장수, 미역 장수, 황아 장수 각각 외며 돌아다녀 삼반하인 손을 치니 군관, 서리, 역졸들이 푸른 띠를 둘러 띠고 붉은 전립을 젖혀 쓰고 마패를 빼어 들고, 삼문을 꽝꽝 두드리고,

"이 고을 아전 놈아! 암행어사 출두로다! 큰 문을 바삐 열라!"

한편으로 창고를 봉하고, 우지끈 뚝딱 두드리며 급히 좇아 들어오며,

"암행어사 출두하오!"

이 소리 한 마디에 태산에 범이 울고 맑은 하늘에 날벼락이라. 기왓골이 떨어지고 동헌이 터지는 듯, 놀음이 고름이요, 삼현이 파면이요, 노래가 모래 되고, 배반이 현반이라. 좌우 수령의 거동 보소. 겁낸 거동이 가소롭다. 언어 수작을 뒤바꿔 한다.

지 못하게 채움. 즉, 사또의 부정 확인을 위해 현상을 보존하기 위한 일의 하나. 19 **노름이 고름이오**: 화려한 놀음판이 고름이 되었음. 즉, 상황이 순식간에 뒤바뀌는 아수라장이 된 상태의 골계적인 비유. 20 **배반(杯盤)**: 술잔과 접시. 22 **언어수작(言語酬酌) 뒷켜 훈다**: 말과 행동을 뒤바꾸어 한다. 즉, 극도로 놀란 상태를 이르는 말.

“갓 ᄂᆡ여라 신고 가ᄌᆞ! 목화(木靴) ᄂᆡ라 쓰고 가ᄌᆞ! 나귀 ᄂᆡ라 넙고 가ᄌᆞ! 창의(氅衣) 잡아라 타고 가ᄌᆞ! 물 마ᄅᆞ니 목을 다고!”

임실현감(任實縣監) 갓모ᄌᆞ(帽子)ᄅᆞᆯ 뒤켜 쓰고,

“이놈들 허무(虛無)ᄒᆞᆫ 놈, 갓 구멍을 막아고나!”

칼집 쥐고 오좀 누니, 오좀 마즌 하인(下人)드리 겁(怯)결의 ᄒᆞᄂᆞᆫ 말이,

“요ᄉᆞ이ᄂᆞᆫ 하늘의셔 더운 비ᄅᆞᆯ 쥬나 보다.”

쥐구멍의 상토 박고, 구례현감(求禮縣監) 말을 것구로 타고 하인(下人)다려 뭇ᄂᆞᆫ 말이,

“이 말 목이 본ᄅᆡ 업나?”

녀산부ᄉᆞ(礪山府使) 오좀 싸고,

“문(門) 드러온다. 바람 다ᄃᆞ라!”

말이 ᄉᆡ져 니가 헷날닌다. 굴독 뒤희 숨엇다가 쥴힝낭이 ᄀᆡ가족이라, ᄀᆡ굼그로 다라난다.

이러트시 덤벙일 제, 본관(本官) 원(員)이 ᄯᅩᆼ을 ᄊᆞ고, 실ᄂᆡ부인(室內夫人) ᄯᅩᆼ을 ᄲᆞ고, 셔방(書房)님도 ᄯᅩᆼ을 싸고, 도련님도 ᄯᅩᆼ을 ᄊᆞ고, 쇼인(小人)ᄂᆡ도 ᄯᅩᆼ을 ᄲᆞ고, 왼 집안이 ᄯᅩᆼ 빗치라.

“이ᄅᆞᆯ 엇지ᄒᆞ오릿가?”

남원부ᄉᆞ(南原府使) ᄃᆡ답(對答)ᄒᆞᄃᆡ,

“그러ᄒᆞ면 발 진 놈을 밧비 불너, 왕십니(往十里)ᄅᆞᆯ 급(急)히 가셔, 거름 장ᄉᆞ 잇ᄂᆞᆫ ᄃᆡ로 셩화(星火)갓치 잡ᄋᆞ오라!”

ᄇᆡ반(杯盤)이 낭ᄌᆞ(狼藉)ᄒᆞᆫᄃᆡ 몽치 찬 놈 고이ᄒᆞ다. 장구통도 ᄭᆡ여지고, 큰북통도 ᄭᆡ여지고, ᄒᆡ금(奚琴)통도 ᄭᆡ여지고, 피리 젓ᄃᆡ

---

1 갓 ᄂᆡ여라 신고 가ᄌᆞ: 쓰는 갓과 신는 것을 구별할 수 없을 정도로 당황한 모습의 어희적 표현. 2 창의(氅衣): 벼슬아치가 평상시에 입던 웃옷. 13 쥴힝낭이 ᄀᆡ가족이라: 임기응변

"갓 내어라 신고 가자! 신발 내어라 쓰고 가자! 나귀를 내어라 입고 가자! 창의를 잡아라 타고 가자! 물 마르니 목을 다고!"

임실현감이 갓모자를 뒤집어 쓰고,

"이놈들 허무한 놈, 갓 구멍을 막았구나!"

칼집 쥐고 오줌 누니, 오줌 맞은 하인들이 겁결에 하는 말이,

"요사이는 하늘에서 더운 비를 주나 보다."

쥐구멍에 상투 박고, 구례현감은 말을 거꾸로 타고 하인더러 묻는 말이,

"이 말은 목이 본래 없나?"

여산부사는 오줌 싸고,

"문 들어온다. 바람 닫아라!"

말이 빠져 이가 헛 나온다. 굴뚝 뒤에 숨었다가 줄행랑이 개가 죽이라, 개구멍으로 달아난다.

이렇듯이 덤벙일 제, 본관 원이 똥을 싸고, 실내 부인도 똥을 싸고, 서방님도 똥을 싸고, 도련님도 똥을 싸고, 소인네도 똥을 싸고, 온 집안이 똥 빛이라.

"이를 어찌하오리까?"

남원부사가 대답하되,

"그러하면 발 잰 놈을 바삐 불러, 왕십리를 급히 가서 거름 장수를 있는 대로 성화같이 잡아오라!"

술잔과 접시가 낭자한데 몽둥이 찬 놈 괴이하다. 장그통도 깨어지고, 큰북통도 깨어지고, 해금통도 깨어지고, 피리와 젓대도

으로 도망치는 것을 이르는 말. 20 **발 잰 놈**: 걸음이 매우 빠른 사람. 22 **낭자(狼藉)**: 난잡하게 흩어져 있음.

즛밟히고, 거문고도 씨여지고, 양금(洋琴) 쥴도 끈허지며, 교즈상(交子床)도 부어지고, 화통항(花沖缸)도 씨여지고, 찬합(饌盒)도 혀여지고, 쥰화(樽花) 가지 부러지고, 차담상(茶啖床)도 읏쳐지며, 화긔병(畵器甁)도 다 부이고, 양각등(羊角燈)도 다 족치고, 소(紗)초롱도 믜여지며, 그런 잔치 다 파(罷)하여 동헌(東軒)이 일공(一空)이라.

좌슈(座首) 니방(吏房) 곡경(曲境)으로 발광(發狂)하고, 삼번관쇽(三番官屬) 뉵방아젼(六房衙前) 된벼락을 마졋고나. 뇌외아소(內外衙舍) 상하(上下) 업시 똥 빗츠로 진동(振動)흔다. 삼공형(三公兄) 삼향소(三鄕所)를 위션(爲先) 형츄졍비(刑推定配)하고, 본관(本官)은 봉고파츌(封庫罷黜)하여 지경(地境) 밧긔 닉친 후(後)의, 어사(御史)의 거동(擧動) 보소.

동헌디쳥(東軒大廳) 독좌(獨坐)하여 삼반하인(三班下人) 분부(吩咐)하여 좌기졀츠(坐起節次) 밧비 흘 제, 디긔치(大旗幟) 나렬(羅列)하고 삼공형(三公兄) 블너드려, 읍폐(邑弊) 뭇고, 도셔원(都書員) 불너 젼결(田結) 뭇고, 샤창(社倉)빗 블너 곡부(穀簿) 뭇고, 군긔(軍器)빗 불너 군장복식(軍裝服色) 집착(執捉)하고, 젼셰(田稅)빗 불너드려 셰미남봉(稅米難捧)흔다. 형츄(刑推) 일츠(一次) 밍타(猛打)하여 방송(放送)하고, 녜방(禮房) 불너 불효강상(不孝綱常)

---

3 쥰화(樽花): 나라의 잔치 때 구리그릇에 꽂아 춤을 출 때 쓰던 조화의 하나. 차담상(茶啖床): 손님을 대접하기 위해 다과 따위를 차린 상. 읏쳐지며: 엇비슷이 기울어지며. 4 화긔병(畵器甁): 그림이 그려진 화병. 부이고: 부서지고. 족치고: 찢어지고. 5 일공(一空): 텅 비어 아무것도 없는 상태. 7 곡경(曲境): 몹시 힘들고 어려운 처지. 9 삼공형(三公兄): 호장(戶長), 이방(吏房), 수형리(首刑吏)의 세 관속. 10 삼향소(三鄕所): 세 가지 향직(鄕職)을 맡은 관리. 형츄졍비(刑推定配): 죄인을 고문하여 자백을 받아 내고 유배지로 보내는 것. 11 봉고파츌(封庫罷黜): 어사나 감사가 못된 짓을 많이 한 고을의 원을 파면하고 관가의 창고를 봉하여 잠금. 14 좌기졀츠(坐起節次): 어사가 출두한 후에 본격적으로 감찰을 처리하

짓밟히고, 거문고도 깨어지고, 양금 줄도 끊어지며, 교자상도 부러지고, 화충항도 깨어지고, 찬합도 흩어지고, 준화 가지도 부러지고, 차담상도 기울어지며, 화기병도 다 부서지고, 양각등도 다 찢어지고, 사초롱도 미어지고, 그런 잔치가 다 파하여 동헌이 텅 비었구나.

좌수와 이방은 견디기 힘들어 발광하고, 삼번관속과 육방아전은 된벼락을 맞았구나. 내외의 관아가 위아래 없이 똥 빛으로 진동한다. 삼공형과 삼향소를 우선 죄를 물어 귀양 보내고, 본관은 봉고파출하여 지경 밖으로 내친 후에, 어사의 거동 보소.

동헌 대청에 홀로 앉아 삼반하인에게 분부하여 좌기 절차를 바삐 할 때, 큰 깃발을 나열하고 삼공형 불러들여 고을의 폐단을 묻고, 도서원 불러 논밭의 세금을 묻고, 사창빗 불러 곡식 장부를 묻고, 군기빗을 불러 군장 복색을 일일이 묻고, 전세빗 불러들여 빌려준 곡식 환수 문제를 추궁한다. 곤장을 한 차례 세게 쳐서 방송하고, 예방을 불러서 불효하고 삼강오륜 어긴 죄인들

는 절차. 15 **읍폐**(邑弊): 고을의 폐습이나 폐해. **도셔원**(都書員): 세금을 관리하는 아전들의 대표. 16 **젼결**(田結) **뭇고**: 논밭의 소유자에게 부과하는 세금에 부정이 없었는지를 조사하고. **샤창**(社倉)**빗**: 환곡 창고를 맡아 관리하던 사람. 17 **군긔**(軍器)**빗**: 병기와 기치(旗幟) 등의 군수품을 관리하던 사람. **군장복식**(軍裝服色): 군사의 계급과 직책에 맞는 복장. **집착**(執捉): 일일이 묻고 따짐. 원문의 '집칙'은 '집착'으로 바로잡았음. 18 **셰미남봉**(稅米濫捧): 조세로 바쳐진 쌀을 빌려주고 회수하지 못한 것을 조사함. **형츄**(刑推) **일ᄎ**(一次) **밍타**(猛打)**ᄒ여**: 죄인을 다스리려 한 차례 무섭게 매질하여. 19 **방송**(放送): 죄인을 풀어주던 일. **불효강상**(不孝綱常) **죄인**: 불효하고 삼강(三綱)과 오상(五常)을 어긴 죄인

죄인(罪人)드를 원찬(遠竄)ᄒᆞ고, 형방(刑房) 불너 살옥(殺獄) 믓고, 이런 분부(吩咐) 다 ᄒᆞᆫ 후의 옥ᄉᆞ장이 밧비 불너,

“옥(獄)의 갓친 츈향(春香)이롤, ᄉᆞ장의 숀 ᄃᆡ지 말고, 모든 기싱(妓生) 안동(雁同)ᄒᆞ여 밧비 ᄃᆡ령(待令)시기여라!”

옥ᄉᆞ장이 청령(聽令)ᄒᆞ고 옥문(獄門) 열쇠 손의 들고 옥문(獄門) 밧긔 밧비 가셔, 열쇠롤 갓고로 밧고,

“업다, 셩화(星火)ᄒᆞ깃다. 엇지 아니 열니ᄂᆞᆫ고?”

님다라 ᄌᆡ촉이 뇌졍(雷霆) 갓튼지라. 옥ᄉᆞ장이 홀길업셔 발노 박ᄎᆞ 문(門)을 ᄭᆡ고, 업허노코 숀을 치되,

“어셔 이리 나오너라! 어셔 밧비 나오너라!”

희포 묵은 구슈(久囚)드리 뭉게뭉게 다 나온다. 옥ᄉᆞ장이 발광(發狂)ᄒᆞ여,

“업다, 밧비 나오너라!”

구슈(久囚)드리 의논(議論)ᄒᆞᄃᆡ,

“국가(國家)의 경ᄉᆞ(慶事) 잇셔 통ᄀᆡ옥문(洞開獄門)ᄒᆞ나 보다.”

그져 함부로 쉬역쉬역 다 나오니, 옥듕(獄中)이 일공(一空)ᄒᆞ엿고나. 옥ᄉᆞ장이 셩화(星火)ᄒᆞ여,

“업다, 이놈들 나오지 말라!”

일변(一邊) 드리밀며,

“어셔 밧비 나오너라! ᄉᆞ람 쥭깃다. 너만 어셔 나오너라!”

구슈(久囚)드리 어히업셔,

“누구롤 나오라ᄂᆞ니?”

“업다, 셩화(星火)ᄒᆞ깃다. 져 아희만 나오너라!”

“져 아희가 누구니?”

---

1 원찬(遠竄): 먼 곳으로 귀양을 보냄. 살옥(殺獄): 조선시대에 살인 사건에 대한 옥사(獄事)를 이르던 말. 3 기싱(妓生) 안동(雁同)ᄒᆞ여: 기생을 줄지어 함께 들어오게 하여. 11 희

을 멀리 귀양 보내고, 형방을 불러서 살인 죄인을 묻고, 이런 분부를 다 한 후에 옥사장이 바삐 불러,

"옥에 갇힌 춘향이를 대령하되, 옥사장의 손을 대지 말고, 모든 기생들을 나란히 따르게 하여 바삐 대령시켜라."

옥사장이 명을 듣고, 옥문 열쇠를 손에 들고 옥문 밖에 바삐 가서, 열쇠를 거꾸로 넣고,

"어따, 성화하겠다. 어찌 아니 열리는고?"

잇따라 재촉이 천둥소리 같은지라. 옥사장이 하릴없어 발로 박차 문을 깨고, 덮어놓고 손을 치되,

"어서 이리 나오너라! 어서 바삐 나오너라!"

여러 해 갇혀 있던 죄수들이 뭉게뭉게 다 나온다. 옥사장이 발광하여,

"어따, 바삐 나오너라!"

오래된 죄수들이 의논하되,

"국가에 경사가 있어 모든 죄인들을 풀어 주는가 보다."

그저 함부로 꾸역꾸역 다 나오니, 옥중이 텅 비었구나. 옥사장이 성화하여,

"어따, 이놈들 나오지 말라!"

한편으로 들이밀며,

"어서 바삐 나오너라! 사람 죽겠다. 너만 어서 나오너라!"

오래 묵은 죄수들이 어이없어,

"누구를 나오라느냐?"

"어따, 성화하겠다. 저 아이만 나오너라!"

"저 아이가 누구니?"

포 묵은 구슈(久囚): 여러 해 동안 옥에 갇혀 있던 죄수. 15 통기옥문(洞開獄門): 은사(恩赦)로 죄의 경중을 가리지 아니하고 모든 죄인을 풀어 주던 일.

"츈향(春香)이만 나오너라!"

츈향(春香)이 이 말 듯고 혼(魂)이 업셔 나오면셔,

"ᄋᆡ고, 이졔ᄂᆞᆫ 나 죽깃네! 셔방(書房)님은 어ᄃᆡ 가고 잇ᄯᅢᄭᅡ지 아니 오노?"

츈향(春香)어미 드립더 잡고,

"ᄋᆡ고ᄋᆡ고, 다라낫다. 이졔ᄂᆞᆫ 아조 갓다. 반졈(半點)만도 ᄉᆡᆼ각 마라. 밥을 ᄒᆞ여 만히 쥬니 마파람의 게 눈이라. ᄋᆡ고, 그놈 잠을 잘 졔 동냥군이 젹실(的實)터라. 돌겻잠에 니를 갈고, 기지ᄀᆡ 잠고ᄃᆡ의 밥 ᄒᆞᆫ 술 쥬옵쇼셔, 돈 ᄒᆞᆫ 푼 조닐 ᄒᆞ오 ᄒᆞᆫ두 번(番)이 아닐너라. 만일(萬一) 읍듕(邑中) ᄉᆞ람드리 그놈인 쥴 알 냥이면, 숀가락질 지목(指目)ᄒᆞ여 츈향(春香)의 셔방(書房), 츈향(春香)의 셔방(書房) ᄒᆞ량이면 이 아니 슈치(羞恥)ᄒᆞ냐? 아셔라, ᄉᆡᆼ각 마라. 눈ᄭᅩᆯ 보와ᄒᆞ니 소도젹(盜賊)놈이 다 되엿더라. 이 집 져 집 단니다가 남의 거슬 몽틱(夢汰)ᄒᆞ면 그런 우환(憂患) ᄯᅩ 잇ᄂᆞ냐? 만일(萬一) 다시 오거들낭 왕손만이 각지(角指)손 ᄒᆞ고, 금일(今日) 좌긔(坐起)의 뭇거든 반합(半合)에 허락(許諾)ᄒᆞ면, 엇지 아니 조흘쇼냐? 물나ᄂᆞᆫ 쥐나 무지 슈졀(守節)이 무어시니?"

츈향(春香)이 울며 ᄃᆡ답(對答)ᄒᆞᄃᆡ,

"ᄋᆡ고, 그 말 듯기 슬소! 그 말 그만ᄒᆞ오! 죽을밧긔 ᄒᆞᆯ일업쇼!"

좌우편(左右便)을 ᄉᆞᆲ혀보나 셔방(書房)님이 간ᄃᆡ업다. 져 츈향(春香)의 거동(擧動) 보쇼.

"ᄋᆡ고, 이를 엇지ᄒᆞᆯ고? 죽기를 한(限)ᄒᆞ여 니를 갈고 엄형(嚴刑)을 바드나, 부모유체(父母遺體)를 앗기지 아니코 형장(刑杖) ᄉᆞᆺ히

---

6 **반졈(半點)만도**: 조금도. 7 **마파람의 게 눈이라**: 속담으로, 마파람에 게가 급히 눈을 감추듯이 음식을 빨리 먹어 치움을 비유. 8 **돌겻잠**: 새우잠. 9 **조닐**: 남에게 사정할 때 '제발 빈다'라는 뜻으로 이르는 말. 12 **눈ᄭᅩᆯ**: 눈의 비칭. 즉, 눈깔. 14 **몽틱(夢汰)ᄒᆞ면**: 슬그머니

"춘향이만 나오너라!"

춘향이 이 말을 듣고 혼이 없어 나오면서,

"애고, 이제는 나 죽겠네! 서방님은 어디 가고 이때까지 아니 오노?"

춘향어미가 들입다 잡고,

"애고애고, 달아났다. 이제는 아주 갔다. 반점만도 생각 마라. 밥을 하여 많이 주니 마파람에 게 눈이라. 애고, 그놈 잠을 잘 때 동냥꾼이 적실하더라. 새우잠에 이를 갈고 기지개 잠꼬대에 밥 한 술 주옵소서, 돈 한 푼 조널 하오 한두 번이 아닐러라. 만일 읍중 사람들이 그놈인 줄 알 양이면, 손가락질로 지목하여 춘향의 서방, 춘향의 서방 할 것 같으면, 이 아니 부끄러으냐? 아서라, 생각 마라. 눈깔을 보아하니 소도적놈이 다 되었더라. 이 집 저 집 다니다가 남의 것을 슬쩍 훔치면 그런 우환 또 있느냐? 만일 다시 오거들랑 아주 단단히 마음먹고, 오늘 좌기에 묻거든 단번에 허락하면, 어찌 아니 좋을쏘냐? 물라는 쥐나 물지, 수절이 무엇이니?"

춘향이 울며 대답하되,

"애고, 그 말 듣기 싫소! 그 말 그만하오! 죽을밖에 하릴없소!"

좌우편을 살펴보나 서방님이 간데없다. 저 춘향의 거동 보소.

"애고, 이를 어찌할고? 죽기를 한하여 이를 갈고 엄형을 받으나, 부모가 물려준 몸을 아끼지 아니하고 형장 끝에 다 썩어 뼈

훔치면. 15 왕손만이 각지(角指)손 ᄒᆞ고: 활을 쏠 때, 시위를 잡아당기기 위하여 뿔로 만든 깍지를 엄지손가락에만 끼고. 즉, 아주 지독한 마음을 먹고. 좌기(坐起): 관아의 으뜸 벼슬에 있던 이가 출근하여 일을 시작함. 16 반합(半合)에: 단번에.

다 셕어 쌔만 남도록 슈졀(守節)터니, 건곤텬지(乾坤天地) 우쥬간(宇宙間)의 이런 일도 쏘 잇는가? 셔방(書房)님이 어딕 가고 나 죽는 쥴 모르는고? 죽도록 그리다가 명텬(明天)이 감동(感動)ᄒᆞ샤, 싱젼(生前)에 겨유 맛나 잠시(暫時)라도 얼골을 딕(對)ᄒᆞ믹 ᄉᆞ무여한(死無餘恨)이라. 나 죽는 양(樣) 친(親)히 보고 남의 숀 빌지 말고 감장(監葬)이나 ᄒᆞ여 쥴가 신신부탁(申申付託)ᄒᆞ엿더니, 쓋쓋치 닉 마음과 갓치 아녀 야속(野俗)ᄒᆞ기 칭냥(測量) 업닉. 셔방(書房)님도 마ᄌᆞ 날 바리니 눈을 밋고 ᄉᆞ잔 말고? 나는 이리 익를 틱와 죽것마는, 셔방(書房)님은 댱뷔(丈夫ㅣ)시라 아모랴도 녀ᄌᆞ(女子)의 간장(肝腸) ᄀᆞᆺ 틀리오? 나 죽는 쏠 보기 슬려 아니 오나? 어딕로 가 계신고? 오슈당(鰲樹場)의 가 계신가? 죽을밧긔 홀일업다. 익고익고, 셜름이야!"

칼머리를 압흐로 왈학 씨쳐 뒤흐로 벌덕 쥬져안ᄌᆞ, 두 다리를 펴 ᄇᆞ리고 딕셩통곡(大聲痛哭)ᄒᆞ는 말이,

"익고, 이졔야 나는 죽네! 텬지(天地) 일월셩신(日月星辰)드라, 오날날의 나는 죽소! 산쳔초목(山川草木) 금슈(禽獸)드라, 오늘날의 나는 죽네!"

눈을 번젹 써보면서,

"광할누(廣寒樓)야, 나 죽는다! 오작교(烏鵲橋)야, 나 죽는나! 당초(當初)에 널노 ᄒᆞ여 도련님을 맛낫더니, 오늘날의 니별(離別)ᄒᆞ니 언졔 다시 만나보리? 광활누(廣寒樓)야, 잘 잇거라. 오작교(烏鵲橋)야, 너는 만팔쳔셰(萬八千歲)를 누리려니와 닉 인싱(人生)은 오늘날 쑨이로다. 상단아, 어마님 뫼시고 잘 잇거라! 아모 씩나 셔방(書房)님 오시거든 나 업다고 괄시(恝視) 말고 잘 딕졉(待接)ᄒᆞ고, 나의 셰셰(細細)ᄒᆞᆫ 말 ᄌᆞ셔히 ᄒᆞ여다고!"

샹단이 통곡(痛哭)ᄒᆞ며,

---

4 ᄉᆞ무여한(死無餘恨): 죽어도 아무 한이 없음. 5 감장(監葬): 장례를 치름. 10 오슈당(鰲

만 남도록 수절하더니, 건곤 천지 우주 간에 이런 일도 또 있는가? 서방님은 어디 가고 나 죽는 줄을 모르는고? 죽도록 그리다가 하늘이 감동하사, 생전에 겨우 만나 잠시라도 얼굴을 대하매 죽어도 한이 없으리라. 나 죽는 모습을 친히 보고 남의 손을 빌리지 말고 장례나 하여 줄까 신신부탁하였더니, 끝끝내 내 마음과 같지 않아 야속하기 측량없네. 서방님마저 날 버리니 누굴 믿고 살자는 말인가? 나는 이리 애를 태워 죽건마는, 서방님은 장부시라 아무래도 여자의 간장과 같으리오? 나 죽는 꼴이 보기 싫어 아니 오나? 어디로 가 계신고? 오수장에 가 계신가? 죽을 밖에 하릴없다. 애고애고, 설움이야!"

칼머리를 앞으로 와락 빼어 뒤로 벌떡 주저앉아, 두 다리를 펴 버리고 대성통곡하는 말이,

"애고, 이제야 나는 죽네! 천지 일월성신들아, 오늘날에 나는 죽소! 산천초목과 금수들아, 오늘날에 나는 죽네!"

눈을 번쩍 떠보면서,

"광한루야, 나 죽는다! 오작교야, 나 죽는다! 당초에 너로 하여 도련님을 만났더니, 오늘날에 이별하니 언제 다시 만나보리? 광한루야, 잘 있거라. 오작교야, 너는 만 팔천 세를 누리려니와 내 인생은 오늘날뿐이로다. 상단아, 어머님 모시고 잘 있거라! 아무 때나 서방님 오시거든 나 없다고 괄시 말고 잘 대접하고, 나의 세세한 말 자세히 하여다오!"

상단이 통곡하며,

樹場): 남원 부근의 오수(獒樹) 지역에서 열리는 장터.

"그 말 마오. 듯기 슬소!"

이럿트시 우름 울며,

"이고이고, 셜운지고! 어마니, 나 쥭은 후(後)의 엇지 살녀 ᄒᆞ오?"

인(因)ᄒᆞ여 혼졀(昏絶)ᄒᆞ여 칼머리를 안고 것구러지니, 뭇 기싱(妓生)이 드리다라 써드러다가 동헌(東軒) 뜰의 ᄂᆞ려노코, 츈향(春香)의 긔졀(氣絶)ᄒᆞ여시믈 알외오니, 어ᄉᆡ(御史ㅣ) 슈로(首奴) 불너 분부(吩咐)ᄒᆞ되,

"앗가 노름 노던 기싱(妓生) 하나토 유루(遺漏)치 말고 다 졈고(點考)ᄒᆞ라!"

슈로(首奴) 놈이 분부(吩咐) 듯고 강셩(强聲) 놉혀 졈고(點考)홀 제,

"쳔연군ᄌᆞ(天然君子) 거조식(去雕飾)ᄒᆞ니 쳥슈졍신(淸秀精神), 옥년(玉蓮)이 나오.

흔연상고(欣然相告) 근신지(謹愼之)ᄒᆞ니 화츅오덕(華祝吾德), 복희(福姬) 나오.

츈월승ᄉᆞ(春月勝似) 츄월ᄉᆡᆨ(秋月色)ᄒᆞ니 환픠산산(環佩珊珊), 진쥬옥(珍珠玉)이 나오.

벽슈누ᄃᆡ(碧樹樓臺) 십오야(十五夜)의 미인권렴(美人捲簾), 월츌(月出)이 나오.

찬찬문장(燦燦文章) 남덕휘(覽德輝)ᄒᆞ니 셩셰진금(聖世珍禽), ᄎᆡ봉(彩鳳)이 나오.

일ᄌᆞ고당부셩후(一自高唐賦成後)의 십이봉두(十二峰頭), 초운(楚雲)이 나오.

---

5 **드리다라 써드러다가**: 달려가서 떠받들어. 6 **슈로(首奴)**: 관노의 우두머리. 10 **강셩(强聲) 놉혀**: 큰 소리를 높게 질러. 11 **쳔연군ᄌᆞ(天然君子) 거조식(去雕飾)**: 타고난 군자는 꾸밈이 없음. **쳥슈졍신(淸秀精神)**: 맑고 깨끗한 정신. 13 **흔연상고(欣然相告) 근신지(謹愼之)**: 기뻐하며 서로 삼가라 알림. 15 **츈월승ᄉᆞ(春月勝似) 츄월ᄉᆡᆨ(秋月色)**: 봄 달이 가을 달보다 나은 듯함. **환픠산산(環佩珊珊)**: 패옥 소리 찰랑댐. 17 **벽슈누ᄃᆡ(碧樹樓臺) 십오야**

"그런 말 마오. 듣기 싫소!"

이렇듯이 울음 울며,

"애고애고, 설운지고! 어머니, 나 죽은 후에 어찌 살려 하오?"

인하여 혼절하여 칼머리를 안고 거꾸러지니, 뭇 기생들이 달려들어 떠받들어 동헌 뜰에 내려놓고, 춘향이 기절했음을 아뢰오니, 어사가 수노를 불러 분부하되,

"아까 놀음 놀던 기생 하나도 남기지 말고 다 점고하라!"

수노 놈이 분부 듣고 소리 높여 점고할 제,

"타고난 군자는 꾸밈이 없으니 맑고 깨끗한 정신의, 옥련이 나오.

기뻐하며 서로 삼가라 알리니 내 덕을 축하하는, 복희 나오.

봄 달이 가을 달보다 나은 듯하니 패옥 소리 찰랑대는, 진주옥이 나오.

푸른 나무 덮인 누대의 보름 달밤에 미인이 주렴을 걷어올리는, 월출이 나오.

빛나는 문장으로 덕의 빛남을 살피니 성스런 시대에 나타나는 진귀한 새, 채봉이 나오.

한 번 「고당부」가 이루어진 끝에 열두 봉우리가 부각되니, 초운이 나오.

(十五夜): 푸른 나무로 덮인 누대의 보름 달밤에. **미인권렴**(美人捲簾): 미인이 주렴을 걷어 올림. 19 **찬찬문장**(燦燦文章) **남덕휘**(覽德輝): 빛나는 문장으로 덕이 빛남을 살핌. 원문의 '남덕귀'는 '남덕휘'로 바로잡았음. **셩셰진금**(聖世珍禽): 성인을 다스리는 세상의 진귀한 새. 21 **일ᄌᆞ고당부셩후**(一自高唐賦成後)의 **십이봉두**(十二峰頭): 한 번 「고당부」가 이루어진 끝에 열두 봉우리가 부각됨. 「고당부(高唐賦)」는 중국 초(楚)나라의 송옥(宋玉)이 남녀 간의 애정을 읊은 부.

인간팔월(人間八月) 듕방흘(衆芳訖)ᄒᆞ니 독슈청향(獨守淸香), 계홍(桂紅)이 나오.

희희셰쇽(熙熙世俗) 츈ᄃᆡ상(春臺上)의 요지건곤(堯之乾坤), 슌일(舜日)이 나오.

젹벽듕셩ᄀᆡ호시(赤壁重城開戶視)ᄒᆞ니 호의현상(縞衣玄裳), 계명월(桂明月)이 나오.

종셩빅옥인여옥(鍾城白屋人如玉)ᄒᆞ니 일난츈젼(日暖春田), 션옥(仙玉)이 나오.

조거젼후십이승(照車前後十二乘)ᄒᆞ니 형연무하(瑩然無瑕), 명옥(明玉)이 나오.

강남치련빵탕장(江南採蓮雙蕩槳)ᄒᆞ니 츄슈부용(秋水芙蓉), 연홍(蓮紅)이 나오.

동시평강한ᄉᆞ두(冬時平江寒沙頭)의 구지부득(求之不得), 슌절(筍節)이 나오.

슈령향노가ᄃᆡ운(秀嶺香露可待雲)ᄒᆞ니 셕상삼일(石上三日), 향희(香姬) 나오.

금ᄃᆡ문장ᄌᆞ유인(今代文章自有人)ᄒᆞ니 일지단계(一枝丹桂), 월향(月香)이 나오.

시지진녀션명소(始知秦女善鳴簫)ᄒᆞ니 양양등션(揚揚登仙), 치란(彩鸞)이 나오.

---

1 **인간팔월**(人間八月) **듕방흘**(衆芳訖)**ᄒᆞ니**: 인간세계 팔월에 모든 꽃이 다했으니. **독슈청향**(獨守淸香): 홀로 맑은 향기를 지킴. 3 **희희셰쇽**(熙熙世俗) **츈ᄃᆡ상**(春臺上)의 **요지건곤**(堯之乾坤): 즐겁고 태평한 세상의 봄날 누대 위에서 요임금이 태평을 누림. 5 **젹벽듕셩ᄀᆡ호시**(赤壁重城開戶視)**ᄒᆞ니**: 적벽 중성에 문을 열고 보니. **호의현상**(縞衣玄裳): 흰옷에 검은 치마를 입음. 7 **종셩빅옥인여옥**(鍾城白屋人如玉): 종성 초가집에 사람은 옥 같음. 9 **조거젼후십이승**(照車前後十二乘): 전후 열두 수레에 비침. **형연무하**(瑩然無瑕): 티없이 맑

인간 세계 팔월에 모든 꽃이 다했으니 홀로 맑은 향기 지키는, 계홍이 나오.

즐겁고 태평한 세상의 봄날 누대 위에서 요임금이 태평을 누리는, 순일이 나오.

적벽 중성의 문을 열고 보니 흰옷에 검은 치마, 계명월이 나오.

종성 초가집에 사람은 옥과 같으니 따뜻한 봄 밭의 선옥이 나오.

전후 열두 수레에 비치니 티 없이 맑게 빛나는, 명옥이 나오.

강남에서 연밥 따는 배 양쪽으로 노를 저으니 가을 강에 부용꽃, 연홍이 나오.

겨울날 평강의 찬 모래밭에서 아무리 찾아도 찾을 수 없는, 순절이 나오.

높은 봉우리 향기로운 이슬은 구름을 기다리는데 바위 위의 삼일, 향희 나오.

이 시대의 문장이 스스로 다 모였으니 한 가지 계수나무, 월향이 나오.

비로소 진나라 여인이 통소를 잘 부는 줄 알았으니 훨훨 신선처럼 날아오르는, 채란이 나오.

게 빛남. 13 동시평강한ᄉ두(冬時平江寒沙頭): 겨울날 평강의 찬 모래밭. 원문의 '편강'은 '평강'으로 바로잡았음. 구지부득(求之不得): 아무리 찾아도 찾을 수 없음. 15 슈령향노가디운(秀嶺香露可待雲): 높은 봉우리 향기로운 이슬은 구름을 기다림. 17 금듸문장ᄌ유인(今代文章自有人): 당대의 문장이 스스로 다 모였구나. 「구운몽」의 양소유가 읊은 시에서 차용. 19 시지진녀션명소(始知秦女善鳴簫): 비로소 진나라 여인이 통소를 잘 부는 줄 알았음.

광한뎐하화일엽(廣寒殿下花一葉)이 운외포양(雲外布陽), 계향(桂香)이 나오.

인심유위도심미(人心惟危道心微)ᄒᆞ니 요지일월(堯之日月), 슌심(淳心)이 나오. 다 나오!"

어ᄉᆡ(御史ㅣ) 분부(吩咐)ᄒᆞᄃᆡ,

"너희들 밧비 가셔 츈향(春香)의 쁜 칼머리를 니로 무러쓰더 즉긱(卽刻)으로 다 벗기라!"

ᄒᆞ니, 이ᄂᆞᆫ 앗가 괘심이 본 연괴(緣故ㅣ)러라. 기ᄉᆡᆼ(妓生)드리 ᄃᆞ라드러, 졀믄 년은 니로 쓧고, 늙은 년은 혀로 할타 침만 바ᄅᆞ거늘,

"조년은 웨 쓧ᄂᆞᆫ 거시 업ᄂᆞ뇨?"

"예, 쇼녀(小女)ᄂᆞᆫ 니가 업셔 침만 발나 츄겨만 노흐면, ᄇᆞ를 ᄉᆞ이의 졀문 것들이 쓧기 더 쉽ᄉᆞ외다."

이러트시 쓰드면서 어림 아ᄂᆞᆫ 약은 거ᄉᆞᆫ 슈근슈근ᄒᆞᄂᆞᆫ 말이,

"츈향(春香)아, ᄂᆡ 거번(去番)의 산삼(山蔘)으로 쇽미음(粟米飮)ᄒᆞ여 보ᄂᆡ엿더니, 먹엇ᄂᆞ냐?

ᄒᆞᆫ 년 ᄂᆡ다라 ᄒᆞᄂᆞᆫ 말이,

"일젼(日前)의 실ᄇᆡᆨᄌᆞ쥭(實柏子粥) 쑤어 보ᄂᆡ엿더니, 보왓ᄂᆞ냐?"

쏘 ᄒᆞᆫ 년 ᄒᆞᄂᆞᆫ 말이,

"슈일젼(數日前)의 편강(片薑) ᄒᆞᆫ 봉(封) 보ᄂᆡ엿더니, 보앗ᄂᆞ냐?"

쏘 ᄒᆞᆫ 년 ᄒᆞᄂᆞᆫ 말이,

"져, 거시기 밤콩 복가 보ᄂᆡ엿더니, 보앗ᄂᆞ냐?"

이러ᄐᆞ시 요공(要功)ᄒᆞ니, 어ᄉᆡ(御史ㅣ) 호령(號令)ᄒᆞᄃᆡ,

---

1 광한뎐하화일엽(廣寒殿下花一葉): 광한전 아래 꽃 한 잎. 운외포양(雲外布陽): 구름 밖으로 양기를 폄. 3 인심유위도심미(人心惟危道心微): 인심은 위태롭기만 하고 도심은 희미함. 원문의 '인심유의'는 '인심유위'로 바로잡았음. 14 거번(去番): 지난번. 쇽미음(粟米飮):

광한전 아래 꽃잎 하나가 구름 밖으로 양기를 펴는, 계향이 나오.

인심은 위태롭기만 하고 도심은 희미하니 요순시대의 태평, 순심이 나오. 다 나오!"

어사가 분부하되,

"너희들 바삐 가서 춘향이 쓴 칼머리를 이로 물어뜯어, 즉각 다 벗기라!"

하니, 이는 아까 괘씸히 본 까닭일러라. 기생들이 달려들어, 젊은 년은 이로 뜯고, 늙은 년은 혀로 핥아 침만 바르거늘,

"조년은 왜 뜯는 것이 없느뇨?"

"예, 소녀는 이가 없어 침만 발라 축여만 놓으면, 붇는 사이에 젊은 것들이 뜯기 더 쉽사외다."

이렇듯이 뜯으면서 어림 아는 약은 것이 수군수군하는 말이,

"춘향아, 내 지난번에 산삼으로 좁쌀미음을 만들어 보내었더니, 먹었느냐?"

한 년이 내달아 하는 말이,

"일전에 잣을 넣어 죽을 쑤어 보내었더니, 보았느냐?"

또 한 년이 하는 말이,

"며칠 전에 편강 한 봉을 보내었더니, 보았느냐?"

또 한 년 하는 말이,

"저, 거시기 밤콩을 볶아 보내었더니, 보았느냐?"

이렇듯이 제 공을 내세우니, 어사가 호령하되,

좁쌀로 쑨 미음. 19 편강(片薑): 얇게 저며서 설탕에 조려 말린 생강. 보앗ᄂᆞ냐: 원문의 '아앗ᄂᆞ냐'는 '보앗ᄂᆞ냐'의 잘못으로 보아 바로잡았음. 22 요공(要功): 자기 공을 스스로 드러내어 남이 칭찬해 주기를 바람.

"요괴(妖怪)로온 요년들아! 무ᄉᆞᆫ 잡말들 ᄒᆞᄂᆞ니? 칼을 밧비 벗기여라!"

호령(號令)이 ᄉᆡᆼ풍(生風)ᄒᆞ니, 기ᄉᆡᆼ(妓生)드리 겁(怯)을 ᄂᆡ여 망ᄉᆞ(忘死)ᄒᆞ고 ᄯᅳ들 적의 뭇 ᄀᆡ드리 ᄲᅧᆨ다귀 ᄯᅳᆺ듯, 늙은 범이 ᄀᆡ싯기 ᄯᅳᆺ듯 ᄯᅳ덤ᄯᅳ덤 ᄯᅳ더닐 제, 니 ᄉᆡᆨ진 년, 닙슈알 터진 년, 볼닥이도 ᄯᅮ러지고 턱 아ᄅᆡ도 버셔지며 죽을힘을 다 드려셔 즉ᄀᆡᆨᄂᆡ(卽刻內)의 칼 벗기니, 불상ᄒᆞ다 연지(臙脂) ᄀᆞᆺ튼 져 츈향(春香)이 긔졀(氣絶)ᄒᆞᆯ시 분명(分明)ᄒᆞ다.

어ᄉᆡ(御史ㅣ) 황홀망조(惶忽罔措)ᄒᆞ여 의원(醫員) 불너 명약(命藥)ᄒᆞᆯ 졔,

"김쥬부(金主簿)야, 살녀 쥬소! 니쥬부(李主簿)야, 살녀 쥬쇼!"

여러 의원(醫員) 공논(公論)ᄒᆞ여 명약(命藥)ᄒᆞᆫ다. ᄉᆡᆼᄆᆡᆨ산(生脈散), 통셩산(通聖散), 회ᄉᆡᆼ산(回生散), ᄑᆡ독산(敗毒散) 함부로 명약(命藥) ᄂᆡ여 밧비 달혀 퍼부으니, 만고렬녀(萬古烈女) 츈향(春香)이가 회ᄉᆡᆼ(回生)ᄒᆞ여 니러ᄂᆞ니, 어ᄉᆡ(御史ㅣ) ᄯᅩᄒᆞᆫ 상쾌(爽快)ᄒᆞ여 정신(精神)이 쇄락(灑落)ᄒᆞ고, 마음이 낙낙(樂樂)ᄒᆞ여 희불ᄌᆞ승(喜不自勝)이라.

즉시(卽時) 나려가 붓들고 시브나, ᄒᆞᆫ번(番) 속여 보려 ᄒᆞ고 음셩(音聲)을 변(變)ᄒᆞ여 분부(吩咐)ᄒᆞ되,

"노류댱화(路柳墻花)ᄂᆞᆫ 인ᄀᆡ가절(人皆可折)라. 드ᄅᆞ니 너만 창기(娼妓)년이 슈졀(守節)을 ᄒᆞᆫ다 ᄒᆞ니 슈졀(守節)이 무ᄉᆞᆷ 곡졀(曲折)고? 네 본관ᄉᆞᄯᅩ(本官使道) 분부(吩咐)ᄂᆞᆫ 아니 드럿거니와, 오날 ᄂᆡ 분부(吩咐)도 시ᄒᆡᆼ(施行) 못ᄒᆞᆯ쇼냐? 너ᄅᆞᆯ 이졔 방셕(放釋)ᄒᆞ여 슈쳥(守廳)으로 졍(定)ᄒᆞᄂᆞᆫ 거시니 밧비 나가 쇼셰(梳洗)ᄒᆞ고 ᄲᆞᆯ니 올나 슈쳥(守廳)ᄒᆞ라!"

---

3 호령(號令)이 ᄉᆡᆼ풍(生風)ᄒᆞ니: 호령 소리에 바람이 일어나니. 4 망ᄉᆞ(忘死): 죽고 사는 것을 돌아보지 아니함. 9 황홀망조(惶忽罔措): 어찌할 바를 몰라 갈팡질팡함. 11 쥬부(主簿):

"요괴로운 요년들아! 무슨 잡말들 하느냐? 칼을 바삐 벗기어라!"

호령 소리에 바람이 일어나니, 기생들이 겁을 내어 죽을힘을 다 내어 뜯을 적에 뭇 개들이 뼈다귀 뜯듯, 늙은 범이 개새끼를 뜯듯 뜨덤뜨덤 뜯어낼 제, 이 빠진 년, 입술 터진 년, 볼때기도 뚫어지고 턱 아래도 벗어지며 죽을힘을 다 들여서 곧바로 칼을 벗기니, 불쌍하다 연지 같은 저 춘향이 기절한 것이 분명하다.

어사가 어찌할 바를 몰라 갈팡질팡하며 의원 불러 약을 지으라 명할 때,

"김주부야, 살려 주소! 이주부야, 살려 주소!"

여러 의원이 공론하여 약방문을 의논한다. 생객산, 통성산, 회생산, 패독산을 마구잡이로 약방문을 내어 바삐 달여 퍼부으니, 만고열녀 춘향이가 회생하여 일어나니, 어사가 또한 상쾌하여 정신이 쇄락하고, 마음이 즐거워서 기쁨을 이기지 못함이라.

즉시 내려가 붙들고 싶으나, 한번 속여 보려 하고 음성을 변하여 분부하되,

"길가의 버들과 담 밑의 꽃은 누구나 꺾을 수 있는 것이라. 들으니 너 같은 창기년이 수절을 한다 하니 수절이 무슨 곡절인고? 네 본관사또 분부는 아니 들었거니와, 오늘 내 분부도 시행 못할쏘냐? 너를 이제 풀어 주고 수청으로 정하는 것이니 바삐 나가 소세하고 빨리 올라 수청을 들라!"

한약방을 차린 사람. 12 싱믹산(生脈散): 원기가 없고 번조(煩燥)한 데 쓰는 탕약. 13 통셩산(通聖散): 풍열에 쓰는 탕약. 원문의 '통셔산'은 '통셩산'으로 바로잡았음. 회셩산(回生散): 급성 위장병인 곽란(霍亂)에 쓰는 한약. 픠독산(敗毒散): 감기와 몸살에 쓰는 한약.

춘향(春香)이 이 말 듯고 옴족 쇼쇼라져 ᄒᆞᄂᆞᆫ 말이,

“ᄋᆡ고, 이 말이 웬 말이오? 조약돌을 면(免)ᄒᆞ엿더니 슈마셕(水磨石)을 맛낫고나! 궤상육(机上肉)이 되여시니 칼을 엇지 두리리오? 농쳔검(龍泉劒) 드ᄂᆞᆫ 칼노 버히랴거든 버히시고, 거열이슌(車裂以徇) 슐위 ᄭᅮ며 발기랴거든 발기시고, 울산(蔚山) 젼복(全鰒) 봉 오리 듯 오리려거든 오리시고, ᄶᅡᆨ그려거든 ᄶᅡᆨ그시고, 기름 ᄯᅳ려 살무려거든 살무시고, 가즌 냑념 쥐물너셔 절이려거든 절이시고, 구리 기동의 쇠를 달화 지지려거든 지지시고, 셕탄(石炭)의 불을 픠워 구으려거든 구옵쇼셔. 조롱(嘲弄) 말고 어셔 밧비 쥭여 쥬오! 본관ᄉᆞᄯᅩ(本官使道) 불양(不良)ᄒᆞ여 송빅(松柏) ᄀᆞᆺ튼 나의 절ᄀᆡ(節槪) 아스랴고 슈삼년(數三年)을 옥(獄)에 너허 반귀신(半鬼神)을 ᄆᆡᆫ들럿쇼. 금셕(金石) ᄀᆞᆺ튼 빅년긔약(百年期約) 변괴(變怪)라고 엄형즁치(嚴刑重治) ᄉᆡᆼ(生)쥭엄을 ᄆᆡᆫ드럾쇼. 쥭기로만 바라다가 텬우신조(天佑神助)ᄒᆞ여 어ᄉᆞ(御史) ᄉᆞᄯᅩ(使道) 좌졍(坐定)ᄒᆞ옵시니, 하늘 ᄀᆞᆺ튼 덕틱(德澤)과 명졍(明正)ᄒᆞ신 쳐분(處分)을 닙어 ᄉᆞ라날가 튝슈(祝手)ᄒᆞ옵더니, ᄉᆞᄯᅩ(使道) 분부(吩咐) ᄯᅩᄒᆞᆫ 이러ᄒᆞ옵시니 다시 무어시라 알외오릿가? 어름 ᄀᆞᆺ튼 ᄂᆡ 마음이 이졔 와셔 변(變)ᄒᆞᆯ숀가? 어셔 밧비 쥭여 쥬오!”

눈을 감고 이러트시 악을 쓰니, 어ᄉᆡ(御史ㅣ) 이 말 듯고 박장ᄃᆡ쇼(拍掌大笑)ᄒᆞ며 칭찬(稱讚)ᄒᆞᄃᆡ,

“렬녀(烈女)로다, 렬녀(烈女)로다! 츈향(春香)의 구든 절ᄀᆡ(節槪) 천고(千古)의 무ᄡᅡᆼ(無雙)이오, 아름다온 의긔(義氣) 고금(古今)의 일인(一人)이라.”

---

2 슈마셕(水磨石): 물결에 씻겨 반질반질해진 바위. 원문의 ‘슈만셕’은 ‘슈마셕’으로 바로잡았음. 3 궤상육(机上肉): 도마 위에 오른 고기. 즉, 어쩔 수 없게 된 운명을 비유. 4 거열이슌(車裂以徇): 사지를 수레에 매어 찢어 죽인 다음에 사람들이 이를 모두 볼 수 있게 하는

춘향이 이 말 듣고 움쭉 소스라쳐 하는 말이,

"애고, 이 말이 웬 말이오? 조약돌을 면하였더니 바위를 만났구나! 도마 위의 고기가 되었으니 칼을 어찌 두려워하리오? 용천검 드는 칼로 베려거든 베시고, 사지를 수레에 매어 발기려거든 발기시고, 울산 전복을 봉황새 모양으로 오리려거든 오리시고, 깎으려거든 깎으시고, 기름을 끓여서 삶으려거든 삶으시고, 갖은 양념 주물러서 절이려거든 절이시고, 구리 기둥에 쇠를 달구어 지지려거든 지지시고, 석탄에 불을 피워 구우려거든 구우소서. 조롱 말고 어서 바삐 죽여 주오! 본관사또 불량하여 송백 같은 나의 절개 앗으려고 수삼 년을 옥에 넣어 반귀신을 만들었소. 금석 같은 백년기약 변괴라고 엄형중치 생죽음을 만들었소. 죽기만을 바라다가 하늘이 돕고 신령이 도와 어사 사또 좌정하옵시니, 하늘 같은 덕택과 명정하신 처분을 입어 살아날까 축수하옵더니, 사또 분부가 또한 이러하옵시니 다시 무엇이라 아뢰오리까? 얼음 같은 내 마음이 이제 와서 변할쏜가? 어서 바삐 죽여 주오!"

눈을 감고 이렇듯이 악을 쓰니, 어사가 이 말을 듣고 박장대소하며 칭찬하되,

"열녀로다, 열녀로다! 춘향의 굳은 절개는 천고에 짝이 없고, 아름다운 의기는 고금에 혼자로다."

형벌. 원문의 '추거'는 '거열'로 바로잡았음. 6 오리려거든: 원문의 '오리려거듯'은 '오리려거든'으로 바로잡았음. 7 절이려거든: 소금으로 절이려거든. 원문의 '졍이려거든'은 '졀이려거든'으로 바로잡았음. 13 텬우신조(天佑神助): 하늘이 돕고 신령이 도움. 22 고금(古今)의 일인(一人): 고금에 유일하게 혼자임. 원문의 '약인'은 '일인'으로 바로잡았음.

셔안(書案)을 치며 ᄃᆡ찬(大讚)ᄒᆞ고,

"아름답다, 졀ᄀᆡ(節槪)로다! 긔특(奇特)ᄒᆞ고 신통(神通)ᄒᆞ다! 아릿답고 어엿브다! 졀묘(絶妙)ᄒᆞ고 향긔(香氣)롭다! 반갑고도 깃부도다! 어이 져리 졀묘(絶妙)ᄒᆞ니? 눈을 드러 날을 보라! ᄂᆡ 얼골도 니도령(李道令)과 갓트니라."

츈향(春香)이 혼미듕(昏迷中)의나 음셩(音聲)이 귀의 익고 말소ᄅᆡ 슈상(殊常)ᄒᆞᆫ지라. 눈을 잠간(暫間) 드러 치여다보니 슈의어ᄉᆡ(繡衣御史ㅣ) 미망(未忘) 낭군(郎君)이 졍녕(丁寧)ᄒᆞ다. 쳔근(千斤)갓치 무겁던 몸이 우화이등션(羽化而登仙)이라. 한번(番) 소소 ᄯᅱ여올나 드립더 덤셕 안고 녀산폭포(廬山瀑布)의 돌 구으듯 데굴데굴 구을면셔,

"얼ᄉᆞ, 조흘시고! 이거시 ᄭᅮᆷ인가 상신가? 젼ᄉᆡᆼ(前生)인가 이ᄉᆡᆼ인가? 아모라도 모로깃ᄂᆡ. 조화옹(造化翁)의 작법(作法)인가, 쳔우신조(天佑神助)ᄒᆞ엿ᄂᆞᆫ가? 조흘 조흘 조흘시고, 어ᄉᆞ(御史) 셔방(書房)이 조흘시고! 셰상(世上) ᄉᆞ람 다 듯거라! 쳥츈금방(青春金榜) 괘명(卦名)ᄒᆞ니 쇼년등과(少年登科) 즐거온 일, 동방화촉(洞房華燭) 노도령(老道令)이 슉녀(淑女) 맛나 즐거온 일, 쳔니타향(千里他鄕) 고인(故人) 만나 즐거온 일, 삼츈고한(三春枯旱) 감우(甘雨) 만나 즐거온 일, 칠십노인(七十老人) 구ᄃᆡ독신(九代獨身) ᄉᆡᆼ남(生男)ᄒᆞ여 즐거온 일, 슈삼쳔니(數三千里) 졍ᄇᆡ죄인(定配罪人) ᄃᆡ샤(大赦) 만나 즐거온 일, 셰상(世上)의 즐거온 일 만컨마ᄂᆞᆫ 이런 일도 ᄯᅩ 잇ᄂᆞᆫ가? 실낫ᄀᆞᆺ튼 ᄂᆡ 목숨을 어ᄉᆞ(御史) 낭군(郎君)이 살녓고나! 조흘 조흘 조흘시고! 져리 귀(貴)히 되엿고나! 어제날 유걸ᄀᆡᆨ(流乞客)이 오늘날 어ᄉᆡ(御史ㅣ)라. 어제 잠간(暫間) 맛낫실 제 조곰이나 일ᄭᅵ오지 그ᄃᆡ지도

---

1 셔안(書案): 책을 얹어 놓던 책상. 9 우화이등션(羽化而登仙): 날개가 나와 신선이 되어 하늘로 오름. 즉, 몸이 가뿐해지고 하늘로 오를 것 같은 기쁨을 비유. 12 조화옹(造化翁): 만물을 창조하는 노인. 즉, '조물주'를 이르는 말. 14 쳥츈금방(青春金榜) 괘명(卦名)ᄒᆞ니:

책상을 치며 크게 칭찬하고,

"아름답다, 절개로다! 기특하고 신통하다! 아리땁고 어여쁘다! 절묘하고 향기롭다! 반갑고도 기쁘도다! 어이 저리 절묘하니? 눈을 들어 나를 보라! 내 얼굴도 이도령과 같으니라."

춘향이 혼미중이나 음성이 귀에 익고 말소리가 수상한지라. 눈을 잠깐 들어 쳐다보니 수의어사가 잊지 못할 낭군이 정녕하다. 천 근같이 무겁던 몸이 날개가 돋아 신선이 되어 하늘로 오름과 같다. 한번 솟아 뛰어올라 들입다 덥석 안고 여산폭포에 돌이 구르듯 데굴데굴 구르면서,

"얼싸, 좋을시고! 이것이 꿈인가 생신가? 전생인가 이생인가? 아무래도 모르겠네. 조화옹의 작법인가, 하늘과 신령이 도우셨나? 좋을 좋을 좋을시고, 어사 서방이 좋을시고! 세상 사람 다 듣거라! 젊은 나이로 과거급제하였으니 소년등과 즐거운 일, 동방화촉 노도령이 숙녀 만나 즐거운 일, 천 리 타향의 옛친구 만나서 즐거운 일, 봄날 가뭄에 단비 만나 즐거운 일, 칠십 노인과 구대 독신이 아들 얻어 즐거운 일, 수삼천 리 정배 죄인이 사면을 만나서 즐거운 일, 세상에 즐거운 일이 많건마는 이런 일도 또 있는가? 실낱같은 내 목숨을 어사 낭군이 살렸구나! 좋을 좋을 좋을시고! 저리 귀히 되었구나! 어제의 떠돌이 걸객이 오늘날 어사라. 어제 잠깐 만났을 때 조금이나 일깨우지 그다지도 속

젊은 나이로 과거에 급제하여 이름이 방에 붙으니. 15 동방화촉(洞房華燭): 동방에 비치는 환한 촛불이라는 뜻으로, 혼례를 치르고 나서 첫날밤에 신랑이 신부 방에서 자는 의식을 이르는 말. 17 삼춘고한(三春枯旱) 감우(甘雨) 만나: 봄날의 가뭄에 단비를 만나.

속여는고? 허판슈(許判數)의 용한 점(占)이 천금(千金)이 빠리로다!”

어식(御史 l) 화답(和答)ᄒᆞ듸,

“무릉도원(武陵桃源) 화춍(花叢) 즁(中)의 호졉(胡蝶) 오기 제격(格)이오, 영쥬봉닋(瀛洲蓬萊) 삼신산(三神山)의 신션(神仙) 오기 제격(格)이오, 소상강(瀟湘江) 동졍호(洞庭湖)의 홍안(鴻雁) 오기 제격(格)이오, 악양누(岳陽樓) 등왕각(滕王閣)의 쇼인(騷人) 오기 제격(格)이오, 빙옥렬녀(氷玉烈女) 츈향(春香)의게 어ᄉᆞ(御史) 오기 제격(格)이라!”

이렷트시 즐기면셔 음식상(飮食床)을 흔듸 밧고, 지닌 말을 셔로 ᄒᆞ며 즐거오믈 니긔지 못ᄒᆞ더라.

ᄎᆞ시(此時), 츈향(春香)어미ᄂᆞᆫ 츈향(春香)의 형상(形狀) 보기 슬희여 집으로 도라오니, 마음이 산난(散亂)ᄒᆞ여 도로 나와 히남포(海南布) 당뵈 썔나 닛가의 갓다가, 이 쇼문(所聞)을 듯고 아모란 쥴은 모로고 즐겁기만 측냥(測量)업다. 썔닉 그르싀 물조ᄎᆞ 담아,

“ᄋᆡ고ᄋᆡ고, 닉 쌀 긔특(奇特)ᄒᆞ다. ᄋᆡ고, 닉 쌀 착흔지고! 어사(御史) 사회가 쓴박기라.”

강동강동 쒸놀 젹의, 인 그ᄅᆞ시 밋치 ᄉᆡ져 물을 모도 ᄂᆞ리쓰고,

“아ᄎᆞ, 급(急)히 이노라고 물 담은 쥴 니졋고나! 요 몰골을 엇지 ᄒᆞ리? 오냐, 그만 잇거라. 어ᄉᆞ(御史) ᄉᆞ회 어더시니 옷 흔 벌이야 어듸 가랴?

한ᄉᆞ(限死)ᄒᆞ고 쒸놀 젹의,

“조흘 조흘, 조흘시고! 어ᄉᆞ(御史) ᄉᆞ회가 조흘시고! 지어ᄌᆞ 조흘시고!”

즐거오믈 못 이긔여 강동강동 쒸놀면셔,

---

5 홍안(鴻雁): 큰 기러기와 작은 기러기를 아울러 이르는 말. 6 쇼인(騷人): 시인과 문사를

였는고? 허판수의 용한 점이 천금이라도 싸리로다!"

어사가 화답하되,

"무릉도원 꽃떨기 속에 호랑나비 오기가 제격이오, 영주 봉래 삼신산에 신선 오기가 제격이오, 소상강 동정호에 기러기 오기가 제격이오, 악양루 등왕각에 시인과 문사 오기가 제격이오, 빙옥 열녀 춘향에게 어사 오기가 제격이라!"

이렇듯이 즐기면서 음식상을 한데 받고, 지낸 말을 서로 하며 즐거움을 이기지 못하더라.

이때, 춘향어미는 춘향의 형상이 보기 싫어 집으로 돌아오니, 마음이 산란하여 도로 나와 해남포 당포 빨러 냇가에 갔다가, 이 소문을 듣고 아무런 줄은 모르고 즐겁기만 측량없다. 빨래 그릇에 물조차 담아,

"애고애고, 내 딸 기특하다. 애고, 내 딸 착한지고! 어사 사위가 뜻밖이라."

강동강동 뛰놀 적에, 머리에 인 그릇이 밑이 빠져 물을 모두 내리쓰고,

"아차, 급히 이느라고 물 담은 줄 잊었구나! 요 몰골을 어찌하리? 오냐, 그만 있어라. 어사 사위를 얻었으니 옷 한 벌이야 어디 가랴?"

기를 쓰고 뛰놀 때에,

"좋을 좋을, 좋을시고! 어사 사위가 좋을시고! 지화자 좋을시고!"

즐거움을 못 이겨 강동강동 뛰놀면서,

아울러 이르는 말. 11 차시(此時): 이때.

"강동(江東)의 범이 드니 길날아비 훨훨, 소쥬(燒酒) 흔 잔(盞) 먹어더니 곤듸줏시 절노 난다. 탁쥬(濁酒) 흔 잔(盞) 먹엇더니 엉덩츔이 절노 나닋."

위션(爲先) 관쇽(官屬)들의게 힝악(行惡)흔다.

"발가락들 모조릴 놈! 한셔붓터 쥬리를 홀나. 삼번관쇽(三番官屬) 다 나오소! 슐갑 셈도 즉금(卽今) 흐고, 쥭(粥) 갑 셈도 마즈 흐세. 즈네네들 싱심(生心)이 나 닋 돈 지고 아니 쥴가? 고치려도 숀이 쉽고 쇽이려도 잠간(暫間)이라."

총총(忽忽) 거러 관문(官門)으로 드러갈 졔 관쇽(官屬)드리 졀흐며,

"아즈마니, 그 스이 안령(安寧)흐옵시오?"

"이 스람들, 요스이 문(門) 보는 스람은 슈드리 그듸지 셴가? 그리들 마쇼."

"그러치 아니흐니. 업소, 망녕(妄靈)이오? 그럴 니(理)가 잇습는잇가?"

관노(官奴) 흐나 흐는 말이,

"여보시오, 즈친(慈親)신닋. 이 익 일은 그런 깃분 일이 업소."

"이 스람, 웃지 마쇼. 이졔야 말이지. 어졔 니셔방(李書房)이 우리 집으로 츳즈왓는듸, 그 쥬졔 쏠이 슌젼(純全) 거어질너라. 우리 아기는 그리야도 츰아 박디(薄待)를 못흐여 잘 디졉(待接)흐엿지. 나는 쏠보기 슬혀 밧그로 싸 보닋엿더니, 졔라도 념치(廉恥) 업셔 그 길노 다라낫느니라. 오날 아츰에 닋가 아기드려 즈셔히 니르고 다시 싱각 말나고 흐며, 만일(萬一) 다시 뭇거들낭 방슈(房守)들나 흐여더니, 져도 그 쏠 보고 어히업셔 살족흐고 훌일업시 역여어스(逆

---

1 길날아비 훨훨: 길을 인도하는 사람이 짐승을 쫓는 모양. 2 곤듸줏: 뽐내어 우쭐거리며 하는 고갯짓. 11 슈: 지닌 힘 또는 세력. 16 즈친(慈親)신닋: 남에게 자신의 어머니를 높여

“강동에 범이 드니 길날아비가 훨훨, 소주 한 잔 먹었더니 고갯짓이 절로 난다. 탁주 한 잔 먹었더니 엉덩춤이 절로 나네.”

우선 관속들에게 난폭하게 군다.

“발가락을 부러뜨릴 놈! 머리끝부터 주리를 틀라. 삼번관속 다 나오소! 술값 셈도 지금 하고, 죽 값 셈도 마저 하세. 자네들 생심이 내 돈 빌려가고 아니 줄까? 고치려도 손이 쉽고 속이려도 잠깐이라.”

총총 걸어 관문으로 들어갈 제 관속들이 절하며,

“아주머니, 그 사이 안녕하옵시오?”

“이 사람들, 요사이 문 보는 사람은 힘들이 그다지 센가? 그리들 마소.”

“그렇지 아니하니. 없소, 망령이오? 그럴 리가 있습니까?”

관노 하나가 하는 말이,

“여보시오, 자친신네. 이 애 일은 그런 기쁜 일이 없소.”

“이 사람, 웃지 마소. 이제야 말이지. 어제 이서방이 우리 집으로 찾아왔는데, 그 주제 꼴이 순전 거지일러라. 우리 아기는 그래도 차마 박대를 못하여 잘 대접하였지. 나는 꼴보기 싫어 밖으로 따돌려 보내었더니, 저라도 염치없어 그 길로 달아났느니라. 오늘 아침에 내가 아기더러 자세히 이르고 다시 생각 갈라고 하며, 만일 다시 묻거들랑 수청 들라 하였더니, 저도 그 꼴 보고 어이없어 샐쭉하고 하릴없이 나그네길 어사의 수청을 들었나 보

부르는 말인데, 여기서는 춘향어미를 지칭. 원문의 ‘ᄌ치’는 ‘ᄌ친’으로 바로잡았음. 23 살족ᄒ고: 쌜쭉하고. 역여어ᄉ(逆旅御史)의 슈쳥(守廳) 들엇나: 나그네길에 오른 암행어사의 수청을 들었나. 원문의 ‘드러나’는 ‘들엇나’로 바로잡았음.

旅御史)의 슈쳥(守廳) 들엇나 보외. 지금 당(當)ᄒᆞ여 잘된 셈이라. 만일(萬一) 본관(本官)의게 허락(許諾) 곳 ᄒᆞ엿더면 오고랑이 되엿실 거술. 요런 ᄉᆡᆨ판 ᄯᅩ 잇ᄂᆞᆫ가? 이졔ᄂᆞᆫ 긔탄(忌憚)업ᄉᆞ니, 니셔방(李書房)이 온다 ᄒᆞᆫ들 이런 쇼문(所聞) 듯게 되면 무ᄉᆞᆫ 낫치 다시 올가? 익고, 그런 흉(凶)ᄒᆞᆫ 놈을 이졔ᄂᆞᆫ 아조 ᄇᆡ송(拜送)일다."

아젼(衙前) 하나 ᄂᆡ다ᄅᆞ며 ᄒᆞᄂᆞᆫ 말이,

"이어ᄉᆞ(李御史)가 젼등(前等) ᄎᆡᆨ방(冊房) 니도령(李道令)일셰. 쳘도 모로고 이리 구다가 큰일 나리. 드러가셔 뒷도ᄅᆡ(到來)를 잘 치소. 늙은 몸의 팔ᄌᆞ(八字) 조케 되엿네."

츈향(春香)어미 ᄒᆞᄂᆞᆫ 말이,

"아니외다. 그런 말ᄉᆞᆷ 다시 마오. 셔울 놈이 음흉(陰凶)ᄒᆞ여 가어ᄉᆞ(假御史)로나 단니면 모로거니와 슈의어ᄉᆞ(繡衣御史)야 졔 집 조상(祖上)의나 잇시릿가?"

머리를 셜셜 흔들면셔,

"아이에 이런 말ᄉᆞᆷ 다시 마오."

이렁트시 슈쟉(酬酌)ᄒᆞ며 한결갓치 츔을 츄고 동헌(東軒)으로 드리다라,

"지어ᄌᆞ 조흘시고! 츈향(春香)아, 거긔 잇ᄂᆞ냐 업ᄂᆞ냐?"

ᄒᆞ며, 어ᄉᆞ(御史)를 치여다보니 어졔 왓던 걸ᄀᆡᆨ(乞客)이라. 마른 하늘 된벼락이 어ᄃᆡ로셔 나려오나. 긔(氣)가 막혀 벙벙ᄒᆞ고 그만 팔셕 쥬져안져 아모 쇼ᄅᆡ도 못ᄒᆞ거늘, 어ᄉᆡ(御史ㅣ) 나려다보고 웃고 ᄒᆞᄂᆞᆫ 말이,

"이 ᄉᆞ람 츈향(春香)어미, 요ᄉᆞ이도 집 팔기를 잘ᄒᆞ나? 오날도 과부(寡婦) 집의셔 오나?"

---

2 **오고랑이 되엿실 거술**: 오그라진 물건이 되었을 것을. 즉, 일이 어긋나 좋지 않은 처지가 되었을 것을 이르는 말. 원문의 '오고광'은 '오고랑'으로 바로잡았음. 7 **젼등(前等) ᄎᆡᆨ방(冊**

외. 지금 처지에는 잘된 셈이라. 만일 본관에게 허락 곧 하였다면 오고랑이 되었을 것을. 요런 깨판이 또 있는가? 이제는 기탄없으니, 이서방이 온다 한들 이런 소문 듣게 되면, 무슨 낯으로 다시 올까? 애고, 그런 흉한 놈을 이제는 아주 쫓아 버렸네."

아전 하나가 내달으며 하는 말이,

"이어사가 전등 책방 이도령일세. 철도 모르고 이리 굴다가 큰일 나리. 들어가서 뒷마무리를 잘 치소. 늙은 몸에 팔자 좋게 되었네."

춘향어미 하는 말이,

"아니외다. 그런 말씀 다시 마오. 서울 놈이 음흉하여 가짜어사로나 다니면 모르거니와 수의어사야 제 집 조상에나 있으리까?"

머리를 설레설레 흔들면서,

"아예 이런 말씀 다시 마오."

이렇듯이 수작하며 한결같이 춤을 추고 동헌으로 들이달아,

"지화자 좋을시고! 춘향아, 거기 있느냐 없느냐?"

하며, 어사를 쳐다보니 어제 왔던 걸객이라. 마른하늘에 된벼락이 어디에서 내려오나. 기가 막혀 벙벙하고 그만 펄썩 주저앉아 아무 소리도 못하거들, 어사가 내려다보고 웃고 하는 말이,

"이 사람 춘향어미, 요사이도 집 팔기를 잘하나? 오늘도 과부집에서 오나?"

房): 이전 사또의 책방 도령. 16 **한결갓치**: 원문의 '한갈갓치'는 '한결갓치'로 바로잡았음.
20 **벙벙ᄒᆞ고**: 어리둥절하고.

츈향(春香)어미 쇽이 부젹부젹 죄오건마는, 그랴도 먹은 갑시 잇고 둘너딕기를 잘ᄒᆞᄂᆞᆫ지라. 언큼ᄒᆞᆫ 마음의 두루쳐 딕답(對答)ᄒᆞ딕,

"이졔야 말솜이지오. ᄉᆞ또 일을 그ᄯᅴ 발셔 다 아랏지오. 뉘 기ᄯᆞᆯ년이 몰랏다고요? 그러ᄒᆞ기에 ᄒᆡ남포(海南布) ᄒᆞᆫ 필(疋), 당뵈 두 필(疋) 급(急)히 ᄲᆞᆯ나 갓지오. ᄉᆞ또(使道) 옷 ᄉᆡ로 ᄒᆞ여 드리ᄌᆞ ᄒᆞ엿지오. 그러치 아니ᄒᆞ면 무슨 경(景)에 그것 ᄲᆡᆯ나 갓깃쇼? ᄂᆡ 일을 낫부게 아라 계신가 보오마는, 나는 다 쇽이 이셔 그리ᄒᆞ엿지오. 만일(萬一) ᄂᆡ 집의셔 쥬무시다가, 혹시(或是) 은근(慇懃)ᄒᆞᆫ 일을 뉘가 알가 ᄒᆞ고, 아조 각지(角指)숀 ᄒᆞ엿지오. 그러치 아니면 엇지 ᄎᆞᆷ아 구박(驅迫)ᄒᆞ오릿가? 날을 눌만 녁이시오? 슌라골 ᄶᅡ마죵이오. 것츤 퍼러ᄒᆞ여도 쇽은 다 닉엇지오."

ᄒᆞ면서, 고ᄀᆡ를 슉이고 얼골이 붉으락누룰락ᄒᆞ거늘, 어ᄉᆡ(御史ㅣ) 웃고,

"이 ᄉᆞ람, 얼골 들고 말ᄒᆞ쇼."

"ᄋᆡ고, 얼골의셔 쥐가 나오!"

츈향(春香)이 ᄒᆞᄂᆞᆫ 말이,

"여보, 그만두오. 그만ᄒᆞ여도 늙은 어미 무안(無顔)ᄒᆞ깃소. 그것도 ᄯᅩᄒᆞᆫ 날을 위(爲)ᄒᆞ노라고 그리ᄒᆞ엿지, ᄉᆞ또(使道)를 믜여 그리ᄒᆞ엿깃소?"

어ᄉᆡ(御史ㅣ) ᄃᆡ답(對答)ᄒᆞᄃᆡ,

"그만둘가? 그리랴도 어미 역슬 드ᄂᆞᆫ고나. 네 말이 그러ᄒᆞ니 그만두지."

---

2 두루쳐: 그럴듯한 말로 둘러대어. 3 뉘 기ᄯᆞᆯ년이 몰랏다고요: 어느 개딸년이 몰랐다고요. '개딸년'은 행실이 나쁘거나 매우 못된 여자를 낮잡아 이르는 말. 원문의 '몰나다'는 '몰랏다'로 바로잡았음. 6 무슨 경(景)에: 어느 경황에. 9 아조 각지(角指)숀 ᄒᆞ엿지오: 아주 매섭

춘향어미 속이 부쩍부쩍 죄어오건마는, 그래도 먹은 값이 있고 둘러대기를 잘하는지라. 엉큼한 마음에 두루쳐 대답하되,

"이제야 말씀이지오. 사또 일을 그때 벌써 다 알았지요. 뉘 개딸년이 몰랐다고요? 그러하기에 해남포 한 필, 당포 두 필을 급히 빨러 갔지요. 사또 옷 새로 하여 드리자 하였지요. 그렇지 아니하면 무슨 경황에 그것 빨러 갔겠소? 내 일을 나쁘게 알아 계신가 보지만, 나는 다 속이 있어 그리하였지요. 만일 내 집에서 주무시다가, 혹시 은근한 일을 누가 알까 하고, 아주 무섭게 하였지요. 그렇지 않으면 어찌 차마 구박하오리까? 나를 누구로만 여기시오? 순라골의 까마종이요. 겉은 퍼래도 속은 다 익었지요."

하면서, 고개를 숙이고 얼굴이 붉으락누르락하거늘, 어사가 웃고,

"이 사람, 얼굴 들고 말하소."

"애고, 얼굴에서 쥐가 나오!"

춘향이 하는 말이,

"여보, 그만두오. 그만하여도 늙은 어미 무안하겠소. 그것도 또한 나를 위하느라고 그리하였지, 사또를 미워하여 그리하였겠소?"

어사가 대답하되,

"그만둘까? 그래도 어미 역성을 드는구나. 네 말이 그러하니 그만두지."

게 하였지요. 10 슌라골 ᄶᅡ마종: 순라골 까마종. 까마종은 꽃이 진 뒤에 까맣게 열리는 작은 장과(漿果)로, 실속이 있음을 뜻함. 또는 무엇이나 다 알고 있어 모르는 것이 없는 사람을 의미. 15 얼골의셔 쥐가 나오: 얼굴에서 경련이 일어나오. 즉, 무안하여 둘러대는 표현.

이리 슈작(酬酌)ᄒᆞ며 밤이 맛도록 즐거오믈 니긔지 못ᄒᆞ더라.

본관(本官)은 봉고파츌(封庫罷黜)ᄒᆞ여 감영(監營)에 보장(報狀)ᄒᆞ고, 본읍(本邑)에 밀닌 공ᄉᆞ(公事) 거울갓치 쳐결(處決)ᄒᆞ고, 니방(吏房) 불너 분부(吩咐)ᄒᆞᄃᆡ,

"ᄂᆡ외아ᄉᆞ(內外衙舍) ᄌᆡ물(財物)들이 모도 다 탐장(貪贓)이니, 동헌(東軒)의 잇ᄂᆞᆫ 거슨 민고(民庫)로 입장(入贓)ᄒᆞ고, ᄂᆡ아(內衙)의 잇ᄂᆞᆫ 거슨 논ᄆᆡ(論賣)ᄒᆞ여 금일(今日)로 관납(官納)ᄒᆞ라!"

니방(吏房)이 분부(吩咐)듯고, 공관즙물(空官什物) 방ᄆᆡ(放賣)ᄒᆞᆯ 제, 실ᄂᆡ(室內) 마노라 조흔 셔답 네 귀에 ᄁᆞᆫ을 다라 갓거리로 방ᄆᆡ(放賣)ᄒᆞ고, ᄎᆡᆨ방(冊房)이 쓰든 총관(毛悤冠)도 말콩 망ᄐᆡ로 방ᄆᆡ(放賣)ᄒᆞ고, 가즌 즙물(什物) 다 파라셔 관젼(官前)의 밧치오니, 봉고(封庫)ᄒᆞ여 너흔 후(後)의 모든 공ᄉᆞ(公事) 쳐결(處決)ᄒᆞ고, 좌슈(座首) 불너 인관(印官)ᄒᆞ고, 츈향(春香)의 집으로 나아오니, 문젼뉴(門前柳) 창외ᄆᆡ(窓外梅)ᄂᆞᆫ 옛 경ᄀᆡ(景槪)가 ᄉᆡ로왜라.

슈삼일(數三日) 묵은 후(後)의, 가마 독교(獨轎) 션명(鮮明)이 찰혀 츈향(春香) ᄐᆡ와 압세우고, ᄉᆞ립(簑笠)가마 ᄉᆞ며ᄂᆡ여 월ᄆᆡ(月梅) ᄐᆡ와 뒤 셰우고, 가장긔물(家藏器物) 진ᄆᆡ(盡賣)ᄒᆞ여 부담(負擔) 바리 시른 후(後)의, 상단 ᄐᆡ와 부촉ᄒᆞ여 경셩(京城)으로 보ᄂᆡᆫ 후(後)의, 젼나도(全羅道) 오십칠관(五十七官) 좌우도(左右道)를 다 도라셔, 탐관오리(貪官汚吏) 슈ᄌᆡ곡법(收財曲法) 녁녁(歷歷)히 뒤여ᄂᆡ여 흐린 공ᄉᆞ(公事) 밝혀ᄂᆡ니, 불효부졔(不孝不悌) 훈계(訓戒)ᄒᆞ니, 거리거리 션정비(善政碑)오 골골리 칭셩(稱聲)이라.

---

2 **보장**(報狀): 어떤 사실을 상관에게 공식적으로 보고하던 일. 5 **탐장**(貪贓): 부정한 방법으로 얻은 재물. 6 **민고**(民庫): 조선시대에 관아의 임시 비용으로 쓰기 위해 해마다 군민에게서 거둔 곡식과 돈 따위를 보관하던 창고. 7 **논ᄆᆡ**(論賣)**ᄒᆞ여**: 잘 팔아서. 8 **공관즙물**(空官什物) **방ᄆᆡ**(放賣)**ᄒᆞᆯ 제**: 파직을 당한 관리가 가지고 있던 물건들을 팔 때. 9 **실ᄂᆡ**(室內)

이리 수작하며 밤이 다하도록 즐거움을 이기지 못하더라.

본관은 봉고파출하여 감영에 보고하고, 본읍에 밀린 공사는 거울같이 처결하고, 이방 불러 분부하되,

"내외 관아의 재물들은 모두 다 부정한 방법으로 얻은 것이니, 동헌에 있는 것은 민고로 들여놓고, 내아에 있는 것은 잘 팔아서 금일 내로 관아로 들여라!"

이방이 분부 듣고, 파직당한 관리의 재물을 내어다 팔 때, 실내 마누라의 좋은 서답은 네 귀에 끈을 달아 갓걸이로 내다 팔고, 책방이 쓰던 총관도 말콩 담는 망태로 내다 팔고, 갖은 집물을 다 팔아서 관아에 바치오니, 창고를 봉하여 넣은 후에 모든 공사 처결하고, 좌수 불러 도장을 찍고, 춘향의 집으로 나아오니, 문 앞의 버들과 창밖의 매화는 옛 경개가 새로워라.

수삼 일 묵은 후에, 한 마리 말이 끄는 가마를 선뎡히 차려 춘향을 태워 앞세우고, 삿갓가마 꾸며내어 월매 태워 뒤에 세우고, 집안 기물을 다 팔아서 소와 말 등에 실은 후에, 상단을 태워서 부축하여 경성으로 보낸 후에, 전라도 오십칠관 좌우도를 다 돌아서, 탐관오리가 불법으로 거둔 재물과 국법을 어긴 일을 자세히 찾아내어 흐린 공사를 밝혀내고, 불효한 일과 형제간에 우애 없는 일을 훈계하니, 거리마다 선정비요 고을마다 칭찬 소리라.

마노라: 고을 부사의 부인. 셔답: 개짐. 여자가 월경 때 샅에 차던 헝겊. 10 총관(毬冠): 머리에 쓰던 세모꼴의 망태관. 말콩 망티: 말콩을 담는 망태기. 13 인관(印官)ᄒᆞ고: 관인을 찍고. 문젼뉴(門前柳) 창외미(窓外梅): 대문 앞에 버들과 창밖의 매화. 16 ᄉᆞ립(簑笠)가마: 삿갓가마. 즉, 사방에 휘장을 두르고 위에 큰 삿갓을 덮은 가마. 17 가장그물(家藏器物) 진미(盡賣)ᄒᆞ여: 집에서 쓰던 물건을 모두 팔아서. 20 슈직곡법(收財曲法): 부정하게 모은 재물과 국법을 어긴 일을 이르는 말.

이러트시 도라단녀 모든 일을 다 ᄒᆞᆫ 후(後)의, 승일상ᄂᆡ(乘馹上來) 입셩(入城)ᄒᆞ여 탑젼(榻前)의 봉명(奉命)ᄒᆞ온ᄃᆡ, 상(上)이 반기시며 귀(貴)히 넉여 밧비 인견(引見)ᄒᆞ여 숀을 잡으시고, 원노힝역(遠路行役) 위로(慰勞)ᄒᆞ며 인민거폐(人民去弊) 무ᄅᆞ시니, 어ᄉᆡ(御史ㅣ) 고두ᄉᆞ은(叩頭謝恩)ᄒᆞ고 경력문셔(經歷文書)와 힝듕일긔(行中日記)를 두 숀으로 밧드러 드리온ᄃᆡ, 상(上)이 바다 삷혀보시고 용안(龍顔)이 ᄃᆡ열(大悅)ᄒᆞ샤 칭찬(稱讚)ᄒᆞ시며 위로(慰勞)ᄒᆞ시ᄃᆡ,

"년소미질(年少美質)이 누삭(累朔)을 원방(遠方)에 구치(驅馳)ᄒᆞ나 조곰도 상(傷)ᄒᆞᆫ ᄇᆡ 업고, 슈다공ᄉᆞ(數多公事)를 션치(善治)ᄒᆞ나 하나토 미진(未盡)ᄒᆞ미 업ᄉᆞ니, 이 진짓 샤직(社稷)의 리공(利功)이로다." ᄒᆞ시고, ᄃᆡ찬(大讚)ᄒᆞ시며 동벽응교(東壁應敎)를 제슈(除授)ᄒᆞ시고, 샹ᄉᆞ(賞賜)를 무슈(無數)이 ᄒᆞ시며 밧비 나가 쉬라 ᄒᆞ시니, 씌마츰 조용ᄒᆞᆫ지라. 응괴(應敎ㅣ) 복지(伏地)ᄒᆞ여 츈향(春香)의 졍졀(貞節)과 젼후ᄉᆞ(前後事)를 ᄌᆞ셔히 쥬달(奏達)ᄒᆞ오니, 샹(上)이 드ᄅᆞ시고 희한(稀罕)이 넉이샤 격졀칭찬(擊節稱讚)ᄒᆞ시되,

"뎌의 졍졀(貞節) 지귀(至貴)ᄒᆞ다. 만고(萬古)의 드믄 일이로다. 창가지물(娼家之物)은 노류장홰(路柳墻花ㅣ)라 ᄉᆞ람마다 길드리거늘, 츈향(春香)의 렬졀셩힝(烈節性行)이 고인(古人)의 지나고, 청고슉덕(淸高淑德)이 ᄉᆞ부규슈(士夫閨秀)의 블급(不及)ᄒᆞ미 만흐니, 이는 ᄌᆞ고(自古)로 드믄 일이라."

---

1 승일상ᄂᆡ(乘馹上來): 임금의 명령으로 지방의 관리를 부를 때 역마를 주어 오게 하던 일. 3 원노힝역(遠路行役): 먼길을 가서 행한 공무. 5 고두ᄉᆞ은(叩頭謝恩): 머리를 조아려 임금의 은혜에 감사함. 경력문셔(經歷文書)와 힝듕일긔(行中日記): 겪어 지내온 일에 관계되는 서류와 그동안의 일지. 원문의 '격년'은 '경력'으로 바로잡았음. 8 누삭(累朔): 여러 달. 원

이렇듯 돌아다녀 모든 일을 다 한 후에, 역마를 타고 입성하여 임금 앞에 보고하니, 임금이 반기시며 귀히 여겨 바삐 맞아서 손을 잡으시고, 먼 길 가서 행한 공무를 위로하며 백성들의 불편함 없앰을 물으시니, 어사가 머리를 조아려 거듭 임금의 은혜에 감사드리고 그동안에 겪은 일을 기록한 문서와 행중일기를 두 손으로 받들어 드리오니, 임금이 받아서 살펴보시고 얼굴에 기쁜 빛을 띠며 칭찬하시며 위로하시되,

"어린 나이의 아름다운 자질로 몇 달 동안 먼 지방을 바삐 돌아다니나 조금도 상한 바 없고, 수많은 공사를 선치하나 하나도 미진함이 없으니, 이는 짐짓 나라에 이로움이라."

하시고, 크게 칭찬하시며 동벽 응교를 제수하시고, 상을 무수히 내리시며 바삐 나가 쉬라 하시니, 때마침 조용한지라. 응교가 엎드려 춘향의 정절과 전후의 사연을 자세히 아뢰오니, 임금이 들으시고 희한히 여기사 무릎을 치며 칭찬하시되,

"저의 정절 지극히 귀하다. 만고에 드문 일이로다. 기생은 길가의 버들이나 담 밑의 꽃과 같아서 사람마다 길들이거늘, 춘향의 곧은 절개과 행실은 옛사람보다 낫고, 현숙한 덕이 사대부 규수 집안이 오히려 따르지 못함이 많으니, 이는 예부터 드문 일이라."

방(遠方)에 구치(驅馳): 먼 곳을 바삐 돌아다님. 10 진짓: 짐짓. 11 동벽응교(東壁應敎): 홍문관과 예문관의 정4품 벼슬. 12 샹ᄉᆞ(賞賜): 칭찬하여 상으로 물품을 내려줌. 13 복지(伏地): 땅에 엎드림. 14 쥬달(奏達): 임금께 아뢰던 일. 15 격졀칭찬(擊節稱讚): 무릎을 손으로 치면서 매우 칭찬함. 19 쳥고슉덕(淸高淑德)이 ᄉᆞ부규슈(士夫閨秀)의 블급(不及)ᄒᆞ미 만흐니: 현숙한 덕이 사대부 가문의 규수도 따르지 못할 점이 많으니.

ᄒᆞ시고, 니조(吏曹)의 하교(下敎)ᄒᆞ샤 뎡렬부인(貞烈夫人) 직쳡(職牒)을 ᄂᆞ리오샤 졍비(正妃)를 봉(封)ᄒᆞ라 ᄒᆞ시니, 이런 영광(榮光)이 어ᄃᆡ 이시리오? 응괴(應敎ㅣ) 쳔만의외(千萬意外) 텬은(天恩)이 여ᄎᆞ(如此)ᄒᆞ시믈 감츅(感祝)ᄒᆞ여 ᄇᆡᆨᄇᆡ(百拜) 고두ᄉᆞ은(叩頭謝恩)ᄒᆞ고 퇴조(退朝)ᄒᆞ여 집의 도라와 가묘(家廟)의 현알(見謁)ᄒᆞ고, 슬하(膝下)의 ᄇᆡ현(拜見)ᄒᆞ니, 부뫼(父母ㅣ) 반기고 친쳑(親戚)이 모다 하례(賀禮)ᄒᆞ더라.

응괴(應敎ㅣ) 부모젼(父母前)의 ᄭᅮ러안ᄌᆞ 젼후ᄉᆞ연(前後事緣)과 셩상(聖上)의 은지(恩志)를 고(告)ᄒᆞ온ᄃᆡ, 부뫼(父母ㅣ) ᄯᅩᄒᆞᆫ 깃거 못ᄂᆡ 칭찬(稱讚)ᄒᆞ고 길일(吉日)을 ᄐᆡᆨ(擇)ᄒᆞ여 종족(宗族)을 ᄃᆡ회(大會)ᄒᆞ고, 뉵녜ᄇᆡᆨ냥(六禮百粱)을 갓초와 남원(南原)집을 부인(夫人)으로 승ᄎᆞ(陞差)ᄒᆞ고, 폐ᄇᆡᆨ(幣帛)을 ᄀᆞᆺ초와 ᄉᆞ당(祠堂)의 고(告)ᄒᆞᆫ 후(後) ᄇᆡᆨ년히로(百年偕老)ᄒᆞ올 젹의, 벼슬은 뉵경(六卿)이오 ᄌᆞ녀(子女)ᄂᆞᆫ 오남ᄆᆡ(五男妹)라. ᄂᆡ외숀(內外孫)이 번셩(繁盛)ᄒᆞ여 곽분양(郭汾陽)의 다ᄌᆞ(多子)ᄒᆞ믈 불워 아닐너라. 부모(父母)의게 영효(榮孝) 뵈고 친쳑(親戚)의게 화목(和睦)ᄒᆞ며, 가즁상하(家中上下)의 칭셩(稱聲)이 여뢰(如雷)ᄒᆞ니, 아마도 쳔고긔ᄉᆞ(天古奇事)ᄂᆞᆫ 이ᄲᅮᆫ이오, 츈향(春香)의 고졀(高節)은 다시업슬가 ᄒᆞ노라.

긔ᄉᆞ(己巳) 구월(九月) 념팔(念八) 누동(樓洞) 필셔(畢書).

---

1 **뎡렬부인(貞烈夫人) 직쳡(職牒)**: 정절이 굳고 행실이 곧은 부인에게 조정에서 내리는 사령장. 5 **퇴조(退朝)**: 벼슬아치들이 조정의 조회에서 물러나던 일. 6 **ᄇᆡ현(拜見)**: 공경하는

하시고, 이조에 하교하여 정렬부인의 직첩을 내리오사 정실부인에 봉하라 하시니, 이런 영광이 어디 있으리오? 응교는 천만 뜻밖으로 임금의 은혜가 이와 같음을 감축하여 머리를 조아려 백배 감사하고, 조정에서 물러나와 집에 돌아와 조상의 가묘와 부모님께 인사를 드리니, 부모가 반기고 친척이 모두 하례하더라.

응교가 부모 앞에 꿇어앉아 전후의 사연과 임금의 은혜로운 뜻을 고하온데, 부모가 또한 기뻐 못내 칭찬하고 길일을 택하여 종족을 크게 모으고, 육례 절차를 갖추어 혼인하고 남원집을 부인으로 승차하고, 폐백을 갖추어 사당에 고한 후 백년해로하올 적에, 벼슬은 육경이요, 자녀는 오남매라. 내외의 손이 번성하여 곽분양의 자식 많음을 부러워 아니하더라. 부모에게 영화와 효도를 보이고 친척에게 화목하며, 집안의 상하에 칭찬 소리가 우레와 같으니, 아마도 천고에 기이한 일은 이뿐이요, 춘향의 높은 정절은 다시없을까 하노라.

기사년 구월 이십팔일에 누동에서 쓰기를 마침.

마음으로 삼가 얼굴을 뵘. 11 남원(南原)집: 남원에서 온 사람. 즉, 춘향을 일컫는 말. 13 뉵경(六卿): 육조의 판서들. 15 곽분양(郭汾陽)의 다즈(多子)ᄒᆞᆷ을: 당나라 곽분양의 자손이 많음을.

남원고사 원문

권지일

텬하명산오악지즁에형산이놉고놉다당시절의절문즁이경문이
능통ᄒᆞ므로뇽궁의봉명ᄒᆞ고셕교상느즌봄바람의팔션녀희롱ᄒᆞᆫ죄로
환싱인간ᄒᆞ여츌댱입상타가ᄐᆡᆨᄉᆞ당도라들졔뇨됴졀ᄃᆡ드리좌우의버
러시니난양공쥬영양공쥬딘치봉가츈운계셤월젹경홍심요연빅능파
와슬커졍노니다가산종일셩의ᄌᆞ든쑴ᄭᅴ거다아마도셰상명니와비우
희락이〃러ᄒᆞᆯ가ᄒᆞ노ᄆᆡ라쳥ᄋᆡ조흔남니샹의니화방초고든길의청녀
완보드러가니산여옥셕층〃닙의만학군봉쇼ᄉᆞ잇고청ᄉᆞ(→천ᄉᆞ)쥬
분졈〃비의빅도뉴천기러잇다층암졍슈졀벽간의져골ᄭᅬᄭᅩ리종달식
p. 40 는셕양쳥풍플〃날고만학젹요깁흔골의귀쵹도불여귀라두견식슬피
울고무심ᄒᆞᆫ져구름은봉〃이걸녀는ᄃᆡ빅댱뉴ᄉᆞ징요쉬라나무마다얼
의엿고식〃이붉은꼿츤골〃마다영롱ᄒᆞ니일군교됴공졔홰라가지〃
〃낭ᄌᆞᄒᆞ다힝진쳥계불견인은무릉도원이어ᄃᆡ메뇨만학청암(→천
암)쇄모연을낙이산즁니러ᄒᆞᆯ가벽도화천년봄은풍결ᄌᆞ의프르럿고
한가ᄒᆞ다츈산계화졈〃홍의붉어시니방장봉닉어ᄃᆡ메오영쥬삼산이
여긔로다요간부상삼빅쳑의금계졔타(→졔파)일륜홍은지쳑일시분
명ᄒᆞ다오초는어이ᄒᆞ여동남으로터져잇고건곤은무삼일노일야의ᄯᅥ
잇ᄂᆞ니강안의츈롱ᄒᆞ니황금이천편이오누하(→노화)의풍긔ᄒᆞ니빅
셜이일장이라창오모운월천츈의잠연낙무(→낙목)경도죠타무산십
이놉흔봉은구름밧긔쇼ᄉᆞ잇고동졍칠빅너른물은하늘과ᄒᆞᆫ빗치라망
p. 42 〃평호가는비는범녀의오호쥬오평ᄉᆞ십니나는ᄉᆡ는셔왕모의쳥됴로
다강안비회초월오(→초월조)는옥누쳥풍물가마다한가로히안ᄌᆞ잇
고산토황금진졉잉은쳥포셰류두던우희비거비릭왕닉ᄒᆞ니원상한산
셕경ᄉᆞ는니젹션의일흥이오쇼〃낙목귀마슈는빅낙천의유취로다ᄌᆞ
미동남션아유는날과몬져노랏노라이런경ᄀᆡ다본후에어ᄃᆡ메로가ᄌᆞᆺ

말고산은첩〃쳔봉이오슈ᄂᆞᆫ잔〃벽계로다긔암층〃졀벽간의폭포쳥
파ᄶᅧ러지고힝심일경빗긴길에창송은울〃벽도화난만즁의ᄭᅩᆺ쇽의잠
든나뷔ᄌᆞ최소ᄅᆡ의펄〃날고노화홍요젹막ᄒᆞᆫᄃᆡ아희야무릉이
어듸메니도원이여긔로다화간졉무분〃셜의류상잉비편〃금이라도
원도리편시츈은어이그리슈히가노우양은하산ᄒᆞ여외양을ᄎᆞᄌᆞ가고
슉됴ᄂᆞᆫ쥭지ᄶᅵ고군비투림ᄒᆞᄂᆞᆫ고나삼간초옥젹막ᄒᆞᆫᄃᆡ일편싀문다ᄃᆞ
두고니화월ᄇᆡᆨ붉은날의두견셩즁홀노안ᄌᆞ칠현금빗기안고쳔니고인 p. 44
ᄉᆡᆼ각ᄒᆞ니산당슈원먼나믄ᄃᆡ안졀어침더욱셜다오동츄야붉은달과호
졉츈풍긴〃날의산가촌젹을어부ᄉᆞ로화답ᄒᆞ고일엽어션흘니져어장
〃(→장강)어ᄉᆞ긴낙ᄃᆡ로낙조강노빗겻ᄂᆞᆫᄃᆡᄌᆞᄆᆡᆨ풍진미친긔별산간
어옹ᄂᆡ몰ᄂᆡ라은닌옥쳑ᄶᅵ노ᄂᆞᆫᄃᆡ야슈강텬ᄒᆞᆫ빗치라거구셰린낙가ᄂᆡ
니송강노어불열쇼냐십니샤장나려가니ᄇᆡᆨ구비거ᄲᅮᆫ이로다쥭당망혜
단표ᄌᆞ로쳔니강산드러가니만학쳔봉구름쇽의초옥싀문도라드러금
셔쇼일ᄒᆞᄂᆞᆫ곳의유쥬영쥰ᄒᆞ여셰라댱가단젹두셰곡의일비〃〃부일
ᄇᆡ라퇴헌(→퇴연)옥산취ᄒᆞᆫ후의셕두한팀잠을드러학녀일셩ᄭᅴ다ᄅᆞ
니계월삼경ᄲᅮᆫ이로다고거ᄉᆞ마ᄯᅳᆺ이업고미쥬가효흥이 난다승단
(→송단)치지노ᄅᆡᄒᆞ고셕젼츈우밧출가니당우텬지이아니며갈텬민 p. 46
인나ᄲᅮᆫ이라등동고이셔쇼ᄒᆞ고림쳥류이부시로다남젼곡식ᄆᆡ리업고
운지고산시비업다셰상영욕다바리고물외강산오며가며일ᄃᆡ계산젹
막ᄒᆞᆫᄃᆡ셕조강어ᄲᅮᆫ이로다범〃창파이ᄂᆡ흥을녹〃셰인졔뉘알니쳔지
만ᄌᆡ억만ᄌᆡᄅᆞᆯ여ᄎᆞ〃〃늙으리라이셰상의ᄆᆡ오이상ᄒᆞ고신통ᄒᆞ고거
록ᄒᆞ고긔특ᄒᆞ고ᄑᆡ려ᄒᆞ고ᄆᆡᆼ낭ᄒᆞ고희한ᄒᆞᆫ일이잇것다젼라도남원부
ᄉᆞ니등ᄉᆞᄯᅩ도임시의ᄌᆞ졔니도령이년광이십뉵셰라얼골은딘유ᄌᆞ오
풍치ᄂᆞᆫ두목지라문댱은니태ᄇᆡᆨ이오필법은왕희지라ᄉᆞᄯᅩᄉᆞ랑이ᄐᆡ과
ᄒᆞ여도임초의칙방의기ᄉᆡᆼ슈쳥드리ᄌᆞᄒᆞ니싀의상홀가념녀ᄒᆞ고통인
슈쳥너ᄎᆞᄒᆞ니용의골가념녀ᄒᆞ여관속의게분부ᄒᆞ되칙방의만일기ᄉᆡᆼ
슈쳥을드리거나반〃ᄒᆞᆫ통인슈쳥을드리ᄂᆞᆫ폐가잇시면너희ᄅᆞᆯ잡ᄋᆞ드

p. 48 려뉴월도ᄊᆡ를쑬고왼호쵸를박으면웃고죽으리라이러틋분부를지엄
극악키ᄒᆞ니엇던녁젹의아들놈이술찐암캉아지ᄒᆞ나히나칙방근쳐의
보ᄂᆡ리오칙방슈청을드리되귀신다된아희놈을드리거다상모를녁〃
히쓰더보니ᄃᆡ고리ᄂᆞᆫ북통ᄀᆞᆺ고얼골은밀ᄆᆡ판ᄀᆞᆺ고코ᄂᆞᆫ어러죽은초빙
(→초빈)쥴기만ᄒᆞ고닙은귀가지도라지고눈구멍은총구멍갓ᄒᆞ니깁
던지마던지이달의울일이〃시면ᄂᆡ월초ᄉᆡᆼ의눈물이ᄆᆡᆺ쳣다가스므날
경게되여야낙누ᄒᆞ고얽던지마던지얽은구멍에탁쥬두푼어치부어도
잘ᄎᆞ지아니ᄒᆞ고몸집은동ᄃᆡ문안인경만ᄒᆞ고두다리ᄂᆞᆫ휘경원정ᄌᆞ각
기동만ᄒᆞ고킈ᄂᆞᆫ팔쳑댱신이오발은계요ᄀᆡ발만ᄒᆞᆫᄃᆡ종아리ᄂᆞᆫ비상먹
은쥐다리ᄀᆞᆺᄒᆞ니바람부ᄂᆞᆫ날이면간드렝〃〃〃ᄒᆞ다가된통바람이부
ᄂᆞᆫ날이면각금낙셩ᄒᆞᄂᆞᆫ아희놈을명ᄉᆡᆨ으로슈청을드리니〃도령이칙
방의홀노안ᄌᆞ탄식ᄒᆞᄂᆞᆫ말이셰사를솜〃헤ᄋᆞ리니묘창ᄒᆡ지일속이라
남기라도은힝목은ᄌᆞ웅으로마조셔고물이라도음양슈ᄂᆞᆫ격을ᄎᆞᄌᆞ도
라들고ᄉᆡ라도원앙조ᄂᆞᆫ웅비ᄌᆞ종나라들고풀이라도화반초ᄂᆞᆫᄉᆞ시장
p. 50 츈마조나고돌이라도망쥬셕은둘이셔〃마조보고원앙지상냥〃비오
봉황누하쌍〃되라날즘ᄉᆡᆼ도빵이잇고길버러지도짝이잇고헌고리도
짝이잇고헌집신도짝이잇네나ᄂᆞᆫ어인팔ᄌᆞ완ᄃᆡ어졔밤도ᄉᆡ오잠ᄌᆞ고
오날밤도ᄉᆡ오잠ᄌᆞ고ᄆᆡ양장상ᄉᆡ오잠만ᄌᆞ노엇던부모ᄂᆞᆫᄌᆞ부어더아
들낫코ᄯᆞᆯ을나하닙장츌가시긴후의아들의숀ᄌᆞᄯᆞᆯ의숀ᄌᆞ안고자고ᄌᆡ
롱보고엇던부모ᄂᆞᆫ쥬변이업고마련이업고된데가업셔다만ᄌᆞ식나ᄒᆞ
나두고청츈이십당ᄒᆞ도록독슉공방시기ᄂᆞᆫ고츰아설워못살깃다이러
ᄐᆞ시탄식ᄒᆞ며시졀을도라보니ᄯᅢ맛츰삼츈이라초목군ᄉᆡᆼ지물이ᄀᆡ유
이ᄌᆞ락이라ᄯᅥᆨ갈남긔속닙나고노고질이놉히ᄯᅥᆺ다건넌산의아ᄌᆞ랑이
ᄊᆡ이고잔ᄯᅴ〃〃속닙나고달바조ᄯᅵᆼ〃울고삼년묵은말가족은외용죄
용쇼ᄅᆡᄒᆞ고션동아군복ᄒᆞ고거동츰네ᄒᆞ라가고청ᄀᆡ고리신상토ᄶᅩ고
동ᄂᆡ얼운ᄎᆞᄌᆞ보고괴양이셩젹ᄒᆞ고ᄉᆡ집가고암ᄉᆡ셔답ᄎᆞ고월후ᄒᆞ고
너구리넛숀ᄌᆞ보고둑겁이외숀ᄌᆞ보고다람이용ᄀᆡ치고과부기지ᄀᆡ켤

졔니도령의ᄆᆞ음이흥글항글ᄒᆞ여불승탕졍이라산쳔경긔보려ᄒᆞ고방
ᄌᆞ불너분부ᄒᆞᄃᆡ이고을구경쳐가어듸〃〃유명ᄒᆞᆫ다방ᄌᆞ엿ᄌᆞ오되무 p. 52
슴경을보랴하오힝〃졈〃졍한ᄉᆞ(→정환ᄉᆞ)ᄒᆞ니하한공슈원ᄉᆡ라
(→숙난ᄉᆡ라)괴득편만이(→편번이)별안ᄒᆞ니촉조인어격〃홰(→격노
홰)라평ᄉᆞ낙안경이오니이를구경ᄒᆞ랴ᄒᆞ오힝쥬ᄆᆡ긱ᄉᆞ아동ᄒᆞ니힝
화(→향화)인〃결슌풍을뇌시호신능범응ᄒᆞ니풍범(→중범)지거슈져
(→각셔)동을원포귀범경이오니이를구경ᄒᆞ랴ᄒᆞ오풍엽노화슈국츄
ᄒᆞ니일강풍우ᄉᆞ편쥬(→쇄편쥬)를쳥년(→쳔년)고범무인도ᄒᆞ니단근
창오원야슈라쇼상야우경이오니이를구경ᄒᆞ랴ᄒᆞ오반희초긱삼경혼
ᄒᆞ니만경츄광범소되라호상의슈취졀젹(→슈가취쳘젹)인가벽연
(→벽쳔)무졔안항괴라동졍츄월경이오니이를구경ᄒᆞ랴ᄒᆞ오낙일관 p. 54
〃(→간간)함원슈ᄒᆞ고귀호(→귀조)인〃상한종(→한정)을어인거입
노화소(→노화설)ᄒᆞ니슈졈취연만깅쳥을어촌낙됴경이오니이를구
경ᄒᆞ랴ᄒᆞ오류져(→류셔)비공욕하지ᄒᆞ니가화(→매화)낙지역다식
(→다지)라일슌(→일쥰)ᄎᆞ도강무쥬(→ᄎᆞ진강루쥬)ᄒᆞ니관도ᄉᆞ웅
(→간도ᄉᆞ옹)권도시라강텬모셜경이오니이를구경ᄒᆞ랴ᄒᆞ오막〃평
림취가련(→애한)ᄒᆞ니누ᄃᆡ은초격나침(→조격나환)을하상(→하당)
권지풍취거오한이(→환아)왕가관식산(→착식산)을산시쳥남경이오
니이를구경ᄒᆞ랴ᄒᆞ오일북(→일폭)단쳥젼무지(→불봉)ᄒᆞ니슈항
(→슈힝)슈묵등무릉(→담환농)을부릉진필응즉농이(→불응화필진능 p. 56
이)라남ᄉᆞ종잔북ᄉᆞ종을연ᄉᆞ모종경이오니이를구경ᄒᆞ랴ᄒᆞ오이슈
문이난진이라동졍호가랴ᄒᆞ오동졍호칠빅니의비가업셔못가리라그
리면악양누가랴ᄒᆞ오두ᄌᆞ미글의ᄒᆞ여시되친붕무일ᄌᆞᄒᆞ고노병유고
쥬라ᄒᆞ니악양누도못가리라그리면봉황ᄃᆡ가랴ᄒᆞ오봉황ᄃᆡ상봉황유
러니봉거ᄃᆡ공강ᄌᆞ류라봉황ᄃᆡ도못가리라그리면다더지고관동팔경
보랴ᄒᆞ오아셔라그도슬타방ᄌᆞ놈엿ᄌᆞ오ᄃᆡ예로붓터니른ᄆᆞᆯ이경궁요
ᄃᆡ조타ᄒᆞ되셩진ᄒᆞ여볼길업고위무뎨의동작ᄃᆡ와슈양뎨의십뉵원도

ᄌᆞ고비어ᄃᆡ상이라황학누등왕각고소셩한산ᄉᆞ함외댱강공ᄌᆞ류라고
p. 58 려국명산은금강산이오긔ᄌᆞ왕셩은묘향산이라딘쥬ᄂᆞᆫ촉셩누함흥은
낙민누평양연광정셩천강션누밀양영남누창원벽허누희쥐부용당안
쥬벽상누의쥬통군정영동구읍호즁ᄉᆞ군다휠젹더져두고동부암셔진
관남삼막북승ᄀᆡ라남한북한청계관악도봉망월은호거룡반셰로북극
을괴은경이거록다ᄒᆞ려니와본읍의광한누가경ᄀᆡ절승유명ᄒᆞ와시인
소긱드리쇼강남의비겨잇고풍뉴호ᄉᆞ칭찬ᄒᆞ되별유텬지비인간으로
니ᄅᆞ옵나이다어허네말갓흘진ᄃᆡ절승경ᄀᆡ분명ᄒᆞ다아모커나구경가
자방ᄌᆞ놈엿ᄌᆞ오ᄃᆡ아이에이런분부ᄂᆞᆫ싱심도마옵소셔ᄉᆞ또분부지엄
ᄒᆞ신즁번연이알면서싱ᄉᆞ람골니랴고구경가ᄌᆞᄒᆞ옵ᄂᆞ닛가니도령니
ᄅᆞᆫ말이우리단두리ᄒᆞᄂᆞᆫ일을알니가뉘잇ᄉᆞ리오ᄉᆞ또분부ᄂᆞᆫ념녀마라
ᄂᆡ다슈쇄ᄒᆞ마공방불너포진ᄒᆞ라쥬모불너술드리고관청빗불너안쥬
찰히고건ᄂᆞᆫ노식슈안장의은입ᄉᆞ션후거리당ᄆᆡ양이지어노코도련님
p. 60 호ᄉᆞ보쇼의복단장ᄆᆡᆸ시잇다삼단ᄀᆞᆺ튼허튼머리반달ᄀᆞᆺ튼화룡소로아
조쐴〃흘니빗겨젼반ᄀᆞᆺ치넓게ᄯᆞ하슈갑ᄉᆞ토막당긔<u>셕우황</u>(→셕웅
황)이더욱조타싱면쥬겹바지의당뵈즁의밧쳐입고옥식항나겹젹고
리ᄃᆡ방젼의약낭이오당갑ᄉᆞ슈향ᄇᆡ자가화본의옥단츄며당모시즁치
막의싱초긴옷밧쳐입고삼승보션통힝젼의회식<u>운혀</u>(→운혜)ᄆᆡᆸ시잇
게지어신고한포단허리ᄯᅴ의모초단두리즘치쥬황당ᄉᆞ벌ᄆᆡ듭을보기
조케ᄶᅦ여ᄎᆞ고ᄌᆞ지갑ᄉᆞ너분ᄯᅴᄅᆞᆯ셰류츈풍빗기ᄯᅴ고분홍당지승두션
의탐화봉졉그려쥐고김히간쥭ᄇᆡᆨ통ᄃᆡ의삼등초픠여믈고방ᄌᆞ놈압셰
우고뒤흘ᄯᆞ라탄〃ᄃᆡ로너ᄅᆞᆫ길의마음심ᄌᆞ갈지ᄌᆞ로냥류츈풍ᄭᅬᄭᅩ리
ᄀᆞᆺ치혹승혹보ᄒᆞ여방화슈류광한누ᄎᆞᄌᆞ갈제산천경ᄀᆡᄅᆞᆯ녁〃히삷혀
보니산은쳡〃천봉이오슈ᄂᆞᆫ잔〃벽계로다긔암층〃절벽간의폭포청
p. 62 파ᄶᅥ러지고장송은울〃ᄒᆞ고벽도화난만ᄒᆞᆫᄃᆡ꼿속의잠든나뷔자최소
ᄅᆡ의펄〃날고연상의노ᄂᆞᆫᄇᆡᆨ구우셩변의한가ᄒᆞ다치어다보니만학천
봉구버보니층암은절벽이라원산은종〃근산은쳡〃ᄐᆡ산은슈츔낙화

ᄂᆞᆫ동〃간슈ᄂᆞᆫ잔〃이골물져골물한ᄃᆡ합슈ᄒᆞ여구뷔〃〃츌녕〃〃흘
너갈제쏫츤픠엿다가제졀로지고입흔픠엿다가한졀을당ᄒᆞ면광풍의
다ᄯᅥ러져속졀업시낙엽이되여아조펄〃흣날니〃그도ᄯᅩᄒᆞᆫ경이로다
ᄯᅩᄒᆞᆫ곳을슓혀보니버들이버러시되당버들의ᄀᆡ버들슈양버들능슈버
들로ᄉᆡ로낫다홍졔원버들츈풍이불제마다너흘〃〃츔을추고함젼도
화부상류ᄂᆞᆫ가지〃〃봄빗치라화즁두견류상잉은곳〃마다봄쇼ᄅᆡ로
난만이지져괴고화간졉무분〃셜이오뉴상잉비편〃금을졈〃낙화쳥
계변의구뷔〃〃ᄯᅥ나가고ᄯᅩᄒᆞᆫ곳바라보니각ᄉᆡᆨ초목무셩ᄒᆞ다어쥬축
슈ᄋᆡ산츈ᄒᆞ니무릉도원복셩화쏫ᄎᆞ문쥬가하쳐ᄌᆡ오목동요지힝화쏫
(→힝화촌)북창삼월쳥풍취ᄒᆞ니옥창오경잉도화쏫위셩ᄌᆞ우읍경진
ᄒᆞ니ᄀᆡᆨ스쳥〃버들쏫난만화즁쳑촉화고츄팔월진암초ᄒᆞ니만지츄상 p. 64
국화로다동졀츈싱졀ᄒᆞ니요님군의명협화셕양동풍히당화졀벽강산
두견화벽히슈변신이화요슈부목무궁화길픠화계무금화휜초난초킈
ᄀᆺ튼파초모란작약월계ᄉᆞ계치ᄌᆞ동빅종녀오동왜셕뉴화셕뉴영산홍
왜쳑쥭(→쳑촉)포도다리으흐름너츌얼그러지고뒤트러졋다ᄯᅩᄒᆞᆫ곳
바라보니온갓잡목다잇더라동녕슈고불변ᄉᆡᆨ의군ᄌᆞ졀은창숑이오츈
하츄동ᄉᆞ시졀의졍〃독닙젼나무만경창파빅쳑댱의슈궁즁의무회목
투지목과낙지경거뒤틀니ᄂᆞᆫ모과나무오ᄌᆞ셔의분묘압희츙셩홀숀가
목이오망미인혜텬일방의님그리ᄂᆞᆫ상ᄉᆞ목쳥산영니부운간의됴셕녜
불북나무슈쳑지휘량공불기아름드리긔ᄌᆡ목ᄌᆞ단빅단산유ᄌᆞ박달용
목향목침향금픵율목잡목텬두목지두목힝ᄌᆞ목빅ᄌᆞ목느러진장송부 p. 66
러진고목닙젹ᄲᅧᆨ갈황계피무푸레단목측송보리슈드렝〃〃녈녀고나
모과셕뉴가지〃〃광풍의휘느러졋고ᄯᅩ져편슓혀보니각ᄉᆡᆨ금슈나라
들제연작은나라들고공작은긔여든다청ᄌᆞ됴흑ᄌᆞ됴ᄂᆡ금졍(→금쟝)
외금졍(→금쟝)빵보라미산진이슈진이히동쳥보라미쎳다보아라종
달식쳥텬을박ᄎᆞ고빅운을무롭쓰고호즁텬지ᄶᅥ잇ᄂᆞᆫᄃᆡ방졍마즌할미
식요망스런방울식이리로가며호로〃빗쪽져리로가며뱟쪽호로〃핑

당그르〃마리산갈가마괴돌도ᄎᆞ돌도못어더먹고ᄐᆡ빅산기슭으로골
각갈곡갈으렝〃〃〃울고간다츔잘츄ᄂᆞᆫ무당식정냥ᄡᅩᄂᆞᆫ호반식슈루
〃층암절벽우희비르〃장그렁나라들고쇼상강ᄲᅦ기러기허공즁의놉
히ᄡᅥ셔지리〃〃슬토록우러예고것ᄎᆞ로ᄂᆞᆫ비루먹고쇽은아모것도업
시휑뎅그려뷔엿ᄂᆞᆫ고양나무우희부리ᄲᅭ족허리질눅ᄭᅩ지묵득헌져ᄶᅡᆺ
져구리거동보소크나큰ᄃᆡ부동(→ᄃᆡ부등)을한아름드립ᄡᅥ허험셕드
러잡고오ᄅᆞ며ᄯᅮ드락ᄯᅡᆨ〃나리며ᄯᅮ드락ᄯᅡᆨ〃ᄒᆞ며낙〃장숑느러진가
지홀노안ᄌᆞ우ᄂᆞᆫ식밤의울면두견식낫제울면졉동식ᄒᆞᆫ마리ᄂᆞᆫ나려안
고ᄯᅩᄒᆞᆫ마리ᄂᆞᆫ놉히안ᄌᆞ공산야월젹막ᄒᆞᆫᄃᆡ촉국강산넉시되여귀촉도
불여귀라피나게슯히울고벅국식도우름울고슉국식도우름울고풍년
p. 68 식ᄂᆞᆫ솟적다흉년식ᄂᆞᆫ솟텡〃약슈삼쳔니요지연의쇼식젼튼청됴식샤
마상여쥴소ᄅᆡ의오유ᄉᆞ방봉황식부용당운무병의그림ᄀᆞᆺ튼공작식일
쳔년화표쥬의물시인비경위학ᄆᆡ셩료(→ᄆᆡ셩유)의글귀쇽의교〃호
음잉무식칠〃가긔은하슈의다리노튼오작식녹양ᄉᆞ이북이되어봄빗
ᄡᅵᄂᆞᆫ쇠ᄭᅩ리일빵비거각두회라원불상니원앙식샹님원의글젼ᄒᆞ던별
포귀ᄅᆡ홍안식셕양비흘(→비헐)청산식ᄒᆞ니냥ᄀᆡ상망히오리범〃즁
뉴지향업시상친상근빵비오리곳〃지츔을츄고길즘싱도긔여든다산
군은호표요셩슈ᄂᆞᆫ긔린이라당싱불ᄉᆞ미록이오ᄉᆞ과츈산국노로
(→궁노루)시위상셔코기리이리져리긔여들고돈피셔피일희승냥이
히달피청셜모다람쥐진납이파람ᄒᆞ고청ᄀᆡ고리북질ᄒᆞᆫ다금둡겁이식
남ᄒᆞ고청몃ᄯᅩ기당고치고흑몃ᄯᅩ기져를불고돌진가ᄌᆡ무고치고도야
지밧출갈고슈달피고기잡고암곰이외입ᄒᆞ니슈톡기복통ᄒᆞᆫ다〃람이
p. 70 그꼴보고암상ᄂᆡᆫ다이런경ᄀᆡ다본후의광한누의다ᄃᆞ라셔방ᄌᆞ야도원
이어듸메니무릉이여긔로다광한누도조커니와오작교가더욱조타견
우셩은ᄂᆡ가되려니와직녀셩은뉘가되리악양누등왕각이아모리조타
ᄒᆞᆫ들이의더조흐랴방ᄌᆞ놈엿ᄌᆞ오ᄃᆡ이곳경ᄀᆡ이럿키로풍화일난ᄒᆞ여
칙운이ᄌᆞ져질제신션이나려와노ᄂᆞ이다니도령말이아마도그러ᄒᆞ면

네말이젹실ᄒᆞ다운무심이츌슈ᄒᆞ고됴권비이지환이라별유텬지비인
간을예롤두고니ᄅᆞ미라호상을ᄌᆞ작ᄒᆞ여슈삼빅거후ᄅᆞ고빅회고면ᄒᆞ
여산쳔도삷혀보고음풍영월ᄒᆞ여녯글귀도싱각ᄒᆞ니경기풍월이본시
무정지물이라졍히무류심〃ᄒᆞ더니눈을드러ᄒᆞᆫ곳을우연이ᄇᆞ라보니
별유텬지그림쇽의엇더ᄒᆞᆫ일미인이츈흥을못니긔여빅옥ᄀᆞᆺ튼고은양
ᄌᆞ반분씩(→분ᄃᆡ)로다ᄉᆞ리고호치단슌고은얼골삼ᄉᆡᆨ도화미기봉이
하로밤츤니슬에반만퓐형용이오쳥산ᄀᆞᆺ튼두눈셥은팔ᄌᆞ츈산다ᄉᆞ리
고흑운ᄀᆞᆺ튼허튼머리반달ᄀᆞᆺ튼화룡소로아조쌀〃흘니빗겨젼반ᄀᆞᆺ치 p. 72
넓게ᄯᆞ아옥농잠금봉ᄎᆞ(→금봉치)로ᄉᆞ양머리쪽져ᄂᆞᆫᄃᆡ셕우황(→셕
웅황)진쥬투심산호가지휘얼근도토락당긔밉시잇게다라시니쳔틱
산벽오지의봉황의ᄭᅩ리로다당모시짝기젹삼초록갑ᄉᆞ겻막기에빅문
항나고장바지분홍갑ᄉᆞ너른바지셰류ᄀᆞᆺ튼가ᄂᆞᆫ허리촉나요ᄃᆡ눌너씌
고룡문갑ᄉᆞ도홍치마잔살즙아썰쳐닙고몽고삼승겹보션의초록우단
슈운혜롤밉시잇게도〃신고삼쳔쥬산호슈밀화불슈옥나뷔며진쥬월
픽쳥강셕지계향(→자계향)비취향오식당ᄉᆞ씬을다라양국ᄃᆡ당병부
ᄎᆞ듯남북병ᄉᆞ동긔ᄎᆞ듯각읍통인셔랍ᄎᆞ듯휘느러지게년즛ᄎᆞ고방화
슈류ᄎᆞᄌᆞ갈제빅만교틱ᄒᆞᄂᆞᆫ고나셤〃옥슈훗날녀셔모란쏫도부ᄅᆞ질
너머리에도ᄭᅩᄌᆞ보고쳑촉화도부ᄅᆞ질너닙의도담박무러보고녹음슈
양버들닙도쥬루룩훌터다가맑고맑은구곡슈의풍덩실드리쳐도보며
도화류슈묘연거ᄒᆞ니졈〃낙화쳥계변의죄약돌도쥐여다가양뉴상의 p. 74
쐬ᄭᅩ리도위여풀〃날녀보고쳥산영니녹음간의그리져리드러가셔당
〃치승그ᄂᆡ쥴을벽도화느러진가지의휘〃츤〃ᄆᆡ여ᄂᆞᆫᄃᆡ져아희거동
보소밍낭이도어엿부다셤〃옥슈드러다가츄쳔쥴을갈나쥐고소〃로
쳐쒸여올나ᄒᆞᆫ번굴너압히놉고두번굴너뒤가놉하빅능보션두발길노
소슈굴러놉히ᄎᆞ니뒤의ᄭᅩ즌금봉ᄎᆞ(→금봉치)와압히지ᄅᆞᆫ민쥴졀
(→민죽절)은반셕샹의ᄂᆞ려져셔잉그렁딩그렁ᄒᆞᄂᆞᆫ소ᄅᆡ이도ᄯᅩᄒᆞᆫ경
이로다비거비릭ᄒᆞᄂᆞᆫ거동딘왕녀난됴타고옥경으로향ᄒᆞᄂᆞᆫ듯무산션

녜구름ᄐᆞ고양ᄃᆡ상의ᄂᆞ리ᄂᆞᆫ듯ᄒᆞᆫ창이리노닐젹의니도령이바라보고
얼굴달호이고ᄆᆞ음이취ᄒᆞ여정신이산난안정이몽농의식호탕심신이
황홀ᄒᆞ다방ᄌᆞ야져긔져건너운무즁의울긋불긋ᄒᆞ고들낙날낙ᄒᆞᄂᆞᆫ거
시ᄉᆞ람이냐신션이냐방ᄌᆞ놈엿ᄌᆞ오ᄃᆡ어ᄃᆡ무어시뵈ᄂᆞ잇가쇼인의눈
의ᄂᆞᆫ아모것도아니뵈ᄂᆞ이다니도령말이아니뵈단말이언인(→어인)
말이니원시롤못ᄒᆞᄂᆞ냐청홍을모로ᄂᆞ냐나보ᄂᆞᆫᄃᆡ로ᄌᆞ셔히보아라션
p. 76 녀가하강ᄒᆞ엿ᄂᆞ보다무산십이봉이아니여든션녀가어이〃시리잇가
그리면숙낭ᄌᆡ냐이화정이아니여든숙낭ᄌᆡ가웬말이오그리면셔시로
다오왕궁즁아니여든셔시라ᄒᆞ오릿가그리면옥딘이로다장ᄉᆡᆼ뎐이아
니여든양귀비가웨잇ᄉᆞ오잇가그리면옥이냐금이냐영창녀슈아니여
든금이어이예이시며형산곤강아니여든옥이어이〃곳의이시리잇가
그리면도홰로다무릉도원아니여든도화가웬말이오그리면ᄒᆡ당홰냐
명ᄉᆞ십니아니여든ᄒᆡ당홰라ᄒᆞ오릿가그리면귀신인냐텬음우습아니
여든귀신이어이〃시릿가그리면혼빅이냐북망산쳔아니여든혼빅이
p. 78 웬일이오그리면일월이냐부상ᄃᆡ튁아니여든일월이어이〃시리잇가
니도령이역정ᄂᆡ여ᄒᆞᄂᆞᆫ말이그리면네어미냐네할미냐모도휘모라아
니라ᄒᆞ니눈망울이소ᄉᆞᄂᆞ냐동ᄌᆞ가갓고로셧ᄂᆞ냐윈통뵈ᄂᆞᆫ거시업다
ᄒᆞ니허로증을들녀ᄂᆞ냐나보기의ᄂᆞᆫ아마도ᄉᆞ람은아니로다천년묵은
불여호가날호리랴고왓ᄂᆞ보다방ᄌᆞ놈엿ᄌᆞ오ᄃᆡ도련님여러말숨그만
하오져긔져그늬쒸ᄂᆞᆫ져쳐녀롤무ᄅᆞ시나보마ᄂᆞᆫᄎᆞ시녹음방초승화시
라ᄉᆞ부가규슈가츄천ᄒᆞ라왓ᄂᆞ보외다이아희야그러치아니ᄒᆞ다그쳐
녀롤보와ᄒᆞ니청텬의썻ᄂᆞᆫ송골ᄆᆡ도갓고셕양의나ᄂᆞᆫ물찬져비도갓고
녹슈파란의비오리도ᄀᆞᆺ고말잘ᄒᆞᄂᆞᆫ잉무식도갓고회양횟쑥별진잘숙
ᄒᆞ니녀항쳐녀가그러키ᄂᆞᆫ만무기리ᄒᆞ니너ᄂᆞᆫ이곳의셔싱어ᄉᆞ장어ᄉᆞ
유어ᄉᆞ공어ᄉᆞᄒᆞ여묘리당단난든집을녁〃히알듯ᄒᆞ니ᄉᆞ람죽깃다바
로닐러라방ᄌᆞ놈엿ᄌᆞ오ᄃᆡ진정그리알고져ᄒᆞ시면바른ᄃᆡ로고ᄒᆞ리니
공식시가잇셔야ᄒᆞ지그러치아니면북극텬문의발괄ᄒᆞ고옥뎨금불이

명ᄒᆞ셔도바로고치못ᄒᆞᄀᆡ소니도령마음이겹〃ᄒᆞ여되ᄂᆞᆫᄃᆡ로ᄒᆞᄂᆞᆫ말 p. 80
이그랴셔범연히ᄒᆞᆯ가보냐ᄂᆡ셔울가거든셰간밋쳔ᄒᆞ랴ᄒᆞ고돈오ᄇᆡᆨ냥
봉두동(→봉부동)으로두어시니너를쥴거시오장가들거든네물쥬랴
고어루신ᄂᆡ평양셔윤가계실졔ᄎᆞ쳔(→칙천)슈식당단ᄒᆞᆫ것두어시니
너를쥴거시오과가ᄒᆞ거든쓰랴ᄒᆞ고창방(→참방)졔구츌혀둔거이시
니너를쥴거시오모도궁통모라휘쓰러다가물슈(→몰슈)이너를다쥴
거시니졔발덕분바로닐러라방ᄌᆡ웃고그졔야ᄒᆞᄂᆞᆫ말이져아희ᄂᆞᆫ귀신
도아니오즘싱도아니라본읍기싱월ᄆᆡ쌸츈향이오츈광은이팔이오인
물은일식이오ᄒᆡᆼ실은ᄇᆡᆨ옥이오ᄌᆡ질은소약난이오풍월은셜도오가곡
은셤월이라아직셔방졍치아니코이시나셩품이ᄆᆡ몰ᄒᆞ고ᄉᆞᄌᆡ고교만
ᄒᆞ고도쓰기가영소보뎐북극텬문의턱건쥴노알외오니도령이말듯고
얼ᄉᆞ조흘시고허동지동헛튼말노ᄒᆞᄂᆞᆫ말이〃ᄋᆡ방ᄌᆞ야우리두리의형
뎨ᄒᆞᄌᆞ방ᄌᆞ동싱아날살녀라졔가만일창벨진ᄃᆡᄒᆞᆫ번구경못ᄒᆞᆯ쇼냐네
가밧비불너오라방ᄌᆞ놈거동보쇼아조펼젹쒸며ᄒᆞᄂᆞᆫ말이〃런말숨다 p. 82
시마오져를브르랴ᄒᆞ면밥풀물고ᄉᆡ싯기브ᄅᆞ듯아조쉽ᄉᆞ오나만일이
말숨이ᄉᆞ또귀ᄭᆡ멍으로다름박질ᄒᆞ여드러가량이면도련님을계관이
업거니와방ᄌᆞ이놈은팔ᄌᆞ업시늘ᄀᆡ시니그런싱각과이런분부ᄂᆞᆫ쑴의
도마옵쇼셔니도령니른말이죽기슬기ᄂᆞᆫ십왕젼의ᄆᆡ엿ᄃᆞᄒᆞ니경망스
레구지말고져만어셔불너오라ᄂᆡ일붓터관쳥의나ᄂᆞᆫ거슬도모지훕스
러다가닭픠(→달피)바로즐ᄭᆡᆫ〃〃묵거다가방ᄌᆞ형님ᄃᆡᆨ으로쒕진상
알외오ᄒᆞ고모도다송일거시니다른념녀ᄂᆞᆫ쑴의도말고어셔밧비불너
오라제발덕분불너오라ᄂᆡ가만일병곳들면신롱시상ᄇᆡᆨ초ᄒᆞ여일만병
을다곳쳐도이ᄂᆡ병은ᄒᆞᆯ일없고요지에천년반도쳔틔산의별이용만슈
산인삼과삼신산불ᄉᆞ약이거ᄌᆡ두량이라도이ᄂᆡ병은쇽졀업시죽ᄀᆡ시
니졔발덕분비ᄂᆞ이다날솔니시오쇽담의니른말이ᄇᆡᆨ쥬ᄂᆞᆫ흥인면이오
황금은흑ᄉᆞ심이라방ᄌᆞ놈의마음이념초청굴둑이오호두각ᄃᆡ청이라
쥬마ᄒᆞᄂᆞᆫ말의비위가동ᄒᆞ여ᄒᆞᆫ번웃고허락ᄒᆞᄂᆞᆫ말이도련님말숨이하 p. 84

져러ᄒᆞ시니불너ᄂᆞᆫ오려니와나종의즁병이나면그ᄂᆞᆫ나의알ᄇᆡ아니왼
다ᄯᅩ계집말부ᄅᆞᄂᆞᆫ당단이나아옵ᄂᆞ잇가니도령ᄃᆡ답ᄒᆞᄃᆡ세상ᄉᆞ람이
망ᄒᆞ여도남는것ᄒᆞ나ᄂᆞᆫ잇ᄂᆞ니라왈ᄌᆞ가망ᄒᆞ여도왼다리길ᄒᆞ나흔남
고부ᄌᆞ가망ᄒᆞ여도쳥동화로ᄒᆞᄂᆞ흔남고죵가가망ᄒᆞ여도신쥬보ᄒᆞ나
향노향합은남고남산골ᄉᆡᆼ원이망ᄒᆞ여도거름것ᄂᆞᆫ보슈ᄒᆞ나ᄂᆞᆫ남고노
ᄂᆞᆫ계집이망ᄒᆞ여도엉덩이흔드ᄂᆞᆫ당단ᄒᆞ나흔남ᄂᆞᆫ다ᄒᆞ니경셩의셔ᄉᆡᆼ
당ᄒᆞᆫᄂᆡ가현마계집말브ᄅᆞᆯ쥴이야모ᄅᆞ랴방자형아쥬져넘의아들놈쇼
ᄅᆡ말고나ᄂᆞᆫᄃᆞ시불너오라편젼ᄀᆞᆺ치불너오라져방ᄌᆞ놈거동보소아ᄅᆡ
멋슭ᄒᆞᆫ도리참나무즐ᄭᅳᆫ동부ᄅᆞ질너것구로집고녹양방초버든길노거
드렁츙쳥우두덩탕〃밧비갈제ᄒᆞᆫ모롱두모롱휠〃지나나ᄂᆞᆫᄃᆞ시건너
가셔숨을헐덕이며쇼ᄅᆡ를우뢰ᄀᆞᆺ치지ᄅᆞ고숀을눈우희번젹드러츈향
아〃〃〃무엇ᄒᆞᄂᆞ니츈향이깜작놀나츄쳔쥴에ᄯᅱ여ᄂᆞ려명모를흘니
ᄯᅳ고단슌을반ᄀᆡᄒᆞ고호치를드러ᄂᆡ여뭇ᄂᆞᆫ말이그뉘라셔그리급히브
p. 86 ᄅᆞᄂᆞ니방ᄌᆞ놈ᄃᆡ답ᄒᆞ되큰일낫다ᄎᆡᆨ방도령님이광한누의구경와겨시
다가너를보고두눈의부체가발등거리ᄒᆞ고왼몸의힘쥴이용ᄃᆡ긔뒤쥴
이되엿시니어셔급히가ᄌᆞ잠간이나지쳬ᄒᆞ면모닥이판날거시니얼ᄂᆞᆫ
밧비가ᄌᆞ셰라저겨집아희거동보쇼ᄇᆡᆨ만교틔ᄶᅵᆼ그리고독을ᄂᆡ여ᄒᆞᄂᆞᆫ
말이요방졍맛고요망스런아희년셕아ᄉᆞ름을그ᄃᆡ지놀ᄂᆡᄂᆞᆫ냐ᄂᆡ츄쳔
을ᄒᆞ던지마던지너ᄃᆞ려ᄃᆡ슈리말만코익술스레분쥬다ᄉᆞᄒᆞ게뒤숭〃
〃스레츈향이니ᄉᆞ향이니침향이니계향이니강진향이니곽향이니회
향이니졍향이니목향이니네어미니네할미니갓초〃〃경신년글강외
듯다일거밧치라드냐방ᄌᆞ놈ᄒᆞᄂᆞᆫ말이요년의아희년아ᄂᆡ말듯거라무
숨일노욕은더럭〃〃ᄒᆞ여가ᄂᆞ냐엇던실업당의아들놈이남의친환의
단지ᄒᆞᄂᆞᆫ셈으로그런말ᄒᆞ엿단말이냐도련님이원악아ᄂᆞᆫ법이모진바
람벽ᄯᅮᆯ고나오ᄂᆞᆫ즁방밋귓도람의ᄌᆞ셕이오ᄯᅩᄂᆞᆫ네가잘못ᄒᆞᆫ거시그ᄂᆡᆫ
지고ᄂᆡᆫ지츄쳔인지투쳔인지ᄯᅱ려거든네집뒤동산도조코조용이ᄯᅱ려
p. 88 ᄒᆞ면네집ᄃᆡ쳥들보도조코졍은근이ᄯᅱ려ᄒᆞ면네집방안희횃ᄃᆡ목의나

ᄆᆡ고쒸지요로틋쏙ᄇᆡ야진언덕의셔졈지아닌아희년이들낙날낙ᄒᆞ며
별〃발겨갈즛시무슈ᄒᆞ니미당가젼아희놈이눈쏠이아니상ᄒᆞᆯ소냐ᄌᆞ
셔히드러보라오날마춤본관ᄉᆞ또ᄌᆞ제도련님이산천경ᄀᆡ구경ᄒᆞ려광
한누의올낫더니녹음즁의츄천ᄒᆞᄂᆞᆫ네거동을보고셩화ᄀᆞᆺ치불너오라
분부지엄ᄒᆞ시니뉘분부라아니ᄀᆞ고뉘령이라거슬쇼냐잔말〃고어셔
가ᄌᆞ바른ᄃᆡ로말이지도련님이외입당이러라곳오ᄆᆡ지상이오초병막
ᄀᆡ오말게ᄎᆞ인엉덩이오돌의ᄎᆞ인복셩화쌔오산ᄀᆡ얌이밋궁이오경계
쥬머니아들일너라네만일향기로온말노립시잇게식를부려초친무럼
을민든후의항나쇽것가ᄅᆡ를싱슝상슝샏혀ᄂᆡ여아조쏠〃마라ᄃᆞ가왼
편볼기짝의븟쳐시면긔아니묘리가잇깃ᄂᆞ냐남원거시네것시오운향
고이아름치라네덕의나도관쳥고ᄌᆞ나ᄒᆞ여거드러거려호강좀ᄒᆞ여보
ᄌᆞᆺ고나츈향이ᄃᆡ답ᄒᆞᄃᆡ아니가면눌을엇지ᄒᆞᄂᆞ날노죽이나ᄒᆡᆼ으로발
기나비오ᄂᆞᆫᄃᆡ쇠ᄉᆞ리쳐로부듸치지말아날구즌날ᄀᆡ삿기쳐로지근〃
〃이구지말고말ᄒᆞ기슬흐니어셔이거라방ᄌᆞ놈니른말이네가요ᄃᆡ지 p. 90
보동쐬고단〃ᄒᆞ냐앙셰고슈셰냐아모커나견ᄃᆡ여보아라잔쇽을ᄌᆞ셔
히몰낫다도련님이눈가죡이찡〃ᄒᆞᆫ거시독살이우히업고만일슈의틀
리면네어미월ᄆᆡ가지(→까지)싱급살을먹을거시니네아니가면그만
잇술듯시부냐되지못ᄒᆞᆯᄉᆞ양말고어셔가ᄌᆞ츈향이ᄒᆞᆯ일업셔ᄯᆞ라온다
치마ᄉᆞ리뒤가닮을에후루쳐휘여다가압흉당의썩부치고옥보방신완
보ᄒᆞᆯ졔셕경산노험ᄒᆞᆫ곳과힝심일경빗긴길노한단시상의슈릉의거름
으로ᄇᆡᆨ월총즁의셔ᄌᆞ의거름으로ᄇᆡᆨ모ᄅᆡ밧히금ᄌᆞ라거름으로양지마
당의씨암닮의거름으로ᄃᆡ명뎐ᄃᆡ들보의명막의거름으로광풍의나븨
노듯믈속의니어노듯가만〃〃삽분〃〃거러와셔광한누의다ᄃᆞᄅᆞ니
방ᄌᆞ놈엿ᄌᆞ오ᄃᆡ츈향이현신알외오ᄒᆞ니이써니도령이눈골이다틀니
고졍신이표탕ᄒᆞ여두ᄃᆞ리를잔득ᄉᆞ고ᄉᆞ테무궁ᄒᆞ여기ᄃᆞ리ᄂᆞᆫ마음이
ᄃᆡ한칠년의비바라듯한슈ᄃᆡ젼의살바라듯심신이비월터니이쇼ᄅᆡ를
듯고무망즁의ᄒᆞᄂᆞᆫ말이방ᄌᆞ야하졍이란말이될말이며현신이란말이 p. 92

위격이라어셔밧비오ᄅᆞ쇼셔엿쥬왜라츈향이ᄒᆞᆯ일업셔당상의올나졀
ᄒᆞ여뵙ᄂᆞᆫ거동셔왕뫼요지연의쥬목왕긔뵈옵ᄂᆞᆫ듯셔미인이오왕궁즁
의범숀후긔뵈옵ᄂᆞᆫ듯작모힝지긔묘ᄒᆞ고븟그리는옥모ᄐᆡ되졀승ᄒᆞᆫ지
라츈산아미나즉ᄒᆞ고츄수명뫼변혜ᄒᆞ여나즉이나아가아리ᄯᆞ이졀ᄒᆞ
니〃도령이ᄇᆡᆨ망즁니러마ᄌᆞ답네후좌를졍ᄒᆞ고ᄌᆞ셔히삷혀보니무릉
도화일쳔졈이닷토아붉엿ᄂᆞᆫ듯요지의다람화(→다난화)알만(→일만)
가지셩ᄀᆡᄒᆞᆫ듯금분모란이담발ᄒᆞ여봄쳘을ᄌᆞ랑ᄒᆞᄂᆞᆫ듯지당의ᄇᆡᆨ년일
지셰우의반기ᄂᆞᆫ듯벽월이초싱ᄒᆞᆯ졔졈운(→셤운)이무젹ᄒᆞ고부용이
반ᄀᆡᄒᆞᆫᄃᆡ셔하가방롱이라원슈쳥연은슉비의총농하고은하츄파ᄂᆞᆫ미
우의영쳘(→형쳘)이라풍화셜한ᄒᆞᆫᄃᆡ뉴시ᄆᆡ교요ᄇᆡᆨ미졍〃ᄒᆞᆫᄃᆡ쳔ᄐᆡ
요〃로다원포의쇄연ᄒᆞ고츈산의야ᄆᆡ로다일쳔ᄌᆞᄐᆡ와일만고으미진
p. 94 짓만고의ᄯᅡᆨ업ᄂᆞᆫ쳔향국ᄉᆡᆨ이라니도령이ᄒᆞᆫ번보ᄆᆡ졍신이황홀ᄒᆞ고심
신이녹ᄂᆞᆫ듯ᄒᆞ여ᄒᆞᄂᆞᆫ말이남호리게숨겻다남의ᄲᅢᄉᆡᆨ히게숨겨고나남
의간장녹이게숨겻다슈려찬난ᄒᆞ여ᄂᆡ눈을어ᄅᆡ오고쳔연ᄌᆞ약(→작
약)ᄒᆞ여ᄂᆡ간장이스는고나화용월ᄐᆡ향긔로와나의졍신다ᄉᆡᆨ히고양
뉴긔질셤셰ᄒᆞ여깁옷술못니긔ᄂᆞᆫ고나그라셔셩명은뉘라ᄒᆞ며나흔언
마나ᄒᆞ뇨춘향이팔ᄌᆞ츈산ᄶᅵᆼ그리고단슌호치잠간여러나즉이엿ᄌᆞ오
ᄃᆡ소녀의셩은김이오일홈은츈향이오나흔이팔이로소이다니도령니
른말이신통ᄒᆞ다네나히이팔이라ᄒᆞ니나의ᄉᆞ〃십뉵과졍동갑이로고
나ᄯᅩ무ᄅᆞᄃᆡ싱월싱시ᄂᆞᆫ어ᄂᆡᄶᅢ니츈향이ᄃᆡ답ᄒᆞᄃᆡ하ᄉᆞ월초팔일축시
로소이다어허공교ᄒᆞ다눈무셥다방ᄌᆞ야네가앗가슈군〃〃ᄒᆞ더니ᄂᆡ
나와싱일을다일너밧쳣나보고나그러치아니면이럴일이〃는나
(→잇ᄂᆞᆫ가)ᄃᆡ져신통긔이ᄒᆞ다〃마져오다가ᄯᅭᆨ시만틀녀시니나희산
p. 96 ᄒᆞᆯ졔불슈산을급히달혀것고로먹엇더면ᄉᆞ쥬동갑될번ᄒᆞ다엇지반갑
지아니며엇지깃부지아니리오어와네인물네ᄐᆡ도ᄂᆞᆫ셰상의무빵이라
졀묘ᄒᆞ고어엿부다ᄆᆡ화월미의두루미도ᄀᆞᆺ고즇의안존조록(→초록)
졔비도갓고나무한ᄒᆞᆫ너의인물상쥬라도ᄒᆞᆫ번보면소닭긔가무식ᄒᆞᆯ거

시오하걸이너를보면믹희도흙기로다항왕이너를보면우민인(→우미인)이박식이오녀포가너를보면초션이도또흔돌이로다당명황이너를보면양귀비도한뒤되고딘후쥬가너를보면당녀화가용납흐랴일월이무광흐고빅홰가탈식이라연분이셔이러흔지인연이셔이러흔지너스라야나도술고나술아야네술니라네붓터왕공도경국흐고현진라도함신흔다일너시니날굿흔년쇼빅야일너무슴홀가우리두리인연미즈빅년히로흐려흐니잡말〃고날셤겨라신통밍낭흐고쓹고실뒤업는연분이라하늘이마련흐고귀신이지시흐온천졍비필이라나도셔울이실씩의삼월츈풍화류시와구츄황국단풍절의화조월셕빈날업시쥬스청누일를삼아만츈항노니취흐고졀뒤가인침익흐여청가묘무희롱홀 p. 98
졔무한호강흐여시면연지분의취식흐고함교함틱고은모양흐나둘이아니로딕쳔만의외너를보니녀즁군직며화즁일식이라탁둔군의거문고의월노가승믹즈두고빅년긔약우리두리졍흐리라츈향이〃말듯고츄파를잠간드러니도령숣혀보니이쏘흔만고영걸이라광미딕구에활달딕도언어슈작흐는거동한손열(→한소렬)지긔상이오당헌종(→헌종)의풍신이라명만일국직상되여보국안민홀거시오귀골풍치헌앙흐여니젹션의후신이라두즈미의취과낙양에귤만거흐던풍신을우을거시오젹벽강상의위군의낙담흐던쥬랑의위풍을압두홀지라츈향이닉심의탄복흠션흐믈마지아니흐나스식지아니코피셕딕왈쇼쳡이비록창가쳔기오향곡의무딘소견이나마음인즉북극텬문의턱을거러결단코남의별실가소흐고장화호졉불원이오니말숨간졀흐오시나분부시힝못흐깃소니도령니른말이힝믹의혼의늒녜빅냥은못흐나마결친 p. 100
납빙에빅년히로는졍영흐리니이도쏘흔텬졍연분이라스얀지심은녜지단이냐잡말〃고허락흐라츈향이쏘엿즈오딕쇼쳡의뜻을간딕로썩거마음딕로인연을못밋스오리이다쳡의원흐는바는뎨요도당시젹소부허유굿흔스람이나월나라범소빅굿흔스람이나그러치아니면한광무젹엄즈릉굿흔니나당나라니광필굿흔스람딘나라사안셕굿흔니나

삼국젹쥬공근ᄀᆞᆺᄒᆞᆫ니나송나라문쳔상ᄀᆞᆺᄒᆞᆫ니나이런ᄉᆞ람아니오면ᄃᆡ
원슈인빗기ᄎᆞ고금단의놉히안ᄌᆞ쳔병만마ᄅᆞᆯ지휘간에너허두고좌즉
진퇴ᄒᆞ옵시ᄂᆞᆫᄃᆡ장낭군이원이오니만일그러치아니ᄒᆞ오면ᄇᆡᆨ골이진
퇴되여도독슉공방ᄒᆞ오리이다니도령니ᄅᆞᆫ말이너ᄂᆞᆫ엇던집계집아희
p. 102 완ᄃᆡ당부의간당을다녹이ᄂᆞ니네ᄯᅳᆺ이여ᄎᆞᄒᆞ면날ᄀᆞᆺᄒᆞᆫᄉᆞ람은여허보
지도못ᄒᆞᆯ소냐그런ᄉᆞ람의외로다우리두리냥〃총각노라보ᄌᆞ츈향이
엿ᄌᆞ오ᄃᆡᄯᅩᄒᆞᆫ진졍의말슴ᄒᆞ오리다도련님은귀공ᄌᆡ시고쇼쳡은쳔기
라지금은아직욕심으로그리져리ᄒᆞ엿다가ᄉᆞᄯᅩ쳬귀ᄒᆞ신후의미당가
젼도련님이권실아니ᄒᆞ오리가권문셰가와진신거족에뇨됴슉녀권귀
ᄒᆞ여금슬종고즐기실졔헌신ᄀᆞᆺ치바리시면쇽졀업ᄂᆞᆫ나의신셰가련이
도되거고나독슉공방찬ᄌᆞ리의게발무러더진ᄃᆞ시홀노잇셔삼츈가긔
느즌ᄭᅴ와구츄상풍져문날의안진ᄒᆞ니셔란긔오슈다ᄒᆞ니몽불셩을함
젼ᄆᆡ화ᄂᆞᆫ셔ᄌᆞ의망혼이오창외누슈ᄂᆞᆫ이비의원누로다산당수원먼나
믄ᄃᆡ심단소혼ᄒᆞ올젹의눌바라고술나ᄒᆞ오아모랴도이분부시힝못ᄒᆞ
깃소니도령이심황신홀ᄒᆞ여만단ᄀᆡ유ᄒᆞᄂᆞᆫ말이상담의니ᄅᆞ기ᄅᆞᆯ노류
p. 104 당화ᄂᆞᆫ인ᄀᆡ가졀이오산계야목은가막능슌이라ᄒᆞ더니너와ᄀᆞᆺ튼졍〃
열심은고금텬지의ᄯᅩ잇시랴얌젼ᄒᆞ고긔특ᄒᆞ다아모려나그런일은조
곰도념녀마라인연을ᄆᆡᄌᆞ도아조당가쳐로밋고ᄉᆞᄯᅩ과만이잇다가되
여도너ᄅᆞᆯ두고엇지가리조곰치도의심마라면쥬젹삼쇽ᄌᆞ락의ᄊᆞ고간
들두고가며당판교상아두ᄀᆞᆺ치품고간들두고가며부왕투슈뉵슈부ᄀᆞᆺ
치안고간들두고가며억조함ᄃᆡ슌공ᄀᆞᆺ치업고간들두고가며협ᄐᆡ산초
히ᄀᆞᆺ치ᄶᅱ여간들두고가며우리ᄃᆡ부인은두고갈지라도양반의ᄌᆞ식되
고일구이언ᄒᆞ단말가다려가되향졍ᄌᆞ의비힝ᄒᆞ여뫼시리라츈향이〃
말듯고옥치찬연ᄒᆞ여잠간웃고니ᄅᆞᄃᆡ산ᄉᆞ람도향졍ᄌᆞ타고가오앗ᄎᆞ
이졋고나쌍가마의뫼시리라ᄃᆡ부인타실거슬엇지타오릿가ᄃᆡ부인은
집안어룬이라허믈업ᄂᆞᆫ터이니위급ᄒᆞ면삿갓가마ᄂᆞᆫ못타시랴잡말〃
고허락ᄒᆞ라츈향이ᄒᆞᆯ일업셔엿ᄌᆞ오ᄃᆡ도련님구든ᄯᅳᆺ이굿지그러ᄒᆞ실

진ᄃᆡ요마쇼쳡이불승황공이라엇지봉승치아니리잇고다만셰ᄉᆞᄅᆞᆯ난
측이오니후일빙거지물이업지못ᄒᆞᆯ지라일당문셔ᄅᆞᆯ민ᄃᆞ라쇼쳡의ᄆᆞ p. 106
음을실히옵쇼셔니도령이허락못바들가심갈초민터니져의말을듯고
희불ᄌᆞ승탕불ᄌᆞ억이라쳔만다힝ᄒᆞ여얼ᄂᆞᆫᄃᆡ답ᄒᆞᄂᆞᆫ말이긔무어시유
관ᄒᆞ리홍을겨워일복화젼식슬골라두루〃마라후투〃풀쳐들고룡미
연의먹을가라슌황모무심필을반즁동흠셕프러일필휘지문불가졈이
라필낙ᄒᆞ니경풍운이오시셩ᄒᆞ니읍귀신이라그글의ᄒᆞ여시되낙양과
ᄀᆡᆨ이산쳔경ᄀᆡ구경코져우연이광한누의올낫더니ᄉᆡᆼ각밧텬연이지즁
ᄒᆞ여삼셰슉원맛나오니이니ᄅᆞᆫ텬ᄉᆡᆼ비필이라ᄇᆡᆨ년긔약ᄆᆡᆼ셰ᄒᆞᆯ졔텬지
일월셩신후토십방셰계졔불졔텬ᄒᆞᆫ가지로삷히시니산쳔은이변이나
ᄎᆞ심은난변이라쳔고가인힝봉ᄒᆞ여동거동혈ᄆᆡᆺᄉᆞ오니운간지명월이
오슈중지연쾌로다약요지〃긔홰오ᄉᆞ양ᄃᆡ지운우로다량신가졀이오
쳔승(→쳔송)호긔로다관〃져구ᄂᆞᆫ직하지쥬오뇨됴슉녀는군ᄌᆞ호귀 p. 108
로다아욕셔지평ᄉᆡᆼ이오금슬우지무궁이라초무상즁지긔로금수월하
지연이오니긔위비약지니(→리)오일〃잠니가슈운니격이나ᄇᆡᆨ년희
로ᄂᆞᆫ지유젼긔로다ᄉᆞ슈은밀이나이슈미인지쾌허오아지거취ᄂᆞᆫ역긔
(→역의)방ᄌᆞ지소원이라동원츈화ᄅᆞᆯ막지실낙지〃시라구우황됴도
역ᄌᆞ유소지〃쳐로다ᄌᆞ아일견을일ᄀᆡᆨ이삼츄로다심지ᄋᆡ경은비타우
결(→우절)이오ᄉᆞ지구쳐ᄂᆞᆫ비여의소량이라월혼이위긔ᄒᆞᄌᆞ영즁
(→명즁)도이ᄀᆡ로이오역의ᄌᆞᄆᆡᆨᄒᆞ니션보종시ᄒᆞ고슈물소려ᄒᆞ여이
ᄎᆞ위신ᄒᆞ라모년모월모일삼쳥동니몽뇽은삼가셔ᄒᆞ노라ᄒᆞ엿더라쓰 p. 110
기ᄅᆞᆯ맛ᄎᆞᄆᆡ쏠〃마라츈향의게젼ᄒᆞ니츈향이바다보고심즁의ᄃᆡ희ᄒᆞ
여이리졉쳠져리졉쳠〃〃〃〃졉어다가〃삼속의품은후의여보도련
님ᄂᆡ말듯소무쪽지언이원비쳔니라ᄒᆞ니빠고빤ᄉᆞ항ᄂᆡ도난다ᄒᆞ니이
런말이누셜ᄒᆞ여ᄉᆞ또계셔아ᄅᆞ시고엄칙즁달ᄒᆞ옵시면ᄌᆞ작지얼지은
죄라어ᄃᆡ가발명ᄒᆞᆯ가니도령니ᄅᆞᆫ말이오냐그는념녀마라ᄂᆡ어려슬ᄶᅵ
큰ᄉᆞ랑의가면ᄂᆡ은녀기ᄉᆡᆼ들과은근ᄌᆞ숫보기각집통직이오콱가락ᄒᆞ

더고나만일초라가나거들낭그말ᄒᆞ고방구ᄒᆞᄌᆞ이러트시슈작ᄒᆞ며쳔
금이나어든드시즐겁기도긔지업고깃부기도측냥업다셔거라보자안
거라보ᄌᆞ아장〃〃건니(→거닐)거라보자이러ᄐᆞ시ᄉᆞ랑ᄒᆞ며어루ᄂᆞᆫ
거동홍문연의범증이가옥결을ᄌᆞ조드러항장불너픽공을쥭이랴고큰
p. 112 칼ᄲᆡ혀들고검무츄어어루ᄂᆞᆫ듯구룡소늙은룡이여의쥬를어루ᄂᆞᆫ듯검
각산ᄇᆡᆨᄋᆡᆨ호가송풍나월어루ᄂᆞᆫ듯머리도ᄡᅳ다듬고옥슈도쥐여보며등
도두ᄃᆞ리며어우화ᄂᆡᄉᆞ랑이야〃우동창의모란ᄀᆞᆺ치평퍼진ᄉᆞ랑포도
다ᄅᆡ넛출ᄀᆞᆺ치휘〃츤〃감긴ᄉᆞ랑방당봉ᄂᆡ산세ᄀᆞᆺ치봉〃이소슨ᄉᆞ랑
동ᄒᆡ셔ᄒᆡ바다ᄀᆞᆺ치구뷔〃〃깁흔ᄉᆞ랑이ᄉᆞ랑져ᄉᆞ랑〃〃〃〃〃겨
워ᄉᆞ랑가ᄒᆞ며이러ᄐᆞ시노니더니ᄎᆞ시일낙셔령ᄒᆞ고월츌동곡이라츈
향이〃러셔며하직ᄒᆞᄂᆞᆫ말이어ᄂᆡ날뵈오리잇가니도령이셥〃홈니긔
지못ᄒᆞ여옥슈를잡고뭇ᄂᆞᆫ말이네집이어ᄃᆡ메니츈향이옥슈를번듯드
러ᄒᆞᆫ곳을ᄀᆞᄅᆞ치되져건너셕교상의ᄒᆞᆫ골목두골목지나홍젼문드리ᄃᆞ
라조방청압으로셔ᄃᆡ로쳔변올나가셔향교를ᄇᆞ라보고종단길도라드
러모통이집ᄃᆡ얍집엽당이집구셕집건넌편군청골셔편골남편작둘ᄌᆡ
집비ᄎᆞ밧압흐로셔가라간김니방집압흐로셔정좌슈집지나박호장집
바라보고최급댱이누의집ᄉᆞ이골드러ᄉᆞ거리지나셔북작골막다란집
p. 114 이올시다니도령니ᄅᆞᆫ말이네말이하뒤슝〃〃ᄒᆞ니나ᄂᆞᆫᄉᆡ로이너도
(→일러도)ᄎᆞᄌᆞ가기어렵고집일키쉽깃다츈향이답ᄒᆞᄃᆡ그리아니ᄒᆞ
여도왕ᄂᆡ의각금무러단니ᄂᆞᆫ거시올시다그리말고어ᄃᆡ만치ᄌᆞ셔이ᄀᆞ
ᄅᆞ치라츈향이웃고다시니로ᄃᆡ져건너반송녹쥭깁흔곳의문젼의양뉴
심어오륙쥬버러잇고ᄃᆡ문안의오동심어입퓌여슈음지고담뒤히홍도
화난만이붉어잇고압뜰히셕가산뒤뜰에연못파고젼나무그늘쇽의은
〃이뵈ᄂᆞᆫ져집이오니황혼ᄶᅵᆨ부ᄃᆡ오옵소셔하직ᄒᆞ고ᄯᅥᆯ치고가ᄂᆞᆫ형상
ᄉᆞ람의간장이다녹ᄂᆞᆫ다금셕ᄀᆞᆺ치상약ᄒᆞ고숀을난화써날젹의한업ᄂᆞᆫ
졍이로다겨유구러도라오니월명졍반이오등명창외로다졍신이산난
ᄒᆞ고문견이황홀ᄒᆞ여진졍ᄒᆞᆯ길바히업다ᄋᆡ고이거시웬일인고밋친놈

이되거고나눈의츈향의넉시올나얼는뵈ᄂᆞᆫ거시모도다츈향이라눅방
아젼츈향굿고방ᄌᆞ통인츈향굿고관노ᄉᆞ령츈향굿고군노급장츈향굿
고남원부ᄉᆞ츈향굿고대부인도츈향굿고날즘싱도츈향굿고길즘싱도
츈향굿고모도미러뵈ᄂᆞᆫ거시다츈향이라젼역상을믈녀노코ᄒᆞᄂᆞᆫ말이 p. 116
목이메여못먹깃다방ᄌᆞ불너뭇ᄂᆞᆫ말이네이밥을아ᄂᆞᆫ다방ᄌᆞ놈엿ᄌᆞ오
ᄃᆡ아옵ᄂᆡ다안다ᄒᆞ니엇지ᄒᆞᄂᆞ니빨노지은거시밥이올시다어허미혹
ᄒᆞᆫ놈밥이면다밥이냐밥을지으ᄃᆡ즐도되도아니ᄒᆞ고고슬고슬ᄒᆞᆫ즁에
도속의쌔가업셔축〃ᄒᆞ여도것물도지아니ᄒᆞ여야가위잘지은밥이지
이밥은곳모릐밥이로고나이상믈니여라식불감ᄒᆞ니침불안이쉬오리
라글이나읽어보ᄌᆞ쳔ᄌᆞ유합동몽션습샤약(→사략)통감ᄉᆞ학ᄃᆡ학례
긔츈츄시젼셔젼ᄆᆡᆼᄌᆞ논어마ᄉᆞ삼약ᄂᆡ여노코산유ᄌᆞ칙상의옥촉의불
밝히고ᄎᆞ례로읽을젹의하늘쳔싸지감을현누루황집우집쥬집ᄀᆞᄅᆞ쳐
뵈든양이눈의암〃귀의징〃텬지디간만물지즁의유인이최귀ᄒᆞᆫ즁의
더옥귀타텬황시ᄂᆞᆫ이목덕으로왕ᄒᆞ야셰긔섭졔ᄒᆞ니졔못와도ᄂᆡ가리 p. 118
라이십삼년이라초명딘대부위ᄉᆞ도젹한건ᄒᆞ여ᄒᆞᆫ가지로못간쥴이후
회막급이라원형이정은텬도지상이오인의례지ᄂᆞᆫ인셩지강이라강보
붓터못본쥴이한이로다ᄆᆡᆼ직견양혜왕ᄒᆞ신ᄃᆡ왕왈쉬불원쳔니이릐ᄒᆞ
시니쳔니로다쳔니로다임가신ᄃᆡ쳔니로다관〃져구ᄂᆞᆫ직하지쥬오뇨
됴슉녀ᄂᆞᆫ군ᄌᆞ호구로다우리들을니ᄅᆞ미라아모려도못읽깃다도모지
훗뵈이고츈향이만뵈ᄂᆞᆫ고나칙장마다츈향이오글ᄌᆞ마다츈향이라ᄒᆞᆫ
ᄌᆞ가두ᄌᆞ되고ᄒᆞᆫ쥴이두쥴이오ᄌᆞ〃쥬쥴이(→쥴쥴이)다츈향이라이
아니ᄆᆡᆼ낭ᄒᆞᆫ가원칙의글ᄌᆞ드리바로뵈지아니ᄒᆞ네쳔ᄌᆞᄂᆞᆫ감지오동몽
션습ᄉᆞ습이오ᄉᆞ냑(→사략)은화약이오통감은곳감이오소학은북학
이오대학은당학이오ᄆᆡᆼᄌᆞᄂᆞᆫ비ᄌᆞ오논어ᄂᆞᆫ망어로다시젼은싼젼이오
유합은찬합이오강목은씨목이오츈츄ᄂᆞᆫ호츄로다하늘텬ᄌᆞ큰ᄃᆡ되고 p. 120
싸지ᄌᆞ못지되고달월ᄌᆞ눈목이오숀슈ᄌᆞ양〃이라일쳔〃ᄌᆞ방픠간이
오웃상ᄌᆞ흑토로다옷의ᄌᆞ밤야ᄌᆞ오ᄒᆞᆫ일ᄌᆞ두이되고쏘ᄎᆞᄌᆞ그기ᄌᆞ라

집쥬는범인이오하위ᄌ말미로다근〃ᄌ되승되고돗히ᄌ집가로다밧
젼ᄌ납신이오두냥ᄌ비우되고묘ᄒᆞᆫ묘ᄌ이ᄌ보소츈향일시분명ᄒᆞ다
칙상을밀쳐노코벽상보검ᄲᅢ혀들고ᄉᆞ면으로두루면셔니미망냥쇽거
쳔니츈향이만보고지고잠간맛나보고지고즉금만나보고지고어득ᄒᆞᆫ
빈방안의불현듯이보고지고쳔니타향고인ᄀᆺ치얼는만나보고지고구
년지슈힉빗ᄀᆺ치훤츨ᄒᆞ게보고지고칠년ᄃᆡ한빗발ᄀᆺ치싀훤ᄒᆞ게보고
지고동창영월달빗ᄀᆺ치반갑게보고지고셔산의낙됴ᄀᆺ치쑥써러져보
고지고오미불망보고지고알드리도보고지고살드리도보고지고밍낭
이도보고지고금즉이도보고지고조곰만나보고지고잠간어더보고지
고〃〃〃〃〃〃〃〃소리를한것질너노흐니그소리동헌ᄀᆞ지(→ᄭᆞ
지)들녀고나이ᄯᅢᄉᆞ또이소리를듯고ᄭᅡᆷ작놀나고〃이히녁여통인불너
p. 122 분부ᄒᆞᄃᆡ칙방의셔글쇼리는아니나고무어솔보고지고ᄒᆞ는고ᄌ셔히
아라오라통인이급히가셔뭇ᄌ오ᄃᆡ거무슴소리를그ᄃᆡ지질너ᄉᆞ오니
도령이겁을닉여별안간의싱ᄯᅡᆫ젼ᄒᆞᄃᆡ삼문밧긔셔슐쥬정ᄒᆞ는소리듯
고날ᄃᆞ려무ᄅᆞ니닉가미호만〃ᄒᆞ냐통인이엿ᄌ오ᄃᆡᄉᆞ또계셔도련님
목소리를친히듯고아라오라ᄒᆞ옵시닉다ᄒᆞᆫ번만더ᄡᅧ히더면될거시로
ᄃᆡ그놈의외슈의넘어ᄒᆞ는말이그라셔쏙드러계시단말이냐ᄒᆞ며먹은
갑시잇셔쇽으로얼는ᄉᆡᆼ각ᄒᆞ며ᄒᆞ는말이쇼년금방괘명시라미구의과거되
면장원급졔츌신ᄒᆞ여빵긔ᄡᅵ여보고지고닉쇼원이〃러키로보고지고
ᄒᆞ엿다고엿ᄌ와라통인이드러가그ᄃᆡ로알외오니ᄉᆞ또고지듯고칙방
됴낭청ᄃᆞ려ᄒᆞ는말이향ᄌ의션산소천장ᄒᆞ올ᄯᅢ의홍천박싱원이풍양
고을산소를보고덥혀노코닉말ᄃᆡ로여긔쓰라ᄒᆞ며문필봉이두려시안
p. 124 산이되고공명봉이병풍두른듯ᄒᆞ여쥬산이되여시니ᄌ숀의문당은념
녜업고공명이긋치지아니ᄒᆞ리라ᄒᆞ고잡고권ᄒᆞ기의그말ᄃᆡ로그산소
의뫼셧더니이졔야산음인쥴황연이ᄭᆡ닷기네그아희가긔특ᄒᆞᆫ쥴이ᄒᆞᆫ
갓남쳐로ᄒᆞ는거시아니라잠잘쥴잇고한ᄉᆞᄒᆞ고글만ᄒᆞ려ᄒᆞ니아무려
도문당은념녀업셔ᄒᆞ며못닉ᄉᆞ랑ᄒᆞ더라이ᄯᅢ칙방의셔방ᄌ놈이엿ᄌ

오ᄃᆡ강셩을녓초와(→낫초와)ᄒᆞ오뭇치인초라가다나ᄀᆡ소그럴ᄉᆞ록초
조번민ᄒᆞ여그렁져렁밤을식고됴반앗침젼폐ᄒᆞ고졈심도젼궐ᄒᆞ고뭇
ᄂᆞᆫ거시희분이라방ᄌᆞ야희가언마나갓ᄂᆞ니희가아직아귀도아니터소
ᄋᆡ고그희가어졔ᄂᆞᆫ뉘부음편지를가지고가ᄂᆞᆫᄃᆞ시쥴다름질ᄒᆞ여가더
니오날은어이그리완보장텬ᄒᆞᄂᆞᆫ고발바당의종긔가낫ᄂᆞ가ᄅᆡ토시가
곰기ᄂᆞᆫ가삼버리쥴즙아ᄆᆡ고ᄉᆞ면말독을박아ᄂᆞᆫ가ᄃᆡ신지가를잡히엿
나장승거름을부러ᄒᆞ나어이그리더ᄃᆡ가노방ᄌᆞ야희가어ᄃᆡ로갓나보
아라ᄇᆡᆨ일이도텬즁ᄒᆞ여오도가도아니ᄒᆞ오무졍셰월약뉴ᄑᆡ라ᄒᆞ더니
허황ᄒᆞᆫ글도잇거고나붓친ᄃᆞ시박힌히를어이ᄒᆞ여다보뇔고방ᄌᆞ야희
가엇지되엿ᄂᆞ니셔산의빗겨종시아니넘어가오관쳥빗불너다가기름 p. 126
을만히가져셔산뫼봉의발나두라밋그러워넘어가게ᄒᆞ여다고그리ᄒᆞ
여희지거든즉시거ᄅᆡᄒᆞ라방ᄌᆞ놈엿ᄌᆞ오ᄃᆡ셔산의지ᄂᆞᆫ희ᄂᆞᆫ보븜ᄌᆞ리
치노라고눈을쓰믈〃〃ᄒᆞ고동녕의돗ᄂᆞᆫ달은눕히ᄡᅧ셔오노라고바스
락〃〃〃소ᄅᆡᄒᆞ니황혼일시졍녕ᄒᆞ다가랴ᄒᆞ오말냐ᄒᆞ오니도령의거
동보쇼심망의촉조민ᄒᆞ여젼녁상도허동지동방ᄌᆞ불너분부ᄒᆞ되네나
먹고어셔가ᄌᆞ져방ᄌᆞ놈거동보쇼젼의ᄂᆞᆫᄃᆡ공슐이나어더먹어낫분양
을쥬리다가요ᄉᆞ이ᄂᆞᆫ왼통모도후무루ᄡᅥ이고비가봉긋ᄒᆞ니비를슬〃
만지면셔게트름ᄒᆞ며ᄒᆞᄂᆞᆫ말이남은아모리되던지나ᄂᆞᆫ좃쇼의츈향이
열아문이〃시면겹흉년인들긔탄ᄒᆞᆯ가ᄒᆞ며거드러거려ᄒᆞᄂᆞᆫ말이가ᄌᆞ
쇼ᄅᆡ작〃ᄒᆞ오ᄉᆞ또분부의가라ᄒᆞ엿쇼왜장이나면가기ᄂᆞᆫ싀로이싱뜸
질이날거시니폐문이나ᄒᆞᆫ연후의ᄉᆞ또취침기ᄃᆞ려셔가거나말거나ᄒᆞ
옵소셔니도령초조ᄒᆞ여니른말이그러ᄒᆞ면돈관이나늬여다가문닷ᄂᆞᆫ p. 128
놈인졍쥬고폐문션하ᄒᆞ여보ᄌᆞ방ᄌᆡ엿ᄌᆞ오ᄃᆡ초경삼졈폐문인ᄃᆡ초혼
폐문웬일이오폐문션하ᄒᆞ단말듯도보도못ᄒᆞ엿쇼졔발덕분잠간만참
으시오한창이리ᄒᆞᆯ제가즌취타폐문ᄒᆞᆫ다방ᄌᆞ야동헌의퇴등ᄒᆞᆫ찜보아
라이러ᄐᆞ시조민ᄒᆞᆯ졔동헌의퇴등ᄒᆞ고만뇌구젹ᄒᆞ니방ᄌᆡ엿ᄌᆞ오ᄃᆡ야
심인젹ᄒᆞ고월ᄇᆡᆨ풍쳥ᄒᆞ니가랴ᄒᆞ오말냐ᄒᆞ오니도령의거동보쇼귀홍

듸의텬공활이라조흘〃〃시고가자〃〃셰라님을보라가ᄌᆞ셰라몸을
슒겨월셩ᄒᆞ여가만〃〃ᄎᆞᄌᆞ간다방ᄌᆞ놈은압흘셔고양각등의불을혀
고<u>염셩문</u>(→염석문)네거리홍젼문세거리이모롱져모롱감도라풀도라
엄벙덤벙슈루〃훨젹도라드러면〃촌〃이ᄎᆞᄌᆞ갈졔방ᄌᆞ놈이별안간
의ᄒᆞᄂᆞᆫ말이야반무례구싀친구라ᄒᆞ니심〃파젹ᄒᆞ량으로골치기나ᄒᆞ
p. 130 나식ᄒᆞ며가셰니도령이어히업셔니ᄅᆞ듸방ᄌᆞ야상하쳬통외ᄌᆞᄒᆞ고발
셔통치못ᄒᆞᆫ거시늬가숀을색져고나방ᄌᆞ놈듸답ᄒᆞ듸으라쳥〃이맛보
계피ᄎᆞ평발아회드리야심즁의괴롱ᄒᆞ니무어시망발이며ᄌᆞ늬뒤히냥
반두ᄌᆞ뼈붓쳣나말이〃러ᄒᆞ니쳬증일셰그리말소쇽담의니ᄅᆞ기를<u>시</u>
<u>로뼈</u>(→시루떡)가ᄂᆞᆫ듸ᄀᆡ쏘로기ᄂᆞᆫ제격이라ᄒᆞ려니와ᄌᆞ늬계집ᄒᆞ라가
ᄂᆞᆫ듸나ᄂᆞᆫ무숨짝으로ᄯᆞ라가단말인가니도령니른말이네말이모도경
외지언이로고나담을ᄡᆞ고벽을쳐도이판의ᄂᆞᆫ그리아니ᄒᆞᄂᆞ니라늬가
그리싱소ᄒᆞ냐네비위의아니맛나보고나ᄋᆡ고늬아들이야<u>오초</u>(→교
소)의빕드기ᄂᆞᆫ외탁ᄒᆞ여그러ᄒᆞᆫ가방ᄌᆞ동싱아어셔가자방ᄌᆞ놈니도령
을속이랴고바른길을두고ᄉᆞ오ᄎᆞ를둘너가니엇지종을알가보니ᄀᆡ얌
이쳬박회도듯불알이쌘이쓰도록도라오다가ᄒᆞᄂᆞᆫ말이밤길이붓ᄂᆞᆫ다
ᄒᆞ더니어졔ᄀᆞᄅᆞ치던어림보다가ᄂᆞᆫ팔〃결노먼니향방을어이알니이
p. 132 ᄂᆞᆫ아모려도네즁병인가ᄒᆞ노라방ᄌᆞ놈이셜넝〃〃압셔가셔츈향의집
문압히다ᄃᆞ라셔도라보고ᄒᆞᄂᆞᆫ말이두말〃고이집으로그져쑥드러를
가오여보와라이일이분명외슈로다기싱의집이〃듸도록장녀홀가보
냐네가날을유인ᄒᆞ여셰가의모라넛코슈원남문밧긔셔ᄉᆞᄂᆞᆫ졍봉양의
아들을민들냐나보고나방지웃고ᄒᆞᄂᆞᆫ말이념녀를턱바리고드러가만
보오아모려도의심되니네몬져압셔드러가라그리ᄒᆞ면드러가다슈쇄
ᄒᆞᆫ후나오리이다슈쇄란말이웬말이니슈상ᄒᆞ고밍낭ᄒᆞᆫ놈ᄒᆞᆫ가지로드
러가ᄌᆞ져방ᄌᆞ의거동보소다든문을발노ᄎᆞ고왈학ᄶᅱ여드러가며이ᄋᆡ
츈향아ᄌᆞᄂᆞᆫ냐ᄭᆡ엿ᄂᆞᆫ냐도련님와겨시니밧비나오너라이ᄯᆡ츈향이분
벽ᄉᆞ창구지닷고촉하의혼ᄌᆞ안져벽오동거문고를술상의빗기안고ᄌᆞ

탄즈가ᄒᆞ여셤〃옥슈로흘니탈제ᄃᆡ인난〃〃〃ᄒᆞ니계삼창야오경이
라빨잉동징빨잉동홍청츌문망〃〃〃ᄒᆞ니청산은만듕이오녹슈ᄂᆞᆫ천
회로다빨잉당증빨잉지링당둥〃청〃이러트시기ᄃᆞ릴졔츈향어미ᄂᆡ p. 134
ᄃᆞ라방ᄌᆞ놈을ᄉᆞ지ᄌᆞ며네가향교방지냐밤즁의웨와셔야단ᄒᆞᄂᆞᆫ다발
길년의볏ᄃᆞ리를둘너메고나온년셕ᄀᆞᆺᄐᆞ니관쇽년셕쏠을츔아보기슬
터라방ᄌᆞ놈이어히업셔춘향보고ᄒᆞᄂᆞᆫ말이〃ᄋᆡ츈향아이거시병이로
다그말을너의어머니ᄃᆞ려아니ᄒᆞ엿나보고나여보마노라남의말을듯
고말을ᄒᆞ시오뉘아들놈이잘못ᄒᆞ엿나드러보시오지나간장날아츰의
ᄎᆡᆨ방도련님이별안간의광한누구경가ᄌᆞᄒᆞ기뫼시고갓더니고뷔의인
숨이오계란의유골이오기침의ᄌᆡ치기오마ᄃᆡ의옹이로져아희가마조
뵈ᄂᆞᆫ언덕의셔그뉘를쒸여도련님의눈의들킨지라무어시냐뭇기에엇
지ᄒᆞ나보ᄌᆞ고아기시라ᄒᆞ다가종시긔일길업셔바른ᄃᆡ로ᄒᆞ엿더니도
련님이밋치게불너오라ᄒᆞ시니하인의도리거역지못ᄒᆞ여쿨너다가두
리만나보고<u>슈운</u>(→슈은)엉긔ᄃᆞ시엉그러져둘다홋니불을뻐온갓<u>이</u>
<u>삭단니</u>(→잇속탐닉)ᄒᆞ며빅년긔약언약ᄒᆞ고오날젼녁오마고썩집의산
병마쵀듯ᄉᆞ긔젼의종ᄌᆞ굽마쵀듯셔로맛쵀여두고날ᄃᆞ려ᄒᆞᆫ가지로가
ᄌᆞᄒᆞ시기로뫼시고온일이지뉘제할미ᄒᆞᆯ놈이잘못ᄒᆞ엿소그웨공연이
욕을더럭〃〃ᄒᆞ여<u>가시오</u>(→계시오)츈향어미이말듯고날근거시별안 p. 136
간의쌴젼ᄒᆞᄂᆞᆫ말이목쇼ᄅᆡ를드ᄅᆞ니네로구나〃ᄂᆞᆫ넨즐은ᄃᆞ지못ᄒᆞ고
잘못ᄒᆞ엿다ᄌᆞ라가ᄂᆞᆫ아희드른몰나보게되엿고나노화말라너의어머
니ᄒᆞ고나고경동갑일다이ᄋᆡ츈향아ᄎᆡᆨ방도련님와계시단다밧비나와
잘뫼시라이곳의셔힝낙ᄒᆞᆫ들어ᄂᆡ뉘가괄시ᄒᆞ리옥창의유셩터니츈향
이영접ᄒᆞᆫ다져츈향의거동보쇼치마ᄭᅩ리뷔여잡고듕문밧ᄭᆡ다라셔
반겨마ᄌᆞ드러갈제츈향어미ᄉᆡ를부려별안간의짬작놀나ᄒᆞᄂᆞᆫ말이〃
거시웬일이오만일ᄉᆞ쏘아ᄅᆞ시면ᄉᆞ람을모도다상ᄒᆞ랴고이런일도ᄒᆞ
단말가어셔밧비도라가오니도령ᄃᆡ답이엇지된고하회를셕남ᄒᆞ라

셰갑ᄌᆞ하늑월망간필셔 p. 138

권지이

화셜이씌니도령이츈향어미거동보고니른말이일이잇던지업던
지아른체ᄒᆞᆯ빅아니〃념녀말고그만잇소츈향어미잔도리치ᄂᆞᆫ말이임
의와겨시니말업시단녀가오공힝으로도라가면졔마음도셥〃ᄒᆞᆯ듯ᄒᆞ
고도련님도무류ᄒᆞᆯ듯ᄒᆞ니슈어나ᄒᆞ다가〃시오졔가실노ᄆᆡ몰ᄒᆞ여친
구왕ᄂᆡ업삽더니도련님이나와계시니잠간노다가드러가오니도령의
거동보쇼츈향의쇼목(→손목)드립더덤셕마조잡고가숨이도근〃〃
졔두리ᄲᅧ가ᄉᆡ근〃〃한숀으로엇ᄀᆡ집고희〃낙〃드러갈제좌우편삷
혀보니집치레도활홀(→황홀)ᄒᆞ다ᄃᆡ문작좌우편의울지경덕딘슉보
오듕문에는위징션싱ᄉᆞ면활작놉흔집을입구ᄌᆞ로지엇ᄂᆞᆫᄃᆡ상방삼간
p. 142 빵벽장의협방이간ᄃᆡ청뉵간월방ᄉᆞ간부억삼간고왕오간듕집ᄉᆞ간ᄂᆡ
외분합물님퇴의솔미살창가로다지구을도리션ᄌᆞ츈혀바리밧침부연
다라셔밉시잇게지엇ᄂᆞᆫᄃᆡ동편의ᄂᆞᆫ고왕이오셔편의ᄂᆞᆫ마구로다양지
에방아걸고음지에우물파고문젼의학종션싱긴버들휘느러진장송광
풍의흥을겨워우슓춤을츄고압뜰의ᄀᆡ를노코뒤뜰의닭을치고ᄃᆡ심어
울을ᄒᆞ고솔심어정ᄌᆞ로다뽕심어누에치고울밋ᄒᆡ벌안치고울밧긔원
두노코뜰아ᄅᆡ연정지어죽정으로면을밧쳐네모반듯괴야ᄂᆞᆫᄃᆡ못가온
ᄃᆡ셕가산을일층이층삼ᄉᆞ층의졀묘ᄒᆞ게무어노코비오리빵〃증경이
넙흘ᄃᆡ접ᄀᆞᆺ흔금부어ᄂᆞᆫ못ᄀᆞ온ᄃᆡ노니ᄂᆞᆫᄃᆡ온갓화초다픠엿다동의ᄂᆞᆫ
벽오동셔의ᄂᆞᆫ빅ᄆᆡ화남의홍모란북의ᄂᆞᆫ금ᄉᆞ오쥭한가ᄒᆞ다한가온ᄃᆡ
황학녕월계ᄉᆞ계종녀파초ᄌᆞ약영산홍왜쳑촉연포도화국화ᄆᆡ화를여
p. 144 긔져긔심어두고잉무공작청됴흔빵소식을맛져두고합환초연니지의
비익됴다정ᄒᆞ다오동ᄎᆞ양츈혀마다옥풍경을다라시니청풍건듯불젹
마다잉그렁징그쇼ᄅᆡ요량ᄒᆞ다빅치흔것도라보니빅능화로도빅ᄒᆞ고
당유지굡도리의청능화씌를씌고동셔남북계견ᄉᆞ호문우희십댱싱지

게문의남극션옹벽화ᄅᆞᆯ붓쳐ᄂᆞᆫᄃᆡ동벽을바라보니송단의상산ᄉᆞ호바
독판을둘너안ᄌᆞ흑빅이난만ᄒᆞᆫᄃᆡ낙ᄌᆞ졍〃그려잇고뉵녀화상셩진이
가츈풍셕교상의팔션녀ᄅᆞᆯ만나보고집허던뉵환댱을빅운간의흣더지
고합댱ᄒᆞ여뵈ᄂᆞᆫ형상녁〃히그려잇고셔벽을바라보니딘쳐ᄉᆞ도연명
이핑틱녕마다ᄒᆞ고빅학을몬져노코오두미ᄅᆞᆯ후리치고츄강산비ᄅᆞᆯ씌
여청풍명월흘니져어쇼상으로가ᄂᆞᆫ경을두렷시그려잇고부츈산엄ᄌᆞ
릉이간의틔우(→ᄃᆡ부)마다ᄒᆞ고빅구로벗을솜고원학으로이웃ᄒᆞ여
동강상칠니탄의낙시ᄃᆡᄅᆞᆯ더진거동상연이그려잇고남벽을바라보니 p. 146
삼국풍진요란ᄒᆞᆫᄃᆡ한죵실뉴황슉이거름조흔젹도마(→젹로마)ᄅᆞᆯ두
덕구벅밧비모라남양초당풍셜즁의와룡션ᄉᆡᆼ보려ᄒᆞ고지셩으로가ᄂᆞᆫ
경을완연이그려잇고시즁텬ᄌᆞ니틱빅이포도쥬ᄅᆞᆯ취케먹고어션의빗
기안ᄌᆞ물밋히빗쵠달을ᄉᆞ랑ᄒᆞ여잡으랴고두숀목물에너흔거동션명
ᄒᆞ게그려잇고북벽을바라보니위슈어옹강틱공은션팔십궁곤ᄒᆞ여달
삿갓슉이쓰고삼십뉵조곳은낙시ᄎᆡ례로드리오고낙ᄃᆡᄅᆞᆯ거두칠졔잠
든빅구놀나ᄂᆞᆫ경조ᄃᆡ상의안ᄌᆞᆺ다가쥬문왕을반기만나안거ᄉᆞ마로가
ᄂᆞᆫ경도한가ᄒᆞ게그려잇고영쳔한슈흐ᄅᆞᄂᆞᆫ물의소부ᄂᆞᆫ귀ᄅᆞᆯ씻고허유
ᄂᆞᆫ귀씨슨물소먹을가쇠곡비ᄅᆞᆯ거ᄉᆞ리고긔상(→긔산)으로가ᄂᆞᆫ경도
청아ᄒᆞ게그려잇고유상곡슈귀거릐ᄉᆞ쥭님칠현어초문답만경창파셰
류강의어변셩룡그려잇고면장에도임슐지츄칠월긔망야의소ᄌᆞ쳠이 p. 148
젹벽강의범쥬ᄒᆞ여노ᄂᆞᆫ경도신긔로이그려잇고부벽셔로볼작시면왕
ᄌᆞ안의등왕각셔도연명의귀거릐ᄉᆞ니틱빅의쥭지ᄉᆞ소ᄌᆞ쳠의젹벽부
닙츈셔로볼작시면원득삼산불노초ᄒᆞ야비헌고당빅발친을북궐은광
은회슈졉이오남산가긔계헌영을작소칙봉함셔지ᄒᆞ니금일텬관ᄉᆞ복
ᄂᆡ라문작의ᄂᆞᆫ국틱민안가급인족문신호령가금불상문우희ᄂᆞᆫ츈도문
젼증부귀라귀머리가지(→까지)붓쳐시니만벽셔화더욱조타니도령
니른말이ᄂᆡ가우연이든장가〃빨고리의닭이로다츈향의엇기집고ᄃᆡ
청의올나방안으로드러가니침향ᄂᆡ도황홀ᄒᆞ다방치례ᄅᆞᆯ볼작시면각

p. 150 댱장판의당유지굡도리빅능화도비ᄒᆞ고쇼란반ᄌᆞ혼텬도의셰간긔명
볼작시면농장봉장궤두리칙상갑계슈리들믜장작ᄀᆡ함농반다지면경
체경왜경ᄃᆡ며쇄금들믜삼층장계ᄌᆞ다리옷거리며농두머리장북븨
(→빗)빵농그린빗졉고비벽상의거러노코왜상벼로집화류셔안교ᄌᆞ
상ᄃᆡ청의ᄂᆞᆫ귀목두지농츙항과칠박귀박두리박학슬반ᄌᆞᄀᆡ반을층〃
이언져노코산유ᄌᆞ〃리상의션단뇨의ᄃᆡ단니블원앙금침잣벼ᄀᆡ를반
ᄌᆞ갓치빠하노코은침갓튼가즌열쇠쥬황ᄉᆞ씬을다라본돈셧거쎄여달
고청동화로젼ᄃᆡ야며빅통유경놋촉ᄃᆡ식별갓흔요강타구짓써리등물
빵〃이더져노코인물병산슈병의공작병도둘너치고오동복판거문고
룰식쥴다라세워두고양금싱황히금댱구여긔져긔노화두고뉵목팔목
빵뉵골픽댱긔바독좌우의버려잇고가즌즙믈셰간치레황홀이도버려
고나얼ᄉᆞ조흘시고츈향의거동보쇼농두머리당북븨를(→장북빗을)
셤〃옥슈로나리워이리져리쓰리치고홍젼ᄒᆞᆫ쎄썰쳐깔고도련님이리
p. 152 안ᄌᆞ시오치마압흘븨여안고은침갓튼열쇠ᄂᆡ여금거북잠을쇠를썰걱
열고각ᄉᆡᆨ초다ᄂᆡ어올제평안도셩천초강원도금강초젼나도진안초양
덕삼등초다ᄂᆡ여노코경긔도삼십칠관즁남한산셩초ᄒᆞᆫᄃᆡ쏙쎄여ᄂᆡ여
쏠물의홀〃썀어왜간쥭부산ᄃᆡ의너흘지게담아들고단슌호치에담싹
무러청동화로빅탄불의잠간ᄃᆡ혀붓쳐ᄂᆡ여치마ᄭᅩ리휘여다가물쌔리
삐셔둘너잡아들고나즉이나아와도련님잡슈시오니도령이황겁지겁
감지덕지두숀으로바다들고타락송아지젹부리무드시덥셕물고모긔
불픠오드시픠오면셔ᄒᆞᄂᆞᆫ말이만고영웅호걸들도슐업시ᄂᆞᆫ무맛시라
여ᄎᆞ량야이노름의슐업시ᄂᆞᆫ못ᄒᆞ리니슐을밧비가져오라츈향이상단
이불너마노라님게나가보라이씌츈향어미ᄉᆞ람의쌔를색히랴고위션
쥬효진지갓츌젹의팔모졉은ᄃᆡ모반의통영소반안셩유긔왜화긔당화
긔산호반슌금쳔은각ᄉᆡᆨ긔명버려노코가즌슐병겻드렷다쳠픠긔욱쥭
p. 154 절병엽낙금졍오동병야화그린왜화병금졍슈복당화병조션보화쳔은
병즁원보화뉴리병벽히슈상산호병문치조흔ᄃᆡ모병목긴항ᄉᆡ병목옴

초라진ᄌᆞ라병각식슐을다드렷다도쳐ᄉᆞ의국화쥬ᄂᆡ한님의포도쥬산
님은ᄉᆞ죽엽쥬마고션녀의연엽쥬안긔싱의ᄌᆞ하쥬감홍노계당쥬빅화
쥬두견쥬니강고죽녁고안쥬상을도라보니ᄃᆡ양푼의가리찜소양푼의
제육초양지머리ᄎᆞ돌박이어두봉미노화잇고염통산적양복기며신셜
노의젼골이오싱치다리젼체슈며연계찜을겻드리고송강노어훼
(→회)를치고각관포육편포로다문어젼복봉삭이고밀양싱율짝가노
코함창건시졉어노코청실ᄂᆡ며황실ᄂᆡ며뉴ᄌᆞ셕뉴겻드리고두귀발족
송편이며보기조흔빅셜기먹기조흔쑬셜기맛조흔두텹썩경쳡흔화젼
산승송긔조악가즌웃기괴야노코민강ᄉᆞ탕오화당농안예지당ᄃᆡ초며
동정금귤이더욱조타청동화로빅탄슛헤다리쇠를거러노코평양숙통 p. 156
징갑이의능허(→능하)쥬를불한불열더혀노코노ᄌᆞ작잉무비의ᄀᆞ득
부어들고빅만교ᄐᆡ권흘젹의도련님이슐한잔잡슈시오니도령ᄃᆡ답ᄒᆞ
ᄃᆡ슐이란거시권쥬가업시면무맛시니아모랴도그져ᄂᆞᆫ못먹으리라츈
향이흘일업셔권쥬가ᄒᆞ여슐권흘제잡으시오〃〃〃〃이슐한잔잡으
시오이슐한잔잡으시면슈부다남ᄒᆞ오리라이슐이슐이아니오라한무
데승노반의니슬바든거시오니쓰나다나잡으시오인간영욕헤아리니
묘창히지일속이라슐이나먹고노ᄉᆞ이다딘시황한무데도당싱불ᄉᆞ못
ᄒᆞ여셔녀산무릉송빅즁의일부황토긔아닌가슐만먹고노ᄉᆞ이다인간
칠십고릐희라칠슌힝낙이덧업도다아니놀고무엇ᄒᆞ리ᄂᆞᆫ산포림걸슈
(→걸쥬)라도이슐한잔ᄉᆞ라실젹분(→쌘)이로다ᄭᆞᆺ출썩거슈를노코
무진무궁먹ᄉᆞ이다우리ᄒᆞᆫ번도라가면뉘라ᄒᆞᆫ잔먹ᄌᆞᄒᆞ리종경옥빅부
족귀오다원당취불원셩을구십츈광일쳑발이화하박슈창산ᄀᆡ지상화 p. 158
ᄀᆡ능귀일이냐셰상인간능거시오슐이나먹고노ᄉᆞ이다작됴화종금됴
화오명됴화락슈츄최라화젼인시거년시오거년인비금년쇠라금일화
ᄀᆡ우일지ᄒᆞ니명됴ᄂᆡ관지시슈라아니취코무숨ᄒᆞ리니도령이ᄒᆞᄂᆞᆫ말
이숀ᄃᆡ접ᄒᆞ노라고혼ᄌᆞ슈고ᄒᆞᄂᆞᆫ고나쉬염〃〃밤ᄉᆡ도록흉진토록놀
고노ᄌᆞ부어쥬ᄂᆞᆫᄃᆡ로바다먹고혀바닥이촉〃ᄒᆞ니연ᄒᆞ여싀여비를쳔

연이밍음ᄒᆞ고츈향ᄃᆞ려니른말이남아의위방불입은청누를일너시니
우리두리침익ᄒᆞ여이러트시노닐젹의엇더ᄒᆞᆫ실업장의아들놈이ᄃᆡ넘
이ᄒᆞ여드러와셔요간돌출작난ᄒᆞ면의관을열파ᄒᆞ고ᄂᆡ몸을망신ᄒᆞ면
아닌밤의도망ᄒᆞ여칙방으로가려니와아모랴도관심난다마ᄂᆞᆫ쥬판지
셰홀일업다앗가고쎈으로가ᄉᆞᄒᆞ나더ᄒᆞ여라츈향이함소ᄒᆞ고가ᄉᆞ
p. 160 ᄒᆞᆫ다빅구야펄〃나지마라너잡을ᄂᆡ아니로다셩상이바리시니너를조
ᄎᆞ예왓노라오류츈광경조흔ᄃᆡ빅마금편화류가ᄌᆞ운심벽계화홍류록
ᄒᆞᆫᄃᆡ만학쳔봉비쳔ᄉᆡ라호즁텬디별건곤이여긔로다고봉만댱청계록
ᄒᆞᆫᄃᆡ녹쥭창송이놉기를닷토왓다명ᄉᆞ십니히당화ᄂᆞᆫ다픠여셔모진광
풍의쑥〃써러져아조펄〃흣날니〃얼ᄉᆞ조타경이로다가ᄉᆞ를맛치미
니도령니른말이청〃소의슐보고못먹으면머리털이셴다ᄒᆞ니져병슐
도먹어보ᄌᆞ연ᄒᆞ여부을젹의니도령의쥬량이너른지라무한먹어쥰다
쏠〃부어라풍〃부어라쉬지말고부어라노지말고부어라바스락〃〃
〃부어라왼병의취온슐이뉴령이가먹고간지반병일시젹실ᄒᆞ다마ᄌᆞ
부어라먹ᄌᆞ고나양의넘도록흠셕먹어노흐니망셰간지갑ᄌᆞᄒᆞ고취호
리지건곤이라오장늑부왼ᄇᆡ속이만경창파오리쓰듯옥산이ᄌᆞ도비인
p. 162 퇴(→인추)라무한쥬정ᄒᆞᄂᆞᆫ말이네인물도묘커니와가즌ᄌᆡ조절승ᄒᆞ
니너고나고텬정ᄇᆡ필일시졍녕ᄒᆞ다너ᄂᆞᆫ어이인졔나고나ᄂᆞᆫ어이인졔
낫노졍에겨워못견ᄃᆡ깃다너ᄂᆞᆫᄂᆡ쌀노졍ᄒᆞ리라츈향이웃고ᄃᆡ답ᄒᆞᄃᆡ
ᄉᆞ람의게삼강오륜이분명ᄒᆞ니삼강의부위부강이오〃륜의부〃유별
이니이거시무삼말솜이오아셔라물너거라셰상의ᄉᆞ람되고삼강오륜
모를쇼냐셔울은한강이오평양ᄃᆡ동강공쥐금강이삼강이라일넛고셔
울벼술에한셩부판윤좌윤우윤경상도경쥐부윤평안도의쥬부윤이거
시오륜이니ᄂᆡ엇지모를쇼냐ᄂᆡ쏠되기원통커든ᄂᆡ가네아들이되잣고
나횡셜슈셜쥬언(→즁언)부언ᄒᆞ여온가지로힐난타가눈을드러거문
고셰운거슬보고니른말이져웃둑셧ᄂᆞᆫ거시ᄡᆞᄀᆡ질군이냐ᄃᆡ답ᄒᆞᄃᆡᄉᆞ
람이아니라거문고오거문고라ᄒᆞ니옷칠ᄒᆞᆫ괴냐먹칠ᄒᆞᆫ괴냐거문거시

아니라타ᄂᆞᆫ거시오타ᄂᆞᆫ거시라ᄒᆞ니잘타면하로몃니나가ᄂᆞᆫ냐그러케
타ᄂᆞᆫ거시아니라쁘ᄂᆞᆫ거시오종일잘쁘드면몃조각이나쁘ᄂᆞ니그러케 p. 164
쁜ᄂᆞᆫ거시아니라숀으로쥴을희롱ᄒᆞ면풍뉴쇼ᄅᆡ난다ᄒᆞ도졍녕이그러
ᄒᆞ면ᄒᆞᆫ번드를만ᄒᆞ고나츈향의거동보쇼칠현금나리워술상의노코손
을ᄲᅢ혀쥴고르고셤〃옥슈로ᄃᆡ현을타니노룡의쇼ᄅᆡ오소현을타니청
학의우름이라발잉동홍청이러ᄐᆞ시타며노ᄅᆡ셧거부ᄅᆞᄂᆞ그노ᄅᆡ에ᄒᆞ
여시되인간이쇼쇄커늘세ᄉᆞ를쁘리치고홍진망(→만)ᄲᅱ여나셔졍쳐
업슨이ᄂᆡ몸이산이야구름이야쳔니만니드러가니쳔회벽계와만쳡운
산은가지록ᄉᆡ롭고나층암절벽의구분늙은댱숑청풍에흥을겨워날보
고우즑〃〃구룡소늙은룡이여의쥬를엇노라고구뷔를반만ᄂᆡ여벽파
슈를뒤치ᄂᆞᆫ듯현ᄋᆡ됴도(→노도)ᄂᆞᆫ구름의연ᄒᆞ엿고녹림홍화ᄂᆞᆫ츈풍
의분별잇고조화의교ᄐᆡ겨워간ᄃᆡ마다구십소광ᄌᆞ랑ᄒᆞ니운림만경즐
거오미긔지업다무졍셰월은믈흐ᄅᆞ듯ᄒᆞᄂᆞᆫ고나산즁의드킈오니날ᄎᆞ
ᄌᆞ리뉘이시리어화즐겁고나이거시어ᄃᆡ멘고청풍명월은갑슬쥬라ᄉᆞ
랴마ᄂᆞᆫ날과유졍ᄒᆞᆫ지간ᄃᆡ마다좃니ᄂᆞᆫ가녯ᄉᆞ람니른말이ᄒᆡᆨ불쳐인이
면언득지라ᄒᆞ니식거한쳐를이곳지야홀ᄃᆡ로다발셔못온쥴을금일이 p. 166
야ᄭᆡ닷괘라이왕을불간ᄒᆞ고당ᄂᆡ를가측ᄒᆞᄌᆞ숀홍공의산수부를목ᄂᆡ
여맑게읇고이제야허리펴ᄌᆞ이아니즐거오냐ᄂᆡ몸을지ᄒᆞ리라일간초
옥을암혈의얽어ᄆᆡ여구름덥허더져두고청산은ᄉᆞ벽이오ᄇᆡᆨ운은ᄀᆡ초
로다돌솟헤밥을짓고단ᄋᆡ의취지ᄒᆞ니이리와한가키도역텬지명이로
다산듕의드러안ᄌᆞ일월이하오ᄅᆡ니금텬ᄌᆞ셩뎨ᄂᆞᆫ아뫼권즁ᄂᆡ몰ᄂᆡ라
화긔로지륜(→지춘)ᄒᆞ고엽낙으로지츄로다산즁의칙녁업셔절가ᄂᆞᆫ
쥴ᄂᆡ몰ᄂᆡ라망셰간지갑ᄌᆞᄒᆞ고취호리지건곤ᄒᆞᄌᆞ토상의면톡ᄒᆞ니헌
누비ᄂᆡ분이오와쥰의쳔감ᄒᆞ니두쥭이식로왜라마의초좌ᄒᆞ니일신이
안졍ᄒᆞ다모쳠의듀졍ᄒᆞ고계슈의풍청이라갈건포의로청녀당힘을숨
아유흥을못니긔여송하의구분길노앙공당소ᄒᆞ여임의로도라가셔청
산어ᄂᆡ골의셕경으로도라오니단ᄋᆡ만쳡의청풍이진울ᄒᆞ고검각쳔니

예빅운이깁허도다지ᄂᆞᆫ희여른빗치셔왕모요딕상의산슈병둘너ᄂᆞᆫ듯
p. 168 프ᄅᆞ거든희지말고희거든붉지마소프른거ᄉᆞᆫ청산이오흰거ᄉᆞᆫ빅운이
오붉은거ᄉᆞᆫ낙됴로다송목의지혀셔〃원산을바라보니거문고가진아
희쥬긔롤늣게메고구름속의날ᄎᆞᄌᆞ니젹송ᄌᆞ오단말가림화경이아니
면소부와허유로다이밧긔졔뉘와셔날ᄎᆞᄌᆞ리머리롤두루혀셔솔속으
로여허보니산즁의늙은어룬오건을젓게쓰고청의닙은아희드리압뒤
로둘너셔〃잡거니밀거니두셰번지오ᄂᆞᆫ고나셕단의마조나와팔미러
읍례ᄒᆞ고솔가지쇼조쩍거쳥티롤쓰리치고년ᄎᆞ로안ᄌᆞ면서깃기ᄂᆞᆫ듯
반기ᄂᆞᆫ듯즐거오미긔지업다와쥰의소요주롤박잔의가득부어잡거니
권ᄒᆞ거니취토록먹은후의령〃칠현금을정즁의셔드러이니의〃흔산
슈곡을녁〃히알니로다인간의먹은귀가오날이야녈녀고나어화지긔
로다종긔롤긔우ᄒᆞ니쥬유슈이하참ᄒᆞ랴산즁의뜻이깁허셰ᄉᆞ롤니져
시니고량의여왼술이취즄기의다지거다단이의월빅ᄒᆞ고계슈의풍쳥
ᄒᆞ니빅운심쳐의ᄌᆞᄂᆞᆫ학슬피운다텬고지형ᄒᆞ니각우쥬지무궁이오흥
진비리ᄒᆞ니식영허지유슈로다예도조커니와쏘조흔딕잇ᄂᆞ니라긔약
p. 170 ᄒᆞ고가ᄉᆞ이다봉닉방당영쥬산에모리로가ᄉᆞ이다곤륜산북녁희셔왕
모찻습기란하파(→요지)로가ᄉᆞ이다당공구만니란거복타고가ᄉᆞ이
다망〃우쥬간의정쳐업시바린몸이취ᄒᆞ여공산의지니텬지가화당이
오송빅이금침이로다두어라만학산두의쥬인될가ᄒᆞ노미라타기롤마
ᄎᆞ미니도령이흥을닉여ᄒᆞᄂᆞᆫ말이너혼ᄌᆞ노리ᄒᆞ니나ᄂᆞᆫ듯기조커니와
울며부ᄅᆞᄂᆞᆫ경셩쇼릭너도더러드러보라천ᄌᆞ푸리ᄒᆞ마ᄌᆞ시에싱텬ᄒᆞ
여광딕무ᄉᆞ부ᄒᆞ니호〃탕〃하늘텬툭시에싱디ᄒᆞ여오힝을맛타이셔
만물창싱쓰디츈풍셰우호시졀의현됴남〃감을현금목슈화토오힝즁
의즁궁을맛타시니토지정식누루황금풍삽이셕긔ᄒᆞ니옥우징영집우
안득광한쳔만간의살기조흔집쥬구년지슈어이ᄒᆞ리하우텬디넘블홍
p. 172 셰상만ᄉᆞ밋지마라황당ᄒᆞ다거츨황요간부상삼빅쳑의번듯도드니날
일〃낙함디날져물고월츌동녕달월동원도리편시츈의낙화분〃츌영

미싀불너슐부어라님쳐간다기울칙하도낙셔잠간보고일월셩신별진
원앙침비취금의휠적벗고잘숙냥각번듯츄혀들고ᄉᆞ양말고벌열두숀
목덤셕마조잡고온갓정담베풀댱셜만궁항어늬씩냐듸한쇼한찰한어
화그날참도찰ᄉᆞ어셔오ᄂᆞ라올늬동지섯달차다마ᄂᆞᆫ늑월념텬더울셔
정든님이언졔오리긔약두고갈왕금풍이소슬ᄒᆞᆫ듸엽낙오동가을츄님
이숀슈지은농ᄉᆞ뉘숀듸여거둘슈츈하츄동다보늬고낙목한텬겨으동
그리ᄂᆞᆫ님언졔올고온갓의복감츌장관산원노망견ᄒᆞ니쳔니만니나믈
여이몸휠〃나라가셔쳔ᄉᆞ만ᄉᆞ일울셩츈하츄졀다보늬고송구영신희
셰안희밧긔못ᄒᆞᄂᆞ니듸젼통편법즉율네ᄇᆡᆨᄐᆞ고션유홀졔두귀잡고법
즉녀나부ᄂᆞᆫᄉᆡᆼ황쇼ᄅᆡ거문고로화답ᄒᆞ라두리셔로노ᄂᆞᆫ가동셰상의장 p. 174
관이라츈향이니ᄅᆞᆫ말이그노ᄅᆡ듯지못ᄒᆞ던노ᄅᆡ요또무슴쇼ᄅᆡᄒᆞ랴ᄒᆞ
오노ᄅᆡ말고별희한ᄒᆞᆫ쇼ᄅᆡᄒᆞ듸아조이상ᄒᆞᆫ십상(→십셩)쇼ᄅᆡᄒᆞ마그
칠졔마다거문고로녹게맛초와쥬면잘ᄒᆞ려니와그러치아니ᄒᆞ면ᄒᆞ다
가도그만두ᄂᆞᆫ니라그거시무ᄉᆞᆫ쇼ᄅᆡ오다ᄅᆞᆫ쇼ᄅᆡ아니라녯적문당영웅
호걸튱신열ᄉᆞ일싀드를모도모아바리가ᄒᆞᄂᆞᆫ쇼ᄅᆡ라참으로듯지못ᄒᆞ
던별쇼ᄅᆡ오어셔ᄒᆞ오듯ᄉᆞ이다니도령이바리가ᄒᆞᆫ다황셩의허됴벽산
월이오고목이진입창오운이라ᄒᆞ던니ᄐᆡᄇᆡᆨ으로ᄒᆞᆫ싹치고삼년젹니관
산월이오만국병젼초목풍이라ᄒᆞ던두ᄌᆞ미로ᄒᆞᆫ싹치고낙하ᄂᆞᆫ여고목
졔비ᄒᆞ고츄슈ᄂᆞᆫ공댱쳔일싀이라ᄒᆞ던왕ᄌᆞ안으로웃짐쳐셔ᄇᆡᆨ노ᄂᆞᆫ횡
강ᄒᆞ고슈광은졉텬이라ᄒᆞ던소동파로말물녀라둥덩좌무수이종일ᄒᆞ p. 176
고탁청텬이ᄌᆞ결이라ᄒᆞ던한퇴지로ᄒᆞᆫ싹치고심입(→삼입)악양인불
식ᄒᆞ니낭음비과동졍호라ᄒᆞ던녀동빈으로ᄒᆞᆫ싹치고유상곡슈의혜풍
이화창이라ᄒᆞ던왕희지로웃짐쳐셔부광은약금ᄒᆞ고정녕은침벽이라
ᄒᆞ던범즁엄으로말물녀라둥덩어양비ᄂᆞᆫ동지늬ᄒᆞ니경파예상우의곡
이라ᄒᆞ던ᄇᆡᆨ낙쳔으로ᄒᆞᆫ쏵치고분슈탈상증ᄒᆞ니평ᄉᆡᆼ일편심이라ᄒᆞ던
밍호연으로ᄒᆞᆫ쏵치고청산슈쳡의벽계일곡이라ᄒᆞ던도연명으로웃짐
쳐셔통만고지득실ᄒᆞ고감뎨왕지흥망이라ᄒᆞ던ᄉᆞ마텬으로말물녀라

둥덩위쳔어부로셔쥬쳔팔ᄇᆡᆨ년긔업을창ᄀᆡᄒᆞ던강ᄐᆡ공으로ᄒᆞᆫ쪽치고
p. 178 운쥬유악지즁ᄒᆞ여결승쳔니지외ᄒᆞ던댱ᄌᆞ방으로ᄒᆞᆫ쪽치고ᄃᆡ몽을슈
션각고평싱을아ᄌᆞ지라ᄒᆞ던졔갈공명으로웃짐쳐셔ᄇᆡᆨ일공ᄉᆞ는ᄂᆡ양
의일조오연환묘산은젹벽의슈공이라와룡으로졔명ᄒᆞ던방ᄉᆞ원으로
말물녀라둥덩농셩오치망긔ᄒᆞ고옥결을ᄌᆞ로드던범아부로ᄒᆞᆫ쪽치고
ᄇᆡᆨ등의히위ᄒᆞ고뉵츌긔계ᄒᆞ던딘평으로ᄒᆞᆫ쪽치고팔십일쥬슈륙군ᄃᆡ
도독으로젹벽오병ᄒᆞ던쥬공근으로웃짐쳐셔강남의ᄀᆡ가불너금능으
로도라드던됴빈으로말물녀라ᄇᆡᆨ슈변정의탕소요진ᄒᆞ던마원으로ᄒᆞᆫ
쪽치고광초구군ᄒᆞ여망ᄉᆞ보국ᄒᆞ던긔신으로ᄒᆞᆫ쪽치고미보국은ᄒᆞ고
공ᄉᆞ졀의ᄒᆞ던댱슌으로웃짐쳐셔신ᄉᆞ슈졀ᄒᆞ여튱관ᄇᆡᆨ일ᄒᆞ던허원으
로말물녀라둥덩영ᄇᆡᆨ만지ᄉᆞᄒᆞ여젼필승공필취ᄒᆞ던한신으로ᄒᆞᆫ쪽치
p. 180 고두발이샹지ᄒᆞ고목ᄌᆞ진열ᄒᆞ던번쾌로ᄒᆞᆫ쪽치고남궁운ᄃᆡ에즁흥공
신이십팔댱듕졔일공되던등우로웃짐쳐셔튱의경셩이앙관ᄇᆡᆨ일ᄒᆞ던
곽ᄌᆞ의로말물녀라둥덩발산녁ᄀᆡ셰긔는초픽왕의버금이오츄상졀녈
일튱은오ᄌᆞ셔의우희로다봉금괘인ᄒᆞ고독힝쳔니ᄒᆞ옵시던관공으로
ᄒᆞᆫ쪽치고장판교상의퇴병ᄇᆡᆨ만ᄒᆞ던댱익덕으로ᄒᆞᆫ쪽치고댱판파구아
두의일신이도시담이라ᄒᆞ던됴ᄌᆞ룡으로웃짐쳐셔〃량명당으로보젼
뉵당ᄒᆞ던마밍긔로말물녀라둥덩오호의편쥬타고범소ᄇᆡᆨᄯᅥ라가던셔
시로ᄒᆞᆫ쪽치고회두일소ᄇᆡᆨ미싱의뉵궁분ᄃᆡ무안ᄉᆡᆨ이라ᄒᆞ던양옥진으
로ᄒᆞᆫ쪽치고만월영옥장하의츄파의눈물지던우미인으로웃짐쳐셔영
웅의당쳐근지(→ 쳔근지의)를일됴의이간ᄒᆞ던초션으로말물녀라둥
p. 182 덩ᄉᆞ마상여봉황곡의ᄊᆡ다라드러가던졍경파(→ 졍경패)로한쪽치고
츈심궁익ᄇᆡᆨ화번ᄒᆞᆫᄃᆡ영작이비ᄅᆡ보희언이라ᄒᆞ던니소화로ᄒᆞᆫ쪽치고
안소부ᄃᆡ남비거ᄒᆞ니삼오셩희경ᄌᆞ동이라ᄒᆞ던진ᄎᆡ봉으로웃짐쳐셔
위쥬튱심은보〃상쥬부잠식라위션위귀ᄒᆞ던가츈운으로말물녀라둥
덩월듕단계를슈션졀이냐금ᄃᆡ문댱ᄌᆞ유인이라읇던계셤월노ᄒᆞᆫ쪽치
고하북명창으로삼졀식쳔명ᄒᆞ던젹경홍으로ᄒᆞᆫ쪽치고복파영듕의월

영이정류ᄒᆞ고옥문관외의츈식이〃회(→의희)라ᄒᆞ던심요연으로웃
짐쳐셔청슈담의슈졀ᄒᆞ여음곡의싱츈이라ᄒᆞ던빅능파로말물녀라둥
덩동정츄월곳고녹파부용곳ᄒᆞᆫ츈향으로ᄒᆞᆫ쪽치고낙양과긱풍뉴호ᄉᆞ
니도령으로한쪽치고종긔를긔우ᄒᆞ니쥬류슈이하참ᄒᆞ던거문고로웃
짐쳐셔화란츈셩의만화방창ᄒᆞᆯ제월하승되던방ᄌᆞ놈으로말물녀라둥
덩〃〃실얼ᄉᆞ됴흘시고이ᄋᆡ츈향아여ᄎᆞ량야의불음은하오남은슐잇 p. 184
거든마ᄌᆞ부어라츈향이ᄃᆡ답ᄒᆞᄃᆡ약쥬ᄂᆞᆫ부으려니와그쇼ᄅᆡ참별쇼ᄅᆡ
오하나만더ᄒᆞ오니도령이또덕ᄌᆞ운다라쇼ᄅᆡᄒᆞᆫ다밍낭ᄒᆞ게ᄒᆞ것다셰
상ᄉᆞ람삼겨나셔덕업시ᄂᆞᆫ못ᄒᆞ리라쳔황시목덕이오지황시화덕이오
인황시슈덕이오교인화식슈인시덕용병간과헌원시덕상ᄇᆡᆨ초ᄂᆞᆫ신롱
시덕착산통도하우시덕시획팔과복희시덕당틱종의울지경덕셔량명
당방덕이오삼국명댱〃익덕활달ᄃᆡ도뉴현덕난셰간웅됴밍덕우슌풍
조하ᄂᆞ님덕국틱민안님군의덕붕우유신벗의덕말년영화ᄌᆞ숀의덕몹
슬놈의비은망덕좌편놈의홈의덕우편놈의원두덕단〃ᄒᆞᆫ목덕이오물
넝〃〃ᄒᆞᆫ쓱덕이덕져덕다후루치고벌덕〃〃먹으리라ᄉᆞ오비를거후
ᄅᆞ고취흥이도〃ᄒᆞ여츈향의가ᄂᆞᆫ허리허험벅트러안고입ᄒᆞᆫ번쪽등한
번둥덩어허〃〃ᄂᆡᄉᆞ랑이야아마도네로고나월침〃야숩경의어셔벗
고잠을자ᄌᆞ다정ᄒᆞ니빵흉합이오유의ᄒᆞ니냥각ᄀᆡ라동요ᄂᆞᆫ유아ᄉᆞ녀
니와심천은임군지라족무숩경월이오금싱일진풍이라낙월은공산슉
이오한계ᄂᆞᆫ노슈졍이라하상견지만〃야오니빅이여이로동ᄉᆞ생을츈
몽이다경커든양왕운우불월쇼냐그ᄂᆞᆫ그러ᄒᆞ거니와야심인적ᄒᆞ고만
뇌구젹ᄒᆞ니놀기ᄂᆞᆫᄂᆡ일이ᄂᆡ무진이라어셔벗고잠을자ᄌᆞ츈향이거문
고를믈니치고적무인임즁문의분벽ᄉᆞ창고요ᄒᆞ다원앙금침잣벼ᄀᆡ를
촉하의포셜ᄒᆞ고셜부화용드러ᄂᆡ여츈졍을ᄌᆞ아ᄂᆡ니아릿답고징그럽
다도련님몬져버ᄉᆞ시오나몬져버순후의너ᄂᆞᆫ아니버ᄉᆞ랴나보다잡말
〃고너부터버셔라츈향이몬져버순후의니도령도마ᄌᆞ벗고ᄀᆌ후루쳐 p. 188
허험셕안고두몸이ᄒᆞᆫ몸이되엿고나네몸이ᄂᆡ몸이오네살이ᄂᆡ살이라

호탕ᄒᆞ고무루녹아녀산폭포의돌구으듯데굴〃〃구을면셔비졈가로
화답ᄒᆞᆫ다우리두리맛나시니만날봉ᄌᆞ비졈이오ᄇᆡᆨ년가약ᄆᆡᄌᆞ시니ᄆᆡ
질결ᄌᆞ비졈이오우리두리누어시니누을와ᄌᆞ비졈이오우리두리버셔
시니버술탈ᄌᆞ비졈이오우리두리덥허시니덥흘부ᄌᆞ비졈이오금일침
상즐겨시니즐길낙ᄌᆞ비졈이오우리두리입맛초니법즉녀ᄌᆞ비졈이오
우리두리ᄇᆡ다히니ᄇᆡ복ᄌᆞ가비졈이오네아ᄅᆡ구버보니오목요ᄌᆞ비졈
이오ᄂᆡ아ᄅᆡ구버보니ᄂᆡ밀쳘ᄌᆞ비졈이오두몸이ᄒᆞᆫ몸되니모들합ᄌᆞ비
졈이오나아갈진믈너날퇴ᄌᆞ줄(→ᄌᆞ주)빈ᄌᆞ비졈이오조흘호ᄌᆞ쓸산
ᄌᆞ물슈ᄌᆞ다비졈이라이러트시농창(→농탕)ᄒᆞ니남ᄃᆡ문이게궁기오
인경이ᄆᆡ방울이오션혜쳥이오푼이오호조가셔푼이오하ᄂᆞᆯ이돈짝만
p. 190 ᄒᆞ고ᄯᆞᆨ히ᄆᆡ얌돈다쥐ᄒᆞᆫ흥을니긔지못ᄒᆞ여츈향ᄃᆞ려ᄒᆞᄂᆞᆫ말이우리두
리인연이지듕ᄒᆞ여이러ᄐᆞ시만나시니인ᄌᆞ타령ᄒᆞ여보ᄌᆞ인ᄌᆞ를다라
ᄆᆡᆼ낭이도ᄒᆞᄂᆞᆫ고나님하〃증견일인월명고루유여인금일번셩임고인
(→송고인)비입궁당불견인쳔니타향봉고인양뉴쳥〃도슈인불견낙
교인풍셜야귀인귀인명인병인걸인노인쇼인등인으로인연ᄒᆞ여냥인
이혼인ᄒᆞ니증인되기즐겁기도긔지업다츈향이니른말이도련님은인
ᄌᆞ를다라시니나ᄂᆞᆫ연ᄌᆞ를다라보ᄉᆞ이다ᄒᆞ고연ᄌᆞ를다라시니우락즁
분미ᄇᆡᆨ년호긔당구오륙년인노증무깅쇼년빵빈명됴우일년젹막강산
p. 192 금ᄇᆡᆨ년함양유협다쇼년경셰우경년한진부지년일년십년ᄇᆡᆨ년쳔년거
년금년우리두리우연이결연ᄒᆞ여ᄇᆡᆨ년을인연ᄒᆞ니ᄇᆡᆨ년이쳔년이라니
도령이듯고ᄒᆞᄂᆞᆫ말이〃ᄋᆡ네쇼ᄅᆡ참별쇼ᄅᆡ로다ᄒᆞ며두리이러트시이
삭단니(→잇속탐닉)ᄒᆞ고노더니효계창효ᄒᆞ고셩두이경이라금침을
츄혀덥고원앙이녹슈의노듯봉황이연니지의길드리듯날곳식면칙방
이오히곳지면도라와셔가금으로달야ᄒᆞ고쥬ᄉᆡᆨ으로연낙ᄒᆞᆯ졔ᄂᆡ관의
쳐가츌입ᄒᆞ듯져의집건넌방왕ᄂᆡᄒᆞ듯길을아라단니면셔무한농창
(→농탕)호광(→호강)ᄒᆞᆫ다냥인이서로만나곳보면녹슈의원앙이오화
간의졉무로다츈화류하쳥풍츄월명동셜경의아모도업시단두리만나

놀졔회두일소빅미싱이라빅화명월도무안식일다빅만교틔웃ᄂᆞᆫ모양
우음쇽의쏫치픠고단슌호치슈작ᄒᆞᆯ졔말가온ᄃᆡ향ᄂᆡ난다안거라보ᄌᆞ
셔거라보ᄌᆞ유리ᄀᆞᆺ흔각장당판의고은발은외씨ᄀᆞᆺ다삽분회쯕거러올 p. 194
제회목단쥭치량이면졔가졀노안기인다안고쪌고즌져리치고몸셔리
치고소름돗칠졔인간지낙이〃분(→쓴)인가ᄒᆞ노ᄆᆡ라부지광음약뉴
쉬라이러트시노니더니흥진비ᄅᆡᄒᆞ고호ᄉᆞ다마ᄂᆞᆫᄌᆞ고상ᄉᆡ라눅니광
음이물흐ᄅᆞ듯지나가니슈삼츈츄되엿고나남원부ᄉᆞ치민션정으로묘
당이공논ᄒᆞ여공됴참의승차ᄒᆞ니승일상ᄂᆡ올나갈졔니도령의거동보
쇼불의금ᄌᆞ당ᄒᆞᆫ일이마른하ᄂᆞᆯ급ᄒᆞᆫ비의된벼락이나리ᄂᆞᆫ듯모진광풍
의시셕이날니ᄂᆞᆫ듯졍신이어즐ᄒᆞ고마음이쓸ᄂᆞᆫ듯ᄒᆞ여쥭을밧긔ᄒᆞᆯ일
업다두쥬먹을불근쥐여가슴을쾅〃두ᄃᆞ리며이ᄅᆞᆯ어이ᄒᆞᄌᆞᆫ말고옥ᄀᆞᆺ
ᄒᆞᆫ나의츈향싱니별을ᄒᆞᆫ단말가ᄉᆞ람못ᄉᆞᆯ시운이라ᄂᆡ직승ᄎᆞᄂᆞᆫ무ᄉᆞᆷ일
고공됴참의ᄒᆞ지말고이고을좌슈로나쥬져안져더면ᄂᆡ게ᄂᆞᆫ퇴판조흘
거ᄉᆞᆯ이고이ᄅᆞᆯ엇지ᄒᆞᆯ고가슴답〃나쥭깃다허동지동츈향의집ᄎᆞᄌᆞ가
니져ᄂᆞᆫ아직몰나고나반겨왈학ᄂᆡ다ᄅᆞ며드립더허리ᄅᆞᆯ덤셕안고칠보
잠의금나뷔ᄀᆞᆺ치일신을바드〃써ᄂᆞᆫ고나니도령의거동보소슈심이쳡 p. 196
〃ᄒᆞ여함비낙누ᄒᆞᄂᆞᆫ말이말을ᄒᆞ랴ᄒᆞ니긔가막혀쥭기엿다네가나지
ᄅᆞᆯ마라거나ᄂᆡ가너ᄅᆞᆯ몰나거나부지다언ᄒᆞ고쥭을밧긔ᄒᆞᆯ일업다츈향
이옴즉놀나뭇ᄂᆞᆫ말이〃거시무ᄉᆞᆷ말ᄉᆞᆷ이오어졔날나오실졔희식이만
면ᄒᆞ여날을보고반기실제ᄒᆡ당화의범나뷔ᄀᆞᆺ치너흘〃〃노ᄅᆞ시더니
오날은별안간의슈식이만안ᄒᆞ고말ᄉᆞᆷ조ᄎᆞ이리밍낭하오안젼의ᄉᆔ종
을무로왓소몸이어ᄃᆡ가불평ᄒᆞ오엇지ᄒᆞᆫ곡졀인지ᄌᆞ셔히아옵시다니
도령울며ᄃᆡ답ᄒᆞᄃᆡ써러젓단다써러져츈향이놀나ᄃᆡ답ᄒᆞᄃᆡ어ᄃᆡ가낙
셩(→낙상)을ᄒᆞ엿단말이오그라셔ᄃᆡ단이나닷치지아니ᄒᆞ엿소뉘아
들놈이ᄂᆡ가써러젓다드냐어루신ᄂᆡ가골앗단다골아ᄋᆡ고골다니ᄉᆞ쏘
날니셧나보오그러탄다그리오ᄋᆡ고그리면웨울기ᄂᆞᆫ더조치오ᄂᆡ직으
로조흔벼ᄉᆞᆯ승ᄎᆞᄒᆞ시거나외직을ᄒᆞ옵셔도광나쥐목ᄉᆞᄀᆞᆺ튼것영변영

유ᄀᆞᆺ흔ᄃᆡ로가시면작히조흘가나ᄂᆞᆫ닉셰간다가지고삿갓가마타고도
p. 198 련님뒤흘ᄯᆞ라가지오니도령이두ᄉᆞᄆᆡ로낫츨ᄡᅡ고목이메여ᄒᆞᄂᆞᆫ말이
잘ᄯᆞ라오ᄂᆞ라잘ᄯᆞ라와그러흘터ᄀᆞᆺᄒᆞ면뉘아들놈이긔탄ᄒᆞ랴춘향의
거동보쇼실식ᄒᆞ여ᄒᆞᄂᆞᆫ말이ᄋᆡ고이말이웬말이오니별말이웬말이오
셤〃옥슈블근쥐여분통ᄀᆞᆺ튼졔가슴을법고즁의법고치듯아조광〃두
ᄃᆞ리며두발을동〃구ᄅᆞ면셔숨단ᄀᆞᆺ흔머리를홍졔원나무장ᄉᆞ잔찌불
희뜻듯바드덩〃〃〃쥐여쓰드며ᄋᆡ고〃〃설운지고쥭을밧긔흘일업
ᄂᆡ날속이랴고이리ᄒᆞ나조롤랴고긔롱ᄒᆞ나깁슈건을글너ᄂᆡ여흔ᄭᅳᆺ츠
란남게ᄆᆡ고ᄯᅩ흔ᄭᅳᆺ츠란목에ᄆᆡ고ᄯᅮᆨ쩌러져쥭고지고청〃소의풍덩ᄲᅡ
져셰상을잇고지고아모려도못슬ᄀᆡ네잡말〃고나도가옵시다써썩프
더덕장씨갈졔아로롱갓토리ᄯᆞ라가듯녹슈갈졔원앙가고청슈피갈졔
씨암닭가고청ᄀᆡ고리갈졔실빅얌가고운종농풍종호ᄒᆞ고구름갈졔비
가고바늘갈졔실이가고봉이갈졔황이가고송별낭군도련님갈졔청춘
쇼쳡나도가셰빵교ᄂᆞᆫ과ᄒᆞ니말고독교ᄂᆞᆫ슬흐니말고가마롤ᄊᆞ미되가
마ᄭᅩᆨ지ᄂᆞᆫ왜쥬홍칠ᄒᆞ고가마ᄯᅮᆨ경은궁초로ᄡᅡ고가마청장ᄃᆡᄂᆞᆫ먹감나
p. 200 무로ᄒᆞ고가마발은슌담양드러가셔왕ᄃᆡ롤버혀다가철궁긔쌘바ᄂᆡ여
당쥬홍칠ᄒᆞ여식고은청면ᄉᆞ로거북문으로얽어ᄂᆡ여당말익실노금젼
지달고휘당은빅셜이풀〃흣날닐졔돈피로두ᄅᆞ고가마얽기ᄂᆞᆫ싱면쥬
로치고가마치고ᄂᆞᆫ놈이라도ᄭᅩᆨ뒤ᄂᆞᆫ셰쌤이오헌거흔건장흔놈으로조
흔젼닙천은영ᄌᆞ넙은ᄭᅵᆫ을다라쓰고외올망건당ᄉᆞᄭᅵᆫ의젹ᄃᆡ모골희관
ᄌᆞ냥귀밋히썩붓치고ᄌᆞ지슈한단절구통적고리톤면쥬(→톳명쥬)당
바지숨승으로물겹옷지어압ᄌᆞ락을졔쳐다가뒤흐로ᄆᆡ고삼승보션에
조희총메토리낙복지로곱거러들메이고팔ᄃᆡ의힘을올녀골거두어뒤
치를ᄭᅩ눌젹의월으렁츙청것ᄂᆞᆫ말게반부담ᄒᆞ여썽덩그러케날ᄃᆞ려가
오그럴터이못되거든다흘젹썰더리고녀복을ᄒᆞ지말고남복을ᄒᆞ되보
라동옷당바지의다님ᄆᆡ고힝젼치고갈ᄆᆡ롤짓게드려긴옷슬지어닙고
머리ᄯᆞ하궁초당긔셕우황(→셕웅황)의뒤흐로츕넝느리치고당ᄎᆞ련

씌를씌고겹옷ᄌᆞ락을졉어다가어슥비슥쓴후의두푼ᄌᆞ리쇠셔집신
단〃이들멘후의올흔숀으로치를들고왼숀으로겻마드러도련님올나
가실적의나귀겻마(→견마)나들고가세니도령니른말이으지마라우 p. 202
지마라졔발덕분우지마라네우름쇼ᄅᆡ당부의일촌간댱이다녹는다이
리ᄋᆡ를ᄡᅳ고엇지ᄒᆞ리널낭쥭어물이되〃텬샹의은하슈디하의폭포슈
동히슈셔히슈일ᄃᆡ댱강슈다후루쳐더져두고음양슈란물이되고날낭
쥭어싀가되여도난봉공작두견졉동다후루쳐더져두고원앙됴란싀가
되여그싀가그물을보고반겨라고풍덩실ᄲᅢ져잇셔듀야댱쳔혜지말고
어화둥실써잇고져그러치못ᄒᆞ거든널낭쥭어방아학이되그날낭쥭어
방아공이되여경신년경신월경신일경신시강틱공의조작쳐로ᄉᆞ시댱
텬불계ᄒᆞ고쪌구덩씨엿고져그러치못ᄒᆞ거든널낭쥭어암들젹귀되고
날낭쥭어숫돌젹귀되여분벽ᄉᆞ창열졔마다졔궁게졔쇠가탁혀춘하츄
동ᄉᆞ시업시ᄲᅡ드덕〃〃〃ᄒᆞ얏고져그러치못ᄒᆞ거든널낭즉어강능삼
쳑드러가셔오리목되여셔고날낭쥭어삼ᄉᆞ월츩너츌되여한업시버러
갈졔즌ᄃᆡ마른ᄃᆡ갈희지말고들건너벌건너셔부령셥젹건너가셔그나
무밋브터슷가지휘츄리마다낙거믜나븨감듯외오플쳐올으감고올우
풀쳐외오감아나무슷〃드리휘〃츤〃감겨잇셔삼츈이다진토록써나
ᄉᆞ지마ᄌᆞ터니인간에일이만코조물조ᄎᆞ싀음발나신졍이디흡흔ᄃᆡᄋᆡ p. 204
달를숀니별이야만금ᄀᆞᆺ흔너를만나ᄇᆡᆨ년히로ᄒᆞ짓더니금일니별어이
ᄒᆞ리너를두고가즌말가나ᄂᆞᆫ아마도못살깃다ᄂᆡ마음의ᄂᆞᆫ어루신ᄂᆡ공
됴참의승ᄎᆞ말고이고을풍헌만ᄒᆞ시더면이런니별아닐거슬ᄉᆡᆼ눈나올
일을당ᄒᆞ니이룰어이ᄒᆞ잣말고귀신이희를짓고조물이싀긔ᄒᆞ니눌을
한탄ᄒᆞᄌᆞᄂᆞ니쇽졀츈향바히업다네말이다못될말이니아모커나잘잇
거라츈향이ᄃᆡ답ᄒᆞᄃᆡ우리당초광한누셔만날적의ᄂᆡ가몬져도련님ᄃᆞ
려ᄉᆞᄌᆞᄒᆞ얏소도련님이몬져날ᄃᆞ려ᄒᆞ신말솜다니져계시오이런일이
잇깃기로당쵸마다아니ᄒᆞ엿소우리당년금셕샹약오늘날의다허식오
셰이리구러분명못다려가기소진졍못다려가기소ᄯᅳ게질노이리하오

종닉아니다려가시랴ᄒᆞ오졍아니다려가실터이면날죽이고가오그러
치아니면광한누셔날호리랴고명문ᄒᆞ여쥰것이시니쇼지〃어가지고
본관원님게이ᄉᆞ연으로원졍빅활ᄒᆞ깃소원님이만일당신의귀공ᄌᆞ역
슬드러낙송시기거든그소지쳡년ᄒᆞ여원졍지어가지고젼쥬감영올나
가셔슌ᄉᆞ쏘게의송ᄒᆞ면도련님은냥반인고로편지ᄒᆞᆫ댱만붓치면슌ᄉᆞ
p. 206 쏘라도동시냥반편을드러쏘날을낙송시기거든그제ᄉᆞ쏘쳡년ᄒᆞ여가
지고한양셩듕드러가셔형한냥ᄉᆞ비국가지(→까지)졍ᄒᆞ오면도련님
은ᄉᆞ틱우(→ᄉᆞ딕부)로좌쳥우촉결년잇셔쏘송ᄉᆞ를지우거든그제ᄉᆞ
모도쳡련ᄒᆞ여쏠〃마라품의품고팔만댱안억만가호로촌〃걸식단니
다가돈ᄒᆞᆫ푼식비러어더동의젼의드러가셔바리쑤에ᄒᆞ나ᄉᆞ고지젼으
로드러가셔장지ᄒᆞᆫ댱ᄉᆞ가지고언문으로샹언쓰되심듕의먹은뜻을셰
〃셩문ᄒᆞ여가지고이월이나팔월이나동교로나셔교로나능힝거동ᄒᆞ
실쎅에문밧그로닉다라셔만인총듕셧겨다가농딕기지나치고협년자
긔창드러셔고홍냥산이쎠나(→짜라)오며가교의나마샹의나헌거로
이지나실졔왈학쒸여닉다라셔바리쑤에숀의들고놉히드러쩽〃ᄒᆞ고
셰번만쳐셔격징가지(→까지)ᄒᆞ오리다ᄋᆡ고〃〃설운지고그리ᄒᆞ여
쏘못되거든ᄋᆡ뼈말나초조ᄒᆞ여죽은후의넉시라도삼슈갑산졔비되여
도련님계신쳠하기슭에집을종〃지어두고밤듕만집으로드ᄂᆞᆫ체ᄒᆞ고
도련님품으로드러볼가니별말이웬말이오니별니ᄌᆞ닉든ᄉᆞ람날과빅
p. 208 년원슈로다진시황분시셔흘졔니별두ᄌᆞ이졋던가그쎅에나살나더면
이니별이〃실쇼냐박낭ᄉᆞ즁쓰고남은털퇴텬하장ᄉᆞ항우쥬어힘가지
두러메여ᄭᅵ치고져니별두ᄌᆞ영소보뎐에소ᄉᆞ올나옥황샹데긔빅활ᄒᆞ
여별락샹좌나리와셔ᄶᅡ리과져니별두ᄌᆞ호지의모ᄌᆞ니별남북의군신
니별정노의부〃니별운산의붕우니별니졍의엽졍비ᄒᆞ니형뎨니별ᄉᆞ
라싱니별쥭어영니별이니별져니별〃〃마다쉽거마ᄂᆞᆫ이니별은싱초
목이불이붓닉ᄉᆞ랑도쳐음이오니별도쳐음이라옥당(→오당)이바아
지고금심이녹아온다ᄋᆡ고답〃설운지고이를엇지ᄒᆞ잣말고니도령니

른말이업다츈향아말듯거라ᄋᆡ고츈향아말듯거라모든간장이다녹는
다일시니별쉽거마ᄂᆞᆫ언마되리두고가ᄂᆞᆫ나의모양어이구러그음
(→가음)ᄒᆞ리ᄒᆞᆫ가지로갈ᄆᆞ음이블현ᄃᆞ시잇것마ᄂᆞᆫ경셩으로올나가
면긴치아닌친쳑드리공연스레공논ᄒᆞ되아희놈이작쳡ᄒᆞ여학업젼폐
ᄒᆞᆫ다ᄒᆞ고호젹밧긔도리광이흘거시니여ᄎᆞ고로뜻과갓지못ᄒᆞ고나잘
ᄭᅳᆫ참아슈삼년만견ᄃᆡ여라밤낫으로공부ᄒᆞ여입신양명ᄒᆞᆫ연후의너를
ᄎᆞᄌᆞ올거시니부ᄃᆡ〃〃잘잇거라구〃팔십일광노ᄂᆞᆫ녀동빈을ᄯᆞ라가 p. 210
고팔구칠십니젹션은ᄎᆡ석강에완월ᄒᆞ고칠구뉵십삼노공은한ᄐᆡ조를
ᄎᆞ셰ᄒᆞ고뉵구오십ᄉᆞ호션싱샹산의셔바둑두고오구ᄉᆞ십오ᄌᆞ셔ᄂᆞᆫ동
문의눈을걸고ᄉᆞ구삼십뉵손이ᄂᆞᆫ팔진도의ᄲᅡ혀잇고삼구이십칠셩단
의졔갈졔풍ᄒᆞ여잇고이구십팔션녀ᄂᆞᆫ셩진이가희롱ᄒᆞ고일구굴원이
ᄂᆞᆫ멱나슈의ᄲᅡ져시니너도녈녀되랴거든삼강슈의나ᄲᅡ지여라ᄂᆡ말을
낭다시마라댱부일언이즁천금이라텬지ᄀᆡ벽ᄒᆞ고산천이즐변(→졸
변)ᄒᆞᆫ들금셕ᄀᆞᆺ튼ᄂᆡ마음이현마너를니즐소냐츈향이흘일업셔니별
쥬부어들고눈물흘녀권흘적의도련님말이그러ᄒᆞ니ᄒᆞᆫ번만더쇽아보
옵시다날생각은아조말고글공부나힘뼈하여쇼년등과ᄒᆞ신후의부당
(→북당)의영화뵈고요됴슉녀ᄇᆡ합ᄒᆞ고셩군맛나일신영귀ᄒᆞ신후의
그젹의나잇지마오필운쇼격탕츈ᄃᆡ와냥한강졍경조흔ᄃᆡᄇᆡ반이낭ᄌᆞ p. 212
ᄒᆞ고풍악이뉴〃ᄒᆞᆫᄃᆡ유졍친구졀ᄃᆡ가인일슈고인명챵드리구름ᄀᆞᆺ치
옹위ᄒᆞ여쥬야잠심노닐적의이슐ᄒᆞᆫ잔싱각ᄒᆞ오ᄋᆡ고셜운지고쎠날리
ᄌᆞ슬허마오보뇔송ᄌᆞ나도잇고보뇔송ᄌᆞ슬허마라도라갈귀ᄌᆞ어이ᄒᆞ
리도라갈귀ᄌᆞ슬허마오슬플ᄋᆡᄌᆞᄋᆡ연ᄒᆞ오슬플ᄋᆡᄌᆞ슬허마라옥ᄀᆞᆺ튼
너를두고경셩으로올나가셔젹막강산홀노안ᄌᆞ싱각ᄉᆞᄌᆞ어이ᄒᆞ리츈
향이츰아숀을난호지못ᄒᆞ고ᄋᆡ연ᄒᆞ믈니긔지못ᄒᆞ여왈도련님이〃졔
가시면언졔나오시랴ᄒᆞ오ᄐᆡ산즁악만강봉(→만장봉)이모진광풍의
ᄲᅳᆯ허지거든오랴시오긔암졀벽쳔층셕이눈비마ᄌᆞ셕어지거든오랴시
오농마갈기두ᄉᆞ이이쌜(→쌀)나거든오랴시오십니ᄉᆞ댱셰모릐가졍

맛거든오랴시오금강산샹〃봉이물미러ᄇᆡ가둥〃ᄯᅴ여평지되거든오
랴시오병풍의그린황계두나ᄅᆡᄅᆞᆯ둥덩치고ᄉᆞ오경느즌후의날ᄉᆡ라고
ᄭᅩᄭᅬ요울거든오랴시오층암절벽의진쥬심어싹나거든오랴시오아모
려도못놋ᄶᅵᆺ네함경도로드러가셔마운령마쳔령함관령을다써다가도
련님가시는길을막ᄋᆞ노흐면가다가못가고도로오시게ᄒᆞᆯ거시오그러
p. 214 치못ᄒᆞ거든울산바다나쥐목안흥목숀돌목강화목바다ᄅᆞᆯ모도다휘여
다가도련님가시ᄂᆞᆫ길ᄋᆡ가로져노코일엽션도업시ᄒᆞ면가다가도못가
고도로오시게ᄒᆞ오리다ᄋᆡ고〃〃설운지고이니별을엇지ᄒᆞᆯ고두고가
ᄂᆞᆫ도련님은셜옹남관의마부젼쌘이어니와보ᄂᆡ고잇ᄂᆞᆫᄂᆡ마음은방초
년〃의한무궁이오환절셰〃의슈난셜이라엇지견ᄃᆡ여살나ᄒᆞ오니도
령위로ᄒᆞᄃᆡ너모슬허우지마라당부간장이다녹ᄂᆞᆫ다방ᄌᆞ불너칙방의
도라가셔ᄃᆡ흔분가져다가나의츈향쥬어다고오동야우잠ᄭᆡᆫ후와호졉
츈풍긴〃밤의날ᄉᆡᆼ각나거들낭날본ᄃᆞ시두고보라츈향이니른말이ᄇᆡᆨ
초ᄅᆞᆯ다심어도ᄃᆡᄂᆞᆫ아니심은다ᄒᆞ오살ᄃᆡᄂᆞᆫ가고졋ᄃᆡ는울고그리ᄂᆞ니
붓ᄃᆡ로다울고가고그리ᄂᆞᆫᄃᆡᄅᆞᆯ굿ᄐᆞ여어이심으라ᄒᆞ오네가어이알가
보니취쥭창송은쳔고절이라동텬의도프릇렷고눈쇽의도슌나니계집
의절힝이〃ᄃᆡ의본을바다정셩으로심어두라남ᄃᆡ단두리쥼치쥬황당
p. 216 ᄉᆞᄭᆡᆫ을글너화류집ᄉᆞ파경(→삽화경)을집어ᄂᆡ여츈향쥬며니ᄅᆞᆯ말이
ᄃᆡ당부의굿은마음셕경빗과ᄀᆞᆺᄒᆞᆯ지라진토즁의뭇쳐이셔쳔ᄇᆡᆨ년이지
나간들셕경빗치쇠ᄒᆞᆯ쇼냐일노신을숨아두라츈향이바다숀의쥐고이
거시평ᄉᆡᆼ신물이라ᄯᅩ한ᄃᆡ봉이업ᄉᆞ리잇가ᄒᆞ고보라ᄃᆡ단쇽적고리밍
ᄌᆞ(→명쥬)고름어로만져옥지환을글어ᄂᆡ여니도령쥬며ᄒᆞᄂᆞᆫ말이녀
ᄌᆞ의슈힝ᄒᆞ미옥환빗과ᄀᆞᆺᄒᆞᆯ지라송쥭ᄀᆞᆺ치굿은마음이옥ᄀᆞᆺ치단졍ᄒᆞ
며일월ᄀᆞᆺ치ᄆᆞᆰ은뜻은이옥ᄀᆞᆺ치청ᄇᆡᆨᄒᆞ니샹젼이벽히되고벽히가샹젼
된들변ᄒᆞᆯ비업ᄉᆞ리니반쳡여의젹막ᄒᆞ믄효측ᄒᆞᆯ지언졍진유ᄌᆞ의쳡되
기ᄂᆞᆫ원치아니ᄒᆞ오리니일노신을숨으쇼셔니도령이지환바다ᄲᅡ고ᄲᅡ
셔깁히너코니별조ᄒᆞ나블을젹의간다잘잇거라조히다시보ᄌᆞ조히잇

거라간들아조가며아조간들니즐쇼냐즘ᄊᆡ여겻히업ᄉᆞ니그를슬허ᄒᆞ
노ᄆᆡ라츈향이화답ᄒᆞ듸울며잡ᄂᆞᆫᄉᆞᄆᆡ를ᄯᅥᆯ더리고가지마오도련님은
당부라도라가면니즈려니와쇼쳡은아녀ᄌᆞᆫ고로못니즐가ᄒᆞ노ᄆᆡ라산
쳡〃슈즁〃ᄒᆞᆫ듸부듸평안이가오가다가긴한슘나거든닌쥴아오니러 p. 218
트시니별ᄒᆞᆯ졔츰아엇지ᄶᅥ나오리마조잡고셔로울제칙방〃직달녀드
러셩화ᄀᆞᆺ치직촉ᄒᆞ듸ᄉᆞᄯᅩ분부ᄂᆡ의도련님계신곳을아라셩화ᄀᆞᆺ치뫼
셔오라셔〃기ᄃᆞ리시니편젼ᄀᆞᆺ치가옵시다두리다깜작놀나ᄒᆞᄂᆞᆫ말이
너ᄂᆞᆫ병환의가마괴오혼인의트레바리로고나너ᄂᆞᆫᄉᆞ람ᄂᆡ잘맛ᄂᆞᆫ빈듸
ᄌᆞ셕붓터낫ᄂᆞ냐금즉〃〃이직촉마라소하쥭은후신이냐맛날제도네
덕이오니별ᄒᆞᆯ제도이리ᄒᆞ니ᄋᆡ고답〃나쥭기다ᄒᆞᆯ일업시도라올제츈
향은ᄌᆞ진ᄒᆞ여느러지고니도령은신체만도라오니ᄉᆞᄯᅩ불너니른말이
나ᄂᆞᆫ미진공ᄉᆞ나다닥고듕긔마감후에슈일간ᄶᅥ날거시니너ᄂᆞᆫ즉금으
로길을출혀명일ᄉᆞ당뫼시고일즉ᄶᅥ나게ᄒᆞ라니도령이그말은녀산풍
경에헌족박이라츈향ᄉᆡᆼ각만골슈의박혀만당이나설운우름쥴듸가지
(→ᄭᆞ지)츰앗다가입을열졔ᄒᆞᆫ마듸쇼ᄅᆡ툭터지며악바회골모진범이
졀고ᄉᆞᆼ이로ᄲᆞᆼ쥬뢰를틀니고인왕산기슭으로가ᄂᆞᆫ쇼ᄅᆡ쳐로동헌을허
ᄂᆞᆫᄃᆞ시북밧쳐우니ᄉᆞᄯᅩ달ᄂᆡ여ᄒᆞᄂᆞᆫ말이용널ᄒᆞ다우지마라남원부ᄉᆞ
를나만ᄒᆞ랴슈삼일간올나갈거시니그듸지우도록ᄒᆞ랴그리말고관심
ᄒᆞ라니도령이그러ᄒᆞᆫ체ᄒᆞ고동헌붓터칙방가지(→ᄭᆞ지)울며나와식 p. 220
음을젼폐ᄒᆞ고쁜눈으로밤을ᄉᆡ와평명시의길ᄶᅥ날제ᄉᆞ당ᄂᆡ힝다뫼시
고ᄇᆡ힝ᄒᆞ여올나간다가노라남원ᄶᅡᆼ아다시보ᄌᆞ잘잇거라광한누야엄
누상남원(→엄누사남원)ᄒᆞ고함비향경노ᄒᆞᆯ제신졍이미흡ᄒᆞ여옥인
을니별ᄒᆞ니눈을ᄯᅥ도츈향이오감아도츈향이라길의가ᄂᆞᆫ힝인드리다
츈향인듯ᄭᅩᆺᄀᆞᆺ튼고은얼골눈압히암〃ᄒᆞ고낭〃ᄒᆞᆫ말쇼ᄅᆡᄂᆞᆫ니변의징
〃ᄒᆞ니마음쇠돌이아니여든이리ᄒᆞ고어이ᄒᆞ리가직거름이졀노난다
먼산만바라보고초창ᄒᆞ여올나갈졔한모롱을지나거다십니졍을다ᄃᆞ
라셔믄득드ᄅᆞ니졀〃함원슬픈우름쇼ᄅᆡ반공의ᄉᆞ못치니모골이송연

ᄒᆞ고심담이구열이라정신이어즐ᄒᆞ고쌔슷치져려오니마부다려뭇ᄂᆞᆫ
말이쳐량ᄒᆞᆫ져우름을뉘가이리슯히우러나의심ᄉᆞ를산란케ᄒᆞᄂᆞ뇨마
부놈치를드러ᄒᆞᆫ곳을가ᄅᆞ치ᄃᆡ져건너송림간의엇더ᄒᆞᆫ녀인이우ᄂᆞ이
다니도령ᄉᆡᆼ각ᄒᆞᄃᆡ우리츈향이가날을보랴듕노의와셔기ᄃᆞ리나보다
p. 222 마부야말잡아라뒤를잠간보고가ᄌᆞ우름소ᄅᆡ를ᄎᆞᄌᆞ갈제졈〃깁히드
러가니마부놈엿ᄌᆞ오ᄃᆡ여긔셔뒤보시지어ᄃᆡ로드러가오니도령도라
보며ᄊᆞ지ᄌᆞ되빅발읫놈네로고나아모ᄃᆡ셔보던지네아랑곳치냐ᄒᆞ며
불계ᄒᆞ고드러가셔ᄌᆞ세히보니네로고나츈향이마조잡고그져데굴〃
〃함부로탕〃부ᄃᆡ지며너고나고예셔죽ᄌᆞ너ᄂᆞᆫ엇지ᄒᆞ여〃긔잇ᄂᆞ니
도련님가시ᄂᆞᆫ길의젼별ᄒᆞ려왓ᄉᆞ오니마즈막니별비를잡으시오숩을
부어권ᄒᆞᆯ젹의당부의심당이다상ᄒᆞᆫ다옥슈를ᄌᆞ로드러눈물을쥐여ᄲᅮ
리면셔텬디인간니별듕의날ᄀᆞᆺᄒᆞ니ᄯᅩ잇ᄂᆞᆫ가이고도련님ᄂᆡ말듯소츰
아설워못술깃네오동야지명월이오양뉴츈지청풍시의그리워엇지살
나ᄒᆞ오니도령위로ᄒᆞᄃᆡ네속이나ᄂᆡ속이나간장이야다를쇼냐석벽의
양견ᄃᆡ듯슈삼년만기다려라셔로잡고우름울제마부놈달녀드러도련
님어셔니러나오ᄃᆡ부인마노라님이압츰의셔도련님을ᄎᆞᄌᆞ신다ᄒᆞ고
p. 224 관노놈이왓ᄉᆞ오니어셔밧비니러나오니도령니른말이너도목셕이아
니라이형상을네가보니츰아엇지ᄡᅥ나리오돈을만히후히쥬마ᄒᆞᆫ말만
잠간더ᄒᆞ고가ᄌᆞ마부놈엿ᄌᆞ오ᄃᆡ쳔니를가나십니를가나ᄒᆞᆫᄡᅥᆨ니별은
불가뷔오니제발덕분니러나오ᄒᆞᆯ일업시ᄡᅥ나오니둘희간장이다ᄉᆞ라
진다져츈향의거동보쇼녹ᄂᆞᆫ다시우름울며도련님부ᄃᆡ평안이가오ᄡᅧ
나ᄂᆞᆫ회포ᄂᆞᆫ측냥업거니와날ᄀᆞᆺᄒᆞᆫ쳔쳡은조곰도ᄉᆡᆼ각마ᄅᆞ시고셔울올
나가셔학업이나힘ᄡᅧ여영(→영영)득의ᄒᆞ신후의부ᄃᆡ〃〃날ᄎᆞᄌᆞ시
오머리우희숀을언고기ᄃᆞ릴제바라ᄂᆞᆫ눈이ᄯᅮ러지〃아니케ᄒᆞ옵쇼셔
니도령니른말이오냐부ᄃᆡ잘잇거라연〃ᄒᆞ믈니긔지못ᄒᆞ여츰아숀을
놋치못ᄒᆞ고ᄉᆞᄆᆡ를드러눈물을씨ᄉᆞ면셔당부ᄒᆞᄂᆞᆫ말이나의일은념녀
말고몸을삼가고신의를직희여나의도라오기를고ᄃᆡᄒᆞ라ᄒᆞ고ᄡᅥ날쥴

을니져더니셔산의히ᄂᆞᆫ느져가고지쵹이셩화ᄀᆞᆺᄒᆞᆫ지라마지못ᄒᆞ여숀
을노코말긔올나도라셔니ᄒᆞᆫ거름의도라보고두거름의긔가막혀갈길
이어득ᄒᆞ다목이밋쳐연쇽부졀잘잇거라부ᄃᆡ평안이가오이러ᄐᆞ시목 p. 226
쉰쇼ᄅᆡ로니별ᄒᆞᆯ제길히졈〃머러간다ᄒᆞᆫ산너머오리되고ᄒᆞᆫ믈건너십
니로다〃만둘히닙만병긋〃〃ᄒᆞᄃᆡ음셩은아니들니ᄂᆞᆫ고나쇽졀업시
써날젹의이젼의ᄂᆞᆫ쓰게것던말조ᄎᆞ오날은어이그리ᄌᆡ게가노츈교의
우ᄂᆞᆫ식ᄂᆞᆫ간장을바아ᄂᆞᆫ듯당졔에프ᄅᆞᆫ버들무졍이도드르럿다형영조
ᄎᆞ묘연ᄒᆞ니ᄋᆡ고답〃가슴이야욕망이난망이오불ᄉᆞ이ᄌᆞᄉᆞ로다보고
지고〃〃〃〃나의츈향보고지고어린양ᄌᆞ쇄옥셩을잠간드러보고지
고뉴리잔의슐부어들고잡슈시오〃〃〃〃권ᄒᆞ든양즉금만나보고지
고쳔니당졍먼나문ᄃᆡ너를잇고어이가리쇽절츈향전혀업다이놈마부
야말이나쳔〃이모라가ᄌᆞ쌍문니의트ᄂᆞᆫ박이기다져안졋던뫼봉이나
보고가ᄌᆞ고나마부놈ᄃᆡ답ᄒᆞ되쇼인도ᄒᆞᆫ번ᄎᆞ모귀덕이를어더신졍이
ᄒᆞᆫ창미흡ᄒᆞᆫᄃᆡ니방아젼이장을두고쇼인의ᄎᆞ례아닌길ᄅᆞᆯ보ᄂᆡ오니숀
을잡고써나올제무지ᄒᆞᆫ간장도봄눈스듯마음이산난ᄒᆞ와셔울뉵빅오
십니를ᄒᆞᆫ참의드리노코ᄂᆡ일ᄒᆞᆫ졋나려가오려급ᄒᆞᆫ마음살ᄀᆞᆺᄉᆞ와말을
밧비모ᄂᆞ이다그러ᄒᆞ오나도련님이하민망ᄒᆞ여ᄒᆞ시니쳔〃히뫼시리 p. 228
이다〃만길가기심〃ᄒᆞ고도련님마음도하산난ᄒᆞ여ᄒᆞ시니위로겸ᄒᆞ
여그노던이야기나ᄒᆞ며가ᄉᆞ이다우리귀덕이도묘ᄒᆞ왼다니도령ᄃᆡ답
ᄒᆞᄃᆡ그일홈더럽다인물은엇더ᄒᆞ게묘ᄒᆞ더냐마부놈ᄃᆡ답ᄒᆞᄃᆡ머리압
흔숙븟터두눈셥이다하잇고두눈은왕방울만ᄒᆞ고코ᄂᆞᆫ바람벽의말나
븟튼빈ᄃᆡ갓고입은두귀밋가지(→까지)도라오고가슴은두리기동ᄀᆞᆺ
ᄐᆞ여졋통이란말은아조업ᄉᆞ오니요런묘ᄒᆞᆫ겨집이ᄯᅩ어ᄃᆡ잇ᄉᆞ오잇가
니도령웃고니른말이그것도ᄉᆞ람이란말이냐너ᄂᆞᆫ무어슬취ᄒᆞᄂᆞ니흉
ᄒᆞ고금즉ᄒᆞ다마뷔왈도련님이계집묘리를모로시ᄂᆞᆫ말ᄉᆞᆷ이올시다머
리압숙븟기ᄂᆞᆫ겨을의돈아니드린븟박이휘항긴ᄒᆞ옵고계집의눈큰거
순셔방이쑤지져도겁을ᄂᆡ여공슌ᄒᆞ고코업기ᄂᆞᆫ입다힐제거칠거시업

ᄉᆞ오니더긴ᄒᆞ옵고입큰거ᄉᆞᆫ밧분ᄯᅴ의급히맛츌졔아모ᄃᆡ를ᄃᆡ여도영
낙업ᄉᆞ오니긴ᄒᆞ옵고젓통이업ᄂᆞᆫ거ᄉᆞᆫ단야의곤ᄒᆞᆫ잠자다가도부로통
ᄒᆞᆫ거시만치이면ᄌᆞ연마음이동ᄒᆞ여버무레나쎠히고ᄒᆞᆫ가음이나ᄶᅳ오
p. 230 니졋통이업ᄉᆞ오면왼밤을셩히ᄌᆞ고나오면녹용ᄒᆞᆫ그릇먹은헴이오니
요런계집은곳보ᄇᆡ윈다도련님슈쳥은엇더ᄒᆞ옵더니잇가어허이놈드
러보아라우리츈향이야어엿부더니라인물이탁월ᄒᆞ여댱부심댱을놀
ᄂᆡ고ᄇᆡᆨ틔가구비ᄒᆞ며지덕이겸젼ᄒᆞ고품질이졀승ᄒᆞ더니라ᄋᆡ고〃〃
설운지고져고나고두리만나츈하츄동ᄉᆞ시업시쥬야댱텬즐겨놀졔ᄌᆞ
미잇ᄂᆞᆫ잔쇽이야눌다려다홀소냐ᄋᆡ고〃〃설운지고동군이신필되여
츈향조ᄎᆞ그려닌가항아를ᄂᆡ치신가직녀를젹강ᄒᆞᆫ가너ᄂᆞᆫ어힌아희완
ᄃᆡ강산졍긔를혼ᄌᆞ타셔나의간장셕이ᄂᆞ니혼이라도너를찻고쉽이라
도너를ᄎᆞᄌᆞ리라술드리그릴젹의쉽의나맛나보ᄌᆞᄋᆡ고답〃설음이야
이럿틋탄식ᄒᆞ며경셩으로올나가니라이ᄯᅴ츈향이ᄂᆞᆫ니도령ᄶᅧ나갈제
가ᄂᆞᆫᄃᆡ를보랴ᄒᆞ고깅상일층누ᄒᆞ여욕궁쳔니목ᄒᆞ니쳔니로다〃〃〃
〃님가신ᄃᆡ쳔니로다긔가막혀우름울졔길이ᄎᆞ〃머러가니형용이졈
〃젹어뵌다셔너술먹은아희강아지타고가ᄂᆞ니만ᄒᆞ더니ᄉᆞ월팔일의
동ᄌᆞ등만ᄒᆞ여뵈고산구뷔를도라가니아믈〃〃아조업다ᄋᆡ고이를엇
p. 232 지할고긔진토록종일울고집으로도라와셔방안을숣혀보니무거쳐지
망〃이라ᄋᆡ고〃〃이거시웬일인고극목텬ᄋᆡᄒᆞ니한고안지실녀오회
모양상ᄒᆞ니션빵여지동소로다옥창잔월츄야댱의님을그려엇지살니
가련ᄒᆞ다나의신셰일촌간장봄눈스듯ᄋᆡ고이를어이홀고ᄃᆡ비졍속면
쳔ᄒᆞ고ᄉᆞ절빈긱두문ᄒᆞ고의복단장전폐ᄒᆞ고식음을믈니치고헛튼머
리ᄯᅴ무든옷세탈신하여ᄆᆡ롤(→ᄆᆡᆨ을)노코누어시니인간힝낙이덧업
도다가련이도되엿고나ᄋᆡ고〃〃설운지고이설움을엇지홀고츈하츄
동ᄉᆞ시졀의님을그리워어이술니나ᄅᆡ돗친학이되여훨〃나라가셔보
고지고영두에구름되여놉히ᄶᅥ셔보고지고창힉의달이되여빗최여나
보고지고우든눈믈바다ᄂᆡ면비도타고가련마ᄂᆞᆫ만쳡샹ᄉᆞ그려닌들ᄒᆞᆫ

붓스로다그리라츄야당혜김도길ᄉᆞ천니샹ᄉᆞ덕욱(→더욱)섧다샹ᄉᆞ
ᄒᆞ든도련님을ᄭᅮᆷ의맛나보건마ᄂᆞᆫ잠곳ᄭᆡ면허ᄉᆡ로다구회간장만곡슈
ᄅᆞᆯ담을ᄃᆡ가젼혀업ᄂᆡ인ᄉᆡᆼ빅년이언ᄆᆡ완ᄃᆡ각ᄌᆡ동셔그리ᄂᆞᆫ고공방미 p. 234
인독상ᄉᆞᄂᆞᆫ날을두고니ᄅᆞ미라ᄋᆡ고답〃설음이야이ᄅᆞᆯ어이ᄒᆞᆺ말고
경화ᄂᆞᆫ작〃ᄒᆞ고두견은난만ᄒᆞᆫᄃᆡᄌᆞ규야우지마라울거든네나우지잠
든날을ᄭᆡ와ᄂᆡ여갓득ᄒᆞᆫ님니별후의여른간장다셕이ᄂᆞ니〃별이비록
어려오나니별후가더어렵도다동지야긴〃밤과하지일긴〃날의ᄭᅦ마
다샹ᄉᆡ로다약슈삼천니못건넌다일너시나님계신ᄃᆡ약슈로다ᄋᆡ고〃
〃설운지고이몸이ᄉᆞᆷ길실제님을조ᄎᆞᄉᆞᆷ겨시니삼ᄉᆡᆼ의연분이며하ᄂᆞᆯ
마출일이로다나ᄒᆞ나쇼년이오님하나날괴실졔이마음이ᄉᆞ랑은견쥴
ᄃᆡ젼혀업다평ᄉᆡᆼ에원ᄒᆞ오ᄃᆡᄒᆞᆫᄃᆡ예ᄌᆞᄒᆞ엿더니그덧셰ᄋᆢ이ᄒᆞ여각ᄌᆡ
동셔그리ᄂᆞᆫ고엇그졔님을뫼셔광한뎐의올낫더니그덧셔무ᄉᆞᆷ일노하
계의나려온고올젹의비슨머리허트런지오ᄅᆡ도다연지분도잇건마ᄂᆞᆫ
눌위ᄒᆞ여고이ᄒᆞᆯ고마음의ᄆᆡ친시름쳡〃히ᄲᅡ혀셰라지이ᄂᆞ니한심이
오흘니ᄂᆞ니눈물이라인ᄉᆡᆼ이유한ᄒᆞᆫᄃᆡ슈심이그지업다무졍ᄒᆞᆫ셰월은
믈흐ᄅᆞ듯지나거다념량은ᄭᆡᄅᆞᆯ아라가ᄂᆞᆫ덧도라오니듯거니보거니늣
길일도흠도ᄒᆞᆯᄉᆞ동풍이건듯브러젹셜을헷치ᄂᆞᆫ듯옥창의심은ᄆᆡ화두
셰가지퓌엿셰라갓득에ᄂᆡᆼ담ᄒᆞᆫᄃᆡ암담(→암향)은무ᄉᆞᆷ일고황혼의명
월조ᄎᆞ침변의조요ᄒᆞ니깃기는듯반기ᄂᆞᆫ듯그리ᄂᆞᆫ님마조본듯이ᄆᆡ화 p. 236
ᄒᆞᆫ가지로님계신ᄃᆡ보ᄂᆡ고져님이너ᄅᆞᆯ보면무어시라ᄒᆞ실넌고ᄭᅩᆺ지ᄌᆞ
ᄉᆡ닙나ᄌᆞ녹음이어린젹의나유(→나위)ᄂᆞᆫ젹막ᄒᆞ고슈막이뷔여셰라
부용당거러두고공작병둘너시니갓득에시름ᄒᆞᆫᄃᆡ히ᄂᆞᆫ어이기도던고
원앙금침ᄲᅦ쳐ᄂᆡ여삼ᄉᆡᆨ실푸러ᄂᆡ여금쳑의견조와셔님의옷슬지어ᄂᆡ
니슈품도조커니와졔도〃ᄀᆞᆺᄒᆞᆯ시고황함의담아두고님계신ᄃᆡ바라보
니산인가구름인가머흠도머흘시고옥누의혼ᄌᆞ안ᄌᆞ슈졍렴거든날의
동영에달돗고북극의별이뵈니님본듯반가오ᄆᆡ눈물이절노난다청광
을쥬어ᄂᆡ여봉황누의거러두고팔황의다빗최니심산궁곡빗최고져건

곤은폐식ᄒᆞ고빅일이ᄒᆞᆫ빗친ᄃᆡᄉᆞ람은커니와날ᄉᆡ도ᄭᅳ쳐도다소상남방(→남반)도치우미이러커든옥누고쳐야일너무삼ᄒᆞ리양츈을붓쳐ᄂᆡ여님계신ᄃᆡ보ᄂᆡ고져모쳠의빗췬ᄒᆡ롤옥누의올니고져홍상을거두치고쥐슈롤반만거더일모창산원(→창산월)의혬가림도흠도홀ᄉᆞ져른ᄒᆡ겨요지고긴밤을고쵸안ᄌᆞ청등을겻ᄒᆡ노코젹은덧잠을드니ᄭᅮᆷ의나님을보려텩밧고지혀시니원앙금도참도찰ᄉᆞ이밤이언졔실고하로
p. 238 도열두시오한달도삼십일에할니(→하로)나니져잇셔시름을프ᄌᆞᄒᆞ니마음의ᄆᆡ친시름골슈의박혀시니편작이열이오나이ᄂᆡ병어이ᄒᆞ리어화이ᄂᆡ병이여이님의탓시로다츌하리슬허져셔범나뷔나되오리라ᄭᅩᆺ지ᄌᆞᄉᆡ닙나ᄌᆞ녹음이어린젹의ᄭᅩᆺ마다단니다가님의옷ᄉᆡ안ᄌᆞ리라님은날인쥴모로셔도나ᄂᆞᆫ님을조ᄎᆞ단니리라이러트시〃름으로무정셰월보ᄂᆡ더라

p. 240 셰갑ᄌᆞ뉴월념오필셔

권지삼

이ᄯᅵ구관은올나가고신관은나려올제신관ᄉᆞ또ᄂᆞᆫ남촌호박골
변악도(→변학도)집이라쳔만뜻밧긔결련덕으로산졍의말망낙졈ᄒᆞ
엿ᄂᆞᆫ지라ᄒᆞ던날붓터남원츈향이명기란쇼문을드른지오린지라ᄉᆡᆼ각
이젼혀여긔만잇셔밤낫으로기다리ᄂᆞᆫ말이남원이몃니나되ᄂᆞᆫ고신연
하인드리ᄉᆞ흘이나되도록긔쳑이업셔하고이ᄒᆞᆫ일이로고ᄒᆞ겨셩화ᄀᆞᆺ
치기ᄃᆞ릴제잔득졸나열ᄉᆞ흘만의신연관쇽드리올나와슈쳥불너거ᄅᆡ
ᄒᆞ고현신ᄒᆞ라드러올제신연뉴리눅방아젼통인급장(→급창)군노ᄉᆞ
령ᄎᆞ례로현신알외오신관이밤낫으로기ᄃᆞ리다가이러틋만시ᄒᆞ여온
것보니골이ᄒᆞᆫ것나셔흠셕부어한마듸호령의종놈불너분부ᄒᆞ듸네져
놈들모도모라ᄂᆡ치라호령이츄상ᄀᆞᆺ튼지라쏙뒤가세뻼식ᄒᆞᆫ쥬먹건듸 p. 244
드리벌ᄯᅦᄀᆞᆺ치달녀드러일시의쏙뒤질너모라ᄂᆡ칠제듸문밧그로ᄂᆡ치
ᄂᆞᆫ거시아니라호긔가되ᄂᆞᆫ듸로나셔영의씨이여남산골네거리가지
(→까지)모라나와셔그셤에당악원가지(→까지)활작나리모라ᄒᆞᆫ슘의
각젼시졍난젼모듯구리ᄀᆡ병문가지(→까지)모라ᄂᆡ써리고오니신관
이골찜의다모라ᄂᆡ치고다시ᄉᆡᆼ각ᄒᆞᆫ즉모양도아니되고제일그곳쇼문
을무를길이업ᄂᆞᆫ지라청직이불너뭇ᄂᆞᆫ말이여보와라남원하인하나토
업ᄂᆞᆫ냐나가보와라훌제맛춤길방ᄌᆞᄒᆞᆫ놈이발병이나셔낙후ᄒᆞ여드러
오니모라ᄂᆡᄂᆞᆫ통의도춤네못ᄒᆞᆫ놈이져축〃〃ᄒᆞ고드러오ᄂᆞᆫ놈의형상
이아조허술ᄒᆞᆫ즁얽고검고ᄒᆞᆫ눈굿고흉악히츄ᄒᆞᆫ놈이드러와셔신관ᄉᆞ
또듸이냐뭇고신연관쇽드를ᄎᆞᆺ거늘아모커나불러드려현신시긴후의
신관이보고반기여ᄉᆡᆼ으로치솔니ᄂᆞᆫ말이업다그놈잘도낫다외모가심
히슌박ᄒᆞᆫ거시긔특ᄒᆞᆫ놈이로다네고을일을ᄌᆞ셔히아ᄂᆞᆫ다방ᄌᆞ놈엿ᄌᆞ
오듸쇼인이십여듸를그곳의셔ᄉᆡᆼ장ᄒᆞ온지라터럭긋만ᄒᆞᆫ일이라도쇼
인모ᄅᆞᄂᆞᆫ일이업ᄉᆞ외다어허ᄉᆡ훤ᄒᆞ다아던지모ᄅᆞ던지위션관원의비 p. 246

위를맛초와ᄃᆡ답ᄒᆞᄂᆞᆫ거시긔특ᄒᆞ다네구실이일년의언마나먹고단니
ᄂᆞ니알외옵기황송ᄒᆞ오ᄃᆡ쇼인의구실원응식이라ᄒᆞ옵ᄂᆞᆫ거시일년의
황됴넉셤분(→쓴)이올시다그러ᄒᆞ옵기이런ᄭᅴ힝ᄎᆞ를뫼시라오〃나
관가구실노셔울왕ᄂᆡ를ᄒᆞ오나노ᄌᆞᄒᆞᄂᆞᆫ법이ᄌᆞ당ᄒᆞ옵기로길히셔탄
막의외상먹고단니옵거나여복ᄒᆞ면굼고단닐적이만ᄉᆞ옵고그러ᄒᆞ옵
기변지변니지니ᄒᆞ여쥬ᄂᆞᆫ경쥬인의빗지무슈ᄒᆞ옵고환상도ᄆᆡ양밧칠
길업ᄉᆞ와볼기를흰쎡맛듯ᄒᆞ옵ᄂᆡ다불상ᄒᆞ다네고을에관쇽듕제일먹
ᄂᆞᆫ방임이언마나쓰ᄂᆞ니ᄃᆡ답ᄒᆞᄃᆡ슈삼천금쓰ᄂᆞᆫ방임이셔너ᄌᆞ리나되
옵ᄂᆞ이다ᄂᆡ가도임ᄒᆞ거든그방임셔너ᄌᆞ리를모도다너를시기리라황
숑ᄒᆞ외다상덕이올시다여보와라그ᄂᆞᆫ그러ᄒᆞ거니와네고을에져무어
시잇다ᄒᆞ더고나업다유명ᄒᆞᆫ별것잇다ᄒᆞ더고나졋ᄉᆞ오ᄃᆡ무어시온지
p. 248 모양만하문ᄒᆞ옵시면아라밧치오리이다신관이풀갓ᄭᅵᆫ뒤짐지고건닐
면셔업다이런정신이어ᄃᆡ잇시리고약ᄒᆞᆫ정신이로고나그시의ᄉᆡᆼ각ᄒᆞ
엿더니고ᄉᆞ이의짬박니져고나정신이〃러ᄒᆞ고무어슬ᄒᆞ리도임후의
슈다ᄒᆞᆫ공ᄉᆞ의셩화홀밧긔익고무슨양이라ᄒᆞ더고나므슨양이〃ᄂᆞ냐
아조논난업시절묘ᄒᆞ다더고나양이라ᄒᆞ옵시니무순양이오닛가허〃
그놈그거슬모른단말이냐너나무라무엇ᄒᆞ리그ᄂᆞᆫ나려가종ᄎᆞ알녀니
와네고을이셔울셔몃니나되ᄂᆞ니셔울셔본관읍ᄂᆡ가늑빅오십니로소
이다그러면ᄂᆡ일〃즉나려가면적녁(→져녁)츰의드러다히랴졋ᄉᆞ오
ᄃᆡᄂᆡ일숙빅나ᄒᆞ옵시고조졍의하직이나ᄒᆞ옵시고각ᄉᆞ셔경이나도읍
시고우명일ᄒᆞᆫ곗즘써나옵시면ᄌᆞ연날구즌날ᄊᆡ이옵고가옵시다가감
영의연명이나ᄒᆞ옵시고혹구경쳐의나노리ᄒᆞ옵시고열노(→연노)각
읍의혹연일유슉이나되옵시고천〃이ᄂᆞ려가옵노라ᄒᆞ오면ᄒᆞᆫ보름이
나ᄒᆞ여야도임ᄒᆞ옵시리이다어허이놈고이ᄒᆞᆫ놈보름이라니어허쥬리
를ᄒᆞᆯ놈보름이라니그놈이곳구어다힐놈이로고나네이놈앗가시긴셔
p. 250 너ᄌᆞ리방임다모도졔명ᄒᆞ라그놈좃ᄎᆞᄂᆡ치고청직이불너신연하인의
게ᄂᆡ분부로졔잡담ᄒᆞ고길밧비출히라ᄒᆞ고셩화갓치나려갈제긔구범

절볼작시면빵교독교별연이라좌우청장념노랏다극마하송호〃탕〃
이나려갈졔평지에ᄂᆞᆫ별연이요산곡의ᄂᆞᆫ하미(→쥭미)로다남ᄃᆡ문을
밧비나셔칠픽팔픽돌모로동젹니를얼픗지나신슈원슉소ᄒᆞ고상뉴쳔
하뉴쳔쥭밋(→즁미)오뫼를밧비지나딘위읍늬즁화ᄒᆞ고칠원셩환비
토리(→비트리)쳔안삼거리슉소ᄒᆞ고진계(→김제)역밧비지나덕평인
쥬원(→인제원)광정몰원(→모로원)공쥐감영듕화ᄒᆞ고느틔경쳔노셩
슉소ᄒᆞ고은진닥다리(→닭다리)녀산능기울삼네를얼는지나젼쥬드
러듕화ᄒᆞ고노고바회임실을얼픗지나남원오리졍의다〃ᄅᆞ니ᄀᆡ복쳥
드러헐소ᄒᆞ고삼번관쇽뉵방아젼지경ᄃᆡ후영졉ᄒᆞᆯ졔연봉뉵각조흘시
고ᄃᆡ당쳥도되라쳥도ᄒᆞᆫ빵홍문ᄒᆞᆫ빵쥬작남동각남셔각홍초남문ᄒᆞᆫ빵 p. 252
쳥농동남각셔남각남초황문ᄒᆞᆫ빵등ᄉᆞ슌시ᄒᆞᆫ빵황초ᄇᆡᆨ문ᄒᆞᆫ빵ᄇᆡᆨ초
(→ᄇᆡᆨ호)동북각셔북각ᄇᆡᆨ초흑문ᄒᆞᆫ빵현무북동각북셔각흑초관원슈
마원슈왕영관은원슈(→온원슈)됴현단(→현관)표미긔금고ᄒᆞᆫ빵호툥
(→호총)ᄒᆞᆫ빵나ᄒᆞᆫ빵졍ᄒᆞᆫ빵나발ᄒᆞᆫ빵바라ᄒᆞᆫ빵셰악두빵고두빵발ᄒᆞᆫ
빵젹ᄒᆞᆫ빵슌시ᄒᆞᆫ빵영긔두빵즁ᄉᆞ명좌관이우영젼집ᄉᆞᄒᆞᆫ빵긔픽관두
빵군노직렬두빵쥬라나발호젹힝고ᄃᆡ평소(→틱평소)텬하셩(→텬아
셩)소ᄅᆡ텬디진동ᄒᆞᆫᄃᆡ긔치검극은츄상ᄀᆞᆺ고살긔ᄂᆞᆫ튱텬이라일산의
길로마며권마셩이더옥조타집ᄉᆞ당관힝렬ᄒᆞᆫᄃᆡ그밧긔별ᄃᆡ마병인신
통인관노급장다모방ᄌᆞ도훈도라아희기싱록의홍상얼운기싱착젼닙 p. 254
의늙은기싱영솔ᄒᆞ고뉵각으로쥐타ᄒᆞ고삼면(→삼현)으로젼비ᄒᆞᆯ졔
좌슈별감현알ᄒᆞ고제장교군례밧고뉵방아젼현신ᄒᆞ고기싱통인문안
ᄒᆞᆫ후신연유리불너분부ᄒᆞᄃᆡ네고을ᄃᆡ쇼ᄉᆞᄂᆞᆫ네응당알거시니바른ᄃᆡ
로알외여라신연유리분부듯고환상민폐젼결복슈죄슈도안ᄃᆡ쇼읍ᄉᆞ
ᄃᆡ강〃〃고과ᄒᆞ니신관이골을늬여다시분부ᄒᆞᄂᆞᆫ말이네고을에유명
ᄒᆞᆫ것드런지오ᄅᆡ거든여긔아니잇ᄂᆞ냐무슨양이라ᄒᆞ더고나니방이막
지기고ᄒᆞ여겁결의ᄃᆡ답ᄒᆞᄃᆡ챵고의군량이오육고의우양이오공고의
잘양이오마고의외양이오감ᄉᆞ졍비귀양이오기싱관비쇽양이오불가

의공양이오여염집의괴양이오청빅흔놈ᄉᆞ양이오슈쥬분놈겸양이오
p. 256 시ᄂᆡ가의슈양이오이결은<u>펴양</u>(→평양)이오ᄉᆞ경의한냥이오흉흔놈
의불양이오희다졋다셕양이오남녀간의음양이오엄동셜한휘양이오
허다흔양이무슈ᄒᆞ온듸〃강이러ᄒᆞ외다업다〃〃아니로다졋ᄉᆞ오듸
ᄉᆞ람못된거슬잘양이라ᄒᆞ옵ᄂᆡ다그도아니라좌슈듯기민망ᄒᆞ여ᄉᆞ러
안ᄌᆞ엿ᄌᆞ오듸알외옵기황송ᄒᆞ오나민의고을의쇼산으로물만흔식양
이만ᄉᆞ외다신관이증을ᄂᆡ여ᄒᆞᄂᆞᆫ말이뉴리라ᄒᆞᄂᆞᆫ거시관장의니목이
라변통부〃지간이기로뉴리와ᄒᆞᄂᆞᆫ말을듸슈리참녜ᄒᆞ여부듸치노어
더온고초당의비부놈참녜ᄒᆞ듯다ᄉᆞᆨ은바ᄌᆞ틈의노랑ᄀᆡ쥬동이ᄀᆞᆺ치말
깃시고이흔고통인불너좌슈구츌ᄒᆞ란후의여보와라삼번관쇽드리날
을지경노라고문지롤쓰이고밧부게드러와시니다른졈고ᄂᆞᆫ다졔폐ᄒᆞ
고그편의잇ᄂᆞᆫ기싱ᄒᆞ나토ᄉᆡᆼ지〃말고졈고ᄎᆞ로다령ᄒᆞ라네고을이듸
p. 258 무관식향이라ᄒᆞ니기싱이모도몃마리나되ᄂᆞ니〃방이알외되원기와
이쇽비쇽공비듸비합이계지ᄒᆞ오면합이오십슈되옵ᄂᆞ이다어허믜오
맛득ᄒᆞ다기싱위명흔거슨하나토유류치말고톡〃써러졈고의다현신
ᄒᆞ게ᄒᆞ라니방이청녕ᄒᆞ고나와셔모든기싱지위ᄒᆞ고슈근〃〃공논ᄒᆞ
듸이ᄉᆞ쏘아라보깃다ᄉᆞ쏘가아니오빅셜이플〃훗날닐졔짤고안ᄂᆞᆫ잘
양의들놈이로다공논이분〃ᄒᆞ고창빗아젼은겸형방이라슈로불너기
싱도안드려노코ᄎᆞ례로점고홀졔남원명기다모혓다신관이ᄎᆞ례로듸
간품ᄒᆞ고형방아젼강셩놉혀호명홀제즁츄팔월십오야의광명조타츄
월이나오분벽ᄉᆞ챵요젹흔듸한가ᄒᆞ다향심이나오〃동복판거문고롤
타고나니탄금이나오ᄉᆞ마샹여즐쇼ᄅᆡ의탁문군의츈졍이라오동월하
p. 260 봉금이나오남젼의미옥이라냥국보빅금옥이나오도원심쳐ᄎᆞᄌᆞ가니
무릉츈식담도로다녹양이월삼월츈ᄒᆞ니만화방창츈단이나오동방ᄉᆞ
창빗촨달을억조창싱ᄉᆞ랑ᄒᆞ니이월이나오강남치련금이뫼라슈즁옥
녀부용이나오원앙금니츈몽난ᄒᆞ니네가일경영이로다어셔〃〃나오
너라옥토도약항궁의빗겨셧ᄂᆞᆫ계월이나오천향국식너롤보니셜부화

용승옥이너도져마치셔거라영명ᄉᆞ롤ᄎᆞᄌᆞ가니명ᄉᆞ십니느즌봄의셜
도ᄀᆞᆺ튼희당츈이나오낙빈왕의완월인가동녕초싱명월이나오츈하츄
동ᄉᆞ시졀의명싀조타월싀이나오세우동풍향난간ᄒᆞ니화듕부귀모란
이나오상엽이홍어이월화ᄒᆞ니부귀강산츈외츈이나오국〃당숑군ᄌᆞ p. 262
졀ᄒᆞ니ᄉᆞ시당청숑졀이나오숑하의문동ᄌᆞᄒᆞ니취약부지운심이나오
도화뉴슈묘연거ᄒᆞ니별유텬디션월이나오셔졍강상월이두렷시밝아
ᄂᆞᆫ듸동각의셜즁미나오은하슈변오작교의칠월칠셕강션이나오요하
의취인환도색혀들고나니천금(→천검)이나오너라반야삼경옥인늬
ᄒᆞ니합니츈광미쾌로다나오너라쥬황당ᄉᆞ벌미듭을ᄎᆞ고나니금낭이
나오양금단초(→단소)거문고의청가묘무헤란(→혜란)이나오화용월
틱고은양ᄌᆞ빙호일편명심이나오나ᄂᆞᆫ솟츌져기ᄎᆞ니화듕츈풍연〃이
면〃만〃유졍ᄒᆞ다녹슈심쳐잉〃이나오삼월동풍난만ᄒᆞᆫ듸만강홍우 p. 264
금강이화향월싀조ᄒᆞᆫ곳의강남녹슈연엽이나오만쳡청산뼈드러가니
어뷔업다범덕이나오안고름의향난이것고름의부젼이비에털네비에
쌩네어셔〃〃나오너라ᄒᆞᆫ창이리졈고홀제ᄉᆞ쏘참지못ᄒᆞ여아셔라졈
고그만ᄒᆞ여라조긔조듸강이일곱직셧ᄂᆞᆫ조년나히몃술이니셜ᄒᆞᆫ한술
이올시다아셔라계집이삼십이넘으면단물이다나ᄂᆞ니라너도져만치
밧츌노셔잇거라져긔얼골허연져년은일홈이무어시니영익올시다나
ᄒᆞᆫ몃술이니영익싱각ᄒᆞ듸셜ᄒᆞᆫᄒᆞᆫ술을단물이낫다고퇴ᄒᆞ여시니날낭
은밧삭쥬려보리라ᄒᆞ고ᄉᆞ십이나거의된년이염치업시열세살이올시
다ᄉᆞ쏘호령ᄒᆞ듸조년쌈치라영익겁늬여쏘알외오듸쇼인이듸강몬져 p. 266
알왼나히올시다그리면왼통나ᄒᆞᆫ언마나되ᄂᆞ니겁결의과히늘치와알
외오듸쉰세살이올시다ᄉᆞ쏘골을늬여ᄒᆞᄂᆞᆫ말이ᄒᆞᆫ셔붓터쥬리롤홀년
들더벙머리당긔치레ᄒᆞ듯파려ᄒᆞᆫ강아지쫑지치레ᄒᆞ듯쏠ᄋᆞ즈러온것
드리일홈은무어시니〃〃〃〃나오너라〃〃〃〃거원무엇들이니하
나토쓸거시업고나앗가영익긴영ᄌᆞᄉᆞ랑익ᄌᆞ어허구어다힐년ᄀᆞᆺ트니
〃마압짓ᄂᆞᆫ다고뒤쇽쥐가지(→까지)뒤버스러지게머리롤싱으로다

색히고밀기름바른다고청어굽ᄂᆞᆫ듸된장칠ᄒᆞ듯ᄒᆞ고연지를뒤벌거케
왼쌈의다칠ᄒᆞ고분칠은회시(→효시)ᄒᆞᄂᆞᆫ놈의회칠ᄒᆞ듯ᄒᆞ고눈섭지
엇다고냥편의쪽셋식만남기고어허쥬리알머리를ᄲᅡᆸ을년ᄀᆞᆺ트니뉘쇠
를먹으랴고열셰살이오눈ᄭᅩᆯ알ᄒᆞ고닭도적년ᄀᆞᆺ트니이년목을휘여다
힐년들모도다모라ᄂᆡ치라원기라ᄒᆞᄂᆞᆫ거시그ᄲᅮᆫ이냐형방이눈츼알고
ᄃᆡ여부ᄅᆞᄃᆡ젼비츈향이쉬오ᄉᆞ또역경ᄂᆡ여ᄒᆞᄂᆞᆫ말이올타츈향이란말
p. 268 반갑고나어이ᄒᆞ여이제야부ᄅᆞᄂᆞ니츈향이가쌩녜아ᄅᆡ란말이냐졋ᄉᆞ
오ᄃᆡ아직나히어린고로그러ᄒᆞ외다그리면무엇〃〃여러슬부ᄅᆞ지말
고것구로그ᄒᆞ나만불넛더면그만씨판이로고나그러나그ᄂᆞᆫ웨나오말
이업고쉬오ᄒᆞ니웬일인고알외옵기황송ᄒᆞ오ᄃᆡ기싱즁ᄃᆡ비졍속ᄒᆞ고
면쳔ᄒᆞ여기싱안의업ᄂᆞ이다ᄉᆞ또졍신이쇄락ᄒᆞ여ᄒᆞᄂᆞᆫ말이ᄂᆡ가셔울
셔붓터드ᄅᆞ니향명이아조유명ᄒᆞ시더고나이ᄉᆞ이평안ᄒᆞ시냐ᄯᅩ그ᄃᆡ
부인월ᄆᆡ씨라든지그도평안ᄒᆞ시냐네아직무고ᄒᆞ신쥴노알외오ᄉᆞᄯᅩ
연ᄒᆞ여나그어안즈며이럿틋경계의반〃ᄒᆞ게인ᄉᆞ혼후의다시분부ᄒᆞ
ᄃᆡ츈향을일시라도지쳬말고속히불너ᄃᆡ령ᄒᆞ라형방이엿ᄌᆞ오ᄃᆡ제몸
은무병ᄒᆞ오ᄃᆡ구관ᄉᆞᄯᅩ도임시에칙방도련님과ᄇᆡᆨ년히로긔약ᄒᆞ여ᄃᆡ
비졍속ᄒᆞ고지금슈졀ᄒᆞᄂᆞ이다신관이〃말듣고놀나ᄒᆞᄂᆞᆫ말이어허셰
상의변괴로다구상유취아희드리쳡〃쳡이라니ᄯᅩ본ᄃᆡ기싱년이슈졀
말이가쇼롭다가마괴학이되며각관기싱열녀되랴이졔로밧비불너현
p. 270 신시기라형방이쳥녕ᄒᆞ고관쇽불너분부ᄒᆞ니관쇽드리분부듯고한거
름의밧비나와츈향이부ᄅᆞ라갈제츈향이본ᄃᆡᄉᆞ직고도고ᄒᆞ여ᄆᆡ몰ᄒᆞ
고도쓴지라관쇽드리혐의터니팔쳑당신군노ᄉᆞ령훨젹ᄲᅱ여나가ᄂᆞᆫ거
동보쇼산슈털벙거지쳥니광단안을올녀총증ᄌᆞ굴독상모눈고은공작
미를당ᄉᆞ실노역거달고셩〃젼증도리밀화귓돈은영ᄌᆞ너분ᄭᅵᆫ의날ᄂᆡ
(→날닐)용ᄌᆞ썩붓치고환도ᄉᆞ슬거러ᄎᆞ고화류댱도ᄭᅵᆫ을다라흉복통
빗기ᄎᆞ고탄〃ᄃᆡ로〃독불이지밧비가며이를갈고벼르면셔〃로의논
ᄒᆞᄂᆞᆫ말이여보와라여슉아ᄂᆡ가틀린말이잇거든아모리동관이라도곳

욕을ᄒᆞ여라아희년이도령ᄒᆞ고ᄒᆞᆫ창이러타ᄒᆞᆯ졔하로ᄂᆞᆫ도령아희보라
드러오ᄂᆞᆫ씌에ᄂᆡ가마츰문을보다가이ᄋᆡ츈향아너모그리마라도령님
보고나오ᄂᆞᆫ길에비장청의드러가셔〃초조곰어더가지고나오려무나
언제라언제니네덕의발강담ᄇᆡ맛조곰보ᄌᆞ고나이리ᄒᆞ엿지어ᄂᆡ시럽
장의아들이틀닌말ᄒᆞ엿기ᄂᆞᆫ냐그아희년이말ᄒᆞᄂᆞᆫ거ᄉᆞᆯ기방귀로알고
우리ᄅᆞᆯ도모지터진ᄉᆞ아리로아라눈을거듧더보지아니ᄒᆞ고흠치고 p. 272
감치고ᄃᆡ치고뒤치고ᄲᆡᆼ당그르치고드러가니말ᄒᆞᆫᄂᆡ솔엇지되얏ᄂᆞ니
네면엇더케분ᄒᆞ깃ᄂᆞ니고이ᄒᆞ고휜말일다마ᄂᆞᆫᄒᆞᆫ다ᄒᆞᄂᆞᆫ토포힝슈병
방군관뉵방아젼삼번관쇽이라도샹히ᄂᆞᆫ져의게설〃ᄀᆡᄂᆞᆫ쳬ᄒᆞ거니와
무ᄉᆞᆫ일이숙혐의잇ᄂᆞ니ᄂᆞᆫ앙심을잔ᄯᅳᆨ먹고잇다가집당곳ᄒᆞ랑이면엄
지가락을진ᄯᅳᆨ눌너속으로골케엉덩이ᄅᆞᆯ쓰ᄂᆞᆫ슈가잇거든허믈며졋즈
음이어허졀통이숨긴년ᄀᆞᆺ트니그말곳ᄒᆞ랴ᄒᆞ면넉시오르더라졔니도
령이란거시무어시니강뉴셕부젼이라우리네ᄂᆞᆫᄆᆡ양이지이번의불너
다가만일ᄆᆡ가ᄂᆞ리거들낭너도ᄉᆞ졍두ᄂᆞᆫ놈은ᄂᆡ아들놈ᄃᆡ니라ᄒᆞ고츈
향의집드러간다이놈의심술들은연화쳔병의화승테ᄉᆞ이듯ᄒᆞ고동풍
안ᄀᆡ속의슈〃닙ᄉᆞ이듯ᄒᆞ며망건뒤히부등깃시벗지아니ᄒᆞ고슈의틀
리면ᄎᆞ시루ᄅᆞᆯᄲᅧ셔노코밤낫보름을비러도니가아니드ᄂᆞᆫ놈드리라셩
화ᄀᆞᆺ치달녀드러ᄃᆡ문듕문박ᄎᆞ면셔벌ᄯᅦᄀᆞᆺ치쒸여드러츈향이부ᄅᆞ기
ᄅᆞᆯ반공듕의ᄯᅳ게불너원근산쳔이써드럿다호통ᄒᆞ며드러올제일이낫
다〃〃〃〃이놈의죄에져놈이죽고져놈의죄에이놈이죽고네죄에나
죽고ᄂᆡ죄에너죽어뭇죽음이나깃고나ᄒᆞ며모진범이월앙(→월랑)의 p. 274
달녀들며쥬린ᄀᆡ미역죽의다라들듯우뢰진동ᄒᆞᄂᆞᆫ듯ᄒᆞ더라이ᄯᆡ츈향
이ᄂᆞᆫ니도령만ᄉᆡᆼ각ᄒᆞ고츈풍도리화ᄀᆡ야와츄우오동엽낙시의눈물셧
거한심지고식불감침불안ᄒᆞ니옥빈홍안이초췌ᄒᆞ고ᄌᆞ연의ᄃᆡ완ᄒᆞ니
초당의견월샹심식이오야우문영단장셩이라빅ᄉᆞ의ᄯᅳᆺ이업고만ᄉᆞ의
경이업셔옥부방신을바려침셕의더져두고일편단심임ᄉᆡᆼ각이죽어지
라원을ᄒᆞ고ᄉᆡᆼ셰지락이젼혀업셔당탄단우일을슴아ᄉᆞ라질드시정신

을일코녹는ᄃᆞ시잠연ᄒᆞ여시름업시쥬야당텬금침의ᄊᆞ혀만ᄉᆞ를후리
치고식음을젼폐ᄒᆞ고아조산송장이되여한양만ᄇᆞ라고쥬야축슈ᄒᆞᆯ분
(→ᄲᅮᆫ)이러니금일도북편을창망ᄒᆞ고슬픈눈물을금치못ᄒᆞ고누엇더
니이쇼ᄅᆡ에ᄭᆞᆷ작놀나벌덕니러안ᄌᆞ유리굼그로여어보니ᄌᆡ젼의혐의
잇는놈이모도골나나왓고나ᄆᆞ음의솜〃헤아리니분명관가의무슴즁
병이낫나보다엇지ᄒᆞ여야올탄말고발셔일이〃리되여시니ᄋᆡ걸이나
p. 276 ᄒᆞ여보ᄌᆞ훨젹쒸여ᄂᆡ다ᄅᆞ며단슌호치반기ᄒᆞ고함쇼함ᄐᆡ손벽치고ᄋᆡ
고나져쇼님(→ᄉᆞᆫ님)보완지고반갑기도ᄀᆡ지업고깃부기도칭냥(→측
냥)업ᄂᆡ최ᄑᆡ두오라버니그ᄉᆞ이평안ᄒᆞ오니ᄑᆡ아ᄌᆞ버니요ᄉᆞ이안령
ᄒᆞ오형님네들과아ᄌᆞ머니ᄐᆡ평ᄒᆞ시고집안에도연고업시지ᄂᆡ오어린
아ᄒᆡ들도잘ᄌᆞ라고데시네도안강ᄒᆞ오종시네도잘단니오구실이나다
ᄉᆞ치아니ᄒᆞ오이번신연뫼시라셔울은평안이단녀와셔노독이나아니
낫쇼그졍(→젼)우리게셔가져간강아지요ᄉᆞ이는ᄆᆡ오컷지오그ᄉᆞ이
엇지ᄒᆞ여ᄒᆞᆫ번도못오시든가구실에다ᄉᆞᄒᆞ여못오던가지날길이업셔
놀면서도못오던가ᄉᆞ람들도무정ᄒᆞᆯᄉᆞ엇지그ᄃᆡ지발을끈노ᄂᆡ몸ᄒᆞ나
병이드러젹막강산누어시니와병ᄒᆞ면인ᄉᆞ졀이라ᄒᆞᆫ번이나와보더면
무슨하늘에별악칠가셰상의야쇽들도ᄒᆞ오니ᄑᆡ두아ᄌᆞ버니ᄂᆡ말드러
보오ᄒᆞᆫ번그ᄯᅵ에아졔문볼제날다려셔초말ᄒᆞ기에ᄃᆡ답도아니ᄒᆞ고드
러갓더니필경날을야쇽히아라게시지오그바로젼에나ᄒᆞ고마조셔〃
말ᄒᆞᆫᄉᆞ람을뒤염문ᄒᆞ여다가뒤ᄃᆡ청좌기은근이ᄒᆞ고비밀이잡ᄋᆞ드려
흉ᄒᆞᆫ악형ᄒᆞ는거술목도ᄒᆞ여기로아졔도그러케히로올가ᄒᆞ여반가온
쇼님을보와도인ᄉᆞ도변〃이못ᄒᆞ는터이기로드ᄅᆞᆯ만ᄒᆞ고드러갓더니
그ᄯᅵ에그런잔쇽은모로고응당엇더이아라지오마음먹고드러가셔도
련님보고나오는길에비당청의드러가셔〃초어더휴지에ᄊᆞ셔허리츔
p. 278 의너코아졔를쥬ᄌᆞᄒᆞ고삼문간의나와보니아졔는어ᄃᆡ가고다ᄅᆞᆫᄑᆡ두
문보기로바로집으로가셔보고이런말슴이나ᄒᆞ고드리ᄌᆞᄒᆞ엿더니도
련님이뒤를ᄯᆞ라어ᄂᆡᄉᆞ이나오기로바로집으로와셔그리져리틈이업

셔우리어마니다려부탁ᄒᆞᄃᆡ아졔집의가셔보고그ᄉᆞ연ᄒᆞ여달나ᄒᆞ엿
더니어마니도건망징이〃셔진작가지못ᄒᆞ엿고도련님올나가신후어
ᄂᆡ날조용ᄒᆞ기한번가니아ᄌᆞ머니혼ᄌᆞ게셔아졔ᄂᆞᆫ셔울갓다ᄒᆞ기의셥
〃히도라와셔그렁져렁이ᄶᅥᆨ가지(→ᄭᅡ지)ᄒᆞᆫ번도못맛나셔이런졍담
못ᄒᆞ엿ᄂᆡ셤〃옥슈느히여셔니픽두의숀을잡고방안으로드러가며ᄒᆞ
ᄂᆞᆫ말이하오리게야맛나시니슐이나먹고노ᄉᆞ이다관령뫼온일노왓나
심〃ᄒᆞ여날ᄎᆞᄌᆞ라왓나무숨바람이부러왓노ᄂᆡ가쑴을ᄭᅮ나그리던졍
을오날이야펴깃네반가올ᄉᆞ귀ᄒᆞᆫᄀᆡᆨ이오날왓ᄂᆡᄉᆞ람그리워못살깃ᄂᆡ
이러트시ᄋᆡ용으로ᄉᆞ람의간댱을농낙ᄒᆞ니져픽두놈거동보쇼이젼일
ᄉᆡᆼ각ᄒᆞ니오날일이의외로다이젼의츄보기롤도솔궁션네러니오날〃
츄ᄂᆞᆫ쥴을가작인쥴졍녕이알건마ᄂᆞᆫ분길ᄀᆞᆺ튼고은숀ᄋᆞ로북두갈고리
ᄀᆞᆺ튼져의숀을잡은지라고기롤ᄲᅡ지우고나려다보니져두리ᄲᅢ가ᄉᆡ근
〃〃돌갓치굿든마음츈풍강상의살어름ᄀᆞᆺ치뉵천골졀이다녹ᄂᆞᆫ다져
의둘이셔로보며이ᄋᆡ여슉아ᄉᆞ람의ᄆᆞ음이물갓다니ᄅᆞᆫ지라이아희형
샹을잠간보니ᄂᆡ마음은간ᄃᆡ업다여슉이ᄃᆡ답ᄒᆞᄃᆡ그런쥴몰낫더니너 p. 280
ᄂᆞᆫᄆᆡ오모질고나니픽두니ᄅᆞᆫ말이네말은엇지ᄒᆞᆫ말이니쳐픽두ᄒᆞᄂᆞᆫ말
이나ᄂᆞᆫ그형상보기젼의이ᄋᆡ일만내ᄉᆡᆼ각ᄒᆞ여도ᄆᆞ음이ᄃᆞ즐〃〃ᄒᆞ고
바아지ᄂᆞᆫ듯ᄒᆞ더니앗가이집으로드러오니잔ᄲᅢᄂᆞᆫ다녹고굴근ᄲᅢᄂᆞᆫ다
초친무럼의아들이되고공연이왼몸이졀〃져려오니도도지니러니져
러니말ᄒᆞ기슬터라마ᄂᆞᆫ앗가네가날다려ᄒᆞ든말을아셔라마라〃ᄒᆞ기
ᄂᆞᆫ동관의졍을ᄶᅥᆨᄂᆞᆫ듯ᄒᆞ여말을아니ᄒᆞ고드롤만ᄒᆞ엿다마ᄂᆞᆫ도모지그
일이ᄃᆡ단치아닌일의협ᄒᆞ여ᄒᆞ잘것도업고ᄯᅩᄒᆞᆫ밤잔원쉬컵다ᄒᆞ니발
셔언제ᄒᆞᆫ일을잇ᄶᅥᆨ가지(→ᄭᅡ지)미안이아ᄂᆞᆫ거시우리가도로혀격지
못ᄒᆞᆫ모양ᄀᆞᆺ고ᄯᅩ제말을드ᄅᆞ니졍녕이잔쇽이그러ᄒᆞᆫ일이ᄋᆡᆼ낙아니면
쇽낙인쥴아ᄂᆞ냐그ᄉᆞ이우리가ᄒᆞᆫ번도져롤ᄎᆞᄌᆞ문병치못ᄒᆞᆫ거시쳣지
ᄂᆞᆫ우리가잘못ᄒᆞ엿ᄂᆞᆫ지라져의다졍ᄒᆞᆫ쓧과갓지못ᄒᆞᆫ쥴이후회로다니
픽두ᄃᆡ답ᄒᆞᄃᆡ여보와라우리네가고히(→괴이)ᄒᆞᆫ말갓마ᄂᆞᆫ악ᄒᆞ려ᄒᆞ

면악ᄒᆞ고션ᄒᆞ려ᄒᆞ면션ᄒᆞ거든그만일노영ᄉᆞ연정져를협히안단말이
p. 282 되ᄂᆞᆫ말이냐ᄒᆞᆫ번말ᄒᆞ고파의ᄒᆞ즌말이지엇지져를혐의ᄒᆞ리오이러트
시슈작ᄒᆞ며방안으로드러가니춘향이삼등초ᄒᆞᆫᄃᆡ써혀ᄂᆡ여빅통ᄃᆡ의
담아붓쳐니픠두쥬고ᄯᅩᄒᆞᆫᄃᆡ붓쳐다가최픠두쥬며ᄒᆞᆫ냥돈집어ᄂᆡ여아
희놈쥬며이건너김풍헌집밧비가셔황소쥬(→환소쥬)의쑬을타고양
지머리ᄎᆞ돌박이어셔밧비ᄉᆞ오너라쥬안상을ᄎᆞᆯ혀노코ᄉᆞᆯ을부어권ᄒᆞᆯ
젹의ᄒᆞᆫ잔두잔셔너잔의ᄉᆞ오ᄇᆡ를거후ᄅᆞ니아조마음이되ᄂᆞᆫᄃᆡ로풀니
여ᄒᆞᄂᆞᆫ말이〃ᄋᆡ무숙아우리가져아희와ᄉᆞ괸정분이우히잇ᄂᆞ냐엇지
ᄎᆞᆷ아져를잡ᄋᆞ가즌말이니이만일을에둘너묵쥬머니를못민드단말이
냐발셔죽어영장ᄒᆞ고졔노모만이셔ᄎᆞᆷ아설워우더라ᄒᆞ면아모일이업
ᄉᆞᆯ가ᄒᆞ노라여숙이ᄃᆡ답ᄒᆞᄃᆡ져를보니그일이잔잉(→잔인)도ᄒᆞ고ᄋᆡ
를뼈셔져모양이되엿ᄂᆞᆫ거ᄉᆞᆯ그리셩화ᄒᆞ여구지잡아가줄거ᄉᆞᆫ업ᄉᆞ되
만일염아리가나셔날나리가나ᄂᆞᆫ판의우리게죄나리ᄂᆞᆫ거ᄉᆞᆫ시들부들
ᄒᆞ다마ᄂᆞᆫ붓셕ᄌᆞᆸᄋᆞ드리라ᄒᆞ면네어미나ᄃᆡ신밧치랴ᄂᆞ냐춘향이뭇ᄂᆞᆫ
말이ᄃᆡ져이거시어인곡절인가쇼관ᄉᆡ나일고(→알고)가ᄉᆡ니픠두니
p. 284 른말이통인의윤득이가방졍맛고입바른쥴너도ᄌᆞ셔히알거니와네말
을톡〃써러다가ᄉᆞᄯᅩ귀굼긔달고질을ᄒᆞ엿고ᄯᅩᄉᆞᄯᅩ라도아ᄂᆞᆫ법이모
진바람벽뚤고나온즁방밋귓도람의아들이라셔울셔붓터네쇼문을왼
통으로녁〃히ᄌᆞ셔히다알고나려와셔기싱졈고ᄒᆞᆯ제형방집니가슈쇄
ᄒᆞ려다가못ᄒᆞ여긔혀히불너드리라만ᄒᆞ고한ᄉᆞᄒᆞ니우리타ᄉᆞᆫ팔결이
라우리ᄂᆞᆫ조곰도념녀마라춘향이〃말드ᄅᆞ미슈쳥면키어렵도다ᄋᆡ고
이를엇지ᄒᆞᆯ고ᄒᆞ며필경이런일이〃셔도ᄒᆞ고원졍지어두엇더니라ᄒᆞ
고ᄂᆡ여품의품고돈닷냥ᄂᆡ여다가픠두쥬며ᄒᆞᄂᆞᆫ말이〃거시약쇼ᄒᆞ나
쳥즁의동관님네일시쥬비나지ᄂᆡ시오여숙이왼숀으로바다ᄎᆞ며ᄒᆞᄂᆞᆫ
말이아니밧ᄂᆞᆫ거ᄉᆞᆫ네졍을막ᄂᆞᆫ거시기밧기ᄂᆞᆫ바드나ᄯᅩᄒᆞᆫ실노바다가
야나ᄂᆞᆫ일푼간셥업다마ᄂᆞᆫ네게무엇밧ᄂᆞᆫ거시얼골이뜻〃ᄒᆞ다엇더ᄒᆞ
던지우리네가잘수며볼거시니아모커나그만잇거라ᄒᆞ고두놈이ᄃᆡ취

ᄒᆞ여셔로마조잇글고관졍의드러갈졔ᄆᆡ오졍신을출히나아조이취ᄒᆞ
여겨유드러가고관ᄒᆞᆯ제말을되치지못ᄒᆞ여츈향이잡으라갓던픽두연 p. 286
지알외오ᄉᆞ또분부ᄒᆞᄃᆡ츈향이불너ᄃᆡ령ᄒᆞᆫ다두놈이솜박〃〃ᄒᆞ며알
외ᄃᆡ츈향이오쥭어오엇지ᄒᆞ여쥭어오이놈엇지ᄒᆞ여쥭엇다고ᄒᆞ더니
그리ᄒᆞ릭오뉘가그리ᄒᆞ라드니글셰올시다츈향이가슐잔인지먹이옵
고또돈닷냥인지쥬면셔그리ᄒᆞ릭오니픽두겻지ᄅᆞ며쉬이놈아그말은
웨알외ᄂᆞ니쵀픽두또알외ᄃᆡ여보옵시오이놈보옵시오그말을알외오
지말나ᄒᆞ고역구리를콱〃지ᄅᆞ옵ᄂᆡ다ᄉᆞ또분부ᄒᆞᄃᆡ이놈너ᄂᆞᆫ무슴말
을말나고그놈을지ᄅᆞᄂᆞ니〃픽두알외ᄃᆡ아니올시다급히단녀드러오
옵노라고등의쌈이나셔가렵습기의긁노라ᄒᆞ오니팔노그놈을근더려
습ᄂᆡ다ᄉᆞ또골을ᄂᆡ여호령ᄒᆞᄃᆡ네그놈드를모도다모라ᄂᆡ치고기즁영
니ᄒᆞᆫᄉᆞ령놈부ᄅᆞ라뇌졍ᄀᆞᆺ치분부ᄒᆞᄃᆡ네이졔로밧비잡ᄋᆞᄃᆡ령ᄒᆞ라긴 p. 288
ᄃᆡ답ᄒᆞᆫ마ᄃᆡ의군노ᄉᆞ령쳥녕ᄒᆞ고셩화ᄀᆞᆺ치밧비나와츈향의집에니ᄅᆞ
러셔호흡이천촉ᄒᆞ여ᄒᆞᄂᆞᆫ말이ᄉᆞ람죽깃엿다밧비가ᄌᆞ츈향이ᄃᆡ답ᄒᆞ
ᄃᆡ익고이거시웬말인고말이나ᄌᆞ셔히아옵시다말이나졀이나가면셔
ᄒᆞ랑으로어셔슈히나셔거라나ᄂᆞᆫ식도움즉여야나ᄂᆞ니슐이나먹고가
ᄉᆞ이다관슐이나오슐이나가다가먹으랑으로어셔급히나오너라츈향
이ᄒᆞᆯ일업셔돈닷냥ᄂᆡ여다가ᄉᆞ령쥬며ᄒᆞᄂᆞᆫ말이ᄎᆞ물이ᄉᆞ쇼ᄒᆞ나일시
쥬ᄎᆞ나보틱시오군노ᄉᆞ령돈바다ᄎᆞ며ᄒᆞᄂᆞᆫ말이네졍을막ᄂᆞᆫ거ᄉᆞᆫ의가
아닌고로바다ᄂᆞᆫ가거니와마음의겸연ᄒᆞ다츈향이를압셰오고ᄉᆞ령관
노뒤를ᄯᆞ라긱사압흐로도라올제저츈향의거동보쇼허튼머리집어ᄭᅩᆺ
고ᄭᅴ무든헌젹고리다ᄯᅥ러진도랑초마허리우희눌너ᄆᆡ고집신짝을감
발ᄒᆞ고바람마즌병인쳐로죽으라가ᄂᆞᆫ양의거름으로원포셕양냥〃비
의쑥일흔원앙이오일난츈풍화초간의ᄭᅩᆺ일흔나뷔로다십오야붉은달
이흑운간의ᄊᆞ혀ᄂᆞᆫ듯금분의고은ᄭᅩᆺ치모진광풍의ᄲᅡᆯ녓ᄂᆞᆫ듯슈심이쳡 p. 290
〃ᄒᆞ고익뤼만안ᄒᆞ여졍신업시도라올제관문앏흘바라보니구름ᄀᆞᆺᄒᆞᆫ
군노ᄉᆞ령거동보쇼안ᄀᆡᄀᆞᆺ치모혓다가밧비오라직촉쇼릭셩화ᄀᆞᆺ치지

ᄅᆞ거늘뒤히오든군노ᄉᆞ령숀을드러ᄒᆞᄂᆞᆫ말이ᄃᆡ먹쥬ᄅᆞᆯ말시겻다요란
스레구지마라군노ᄉᆞ령이말듯고이ᄋᆡ만일그러ᄒᆞ면즁병으란ᄂᆡ당ᄒᆞ
마ᄉᆞ람너모〃지마라히가아직머러시니히젼의만드러오면엇더튼지
그만일다이러ᄐᆞ시지져괴더라군노ᄉᆞ령드러가알외ᄃᆡ츈향을ᄃᆡ령ᄒᆞ
엿쇼ᄉᆞᄯᅩ반겨밧비불너드리라군노ᄉᆞ령청녕ᄒᆞᄃᆡ츈향이현신알외오
ᄉᆞᄯᅩ나그어(→다그어)안ᄌᆞ얼골형상ᄌᆞ셔히보니형산빅옥이진토의
뭇쳣ᄂᆞᆫ듯츄파부용이취우의쁠녓ᄂᆞᆫ듯옥안셩모의근심ᄒᆞᄂᆞᆫ빗출씌엿
고원산아미의시름ᄒᆞᄂᆞᆫ틔도ᄅᆞᆯ먹음어시니원ᄒᆞᄂᆞᆫ듯늣기ᄂᆞᆫ듯ᄋᆡ연ᄒᆞᆫ
형용이ᄉᆞ람의일촌간장을다녹이ᄂᆞᆫ지라신관이〃ᄅᆞᆯ보ᄆᆡᄆᆞ음이더옥
p. 292 착급ᄒᆞ고의ᄉᆡ가장황홀ᄒᆞ나그랴도먹은갑시잇셔남의말을드ᄅᆞᆯ랴고
칙방니낭청ᄃᆞ려뭇ᄂᆞᆫ말이〃ᄉᆞ람니낭청츈향의쇼문은그리고명ᄒᆞ더
니지금보ᄆᆡᄂᆞᆫ유명무실이로셰이니낭청ᄌᆞᄂᆞᆫ셔울셔븟터긴ᄒᆞᆫ지라ᄃᆡ
쇼ᄉᆞᄅᆞᆯ니낭청과의논ᄒᆞ면콩을가져팟치라ᄒᆞ여도곳지듯ᄂᆞᆫ터이오ᄯᅩ
ᄃᆡ답이니현령비현령ᄒᆞ여평ᄉᆡᆼᄉᆞ면츈풍두루마리라이ᄯᅢ에도ᄒᆞᆫ가지
로잇더니ᄃᆡ답ᄒᆞᄃᆡ글셰그러ᄒᆞ오마ᄂᆞᆫ바히유명무실이라ᄒᆞᆯ길도업고
ᄯᅩ이제유명무실아니라ᄒᆞᆯ길도업소이다이ᄉᆞ람ᄒᆞᆫ갓외모의츄ᄒᆞᆯ분
(→쁜)아니라모〃이ᄯᅳ더보와도ᄒᆞᆫ곳별노취ᄒᆞᆯᄃᆡ업ᄂᆡ글셰그러ᄒᆞ외
다이러ᄐᆞ시슈작ᄒᆞᆯ제통인의윤득이알외오ᄃᆡ의복이남루ᄒᆞ고단댱을
폐ᄒᆞ여그러ᄒᆞ옵지의복단댱션명이수미오면쑥이업ᄂᆞᆫ일식이오니용
ᄉᆞ치마옵쇼셔신관이〃말듯고ᄯᅩ다시녁〃히보ᄂᆞᆫ체ᄒᆞ더니ᄒᆞᄂᆞᆫ말이
과연듯던말과갓다이ᄉᆞ람니낭청져런힝창ᄒᆞᄂᆞᆫ것드리ᄯᅢ뭇고바라지
고간악ᄒᆞ고요괴롭고예ᄉᆞ롭지아니컨마ᄂᆞᆫ이거시야진짓녀염ᄉᆞ리ᄒᆞᆯ
p. 294 지어미될듯ᄒᆞ외글셰그러ᄒᆞ오마ᄂᆞᆫ녀염ᄉᆞ리ᄒᆞᆯ지어미되리라ᄒᆞᆯ길도
업고ᄯᅩ정녕이녀염ᄉᆞ리못ᄒᆞᆯ지어미라ᄒᆞᆯ길도업소이ᄉᆞ람제의복은비
록허술ᄒᆞ나형산빅옥을다듬지아니ᄒᆞ고즁츄명월이흑운을벗지못ᄒᆞᆫ
듯ᄒᆞ외아모리일식이라도눈각〃코각〃ᄯᅳ더보면ᄒᆞᆫ곳험은잇것마ᄂᆞᆫ
이거ᄉᆞᆫ아모리보와도편〃금이오천향국식이로셰앗가삼문간드러올

제잠간짱긋홀마듸의나도쏄니ᄂᆞᆫ보앗지닛쇽이션슈박씨롤쥬홍당ᄉᆞ
로조롱〃〃역거쥬홍징반에셰운듯ᄒᆞ고두눈셥은슈나뷔가마조안ᄌᆞ
너훌〃〃노니ᄂᆞᆫ듯ᄒᆞ더고만졔가날을쇽이랴고의복형상남루ᄒᆞ게ᄒᆞ
고얼골단당허술ᄒᆞ게하엿나보외그거시더욱조커든오리알의졔똥무
든것ᄀᆞᆺᄒᆞ여어슈룩ᄒᆞᆫ쥴아ᄂᆞᆫ가글세그러ᄒᆞ오마ᄂᆞᆫ보기에ᄂᆞᆫ어슈룩ᄒᆞ
다홀길도업고또바히어슈룩지아니타홀길도업소이ᄉᆞ롬ᄌᆞ늬말듸답
은평싱너츌지게둥글게물에물타니슐에슐타니ᄀᆞᆺ치뒤슈〃〃이ᄒᆞ니
엇지ᄒᆞᆫ말인고허답〃ᄒᆞᆫᄉᆞ롬이로고ᄒᆞ며츈향불너니ᄅᆞᆫ말이네가츈향
이라ᄒᆞᄂᆞ냐봄츈ᄌᆞ향긔향ᄌᆞ일홈이위션묘ᄒᆞ고나네나히몃슬이니츈
향이동문셔답싼젼으로듸답ᄒᆞ듸늬일몃츨키야원두한의집으로듸령
ᄒᆞ올지오어허니낭청요산드러진맛보게그말더욱조희다시분부ᄒᆞ듸 p. 296
네본듸챵가쳔인이오본읍기싱으로셔늬도임시의방ᄌᆞ히현신도아니
ᄒᆞ고언연이집의잇셔불너야오단말이냐늬가이곳의목민지당으로나
려왓더니너롤보니쐐견딜만ᄒᆞ기로금일붓터슈쳥으로작정ᄒᆞᄂᆞᆫ거시
니밧비나가쇼셰ᄒᆞ고방슈ᄎᆞ로듸령ᄒᆞ라츈향이엿ᄌᆞ오듸일신의병이
드러말솜으로못ᄒᆞ옵고원정으로알외오니ᄉᆞ연을보옵시면곡졀통촉
ᄒᆞ시리니의원시힝적이시면(→ᄒᆞ옵시면)화봉인의본을바다빅셰축
슈ᄒᆞ오리다어허고이ᄒᆞ다어늬ᄉᆞ이무ᄉᆞᆫ원정이니늬게졍ᄒᆞᄂᆞᆫ거ᄉᆞᆫ조
마거동의격징이라동셔간쳐결이야아니ᄒᆞ랴형방이고과홀졔강셩을
놉혀본읍기싱츈향의빅활이라우근진졍유ᄉᆞ단은쇼녀본시챵가지엽 p. 298
이오요마천네나강믹산쥭지심빙옥결하지의로츈불기츄불낙이옵더
니년젼리등좌정시의여ᄉᆞ쏘ᄌᆞ데로일견광한누ᄒᆞ여빅년동쥬지의로
이슈금셕지문ᄒᆞ고질정허신ᄒᆞ야우금삼직의언연(→엄연)부〃지의
가여산약히오금번쳬등시의불득솔거ᄂᆞᆫ셰고ᄌᆞ연이라일편단심이오
믹불망이오남북샹리의심담이구렬이라일구월심의단당ᄉᆞ혼ᄒᆞ니여
ᄎᆞ빙심을슈ᄉᆞ난별이라빅골이셩진ᄒᆞ고혼빅이미산젼은만무실졀이
오평싱미망이오니슈위쇼녀지약언이나진정쇼회라산활슈회라도불

릉ᄌᆞ탈이오며금일ᄉᆞᄯᅩ쥬미지쳔견인고로망녕도이존령을위월이라
금일분부ᄂᆞᆫ셩시샹ᄉᆡ오나하졍이여ᄎᆞ고로부득봉승이온바동시ᄉᆞ부
지체모오변동당부지심렬이라심ᄉᆞ동반지의리ᄒᆞ고통촉ᄉᆞ졍지간측
p. 300 이온즉ᄀᆡᆼ무여ᄎᆞ하문지리오며우황면천에이쇽ᄃᆡ비이온쥴로ᄌᆞ감앙
소어일월명뎡지하ᄒᆞ오니복걸참상이시후의특위방숑을쳔만망냥ᄒᆞ
솔기위힝하향교시(→이시)ᄉᆞ〃ᄯᅩ쥬쳐분이라모월모일소지라ᄒᆞ엿
더라형방이취듕이라고과후쇼지노코필홍ᄂᆡ여졔ᄉᆞᄒᆞᄃᆡ건곤이불노
월댱지ᄒᆞ니젹막강산금ᄇᆡᆨ년이라ᄡᅥ기를맛고츈향을불너졔ᄉᆞ〃연듯
ᄌᆞ왜라고셩ᄒᆞ여읊흘젹의신관이이모양을보고목아지를길게ᄲᆡ혀항
ᄉᆡ쳐로비틀면셔긔가막혀쇼ᄅᆡ질너ᄒᆞᄂᆞᆫ말이니낭쳥져놈의힝ᄉᆞ보쇼
져놈을싱으로발길가왼통으로쥬뢰를ᄒᆞᆯ가셰상텬디간의져런놈도ᄯᅩ
있ᄂᆞᆫ가샹토ᄉᆞᆺ가지(→까지)골을ᄂᆡ여ᄃᆡ강이를흔들면셔벽녁ᄀᆞᆺ치쇼
p. 302 ᄅᆡ지ᄅᆞ니낭쳥ᄃᆡ답ᄒᆞᄃᆡ셰샹텬디간에져런놈이어ᄃᆡ잇슬가보온잇가
마ᄂᆞᆫ바른ᄃᆡ로말솜이지셰상에져런놈이바히업다ᄒᆞᆯ길힌들잇ᄉᆞ오리
잇가뇌졍ᄀᆞᆺ치셩닌ᄉᆞᄯᅩ벽녁ᄀᆞᆺ치호령ᄒᆞᄃᆡ이놈으란밧비ᄌᆞᆸ아듕계아
ᄅᆡ나리오라벌ᄶᅦᄀᆞᆺ튼ᄉᆞ령드리셩화ᄀᆞᆺ치달녀드러갓벗겨후리치고동
당이쳐로ᄭᅳ어나려듕계아ᄅᆡ꿀니거늘ᄉᆞᄯᅩ방울ᄀᆞᆺ튼눈망울을선슈박
구을니듯ᄒᆞ며여셩호령ᄒᆞᄃᆡ그놈을흔ᄆᆡ의쳐죽이라형방이취듕이나
혼불부쳬알외오ᄃᆡ쇼인의죄가무삼죄온지죄명이나알고죽어지이다
ᄉᆞᄯᅩ분부ᄒᆞᄃᆡ명졍기죄ᄒᆞ여ᄉᆞ무원심ᄒᆞ라이쇼지단은여타ᄌᆞ별ᄒᆞ여
별노졔ᄉᆞᄒᆞᆯᄃᆡ관댱이ᄀᆡ구젼의ᄌᆞ단쳐결이요마쇼리의만ᄉᆞ무셕지죄
라좌우나졸엄포ᄒᆞᄃᆡ분부듯ᄌᆞ와라형방이능갈이라언졍니슌알외오
ᄃᆡ츈향의원졍ᄉᆞ연듯ᄌᆞ오니지ᄉᆞ위한ᄒᆞ와불변취쥭지졀이옵기의샹
p. 304 의를봉승ᄒᆞ와냥상화ᄆᆡ오션악샹반흔졔식오니열네ᄌᆞ뜻슬알외오리
이다건ᄌᆞᄂᆞᆫ하늘건ᄌᆡ니ᄉᆞᄯᅩᄂᆞᆫ건이되옵고곤ᄌᆞᄂᆞᆫᄯᆞ곤ᄌᆡ니츈향이ᄂᆞᆫ
곤이되여늙지말고ᄒᆞᆫ곳의셔달과ᄀᆞᆺ치기러잇셔젹막강산집을짓고이
졔붓터ᄇᆡᆨ년가지(→까지)히로ᄒᆞ준뜻이오니ᄉᆞᄯᅩ호졔ᄒᆞ옵시나막과

어ᄎᆞᄒᆞ옵시리이다ᄉᆞ또이말듯고ᄉᆞ리ᄅᆞᆯ솜〃혜ᄋᆞ리니과약기언이오
여합부졀이라근본은빡〃ᄒᆞ여ᄆᆞ음곳들냥이면앗기ᄂᆞᆫ거시업ᄂᆞᆫ지라
다시분부ᄒᆞᄃᆡ져아젼아직분간ᄒᆞ고관쳥빗부ᄅᆞ라목포ᄂᆞᆫ각일필빅미
일셕이오젼문니냥남쵸셔근당지셰권이ᄃᆡ로ᄎᆞ하ᄒᆞ라긔특ᄒᆞ다긔야
방가위지아젼이로다ᄆᆞ음의상쾌ᄒᆞ여풀갓씬뒤짐지고ᄃᆡ쳥의건니면
셔츈향아너그졔ᄉᆞ〃연드러ᄂᆞᆫ다불긴ᄒᆞᆫ원졍이라ᄒᆞᆫ번이면이야고이
ᄒᆞ라다시ᄂᆞᆫ잔말〃고밧비올나슈쳥ᄒᆞ라관쳥으로의논ᄒᆞ면네집찬당
될거시오운량고(→운향고)ᄂᆞᆫ네고이오목젼고도네고되고일읍쥬관
이네당듕이라이런ᄉᆡ판또잇ᄂᆞ냐츈향이엿ᄌᆞ오ᄃᆡ원졍의알왼말솜분 p. 306
간이업솝고다시분부이러ᄒᆞ오시니ᄃᆡ비졍쇽ᄒᆞ온후ᄂᆞᆫ관기가아니옵
고도련님가신후로두문불츌슈졀ᄒᆞ와만분지일이라도녈녀의본을밧
고져ᄆᆞ음의삭여ᄉᆞ오니분부거힝은못ᄒᆞ기쇼신관이니냥쳥불너ᄒᆞᄂᆞᆫ
말이계집의ᄒᆞᆫ두번ᄐᆡ도ᄂᆞᆫ응당졀네(→젼네)판인쥴아ᄂᆞᆫᄃᆞ업ᄉᆞ면무
맛시니글셰그러ᄒᆞ외다ᄉᆞ또츈향ᄃᆞ려달ᄂᆡᄂᆞᆫ말이네가그ᄉᆡᆨ에아희들
기리맛나살고또올기맛보듯ᄒᆞ야싀큰ᄒᆞᆫ맛셰그리ᄒᆞ나보다마ᄂᆞᆫ하로
비들기가지ᄅᆞᆯ넘ᄂᆞᆫ냐그러ᄒᆞ기로져런서름을보ᄂᆞᆫ고나네어룬의우거
지국의쇠옹도리쌔너흔듯ᄒᆞᆫ웅심ᄒᆞᆫ맛술보아무궁ᄒᆞᆫᄌᆞ미ᄅᆞᆯ알양이면
짬박반ᄒᆞ리라이ᄉᆞ람니냥쳥ᄂᆡ가평양셔윤갈실(→갓실)져금졀이년
슈쳥드려삼쳔냥힝하ᄒᆞ고그외의젼후기싱쥰거손불가승수쥴아ᄂᆞᆫ가
나ᄂᆞᆫ엇지ᄒᆞᆫ셩품인지기싱드ᄅᆞᆯ그리쥬고시부데니냥쳥ᄃᆡ답ᄒᆞᄃᆡ글셰
그러ᄒᆞ외다ᄉᆞ또게셔ᄃᆡ동출방갓실졔관비ᄒᆞᆫ년다리고ᄌᆞ고그년의빈
혀가지(→싸지)ᄲᅢ앗고돈ᄒᆞᆫ푼아니쥬엇지오또운산현감갓실졔슈급 p. 308
이(→슈급비)ᄒᆞᆫ년셕다리고셕달이나슈쳥드리고쇠천(→쇠젼)ᄒᆞᆫ푼아
니쥬고도로혀져의은가락지취식ᄒᆞ여쥬마ᄒᆞ고서울보ᄂᆡ엿지오언졔
평양셔윤영변부ᄉᆞ가셔기싱힝하ᄅᆞᆯ그리후히ᄒᆞ얏쇼신관이긔가막혀
눙쳐ᄒᆞᄂᆞᆫ말이〃ᄉᆞ람긔롱마쇼져런아희들고지듯네여보와라져말고
지듯지마라그럴리가잇ᄂᆞ냐날을ᄉᆞ괴여만보와라아라듯ᄂᆞ냐싱각ᄒᆞ

여보아라노류댱화ᄂᆞᆫ인ᄀᆡ가졀이라쳔만의외너만년이졍졀슈졀싱졀
덕졀ᄒᆞ니그런잔졀을말고큼즉ᄒᆞᆫ히쥬신광졀이나ᄒᆞ여라네가슈졀을
ᄒᆞ량이면우리대부인은ᄣᅡᄀᆡ졀을ᄒᆞ시랴요망ᄒᆞᆫ말다시말고밧비올나
슈쳥ᄒᆞ라츈향이엿ᄌᆞ오ᄃᆡᄌᆞ고로렬녀하ᄃᆡ무지리오양구조어엄ᄌᆞ릉
도간의티후(→ᄃᆡ부)마다ᄒᆞ고ᄌᆞ릉ᄃᆡ의피우ᄒᆞ고슈졀의ᄉᆞ빅이슉졔
불식듀쇽ᄒᆞ랴ᄒᆞ고슈양산의ᄎᆡ미가를노릭ᄒᆞ고텬하딘인딘도람도화
p. 310 산셕실슈도ᄒᆞ고ᄃᆡ슌이비아항(→아황)녀영혈누뉴황ᄯᆞ라잇고뉴한
님의ᄉᆞ부인도슈월암의엄젹ᄒᆞ고낙양의녀계셤월도쳔진누의글을읇
허평싱슈졀ᄒᆞ엿다가양소유를ᄯᆞ라가고티원ᄯᆞ홍불기도난셰에ᄠᅳᆺ을
셰워만니댱졍죵군ᄒᆞ여니졍을ᄯᆞ라시니몸은비록쳔ᄒᆞ오나졀ᄀᆡᄂᆞᆫ막
ᄂᆞᆫ법이업ᄉᆞ오니물밋히빗쵠달은쥽아ᄂᆡ여보려니와쇼녀의졍ᄒᆞᆫᄠᅳᆺ은
ᄎᆞ싱의앗지못ᄒᆞ오리이다일단혈심통쵹궁의ᄒᆞ옵셔방숑ᄒᆞ옵소셔이
ᄉᆞ람니낭쳥요ᄉᆞ이힝창ᄒᆞᄂᆞᆫ계집이오ᄅᆞ라ᄒᆞ기무셥지어엿부지아니
ᄒᆞᆫ것드리어엿분쳬ᄒᆞ고분바ᄅᆞ고연지찍고궁동이를뒤흔들면셔장마
ᄀᆡ고리호박닙히쒸여오ᄅᆞᆺ듯신발신은치마련업시덤벅〃〃오ᄅᆞ것마
ᄂᆞᆫ이거순졔법반〃ᄒᆞᆫ계집의경계(→경ᄀᆡ)로셰니낭쳥ᄃᆡ답ᄒᆞᄃᆡ나보
기에ᄂᆞᆫ썩드러즙ᄋᆞ경계(→경ᄀᆡ)반〃ᄒᆞᆫ계집이라ᄒᆞᆯ길도업술듯ᄒᆞ고
ᄯᅩ이졔바른말솜이지하그리경계(→경ᄀᆡ)업단말ᄒᆞᆯ길도업쇼이ᄉᆞ롬
ᄌᆞ네말ᄃᆡ답이ᄒᆞᆫ골스로ᄒᆞᄂᆞᆫ일이업고흑각가로박이로거기듕ᄒᆞ여뭉
그러지게ᄒᆞ니그어이ᄒᆞᆫ말ᄃᆡ답인고〃이ᄒᆞᆫ인ᄉᆞ로셰니낭쳥ᄃᆡ밧쳐ᄃᆡ
p. 312 답ᄒᆞᄃᆡᄯᅩ이졔바히고이ᄒᆞᆫ인ᄉᆞ아니라ᄒᆞᆯ길도업고ᄯᅩ고이ᄒᆞᆫ인ᄉᆞ라ᄒᆞᆯ
길도업쇼ᄉᆞᄯᅩ눈술집흐리고ᄒᆞᄂᆞᆫ말이ᄌᆞ네ᄂᆞᆫ웨이리ᄲᅵ앙이질ᄒᆞ노허
〃고이ᄒᆞᆫ숀이로고골김(→골찜)의우루져혀짐짓호령ᄒᆞᄃᆡ요년츈향
이라ᄒᆞᄂᆞᆫ년의ᄯᆞᆯ년아오ᄅᆞ라ᄒᆞ면썩오를거시지무순잔말을고ᄃᆡ지ᄌᆞ
리감스러이ᄒᆞ노틱라도ᄒᆞᆫ번두번이지언마ᄆᆞᄌᆞ면슬흘고어셔오ᄅᆞ고
지고져계집아희싱각ᄒᆞᄃᆡ져거동을보아ᄒᆞ니방숑ᄒᆞᆯ니만무ᄒᆞ다졔아
모리져리ᄒᆞᆫ들빙옥ᄀᆞᆺ튼ᄂᆡ마음과금셕ᄀᆞᆺ튼구든ᄠᅳᆺ지빅골이진퇴된들

훼졀홀니만무ᄒᆞ다일이발셔이지경에니ᄅᆞ러시니현마엇지ᄒᆞ리죽을
밧긔홀일업다악을뼈셔ᄒᆞᄂᆞᆫ말이일광노갓튼우리도련님을일조의니
별ᄒᆞ고일신의ᄆᆡ친ᄋᆡ한일구일심(→월심)ᄉᆞ라(→기퍼)지니일쳑단검
명을밧쳐일빅번죽ᄉᆞ와도일심의졍ᄒᆞᆫ마음일졍변치아니리이다이슈
즁분ᄇᆡᆨ노쥐라니별낭군써난후의이군불ᄉᆞ본을바다이부불경ᄒᆞ랴ᄒᆞ
고이마음을굿게먹어이셰샹을하직ᄒᆞ여이비의졀을ᄯᆞ라이월한식ᄀᆡ
ᄌᆞ츄의넉슬위로ᄒᆞ오리라삼광은텬샹이라삼싱의굿은인연삼츈갓치 p. 314
기러시니삼혼칠ᄇᆡᆨ흣터저도삼쳥동니승지ᄃᆡ삼한갑됵우리도련님을
삼쳔니약슈라도건너가셔삼신산삼강슈로오며가며ᄒᆞ오리다ᄉᆞᄯᅩ라
도ᄉᆞᄃᆡ가셔다보시고ᄉᆞ시당츈외와넑어ᄉᆞᄇᆡᆨ년동방례의를ᄉᆞ긔듕의
박앗거늘ᄉᆞ고업시ᄉᆞᄯᅩ숀의맛치련들ᄉᆞᄃᆡ텬왕엄위라도ᄉᆞ면팔방널
니보고ᄉᆞ시당쳔굿은마음ᄉᆞ지를찌즈셔도ᄉᆞ역불변ᄒᆞ오리다오륜힝
실직흰날을오히려모ᄅᆞ시니오월비상나의함원오ᄌᆞ셔의동문결목갓
치오ᄆᆡ의ᄉᆞ못치니오형을갓초와셔오ᄎᆞ의발기거나오리ᄼ〃오리시
오〃군문의놉히다라오국강산오희갓치오강의씌우셔도오히려졍ᄒᆞᆫ
뜻은일치아니ᄒᆞ오리라뉵츌긔산ᄒᆞ던졔갈무후라도뉵일산못죽이고
뉵츌긔계진평이도뉵가의말을드러시며뉵상산진도람(→진도랑)도
뉵졍뉵갑못부렷고뉵슈부의부왕투슈뉵진도셩ᄒᆞ엿고뉵월념텬더운 p. 316
씌의뉵시를홀지라도뉵도삼싱에뉵지갓튼나의ᄆᆡᆼ셰뉵신어밋쳐시니
뉵니쳥산의헷분부마ᄅᆞ시오칠〃가긔오작교의칠십ᄌᆞ갓튼우리낭군
칠탄갓치만난후의칠거지악죄도업고칠원산의니별업시칠산바다깁
흔졍을칠년ᄃᆡ한비바라듯칠셩단의바람비듯칠월칠일무인야의칠현
금거문고로칠셩님게칠〃슈로비럿더니칠신위나예양인가칠종칠금
ᄆᆡᆼ학(→ᄆᆡᆼ획)인가칠야원한무숨일고칠빅니동정호의초혼됴나되오
리라팔원팔ᄀᆡ어ᄂᆡ씌며팔ᄃᆡ금강어ᄃᆡ간고팔진도진을치고팔공산의
팔환(→팔황)초목으로팔과화됴(→팔괘화로)의팔년팔일ᄉᆞ로시오팔
쳔졔ᄌᆞ강동호걸팔년풍진요란ᄒᆞ다팔션갓튼나의팔ᄌᆞ팔황으로도라

간들이리박명ᄒᆞ올숀가팔원ᄎᆞ를흘니틔와팔진국으로보ᄂᆡ시오팔ᄃᆡ
p. 318 ᄀᆺ튼위력으로팔〃결이나틀닌말을두번ᄒᆞ지마오구회간장ᄉᆞ라지니
구절낭장험ᄒᆞᆫ길노구의산을ᄎᆞᄌᆞ리라구룡쇼늙은룡이구뷔를못펼치
니구름ᄀᆺᄒᆞᆫ나의신셰구슈ᄀᆺ치ᄉᆞ랏고나구쳔의ᄉᆞ못친원이구원의맛
ᄎᆞ리라구관ᄉᆞ또션정비에본을바다구〃ᄒᆞᆫ나의구든뜻을구ᄒᆞ쇼셔구
ᄎᆞᄒᆞᆫ이ᄂᆡ신셰구십소광경을ᄡᆞ라구관ᄌᆞ졔언제만나구류촌(→구류
손)의촌승(→존승)ᄀᆺ치얽혀볼가구곡슈를구뷔〃〃휘여다가구름비
를타고갈가구쥐를도라구명도싱ᄒᆞ랴ᄒᆞ고구텬션녀명을바다구〃팔
십일쳔축에왕ᄂᆡᄒᆞ던구계션의렬절ᄀᆺ치구든정을구젼지(→구쳔지)
의셰〃셩문ᄒᆞ여구듕궁궐에살와볼가십악ᄃᆡ죄를범ᄒᆞ엿나십니강산
에십면ᄆᆡ복을맛나고나십월광풍낙엽ᄀᆺ고십니당경뉴ᄉᆞ갓튼이인싱
십년셩취월왕ᄀᆺ치십싱구ᄉᆞᄒᆞᆯ지라도십지셤슈로곱아가며십왕젼의
빅활이나ᄒᆞ오리라십삼싱에쥬류ᄒᆞ고십팔관에회시(→효시)ᄒᆞ나십
p. 320 칠년을기른뜻이십방으로도라간들변ᄒᆞᆯ길이바히업ᄂᆡ영쳔한슈휘여
다가나의귀를씻고지고ᄉᆞ또계셔ᄂᆞᆫ국녹지신되야나셔츌당입상ᄒᆞ시
다가파류(→타누)불힝란셰오면귀ᄒᆞᆫ일명슬냐ᄒᆞ고도젹의게투항ᄒᆞ
여두님군을셤기랴ᄒᆞ오듕불사이군이오렬불경이부여늘불경이부죄
라ᄒᆞ고위력으로겁탈ᄒᆞ니ᄉᆞ또의듕절유무를일노조ᄎᆞ알니로다녁심
품은ᄉᆞ또압희무ᄉᆞᆷ말ᄉᆞᆷᄒᆞ오릿가쇼녀를범상죄로이졔밧비죽이시오
그러ᄒᆞ나원ᄃᆡ로나죽여쥬오습진령을노흐시고동방의ᄂᆞᆫ청긔ᄭᅩᆺ고셔
방의ᄂᆞᆫ빅긔ᄭᅩᆺ고남방의ᄂᆞᆫ홍긔ᄭᅩᆺ고북방의ᄂᆞᆫ흑긔ᄭᅩᆺ고듕앙의ᄂᆞᆫ황신
긔를등두렷시ᄂᆡ여ᄭᅩᆺ고슉졍픽를거러노코좌둑긔를두루다가거궐촉
누농쳔검드ᄂᆞᆫ칼노ᄉᆞ또친히버히시되별ᄃᆡ마병평군(→격구)치듯빅
p. 322 송고리싱치ᄎᆞ듯범아부의옥두치듯뎅그렁버히시고신체낭은ᄂᆡ여쥬
고목을낭은드려다가옹진소곰의ᄡᅳᆨ게져려목함쇽의너흔후에다홍보
로ᄡᅡ셔두엇다가한양가지(→ᄶᅡ지)올녀다가ᄉᆞ또죠상제지닐제〃물
노나ᄡᅳ옵쇼셔져ᄉᆞ또의거동보쇼밍호갓치셩을강변의덴소쒸듯목을

슷덱움치면서벽녁ᄀᆞᆺ치쇼ᄅᆡᄒᆞ여좌우나졸엄포ᄒᆞᄃᆡ죠년밧비나리오
라벌쎄ᄀᆞᆺ튼ᄉᆞ령나졸왈학쒸여달녀드러츈향의머리치를션견시졍비
단감듯상젼시졍연쥴감듯당도리ᄉᆞ공닷쥴감듯풀쳐〃〃감쳐길남은
듕계아ᄅᆡ동당이쳐로싀러나려형틀우희올녀ᄆᆡ고형방이다짐쁜다살
등녀의신이본시창녀지비여늘불고ᄉᆞ체ᄒᆞ고슈절명결이하이위지곡
졀이며우듕신졍지초의관령을거역분(→쏜)더러관졍발악의능욕관
당ᄒᆞ니ᄉᆞ극히연이막ᄎᆞ위심이오죄당만ᄉᆡ라엄형즁치ᄒᆞ옵시ᄂᆞᆫ다짐
이니빅ᄌᆞ아ᄅᆡ슈촌두라좌우나졸엄포ᄒᆞᆯ제츈향의여룬간장이봄눈스 p. 324
듯다녹ᄂᆞᆫ다올녀ᄆᆡ얏쇼가즌ᄆᆡᄃᆡ령ᄒᆞ라집댱뇌ᄌᆞ거동볼족시면키ᄀᆞᆺ
튼곤댱길남은쥬댱이라형댱ᄐᆡ댱ᄒᆞᆫ아름을안아다가좌우의좌르륵뽀
다노코가즌ᄆᆡᄃᆡ령ᄒᆞ얏쇼ᄉᆞ또분부ᄒᆞᄃᆡ만일져년을ᄉᆞ졍두ᄂᆞᆫ폐이시
면너희를곤댱모흐로압졍강이를될거시니각별이ᄆᆡ오치라쳥녕집ᄉᆞ
압희셔〃ᄆᆡ오치라집댱뇌ᄌᆞ거동보쇼형틀압희뻑나셔며츈향을나려
다보니마음이녹ᄂᆞᆫ듯쌔가져리고두팔이무긔ᄒᆞ여져혼ᄌᆞᄒᆞᄂᆞᆫ말이〃
거힝은못ᄒᆞᆺ깃다구술ᄐᆡ거ᄒᆞᆯ지라도츰아못ᄒᆞᆯ거힝이라이리쥬져ᄒᆞᄂᆞᆫ
ᄎᆞ의밧비치라호령쇼ᄅᆡ북풍한셜된서리라ᄒᆞᆫ뇌ᄌᆞ놈달녀드러두팔을
쏨ᄂᆡ면셔형댱골라숀의쥐고형틀압희뻑나셔〃ᄉᆞ또분부이러ᄐᆞ시엄
ᄒᆞ신ᄃᆡ져를엇지앗기릿가ᄒᆞᆫᄆᆡ의쥭이릿다두눈을부릅ᄯᅳ고형댱을놉 p. 326
히드러검댱쇼ᄅᆡ발마초아번ᄀᆡᄀᆞᆺ치후루치니하우시졔강ᄒᆞᆯ제부쥬ᄒᆞ
던져황뇽이구뷔를펼쳐다가벽히를ᄊᆞ리ᄂᆞᆫ듯여름날급ᄒᆞᆫ비의벽녁치
ᄂᆞᆫ쇼ᄅᆡ로다빅옥ᄀᆞᆺᄒᆞᆫ고은다리쇄골ᄒᆞ여갈나지니홍혈이소ᄉᆞ나셔좌
우에빗발치듯ᄲᅮ리ᄂᆞᆫ지라츈향이일신을모진광풍의ᄉᆞ시나무쳐로발
〃떨며독을ᄂᆡ여ᄒᆞᄂᆞᆫ말이쥭여쥬오〃〃〃〃어셔밧비쥭여쥬오얼ᄂᆞᆫ
ᄂᆡ큼쥭이시면쥭은혼이라도나라가셔한양셩듕드러가셔우리도련님
ᄎᆞᄌᆞ리니그ᄂᆞᆫᄉᆞ또의덕ᄐᆡᆨ이올시다슈졀을죄라ᄒᆞ면시칼형문을치옵
쇼셔고기를ᄉᆡᆼ지오고눈을감으니옥결빙심과난초긔질부용화ᄐᆡ일긱
(→일각)의변ᄒᆞ여츤ᄌᆡ되고살졈이느러지고ᄇᆡᆨ골이드러나겨ᄆᆡᆨ운이

ᄭᅥ쳐지니살기를바랄쇼냐좌우의관광인이가슴이타ᄂᆞᆫ듯모다눈물울
먹이고ᄃᆡ신맛고져ᄒᆞ리만하닷토아드러가려ᄒᆞᆯ제ᄉᆞ또의마음인즉뒤
가물너이형상을보고인물을아조구긔이고혀를ᄎᆞ며쇽으로ᄒᆞᄂᆞᆫ말이
아모리무지ᄒᆞᆫ시골놈인들쥬뢰로쥭일놈이로다져리고은계집을그리
몹시박아칠심슐이불양ᄒᆞᆫ망난의아들놈이ᄯᅩ어ᄃᆡ이시리오쇽이부젹
p. 328 〃〃조야못보깃다인물이조만ᄒᆞ니마음인들구드랴마ᄂᆞᆫ고ᄃᆡ지아득
ᄒᆞ여ᄶᅵ닷지못ᄒᆞᄂᆞᆫ가이러틋앗기면셔삼십도(→ᄃᆡ)밍당ᄒᆞ니말이못
된경이로다이ᄉᆞ람니낭쳥고년이그런쥴몰낫더니팁기가곳고초로셰
종시풀이아니쥭네그러나ᄂᆡ가신정지초의살인ᄒᆞ기ᄂᆞᆫ엇더ᄒᆞ지글셰
그러ᄒᆞ외다이ᄉᆞ람무어술글셰그러ᄒᆞ다ᄒᆞ노옥ᄉᆞ장이불너분부ᄒᆞᄃᆡ
져년을갓다가〃도ᄃᆡ다른죄슈ᄂᆞᆫ하나토두지말고져하나만ᄯᅩᆨ가도와
착실이엄슈ᄒᆞ라옥ᄉᆞ당이분부듯고ᄆᆡ오착실이뵈려ᄒᆞ고ᄃᆡ답ᄒᆞᄃᆡ져
를칼ᄢᅴ워셔쇼인이ᄒᆞᆫ가지로나려가쇼인의집의긔별ᄒᆞ여밥을ᄒᆞ여다
가먹고안즈나누으나한착고의셔밤낫으로맛붓들고상직만ᄒᆞ오리다
이놈너ᄂᆞᆫ웃간의셔직희되바로보지도말고도라안ᄌᆞ셔각별이슈직ᄒᆞ
라옥ᄉᆞ당이분부듯고크나ᄒᆞᆫ젼목칼을츈향의가ᄂᆞᆫ목의션봉ᄃᆡ당투고
ᄡᅳ듯허험셕ᄡᅳ인후의칼머리의인을치고거멀못스로슈쇄ᄒᆞ고옥듕으
p. 330 로나려갈제연〃약질져츈향이밍당삼십마ᄌᆞ시니제가어이깅긔ᄒᆞ리
겨유구러부지ᄒᆞ여관문밧긔나올젹의ᄒᆞᆫ거름의업더지고두거름의ᄡᅳ
러진다거름마다ᄉᆞ슬쇼릐연ᄒᆞᆫ간장다녹ᄂᆞᆫ다칼머리를숀의들고울며
ᄒᆞᄂᆞᆫ말이나의죄가무슴죈고국곡투식ᄒᆞ엿던가엄형듕치무슴일고살
인죄인아니여든항식(→항쇄)독쇄웬일인고ᄋᆡ고〃〃설운지고이를
어이ᄒᆞ잔말고죄가잇고이러ᄒᆞᆫ가죄가업고이러ᄒᆞᆫ가유〃챵텬증인되
여한말슴만ᄒᆞ여쥬오이러ᄐᆞ시울며관문밧긔ᄂᆡᄃᆞᄅᆞ니츈향어미거동
보쇼셴머리를퍼바리고두숀벽을쳐〃치며ᄋᆡ고이거시웬일인고신관
ᄉᆞᄯᅩ나려와셔치민션졍아니ᄒᆞ고싱ᄉᆞ람쥭이랴왓네싱금ᄀᆞᆺ튼나의ᄯᆞᆯ
을무슴죄로져리쳣노무남독녀외ᄯᆞᆯ노셔즌ᄌᆞ리마른ᄌᆞ리갈희여셔쥐

면써질가불면날가쁜거ᄉᆞᆫ늬가먹고단거ᄉᆞᆫ져를먹여고은의복조흔음
식듀야업시고호ᄒᆞ여불듕(→부즁)싱남듕싱녀로길너닐제이런곡경
몽듕의나ᄉᆡᆼ각ᄒᆞ며의ᄉᆞ에나먹어시랴ᄋᆡ고답〃설음이야이를어이ᄒᆞ
잔말고칼머리를바다들고데굴〃〃구을면셔ᄋᆡ고〃〃설운지고남을
어이원망ᄒᆞ리이거시다네탓시라네아모리그리ᄒᆞᆫ들닭의삿기봉이되
며각관기ᄉᆡᆼ렬녀되랴ᄉᆞ또분부드럿더면이런ᄆᆡ도아니맛고작히죠흔 p. 332
ᄯᅵ판이랴돈쁠ᄃᆡ돈을쓰고쌀쁠ᄃᆡ쌀을쓰고술병기름염셕어를늙은어
미잘먹이지이진졍쇼숑구영신기ᄉᆡᆼ되고아니ᄒᆞ랴나도졀머셔친구볼
제치〃면감병슈ᄉᆞ나리치면각읍슈령무슈히겻글젹의돈곳만히쥬량
이면일ᄉᆡᆼ잇지못ᄒᆞᆯ네라심난ᄒᆞ다슈졀〃〃남졀이슈졀이냐홋날만일
ᄯᅩ뭇거든잔말〃고슈청드러실살귀나ᄒᆞ려무나너죽으면나도죽ᄌᆞ바
라ᄂᆞ니너ᄲᅮᆫ일다벌덕〃〃잣바지며하늘〃〃쒸놀젹의이ᄯᅵ남원ᄉᆞ십
팔면왈ᄌᆞ드리츈향의ᄆᆡ마즌말풍편의어더듯고구름ᄀᆞᆺ치모힐젹의누
고〃〃모혓던고한슉이틱슉이무슉이틱평이걸보ᄶᅦ듕이도질이부듸
치기군집이펼(→털)풍헌쥰반이회근이축등물이그져뭉게〃〃모혀
드러겹〃이둘너ᄡᅡ고ᄉᆞ면으로져희각〃인ᄉᆞᄒᆞ며위로ᄒᆞᆯ졔그듕ᄒᆞᆫᄉᆞ
람이드려다가보고밧비쒸여활터흐로단ᄎᆞᆷ올나가셔여러한량보고슓
을아죠헐덕이며늣겨가며목이메여ᄒᆞᄂᆞᆫ말이업다마ᄌᆞ거든한량드리
ᄒᆞᄂᆞᆫ말이네가뉘게마줏단말이냐ᄃᆡ단이나맛지아냐ᄂᆞ냐ᄃᆡ답ᄒᆞᄃᆡ늬 p. 334
가마ᄌᆞ시면뉘아들놈이긔탄ᄒᆞ랴업다곳뫕시마ᄌᆞ거든업다제어미ᄒᆞᆯ
아희금즉이비밀ᄒᆞ다뉘가마줏단말이니네어미가마ᄌᆞᄂᆞ냐네할미가
마ᄌᆞᄂᆞ냐너의년셕드른움쇽의잇더냐마즌쥴도모ᄅᆞ고누구니〃〃〃
ᄉᆞ람셩화ᄒᆞ깃다글셰무어시마줏단말이니허〃녀편네가마줏단다녀
편네가마ᄌᆞ한량드리ᄒᆞᄂᆞᆫ말이짐작이반이라니그만ᄒᆞ면알깃다신관
ᄉᆞ또가츈향불너슈청드린다ᄒᆞ더니그아희가엇지ᄒᆞ여마ᄌᆞ나보고나
ᄃᆡ답ᄒᆞᄃᆡ영낙아니면쇽낙이라모든한량ᄃᆡ경ᄒᆞ여셔로부ᄅᆞ며벌ᄶᅦᄀᆞᆺ
치ᄂᆞ려올제이ᄋᆡ운빈아불상ᄒᆞ다셩빈아어셔가ᄌᆞ우리네가아니가면

뉘가〃리갓메여라옷닙어라편젼ᄀᆺ치ᄂᆞ려와셔한모흘헤치고우당퉁
탕달녀드러일변으로븟ᄎᆡ질ᄒᆞ며일변으로칼머리도들며업다이아희
들좀물너셔거라ᄉᆞ람긔막히긧다ᄒᆞᆫ왈ᄌᆞᄂᆡ다ᄅᆞ며부ᄎᆡ질ᄒᆞᄂᆞᆫ왈ᄌᆞ칙
p. 336 망ᄒᆞᄃᆡ이ᄌᆞ식아네가군칠의집더부ᄉᆞ리술졔산젹굽던븟ᄎᆡ질노ᄉᆞ람
을긔가막히게븟치ᄂᆞ냐그리면너ᄂᆞᆫ부ᄎᆡ질을엇지ᄒᆞᄂᆞ니그왈ᄌᆞ븟쳬
펴들고모호로가마니올나가셔가마니나려오며ᄒᆞᄂᆞᆫ말이ᄌᆞ보쇼츈향
의머리털하나히나쌋ᄃᆡᄒᆞᄂᆞ냐ᄒᆞᆫ왈ᄌᆞᄂᆡᄃᆞᄅᆞ며ᄒᆞᄂᆞᆫ말이〃ᄋᆡ들아츈
향의얼골을보니눈청이써지고냥협에청긔도니아마도막혀나보다이
제로셔돈가지고한다름의구리ᄀᆡ병문드러가셔복ᄎᆞ다리너머셔며남
편쟉셋ᄌᆡᄃᆡ암약계웃모롱이건넌편박쥬부약국의싀로지은청심환한
ᄀᆡ만나ᄂᆞᆫᄃᆞ시가셔ᄉᆞ오ᄂᆞ라동변강즙에타먹여보ᄌᆞᄒᆞᆫ왈ᄌᆞᄂᆡᄃᆞᄅᆞ며
업다이런ᄌᆞ식들쇼견보아라언졔구리ᄀᆡ를가셔ᄉᆞ오ᄀᆡᄂᆞ니ᄂᆡ가고이
(→괴이)ᄒᆞᆫ말일다마ᄂᆞᆫ청심환ᄀᆡ나이시니먼져쓰ᄌᆞᄒᆞᆫ왈ᄌᆞᄒᆞᄂᆞᆫ말이
네게쥬져넘은청심환이어ᄃᆡ셔낫ᄂᆞ니그왈ᄌᆞᄃᆡ답ᄒᆞᄃᆡ제것업ᄂᆞᆫᄌᆞ식
p. 338 드리ᄌᆡ촉이야ᄒᆞ고쥬머니를글너청심환ᄒᆞᆫᄀᆡ를ᄂᆡ여노코ᄒᆞᄂᆞᆫ말이나
의청심환엇던이아기(→이야기)를홀거시니드러보아라간밤의어루
신ᄂᆡ가급작시레경능(→젼근)곽난에막혀만분위듕ᄒᆞ시기의ᄂᆡ가몽
촌의들면이부치의단니기거북ᄒᆞᆫ지라아직가지(→까지)ᄂᆞᆫᄉᆞᄅᆞ시게
ᄒᆞᄌᆞᄂᆞᆫ본졍이기의아닌밤듕에약국의가셔ᄂᆡ숀씨(→솜씨)로엇지호
통을ᄒᆞ엿던지약계봉ᄉᆞ가혼이써서겁결의청심환두ᄀᆡ를쥬거늘검칙
〃ᄒᆞᆫ마음의슬며시얼ᄂᆞᆫ바다가지고오며ᄉᆡᆼ각ᄒᆞ니어루신ᄂᆡ에셔더ᄒᆞ
닌를갑셰치외에야더먹이ᄂᆞᆫ거ᄉᆞᆫ의가아니기로ᄒᆞᆫᄀᆡ를몽ᄐᆡᄒᆞ여두엇
던거시니요런ᄶᆡ에ᄂᆞᆫ고뷔의인솜이오계란의유골이오마ᄃᆡ의옹이오
기침의ᄌᆡ칙이오하픠음의달각질이오업친ᄃᆡ뒤치고ᄌᆡ친ᄃᆡ덥치ᄂᆞᆫ햄
이로다이ᄌᆞ식들잡말〃고어셔〃〃갈아라업다입으로말ᄒᆞ고숀으로
가ᄂᆞᆫ고나ᄌᆞ보아라오고가ᄂᆞᆫ슈밧긔더급히엇지가ᄂᆞ니ᄒᆞᆫ창이리가라
가지고ᄌᆞ츈향아졍신출혀마셔라ᄒᆞ고입의다히니발닥〃〃쏘로록잘

맛셧다누고입가싀음ᄒᆞᆯ것가졋ᄂᆞ냐ᄒᆞᆫ왈ᄌᆞᄂᆡ다ᄅᆞ며오냐민강ᄉᆞ탕귤
병예잇다이번북경짐의ᄉᆡ로나온것품이죠터라다른왈ᄌᆞᄒᆞᄂᆞᆫ말이아 p. 340
셔라뷘쇽의단것먹으면회셩ᄒᆞᆯ나ᄒᆞᆫ왈ᄌᆞ이것먹여라그거시무어시니
젼복일다아셔라이아희가숑곳니를방셕니가되도록가라셔니쌜희가
다쇼ᄉᆞᄂᆞᆫᄃᆡ그거슬씹기ᄂᆞ냐ᄒᆞᆫ왈ᄌᆡ이것먹여라그거ᄉᆞᆫ무어시니홍합
일다아셔라홍합은졔겨도잇다ᄒᆞᆫ왈ᄌᆡ이것먹여라이거ᄉᆞᆫ무어시니셕
유(→ 셕뉴)로다아셔라셕뉴낭은쥬지마라싄거ᄉᆞ로병이낫다ᄒᆞᆫ왈ᄌᆡ
이것먹여라그거ᄉᆞᆫ무어시니그왈ᄌᆡᄉᆞᄆᆡ쇽을드려다보며이런졔어미
를ᄒᆞᆯ것어ᄃᆡ로갓노ᄒᆞ고셩화ᄀᆞᆺ치발광ᄒᆞ여찻거늘그거시무어시니어 p. 342
졔젼녁의이넘어도당굿보라갓다가도ᄅᆡ떡ᄒᆞᆫ죠각어더너흔거슬엇지
들알고ᄂᆡ여먹엇ᄂᆞ니먹을ᄃᆡ드른귀신일다ᄒᆞᆫ왈ᄌᆡ왼ᄉᆞᄆᆡ의물이쑥〃
듯고김이무룽〃〃나ᄂᆞᆫ거슬쥭쳐지오고드러오며ᄌᆞ에여라치여라ᄒᆞ
거늘그거ᄉᆞᆫ무어시니제어미를ᄒᆞᆯᄌᆞ식들쎡ᄒᆞ면왈학들갈녀드ᄂᆞᆫ솔보
기슬터라ᄒᆞᆫ왈ᄌᆡ억지로집고드리미러보더니앙텬ᄃᆡ쇼ᄒᆞᄂᆞᆫ말이〃런
츳들고(→ 치뜰고)발길망신ᄒᆞᆯᄌᆞ식보왓ᄂᆞ냐뉘집마구의가셔말구종
업술ᄊᆡ에말솽살문거슬도적ᄒᆞ여오ᄂᆞᆫ고나그왈ᄌᆡ셩을ᄂᆡ여ᄒᆞᄂᆞᆫ말이
너희들눈을ᄒᆞᆫᄃᆡ뭇거셔뽀아드려다보려무나말솽인놈의할미를ᄒᆞ깃
다십상메쥬솽이란다네어미를붓틀ᄌᆞ식들아지못ᄒᆞ고아ᄂᆞᆫ체가웬일
이니이러ᄐᆞ시닷토면셔여러한량왈ᄌᆞ드리칼머리를바다들고구름ᄀᆞᆺ
치옹위ᄒᆞ여옥듕으로나려갈졔칼멘왈ᄌᆞ션쇼ᄅᆡᄒᆞᆫ다얼널네화남문열 p. 344
고파루쳣다계명셩이도라오네션후쵹이써져가니발등거리불밝혀라
얼널네화〃〃〃요령은징〃셔쇼문이오만장은표〃모화관을치마
바회도라갈졔담졔군이발브릇고힝자곡비목이멘다얼널네화〃〃〃
〃ᄒᆞᆫ왈ᄌᆞᄂᆡ다ᄅᆞ며썀닥귀를싹붓치거늘엣구이거시웬일이니엣구라
니요방졍의아들놈아산ᄉᆞ람메고가며샹두군의쇼ᄅᆡᄂᆞᆫ웬일이니오냐
ᄂᆡ가무심이잘못손ᄒᆞ엿다마ᄂᆞᆫ죠인광좌듕의무안쪄이샘은졔어미를
붓기에그ᄃᆡ지치ᄂᆞ냐이것도가셰로메여먹ᄂᆞ냐너희들이나잘메여먹

고살아라도모지말을아니ᄒᆞ랴ᄒᆞ기의만졍이거ᄉᆞᆯ메고가랴ᄂᆞᆫᄂᆡ가열
업ᄉᆞᆫ바삭의아들이지그말ᄒᆞ여무엇ᄒᆞ리ᄒᆞ면셔왈학ᄂᆡ여더지니뒤히
ᄯᅩ로던왈직혼이ᄡᅧ셔ᄒᆞᄂᆞᆫ말이〃ᄋᆡ져목보아라이거시ᄶᆞᆷᄂᆡ고열오ᄅᆞ
p. 346 ᄂᆞᆫ즛시랴쥬리ᄅᆞᆯ홀ᄌᆞ식이라니그왈ᄌᆞᄒᆞᄂᆞᆫ말이너희ᄂᆞᆫ뒤히셔부쵹ᄒᆞ
여오ᄂᆞᆫ쳬ᄒᆞ고등의손도너허보며젓가슴도만져보고샘도엇지다혀만
져보고ᄉᆞᆫ도ᄯᅩᄒᆞᆫ틈〃이쥐여보고온갓맛잇ᄂᆞᆫ간〃ᄒᆞᆫᄌᆞ미와은근ᄒᆞᆫ농
창(→농탕)은다치고우리ᄂᆞᆫ두돈오푼밧고모군셔ᄂᆞᆫ놈의아들놈쳐로
가면조흔쥴만알고간단말이냐다ᄅᆞᆫᄉᆞ람은아희ᄅᆞᆯ살오고ᄐᆡᄅᆞᆯ기ᄅᆞᆫ쥴
아ᄂᆞᆫ고나이럿ᄐᆞ시작난ᄒᆞ고그렁져렁옥의나려가엄슈ᄒᆞ니모든왈직
버러안ᄌᆞ위로ᄒᆞ며쇼일홀졔ᄒᆞᆫ왈ᄌᆞ노래부ᄅᆞᄃᆡ공산작야우에도ᄉᆞ만
나바독두고초당금야월에챵년(→청련)만나쥬일두시빅편이로고나
명일은두릉호한단챵만나ᄃᆡ못고지홀가ᄉᆞ마쳔의명만고문댱왕일소
의초천인필법뉴령의기쥬와두목지호ᄉᆡᆨ은일신겸비ᄒᆞ여빅년죵ᄉᆞᄒᆞ
려니와아마도빵젼키어려울ᄉᆞᆫᄃᆡ슌증ᄌᆞ의효와룡방(→룡봉)비간의
p. 348 튱인가푸ᄅᆞᆫ산듕빅발옹이고유독직향남봉을바람브러숑싱슬이오안
기ᄌᆞ져학졍홍이라쥭억(→주각)제금은쳔고한이오덕다뎡됴ᄂᆞᆫ일년
풍이라누구셔산젹막다드니락무궁을여러왈ᄌᆞ드리ᄃᆡ여가며가ᄉᆞᄒᆞ
나식ᄒᆞᄂᆞᆫ고나무슴가ᄉᆞ들ᄒᆞᄂᆞᆫ고하회ᄅᆞᆯ볼지어다
p. 350 셰ᄌᆡ갑ᄌᆞ칠월상슌누동필셔

권지사

화셜이ᄯᅢ모든왈ᄌᆞ드리가ᄉᆞ하나식ᄒᆞᄌᆞᄒᆞ고한왈ᄌᆡ츈면곡ᄒᆞᆫ다
츈면을느지ᄭᅵ여죽창을반기ᄒᆞ니정화는작〃ᄒᆞ여가는나뷔머무는듯
안류ᄂᆞᆫ의〃ᄒᆞ여셰연을ᄶᅵ여셰라창젼의덜괸슐을박잔의가득부어이
삼ᄇᆡ먹은후의호탕코밋친흥을부졀업시ᄌᆞ아ᄂᆡ여빈마(→빅마)금편
으로야류원ᄎᆞᄌᆞ가니화향은습의ᄒᆞ고월ᄉᆡᆨ은만졍ᄒᆞᆫᄃᆡ광ᄀᆡᆨ인듯취ᄀᆡᆨ
인듯흥을겨워머무ᄂᆞᆫ듯ᄇᆡ회고면ᄒᆞ여유졍이셧노라니취와듀란놉흔
집에녹의홍상일미인이샤창을반기ᄒᆞ고옥안을잠간드러웃ᄂᆞᆫ듯반기
ᄂᆞᆫ듯교틱ᄒᆞ여마ᄌᆞ드려츄파를암쥬ᄒᆞ고녹의금(→녹기금)빗기안아
쳥가일곡으로츈의를ᄌᆞ아ᄂᆡ니운우냥ᄃᆡ상에초몽이다졍ᄒᆞ다ᄯᅩᄒᆞᆫ왈 p.354
지쳐ᄉᆞ가ᄒᆞᆫ다평싱아지ᄲᅳᆯᄃᆡ업셔셰상공명하직ᄒᆞ고냥간(→냥한)슈
명ᄒᆞ여운림쳐ᄉᆞ되오리라구승갈포몸의걸고삼졀죽당숀의쥐고낙죠
강노경조흔ᄃᆡ망혜완보나려가니젹〃송관다든곳의요〃힝원ᄀᆡ즛ᄂᆞᆫ
다경ᄀᆡ무릉(→무궁)조흘시고산림초목프르럿다층암병풍둘엇ᄂᆞᆫᄃᆡ
ᄇᆡᆨ운심쳐되엿셰라강촌어부갓치되여죽간ᄉᆞ립두러메고십니ᄉᆞ장나
려가니ᄇᆡᆨ구비거ᄉᆡᆼ이로다일위풍범놉히다라만경창파흘니져허슈쳑
은어낙가ᄂᆡ니송강노어비길손냐일낙쳥강져문날에슈막(→쥬막)촌
변도라드니남북어촌두세집이십니모연에잠겨세라ᄯᅩᄒᆞᆫ왈지어부ᄉᆞ
ᄒᆞᆫ다셜빈어옹이쥬표간ᄒᆞ니ᄌᆞ언거슈승거산을ᄇᆡᄶᅵ여라〃〃〃〃조 p.356
〃ᄌᆞ락(→지락)만조ᄂᆡ라지국총〃〃〃어ᄉᆞ와ᄒᆞ니의션ᄋᆞ부일견괴
라쳥고엽상에양풍긔요홍요화변ᄇᆡᆨ노한을닷ᄶᅵ여라〃〃〃〃동졍호
리가귀풍을지국총〃〃〃어ᄉᆞ와ᄒᆞ니범급젼산홀후산을진일범쥬연
니거ᄒᆞ니유시요도월듕환을이어라〃〃〃아심슈쳐ᄌᆞ망긔을지국총
〃〃〃어ᄉᆞ와ᄒᆞ니고셰승유무졍거라만ᄉᆞ무심일조간ᄒᆞ니삼공불환
ᄎᆞ강산을돗지어라〃〃〃산우계풍권조ᄉᆞ라지국총〃〃〃어ᄉᆞ와

ᄒᆞ니일싱종젹ᄌᆡ창낭을동풍셔일초강심ᄒᆞ니일편ᄐᆡ긔만류음을ᄇᆡ져
p. 358 어라〃〃〃〃녹평신셰ᄇᆡᆨ구심을지국총〃〃〃어ᄉᆞ와ᄒᆞ니격안어촌
삼냥가라탁영가파졍쥬졍ᄒᆞ니죽경(→죽요)시문유미관을ᄇᆡᄆᆡ여라
〃〃〃〃야박진회근쥬가라지국총〃〃〃어ᄉᆞ와ᄒᆞ니와구봉져독심
시(→독짐시)라취ᄅᆡ슈착무인환ᄒᆞ니유하졍탄(→젼탄)야부지라ᄇᆡ져
어라〃〃〃〃도화류슈궐어비라지국총〃〃〃어ᄉᆞ와ᄒᆞ니만강풍월
슈어션을야졍슈한어불식ᄒᆞ니만션공ᄌᆡ월명귀라닷지어라〃〃〃
파조귀ᄅᆡ계단봉을지국총〃〃〃어ᄉᆞ와ᄒᆞ니풍뉴미필ᄌᆡ셔시라일ᄌᆞ
지간상조션ᄒᆞ니셰간명니진뉴유를ᄇᆡ붓쳐라〃〃〃〃계쥬유〃거년
p. 360 흥(→거년흔)을지국총〃〃〃어ᄉᆞ와ᄒᆞ니관ᄅᆡ일셩산슈록을쏘ᄒᆞᆫ왈
ᄌᆡ언문칙본다이날ᄃᆡ강듕의화렴은창천ᄒᆞ고함셩은ᄃᆡ진ᄒᆞᆫᄃᆡ좌편은
한당장흠냥노군이젹벽셔흐로즛쳐오고우편은진무쥬ᄐᆡ냥도군이젹
벽동으로즛쳐오고가온ᄃᆡᄂᆞᆫ쥬유뎡보셔셩졍봉ᄃᆡ〃션쳑이화셰를써
삼강구로일시에즛쳐드러오니화셰ᄂᆞᆫ바람을돕고바람은불위엄을도
으니이니른바삼강슈젼이오젹벽오병이라북군이살마즈며불에타며
물에ᄲᅢ진ᄌᆡ부지기쉬러라한왈ᄌᆡᄒᆞᄂᆞᆫ말이나ᄂᆞᆫ슈호지보깃다각셜송
강이강쥐셩밧긔나와ᄃᆡ종니규당슌등을맛나지못ᄒᆞ고홀노마음이심
〃ᄒᆞᄆᆡ날호여거러나가경ᄀᆡ를구경ᄒᆞ며나아가더니한쥬루압흘지나
며우러〃보니푸른쥬긔를다랏ᄂᆞᆫᄃᆡ심양강졍긔(→졍고)라ᄒᆞ엿고쳠
p. 362 하밧긔소동파의글시로심양누라ᄲᅧᆺ거늘송강이니ᄅᆞᄃᆡᄂᆡ운셩현잇슬
졔드ᄅᆞ니강쥐심양뉘조타ᄒᆞ더니과연올토다ᄂᆡ비록혼ᄌᆞ왓시나그져
지나지못ᄒᆞ리라ᄒᆞ고누압히다〃라도라보니문가의쥬황칠ᄒᆞᆫ기동우
희분칠ᄒᆞᆫᄑᆡ둘을달고각〃다셧ᄌᆞ로ᄲᅧᆺ시되셰간무비쥬오텬하유명누
라ᄒᆞ엿거늘송강이누의올나난간을지혀눈을드러보니아로삭인쳠하
ᄂᆞᆫ희빗희바희고그림그린들보ᄂᆞᆫ구름의잠겨시며프른난간은창외에
나즉ᄒᆞ고붉은당은문우희놉히다랏ᄂᆞᆫᄃᆡ취안을두른곳의만쳡운산은
쳥텬을의지ᄒᆞ엿고프른물긴강은졍ᄌᆞ기동을둘엇ᄂᆞᆫᄃᆡ상셔의구름이

어릐엿고ᄂᆡ씨인강물의흰마름꼿치로다ᄀᆡ어귀에잇다감비젓ᄂᆞᆫ하라
비돗지우ᄂᆞᆫ양을보고다락가의푸른실느틔남긔몃ᄉᆡ울고문압가는버
들에빗난말을ᄆᆡ엿더라엇던ᄒᆞᆫ왈ᄌᆡ셔유긔본다화셜삼당의스승졔ᄌᆡ
션당의쉬더니가을하늘의달이심히밝거늘산문의나와달을완상ᄒᆞ더
니힝ᄌᆡ왈스승님아달도보롬이면두렷ᄒᆞ고금음이면여즈러져그음이
잇건마는우리ᄂᆞᆫ그음이업스니언졔나경을가져동토에젼ᄒᆞ고공을일
우리오삼당왈스승졔ᄌᆡ모롬이마음을가작이ᄒᆞ고ᄐᆡ식을ᄂᆡ지아니ᄒᆞ p. 364
미올흐니라팔계왈나는언졔나공을일우고음식이나ᄐᆡ블니만히어더
먹을고힝ᄌᆡ귀박회ᄅᆞᆯ치며왈이텹턱도다지놈은ᄆᆡ양음식만ᄉᆡᆼ각는다
ᄒᆞ니모다웃더라삼당이도라와잠이업셔공작경일편을외오고프ᄀᆡ를
베고조으더니문득잠결의드ᄅᆞ니션당밧긔슬픈바람이 지나며은〃이
당노야ᄒᆞᄂᆞᆫ쇼ᄅᆡ나거늘삼당이혼미듕머리ᄅᆞᆯ드러보니문밧긔ᄒᆞᆫ당ᄌᆡ
원몸의물을흘니고셧거늘삼당이ᄭᅮ지져왈네엇던요괴완ᄃᆡ이반야삼
경의와날을희롱ᄒᆞᄂᆞᆫ다나ᄂᆞᆫ욕심만흔상즁이아니라도덕놉흔당황졔
흠ᄎᆡ어졔오ᄯᅩᄒᆞᆫ슈하의셰졔ᄌᆡ이시니근검ᄒᆞ여뫼흘만나면길을열고
물을만나면다리ᄅᆞᆯ노코농을항복밧ᄂᆞ니너쳔연요괴왓다ᄒᆞ면그져두
지아니ᄒᆞ리니밧비가고션당근쳐의어른거리지말나그ᄉᆞ람이눈물을
먹음고갈오ᄃᆡ나는요괴아니라보상국왕이로라ᄒᆞ거늘삼당이눈을드 p. 366
러보니과연용포옥ᄃᆡ의평텬관쓰고ᄇᆡᆨ옥규ᄅᆞᆯ쥐여시니언연(→엄연)
ᄒᆞᆫ군왕의상이여늘삼당이놀나ᄭᆡ다ᄅᆞ니침변일몽이라읍풍은습〃ᄒᆞ
고잔등은명멸ᄒᆞᆫᄃᆡ졔ᄌᆞ들은잠을닉이드러코고으ᄂᆞᆫ쇼ᄅᆡ우뢰갓더라
한편의셔ᄂᆞᆫ노름ᄒᆞᆫ다일셩옹쥬덩쏙지삼년젹니관산월이라장님슈풀
의범건다셰목쥭엇ᄂᆞᆫᄃᆡ네목ᄌᆡ간다이번ᄭᅩᆫ당이야ᄯᅮᆯ고실가곤이장
원못지거든가란잇가한편의셔는빅ᄉᆞ아삼오륙ᄒᆞ고쥐부리ᄉᆞ오삼륙
ᄒᆞ고졔칠삼오졔팔관니묘ᄒᆞ다열여덜식드리소한편의셔ᄂᆞᆫ네ᄃᆡ갈슈
야오구일셩이로고다어렵다조장원맛초기반식ᄒᆞᄌᆞ셕뉴먹든ᄲᅵ나그
만잇소쳑〃쳐셔셧거쉬여라셕조ᄂᆞᆫ하공경이로고나바닥들ᄌᆡ닙흘늬 p. 368

소어ᄃᆡ갈가이ᄋᆡᄒᆞᄌᆞ던반이나ᄒᆞᄌᆞ또ᄒᆞᆫ편의셔는삼십삼쳔바로
(→파루)쳣다믠동이를드리소당〃홍의증초립에건양씨(→지)를넘
ᄂᆞᆫ고나벌거ᄒᆞ다이ᄉᆞ칠드리소한편의셔ᄂᆞᆫ소상강셰우즁의ᄌᆞ셩이정
〃이라쵹으로물니여이말은쥭네검은니안말은오공(→오궁)도화십
ᄉᆞ슈로쥭ᄂᆞᆫ쥴노보왓더니젼마몹시버렷고나여긔ᄒᆞᆫ구멍있다그러치
또ᄒᆞᆫ편의셔ᄂᆞᆫ졈〃홍셜슬한풍의목난간학졍홍이라오륙쥴륙또ᄒᆞᆫ편
의셔ᄂᆞᆫ장군엽이야귀ᄒᆞ니젹위호어즁슈로다장이야군이야말써궁빗
p. 370 최고차올나장이야아셔라그거슨외통일다또ᄒᆞᆫ편의셔ᄂᆞᆫ펄〃상쥐덜
걱히쥐연ᄃᆡ남산진동장군돌통황졔호위군관다나온다낫고나팔상초
도옥호ᄃᆡ상의녀산칠십니도다나온다한편의셔ᄂᆞᆫ탁견(→틱견)씨름
쥬졍ᄡᆞ홈이럿트시분난ᄒᆞᆯ졔옥ᄉᆞ장이ᄒᆞᄂᆞᆫ말이여보시오이리구시다
가ᄉᆞ또염문의들니면우리등이다쥭깃소한왈ᄌᆞᄂᆡ다ᄅᆞ며ᄒᆞᄂᆞᆫ말이여
보와라ᄉᆞ또말고오또가염문말고소곰문을ᄒᆞ면누구를날노발기ᄂᆞᆫ냐
기싱이슈금ᄒᆞ면우리네가츌입이응당이지네걱졍이웬일이니한왈ᄌᆞ
ᄒᆞᄂᆞᆫ말이아셔라그말〃라우리네가졔소일ᄒᆞ여쥬랴다가졔게히롭게
ᄒᆞᄂᆞᆫ거슨의가아닐다즁병ᄂᆡ여그리져리흣터지니츈향의거동보소졍
신을겨요찰여눈을드러살펴보니옥방형상가이업다압문의ᄂᆞᆫ살이업
고뒤벽의ᄂᆞᆫ외만남아시졀은납월이라삭풍은쌔를불고삼믜아기흣날
p. 372 니〃골졀이져려온다북풍한셜찬바람은살ᄲᅩ드시드러오니머리ᄉᆞᆺ히
셔리치고숀발조ᄎᆞ어름갓다거젹ᄌᆞ리헌누비에그리져리겨울가고봄
이지나하뉵월이다〃르니완연ᄒᆞᆫ구쉬로다헌ᄌᆞ리에벼룩빈ᄃᆡ여왼등
을파종ᄒᆞ고풀쌔(→대)업ᄂᆞᆫ모긔들은비가족을침질ᄒᆞᆯ졔천음우습구
즌날의귀곡셩이쳐량ᄒᆞ고혼흑텬지어둔밤의옥고초가긔지업다이팔
청츈졀ᄃᆡ가인가련이도되것고나향긔로운상산난초잡풀쇽의뭇쳣ᄂᆞᆫ
듯말잘ᄒᆞ는잉무ᄉᆡ가농가온ᄃᆡ갓쳣ᄂᆞᆫ듯청계슈의노든고기그물쇽의
걸녓ᄂᆞᆫ듯벽오동의길든봉황형극즁의드럿ᄂᆞᆫ듯십오야밝은달이쪠구
름의싸혓ᄂᆞᆫ듯초장젹막ᄒᆞᆯ노안ᄌᆞ쥬야당탄우ᄂᆞᆫ말이하로이틀한달두

달이룰엇지ᄒᆞ잔말고북히안치소무고졀안뉵셔신둘니엿고유리슈옥문왕ᄃᆡ덕미녀션마노히엿고붕당금고이응이도이졔하종노혓고나무죄구슈이ᄂᆡ몸이어이ᄒᆞ여노혀볼고쳥텬의ᄯᅥᆫ는구름놉흠도놉흘시고져구름의올나셔면님계신ᄃᆡ볼거시오만경창파져물결은쥬야당텬흘너가니져물갓치흘너가량이면님의곳의가란마는일거월져오ᄅᆡ간들은〃일념니즐손냐옥즁명월긴〃밤의독의셔창빗기안ᄌᆞ산운히월바 p. 374
라본들쇽졀업시ᄉᆞᆺ는간장눌다려니룰손가밤의깁히궃든잠을낫벼ᄀᆡ의잠간드니몽니희우(→희후)셔로만나피ᄎᆞ상ᄉᆞ니룰젹의경박흘손일빵호졉두견셩의흣터지니여견불견황홀ᄒᆞ다ᄉᆞ몽ᄇᆡ몽분별흘졔헛트러진십이운발빈혀ᄭᅩᆺ기니졋고나츄월츈풍ᄉᆞ시졀은뫼오리의북지나듯젹연무인혼ᄌᆞ안ᄌᆞ싱각는니님ᄲᅮᆫ이라소〃낙목부는바람나붓기는의상이라향혼옥골ᄉᆞ라질제쥬루만협흔는고나보고지고우리낭군엇지그리못오는고츈슈만ᄉᆞ틱ᄒᆞ니물이막혀못오시나하운이다긔봉ᄒᆞ니뫼히놉하못오시나가련금야슉창가라ᄉᆞ랑괴야못오시나쥬마투계유미환이라노름잠겨못오시나오날이나편지올가ᄂᆡ일이나쇼식올가응당한번오련마는이럴니가업슬노다바라보니아득ᄒᆞ고싱각ᄒᆞ니목이멘다공방미인독상ᄉᆞ는날노두고니른말이로다동원도리편시츈은삼월모츈슈심이오공산낙목우소〃ᄒᆞ니ᄉᆞ월남풍슈심이라오동야우잠ᄭᅵᆫ후의실솔셩이슈심이오겨울가고봄이오니송구영신슈심이라 p. 376
비취금원앙침공작병합환연(→합환션)이호ᄉᆞ도되려ᄂᆞ와연분을위흔뜻지이제로보와ᄒᆞ니니별이슈심일다니별에설운뜻을눌다려니룰손냐가슴이다타오니님그리는화렬이오눈셥의미친한이님그리는화렬이라혈육으로삼긴몸이〃리설고엇디살니나죽고님죽으면그졔야원슈되야나조코님조흐면그아니연분인가니졍의홍불기는남복으로종군ᄒᆞ고탁문군의봉구황이고금이다룰만졍인심이야다룰숀냐왕소군반쳡여는고금이나상ᄉᆞ일념원ᄒᆞ기야마음은흔가지라셔왕모의청됴연과소즁낭의흰기럭기이런ᄶᅥᆨ의잇실진ᄃᆡ소식이나젼흘거슬화월

갓치맑은얼골표〃ᄒᆞ여눈의암〃건곤은유의ᄒᆞ여우리둘을삼겻ᄂᆞᆫᄃᆡ
셰월은무졍ᄒᆞ여옥빈홍안이공뇌로다나며들며오락가락님가든길바
라보니이ᄂᆡ상ᄉᆞ허ᄉᆡ로다무졍셰월은물흐르듯도라가고유의ᄒᆞᆫ우리
p. 378 인ᄉᆡᆼ이별의다늙는다녀관한등에ᄀᆡᆨ회도쇎흐거든벽창공방의님이별
을니ᄅᆞᆯ손가공산야월졈문날과쳔음월혼(→월흔)우습ᄒᆞᆯ졔깁을둘너
초혼ᄒᆞ면영이별이〃ᄢᅵ로다져근덧가ᄆᆡᄒᆞ여쉶의나보ᄌᆞᄒᆞ되슈심겨
워잠못드ᄂᆡ타ᄀᆡ황잉져ᄭᅬᄭᅩ리막교지상우지마라네우름의잠못닐워
님의곳의못갈노라신무우익ᄒᆞ니바라본들어이ᄒᆞ리셰류츈풍져문날
과오동쳥노츄월야의이리그리고엇지살니달은밝고바람은찬ᄃᆡ밤은
길고잠업셰라넷일을솜〃셰아리니엇지아니설운손야덕급금슈탕님
군도하걸의포악으로하ᄃᆡ옥의갓쳣다가도로노혀셩군되고만고셩현
공부ᄌᆞ도광ᄯᅡ희욕을보나도로노혀셩현되고명덕신민쥬문왕도상쥬
의음악(→음학)으로뉴리옥의갓쳣다가도로노혀셩군되고졍츈(→졍
춍)ᄃᆡ졀소즁낭도흉노의게잡혀가셔북히상의갓쳣다가고국으로도
라오니이런일노보아셔ᄂᆞᆫ익미ᄒᆞᆫ이ᄂᆡ몸이힝혀나옥의나셔셰상구경
다시ᄒᆞᆯ가ᄋᆡ고〃〃설운지고쥬야댱텬우름운들슈졀츈향젼혀업다오
날이나방송ᄒᆞᆯ가ᄂᆡ일이나ᄃᆡᄉᆞᄒᆞᆯ가밤낫으로기ᄃᆞ리나노흘ᄯᅳᆺ은젼혀
p. 380 업고쥐즁의쥬망나면ᄊᆡ〃올녀즁장ᄒᆞ여월삼동초(→동추)좌기마다
지만ᄒᆞ라슈죄ᄒᆞᆫ들송빅갓치구든졀기북풍한설두려ᄒᆞ랴ᄋᆡ고이ᄅᆞᆯ어
이ᄒᆞ리죽을밧긔ᄒᆞᆯ일업다빅병이층싱ᄒᆞ니속졀업시나죽깃네우리도
령님한번만보고지고한번보고그ᄯᅵ죽어도한이업고즉금죽어도한이
업고이ᄌᆞ리에죽어도한이업깃네이몸이죽기젼의아모조록보고지고
알프기도그지업고칩기도가이업다마ᄃᆡ〃〃셕ᄂᆞᆫ간장드ᄂᆞᆫ칼노졈여
ᄂᆡ여산호상빅옥함의졈〃이담아다가님의눈의뵈고지고보신후의셕
어진들관겨ᄒᆞ랴쳡〃히놉흔봉의ᄌᆞ고가ᄂᆞᆫ져구름아나의슬픈눈물빗
발삼아품어다가님계신옥창밧긔ᄲᅮ려주렴이렷트시ᄋᆞᆲ흔몸이님을보
면나흐리라슈심가ᄅᆞᆯ지어ᄂᆡ니ᄂᆡ몸이녀ᄌᆞ되고군ᄌᆞᄅᆞᆯ수모ᄒᆞ나빅일

이무정ᄒᆞ여셰월이깁허가니젼〃반측ᄒᆞᄆᆡ청츈이가셕이라삼츈의깁
흔병이골슈의드러시니가슴에셕은피ᄅᆞᆯ편작인들어이ᄒᆞᆯ고문젼뉴창
외ᄆᆡᄂᆞᆫ가지마다츈ᄉᆡᆨ이니금ᄉᆞ로ᄆᆡᄌᆞᆺ시며ᄇᆡᆨ셜노다듬엇다무한츈광
은어이ᄒᆞ여나의회포ᄅᆞᆯ도〃ᄂᆞᆫ뇨인ᄉᆡᆼ부득깅소년은나도잠간알것마
ᄂᆞᆫ동원도리편시츈을님은어이모로ᄂᆞᆫ고탁문군의거문고ᄅᆞᆯ금산송ᄇᆡᆨ p. 382
슈로월노승ᄆᆡᄌᆞᄂᆡ여우리인연ᄆᆡᆺ고지고쥭지ᄉᆞ와ᄆᆡ화곡을님의일홈
슴아더져두고무인셩월황혼의한숨셧거노ᄅᆡᄒᆞᆫ들그뉘라셔ᄎᆞᄌᆞ오리
창텬이알니업고야ᄉᆡᆨ이쳐량ᄒᆞ다상ᄉᆞ일념못니긔여북창을의지ᄒᆞ니
ᄉᆡ벽셔리찬바람의슯히우ᄂᆞᆫ져홍안아요량한셩의남은간장다셕ᄂᆞᆫ다
나의회포그려ᄂᆡ여님의곳의보ᄂᆡ고져인비목셕이니어이아니감동ᄒᆞ
리어와ᄂᆡ일이여약슈삼쳔니의청죠ᄅᆞᆯ바라거늘동풍작야우의몽혼이
날것고나청ᄉᆞᄇᆡᆨ녹이길을그릇인도ᄒᆞ여님의곳을아니가고거믜쥴의
걸녓시니가셕ᄒᆞ다나의신셰홍안박명가련ᄒᆞ다어와셜운지고이ᄉᆡᆼ에
품은한을후ᄉᆡᆼ의나즐기려원ᄒᆞᄂᆞ니텬지일월셩신후토ᄂᆞᆫ어엿비넉이
쇼셔어미ᄃᆞ려니른말이ᄂᆡ가만일죽거들낭뉵진장포로즐끈동혀명산
ᄃᆡ천뭇지말고한양셩ᄂᆡ올녀다가ᄃᆡ로천변뭇더쥬면도령님왕ᄂᆡ시에
음셩이나드러보셰츈향어미ᄒᆞᄂᆞᆫ말이경업ᄉᆞᆫ쇼ᄅᆡᄒᆞ지마라도령님이 p. 384
삶의나너ᄅᆞᆯᄉᆡᆼ각ᄒᆞ랴소견업시ᄉᆡᆼ각말고미음이나먹어보라네병셰ᄅᆞᆯ
요량ᄒᆞ니회츈ᄒᆞ기망연ᄒᆞ다님그리ᄂᆞᆫ상ᄉᆞ병과ᄆᆡ마즌장독증에음식
을젼폐ᄒᆞ고산귀신이되것고나집안즙물방ᄆᆡᄒᆞ여의원에게문병ᄒᆞ고
무녀의게굿슬ᄒᆞ여살니기로ᄋᆡᄅᆞᆯ쁜들님그리ᄂᆞᆫ상ᄉᆞ병에무삼효험잇
슬쇼냐츈향이ᄃᆡ답ᄒᆞᄃᆡ아모것도나ᄂᆞᆫ슬소혈육으로삼긴몸이〃리셟
고어이살니쥭ᄌᆞ하니청츈이오ᄉᆞᄌᆞᄒᆞ니고ᄉᆡᆼ이라젼ᄉᆡᆼ죄악아닐진ᄃᆡ
가즁동토경녕ᄒᆞ다획죄어천이면무소도지라ᄒᆞ여시니지셩으로긔도
ᄒᆞ면관지귀셜(→구셜)소멸ᄒᆞᆯ가ᄐᆡᆨ일독경ᄒᆞ랴ᄒᆞ고온갖경문츅원ᄒᆞᆫ
다불셜텬디팔양경과삼귀삼지삼직경에금강경ᄐᆡ셰경공작경반야경
됴왕경텬슈경도ᄋᆡᆨ경을다닑으며안ᄐᆡᆨ경도닑으리라여시아문일시불

p.386 공장보살관셰음보살온갓경을다닑으며무당드려굿슬ᄒᆞᄃᆡ야곽산초
ᄂᆞᆫ삼천쥭절노풍덩드리쳐꼿구경가랴ᄒᆞ오이렷트시굿슬ᄒᆞᄃᆡ반졈효
험이업셔시니이롤엇지ᄒᆞ잔말고속졀업시나쥭깃ᄂᆡ츈향어미슬피울
며ᄋᆡ고〃〃설운지고나의팔ᄌᆞ긔박ᄒᆞ여삼종의탁다바렷다조상부모
ᄌᆞ라나셔즁년의와상부ᄒᆞ고말년의와너하나흘두엇더니져지경이되
여시니눌바라고사ᄌᆞᄂᆞ니한군ᄉᆞ제갈냥도갈츙보국ᄒᆞ랴다가오장원
츄야월에장셩이써러지고등피셔산빅이숙졔불ᄉᆞ이군ᄒᆞ려다가슈양
산즁아ᄉᆞᄒᆞ고쥬류텬하ᄀᆡᄌᆞ츄도할고ᄉᆞ군ᄒᆞ려다가면산즁에불타쥭
고삼녀ᄃᆡ부굴원이도위국진튱ᄋᆡ쓰다가멱나슈의ᄲᆡ져잇다너도렬녀
되려거든ᄀᆡ천굼긔나ᄲᆡ지려무나너롤빅고조심ᄒᆞᆯ졔셕부졍부좌ᄒᆞ고
p.388 할부졍불식ᄒᆞ며목불시샤식ᄒᆞ고둑부답위지ᄒᆞ여십삭몸을조히가져
너롤나하기롤젹에즌ᄌᆞ리ᄂᆞᆫᄂᆡ가눕고마른ᄌᆞ리너롤뉘여부즁싱남즁
싱녀롤너롤두고니ᄅᆞ미라치단으로몸을싸고보옥으로장식ᄒᆞ여말년
영화보짓더니홍안박명네로고나져리될쥴엇지알니이렷트시초조ᄒᆞ
여쥬야업시셔로붓들고우름으로셰월을보ᄂᆡ나니도령의쇼식은마츰
ᄂᆡ묘연ᄒᆞ더라ᄎᆞ셜니도령은경셩으로올나와셔은근이져롤위ᄒᆞᆫ졍이
가슴의못시되고오장의불이되여운산을창망ᄒᆞ미신무우익한탄ᄒᆞ고
몽혼이경〃ᄒᆞ여밤마다관산을넘나드니삶의단니ᄂᆞᆫ길이ᄌᆞ최곳나량
이면님의ᄀᆡ창밧기셕노라도다롤이라아모리싱각ᄒᆞ여도ᄒᆞᆯ일업다ᄂᆡ
가만일병곳들면부모의게불효되고져롤엇지다시보리학업을힘뼈공
명을일우량이면부모의게영효뵈고문호롤빗닐진ᄃᆡᄂᆡᄉᆞ랑은이가온
ᄃᆡ잇시리라ᄒᆞ고쥬야불쳘공부ᄒᆞᆯ졔일남쳡긔ᄌᆞᄉᆞ여든쥬마가편무려
p.390 ᄒᆞ다니젹션옹고리상(→골이상)이오뉴종원시단문장을가련한퇴지
하쳐오유〃밍동양(→밍동야)초향이로다황산곡니ᄆᆡ천슈오빅낙천
변안일힝을두ᄌᆞ미인금젹막ᄒᆞ니도연명월구황냥이라이런문장가쇼
ᄒᆞ다당시에긔ᄌᆞ로한묵의독보ᄒᆞ니국틱민안ᄒᆞ고시화셰풍이라강구
에격양가ᄂᆞᆫ연월이곳〃지라방경누흡ᄒᆞ여알셩과뵈시거늘시지롤엽

희씨고춘당듸드러가셔현졔판바라보니강구에문동요라두렷시거렷
거늘금슈간장창히문장히졔를싱각ᄒᆞ고농미연에묵을갈고슌황모무
심필을반듕동흠셕프러왕희지필법으로됴밍보의체를바다일필휘지
ᄒᆞ니문불가졈이라일천의션졍(→션장)ᄒᆞ니샹시관이글을보고칭찬
ᄒᆞ며니른말이글시를볼작시면농식비등ᄒᆞ고글귀를보랑이면아모랴 p. 392
도귀신이곡ᄒᆞ깃다쳬격은굴원이오문법은한퇴지라ᄌᆞ〃이비졈이오
귀〃히관쥬로다샹지샹에등을막혀당원급뎨ᄒᆞ것고나금방에닐홈쓰
고텬은을숙ᄉᆞᄒᆞ고어쥬삼빅마신후에몸의ᄂᆞᆫ청삼이오머리에ᄂᆞᆫ어ᄉᆞ
화라쳔금쥰마빗기타고당안듸로화류듕의헌거로이도라올제ᄯᆞᄅᆞᄂᆞ
니션달이오브ᄅᆞᄂᆞ니신릭로다이원풍악은훤텬ᄒᆞ고금의화동은빵져
를빗기부니단산츄야월에치봉의소릭로다청운낙슈교의시졀이틱평
이라노류당화우거지고거리〃〃격양가를브를젹의힝화문젼다ᄃᆞᄅᆞ
니부모형데와종족친붕향당교리드리졔셩칭찬ᄒᆞ니셰상의조흔거시
급졔밧긔ᄯᅩ잇ᄂᆞᆫ가삼일류과ᄒᆞᆫ연후에션영하의소분ᄒᆞ고궐하의슉빅
ᄒᆞ니셩샹이인견ᄒᆞ샤반기시고무ᄅᆞ시듸불ᄎᆞ로쓰려흐니니직듕의무 p. 394
숨벼슬외직듕의어니곳을소원듸로알외여라니도령이고두ᄉᆞ은ᄒᆞ고
쥬왈소신이년소미직로쳔은이망극ᄒᆞ와소년급졔ᄒᆞ와시니황공무지
ᄒᆞ와알윌바를모로오나텬은지하의감히은휘치못ᄒᆞ올지라왕화불급
원방의ᄂᆞᆫ탐관오리슈직곡법환과고독민간질고알길업ᄉᆞ오니어ᄉᆞ를
시기시면민간의질고와각관의탐관오리녁〃히숣혀다가탑젼에알외
리이다셩샹이드ᄅᆞ시고칭찬ᄒᆞ시듸긔특ᄒᆞ다놉흔벼슬다바리고암힝
어ᄉᆞ구ᄒᆞᆫ뜻은보국튱신네로고나젼나어ᄉᆞ특ᄎᆞᄒᆞ시니평싱의소원이
라엇지아니감축ᄒᆞ리즉일발힝ᄒᆞ올젹의어젼의하직ᄒᆞ고집에도라와
고ᄉᆞ당허빅ᄒᆞ고부모의게하직ᄒᆞ고금의를다바리고쳘듸업슨헌파립
에미명실노ᄭᅳᆫ을ᄒᆞ고당만남은헌망건의갓풀관ᄌᆞ됴히당ᄭᅳᆫ졸나믹고
다써러진뵈도포를모양업시거러입고칠푼ᄶᆞ리목분합씌를흉복통을 p. 396
(→에)눌러믹고하여진(→헐어진)맛부치를웃다님으로잘ᄭᅳᆫ믹고변죽

업슨ᄉᆞ송션을숀의쥐고남ᄃᆡ문을ᄂᆡ다라셔군관비장셔리반당녕니ᄒᆞᆫ
군틱츌ᄒᆞ여변복시겨남모로게션송ᄒᆞ고암힝으로ᄂᆞ려갈제칠픽팔픽
니문동도적골쏙다리지나청픽(→파)ᄇᆡ다리돌모로동적이밧비건너
승방뜰남타령(→남태령)인덕원과천갈뫼ᄉᆞ근평군포ᄂᆡ미력당지난
후의오봉산ᄇᆞ라보고지〃듸올나셔〃참나무정얼ᄂᆞᆫ지나교구정도러
드러당안문드리다라팔달문ᄂᆡ다라샹류쳔하류쳔즌ᄀᆡ골썩젼거리즁
밋(→즁미)음의(→어뫼)딘위칠원소ᄉᆡ비트리쳔안삼거리진계역
(→김제역)지나덕평원진숙원ᄉᆡ숫막번듯지나공쥐금강을휫근지나
p. 398 은진닭다리능기울삼녜지나녀산고산의젼쥐가여긔로다슈의어ᄉᆞ쳘
관풍ᄎᆡ심산의밍회로다열노(→연노)각읍슈령드리어사쎳단말풍편
의어더듯고녜공ᄉᆞ다바리고ᄉᆡ공ᄉᆞ닷글적의뇌경에벽녁이라관쇽드
리송구ᄒᆞ여관청빗츤가숨치고니방아젼쇽이탄다관젼목포환상전결
복슈문셔닷글적의ᄉᆞ결의환(→ᄒᆞᆫ)짐열뭇눅결의ᄂᆞᆫ셕짐닷뭇팔결의
ᄂᆞᆫ닷짐열뭇우의두짐닷뭇쏠아셔슈힌셕짐닷뭇시라동창셔창미젼목
포무턱으로ᄂᆡ입이라니방은부ᄅᆞ거니호방은쓰거니한창이리셜을적
의부모불효형데불화ᄒᆞᄂᆞᆫ놈과탐관오리염탐ᄒᆞ여이리져리단니면셔
열읍소문드른후의노구바회지나임실을달녀드니이ᄯᆡᄂᆞᆫ츈삼월호시
절이라만홰(→만화)방창ᄒᆞ고일난풍화ᄒᆞ며산천경ᄀᆡ거록ᄒᆞ여외향
물ᄉᆡ이ᄯᅩᄒᆞᆫ왕도의승ᄒᆞ미만터라어ᄉᆡ마음이어즈럽고몸이곤뷔ᄒᆞᆫ지
라다리도쉬며경ᄀᆡ도귀경(→구경)ᄒᆞ려화류간의안ᄌᆞᄉᆞ면을삷혀보
p. 400 니원산은듕〃근산은쳡〃틱산은막〃긔암은층〃당송은낙〃간슈ᄂᆞᆫ
잔〃비오리둥〃두견졉동은좌우의넘노ᄂᆞᆫᄃᆡ열업슨산ᄯᅡ옥이ᄂᆞᆫ이산
으로가며ᄯᅡ옥져산으로가며ᄯᅡ옥우름울고ᄯᅩᄒᆞᆫ편바라보니모양업슨
슈국ᄉᆡᄂᆞᆫ져산으로가며슈국이산으로가며슈국우름울고ᄯᅩᄒᆞᆫ편ᄇᆞ라
보니만니산갈가마긔돌도차돌도아모것도못어더먹고틱빅산기슭으
로갈가오〃〃〃울며가고ᄯᅩᄒᆞᆫ곳바라보니층암졀벽간의홀웃둑셧ᄂᆞᆫ
고양나무것츠로ᄂᆞᆫ비루먹고좀먹어쇽은아모것도업시아조텡뷔엿ᄂᆞᆫ

ᄃᆡ부리섄족허리질눅ᄊᆞᆼ지뭇둑ᄒᆞᆫ쌋져구리거동보소크나큰ᄃᆡ부동
(→ᄃᆡ부등)을한아름드립더흠셕안고쑥두덕솝벅거리며쑥두덕솝벅
구을니ᄂᆞᆫ쇼ᄅᆡ권들아니경일쇼냐ᄯᅩᄒᆞᆫ곳바라보니각식초목무셩ᄒᆞᆫᄃᆡ
천두목(→도목)지두목(→도목)빅ᄌᆞ목힝ᄌᆞ목느러진당ᄉᆞᆫ부러진고목
넙적ᄲᅥᆨ갈나무산유ᄌᆞ검핑느름박달능슈버들한가지느러져한가지펑
퍼져휘넘느러져구븨층〃밋쳐ᄂᆞᆫᄃᆡ십니안의오리나무오리밧긔십니
나무마조셧다은힝나무님그려상ᄉᆞ나무닙맛초와쑉나무방귀ᄲᅮ여뽕
나무한다리젼나무두다리들믜나무하인블너(→불너)상나무냥반불
너귀목나무부쳐님젼공양나무이런경ᄀᆡ다본후의ᄯᅩᄒᆞᆫ모롱이지나가 p. 402
니샹평젼하평젼농부드리갈거니심으거니탁쥬병의졈심고리겻틔노
코격양가노ᄅᆡᄒᆞ니그노ᄅᆡ의ᄒᆞ여시ᄃᆡ시화셰풍틱평시의평원광야농
부네야우리아니강구미복으로동요듯던요님군의버금인가얼널〃상
ᄉᆞᄃᆡ함포고복우리농부쳔츄만셰즐겨왜라얼널〃상ᄉᆞᄃᆡ슌님군민드
신장기녁산의밧츨갈고신농시민든ᄯᅡ뷔쳔만셰룰유젼ᄒᆞ니권들농뷔
아니신가얼널〃상ᄉᆞᄃᆡ어셔갈고드러가셔산승갓ᄒᆞᆫ혀룰물고잠을든
다얼널〃상ᄉᆞᄃᆡ거젹ᄌᆞ리칙혀덥고연젹갓튼졋슬쥐고얼널〃상ᄉᆞᄃᆡ
밤든후의한번올나돌송이룰비즌후의ᄌᆞ식하나민들니라얼널〃널상
ᄉᆞᄃᆡ이리한창노닐적의어ᄉᆡ돌통ᄃᆡ의담빅ᄒᆞᆫᄃᆡ담아들고농부다려ᄒᆞ
ᄂᆞᆫ말이담빅불죰붓치ᄌᆞ닛가모든농부드리어ᄉᆞ룰보고모도모혀둘너 p. 404
안ᄌᆞ우슴거리민들젹의이분ᄂᆡ어ᄃᆡ삼나요런밉시구경ᄒᆞᆸᄉᆞ실팔나단
니시오망건압흔덜써습나쏠멱산이어즈럽소동써러진말뉘게다가ᄒᆞ
노약계모롱이룰헐고병풍뒤히셔잠ᄌᆞ다가왓습나이ᄉᆞ람그만두소보
와ᄒᆞ니그리야도철삿칠세당초의ᄂᆞᆫ외입ᄒᆞ고션이노던왈ᄌᆞ로셰의복
쏠은그러ᄒᆞ나옷거리ᄂᆞᆫ졔법일셰ᄌᆞ시ᄂᆞᆫ담빅ᄃᆡ정장을몃번아니맛나
ᄂᆡ오이ᄉᆞ람들가만두소져런ᄉᆞ람무셔우니아닌밤의단니ᄃᆞ가츙화ᄒᆞ
기남의집의드러거셔무삼물건도젹ᄒᆞ기일슈니라이잉이갓귀경ᄒᆞ라
박조가리관ᄌᆞ로다엽구리룰쏙지ᄅᆞ며이익보소마다ᄒᆞ오그즁ᄒᆞᆫ늙은

농뷔ᄂᆡ다리말니ᄂᆞᆫ말이〃ᄉᆞ람들라그리마라풍편의얼ᄂᆞᆫ드ᄅᆞ니어ᄉᆞ
쎠단말이〃시니이ᄉᆞ람괄시마소그도바히밍물은아니기로셰폭ᄌᆞ락
p. 406 에동쎠러진말ᄒᆞ니과히괄시마소어ᄉᆡᄂᆡ심에혜오ᄃᆡᄉᆞ람은늙어야쁜
단말이올타ᄒᆞ고무ᄉᆞᆷ말을ᄒᆞ려ᄒᆞᆯ제ᄯᅩᄒᆞᆫ놈ᄂᆡ다ᄅᆞ며ᄒᆞᄂᆞᆫ말이에라〃
〃그만두라모양거록ᄒᆞᆸ시다쥬졔츄러ᄒᆞ면냥반이아닌가웨들그리
구노낭반(→냥반)ᄃᆡ졉아니로셰영종조의계시더면인물당상어ᄃᆡ가
며남원ᄯᅡᆨ히드러거면츈향의셔방되리로다모든농뷔골을ᄂᆡ여쌈을치
며ᄒᆞᄂᆞᆫ말이빅옥갓튼츈향이ᄅᆞᆯ제아모리업다ᄒᆞ고뉘게다가비기ᄂᆞ니
밋친놈이로다져희길리다토거늘그곳을후리치고한곳을다ᄃᆞᄅᆞ니계
셕총님유벽ᄒᆞ고은근유흥ᄉᆡ로왜라풍편의종경소ᄅᆡ들니거ᄂᆞᆯᄎᆞᄌᆞ가
니산간불당이라판두방(→판도방)드러가니승쇽업시거동보쇼걸인
으로ᄃᆡ졉ᄒᆞ여밤을겨유지닐적의소년션비공부ᄀᆡᆨ드리어ᄉᆞ보고박장
ᄃᆡ소온가지로보치거늘어ᄉᆡ정ᄉᆡᆨᄒᆞ고니른말이샹업시들구지마오션
빅도리희연ᄒᆞ오여러션비의논ᄒᆞᄃᆡ졔가만일냥반이면밥ᄌᆞ이나알거
시니운ᄌᆞ불너글짓거든우리져ᄅᆞᆯ경ᄃᆡᄒᆞ고글을만일못짓거든타둔방
p. 408 츅이맛당ᄒᆞ다ᄒᆞ고운ᄌᆞᄅᆞᆯ강운으로창〃강당강다셧ᄌᆞᄅᆞᆯᄂᆡ여쥬니웅
구쳡ᄃᆡ지어시ᄃᆡ위연(→우연)위ᄀᆡᆨ도방창ᄒᆞ니약포츈싱구절창을쳠
외옥봉은연북극이오탑젼금불ᄌᆞ셔강을신여야학영슈복(→슈목)ᄒᆞ
랴심ᄉᆞ한션블션당을산당의종파인진반ᄒᆞ니등반션치촉초강을모든
션비글을보고크게놀나빅빅ᄉᆞ례ᄒᆞ고흠앙경복ᄒᆞ여종야토록문답ᄒᆞᆯ
ᄉᆡ각읍소문탐지ᄒᆞ려션비다려뭇ᄂᆞᆫ말이남원읍ᄂᆡᄉᆞ람의게츄심ᄎᆞ로
송ᄉᆞᄒᆞ려ᄒᆞ니공ᄉᆞ나분명ᄒᆞᆯ지오한션비ᄂᆡ다ᄅᆞ며말나고ᄒᆞᄂᆞᆫ말이남
원부ᄉᆞ말을마오탐직어ᄉᆞ(→이색)무도ᄒᆞ여빅셩이소ᄅᆞᆯ일코고관ᄒᆞ
니냥쳑을불너드려원고의게분부ᄒᆞᄃᆡ너ᄂᆞᆫ소가몃필인다ᄃᆡ답ᄒᆞᄃᆡ황
p. 410 우ᄒᆞᆫ필암소ᄒᆞᆫ필다만두필잇ᄉᆞᆸ더니황우ᄒᆞᆫ빡일헛ᄉᆞᆸᄂᆡ다ᄯᅩ무ᄅᆞᄃᆡ져
도적놈너ᄂᆞᆫ소가몃필이니ᄃᆡ답ᄒᆞᄃᆡ쇼인은젹빈ᄒᆞ와ᄒᆞᆫ필도업ᄂᆞ이다
소임자놈드러보라너ᄂᆞᆫ무ᄉᆞᆷ복덕으로두필탐이두고져놈은무ᄉᆞᆷ죄로

ᄒᆞᆫ필도업단말이니ᄒᆞᆫ필식난화시면ᄉᆞ면무탈ᄒᆞ고송니가공평이라ᄒᆞ
고소임ᄌᆞ의소ᄅᆞᆯ아ᄉᆞ도적놈을쥬어시니이런공ᄉᆞ또잇스며빅옥갓튼
츈향이ᄅᆞᆯ억지겁탈하랴다가도로혀욕을보고엄형즁치하옥ᄒᆞ여병든
지희포만의거월초싱에신ᄉᆞᄒᆞ여이산넘어져산넘어초빙(→초빈)ᄒᆞ
여시니권들아니젹악인가어ᄉᆡ이말듯고츈향이죽은쥴을ᄌᆞ셔이알고
정신이어득ᄒᆞ고셜운마음이븍밧쳐닙시욹기비죽〃〃눈믈이등경〃
〃ᄒᆞ거늘모든션ᄇᆡ고이역여의논ᄒᆞᄃᆡ그걸인의형상보니불승비감불
금유쳬그아니고이ᄒᆞ냐졔ᄅᆞᆯ속여보ᄌᆞᄒᆞ고즁불너분부ᄒᆞᄃᆡ픾하나흘
짝가다가아모ᄃᆡ나ᄉᆡ로초빙(→초빈)ᄒᆞᆫᄃᆡ꼬ᄌᆞ노코먼니셔〃거동보
라그픾의글을쓰ᄃᆡ밍낭이도ᄒᆞ엿고나본읍기싱슈졀원ᄉᆞ츈향지묘라
ᄒᆞ여즁놈쥬어보ᄂᆡ니라어ᄉᆡ쳔만몽미밧긔츈향흉음듯고남우힐쥴젼 p. 412
혀잇고츈향초빙(→초빈)ᄎᆞᄌᆞ가니모골이송연ᄒᆞ고정신이황망ᄒᆞ다
급〃히거러ᄒᆞᆫ고ᄀᆡᄅᆞᆯ넘어가니ᄉᆡ로ᄒᆞᆫ무덤이잇고픾ᄅᆞᆯ꼬잣거늘부지
불각의다라드러무덤을두다리며방셩ᄃᆡ곡ᄒᆞᄂᆞᆫ말이ᄋᆡ고츈향아이거
시웬일이니우리두리ᄇᆡᆨ년긔약ᄆᆡᆺ더니이졔ᄂᆞᆫ허ᄉᆡ로다발셥쳔니ᄂᆡ
오기ᄂᆞᆫ너만보려ᄒᆞ엿더니죽단말이웬일이니공산야월적막ᄒᆞᆫᄃᆡ누엇
ᄂᆞᆫ냐잠ᄌᆞᄂᆞᆫ냐ᄂᆡ가여긔왓것마ᄂᆞᆫ모로ᄂᆞᆫ듯누엇고나안홍고이총청ᄒᆞ
니ᄉᆡᆨ월감어여ᄃᆡ로다산초야화년〃ᄀᆡ나항혼옥골귀불귀라ᄋᆡ고〃〃
셜운지고두쥬먹귀쥐여다가무덤을쾅〃두ᄃᆞ리며츈향아〃〃〃날다
려이거라얼골이나잠간보ᄌᆞ셩음이나드러보셰너ᄅᆞᆯ어ᄃᆡ가다시보리
ᄋᆡ고이ᄅᆞᆯ엇지ᄒᆞᆯ고츰아셜워못살긧다ᄋᆡ연이슯히우니슈운이참담ᄒᆞ
고일월이무광이라초목이슬허ᄒᆞ고금슈도우름운다한창이리슬피울
제건넌마을강좌슈가이형상을바라보고마음의놀납고〃이ᄒᆞ여급히
드러가마노라다려ᄒᆞᄂᆞᆫ말이우리아기ᄉᆞ라실졔미셩의쳐ᄌᆡ여든엇던 p. 414
걸긱놈이ᄇᆡᆨ년긔약이허ᄉᆡ라고두다리며우름우니요럴변이또잇ᄂᆞᆫ가
이놈고두쇠야몽치ᄎᆞ고건너가셔아기씨무덤의우ᄂᆞᆫ놈난졍(→난장)
결치ᄒᆞ라고두쇠건너가셔즐욕(→질욕)ᄒᆞ고달녀드니어ᄉᆡ착급ᄒᆞ여

혼이써셔삼십뉵계즁쥴힝낭이웃듬이라쳔방지방져ᄉ도쥬ᄒ니이또ᄒ장관일너라먼니다라나ᄒ곳의다ᄃᄅ니긔암층〃졀벽간의폭포쳥파써러지고계변좌우반셕상의졔명긱셕(→각석)무슈ᄒ다쌈드려셰슈ᄒ고또ᄒ곳다ᄃᄅ니담발(→단발)초동목동드리쇠싀랑의홈의들고산유화쇼릭ᄒ며올나올제엇던ᄉ람팔ᄌ조화호의호식념녀업고또엇던ᄉ람팔ᄌ긔박ᄒ여일신이단쳐(→난처)ᄒ고아마도빈한고락을돌녀볼가또ᄒ아희쇼릭ᄒ딕이마을총각져마을쳐녀남가녀혼졔법일다공번된하늘아릭셰상일이경오(→경위)도지다어싀셔〃듯고혼ᄌ

p. 416 말노조아희년셕은의붓어미게밥어더먹ᄂ놈이오조아희년셕은장가못드러익쓰ᄂ놈이로다ᄒ고또ᄒ곳다ᄃᄅ니농부드리가릭질부침ᄒ고션쇼릭ᄒ다그노릭에ᄒ엿시딕텬황시가나신후의인황시도나시도다얼널〃〃상ᄉ딕슈인시나신후의교인화식ᄒ시도다얼널〃〃상ᄉ딕하우시나신후의착산통도ᄒ단말가얼널〃〃상ᄉ딕신농시나신후에상빅초를ᄒ단말가얼널〃〃상ᄉ딕은왕셩탕나신후의딕한칠년맛나시니젼조단발ᄒ온후의상님들의긔우ᄒ다얼널〃〃상ᄉ딕시화셰풍틱평시의평원광야농부드라승평연월이셰젼가오왕셩덕아니신가얼널〃〃상ᄉ딕갈텬시젹빅셩인가우리아니슌민인가함포고복우리

p. 418 농부쳔츄만셰즐겨왜라얼널〃〃상ᄉ딕슌님군의민든장기녁산의셔밧츨갈고신농시민든쏘뷔쳔만셰를유젼ᄒ다얼널〃〃상ᄉ딕남양늡즁제갈션싱불구문달ᄒ올젹의양보음을읇흔후의궁경산젼ᄒ엿고나얼널〃〃상ᄉ딕싀상오류도쳐ᄉ도쳥운환노마다ᄒ고오두미를벽소(→벽사)ᄒ여젼원당무가라잇다얼널〃〃상ᄉ딕어와우리농부드라ᄉ월남풍보리타작구십월벼싸리를우걱지걱지어봅셰얼널〃〃상ᄉ딕오곡빅곡ᄒ여닉여우리님군긔공을ᄒ고남은곡식잇거들낭부모봉양ᄒ여봅셰얼널〃〃상ᄉ딕봉양ᄒ고남거들낭쳐ᄌ권쇽먹여봅셰얼널〃〃상ᄉ딕남은곡식잇거들낭일가친쳑구졔흡셰얼널〃〃상ᄉ딕어와우리농부드라농ᄉᄒ고드러가셔힛곡식의비블니고기즉장ᄉ나

달ᄂᆡ봅셰산승갓튼혀를물고연적갓은젓슬쥐고굽널〃〃굽널러셔돌
송이나거취흡셰얼널〃〃상ᄉᆞᄃᆡ우리농부드러보소불상ᄒᆞ고가련ᄒᆞ p. 420
다남원츈향이ᄂᆞᆫ비명원ᄉᆞᄒᆞ단말가무거불측니도령은영절소식업단
말가얼널〃〃상ᄉᆞᄃᆡ이런쇼ᄅᆡ다드ᄅᆞ니무순핑계로말무ᄅᆞ리오별안
간싼젼으로ᄒᆞᄂᆞᆫ말이져농부여보시오소로논을가니컴〃ᄒᆞ지아니ᄒᆞᆫ
지농부ᄃᆡ답ᄒᆞᄃᆡ그러키에볏다랏지요볏다라시면응당더우려니덥기
에셩엣장다랏지오셩엣장다랏시면응당ᄎᆞ지ᄎᆞ기어쇠게양지머리잇
지오이럿틋슈작ᄒᆞᆯ졔한농부ᄂᆡ다ᄅᆞ며우슈온ᄌᆞ식다보깃다어더먹ᄂᆞᆫ
비렁방이년셕이반말지거리가웬일인고져런년석은근즁을알게혀를
슴비직ᄉᆡᆼ힐가보다한농뷔ᄂᆡ다라아셔라이ᄋᆡ그말마라그분을솜〃쓰
더보니쥬제ᄂᆞᆫ비록허술ᄒᆞ나숀길이보희니냥반일시젹실ᄒᆞ다셰폭ᄌᆞ
락의하밍물은아니로다한농부ᄒᆞᄂᆞᆫ말이영감너모아ᄂᆞᆫ쳬마오숀길이 p. 422
희면다냥반닌ᄀᆡ오나ᄂᆞᆫ그놈을쓰더보니거어지즁상거어지오숀길을
보니움쇽의셔송곳질만ᄒᆞ던갓밧치아들놈이분명ᄒᆞ오늙은농뷔뭇ᄂᆞᆫ
말이어듸셔살며어ᄃᆡ로가시오어ᄉᆡᄃᆡ답ᄒᆞᄃᆡ셔울셔사더니능광쥐싸
히권당ᄎᆞ즈라가다가마춤회양이업고공교이졈심ᄶᅦ니요긔나ᄒᆞᆯ가ᄒᆞ
고안잣지여러농뷔공논ᄒᆞ고열의ᄒᆞᆫ슐밥으로한그릇슬ᄀᆞ둑이쥬니어
ᄉᆡ포식ᄒᆞᆫ후치하ᄒᆞ고다시보ᄌᆞ닛가하직ᄒᆞ고ᄒᆞᆫ곳을다ᄃᆞᄅᆞ니길가의
쥬막짓고한영감이안ᄌᆞ셔막걸니팔며청올치ᄭᅩ며반나마부ᄅᆞ니ᄒᆞ여
시ᄃᆡ반나마늙어시니다시졈든못ᄒᆞ여도이후나늙지말고ᄆᆡ양이만이
나ᄒᆞ엿고져ᄇᆡᆨ발이졔짐작ᄒᆞ더듸늙게어ᄉᆡ쥬머니ᄲᅧ러돈ᄒᆞᆫ푼ᄂᆡ여쥐
고슐한잔ᄂᆡ란잇가영감이어ᄉᆞ의쏠을보고돈몬져ᄂᆡ시오쥐엿던돈ᄂᆡ
여쥬고ᄒᆞᆫ푼어치졸나바다먹고입씻고ᄒᆞᄂᆞᆫ말이영감도ᄒᆞᆫ잔먹으란잇
가영감이ᄃᆡ답ᄒᆞᄃᆡ아스시오그만두오지나가ᄂᆞᆫ힝인의게무슴돈이녁 p. 424
〃ᄒᆞ여날을슐먹이려시오어ᄉᆡᄃᆡ답ᄒᆞᄃᆡᄂᆡ가무ᄉᆞᆫ돈이잇셔남을슐먹
일가영감슐이니출〃ᄒᆞᆫᄃᆡ한잔이나먹으란말이지영감이골을ᄂᆡ여ᄒᆞ
ᄂᆞᆫ말이ᄂᆡ가슐을먹던지마던지이녁엇던ᄉᆞ람이완ᄃᆡ먹어라말아라총

집흠노어ᄉᆡ니른말이긔야정먹기슬커든그만둘거시지남과빠호려말
난잇가그러나그말은다실업슨말이여니와셔울셔드ᄅᆞ니남원기ᄉᆡᆼ츈
향이가창기즁정절이〃셔긔특다ᄒᆞ더니이곳의와드ᄅᆞ니셔방질이동
관삼월이오본관슈청드러쥬야농창ᄒᆞᆫ다ᄒᆞ니그럴시분명ᄒᆞᆫ지이영감
의셩품은헌릉장작이라이말듯고휠젹쒸여니러셔〃상토쓧가지
(→까지)골을ᄂᆡ여두눈을부릅ᄯᅳ고두팔을ᄶᅮᆷᄂᆡ면서넉시올나ᄒᆞᄂᆞᆫ말
이뉘라셔이런말을ᄒᆞ옵던가빙옥갓튼츈향이ᄅᆞᆯ이런더러온말노모함
ᄒᆞᄂᆞᆫ놈을만나면그놈의다리ᄅᆞᆯ무김치뼈흐듯뭇둑〃〃ᄌᆞ를거슬통분
ᄒᆞ고절통ᄒᆞ외이녁도다시그런말을ᄒᆞ면누덕이ᄅᆞᆯ평ᄉᆡᆼ못벼셔보고비
p. 426 렁방이로쥭을거시니그런앙급ᄌᆞ손ᄒᆞᆯ소리ᄂᆞᆫ다시옴기지도마옵소어
ᄉᆡ되답ᄒᆞᄃᆡ영감은악담말고이아기(→이야기)나ᄌᆞ셔히ᄒᆞ란잇가츈
향의얼골이일월갓튼지힝실이빙옥갓튼지알슈가잇나영감은ᄯᅩ라단
니며보왓슴나골닌영감ᄒᆞᄂᆞᆫ말이젼등ᄉᆞᄯᅩᄌᆞ졔니도령인지ᄒᆞᄂᆞᆫ아희
년셕이츈향이ᄅᆞᆯ작쳡ᄒᆞ여빅년긔약밍셰ᄒᆞ고올나갈제후일긔약금셕
갓치ᄒᆞ엿더니ᄒᆞᆫ번써난후삼년에쇼식이돈절ᄒᆞ고신관ᄉᆞᄯᅩ호식ᄒᆞ여
츈향의향명듯고셩화갓치불너드려슈청으로작정ᄒᆞ니츈향의빙옥절
ᄀᆡ한ᄉᆞᄒᆞ고불청ᄒᆞ니신관ᄉᆞᄯᅩ골을ᄂᆡ여한ᄉᆞ듕당ᄒᆞᆫ연후의항식족식
(→항쇄족쇄)엄슈ᄒᆞᆫ지올조ᄎᆞ삼년이라써〃올녀듕치ᄒᆞ며지만ᄒᆞ라
분부ᄒᆞᄃᆡ그런고초격그면셔뉴리갓튼맑은마음츄호불변ᄒᆞ여시니ᄌᆞ
고로창기지절이〃럿탄말드럿습나이런렬녀쳡을외방다가바려두고
삼년이되도록편지일장아니ᄒᆞ고소식조ᄎᆞ돈절ᄒᆞ니그아희년셕이신
ᄉᆞ년팔월통의써러젓시면모로거니와ᄉᆞ라잇고ᄂᆞᆫ이런밉고독하고모
질고단〃ᄒᆞᆫ무정밍낭ᄒᆞᆫ졔할미ᄅᆞᆯ붓틀아희년셕이어ᄃᆡ잇ᄀᆡ습나이졔
ᄒᆞᆯ일업시옥듕에셔쥭게되여우리아들복실이가돈닷냥삭슬밧고급쥬
p. 428 편지ᄒᆞ랴ᄒᆞ고그편지가여긔이시니거즛말인가편지ᄅᆞᆯ보소어ᄉᆡ이말
듯고ᄉᆡᆼ각ᄒᆞ되욕먹어도ᄒᆞᆯ말없다ᄃᆡ져살기ᄂᆞᆫ그져살앗ᄂᆞᆫ가그도령다
려욕을낭은과히마ᄌᆞ날과바히남아닌ᄉᆞ이란잇가ᄒᆞ고편지바다보니

피봉의삼청동니승지ᄃᆡᆨ도련님시하인긔탁이라남원츈향은샹셔라ᄒᆞ
엿거늘써혀보니ᄒᆞ엿시ᄃᆡ별후광음이우금삼ᄌᆡ의쳑셔어안이돈졀ᄒᆞ
니약슈삼천니의청조가끗쳐시며북히만니의홍안ᄋᆡ업스미라텬ᄋᆡ창
망ᄒᆞ니망안이욕천이오운산이격졀ᄒᆞ니심담이구렬이라니화의두견
이울고오동에밤비올졔젹막히혼ᄌᆞ안ᄌᆞ상ᄉᆞ일념이지황텬뢰라도ᄎᆞ
한을난셜이라무심ᄒᆞᆫ호졉몽은천니의오락가락졍불ᄌᆞ억이오비불ᄌᆞ
승이라한슘과눈물노화조월셕을보ᄂᆡ더니우환듕ᄉᆡᆼ각박신관의슈청
분뷔상셜을능멸ᄒᆞ니뇌경과별악이신상의나리오며편신이분쇄ᄒᆞ고
심장이ᄉᆞ라지ᄂᆞᆫ지라이럿틋괴로오믈지ᄂᆡ나일루잔쳔을지금가지 p. 430
(→까지)부지ᄒᆞ문ᄉᆡᆼ면으로ᄒᆞᆫ번맛나평ᄉᆡᆼ셜운회포를다ᄒᆞ온후의즉
ᄀᆡᆨ의슬허져셰상을니별코져ᄉᆞ라져가ᄂᆞᆫ정신을슈습ᄒᆞ여혈셔를알외
오니바라건ᄃᆡ힝혀나감동ᄒᆞ샤미ᄉᆞ지젼의ᄒᆞᆫ번보와파경이ᄌᆡ합ᄒᆞᆯ가
미견낭군의일명이진ᄒᆞ오면천고의원혼되여망〃ᄒᆞᆫ구름밧긔슯히울
며한양가지(→까지)올나가셔낭군의ᄌᆞ최를ᄯᆞ로리니낭군은녯졍니
를ᄉᆡᆼ각ᄒᆞ샤ᄒᆞᆫ번맛나기를셔〃기다리ᄂᆞ이다〃소셜화ᄂᆞᆫ창히를기우
리나일필난긔오함비흉ᄉᆡᆨ(→흉격)의혼ᄇᆡᆨ이비월ᄒᆞ고붓슬잡아글을
일우ᄆᆡ눈믈이압흘가리오ᄂᆞᆫ지라말을일우지못ᄒᆞᄆᆡᄃᆡ강을긔록ᄒᆞᄂᆞ
이다모년모월모일에남원츈향은샹셔ᄒᆞ노라ᄒᆞ엿더라어ᄉᆡ보기를맛
치ᄆᆡ일희일비ᄒᆞ여총〃이인ᄉᆞᄒᆞ고ᄒᆞᄂᆞᆫ말이그도령은ᄂᆡ의ᄉᆞ촌동ᄉᆡᆼ
이니이편지를착실이젼ᄒᆞ여쥴거시니념네말고셔울가야보지못ᄒᆞᆯ거
시니헷거름말고슈일후졔게가셔착실이전ᄒᆞ엿다ᄒᆞ란잇가영감이천
만당부ᄒᆞᄃᆡ나종말아니되계잘젼ᄒᆞ여쥬옵소어ᄉᆡᄃᆡ답ᄒᆞ고도라셔〃 p. 432
심신이황홀ᄒᆞ다죽은쥴노아랏더니산편지를보왓고나졔형상이오쥭
ᄒᆞ리허동지동밧비거러ᄯᅩᄒᆞᆫ곳을다ᄃᆞᄅᆞ니풍헌약장(→약정)면님드
리답인슈결발기들고민간슈렴ᄒᆞᄂᆞᆫ고나이달이십칠일이본관원님ᄉᆡᆼ
일이라ᄃᆡ즁소호분등ᄒᆞ여돈과빨을회계ᄒᆞ니민원이쳘천ᄒᆞ여집〃이
우름일다노변에상인하나울고가며ᄒᆞᄂᆞᆫ말이〃런관당보왓ᄂᆞᆫ가살인

소지졍소ᄒᆞ니원님이졔ᄉᆞᄒᆞ되슈소ᄒᆞᆫ민호즁의하나죽고도어렵거든
또하나흘되살ᄒᆞ면두ᄇᆡᆨ셩을일ᄂᆞᆫ고나밧비모라ᄂᆡ치여라ᄒᆞ니이런공
ᄉᆞ보왓ᄂᆞᆫ가이런말도어더듯고또ᄒᆞᆫ곳다ᄃᆞᄅᆞ니초부하나시졀가ᄒᆞ되
불상코가련ᄒᆞ다인들아니불상ᄒᆞᆫ가크나큰옥방안의꼿치니울고항이
ᄉᆞ라지ᄂᆡ일거의무소식ᄒᆞ니ᄋᆡ끈ᄂᆞᆫ듯어ᄉᆡ듯고감누ᄅᆞᆯ먹음고두로도
라남원지경드러셔〃쳔〃이완보ᄒᆞ여박셕직(→박셕치)ᄅᆞᆯ올나셔〃
좌우산쳔둘너보니반갑도다〃〃〃〃산도예보던산이오물도옛보던
p. 434 물이라위셩조우맑은물은나마시든창파이오녹슈진경너른뜰은님단
니든길이로다ᄀᆡᆨᄉᆞ쳥〃뉴ᄉᆡᆨ신은나귀ᄆᆡ든버들이오푸른버들두ᄉᆞ이
ᄂᆞᆫᄇᆡᆨ포당막쳣든ᄃᆡ라동문밧긔헌원ᄉᆞ(→선원ᄉᆞ)ᄂᆞᆫ야반종셩반갑도
다광활누야잘잇더냐오작교야무ᄉᆞ터냐좌편은교룡산셩우편은영쥬
고ᄀᆡ츈향고틱ᄎᆞᄌᆞ갈졔반갑고도싀로왜라산천경ᄀᆡ예와갓고녹음방
초예와갓고안젼물ᄉᆡᆨ반갑도다〃〃〃님의얼골반갑도다창히의풍
범이오일모창산의셕경귀승이라비류직하삼천쳑의폭포슈나려가듯
막〃슈젼비ᄇᆡᆨ노의경ᄀᆡᆨ(→경ᄀᆞᆨ)과극나려가듯심망의촉츈향문젼다
ᄃᆞᄅᆞ니옛형상이젼혀업다힝낭ᄎᆡ이그러지고안ᄎᆡᄂᆞᆫ쁠니이고면회ᄒᆞᆫ
압뒤담도간〃이문허지고창젼의누은ᄀᆡᄂᆞᆫ긔운업시조으다가구면ᄀᆡᆨ
을몰나보고컹〃즛고ᄂᆡ닷ᄂᆞᆫ다황셤의푸른플은옛ᄌᆞ최가희미ᄒᆞ고창
외에옛경ᄀᆡᄂᆞᆫ녹쥭창송뿐이로다ᄃᆡ문짝도간ᄃᆡ업고듕문짠도흔허지
p. 436 고압뒤벽은잣바지고셧가릐ᄂᆞᆫ고의벗고방안의ᄂᆞᆫ하ᄂᆞᆯ뵈고마당의ᄂᆞᆫ
ᄡᆞᆯ을뵈고아궁긔툿기ᄌᆞ고붓두막의다람이긔고물두멍에쌍벌의집밥
솟히ᄂᆞᆫ가얌이집뒤년못도다메이고셕가산도흔허지고홍도벽도부러
지고화초분도ᄊᆡ여지고큰ᄀᆡᄂᆞᆫ비루먹고ᄌᆞ근ᄀᆡᄂᆞᆫ굴타리먹고만벽셔
화웃쳐지고그런셰간다업스니쥬인업ᄂᆞᆫ집이완연ᄒᆞ여젼모양이바히
업셔거목초창에만심비졀이라불상ᄒᆞ고쳐량ᄒᆞ다한심지며ᄒᆞᄂᆞᆫ말이
져의집이〃러ᄒᆞ니졔일은불문가지로다허희탄식ᄒᆞ고두로구경ᄒᆞ다
가황혼시ᄅᆞᆯ가다려셔ᄃᆡ문간의드러셔〃츈향어미게잇ᄂᆞᆫ가츈향어미

거동보소노랑머리비켜쏫고몽동치마두루치고옥바라지단니다가질
탕관의죽을쑤니죽탕관의불살을졔져즌남게불을불며눈물흘녀셩화
ᄒᆞᆫ다한숨도훌〃나리쉬며가슴도콩〃두ᄃᆞ리고머리도박〃긁그면셔
부지ᄶᅡᆼ이도드러지며날잡아갈귀신은어ᄃᆡ로갓누ᄌᆞ슈라도ᄒᆞ련마ᄂᆞᆫ
져를두고엇지ᄒᆞ리ᄌᆞᄂᆞᆫ드시죽고지고쳔산지산ᄒᆞᆯ것업시니가놈이ᄂᆡ
원쉬라한창이리원망ᄒᆞᆯ제부ᄅᆞᄂᆞᆫ쇼ᄅᆡ아라듯고팔작ᄯᅱ여ᄂᆡ다ᄅᆞ며건 p. 438
누구와계시오어ᄉᆡᄃᆡ답ᄒᆞᄃᆡᄂᆡ로셰ᄂᆡ라ᄒᆞ니동편작굴둑의아들인가
비런방이도눈이잇지집몰골보와ᄒᆞ니무어슬쥬리라고어두온ᄃᆡ드러
왓노옥에갓친ᄯᆞᆯ먹이ᄌᆞ고ᄡᆞᆯ아기죽쓰리옵ᄂᆡ다른ᄃᆡ나가셔보소이ᄉᆞ
람ᄂᆡ로셰오호김풍헌님와계시오돈ᄒᆞᆫ돈ᄡᅮ어온것슈히어더가오리다
너모그리ᄌᆡ촉마오ᄂᆡ설운말드러보오금산셔온옥셤이ᄂᆞᆫ신관ᄉᆞᄯᅩ슈
청드러쥬야농탕힝낙ᄒᆞ며남원읍ᄂᆡᄃᆡ소ᄉᆞ를졔게몬져청을ᄒᆞ면빅발
빅듐영낙업고원님이ᄃᆡ혹ᄒᆞ여져의아범힝슈군관졔오라비셔창고ᄌᆞ
읍ᄂᆡ논이열셤직이군청뒤밧보름가리가장긔믈모도치면오륙쳔금되
여시니츈향의즛슬보오요런거슬마다ᄒᆞ고날가지(→까지)못살계굽
ᄂᆡ이ᄉᆞ람ᄂᆡ로셰오호지넘어니풍헌ᄌᆞ졘가아니로셰ᄌᆞ셔히보소날을
몰나보나올희이졔야알깃네ᄌᆞ네가봉화ᄌᆡᄉᆞᄂᆞᆫ어린돌인가이ᄉᆞ람아
향ᄂᆡ에죽갑칠푼진것쥬고가쇼요ᄉᆞ이어려워못견ᄃᆡ깃네어ᄉᆞ민망ᄒᆞ p. 440
여ᄃᆡ답ᄒᆞᄃᆡ그ᄃᆡ지눈이어두온가졍신이업나ᄂᆡ가젼칙방도련님일셰
츈향어미코ᄶᅩᆼ쒸고ᄒᆞᄂᆞᆫ말이〃놈의ᄌᆞ식이어ᄃᆡ셔낫노완구(→완고)
ᄒᆞᆫ상고의ᄌᆞ식놈이로다늙은거시고지듯고불너드려ᄌᆡ오거든밤든후
의ᄡᆞᆸ쏠ᄒᆞᆫ것도적ᄒᆞ여가랴ᄂᆞᆫ가히를곱다케지오다가갓지아닌ᄌᆞ식다
보깃다등을미러ᄂᆡ치거늘어ᄉᆡ어히업셔웃고ᄒᆞᄂᆞᆫ말이〃ᄉᆞ람망녕일
셰나의ᄉᆞ졍드러보쇼시운이불힝ᄒᆞ여과거도못ᄒᆞ고벼슬길도쓴허져
셔가산이탕픽ᄒᆞ고유리걸식단니더니우연이여긔와셔소문을잠간드
ᄅᆞ니ᄌᆞᄂᆡ딸이날노ᄒᆞ여엄형듐치ᄒᆞ고옥에드러죽게되다ᄒᆞ니져볼낫
치업건마ᄂᆞᆫ옛졍니를싱각ᄒᆞ고ᄎᆞᆷ아그져가지못ᄒᆞ여ᄒᆞᆫ번보려ᄎᆞᄌᆞ왓

네임의ᄂᆡ가여긔왓시니졔나잠간보고가셰춘향어미이말듯고깜작놀
나빕ᄉᆡ눈을요리씻고녁〃히치여다보니실ᄃᆡ업ᄂᆞᆫ네로고나두숀펵을
마조치며강동〃〃쒸놀면셔ᄋᆡ고〃〃이거시웬일인고이노릇보게ᄆᆡ
오잘되엿다현슌박결인들분슈가잇지오벽히가상젼되고상젼이벽히
p. 442 된다ᄒᆞᆫ들져ᄃᆡ지변ᄒᆞ엿나잘되엿네ᄃᆡ한칠년비바라듯구년지슈ᄒᆡ바
라듯하늘갓치바라고북두갓치미더〃니이룰엇지ᄒᆞ잔말고ᄋᆡ고〃〃
셜운지고셴ᄃᆡ강이펴ᄇᆞ리고옷ᄌᆞ락을드립더잡고복장을탁〃치밧치
며왼몸을쥐여뜻고악을쓰며ᄒᆞᄂᆞᆫ말이날죽여쥬오ᄂᆡ가ᄉᆞ라셔무엇ᄒᆞᆯ
가옥갓튼나의ᄯᆞᆯ이널노ᄒᆞ여옥듕의셔죽게되니모녜쥬야장쳔밋고바
라던일이졔ᄂᆞᆫᄒᆞᆯ일업네이룰장ᄎᆞ엇지ᄒᆞᆯ고어ᄉᆡ긔가막혀도로혀달ᄂᆡ
ᄂᆞᆫ말이너모과도히구지말소ᄉᆞ람의일은모ᄅᆞᄂᆞ니너모괄시말쇼음지
에도볏들젹이잇ᄂᆞ니늙은거시찜ᄉᆡᄂᆞᆫᄒᆞᆫ목보ᄂᆞᆫ지라눈치ᄎᆡ고더듬어
풀쳐ᄒᆞᄂᆞᆫ말이여보셔방님ᄂᆡ말듯쇼ᄂᆡ가모도화쎵이오ᄒᆞᄂᆞᆫ거시열증
이라늙은거싀말이망녕이니조곰도노와마오져리되기도팔ᄌᆡ로셰져
룰옥의너흔후의가장긔물진ᄆᆡᄒᆞ여옥바라지ᄒᆞᄂᆞᆫ즁의이집인들ᄂᆡ집
이라고환상ᄉᆞ쾌ᄐᆡ산이라견ᄃᆡ다가못ᄒᆞ여집을파라슈쇄ᄒᆞᆫ후집도업
ᄂᆞᆫ거어지라엇지아니셜울숀가이럿트시슈작ᄒᆞ며져른밤을길게실졔
상단이어ᄉᆞ보고목이메여말을못ᄒᆞ며식은밥을더여노코셔방님시장
p. 444 ᄒᆞᆫᄃᆡ어셔요긔나ᄒᆞ옵시오아기씨말솜이야ᄒᆞᆫ입으로엇지다ᄒᆞ오릿가
어ᄉᆡ긔특이여겨요긔ᄒᆞ고분ᄒᆞᆫ마음과슯흔뜻시가슴의일쳔진납이쒸
노라젼〃반측ᄒᆞ여잠을닐우지못ᄒᆞ고겨우밤을ᄉᆡ울ᄉᆡ오경북이동ᄒᆞ
거늘춘향어미불너다리고상단이등불들녀압셰우고옥듕으로향ᄒᆞ니
라ᄎᆞ셜이ᄯᆡ춘향이ᄂᆞᆫ옥듕에홀노안ᄌᆞ이삼경의못든잠을ᄉᆞ오경의겨
유드러ᄉᆞ몽비몽쑴을쑤니상히보던몸거울이한복판이씨여지고뒤동
산의잉도쏫치ᄇᆡᆨ셜갓치써러지고ᄌᆞ던방문셜주우희허슈아비달라뵈
고ᄐᆡ산이문허지고바다히말나보니(→뵈니)쑴을씌여나셔ᄒᆞᄂᆞᆫ말이
〃쑴아니슈상ᄒᆞᆫ가남가의일몽인가화셔몽구운몽남양초당춘슈몽이

삶져삶무슴삶인고님반기랴길몽인가나죽으랴흉몽인가일조낭군니
별후의소식조ᄎᆞ돈절ᄒᆞ니급쥬셔간도회보업고슈삼츈ᄎᆞ되여가되편
지일장아니ᄒᆞ노봄은유신ᄒᆞ여오ᄂᆞᆫ쩍에도라오되님은어이무신ᄒᆞ여
도라올쥴모로ᄂᆞᆫ고이삶아마슈상ᄒᆞ다님이죽으랴나ᄂᆡ가죽으랴나이
몸은죽을지라도님을낭은죽지말고ᄂᆡ셜치를ᄒᆞ여쥬쇼혼빅이라도님
을아니〃즈리라칼머리를베고누워가마니ᄉᆡᆼ각ᄒᆞᄃᆡ날ᄉᆞ랑ᄒᆞ던도련 p. 446
님이경셩의득달ᄒᆞᆫ후날그리워병이든가쇼인의참쇼입어쳔니원젹ᄒᆞ
엿ᄂᆞᆫ가날ᄎᆞᄌᆞ오다가비명참ᄉᆞᄒᆞ엿ᄂᆞᆫ가날보담나은님을어더두고ᄉᆞ
랑겨워못오시나요됴슉녀정실어더유ᄌᆞᄉᆡᆼ녀금슬종고즐기시나남린
북촌청누쥬샤뉴협긱이되엿ᄂᆞᆫ가이런연고다업ᄉᆞ면일졍ᄒᆞᆫ번오련마
ᄂᆞᆫ오시지ᄂᆞᆫ못ᄒᆞ여도일ᄌᆞ셔신븟쳐시면나의쇼식알련마ᄂᆞᆫᄂᆡ몸죽을
삶을ᄲᅮ니이를엇지ᄒᆞ잣말고쇼년등과ᄒᆞ여남북병ᄉᆞᄒᆞ엿ᄂᆞᆫ가북경ᄉᆞ
신가계신가날을아조이젓ᄂᆞᆫ가이러ᄒᆞᆯ니만무ᄒᆞ다이럿트시혼ᄌᆞᄉᆞ셜
눈믈석거한심질졔외촌허봉ᄉᆞ가도부길에도라간다문복외며가ᄂᆞᆫ쇼
ᄅᆡ셔울판ᄉᆞ(→판슈)와ᄂᆞᆫ판니ᄒᆞ다쇼ᄅᆡ를폭쥐여지ᄅᆞᄂᆞᆫ드시문슈흡
쇼문슈흡쇼거드러거려즛ᄂᆡ다가물근ᄯᅩᆼ을드듸고밋그러져안셩장의
풀송아지쳐로뒤쳐지며쳘버덕거려니러날졔두숀으로ᄯᅩᆼ을집허왕심
어미풋나믈쥐무ᄅᆞ듯윈통쥐무ᄅᆞ고니러셔〃ᄲᅢ릴젹의옥모통이돌ᄲᅮᆯ
이의작근ᄒᆞ고부듸치니말이못된네로고나ᄯᅩᆼ무든쥴젼혀잇고입에너
허숀을불제구린ᄂᆡ가촉비ᄒᆞ니어픠구려어ᄂᆡ년셕이ᄯᅩᆼ을누엇ᄂᆞᆫ고셰 p. 448
별뼈근ᄯᅩᆼᄂᆡ로다눈먼것만한탄ᄒᆞ고옥문압흘지날적의왼숏슬거두쳐
안고눈을희번득이고코살을찡그리고막ᄃᆡ를휘져흐며쉬파람불제더
듬어오거늘츈향이김형방불너져판ᄉᆞ(→판슈)좀청ᄒᆞ여쥬오김형방
이판ᄉᆞ(→판슈)를불너쥬니져계집아희거동보쇼판ᄉᆞ(→판슈)쇼ᄅᆡ반
겨듯고허판ᄉᆞ(→판슈)님여보시오이리와셔쉬여가오허판ᄉᆞ(→판슈)
니른말이그누구가부ᄅᆞᄂᆞᆫ고말쇼ᄅᆡ가심히익다ᄋᆡ고나ᄂᆞᆫ읍ᄂᆡ츈향이
오그ᄉᆞ이되ᄃᆞᆨ다히연고나업고ᄉᆞ망이나만히잇소허판ᄉᆞ(→판슈)의거

동보쇼ᄒᆞᆫ번길게ᄊᆡ긔오고ᄒᆞᄂᆞᆫ말이〃아희너볼낫치바히업다원슈의
ᄉᆡᆼ이로다요ᄉᆞ이어른의윤감아희들역질ᄇᆡ송도ᄒᆞ고프닥거리방슈보
기즁병에산경닑기집이ᄉᆞ에안ᄐᆡᆨ경ᄆᆡᆼ쳥에계회참네ᄒᆞ기동관기리골
ᄑᆡᆨ소골단파방갑ᄌᆞ골ᄒᆞ노라네말드런지오ᄅᆡ것마ᄂᆞᆫᄒᆞᆫ번도와셔졍다
히뭇지못ᄒᆞ고이럿틋만나니ᄒᆞᆯ말이전혀업다그라셔요ᄉᆞ이듕댱을당
p. 450 ᄒᆞ엿다ᄒᆞ니상쳐나만져보ᄌᆞ얼골붓터나리만져젓가슴의니ᄅᆞ러ᄂᆞᆫᄆᆡ
오지쳬ᄒᆞᄂᆞᆫ고나ᄋᆡ고계ᄂᆞᆫ관겨치안쇼ᄃᆡ답ᄒᆞ고ᄎᆞ〃나려가다가불가
불쥬졈ᄒᆞᆯᄃᆡ다ᄃᆞ라ᄂᆞᆫ어불ᄉᆞ몹시쳣고나바로학치ᄅᆞᆯᄑᆡ얏네졔아비쳐
쥭인원쉬던가ᄒᆞ며삼〃미ᄅᆞᆯ만지랴고몸을굼실ᄒᆞᄂᆞᆫ고나숀을ᄲᆡ혀바
지츔을문희(→풀어)치고ᄭᅮ려안ᄌᆞ거취ᄅᆞᆯᄎᆞ리려ᄒᆞ니츈향의ᄉᆡᆼ품의
ᄲᅡᆷ을기ᄉᆡᆷ치듯ᄒᆞ여보ᄂᆡ련마ᄂᆞᆫ계유ᄎᆞᆷ고여보시오판ᄉᆞ(→판슈)님ᄂᆡ
말듯쇼녯일을곰〃ᄉᆡᆼ각ᄒᆞ니셜음이ᄉᆡ음솟듯ᄒᆞ오허판ᄉᆞ(→판슈)님
소시젹과우리어루신ᄂᆡ소시젹의압뒤집의니웃ᄒᆞ여〃형약졔희ᄒᆡᆨᄒᆞ
여쥬붕되여단니실졔돈이너푼만ᄉᆞᆷ겨도판ᄉᆞ(→판슈)님우리집의와
셔어루신ᄂᆡᄅᆞᆯ불너ᄂᆡ여우리오날ᄒᆡᆼᄌᆞᄒᆞ셰어루신ᄂᆡᄃᆡ답ᄒᆞ고날을안
고나가시면허판ᄉᆞ(→판슈)님날을보고머리ᄅᆞᆯ살〃쓰다듬고ᄂᆡᄯᆞᆯ츈
향아어ᄃᆡ보ᄌᆞ숄집의안고가셔안쥬〃고달ᄂᆡ던일엇그졘듯ᄒᆞ오마ᄂᆞᆫ
오날〃ᄉᆡᆼ각ᄒᆞ니어루신ᄂᆡᄅᆞᆯ다시뵈온듯ᄒᆞ오녯말의닐너시ᄃᆡ고인지
ᄌᆞᄂᆞᆫ즉오직라ᄒᆞ여시니나ᄂᆞᆫ우리어루신ᄂᆡ로아오아모ᄐᆡ업ᄉᆞ니두로
p. 452 만져쥬오ᄉᆡ훤ᄒᆞ기칭냥(→측냥)업쇼판ᄉᆞ(→판슈)놈이츈향의말듯고
ᄆᆡᆨ이풀녀ᄒᆞᆫ편모흐로슬며시ᄶᅧ러지며열업시ᄒᆞᄂᆞᆫ말이ᄂᆡ아희졍신조
타과연그러ᄒᆞᆫ법잇ᄂᆞᆫ니라그러ᄒᆞ나김ᄑᆡ두가치더냐니ᄑᆡ두가치더냐
ᄶᅩᆨ바로닐너라너ᄆᆡ질ᄒᆞ던놈ᄂᆡ셜치ᄒᆞ여쥬마형방ᄑᆡ두놈드리오일오
일(→십오일)날바드라ᄂᆡ집오니이후의날바드라오거들낭졀명일을
바다쥬어ᄉᆡᆼ급살을맛치리라ᄉᆞ람놈이ᄆᆡ질을ᄒᆞᆫ들그다지몹시ᄒᆞ여시
랴아모커나신슈점이나쳐보아라ᄒᆞ더라
p. 454 셰긔ᄉᆞ구월념오필셔

권지오

ᄎᆞ셜이ᄡᅥ허판ᄉᆞ(→판슈)놈ᄒᆞᄂᆞᆫ말이신슈점이나쳐보아라ᄂᆡ식젼
졍신에잘쳐보마츈향이ᄉᆞᆷ순말을다ᄌᆞ셔히니ᄅᆞ며옷고름의돈너픈호
텬호지호일호월합ᄒᆞ면텬지일월이라가진거시이ᄲᅮᆫ이니희몽졈을잘
쳐쥬오판ᄉᆞ(→판슈)의거동보쇼쥬머니ᄅᆞᆯ어로만져산통ᄂᆡ여쇼의들
고눈우희번젹드러솰〃흔드면셔쳔하언ᄌᆡ야고지즉응ᄒᆞᄂᆞ니신긔영
의(→명의)감이슌통복걸신명일월셩신조림하토인지화북팔〃뉵십
ᄉᆞ괘삼빅뉵십ᄉᆞ효괘불난상효불난동여텬지로합기덕여일월노합기
명여ᄉᆞ시로합기셔여귀신으로합기길흉고션샤복희신롱요슌우탕문 p. 458
무듀공소공〃ᄌᆞ귀곡숀빈황셕공장ᄌᆞ방제갈무후관뇌(→관로)곽박
원텬강니슌풍소강졀졍명도쥬회암상지쳔문하달지리금우틱셰갑ᄌᆞ
삼월긔히삭십일〃긔유에히동조션국팔도듕젼나좌도남원부ᄉᆞ십팔
면듕부ᄂᆡ면향교리거ᄒᆞ옵ᄂᆞᆫ곤명김시갑인ᄉᆡᆼ신을ᄉᆞ복ᄌᆞ르근복문ᄒᆞ
오ᄃᆡ모년모월모일에낭군니슈ᄌᆞ(→슈지)로니별후식불감침불안이
거니거년분의신관ᄉᆞ또도임신졍지초에횡피듕당ᄒᆞ고인뉘슈금ᄒᆞ여
우금슈년의빅병이층츌ᄒᆞ고ᄉᆞᆼ미판즁거야일몽이여ᄎᆞ〃ᄒᆞ옵기
지셩감복문ᄒᆞ오니유하쇼춰온지유하관지쳔나지망이연야아복걸신
명은물비소시〃〃〃〃ᄒᆞ옵쇼셔산통을왈각〃흔드러것구로잡고 p. 460
하나둘혀여보고션ᄌᆞᄅᆞᆯ두ᄃᆞ리며점괘ᄅᆞᆯ프러닐제ᄂᆡ외효ᄅᆞᆯ작과
(→작괘)ᄒᆞ니가인지비되것고나이의츈향아이졈미오묘리잇다니도
령이과거ᄒᆞ여쳥포ᄅᆞᆯ닙을격이오쳔녹귀인셩의녁마가발동ᄒᆞ니분명
외님ᄒᆞ여나갈형상이라연ᄌᆞ괘빗최여시니둥실〃〃써단니ᄂᆞᆫ슐기벼
슬이오ᄌᆞ숀이라ᄒᆞᄂᆞᆫ거슨공명의ᄂᆞᆫ화약이라삼형살긔ᄢᅧ여시니이아
니고이ᄒᆞ냐응효로논지ᄒᆞ면도모지남이로다올컷다알니로다열읍슈
령관쇽드ᄅᆞᆯ형츄파직ᄒᆞᆯ거시니암힝슈의분명ᄒᆞ다화락ᄒᆞ니능셩실이

오경파ᄒᆞ니긔무셩가문상에현허인ᄒᆞ니만인기앙시라산붕ᄒᆞ니작평
지오희갈ᄒᆞ니견농안이라이글뜻은쏫치써러지니능히여름이열닐거
시오거울이ᄭᆡ여지니엇지쇼ᄅᆡ업ᄉᆞ랴문우희허슈아비달녀시니만인
이다우러〃보리로다산이문허지니평지될거시오바다히마ᄅᆞ니농의
p. 462 얼골을보리로다ᄒᆞᆫ뜻이라이ᄋᆡ춘향아부ᄃᆡ〃〃조셥ᄒᆞ여념네말고두
고보라평ᄉᆡᆼ미망낭군을불구의맛나리라춘향이ᄃᆡ답ᄒᆞᄃᆡ이졈잣틀진
ᄃᆡ무삼한이〃시리오밍낭ᄒᆞᆫ말너모마오져판슈골을ᄂᆡ여굿지밍셰ᄒᆞ
ᄂᆞᆫ말이졔할미롤ᄒᆞ엿다고헷부리롤놀닐것가고름밋고나기ᄒᆞᄌᆞ아모
커나ᄃᆡ길ᄒᆞ니두고만보아라말〃슷희ᄉᆡᆼ각ᄒᆞ니복ᄎᆞ(→복치)달나기
어렵도다의뭉싀레셜지르ᄃᆡ이ᄋᆡ춘향아이ᄉᆞ이ᄂᆞᆫᄂᆡ가ᄉᆞ망도업고지
ᄂᆡ기가극난〃〃ᄒᆞ다마ᄂᆞᆫ엇지ᄒᆞ리춘향이〃말듯고ᄊᆞ줏던금ᄎᆞ
(→금치)ᄉᆡᆨ혀쥬며불상ᄒᆞ오이거시약소ᄒᆞ나파라ᄒᆞᆫᄭᅵ보ᄐᆡ여쓰오판
ᄉᆞ(→판슈)놈이두부ᄌᆞ로터지오듯쇽으로드리ᄊᆡ긔오며ᄒᆞᄂᆞᆫ말이아
모리무물불셩이라ᄒᆞ여신들져기나ᄒᆞ면보ᄐᆡ여쥴터에남이알면날을
무어스고알니아셔라ᄒᆞ며말ᄒᆞᆯᄉᆞ이의발셔왼숀으로바다ᄉᆞ미쇽의슈
p. 464 쇄ᄒᆞ고열업셔ᄒᆞᄂᆞᆫ말이〃ᄋᆡ시장ᄒᆞ니다시보ᄌᆞᄒᆞ고니러셔니ᄋᆡ고평
안이가오인ᄉᆞᄒᆞ여보닌후의천ᄉᆞ만탁혜ᄋᆞ리며젼녁죽도믈니치고오
경누셩잔진토록잠못드러안졋더니이ᄭᆡ춘향어미압셔와셔춘향아〃
〃〃자ᄂᆞ냐ᄭᆡ엿ᄂᆞ냐춘향의거동보쇼ᄒᆞᆫ〃침〃안졋다가부ᄅᆞᄂᆞᆫ쇼ᄅᆡ
듯고급히니러나오다가형문마즌졍강이롤옥문턱의부듸잇고ᄋᆡ구쇼
ᄅᆡ크게ᄒᆞ며어마니가놀나깃다목안쇼ᄅᆡ로겨우ᄋᆡ고〃〃ᄒᆞ고진졍ᄒᆞ
여ᄃᆡ답ᄒᆞᄃᆡ어마니이밤듕에또웨왓소밤이나졔발평안이쉬시오져리
ᄋᆡ쓰다가마ᄌᆞ병이들면구ᄒᆞ리가뉘가잇소임의보라와계시니ᄂᆡ쇽거
시나가져다가압ᄂᆡ믈의솰〃ᄲᆡᆯ아양지바로너러쥬오춤아가려워못살
깃소춘향어미숀목잡고ᄃᆡ셩통곡우ᄂᆞᆫ말이〃롤엇지ᄒᆞ줏ᄂᆞ니아장을
녀장ᄒᆞᆯᄃᆡ녀장을아장케되니아장을슈장ᄒᆞᆯ고ᄋᆡ고〃〃셜름이야아곡
을녀곡ᄒᆞᆯᄃᆡ녀곡을아곡ᄒᆞ니아곡을슈곡ᄒᆞ리셔로붓들고한창우ᄃᆞ가

츈향이눈드러어ᄉᆞ의먼니셧ᄂᆞᆫ냥을보고무ᄅᆞᄃᆡ〃져ᄃᆡ히셧ᄂᆞᆫ니가누
구요ᄃᆡ답ᄒᆞᄃᆡ지넘머니풍헌이ᄌᆞ리갑바드라왓단다그리면어더드리 p. 466
지오이밤의무삼일엣가지(→까지)뫼셔왓소날보고가실나오니풍헌
님이리오〃그ᄉᆞ이평안ᄒᆞ옵시고안악문안도안령ᄒᆞ옵시오ᄃᆡᄉᆞ로이
〃밤에보라오시니감격ᄒᆞ오츈향어미ᄒᆞᄂᆞᆫ말이ᄌᆞ셔ᄒᆞ보아라이놈의
ᄌᆞ식쏠된것쎈〃의아들놈너를ᄎᆞᄌᆞ왓단다츈향이울며ᄒᆞᄂᆞᆫ말이그뉘
라셔날ᄎᆞᆺᄂᆞᆫ고날ᄎᆞ즈리업건마ᄂᆞᆫ이곳지흉한옥듕이라형문마져죽은
귀신결항ᄒᆞ여죽은귀신이미ᄒᆞ게죽은귀신뭇귀신이날ᄎᆞᆺᄂᆞᆫ가진언이
나뉡어보ᄌᆞ늑ᄌᆞᄃᆡ명왕보살옴마리반메훔왼발구ᄅᆞ며먼니쎠〃그러
치아니ᄒᆞ면상산ᄉᆞ호벗지(→벗시)업셔바독두ᄌᆞ날ᄎᆞᆺᄂᆞᆫ가영쳔슈의
귀씻던소부허유진셰ᄉᆞ를의논코져날ᄎᆞᆺᄂᆞᆫ가쥬듕텬ᄌᆞ뉴령이가술먹
ᄌᆞ날ᄎᆞᆺᄂᆞᆫ가시듀(→시쥬)무량니ᄐᆡᄇᆡᆨ이시부를읇ᄌᆞ날ᄎᆞᆺᄂᆞᆫ가위슈어
옹강ᄐᆡ공이낙시질ᄒᆞ랴날ᄎᆞᆺᄂᆞᆫ가슈양산ᄇᆡᆨ이숙졔고ᄉᆞ리키ᄌᆞ날ᄎᆞᆺᄂᆞᆫ
가면산깁흔곳의ᄀᆡᄌᆞ츄가불타죽ᄌᆞ날ᄎᆞᆺᄂᆞᆫ가황능묘의아항(→아황) p. 468
여영시녀업셔날ᄎᆞᆺᄂᆞᆫ가텬ᄐᆡ산마고션녀숙낭ᄌᆞ를므ᄅᆞ려고날ᄎᆞᆺᄂᆞᆫ가
날ᄎᆞ즈리업것마ᄂᆞᆫ그뉘라셔날ᄎᆞᆺᄂᆞᆫ고츈향어미ᄒᆞᄂᆞᆫ말이네셔방니도
령이너를보라왓단다바라고미더〃니잘되엿다거록ᄒᆞ고의젓ᄒᆞ다네
셔방도조흠도조타이졔ᄂᆞᆫ무어슬밋고바라야ᄂᆞ니츈향이〃말듯고옴
즉놀나불빗히바라보니팔도의비치못ᄒᆞᆯ상거어지가완연ᄒᆞ다ᄋᆡ고어
마니도망녕이오눈이어두어도마련이업소날다려눈이어둡다고ᄒᆞᆫ다
마ᄂᆞᆫ네붉은눈의ᄌᆞ셔히보아라니가놈이아니오엇던역젹의아들놈이
냐어ᄉᆡ먼니셔〃모녀의거동을보다가어히업고긔가막혀눈물을먹음
고날호여나아가ᄒᆞᄂᆞᆫ말이츈향어미등불드쇼얼골이나ᄌᆞ셰보셰문틈
으로드려다보니화용월ᄐᆡ홀연이변ᄒᆞ여공산촉뇌(→촉누)되엿고옥
부방신의피흔젹이난만ᄒᆞ며난초긔질부용화ᄐᆡ거의진케되엿거늘경
신이산난ᄒᆞ여급히쇼ᄅᆡᄒᆞᄃᆡ츈향아어듸보ᄌᆞ져형상이웬일이니빅옥
갓튼고은양ᄌᆞ촉누갓치되여시며션녀갓튼네모양이산귀신이다되엿 p. 470

고나녹의홍상ᄒᆞ든몸의몽동치마웬일이며비단당혀(→당혜)신든발
의헌집신이웬일이니반가온즁션겁도다나도가운이불힝ᄒᆞ여급제도
못ᄒᆞ고가산도탕진ᄒᆞ여루년걸식ᄒᆞ노라니진시ᄒᆞᆫ번도못와보고풍년
든듸만ᄎᆞᆺ노라니금년이야이곳을지나다가공교이네편지보고네소문
도드ᄅᆞ니날노ᄒᆞ여져럿틋쥭을고싱당ᄒᆞ니너볼낫치업건마ᄂᆞᆫ녯졍니
ᄅᆞᆯ싱각ᄒᆞ여그져가들못ᄒᆞᆯ지라보라오기ᄂᆞᆫ왓다마ᄂᆞᆫ반가온듕무안ᄒᆞ
고슬픈듕붓그럽다아니보니만못ᄒᆞ고나ᄂᆡ모양이 〃 리될졔어ᄂᆡ결을
에너ᄅᆞᆯᄎᆞ즈며금년으로닐너도이곳시졀이방불ᄒᆞᄆᆡ동냥ᄒᆞ기골몰ᄒᆞ
여진작오지못ᄒᆞ엿다우리두리당초언약아모리구더신들시방와셔ᄒᆞᆯ
슈업다쏠을본들모ᄅᆞᆯ쇼냐날바라고엇지ᄒᆞ리몸구쳐ᄅᆞᆯᄒᆞ려무나츈향
이그말듯고다시보니영낙업다말쇼ᄅᆡ와ᄒᆞᄂᆞᆫ거동미망낭군졍녕ᄒᆞ다
상시(→싱시)냐꿈이냐만일꿈곳아니면이몸이쥭엇도다쥭은혼일만
졍왓다ᄒᆞ니반가왜라삼혼칠빅나타난다혼절ᄒᆞ여정신을닐허더니오
ᄅᆡ게야ᄭᆡ여나셔우ᄂᆞᆫ말이ᄋᆡ고이거시웬일이며이말이웬말이오하ᄂᆞᆯ
노셔ᄯᅥ러진가ᄯᅡ흐로셔솟ᄉᆞᄂᆞᆫ가바람결의블녀왓나ᄢᅦ구름에ᄲᅡ혀왓
p. 472 나무릉도화범나뷘가오류문젼ᄭᅬᄭᅩ리린가환희(→환히)풍파골몰ᄒᆞ여
못오던가쥬마투계쥬ᄉᆡᆨ으로외입ᄒᆞ여못오던가산이놉하못오던가물
이깁허못오던가산이여든도라오고물이여든건너오지엇지그리못오
던가츄월이양명휘ᄒᆞ니달이밝아못오던가일낙당ᄉᆞ츄ᄉᆡᆨ원ᄒᆞ니날져
무러못오던가촉도지난이난어상쳥쳔ᄒᆞ니길험ᄒᆞ여못오던가한슈
(→환슈)북히안셔지ᄒᆞ니쇼식몰나답 〃 ᄒᆞᆫ데건곤이일야부에단원당
취불원셩ᄒᆞ니술취ᄒᆞ여못오던가빅셜이만공산이라호구불난금의박
ᄒᆞ니날이치워못오던가회두일소빅미싱ᄒᆞ니식상랑(→사랑)겨워못
오던가삼츈고한봉감우오쳔니타향봉고인이라깃부도다이몸이쥭어
져셔후셰에나볼가ᄒᆞ엿더니쳔만의외오날다시상봉ᄒᆞ니칠년ᄃᆡ한빗
발보듯구년지슈히빗보듯반갑기도칭냥업ᄂᆡ금셕슈식나한을ᄒᆞᆯ가얼
ᄉᆞ조흘시고그러ᄒᆞ나그ᄉᆞ이몸이나일향ᄒᆞ옵시고발병이나아니낫소

산젹(→상젼)벽히슈류ㄱ기라ᄒᆞ엿신들져ᄃᆡ지도변ᄒᆞᆯ가엇지그리무졍 p. 474
ᄒᆞ오어이그리야쇽ᄒᆞ오아모리져몰골이되여신들벳졍니를니즈시고
말ᄉᆞᆷ조ᄎᆞ그리ᄒᆞ오ᄂᆡ몸구쳐를ᄒᆞ라시니그리면아시(→애시)에엇지
ᄒᆞ여산쳔은이변이나ᄎᆞ심은난변이라ᄆᆡᆼ셰ᄒᆞ엿소엇지ᄒᆞ던지날살녀
쥬오항식(→항쇄)족쇄벗겨쥬오거름이나싀훤이거러보셰나의몸을
옥문밧긔ᄂᆡ여쥬오셰상구경다시ᄒᆞ셰반갑기도긔지업고깃부기도칭
냥업ᄂᆡ과연말ᄉᆞᆷ이지셔방님바라기를남졍북벌요란ᄒᆞᆯ졔명댱갓치ᄀᆡ
국렬토공신갓치밋고바랏더니이졔져몰골이되여시니ᄋᆡ고나는쥭네
쥭으나한이업소져지경으로나려오니남의쳔ᄃᆡ오쥭ᄒᆞ며긔한인들젹
어슬가불상ᄒᆞ고가련이도되엿고나일변반기며일변아득ᄒᆞ여졍신이
어즐ᄒᆞ여업ᄃᆡ엿다가식경후니러나문틈으로바라보며눈물오월장슈
갓ᄒᆞ여슯히울며ᄒᆞ는말이ᄉᆞ람이초년빈궁ᄒᆞ기ᄯᅩᄒᆞᆫ예싀것마는셔방
님의관이남누ᄒᆞᆫ들져ᄃᆡ지도되엿는고ᄋᆡ고ᄂᆡ신셰를엇지ᄒᆞ리어싀이
형상을다보고쇽이터지는듯가슴이답〃드립더붓들고시부나겨유참
고ᄃᆡ답ᄒᆞᄃᆡ어허이거시나ᄂᆡ거시라고상토바랑으로단니다가임실읍
ᄂᆡ오려논의막ᄃᆡ쁴워셰운거슬압뒤ᄉᆞ람업슬젹의가마니도젹ᄒᆞ여쓰 p. 476
고불이나게도망ᄒᆞ여어졔이리왓거니와님지날가ᄉᆞ람만흔곳은가기
슬터라츈향이어미불너ᄋᆡ고어마니ᄂᆡ말듯소셔방님이뉴리걸ᄉᆡᆨᄒᆞᆯ지
라도관망의복이션명ᄒᆞ여야남이쳔ᄃᆡ를아니ᄒᆞ고졍ᄒᆞᆫ음식을먹이ᄂᆞ
니셔방님이날다려갈졔쓰려ᄒᆞ고장만ᄒᆞ엿던의복초록공단겻막이며
보라ᄃᆡ단쇽젹고리남무ᄃᆡ단핫치마며진홍갑ᄉᆞ홋치마빅방슈쥬고장
바지ᄃᆡ셜후릉너른바지돈피ᄌᆞ알갓젹고리양피볼씨갓토슈며삼승두
필함농쇽의드러시니그것모도드러ᄂᆡ여헐가방ᄆᆡ탕〃파라셔방님통
냥갓외올망건당뵈도포져ᄉᆞ슈건장만ᄒᆞ여드리고옷졉션ᄒᆞᆫᄌᆞ로빈혀
궤의드러시니한편의는막〃슈젼비빅노를그려잇고ᄯᅩᄒᆞᆫ편의는음〃
화목젼황괴(→하목젼황리)그려시니날본다시쥐시계드리고ᄂᆡ말ᄃᆡ
로부ᄃᆡᄒᆞ여쥬오츈향어미이말듯고독을ᄂᆡ여ᄒᆞ는말이쥬야댱쳔바라

더니이졔ᄂᆞᆫ바라던길도ᄭᅳᆫ쳐지고기다리던일도허ᄉᆡ로다이셜름을눌
p. 478 다려ᄒᆞᆫ잔말고망정맛다나ᄂᆞᆫ네슈종을밤낫으로들건마ᄂᆞᆫ젼혀말션믈
ᄲᅮᆫ이지모쥬한잔먹으라고돈ᄒᆞᆫ푼쥬ᄂᆞᆫ일이〃ᄶᅥᆨ가지(→ᄭᅡ지)업더고
나이원슈의놈은보든마듯옷파라〃노리ᄀᆡ파라〃호ᄉᆞ시겨라잘먹여
라엇지ᄒᆞᆫ곡졀이니좀아ᄌᆞᆺ고나ᄂᆡ마음ᄃᆡ로ᄒᆞ량이면단〃ᄒᆞᆫ참나모몽
치로동혀ᄆᆡ고쥬리ᄅᆞᆯᄒᆞᆫ참틀면가슴이싀훤ᄒᆞᆯ듯ᄒᆞ다츈향이울며ᄒᆞᄂᆞᆫ
말이ᄋᆡ고이거시무슴말슴이오셔방님이칙방으로계실적의엇더케지
ᄂᆡ엿소이진졍소ᄇᆡ은망덕나ᄂᆞᆫ촘아못ᄒᆞᆯ깃쇼어마니마음져러ᄒᆞ면ᄂᆡ
몸하나슬허져셔츌ᄒᆞ리불효ᄂᆞᆫ되려니와마음은곳치지못ᄒᆞᆯ깃쇼츈향
어미이말듯고겁ᄂᆡ여농쳐ᄒᆞᄂᆞᆫ말이〃쇽업슨말듯기슬타ᄂᆡ말이졍말
이냐닌들현마분슈업스랴요망ᄒᆞᆫ말다시말고안심ᄒᆞ라너ᄒᆞᄅᆞᄂᆞᆫᄃᆡ로
다ᄒᆞ면그만이지츈향이ᄃᆡ답ᄒᆞᄃᆡ어마니그리면나ᄂᆞᆫ마음노코미음잘
먹깃소여보셔방님ᄂᆡ말듯소ᄂᆡ일이본관ᄉᆡᆼ일잔치니취듕에쥬망나면
응당날을잡ᄋᆞ올녀지만ᄒᆞ라칠거시니오날은집의도라가셔나ᄌᆞ던방
슈쇄(→소쇄)ᄒᆞ고나ᄭᆞᆯ던요ᄅᆞᆯ펴고나덥던니블덥고나베던벼ᄀᆡ베고
평안이쉬신후의ᄂᆡ일〃즉나와날치랴고올닐적의칼머리나드러다가
p. 480 삼문압히노화쥬소어ᄉᆡ니른말이〃ᄋᆡ그ᄂᆞᆫ과연즁난ᄒᆞ다ᄂᆡ아모리쥭
계되여신들칼머리ᄅᆞᆯ엇지들며본관이만일닌쥴알면필연슈욕뵐거시
니권들아니위틱ᄒᆞ냐그ᄯᅥᄅᆞᆯ보고ᄒᆞᆯ말일다여보셔방님ᄂᆡ말듯소이우
희ᄒᆞᆫ번만더마즈면북두칠셩일곱분과삼틱뉵셩여셧분이닷토와명을
쥬어도살가망이업ᄉᆞ리니나쥭기도셟거니와나쥭ᄂᆞᆫ모양보시ᄂᆞᆫ셔방
님마음오쥭ᄒᆞᆯ가젹막고혼ᄂᆡ신체ᄅᆞᆯ밧그로ᄭᅳ어닐거시니셔방님이삼
문밧긔셧다가ᄂᆡ신체나오거든드립더덤셕안고집으로나와나ᄌᆞ던방
ᄂᆡ금침의날을누인후의셔방님도ᄒᆞᆫᄃᆡ누어한(→두)몸이두(→한)몸
되고두입을ᄒᆞᆫᄃᆡ〃여셔방님더운츔을흘녀너코ᄒᆞᆫ식경을누어실제셔
방님이말을ᄒᆞᄃᆡ츈향아〃〃〃무슨잠을이리깁히드럿ᄂᆞ니쳔호만환
불너보고영결종천ᄒᆞᆯ일업다귀헤다여아미타불세마ᄃᆡ념불ᄒᆞ고몸이

쾌히식은후의그졔야니러나슈시ᄒᆞ여홋니불을보기조케덥허노코나
입던쇽젹삼을ᄂᆡ여다가지붕말ᄂᆡ올나셔〃ᄂᆡ혼ᄇᆡᆨ을부ᄅᆞᆯ젹의셔방님
초셩눕혀(→놉혀)히동조션국젼나좌도남원부〃ᄂᆡ면ᄒᆞᆫ교리거ᄒᆞ온
곤명갑인ᄉᆡᆼ김시츈향혼ᄇᆡᆨ은셔양셰계로나극낙셰계로ᄂᆞ쳔슈경법화 p. 482
경으로시ᄂᆡ오복〃혼ᄇᆡᆨ을불너드러와서우리어마니ᄒᆞ고ᄒᆞᆫ참통곡ᄒᆞ
신후의어마니ᄅᆞᆯ부ᄃᆡ불상이넉이시오그형상이엇더ᄒᆞᆫ곳소ᄃᆡ소렴을
ᄒᆞᆯ지라도면쥬비단ᄒᆞ지말고슌ᄇᆡᆨ목으로염습ᄒᆞ고눅진장포로ᄆᆡᄅᆞᆯᄒᆞ
고관을낭ᄒᆞ지말고뒤동산의솔찜ᄒᆞ여두엇다가슈삼삭이지ᄂᆡ면은부
러난것츄긔물이물슈이(→몰슈이)ᄉᆡᆨ질거시니피골이샹연ᄒᆞ여감쳡
갓치경쳡ᄒᆞ거든칠셩판ᄒᆞᆫ넙만밧쳐셔아모커나질ᄲᆡᆼᄒᆞ여셔방님이친
히지고촌〃이올나가면셔ᄂᆡ젹삼을가지고〃기마다올나셔〃셔방님
이초혼ᄒᆞᄃᆡ네신쳬ᄅᆞᆯᄂᆡ가지고가니네혼ᄇᆡᆨ도무쥬고혼되지말고날을
ᄯᆞ라오ᄂᆞ라ᄒᆞ고갓금젹숨만두루면ᄂᆡ가혼ᄇᆡᆨ이라도즐거워허공듕텬
음〃듕에셔울가지(→ᄭᆞ지)ᄯᆞ라가셔〃방님ᄃᆡᆨ묘하의버셔노코아모
ᄃᆡ라도히ᄌᆞ안히무더쥬고무덤압히비ᄅᆞᆯ셰고여덟ᄌᆞ만ᄡᅳᄃᆡ슈졀원ᄉᆞ
츈향지묘라ᄒᆞ여ᄡᅳ고뎡월보름이월한식삼월삼질샤월시(→시졔)오
월단오뉵월뉴두칠월ᄇᆡᆨ듕팔월츄셕구월구일십월시졔동지셧달납향
가지(→ᄭᆞ지)셔방님산소츌입ᄒᆞ실젹의졔ᄉᆞ지ᄂᆡᆫ퇴션으르ᄂᆡ무덤의 p. 484
옴겨노코셔방님이친이와셔비불니흠향ᄒᆞ라이러트시ᄒᆞ여쥬옵시면
ᄂᆡ가비록유명이나감츅ᄒᆞ여즐겁고조화ᄒᆞ여츔을츄고만슈무강튝원
ᄒᆞ며셔방님왕ᄂᆡ시의ᄌᆞ최쇼ᄅᆡ음셩이나드러보셰ᄋᆡ고〃〃셜운지고
나쥭어업다말고글공부착실이ᄒᆞ여아모조록급졔ᄒᆞ샤이셜치ᄅᆞᆯᄒᆞ여
쥬소ᄋᆡ고〃〃셔름이야이ᄅᆞᆯ엇지ᄒᆞ잔말고어ᄉᆡ목의츔이ᄆᆞᆯ나ᄒᆞᄂᆞᆫ말
이녯말의닐너시ᄃᆡ극셩즉필픠라니본관이네게너모긔승을픠여시니
무숨픠볼일이〃실즙엇지알니우지마라우지마라너도셰상볼날이아
니이시랴입맛다시고옥문틈으로숀을너허츈향의숀을마조쥐고너모
셜워마라입이나좀다혀보ᄌᆞ옥문틈으로맛초랴ᄒᆞᆫ들그림쇽의ᄭᅩᆺ치로

다이런쎡의ᄂᆞᆫ황시ᄌᆞ식이나되더면조흘번ᄒᆞ다ᄒᆞᆯ일업셔믈너셔〃ᄒᆞᆫ
ᄌᆞ말노니를갈고ᄒᆞᄂᆞᆫ말이〃놈ᄂᆡ일싱일잔치ᄒᆞ량이면더욱조타ᄂᆡ숀
씨로츌도ᄒᆞ여급경풍을모라다가만경창ᄑᆞ되강오리를ᄆᆡᆫ들나라
p. 486 (→니라)마음이썰니고쌔가져리고눈의불이난다돌결구도밋치샌지
고마로굼긔볏치든다이놈ᄆᆡ양긔승ᄒᆞᆯ가어ᄃᆡ보ᄌᆞ강기ᄒᆞ여탄식ᄒᆞ고
츈향을니별ᄒᆞ고도라셔니ᄉᆞᄅᆞ져울고드러갈졔댱부의간장이다녹ᄂᆞᆫ
고나츈향어미ᄯᆞ라간다츈향이보ᄂᆞᆫᄃᆡᄂᆞᆫ쳔연스레다리고오더니ᄒᆞᆫ모
롱도라셔〃이셩ᄒᆞᄂᆞᆫ말이셔방님어ᄃᆡ로가랴ᄒᆞ오어ᄉᆡᄃᆡ답ᄒᆞᄃᆡ집으
로가지츈향어미ᄒᆞᄂᆞᆫ말이이거시ᄎᆞ소위드레질이오집업ᄂᆞᆫ쥴번연이
알며집이란말이웬말이오환상ᄉᆞ쾌쥬어쓰고못밧쳐더니ᄒᆞᆫ졍일두졍
일지나가ᄆᆡ졉쎡에약졍ᄒᆞ고면님이나와셔관작ᄌᆡ쥬ᄒᆞ여파라드려간
거술어ᄃᆡ로가ᄌᆞᄒᆞ오그리면ᄌᆞ네그집의잇기ᄂᆞᆫ무슴일고경신년글강
외듯ᄒᆞ라ᄒᆞ오거긔셰여진노구ᄎᆞ즈라갓다가공교히쏙맛낫지오그리
면ᄌᆞ네ᄂᆞᆫ어ᄃᆡ가잇노글셰오읍ᄂᆡ과부집갓ᄒᆞᆫᄃᆡ홀어미집다히로단니
p. 488 면셔불씨나거두어쥬고누른밥슐이나어더먹지오이ᄉᆞ람그리ᄒᆞ면ᄌᆞ
네가ᄂᆞᆫᄃᆡ나도한가지로가셰츈향어미깜작놀나ᄒᆞᄂᆞᆫ말이난졍(→난
장)맛고발가락썁히고날가지(→까지)쫏기여나노즁에셔ᄌᆞ계ᄒᆞ려ᄂᆞᆫ
가실업ᄉᆞᆫ말다시말고여긱(→여각)다히로나가셔보지어ᄉᆡ어히업셔
져를엇지갈을쇼냐뒤ᄯᆞ히여도라셔〃긱ᄉᆞ공쳥ᄎᆞᄌᆞ간다ᄉᆞ벽(→시
벽)의문을나셔군관셔리역졸드를입즛스로뒤흘ᄯᆞ라쳥운ᄉᆞ로드러
가니각읍의폐인염탐각〃변복다모혓다담비장ᄉᆞ메육장ᄉᆞ망건장ᄉᆞ
파립장ᄉᆞ항우장ᄉᆞ걸긱이라밤듕의싼방잡ᄋᆞ불을혀고오십삼관염문
긔를각항조목상고ᄒᆞ여모일모역모장으로뇌졍기약헷쳐노크(→ᄒᆞ
여노코)금일오후본부싱일잔치에부치펴셔들거들낭츌도ᄒᆞ고드러오
라약쇽을졍ᄒᆞᆫ후의평명시의니ᄅᆞ려셔빅번이나당부ᄒᆞ든옥문밧근아
니가고관문근쳐단니면셔잔치찜식살펴보니싱일잔치젹실ᄒᆞ다빅셜
ᄀᆞᆺᄒᆞᆫ구름차일보계판도놉흘시고왜병풍의모란병을좌우의둘너치고

화문등미치화셕의만화방셕총젼보료몽고젼담뇨로다스초롱양각등 p. 490
의뉴리등을홍목으로쥴을ᄒ여휘황ᄒ게거러노코청홍ᄉ〃초롱을셕
가릭슈되로총〃이거러두고싯별ᄀᆺ튼요강타구룡초ᄃ(→룡촉ᄃ)노
초듸(→놋촉ᄃ)롤여긔져긔버려노코인근읍슈령드리ᄎ례로모혀올
졔인마가낙력ᄒ여당상의는부스현감당하의는만호별장임실현감구
례현감고분(→고부)군슈젼쥐판관함열현감운봉영장청텬의구름모
듯룡문산의안기픠듯ᄉ면으로모혀드니위풍이엄슉ᄒ고호령이셔리
ᄀᆺ다ᄎ례로버려안ᄌ아희기싱녹의홍상어룬기싱착젼립에좌우에버
려셰고거복ᄀᆺ튼거문고ᄀ약고양금싱황삼현쇼릐반공의어릐엿다쥬
안상을드리면셔슌비슐의권쥬가라흥을겨워한창놀제닙츔후의검무
보고거문고남창이며히젹의녀창이라이러트시즐길젹의져걸인의거
동보쇼두로도라단니면셔혼ᄌ말노아마도이노름이고름되리로다이
놈의ᄌ식들잘호강ᄒ다슬컷노라〃얼마놀니미오잘노는고나ᄒ며얼
골형상검게ᄒ고쥬젹〃〃드러가며엿쥬왜라스령드라먼니잇는걸긱 p. 492
으로조흔잔치맛나시니슐잔이나어더먹ᄌ진퇴ᄒ여드러가니좌상의
안즌슈령호령ᄒ되이거시어인걸긱이니밧비집어닛더리라뭇ᄉ령이
달녀드러등밀거니비밀거니팔도잡고다리도잡고ᄲ도치며멱살쓸며
이분닉어ᄃ롤드러오시오밧비나가란가오동(→오듐)지진상의단지
거름으로비ᄎ밧티ᅋᅵᆼ이쳐로밧그로닛더리니어싀가로ᄶ러져분긔
틩듕(→팅쳔)ᄒ나십분츰고니러셔〃ᄃ빗쳐(→밧쳐)드러가니ᄒ갈갓
치구박ᄒ다어싀라도홀일업셔뒤문으로가셔보니게도혼금이ᄃ단ᄒ
지라드러갈길이전혀업다ᄒ모롱에안ᄌ다가엽히안즌노인다려뭇는
말이이ᄉᄯ쇼문드ᄅ니치민션졍유명ᄒ여빅셩드리만셰불망션졍비
롤셰운다ᄒ니그러홀시분명ᄒ지그노인ᄃ답ᄒᄃ예이ᄉᄯ오공ᄉ는
잘ᄒ는지못ᄒ는지모로거니와참나무휘온듯ᄒ니엇더타홀지오어싀
왈그공ᄉ일홈이무슨공식라ᄒ는지그ᄉ람앙텬ᄃ소왈그긍ᄉ일홈은 p. 494
쇠코ᄯ레공식라ᄒ지오원님의욕심이엇던지모로거니와디젼목포롤

다고미레질ᄒᆞ여드리니엇더홀지오싀의ᄂᆞᆫ아귀오정ᄉᆞ에ᄂᆞᆫᄶᅩᆼ즙치라
아모ᄃᆡ도바닥쳣ᄌᆞᄂᆞᆫ가지오이번에도ᄉᆞ십팔면가〃호〃에빅미삼승
돈칠푼의계란삼기식거두어잔치ᄒᆞ니거록ᄒᆞ고무던ᄒᆞ지오어싀드를
만ᄒᆞ고안즛더니문보ᄂᆞᆫ하인드리어ᄉᆞ다려ᄒᆞᄂᆞᆫ말이우리잠간입시ᄒᆞ
고올ᄉᆞ이에아모라도드러가거든이칙쥭으로먹여쥬고문을착실이보
아쥬오잔칙파후의음식이나만히어더쥬오리다어싀다힝ᄒᆞ여글낭은
넘녜(→념네)를아조노코가란잇가하인들이입시간ᄉᆞ이의ᄒᆞᆫᄉᆞ람이
드러가랴ᄒᆞ고기웃〃〃ᄒᆞ거늘어싀ᄒᆞᄂᆞᆫ말이분〃씹조흔판의아니드
러가고무엇ᄒᆞ리져긔잇ᄂᆞᆫ아희들아ᄂᆡ알거시니모도드러가구경ᄒᆞ라
마음ᄃᆡ로터노흐니부문ᄒᆞᄂᆞᆫ션빅쳐로뭉계〃〃뒤ᄉᆞ러셔함부로드러
p. 496 가거늘어ᄉᆞ도셧겨드러가며조타잘드러온다한모롱이치여라쥭충교
보계판으로부젹〃〃올나가니좌즁에슈령드리하인불너호령홀제운
봉영장겻눈으로어ᄉᆞ잠간술펴보니면광인활ᄒᆞ고안담한파ᄒᆞ여흑빅
이청슈ᄒᆞ고비란츄월ᄒᆞ여슈담(→쇼담)미당ᄒᆞᆫᄃᆡ윤낭이하모(→하수)
ᄒᆞ고ᄉᆞ비ᄂᆞᆫ농긔(→융긔)로다쇼불노치ᄒᆞ며복모이견ᄒᆞ여요원(→견
원)이빅평이라인즁장뎡부윤의산근후창고만이라삼정이균평ᄒᆞ고
오악이구젼이라언간청월(→청원)ᄒᆞ고좌단침정ᄒᆞ여법령이엄장ᄒᆞ
고장벽방후로다연견의화싀ᄒᆞ니무빵영걸이라삼십에승상이오명쥬
p. 498 츌히ᄒᆞ니팔십에틱싀로다운봉이마음의놀나고의심ᄒᆞ여본관의게통
ᄒᆞᄂᆞᆫ말이여보시오그분을보와ᄒᆞ니의복은남루ᄒᆞ나냥반일시분명ᄒᆞ
오니우리네가냥반을ᄃᆡ졉아니ᄒᆞ고뉘가ᄒᆞᆫ단말이온잇가일변청ᄒᆞ여
말셕의좌를쥬고이냥반예아즈시오어싀이말듯고긔야냥반이로고동
시냥반앗기니운봉이야참ᄉᆞ람을아ᄂᆞᆫ고ᄒᆞ며부젹〃〃상좌로올나가
셔본관겻히안ᄌᆞ즌ᄶᅩᆼ무친두다리를압흐로펴ᄇᆞ리니본관이혀를ᄎᆞ며
계도눈이잇지다리를어ᄃᆡ다가뻿ᄂᆞᆫ닷게도로오고리라니어허운봉은
야릇ᄒᆞ것다어싀ᄃᆡ답ᄒᆞᄃᆡ여복ᄒᆞ여야그리ᄒᆞ오ᄂᆡ다리ᄂᆞᆫ쌧기ᄂᆞᆫᄒᆞ여
도임의로오고리지못ᄒᆞ오그ᄃᆡ로안졋더니운봉이민망ᄒᆞ여겻좌로청

ᄒᆞ여말ᄉᆞᆷᄒᆞ더니좌즁의큰상든다<u>슈팔련</u>(→슈파련)의가즌긔화각식
지물ᄎᆞ담상이ᄎᆞ례로드러오ᄂᆞᆫᄃᆡ어ᄉᆡ공복이라음식브고시장이<u>진츌</u>
(→ᄃᆡ츌)ᄒᆞ니좌즁의통ᄒᆞᄂᆞᆫ말이상좌의말ᄉᆞᆷ올나가오지나가ᄂᆞᆫ걸긱
으로복공이ᄌᆞ심ᄒᆞ니요긔시겨보ᄂᆡ시오운봉영장하인불너상하나흘 p. 500
가져다가이냥반긔밧ᄌᆞ오라귀신갓튼아희놈이상하ᄂᆞ흘드러다가노
호니어ᄉᆡ눈을드러살펴보니모조라진상쇼반의ᄯᅳ더먹던갈이ᄒᆞᆫᄃᆡ〃
초셰기싱률두낫소곰한즙장ᄒᆞᆫ종ᄌᆞ의져린김치ᄒᆞᆫ보ᄉᆞ기모쥬ᄒᆞᆫᄉᆞ발
면ᄒᆞᆫ그릇덩그럿케노핫거늘남의상보고ᄂᆡ상보니업던심졍이졀노난
다가장실슈ᄒᆞᄂᆞᆫ쳬ᄒᆞ여한복판의뒤집어노코아ᄎᆞ이노릇보게먹을복
이못되나보다두ᄉᆞᄆᆡ옷ᄌᆞ락으로업친모쥬를뭇쳐다가좌우벽의ᄲᆡ리
며좌우슈령의게함부로ᄃᆡ고ᄲᆡ리니모든슈령ᄒᆞᄂᆞᆫ말이어허이거시무
슨즛시란말고밋친숀이로고어ᄉᆡᄃᆡ답ᄒᆞᄃᆡ왼통으로젹시ᄂᆞᆫᄂᆡ옷도잇
쇼약간ᄶᅱᄂᆞᆫ거시야글노관겨ᄒᆞᆯ나오무진〃〃ᄲᆡ리거늘은봉이민망ᄒᆞ
여바닷든상물녀노코권ᄒᆞ거늘어ᄉᆡᄒᆞᄂᆞᆫ말이이거시웬일이오운봉이
ᄒᆞᄂᆞᆫ말이념녜말고어셔ᄌᆞ시오ᄂᆡ상은ᄯᅩᄂᆡ여오지요어ᄉᆡ상을바다노
코트집ᄒᆞᄂᆞᆫ말이통인여보아라샹좌의말ᄉᆞᆷᄒᆞᆫ마ᄃᆡ올나가-오ᄒᆞ여라ᄂᆡ p. 502
가마니보니엇던ᄃᆡᄂᆞᆫ기싱ᄒᆞ여권쥬가로슐드리고ᄯᅩ엇던ᄃᆡᄂᆞᆫ기싱권
쥬가ᄂᆞᆫᄋᆡᄊᆞᄒᆞ고ᄶᅥᆨ거머리아희놈ᄒᆞ여얼넝ᄯᅮᆼ〃ᄒᆞ니엇지ᄒᆞᆫ일인지슐
이란거슨권쥬가업ᄉᆞ면무마시라그즁기싱된년으로하나만ᄂᆞ려보ᄂᆡ
시면슐한잔부어먹ᄉᆞ이다본관이칙망ᄒᆞᄃᆡ그만ᄒᆞ면어량의톡의여든
ᄯᅩ기싱암쥬로ᄒᆞ고어허고이ᄒᆞᆫ숀이로고운봉이기싱하나불너약쥬부
어드리라그즁한년이마지못ᄒᆞ여슐병하나들고나려오니어ᄉᆡᄒᆞᄂᆞᆫ말
이너묘ᄒᆞ다권쥬가ᄒᆞᆯ쥴알거든하나만ᄒᆞ여날을호ᄉᆞ시기여라그기싱
슐부어들고외면ᄒᆞ여ᄒᆞᄂᆞᆫ말이기싱노릇슨못ᄒᆞ깃다비렁방이도슐부
어라권쥬가〃웬일인고권쥬가〃업ᄉᆞ면쥴ᄯᅳ기에슐이아니드러가나
혀를ᄎᆞ며권쥬가ᄒᆞᆫ다먹으시오〃〃〃〃이슐ᄒᆞᆫ잔먹으시오여보아라
요년네권쥬가본이그러ᄒᆞ냐힝하권쥬가ᄂᆞᆫ이러ᄒᆞ냐잡슈ᄉᆞ오말은싱

p. 504 심도못ᄒᆞᄂᆞᆫ냐그기싱독을ᄂᆡ여종아리며ᄋᆡ고망측ᄒᆞ여라셩가시지아
니ᄒᆞ오잘ᄒᆞ여쥬오리다쳐박이시오〃〃〃〃이슐ᄒᆞᆫ잔쳐박이시오
이슐ᄒᆞᆫ잔쳐박이시면장명부동ᄒᆞᆯ거시니어셔〃〃드르지ᄅᆞ시오고년
의얼골낫익이고에라요년아셔라슐마시고음식상다그어노코하나토
남기지아니ᄒᆞ고쥬린판의비위녈녀슌식간의다흠우루써이고ᄯᅩ상좌
의통ᄒᆞ기를샤월팔일에등올나가오음식은잘먹엇소마ᄂᆞᆫᄯᅩ괘심ᄒᆞᆫ입
이싀여못ᄒᆞ깃소져초록젹고리의다홍치마닙은동기좀ᄂᆞ려보ᄂᆡ오면
호ᄉᆞ판의담비ᄶᅡ지부쳐먹깃쇼운봉이기싱불너부쳐드리라그기싱ᄂᆞ
려오며그러ᄉᆞ나슛거시라졔반악종의쇼ᄅᆡ를다ᄒᆞᄂᆡ운봉안젼은분부
한목맛타나ᄒᆞ며담비ᄃᆡᄂᆡ시오어싀돌통ᄃᆡ를ᄂᆡ어쥬니고기싱이셔쵸
한ᄃᆡᄶᅦ여ᄂᆡ여부쳐쥬니어싀ᄃᆡ밧고이리오너라졀묘ᄒᆞ다게안졋다가
p. 506 ᄒᆞᆫᄃᆡ더부쳐다고숀목쥐고안졋더니이윽ᄒᆞ여비쇽의셔별안간의장악
원이륙좌기ᄒᆞᄂᆞᆫ쇼ᄅᆡ쳐로ᄯᅩᆼᄯᅩᆼᄶᅲ루룩ᄉᆞᆯ〃ᄶᅡᆨ〃별쇼ᄅᆡ가다나더니비
쇽이굼틀ᄒᆞ며방긔가나오려ᄒᆞ고밋궁글ᄯᅮᆯᄂᆞᆫ지라발뒤굼치로잔득괴
얏다가슬며시터노흐니부시〃ᄒᆞ고그져뭇ᄃᆡ여연슈히나오ᄂᆞᆫ지라방
긔ᄂᆡ가왼동원의다허여지니구린ᄂᆡ가엇지독ᄒᆞ던지마던지곳코흘ᄲᅩ
ᄂᆞᆫ지라좌듕이져마다코흘가오리고웅쇼ᄅᆡ가연쇽ᄒᆞ다본관이호령ᄒᆞ
ᄃᆡ이거시필연통인놈의조홰로다ᄉᆞ획ᄒᆞ여밧비모라ᄂᆡ치라어싀ᄃᆡ답
ᄒᆞᄃᆡ통인은ᄋᆡ미ᄒᆞ오ᄂᆡ가과연방긔ᄌᆞ론지쒸엿소ᄒᆞ고ᄒᆞᆫ번통ᄒᆞᆫ후ᄂᆞᆫ
그져무한슬〃퉁〃쒸여바리니왼동헌이다구린ᄂᆡ라모든슈령드리혀
를ᄎᆞ며운봉의탓만ᄒᆞ더라본관이취흥을못니긔여쥬담으로ᄒᆞᄂᆞᆫ말이
여보임실나ᄂᆞᆫ묘리잇ᄂᆞᆫ일이잇쇼심〃ᄒᆞᆫ쎠면니방놈과모든은결픠여
ᄂᆡ여단두리쏙반ᄒᆞ니그런ᄌᆞ미ᄯᅩ잇ᄂᆞᆫ가여보함열현감쥰민고틱마ᄌᆞ
p. 508 ᄒᆞ엿더니ᄒᆞᆯ밧긔ᄂᆞᆫ업ᄂᆞᆫ거시졍업ᄂᆞᆫ별봉이근ᄅᆡ의무슈ᄒᆞ고궁교빈독
결픠드리ᄉᆞᆫ힐젹이바히업고원천강예봉도젼보다가비가되니실살귀
ᄂᆞᆫᄒᆞᆯ슈가업셔쥬야경눈싱각ᄒᆞ니환ᄌᆞ묘리도ᄒᆞᆯ만ᄒᆞ고ᄯᅩᄉᆞ십팔면부
민들을낫〃치추려ᄂᆡ여좌슈ᄎᆞ졉풍헌ᄎᆞ졉아젼의환방갓튼것ᄂᆡ여쥬

면은근ᄒᆞᆫ묘리가잇고ᄯᅩ봄이면민간의계란ᄒᆞ나식ᄂᆡ여쥬고가을이면
연계일슈바다드려슈합ᄒᆞ면여러쳔슈맛득ᄒᆞ고흉년인면(→이면)관
포밧고헐가쥬기이런노릇아니ᄒᆞ면지텡ᄒᆞᆯ길과연업소운봉이ᄒᆞᄂᆞᆫ말
이여보오본관ᄀᆡᆨ담말고여ᄎᆞ셩연의풍월귀나ᄒᆞ옵시다좌우슈령조타
ᄒᆞ고시축지를ᄂᆡ여노코운을ᄂᆡ여글지을제어ᄉᆡᆨᄯᅩ통ᄒᆞᄃᆡ상좌의말ᄉᆞᆷ
올나가오나도비록걸인이나오날우연이조흔잔치맛나빅불니어더먹
고그져가기무미ᄒᆞ니필묵됴희빌니시면ᄎᆞ운이나ᄒᆞ오리다좌우슈령
묵소ᄒᆞ고져ᄉᆞᆯ의글이란니운봉이말뉴ᄒᆞᄃᆡ문무귀쳔상시로다문방ᄉᆞ p. 510
우가져다가어ᄉᆞ압히노화쥬니어ᄉᆡ붓슬들고슌식간의지어시니금쥰
미쥬ᄂᆞᆫ쳔인혈이오(금으로ᄆᆡᆫ든그릇ᄉᆡ아름다온술은일쳔ᄉᆞ람의피오)옥반
가회(→가효)ᄂᆞᆫ만셩고라(옥반에아름다온안쥬ᄂᆞᆫ일만ᄇᆡᆨ셩의기름이라)촉
누낙시의민누낙이오(불ᄯᅩᆼ써러질ᄯᅢ의ᄇᆡᆨ셩의눈물이써러지고)가셩고쳐
의원셩고라(노ᄅᆡ쇼ᄅᆡ놉흔곳의원망쇼ᄅᆡ놉하도다)어ᄉᆡ이글지어모든슈
령아니뵈고운봉만넌즛뵈고ᄒᆞᄂᆞᆫ말이노형은몬져가시오운봉이눈치
알고본관의게통ᄒᆞᄃᆡ나ᄂᆞᆫᄇᆡᆨ셩환ᄌᆞ쥬기밧바몬져도라가오젼쥬판관
ᄯᅩ통ᄒᆞᄃᆡ나ᄂᆞᆫ미진공ᄉᆞ잇셔몬져가오고부군슈ᄒᆞᄂᆞᆫ말이나ᄂᆞᆫ하로거
리로졔ᄯᅢ가되면못견ᄃᆡ여몬져가오본관이취즁에골을ᄂᆡ여ᄒᆞᄂᆞᆫ말이 p. 512
낙극진환이라니종일토록노지아니코공연이들몬져가니남의잔치파
흥이라고이ᄒᆞᆫᄌᆞ식들실살쒸(→실살귀)를못니져셔질알이나〃보다
좌듕의여보시오가ᄂᆞᆫ니ᄂᆞᆫ가거니와우리나호토시노ᄉᆞ이다이럿트시
어언간의가ᄂᆞᆫ니ᄂᆞᆫ가고다업ᄂᆞᆫ지라이ᄯᅢ에삼방(→삼반)하인마촌ᄯᅢ
가다하오니관문근쳐골목마다파립장ᄉᆞ망건장ᄉᆞ메육장ᄉᆞ항우장ᄉᆞ
각〃외며도라단녀삼방(→삼반)하인손을치니군관셔리역졸드리청
젼ᄃᆡ를둘너ᄯᅴ고홍젼립을졋게쓰고마픽를ᄉᆡᆨ혀들고삼문을쌍〃두ᄃᆞ
리고이고을아젼놈아암힝어ᄉᆞ츌도로다큰문을밧비녈나한편으로봉
고ᄒᆞ고우직근ᄯᅮᆨ닥두ᄃᆞ리며급히즛쳐드러오며암힝어ᄉᆞ출도ᄒᆞ오이
쇼ᄅᆡᄒᆞᆫ마ᄃᆡ의ᄐᆡ산의범이울고청쳔의벽녁이라기와골이ᄯᅥᆯ어지고동

현이터지ᄂᆞᆫ듯노름이고름이오삼현이파면이오노ᄅᆡ가모ᄅᆡ되고ᄇᆡ반
p. 514 이현반이라좌우슈령거동보쇼겁닌거동가쇼롭다언어슈작뒷켜ᄒᆞᆫ다
갓ᄂᆡ여라신고가ᄌᆞ목화ᄂᆡ라ᄡᅳ고가ᄌᆞ나귀ᄂᆡ라닙고가ᄌᆞ창의잡아라
타고가ᄌᆞ물마ᄅᆞ니목을다고임실현감갓모ᄌᆞ를뒤켜ᄡᅳ고이놈들허무
ᄒᆞᆫ놈갓구멍을막아고나칼집쥐고오좀누니오좀마즌하인드리겁결의
ᄒᆞᄂᆞᆫ말이요ᄉᆞ이ᄂᆞᆫ하늘의셔더운비를쥬나보다쥐구멍의상토박고구
례현감말을것구로타고하인다려뭇ᄂᆞᆫ말이이말목이본ᄅᆡ업나녀산부
ᄉᆞ오좀ᄡᅡ고문드러온다바람다ᄃᆞ라말이ᄉᆡᆼ져니가헷날닌다굴독뒤히
슘엇다가쥴힝낭이ᄀᆡ가쪽이라ᄀᆡ굼그로다라난다이러트시덤벙일졔
본관원이ᄯᅩᆼ을ᄊᆞ고실ᄂᆡ부인ᄯᅩᆼ을ᄡᆞ고셔방님도ᄯᅩᆼ을ᄡᅡ고도련님도ᄯᅩᆼ
을ᄊᆞ고쇼인ᄂᆡ도ᄯᅩᆼ을ᄡᆞ고왼집안이ᄯᅩᆼ빗치라이를엇지ᄒᆞ오릿가남원
부ᄉᆞᄃᆡ답ᄒᆞᄃᆡ그러ᄒᆞ면발진놈을밧비불너왕십니를급히가셔거름장
ᄉᆞ잇ᄂᆞᆫᄃᆡ로셩화갓치잡ᄋᆞ오라ᄇᆡ반이낭ᄌᆞᄒᆞᆫᄃᆡ몽치찬놈고이ᄒᆞ다장
p. 516 구통도ᄭᆡ여지고큰북통도ᄭᆡ여지고ᄒᆡ금통도ᄭᆡ여지고피리졋ᄃᆡ즛밟
히고거문고도ᄭᆡ여지고양금쥴도ᄭᅳᆫ허지며교ᄌᆞ상도부어지고화듕항
도ᄭᆡ여지고찬합도혀여지고즁화가지부러지고차담상도읏쳐지며화
ᄀᆡ병도다부이고양각등도다족치고ᄉᆞ초롱도믜여지며그런잔ᄎᆡ다파
ᄒᆞ여동헌이일공이라좌슈니방곡경으로발광ᄒᆞ고삼번관속뉵방아젼
된벼락을마졋고나뇌외아ᄉᆞ상하업시ᄯᅩᆼ빗츠로진동ᄒᆞᆫ다삼공형삼향
소를위션형츄정빅ᄒᆞ고본관은봉고파츌ᄒᆞ여지경밧긔ᄂᆡ친후의어ᄉᆞ
의거동보쇼동헌ᄃᆡ청독좌ᄒᆞ여<u>삼방</u>(→삼반)하인분부ᄒᆞ여좌기졀ᄎᆞ
밧비ᄒᆞᆯ졔ᄃᆡᄀᆡ치나렬ᄒᆞ고삼공형블너드려읍폐뭇고도셔원불너젼결
뭇고샤창빗불러곡부뭇고군긔빗불너군장복식<u>집칙</u>(→집착)ᄒᆞ고젼
셰빗불너드려셰미남봉ᄒᆞᆫ다형츄일ᄎᆞᄆᆡᆼ타ᄒᆞ여방송ᄒᆞ고네방불너불
p. 518 효강상죄인드를원찬ᄒᆞ고형방불너살옥뭇고이런분부다ᄒᆞᆫ후의옥ᄉᆞ
장이밧비불너옥의갓친츈향이를ᄉᆞ장의숀ᄃᆡ지말고모든기싱안동ᄒᆞ
여밧비ᄃᆡ령시기여라옥ᄉᆞ이청령ᄒᆞ고옥문열쇠손의들고옥문밧긔밧

면은근ᄒᆞᆫ묘리가잇고ᄯᅩ봄이면민간의계란ᄒᆞ나식ᄂᆡ여쥬고가을이면
연계일슈바다드려슈합ᄒᆞ면여러쳔슈맛득ᄒᆞ고흉년인면(→이면)관
포밧고헐가쥬기이런노릇아니ᄒᆞ면지텡ᄒᆞᆯ길과연업소운봉이ᄒᆞᄂᆞᆫ말
이여보오본관ᄀᆡᆨ담말고여ᄎᆞ셩연의풍월귀나ᄒᆞ옵시다좌우슈령조타
ᄒᆞ고시축지를ᄂᆡ여노코운을ᄂᆡ여글지을졔어ᄉᆡᄯᅩ통ᄒᆞᄃᆡ상좌의말슴
올나가오나도비록걸인이나오날우연이조흔잔치맛나ᄇᆡ불니어더먹
고그져가기무미ᄒᆞ니필묵됴희빌니시면ᄎᆞ운이나ᄒᆞ오리다좌우슈령
묵소ᄒᆞ고져ᄶᅡᆯ의글이란니운봉이말뉴ᄒᆞᄃᆡ문무귀쳔상시로다문방ᄉᆞ p. 510
우가져다가어ᄉᆞ압히노화쥬니어ᄉᆡ붓슬들고슌식간의지어시니금쥰
미쥬ᄂᆞᆫ쳔인혈이오(금으로ᄆᆡᆫ든그릇ᄉᆡ아름다온슐은일천ᄉᆞ람의피오)옥반
가회(→가효)ᄂᆞᆫ만셩고라(옥반에아름다온안쥬ᄂᆞᆫ일만ᄇᆡᆨ셩의기름이라)촉
누낙시의민누낙이오(불ᄯᅩᆼᄲᅥ러질ᄯᅢ의ᄇᆡᆨ셩의눈물이ᄲᅥ러지고)가셩고쳐
의원셩고라(노ᄅᆡ쇼ᄅᆡ놉흔곳의원망쇼ᄅᆡ놉하도다)어ᄉᆡ이글지어모든슈
령아니뵈고운봉만년즛뵈고ᄒᆞᄂᆞᆫ말이노형은몬져가시오운봉이눈치
알고본관의계통ᄒᆞᄃᆡ나ᄂᆞᆫᄇᆡᆨ셩환ᄌᆞ쥬기밧바몬져도라가오젼쥐판관
ᄯᅩ통ᄒᆞᄃᆡ나ᄂᆞᆫ미진공ᄉᆞ잇셔몬져가오고부군슈ᄒᆞᄂᆞᆫ말이나ᄂᆞᆫ하로거
리로졔ᄶᅵᆨ가되면못견ᄃᆡ여몬져가오본관이취즁에골을ᄂᆡ여ᄒᆞᄂᆞᆫ말이 p. 512
낙극진환이라니종일토록노지아니코공연이들몬져가니남의잔치파
흥이라고이ᄒᆞᆫᄌᆞ식들실살쉬(→실살귀)를못니져셔질알이나〃보다
좌듕의여보시오가ᄂᆞᆫ니ᄂᆞᆫ가거니와우리나호토시노ᄉᆞ이다이럿트시
어언간의가ᄂᆞᆫ니ᄂᆞᆫ가고다업ᄂᆞᆫ지라이ᄯᅢ에삼방(→삼반)하인마촌ᄯᅵ
가다하오니관문근쳐골목마다파립장ᄉᆞ망건장ᄉᆞ메육장ᄉᆞ항우장ᄉᆞ
각〃외며도라단녀삼방(→삼반)하인손을치니군관셔리역졸드리쳥
젼ᄃᆡ를둘너ᄡᅵ고홍젼립을졋게쓰고마픠를ᄉᆡᆨ혀들고삼문을ᄡᅡᆼ〃두ᄃᆞ
리고이고을아젼놈아암힝어ᄉᆞ츌도로다큰문을밧비녈나한편으로봉
고ᄒᆞ고우직근ᄯᅮᆨ닥두ᄃᆞ리며급히즛쳐드러오며암힝어ᄉᆞ츌도ᄒᆞ오이
쇼ᄅᆡᄒᆞᆫ마ᄃᆡ의ᄐᆡ산의범이울고쳥쳔의벽녁이라기와골이ᄯᅥᆯ어지고동

헌이터지는듯노름이고름이오삼현이파면이오노릭가모릭되고빅반
p. 514 이현반이라좌우슈령거동보쇼겁닌거동가쇼롭다언어슈작뒷켜흔다
갓닉여라신고가즈목화닉라쓰고가즈나귀닉라닙고가즈창의잡아라
타고가즈물마릭니목을다고임실현감갓모즈를뒤켜쓰고이놈들허무
흔놈갓구멍을막아고나칼집쥐고오좀누니오좀마즌하인드리겁결의
흐는말이요스이는하늘의셔더운비를쥬나보다쥐구멍의상토박고구
례현감말을것구로타고하인다려뭇는말이이말목이본릭업나녀산부
스오좀빠고문드러온다바람다드라말이쌘져니가헷날닌다굴독뒤히
슘엇다가쥴힝낭이긔가쪽이라긔굼그로다라난다이러트시덤벙일졔
본관원이똥을쓰고실닉부인똥을빠고셔방님도똥을빠고도련님도똥
을쓰고쇼인닉도똥을빠고왼집안이똥빗치라이를엇지흐오릿가남원
부스딕답흐딕그러흐면발진놈을밧비불너왕십니를급히가셔거름장
스잇는딕로셩화갓치잡으오라빅반이낭즈흔딕몽치찬놈고이흐다장
p. 516 구통도씌여지고큰북통도씌여지고힉금통도씌여지고피리젓딕즛밟
히고거문고도씌여지고양금쥴도끈허지며교즈상도부어지고화듕항
도씌여지고찬합도혀여지고쥰화가지부러지고차담상도웃쳐지며화
긔병도다부이고양각등도다족치고스초롱도믜여지며그런잔칙다파
흐여동헌이일공이라좌슈니방곡경으로발광흐고삼번관속눅방아젼
된벼락을마졋고나뇌외아스상하업시똥빗츠로진동흔다삼공형삼향
소를위션형츄정빅흐고본관은봉고파츌흐여지경밧긔닉친후의어스
의거동보쇼동헌딕청독좌흐여<u>삼방</u>(→삼반)하인분부흐여좌기절츠
밧비홀졔딕긔치나렬흐고삼공형블너드려읍폐뭇고도셔원불너젼결
뭇고샤창빗불러곡부뭇고군긔빗불너군장복식<u>집칙</u>(→집착)흐고젼
셰빗불너드려셰미남봉흔다형츄일츠밍타흐여방송흐고녜방불너불
p. 518 효강상죄인드를원찬흐고형방불너살옥뭇고이런분부다흔후의옥스
장이밧비불너옥의갓친츈향이를스장의숀딕지말고모든기싱안동흐
여밧비딕령시기여라옥스이청령흐고옥문열쇠손의들고옥문밧긔밧

비가셔열쇠ᄅᆞᆯ갓고로밧고업다셩화ᄒᆞᆯ깃다엇지아니열니ᄂᆞᆫ고님다라
ᄌᆡ촉이뇌정갓튼지라옥ᄉᆞ장이ᄒᆞᆯ길업셔발노박ᄎᆞ문을ᄶᅵ고업허노코
ᄉᆞᆫ을치되어셔이리나오너라어셔밧비나오너라ᄒᆡ포묵은구슈드리뭉
게〃〃다나온다옥ᄉᆞ장이발광ᄒᆞ여업다밧비나오너라구슈드리의논
ᄒᆞᄃᆡ국가의경ᄉᆞ잇셔통ᄀᆡ옥문ᄒᆞ나보다그져함부로ᄭᅱ역〃〃다나오
니옥듕이일공ᄒᆞ엿고나옥ᄉᆞ장이셩화ᄒᆞ여업다이놈들나오지말라일
변드리밀며어셔밧비나오너라ᄉᆞ람죽깃다너만어셔나오너라구슈드
리어히업셔누구ᄅᆞᆯ나오라ᄂᆞ니업다셩화ᄒᆞᆯ깃다져아희만나오너라져
아희가누구니츈향이만나오너라츈향이〃말듯고혼이업셔나오면셔 p. 520
ᄋᆡ고이졔ᄂᆞᆫ나죽깃네셔방님은어ᄃᆡ가고잇ᄶᅥᆨ가지(→까지)아니오노
츈향어미드럽더잡고ᄋᆡ고〃〃다라낫다이졔ᄂᆞᆫ아조갓다반졈만도ᄉᆡᆼ
각마라밥을ᄒᆞ여만히쥬니마파람의게눈이라ᄋᆡ고그놈잠을잘졔동냥
군이적실터라돌것잠에니ᄅᆞᆯ갈고기지ᄀᆡ잠고ᄃᆡ의밥ᄒᆞᆫ술쥬옵쇼셔돈
ᄒᆞᆫ푼조닐ᄒᆞ오ᄒᆞᆫ두번이아닐너라만일읍듕ᄉᆞ람드리그놈인쥴알냥이
면ᄉᆞᆫ가락질지목ᄒᆞ여츈향의셔방츈향의셔방ᄒᆞ량이면이아니슈치ᄒᆞ
냐아셔라ᄉᆡᆼ각마라눈ᄭᅩᆯ알을보와ᄒᆞ니소도적놈이다되엿더라이집져
집단니다가남의거슬몽ᄐᆡᆨᄒᆞ면그런우환ᄯᅩ잇ᄂᆞᆫ냐만일다시오거들낭
왕손만이각지손ᄒᆞ고금일좌긔의뭇거든반합에허락ᄒᆞ면엇지아니조
흘쇼냐물나ᄂᆞᆫ쥐나무지슈졀이무어시니츈향이울며ᄃᆡ답ᄒᆞᄃᆡᄋᆡ고그
말듯기슬소그말그만ᄒᆞ오죽을밧긔ᄒᆞᆯ일업쇼좌우편을ᄉᆞᆲ혀보나셔방
님이간ᄃᆡ업다져츈향의거동보쇼ᄋᆡ고이럴을(→이를)엇지ᄒᆞᆯ고죽기
ᄅᆞᆯ한ᄒᆞ여ᄅᆞᆯ(→니ᄅᆞᆯ)갈고엄형을바드나부모유체ᄅᆞᆯ앗기지아니코형
장ᄉᆞᆺ히다셕어ᄲᅧ만남도록슈졀터니건곤텬지우쥬간의이런일도ᄯᅩ잇 p. 522
ᄂᆞᆫ가셔방님이어ᄃᆡ가고나죽ᄂᆞᆫ쥴모ᄅᆞᄂᆞᆫ고죽도록그리다가명텬이감
동ᄒᆞ샤ᄉᆡᆼ젼에겨유맛나잠시라도얼골을ᄃᆡᄒᆞ미ᄉᆞ무여한이라나죽ᄂᆞᆫ
양친히보고남의ᄉᆞᆫ비지(→빌지)말고감장이나ᄒᆞ여쥴가신〃부탁ᄒᆞ
엿더니ᄉᆞᆺ〃치ᄂᆡ마음과갓치아녀야슉(→야속)ᄒᆞ기칭냥업ᄂᆡ셔방님

도마ᄌᆞ날바리니눌을밋고ᄉᆞ잔말고나ᄂᆞᆫ이리ᄋᆡ를틱와쥭것마ᄂᆞᆫ셔방
님은당뷔시라아모랴도녀ᄌᆞ의간장ᄀᆞᆺ틀리오나쥭ᄂᆞᆫ쏠보기슬려아니
오나어ᄃᆡ로가계신고오슈댱의가계신가쥭을밧긔ᄒᆞᆯ일업다ᄋᆡ고〃〃
셜름이야칼머리를압흐로왈학ᄶᅵ쳐뒤흐로벌덕쥬져안ᄌᆞ두다리를펴
ᄇᆞ리고ᄃᆡ셩통곡ᄒᆞᄂᆞᆫ말이ᄋᆡ고이졔야나ᄂᆞᆫ쥭네텬지일월셩신드라오
날〃의나ᄂᆞᆫ쥭소산쳔초목금슈드라오ᄂᆞᆯ날의나ᄂᆞᆫ쥭네눈을번젹써보
면서광할누야나쥭ᄂᆞᆫ다오작교야나쥭ᄂᆞᆫ나당초에널노ᄒᆞ여도련님을
맛낫더니오늘날의니별ᄒᆞ니언제다시만나보리광활누야잘잇거라오
작교야너ᄂᆞᆫ만팔천셰를누리려니와ᄂᆡ인ᄉᆡᆼ은오늘날분(→뿐)이로다
상단아어마님뫼시고잘잇거라아모ᄶᅳᆨ나셔방님오시거든나업다고괄
p. 524 시말고잘ᄃᆡ졉ᄒᆞ고나의셰〃ᄒᆞᆫ말ᄌᆞ셔히ᄒᆞ여다고상단이통곡ᄒᆞ며그
말마오듯기슬소이렷트시우름울며ᄋᆡ고〃〃셜운지고어마니나쥭은
후의엇지살녀ᄒᆞ오인ᄒᆞ여혼졀ᄒᆞ여칼머리를안고것구러지니뭇기ᄉᆡᆼ
이드리다라써드러다가동헌뜰의ᄂᆞ려노코츈향의긔졀ᄒᆞ여시믈알외
오니어시슈로불너분부ᄒᆞ되앗가노름노던기ᄉᆡᆼ하나토유루치말고다
졈고ᄒᆞ라슈로놈이분부듯고강셩놉혀졈고ᄒᆞᆯ제천연군ᄌᆞ거조식ᄒᆞ니
청슈졍신옥년이나오흔연상고근신지ᄒᆞ니화츅오덕복희나오츈월승
ᄉᆞ츄월식ᄒᆞ니환픽산〃진쥬옥이나오벽슈누ᄃᆡ십오야의미인권렴월
츌이나오찬〃문장남덕귀(→남덕휘)ᄒᆞ니셩셰진금치봉이나오일ᄌᆞ
p. 526 고당부셩후의십이봉두초운이나오인간팔월듕방흘ᄒᆞ니독슈쳥향계
홍이나오희〃셰쇽츈ᄃᆡ상의요지건곤슌일이나오젹벽듕셩긔호시ᄒᆞ
니호의현상계명월이나오종셩빅옥인여옥ᄒᆞ니일난츈젼션옥이나오
조거젼후십이승ᄒᆞ니형연무하명옥이나오강남치련빵탕장ᄒᆞ니츄슈
부용연홍이나오동시편강(→평강)한ᄉᆞ두의구지부득슌절이나오슈
령향노가ᄃᆡ운ᄒᆞ니셕상삼일향희나오금ᄃᆡ문장ᄌᆞ유인ᄒᆞ니일지단계
p. 528 월향이나오시지진녀션명소ᄒᆞ니양〃등션치란이나오광한뎐하화일
엽이운외포양계향이나오인심유의(→유위)도심미ᄒᆞ니요지일월슌

심이나오다나오어ᄉᆡ분부ᄒᆞᄃᆡ너희들밧비가셔츈향의쁜칼머리를니
로무러쓰더즉ᄀᆡᆨ으로다벗기라ᄒᆞ니이ᄂᆞᆫ앗가괘심이본연괴러라기ᄉᆡᆼ
드리ᄃᆞ라드러졀믄년은니로뜻고늙은년은혀로할타침만바ᄅᆞ거늘조
년은웨뜻ᄂᆞᆫ거시업ᄂᆞ뇨예쇼녀ᄂᆞᆫ니가업셔침만발나츄겨만노흐면브
를ᄉᆞ이의졀문것들이뜻기더쉽ᄉᆞ외다이러트시쓰드면서어림아ᄂᆞᆫ약
은거순슈근〃〃ᄒᆞᄂᆞᆫ말이츈향아ᄂᆡ거번의산삼으로쇽미음ᄒᆞ여보ᄂᆡ
엿더니먹엇ᄂᆞ냐ᄒᆞᆫ년ᄂᆡ다라ᄒᆞᄂᆞᆫ말이일젼의실빅ᄌᆞ쥭ᄲᅮ어보ᄂᆡ엿더
니보왓ᄂᆞ냐또ᄒᆞᆫ년ᄒᆞᄂᆞᆫ말이슈일젼의편강ᄒᆞᆫ봉보ᄂᆡ엿더니아앗
(→보앗)ᄂᆞ냐또ᄒᆞᆫ년ᄒᆞᄂᆞᆫ말이져거시기밤콩복가보ᄂᆡ엿더니보앗ᄂᆞ
냐이러ᄐᆞ시요공ᄒᆞ니어ᄉᆡ호령ᄒᆞᄃᆡ요괴로온요년들아무ᄉᆞᆫ잡말들ᄒᆞ p. 530
ᄂᆞ니칼을밧비벗기여라호령이ᄉᆡᆼ풍ᄒᆞ니기ᄉᆡᆼ드리겁을ᄂᆡ여망ᄉᆞᄒᆞ고
쓰들젹의뭇ᄀᆡ드리ᄲᅢᆨ다귀뜻듯늙은범이ᄀᆡ싓기뜻듯쓰덤〃〃쓰더닐
졔니ᄉᆡᆨ진년닙슈알터진년볼닥이도ᄯᅮ러지고턱아ᄅᆡ도버셔지며쥭을
힘을다드려셔즉ᄀᆡᆨᄂᆡ의칼벗기니불상ᄒᆞ다연지ᄀᆞᆺ튼져츈향이긔졀홀
시분명ᄒᆞ다어ᄉᆡ황홀망조ᄒᆞ여의원불너명약홀졔김쥬부야살녀쥬소
니쥬부야살녀쥬쇼여러의원공논ᄒᆞ여명약ᄒᆞᆫ다ᄉᆡᆼᄆᆡᆨ산통셔산(→통
셩산)회ᄉᆡᆼ산픽독산함부로명약ᄂᆡ여밧비달혀퍼부으니만고렬녀츈
향이가회ᄉᆡᆼᄒᆞ여니러ᄂᆞ니어ᄉᆡ또ᄒᆞᆫ상쾌ᄒᆞ여정신이쇄락ᄒᆞ고마음이
낙〃ᄒᆞ여희불ᄌᆞ승이라즉시나려가붓들고시브나ᄒᆞᆫ번쇽여보려ᄒᆞ고
음셩을변ᄒᆞ여분부ᄒᆞᄃᆡ노류댱화ᄂᆞᆫ인ᄀᆡ가졀이라드ᄅᆞ니너만창기년
이슈졀을ᄒᆞᆫ다ᄒᆞ니슈졀이무슴곡졀고네본관ᄉᆞ또분부ᄂᆞᆫ아니드럿거
니와오날ᄂᆡ분부도시힝못홀쇼냐너를이졔방셕ᄒᆞ여슈쳥으로졍ᄒᆞᄂᆞᆫ
거시니밧비나가쇼셰ᄒᆞ고ᄉᆡᆯ니올나슈쳥ᄒᆞ라츈향이〃말듯고옴족쇼 p. 532
〃라져ᄒᆞᄂᆞᆫ말이ᄋᆡ고이말이웬말이오조약돌을면ᄒᆞ엿더니슈만셕
(→슈마셕)을맛낫고나궤상육이되여시니칼을엇지두리〃오농쳔검
드ᄂᆞᆫ칼노버히랴거든버히시고ᄎᆞ거(→거열)이슌슐위ᄉᆞ며발기랴거
든발기시고울산젼복봉오리듯오리려거듯(→거든)오리시고ᄶᅡᆨ그려

거든싹그시고기름ᄡᅳ려살무려거든살무시고가즌냑념쥐물너셔정
(→절)이려거든정(→절)이시고구리기동의쇠롤달화지〃려거든지
〃시고셕탄의불을픠워구으려거든구옵쇼셔조롱말고어셔밧비쥭여
쥬오본관ᄉᆞ쏘불양ᄒᆞ여송ᄇᆡᆨ갓튼나의졀ᄀᆡ아스랴고슈삼년을옥에너
허반귀신을민들렷쇼금셕갓튼ᄇᆡᆨ년긔약변괴라고엄형즁치싱쥭엄을
민드렀쇼쥭기로만바라다가텬우신조ᄒᆞ여어ᄉᆞ〃쏘좌정ᄒᆞ옵시니하
늘갓튼덕틱과명정ᄒᆞ신쳐분을닙어ᄉᆞ라날가툭슈ᄒᆞ옵더니ᄉᆞ쏘분부
쏘ᄒᆞᆫ이러ᄒᆞ옵시니다시무어시라알외오릿가어름갓튼ᄂᆡ마음이〃졔
와셔변ᄒᆞᆯ손가어셔밧비쥭여쥬오눈을감고이러트시악을쓰니어ᄉᆡ이
말듯고박장ᄃᆡ쇼ᄒᆞ며칭찬ᄒᆞᄃᆡ렬녀로다렬녀로다츈향의구든졀ᄀᆡ쳔
p. 534 고의무빵이오아름다온의긔고금의약인(→일인)이라셔안을치며ᄃᆡ
찬ᄒᆞ고아름답다졀ᄀᆡ로다긔특ᄒᆞ고신통ᄒᆞ다아릿답고어엿브다졀묘
ᄒᆞ고향긔롭다반갑고도깃부도다어이져리졀묘ᄒᆞ니눈을드러날을보
라ᄂᆡ얼골도니도령과갓트니라츈향이혼미듕의나음셩이귀의익고말
쇼ᄅᆡ슈상ᄒᆞᆫ지라눈을잠간드러치여다보니슈의어ᄉᆡ미망낭군이졍녕
ᄒᆞ다쳔근갓치무겁던몸이우화이등션이라한번소〃쒸여올나드립더
덤셕안고녀산폭포의돌구으듯데굴〃〃구을면셔얼ᄉᆞ조흘시고이거
시숨인가상신가젼싱인가이싱인가아모랴도모로깃ᄂᆡ조화옹의작법
인가쳔우신조ᄒᆞ엿ᄂᆞᆫ가조흘〃〃조흘시고어ᄉᆞ셔방이조흘시고셰상
ᄉᆞ람다듯거라청츈금방괘명ᄒᆞ니쇼년등과즐거온일동방화촉노도령
이슉녀맛나즐거온일쳔니타향고인만나즐거온일삼츈고한감우만나
즐거온일칠십노인구ᄃᆡ독신싱남ᄒᆞ여즐거온일슈삼쳔니졍ᄇᆡ죄인ᄃᆡ
샤만나즐거온일셰상의즐거온일만컨마ᄂᆞᆫ이런일도쏘잇ᄂᆞᆫ가실낫갓
튼ᄂᆡ목숨을어ᄉᆞ낭군이살녓고나조흘〃〃조흘시고져리귀히되엿고
나어졔날유걸ᄀᆡᆨ이오늘날어ᄉᆡ라어졔잠간맛낫실졔조곰이나일ᄭᅵ오
p. 536 지그ᄃᆡ지도쇽여ᄂᆞᆫ고허판ᄉᆞ(→판슈)의용한졈이쳔금이빠리로다어
ᄉᆡ화답ᄒᆞᄃᆡ무릉도원화총즁의호졉오기제격이오영쥬봉ᄂᆡ삼신산의

신션오기졔격이오소상강동졍호의홍안오기졔격이오악양누등왕각의쇼인오기졔격이오빙옥렬녀츈향의게어ᄉᆞ오기졔격이라이렷트시즐기면셔음식상을ᄒᆞᆫᄃᆡ밧고지닌말을셔로ᄒᆞ며즐거오믈니긔지못ᄒᆞ더라ᄎᆞ시츈향어미ᄂᆞᆫ츈향의형상보기슬희여집으로도라오니마음이산난ᄒᆞ여도로나와희남포당뵈쌜나닋가의갓다가이쇼문을듯고아모란쥴은모로고즐겁기만측냥업다쌜닋그르식물조ᄎᆞ담아이고ᄋᆡ고닋ᄯᆞᆯ긔특ᄒᆞ다ᄋᆡ고닋ᄯᆞᆯ착ᄒᆞᆫ지고어사〃회가뜻박기라강동〃〃쒸놀젹의인그ᄅᆞ시밋치ᄊᆡ져물을모도ᄂᆞ리쓰고아ᄎᆞ급히이노라고물담은쥴니졋고나요몰골을엇지ᄒᆞ리오냐그만잇거라어ᄉᆞ〃회어더시니옷ᄒᆞᆫ벌이야어듸가랴한ᄉᆞᄒᆞ고쒸놀젹의조흘〃〃조흘시고어ᄉᆞ〃회가조흘시고지어ᄌᆞ조흘시고즐거오믈못이긔여강동〃〃쒸놀면셔강동의범이드니길날아비훨〃소쥬ᄒᆞᆫ잔먹어더니곤ᄃᆡ즛시졀노난다탁쥬ᄒᆞᆫ잔먹엇더니엉덩츔이졀노나닋위션관쇽들의게힝악ᄒᆞᆫ다발가락들모조릴놈한셔붓텨쥬리ᄅᆞᆯ홀나삼번관쇽다나오소슐갑셈도즉금ᄒᆞ고죽갑셈도마ᄌᆞᄒᆞ셰ᄌᆞ네〃들싱심이나닋돈지고아니쥴가고치려도쏜이쉽고쇽이려도잠간이라총〃거러관문으로드러갈졔관쇽드리졀ᄒᆞ며아ᄌᆞ마니그ᄉᆞ이안령ᄒᆞ옵시오이ᄉᆞ람들요ᄉᆞ이문보ᄂᆞᆫᄉᆞ람은슈드리그ᄃᆡ지셴가그리들마쇼그러치아니ᄒᆞ니업소망녕이오그럴니가잇습ᄂᆞᆫ잇가관노ᄒᆞ나ᄒᆞᄂᆞᆫ말이여보시오ᄌᆞ치(→ᄌᆞ친)신닋이ᄋᆡ일은그런깃분일이업소이ᄉᆞ람웃지마쇼이졔말이지어졔니셔방이우리집으로ᄎᆞᄌᆞ왓ᄂᆞᆫᄃᆡ그쥬졔꼴이쥰젼거어질너라우리아기ᄂᆞᆫ그리야도츰아박ᄃᆡᄅᆞᆯ못ᄒᆞ여잘ᄃᆡ졉ᄒᆞ엿지나ᄂᆞᆫ꼴보기슬혀밧그로ᄶᅡ보닋엿더니졔라도념치업셔그길노다라낫ᄂᆞ니라오날아츰에닋가아기ᄃᆞ려ᄌᆞ셔히니ᄅᆞ고다시싱각말나고ᄒᆞ며만일다시뭇거들낭방슈들나ᄒᆞ여더니져도그꼴보고어히업셔살족ᄒᆞ고훌일업시역여어ᄉᆞ의슈청드러나(→들 p. 538
엇나)보외지금당ᄒᆞ여잘된셈이라만일본관의게허락곳ᄒᆞ엿더면오고광(→오고랑)이되엿실거슬요런씨판ᄯᅩ잇ᄂᆞᆫ가이졔ᄂᆞᆫ긔탄업ᄉᆞ니 p. 540

〃셔방이온다ᄒᆞᆫ들이런쇼문듯게되면무ᄉᆞᆫ낫치다시올가ᄋᆡ고그런흉
한놈을이제ᄂᆞᆫ아조ᄇᆡ송일다아젼하나ᄂᆡ다ᄅᆞ며ᄒᆞᄂᆞᆫ말이〃어ᄉᆞ가젼
등칙방니도령일셰쳘도모로고이리구다가큰일나리드러가셔뒷도ᄅᆡ
ᄅᆞᆯ잘치소늙은몸의팔ᄌᆞ조케되엿네츈향어미ᄒᆞᄂᆞᆫ말이아니외다그런
말솜다시마오셔울놈이음흉ᄒᆞ여가어ᄉᆞ로나단니면모로거니와슈의
어ᄉᆞ야졔집조상의나잇시릿가머리ᄅᆞᆯ썰〃흔들면셔아이에이런말솜
다시마오이럿트시슈작ᄒᆞ며<u>한갈</u>(→한결)갓치츔을츄고동헌으로드
리다라지어ᄌᆞ조흘시고츈향아거긔잇ᄂᆞ냐업ᄂᆞ냐ᄒᆞ며어ᄉᆞᄅᆞᆯ치여다
보니어제왓던걸ᄀᆡᆨ이라마른하늘된벼락이어ᄃᆡ로셔나려오나긔가막
혀벙〃ᄒᆞ고그만팔셕쥬져안져아모쇼ᄅᆡ도못ᄒᆞ거늘어ᄉᆡ나려다보고
웃고ᄒᆞᄂᆞᆫ말이〃ᄉᆞ람츈향어미요ᄉᆞ이도집팔기ᄅᆞᆯ잘ᄒᆞ나오날도과부
p. 542 집의셔오나츈향어미쇽이부젹〃〃죄오건마ᄂᆞᆫ그랴도먹은갑시잇고
둘너ᄃᆡ기ᄅᆞᆯ잘ᄒᆞᄂᆞᆫ지라언큼ᄒᆞᆫ마음의두루쳐ᄃᆡ답ᄒᆞᄃᆡ이제야말솜이
지오ᄉᆞ또일을그ᄶᅵ발셔다아랏지오뉘ᄀᆡ쏠년이<u>몰나다</u>(→몰랏다)고
요그러ᄒᆞ기에히남포ᄒᆞᆫ필당뵈두필급히쌀나갓지오ᄉᆞ또옷ᄉᆡ로ᄒᆞ여
드리ᄌᆞᄒᆞ엿지오그러치아니ᄒᆞ면무ᄉᆞᆫ경에그것쌜나갓깃쇼ᄂᆡ일을낫
부게아라계신가보오마ᄂᆞᆫ나ᄂᆞᆫ다쇽이〃셔그리ᄒᆞ엿지오만일ᄂᆡ집의
셔쥬무시다가혹시은근ᄒᆞᆫ일을뉘가알가ᄒᆞ고아조각지쇼ᄒᆞ엿지오그
러치아니면엇지춤아구박ᄒᆞ오릿가날을눌만넉이시오슌라골짜마종
이오것츤퍼러ᄒᆞ여도쇽은다닉엇지오ᄒᆞ면서고ᄀᆡᄅᆞᆯ슉이고얼골이붉
으락누ᄅᆞᆯ락ᄒᆞ거늘어ᄉᆡ웃고이ᄉᆞ람얼골들고말ᄒᆞ쇼ᄋᆡ고얼골의셔쥐
가나오츈향이ᄒᆞᄂᆞᆫ말이여보그만두오그만ᄒᆞ여도늙은어미무안ᄒᆞ깃
소그것도또ᄒᆞᆫ날을위ᄒᆞ노라고그리ᄒᆞ엿지ᄉᆞ또ᄅᆞᆯ믜여그리ᄒᆞ엿깃소
어ᄉᆡᄃᆡ답ᄒᆞᄃᆡ그만둘가그리랴도어미역슬드ᄂᆞᆫ고나네말이그러ᄒᆞ니
p. 544 그만두지이리슈작ᄒᆞ며밤이맛도록즐거오믈니긔지못ᄒᆞ더라본관은
봉고파츌ᄒᆞ여감영에보장ᄒᆞ고본읍에밀닌공ᄉᆞ거울갓치쳐결ᄒᆞ고니
방불너분부ᄒᆞᄃᆡᄂᆡ외아ᄉᆞ<u>지믈</u>(→지물)들이모도다탐장이니동헌의

잇는거슨민고로입장ᄒᆞ고ᄂᆡ아의잇는거슨논ᄆᆡᄒᆞ여금일로관납ᄒᆞ라
니방이분부듯고공관즙물방ᄆᆡ홀졔실ᄂᆡ마노라조흔셔답네귀에ᄊᆡᆫ을
다라갓거리로방ᄆᆡᄒᆞ고칙방이ᄡᅳ든총관도말콩망ᄐᆡ로방ᄆᆡᄒᆞ고가즌
즙물다파라셔관젼의밧치오니봉고ᄒᆞ여너흔후의모든공ᄉᆞ쳐결ᄒᆞ고
좌슈불너인관ᄒᆞ고츈향의집으로나아오니문젼뉴창외ᄆᆡᄂᆞᆫ옛경긔가
ᄉᆡ로왜라슈삼일묵은후의가마독교션명이찰혀츈향ᄐᆡ와압셰우고ᄉᆞ
립가마ᄡᅮ며ᄂᆡ여월ᄆᆡᄐᆡ와뒤셰우고가장긔물진ᄆᆡᄒᆞ여부담바리시른
후의상단이ᄐᆡ와부촉ᄒᆞ여경셩으로보ᄂᆡᆫ후의젼나도오십칠관좌우도
를다도라셔탐관오리슈지곡법녁〃히뒤여ᄂᆡ여흐린공ᄉᆞ밝혀ᄂᆡ니불
효부졔훈계ᄒᆞ니거리〃〃션정비오골〃리칭셩이라이러트시도라단 p. 546
녀모든일을다ᄒᆞᆫ후의승일상ᄂᆡ입셩ᄒᆞ여탑젼의봉명ᄒᆞ온ᄃᆡ상이반기
시며귀히넉여밧비인견ᄒᆞ여숀을잡으시고원노힝역위로ᄒᆞ며인민거
폐무ᄅᆞ시니어ᄉᆡ고두ᄉᆞ은ᄒᆞ고격년(→경력)문셔와힝듕일긔를두숀
으로밧드러드리온ᄃᆡ상이바다쉷혀보시고용안이ᄃᆡ열ᄒᆞ샤칭찬ᄒᆞ시
며위로ᄒᆞ시ᄃᆡ년소미질이누삭을원방에구치ᄒᆞ나조곰도상ᄒᆞᆫ빗업고
슈다공ᄉᆞ를션치ᄒᆞ나하나토미진ᄒᆞ미업ᄉᆞ니이진짓샤직의리공이로
다ᄒᆞ시고ᄃᆡ찬ᄒᆞ시며동벽응교를졔슈ᄒᆞ시고샹ᄉᆞ를무슈이ᄒᆞ시며밧
비나가쉬라ᄒᆞ시니ᄡᅥ마춤조용ᄒᆞᆫ지라응괴복지ᄒᆞ여츈향의정졀과젼
후ᄉᆞ를ᄌᆞ셔히쥬달ᄒᆞ오니샹이드ᄅᆞ시고희한이녁이샤격졀칭찬ᄒᆞ시
되뎌의정졀지귀ᄒᆞ다만고의드믄일이로다창가지물은노류장홰라ᄉᆞ
람마다길드리거늘츈향의렬졀셩힝이고인의지나고청고슉덕이ᄉᆞ부
규슈의블급ᄒᆞ미만흐니이ᄂᆞᆫᄌᆞ고로드믄일이라ᄒᆞ시고니조의하교ᄒᆞ p. 548
샤뎡렬부인직쳡을ᄂᆞ리오샤정비를봉ᄒᆞ라ᄒᆞ시니이런영광이어ᄃᆡ이
시리오응괴쳔만의외텬은이여ᄎᆞᄒᆞ시믈감츅ᄒᆞ여ᄇᆡᆨ비고두ᄉᆞ은ᄒᆞ고
퇴조ᄒᆞ여집의도라와가묘의현알ᄒᆞ고슬하의ᄇᆡ현ᄒᆞ니부뫼반기고친
쳑이모다하례ᄒᆞ더라응괴부모젼의ᄉᆞ러안ᄌᆞ젼후ᄉᆞ연과셩상의은지
를고ᄒᆞ온ᄃᆡ부뫼ᄯᅩᄒᆞᆫ깃거못ᄂᆡ칭찬ᄒᆞ고길일을ᄐᆡᆨᄒᆞ여종족을ᄃᆡ회ᄒᆞ

고뉵녜빅냥을갓초와남원집을부인으로승ᄎᆞᄒᆞ고폐빅을ᄀᆞᆺ초와ᄉᆞ당
의고ᄒᆞᆫ후빅년히로ᄒᆞ올젹의벼슬은뉵경이오ᄌᆞ녀ᄂᆞᆫ오남민라ᄂᆡ외숀
이번셩ᄒᆞ여곽분양의다ᄌᆞᄒᆞ믈불워아닐너라부모의게영효뵈고친쳑
의게화목ᄒᆞ며가즁상하의칭셩이여뢰ᄒᆞ니아마도쳔고긔ᄉᆞᄂᆞᆫ이분
(→쑨)이오츈향의고졀은다시업슬가ᄒᆞ노라

p. 550 긔ᄉᆞ구월념팔누동필셔

작품해설

1.「춘향전」의 원작가 산서 조경남

'춘향전'이란 일반적으로「춘향전」에 관한 다양한 내용과 양식으로 된 작품을 두루 일컫는 말이다.「구운몽」이 '완결의 양식'인 데 반하여,「춘향전」은 '출발의 양식'으로 일컬어진다. 통시대적인 관점에서 보면, 우리 역사상 여러 시대에 걸쳐서 변이된 다양한 양식을 총체적으로 지칭하는 포괄적인「춘향전」과, 각 시대에 향수된 개별적 양식의 구체적인 텍스트를 지칭하는 개체적인「춘향전」을 구별하여 인식하는 것이 적절하다.

「춘향전」의 원작가는 선조 시대에서 인조 시대까지 살았던 산서(山西) 조경남(趙慶男, 1570-1641)이다. 그는 전라도 남원에서 출생하여 남원부의 서기와 진사를 지낸 지방 유학자로서 평생을 남원에서 살았다. 임진왜란을 당해서는 의병 활동에 적극적으로 나섰을 뿐만 아니라 『난중잡록(亂中雜錄)』, 『속잡록(續雜錄)』, 『역대요람(歷代要覽)』 등을 편찬하면서 임진왜란과 병자호란 때 격전지에서 일어난 여러 사건을 집중적으로 조명하였다. 그 후 고금의 설화와 야사를 수집한 『소견록(消遣錄)』과 자서전인「병옹자전(病翁自傳)」에 이어서「춘향전」을 창작하기에 이른다.

그중 『속잡록』에서는「달천몽유록(達川夢遊錄)」과「육신전(六臣傳)」을 비롯하여 한시, 참요(讖謠), 시조 등 다양한 양식의 문학작품을 인용하고 있다. 특히 『속잡록』의 마지막 기사는 황실의 딸이 중국에 끌려가 이 남자 저 남자에게 넘겨지는 기록으로 마무리하고 있다. 이와 같이 국가적 차원에서 다시 생각해 보는 절개의 문제는 훼절한 여인에 대한 비난이 아니라 암담한 현실적 고난을 이겨내는 여성을 형상화하고자 한 것으로 판단된다. 또 고금의 설화를 모은 『소견록』은 광해군 말년과 인조가 반정으로 광해 정권을 축출한 직후의 극도로 문란한 정치 상황 속에서 남원을 비롯한 주변 지방 관민의 생활상을 다룬다. 이는 그가 설화와 야사, 나아가서는 자신이 체험한 역사적 사실을 소재로 「춘향전」을 창작했다는 견해를 뒷받침해 준다.

조경남의 「춘향전」 창작 동기

산서 조경남이 「춘향전」을 창작한 동기는 나라의 힘이 약하면 전란의 고통을 이겨내지 못한다는 것을 절실하게 체험하면서 포의(布衣)의 신분으로 죽음을 각오하고 의병활동을 할 때부터 싹트고 있었다. 조경남은 투철한 애국정신과 유학자로서의 학문을 바탕으로 적극적인 현실 참여를 통해 자신의 뜻을 표현하였다. 그는 임진왜란을 통하여 국가 내부의 혼란이 외세 침략의 수난으로 이어지는 것을 목격하였다. 또 전란 중에도 관리들의 횡포가 성행하는 것을 보면서 전란의 원인에 대한 자성적 고민을 하기에 이르렀다. 또 광해군의 폭정과 이를 거부한 세력들이 반정을 일으키는 정치적 소용돌이 속에 국정의 기강이 무너지면서 백성들의 삶이 더욱 어려워지는 것을 목격하였다. 그는 이런 난국 속에서도 내치를 이루려면 관리들은 청렴을, 백성들은 의리를 알아야 한다고 생각했지만, 그에게는 관리들을 청렴하도록 교정하고 백성들이 의리를 알아 풍속이 두터워지도록 교화시킬 정치적 힘이 없었다.

그의 일생 중에서 「춘향전」과 가장 깊은 관련을 보여 주는 사건은 중풍으로 인사불성의 위기를 겪으면서도 문필 활동을 계속하던 중, 1639년 암행어사가 된 제자 계서(溪西) 성이성(成以性)과 광한루에서 재회한 사건이다. 조경남은 이 만남을 소재로 문학을 통해 자신의 꿈을 실현하는 새로운 길을 발견할 수 있었다. 즉, 그는 암행어사 성이성에게서 받은 자극을 토대로 자신에게 남은 마지막 현실참여의 방법인 문필로써 청렴과 의리를 실현하는 인물들의 이야기를 창작할 계기를 얻게 된 것이다. 그는 자신이 겪은 시대 상황과 현실 인식을 강력하게 반영하여 부패한 관리의 폭정과 정치, 기생 춘향의 지조와 저항을 주제로 하는 「춘향전」을 창작한 것이다.

「춘향전」에서 춘향과 이도령이 만나는 공간적인 배경인 광한루는 임진왜란 때 소실되었다가 중건된 누각이기에 더욱 큰 역사적 의미를 지니고 있다. 즉, 광한루는 불태워도 사라지지 않는 자신의 고향 남원의 상징적인 공간이며, 거기에서 암행어사가 된 성이성과의 재회는 스승과 제자의 만남, 한양 관료와 지방민의 만남, 절개 있는 자와 알아주는 이의 만남이라는 총체적인 상징성을 지니고 있다.

대표적 인물 소재인 암행어사 계서 성이성

춘향의 모델이 단일 인물로 존재하는 것은 아니다. 작가는 열녀로 형상화되는 춘향을 정유재란 직전에 출생한 전쟁동이로 설정하여, 비극적 사건이 일어난 날 장렬한 죽음을 맞아 순국한 전·현직 남원부사를 비롯한 순국 장졸(將卒)의 정신과 작가 자신의 이미지를 복합적으로 은유화하였다. 이에 반해 이도령은 핵심적 역사 인물인 계서 성이성을 모델로 하고 있다.

조선의 조정에서는 임진왜란이 일어난 직후에 민심을 수습하기 위해 암행어사를 집중적으로 파견하였다. 특히 반정을 통해 정권을 잡은 인조 때에는 새로운 군주에 대한 백성들의 기대에 부응하기 위해 암행어사의 파견이 빈번하였다.

계서 성이성은 남원부사 성안의(成安義)의 아들로서, 부친을 따라 남원에 내려와서 책방 도령으로 산서 조경남 밑에서 과거 공부를 하다가 16세에 남원을 떠났다. 그 후에 암행어사가 되어 남원에 내려와 옛 스승을 만났다는 사실 외에도 「춘향전」의 이어사 모델이 될 수 있었던 또 다른 근거가 있다. 즉, 성이성이 「춘향전」의 이어사 모델로 활용되었을 가능성을 높여 주는 것으로, 광해군 15년인 1622년 2월 3일의 『속잡록』 기사에 명나라 장수 조도사(趙都司)가 조선에 와서 정치가 혼란한 것을 보고 읊었다는 한시가 있다. "청향지주천인혈(淸香旨酒千人血) 세절진수만성고(細切珍羞萬姓膏) 촉루낙시인루낙(燭淚落時人淚落) 가성고처원성고(歌聲高處怨聲高)"라는 한시를 조경남은 이 책에서 인용하고 있다. 이 한시는 조도사가 중국에 있을 때 알고 있던 『오륜전비(五倫全備)』의 한 구절을 읊은 것이다. 광해조의 정치 풍자를 담은 이 한시를 「춘향전」 창작 중 암행어사 출두 대목에서 "금준미주천인혈(金樽美酒千人血) 옥반가효만성고(玉盤佳肴萬姓膏) 촉루낙시민루낙(燭淚落時民淚落) 가성고처원성고(歌聲高處怨聲高)"로 활용한 것이다.

이 한시는 과격한 내용을 담고 있기 때문에 비록 작품 속에서나마 암행어사의 위치가 아니고서는 물의를 빚을 수밖에 없는 발언이다. 이 한시는 성이성이 암행어사로 활동할 때 실제 사용한 어사시는 아니며, 변부사에 대한 비판을 하나의 정점으로 끌어올리기 위해 변부사의 탐관적 행위를 비유적으로 폭로하는 작품 속의 어사시다. 어사 성이성의 행적과 조도사의 어사시를 함께 인지하고 있었던 조경남은 이들의 연계를 통한 허구화를 추구하였다. 그 결과 이 대목은 작가의 창의적 기술에 의해 암행어사의 위엄을 최대한 살리면서도 그 분위기를 보다 유연하게 하는 예술적 형상화의 성공적인 표현이 되었다.

계서 성이성의 직계 후손들도 이 어사시가 성이성과 직접적인 관계가 있다고 기록하고 있다. 즉, 성이성의 후손들은 성이성이 호남 암행어사로 출두하면서 이 한시를 읊었다고 기록하고 있다. 이것은 「춘향전」의 유행과 함께 선조인 암행어사 성이성이「춘향전」남성 주인공의 모델이 되었다는 풍문이 확대 전파되자 남원 기생 춘향과 자신들의 선조가 사귀었다는 것을 수긍하기 어려운 처지에서 이도령 부분을 제거한 채 어사 출두 부분만을 선택하여 성이성의 실화로 수용한 결과다. 즉,「춘향전」에서 역사적 사실과는 관계가 없는 성이성 어사와 춘향의 연애담을 차단하면서도 어사시는 받아들인, 선택과 배제적 수용의 결과라 할 수 있다.

2.「춘향전」주제의 다양성과 그 의미망

원작가 조경남은「춘향전」에서 남원과 광한루, 그리고 춘향을 전쟁동이로 설정한 것처럼 철저히 내밀한 장치를 통해 전란의 슬픔과 상처를 표현하였다. 그는 국가를 위해 충성과 의리를 실현하고 국가의 기강을 바로잡으려는 노력을 중시하였다. 그리고 변부사에 대한 춘향의 저항도 개인적인 의미만이 아니라 왜란을 통해 고통을 겪는 남원, 전라도민, 나아가 조선사람이라는 확대된 의미를 내포하고 있다. 이러한 사실들을 통해 왕의 밀사이자 왕권의 대리자인 암행어사의 출두를 통한 변부사에 대한 징치는 백성들의 고통을 통쾌하게 해소할 수 있는 강력한 왕권이나 국가에 대한 국민적 희망을 제시한 주제라고 판단된다.

이렇듯 원초의「춘향전」이 지녔을 것으로 추정되는 주제는 춘향의 절개나 암행어사의 구원을 통해 은유되는 이상적인 사회와 정치적인 국면으로의 전환에 대한 상징성을 부각하는 데 있다. 원초의「춘향전」에서 춘향의 저항은 남원성을 지키던 의병과 백성, 청나라의 세력에 굴복하지 않은 삼학사(三學士)를 비롯한 친명척화파의 행동을 상징하고, 변부사는 남원에 내려온 부사들만이 아니라 남원성 전투에서 패한 양원(梁元)과 같은 장군이나 폭력적인 외세에 대한 은유일 수 있다. 그러므로 원초의 「춘향전」에서 보여 준 목숨을 건 춘향의 저항은 곧 삼전도(三田渡)에서의 왕의 굴욕적 투항과 조정 대신들의 무능함에 대한 비판이자 그 극복의 양상까지 제시해 준다.

「춘향전」은 표면적 주제인 열녀의식과 신분적 제약을 벗어나 인간 해방의 쟁취라는 이면적 주제를 다루고 있다. 통시적인 측면에서는 오랜 시대에 걸쳐서 재창작된 다양한 양식의 보편적 「춘향전」이 구현하는 주제와, 구체적인 개별 「춘향전」의 주제는 달리 이해될 수밖에 없다. 이러한 전제를 두고 「춘향전」의 보편적 주제를 거시적 입장에서 본다면, 인간이 지닌 상승 욕구요 성장의식이라 할 수 있다. 이 보편적 주제의 바탕에는 사랑과 윤리의식, 한의 승화로 이어지는 고난의 보상에 의한 상승 욕구, 불의에 맞서고 탈계층을 지향하는 사회성 추구라는 복합적 의미의 독특한 주제망이 구축되어 있다.

또 개별 이본이 추구하는 개별적인 주제는 시대적 상황과 작가의 개인의식과 독자들의 문학적 요구에 따라 복합적 산물로 생성된 주제다. 이러한 경우는 텍스트에 따라 춘향의 신분이 맹인의 벗인 하천한 인물의 딸, 지방 관리인 성천총(成千摠)의 서녀(庶女), 양반인 성참판의 서녀 등으로 나타나기도 한다. 이러한 변이는 사회적 계층 변화에 호응하는 춘향의 행위 변화를 가져옴으로써 작품 전개에 상당한 영향을 미치게 된다. 특히 「춘향전」의 갈등이 기생 춘향과 기생 아닌 춘향의 갈등이 중심이 되기 때문에 개별 「춘향전」이 지향하는 사회적 의미는 달라질 수 있다. 이처럼 「춘향전」의 개별적 주제는 보편적 주제와 상보 관계 속에서 보편적 주제를 이루는 사랑, 상승 욕구, 탈계층의식 등 제 요소 간의 관계를 변형시킴으로써 어떤 작품은 사랑이 중심을 이루고, 또 어떤 작품은 상승 욕구나 계층의식이 중심을 이룬다.

「춘향전」은 극적 전개를 통해 향수자의 감흥의 폭을 높여 준다. 즉, 만남 대목에서 봄이라는 계절과 젊은이들의 만남에 따른 자연적 흥이 사랑 대목에서는 개인적 흥으로 발전하고, 이별 대목에 가서는 개인적 한으로 교체된다. 이로써 전반부는 기쁨으로의 상승을 거쳐 슬픔으로의 하강에 이르고, 후반부는 춘향의 시련이 결국 행복한 결말로 향하는 구성으로 되어 있다. 이처럼 현실의 불행과 이념으로서의 행복을 반영하는 전반부와 후반부의 상반된 구성은 정감의 대응으로 드러나는 보상 대목에서 엄청난 신명으로 이어짐으로써 극적인 정감의 강렬한 해소로 끝맺는다. 즉, 「춘향전」에서 좌절로 끝나는 전반부의 비극성이 한의 정감을 이끌어 간다면, 소망의 성취로 마무리되는 후반부의 희극성은 신명으로 채워지는 흥의 정감을 자아낸다. 이로써 「춘향전」은 고난과 그것의 극복이라는 희망찬 삶의 의지를 다수의 기층민에게 심어 주고, 이에 호응하는 슬픔과 기쁨의 감정이 흥한(興恨)이라는 미감을 형상해 낸다.

「춘향전」은 춘향을 중심으로 한 열녀의 사건과, 이도령을 중심으로 한 암행어사의 사건이 복합되어 있어, 「춘향전」과 「암행어사전」이라 할 만한 이야기가 겹줄거리를 이루고 있다. 이러한 상이한 내용이 연결되는 과정에서 지조를 지킨 까닭에 옥에 갇힌 춘향을 구하기 위해 이도령이 암행어사로 내려온다는 것은 현실적으로 불가능한 것으로 인식되지만, 문학의 세계에서는 창조적 진실이 될 수 있다. 이는 현실 논리 위에 존재하는 예술의 논리로, 닫힌 세계에서 벗어나고자 하는 기층민의 근원적 욕망에 대한 충족이다. 사회적 맥락에서도 양반의 의식이 반영된 수절 의식과, 불의에 대한 기층민의 저항이 춘향의 행동에서 구체화된다. 이처럼 한 시대의 낡은 생각을 극복할 수 있다는 의지는 양반 자제인 이도령과 기생(또는 기생의 딸)인 춘향의 연애라는 헌신적이고 예외적인 사랑 이야기로 형상화되고 있다.

극적 서사성이라는 기법으로 표현되는「춘향전」의 주제나 미감의 지향점은 무한한 기다림과 소망을 향한 끈질긴 의지로써 어두움 속에서 새벽의 밝음을 내다보는 춘향의 이상적 모습과 독자의 감동어린 만남에 있다. 그 결과 춘향이 숙명 같은 절망에서 벗어나 부활의 아침을 맞는 결말은 보편적인「춘향전」의 공통된 요소가 되었다.

3.「춘향전」의 문체적인 특성과 삽입 가요의 기능

「춘향전」은 생기 넘치는 언어와 아름답고 소박한 언어의 균형이 빛을 발하는 작품이다. 이러한 독특한 표현 형식은 오랜 세월을 거치면서 수많은 광대들과 개작 문인들에 의하여 다듬어진 것이기 때문에, 한국인 모두가 공감할 수 있는 골계미와 비장미를 자아낸다. 특히 본격적 골계미를 보여 주는 재담(才談) 대목은 단순한 웃음 이상의 풍자적 의미를 담은 표현으로 독자들의 일상생활에 활력을 제공한다.

「춘향전」에서 이야기 전개 방식상의 특징으로, 분위기에 따라서 사건을 압축하거나 부연하여 제시하는 것과, 묘사를 중심으로 한 서술과 대화를 들 수 있다. '대화'는 소설「춘향전」을 판소리화하는 데 공헌한 광대들이 기울인 노력의 결정체로서, 재담을 포함한 민속극적 자양분을 충분히 흡수한 결과다. 특히 극적인 성격이 두드러지는 장면 구성에서 한 장면에 대개 상반된 성격의 두 인물이 등장하고 그 중재자가 설정되는데, 이때 대화를 통해 성격 대비가 선명하게 이루어진다. 이는 판소리 이전에 완성된 소설의 원이야기를 무리 없이 진행하도록 고려한 까닭이다. 춘향의 경우는 이도령의 상대역일 때를 제외하고는 성격 변화가 그리 크지 않지만, 이도령의 경우는 누구와 상대하느냐에 따라 그 성격과 행동의 폭이 매우 크게 나타난다. 원작가가 창안한 소설이 이어사 중심이었다면, 광대들은 이도령의 성격을 다양한 모습으로 변이시키면서 서사의 중심이 춘향 쪽으로 서서히 옮겨 가게 되었다.

중재자 설정은 판소리 「춘향전」을 국민문학으로 자리 잡게 한 원리의 하나로, 이야기가 극단으로 흐르지 않게 하는 완충 역할을 해낸다. 춘향은 인간의 보편적 도리를 내세워 자기 행동에 대한 정당성을 획득하려 하고, 변부사는 하층 계급이 상층 계급에 복종해야 함을 주장한다. 월매가 현실의 이해관계에 따라 움직이는 현실추구형 인물의 전형이라면, 이도령은 「춘향전」 자체의 역사적 변천 과정 속에서 획득한 변이적 성격이다. 즉, 초기 「춘향전」의 근엄하고 의젓한 이도령이 광대들에 의해 매우 존귀한 수의어사로부터 가장 낮은 자들로부터 조롱과 핍박을 받는 인물로까지 변이가 폭넓게 나타난다.

판소리 「춘향전」에서는 인물 갈등의 두 가지 양상을 볼 수 있다. 그 하나는 부분을 포괄하는 지속적 차원에서 실현되는 춘향과 변부사의 '쌍방 우위의 인물 갈등'이고, 다른 하나는 한시적 차원에서 변동적 성격의 인물을 다른 타자가 일방적으로 공격하고 이에 중재자가 개입하는 '일방 우위의 인물 갈등'이다. 이것을 편의상 각각 '지속적 갈등'과 '한시적 갈등'이라 한다면, 지속적 갈등 양상은 「춘향전」의 전체 주제와 직접 연결되어 있다. 이와 달리 한시적 갈등 양상은 전도된 상황을 통해 극적 재미를 창출하는 부분적 주제와 관련된다. 그런데 한시적 갈등의 경우 일방적 공격은 보여도 상호 대결은 보이지 않으며, 여기에 설정된 중재자가 개입하여 전도된 상황이 파국으로 이어지지 않도록 한다. 신분이 높지만 전도된 상황에 처한 이도령은 농부나 백성 또는 월매에게 일방적으로 공격을 받는다. 그러나 이러한 공격과 비난은 전도된 상황이 주는 극적 흥미로 기능하며, 작품 전체의 스토리나 주제의식을 파괴할 정도로 발전하지는 않는다.

또「춘향전」은 서사적 요소와 함께 가요에서 유래한 서정적 요소가 결합된 서정적 서사 요소라 할 중간 형태로 서술되어 있다. 이 때문에 소설「춘향전」에도 서정적 요소의 핵심이 되는 〈사랑가〉, 〈십장가〉, 〈어사시〉가 서술구조상 중요한 기능을 담당한다. 이 가운데 대표적인 삽입 가요인 〈십장가〉는「춘향전」의 서술상 그 중간에 위치하면서 춘향의 수난과 그 수난을 통해 열녀로의 의미를 증폭시키는 전환적 기능을 보여 준다. 형벌이 주는 육체적 고통을 견디어 내는 인고의 정신과 장형을 당하는 자가 자신의 지조를 노래로 표현한 〈십장가〉는 관념 논리의 당위적 결합과 현실 논리의 과장된 형상을 보여 준다. 〈십장가〉는 육체적 고통을 당하는 춘향의 절박한 상황과 이에 일정한 거리를 두고 춘향의 상황을 이념화하고 희화하는 표현의 결정체다. 춘향의 급박한 고통의 상황과 광대나 개작자에 의한 희화의 상황이 지닌 여유의 대립은 판소리 문예의 본질을 보여 준다. 이러한 대립적 통합의 정신은 춘향과 사또의 관계에서도 드러난다. 춘향의 행위는 학대를 가하는 자에 대한 항거와 함께 학대를 당하는 자의 방어라는 두 가지 기능을 한다.

4. 판소리의 성립과 만화 유진한의 한시「춘향가」

판소리「춘향가」의 발생은 기존의 서사무가 기원설과 근원설화 발생설 대신에 '조경남 원춘향전 창작설'을 연계하여 추측해 볼 수 있다. 서사무가 기원설로 보면,「춘향전」 사설과 서사 무가의 연계성을 입증하기 어렵고, 근원설화 발생설도 광대들이 암행어사 사건이 절정을 이루는 사설을 만들어 낸 이치를 설명하기 어렵다. 이에 반하여, 17세기 초에 창작된 조경남의 원초「춘향전」을 광대들이 보다 극적으로 개작한「춘향전」 이야기를 기본 사설로 하여 암행어사 사건을 절정으로 한 판소리「춘향가」를 부르게 되었다고 보면 훨씬 논리가 강화된다.

이런 관점에서 보면, 대체로 호남 지역에서는 여자 무당이 굿의 주역을 담당하고, 남자는 여무의 굿을 도우면서 악공 노릇을 하고, 경우에 따라서 광대나 재인 등으로 불리는 직업적 창우(倡優) 중 일부가 자신의 재능을 살려 새로운 직업적 소리극 연희자로 전환하면서 사설을 토대로「춘향전」을 다채롭게 표현하고 구체화하는 방향으로 연행한 것이 판소리「춘향가」로 성립되었다고 추정할 수 있다. 이러한 방법은 대중에게 친근감과 호소력을 확보하는 데 유리했을 뿐 아니라 그들 자신이 하나의 작품을 만들어 가는 데에도 효과적이었을 것이다. 이렇게 성립된 판소리「춘향가」는 다음 세대로 전승되면서 개작과 확장을 거듭하여 매우 풍부하고 다채로운 내용을 확보한 것으로 추정된다.

17세기 또는 18세기 초에 해당하는 성립 초기 판소리 사설의 내용은 알 수 없지만, 판소리를 듣고 한시로 개작한 유진한(柳振漢)의「춘향가」(1754)는 당대의 모습을 간접적으로 보여 준다. 그러므로 유진한의 400구 2,800자 한시로 표현된「춘향가」는 현존하는 구체적인 모습을 보여 주는 가장 오래된「춘향전」이라는 측면에서 그 가치가 높다. 또 표제에서 '가사 춘향가'라 한 것은 판소리 「춘향가」 사설에서 개작한 것임을 알려 준다. 그 줄거리는 다음과 같다.

이도령과 춘향이 광한루에서 만나 봄놀이를 하고 춘향은 이도령을 자기 집으로 인도한다. 이도령은 춘향과 정을 나누지만, 남원부사의 임기가 끝나자 춘향과 이별하게 된다. 이도령은 장원급제하여 정자, 교리 등 벼슬을 제수받고 호남어사로 남행하여 각 고을을 암행한 뒤 춘향의 수절을 알고 그녀의 노모를 찾아간다. 남루한 차림의 이어사가 옥중의 춘향을 만나서 춘향이 전해주는 점과 해몽, 부사로부터 당한 혹독한 체형 등의 이야기를 듣는다. 이어사는 걸인 행색으로 부사의 회갑연에 참석한다. 이어사는 출두하여 부사의 죄를 다스리고, 춘향과 상경하여 동거하면서 귀벌녀(貴閥女)에게 장가를 든다. 이어사는 춘향과의 사랑은 지속하면서 두 부인과 더불어 부귀영화를 누린다.

이 한시 「춘향가」에서 이도령은 16세, 춘향은 15세로 되어 있으며, 두 사람이 만나는 날은 3월 3일이다. 기생으로 설정된 춘향은 만북사 앞 시냇물에서 목욕을 한 후에 그네 뛰는 묘기를 보여 준다. 이도령과 춘향 사이에 편지 왕래가 있으므로 방자의 존재를 알 수 있고, 이도령과 춘향의 결연에 있어 월매의 존재는 제거되어 있다. 이도령은 춘향에게 약속 문서인 '불망기(不忘記)'를 써 주고 옥경이며 은가락지 등을 선사한다.

이별 대목에서는 당시 잡가인 〈황계사(黃鷄詞)〉가 등장한다. 이도령은 이별할 때 춘향에게 많은 선물을 주고, 한양으로 돌아가서도 춘향을 사모한다. 알성과에서 장원급제한 후 이어사가 한양에서 남원까지 남행하는 노정의 자취가 보인다. 남행을 하던 그는 농부로부터 춘향이 신관사또의 수청을 들지 않다가 매를 맞고 옥에 갇혀 고생하는데 이도령은 그녀를 외면한다는 원망 소리를 듣는다.

춘향 집에 오니 춘향의 노모는 초라한 이어사의 꼴을 보고 화가 나서 괄시한다. 그는 노모의 사연을 듣고 옥중으로 춘향을 찾아간다. 춘향은 이어사에게 신관이 유부녀인 자신을 겁탈하려 했으나 엄위에도 필부의 절개를 굽히지 않았더니 관정에서 매질을 하여 가둔 그간의 이야기를 전하면서 낭군을 만나니 죽은들 한이 없다고 말한다. 노모에게는 자신의 소장품을 내다 팔아 진지라도 대접하라고 한다. 춘향은 다음날 부사가 수연상(壽宴床) 앞에서 취광이 나서 매질을 하여 죽게 되면 낭군이 직접 염습하여 묻어 달라면서 자신의 신세를 한탄하고 신관의 매몰함을 호소한다.

춘향의 말을 듣고서 이어사는 격분하여 다음날 본관을 봉고파직하리라 결심한다. 이어사가 지은 시를 보고 운봉현감만이 그가 암행어사임을 알아본다. 이어사가 암행어사 출두를 하자 각 관료들은 정신을 잃고 도망한다. 이어사는 본관사또의 죄를 다스리고 춘향을 불러올려 기생들에게 춘향을 얽어 맨 줄을 물어뜯게 한다. 이어사는 춘향과 함께 한양에 올라간다. 왕은 춘향에게 정렬부인 교지를 내리고, 이어사는 영의정에 오른다.

이런 내용을 담고 있는 이 한시에서는 춘향이 여염가 처녀가 아니라 기생으로 서술되어 있다. 춘향은 기생 신분이기 때문에 수청을 거절한 정절이 더욱 높이 평가된다. 또 이도령은 춘향을 사귈 때 기생으로 대하고 있기 때문에 정조의 대가로 재정적 원조를 제공하는 양반 의식을 보여 준다.

춘향과 이도령의 결연 절차에서 중요한 역할을 하는 '불망기'는 어느 정도 법적 구속력을 가진 것이기에 춘향은 기생이라는 신분적 약점에도 불구하고 이를 도령으로부터 얻어낸다. 이 한시에서는 춘향의 노모가 능동적인 힘을 발휘하는 것으로 나타나지 않는다. 이도령이 어사가 되어 내려오는 과정은 그가 상경하여 과거에 급제한 이후에 한림, 정자, 교리를 거쳐 승지로 승체(陞遞)한 다음에 암행어사가 되어 내려오는, 보다 합리적인 설정으로 되어 있다.

〈황계사〉 외에도 삽입 가요로는 〈사랑가〉나 〈자탄가(自歎歌)〉가 이 시기에 이미 있었고 〈십장가〉의 흔적은 분명히 드러나지는 않아 이 시기에 있었는지 여부는 불투명하다. 이어사가 좌기(坐起)한 후에 여러 기생들로 하여금 춘향의 삼목칼을 물어뜯어 풀게 하는 것은 이때 이미 있었다. 기생이 권주가를 부를 때에 초라한 이어사를 구박하는 내용이 있었음도 확인된다. 또 상경한 춘향에게 정렬부인의 교지가 내리고, 춘향을 기적(妓籍)에서 빼내어 본처가 아닌 측실(側室) 신분으로 설정함으로써 혼속(婚俗) 관행의 지나친 파격을 피하는 길을 택하였다. 그리고 결미는 이어사가 영의정에 올라 둘이 해로하는 것으로 되어 있다.

이러한 사실들을 종합해 보면, 유진한이 호남 지방, 특히 남원을 다녀오면서 들었던 「춘향가」 타령은 상당 부분은 현전하는 판소리 사설이나 소설의 내용과 일치한다고 하겠다.

5. 19세기 소설 「춘향전」의 계통과 대표 텍스트의 특징

「춘향전」은 오늘날까지 전하는 소설 텍스트만 하더라도 수십 종으로 풍부한 작품군을 이루고 있다. 「춘향전」이 이렇게 두터운 이본층을 형성하면서 370여 년 동안 인기를 누릴 수 있었던 것은 원초 「춘향전」이 가지고 있는 폭발력 있는 암행어사 소재, 호소력 강한 열녀 소재, 기생과 사또의 대결이라는 흥미로운 소재는 물론이고 사랑과 이별, 시련과 재회라는 탄탄한 작품 구조에

기인한다. 이런 거시적인 작품 구조를 구체적인 문맥으로 표현해 내는 방식은 다양하기 때문에, 각각의 텍스트는 앞선 시대나 동시대 다른 텍스트와의 차별성을 통해 감동과 흥미를 증강시켜 왔다. 그 결과, 현대의 독자들은 취향에 따라서 「춘향전」 텍스트를 선별하여 즐길 수 있게 되었다.

현재까지 전하는 소설이나 판소리 사설은 19세기에 향수되던 것으로, 이 시기의 「춘향전」 소설 텍스트는 크게 「별춘향전」 계통과 「남원고사」 계통으로 구분되고, 20세기 초에는 다시 「옥중화」 계통의 텍스트가 성립된다. 각각의 계통을 대표하는 텍스트인 완판 84장본 「열녀춘향수절가」와 필사본 「남원고사」, 활자본 「옥중화」의 특징을 살펴보면 다음과 같다.

완판 84장본 「열녀춘향수절가」의 특징

완판 84장본 「열녀춘향수절가」는 완판 30장본 「별춘향전」이 완판 33장본 「열녀춘향수절가」로 확대 변이된 다음 다시 84장으로 재확대된 텍스트다. 완판 30장본이 완판 33장본으로 확대되면서 후반부에서 변이가 많이 일어나지만, 완판 33장본이 완판 84장본으로 확대되면서 전반부에서 변화가 많이 일어나므로 완판 30장본 「별춘향전」에 비해 완판 84장본 「열녀춘향수절가」는 전체의 내용이 고루 확대되어 극적 서사성이 한층 균형미를 갖추게 되었다.

완판 33장본에서 완판 84장본으로의 변이에는 장면 이행은 없으나, 장면 확장에 의한 생성적 삽입이 많이 보인다. 또 완판 84장본은 춘향 중심으로 되어 있기 때문에 월매의 기능이 강조된다. 즉, 완판 33장본에서는 방자가 도령에게 춘향을 설명하는 대목에서 월매의 이름이 처음 나오지만, 완판 84장본에서는 월매를 중심으로 한 춘향과 향단의 관계 등 춘향 집안에 관한 내용이 골격을 이룬다. 따라서 앞선 필사본이나 목판본에 비해 월매, 춘향, 향단의 세 여인상이 개성 있게 부각되고 있다. 특히 춘향의 출생에 관한 서술은 완판 33장본에서 완판 84장본로 변이되면서 나타난 전형적인 생성·확대로 판단된다.

월매의 이야기로 시작되는 앞부분에는 영웅소설의 주인공과 같은 춘향의 출생에 얽힌 사연을 확대하여 주인공의 사회계층을 크게 변모시켰다. 곧 "잇써 졀나도 남원부의 월미라 하난 기싱이 잇스되 삼남의 명기로셔 일직 퇴기ᄒᆞ야 셩가라 ᄒᆞ는 양반을 다리고 셰월을 보닉되"로 시작하여, 춘향을 남원부사였던 성참판과 퇴기 월매 사이에서 출생한 인물로 설정하였다. 그뿐만 아니라 월매의 기자치성(祈子致誠)의 결과로 천상계의 점지로 태어난 존귀한 존재임을 강조하였다. 이러한 춘향의 출생담은 신재효(申在孝)가 「남창춘향가」에서 춘향을 성천총의 서녀로 설정하기 시작한 신분 상승 의도를 더욱 심화시킨 결과로 판단된다. 이러한 굴절의 결과로 비기생계 「춘향전」의 한 전형으로 완판 84장본 「열녀춘향수절가」가 자리잡게 되었고, 「옥중화」를 위시한 20세기 「춘향전」이 대부분 춘향을 성천총의 서녀로 고정시키는 데 결정적 영향을 미치게 되었다.

춘향을 성참판의 서녀로 설정한 것은 춘향과 이도령의 광한루 만남을 자유연애적 분위기로 크게 변화시켰다. 곧, 춘향은 자신을 기생으로 생각하지 않았기 때문에 이도령이 광한루에서 불러도 이를 따르지 않는다. 이로 인해 춘향을 향한 이도령의 호기심과 그리움은 더욱 고조되고, 춘향의 집을 방문한 도령은 춘향을 성참판의 딸이며 여염집에서 성장한 규수라는 실제 논리로 인식하게 된다. 여기에 반하여 변부사는 춘향은 기생의 딸이므로 기생일 수밖에 없다는 형식 논리로 인식하기 때문에 춘향은 더욱 적극적으로 항거하게 된다. 그 결과 춘향이 이도령과 변부사에게 보이는 태도는 같은 양반과의 관계라는 측면으로만 보면 치열한 분열과 모순으로 이해되지만, 기생 춘향과 기생 아닌 춘향의 갈등이라는 면에서는 이 갈등의 논리를 첨예화시키는 긍정적 의미가 된다.

또 월매의 이야기 속에 춘향의 이야기를 서술하는 이중적 시각으로 작품을 시작하여 춘향과 도령의 결연 장면에서 월매의 소망이 한껏 부풀어 오르고, 이별 장면에서 월매는 기생으로서의 자신의 한을 되씹어야 하는 엄청난 통한을 느낀다. 이는 상경한 도령이 출세하기를 밤낮으로 축수하던 중에 걸인으로 나타나자 충격적인 좌절감을 드러내며 이어사를 박대하는 장면에서도 지속된다. 이처럼 춘향을 통해 자신의 꿈을 실현하려는 의지가 좌절되면서 월매의 인간적 한이 고조되는 것이다. 이러한 월매의 지극한 한이 작품의 마지막에서 이도령이 암행어사임을 확인하는 순간에 환희로 뒤바뀜으로써 춘향 중심의 서술 이상으로 정감의 긴장과 이완을 드러내고 있다.

본문은 "슉종딕왕 직위 초의 셩덕이 너부시사 셩자셩손은 계계승승ᄒᆞ사 금고옥족은 요슌시졀이요 으관문물은 우탕의 버금이라"로 시작되어, 태평성대의 모습을 드러내고 이를 칭송함을 특징으로 한다. 이는 결미에서 이어사가 남원의 공사를 닦은 후에 춘향 모녀와 향단을 서울로 올려보내고, 자신은 전라 좌우도를 돌면서 민정을 살펴서 왕에게 보고하자 왕이 이어사를 이조참의 대사성(大司成)에 봉하고 춘향을 정렬부인으로 봉함으로써 백년동락하였다는 사실과 호응을 이룬다.

이 텍스트는 순조·헌종·고종의 3대에 걸친 판소리 전성시대의 여러 명창들에 의하여 다듬어진 판소리 사설을 부분적으로 수정하여 이루어진, 판소리에 가까운 속성을 지니고 있다. 그렇기 때문에 광대의 재담을 비롯한 풍부한 치레와 가요가 흥겨운 정감과 한스러운 정감을 적절히 조화시키는 데 크게 기여하고 있다. 그뿐만 아니라 갑오경장(甲午更張)을 전후한 정치적 개혁 시기의 시대적 분위기를 바탕으로 하고 있기 때문에 열녀로서의 의식 못지않게 불의에 저항하는 춘향의 매서움을 확산시킬 수 있는 풍자성을 지니고 있다. 여기에다 참신하고 세련된 언어 표현 형식의 미감을 최대한 살려서 현대 독자에게 가장 인기 있는 텍스트로 자리를 굳힐 수 있게 되었다.

이처럼 완판 84장본의 기본 플롯은 완판 33장본에서 다듬어진 내용을 토대로 춘향의 출생과 성장을 생성·첨가하였다. 그 결과 춘향은 성참판의 서녀로 계층적 상승을 획득하고, 월매는 월매대로 춘향을 통해 자신의 꿈을 실현하고 있다.

완판 33장본에서 완판 84장본으로의 확장이 보여 주는 질적인 변화는 완판 84장본이 목판본 「춘향전」의 최대·최고의 작품으로 정착되는 결정적 요인이 되었다. 특히 완판 84장본은 유명한 광대들에 의해 다듬어진 판소리 사설을 효과적으로 수용하여 근대판 「춘향전」의 모습을 효과적으로 드러내었다. 즉, 완판 33장본에 풍부한 삽입 가요를 넣음으로써 서사 체계와 서정성을 조화시켜 판소리계 소설의 특징을 극대화하였다.

세책 필사본 「남원고사」의 특징

1830년경에 나온 이본으로 추정되는 「남원고사」는 판소리 사설이 지닌 구성 원리를 유지하면서 본격적인 소설화가 이루어진 세책본 텍스트다.

"텬하명산 오악지즁에 형산이 놉고 놉다. 당시절의 절문 즁이 경문이 능통ᄒᆞ므로 뇽궁의 봉명ᄒᆞ고 셕교상 느즌 봄바람의 팔션녀 희롱ᄒᆞᆫ 죄로 환싱인간ᄒᆞ여"로 시작하여, 중편의 가사에 해당하는 긴 서두로 구성되어 있다. 이러한 서두는 「구운몽」의 내용을 압축한 것으로, 인간의 부귀와 공명이 결국 헛된 것이라는 도가적 분위기를 바탕으로 하면서도, 춘향의 순수한 사랑과 의미 있는 삶은 이런 무상감을 극복하는 행복한 현세의 이야기로 유도하는 구실을 한다. 또 결미 부분에서는 이어사가 변부사를 봉고파출(封庫罷黜)한 후 감영에 보고하며, 춘향 모녀를 먼저 서울로 올려보낸다. 그 후에 이어사가 서울에 올라와 왕에게 사실을 고하니 왕은 춘향에게 정렬부인의 직첩을 내린다. 이어사는 부모에게 뜻을 물은 다음 춘향과 육례(六禮)를 갖추어 혼사를 치른다. 이어사는 육경의 벼슬을 하고 다섯 자녀를 두며 춘향과 화목하게 평생을 보낸다.

이처럼 확장된 전개를 보이는 이 작품은 삽입 가요의 수용도 크게 확대하고 있다. 즉, 춘향이 이도령과 이별하고 빈 방을 지키는 공방 사설 대목에서는 "약약슈삼쳔니(弱水三千里) 못 건넌다 일너시나, 님 계신 듸 약슈(弱水)로다. 익고익고 설운지고! 이 몸이 숨길실 졔 님을 조ᄎ 숨겨시니, 삼싱(三生)의 연분(緣分)이며 하늘 마촐 일이로다. 나 ᄒ나 쇼년(少年)이오, 님 하나 날 괴실 졔, 이 마음 이 ᄉ랑은 견쥴 듸 젼혀 업다."로 이어지는 자탄에서 정철의 「사미인곡」 전편을 완전히 수용하고 있다. 또 이어사가 춘향을 광한루로 불러오는 대목에서도 행동에 대한 서술이 구체적 묘사로 부연되어 있다. 즉, 방자가 멀리서 그네 뛰는 춘향을 보고 양반집 규수가 추천하러 왔나 보다고 하자, 도령은 바로 이르라면서 급한 마음을 드러낸다. 참다 못한 도령이 서울에 돌아가면 오백 냥에 달하는 선물을 주겠노라고 약속을 하자 비로소 방자는 본읍 기생인 월매의 딸 춘향이라고 일러 준다. 이에 도령은 춘향과의 결연을 위해 허튼 말로 방자와 형제를 맺자고 하며 방자 동생이라고 하여도 방자가 응하지 않자 마침내는 방자 형님이라 부르며 애걸하기에 이른다.

이러한 확장은 춘향과 이도령이 이별하는 대목에서도 나타난다. 즉, 춘향은 도령에게 자신을 데려가지 못한다면 차라리 죽이고 떠나라고 말한다. 그렇지 못하면 이도령이 써 준 '불망기'를 가지고 남원 원님에게 알리겠다고 한다. 그래도 자신의 뜻이 받아들여지지 않으면 전라감영에 가서 원정을 할 것이고, 그래도 재판에서 낙송하면 한양으로 올라가서 모든 사람에게 자신의 억울한 사연을 알리며 구걸하여 돈을 한 푼씩 얻어 종이를 사서 자신의 사연을 자세히 적어 임금이 능행할 때 진정할 것이요, 왕도 남자라 이도령의 편을 들면 자결한 후에 원조(怨鳥)가 되어 이도령의 신혼방 앞에서 한스런 울음을 울 수도 있을 것이나, 그렇게 하지 않을 터이니 서울에 가서 열심히 공부하여 과거에 급제한 후에 자신을 찾아달라고 한다.

전반적으로 「남원고사」는 창작의식이 뚜렷한 작가에 의해 판소리 사설의 구성 원리를 근거로 장편소설화가 이루어진 이본이다. 이 작가는 고급 문예인 한문학에 대중 문예인 한글문학과 구비문학의 다양한 소재를 상당수 편입시켜 엮었다. 또한 작가의 일관된 서술 방식에 의하여, 광대들의 판소리 「춘향가」 사설보다 더 많은 재담과 가요를 수용하면서도 사건의 전체적 흐름에서 일관성과 합리성을 갖춘 작품으로 바꾸어 놓게 되었다. 이는 전반부에서는 기생 춘향의 행동을 강조하고 후반부에서는 열녀 춘향의 행동을 강조한 것, 이도령을 만날 때는 춘향의 신분이 기생이고 변부사를 만날 때는 대비정속한 것으로 설정한 사실에서도 확인된다. 춘향은 기생인 월매의 딸이었기 때문에, 스스로 기생임을 인정하고 뒷날을 위해 '불망기'를 받고 몸을 허락한다.

또 기생으로서 춘향의 행동은 뜨거운 육체적 사랑을 표현함에 초점이 맞춰져 있고, 이별 후 규수로서 춘향의 행동은 강인한 정신적 사랑을 표현함에 초점이 맞춰져 있다. 이로써 전체적인 짜임새로 보면 두 가지 속성의 사랑을 구비한 온전한 사랑 이야기를 주제로 삼은 작품임을 알 수 있다.

이 작품에서는 춘향의 성을 '김씨'로 설정하여 안씨, 성씨, 서씨로 설정한 이본들과 대조를 이룬다. 또한 이 계통에 속하는 작품 속에서도 이 이본에만 유달리 '남원고사'라는 특징 있는 제목이 붙어 있다.

「남원고사」 계통에 속하는 초기 필사본으로는 파리의 동양어학교본 「남원고사」, 도쿄의 동양문고본 「춘향전」과 이재수본 「춘향전」 등이 있다. 이들의 축약본으로 추정되는 경판 35장본 「춘향전」, 경판 30장본 「춘향전」, 경판 17장본 「춘향전」, 경판 16장본 「춘향전」, 안성판 20장본 「춘향전」 등이 목판으로 인쇄된 것들이다. 또 20세기에 와서도 1913년 신문관에서 최남선(崔南善)이 개작한 「고본춘향전」이 나왔고, 1936년에는 신명균(申明均)의 「춘향전」, 1943년에는 신태정(申泰定)의 「신역춘향전」, 1953년에는 신태화(申泰和)의 「춘향전」이 출판되었는데 모두 이 계통에 속하는 이본들이다.

「옥중화」 계통 「춘향전」의 특성과 그 서지

20세기 초에 이해조(李海朝)가 신소설 시대의 「춘향전」으로 개작한 것이 「옥중화(獄中花)」이다. 그는 신문에 연재한 것을 단행본으로 출간했는데, 이는 당대에 인기 있던 판소리 사설인 박기홍(朴起弘)의 사설을 중심으로 신재효의 사설 등을 가미하여 새로운 시대 감각을 삽입한 텍스트다.

서두는 "졀딕가인 삼겨날 졔 강산뎡긔 타셔난ᄃᆞ 저라산하 약야계에 서시가 종츌ᄒᆞ고 군산만학부형문에 왕소군이 싱장ᄒᆞ고 쌍각산이 슈려ᄒᆞ야 록주가 삼겻스며 검강활이아미수에 설도문군환츌이라"로 시작한 다음에 춘향의 탄생 이야기로 이어진다.

이처럼 서두부터 춘향 중심의 사건으로 교체되고 있다. 결미에서도 "차시에 본관이 무식ᄒᆞ야 인병부 ᄊᆞᆯ너 어ᄉᆞ도ᄭᅴ 밧치니 어ᄉᆞ도 본관을 청ᄒᆞ야 됴흔 말노 수작ᄒᆞ되 일셩즁 동거ᄒᆞ야 놉흔 셩화는 만이 듯고 맛나기는 쳐음이오나 나를 뉘인 쥴 아시닛 본관 몸을 굽혀 모를 리가 잇소릿가 어ᄉᆞ도 우스시며 남아의 탐화홈은 영웅렬ᄉᆞ 일반이라 그러나 거현 쳔능 아니ᄒᆞ면 현능을 뉘가 알며 본관이 아니면 츈향절힝 엇지 아로릿가 본관의 수고홈이 얼마쯤 감사ᄒᆞ오"처럼 암행어사와 변부사의 사적인 화해가 이루어진다. 이런 변화는 변부사에 대한 강력한 징치가 이루어지던 전통적 「춘향전」과 비교할 때 그 변이의 정도가 극심하게 나타난 결과로 판단된다.

「옥중화」 계열의 작품은 대부분 서두 부분만 변이를 가져오고, 그 다음에 이어지는 본문에서는 「옥중화」의 내용을 거의 따르는 것이 특징이다. 이러한 현상은 「옥중화」의 출간 이후 상승하는 인기에 따라 각 출판사들이 내용상 새로움을 보태기보다는 표제를 달리하고 서두의 일부를 고쳐서 내놓았기 때문으로 보인다. 물론 「증수춘향전(增修春香傳)」이나 「증상연예옥중가인(增像演藝獄中佳人)」과 같이 내용의 삽입이나 표현 형식의 변이 등을 가져왔지만, 내용의 근본 골격은 「옥중화」의 기본 행문(行文)을 벗어나지 않는다.

19세기 「춘향전」의 대부분이 「별춘향전」 계통과 「남원고사」 계통을 벗어나지 않은 데 반하여, 20세기의 「춘향전」은 「옥중화」 계통에서 벗어난 작품들이 많다. 예를 들면, 「우리덜전(傳)」, 「오작교(烏鵲橋)」와 같이 표제 자체를 전혀 다르게 붙인 작품은 물론이고, 이광수가 「춘향」이란 표제로 신문에 연재하던 「춘향전」은 서두가 도령이 책방에서 방자를 부르는 대목에서 시작하는 근대소설 문장으로 되어 있다. 특히 최남선은 「남원고사」를 토대로

개화기에 출간된 「춘향전」

표제	개작 및 편자	출판사	출판 연도
獄中花	李海朝(作)	普及書館	1912
古本春香傳	崔南善(作)	新文館	1913
鮮漢文春香傳	李容漢(編)	東美書市	1913
增修春香傳	李容漢(編)	東美書市	1913
新譯別春香歌	南宮濬(編)	唯一書館	1913
增像演藝獄中佳人	池松旭(編)	新丘書林	1914
特別無雙春香傳	朴健會(編)	朝鮮書館	1915
諺文 春香傳	盧益亨(編)	博文書館	1917
增訂特別春香傳(廣寒樓)	金用濟(編)	博文書館	1917
新獄中佳人	石田孝次郎(編)	大昌書院	1918
特別獄中花春香傳	玄公廉(編)	普及書館	1922
古代小說獄中佳人	玄公廉(編)	普及書館	1922
우리덜傳	沈相泰(編)	新明書林	1924
春香(一說春香傳)	李光洙(作)	東亞日報	1925
烏鵲橋	高裕相(編)	德興書林	1927
圖像獄中花	申泰三(編)	世昌書館	1932
萬古烈女特別無雙春香傳	姜義永(編)	永昌書館	1935

「고본춘향전」을 출간하면서, 중국식 인명이나 지명을 우리나라의 인명과 지명으로 바꾸고 한시를 시조로 교체하는 등 민족주체성을 부각시키는 쪽으로 개작하였다.

6. 맺음말

원작가인 산서 조경남의 원텍스트 이래, 「춘향전」은 370년 이상 소설과 판소리 양식 등을 통해 굴절을 거듭해 왔다. 소설 양식에서만 살펴보더라도, 개별 이본은 여러 작가에 의한 적극적 개작 또는 옮겨 쓰는 과정에서 일어난 소극적 변이 등에 의해 문장이나 삽화 단위, 나아가서는 패러디화에 따른 주제의 굴절까지 다양한 변이를 보여 준다.

개작가의 의도에 따른 개별성은 당대 상황의 영향을 받고 있다. 이는 초기의 작품이 춘향의 신분을 기생으로 설정함에 반해, 중기와 후기로 오면서 계층이 상승하고 있음에서 확연히 드러난다. 즉, 모계는 기생이지만 부계는 양반으로 설정하여 종모법(從母法)이라는 당시의 시대적 조건을 무시할 수는 없으나 신분제에 따른 피상적 논리 이상의 사회적 인식의 변모에 의해 신분 상승이 이루어지고 있다. 이로 인해 기생계의 작품에서는 약속을 지키겠다는 '불망기'라는 문서를 이도령으로부터 받지만, 비기생계 작품에서는 자유연애적인 분위기가 강조되고 있다. 이렇게 변이를 지속해 온 고전「춘향전」은 개화기「춘향전」을 거쳐 현대「춘향전」으로 옮겨 오면서 이해조, 최남선, 이광수, 최인훈 등의 작가들에 의해 지속적으로 재창조되었다.

우리 고전의 얼굴 격인「춘향전」은 원춘향전에서 시작되었지만, 판소리로 양식적인 확장을 이루기도 하면서 수백 년 동안 소설과 판소리를 양대 축으로 한시와 잡가로 재창작되었다. 20세기에 들어와서는 신문화 양식의 수용에 호응하여 창극, 단가, 대중가요, 신극, 마당극, 영화, 오페라, 뮤지컬, 신무용, 시조, 만화, 텔레비전 드라마, 라디오 드라마, 웹사이트 등 여러 예술 양식과 매체를 통해 지속적으로 창조를 거듭하고 있다. 이와 같이 재창작을 통해 변모와 성숙을 끊임없이 거듭해 왔기에 개체적「춘향전」 작품과 시대 및 양식을 넘나드는 작품들을 포괄하는 총체적인「춘향전」 예술작품군을 이루게 되었다. 특히 20세기의「춘향전」 예술은 이전과는 달리, 각 현대 예술가들이「춘향전」을 재형상화함으로써 전통과 현대의 만남을 보여 주었다. 향수자들도

20세기에 접어들면서 새로운 예술 양식으로 한국 전통적 정서를 담고 있는 「춘향전」을 표현하는 것에 큰 관심을 가졌기 때문에 이러한 예술활동이 성공을 거둘 수 있었다.

이런 20세기 「춘향전」 예술은 춘향과 도령의 이야기를 동일하게 다루면서도 시대적 상황이나 사회적 분위기에 따라 춘향과 도령의 이미지를 적절히 변용시켜 현대적인 고전의 생명력을 유지해 왔다. 그러나 21세기를 전후하여 「춘향전」은 동서문화의 활발한 교류, 급속한 사회·문화적 조건의 변화에 따라 제2기 「춘향전」 예술 시대로 접어들게 되었다. 이 시기에 와서는 「춘향전」 예술은 당대적 예술의 질적 성장에 따른 작품의 내적 성숙이 이루어지면서 세계적인 한국 전통예술로 발전시키려는 새로운 진로가 모색되었다. 이런 제2기의 「춘향전」 계승에 동참하는 예술가들은 한국의 고전이면서 인종과 계층을 넘어서 세계의 향수자들에게 감동을 줄 수 있는 「춘향전」을 창작하려고 하였다. 그래서 「춘향전」이 지닌 한국문학으로서의 특수성을 최대한 드러내면서도 세계적인 보편성에 부합하려는 복합적인 의도를 지닌 실험성 강한 작품이 나오게 되었다.

작가들의 이런 의도를 성공적으로 실현하기 위해서는 「춘향전」이란 텍스트가 갖고 있는 한국적 미학의 본질을 심화시켜 형상하면서 춘향의 현대적 의미를 재해석할 수 있어야 한다. 춘향의 열녀의식은 기생이란 신분에서 추구되고 쟁취된 것이기에, 그 현대적인 변용은 휴머니티의 고전적인 실현이라는 측면에서 부각되어야 한다. 그래야만 춘향의 승화된 열녀의식을 통해 신분을 초월한 사랑과 결합되면서 새로운 인간 정신의 내면을 창출해 낼 수 있다. 이러한 주제의식 위에 감성미를 주축으로 하는 사랑의 미학, 저항의 미학을 담은 「춘향전」은 앞으로도 한민족의 뿌리 깊은 춘향 예술의 전통을 쌓아 나갈 수 있을 것이다.

원작가 조경남(趙慶男) 연보

조경남은 선조 3년인 1570년 11월에 조벽(趙壁)의 장남으로 남원에서 출생하였다. 6세 때 부친을 여의고 편모 양씨 밑에서 성장하였다.

10세를 전후하여 진사 유인옥(柳仁沃) 밑에서 수학하였는데, 학습을 시작한 지 1년도 못 되어 『사략(史略)』을 읽고 『소학(小學)』을 외웠다. 그리고 그 다음 해에는 『통감(通鑑)』과 『두시(杜詩)』를 읽었다. 특히 글짓기에서는 기이하고 특이한 어구를 많이 썼기에 스승이 특별히 아꼈다.

1582년에는 모친 양씨마저 별세하자 외조모 허씨 밑에서 교양교육을 받았으며, 3년상을 애통과 효성으로 마쳐 주변으로부터 칭송을 받았다.

1585년에는 김씨를 아내로 맞았고, 1586년에는 중봉 조헌(趙憲)의 문하에 나아가 유학을 배우기 시작했다. 그때 스승 조헌은 "나의 문하에 영재가 많지만 일찍 문학을 성취하고 성리를 올바로 해석하며 정성이 독실한 사람은 자네가 처음일세"라 하며 그에 대한 강한 기대감을 나타내었다.

1592년 4월에 왜적이 쳐들어오자 조경남은 칼을 어루만지며, 살지 못하더라도 병사를 모아 적을 막아야 한다고 분연히 궐기하였다. 8월에는 스승 조헌의 전사 소식을 전해들었다.

1593년 10월 27일에는 정사달(丁士達), 박언량(朴彦良), 박필남(朴弼男) 등과 함께 왜적을 격퇴시켰다. 또, 1594년 4월에는 조정에서 의병 해산을 명령하므로 모집한 의병을 해산시켰다.

1611년에는 「추제례의(秋祭禮儀)」라는 논설을 완성하고, 1613년에는 성리에 대한 자신의 입장을 적은 「성리석(性理釋)」이라는 제목의 글을 완성하였다.

1617년 겨울에는 갑자기 숨이 차고 호흡이 곤란해져서 3일간 고생하였으나, 죽을 고비를 겨우 넘기고 건강을 회복하였다. 다음 해에는 다시 여름 석 달 동안 건강이 좋지 않아 고생하다가 10월에 병이 회복되어 집필 활동을 계속할 수 있었다.

1622년에 『오상론(五常論)』을 완성하고, 1623년 남원 주변에서 일어난 고금의 일화와 야사를 중심으로 엮은 『소견록(消遣錄)』 상편을 완성하였다. 1624년 9월 진사에 급제하고 1628년에는 『소견록』 중·하편을 완성하였다.

그의 노년기에는 또 한 차례 국가적 시련이 닥쳐왔다. 1637년 정월에 청군이 침공하여 남한산성을 포위했다는 소문을 듣고 전 찰방 이원진(李元震)과 함께 의병을 일으키고 군량을 모아서 출발하였다. 그러나 청주에 이르렀을 때 굴욕적인 강화 소식을 듣고는 통곡하면서 고향으로 돌아왔다. 그러고는 집 뒤뜰에 황명단을 쌓아놓고 국운의 재기와 왕의 평안을 빌었다.

1638년에는 13세 때부터 시작하여 57년에 걸쳐 『고사(攷事)』, 『조보(朝報)』, 『경상순영록(慶尙巡營錄)』, 『호남순영록(湖南巡營錄)』, 『정기록(正氣錄)』, 『서정록(西征錄)』 등을 근거로 집필해 온 『산서잡록(山西雜錄)』과 『속잡록(續雜錄)』의 집필을 마쳤다.

이듬해인 1639년 성안의(成安義)의 아들로 책방 도령 시절에 제자였던 계서(溪西) 성이성(成以性)이 급제한 후에 호남어사가 되어 암행 중에 내방했는데, 이 만남을 소재로 하여 1640년경에 「춘향전」을 창작한 것으로 판단된다.

그는 인조 19년 1641년 5월 19일 72세로 남원 자택에서 세상을 떠났다.

참고문헌

고석규(외). 『암행어사란 무엇인가』. 박이정, 1999.

김동욱. 『증보 춘향전연구』. 연세대학교출판부, 1976.

김동욱(외). 『춘향전 비교연구』. 삼영사, 1979.

김병욱(편). 『춘향전 어떻게 읽을 것인가』. 신영출판사, 1993.

김사엽. 『교주 춘향전』. 대양출판사, 1952.

민제. 『대교 춘향전』. 동화출판공사, 1976.

설성경. 『춘향예술의 역사적 연구』. 연세대학교출판부, 2000.

설성경. 『춘향전』. 고려대학교 민족문화연구소, 1995.

설성경. 『춘향전의 비밀』. 서울대학교출판부, 2001.

설성경(편). 『춘향전 연구의 과제와 방향』. 국학자료원, 2003.

이수봉. 『만화본 춘향가와 용담록』. 경인문화사, 1994.

이윤석 · 최기숙. 『남원고사』. 서해문집, 2008.

전경욱. 『춘향전의 사설 형성 원리』. 고려대학교 민족문화연구소, 1990.

전상욱. 「방각본 춘향전의 성립과 변모에 대한 연구」. 연세대학교 박사학위논문, 2006.

정병헌. 『판소리 열두마당』. 민속원, 2011.

정하영. 『춘향전의 탐구』. 집문당, 2003.

조성교. 『산서 조경남선생 약사』. 한양조씨 양경공파 산서공파종회, 1994.

조윤제. 『교주 춘향전』. 을유문화사, 1957.

한채화. 『개화기 이후의 춘향전 연구』. 푸른사상, 2002.

역주자 설성경

연세대학교 국어국문학과를 졸업하고 같은 대학원에서 문학 박사 학위를 받았다. 계명대학교, 한양대학교, 연세대학교 교수를 거쳐, 현재 연세대학교 명예교수로 있다. 저서로 『윤동주의 간(肝)에 형상된 '푸로메드어쓰' 연구』, 『인문수사학과 윤동주』, 『윤동주는 시의 달수』, 『구운몽의 비밀』, 『구운몽 연구』, 『구운몽의 통시적 연구』, 『홍길동의 삶과 홍길동전』, 『홍길동전의 비밀』, 『춘향전의 형성과 계통』, 『춘향전의 통시적 연구』, 『춘향전의 비밀』, 『춘향예술의 역사적 연구』, 『춘향예술사 자료총서(1-8)』, 『춘향전 비교연구』(공저) 등이 있다.

SNUPRESS 동서양의 고전

1 **당시선** 이병한 · 이영주 역해
2 **구북시화** 조익 지음 | 송용준 역해
3 **중용** 김학주 역주
4 **예브게니 오네긴** 푸슈킨 지음 | 최선 역주
5 **대학** 김학주 역주
6 **논어** 김학주 역주
7 **송시선** 류종목 · 송용준 역해
8 **구운몽** 김만중 지음 | 김병국 교주 · 옮김
9 **한유산문선** 오수형 역해
10 **걸리버 여행기** 조나단 스위프트 지음 | 송낙헌 옮김
11 **소동파사** 소식 지음 | 류종목 역해
12 **팡세** 블레즈 파스칼 지음 | 김형길 옮김
13 **바가바드기타** 길희성 역주
14 **더버빌 가의 테스** 토머스 하디 지음 | 김보원 옮김
15 **군주론** 니콜로 마키아벨리 지음 | 박상섭 옮김
16 **친화력** 요한 볼프강 폰 괴테 지음 | 오순희 옮김
17 **안도라** 막스 프리쉬 지음 | 김정용 옮김
18 **잃어버린 환상** 오노레 드 발자크 지음 | 이철 옮김
19 **젊은 예술가의 초상** 제임스 조이스 지음 | 나영균 옮김
20 **맹자** 김학주 역주
21 **예이츠 서정시 전집 1권: 아일랜드** 김상무 역주
22 **예이츠 서정시 전집 2권: 사랑** 김상무 역주
23 **예이츠 서정시 전집 3권: 상상력** 김상무 역주
24 **에다** 임한순 · 최윤영 · 김길웅 역주
25 **춘향전** 원작 조경남 | 설성경 역주